DIE ZEIT

Das Lexikon in 20 Bänden

DIE ZEIT

Das Lexikon in 20 Bänden

Mit dem Besten
aus der ZEIT,
u. a. mit Beiträgen
von Dieter Buhl,
Marion Gräfin Dönhoff
und Michael Naumann

05 **Flue–Gram**

Zeitverlag
Gerd Bucerius GmbH & Co. KG

Herausgeber
Zeitverlag Gerd Bucerius GmbH & Co. KG
Pressehaus
Speersort 1
20095 Hamburg

Redaktionsleitung Lexikon Dr. Joachim Weiß
Redaktionsleitung ZEIT Aspekte Dr. Dieter Buhl
Realisation WGV Verlagsdienstleistungen (verantwortlich: Walter Greulich), Weinheim, unter Mitarbeit von Silvia Barnert, Gabi Gumbel, Andreas Lenz und Otto Reger
Layout Sigrid Hecker
Einband- und Umschlaggestaltung Mike Kandelhardt, Hans Helfersdorfer
Herstellung Verona Meiling, Stefan Pauli

Bibliografische Information der Deutschen Bibliothek
Die Deutsche Bibliothek verzeichnet diese Publikation in der Deutschen Nationalbibliografie; detaillierte bibliografische Daten sind im Internet über http://dnb.ddb.de abrufbar.

Namen und Kennzeichen, die als Marke bekannt sind und entsprechenden Schutz genießen, sind beim blau gedruckten Stichwort durch das Zeichen ® gekennzeichnet. Handelsnamen ohne Markencharakter sind nicht gekennzeichnet. Aus dem Fehlen des Zeichens ® darf im Einzelfall nicht geschlossen werden, dass ein Name oder Zeichen frei ist. Eine Haftung für ein etwaiges Fehlen des Zeichens ® wird ausgeschlossen.

Alle Rechte vorbehalten. Nachdruck, auch auszugsweise, verboten.
Das Werk einschließlich aller seiner Teile ist urheberrechtlich geschützt. Jede Verwertung außerhalb der engen Grenzen des Urheberrechtsgesetzes ist ohne Zustimmung des Verlags unzulässig und strafbar. Das gilt insbesondere für Vervielfältigungen, Übersetzungen, Mikroverfilmungen und die Einspeicherung und Verarbeitung in elektronischen Systemen.

© Zeitverlag Gerd Bucerius GmbH & Co. KG, Hamburg 2005
  Bibliographisches Institut, Mannheim 2005

Satz A–Z Satztechnik GmbH, Mannheim (PageOne, alfa Media Partner GmbH)
Druck und Bindung GGP Media GmbH, Pößneck
Printed in Germany

ISBN Gesamtwerk: 3-411-17560-5
ISBN Band 5: 3-411-17565-6

Abbildungen auf dem Einband aisa, Archivo iconografico, Barcelona: K. Adenauer, Elisabeth II., S. Freud, G. Kelly; Bibliographisches Institut, Mannheim: O. v. Bismarck, B. Brecht, F. Castro, C. Chaplin, R. Diesel, Friedrich der Große, M. Gandhi, G. Garbo, A. Schwarzer, A. Schweitzer, V. Woolf; Bundesministerium der Verteidigung, Bonn: H. Schmidt; Kinemathek Hamburg e.V.: M. Dietrich, M. Monroe; Klaus J. Kallabis, Hamburg: G. Bucerius; M. Adelmann, Zürich: S. de Beauvoir; Nobelstiftelsen, The Nobel Foundation, Stockholm: W. Churchill, M. Curie, T. Mann, R. Sussman Yalow; picture-alliance/akg-images, Frankfurt am Main: A. Einstein; picture-alliance/dpa, Frankfurt am Main: W. Allen, J. Baker, Beatrix – Königin der Niederlande, J. Beuys, H. Bogart, H. Böll, G.H. Brundtland, A. Christie, B. Clinton, J. Dean, M. Dönhoff, C. Freeman, J. Gagarin, I. Gandhi, M. Gorbatschow, J. Habermas, V. Havel, E. Hemingway, R. Herzog, A. Hitchcock, A. Lindgren, R. Luxemburg, N. Mandela, Mao Zedong, B. McClintock, G. Meir, Muhammad Ali, Mutter Teresa, P. Picasso, R. Schneider, S. Spielberg; picture-alliance/Keystone Schweiz, Frankfurt am Main: L. Meitner; picture-alliance/Picture Press/Camera Press, Frankfurt am Main: E. Presley; S. Müller, Leipzig: C. Wolf; U. S. Information Service, Bonn: J. F. Kennedy

Flüe, Nikolaus von der, schweizer. Einsiedler und Mystiker, ↑Nikolaus von der Flüe.

Flüela *der,* Pass in Graubünden.

Flug, 1) (Fliegen) *allg.:* die freizügige Bewegung von Körpern innerhalb der Lufthülle der Erde ohne direkte Stützung von der Erdoberfläche aus. Dabei muss die Erdanziehungskraft durch eine Gegenkraft (Auftriebskraft) ausgeglichen oder überwunden werden. Diese kann durch Dichteunterschiede zw. fliegendem Körper und umgebender Luft (**aerostat. Auftrieb,** z. B. beim Ballon), durch die Bewegung eines geeignet geformten Körpers durch die Luft (**aerodynam. Auftrieb,** z. B. beim Flugzeug) oder durch **Reaktionskräfte** von Strahlantrieben (z. B. bei der Rakete) erzeugt werden. Der beim Fliegen unvermeidlich auf die Körper einwirkende Luftwiderstand wird bei Flugzeugen durch die von den Flugtriebwerken gelieferte Vortriebskraft, am antriebslosen Gleit- oder Segelflugzeug durch die in F.-Richtung liegende Komponente der Gewichtskraft überwunden. Man unterscheidet hier **stationäre (unbeschleunigte) F.-Zustände,** bei denen die vertikal wirkenden Auftriebs- und Gewichtskräfte und die v. a. horizontal wirkenden Antriebs- und Widerstandskräfte sowie ihre stat. Momente im Gleichgewicht sind (z. B. beim Horizontal-F. und beim Schiebe-F.), und **instationäre (beschleunigte) F.-Zustände,** bei denen dies nicht zutrifft und Beschleunigungen sowie zusätzl. Drehmomente wirksam werden, die z. B. den Steig- oder Sink-F. und den Kurven-F. ergeben sowie zu Gier-, Nick- und Rollbewegungen oder -schwingungen führen. Weitere F.-Zustände sind der Gleit-F., der Sturz-F. und das Trudeln. – Eine Bewegung außerhalb der Erdatmosphäre ist möglich durch Ausnutzung der Bewegungsenergie des Körpers und der Gravitationskräfte anderer Himmelskörper sowie durch Erzeugung von Antriebskräften mithilfe von Raumantrieben (Massenausstoß).

2) *Biologie:* Passive oder aktive Fortbewegung durch die Luft. Der **passive Gleit-F.** lässt sich bei allen Wirbeltierklassen beobachten (u. a. auch bei Fliegenden Fischen, Flugdrachen und Gleithörnchen). Bei ihm kann die Anfangshöhe nicht aktiv überschritten werden, der Auftrieb mindert die Abwärtsbewegung. Als Gleitflächen dienen Flügel, F.-Häute und Flossen. Der **Segel-F.** ist ein Spezialfall des Gleit-F., bei dem sich der Vogel in aufwärts strömenden Luftmassen bewegt. Der **aktive F.** ist die Fähigkeit, sich mithilfe der Muskelkraft frei im Luftraum fortzubewegen; dazu sind Vögel, Insekten und, als einzige Säugetiere, die Fledertiere (F.-Hunde und Fledermäuse) in der Lage. Die Flügel der Vögel und Insekten sind zugleich Tragflächen und Antriebsorgane. Am häufigsten ist bei Vögeln der **Ruder-F. (Schlag-F.).** Dabei wird beim Abschlag der Armteil von vorn angeblasen, der Handteil von unten. Beim Übergang zum Aufschlag ändern sich die Anstellwinkel des Hand- und des Armteils; der des Handteils wird annähernd null, der des Armteils wird etwas stumpfer, sodass der Armteil von unten angeströmt wird (starker Auftrieb, leichter Rücktrieb). Beim Abschlag ist somit nur der Handteil belastet, der allein den Vortrieb erzeugt. Beim **Rüttel-F.** (F. auf der Stelle) werden auch im Aufschlag durch Anströmung der Flügeloberseiten Vortriebskräfte erzeugt.

Beim **Insekten-F.** entstehen die tragenden und vorwärts treibenden Kräfte prinzipiell in gleicher Weise wie beim Vogel-F. Die Kleinheit der Insekten und ihrer Flügel erfordert eine wesentlich höhere Schlagfrequenz zur Erzeugung ausreichenden Vor- und Auftriebs (z. B. Stechmücken 300 Schläge je Sekunde).

📖 *Scheiba, B.:* Schwimmen, Laufen, Fliegen. Die Bewegung der Tiere. Leipzig u. a. 1990. – *Tennekes, H.:* Kolibris u. Jumbo-Jets. Die simple Kunst des Fliegens. A. d. Amerikan. Basel u. a. 1997.

3) *Heraldik:* zwei halbkreisförmig gespreizte (Adler-)Flügel.

Flugabwehr, Abk. **Fla,** alle gegen feindliche Angriffe aus der Luft gerichteten Abwehrmaßnahmen mit bodengebundenen Kampfmitteln der Luftverteidigung oder von Schiffen aus. Die urspr. vorherrschenden Rohrwaffen (Flugabwehrkanonen, Flak) wurden zunehmend durch Raketenwaffen ergänzt oder ersetzt. In der Bundeswehr hat die **Heeres-F.-Truppe** den Auftrag, gegner. Luftfahrzeuge in niedrigen bis mittleren Höhen mit Panzer-F.-Kräften zu bekämpfen; die **F.-Raketenverbände der Luftwaffe** wirken mit den Waffensystemen Patriot, Hawk und Roland gegen Ziele in allen Höhen.

Flugasche, feine, von den Rauchgasen einer Feuerung mitgerissene, nicht brennbare Bestandteile eines Brennstoffs. Die Rauchgase werden bei größeren Anlagen durch mechan. oder elektr. Filter bis zu 95% und mehr entstaubt. F. wird als pulverförmiges industrielles Nebenprodukt der Kohleverbrennung im Straßenbau und Grundbau sowie bei der Baustoffherstellung verwendet. F. (Elektrofilterasche) aus Steinkohle mit hohem Anteil an glasigen Bestandteilen dient als puzzolan. Betonzuschlagstoff.

Flugbahn, die Bahn eines fliegenden Körpers (bes. eines ↑Flugkörpers), der dem Einfluss von Schwerkraft und Coriolis-Kraft, Antriebskräften, Steuerkräften sowie tangential und normal zur Bahn wirkenden Strömungskräften (Luftwiderstand und Auftrieb) unterworfen ist. Für Flugzeuge wird diese Bez. im Allg. nicht verwendet. I. w. S. werden auch die parabelförmige Wurfbahn eines geworfenen Körpers (↑Wurf) und die antriebslos durchflogene Bahn eines Geschosses als F. bezeichnet. Im Unterschied zur Wurfbahn kann die F. während der gesamten Bewegungsdauer durch Steuerkräfte und Veränderung von Antriebs- und Auftriebskräften beeinflusst und damit einer gegebenen Aufgabenstellung optimal angepasst werden. Eine Zwischenstellung nehmen Raketen ein, die während der Antriebsphase einer F., nach Brennschluss der Triebwerke (Freiflugphase) jedoch einer Wurfbahn folgen. Die Bewegungsbahnen von Raumfahrzeugen werden als **Raum-F.** bezeichnet.

Flugball (engl. Volley), *Tennis:* Ball, der aus der Luft angenommen und zurückgeschlagen wird.

Flugbeutler (Gleitbeutler), nachtaktive, baumbewohnende Kletterbeutler Australiens und Melanesiens, mit spannbaren Hautsäumen zw. Vorder- und Hinterbeinen, die Gleitflüge von Baum zu Baum ermöglichen. Größte Art ist der in O-Australien lebende **Riesen-F.** (Schoinobates volans) mit einer Körperlänge von 35 bis 40 cm und etwa 60 cm Schwanzlänge.

Flugbild, charakterist. Erscheinungsbild fliegender Vogelarten, das zu deren Bestimmung herangezogen wird.

Flugblätter (fliegende Blätter), ↑Flugschriften.

Flugboot, Wasserflugzeug, dessen Rumpf als schwimmfähiger Bootskörper ausgebildet ist, mit Flossenstummeln am Rumpf oder Stützschwimmern unter der Tragfläche.

Flugbrand, *Botanik:* ↑Brandkrankheiten.

Flugdatenschreiber (Flugschreiber, Flugdatenregistriergerät, Flight-Recorder), Flugzeugbordgerät zur fortwährenden Aufzeichnung von Kurs, Flughöhe, Geschwindigkeit, Beschleunigung, Fluglage u. a. wichtigen Flugdaten. Durch bruch- und feuersichere Gehäuse und Datenträger soll ein Datenverlust bei Flugunfällen verhindert werden, um nachträglich aus den aufgezeichneten Daten einen Unfallhergang rekonstruieren und aufklären zu können.

Flügelfell: Die dreieckige Bindehautfalte wächst vom Hornhautrand in Richtung Hornhautzentrum und bedroht dadurch die optische Achse.

Flugdrachen (Draco), Gattung oft bunter Agamen im trop. Asien. Ein spreizbares Hautsegel an den Rippen ermöglicht kurze Gleitflüge. Der auf dem Malaiischen Archipel lebende **Gewöhnliche F.** (Draco volans) hat eine Gesamtlänge von 19 bis 22 cm.

Flugechsen, die ↑Flugsaurier.

Flügel, 1) *allg.:* der eine Teil von paarigen, spiegelbildlich angeordneten Gegenständen oder Organen, z. B. der Lunge, einer Tür, eines Fensters.
2) *Architektur:* Baukörper, der (im Winkel) an den Hauptbau anschließt.
3) *Botanik:* a) die zwei seitl. Blütenblätter der Schmetterlingsblüte; b) die häutigen Anhänge einer Frucht (**F.-Frucht**, z. B. beim Ahorn) oder eines Samens (**F.-Samen**, z. B. bei der Kiefer) zur Verbreitung durch den Wind.
4) *Instrumentenbau:* nach seiner Form

ben. Klavierinstrument, dessen Saiten in Richtung der Tasten verlaufen, ↑Cembalo, ↑Klavier.

5) *Militär:* der äußerste rechte oder linke Teil einer zum Gefecht aufmarschierten Truppe.

6) *Politik:* Gruppe innerhalb einer Partei, die eine ideolog. (rechter, linker F.) oder andere Richtung bzw. innerparteil. (Minderheits-)Position repräsentiert.

7) *Technik:* a) Tragfläche am Flugzeug (**Trag-F.**); b) einzelne Fläche eines Windrades, Propellers oder Verdichterrades.

8) *Zoologie:* dem Fliegen dienende Bewegungsorgane versch. Tiere. Bei Insekten sind F. Ausstülpungen des chitinigen Außenskeletts, bei Vögeln umgebildete Vordergliedmaßen.

Flügeladjutant, urspr. Offizier zur Befehlsübermittlung an die Flügel des Heeres, später Offizier im persönl. Dienst regierender Fürsten.

Flügelaltar, ↑Altar.

Flügelfell (Pterygium), patholog., gefäßreiche Bindehautfalte zwischen innerem, selten äußerem Augenwinkel und Hornhaut; das F. muss operativ entfernt werden, wenn durch Vorwachsen zur Hornhautmitte die Sehschärfe gefährdet ist.

Flügelfrucht, *Botanik:* Frucht mit Flugeinrichtung, ↑Flügel.

Flügelfruchtbaum (Pterocarpus), artenreiche Gattung trop. Schmetterlingsblütler, die durch Flügelbildungen an der Frucht gekennzeichnet sind; einige Arten liefern wertvolle Hölzer.

Flügelhorn, Blasinstrument, ↑Bügelhörner.

Flügelsamen, *Botanik:* Samen mit Flugeinrichtung, ↑Flügel.

Flügelschnecken, die ↑Ruderschnecken.

Flugfläche (engl. Flight-Level), *Luftfahrt:* Fläche konstanten Luftdruckes, die auf die Normalatmosphäre 1013,2 mbar bezogen ist. F. dienen zur Höhenstaffelung von Flugzeugen, sie sind rd. 500 Fuß ($\approx$ 150 m) voneinander getrennt. Die F. kann nach der Anzeige eines auf Normaldruck eingestellten barometr. Höhenmessers festgestellt werden.

Flugfrosch (Java-F., Rhacophorus reinwardtii), Art der Ruderfrösche; Finger und Zehen sind durch Spannhäute verbunden, die kurze Gleitflüge ermöglichen.

Flugfuchs, Art der ↑Flughunde.

Fluggeschwindigkeit, Geschwindigkeit eines Luftfahrzeuges im Flug. Die Relativgeschwindigkeit gegenüber der umgebenden Luft heißt **wahre F.** oder **Eigengeschwindigkeit;** zus. mit der Eigengeschwindigkeit der Luftmasse (Windgeschwindigkeit) ergibt sich daraus die **Absolutgeschwindigkeit** oder **Geschwindigkeit über Grund.** Die größte im Horizontalflug erreichbare Eigengeschwindigkeit ist die **Höchstgeschwindigkeit,** während die durchschnittl. F. **Reisegeschwindigkeit** heißt. Die auf die Schallgeschwindigkeit der umgebenden Luft bezogene F. wird **Flug-Mach-Zahl** genannt.

Fluggesellschaften, die ↑Luftverkehrsgesellschaften.

Flughafen, Geländefläche mit Anlagen zum Starten und Landen von Luftfahrzeugen (**Flugplatz**) sowie mit zusätzl. Anlagen zur Abwicklung des zivilen gewerbsmäßigen Luftverkehrs (**Verkehrs-F.,** engl. **Airport**) oder des militär. Flugbetriebs (**Militär-F., Fliegerhorst,** engl. **Airbase**). Die **Start-** und **Landebahnen** sind befestigte Pisten (2 000–4 000 m lang,

Flughafen: Rhein-Main-Flughafen (Cargo City Süd) in Frankfurt am Main mit Tower

45–60 m breit), die nur in den Hauptwindrichtungen angelegt werden. Bes. verkehrsreiche F. benötigen Zwei- und Mehrpistensysteme in 2 oder 3 Richtungen. Befestigte **Rollwege** verbinden die Pisten mit dem **Vorfeld,** auf dem sich die Abfertigungs-

und Abstellplätze für die Flugzeuge befinden. An das Vorfeld grenzen die **Abfertigungsgebäude** an. Sie enthalten die eigentl. Abfertigungsschalter für Passagiere und Gepäck, Verteilungs- und Ausgabeanlagen für Reisegepäck sowie Warteräume, aus denen die Fluggäste per Omnibussen zu den Flugzeugstandplätzen gebracht werden oder über gedeckte Teleskopbrücken direkt an Bord der Flugzeuge gelangen. Zur Frachtabfertigung werden spezielle Luftfrachtcontainer verwendet; die Abfertigungsanlagen sind hoch mechanisiert und automatisiert. Die **Tankanlagen** umfassen unterird. Kraftstofflager sowie Unterflurzapfanschlüsse auf dem Vorfeld, aus denen die Flugzeuge über ↑Dispenser betankt werden. Die für Lenkung und Überwachung des Verkehrs erforderl. Flugsicherungsanlagen und Einrichtungen für die Nachrichtenübermittlung sind im **Kontrollturm** (engl. **Tower**) untergebracht, der Überblick über Vorfeld, Rollwege und Pisten gewährt. Vom Kontrollturm aus werden auch die bodenseitigen ↑Landehilfen bedient und überwacht.

📖 Treibel, W.: Gesch. der dt. Verkehrsflughäfen. Eine Dokumentation von 1909 bis 1989. Bonn 1992. – Bachmann, P.: Internat. Flughäfen Europas. Pläne – Daten – Fakten. Stuttgart 1995.

Flughahn (Dactylopterus volitans), im Mittelmeer lebender, bis 50 cm langer Fisch der Familie **Flatterfische** (**Flughähne**, Dactylopteridae) mit flügelähnl. Brustflossen.

Flughaut (Patagium), bei Wirbeltieren ausspannbare, durch das Gliedmaßenskelett oder besondere Skelettbildungen gestützte Hautfalte, die zum Gleitflug oder (bei den Flattertieren) zum aktiven Flug befähigt.

Flughörnchen (Gleithörnchen, Pteromyinae), Unterfamilie der Hörnchen, nächtlich lebende Nagetiere der nördl. Erdhälfte mit fallschirmartiger Haut zw. den Beinen. Zu den F. gehören u. a. der **Assapan** (Glaucomys volans), das **Europ. F.** (Pteromys volans) und der in SO-Asien beheimatete **Taguan** (Petaurista petaurista).

Flughühner (Pteroclididae), Familie rebhuhngroßer Vögel mit 16 Arten; Schnabel und Beine kurz, Flügel lang und spitz. F. leben in den Wüsten und Steppen Afrikas und Asiens, das **Sandflughuhn** (Pterocles orientalis) und das **Spießflughuhn** (Pterocles alchata) auch auf der Iber. Halbinsel und in Südfrankreich, das **Steppenhuhn** (Syrrhaptes paradoxus) ist in Asien verbreitet.

Flughunde (Fliegende Hunde, Pteropodidae), Familie der Flattertiere mit etwa 170 Arten in den Tropen und Subtropen der Alten Welt. Der Kopf ist hundeähnlich, ein Schwanz fehlt oder ist kurz. F. schlafen tagsüber in Höhlen oder Bäumen, manche frei hängend zu Hunderten in einem Baum. Zu den F. gehört der malaiische **Kalong** (Pteropus vampyrus) mit einer Flughautspannweite bis zu 1,5 m; etwas kleiner ist der **Flugfuchs** (Pteropus giganteus) aus Vorderindien und Ceylon. Männchen der afrikan. **Epauletten-F.** (Epomophorus) tragen Drüsenhaarbüschel an den Schultern.

Flugkörper, Sammelbez. für unbemannte Fluggeräte mit oder ohne Eigenantrieb, die sich auf ↑Flugbahnen (**aerodynam. F.**) oder auf einer aus Antriebs- und ballist. Freiflugbahn bestehenden Bahn (**ballist. F.**) bewegen. F. können gelenkt (↑Lenkflugkörper) oder ungelenkt sein. Sie dienen überwiegend militär. Zwecken.

Fluglärm, störender Schall von Luftfahrzeugen im Frequenzbereich von etwa 300 bis 5 000 Hz. Bei Strahlflugzeugen unterscheidet man zw. **Strahllärm** (der aus dem Triebwerk austretenden Gase) und **Triebwerkslärm** (Strömungsvorgänge in den rotierenden Triebwerksteilen). Beim Überschallflugzeug entsteht der **Schallknall** (↑Schallmauer). Deshalb ist der zivile Überschallflug über dem Gebiet vieler Staaten, auch dem der Bundesrep. Dtl., verboten. Maßnahmen zur Minderung des F. sind Flugbetriebsbeschränkungen, spezielle An- und Abflugverfahren. Das Bundes-Ges. zum Schutz gegen F. vom 30. 3. 1971 legt ferner zwei Lärmschutzzonen mit Baubeschränkungen und Bauverboten in der Nähe von Flughäfen fest.

Fluglotsen (Flugsicherungslotsen), Bedienstete im Flugverkehrskontrolldienst der Flugsicherung, die in bodengebundenen Kontrollstellen (Kontrollturm, »Tower«) den Flugverkehr überwachen und durch Funkkontakt mit den Luftfahrzeugen den Flugverkehr lenken und sichern.

Flugmechanik, die Wiss. von den Bewegungen, Flugeigenschaften und -leistungen von Luftfahrzeugen bzw. Flugkörpern unter der Einwirkung von Antriebs-, Luft-, Massen- und Steuerkräften sowie den von ihnen herrührenden Drehmomenten.

Flugmedizin (Luftfahrtmedizin), Teilgebiet der Medizin, das sich mit dem Verhalten und den körperl. Reaktionen des Menschen beim Fliegen innerhalb und außerhalb der Erdatmosphäre (↑Raumfahrtmedizin) befasst; Aufgaben: Erforschung, Verhütung, Beseitigung und Kontrolle der Schäden, die durch Aufenthalt und Tätigkeit in luftverdünnter Atmosphäre oder durch Beschleunigungskräfte entstehen; auch Eignungsuntersuchungen und ärztl. Überwachung des fliegenden Personals. Für den Bereich der Bundeswehr besteht das Flugmedizin. Inst. der Luftwaffe in Fürstenfeldbruck.

Flugmeteorologie, Gebiet der angewandten Meteorologie, beschäftigt sich bes. mit der Vorhersage des Flugwetters auf der Flugstrecke, der **Streckenvorhersage** (Bewölkung, Sichtverhältnisse, Niederschlag, Wind, Vereisungsgefahr u. a.), und des Landewetters sowie mit der Beratung über günstige Flughöhen und -routen **(Flugwetterdienst).** Die für diese Dienste zuständigen **Flugwetterwarten** arbeiten internat. zusammen.

Flugmodell, flugfähiges, unbemanntes Kleinstflugzeug, dessen Masse nach internat. Vorschriften 5 kg und dessen Tragflächen 1,5 m^2 nicht überschreiten dürfen. Vorbildgetreue Maßstabmodelle werden als **Flugzeugmodelle** oder **Modellflugzeuge** bezeichnet. – Als Baustoffe werden Leichthölzer (Balsaholz), zunehmend Kunststoffe u. a. verwendet. Mit F. werden flugsportl. Wettbewerbe durchgeführt.

Flugmotoren, den Anforderungen des Flugbetriebes angepasste Verbrennungsmotoren, fast ausschl. Viertakt-Hubkolbenmotoren (häufig 4- oder 6-Zylinder-Boxermotoren), deren Leistungen heute bis etwa 400 kW reichen (Sport-, Landwirtschafts-, kleinere Reiseflugzeuge). Die stärkeren F. wurden von den ↑Strahltriebwerken verdrängt.

Flugnavigation, ↑Funknavigation, ↑Navigation.

Flugplatz, eine für Start und Landung von Luftfahrzeugen bestimmte und behördlich zugelassene Land- oder Wasserfläche. (↑Flughafen)

Flugregler, Systemteil einer automat. Flugzeugsteuerung, das die von Messgebern ermittelten Istwerte der Flugbewegung mit vorgegebenen Sollwerten vergleicht und daraus Korrektursignale zur Überführung der Istbewegung in die Sollbewegung bestimmt.

Flughunde: Flugfuchs (Pteropus giganteus)

Flugsand, vom Wind transportierter Sand; wird bei der Ablagerung (als ↑Dünen oder F.-Decken und -felder) nach Korngrößen sortiert: je weiter vom Ausblasungsort entfernt, desto feinkörniger; die feinsten Bestandteile **(Flugstaub)** bilden dagegen den ↑Löss.

Flugsaurier (Flugechsen, Pterosauria), ausgestorbene, vom Lias bis zur oberen Kreide weltweit verbreitete flugfähige, vogel- oder fledermausähnl. Reptilien. Wichtige Fundorte von Fossilien sind die Plattenkalke von Solnhofen und Eichstätt sowie der Posidonienschiefer von Holzmaden (bei Kirchheim unter Teck).

Flugschanze, *Skispringen:* ↑Sprungschanze.

Flugschrauber, ein Drehflügelflugzeug, dessen Rotor durch zusätzl. Antriebsanlagen von der Vortriebserzeugung entlastet wird; erreicht höhere Fluggeschwindigkeiten als ein Hubschrauber.

Flugschreiber, der ↑Flugdatenschreiber.

Flugschriften, Broschüren oder Einblattdrucke **(Flugblätter, fliegende Blätter),** die man zur Aufklärung, öffentl. Meinungsbildung (polit. Streit- und Parteischriften) u. a. rasch und weit zu verbreiten sucht. F. erschienen bald nach der Erfindung des Buchdrucks; sie können als Vorläufer der Zeitungen gelten und wurden schon zu Beginn des 16. Jh. oft auch so genannt (»Newe Zeitung«). Bes. Geschichtsquellen sind die F. aus Zeiten politisch und sozial brisanter Situationen (Reformation, Dreißigjähriger Krieg).

Flugschriften: Augsburger Flugschrift aus dem 17. Jahrhundert

Flugschule, ↑Fliegerschule.
Flugsicherung, Organisation (F.-Dienst) und Maßnahmen zur Gewährleistung der Sicherheit im Luftverkehr, im Rahmen der Vereinbarungen des Weltverbandes des Luftverkehrs (IATA) internat. geregelt. In Dtl. oblag die F. bis 31. 12. 1992 der Bundesanstalt für F. (BFS), Sitz: Frankfurt am Main. Nach Änderung des Luftverkehrsges. wurde die BFS aufgelöst, und ihre Aufgaben wurden mit Wirkung vom 1. 1. 1993 der privatrechtlich verfassten Deutschen F. GmbH (DFS) übertragen. Aufgaben der F. sind die Flugverkehrskontrolle zur Überwachung und Lenkung der Bewegungen im kontrollierten Luftraum und auf den Rollflächen von Flugplätzen, die Verkehrsflussregelung und die Steuerung der Luftraumnutzung, der Fluginformationsdienst, die Mitwirkung beim Such- und Rettungsdienst für Luftfahrzeuge (Flugalarmdienst) sowie bei der Flugberatung, ausgenommen Flugwetterberatung. Der Luftraum über dem größten Teil der Erdoberfläche und über den Weltmeeren ist in Fluginformationsgebiete und obere Fluginformationsgebiete eingeteilt. Die Fluginformationsgebiete reichen von Grund bis Flugfläche 245 (7500 m Höhe), die oberen Fluginformationsgebiete von Flugfläche 245 bis unbegrenzt nach oben.

📖 *Mensen, H.:* Moderne F. Organisation, Verfahren, Technik. Berlin u. a. ²1993. – Human factors in air traffic control, hg. v. M. W. Smolensky u. a. San Diego, Calif., 1998.

Flugsport (Luftsport), die sportl. Betätigung mit Luftfahrzeugen als Freizeitgestaltung oder bei Wettbewerben; umfasst folgende Sparten: 1) ↑Drachenfliegen, ↑Hängegleiten, ↑Paragliding, 2) ↑Fallschirmsport, 3) ↑Freiballonsport, 4) Modellflug (↑Flugmodell), 5) Motorflug (↑Motorflugsport, ↑Kunstflug), 6) ↑Segelflug und 7) Ultraleichtfliegen (↑Ultraleichtflugzeug).

Flugstaub, von Verbrennungsgasen mitgeführte oder bei Abkühlung aus dem Dampfzustand kondensierte Feststoffteilchen.

Flugüberwachungsgeräte, Teil der ↑Bordinstrumente.

Flugverbotszone, Bez. für ein Gebiet, das für bestimmte Luftfahrzeuge gesperrt ist; so die nach dem Golfkrieg (1991) verhängte F. für irak. Flugzeuge nördlich des 36. Breitengrades zum Schutz dort lebender Kurden sowie die seit 1992 verhängte F. im S-Irak (seit 1996 bis zum 33. Breitengrad) zum Schutz der schiit. Opposition.

Flugverkehr, der ↑Luftverkehr.
Flugwetterdienst, Teil der ↑Flugmeteorologie.

Flugwild (Federwild), die jagdbaren Vögel.

Flugzeitmethode (Laufzeitmethode), Verfahren zur Identifizierung von Teilchen durch die Messung ihrer Flugzeit (Laufzeit) zw. zwei Zählern (Szintillationszählern) über eine bekannte Flugstrecke. Auf der F. beruhen z. B. **Flugzeitspektrometer.** Sie dienen zur Bestimmung der Energie von atomaren Teilchen, v. a. von Neutronen (↑Neutronenspektrometer).

Flugzeug, ein Luftfahrzeug, schwerer als Luft, das durch den aerodynam. Auftrieb fester oder umlaufender Flügel oder durch die Reaktionskräfte von Strahlantrieben getragen wird (↑Flug).

Auftriebserzeugung: Zur Auftriebserzeugung werden die Vertikalkomponenten der bei einer Relativbewegung zw. umgebender Luft und umströmten Körpern entstehenden, senkrecht zur Bewegungsrichtung wirkenden Querkräfte genutzt, die bei F. an den bes. geformten Tragflügeln auftreten oder bei den Drehflüglern von den rotierenden Flügelblättern (Rotoren) erzeugt werden. Beim **Starrflügel-F.** sind die Tragflügel fest mit dem F. verbunden, weshalb Auftrieb nur bei Bewegung des gesamten F. erzielt wird. Beim **Drehflügel-F.** ist die Bewegung der Auftrieb bewirkenden Flügelblätter unabhängig von der Bewegung des F., was ortsfesten Schwebeflug ermöglicht, der auch mit strahlgetragenen F. erreichbar ist (↑Hubstrahler).

Vortriebserzeugung: Gleit- und **Segel-F.** sind antriebslos, bei ihnen überwindet die in Flugrichtung weisende Komponente der Gewichtskraft den Widerstand. Beim angetriebenen F. werden dafür entweder durch Flugmotoren angetriebene ↑Luftschrauben oder von Strahltriebwerken bewirkte Reaktionskräfte austretender Gasströme genutzt. F. mit Vortriebserzeugung durch Luftschrauben heißen nach Art der Antriebsmaschine **(Kolben-)Motor-F.** oder **Propellerturbinen-F.** (Turboprop-F.); bei Vortriebserzeugung durch ↑Strahlantrieb spricht man von **Strahl-** oder **Düsen-F.** oder von **Raketen-Flugzeugen.**

Start- und Landetechnik: Flachstart-F. benötigen eine horizontale Beschleunigungs- und Verzögerungsstrecke, die bei Kurzstartflugzeugen sehr klein sein kann; **Senkrechtstart-F.** können ohne horizontale Bewegung senkrecht aufsteigen und landen. **Land-F.** starten und landen auf Bodenflächen, **Wasser-F.** und **Flugboote** auf Wasserflächen, **Amphibien-F.** können sowohl Land- als auch Wasserflächen benutzen.

Baugruppen: Ein F. besteht aus einzelnen Bauteilen, die zu Baugruppen und Hauptbaugruppen zusammengefasst werden können. Nach der Anordnung der einzelnen Baugruppen zueinander unterscheidet man Bauarten, nach der Materialwahl sowie nach Art des Aufbaus von Bauteilen und Baugruppen werden Bauweisen unter-

Flugzeug: Doppeldecker-Gleitflugzeug (Hängegleiter) von Otto Lilienthal; 1894

schieden. Hauptbaugruppen sind das **Flugwerk,** die **Triebwerksanlage** und die **Ausrüstung.** Zum Flugwerk gehören die Baugruppen Tragwerk, Rumpfwerk, Leitwerk (die zus. die Zelle bilden) sowie Steuerwerk und Fahrwerk. Das **Tragwerk** umfasst alle zur Erzeugung und Aufnahme der tragenden Luftkräfte erforderl. Bauteile: die Tragflügel einschl. aller Anschluss- und Versteifungsglieder (Abstrebungen, Verspannungen), die Querruder, alle Hochauftriebsmittel, Störklappen, Grenzschichtzäune und am Flügel angebrachte Bremsklappen. Nach der Art der Tragflügel unterscheidet man Geradflügel- und Ringflügel-F., nach deren Anzahl Eindecker und Mehrdecker (z. B. Doppeldecker) und nach der Lage der Flügel zum Rumpf Tiefdecker, Mitteldecker, Schulterdecker und Hochdecker. Das Tandemflügel-F. besitzt zwei hintereinander liegende Flügel, während F., die weder Rumpf noch Leitwerk besitzen, Nurflügel-F. genannt werden.

Der **Rumpf** nimmt Besatzung, Fluggäste, Nutzlast, Ausrüstung und häufig auch Triebwerke sowie Betriebsstoffe auf und verbindet das Tragwerk mit dem Leitwerk sowie mit dem Fahr- oder Schwimmwerk.

FLU Flugzeug

Flugzeug: eine Junkers Ju 52 auf dem Flugplatz in Dessau (heute Luftfahrtmuseum)

Er wird bei Verkehrs-F. meist als ↑Druckkabine ausgebildet und enthält bei Fracht-F. große Ladeporten an Bug oder Heck.

Das **Leitwerk** dient der Stabilisierung und Steuerung. Es besteht aus starr mit dem Rumpf oder besonderen Leitwerksträgern verbundenen Flächen (Flossen oder Dämpfungsflächen) sowie den bewegl. Rudern, an denen im ausgeschlagenen Zustand am fliegenden F. Luftkräfte wirksam werden, die Drehmomente um die Hauptachsen ausüben und entsprechende Drehbewegungen hervorrufen. Bei der Normalbauart sind Höhen- und Seitenleitwerk hinter dem Tragflügel angeordnet, beim Enten-F. liegt das Höhenleitwerk vor dem Tragflügel. Beim Nurflügel-F. befinden sich auch die Höhenruder an der Hinterkante der Tragflügel.

Das **Steuerwerk** dient zur Betätigung der Ruder durch Übertragung der vom Flugzeugführer an den Steuerorganen (Steuerknüppel oder -säule für Höhen- und Querruder und Pedale für Seitenruder) aufgebrachten Steuerbewegungen oder durch Übertragung elektr. Impulse (↑Fly-by-Wire). Die Steuerkräfte werden entweder direkt durch Seilzüge, Stoßstangen oder Drehwellen auf die Ruder übertragen (Handkraftsteuerung), oder die Ruder werden (bei großen F. oder bei hohen Fluggeschwindigkeiten) durch mechanisch oder elektrisch aktivierte Stellmotoren verstellt. Auch die Betätigungsvorrichtungen für Hochauftriebsmittel, Störklappen, Bremsklappen und Trimmklappen gehören zum Steuerwerk. (↑Direktkraftsteuerung) Das **Fahrwerk** besteht aus den aus Streben, Federbeinen und Radträgern gebildeten Fahrgestellen, den Laufrädern, den Radbremsen sowie ggf. einem ↑Sporn. Das Zweirad- oder Spornfahrwerk (nur noch bei Leicht-F.) besitzt zwei Radsätze kurz vor dem Schwerpunkt und einen Sporn zur Abstützung des Rumpfhecks. Beim heute überwiegenden Dreirad- oder Bugradfahrwerk befinden sich zwei Radeinheiten kurz hinter dem Schwerpunkt und ein lenkbarer Radsatz unter dem Rumpfbug. Das Fahr-

Flugzeug: Airbus A 340

Flugzeug FLU

werk kann entweder starr am Trag- oder Rumpfwerk angeschlossen sein, oder es wird zur Minderung des Luftwiderstands im Fluge in Flügel bzw. Rumpf eingezogen (Einziehfahrwerk). Das **Schwimmwerk** von Wasser-F. besteht aus zwei durch Streben angeschlossenen Einzelschwimmern oder einem Zentralschwimmer mit seitl. Stützschwimmern.

Die **Triebwerksanlage** liefert die Vortriebskraft durch Beschleunigung eines durch sie hindurch geströmten Luftstromes. Luftschrauben (Propeller) erteilen einer großen Luftmenge eine kleinere Zusatzgeschwindigkeit, ↑Strahltriebwerke einer kleineren Luftmenge eine größere Zusatzgeschwindigkeit. Strahltriebwerke sind zur Überwindung des im Schallgrenz- und Überschallbereich sehr hohen Luftwiderstandes besser geeignet als Propellertriebwerke und ermöglichen damit höhere Fluggeschwindigkeiten. Luftschrauben werden durch Kolbenmotoren oder Gasturbinentriebwerke angetrieben; als Strahlantrieb kommen Luft atmende Triebwerke (Turbinenluftstrahl- oder Staustrahltriebwerke) und für Spezialzwecke Raketentriebwerke zur Anwendung. Nach Anzahl der Triebwerke unterscheidet man ein- oder mehrmotorige bzw. ein- oder mehrstrahlige F. Propellertriebwerke wer-

den meist in der Rumpfspitze oder an den Tragflügelvorderkanten (seltener im Heck oder an den Tragflügelhinterkanten) eingebaut; Strahltriebwerke befinden sich in den Tragflügeln oder in Gondeln unter oder über dem Flügel, im Rumpf oder in Gondeln am Rumpf (meist seitlich am Heck). Zur Triebwerksanlage gehören weiterhin die Triebwerkaufhängung, Kühlanlagen, Lufteinlauf- und Schubumkehranlagen sowie die Betriebsstoffbehälter.

Die **Ausrüstung** umfasst Energieversorgungsanlagen (elektr., hydraul., pneumat.), Überwachungsgeräte (Flug-, F.- und Triebwerküberwachungsgeräte), Regelungsgeräte, Nachrichten- und Navigationsgeräte, Druckhaltungs- und Klimaanlagen, Sicherheitsanlagen und Rettungsgeräte sowie auf den jeweiligen Verwendungszweck ausgerichtete Sonderausrüstungen.

Flugzeug: Boeing 747 der australischen Qantas Airways auf der Rollbahn

Bauweisen: Nach den verwendeten Werkstoffen unterscheidet man Holzbauweise, Gemischtbauweise (Holz, Stahl, Leichtmetalle), Ganzmetallbauweise (Aluminiumlegierungen, Titan, Stahl) und Verbundwerkstoff- oder Kunststoffbauweise (Glas-, Kohlenstoff- oder Borfasern in Kunstharz- oder Leichtmetallbindung). Nach Art der Kräfteaufnahme in den tragenden Bauteilen unterscheidet man **Gerüst-** oder **Fachwerkbauweise** sowie **Schalenbauweise,** bei der die durch viele Längs- und Querprofile versteifte Außen-

haut weitgehend zur Kraftaufnahme herangezogen wird. Nach der Herstellungsart der Schalenbauteile unterscheidet man die Differenzialbauweise (Schale aus einzelnen durch Nietung oder Verschraubung verbundenen Bauteilen), die integrierende Bauweise (durch Metallkleben oder Schweißen verbundene einzelne Bauteile) und die Integralbauweise (Außenhaut mit den Versteifungen aus einem Stück durch Fräsen, Strangpressen oder chem. Abtragung hergestellt). Bei der Doppelschalen- oder Sandwichbauweise werden sehr steife Schalen verwendet, die aus zwei außen liegenden festen Deckschichten (Bleche oder Verbundwerkstoffe) und einer damit verklebten dazwischen liegenden Stützschicht geringer Festigkeit bestehen.
Geschichte: ↑Luftfahrt.
📖 *Enzyklopädie der F.e. Technik, Modelle, Daten,* bearb. v. S. Harris. A. d. Engl. Neuausg. Augsburg 1994. – Käsmann, F. C. W.: *Die schnellsten Jets der Welt. Weltrekord-F.e.* Planegg 1994. – Wölfer, J.: *Von der Junkers F 13 zum Airbus. 75 Jahre deutsche Verkehrsflugzeuge.* Berlin u. a. 1994. – Littek, F.: *Fluggesellschaften u. Linienflugzeuge.* Bonn 2001.
Flugzeugentführung, ↑Luftpiraterie.
Flugzeugführer, Person, die zum Führen eines Flugzeuges berechtigt ist, ↑Luftfahrerschein.
Flugzeugindustrie, ↑Luft- und Raumfahrtindustrie.
Flugzeugraketen, ungelenkte oder gelenkte ↑Raketenwaffen an Bord von Kampfflugzeugen, meist unterhalb des Tragflügels oder am Rumpf mitgeführt.

Flugzeugträger, Kriegsschiff zum Einsatz von Flugzeugen auf See. Start- und Landebahn ist das (schiffslange) Flugdeck, Kommandozentrale die seitlich angeordnete »Insel«; die Flugzeughalle befindet sich unter dem Deck. Zur Verkürzung der Startstrecke dienen Katapulte und Startraketen, zur Verkürzung der Landestrecke Fanghaken und Haltetaue. – Der F. verdrängte im Zweiten Weltkrieg das Schlachtschiff als Hauptwaffe. Ausgestattet mit hoch entwickelten Ortungs- und Waffensystemen spielen F. als Kern schlagkräftiger Flotten auch heute noch eine wichtige Rolle. Größte F. (mit bis zu 86 Flugzeugen; rd. 5 000 Mann Besatzung) sind die der »Nimitz«-Klasse (USA).
Fluid [von lat. fluere »fließen«] *das, Strömungslehre:* Oberbegriff für Flüssigkeiten und Gase.
Fluidik [lat.] *die* (strömungsmechanische Schaltkreistechnik), die Verwendung strömungsmechan. (statt elektron.) Bauelemente, der **Fluidics,** in Analog- und Digitalschaltungen für Steuer- und Verknüpfungsaufgaben. Neben reinen Freistrahlelementen werden auch Schalteinrichtungen mit sehr leichten Kolben und Ventilen verwendet. Anwendungen finden diese verschleißlosen und zuverlässigen strömungsmechan. Schaltelemente, die sich auch als »integrierte Schaltungen« in Platten zusammenfassen lassen, in der Luftfahrt-, Raumfahrt- und Reaktortechnik wegen ihrer Unempfindlichkeit gegen Strahlung, Magnetfelder und Beschleunigungen, außerdem bei Wärmekraft- und Werkzeugmaschinen sowie bei medizin. Geräten.

Flugzeugträger der amerikanischen Marine

📖 *Ebertshäuser, H. u. Helduser, S.:* Fluidtechnik von A bis Z. Mainz ²1995. – *Hutter, K.:* Fluid- u. Thermodynamik. Eine Einführung. Berlin u. a. ²2003.
Fluidität [lat.] *die,* Kehrwert der dynam. ↑Viskosität.
Fluidtechnik, Sammelbez. für die techn. Bereiche der ↑Hydraulik und der ↑Pneumatik.
Fluidum [lat.] *das,* **1)** *allg.:* von jemandem oder einer Sache ausgehende besondere Ausstrahlung, Wirkung.
2) *Naturwissenschaft:* Flüssigkeit, etwas Fließendes; im 17./18. Jh. Bez. für hypothet. Stoffe (z. B. Wärme-F.).
Fluktuation [lat. »das Schwanken«] *die,* **1)** *allg.:* kontinuierl. Wechseln, Schwanken.
2) *Physik:* die Schwankung (↑Schwankungserscheinungen).
3) *Wirtschaft:* Summe aller zwischenbetriebl. Arbeitsplatzwechsel. Betriebswirtschaftlich interessant ist die **F.-Rate** (Zahl der Austritte, bezogen auf den durchschnittl. Personalbestand), die als Indikator für Arbeitszufriedenheit dient. Die »natürl. F.« (z. B. altersbedingtes Ausscheiden) ist ein Mittel, den Personalbestand zu verringern.
Flums, Gemeinde im Bezirk Sargans, Kt. St. Gallen, Schweiz, 454 m ü. M., im Seeztal, 4 900 Ew.; Baumwollind., Maschinenbau; Sommer- und Wintersportgebiet **Flumserberge** (Spitzmeilen 2 501 m ü. M.), durch Sessel- und Skilifte erschlossen.
Flunder, eine Art der ↑Plattfische.
Fluor [von lat. fluor »das Fließen«], **1)** *das, Chemie:* Symbol **F,** chem. Element aus der 7. Hauptgruppe des Periodensystems, ein Halogen. Ordnungszahl 9, relative Atommasse 18,9984, Dichte 1,696 g/cm³, Schmelzpunkt −219,62 °C, Siedepunkt −188,12 °C; es gibt nur künstl. Isotope. − F. ist ein gelbgrünes, sehr reaktionsfähiges Gas, das sich schon bei gewöhnl. Temperatur mit den meisten Elementen (außer Sauerstoff) unter Feuererscheinung verbindet. Es liegt in Form dimerer Moleküle (F_2) vor. In seinen Verbindungen ist F. negativ einwertig; es ist das elektronegativste Element. Die Minerale Flussspat (Fluorit), Kryolith und F.-Apatit sind F.-Verbindungen. Technisch wird F. durch Elektrolyse von Kaliumfluorid, KF, in wasserfreier Flusssäure dargestellt. F. dient als Raketentreibmittel und zur Herstellung von F.-Verbindungen. Die Salze des F. heißen **Fluoride;** sie werden zur Kariesvorbeugung (↑Zahnkaries, ↑Fluoridierung) verwendet. Weitere wichtige F.-Verbindungen sind F.-Wasserstoff und Flusssäure.
2) *der, Medizin:* der ↑Ausfluss.
Fluorchlorkohlenwasserstoffe, Abk. **FCKW** (Chlorfluorkohlenwasserstoffe, Abk. CFKW, Chlorfluorkohlenstoffe, Abk. CFK, Fluorchlorkohlenstoffe, Abk. FCK), niedere Kohlenwasserstoffe, in denen die Wasserstoffatome durch Chlor- und Fluoratome ersetzt sind; unter Druck verflüssigbare Gase oder niedrig siedende Flüssigkeiten von hoher chem. und therm. Beständigkeit; dienen als Treibmittel für Spraydosen, Kältemittel und zum Schäumen von Kunststoffen. – In die Stratosphäre gelangende F. werden durch die kurzwellige solare UV-Strahlung photolysiert und setzen Chlorradikale frei, die mit dem Ozon weiter reagieren und so die Ozonschicht schädigen. Als Folge kann die kurzwellige UV-Strahlung bis zur Erdoberfläche gelangen, und die Gefahr von Hautkrebs erhöht sich. Deshalb wird weltweit nach Ersatzstoffen für F. geforscht. In Dtl. findet z. B. das Ersatzkältemittel »R 134 a« Anwendung, das zwar nicht ozonschädlich ist, jedoch den Treibhauseffekt unterstützt. In der EU ist die Produktion von F. seit dem 1. 1. 1995 verboten, in Dtl. wurden bereits seit 1994 keine F. mehr produziert. In den Ind.staaten ist die Verwendung von F. seit 1996 verboten, in den Entwicklungsländern ab 2010. Produktion und Verwendung der teilhalogenierten F. (HFCKW, als Ersatzstoffe für FCKW entwickelt) sollen von 2004 an stufenweise abgebaut und ab 2020 (Entwicklungsländer ab 2040) ganz verboten werden.
📖 *Hesse, U. u. a.:* Ersatzstoffe für FCKW. *Ersatzkältemittel u. Ersatztechnologien in der Kältetechnik. Ehningen 1992. – FCKW u. FCKW-Ersatzstoffe – Verwendung u. Entsorgung,* hg. v. Landesamt für Umweltschutz Sachsen-Anhalt. Halle 2000.
Fluorescein *das,* Xanthenfarbstoff, der bereits in stärkster Verdünnung deutlich grün fluoresziert; dient u. a. zum Nachweis unterird. Wasserläufe, als Indikator und Farbzusatz.
Fluoreszenz [lat.-engl.] *die,* nach dem Fluorit (Flussspat) ben. Form der Lumi-

FLU Fluoreszenzanalyse

neszenz von gasförmigen, flüssigen oder festen Stoffen, die die nach Bestrahlung mit Licht, UV-, Röntgen- oder Elektronenstrahlen absorbierte Energie in Form von elektromagnet. Strahlung gleicher (**Resonanz-F.**) oder längerer Wellenlänge (↑stokessche Regel) wieder abgeben. F. zeigen neben Fluorit v. a. Uranverbindungen, Salze von Seltenerdmetallen und Dämpfe von Quecksilber, Natrium sowie organ. Stoffe. Im Ggs. zu der durch Nachleuchten gekennzeichneten ↑Phosphoreszenz gehen die durch die Bestrahlung angeregten Elektronen des F.-Stoffes praktisch spontan (etwa innerhalb von 10^{-8} s nach der Anregung) unter Emission einer charakterist. F.-Strahlung in den Grundzustand zurück. Die Messung der dabei aufgenommenen F.-Spektren ist Gegenstand der F.-Spektroskopie.

Fluoreszenzanalyse, Sammelbez. für analyt. Methoden, die die charakterist. Fluoreszenz bestrahlter Stoffe zum Nachweis von Substanzen in Verbindungen ausnutzen. Hierzu gehören die Fluoreszenzspektroskopie, -mikroskopie und die Röntgenfluoreszenzanalyse.

Fluoreszenzangiographie, Darstellung der Netzhautgefäße durch intravenöse Einspritzung von 5–10 cm³ Natriumfluoresceinlösung zur Diagnose von Durchblutungsstörungen, Gefäßschäden und hierdurch verursachte Netzhautveränderungen.

Fluoreszenzmikroskopie, Verfahren der Mikroskopie: Präparate, die fluoreszierende Stoffe enthalten, werden mit ultraviolettem Licht zur Fluoreszenz im sichtbaren Licht angeregt und in diesem betrachtet; Anwendung z. B. in der Kriminalistik, Diagnostik.

Fluoreszenzspektroskopie, die Aufnahme und Auswertung der charakterist. Fluoreszenzspektren von Gasen, Flüssigkeiten sowie Festkörpern für Strukturbestimmungen von Atomen, Molekülen und Kristallen oder zum analyt. Nachweis. Man unterscheidet die **Emissions-F.**, bei der mit einer festen Wellenlänge angeregt und die Intensität der Fluoreszenzstrahlung über einen definierten (großen) Spektralbereich gemessen wird, und die **Anregungs-F.**, bei der die Fluoreszenzintensität bei einer festen Wellenlänge in Abhängigkeit von der Wellenlänge der Anregungsstrahlung registriert wird. Für die Aufnahme der Fluoreszenzspektren werden heute meist laserinduzierte Fluoreszenzspektrometer verwendet.

Fluoridierung, Zusatz von Fluorverbindungen (z. B. Natriumfluorid) zu bestimmten diätet. Lebensmitteln oder Zahnpflegemitteln im Rahmen der Kariesprophylaxe. Außerdem ist in Dtl. fluoridiertes Kochsalz erhältlich. Die **Trinkwasser-F.** (etwa 1 mg chemisch gebundenes Fluor je Liter; in Dtl. verboten) ist umstritten, da eine gezielte Dosierung kaum gewährleistet ist (↑Fluorvergiftung).

Fluorit der, ↑Flussspat.

Fluorkohlenwasserstoffe, Abk. **FKW**, Kohlenwasserstoffe, in denen Wasserstoffatome durch Fluor ersetzt sind. Bei vollständiger Substitution der Wasserstoffatome spricht man von perfluorierten Kohlenwasserstoffen. Sie werden techn. durch Reaktion von Chlorkohlenwasserstoffen mit Fluorwasserstoff oder Metallfluoriden hergestellt. Wird das Chlor dabei nicht vollständig gegen Fluor ausgetauscht, entstehen ↑Fluorchlorkohlenwasserstoffe. F. unterscheiden sich von den entsprechenden Kohlenwasserstoffen durch größere therm. und chem. Stabilität, niedrigere Oberflächenenergie, Dielektrizitätskonstanten und Brechzahlen, geringere Löslichkeit und höhere Dichte. Deshalb werden F. in vielen techn. Bereichen angewendet, z. B. als Kältemittel, hydraul. Flüssigkeiten, Schmiermittel, Rohstoffe für hoch beständige Kunststoffe. – Chlorfreie F. werden in der Stratosphäre relativ schnell photochemisch abgebaut, ohne die Ozonschicht zu schädigen; sie dienen daher zum Teil als Ersatzstoffe für Fluorchlorkohlenwasserstoffe.
📖 ↑Fluorchlorkohlenwasserstoffe

Fluormethode (Fluortest), Methode zur Altersbestimmung von fossilen Knochen und Zähnen. Die im Grundwasser enthaltenen Fluorionen wurden auf dem Austauschwege dem Calciumphosphat der Knochen eingelagert; ihr Fluorgehalt ist mikrochemisch bestimmbar und erlaubt unter günstigen Umständen eine relative Altersgruppierung. Häufig wird Fluor zus. mit Uran und Stickstoff bestimmt, was die Sicherheit der Altersaussage erhöht; man spricht dann vom **Fluor-Uran-Stickstoff-** oder **FUN-Test**.

Fluorokieselsäure (Kieselfluorwasserstoffsäure, Hexafluorokieselsäure), H_2SiF_6,

starke anorgan. Säure, als Desinfektions- und Konservierungsmittel verwendet. Ihre Salze, die **Fluorosilikate**, dienen als ↑Fluate und zur ↑Fluoridierung.
Fluorose *die, Medizin:* ↑Fluorvergiftung.
Fluorvergiftung, Gesundheitsschädigung durch Aufnahme von Fluor oder Fluorverbindungen über Magen-Darm-Kanal, Lungen oder Haut. Die **akute F.** äußert sich v. a. in örtl. Reizerscheinungen, in Übelkeit, blutig-schleimigem Erbrechen und Durchfällen. Die **chron. F. (Fluorose)** entsteht z. B. durch langjähriges Einatmen von Fluoridstäuben oder Fluorwasserstoff (entschädigungspflichtige Berufskrankheit). Symptome sind Kurzatmigkeit, Gelenksteifheit, Knochenverhärtung und weißlich fleckige Zahnverfärbungen (**Dentalfluorose**). Letztere können ebenso durch zu intensive Kariesprophylaxe auftreten (bei Aufnahme von mehr als 2 mg/Tag während der Mineralisationszeit des Gebisses).
Fluorwasserstoff, HF, farbloses, stechend riechendes Gas, das technisch durch Einwirkung von Schwefelsäure auf Calciumfluorid hergestellt wird. Seine Lösung in Wasser ist die **F.-Säure** oder **Flusssäure**, eine mittelstarke, stechend riechende, ätzende, giftige, farblose Säure, die viele Metalle und alle kieselsäurehaltigen Stoffe, z. B. Glas, angreift; wird als Lösungsmittel sowie zum Glasätzen benutzt.
Flur, die zu einer Gemeinde, einem Siedlungs- oder Wirtschaftsverband gehörende landwirtsch. Nutzfläche. Nach der Form der einzelnen Flurstücke (Parzellen) lassen sich zwei Gruppen von **F.-Formen** unterscheiden: **Blockfluren** mit unregelmäßig umgrenzter Flur unterschiedl. Größe und **Streifenfluren**, bei denen nach Größe (kurz, lang; breit, schmal) und Anordnung (gleich- oder kreuzverlaufend, gereiht, radial) unterschieden wird. Zu den Breitstreifenfluren gehört z. B. die **Hufenflur**, bei der sich an die an einer Straße oder einem Kanal aufgereihten Höfe die gesamte dazugehörende Flur anschließt. Geschlossener Besitz liegt auch bei der **Radialflur** der Rundlinge vor sowie bei der **Einödflur** (die Felder liegen in geschlossener [arrondierter] Lage um den Einzelhof [Einödhof] herum) und bei den meisten **Großblockfluren**, etwa bei Gütern und Kibbuzim. Liegen die zu einem Hof gehörenden Flurstücke über die gesamte Gemarkung verteilt, spricht man von **Gemengelage**; hierbei bilden gleichlaufende Flurstücke ein Gewann, das sich von den anderen Gewannen mit anderen Richtungen absetzt; der Ort hat eine **Gewannflur**. – Aufgrund des zerstreuten Besitzes bestimmte früher der **F.-Zwang** für alle F.-Stücke eines Dorfes eine einheitlich geregelte Art der Feldbewirtschaftung.
Flurbereinigung (Flurneuordnung, Umlegung), die Neuordnung von zersplittertem oder unwirtschaftlich geformtem landwirtsch. Grundbesitz zur Förderung der land- und forstwirtsch. Erzeugung und der allg. Landeskultur; oft verbunden mit Verlegung der Betriebe (Aussiedlung). Geregelt wird die F. durch das F.-Ges. von 1953 i. d. F. v. 16. 3. 1976 und die F.-Ges. der Länder. Neben den land- und forstwirtsch. werden auch allgemeine Ziele verfolgt, bes. im Interesse des Erhalts und der Gestaltung der Kulturlandschaft und der Verbesserung der Lebensbedingungen im ländl. Raum. Zur Durchführung der F. bilden die betroffenen Grundeigentümer eine Gemeinschaft in der Rechtsform einer Körperschaft des öffentl. Rechts. Die F.-Behörde nimmt den Besitzstand auf, führt nach Abstimmung mit der Gemeinschaft die Neueinteilung durch und plant und überwacht den Ausbau des Wege- und Gewässernetzes. Jeder Teilnehmer ist für seine Grundstücke mit Land von gleichem Wert abzufinden, der in einem besonderen Verfahren ermittelt wird; gelingt dies nicht, ist der Teilnehmer zu entschädigen. Die Kosten der F. werden teils als öffentl. Kassen, teils von den Teilnehmern getragen. Gegen Entscheidungen, die im Rahmen des F.-Verfahrens zu Lasten der Teilnehmer getroffen werden, steht der Rechtsweg zu den Verw.-Ger. offen. – Maßnahmen der F. verändern häufig das Bild der alten Kulturlandschaft und greifen in das biolog. Gleichgewicht ein.
📖 *Recht der F.,* bearb. v. *F. Quadflieg,* Loseblatt-Ausg. Köln 1978 ff. – *F., Naturschutz u. Landschaftspflege,* bearb. v. *B. Koengeter.* Stuttgart ⁴1994. – *Schlosser, F.: Von der F. zur Landentwicklung.* München 1998.
Flurfördermittel, auf dem Boden (Flur) frei verfahrbare, nicht schienengebundene Fördermittel, die je nach Bauart zum Transportieren und/oder Umschlagen (Heben, Stapeln) von Lasten oder zum

Personentransport dienen; z. B. Schlepper, Stapler, Lader, Kranwagen.

Flurformen, ↑Flur.

Flurkarten (Katasterkarten), Pläne und Karten in den Maßstäben 1:500 bis 1:5000, enthalten Angaben über Grenzen, Abmarkungen und Nummern von Flurstücken, über Gebäude, Nutzungsarten und Bodenschätzungsmerkmale. F. dienen dem Nachweis von Liegenschaften und bilden zus. mit den Katasterbüchern das Liegenschaftskataster (↑Kataster).

Flurstück (veraltet Parzelle), Buchungseinheit des Katasters; ein zusammenhängender Teil der Erdoberfläche, der vermessungstechnisch abgegrenzt und in Flurkarten und Katasterbüchern gesondert nachgewiesen wird.

Flurumgang, rituelles Umgehen der Felder, symbol. Erneuerung der Besitzergreifung und mag. Brauch zum Schutz der Fruchtbarkeit des Bodens. In der christl. Kirche wurde der F. zum ↑Bittgang.

Flurverfassung, historisch die Regelung der Besitz- und Bodennutzungsverhältnisse in der bäuerl. Feldflur. Sie erübrigte sich bei Marsch- und Waldhufendörfern, bei denen die Grundstücke in ihrer Gesamtheit unmittelbar ans Gehöft angrenzen. Eine feste Regelung musste dagegen bei Gemengelage (Aufteilung der Feldflur in Gewanne) eintreten.

Flurzwang, ↑ Flur.

Flush [flʌʃ, engl.] der, anfallsweise auftretende Hautrötung im Bereich des Gesichts (auch an Hals, Brust und Oberarmen); Ursache können versch. Arznei- oder Lebensmittel, aber auch psychovegetativer Stress sein.

Fluss, 1) *Geographie:* jedes fließende Gewässer des Festlandes; im allg. Sprachgebrauch werden bedeutendere F. **Ströme,** kleinere **Bäche** und kleinste **Rinnsale** genannt. Sie münden in einen anderen F. (Neben-F.), in einen Endsee oder ein Meer. Das zu einem F. gehörende Gewässernetz bildet dessen **F.-System,** das von diesem entwässerte Landgebiet sein **Strom-, Entwässerungs-** oder **Einzugsgebiet,** das durch eine Wasserscheide vom nächsten getrennt wird. Je nach Klima und Niederschlägen schwankt die Wasserführung im Jahreslauf (Hoch-, Mittel-, Niedrigwasser); in Gebieten ständigen Wechsels von Regen- und Trockenzeit gibt es period. F. (jahreszeitlich fließende) und episod. (nur in unregelmäßigen größeren Abständen erscheinende) F.; beide versickern oder verdunsten oft schon vor ihrer Mündung. Dauer-F. in Trockengebieten heißen **Fremdlings-F.** (z. B. unterer Nil). **Karst-F.** verschwinden im Untergrund (↑Karsterscheinungen), fließen aber oft unterirdisch als **Höhlen-F.** weiter und treten z. T. an anderer Stelle wieder zutage. – Der F. schafft sich in den Tälern eine Rinne, sein **F.-Bett; F.-Terrassen** deuten auf ein ehemals höher gelegenes, breiteres Bett hin. **F.-Verwilderung** nennt man die wiederholte Verlagerung des F.-Betts infolge stark wechselnder Wasserführung. Das **F.-Gefälle** nimmt nach dem Unterlauf hin ab; in leicht geneigten Ebenen verringert sich die Strömung, was zu Laufverlängerung, z. T. in Schlingen (Mäander), führt. Den Lauf querende harte Gesteinsschichten bewirken Stauungen, Wasserfälle, Stromschnellen. Das vom F. transportierte Material (Gesteinsschutt, Sinkstoffe), auf langem Weg zerrieben und gerundet, wird bei merkl. Strömungsverminderung als Kies-, Sand- oder Schlammbank abgelagert. Dabei kann sich das F.-Bett so weit erhöhen, dass der Wasserspiegel über der Umgebung liegt und der F. zw. Uferdämmen fließt (Damm-F.). Vor der Mündung kann es zur Auffächerung des F.-Laufs kommen (Deltabildung), an Gezeitenküsten zur Verbreiterung des gesamten F. (Trichtermündung, Ästuar). (↑Tal, ↑Flussregelung, ↑Gewässerschutz).

📖 Hantke, R.: *Flußgesch. Mitteleuropas. Skizzen zu einer Erd-, Vegetations- u. Klimagesch. der letzten 40 Millionen Jahre.* Stuttgart 1993. – Brehm, J. u. Meijering, M. P. D.: *Fließgewässerkunde. Einführung in die Ökologie der Quellen, Bäche u. Flüsse.* Wiesbaden ³1996. – *Quellen, Bäche, Flüsse u. andere Fließgewässer. Biotope erkennen, bestimmen, schützen,* hg. v. C.-P. Hutter, Beiträge v. W. Konold u. J. Schreiner. Stuttgart u. a. 1996.

2) *Heraldik:* von Wellenlinien begrenzter Pfahl, Balken, Schrägbalken.

3) *Physik:* 1)↑Vektorfluss (z. B. ↑elektrischer Fluss, ↑magnetischer Fluss); 2) Wärmefluss (↑Wärmestrom).

Flussbarsch, ↑Barschartige Fische.

Flussdiagramm (engl. Flowchart), in der *Mathematik* allg. die graf. Darstellung der Ablaufstruktur eines Algorithmus, die die zweckmäßige Aufeinanderfolge logischer

Flüsse FLU

Flüsse (Auswahl; Längenangaben[1] in km)

Europa	
Wolga	3 530
Donau	2 850
Ural[2]	2 428
Dnjepr	2 200
Don	1 870
Petschora	1 809
Kama	1 805
Oka	1 500
Belaja	1 430
Dnjestr	1 352
Rhein	1 320
Elbe	1 165
Wytschegda	1 130
Donez	1 053
Weichsel	1 047
Loire	1 020
Tajo	1 007
Theiß	966
Pruth	953
Maas	950
Save	945
Memel	937
Oder	910
Ebro	910
Duero	895
Rhone	812
Warthe	808
Maros	803
Guadiana	778
Seine	776
Pripjet	775
Drau	749
Weser (mit Werra)	732
Götaälv (mit Klarälv)	720
Afrika	
Nil (mit Kagera)	6 671
Kongo	4 374
Niger	4 160
Sambesi	2 660
Oranje	2 250
Okawango	1 800
Juba	1 650
Limpopo	1 600
Senegal	1 430
Nordamerika	
Mississippi (mit Missouri)	5 970
Mackenzie	4 241
Yukon River	3 185
Sankt-Lorenz-Strom[3]	3 058
Rio Grande (del Norte)	3 034
Nelson River	2 575
Colorado	2 334
Arkansas River	2 333
Ohio	2 102
Columbia	2 000
Südamerika	
Amazonas	6 500
Paraná[4]	3 700
São Francisco	2 900
Tocantins	2 699
Paraguay	2 500
Orinoco	2 140
Uruguay[4]	1 650
Asien	
Jangtsekiang	6 300
Ob (mit Irtysch)	5 410
Hwangho	4 845
Mekong	4 500
Amur (mit Argun)	4 440
Lena	4 400
Jenissei (mit Großem Jenissei)	4 092
Euphrat (mit Murat)	3 380
Indus	3 200
Syrdarja	3 019
Brahmaputra[5]	3 000
Ganges[6]	2 700
Amudarja	2 540
Ural[2]	2 428
Salween	2 414
Irawadi	2 000
Tigris	1 950
Angara	1 779
Australien	
Darling	2 720
Murray	2 570

1) Länge und Einzugsgebiete von Flüssen werden in Statistiken oder geographischen Werken oft unterschiedlich angegeben. Bei einigen der größten Ströme führt die fortschreitende Erforschung und Kartierung, besonders der Quellgebiete, zu neuer Berechnung; ferner besteht oft keine einheitliche Auffassung über die Einbeziehung von Quellflüssen und Flussmündungen. – 2) Grenzfluss zwischen Europa und Asien. – 3) Von der Quelle des Saint Louis River (Minnesota) an, mit Großen Seen. – 4) Paraná und Uruguay vereinigen sich zum Río de la Plata. – 5) Benutzt das Mündungsdelta zum Teil mit dem Ganges gemeinsam. – 6) Benutzt das Mündungsdelta zum Teil mit dem Brahmaputra gemeinsam.

FLU Flussdichte

Flussmuscheln: Flussperlmuschel

und arithmet. Operationen sichtbar macht. Spezielle F. in der *Informatik* sind ↑Datenflussplan und ↑Programmablaufplan.

Flussdichte, *Physik:* 1) ↑elektrische Flussdichte; 2) ↑magnetische Flussdichte; 3) ↑Neutronenflussdichte.

Fluss Eridanus, das Sternbild ↑Eridanus.

flüssige Kristalle (Flüssigkristalle, kristalline Flüssigkeiten), organ. Verbindungen aus lang gestreckten Molekülen, bei denen sich in bestimmten Temperaturbereichen bestimmte »Kristallstrukturen« (Texturen) bilden. Man unterscheidet die **nemat. Phase** (die Moleküle sind ausgerichtet, aber nicht in Schichten angeordnet), die **smekt. Phase** (Moleküle in Schichten angeordnet und senkrecht dazu ausgerichtet) sowie die **cholesterin. (cholester.) Phase** (Moleküle sind schichtweise orientiert, die Schichten sind schraubenartig verdreht). Durch Anlegen äußerer Felder können die opt. Eigenschaften (z. B. Farbe, Transparenz) reversibel geändert werden; dies nützt man in ↑Flüssigkristallanzeigen aus. – F. K. bilden eine Übergangsstufe, die **Mesophase,** zw. dreidimensional geordneten Phasen (Kristalle) und isotropen Flüssigkeitsphasen. Die von den Kristallen bekannten Anisotropieeffekte wie Doppelbrechung treten auch an f. K. auf.

📖 *Koswig, H. D.: F. K. Eine Einf. in ihre Anwendung.* Berlin ²1990. – *Strobl, G.: Physik kondensierter Materie. Kristalle, Flüssigkeiten, Flüssigkeitskristalle u. Polymere.* Berlin u. a. 2002.

flüssige Luft, Luft, die durch wiederholte Kompression mit Abkühlung auf Temperaturen unter ihrem Siedepunkt (−194,5 °C) gebracht und dadurch verflüssigt wird; wichtiges Kühlmittel und Ausgangsstoff für die Luftzerlegung.

Flüssiggas, bei der Verarbeitung von Erdgas und Erdöl gewonnenes, in Druckbehältern verflüssigtes Propan, Butan, Propylen, Butylen u. a.; wird in der chem. Ind., als Brenngas und Kraftstoff (Autogas) verwendet.

Flüssigkeit, Materie im flüssigen Aggregatzustand, in dem die Atome oder Moleküle eng beieinander liegen, aber leicht gegeneinander verschiebbar sind. Eine F. nimmt daher (im Ggs. zu Festkörpern) die Form des Gefäßes an, behält aber (anders als Gase) ihr Volumen auch unter Druck bei. Ein charakterist. Merkmal von F. ist ihre Fähigkeit, Gefäßwände u. a. zu benetzen (↑Benetzung). Im Unterschied zu Gasen können F. stabile Oberflächen annehmen; in Gefäßen bilden sie unter der Einwirkung der Schwerkraft eine ebene Oberfläche aus, während kleine F.-Tropfen infolge der Oberflächenspannung Kugelform annehmen. Außer bei **kristallinen F.** (↑flüssige Kristalle) fehlt bei F. die Fernordnung der F.-Teilchen. Bezüglich ihres Fließverhaltens unterscheidet man zw. **newtonschen** und **nichtnewtonschen F.** (↑Fließen). Mit Ausnahme des flüssigen Heliums (↑Suprafluidität) existiert in F. stets nur eine flüssige Phase.

Flüssigkeitsgetriebe, ein ↑Druckmittelgetriebe.

Flüssigkristallanzeige (engl. liquid crystal display, Abk. LCD), bei elektron.

Geräten eine Anzeigeeinheit aus ↑flüssigen Kristallen. Dabei befindet sich eine dünne (transparente) Schicht nemat. flüssiger Kristalle zw. zwei durchsichtigen leitenden Platten (Glasplatten mit Elektroden). Wird ein elektr. Feld angelegt, so ändert sich die Orientierung der Kristalle und damit deren opt. Eigenschaften, insbesondere die Transparenz der Schicht; bei bestimmten flüssigen Kristallen sind auch Farbänderungen möglich.

Flüssigkristallbildschirm, Bildschirmtyp, der auf der ↑Flüssigkristallanzeige beruht. Dazu zählen neben den **LCD-Bildschirmen** (zu engl. liquid crystal display), die z. B. als ↑Flachbildschirme eingesetzt werden, auch die **FLC-Bildschirme** (ferroelectric liquid crystal), die ferroelektr. Flüssigkristallmoleküle verwenden.
LCD-Bildschirme lassen sich in passive und aktive Schirme unterteilen. Passive LCD-Bildschirme reflektieren das Licht, woraus sich ein geringer Stromverbrauch ergibt. Bei aktiven LCD-Bildschirmen (auch **TFT-F.** gen.) werden die einzelnen Bildpunkte über Dünnfilmtransistoren (engl. thin film transistor) individuell aktiviert und deaktiviert. Durch eine bes. hohe Beweglichkeit der Kristalle und die präzise Ansteuerung werden die Reaktionszeiten verkürzt und Schattenbildeffekte vermieden. Der TFT-F. erlaubt damit einen hohen Kontrast.

Flusskrebse (Astacidae), Familie der zehnfüßigen Krebse; leben am Grund von klaren, kalkreichen, nicht zu tiefen Gewässern und ernähren sich von Aas, Kleintieren und Wasserpflanzen. Während der Häutungen haben die Tiere einen weichen Panzer **(Butterkrebs). Krebsaugen (Krebssteine)** sind Kalkablagerungen im Magen, die zur Panzerhärtung verbraucht werden. Die Gliedmaßen des 1. Hinterleibringes der Männchen sind zu einem Begattungsorgan umgebildet; das Weibchen trägt die Eier und später die frisch geschlüpften Jungtiere an der Unterseite des Hinterleibs. Der **Edelkrebs (Europ. F.,** Astacus astacus) ist in weiten Teilen Mitteleuropas durch den **Amerikan. F.** (Oronectes limosus) ersetzt worden; daneben kommen **Steinkrebs** (Astacus torrentium), **Dohlenkrebs** (Astacus pallipes) und **Sumpfkrebs** (Astacus leptodactylus) vor.

Flussmittel, Gemischzusätze bei versch. Schmelzprozessen (Metallerzverhüttung, Keramikherstellung, Glasschmelzen), die das Schmelzen oder die Abscheidung bestimmter Stoffe erleichtern oder die Oxidation verhindern. Zu F. gehören auch Desoxidationsmittel, viele Löt- und Schweißhilfsmittel.

Flussmuscheln (Unionidae), Familie weltweit verbreiteter, im Süßwasser lebender Blattkiemer (↑Muscheln), u. a. die Malermuschel.

Flusspferde (Hippopotamidae), Paarhuferfamilie mit zwei dicken, plumpen, fast nackten, kurzbeinigen Arten mit breitem, flachem Kopf, kleinen Augen und Ohren sowie verschließbaren Nasenöffnungen. Die vierzehigen Füße haben Schwimmhäute. F. sind nicht wiederkäuende Pflanzenfresser, sie leben in Afrika südlich der Sahara. Das **Große F. (Nilpferd,** Hippo-

Flusspferde: Großes Flusspferd (Nilpferd)

FLU Flussregelung

potamus amphibius) wird über 4 m lang und über 3 t schwer. Es lebt gesellig außerhalb des geschlossenen Regenwaldes. Paarung, Geburt und Säugen finden im Wasser statt. Das **Zwerg-F.** (Choeropsis liberiensis), bis zu 175 cm lang, 270 kg schwer, bewohnt geschlossene Waldgebiete einzeln oder paarweise in Sümpfen und Dickichten. Die Jungen werden an Land geboren.
Flussregelung, Veränderung eines natürl. Wasserlaufs im Interesse der Schifffahrt sowie der Energie- und Wasserwirtschaft durch Ein- oder Uferbauten und Baggerungen; dient zur Verbesserung der Wasserstands- und Abflussverhältnisse sowie zur Herabsetzung der Fließgeschwindigkeit.
Flusssäure, ↑Fluorwasserstoff.
Flussspat (Fluorit), kub. Mineral der chem. Zusammensetzung CaF_2, selten farblos, oft sehr unterschiedlich gefärbt, durchsichtig, häufig fluoreszierend; meist derb, auch in Würfeln. F. ist überwiegend hydrothermal auf Erzgängen entstanden, es wird zur Herstellung von Flusssäure und Fluor, für Email und Glasuren, als Flussmittel in der Metallurgie sowie in der opt. Ind. verwendet.
Flusstrübe (Schwebe), das durch das fließende Wasser mitgeführte, wegen seiner geringen Korngröße schwebende und deshalb das Wasser eintrübende Material.
Flüstergewölbe (Flüstergalerie), Bez. für einen Raum, in dem an bestimmten Stellen geflüsterte Worte durch Reflexion des Schalls von meist gekrümmten Decken und Wänden an entfernten Stellen deutlich wahrgenommen werden können, während sie im übrigen Raum nicht zu hören sind.
Flut, period. Steigen des Meerwassers zw. Niedrigwasser und Hochwasser. (↑Gezeiten)
Fluten, das Auffüllen spezieller Schiffsräume oder Fluttanks mit Wasser zum Verändern des Tiefgangs oder beim Tauchen.
Flutkraftwerk, ↑Gezeitenkraftwerk.
Flutlicht, Beleuchtung eines Bauwerks, eines Sportplatzes u. a. mit Scheinwerfergruppen, die den Lichtstrom gut verteilen und blendfrei sind.
Flutwellen, sprunghafter Anstieg des Wasserspiegels als Auswirkung der Flut, v. a. im Mündungsbereich von Flüssen. Als F. werden auch langperiod. Meereswellen mit hoher Fortpflanzungsgeschwindigkeit bezeichnet (bei 4 000 m Tiefe 700 km/h),

die durch meteorolog. Ursachen (↑Sturmflut) oder ↑Seebeben auftreten (↑Tsunami) und katastrophale Folgen haben können.
fluviatil [lat.] (fluvial), zum Fluss gehörig, vom Fluss gebildet.
fluvioglazial [lat.] (glaziofluviatil), durch Gletscherschmelzwasser entstanden, z. B. Sander in Nord-Dtl., Schotterfluren im Alpenvorland.
Fluxus [lat. »das Fließen«] der, Begriff der zeitgenöss. Kunst für Aktionen, bei denen ein oder mehrere Künstler (mit Akteuren) versuchen, aktive Veränderungs- und Wandlungsprozesse als Prinzipien der Realität sichtbar zu machen. Im Zusammenspiel von Musik, Theater und bildender Kunst sollen die Grenzen zw. den Künsten, aber auch zw. Künstlern und Publikum aufgehoben werden. Maßgeblich beteiligt an der F.-Bewegung waren N. J. Paik, J. Cage, J. Beuys sowie W. Vostell. 📖 *F., bearb. v. T. Kellein, Ausst.-Kat. Kunsthalle Basel, 1994.* – *Kubitza, A.: F. – Flirt – Feminismus? Berlin 2002.*
Fly-by [ˈflaɪ ˈbaɪ, engl.] das (Swing-by), Raumflugmanöver, bei dem die Freiflugbahn eines Raumflugkörpers bei Annäherung an einen Planeten geändert und dessen Gravitation und Bewegung genutzt wird. Dadurch können erhebl. Treibstoffeinsparungen und Flugzeitverkürzungen erzielt werden (z. B. Flugdauer zum Planeten Pluto direkt rd. 40 Jahre, mit F.-b.-Technik rd. sieben Jahre).
Fly-by-Wire [ˈflaɪ ˈbaɪ ˈwaɪə; engl. »Fliegen per Draht«] das, Übertragung der Steuersignale von den Steuerorganen zu den Steuerflächen eines Flugzeugs durch Leitungen, die elektr. Impulse an die Stellmotoren einer kraftverstärkten Steuerung übertragen. Vorteile gegenüber mechan. Flugsteuersystemen sind Masseeinsparung sowie höhere Genauigkeit der Signalübertragung. I. w. S. auch Bez. für computergestützte Flugsteuersysteme.
Flyer [ˈflaɪə, engl.] der, Vorspinnmaschine, ↑Spinnerei.
Flying Dutchman [ˈflaɪɪŋ ˈdʌtʃmən, engl.] der, Segeln: Zwei-Mann-Schwertboot, Länge 6,05 m, Breite 1,80 m, Tiefgang 1,10 m, Segelfläche 15 m²; olymp. Bootsklasse 1960–92.
Flynn [flɪn], Errol, amerikan. Filmschauspieler, * Antrim (Nordirland) oder (nach eigenen Angaben) Hobart (Tasmanien) 20. 6. 1909, † Los Angeles (Calif.) 14. 10.

1959; stellte in Abenteuerfilmen und Western meist draufgänger. Helden dar (»Captain Blood«, 1935; »Robin Hood, der König der Vagabunden«, 1938; »Der Herr der sieben Meere«, 1940).

Fly River ['flaɪ 'rɪvə], längster Fluss Neuguineas, 1 120 km lang; entspringt im östl. Zentralgebirge, bildet im Mittellauf die Grenze zw. Indonesien und Papua-Neuguinea, mündet mit einer 80 km breiten Trichtermündung in den Golf von Papua; etwa 800 km schiffbar.

Flysch [flɪːʃ] *das,* meist marines Sediment aus Sandsteinen, Mergeln, Schiefertonen und Kalksteinen; fossilarm, aber reich an Lebensspuren von Würmern und Strömungsanzeichen; als Abtragungsprodukt intrageosynklinaler aufsteigender Schwellen weltweit verbreitet. F. neigt zum Abrutschen (»Fließen«).

fm, Einheitenzeichen für **F**emto**m**eter, 1 fm = 10^{-15} m.

Fm, 1) chem. Symbol für ↑Fermium.
2) Einheitenzeichen für ↑**F**est**m**eter.

FM, Abk. für **F**requenz**m**odulation (↑Modulation).

FNAL, Abk. für engl. ↑**F**ermi **N**ational **A**ccelerator **L**aboratory.

Dario Fo

Fọ, Dario, italien. Dramatiker, Schauspieler, Regisseur und Theaterleiter, *Leggiuno-Sangiano (Prov. Varese) 24. 3. 1926; schrieb ab 1958 zus. mit seiner Frau Franca Rame (* 1929) volkstüml. Farcen; Gründer (1970) und Leiter des Theaterkollektivs »La Comune« in Mailand, mit dem er gesellschaftskritisches polit. Volkstheater realisiert (u. a. »Mistero buffo«, 1969; »Zufälliger Tod eines Anarchisten«, 1970; »Bezahlt wird nicht!«, 1974; »Ruhe! Wir stürzen ab«, 1991). Nobelpreis für Literatur 1997.

FOB, Abk. für engl. **f**ree **o**n **b**oard, internat. Handelsklausel: Der Verkäufer trägt die Kosten und Gefahren für die Ware bis zu dem Zeitpunkt, zu dem die Ware im Verschiffungshafen tatsächlich über die Reling des Schiffes gebracht wird.

foc (f. o. c.), Abk. für **f**ree **o**f **c**harge, internat. Handelsklausel: kostenfrei, d. h., der Verkäufer hat alle anfallenden Kosten zu tragen.

Foch [fɔʃ], Ferdinand, frz. Marschall (seit 1918), *Tarbes 2. 10. 1851, †Paris 20. 3. 1929; führte zu Beginn des Ersten Weltkrieges die 9. Armee, 1915/16 die Heeresgruppe Nord; 1917 zum Chef des Generalstabes ernannt, 1918 Oberkommandierender der Entente-Truppen, gab dem Krieg an der Westfront die entscheidende Wendung. Am 11. 11. 1918 erzwang er die bedingungslose Annahme der von ihm gestellten Waffenstillstandsbedingungen durch Dtl. – »Meine Kriegserinnerungen« (1931).

Fock, 1) bei Dreimastsegelschiffen das unterste Rahsegel am **F.-Mast** (vorderen Mast).
2) beim Segelboot dreieckiges Segel vor dem Mast.

Fọck, Gorch, eigtl. Johann Kinau, Schriftsteller, *Finkenwerder (heute zu Hamburg) 22. 8. 1880, † (gefallen in der Seeschlacht) vor dem Skagerrak 31. 5. 1916; humor- und gemütvoller Erzähler in Hoch- und Plattdeutsch aus der Welt der Seefahrt (»Hein Godenwind«, 1912; »Seefahrt ist not!«, 1913).

Fọcke, Henrich, Flugzeugkonstrukteur, *Bremen 8. 10. 1890, †ebd. 25. 2. 1979; Mitbegründer (1924) der F.-Wulf Flugzeugbau AG, Bremen, von der Schul-, Sport- und Verkehrsflugzeuge sowie Jagdflugzeuge und Bomber gebaut wurden. 1932–37 arbeitete er an der Entwicklung des ersten gebrauchsfähigen Hubschraubers (Fw 61) und gründete dafür mit G. Achgelis 1937 die Firma **F., Achgelis & Co.** in Delmenhorst; nach 1945 Hochschullehrer.

Focşani [fok'ʃanj], Hptst. des Bez. Vrancea, Rumänien, am Rande der Ostkarpaten, 103 200 Ew.; Zentrum eines Obst- und Weinbaugebietes; Möbel-, Bekleidungsindustrie.

Fọcus, Nachrichtenmagazin, gegr. 1993, hg. vom Burda-Konzern in München; Chefredakteur ist Helmut Markwort (*1936); Auflage (2004, 1. Quartal): 798 000 Exemplare.

Focusing ['fəʊkəsɪŋ, engl.] *das* (Fokussieren), von dem amerikan. Psychologen Eugene Gendlin entwickeltes psychotherapeut. Verfahren der Introspektion, das der Aufdeckung unbewusster Konflikte und Motivationen dienen und damit Verhaltensänderungen ermöglichen soll.

Föderalismus [frz., zu lat. foedus »Bündnis«, »Staatsvertrag«] *der*, ein Gestaltungsprinzip von Staaten, das der übergeordneten Gewalt nicht mehr Regelungsbefugnisse gegenüber nachgeordneten Gewalten einräumt, als im Interesse des Ganzen geboten ist. Typen des F. auf völkerrechtl. Grundlage (völkerrechtl. Staatenverbindungen) sind v. a. der **Staatenbund** (Konföderation, z. B. USA 1778–87, Dt. Bund 1815–66), aber auch Personal- und Realunion: Die Souveränität der Mitgl. bleibt unangetastet (keine gemeinsame Staatsgewalt), aber die Verbindung stellt ein völkerrechtl. Subjekt dar. Als dauerhafteste polit. Gestaltung F. hat sich der F. auf staatsrechtl. Grundlage im **Bundesstaat** erwiesen, der aus Gliedstaaten zusammengesetzt ist, die teilweise Staatsgewalt behalten (z. B. USA, Schweiz, Dtl., Österreich). Die Gesamtstaatsvertretung nach außen liegt stets bei der Zentralgewalt.

❖ **siehe ZEIT Aspekte**

📖 Kilper, H. u. Lhotta, R.: *F. in der Bundesrep. Dtl. Eine Einf.* Opladen 1996. – Laufer, H. u. Fischer, T.: *F. als Strukturprinzip für die Europ. Union.* Gütersloh 1996. – *F. in Dtl.* hg. v. K. Eckart u. H. Jenkis. Berlin 2001.

Föderalisten (engl. Federalists, Federalist Party), in der Gesch. der USA die seit 1787 als Befürworter einer starken Zentralreg. und der Ratifizierung einer entsprechenden Verf. auftretenden Kräfte, die sich auch für eine staatl. Kreditgewährung sowie Unterstützung der Wirtschaft und die amerikan. Neutralität in den Frz. Revolutionskriegen einsetzten; dann Bez. für die Anhänger der Präs. G. Washington und J. Adams sowie die Finanzpolitik von A. Hamilton.

Föderation [lat. »Bündnis«] *die*, Verbindung mehrerer unabhängig bleibender Staaten zu einem zeitlich und sachlich begrenzten Zweck (↑Bündnis, ↑Konföderation).

Föderation Evangelischer Kirchen in Mitteldeutschland, am 27. 3. 2004 mit Rechtswirksamkeit zum 1. 7. 2004 (In-Kraft-Treten des Föderationsvertrages) beschlossener institutioneller Teilzusammenschluss der »Evang. Kirche der Kirchenprovinz Sachsen« und der »Evang.-Luth. Kirche in Thüringen« zur gemeinsamen Wahrnehmung wesentl. landeskirchl. Funktionen (Organisationsfragen, kirchl. Aus-, Fort- und Weiterbildung u. a.). Rechtlich ist die Föderation eine Körperschaft des öffentl. Rechts; als Gemeinschaft der beiden Teilkirchen (bei voller Wahrung des Bekenntnisstandes) ist sie selbst Kirche. Organe sind die Föderationssynode, die Kirchenleitung (Mitgl. u. a.: die Bischöfe/Bischöfinnen der beiden Teilkirchen) und das Kirchenamt.

Föderationsrat, das Oberhaus des russ. Parlaments (Föderalversammlung).

Foeniculum, die Pflanzengattung ↑Fenchel.

Foerster ['fœ-], Friedrich Wilhelm, Pädagoge, *Berlin 2. 6. 1869, †Zürich 9. 1. 1966; lebte 1942–63 in New York; setzte sich als unerbittlicher polit. Ethiker und Pazifist bes. für Charakter-, Sexual- und polit. Erziehung ein.

Foetor ex ore [fø:-, lat.] *der*, der ↑Mundgeruch.

Fogarasch (rumän. Făgăraș), Stadt im Bezirk Kronstadt, in Siebenbürgen, Rumänien, am Alt, 35 800 Ew.; chem., Nahrungsmittelind., Maschinenbau. – Burganlage mit Innenhof und vier oktogonalen Ecktürmen (ab 1300).

Fogarascher Gebirge, Gebirgsgruppe der Südkarpaten, mit dem höchsten Gipfel Rumäniens (Moldoveanu, 2 544 m ü. M.).

Fogazzaro, Antonio, italien. Schriftsteller, *Vicenza 25. 3. 1842, †ebd. 7. 3. 1911; schildert in seinen Erzählwerken (u. a. »Die Kleinwelt unserer Zeit«, R., 1900; »Der Heilige«, R., 1906) humorvoll-realistisch Bürgertum und Provinzaristokratie; geriet als Vertreter eines liberalen Katholizismus in Konflikt mit der Kirche.

Fogel [faʊgl], Robert W. (William), amerikan. Volkswirtschaftler, *New York 1. 7. 1926; Prof. in Rochester (1968–75), Harvard (1975–81) und Chicago (seit 1981). Erhielt 1993 mit D. C. North den Nobelpreis für Wirtschaftswiss.en für seinen Beitrag zur Erneuerung der wirtschaftsgeschichtl. Forschung. F. ist Mitbegründer der neuen Wirtschaftsgesch. (»New Economic History«, »Cliometrie«).

Foggara [arab.], in NW-Afrika Bez. für ↑Kanat.

Foggia ['fɔdʒa], **1)** Prov. in Apulien, Italien, 7 189 km², 692 400 Einwohner. **2)** Hptst. von 1), 154 800 Ew.; Mittelpunkt der agrarisch genutzten Ebene von F., bed. Handelszentrum; Papier-, chem., Nahrungsmittelind., Dieselmotorenwerk in der Ind.agglomeration Incoronata. – 1731 zerstörte ein Erdbeben fast alle alten Bauten; die Kathedrale wurde im Barockstil neu errichtet.

Föhl, Carl, Volkswirtschaftler, *Krefeld 2. 8. 1901, †Koblenz 19. 2. 1973; Vertreter des Neokeynesianismus, gilt als Begründer der modernen kreislauf-, konjunktur- und verteilungstheoret. Forschung (»Geldschöpfung und Wirtschaftskreislauf«, 1937).

Fohlen (Füllen), Pferd bis zum 2. Lebensjahr.

Föhn [von lat. favonius »lauer Westwind«], warmer, trockener böiger Fallwind auf der Leeseite von Gebirgen, z. B. den Alpen; entsteht durch Luftdruckausgleich von einem Gebiet hohen Luftdrucks zu einem Gebiet tiefen Luftdrucks. Nach Überqueren des Gebirgskammes löst sich die Luvwolke entlang einer stationären Grenze auf, die von Lee her gesehen als mächtige Wolkenwand (**F.-Mauer**) erscheint.

Föhnkrankheit, Beeinträchtigung des körperl. Wohlbefindens bei Föhn; Ursache sind möglicherweise die Druckunterschiede der Luftfronten. Symptome: Reizbarkeit, Kopfschmerzen, Übelkeit, allg. Unlustgefühl, rasche Ermüdung; bei Föhn kommt es mitunter auch zu einem gehäuften Auftreten von Herz- und Kreislauferkrankungen.

Fohnsdorf, Gem. in der Steiermark, Österreich, an der oberen Mur, 8 500 Ew.; der Glanzbraunkohlenbergbau (bis in eine Tiefe von 1 200 m) wurde 1979 eingestellt, seither Elektroind., Maschinenbau.

Fohr, Carl Philipp, Maler und Zeichner, *Heidelberg 26. 11. 1795, †Rom (im Tiber ertrunken) 29. 6. 1818; gehörte seit 1816 zu den Nazarenern, malte und zeichnete heimatl. und italien. Landschaften unter dem Einfluss J. A. Kochs, dessen strenge klass. Form er zu freiem romant. Ausdruck wandelte.

Föhr, eine der nordfries. Inseln, vor der Westküste von Schlesw.-Holst. im Wattenmeer gelegen, 82 km², 8 600 Ew.; Hauptort ist Wyk auf Föhr; Hauptwirtschaftszweige sind die Grünlandwirtschaft und der Fremdenverkehr; Fährverbindung zum Festland (Dagebüll) und nach Wittdün auf Amrum.

Föhre, anderer Name der Waldkiefer, ↑Kiefer.

Foide, Kurzwort aus Feldspat**oide**, ↑Feldspatvertreter.

Foix [fwa], Hptst. des Dép. Ariège, Frankreich, in den Pyrenäen, an der Ariège, 10 400 Ew.; Handelszentrum, Eisenverarbeitung. – Burg (11.–15. Jh.; heute Museum); Kirche Saint-Volusien (11. Jh., 14.–17. Jh.); Fachwerkhäuser (15./16. Jh.). – Seit Anfang des 11. Jh. Sitz der Grafen von F., deren Gebiet 1484 an das Haus Albret fiel.

fokal [lat.], **1)** *Medizin:* von einem infektiösen Krankheitsherd ausgehend. **2)** *Physik:* den Brennpunkt betreffend.

Fokal|analyse, von M. Balint entwickelte

Carl Philipp Fohr: Waschtrog unter einer Weinlaube in Italien (1816–17; Frankfurt am Main, Städelsches Kunstinstitut)

Form der Psychoanalyse, die sich auf einen begrenzten Erlebnisbereich, auf die zentrale Problematik eines psych. Leidens beschränkt. (Kurzbehandlung von 20 bis 30 Stunden)

Fokal|infektion, die ↑Herdinfektion.

Fokin, Michail Michailowitsch (frz. Michel Fokine), russ. Tänzer, Choreograph und Tanztheoretiker, *Sankt Petersburg 25.4. oder 5.5.(?) 1880, †New York 22.8. 1942; 1909–14 Chefchoreograph von Diaghilews »Ballets Russes« in Paris; strebte für das Ballett eine konzeptionelle Einheit von Musik, Malerei und Bewegung an. Auf seinen Ideen baute G. Balanchine auf.

Fokker, Anthony Herman Gerard, niederländ. Flugzeugkonstrukteur, *Kediri (auf Java) 6.4. 1890, †New York 23.12. 1939; gründete 1912 eine Flugzeugfabrik bei Berlin und baute während des Ersten Weltkriegs u.a. einsitzige Jagdflugzeuge. 1919 gründete er in Amsterdam die **Nederlandse Vliegtuigenfabriek F.,** in der viele bed. Verkehrsflugzeuge entstanden. Nach 1922 gründete F. in den USA mehrere Flugzeugwerke.

Fokus [lat. »Herd«] *der,* **1)** *Medizin:* Krankheitsherd (↑Herd).
2) *Optik:* der ↑Brennpunkt.

Fokussieren, *Psychotherapie:* ↑Focusing.

Fokussierung, *Physik:* allg. die Vereinigung von parallelen oder divergierenden Strahlen in einem Punkt mittels geeigneter Vorrichtungen, die Einstellung eines opt. Systems auf beste Bildgüte; in der Teilchenoptik die Strahlführung geladener Teilchen durch elektr. und magnet. Felder.

Folder [ˈfəʊldə, engl.] *der,* **1)** Faltprospekt, -broschüre.
2) *Informatik:* der ↑Ordner.

Foldes, Andor, eigtl. Földes, amerikan. Pianist ungar. Herkunft, *Budapest 21.12. 1913, †Herrliberg (bei Zürich) 9.2. 1992; v.a. Bartók- und Beethoven-Interpret.

Folengo, Teofilo, Pseud. Merlin Cocai, italien. Dichter, *Mantua 8.11. 1491 (1496?), †Campese (heute zu Bassano del Grappa) 9.12. 1544; Meister der makkaron. Dichtung, parodierte in seinen Epen »Baldus« (vier Fassungen: 1517, 1521, 1539/40 und posthum 1552) und »Zanitonella« (1519) die Ritterepen und Schäferidyllen.

Folge, *Mathematik:* Abbildung, durch die der Menge der natürl. Zahlen die Elemente $a_1, a_2, \ldots a_n$ einer Menge M zugeordnet werden; Kurzschreibweise (a_n) oder $\langle a_n \rangle$. Die Elemente von M können reelle Zahlen, Funktionen, Punkte u.Ä. sein. Bei den **Zahlen-F.** unterscheidet man die **arithmet. F.** mit dem allgemeinen Bildungsgesetz $a_n = a_1 + (n-1) \cdot d$ (zum Beispiel 1, 3, 5, 7, 9, ... mit $a_1 = 1$, $d = 2$) sowie die **geometr. F.** der Form $a_n = a_1 \cdot q^{n-1}$ (z.B. $1, {}^1\!/_2, {}^1\!/_4, {}^1\!/_8, \ldots$ mit $a_1 = 1$, $q = {}^1\!/_2$). F. können auch rekursiv definiert sein, z.B. die ↑Fibonacci-Folge. In der Analysis untersucht man das Konvergenzverhalten und den ↑Grenzwert von F.; besondere Bedeutung haben die ↑Cauchy-Folgen.

Folgeeinrichtungen, Gesamtheit der kommunalen Einrichtungen, die für die Bev. bei der Erschließung neuer Wohngebiete notwendig sind: Verwaltung, Schulen, Krankenhäuser u.a.

Folgerecht, das Recht des Urhebers eines Werkes der bildenden Kunst, vom Erlös aus der Weiterveräußerung seines Werkes durch Kunsthändler oder Versteigerer einen Anteil von 5% zu verlangen, falls der Erlös mindestens 50€ beträgt (§26 Urheberrechtsgesetz).

Folgesatz, *Grammatik:* ↑Konsekutivsatz.

Folia [span.] *die,* 1) span. Tanzmelodie im ³/₄-Takt; 2) Variation über ein solches Tanzthema.

Foliant *der,* Buch im Folioformat; auch allgem. für ein (altes, unhandliches) großformatiges Buch.

Foli|e [von lat. folium »Blatt«] *die,* flächiges, in sich homogenes, sich selbst tragendes und flexibles Gebilde mit einer Dicke zw. 2 µm und 1 mm. **Metall-F.,** i.d.R. Aluminium- und Zinn-F. (Stanniol), sind meist gewalzt und werden als Verpackungsmaterial, zum Belegen von Spiegeln u.a. verwendet. **Kunststoff-F.** erhält man durch Gießen, Kalandrieren oder Extrudieren. **Verbund-F.** werden durch Verkleben, Verschweißen oder Metallisieren im Hochvakuum (z.B. Aluminium und Kunststoff) hergestellt. **Schrumpf-F.** werden durch Recken bei hoher Temperatur und Abkühlung unter Spannung vorbehandelt; um das zunächst locker eingeschlagene Packgut legt sich diese F. beim Erwärmen eng an. F. werden für Verpackungen, in Bautechnik, Landwirtschaft und für Auskleidungen im Apparatebau verwendet.

Foli|enpressen, buchbinder. Verfahren, bei dem eine Farbschicht von einer Folie oder die Folie selbst mithilfe einer Präge-

presse bei konstantem Druck und gleich bleibender Temperatur auf die Unterlage (z. B. Bucheinbände) übertragen wird.
Foligno [fɔ'liɲo], Stadt in Umbrien, Italien, in der Prov. Perugia, 52 400 Ew.; Handels- und Industriestandort, Verkehrsknotenpunkt. – Mittelalterl. Stadtkern mit Dom (1133 begonnen, innen klassizistisch umgestaltet), Palazzo Trinci (1389–1407; heute archäolog. Museum), Gemäldegalerie und Bibliothek.
folio [lat.], Abk. **fol.**, auf dem Blatt (einer mittelalterl. Handschrift), z. B. fol. 3b.
Folkestone ['fəʊkstən], Hafenstadt und Seebad in der engl. Cty. Kent, an der Straße von Dover, 45 600 Ew.; Fährverkehr nach Boulogne-sur-Mer. Westlich von F. (bei Cheriton) Beginn des Eurotunnels unter dem Ärmelkanal.
Folketing [dän.] *das,* das dän. Parlament.
Folkevise [dän. »Volksweise«] *die,* skandinav. Volksballade des MA. (13.-16. Jh.).
Folklore [engl.] *die,* die gesamte volkstüml. Überlieferung, z. B. Lied, Märchen, Sage, aber auch Tracht, Brauchtum, Volkswissen und -glaube; auch daraus geschöpfte Elemente von Musik und Dichtung. Außerhalb Dtl.s vielfach Bez. für den Gesamtbereich der Volkskunde.
Folkmusic ['fəʊkmjuːzɪk, engl.] *die* (Kurzbez. Folk), 1) engl. Bez. für Volksmusik; 2) Bez. für eine populäre, oft vom Rock beeinflusste Musik (deshalb auch **Folkrock** gen.), die an Traditionen der engl., schott., ir. oder nordamerikan. Volksmusik (hier auch **Countrymusic** oder **Countryrock** gen.) anknüpft.
Folksong ['fəʊksɔŋ, engl.], Parallelbegriff zum dt. ↑Volkslied. Bez. um 1920 fand der Begriff F. nur als Terminus der angelsächs. Volksliedforschung Verwendung und bezeichnete das mündlich überlieferte, anonyme und variable Lied. In den 20er-Jahren setzte in den USA eine Kommerzialisierung der Volksmusiktradition (Schallplattenaufnahmen) ein. In den 30er-Jahren kam die Bewegung der Folkfestivals hinzu mit Sängern wie B. Ives, P. Seeger, W. Guthrie, später J. Baez, B. Dylan, A. Guthrie u. a. In der amerikan. F.-Bewegung sind Elemente der europ. Musik mit denen des Negrospiritual, der Hillbillymusic und der Countrymusic zusammengeflossen. Heute sind viele F. mit polit. und sozialen Bewegungen verknüpft. (↑Protestsong)

Folkunger, schwed. Königsgeschlecht, das 1250–1363 in Schweden, 1319–87 in Norwegen und 1376–87 in Dänemark regierte.
Folkwang-Hochschule Essen, Hochschule zur Ausbildung von Musiklehrern, Musikern, Schauspielern, Sprechern und Tänzern, gegr. 1927.
Folkwangmuseum, ↑Museum Folkwang.
Follen, Karl Theodor Christian, Schriftsteller und Politiker, *Romrod (Vogelsbergkreis) 4. 9. 1796, †(bei einem Schiffsbrand im Long Island Sound, N. Y.) 13. 1. 1840; ein Führer des radikalen Flügels der Burschenschaft. Wegen »demagog. Umtriebe« angeklagt, floh F. 1819 über Frankreich und die Schweiz in die USA; 1830–35 Prof. an der Harvard University, danach unitar. Prediger.
Follett ['fɔlɪt], Ken, brit. Schriftsteller, *Cardiff (Wales) 5. 6. 1949; nach mehreren Romanen (unter den Pseud. Zachary Stone oder Symon Myles) wurde er mit dem Spionageroman »Die Nadel« (1978) zum internat. Erfolgsautor. Intensive Recherche, Detailgenauigkeit sowie lebendige Sprache kennzeichnen sein Historienepos »Die Säulen der Erde« (1989); einige seiner Werke wurden auch verfilmt.
Weitere Werke: Romane: Die Pfeiler der Macht (1993); Die Brücken der Freiheit (1995); Der dritte Zwilling (1996); Die Kinder von Eden (1998).
Follikel [lat. »kleiner Ledersack«] *der, Anatomie:* Bläschen, Säckchen, Balg, Knötchen; z. B. Haar-F. (Haarbalg), Lymph-F. (Lymphozytenansammlung); auch Kurzbez. für Eifollikel.
Follikelsprung, ↑Eierstock.
follikelstimulierendes Hormon, Abk. **FSH,** Geschlechtshormon des Hypophysenvorderlappens; stimuliert bei Frauen Wachstum und Reifung der Eifollikel und die Bildung von Östrogen, beim Mann erhöht es die Spermatogenese.
Folsäure (Pteroylglutaminsäure), Substanz aus der Gruppe der B_2-Vitamine, von großer Bedeutung im Zellstoffwechsel; findet sich in vielen Lebensmitteln (z. B. grüne Pflanzenblätter, Leber, Hefe), ist hitze- und lichtempfindlich; ihr Fehlen im Körper bewirkt Verzögerung der Zellteilung und v. a. eine Störung der Blutbildung.
Folsomkultur ['fəʊlsəm-], nach dem ers-

ten Fundort Folsom (New Mexico) ben. prähistor. Bisonjägerkultur in Nordamerika (etwa 9000–8000 v. Chr.), gekennzeichnet durch steinerne Speerspitzen (**Folsomspitzen**) mit beidseitiger Auskehlung, Feuersteinmesser, Schaber, Knochengeräte. Nach einem anderen Fundort in Colorado wird die F. auch **Lindenmeierkultur** genannt.

Folsomkultur: Folsomspitze

Folter, gezielte Zufügung phys. oder psych. Schmerzen zur Erzwingung einer Aussage. Die F. eines Verdächtigen, seltener die eines nicht aussagewilligen Zeugen, ist sehr alt; sie wurde vielfach im Strafprozess angewendet, seitdem zur Verurteilung das Geständnis des Verdächtigen verlangt wurde (v. a. im Inquisitionsprozess). Seit dem Ende des 15. Jh. erreichte die F. in den Hexenprozessen einen Höhepunkt. Zur Verhinderung des wahllosen Einsatzes der F. entwickelte erstmals die italien. Strafrechtswiss. des 14./15. Jh. Regeln, die z. T. von der Carolina (1532) übernommen wurden. Die F. wurde unter dem Einfluss der Aufklärung, als das Geständnis durch Zeugen- und Indizienbeweise ersetzt werden konnte, v. a. im 19. Jh. aus den Rechtsordnungen beseitigt. Sie ist jedoch bis heute weltweit eine Form polit. Verfolgung und Unterdrückung geblieben, bes. in Staaten, die totalitär oder von Militärdiktaturen regiert werden. – F.-Werkzeuge waren bis in die Neuzeit z. B. Daumenschrauben und span. Stiefel (zum Quetschen der Daumen oder Waden). Moderne F.-Methoden sind insbesondere die Zwangseinnahme von Medikamenten, die Anwendung von Elektrizität, von Lärmgeräten, Nahrungsmittelbeschränkung, Schlafentzug oder Methoden des Psychoterrors.

📖 *Amnesty International: Jahresbericht. Frankfurt am Main 1971 ff. – Peters, E.: F. Geschichte der peinl. Befragung. A. d. Amerikan. Hamburg 1991. – Millett, K.: Entmenschlicht. Versuch über die F. A. d. Amerikan. Hamburg 1993. – F. An der Seite der Überlebenden, hg. v. S. Graessner u. a. München 1996. – Kriebaum, U.: F.-Prävention in Europa. Die europ. Konvention zur Verhütung von F. u. unmenschl. oder erniedrigender Behandlung oder Bestrafung. Wien 2000.*

Folz (Foltz), Hans, gen. der Barbierer, Meistersinger, *Worms um 1440, †Nürnberg Jan. 1513; reformierte den ↑Meistersang; lehrhafte Spruchdichtung, Fastnachtsspiel.

Fon (Dahome), Volksgruppe der ↑Ewe im S der Rep. Benin und im angrenzenden W-Nigeria, etwa 1 Mio. Menschen; Waldlandbauern. Die F. gründeten das Königreich Dahomey (↑Benin, Geschichte); aus dieser Zeit stammen bed. Metallarbeiten (Eisen, Bronze, Silber, Messing).

Fond [fõ, frz.] *der,* **1)** *allg.:* Hintergrund (z. B. eines Gemäldes); Basis, Grundlage. **2)** *Kochkunst:* Grundbrühe, auch Flüssigkeit, die beim Braten, Dünsten oder Kochen von Fleisch u. a. zurückbleibt; Grundlage für Soßen und Suppen. **3)** *Kraftwagen:* hinterer Sitzraum im Pkw.

Fonda [ˈfɔndə], **1)** Henry, amerikan. Schauspieler, *Grand Island (Nebr.) 16. 5. 1905, †Los Angeles 12. 8. 1982, Vater von 2) und 3); Star des klass. Western.
Filme: Früchte des Zorns (1940), Die zwölf Geschworenen (1957), Spiel mir das Lied vom Tod (1968), Am goldenen See (1981) u. a. – Abb. S. 29

2) Jane, amerikan. Filmschauspielerin, *New York 21. 12. 1937, Tochter von 1), Schwester von 3); trat auch durch politisch-soziales Engagement hervor.
Filme: Der Reigen (1964), Barbarella (1968), Klute (1970), Nora (1973), Das

China Syndrom (1978), Am goldenen See (1981), Old Gringo (1989) u. a.
3) Peter, amerikan. Filmschauspieler und -regisseur, *New York 23. 2. 1939, Sohn von 1), Bruder von 2); erfolgreich mit dem Film »Easy Rider« (1969), daneben u. a. »Ulee's Gold« (1997).

Henry Fonda

Fondaco [italien., von arab. funduq »Unterkunft«] *der,* Handelsniederlassung fremder Kaufleute in den Mittelmeerländern z. B. das **F. dei Tedeschi, in** Venedig, das Kauf- und Lagerhaus der Deutschen, 1228 erstmals genannt, 1806 geschlossen.
Fondant [fɔ̃'dã:, lat.-frz.] *der,* österr. *das,* unter Zugabe von Farb- und Geschmacksstoffen hergestellte Zuckermasse oder -ware.

Jane Fonda

Fonds [fɔ̃, frz.] *der,* für bestimmte Zwecke gehaltene Geldmittel oder Vermögenswerte (Sondervermögen), die z. T. auch unter besonderer Verw. stehen. Beispiele sind Sondervermögen von Kapitalanlagegesellschaften (Investment-F., Immobilien-F.), Stiftungen, öffentl. Gebietskörperschaften und internat. Organisationen (Europ. Sozial-F., Internat. Währungs-F.). Die aus der dt. Vereinigung erwachsenen Verpflichtungen ließen neben den »klass.« F. oder Sondervermögen (z. B. ERP-Sondervermögen, Lastenausgleichsfonds) neue F. wie den ↑Fonds Deutsche Einheit, den Kreditabwicklungsfonds, den Erblastentilgungsfonds und das Bundeseisenbahnvermögen (↑Bahnreform) entstehen.
Fonds Deutsche Einheit [fɔ̃-], durch Ges. vom 25. 6. 1990 errichtetes Sondervermögen des Bundes, das bis 1995 die zentrale Finanzierungsquelle der neuen Bundesländer (1990–94 insgesamt 160,7 Mrd. DM) darstellte. Rd. 95 Mrd. DM des Fondsvolumens wurden durch Kreditaufnahme am Kapitalmarkt aufgebracht, der Rest durch Bund und Länder. Die jährl. Zins- und Tilgungszahlungen (rd. 4,9 Mrd. € in etwa 20 Jahren) werden von Bund, alten Bundesländern und deren Gemeinden getragen.
Fondue [fɔ̃'dy; frz. »geschmolzen«] *das* oder *die,* ein Käse- oder Fleischgericht. Das **F. neuchâteloise** (aus der Schweiz) aus geschmolzenem Käse, Wein, Gewürzen wird warm mit Brotstückchen gegessen. Bei dem **F. bourguignonne** werden Rinderfiletwürfel in siedendem Öl gegart. Ein anderes **Fleisch-F.** ist das **F. chinoise** aus dünnen Rinderfiletscheiben mit vielerlei Gemüse.
Fonsecabucht, Bucht des Pazifiks in Zentralamerika, von El Salvador (durch den Hafen: La Unión), Honduras (Amapala) und Nicaragua (Puerto Morazán) begrenzt.
Fontaine [fɔ̃'tɛn], **1)** Nicole, frz. Politikerin, *Grainville-Ymauville (Seine-Maritime) 16. 1. 1942; 1975–81 Mitgl. des Obersten Rates für nat. Ausbildung. Die konservative Politikerin wurde 1984 Mitgl. des Europ. Parlaments (EP) und war 1989–99 einer von 14 Vize-Präs. (ab 1994 Erste Vizepräs.) sowie 1999–2002 Präs. des EP. Seit 2002 Industrie-Min. der frz. Regierung.
2) Pierre François Léonard, frz. Baumeister, *Pontoise 20. 9. 1762, †Paris 10. 10. 1853; Hofarchitekt Napoleons I., begründete in Zusammenarbeit (1794–1814) mit C. Percier den Empirestil; u. a. Restaurierung von Schloss Malmaison (1802 ff.); Arc de Triomphe du Carrousel (1806–08) und Fassadenfront des Louvre an der Rue de Rivoli (1806–11).
Fontainebleau [fɔ̃tɛn'blo], Stadt im frz. Dép. Seine-et-Marne, südöstlich von Paris, im ausgedehnten Wald von F., 18 000 Ew.; Europäisches Inst. für Managementausbildung (↑INSEAD); Militärsportschule, nat.

FON Fontainebleau, Schule von

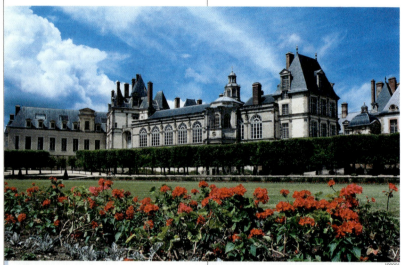

Fontainebleau: Schloss Fontainebleau

Reitschule; Käseerzeugung, Maschinenbau. – Schloss (16.–18. Jh., mit Nationalmuseum; Sommersitz der frz. Könige und Napoleons I.) und Parkanlagen (u. a. von A. Le Nôtre) wurden von der UNESCO zum Weltkulturerbe erklärt. – Im Revokationsedikt von F. hob Ludwig XIV. 1685 das Edikt von Nantes auf (↑Hugenotten).

Fontainebleau, Schule von [-fɔ̃tɛnˈblo], Gruppe von Künstlern, die im 16. und zu Beginn des 17. Jh. an der Innenausstattung des Schlosses Fontainebleau arbeiteten. In der ersten Schule von F. waren Rosso Fiorentino, F. Primaticcio und N. Dell'Abate richtungweisend; sie führten den italien. Manierismus in Frankreich ein. Die zweite Schule von F. nahm eher fläm. Einflüsse auf (T. du Breuil, M. Fréminet und A. Dubois).

Fontana, 1) Carlo, italien. Baumeister schweizer. Herkunft, * Bruciata (heute zu Monteggio, Tessin) 1634, † Rom 5. 2. 1714; prägte in seiner vielseitigen Tätigkeit als päpstl. Architekt den Stil des röm. Spätbarock. Er verfasste weit verbreitete architekton. Abhandlungen und war von großem Einfluss auch auf dt. Barockbaumeister.

2) Domenico, italien. Baumeister schweizer. Herkunft, * Melide (Tessin) 1543, † Neapel 1607; verwirklichte im Dienst von Papst Sixtus V. dessen städtebaul. Planungen in Rom und vollendete mit G. Della Porta die von Michelangelo begonnene Kuppel der Peterskirche (1588–90).

3) Lucio, italien. Maler, Bildhauer, Keramiker, * Rosario (Argentinien) 19. 2. 1899, † Varese 7. 9. 1968; schuf gegenständl. und abstrakte Werke, v. a. aber monochrome Bilder, die er mit Durchlöcherungen oder Einschnitten versah. Er verstand sie als Raumkonzepte (»Concetti spaziali«).

Fontane, Theodor, Schriftsteller, * Neuruppin 30. 12. 1819, † Berlin 20. 9. 1898; aus einer Hugenottenfamilie; war zunächst Apotheker, 1851–70 publizist. Arbeit für die preuß. Presse (1855–59 in London, 1864, 1866 und 1870 Kriegsberichterstatter); 1870–89 Theaterkritiker bei der »Voss. Zeitung« in Berlin. F. begann mit Balladen im Stil der Spätromantik; die ab 1860 entstandenen Feuilletons (»Wanderungen durch die Mark Brandenburg«, Reisefeuilletons, 4 Bde., 1862–82) gehören zu den bedeutendsten des 19. Jh. in dt. Sprache. Das epische Werk begann mit histor. Romanen und Kriminalerzählungen (u. a. »Grete Minde«, 1880). Die großen, nach 1880 entstandenen Gesellschaftsromane, die sämtlich soziale Struktur und Geschichte Preußens spiegeln, gestalten meist trag. Konflikte zw. Standeshierarchie, zeitgenöss. Moral und persönl. Glücksanspruch u. a. »L'Adultera« (1882), »Schach von Wuthenow« (1883), »Irrungen, Wirrungen« (1888), »Stine«

(1890), »Effi Briest« (1895), »Der Stechlin« (hg. 1899). F. hat den dt. Roman aus der erstarrenden Tradition des Bildungsromans gelöst und auf die Höhe des europ. krit. Gesellschaftsromans geführt. Im Zurückdrängen der Handlung zugunsten des Dialogs und in der Ausbildung eines formbewussten Erzählens, für das leise Skepsis und Ironie typisch sind, wirkte er entscheidend auf die Entwicklung des Romans.
✣ siehe ZEIT Aspekte

Ausgaben: Romane u. Erzählungen in acht Bänden, hg. v. *P. Goldammer* u. a. (⁴1993).

📖 *Jolles, C.:* T. F. Stuttgart u. a. ⁴1993. – *Reuter, H.-H.:* F., 2 Bde. Berlin u. a. ²1995. – *Ohff, H.:* T. F. Leben u. Werk. München u. a. ³1996. – *Nürnberger, H.:* T. F. Reinbek 118.–123. Tsd. 1998. – F.-Handbuch, hg. v. C. Grawe u. H. Nürnberger. Stuttgart 2000.

Fontäne [frz.] *die,* ↑Springbrunnen.

Fontanelle [mlat.-frz.] *die,* bindegewebig verschlossene Lücke zw. den noch unvollständig miteinander verwachsenen Anlagen der Schädelknochen neugeborener Säugetiere. Beim Menschen haben bes. in der Geburtshilfe die **große** F. (zw. Stirn- und Scheitelbeinanlagen) und die **kleine** F. (zw. Scheitelbeinanlagen und Hinterhauptbeinanlage) Bedeutung.

Fontange [fɔ̃'tãːʒə, nach dem Namen einer frz. Herzogin] *die,* hoch getürmte, mit Schmuck und Bändern gezierte Haartracht des ausgehenden 17. Jahrhunderts.

Fontanịli, italien. Bez. für Quellen, bes. in der Poebene, wo am Rand der alpennahen eiszeitl. Schotterfluren in kräftigen Quellen Grundwasser austritt oder leicht zu erbohren ist.

Fontenay [fɔ̃t'nɛ], ehem. Zisterzienserabtei in Burgund, nordwestlich von Dijon im frz. Dép. Côte-d'Or; 1119 durch Bernhard von Clairvaux gegr., 1147 geweiht. Das Kloster (12./13. Jh., z. T. im 15. Jh. erweitert) und seine dreischiffige Kirche gelten in ihrer Anlage als Prototyp der Zisterzienserbaukunst und waren von weit reichender Wirkung. Die UNESCO erklärte die Abtei zum Weltkulturerbe.

Fontenelle [fɔ̃t'nɛl], Bernard Le Bovier de, frz. philosoph. Schriftsteller, *Rouen 11. 2. 1657, †Paris 9. 1. 1757; bereitete wie P. Bayle durch Kritik der Überlieferung und Popularisierung der Naturwiss.en die Aufklärung vor, schrieb geistvolle »Gespräche im Elysium« (1683).

Fontevrault [fɔ̃tə'vro], Benediktinerabtei im Dorf F.-l'Abbaye, Dép. Maine-et-Loire, Frankreich, 1101 von Robert von Arbrissel als Doppelkloster gegr.; bed. roman. Kuppelkirche mit den Grabdenkmälern Heinrichs II. (Plantagenet) von England, seiner Frau Eleonore von Aquitanien und beider Sohn Richard Löwenherz (12./13. Jh.). Von den Klostergebäuden ist u. a. der 27 m hohe Küchenbau, ein Zentralbau mit 11 m Durchmesser, erhalten.

Fonteyn [fən'teɪn], Dame (seit 1956) Margot, eigtl. Margaret (Peggy) Hookham, verheiratete Margot Fonteyn de Arias, brit. Tänzerin, *Reigate 18. 5. 1919, †Panama 21. 2. 1991; Primaballerina assoluta des Royal Ballet, seit 1962 häufig mit R. Nurejew als Partner; sie tanzte alle großen klassischen Rollen und kreierte zahlreiche Ballette von F. Ashton. – Sie schrieb die Memoiren »Die zertanzten Schuhe« (1975)

Theodor Fontane

Fonwịsin, Denis Iwanowitsch, russ. Dramatiker, *Moskau 14. 4. 1745 (1744?), †Sankt Petersburg 12. 12. 1792; mit seinen satir. Komödien über den russ. Landadel (»Der Brigadier«, 1766; »Der Landjunker«, 1781) erster bed. Dramatiker Russlands.

Foochow [fudʒou], Stadt in China, ↑Fuzhou.

FOO Food and Agriculture Organization

Food and Agriculture Organization [ˈfuːd ænd ægrɪˈkʌltʃə ɔːɡənaɪˈzeɪʃn, engl.], ↑FAO.

Food and Drug Administration [ˈfuːd ænd ˈdrʌɡ ədmɪnɪˈstreɪʃn, engl.], Abk. **FDA,** zentrale amerikan. Behörde, zuständig u. a. für das Arzneimittelwesen; Entscheidungen der FDA begründen internat. Standards.

Fooddesigner [ˈfuːddizaɪnə, engl.] *der,* jemand, der Speisen für Fotos in Kochbüchern und Zeitschriften zubereitet und sie dekorativ anrichtet.

Foot [fʊt], Einheitenzeichen **ft,** Längeneinheit in Großbritannien und den USA: 1 ft = 12 inches = 0,3048 m.

Football: Spielszene

Football [ˈfʊtbɔːl, engl.] *der* (American F.), dem ↑Rugby ähnl. Ballspiel von zwei Mannschaften mit je elf Spielern und bis zu 34 (in Dtl. 39) Auswechselspielern, die einen eiförmigen Lederhohlball (396–424 g schwer) hinter die gegner. Endlinie tragen oder über die Torlatte treten sollen. Das Spielfeld ist ein auf einem ebenen Rasenplatz angelegtes Rechteck mit einer Länge zw. den Grund- oder Endlinien von 100 Yards (yd) und einer Breite von 50 Yards. Die amerikan. Maßangaben in Yards werden in Dtl. nicht umgerechnet, sondern es gilt 1 yd = 1 m. Parallel zu den Torlinien ist das Spielfeld in »Yardlines« im Abstand von je 5 Yards eingeteilt. – Die Spieldauer (effektive Spielzeit) beträgt vier Viertelzeiten zu je 15 (in Dtl. 12) min mit einer Halbzeitpause von 20 (in Dtl. 15) min und je 1 min Pause zw. den übrigen Viertelzeiten. Das Stoppen des Ballträgers und das Blockieren seiner Mannschaftskameraden ist mit fast allen Mitteln erlaubt. Die Stürmer versuchen, den Weg für den Ballträger frei zu machen.

for (f. o. r.), Abk. für engl. free on rail, internat. Handelsklausel: Der Verkäufer hat Kosten und Gefahren bis zur Übergabe der Ware an die Eisenbahn zu tragen.

Foraminiferen [lat.] (Kammerlinge, Foraminiferas), seit dem Kambrium bekannte Ordnung mariner Urtierchen mit etwa 20 μm bis 15 cm großer, vielgestaltiger Schale aus Kalk (Kalkschaler) oder zusammengekitteten Sedimentteilchen (Sandschaler). F. finden sich in rezenten marinen Ablagerungen oft in großer Zahl (**F.-Sand, Globigerinenschlamm**), z. T. sind sie wichtige Leitfossilien und Gesteinsbildner, bes. im Karbon und in der Kreide (**F.-Kalke**).

Forbach, 1) Gem. im Landkreis Rastatt, Bad.-Württ., Luftkurort im Murgtal, 5 700 Ew.; Papierfabrik, Schwarzenbachtalsperre (Kraftwerk).

2) [frz. fɔrˈbak], Stadt in Lothringen, im Dép. Moselle, Frankreich, an der Grenze zum Saarland, 27 400 Ew.; Metall verarbeitende, Baustoff- und Möbelindustrie. Steinkohlenbergbau 1997 eingestellt.

Forbush-Effekt [ˈfɔːbʊʃ-; nach dem amerikan. Geophysiker Scott E. Forbush, *1904, †1984], Intensitätsabnahme der kosm. Strahlung etwa 20–30 Stunden nach starken chromosphär. Eruptionen auf der Sonne um einige Prozent des Normalwertes.

Force majeure [fɔrsmaˈʒœːr, frz.], höhere Gewalt.

Forchheim, 1) Landkreis im RegBez. Oberfranken, Bayern, 643 km², 112 500 Einwohner.

2) Krst. von 1) in Bayern, Große Kreisstadt am Eingang der Fränk. Schweiz, 30 800 Ew.; Textil-, Papierind., Metall verarbeitende Ind., Maschinenbau. – Gut erhaltener mittelalterl. Stadtkern; Pfalz (ehem. Bischofsburg, 14.–17. Jh. an der Stelle eines karoling. Königshofes), dreischiffige got. Martinskirche, Fachwerk-

Forchheim 2): Hochaltar der Pfarrkirche St. Martin

häuser, u.a. das Rathaus (um 1490 begonnen). – Die 805 erstmals erwähnte karoling. Pfalz entwickelte sich zum Handels- und Stapelplatz; kam 1007 zum Bistum Bamberg, 1802 an Bayern.

forcieren [-'si-, frz.], etwas mit Nachdruck betreiben, vorantreiben, beschleunigen, steigern.

Ford, 1) Aleksander, poln. Filmregisseur, *Lodz 24. 11. 1908, †Los Angeles 29. 4. 1980; emigrierte 1968 nach Israel, lebte zuletzt in den USA; Themen seiner Filme waren Probleme der Heranwachsenden und das Schicksal der polnisch-jüd. Bevölkerung.
Filme: Der achte Wochentag (1958), Sie sind frei, Dr. Korczak (1973).

2) [fɔ:d], Ford Madox, eigtl. F. M. Hueffer, engl. Schriftsteller und Kritiker, *Merton (heute zu London) 17. 12. 1873, †Deauville (Frankreich) 26. 6. 1939; gründete 1925 in Paris die Zeitschrift »Transatlantic Review«, um die er Schriftsteller wie E. Pound, Gertrude Stein, E. Hemingway, J. Joyce sammelte; sein ironisch-zivilisationskrit. Roman »Die allertraurigste Geschichte« erregte 1915 Aufmerksamkeit.

3) [fɔ:d], Gerald Rudolph, 38. Präs. der USA (1974–77), *Omaha (Nebr.) 14. 7. 1913; Rechtsanwalt, Mitgl. der Republikan. Partei, 1965–73 Führer der Republikaner im Repräsentantenhaus; wurde 1973 Vizepräs., nach dem Rücktritt von R. Nixon am 9. 8. 1974 Präsident. F. bemühte sich, die durch die ↑Watergate-Affäre entstandene Kluft zw. Präsident und Kongress zu überwinden. In der Innenpolitik gemäßigt reformerisch orientiert, verband er in enger Abstimmung mit Außenmin. H. A. Kissinger eine Politik militär. Stärke mit einer Politik der Entspannung.

4) [fɔ:d], Harrison, amerikan. Filmschauspieler, *Chicago (Ill.) 13. 7. 1942; verbindet in Actionfilmen Eleganz und Komik; bekannt wurde er u.a. mit »Krieg der Sterne« (1977), weitere Rollen in »Apocalypse Now« (1979), »Der Blade Runner« (1982), »Indiana Jones und der Tempel des Todes« (1983), »Frantic« (1988), »Auf der Flucht« (1993), »Das Kartell« (1994), »Air Force One« (1997), »Sechs Tage, sieben Nächte« (1998).

5) [fɔ:d], Henry, amerikan. Industrieller, *Dearborn (Mich.) 30. 7. 1863, †Detroit 7. 4. 1947; konstruierte 1892 sein erstes Automobil und gründete 1903 die ↑Ford Motor Company, deren Präs. er bis 1919 und 1943–45 war. Weltruf erlangte F. durch die Herstellung des Serienwagens Modell T (»Tin Lizzie«), von dem 1908–27 mehr als 15 Mio. Wagen verkauft wurden. – Ziel seiner techn., wirtsch. und sozialpolit. Grundsätze (**Fordismus**) war, durch Massenfertigung (Arbeitsteilung, Rationalisierung durch Fließbandarbeit) möglichst gute Erzeugnisse zu möglichst niedrigen Preisen zu produzieren. (↑Ford Foundation) – Abb. S. 34

6) [fɔ:d], John, engl. Dichter und Dramatiker, getauft Islington (bei Exeter) 17. 4. 1586, †um 1640; schrieb Gedichte, Flugschriften, bühnenwirksame Tragödien und Tragikomödien, u.a. »Giovanni und Arabella« (1633).

7) [fɔ:d], John, eigentlich Sean Aloysius O'Fearna, amerikan. Filmregisseur,

FOR Förde

*Cape Elizabeth (Me.) 1. 2. 1895, † Palm Springs (Calif.) 31. 8. 1973; schuf über 130 Filme, bes. Western: »Ringo« (»Stagecoach«, 1939); »Früchte des Zorns« (1940); »Westlich St. Louis« (1950); »Der Sieger« (1952); »Der Mann, der Liberty Valance erschoß« (1961) u. a.
8) [fɔ:d], **Richard,** amerikan. Schriftsteller, *Jackson (Miss.) 16. 2. 1944; schildert die Desillusionierung von Menschen, die erfolglos dem Alltag einer mittelständ. Existenz zu entfliehen suchen: »Der Sportreporter« (1986); »Unabhängigkeitstag« (1996).
Weiteres Werk: Abendländer (1997).

Henry Ford: Fords Vaterfreuden: »Je kürzer meine Kinder leben, desto besser ernähren sie mich« (Karikatur von Olaf Gulbransson in der politisch-satirischen Wochenschrift »Simplicissimus« aus dem Jahr 1927)

Förde [zu Furt], eine tief in das Festland eingreifende lang gestreckte Meeresbucht, aus subglazialen Schmelzwasserrinnen entstanden; bes. an der schleswig-holstein. Ostseeküste (Flensburger Förde, Kieler Förde).
Förderer, Walter Maria, schweizer. Architekt, *Nohl (Gem. Laufen-Uhwiesen; Kt. Zürich) 21. 3. 1928; seine Bauten sind in ihrer Form dem ↑Brutalismus verpflichtet. F. trat auch als Bildhauer und Schriftsteller hervor.

Werke: Hochschule für Wirtschafts- und Sozialwiss.en, St. Gallen (1959–63); Kirche Saint-Nicolas in Hérémence, Kt. Wallis, (1967–71); Heiligkreuzkirche in Chur (1966–69); Real- und Oberschule Im Gräfler in Schaffhausen (1971–74).
Förderhöhe, charakterist. Größe für Pumpen u. a., die man aus dem Energieunterschied an zwei Stellen in einem strömenden Medium erhält; z. B. Höhenunterschied zw. saugseitigem und druckseitigem Wasserspiegel einer Pumpe.
Fördermaschine, *Bergbau:* Einrichtung zum Heben und Senken von Lasten in Schächten (Förderung), besteht aus elektr. Antriebsmaschine und Treibmittel, die der Halterung des Förderseils und der Kraftübertragung von der Maschine auf das Seil dienen (z. B. Seiltrommeln oder gekerbte Scheiben). **Flur-F.** stehen neben dem Schacht, sie erfordern ein Fördergerüst über dem Schacht mit Seilscheiben zur Umlenkung der Förderseile. **Turm-F.** stehen auf einem Turm **(Förderturm)** über dem Schacht.
Fördermittel (Förderer), Maschinen und Geräte zum Transportieren von Schütt- und Stückgütern, Flüssigkeiten, auch Personen in geschlossenen Räumen, im Freien und unter Tage in Bergwerken. **Stetigförderer** transportieren in unablässiger Folge nur in einer Richtung. Viele mechan. **Stetigförderer** haben ein endloses, um je eine Trommelscheibe oder einen Kettenstern der Antriebs- und der Umkehrstation geführtes Zugmittel (z. B. Band, Gurt, Drahtseil oder Kette). Mit 1, 2 oder 3 Ketten als Zugmittel gibt es mechan. Stetigförderer in vielen Formen, z. B. als Gurt-, Trog-, Platten- und Kastenbandförderer, als Fahrtreppen, Becherwerke, Schaukel- und Kettenkratzerförderer, ferner als Kettenförderer zum Anhängen von Werkstücken oder dgl. sowie als Kettenbahnen, die Transportwagen über Mitnehmer an ihren Achsen vorschieben. Seil- und Seilschwebebahnen haben Seile als Zugmittel. Bei Kreisförderern läuft an Hängebahnschienen eine endlose Kette. Mechan. Stetigförderer ohne Zugmittel sind (für Stückgut) u. a. die Rollenförderer und für Schüttgut Schneckenförderer, geneigte feste Rutschen, Schüttelrutschen und Schwingförderer. Bei **pneumat. Stetigförderern,** zu denen auch die ↑Rohrpost gehört, wird das Fördergut entweder durch eine Schleuse in

eine Druckleitung oder durch eine Düse in eine Saugleitung gebracht und von einem Gasstrom mitgenommen. Man verwendet sie vorwiegend für leichte, feinkörnige Medien (z. B. Feinkohle, Zement, Getreide, Holzspäne). **Hydraul. Stetigförderer** eignen sich für feinkörnige Stoffe, die mit einem von einer Pumpe erzeugten Wasserstrom durch Rohrleitungen gefördert werden. – **Unstetigförderer** bewegen meist Einzellasten diskontinuierlich, wobei Zeit und Richtung der Förderung frei wählbar sind. Dazu gehören Flur-F., Regalförderzeuge zum Ein- und Auslagern in Hochregallagern, Hebezeuge (Kran, Elektro-, Flaschenzug) zum vorwiegend senkrechten Fördern von Lasten, Seilbahnen, Hängebahnen und Aufzüge.

📖 *Pfeifer, H. u. a.: Fördertechnik. Konstruktion u. Berechnung. Braunschweig u. a. 1998.*

Förderpreis (Förderungspreis), selbstständig oder als Nebenpreis von großen Preisen, die bed. Leistungen oder ein Lebenswerk würdigen, vergebener Preis zur Ermutigung junger Künstler, Wissenschaftler oder anderer Nachwuchskräfte, die sich durch erste Arbeiten oder Ideen qualifiziert haben.

Fördertechnik, Teilgebiet des Maschinenbaus, befasst sich mit Entwicklung, Bau und Einsatz von Fördermitteln.

Förderturm, ↑Fördermaschine.

Forderung, *Recht:* der einer Person (Gläubiger) gegen eine andere (Schuldner) aufgrund eines Schuldverhältnisses zustehende Anspruch auf eine Leistung. Diese kann in einem Tun oder einem Unterlassen bestehen (§ 241 BGB).

Forderungsübergang, *Recht:* der Übergang einer Forderung aus dem Vermögen des ursprüngl. Gläubigers in das eines anderen, entweder unmittelbar kraft gesetzl. Bestimmung oder richterl. Anordnung (Pfändung und Überweisung einer Forderung) oder durch die **Forderungsabtretung (Abtretung, Zession).** Letztere ist die Übertragung der Forderung durch einen Vertrag (Zession) zw. dem bisherigen Gläubiger (Zedent) und dem neuen Gläubiger (Zessionar). Dieser tritt an die Stelle des Zedenten (§§ 398 ff. BGB). Soweit zw. altem Gläubiger und Schuldner nicht anders vereinbart, bedarf die Abtretung nicht der Zustimmung des Schuldners; allerdings kann dieser dem neuen Gläubiger gegenüber alles einwenden, was er bereits dem alten Gläubiger entgegen halten konnte. Beim Erwerb der Forderung gibt es keinen Schutz des guten Glaubens, da vom Zessionar erwartet werden kann, sich wegen der Forderung beim Schuldner zu erkundigen. Mit der Abtretung geht die Forderung mit allen Vorrechten und Belastungen (z. B. Hypotheken) über. Der F. ist i. d. R. formlos gültig. Eine besondere Art des F. ist der **fiduziar. F.** (Sicherungsabtretung), die Übertragung einer Forderung auf einen Dritten, durch die dieser nach außen, bes. dem Schuldner gegenüber, vollberechtigter Gläubiger wird, während er im Innenverhältnis zu dem Zedenten in seinem Verfügungsrecht durch den Zweck der Sicherung beschränkt und nach Erreichung des Sicherungszwecks zur Rückübertragung verpflichtet ist (bes. im Kreditwesen). – In *Österreich* ist der F. ähnlich geregelt wie im dt. Recht (§§ 1392–1399 ABGB), im Wesentlichen übereinstimmend auch in der *Schweiz* (Art. 164–174 OR); die Forderungsabtretung bedarf hier der schriftl. Form.

Ford Foundation [fɔːd faʊnˈdeɪʃn] (Ford-Stiftung), eine der weltweit größten Stiftungen, gegr. 1936 von H. Ford und seinem Sohn Edsel Bryant Ford (*1893, †1943); Sitz: New York. Stiftungsziel ist, im Rahmen allg. humanitärer Zielsetzungen, die Förderung sozialer Entwicklung (z. B. in den Bereichen Behindertenförderung, Erziehungswesen).

Ford Motor Company [ˈfɔːd ˈməʊtə ˈkʌmpənɪ], zweitgrößter Autokonzern der Erde; gegr. 1903 von H. Ford; Sitz: Dearborn (Mich.). Das Produktionsprogramm umfasst neben Pkw und Lkw der Marken Aston Martin, Ford, Jaguar, Land-Rover, Lincoln, Mazda, Mercury, Volvo auch andere Nutzfahrzeuge, Glas und Kunststoffe sowie elektron. Erzeugnisse. Zu den zahlr. Tochterges. gehört die **Ford-Werke AG,** Köln (gegr. 1925).

Forechecking [ˈfɔːtʃekɪŋ, engl.] *das, Eishockey:* Stören des Angriffs der Gegner in der Entwicklung, meist schon im gegner. Verteidigungsdrittel; übertragen auch für ähnlich aggressives Verhalten im Fußball u. a. gebraucht (»Vorchecking«).

Foreign Office [ˈfɔrɪn ˈɔfɪs], traditioneller Name des brit. Außenministeriums, von einem Secretary of State for Foreign Affairs (Außenmin.) geleitet, wurde mit der Angliederung des Commonwealth Office (1968) in **Foreign and Commonwealth Office** offiziell umbenannt.

Forel, Auguste, schweizer. Psychiater, * Morges (Kt. Waadt) 1. 9. 1848, † Yvorne (Kt. Waadt) 27. 7. 1931; entdeckte den Ursprung des Hörnervs, lieferte wertvolle Beiträge zum Hypnotismus, war Vorkämpfer der Abstinenzbewegung und bemühte sich um die Reform des Strafrechts.

Forellen: Bachforelle

Forellen, zwei Arten von Lachsfischen der Gattung Salmo: 1) Die **Europ. F.** (Salmo trutta) in europ. Binnen- und Küstengewässern wird drei Unterarten zugeordnet: Die **Meer-** oder **Lachs-F.** (Salmo trutta trutta), bis 1 m lang, bewohnt als Meeresfisch die Küstenzonen von Portugal bis zum Weißen Meer; zur Laichzeit wandert sie in die Flüsse, um in deren Oberlauf abzulaichen. Frühestens nach einem Jahr wandern die Jungfische ins Meer. Die **See-F.** (Salmo trutta lacustris) bewohnt tiefere Seen der Alpen, Voralpen, Skandinaviens und Schottlands; sie wird maximal 140 cm lang. Die Jungtiere leben in Ufernähe, die geschlechtlich unentwickelten größeren Exemplare als **Schwebe-** oder **Mai-F.** in der Oberflächenzone, die geschlechtlich entwickelten Tiere als **Grund-F., Förche, Förne** oder **Rheinlanke** in Bodennähe der Seen. Die **Bach-F.** (Salmo trutta fario) ist ein Bewohner rasch fließender Gewässer, sie wird 25–50 cm lang und ist durch Nachzucht weit verbreitet. 2) Die in Nordamerika beheimatete **Regenbogen-F.** (Salmo gairdneri), ein 25–50 cm langer Süßwasserfisch mit meist rosa schillerndem Längsband, ist in Europa als Zuchtfisch eingeführt.

Forellenbarsch, Art der ↑ Sonnenbarsche.

Foreman [ˈfɔmən], George, amerikan. Boxer, * Marshall (Tex.) 10. 1. 1949; Olympiasieger im Schwergewicht 1968; als Profi u. a. Weltmeister 1973/74 und 1994/95 (WBA/IBF); 35 Profikämpfe (32 Siege).

forensisch [lat., zu forum »Markt«], gerichtlich, im Dienst der Rechtspflege stehend.

forensische Gentechnik, gentechn. Analysemethoden, die in der Kriminalistik eingesetzt werden, z. B. die Polymerase-Kettenreaktion, mit deren Hilfe man u. a. geringste Mengen von Blut oder Spermien zur Identifikation eines Straftäters nutzen kann.

forensische Medizin, ↑ Rechtsmedizin.

forensische Psychologie (Gerichtspsychologie), Teilbereich der angewandten Psychologie, der Aufgaben innerhalb der Gerichtspraxis wahrnimmt: Zeugenbegutachtung im Hinblick auf Glaubwürdigkeit, Feststellungen über strafrechtl. Verantwortlichkeit (Entwicklungsstand, Schuldfähigkeit), Probleme des Strafvollzugs (Resozialisierung), Ermittlung der Ursachen kriminellen Verhaltens.

Forest [ˈfɔrɪst], Lee De, amerikan. Funkingenieur, ↑ De Forest, Lee.

Forester [ˈfɔrɪstə], Cecil Scott, engl. Schriftsteller, * Kairo 27. 8. 1899, † Fullerton (Calif.) 2. 4. 1966; schrieb spannende Soldaten-, Marine- und Abenteuerromane, u. a. »Horatio Hornblower« (11 Bde., 1937–64), »Nelson« (Biografie, 1944).

Forfaitierung [fɔrfɛ-, frz.] (engl. Forfaiting), Form der Exportfinanzierung, bei der der Exporteur eine Forderung, i. d. R. mit Wechsel unterlegt, an eine Bank oder Finanzierungsges. (**Forfaiteur**) verkauft. Der Forfaiteur übernimmt alle Risiken, da keine Rückgriffsmöglichkeiten auf den Verkäufer bestehen.

Förg, Günther, Fotograf, Maler und Bildhauer, * Füssen 5. 12. 1952; neben Fotoinstallationen, die sich mit der Faszination einer menschenfeindl. Architektur beschäftigen, entstanden großformatige Bilderserien (Bildträger: u. a. Papier, Holz, Leinwand, Blei). Er schuf auch Skulpturen und Bronzemasken.

Forggensee, Stausee des Lech bei Füssen, 11,5 km lang, 15,3 km^2, 165 Mio. m^3 Stauinhalt.

Forint *der,* Abk. **Ft,** Währungseinheit in Ungarn, 1 Ft = 100 Filler (f). ↑Währung, Übersicht

Forkel, Johann Nikolaus, Musikforscher, *Meeder (bei Coburg) 22. 2. 1749, † Göttingen 20. 3. 1818; begründete die dt. Historiographie und Biografik der Musik.

Forlana [italien.] *die* (Furlana, Friauler), alter, der Tarantella ähnlicher italien. Volkstanz im $^6/_4$-, im 17. Jh. auch im $^6/_8$-Takt.

Forl|eule (Kieferneule, Panolis flammea), Eulenschmetterling, dessen gestreifte Raupen zu den gefährlichsten Kiefernschädlingen gehören; sie vernichten die Maitriebe sowie ältere Nadeln und können Kahlfraß verursachen.

Forlì, Hptst. der Prov. F.-Cesena, in der Romagna, am Rand des Apennin, 107 800 Ew.; Staatsarchiv, Museen und Gemäldegalerie; chem., Möbelind., Maschinen- und Karosseriebau. – F. steht auf dem röm. **Forum Livii.** Zu den bed. Bauwerken der z. T. noch ummauerten Stadt gehören u. a. Palazzo del Podestà (1459/60), roman. Kirche San Mercuriale, Zitadelle Rocca di Ravaldino (1472–82).

Günther Förg: Ohne Titel, Acryl auf Blei und Holz (1992; Stuttgart, Sammlung Landesbank Baden-Württemberg)

Forlì-Cesena [-tʃ-], Provinz in der Emilia-Romagna, Italien, 2 377 km², 356 700 Einwohner.

Form [lat. forma »(äußere) Gestalt«],

1) *Ästhetik:* Charakterisierung von Gestalt und Gestaltung eines Kunstwerks, sowohl die bildner. Mittel als auch die kompositionelle Struktur betreffend.
2) *Fertigungstechnik:* Werkzeug, das ganz oder teilweise das Negativ eines zu fertigenden Werkstücks darstellt und zur Aufnahme des Werkstoffs dient.
3) *graf. Technik:* die ↑ Druckform.
4) *Philosophie:* Zentralbegriff bes. der Metaphysik und Erkenntnistheorie. In Aristoteles' Stoff-Form-Metaphysik (Hylemorphismus) determiniert die F. (morphḗ) das Substrat, den Stoff, zu einem bestimmten Seienden; Seiendes ist Geformtsein, alles Werden Formempfangen, alles Vergehen Formverlieren. Dieser F.-Begriff hat über Augustinus, Thomas von Aquin und I. Kant Auswirkungen bis in die Moderne.

formal [lat.], die äußere Form (nicht den Inhalt) betreffend; nur der Form nach vorhanden, ohne Entsprechung in der Wirklichkeit.

Form|aldehyd (Methanal), farbloses, stechend riechendes, stark reizendes Gas; seine etwa 40 %ige, durch Methanol stabilisierte Lösung in Wasser, das **Formalin,** dient u. a. zum Desinfizieren. Beim Eindampfen wässriger Lösungen polymerisiert F. zu Para-F., beim Destillieren im sauren Medium zu Trioxan. F. ist ein wichtiges chem. Zwischenprodukt, überwiegend durch Dehydrierung von Methanol in Gegenwart von Luft hergestellt. Der größte Teil wird zur Herstellung von Kunstharzen, bes. von Aminoplasten und Phenolharzen, zur Härtung von Casein, Leim, Gelatine u. a. verwendet. – F.-Dampf verursacht Entzündungen der Atemwege (MAK-Wert 1 ppm), auch besteht der Verdacht auf karzinogene und mutagene Wirkung. Deshalb wurden zulässige Höchstkonzentrationen festgelegt, z. B. dürfen Wasch-, Reinigungs- und Pflegemittel nicht mehr als 0,2 % F., Spanplatten und daraus hergestellte Möbel nur noch 0,1 ppm F. enthalten.

Formaldienst, Teil des militär. Dienstes, der bestimmte Verhaltensformen der Soldaten (u. a. Grundstellung, Wendungen, Trageweise des Gewehres) und der Abteilungen (u. a. Marschordnung) regelt.

formalisieren [nlat.], etwas in bestimmte (strenge) Formen bringen; sich an gegebene Formen halten; ein (wiss.) Problem

FOR formalisierte Sprache

mithilfe von Formeln allgemein formulieren und darstellen.
formalisierte Sprache, ein semantisch interpretierter Kalkül. Eine f. S. besteht aus einer Menge von Grundzeichen (Alphabet), Formregeln zum Aufbau von Ausdrücken aus den Grundzeichen, Ableitungs- und Interpretationsregeln.
Formalisierung, 1) *Sprachwissenschaft:* Anwendung formalisierter Sprachen zur Beschreibung natürl. Sprachen (v. a. in der generativen Grammatik). Grammatik wird in diesem Rahmen als ein math. System verstanden, innerhalb dessen »wohlgeformte« Sätze nach expliziten Regeln erzeugt werden können.
2) *Wissenschaftstheorie:* die Verallgemeinerung einer Aussage unter Absehung von ihren konkret-empir. Bezügen und i.w.S. der Aufbau einer formalisierten Sprache für ein bestimmtes Wissensgebiet innerhalb eines Formalismus.
Formalismus *der,* **1)** *allg.:* die Betonung, auch Überbetonung der Form, des Formalen.
2) *Literatur- und Kunstwissenschaft:* russ. literaturwiss. und literaturkrit. Schule, entstanden zw. 1915 und 1928 aus dem »Moskauer Linguistenkreis« (gegr. 1915) und der »Gesellschaft zur Erforschung der poet. Sprache« (Opojas, gegr. 1916); Vertreter waren u. a. W. Schklowski, B. Eichenbaum, R. Jakobson, J. Tynjanow. Der F. lehnte kontextgebundene (z. B. biograf., psycholog. und soziolog.) Interpretationsmethoden für literar. Texte ab und betonte vielmehr die Eigengesetzlichkeit des Kunstwerkes und das spezifisch Literarische literar. Werke, für die Formalisten v. a. in der **Form** zu finden. Wichtig war somit der »Kunstgriff« – die Technik der bewussten Sprachformung als Deformierung der Wirklichkeit, unter Anwendung verschiedenster stilist. Mittel. Neben neuen Methoden der Literaturanalyse entwickelte der F. auch Theorien zur Literaturgeschichte und zur Gattungsproblematik. Als »eskapistisch« und »bürgerlich« verdächtigt, wurde der F. ab 1930 in der Sowjetunion unterdrückt. Der sog. Prager ↑Strukturalismus entwickelte die Ideen des F. in den 1920/30er-Jahren weiter, die dann zum theoret. Fundament des frz. Strukturalismus und der Nouvelle Critique wurden. – Von der marxist. Kunstkritik wurde der Begriff F. immer wieder als ab-

wertendes Schlagwort für künstler. Experimente benutzt (↑Formalismusdebatte).
📖 *Erlich, V.:* Russ. F. A. d. Engl. Neuausg. Frankfurt am Main 1987. – *Hansen-Löve, A. A.:* Der russ. F. Wien ²1996.
3) *Logik, Mathematik:* eine Theorie, deren Sätze durch ein Kalkül aus Axiomen gewonnen werden. Auch eine von D. Hilbert begründete Position der math. Grundlagenforschung wird als F. bezeichnet. Hiernach ist, im Ggs. zum ↑Intuitionismus, eine math. Theorie durch Erweis ihrer Widerspruchsfreiheit hinreichend begründet. Seit 1931 (gödelscher Unvollständigkeitssatz) ist dieses Hilbert-Programm als gescheitert anzusehen.
Formalismusdebatte, ideolog. Auseinandersetzungen, die in der Sowjetunion seit den 30er-Jahren, in den meisten Ostblockländern nach 1945 bis in die 60er-Jahre geführt wurden. Dabei ging es um den Primat des politisch-ideolog. Gehalts eines Kunstwerkes gegenüber der Art und Weise der Ausführung. Wesentl. Neuerungen der Kunst des 20. Jh. wurden als »Formalismus« abgetan; Künstler, die sich nicht an den Prinzipien des ↑sozialistischen Realismus orientierten, wurden gemaßregelt. Der Formalismusvorwurf traf z. B. die Oper »Das Verhör des Lukullus« von B. Brecht/P. Dessau (1951) und die Oper »Johann Faustus« von H. Eisler (1952).
Formalität *die,* (behördl.) Vorschrift; Äußerlichkeit, Formsache.
formaliter [lat.], der äußeren Form nach.
formaljuristisch, rein äußerlich genau dem Gesetz entsprechend.
Formalursache, der die ↑Form – die Gestalt, das Wesen, die Struktur – eines Seienden bestimmende Grund; neben Stoffursache (Causa materialis), Wirkursache (Causa efficiens) und Zweckursache (Causa finalis, ↑Finalität) eine der vier Ursachenarten in Aristoteles' Metaphysik.
Forman ['fɔːmən], Miloš, amerikan. Filmregisseur tschech. Herkunft, *Čáslav (bei Kutná Hora) 18. 2. 1932; drehte in der ČSSR die satir. Filmkomödien »Der schwarze Peter« (1963), »Die Liebe einer Blondine« (1965); seit 1968 in den USA, erfolgreich u. a. mit »Einer flog über das Kuckucksnest« (1975), »Hair« (1979), »Ragtime« (1981), »Amadeus« (1984), »Valmont« (1989), »Larry Flynt – Die nackte Wahrheit« (1996) und »Man on the Moon« (1999).

Form<u>a</u>nt [lat.] *der, Sprachwissenschaft:* 1) in der Wortbildungslehre Bez. für sprachl. Erweiterungen durch einfache Lautelemente, ferner für eine gebundene Form (z. B. die Affixe ver-, zer-, -heit, -lich); 2) in der generativen Transformationsgrammatik eine bestimmte grammat. Form (z. B. Nominativ, Präsens, 3. Person) oder ein lexikal. Element, das nach bestimmten Ja-Nein-Entscheidungen eingesetzt werden kann.

Form<u>a</u>t *das,* 1) *allg.:* a) Gestalt, Größe, Maß; b) stark ausgeprägtes Persönlichkeitsbild; c) besonderes Niveau. 2) *graf. Technik, Verlagswesen:* Material- und Erzeugnisgröße (Länge × Breite, bei Büchern Breite × Höhe; ↑DIN-Formate).

Format<u>ie</u>ren, *Informatik:* Zusammenstellen bzw. Anordnen von Daten nach bestimmten Vorschriften; z. B. die Einteilung von plattenförmigen Datenspeichern (wie Disketten) in Sektoren, in denen die Informationen abgelegt werden. In der Textverarbeitung wird mit F. oftmals die Textgestaltung hinsichtlich des Zeilenumbruchs, der Absätze, Ränder u. Ä. verstanden.

Format<u>io</u>n [lat.] *die,* 1) *allg.:* Herausbildung durch Zusammenstellung; bestimmte Anordnung, Aufstellung, Verteilung; in bestimmter Weise strukturierte Gruppe. 2) *Botanik:* Pflanzengesellschaft mit einheitl. Ökologie und Physiognomie ohne Rücksicht auf die Artenzusammensetzung (z. B. Steppe, Nadelwald). 3) *Geologie:* 1) Bez. für genetisch zusammengehörende Gesteinsverbände (z. B. Erz-F.). In den USA u. a. Ländern auch Bez. für kleinere Schichtenfolgen; 2) frühere Bez. für das ↑geologische System. 4) *Militärwesen:* in einer bestimmten Situation von einer Truppe, einem Kriegsschiff- oder Militärflugzeugverband eingenommene Aufstellung, z. B. Gefechts-F. und Marschformation.

Format<u>io</u>nstanz (Gruppentanz), *Tanzsport:* Wettbewerb mit acht Paaren je Mannschaft, die in festgelegten Zeiten ↑lateinamerikanische Tänze und ↑Standardtänze vorführen.

Format|trennmaschine, *Posttechnik:* Maschine, die Briefsendungen nach dem Format u. a. Merkmalen ordnet und trennt. (↑Briefaufstellmaschine)

Formel [lat. formula] *die,* 1) *allg.:* feststehender Ausdruck, feste Redewendung. 2) *Chemie:* ↑chemische Zeichensprache. 3) *Mathematik, Physik:* mithilfe von Symbolen, Buchstaben (F.-Zeichen) und math. Verknüpfungszeichen in Form einer Gleichung dargestellte Gesetzmäßigkeit, z. B. die binom. Formel $(a + b)^2 = a^2 + 2ab + b^2$.

Formel 1, *Automobilrennsport:* vom Internat. Automobilverband (FIA) verbindlich festgelegte techn. Bestimmungen für Rennfahrzeuge der Kategorie B (↑Rennwagen). Die Formel-1-Fahrzeuge sind einsitzige, offene Wagen mit unverkleideten Rädern (**Monoposto**), mit Unfalldatenschreiber (ähnlich einem Flugdatenregistriergerät) ausgerüstet und besitzen Bug- und Heckversteifung (↑Monocoque). Die schlauchlosen Reifen sollen auf jedem Belag max. Haftung (↑Grip) erzeugen und bestehen daher aus Spezialmischungen chem. Stoffe. I. d. R. werden Trockenreifen (↑Rennreifen) verwendet, bei nasser Fahrbahn Regenreifen (sehr weiche, profilierte Reifentypen). Seit 1950 werden unter Kontrolle der FIA **Formel-1-Weltmeisterschaften** ausgetragen. Bei diesen WM wird sowohl ein Fahrer- als auch ein Konstrukteursweltmeister (↑Markenweltmeisterschaft) ermittelt. WM-Punkte können nur bei den jährlich zuvor von der FIA festgelegten **Grand-Prix-Rennen** erreicht werden. Die Wertung der Rennen beträgt 10, 8, 6, 5, 4, 3, 2, 1 Punkte für die ersten acht Plätze. Aus der Addition der Punkte ergibt sich am Saisonende die Abschlussplatzierung. Die Rundenlängen bei den Grand-Prix-Rennen (WM-Rennen, seit 1950) betragen ca. zw. 3,3 und 5,9 km; die Streckenlängen liegen meist bei etwas über 300 km. Beim **Qualifying** gibt es zwei Qualifikationsdurchgänge (Freitag und Samstag vor dem Rennen), wobei jeweils nur ein Wagen auf der Strecke sein darf. Gestartet wird freitags analog zum aktuellen Punktestand. Am Samstag gehen die Wagen in umgekehrter Reihenfolge auf die Strecke, das heißt, der Schnellste vom Freitag startet als Letzter. Beim am Sonntag durchgeführten **Wertungslauf** werden die Fahrer in Reihenfolge ihrer Trainingszeiten aufgestellt, die sie beim zweiten Qualifying erzielt haben. Der **Countdown** eines Rennens beginnt 30 min vor dem Start damit, dass die Fahrzeuge ungeordnet zu einer oder mehreren Aufwärmrunden (**Warm-up**) auf den Parcours fahren. Die Fahrer müssen jedoch in jeder

FOR formell

Formel 1: dramatischer Rennverlauf

Runde langsam durch die Boxengasse fahren. Nach einer weiteren **Einführungs-** oder **Formationsrunde,** die alle Teilnehmer in Startreihenfolge geschlossen hintereinander zu absolvieren haben (ohne Überholmanöver), erfolgt der Start (nicht regelgerecht: ↑Frühstart). **Boxenstopps** während des Rennens dienen zum Reifenwechsel und Auftanken, aber auch zur Durchführung kleinerer Reparaturen an den Wagen. In krit., aber noch nicht abbruchreifen Situationen während des Rennens kommt ein ↑Pacecar zum Einsatz.
❖ siehe ZEIT Aspekte
formell [frz.], dem Gesetz, den Vorschriften entsprechend; die Umgangsformen genau beachtend; nur äußerlich, zum Schein.
Formelsammlung, das ↑Formularbuch.
Formelsprache, in der *Mathematik* Bez. für die übl. Symbolsprache; in der *Informatik* formale Sprache, mit deren Hilfe Formeln so umgesetzt werden, dass sie unmittelbar durch einen Computer ausgewertet werden können (z. B. Fortran).
Formelzeichen, *Physik:* Buchstaben, die in Gleichungen (Formeln) physikal. Größen darstellen. Ein F. besteht i. Allg. aus einem lat. oder grch. Buchstaben, z. T. mit zusätzl. Zeichen wie Indizes (↑Index), Strichen u. a. (z. B. m für Masse, F für Kraft, ϱ für Dichte, E_k für kinet. Energie). Eine Vereinheitlichung der F. wird durch Normen und internat. Empfehlungen (z. B. der IUPAP) angestrebt.
Formenlehre, 1) *Musik:* die Lehre von den musikal. Formen wie Motette, Kantate, Arie, Lied, Sonate, Konzert, Rondo,

Fuge nach ihrer äußeren Anlage und ihrem satztechn. Aufbau.
2) *Sprachwissenschaft:* die Lehre von den sprachl. Formen, ↑Morphologie.
Formentera, Insel der span. ↑Balearen, in der Gruppe der Pityusen, 115 km², 5200 Ew.; besteht aus zwei Kalkblöcken, denen lang gestreckte Badestrände vorgelagert sind, bis 192 m ü. M.; dürftige Garrigue-Vegetation, Seesalzgewinnung, Fischerei; Fremdenverkehr. Hauptort ist San Francisco Javier.
Formfaktor, *Physik:* experimentell gewonnener Korrekturfaktor, der ein noch unvollständiges theoret. Teilchenmodell so korrigiert, dass es die räuml. Verteilung einer Größe richtig wiedergibt. So beschreiben elektr. und magnet. F. die Verteilung der Ladung und des magnet. Moments in den Nukleonen; sie können aus der Winkelverteilung gestreuter Elektronen bestimmt werden.
Formgedächtnislegierungen (Memory-Legierungen, Gedächtnismetalle), Metalllegierungen mit der Fähigkeit, sich beim Erwärmen in eine frühere Form zurückzuverwandeln. F. verändern in einem bestimmten Temperaturbereich ihre Kristallstruktur. Bei hoher Temperatur liegt eine kub. Austenitstruktur (↑Austenit) vor, bei Abkühlung erfolgt Umwandlung in eine leicht verformbare Martensitstruktur (↑Martensit). Wird diese nach einer plast. Formänderung erwärmt, bildet sich wieder das Austenitgefüge der ursprüngl. Form. Als F. wirken z. B. Nickel-Titan- und Kupfer-Zink-Aluminium-Legierungen. Sie finden u. a. Anwendung bei thermisch an-

Formvorschriften FOR

sprechenden Stellelementen (z. B. Brandschutzeinrichtungen).
Formia, Hafenstadt und Seebad in der Prov. Latina, Latium, Italien, am Golf von Gaeta, 36900 Ew.; Sitz der staatl. Leichtathletikschule.
Formiate [nlat.], die Salze und Ester der Ameisensäure.
Formicoidea [lat.], die ↑Ameisen.
formidabel [lat.-frz.], außergewöhnlich, erstaunlich; großartig.
formieren [lat.], sich in einer bestimmten Ordnung aufstellen, ordnen; sich nach einem bestimmten Plan zusammenschließen, organisieren.
Formierung, Erzeugung oder Veränderung von Oberflächenschichten durch elektr. Einwirkung, die bei elektrotechn. Bauelementen die Funktionsfähigkeit herbeiführt (verbessert), z. B. bei Oxidkathoden.
Formmassen, pulver- oder granulatförmige Kunststofferzeugnisse, die innerhalb eines bestimmten Temperaturbereiches durch Druck spanlos zu Formteilen oder Halbzeug geformt werden können. Die aus F. hergestellten Werkstoffe heißen **Formstoffe.** – Nicht härtbare, thermoplast. F. **(Thermoplaste)** sind schmelzbar (z. B. Polyolefine, Polystyrol, Polyvinylchlorid, Polymethylmethacrylat, Polyamid, Polyacetal, Polyurethan, Polyäthylenterephthalat, Polycarbonat, Celluloseester). – Härtbare F. **(Thermodure, duroplast. F., duromere F.)** sind Gemische aus härtbaren Kunstharzen (Bindemittel), Füll- und Verstärkerstoffen. Der gehärtete Formstoff kann nicht wieder geschmolzen werden.
📖 *Kunststoff-Lexikon, hg. v. K. Stoeckhert u. W. Woebcken. München u. a.* ⁹*1998.*
Formosa [auch -ˈmoːsa; portugies. »die Wunderschöne«], **1)** früherer, aus dem Portugiesischen stammender Name der Insel ↑Taiwan, durch die **F.-Straße,** eine 380 km lange, an der engsten Stelle 135 km breite Verbindung des Ostchines. Meeres mit dem Südchines. Meer von der SO-Küste Chinas getrennt.
2) Hptst. der argentin. Provinz F., am Paraguay, 148 100 Ew.; Bischofssitz; Hafen.
Formsand, in der ↑Gießerei zur Herstellung von Gießformen gebrauchter feinkörniger Sand.
Formschluss, Art der Verbindung von Maschinenelementen, bei der Kräfte und Bewegungen senkrecht zur Berührungsebene durch die Form der an der Verbindung beteiligten Teile übertragen werden (Falze, Bolzen, Zahnräder). ↑Kraftschluss
Formschneider, Kunsthandwerker, der die zur Wiedergabe durch Holzschnitt bestimmte Zeichnung in den Holzstock schneidet.
Formsteine, von der übl. Form abweichende Mauer- oder Dachsteine zur Erzielung gestalter. Effekte (Ornamentsteine) oder besserer Verbundeigenschaften (Betonpflastersteine).
Formstück (Fitting), Verbindungsstück für Rohrleitungen, z. B. Muffe, Krümmer, Kniestück (Winkelstück), Abzweigstück (T-Stück), Kreuzstück, aus unterschiedl. Material, z. B. Stahl, Kupfer oder Kunststoff. F. besitzen entweder Gewindeanschluss oder werden eingeschweißt oder eingelötet.
Formular [lat.] *das,* (amtl.) Vordruck; Formblatt, Muster.
Formularbuch (Formelsammlung), im MA. für den Gebrauch in Kanzleien bestimmte Mustersammlung von Urkunden und Briefen (z. B. »Liber diurnus« der päpstl. Kanzlei, im 7.–9. Jh. in Gebrauch). Die F. gewannen große Bedeutung für die Entwicklung eines Kanzleistils und die rechtl. Kontinuität. Heute Zusammenstellung von Mustern rechtl. Schriftstücke (z. B. zur Klageerhebung).
Formularprozess, *röm. Recht:* die durch die ↑Prozessformel und deren Verwendung gekennzeichnete Verfahrensart des Zivilprozesses.
formulieren [lat.], in eine angemessene sprachl. Form bringen; festlegen, entwerfen.
Formvorschriften, *Recht:* die Bindung eines Rechtsgeschäfts an vorgeschriebene Erklärungsmittel. Bei privaten Rechtsgeschäften gilt der Grundsatz der **Formfreiheit,** nur ausnahmsweise ist **öffentliche Beglaubigung** (die Echtheit der Unterschrift des Erklärenden unter seiner schriftl. Erklärung wird vom Notar oder einer anderen, landesrechtlich dafür vorgesehenen Stelle beglaubigt) erforderlich. Hiervon zu unterscheiden ist die amtl. Beglaubigung (bes. durch die Gemeindebehörde), deren Beweiskraft sich auf Zwecke der Verw. beschränkt. Weiter gibt es die **notarielle Beurkundung** (Aufnahme einer Niederschrift durch den Notar, die vor den Beteiligten verlesen, von ihnen geneh-

FOR Formwechsel

migt und unterschrieben wird, z. B. bei Grundstücksgeschäften) oder die **Schriftform** (Niederschrift der Erklärung mit eigenhändiger Unterschrift des Erklärenden). Die gesetzl. Schriftform kann seit 1. 8. 2001 durch die **elektronische Form** ersetzt werden, wenn sich aus dem Gesetz nichts anderes ergibt (§ 126 BGB). Der Aussteller muss der Erklärung gemäß § 126 a BGB seinen Namen hinzufügen und das elektron. Dokument mit einer qualifizierten elektron. Signatur (erteilen Zertifizierungsstellen, die bei der Regulierungsbehörde Telekommunikation und Post akkreditiert sind) nach dem Signaturgesetz versehen. Ausgeschlossen ist die elektron. Form z. B. für Arbeitszeugnisse und Bürgschaftserklärungen. Die **Textform** (§ 126 b BGB) macht die eigenhändige Unterschrift einer Person in bestimmten Fällen entbehrlich. Soweit das Gesetz die Textform vorschreibt, muss die Erklärung in einer lesbaren Form abgegeben werden (Brief, Faxkopie, Computerfax, E-Mail), die Person des Erklärenden genannt und das Ende der Erklärung durch Nachbildung der Namensunterschrift oder anders erkennbar gemacht werden. Vorgesehen ist die Textform z. B. für Mieterhöhungen bis zur ortsübl. Vergleichsmiete (§ 558 a BGB, in Kraft ab 1. 9. 2001). Da F. eine Schutzfunktion für die Beteiligten bezwecken, macht die Nichtbeachtung der gehörigen Form i. d. R. ein Rechtsgeschäft unwirksam.

Formwechsel, *Gesellschaftsrecht:* ↑Umwandlung.

Formylierung [von nlat. acidum formicum »Ameisensäure« und grch. hýlē »Stoff«], Einführung der Aldehyd- oder Formylgruppe – CHO in organ. Verbindungen.

Fornax, lat. Name des Sternbilds ↑Chemischer Ofen.

Forró [portugies., »Fest«, »Tanz«, »Party«], populäre Musikform aus dem NO Brasiliens, ausgeführt mit Akkordeon oder Konzertina als Melodieinstrument und begleitet von Perkussionsinstrumenten wie der großen brasilian. Rahmentrommel und Triangel, handelt es sich um eine ausgelassene Partymusik, die seit Mitte der 1980er-Jahre als »Worldmusic« auch außerhalb Brasiliens bekannt wurde.

Forsberg [schwed. ˈfɔsbærj] (Forsberg-Wallin), Magdalena, schwed. Biathletin, *Örnsköldsvik (Län Västernorrland) 25. 7.

1967; in Einzelwettbewerben Doppelweltmeisterin 1997, Weltmeisterin 2000, Doppelweltmeisterin 2001, Weltmeisterin 2002 und sechsmal hintereinander Weltcupsiegerin (1996/97 bis 2001/02).

Forsch, Olga Dmitrijewna, russ. Schriftstellerin, * Festung Gunib (Dagestan) 28. 5. 1873, † Leningrad (heute Sankt Petersburg) 17. 7. 1961; schrieb Erzählungen und histor. Romane (Trilogie um A. N. Radischtschew »Die Kaiserin und der Rebell«, 1932–39).

Forschung, die Gesamtheit der systemat. Bemühungen um Erkenntnisse im Rahmen der ↑Wissenschaften. Nach dem F.-Anliegen differenziert man i. Allg. zw. ↑Grundlagenforschung (»reiner« F.) und angewandter (zweckorientierter) F., zur Lösung konkreter prakt. Anliegen. Nach Art der Finanzierung unterscheidet man zw. überwiegend staatlich finanzierter und nichtstaatlich finanzierter F., deren wichtigster Bereich die Industrie-F. ist. Zur hauptsächlich staatlich finanzierten F. gehören in Dtl. u. a. die Hochschul-F., die F. an Bundes- und Landesforschungsanstalten und an staatlich geförderten Institutionen; zu diesen zählen v. a. die Akademien der Wiss. en, die Einrichtungen der ↑Hermann von Helmholtz-Gemeinschaft Deutscher Forschungszentren sowie die Institute der ↑Max-Planck-Gesellschaft zur Förderung der Wissenschaften e. V. und der ↑Fraunhofer-Gesellschaft zur Förderung der angewandten Forschung e. V. Von großer Bedeutung ist die Beteiligung des Bundes an internat. F.-Organisationen und F.-Projekten (z. B. CERN, ESO, EURATOM, ISS, ITER) sowie die internat. Zusammenarbeit, u. a. sind die Fachverbände im ↑International Council of Scientific Unions zusammengeschlossen. – Die F.-Ausgaben werden überwiegend von der Wirtschaft aufgebracht. Bei der staatl. F.-Förderung (durch Bund und Länder) überwiegt die Zuweisung von Mitteln im Rahmen von F.-Aufträgen. Private F.-Förderung geschieht v. a. durch Stiftungen (u. a. Robert Bosch Stiftung, Fritz Thyssen Stiftung, Stifterverband für die Dt. Wissenschaft e. V., Volkswagen-Stiftung).

📖 *Brockhoff, K.:* F. u. Entwicklung. Planung und Kontrolle. München u. a. ⁴1994. – *Klodt, H.:* Grundlagen der Forschungs- u. Technologiepolitik. München 1995. – *Forschungsfreiheit. Ein Plädoyer der Dt. For-*

Forsteinrichtung FOR

schungsgemeinschaft für bessere Rahmenbedingungen der F. in Dtl. Weinheim u. a. 1996.
Forschungsreaktor, Kernreaktor mit geringer Leistung, v. a. für Forschungs- und Bestrahlungsversuche. F. mit einer hohen Neutronenflussdichte (**Hochflussreaktoren**) eignen sich bes. als Materialprüfreaktoren oder Neutronenquellen für die Grundlagenforschung.
Forschungsschiff, Schiff für Aufgaben der Meeresforschung mit Einrichtungen zum Einsatz ozeanograph., geophysikal. und meeresbiolog. Instrumente und Labors für Wissenschaftler.
Forschungszentrum Jülich GmbH, gegr. 1956, Sitz: Jülich; Mitgl. der ↑Hermann von Helmholtz-Gemeinschaft Deutscher Forschungszentren, getragen vom Bund (90 %) und vom Land NRW (10 %). Hauptarbeitsgebiete sind Material-, Energie- und Umweltforschung, biolog. und medizin. (Grundlagen-)Forschungen, Informationstechnik.

Willi Forst

Forschungszentrum Karlsruhe GmbH, Abk. **FZK,** gegr. 1956 (früher Kernforschungszentrum Karlsruhe GmbH); Mitgl. der ↑Hermann von Helmholtz-Gemeinschaft Deutscher Forschungszentren. Arbeitsschwerpunkte sind u. a. Forschung und Entwicklung im Bereich umweltschonender Hochtechnologien (Umwelt, Energie, Mikrosystemtechnik/Medizintechnik) und der Nukleartechnik (z. B. Materialforschung, Entsorgungstechnik, Stilllegung nuklearer Anlagen).
Forschung und Entwicklung, Abk. **FuE,** (engl. Research and Development, Abk. R & D), die in der gewerbl. Wirtschaft betriebene Forschung; Entwicklung kennzeichnet dabei die Verwertung natur- und ingenieurwiss. Forschungsergebnisse sowie techn. und ökonom. Erfahrungen bei der Neu- bzw. Weiterentwicklung von Produkten, Verfahren u. Ä.
Forseti, german. Gott der Gerechtigkeit, Sohn Baldurs. Sein Name bedeutet »Vorsitzender«; als solcher sprach er in Asgard bei Göttern und Menschen Recht.
Forßmann, Werner, Chirurg und Urologe, * Berlin 29. 8. 1904, † Schopfheim 1. 6. 1979; führte 1929 im Selbstversuch erstmals die ↑Herzkatheterisierung durch; erhielt 1956 mit A. Cournand und D. W. Richards den Nobelpreis für Physiologie oder Medizin.
Forst [von lat. foris »außerhalb«], im Ggs. zu dem vom Menschen unbeeinflussten Urwald ein Wirtschaftswald, der der Produktion von Holz, Harz, Waldfrüchten, Pilzen, u. a. dient. Von wachsender Bedeutung sind v. a. in dicht besiedelten Industrieländern die Erhaltung und Pflege von F. als Erholungswald für die Bev., als Schutzwald gegen Erosion und Lawinen im Gebirge oder als Wald, der die Umwelt nachhaltig positiv beeinflusst (Luftfilter, Wasserspeicher, Wind- und Lärmschutz, Klimaregulator).
Forst, Willi, eigtl. Wilhelm Froß, österr. Filmschauspieler und -regisseur, * Wien 7. 4. 1903, † ebd. 11. 8. 1980; als Regisseur bes. erfolgreich mit Musik- und Operettenfilmen: »Burgtheater« (1936), »Bel ami« (1939), »Wiener Blut« (1942) u. a.
Forstamt, ↑Forstverwaltung.
Forstbann, ↑Forstregal.
Forstberufe, Berufe in der Verwaltung, Bewirtschaftung und Pflege der Forsten; höherer Forstdienst: nach dem Studium der Forstwiss. (»Diplom-Forstwirt«) Forstrat; gehobener Forstdienst: Revierförster; mittlerer Forstdienst: Forstwirt; einfacher Dienst: Forsthüter, Revierjäger, Jagdaufseher.
Forstbetriebsarten, auf den Einzelbestand angewendete Methode der waldbaul. Behandlung: a) Hochwald-, b) Niederwald-, c) Mittelwaldbetriebe (Zwischenform von Hoch- und Niederwald).
Forsteinrichtung, Zweig der Forstwiss. und der forstwirtsch. Tätigkeit, befasst sich mit der mittelfristigen Wirtschaftsplanung und Vollzugskontrolle forstl. Betriebe (Waldertragsregelung). – Grundlage der F. ist eine möglichst genaue Zustandserfassung (Inventur) des Forstbetriebes.

Sie umfasst: Vermessung, Waldeinteilung u. a. Geplant wird v. a. anhand von Daten über Holzvorräte und Zuwachs. Einzelpläne regeln die Teilbereiche des Forstbetriebes (z. B. für den Wegebau und für landespfleger. Maßnahmen). Waldzustand und Planungsergebnisse werden im Betriebswerk (F.-Werk) zusammengefasst.
Fọrster, 1) [ˈfɔːstə], E. M. (Edward Morgan), engl. Schriftsteller, *London 1. 1. 1879, †Coventry 7. 6. 1970. Liberale Kulturtradition und engagierter Humanismus prägen seine Erzählungen und Romane (»Zimmer mit Aussicht«, 1908, verfilmt; »Howards End«, 1910; 1992 verfilmt), die in Variationen den Konflikt zweier Welten mit unterschiedl. Wertvorstellungen und Lebensauffassungen entwickeln (z. B. in »Auf der Suche nach Indien«, 1924); er schrieb auch das Libretto zu B. Brittens Oper »Billy Budd« (1951); wichtig für die Romanästhetik ist das krit. Werk »Ansichten des Romans« (1927).
2) Friedrich, eigtl. Waldfried Burggraf, Dramatiker, *Bremen 11. 8. 1895, †ebd. 1. 3. 1958; 1933–38 Schauspieldirektor in München; schrieb bühnenwirksame Schauspiele (»Der Graue«, 1931; »Robinson soll nicht sterben«, 1932), auch Märchenspiele, Lustspiele und Bearbeitungen älterer Stoffe.
3) Johann Georg, Naturforscher, Reiseschriftsteller und Politiker, *Nassenhuben (bei Danzig) 27. 11. 1754, †Paris 10. 1. 1794; begleitete mit seinem Vater Johann Reinhold F. (*1729, †1798) J. Cook auf dessen 2. Weltumsegelung (1772–75). Sein Bericht (»Reise um die Welt«, 2 Bde., 1777 engl., 1778–80 dt.) wurde Vorbild für eine neue literar. Form, den wiss. fundierten Reisebericht. 1779 wurde F. Prof. in Kassel, 1784 in Wilna, 1788 Bibliothekar in Mainz. Eindrücke einer Reise mit A. Humboldt (1790) fasste er in »Ansichten vom Niederrhein, von Brabant, Flandern, Holland, England und Frankreich« (3 Tle., 1791–94) zusammen. Nach der frz. Eroberung von Mainz 1792 trat F. dem dt. Jakobinerklub (»Mainzer Klub«) bei, wurde 1793 dessen Präs. und Vizepräs. des »Rheinisch-Dt. Nationalkonvents«, in dessen Auftrag er im März 1793 in Paris über den Anschluss der Mainzer Rep. an Frankreich verhandelte.
📖 *Harpprecht, K.: G. F. oder Die Liebe zur Welt. Eine Biographie. Reinbek 1990.* –

Weltbürger – Europäer – Deutscher – Franke. G. F. zum 200. Todestag, hg. v. R. Reichardt u. G. Roche, Ausst.-Kat. Univ.bibliothek Mainz, 1994.
4) Rudolf, österr. Schauspieler, *Gröbming (Steiermark) 30. 10. 1884, †Bad Aussee 26. 10. 1968; Charakterdarsteller, spielte in Wien und Berlin, später auch in Filmen (»Dreigroschenoper«, 1931; »Der träumende Mund«, 1932, u. a.). – Erinnerungen: »Das Spiel meines Lebens« (1967).
Förster, Berufs-Bez. für jemanden, der mit der Hege des Waldes und der Pflege des Wildes betraut ist.
Fọrster, Wieland, Bildhauer, Grafiker und Schriftsteller, *Dresden 12. 2. 1930; sucht in der Darstellung der menschl. Gestalt sinnl. und geistige Prozesse zu verdichten (»Große Neeberger Figur«, 1971/74); meisterhafte Radierungen und Zeichnungen sowie Bühnen- und Kostümausstattungen; schrieb u. a. »Labyrinth« (1988), »Grenzgänge« (1995).
Forsterịt [nach dem Naturforscher J. R. Forster, *1729, †1798] *der,* Mineral, ↑Olivine.
Förster-Nịetzsche, Elisabeth, *Röcken (bei Lützen) 10. 7. 1846, †Weimar 8. 11. 1935; sammelte den Nachlass ihres Bruders F. Nietzsche und gründete das Nietzsche-Archiv in Weimar. Die von ihr herausgegebenen Werke Nietzsches wurden aufgrund nachgewiesener Manipulationen kritisiert.
Forstgarten, der, ↑Kamp.
Forsthoff, Ernst, Staats- und Verwaltungsrechtler, *Duisburg 13. 9. 1902, †Heidelberg 13. 8. 1974; wurde 1933 Prof. in Frankfurt am Main, später an anderen Univ., ab 1943 in Heidelberg; war 1960–63 Präs. des Obersten Verfassungsgerichts der Rep. Zypern, entwickelte eine formale Theorie des Rechtsstaats. Seine Schriften aus der nat.-soz. Zeit sind z. T. umstritten.
Werke: Dt. Verfassungsgeschichte der Neuzeit (1940); Lb. des Verwaltungsrechts (1950); Rechtsstaat im Wandel (1964).
Fọrst (Lausitz), Krst. des Landkreises Spree-Neiße, Brandenburg, am Westufer der Neiße, 24 800 Ew.; Ostdt. Rosengarten, Textilmuseum; Tuchind., Kunststoff-, Metallverarbeitung, Heizkesselbau; Eisenbahn- und nahebei Autobahnübergang nach Polen. – Um 1265 gegr., 1346 erstmals urkundlich erwähnt, erhielt im 14. Jh. Stadtrecht.

Forstwirtschaft FOR

Forstpolitik, alle Maßnahmen des Staates, die im öffentl. Interesse zur Erhaltung, Mehrung und nachhaltigen Nutzung des Waldes getroffen werden. F. hat einen Ausgleich zu treffen zw. den Interessen der Forstwirtschaft und dem öffentl. Interesse mit dem Ziel der Erhaltung ausreichend großer und gesunder Wälder. Sie stützt sich auf gesetzl. Vorschriften, Verbote und Gebote zur Abwendung von Gefahren und Eingriffen in die Wälder und fördert den Aufbau neuer Wälder.
Forstrecht, die öffentlich-rechtl. Normen, die das Eigentum am Wald wegen des Allgemeininteresses an der Erhaltung ausreichend großer und gesunder Wälder besonderen Bindungen unterwerfen und die dem Schutz, der Überwachung und Förderung der Forstwirtschaft dienen. Das F. ist bundeseinheitlich durch das als Rahmen-Ges. angelegte Bundeswald-Ges. vom 2. 5. 1975 geregelt, das Maßnahmen zur Sicherung der Nutz-, Schutz- und Erholungsfunktion des Waldes vorsieht. Forstwirtsch. Zwecken dienen Zusammenschlüsse in privatrechtl. Form (Forstbetriebsgemeinschaften) oder in öffentlich-rechtl. Form (Forstbetriebsverbände als Körperschaften des öffentl. Rechts mit Zwangsmitgliedschaft), zusammengefasst in Forstwirtsch. Vereinigungen als privatrechtlich organisierten Dachverbänden. – In *Österreich* wurde mit dem Forst-Ges. vom 3. 7. 1975 eine umfassende Kodifikation des F. mit ähnl. Zielen erlassen. In der *Schweiz* ist die Erhaltung des Waldes zentrales Anliegen des F. (Bundes-Ges. über den Wald vom 4. 10. 1991 und forstrechtl. Bestimmungen in zahlr. Kantonen).
Forstregal, von den fränk. Königen seit dem 7. Jh. in Anspruch genommenes Verfügungsrecht über herrenloses Außenland. Das F. sicherte dem König das Monopol für Rodung und Jagd; er konnte jedem bei Strafe des Königsbanns die Benutzung bestimmter Wälder (Bannforsten) untersagen **(Forstbann).** Während des MA. ging das F. weitgehend an die Territorialherren über, auch für ihnen nicht gehörende Forsten. Das von den Fürsten z. T. über Gebühr in Anspruch genommene F. war in der frühen Neuzeit wesentl. Anlass zu Bauernaufständen. Im 19. Jh. wandelte es sich zur staatl. Forst- und Jagdhoheit, die dem Staat ein Aufsichtsrecht über Forst und Jagd gibt.

Forstschädlinge, pflanzl. und tier. Organismen, die das biolog. Gleichgewicht des Waldes empfindlich stören und großen wirtsch. Schaden verursachen können. Zu den tier. Schädlingen gehören u. a. Borkenkäfer, Kiefernspinner, Fichtenrüsselkäfer, Fichtenblattwespe. Pflanzl. F. sind v. a. Pilze, z. B. Zunderschwamm und Hallimasch.
Forstschutz, alle forstl. Maßnahmen zur Vorbeugung und zur Abwendung von schädigenden Einwirkungen auf den Wald. Man unterscheidet F. gegen Eingriffe des Menschen, gegen Forstschädlinge und gegen abiot. Einflüsse wie Sturm, Frost, Hitze, Schnee, Hagel, Eis. Besondere Bedeutung haben in Mitteleuropa Bekämpfungs- und Vorbeugungsmaßnahmen gegen die immissionsbedingten Waldschäden (↑Waldsterben) erlangt.
Forstverwaltung, die Behördenorganisation zum Betrieb und zur Beaufsichtigung der Forstwirtschaft. In Dtl. wird die F. der bundeseigenen Forsten durch den Bundesmin. der Finanzen ausgeübt. In der staatl. F. der Länder sind oberste Instanz meist die zuständigen **Länderministerien,** mittlere die **Oberforstdirektionen** oder **Bezirksregierungen,** untere die **Forstämter** (Revierförstereien). Sie bewirtschaften die Staatsforsten und führen i. d. R. die Aufsicht über die nicht im Staatseigentum stehenden Wälder. Gemeinden und Körperschaften verwalten, soweit nicht auch hier die staatl. F. tätig wird, ihre Waldungen selbst (z. B. Stadtforstämter), unterliegen aber insoweit der allg. Kommunal- und Körperschaftsaufsicht, die im Benehmen mit der staatl. F. ausgeübt wird. Auch Privatwälder können durch die staatl. F. bewirtschaftet werden. Werden sie vom Eigentümer selbst verwaltet, so unterstehen sie der Betreuung und Aufsicht der staatl. F. oder – z. B. in Ndsachs. – der Landwirtschaftskammer. In *Österreich* ist die F. Sache der Eigentümer, das Schwergewicht der Forstaufsicht liegt bei den Bezirken. In der *Schweiz* übt das Bundesamt für Umwelt, Wald und Landschaft die Oberaufsicht aus, die Kantone sind verpflichtet, ihr Gebiet in Forstkreise, diese weiter in Reviere einzuteilen.
Forstwirtschaft, beschäftigt sich mit der wirtsch. Nutzung und Pflege sowie dem Anbau des Waldes. Die F. in Dtl. hat v. a. wirtsch., aber auch soziale (Erholungs-,

45

FOR Forstwirtschaftsrat

Schutzwald) sowie angesichts zunehmender Umweltbelastung (↑Waldsterben) wachsende Bedeutung für die Erhaltung des ökolog. Gleichgewichts. Für die Erfüllung vielfältiger Aufgaben (Mehrzweck-F.) wird moderne F. verstärkt nach ökolog. Grundsätzen und Erkenntnissen betrieben. Seit etwa 1980 haben Maßnahmen der Walderhaltung und des ↑Forstschutzes in Mittel- und N-Europa und in Nordamerika besondere Bedeutung erlangt. Kennzeichen der F. sind die im Vergleich zu Landwirtschaft und Gartenbau sehr langfristigen Planungen, Maßnahmen und Auswirkungen. Zw. Saat, Pflanzung und Ernte liegen oft mehr als 100 Jahre, sodass ein Nutzen erst kommenden Generationen möglich ist. Von Bedeutung ist die Einhaltung des Prinzips der Nachhaltigkeit, d. h., dass nicht mehr Holz geerntet wird, als jeweils nachwachsen kann. Die **Forstnutzung** richtet sich auf wirtsch. und arbeitstechnisch zweckmäßige Gewinnung, rohstoff- und marktgerechte Bereitstellung sowie volks- und betriebswirtsch. beste Verwertung von primären Produkten des Waldes. (↑Forsteinrichtung)
Geschichte: Das Nutzungsrecht am Wald stand zus. mit dem Jagdrecht dem König zu, der jedem die Benutzung bestimmter Wälder (Bannforsten) untersagen konnte (↑Forstregal). Erst Anfang des 19. Jh. konnte sich unter Einfluss der stein-hardenbergschen Reform Privateigentum am Wald stärker entwickeln. – Während im MA. Jagd und ungeregelte Holznutzung überwogen, trat später in den Laubholzgebieten die Waldweide (Schweine) als extensive Nutzung in den Vordergrund. Eine regelrechte F. entstand in Dtl. um 1300.
📖 *Ökolog. Waldwirtschaft. Grundlagen – Aspekte – Beispiele,* hg. v. H. Graf Hatzfeldt. Heidelberg ²1996.
Forstwirtschaftsrat, Deutscher F. e. V., Abk. DFWR, repräsentatives Vertretungsorgan von rd. 1,3 Mio. Waldbesitzern, der gesamten Forstwirtschaft sowie der mit dieser verbundenen Berufskreise; gegr. 1950 als Nachfolgeorganisation des 1919 gebildeten und 1934 aufgelösten Reichsforstwirtschaftsrates; Sitz: Rheinbach. Aufgaben: Förderung der Ertragslage der Forstwirtschaft, aber auch des Natur- und Umweltschutzes.
Forstwissenschaft, Wiss. und Lehre von den biolog. Gesetzmäßigkeiten im Wachstum von Bäumen und Wäldern, der planmäßigen und nachhaltigen Nutzung von Holzerträgen, der Anwendung von Technik und Mechanisierung in der Forstwirtschaft sowie von der Auslotung aller rechtl. und gesetzl. Probleme bezüglich Mensch und Wald. – Die F. gliedert sich in forstl. Produktionslehre (Waldbau, Forstschutz, forstl. Arbeitslehre, Forstbenutzung, Wegebau, forstl. Transportwesen), forstl. Betriebslehre (Forsteinrichtung, forstl. Betriebswirtschaftslehre, Forstverwaltung) sowie Forst- und Holzwirtschaftspolitik, einschl. Forstgeographie, Forstgeschichte, Sozialwiss.en. Seit einigen Jahren hat die Erforschung der Waldschäden besondere Bedeutung erlangt. (↑Waldsterben)
📖 *Rittershofer, F.: Waldpflege u. Waldbau. Für Studierende u. Praktiker.* Freising 1994.
Forsyth [fɔːˈsaɪθ], Frederick, engl. Schriftsteller, *Ashford (Cty. Kent) Aug. 1938; schreibt Polit- und Spionagethriller, u. a. »Der Schakal« (1971), »Die Akte Odessa (1972), »No comebacks« (1982), »Das Phantom von Manhattan« (1999).
Forsythe [ˈfɔːsaɪθ], William, amerikan. Tänzer und Choreograph, *New York 30. 12. 1949; 1984 übernahm er in Frankfurt am Main die künstler. Leitung (seit 1999 als allein verantwortl. Intendant) des Balletts der Städt. Bühnen, 1996/99 auch die des Theaters am Turm; schuf eigenwillige Choreographien (u. a. »Impressing the Czar«, 1988; »Sleepers Guts«, 1996; »op. 31«, 1998).
Forsythi|e [-tsiə und -tiə; nach dem engl. Botaniker W. Forsyth, *1737, †1804] *die* (Forsythia, Goldflieder), Gattung der Ölbaumgewächse, ostasiat. Sträucher mit gelben Blüten, die im Frühjahr vor dem Laub erscheinen. Mehrere Arten werden in vielen Sorten als Ziergehölze kultiviert. – Abb. S. 47
Fort [fɔːr, frz.] *das, Militärwesen:* selbstständige geschlossene Befestigungsanlage kleiner bis mittlerer Größe, angelegt entweder als Einzelwerk zur Verteidigung von Hafeneinfahrten, strateg. wichtigen Geländepunkten und Verkehrswegen meist in Grenznähe (Sperr-F.) oder als vorgeschobenes Außenwerk einer großen ↑Festung (»detachiertes Fort«).
Fort [fɔːr], Gertrud von Le F., ↑Le Fort.
Fortaleza [-ˈleza; portugies. »Festung«], Hptst. des brasilian. Bundesstaates Ceará,

an der NO-Küste, 1,97 Mio. Ew.; zwei Univ., Erzbischofssitz; Ausfuhrhafen für Zucker, Baumwolle, Kaffee und Häute; Textilind.; Flughafen.

Fort-de-France [fɔːrdə'frãs], Hptst. des frz. Überseedép. Martinique, im W der Insel, 101 500 Ew.; Erzbischofssitz, Forschungsinst.; Industrieansiedlung Le Lamentin; Handelszentrum und Hauptausfuhrhafen, internat. Flughafen.

forte [italien.], Abk. **f,** musikal. Vortragsbezeichnung: laut, stark. **fortissimo,** Abk. **ff,** sehr laut. **forte fortissimo,** Abk. **fff,** mit allergrößter Lautstärke. **fortepiano,** Abk. **fp,** laut und sofort wieder leise. **mezzoforte,** Abk. **mf,** mittelstark.

fortes fortuna adjuvat [lat.], den Mutigen hilft das Glück (lat. Sprichwort).

Fort George River [fɔːt 'dʒɔːdʒ 'rɪvə], engl. Name des Flusses ↑Grande-Rivière.

Forsythie

fortgesetztes Delikt (fortgesetzte Handlung), von der Rechtsprechung entwickelte Form der strafrechtl. Handlungseinheit; danach ist ein f. D. die mehrfache, durch gleichartige Handlungen ausgeführte, von einem Gesamtvorsatz umfasste Verwirklichung desselben Straftatbestandes; sie wird rechtlich als eine einzige Deliktsverwirklichung betrachtet. Der Täter wird nur wegen einer Tat verurteilt, Anzahl und Schwere der Einzelakte sind bei der Strafzumessung zu berücksichtigen. Mit Beschluss vom 3. 5. 1994 hat der BGH diese Rechtsfigur jedoch weitgehend aufgegeben, weil sie nach seiner Ansicht zu nicht hinnehmbaren Wertungswidersprüchen geführt hat. Die Annahme eines Fortsetzungszusammenhangs ist gemäß BGH nur noch bei solchen Delikten angezeigt, bei denen es die sachgerechte Erfassung des verwirklichten Unrechts und der Schuld erfordert.

Fort-Gouraud [fɔːrguˈro], bis 1969 Name des Ortes ↑Fdérik in Mauretanien.

Forth [fɔːθ] *der,* Fluss in Schottland, 105 km lang, entspringt am Ben Lomond, mündet in den **Firth of Forth,** eine fjordartige, rd. 80 km lange Nordseebucht. Westlich von Edinburgh wird er seit 1890 von der 2,5 km langen Eisenbahnbrücke und seit 1964 von einer Straßenbrücke (Hängebrücke) überspannt.

FORTH [fɔːθ, engl.], eine höhere ↑Programmiersprache, v. a. für Gerätesteuerungen. FORTH-Programme sind in ihrem Befehlsvorrat erweiterungsfähig, von großer Kompaktheit und laufen sehr schnell ab.

Fortis [lat.] *die, Phonetik:* ein mit stärkerer Artikulationsspannung gesprochener Konsonant, z. B. im Deutschen [p, k, s]; Ggs.: Lenis.

Fortis Bank, internat. tätige belg. Geschäftsbank, Sitz: Brüssel; entstanden 1999 durch Fusion verschiedener belg. und niederländ. Kreditinstitute, u. a. Générale de Banque S. A., Algemene Spaar-en Lijfrentekas (ASLK-CGER) und Generale Bank Nederland; in mehr als 60 Ländern präsent. Die F. B. ist der Teil der **Fortis N. V.** (gegr. 1990, Sitz: Utrecht), eines Allfinanzkonzerns, der u. a. auch in den Bereichen Versicherung und Investment tätig ist.

Fort Knox [ˈfɔːt ˈnɔks], Militärstandort in Kentucky, USA, südwestlich von Louisville; größtes amerikan. Golddepot.

Fort-Lamy [fɔːrlaˈmi], bis 1973 Name von ↑N'Djamena.

Fort Lauderdale [fɔːt ˈlɔːdədeɪl], Stadt in SO-Florida, USA, am Atlantik, 149 500 Ew.; Seebad mit dichtem Kanalnetz; Univ. (seit 1964); Bootsbau u. a.; Hafen Port Everglades.

fortlaufende Notierung, ↑Kurs.

Fort McMurray [fɔːt məkˈmɜːrɪ], Stadt in der Prov. Alberta, Kanada, am Athabasca, 35 200 Ew.; in zwei Tagebauen werden seit

1967 bzw. 1978 Ölsande abgebaut; Pipelines nach Edmonton.
Fortner, Wolfgang, Komponist, *Leipzig 12. 10. 1907, †Heidelberg 5. 9. 1987; schrieb Bühnen-, Orchester- und Kammermusikwerke in einem bis 1945 streng tonalen, von I. Strawinsky beeinflussten, später A. Schönberg nahe stehenden Stil.
Werke: Opern: In seinem Garten liebt Don Perlimplín Belisa (nach F. García Lorca, 1962); Elisabeth Tudor (1972); That time (nach S. Beckett, 1977). – Ballette: Die weiße Rose (nach O. Wilde, 1951); Carmen (1971).
Fort Peck Dam [ˈfɔːt ˈpek ˈdæm], Staudamm im Missouri in NO-Montana, USA, Dammhöhe 76 m, mit 6 400 m Kronenlänge einer der längsten Erddämme, errichtet 1933–40; Stausee (992 km²).
Fortpflanzung (Reproduktion), die Erzeugung von Nachkommen; durch F. wird i. d. R. die Zahl der Individuen erhöht (Vermehrung) und die Art erhalten. Man unterscheidet ungeschlechtl. und geschlechtl. F. Die **ungeschlechtl. F.** (asexuelle F., vegetative F., Monogonie) geht von Körperzellen des mütterl. Organismus (bei Einzellern von deren einziger Körperzelle) aus und vollzieht sich über mitot. Zellteilungen, wobei die Tochterzellen den gleichen Chromosomensatz und somit dasselbe Erbgut wie der mütterl. Organismus bzw. die Mutterzelle haben. Bei der **geschlechtl. F.** entsteht aus zwei geschlechtlich unterschiedl. Keimzellen durch deren Verschmelzung (↑Befruchtung) und anschließende mitot. Teilung ein neues Individuum. Die geschlechtl. F. bedingt eine Neukombination der Erbanlagen. Geschlechtl. und ungeschlechtl. F. können bei derselben Tier- oder Pflanzenart miteinander abwechseln (↑Generationswechsel). – Eine sog. eingeschlechtl. F. ist die **Jungfernzeugung** (Parthenogenese), bei welcher aus unbefruchteten Eizellen Nachkommen hervorgehen (z. B. bei Ameisen, Bienen, Wespen, Blattläusen, Stechapfel, Tabak, Reis).
📖 *Culclasure, D. F.:* Anatomie u. Physiologie des Menschen, Bd. 10: Die F. des Menschen. A. d. Engl. Weinheim u. a. ³1987, Nachdr. ebd. 1991. – F. Natur u. Kultur im Wechselspiel, hg. v. E. Voland. Frankfurt am Main 1992. – *Hauenschild, C.:* F. u. Sexualität der Tiere. Mannheim u. a. 1993. – *Leuschner, L.:* F. bei Tieren. Stuttgart u. a. 2000.

Fortpflanzungsgeschwindigkeit (Ausbreitungsgeschwindigkeit), bei Wellenvorgängen die ↑Geschwindigkeit, mit der sich 1) eine physikal. Wirkung (Gruppengeschwindigkeit) oder 2) die Phase einer ↑Welle (Phasengeschwindigkeit) ausbreitet.
Fortpflanzungsorgane, ↑Geschlechtsorgane.
FORTRAN, Kw. aus engl. formula translator, problemorientierte ↑Programmiersprache für math., naturwiss. und techn. Rechenprogramme. Durch Weiterentwicklung der 1954 veröffentlichten Sprache existieren verschiedene Versionen, z. B. FORTRAN 77 (1978) und Fortran 90 (1992). Der aktuelle (erweiterte und veränderte) Standard ist Fortran 95.
Fortschreibung, Errechnung eines Bestandes auf der Basis früherer Angaben, z. B. F. einer Abschätzung unter Berücksichtigung eingetretener Veränderungen (Geburten, Sterbefälle, Zu- und Wegzüge).
Fortschritt, die Aufeinanderfolge von Formen oder Zuständen in dem Sinn, dass die zeitlich späteren zugleich die wertmäßig höheren sind. Die Grundlage des F. wird einerseits in einer philosophisch (kosmologisch, metaphysisch, religiös) begründeten Gesetzmäßigkeit der Wirklichkeit, in mehr weltanschaul. Sicht auch oft in einer den Dingen selbst zugeschriebenen Tendenz gesehen **(F.-Glaube).** Andererseits wird der F. v. a. als durch menschl. Aktivität bewirkt verstanden, was ihn vom Gedanken der ↑Entwicklung unterscheidet. Letzterer wirkt in der Anschauung, dass schon die früheren Formen immanent die späteren enthalten (z. B. in der Geschichtsphilosophie des dt. Idealismus, bes. G. W. F. Hegels). Die marxsche Geschichtsanschauung dagegen sucht in ihrem F.-Begriff objektive Gesetzmäßigkeit der Gesellschaftsentwicklung mit der F. bewirkenden menschl. Aktivität zu verbinden. – In der europ. Neuzeit wurde die Idee des F. zu einer vorherrschenden Leitidee der Geschichtsanschauung. Die Aufklärung setzte an die Stelle der christl. Geschichtstheologie die Lehre, dass die Menschen angeborene Vernunft die anfangs überlegenen Gegenkräfte der Barbarei, des Aberglaubens und der Gewalt schrittweise überwinden und schließlich zur vernunftgemäßen Gestaltung aller Verhältnisse führen werde. Die Denker des be-

ginnenden industriellen Zeitalters (C. H. de Saint-Simon, A. Comte, H. Spencer u. a.) gaben der Idee des F. einen neuen Inhalt: Statt Aufklärung der Menschen und Veredelung der Sitten wurde nun der wissenschaftlich-techn. F. und die durch ihn ermöglichte Naturbeherrschung zum zentralen Thema: Die fortschreitende Humanisierung der Gesellschaft wurde als mit dem F. zwangsläufig verbunden gedacht. Das gegenwärtige Geschichtsbewusstsein betont eher die Gefährdung der Umwelt durch den techn. F. (↑Lebensqualität)

📖 *Fetscher, I.: Überlebensbedingungen der Menschheit. Ist der F. noch zu retten? Berlin 1991. – F. u. Gesellschaft, hg. v. E.-L. Winnacker. Stuttgart 1993. – F. wohin? Wissenschaft in der Verantwortung, Politik in der Herausforderung, hg. v. H.-J. Fischbeck u. R. Kollek. Münster 1994. – Ethik u. wissenschaftl. F., hg. v. P. Mittelstaedt. Bonn 1995.*

Fortschrittliche Volkspartei, dt. polit. Partei, entstand 1910 durch Zusammenschluss der Freisinnigen Volkspartei, der Freisinnigen Vereinigung und der v. a. in Südwest-Dtl. vertretenen Dt. Volkspartei (1868–1910); vertrat die Interessen von Banken und Exportind., Bildungsbürgertum, »neuem Mittelstand« und Gewerbe; bildete 1918 mit dem linken Flügel der Nationalliberalen Partei die Dt. Demokrat. Partei.

Fort Smith [fɔːt ˈsmɪθ], Ort in den Northwest Territories, Kanada, am Slave River, 2 500 Ew.; Handelsplatz und Verw.sitz der **Fort Smith Region.** – Gegr. 1874.

Fortuna [lat.], die röm. Göttin des Glücks, später der grch. Tyche gleichgestellt. Zum Zeichen ihrer Wandelbarkeit auf schwebender Kugel dargestellt, meist mit Steuerruder, Füllhorn, Kugel.

Fortüne [lat.-frz.] *die,* Glück, Erfolg.

Fort Wayne [fɔːt ˈweɪn], Stadt in NO-Indiana, USA, am Maumee River, 173 100 Ew.; Theater- und Kunstzentrum (1965–74 von L. I. Kahn); Handels- und Ind.mittelpunkt (Elektronikind., Fahrzeugbau). – Um 1680 als frz. Pelzhandelsstation gegründet.

Fort Worth [fɔːt ˈwəːθ], Stadt in Texas, USA, westl. von Dallas, 479 700 Ew.; kulturelles Zentrum mit einigen exemplar. modernen Museumsbauten (u. a. von P. C. Johnson und L. I. Kahn); Univ.; botan. und zoolog. Garten; bedeutendster Viehhandelsplatz der Südstaaten mit Vieh-, Getreide-, Baumwollbörse und Schlachthäusern, Nahrungsmittel-, Luftfahrtind.; Erdölraffinerien; Großflughafen.

Forty-niners [ˈfɔːtɪˈnaɪnəz; engl. »Neunundvierziger«], die im ↑Goldrush von 1849 nach Kalifornien ziehenden Goldgräber.

Forum [lat.] *das,* **1)** *allg.:* Plattform; öffentl. Diskussion, Aussprache; Personenkreis für sachverständige Problemdiskussion.

2) in der Antike der Mittelpunkt jeder von den Römern gegründeten Stadt; Zentrum des politisch-kulturellen Lebens (Volksversammlungsplatz, städt. Behörden, Geschäftsverkehr). Magistratsgebäude, Wandelgänge sowie zahlr. Tempel und z. T. Markthallen umgaben den Platz, auf dem

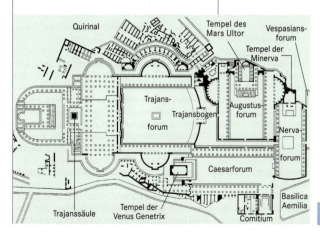

Forum 2): Plan der Kaiserforen

FOR Forum of European Securities Commissions

Forum 2): Blick vom Kapitol über das in einer Talsenke liegende Forum Romanum (im Vordergrund der lang gestreckte Grundriss der Basilica Iulia, dahinter die Reste des Rundtempels der Vesta und die drei Säulen des Dioskurentempels)

Altäre, Statuen, Siegessäulen und Triumphbogen errichtet wurden.
Das **Forum Romanum** (der Stadt Rom) entstand im 6. Jh. v. Chr. durch Entwässerung einer urspr. sumpfigen Senke. Ausgrabungen (seit 1803) legten v. a. Reste des kaiserzeitl. Baubestands frei sowie auch ältere Fundamente. Seit dem frühen 5. Jh. kam es zu Tempelgründungen: Tempel des Saturn (497; neu erbaut 42 v. Chr.), des Kastor und Pollux (484; zuletzt erneuert im 2. Jh. n. Chr.), der Concordia (367; mehrmals erneuert). In die Frühzeit gehörten auch die Regia, Sitz des Pontifex Maximus, und der Rundtempel der Vesta (zuerst Holzbauten, Steinbau 200 v. Chr., mehrmals erneuert), der das ewige Feuer auf dem hl. Staatsaltar barg, zum F. Romanum. Zentrum des polit. Lebens war im NW das Comitium (Volksversammlungsplatz) mit der Curia (Tagungsort des Senats) und der Rednerbühne (Rostra). Aus dem 1. Jh. v. Chr. stammt die Basilica Iulia (Gericht, Börse), aus dem 1. Jh. n. Chr. der Tempel für Antoninus Pius und Faustina, Triumphbogen des Titus 81 n. Chr., des Septimius Severus 203 n. Chr. Die **Kaiserforen** sind eine nördl. Erweiterung des zu klein gewordenen F. Romanum mit Caesar-F. und dem Tempel der Venus Genetrix, Augustus-F. mit dem Tempel des Mars Ultor, die F. des Nerva und des Vespasian mit dem Tempel der Friedensgöttin Pax (Templum Pacis) und das Trajans-F. mit der Basilica Ulpia und der Trajanssäule.

📖 Buchner, W. K.: Zentrum der Welt. Das F. Romanum als Brennpunkt der röm. Geschichte. Gernsbach 1990. – Köb, I.: Rom – ein Stadtzentrum im Wandel. Untersuchungen zur Funktion und Nutzung des Forum Romanum und der Kaiserfora in der Kaiserzeit. Hamburg 2000.

Forum of European Securities Commissions [ˈfɔrəm əv jʊərəˈpiːən sɪˈkjʊərətɪz kəˈmɪʃənz, engl.], Abk. **FESCO**, gemeinsame Organisation europ. Aufsichtsämter, gegr. im Dez. 1997 von den Aufsichtsbehörden der EU-Staaten sowie Islands und Norwegens, Sitz: Paris. Aufgaben: Erhöhung der Markttransparenz und des Anlegerschutzes, Entwicklung gemeinsamer Aufsichtsstandards für die Finanzmärkte, Unterstützung bei der Ahndung von Regelverstößen. Dt. Mitgl. ist die Bundesanstalt für Finanzdienstleistungsaufsicht.

Forum Stadtpark (Grazer Forum Stadtpark), Grazer Künstlergruppe, die sich 1958 zusammenschloss und 1960 das Grazer Stadtpark-Café in ein modernes Kunstzentrum umwandelte. In den 1960er- und 70er-Jahren bildete das F. S. ein Zentrum junger österr. Literatur (u. a. P. Handke, G. Roth, W. Bauer, G. F. Jonke). Seit den späten 70er-Jahren entwickelte es sich zu einem Zentrum für mehrere Sparten (Musik, Theater, Literatur, Fotografie, Film, Wissenschaft, Architektur, bildende Kunst, neue Medien). Publikationsorgan ist seit 1960 die Zeitschrift »manuskripte« (hg. von A. Kolleritsch).

Forza Italia, italien. Parteienbündnis, ereichte 2001 die Beteiligung an der Reg. (↑Italien, Geschichte).

forzando [italien.], Abk. **fz** (forzato), musikal. Vortragsbezeichnung, ↑sforzato.

Fos, Golf von [- fɔs], Bucht an der frz. Mittelmeerküste, zw. Rhonemündung und Marseille, bis 11 km breit, durch eine Nehrung z. T. abgeriegelt, bis über 20 m tief. Wurde zum Schwerindustriezentrum ausgebaut mit Stahlind., Aluminiumhütte und petrochem. Ind.; Erdölhafen (Kanal zum Étang de Berre), Erdöl-, Erdgas- und Produktenleitungen bes. nach N (Karlsruhe, Genf u. a.). In dem Ort **Fos-sur-Mer** (11 600 Ew.) roman. Kirche und mittelalterl. Befestigungsanlagen.

Fosbury-Flop [ˈfɔsbərɪflɔp; nach dem amerikan. Olympiasieger von 1968 Richard (»Dick«) Fosbury, *1947], Hochsprungtechnik, bei der der Der F.-F. löste den bis dahin übl. ↑Straddle ab.

Foscolo, Ugo, eigtl. Niccolò F., italien. Dichter und Literarhistoriker, *auf Zakynthos 6. 2. 1778, †Turnham Green (heute zu London) 10. 9. 1827; Patriot und Gegner Napoleons I., Vorläufer des Risorgimento. Sein Werk umfasst Tragödien, Sonette und Oden, das lyrisch-philosoph. »Gedicht von den Gräbern« (1807) sowie den von Goethes »Werther« inspirierten Briefroman »Die letzten Briefe des Jacopo Ortis« (1802), sein erfolgreichstes Buch; auch literaturhistor. Studien.

Foshan [-ʃ-] (Fatshan), Stadt in der Prov. Guangdong, China, im Deltagebiet des Perlflusses, 303 200 Ew.; Textil- und chem. Ind.; traditionelles Zentrum der Seiden- und Porzellanindustrie. – Buddhist. Ahnentempel (11. Jh.).

Foss, Lukas, eigtl. L. Fuchs, amerikan. Komponist, Dirigent und Pianist dt. Herkunft, *Berlin 15. 8. 1922; war 1953–62 als Nachfolger A. Schönbergs Prof. für Komposition an der University of California in Los Angeles und leitete u. a. 1971–90 das Brooklyn Philharmonic Orchestra. Als Komponist zunächst stilistisch an P. Hindemith orientiert, seit 1960 Einbeziehung serieller und aleator. Techniken; u. a. Opern, Kantaten, Orchesterwerke, Kammermusik.

Fossa [madagass.], Art der ↑Schleichkatzen.

Foße [lat.] *die, Kartenspiel:* Fehlfarbe, leere Karte.

Norman Robert Foster

Fosse [ˈfuːsɛ], Jon, norweg. Schriftsteller, *Haugesund 29. 9. 1959; seit Mitte der 1990er-Jahre einer der international am meisten beachteten europ. Theaterautoren mit Dramen, meist Kammerspielen, die v. a. existenzielle Fragen nach Einsamkeit, Traurigkeit und Tod aufwerfen (»Die Nacht singt ihre Lieder«, 1997); sein Werk umfasst außerdem Romane (»Rot, Schwarz«, 1983; »Melancholie«, 2 Tle., 1995 und 1996), Lyrik, Essays und Kinderliteratur.

Weitere Werke: Stücke: Der Name (1995); Das Kind (1997); Ein Sommertag (2000); Winter (2000). – Essays: Gnost.

FOS fossil

Essays (1999). – Roman: Morgen und Abend (2000).
fossil [lat.], aus der erdgeschichtl. Vergangenheit stammend; Ggs. ↑rezent.
Fossili|en [lat.], durch Fossilisation erhalten gebliebene Überreste von Tieren (auch von deren Lebensspuren) oder Pflanzen, die in erdgeschichtl. Vergangenheit gelebt haben. Neben Abdrücken und Steinkernen sind organ. Reste auch als Einschlüsse in Harz (Bernstein) und im Dauerfrostboden des arkt. Bereichs (Mammutleichen) erhalten. (↑Leitfossilien)
📖 *F., bearb. v. C. Walker u. D. Ward. A. d. Engl. Berlin 2002.*

Norman Robert Foster: Blick in die neue Glaskuppel des Reichstagsgebäudes in Berlin (1995–99)

Fossilisation [lat.] *die,* Vorgang der Bildung von Fossilien. Erhalten bleiben v. a. Hartteile von Tieren oder Pflanzen. Sie können eine Umkristallisation erfahren, d. h., die ursprüngl. Kalksubstanz kann durch Kieselsäure, Schwefelkies u. a. ersetzt werden. Werden Hohlräume abgestorbener Lebewesen mit Sediment ausgefüllt, so entstehen **Steinkerne,** bei denen der innere Abdruck der Schale zu sehen ist. Reste von Pflanzen finden sich in Form feinster Kohlehäutchen, Kriech- und Laufspuren als **Abdruck.**
Foster ['fɔstə], **1)** George Murphy (»Pops«), amerikan. Jazzmusiker (Bassist), * McCall (Id.) 19. 5. 1892, † San Francisco (Calif.) 6. 11. 1969; bed. Bassist des New-Orleans-Jazz.
2) Jodie, amerikan. Filmschauspielerin und -regisseurin, * Los Angeles (Calif.) 19. 11. 1962; seit den 1970er-Jahren Charakterdarstellerin in Filmen, wie »Taxi Driver« (1976), »Angeklagt« (1988), »Schweigen der Lämmer« (1991), »Maverick« (1994), »Nell« (1994) und »Panic room« (2001); seit den 1990er-Jahren auch Filmregie (»Das Wunderkind Tate«, 1991; »Familienfest und andere Schwierigkeiten«, 1995).
3) Lord (seit 1999) Norman Robert, brit. Architekt, * Manchester 1. 6. 1935. Seine Bauten demonstrieren die ästhet. Dimension der Technik: u. a. Verwaltungsgebäude der Hongkong and Shanghai Banking Corp. in Hongkong (1979–86), Terminal des Flughafens Stansted im Großraum London (1981–91), »Mediathek« in Nîmes (1984–93), Hochhaus der Commerzbank-Zentrale in Frankfurt am Main (1994–97, ohne Antenne 258,7 m Höhe), Umbau des Reichstagsgebäudes in Berlin (1995–99), Multimediacentrum Rotherbaum in Hamburg (1999 fertig gestellt), Prähistor. Museum in Quinson (etwa 50 km nordöstl. von Aix-en-Provence; 2001 eröffnet), City Hall (2002) und Swiss Re Tower (2003) in London. Er erhielt 1999 den Pritzker-Preis. – Abb. S. 51
4) Stephen Collins, amerikan. Liederdichter und Komponist, * Lawrenceville (Pa.) 4. 7. 1826, † New York 13. 1. 1864; schrieb zahlr. volkstüml. amerikan. Lieder, darunter »Oh, Susanna«, »My old Kentucky home, good night«, »Old Black Joe«.
foto..., Foto..., Wortbildungselement von grch. phōs, »Licht«.
Foto-CD, spezielle Compact Disc, auf der Kleinbilddias und -negative gespeichert werden können. Die Bilder werden mithilfe spezieller Scanner abgetastet, in Bildpunkte zerlegt und digital auf der Foto-CD

Fotografie FOT

auflösungs- und rasterunabhängig abgespeichert. Foto-CDs sind auch als Speichermedium für Anwendungen z. B. in der graf. Technik, für elektron. Publishing-Systeme oder den Multimediabereich geeignet.

Fotodesign [-dizaın, engl.], Teilbereich der angewandten Fotografie, der meist als Unterbereich dem ↑Grafikdesign zugerechnet wird. Der Fotodesigner findet für die Vorgaben eines Auftraggebers fotograf. Bildlösungen (z. B. in Werbung, Mode, Ind., Forschung und Technik) oder arbeitet freischöpferisch.

fotogen [grch.-engl.], zum Filmen oder Fotografieren bes. geeignet, bildwirksam (bes. von Personen).

Fotogeologie (Luftbildgeologie, Aerogeologie), die geolog. Auswertung von Luft- und Satellitenbildern, die Aussagen über Schichtenverlauf und -lagerung, Tektonik und Faltenstrukturen ermöglichen.

Fotografie, Bez. für alle Verfahren, ein durch Licht (sichtbarer und nicht sichtbarer Spektralbereich, z. B. Infrarot, Ultraviolett) erzeugtes reelles Bild auf lichtempfindl. Schichten (Platte, Film, Papier) mithilfe opt. Systeme (↑fotografische Apparate) festzuhalten; i. w. S. auch für andere bildgebende Verfahren verwendet, z. B. für solche, bei denen ein elektrostat. Ladungsbild erzeugt (Elektro-F.) oder ein Magnetspeicher beeinflusst wird (Videographie).

Als fotograf. Materialien werden hauptsächlich die Silberhalogenide verwendet, da sie eine hohe Lichtempfindlichkeit und einen großen Verstärkungseffekt bei der Entwicklung aufweisen. Beim Silberhalogenidverfahren wird die auf einem Träger befindl. lichtempfindl. Schicht, die aus einer festen Suspension von feinsten Silberhalogenidkörnern in einem Schutzkolloid (Gelatine) besteht, (in einer Kamera) belichtet, wobei das Bild des Aufnahmegenstands in der Schicht optisch abgebildet wird. Die einfallenden Lichtquanten spalten aus den Halogenidionen Elektronen ab, die Silberionen zu Silberatomen reduzieren können. Wenn eine bestimmte Mindestanzahl von benachbarten Silberatomen erreicht ist, spricht man von einem Entwicklungskeim, an dem der Entwickler angreifen und den ganzen Kristall zu metall., schwarzem Silber reduzieren kann (Überführung des ↑latenten Bildes in ein sichtbares). Man erhält eine negative Abbildung, das Negativ, das an den Stellen intensivster Belichtung die größte Schwärzung aufweist. Durch Herauslösen des unentwickelten (unbelichteten) Silberhalogenids (Fixieren) wird die Abbildung lichtunempfindlich und dauerhaft gemacht. Kopiert man das Negativ auf eine andere lichtempfindl. Schicht, erhält man eine positive Abbildung (Negativ-Positiv-Verfahren). Das im Positiv sichtbare Korn ist die Abbildung der Lücken zw. den Kornanhäufungen des Negativs.

Schwarz-Weiß-Fotografie: Das Silberhalogenidverfahren, bei dem Schwarz-, Weiß- und Grautöne entstehen, liegt der Schwarz-Weiß-F. zugrunde. Je nach Art des Trägers für die lichtempfindl. Schicht unterscheidet man fotograf. Platten, Filme und Papiere. Glasplattenträger sind (bis auf spezielle Anwendungen) vom Film (Cellulosetriacetat, Polyäthylenterephthalat) verdrängt worden. Platten und Filme weisen (sich in fotograf. Bädern lösende) Lichthofschutzschichten auf; Fotopapiere werden in versch. Härtegraden (entsprechend den Kontrastverhältnissen des Negativs), Untergrundanfärbungen (weiß, elfenbein, chamois) und Oberflächen (glänzend, d. h. hochglanzfest, oder durch Stärkezusatz matt) geliefert. Aufnahmematerialien werden nach ihrer Empfindlichkeit und Körnigkeit eingeteilt in: niedrig empfindl., extrem feinkörnige, steil arbeitende so genannte Dokumentenfilme (ISO 12/12°), niedrig empfindl., feinkörnige Filme normaler Gradation (ISO 25/15° bis ISO 50/18°), mittelempfindl. Filme (ISO 50/18° bis ISO 100/21°), hoch empfindl., so genannte Highspeedfilme (ISO 200/24° bis ISO 400/27°), extrem hoch empfindl., relativ grobkörnige Filme mit flacher Gradation (ISO 800/30° und mehr).

Farbfotografie: Sammelbegriff für fotograf. Verfahren zur Herstellung von Abbildungen in (meist) natürl. Farben. Auch die Farb-F. arbeitet mit Silberhalogenidschichten. Die Farben entstehen als Nebenprodukte bei der Reduktion des Silberhalogenids durch die Entwicklersubstanzen, das Silberbild wird ausgebleicht. Einen bestimmten Farbeindruck kann man auf versch. Weise erzeugen: Das additive Farbverfahren beruht auf der Mischung der drei Grundfarben Blau, Grün und Rot in versch. Mengenverhältnissen. Grünes und rotes Licht addieren sich zu Gelb; Blau

FOT Fotografie

und Rot ergeben Purpur, Blau und Grün Blaugrün. Das subtraktive Verfahren beruht auf der Ausfilterung von Licht bestimmter Wellenlänge aus weißem Licht. Ein gelbes Filter z. B. absorbiert das blaue Licht einer weißen Lichtquelle und lässt Grün und Rot durch, die zus. Gelb ergeben. Die früher praktisch angewandten farbfotograf. Verfahren beruhten auf dem additiven Prinzip. Heute werden wegen der besseren Lichtausbeute subtraktive Verfahren bevorzugt. Hierfür verwendet man ein mehrschichtiges Material mit blauempfindl. Oberschicht, einer Gelbfilterschicht, grünempfindl. Mittelschicht und rotempfindl. Unterschicht (Agfacolor® 1936, Kodacolor® 1942). Bei den Verfahren mit Farbstoffaufbau enthalten die Schichten jeweils diffusionsfest eingelagerte Farbkuppler (auch Farbbildner, Farbkomponenten), die bei der Entwicklung mit einem Farbentwickler (p-Phenylendiaminderivate als Entwicklersubstanzen) einen Bildfarbstoff ergeben (chromogene Entwicklung). So wird z. B. in der rotempfindl. Schicht der komplementäre Blaugrünfarbstoff erzeugt. Man kann die Farbkuppler auch drei getrennten Farbentwicklungsbädern zugeben (Kodachrome-Umkehrverfahren®). Bei den Farbumkehrverfahren, die Diapositive ergeben, wird durch eine Schwarz-Weiß-Erstentwicklung ein negatives Silberbild erzeugt. Nach Zweitbelichtung oder Verschleierung des restl. Silberhalogenids erfolgt die Zweitentwicklung mit einem Farbentwickler, sodass ein positives Farbbild resultiert. Beim Silberfarbbleichverfahren, einem Verfahren mit Farbstoffabbau, werden den Silberhalogenid-Emulsionsschichten lichtechte Azofarbstoffe zugefügt. Nach einer Schwarz-Weiß-Entwicklung werden die Farbstoffe in einem Farbbleichbad selektiv an den Stellen mit Bildsilber zerstört (Cibachrome®). Der Dye-Transfer-Prozess ist ein von Kodak entwickeltes Kopierverfahren, nach dem von einem Negativ oder Diapositiv beliebig viele und lichtfeste Farbbilder hergestellt werden können.
Recht: Eine fotograf. Aufnahme ist ohne Rücksicht auf den Gegenstand der Aufnahme für den Fotografen rechtlich geschützt. Handelt es sich um Lichtbilder, die kein Merkmal einer individuellen Gestaltung aufweisen, genießen sie ↑Leistungsschutz (Schutzfrist: 50 Jahre), sonst Urheberrechtsschutz (so genannte Lichtbildwerke, Schutzfrist: 70 Jahre nach dem Tod des Urhebers). Fotografien einer Person sind als ↑Bildnis geschützt.
Geschichte: Bei frühen Abbildungsversuchen mit lichtempfindl. Silbersalzen (z. B. J. H. Schulze 1727, J. N. Niepce 1816) gelang es noch nicht, beständige Bilder zu erhalten. 1822 stellte Niepce unter Verwendung einer lichtempfindl. Asphaltschicht nach Auswaschen der unbelichteten Teile eine Kontaktkopie eines Kupferstiches her. 1826 gelang nach diesem Verfahren die erste befriedigende Kameraaufnahme. In der Folgezeit diente das Asphaltmuster als Ätzgrund für Kupfer- und Zinkplatten, von denen nach Einfärbung gedruckt wurde (Heliographie). 1835 entdeckte L. J. M. Daguerre, dass durch Jodbehandlung lichtempfindlich gemachte, versilberte Kupferplatten mit Quecksilberdampf entwickelt werden können. Die Fixierung mit Natriumchloridlösung gelang 1837; dieses Verfahren (Daguerreotypie) wurde 1839 in Paris bekannt gegeben. Die Herstellung einer Vielzahl von Positivkopien von einem Negativ gelang W. H. F. Talbot zw. 1835 und 1839: Ein in der Kamera auf Silberjodidpapier erzeugtes latentes Bild wurde mit Gallussäure und Silbernitrat entwickelt und mit Natriumthiosulfat fixiert. Das Papiernegativ wurde dann auf Silberchlorid- oder -bromidpapier kopiert (Calotypie, auch Talbotypie; 1841 patentiert). F. S. Archer stellte 1851 in London das »nasse Kollodiumverfahren« (Jodsilber-Kollodium-Verfahren) vor: Mit bromid- oder jodidhaltigem Kollodium (Cellulosenitratlösung) beschichtete Glasplatten wurden in Silbernitratlösung gebadet, noch nass belichtet und entwickelt. Dieses Verfahren wurde ab 1878 durch die Silberbromid-Gelatine-Trockenplatten abgelöst (1871 Erfindung von R. L. Maddox). Erst die Entdeckung der spektralen Sensibilisierung (1873) durch H. W. Vogel ermöglichte eine »farbrichtige« Wiedergabe in der Schwarz-Weiß-F. sowie die Farbfotografie.
Künstlerische Fotografie: Spezielles Anwendungsgebiet der F., in dem das fotograf. Bild Ergebnis eines ästhetisch-schöpfer. Prozesses ist und neben seinem dokumentar. Gehalt subjektbezogene Aussagen über das Sujet enthält. In der 2. Hälfte des 19. Jh. wurde die künstler. F. an den Ge-

staltungs- und Formprinzipien der klass. bildenden Künste gemessen. Erst in den 20er- und 30er-Jahren des 20. Jh. erschlossen v. a. Fotografen, die sich an der Neuen Sachlichkeit orientierten, die der F. gemäßen Ausdrucksmittel für die künstler. Gestaltung. In der zeitgenöss. Kunst gewinnt die F. als eigenständiges Ausdrucksmittel immer größere Bedeutung. Wichtige Anwendungsbereiche der künstlerischen F. sind Porträt-, Landschafts-, Architektur-, Live-, Reportage- und Werbefotografie.

📖 *Koschatzky, W.: Die Kunst der Photographie. Technik, Gesch., Meisterwerke. Köln 1994. – Die neue Enzyklopädie der F., bearb. v. H. Henninges u. a. Augsburg 1994. – Freier, F.: DuMont's Lexikon der F. Technik – Gesch. – Fotografen – Kunst. Köln ²1997. – Capobussi M.: Fotografieren. Neuaufl. Klagenfurt 2002. – Ang, T.: Digitale F. und Bildbearbeitung. Das Praxisbuch. München 2002. – Koshofer, G. u. Wedewardt, H.: Fotopraxis. München 2003.*

Fotografik, Form der künstler. Fotografie, in der mittels fotograf. Techniken bzw. durch gezielte Lichteinwirkung oder direkte Abbildung von Objekten auf lichtempfindl. Material **(Photogramm)** graf. Effekte erzielt werden. Bedeutende Photogramme schuf der Maler C. Schad (Schadographie); die Vielfalt dieser Technik dokumentiert bes. M. Ray (Rayographie).

fotografische Apparate (fotografische Kameras), opt. Geräte zur Aufnahme fotograf. Bilder nach dem Vorbild der ↑Camera obscura. Sie bestehen prinzipiell aus einem lichtdichten Gehäuse mit Bildbühne und Transportvorrichtung für das lichtempfindl. Material, dem bilderzeugenden opt. System (↑fotografische Objektive), dem Verschluss zur Steuerung der Belichtungszeit und der Visier- bzw. Bildbetrachtungseinrichtung (Sucher).

Kameratypen: Großformatkameras, Balgenkameras auf opt. Bank oder mit Laufboden für die verstellbare und schwenkbare Objektivstandarte und mit verstellbarem und schwenkbarem Kamerarückteil; im Baukastensystem zusammensetzbar; Aufnahmeformat 9 × 12 cm und größer. **Mittelformatkameras** für 62 mm breiten Rollfilm; urspr. Balgenkameras, heute meist starre Tubuskameras mit Zentral- oder Schlitzverschluss, v. a. ein- oder zweiäugige Spiegelreflexkameras. **Kleinbildkameras,** verbreitetster und hinsichtlich Objektivausstattung und Zubehör vielseitigster Typ, für 35-mm-Kinefilm in Kleinbildpatrone; Sucher- oder einäugige Spiegelreflexkameras, mit Schlitzverschluss und Wechselobjektiven, mit zunehmend aufwendiger elektron. Ausstattung, durch die wesentl. Kamerafunktionen automatisiert werden: Belichtungsautomatik, kontrastmessende Autofokussysteme, automat. Filmtransport, automat. Eingabe von Filmempfindlichkeit. Eine Neuentwicklung ist das ↑Advanced Photo System.

fotografische Apparate: Stereokamera (1934)

Kleinstbildkameras, Miniaturkameras (Aufnahmematerial 8- und 16-mm-Schmalfilm in speziellen Kassetten); sehr populär sind die Pocketkameras, auch mit elektron. Vollautomatik. Neuartige Kleinstbildkameras sind die Disc-Kameras, deren Aufnahmematerial sich auf einer kreisförmigen Kunststoffscheibe befindet. Die große Schärfentiefe macht bei Kleinstbildapparaten eine Entfernungseinstellung überflüssig. Ein neuer Kameratyp ist die ↑Digitalkamera, bei der die Bilder nicht analog auf einem Film, sondern in digitaler Form gespeichert werden. Das vom Objekt reflektierte Licht fällt dabei auf einen CCD-Sensor und wird in intensitätsabhängige elektr. Impulse gewandelt. Bei Scannerkameras werden die CCD-Sensoren von Schrittmotoren über die Bildfläche bewegt und das Bild zeilenweise aufgebaut; Chipkameras arbeiten mit rechteckigen CCD-Chips, die sofort das komplette Bild digitalisieren. Die Ausgabe der Bilder erfolgt mithilfe von Computern oder Fernsehgeräten.

Verschlussbauarten: Der **Zentralverschluss (Lamellenverschluss)** befindet sich meist innerhalb des Objektivs in der Nähe der Blendenebene oder als Hinterlin-

FOT fotografische Objektive

senverschluss unmittelbar hinter dem Scheitel der Hinterlinse; seine Verschlusssektoren, mehrere schwenkbare Stahllamellen, geben die Öffnung von der Mitte beginnend frei und kehren nach Ablauf der Offenzeit in die Schließstellung zurück. Die Belichtungszeit setzt sich aus der eingestellten Offenzeit und jeweils der Hälfte der Öffnungs- und der Schließzeit zusammen. Die Bewegungsumkehr lässt als kürzeste Belichtungszeit nur $1/750$ s zu. Der **Schlitzverschluss** läuft dicht vor dem Bildfenster ab; er besteht im Wesentlichen aus zwei »Vorhängen« (Lamellenpakete u. a.), von denen einer das Bildfeld zunächst abdeckt und es bei der Belichtung freigibt, während der andere in einstellbarem zeitl. Abstand folgt und das Bildfeld wieder abdeckt. Beide Vorhänge bilden einen »Schlitz« variabler Breite. Es sind kurze Belichtungszeiten von $1/1000$ bis $1/8000$ s möglich. Da die Bildfläche aber streifenweise belichtet wird, kann eine Blitzsynchronisation nur erfolgen, wenn die Schlitzbreite gleich der entsprechenden Kantenlänge des Bildfensters (Vollöffenzeit etwa $1/60$ bis $1/125$ s) oder die Brenndauer der Blitzquelle gleich der Gesamtablaufzeit ist.
Suchereinrichtungen: Die Bildeinstellung erfolgt nach zwei unterschiedl. Prinzipien: 1) Betrachten des reellen Bildes auf einer Mattscheibe, entweder am Bildort oder unter Zwischenschaltung eines Ablenkspiegels **(Spiegelreflexprinzip)** in einer zur Bildebene konjugierten Ebene. Der Spiegel kann sich im Strahlengang befinden und zur Aufnahme weggeklappt werden (einäugige Spiegelreflexkamera, Single-Lens-Camera, SL-Kamera); zur Bildbetrachtung kann auch ein separates opt. System verwendet werden (zweiäugige Spiegelreflexkamera). Die Einstellscheibe ist zur Erhöhung der Bildhelligkeit bei kleineren Formaten eine lichtsammelnde Fresnel-Linse oder eine mit einem äußerst feinen Prismenraster versehene Glasfläche. Zur Scharfeinstellung des Bildes sind Messkeile (Schnittbildindikator) und/oder ein zentr. Mikrospaltbildfeld vorgesehen. Da das Spiegelreflexbild waagerecht oberhalb des Bildraums aufgenommen wird, zeigt es das Aufnahmeobjekt aufrecht, aber seitenverkehrt; zur Bildumkehrung dient im Sucherschacht bes. bei Kleinbildkameras ein Pentadachkantprisma. 2) Direktes Betrachten des Motivs durch eine opt. Anordnung, die dem umgekehrten galileischen bzw. newtonschen Fernrohr entspricht (Newton-Sucher) und das Motiv schwach verkleinert zeigt, oder durch ein afokales System mit eingespiegelten Bildbegrenzungslinien **(Leuchtrahmensucher).** Die Scharfeinstellung muss über einen Entfernungsmesser erfolgen.
Belichtungsautomatik: Neben der **Programmautomatik,** bei der Zeit und Blende nach Programm geregelt werden, unterscheidet man **Blendenautomaten,** bei denen die Belichtungszeit von Hand vorgewählt werden muss, während sich die Blende automatisch einstellt, und **Zeitautomaten,** bei denen das Umgekehrte der Fall ist. Versch. Kameras lassen wahlweise alle Möglichkeiten zu. Die Leuchtdichte des Objekts wird bei Spiegelreflexkameras durch das Objektiv hindurch gemessen **(Belichtungsinnenmessung, Through-the-Lens-, TTL-Messung),** im Regelfall als ein über das ganze Bildfeld gemittelter Belichtungswert **(Integralmessung),** bei einigen Geräten auch (wahlweise) als Leuchtdichte eines begrenzten Objektdetails **(Selektivmessung;** für Aufnahmen bei extremen Kontrasten).
Spezialkameras: Stereokameras sind Tubuskameras mit zwei Objektiven und doppelter Bildbühne für die Stereofotografie; **Panoramakameras** besitzen ein während der Belichtung horizontal schwenkendes Weitwinkelobjektiv für Panoramaaufnahmen; **Superweitwinkelkameras** haben extrem kurze Brennweiten; **Luftbildkameras** haben ein auf unendlich eingestelltes Fixfokusobjektiv, ähnlich Kameras für photogrammetr. Zwecke **(Messbildkameras); Reproduktionskameras** dienen der Druckformherstellung.
fotografische Objektive, an fotogr. Apparaten verwendete opt. Systeme. In der einfachsten Ausführungsform ist ein f. O. eine einzelne Linse (aus Glas oder Kunststoff) oder ein Achromat mit einfacher Lochblende. Mittlere und hochwertige f. O. bestehen aus 3 bis 8 Linsen, um die Abbildungsfehler möglichst gering zu halten. Im f. O. befindet sich die verstellbare Irisblende, deren Einstellung am Blendenring vorgenommen wird, auf dem die Blendenzahlen angegeben sind. Sie sind so abgestuft, dass sich die zugehörigen Blendenöffnungen wie 1:2 verhalten,

d. h., jeweils die doppelte bzw. halbe Lichtmenge hindurchtreten lassen. Maßgeblich für die erste Blendenzahl ist das Öffnungsverhältnis bzw. die Lichtstärke des Objektivs, welches durch das Verhältnis der wirksamen Öffnung zur Brennweite gegeben ist (z. B. 18 mm : 50 mm = 1 : 2,8 oder kurz 2,8). Je größer die Lichtstärke, umso kürzer kann die Belichtungszeit sein. Das Scharfeinstellen für die Aufnahme erfolgt hauptsächlich durch einen Schneckengang, bei dessen Betätigung das gesamte Objektiv seinen Abstand zum Aufnahmematerial verändert, oder indem die Frontlinse ihren Abstand zu den übrigen Linsen ändert.

Die Kamera ist in ihrer Grundausrüstung mit einem Standardobjektiv (Normalobjektiv) ausgestattet (Brennweite dieses Objektivs entspricht etwa der Negativdiagonalen). Hochwertige Kameras sind mit Wechselobjektiven versehen, das Standardobjektiv lässt sich durch einen Gewindeanschluss bzw. eine Bajonettfassung schnell gegen ein Objektiv anderer Brennweite auswechseln. F. O. mit anderer Brennweite sind nötig, wenn die Gegenstände entweder größer (längere Brennweite) oder kleiner (kürzere Brennweite) abgebildet werden sollen. Ist die Baulänge kürzer als die Brennweite, spricht man von einem **Teleobjektiv**. F. O. mit kürzeren Brennweiten werden vorzugsweise benutzt, wenn ein möglichst großer Ausschnitt im Bild erfasst werden soll (**Weitwinkelobjektiv**). – Das Licht wird beim Durchgang durch die Gläser in seinen Spektralanteilen nicht immer gleichmäßig absorbiert, sodass bei Farbaufnahmen leichte Farbstiche entstehen können. Objektive, die leicht bläul. Bilder ergeben, heißen Kaltzeichner, Warmzeichner ergeben Bilder mit gelbl. Farbstich. Mittels reflexionsmindernder Schichten auf dem Objektiv lässt sich die Farbabweichung korrigieren. – Spezialobjektive sind u. a.: für Fernaufnahmen Spiegelobjektive, die außer Linsen auch Spiegel zur Bilderzeugung aufweisen, mit Brennweiten von 500 bis 1 000 mm und extrem kurzer Baulänge (etwa $^1/_3$ der Brennweite); Fisheyeobjektive mit extrem weitem Bildwinkel von 180° und mehr; Weichzeichnerobjektive, deren scharfes Bild etwas überstrahlt ist, Varioobjektive (↑Zoomobjektiv); Satzobjektive, die sich aus einzelnen Linsengliedern zu versch. Brennweiten kombinieren lassen.

📖 *Landt, A.: Objektiv-Schule. Augsburg 1993.*

Fotokopie, Bürotechnik: ↑ Kopie.

Fotomontage [-ta:ʒə], das Zusammensetzen von Teilen versch. fotograf. Aufnahmen zu einem neuen Bild und nochmalige fotograf. Aufnahme; bes. in der Werbung. In der *Kunst* des 20. Jh. v. a. bei Buchausstattungen und Plakatgestaltung.

Fotorealismus (Hyperrealismus), Richtung der zeitgenöss. Kunst, für die eine reproduzierende, naturalist. Darstellung, die sich unmittelbar einer fotograf. Vorlage bedient, charakteristisch ist. Der F. entstand Ende der 1960er-Jahre in den USA; bekannt in Europa v. a. die Blow-up-Porträts von Chuck Close (*1940) und die Arbeiten von H. Kanovitz.

📖 *Sager, P.: Neue Formen des Realismus. Köln ⁴1982.* – *F. Die Malerei des Augenblicks, bearb. v. L. K. Meisel. Luzern 1989.*

Fotosatz (Filmsatz, Lichtsatz), *graf. Technik:* mittels Licht auf Film oder Fotopapier hergestellter Schriftsatz, wozu Film- oder Lichtsetzmaschinen (↑Setzmaschine) verwendet werden.

Fötus, der ↑Fetus.

Foucauld [fu'ko], Charles Eugène Vicomte de, frz. Einsiedler und Missionar, *Straßburg 15. 9. 1858, †(ermordet) Tamanrasset (Algerien) 1. 12. 1916; Offizier; seit 1890 Trappist; wurde 1901 Priester, lebte 16 Jahre als Einsiedler unter den Tuareg, stellte das bisher beste Wörterbuch der Berbersprache zusammen. Seine Mission wird durch die ↑Kleinen Brüder und Schwestern Jesu fortgesetzt.

Foucault [fu'ko], **1)** Léon, frz. Physiker, *Paris 18. 9. 1819, †ebd. 11. 2. 1868; bewies mithilfe eines Pendels (**foucaultsches Pendel**) die Umdrehung der Erde (↑foucaultscher Pendelversuch), lieferte den Nachweis, dass sich Licht in Wasser langsamer fortpflanzt als in Luft, untersuchte die elektr. Wirbelströme in Metallen.

2) Michel, frz. Philosoph und Schriftsteller, *Poitiers 15. 10. 1926, †Paris 25. 6. 1984; Schüler von L. Althusser; seit 1960 Prof. in Clermont-Ferrand und Paris, seit 1970 am Collège de France; vereinigte in seinem Denken Elemente des Strukturalismus mit hermeneut. Ansätzen; schrieb »Wahnsinn und Gesellschaft« (1961); »Die Ordnung der Dinge« (1966); »Die Gesch. der Sexualität« (3 Bde., 1976–84).

FOU foucaultscher Pendelversuch

Fougères: die Burg Fougères (12.–15. Jh.) im Osten der Bretagne

📖 Eribon, D.: M. F. Eine Biographie. A. d. Frz. Tb.-Ausg. Frankfurt am Main 1993. – Kleiner, M. S.: M. F. Einf. in sein Denken. Frankfurt am Main u. a. 2001. – Fink-Eitel, H.: M. F. zur Einführung. Hamburg ⁴2002.

foucaultscher Pendelversuch [fu'ko-], von L. Foucault 1850 in der Pariser Sternwarte und 1851 im Pariser Panthéon durchgeführter Versuch (Pendellänge 67 m, Pendelmasse 28 kg) zum Nachweis der Erdrotation. Als Folge der in einem rotierenden Bezugssystem auftretenden ↑Coriolis-Kraft scheint sich die Schwingungsebene eines Pendels bei genügend großer Pendellänge und -masse langsam relativ zur Erdoberfläche zu drehen (im Raum bleibt die Schwingungsebene erhalten); die Drehung hängt von der geograph. Breite des Ortes auf der Erde ab.

Fouché [fu'ʃe], Joseph, Herzog von Otranto (seit 1809), frz. Politiker, *Le Pellerin (bei Nantes) 21. 5. 1759, †Triest 26. 12. 1820; wurde 1792 Mitgl. des Konvents und der Bergpartei, einer der Führer der Schreckensherrschaft von 1793/94, stimmte für die Hinrichtung König Ludwigs XVI. und war 1793 für etwa 1 600 Todesurteile in Lyon verantwortlich. 1799–1802 und 1804–10 herrschte er als Polizeiminister Napoleons I. fast unumschränkt (Aufbau einer Geheimpolizei). Wegen geheimer Verhandlungen mit Großbritannien fiel er 1810 in Ungnade. 1814 schloss er sich den Bourbonen an; auch während der »Hundert Tage« von 1815, als ihn Napoleon I. wieder zum Polizeimin. machte, blieb er in heiml. Verbindung mit der Gegenseite und trat 1815 an die Spitze der provisor. Reg. in Paris. 1816 wurde er als »Königsmörder« dennoch verbannt. – »Mémoires«, 2 Bde. (1822–24).

📖 Zweig, S.: J. F. Bildnis eines polit. Menschen. Frankfurt am Main 461.–464. Tsd. 1994.

Fouchet [fu'ʃɛ], Christian, frz. Politiker und Diplomat, *Saint-Germain-en-Laye 17. 11. 1911, †Genf 11. 8. 1974; Gaullist, 1954–58 mehrfach Min., setzte sich für die europ. Einigung ein. Er entwickelte hierfür Vorstellungen (**F.-Pläne**), die aber an der Frage des brit. Beitritts zur EWG scheiterten.

Fougères [fu'ʒɛːr], frz. Stadt in der Bretagne, Dép. Ille-et-Vilaine, 23 100 Ew.; Zentrum der frz. Damenschuhproduktion. – Burg (12.–15. Jh.) mit vollständig erhaltener Umwallung (13 Türme).

Fouillée [fu'je], Alfred, frz. Philosoph, *La Pouëze (bei Angers) 18. 10. 1838, †Lyon 16. 7. 1912; vertrat einen von Platon und I. Kant ausgehenden evolutionist. Idealismus, der die Wirklichkeit auf das Wirken dynam. Ideenkräfte (idées-forces)

zurückführt; auch als Völkerpsychologe bedeutsam.
Foul [faʊl, engl.] *das, Sport:* fahrlässiger oder absichtl. Regelverstoß im Zweikampf.
Foulard [fuˈlaːr, frz.] *der,* 1) feines, leichtes, bedrucktes Gewebe aus Natur- oder Chemieseide.
2) Maschine zum Färben, Appretieren und Imprägnieren ausgebreiteter textiler Gewebe.
Fouliang, Stadt in China, ↑Jingdezhen.
Fouling [ˈfaʊlɪŋ, engl.] *das,* nachträgl. Veränderung von Farben, Lacken u. a. auf Holz oder Metall, z. B. durch den Einfluss von Bakterien, Pilzen oder Meeresorganismen.
Foumban [fum-] (Fumban), Stadt im südl. Adamaua, Kamerun, 60 000 Ew.; Kaffeehandel; Museum der Bamumkunst; Kunsthandwerk. – Palast des Sultans der Bamum (nach 1916, mit histor. Museum).
Fouqué [fuˈke], Friedrich Heinrich Karl Baron de la Motte, Schriftsteller, *Brandenburg an der Havel 12. 2. 1777, †Berlin 23. 1. 1843; entstammte einer frz. Hugenottenfamilie; nahm an den Befreiungskriegen teil. In seinem umfangreichen Werk behandelte er das german. Heldentum und die ritterlich-höf. Standestugenden des MA.; sein bedeutendstes Werk, die Märchennovelle »Undine« (1811), erfuhr zahlr. Neubearbeitungen (u. a. Opern von E. T. A. Hoffmann, A. Lortzing).
📖 *Schmidt, Arno: F. u. einige seiner Zeitgenossen. Zürich 1993.*

Friedrich de la Motte Fouqué

Fouquet [fuˈkɛ] (Foucquet), 1) Jean, frz. Maler, *Tours (?) zw. 1415 und 1420, †ebd. (?) zw. 1477 und 1481; Hauptmeister der frz. Malerei des 15. Jh., schuf, von der frz.-fläm. Überlieferung ausgehend und angeregt von der italien. Frührenaissance, v. a. Buchmalereien. Zu den bekanntesten Tafelbildern gehört das Diptychon (um 1450) aus der Kirche Notre-Dame in Melun.
📖 *Schaefer, C.: J. F. An der Schwelle zur Renaissance. Dresden u. a. 1994.*
2) Nicolas, Vicomte de Vaux, Marquis de Belle-Isle, frz. Staatsmann, *Paris 27. 1. 1615, †Pinerolo 23. 3. 1680; war seit 1653 Finanzmin. Er förderte die Künste und ließ Schloss Vaux-le-Vicomte erbauen, dessen Pracht den König kränkte. Diese Tatsache wie auch die Denunziation wegen Veruntreuung durch J. B. Colbert führte 1664 zu seiner Verurteilung zu lebenslanger Haft.
Fouquier-Tinville [fuˈkje tɛ̃ˈvil], Antoine Quentin, frz. Revolutionär, *Hérouel (heute zu Foreste, bei Saint-Quentin, Dép. Aisne) 1746, †(hingerichtet) Paris 7. 5. 1795; als öffentl. Ankläger des Revolutionstribunals seit 1793 war er für rd. 2 400 Aburteilungen während der Schreckensherrschaft verantwortlich.
Fourastié [furasˈtje], Jean, frz. Volkswirtschaftler und Soziologe, *Saint-Béninde'Azy (Dép. Nièvre) 15. 4. 1907, †Paris 25. 7. 1990; seit 1945 Prof. an der Sorbonne, beschäftigte sich bes. mit dem Zusammenhang zw. techn. Fortschritt und ökonom. und sozialer Entwicklung.
Four Corners [ˈfɔː ˈkɔːnəz; engl. »Vier Ecken«], in den USA Bez. für ein Gebiet, auf dem die Grenzen der Bundesstaaten Arizona, Utah, Colorado und New Mexico aufeinander stoßen.
Four Freedoms [ˈfɔː ˈfriːdəmz, engl.], ↑Vier Freiheiten.
Fourier [furˈje], 1) Charles, frz. Sozialphilosoph, *Besançon 7. 4. 1772, †Paris 10. 10. 1837; entwarf ein System des utop. Sozialismus in der Form kleiner, relativ selbstständiger Kommunen und der Aufteilung des Staatsgebiets in autonome Genossenschaftsgebiete. Seine Lehre wirkte auf Marx und Engels.
2) Jean Baptiste Joseph Baron de (seit 1808), frz. Physiker und Mathematiker, *Auxerre 21. 3. 1768, †Paris 16. 5. 1830; entwickelte die analyt. Theorie der Wärmeausbreitung und -leitung mithilfe von ↑Fourier-Reihen und F.-Integralen, führte den Begriff der physikal. Dimension ein.
Fourier-Analyse [furˈje-] (harmonische Analyse), ein math. Verfahren nach J. B. J. Fourier, durch das eine period. Schwingung oder Welle in ihre Grundschwingung (**1. Harmonische**) und deren Oberschwingungen (**2., 3., … Harmonische**) zerlegt

FOU Fourier-Reihe

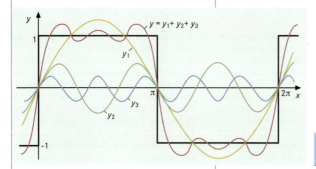

Fourier-Analyse einer periodischen Rechteckkurve

werden kann, z. B. ein Klang in Grund- und Obertöne. Die F.-A. nutzt aus, dass jede period. Funktion durch eine (endl. oder unendl.) Reihe aus Sinus- (und Kosinus-)Funktionen (↑Fourier-Reihe) dargestellt werden kann. Die Umkehrung der F.-A. ist die **Fourier-Synthese (harmon. Synthese).**
Fourier-Reihe [fur'je-; nach J. B. J. Fourier] (trigonometrische Reihe), unendl. Funktionenreihe der Form

$$\frac{a_0}{2} + \sum_{n=1}^{n} (a_n \cos nx + b_n \sin nx),$$

deren Koeffizienten a_0, a_n und b_n (**Fourier-Koeffizienten** oder **Fourier-Konstanten**) durch eine integrierbare Funktion $f(x)$ der Periode 2π über die Formeln

$$a_0 = \frac{1}{\pi} \int_0^{2\pi} f(x) dx, \quad a_n = \frac{1}{\pi} \int_0^{2\pi} f(x) \cos nx \, dx,$$

$$b_n = \frac{1}{\pi} \int_0^{2\pi} f(x) \sin nx \, dx$$

bestimmt werden und die deshalb genauer F.-R. der Funktion $f(x)$ heißt. Die Darstellung einer Funktion f als F.-R. (**Fourier-Entwicklung**) bedeutet eine Zerlegung von f in harmon. Teilschwingungen der Form $a_n \cos nx$ und $b_n \sin nx$, die als **Fourier-Analyse** oder **harmonische Analyse** bezeichnet wird.
Fourier-Spektroskopie [fur'je-; nach J. B. J. Fourier], bes. im infraroten Spektralbereich angewandtes spektroskop. Verfahren hoher Nachweisempfindlichkeit ohne spektrale Zerlegung des Lichts. Aus der mit einem Interferometer registrierten örtlichen Intensitätsverteilung (Interferogramm) der zu analysierenden Strahlung wird über Fourier-Analyse das Spektrum errechnet.

Fourier-Synthese [fur'je-; nach J. B. J. Fourier], die Umkehrung der ↑Fourier-Analyse.
Fourniture [fʊrni'tyːr, germ.-frz.] *die,* Speisezutat, bes. Kräuter und Gewürze.
Fouta-Djalon [futadʒa'lɔ̃] (Futa-Dschalon), stark zertaltes Bergland in Guinea, Westafrika, über 1 200 m ü. M., z. T. mit Wäldern, meist mit Hochweiden bedeckt; v. a. von Mandingo und Fulbe bewohnt.
Fowler ['faʊlə], **1)** Alfred, brit. Astrophysiker, *Wilsden (heute zu Bingley, Cty. Yorkshire) 2. 3. 1868, †Ealing (heute zu London) 24. 6. 1940; untersuchte die Spektren von Sonne, Sternen und Kometen, in denen er zahlr. Spektrallinien und -serien identifizieren konnte.
2) Sir (seit 1890) John, brit. Ingenieur, *Sheffield 15. 7. 1817, †Bournemouth 20. 11. 1898; baute 1860–63 die unterird. Dampfeisenbahn in London, war später an der Elektrifizierung der Londoner Untergrundbahn beteiligt. 1883–90 baute er mit B. Baker die Firth-of-Forth-Brücke.
3) William Alfred, amerikan. Astrophysiker, *Pittsburgh (Pa.) 9. 8. 1911, †Pasadena (Calif.) 14. 3. 1995; erhielt für seine theoret. und experimentellen Studien der Kernreaktionen, die während der Sternentwicklung ablaufen und für die Bildung chem. Elemente im Kosmos bedeutend sind, zus. mit S. Chandrasekhar 1983 den Nobelpreis für Physik.
Fowler-Flügel ['faʊlə-], *Flugzeugbau:* als Flügel-Hinterkantenklappe ausgebildetes ↑Hochauftriebsmittel. Durch Vergrößerung der Profilwölbung (Klappenausschlag nach unten) und gleichzeitige Vergrößerung der Flügelfläche (Ausfahren der Klappe nach hinten) wird eine sehr wirksame Auftriebssteigerung erreicht.
Fowles [faʊlz], John, engl. Schriftsteller,

*Leight-on-Sea (heute zu Southend-on-Sea) 31. 3. 1926; schrieb symbol- und allegorienreiche Romane: »Der Sammler« (1963), »Der Magus« (1965), »Die Geliebte des frz. Leutnants« (1969), »Die Grille« (1985); 1998 erschienen Essays u. d. T. »Wurmlöcher«.

Fox, 1) Charles James, brit. Politiker, *London 24. 1. 1749, † Chiswick (heute zu London) 13. 9. 1806; wurde 1770 Lord der Admiralität, war 1772–74 Schatzkanzler, 1782/83 und 1806 Außenmin.; neben E. Burke der Führer der Whigs im Unterhaus; trat für eine Parlamentsreform, gegen den Sklavenhandel und für die Rechte der amerikan. Kolonien ein.
2) George, engl. Laienprediger, *Drayton (bei Corby, Cty. Northamptonshire) Juli 1624, † London 13. 1. 1691; urspr. Schuhmacher; verkündete nach einem visionären Erlebnis, dass allein das »innere Licht« (die innerlich wahrgenommene Stimme Gottes) zum Heil führe; baute von 1652 an die Gemeinschaft der »Kinder des Lichts« auf, die von ihrer Umwelt den Spottnamen ↑Quäker erhielt.

Foxebecken [ˈfɔks-] (engl. Foxe Basin), Meeresbecken im Bereich des Kanadisch-Arkt. Archipels, zw. Baffin Island und der Halbinsel Melville.

Fox Quesada [fokseˈsaða], Vicente, mexikan. Politiker, *Mexiko-Stadt 2. 7. 1942; war 1995–99 Gouverneur von Guanajuato; gewann 2000 als Kandidat der konservativen Partei PAN die Präsidentschaftswahlen und brach damit die 70-jährige Vorherrschaft der Staatspartei PRI.

Foxterri|er [engl.], lebhafte, anhängl., glatt- oder drahthaarige Hunderasse, Schulterhöhe etwa 39 cm; früher zur Fuchs- und Dachsjagd verwendet, heute v. a. Begleithund.

Foxtrott [engl. »Fuchsgang«] *der*, Gesellschaftstanz in mäßig schnellem 4/4-Takt und leicht synkopiertem Rhythmus, entstand um 1910 in den USA, wurde um 1914 in Europa bekannt. Der langsame F., **Slowfox**, und der schnelle F., **Quickstepp**, gehören zu den Standardtänzen.

Foyer [fwaˈje, frz. »Raum mit Herd«] *das,* Wandelhalle (bes. im Theater), Vor-, Empfangshalle.

FOZ, Abk. für Front-Oktanzahl, ↑Oktanzahlen.

Foz do Iguaçu [fɔz du igwaˈsu], Ort im äußersten SW des Bundesstaates Paraná, Brasilien, an der Mündung des Rio Iguaçu in den Paraná, 200 000 Ew.; in der Nähe die Wasserfälle von Iguaçu (↑Iguaçu, Rio) und am Paraná das Kraftwerk von ↑Itaipú.

fp, *Musik:* Abk. für **f**orte**p**iano. (↑forte)

FPÖ, Abk. für ↑**F**reiheitliche **P**artei **Ö**sterreichs.

Fr, chem. Symbol für ↑Francium.

Fr., in der Schweiz gebräuchl. Abk. für den Schweizer ↑Franken.

Fra [Kurzform für Frate, italien. »Bruder«], Anrede und Bez. für Klosterbrüder in Italien.

Fra Angelico [- anˈdʒeːliko], italien. Maler, ↑Angelico.

Fra Bartolomeo, italien. Maler, ↑Bartolomeo.

Fracastoro, Girolamo, italien. Humanist und Arzt, *Verona 1483 (1478?), † Incaffi (heute zu Affi, Prov. Verona) 8. 8. 1553; beschrieb in seinem Lehrgedicht »Syphilis sive de morbo gallico« (1530), das für diese Krankheit namengebend wurde, die Symptome der Syphilis.

Fracht [ahd. freht »Lohn«, »Verdienst«], laut ↑Frachtvertrag zu befördernde Güter (**F.-Gut**), auch das Entgelt für den Transport von Gütern.

Foxterrier: Drahthaarfoxterrier

Frachtbrief, Urkunde, aus der sich beweiskräftig Abschluss und Inhalt des Frachtvertrages ergeben; aufgrund des F. wird vermutet, dass das Frachtgut bei Übernahme äußerlich in gutem Zustand war. Ausstellung kann vom Frachtführer gefordert werden (§ 408 HGB).

frachtfrei, engl. Abk. **CPT** (franko, Abk. fr.), Handelsklausel, nach der der Verkäu-

FRA Frachtkosten

fer die Transportkosten bis zum vereinbarten Ort bezahlt.

Frachtkosten, Teil der Logistikkosten eines Unternehmens, der durch Inanspruchnahme externer Transportleistungen (z. B. Speditionsverkehr, öffentl. Verkehrsmittel) anfällt.

Frachtschiff (Frachter), Handelsschiff zum Transport von Gütern aller Art (Stückgut, Schüttgut, Container u. a.), heute meist Sammelbegriff für die **Trockenfrachter**, die im Unterschied zum Tanker feste Ladung befördern. F. sind überwiegend Motorschiffe, vereinzelt noch Dampf- oder schon Gasturbinenschiffe.

Frachtvertrag (Frachtgeschäft, Transportvertrag), der Werkvertrag über die entgeltl. Beförderung von Gütern zw. einem Absender und dem Frachtführer (§§ 407–452d HGB). Die §§ 407 ff. HGB gelten gemäß Transportrechtsreform-Ges. mit Wirkung vom 1. 7. 1998 im Grundsatz gleichermaßen für die Beförderung zu Lande, auf Binnengewässern oder mit Luftfahrzeugen. Frachtführer ist, wer Güter gewerbsmäßig befördert (zu unterscheiden vom ↑Spediteur). Der F. ist zugleich ein Vertrag zugunsten Dritter (§ 328 BGB), da der Empfänger des Gutes daraus unmittelbar Rechte erwirbt. Er verpflichtet den Frachtführer, das Gut innerhalb der vereinbarten, übl. oder angemessenen Frist zum Bestimmungsort zu befördern und es dem Empfänger auszuliefern; im Gegenzug erwirbt der Frachtführer für seine Leistungen den Anspruch auf Zahlung des Frachtgeldes (auch bloß »Fracht« gen.). Für Verlust oder Beschädigung des Gutes ab Übernahme bis zur Ablieferung sowie für Schäden infolge Versäumung der Lieferzeit haftet der Frachtführer auch ohne Verschulden, es sei denn, der Schaden konnte auch bei größter Sorgfalt nicht vermieden werden. Der Frachtführer kann vom Absender die Ausstellung eines Frachtbriefs verlangen. Die Fracht ist bei Ablieferung des Gutes zu zahlen. Wegen seiner Forderungen aus dem F. steht dem Frachtführer ein gesetzl. Pfandrecht am Frachtgut zu. Während in *Österreich* die §§ 425 ff. HGB gelten, ist in der *Schweiz* der F. im Obligationenrecht verankert.

Frack, im 18. Jh. bequemer, vorn verschließbarer bürgerl. Männerrock mit schräg weggeschnittenen Vorderschößen. Um 1880 erhielt der F. vorne die nahezu rechtwinklige Stutzung, die für ihn charakteristisch blieb. Der F. wird, meist aus schwarzem Tuch, bei festl. Gelegenheiten als Gesellschaftsanzug getragen (zus. mit aufschlagloser Hose, weißer Weste, weißem Hemd mit Eckenkragen, weißem Querbinder). – Der F. als Berufskleidung von Musikern und Kellnern wird mit schwarzer Weste und schwarzem Querbinder getragen.

Fra Diavolo [italien. »Bruder Teufel«], eigtl. Michele Pezza, neapolitan. Freischärler, * Itri (bei Gaeta) 7. 4. 1771, † (hin-

Frachtschiff

gerichtet) Neapel 11. 11. 1806; bekämpfte die napoleon. Herrschaft in Neapel; von den Franzosen gehängt. – Oper von D. Auber (1830).

Fradkow, Michail Efimowitsch, russ. Politiker, * Kurumotsch (Gebiet Samara) 1. 9. 1950; Maschinenbauingenieur, arbeitete ab 1973 in der Wirtschaftsabteilung der sowjet. Botschaft in Indien; später Vertreter beim GATT; ab 1992 hoher Funktionär im Außenhandelsministerium, ab 1997 Min. für Handel und Außenhandel; 2000–01 stellv. Sekr. des Sicherheitsrates, 2001–03 Chef der Steuerpolizei und 2003–04 Vertreter Russlands bei der Europ. Union in Brüssel; wurde als Nachfolger des entlassenen Reg.chefs Kasjanow im März 2004 Ministerpräsident.

Fraenger, Wilhelm, Kunsthistoriker und Volkskundler, * Erlangen 5. 6. 1890, † Potsdam 9. 11. 1964; Schriften und Aufsätze u. a. über H. Bosch, P. Bruegel, J. Ratgeb, M. Grünewald; Begründer und Hg. des »Jahrbuchs für historische Volkskunde« (1925–37) und des »Jahrbuchs für Volkskunde« (1955 ff.).

Fraenkel, Ernst, Politologe, * Köln 26. 12. 1898, † Berlin (West) 28. 3. 1975; Rechtsanwalt, emigrierte 1938 in die USA, 1953 Prof. in Berlin; Verfechter des polit. ↑Pluralismus, widmete sich bes. dem Vergleich von Reg.systemen sowie Problemen des Völkerrechts und des demokrat. Prozesses.
Werke: Die repräsentative u. die plebiszitäre Komponente im demokrat. Verfassungsstaat (1958); Das amerikan. Reg.system – eine polit. Analyse (1960); Dtl. u. die westl. Demokratien (1964); Reformismus u. Pluralismus (1973).

Fragaria, die Pflanzengattung ↑Erdbeere.
Fragebogen, *empir. Sozialforschung* und *Psychologie:* ein Instrument zur Durchführung standardisierter ↑Interviews; enthält **Identifikationsfragen** (Fragen zur Individualität der Erhebungseinheit), **Informationsfragen** (die eigentl. Fragen zur Sache) und **Kontrollfragen.**
Fragerecht, im Zivilprozess das Recht und die Pflicht des Ger., zur Aufklärung des Sachverhalts Fragen an die Parteien zu stellen. Bei Vernehmung von Zeugen, Sachverständigen und Parteien haben auch Anwälte und Parteien ein F.; über die Zulässigkeit von Fragen entscheidet das Ger. (§§ 139, 397 ZPO). Im Strafprozess haben Beisitzer, Staatsanwalt, Verteidiger und Schöffen das Recht, in der Hauptverhandlung Fragen an den Angeklagten, die Zeugen und Sachverständigen zu stellen; auch der Angeklagte hat ein F. Ungeeignete oder nicht zur Sache gehörende Fragen kann der Vors. zurückweisen (§§ 240 ff. StPO).

Fragesatz, ein Satz, der einen Sachverhalt infrage stellt (↑Syntax, Übersicht).
Fragestunde, in Dtl. eine Einrichtung des Bundestags, die den Abg. die Möglichkeit gibt, in jeder Sitzungswoche kurze münd. Auskunftsersuchen an die Bundesreg. zur mündl. oder schriftl. Beantwortung zu richten (im Unterschied zu den ↑Anfragen).
Fragewort, Interrogativpronomen, ↑Pronomen.
Fragezeichen, Satzzeichen, das einen Fragesatz im Deutschen beschließt und damit die Intonation beeinflusst (↑Satzzeichen, Übersicht).
fragil [lat.], zerbrechlich; zart.
Fragment [lat.] *das,* etwas Unvollendetes, Bruchstück, übrig gebliebener Teil eines Ganzen; in der Lit. unvollendet gebliebenes oder bruchstückhaft überliefertes Werk, z. B. das Hildebrandslied, Muspilli. Unvollendete Dichtungen sind u. a. Gottfried von Straßburgs »Tristan«, Hölderlins »Der Tod des Empedokles«, H. von Kleists »Robert Guiskard«, G. Büchners »Woyzeck«, R. Musils »Der Mann ohne Eigenschaften«. Fragmentarisches wird auch bewusst als Lit. hervorgebracht, so von den Romantikern als Ausdruck des unendl. lebendigen Geistes, der in keine vollendete Form eingeschlossen werden könne; sie pflegten auch den Aphorismus unter dem Namen F. (F. Schlegel, Novalis, F. Schleiermacher). Auch für essayist. Arbeiten wurde der Name F. gebraucht.
Fragonard [fragɔˈnaːr], Jean Honoré, frz. Maler, * Grasse 5. 4. 1732, † Paris 22. 8. 1806; malte in lichten, duftigen Farben galante Szenen, Interieurs und Landschaften, auch Zeichnungen, Radierungen und Illustrationen; neben F. Boucher und A. Watteau führender Meister des frz. Rokoko.
fraktal [lat.], vielfältig gebrochen, stark gegliedert.
fraktale Geometrie (Fraktalgeometrie), von B. Mandelbrot eingeführte Geometrie, die im Ggs. zu den in der euklid. Geome-

trie behandelten »einfachen« Formen (Gerade, Kreis u.a.) komplexe Gebilde und Erscheinungen **(Fraktale)** darstellt, die ähnlich auch in der Natur vorkommen, z.B. Küstenlinien, Gebirgszüge, Polymere, biolog. Strukturen. Fraktale sind **selbstähnlich**, d.h., jeder Ausschnitt einer fraktalen Figur ähnelt bei entsprechender Vergrößerung dem Gesamtobjekt. Sie weisen eine **gebrochene (fraktale) Dimension** auf, die z.B. für die Oberfläche eines fraktalen Gebirges zw. 2 und 3 (Dimension einer Ebene bzw. eines Körpers) liegt.

Mandelbrot, B. B.: Die f. G. der Natur. A.d. Engl. Neuausg. Basel u.a. 1991. – Peitgen, H.-O. u.a.: Bausteine des Chaos. Fraktale. Reinbek 1998. – Zeitler, H: F. G. Eine Einführung. Braunschweig u.a. 2000. – Bräuer, K.: Chaos, Attraktoren u. Fraktale. Math. u. physikal. Grundlagen nichtlinearer Phänomene mit Anwendungen in Physik, Biologie u. Medizin. Berlin 2002.

fraktale Geometrie: Manowar-Menge

fraktale Geometrie: die Erzeugung eines »Sierpinski-Teppichs«, eines Fraktals mit der fraktalen Dimension von 1,8928. Man erhält die Figur, indem man die Fläche eines Quadrats in 9 gleiche Quadrate unterteilt, von diesen das mittlere entfallen lässt, mit den verbleibenden 8 Quadraten ebenso verfährt und diesen Prozess endlos fortsetzt. Dadurch verschwindet die Fläche des Teppichs, während der Gesamtumfang der »Ränder« seiner Löcher gegen unendlich geht.

gleich gerichteten Parteien angehören. Die F. besitzen das Recht zur Gesetzesinitiative. Zur Bildung einer F. ist eine bestimmte Zahl von Abg. notwendig (beim Bundestag 5% seiner Mitgl.); nach ihrer Stärke bestimmt sich ihr Anteil in den Ausschüssen des Parlaments. Erreicht ein Zusammenschluss nicht F.-Stärke, kann er als **Gruppe** anerkannt werden. (↑Fraktionszwang)

Fraktionierung, *Chemie:* stufenweise Trennung eines Stoffgemisches in mehrere Teilgemische **(Fraktionen)**, z.B. durch Destillation, Extraktion oder Kristallisation.

Fraktionszwang, Verpflichtung der Abg. zur einheitl. Stimmabgabe entsprechend der Festlegung in der Fraktion. Die Ausübung von F. verstößt gegen den in Art. 38 Abs. 1 Satz 2 GG niedergelegten Grundsatz des freien Mandats, wird aber nicht als unzulässig angesehen. Bei Verstoß gegen den F. darf ein Abg. aus der Fraktion oder Partei ausgeschlossen werden, die Niederlegung des Mandats darf jedoch nicht erzwungen werden.

Fraktur [lat.] *die,* **1)** *Medizin:* der ↑Knochenbruch.
2) *Schriftwesen:* eine in Dtl. im 16.Jh. geschaffene Form der ↑gotischen Schrift, die jahrhundertelang in Dtl. gegenüber der

Fraktion [frz., von lat. fractio »Bruch«] *die,* **1)** *Chemie:* ↑Fraktionierung.
2) *Politik:* die Vereinigung politisch gleich gesinnter Abg. eines Parlaments, die i.d.R. einer Partei, häufiger aber auch mehreren in ihrer grundsätzl. Zielrichtung

↑Antiqua den Vorrang behauptete; auch im poln., tschech., litauischen, schwed. und finn. Sprachbereich verbreitet. Sie entstand auf der Grundlage der Bastarda als Teuerdankschrift (Entwurf von V. Rockner für den Druck des »Teuerdank«, 1517) und als »Dürer-F.« (1522, 1525 ff.), der Schrift in Dürers Veröffentlichungen, von J. Neudörffer d. Ä. entworfen (geschnitten von Hieronymus Andreae). Charakteristika: »Elefantenrüssel« an versch. Majuskeln (𝔄, 𝔅, 𝔐, 𝔑, 𝔓, 𝔕 u. a.) und »Entenfüßchen« an den Minuskeln, gebrochene Wirkung. Die F. verlor seit dem 19. Jh. zunächst in wiss. Werken, allg. im 20. Jh. ihre Bedeutung, obwohl gerade Anfang des 20. Jh. vorzügl. F.-Schriften geschnitten wurden, die so genannte **dt. Schrift,** z. B. von Rudolf ↑Koch.

Fram [norweg. »vorwärts«], norweg. Polarforschungsschiff, benutzt von F. Nansen (im Europ. Nordmeer, 1893–96), O. Sverdrup (im Kanadisch-Arkt. Archipel, 1898–1902) und R. Amundsen (im Südpolargebiet, 1911/12).

Fra Mauro (Frater Maurus), Kamaldulensermönch und Kartograph aus Murano bei Venedig, †Venedig 1460; schuf 1457–59 eine kreisförmige Weltkarte (1,96 m Durchmesser), die durch Umfang des geograph. Wissens und Genauigkeit der Darstellung den Höhepunkt mittelalterl. Kartographie darstellt; ein von seinem Gehilfen 1460 angefertigtes Duplikat des verloren gegangenen Originals befindet sich in der Biblioteca Nazionale Marciana in Venedig.

Frambösie [frz.] *die* (Framboesia tropica, Yaws), chron. syphilisähnl. Infektionskrankheit der Tropen; verursacht durch Treponema pertenue, zählt jedoch nicht zu den Geschlechtskrankheiten.

Frame [freɪm, engl.] *der* und *das, Informatik:* versch. gebrauchter Begriff; z. B. Bez. für einen rechteckigen Abschnitt eines Fensters, das von einem Browser im WWW angezeigt wird. F. dienen i. d. R. als Inhaltsverzeichnis für HTML-Dokumente auf einer Web-Seite. Jedes F. stellt ein eigenes Dokument dar.

Franc [frã, frz.] *der,* ↑Franken.

Franca, Stadt im Bundesstaat São Paulo, Brasilien, 1 010 m ü. M., 143 000 Ew.; Automobil-, chem. Industrie.

Française [frã'sɛːz, frz.] *die,* in Dtl. übl. Bez. für die im 18. Jh. in Frankreich aus dem engl. Countrydance hervorgegangene ↑Anglaise.

Françaix [frã'sɛ], Jean, frz. Komponist und Pianist, *Le Mans 23. 5. 1912, †Paris 25. 9. 1997; schrieb in neoklassizist., bisweilen persiflierendem Stil Opern, Ballette, Orchester-, Kammer-, Klavier- und Filmmusik.

France, La, [- frãs], frz. Name von ↑Frankreich.

France [frãs], Anatole, eigtl. Jacques Anatole Thibault, frz. Schriftsteller, *Paris 16. 4. 1844, †Gut La Béchellerie (bei Tours) 12. 10. 1924; Erzähler, Essayist und Kritiker, der die humanist. Tradition der Aufklärung weiterführte. Die von ironisch-skept. Grundton geprägten Romane haben oft einen histor. Hintergrund (»Thaïs«, 1890; »Die Götter dürsten«, 1912), auch fantastisch-utop. Züge (»Der Aufruhr der Engel«, 1914). 1921 erhielt er den Nobelpreis für Literatur.

France libre [frãs 'librə, frz.], ↑Freies Frankreich.

Francesca [fran'tʃeska], italien. Maler, ↑Piero della Francesca.

Francesca da Rimini [fran'tʃeska -], Tochter des Stadtherrn von Ravenna, wurde um 1275 mit Gianciotto Malatesta, Herr von Rimini, vermählt, der sie wegen ihrer Neigung zu seinem Bruder Paolo um 1284 zusammen mit diesem ermordete. Zuerst von Dante in der »Divina Commedia« dargestellt, später häufig in Lit. (P. Heyse, G. D'Annunzio, J. Keats), Kunst (A. Feuerbach) und Musik (S. W. Rachmaninow) behandelt.

Francescatti [frãseska'ti], Zino (eigtl. René), frz. Violinist, *Marseille 9. 8. 1902, †La Ciotat (Dép. Bouches-du-Rhône) 17. 9. 1991; trat bes. als Interpret virtuoser Violinmusik hervor.

Francesco di Giorgio Martini [fran'tʃesko di 'dʒɔrdʒo -], italien. Künstler und Baumeister, *Siena 23. 9. 1439, †ebd. 1501; einer der vielseitigsten Künstler der Frührenaissance, umfangreiche Tätigkeit als Festungsingenieur (Urbino, Kalabrien, Neapel), seit 1498 Leiter der Dombauhütte in Siena. Ihre Frühwerk kennzeichnet ein überfeinerter Linienstil. In seinem architekton. Hauptwerk, der Kirche Madonna del Calcinaio bei Cortona (1485 ff.), Einflüsse von Brunelleschi und Alberti; als Bildhauer, Bronzegießer und Medailleur gelangte er zu einer an

Donatello geschulten plast. Durchgliederung.
Franceville [frãs'vil], Bergbaustadt in SO-Gabun, am Ogowe, 75 000 Ew.; Univ. (gegr. 1986); internat. medizin. Forschungszentrum. In der Nähe Manganerz- und Uranerzabbau.
Franche-Comté [frãʃkɔ̃'te] *die* (Freigrafschaft Burgund), histor. Provinz und Region in O-Frankreich, zw. oberer Saône und der schweizer. Grenze, umfasst die Dép. Haute-Saône, Doubs, Jura und Territoire de Belfort, 16 202 km^2, 1,116 Mio. Ew.; Hptst. ist Besançon. Die F.-C. hat Anteil am mittleren und nördl. frz. Jura, im äußersten N an den südl. Vogesen, im SW umfasst sie Teile der Bresse. Forstwirtschaft, Holzind. und Viehwirtschaft (mit Käseherstellung) dominieren; Ind.zentren sind Montbéliard, Besançon, Belfort und Morez. – Die F.-C. teilte zunächst die Geschicke des Königreichs ↑Burgund; 1493 kam sie an das Haus Habsburg und wurde im Frieden von Nimwegen 1678 mit Frankreich vereint.
Franches-Montagnes [frãʃmɔ̃'taɲ], frz. Name der ↑Freiberge.
Franchise [frã'ʃi:zə; frz. »Freiheit« (von Abgaben)] *die,* zw. Versicherungsunternehmen und Versicherungsnehmer vereinbarter Betrag (Selbstbeteiligung), bis zu dem der Versicherungsnehmer den Schaden selbst trägt (z. B. in der Güter-, Transport-, privaten Krankenversicherung).
Franchise ['fræntʃaɪz; engl. »Konzession«] *das* (Franchising), System vertraglich geregelter vertikaler Kooperation zw. juristisch selbstständigen Unternehmen. Im Rahmen eines Dauerschuldverhältnisses überlässt der **F.-Geber** (mit weit reichendem Weisungs- und Kontrollrecht) dem **F.-Nehmer** gegen Entgelt bestimmte Rechte, z. B. auf Benutzung eines Firmennamens sowie Herstellung und Vertrieb eines Markenartikels und/oder von Dienstleistungen. Darüber hinaus erhält der F.-Nehmer Unterstützung beim Aufbau und bei der Führung seines Unternehmens.
📖 *Hb. Franchising & Cooperation,* hg. v. *D. Ahlert.* Neuwied 2001. – *Wilhelm, E.:* ABC *des Franchising.* Würzburg 2002. – *Franchising – die Königsklasse der Vertriebssysteme,* hg. v. *E. Flohr u. a.* Neuwied ^{2}2003.
Francia (Franzien), im frühen MA. Name des Siedlungsgebiets der Franken, seit dem 9. Jh. das Gebiet zw. Seine und Maas, ein Teilreich des Westfränk. Reichs, im Unterschied zu Neustrien; F. wurde zum Ausgangsgebiet der frz. Krondomäne und als »France« schließlich zum Gesamtnamen des frz. Staates.
Francia, Il [- 'frantʃa], eigtl. Francesco Raibolini, italien. Maler, *Bologna um 1450, †ebd. 5. 1. 1517; war zunächst als Goldschmied tätig, schuf später anmutige Gemälde mit religiösen Themen.
Francis, 1) ['frɑːnsɪs], James Bicheno, brit. Ingenieur, *Southleigh (bei Axminster, Cty. Devon) 18. 5. 1815, †Lowell (Mass.) 18. 9. 1892; lebte seit 1833 in Nordamerika, baute 1849 die **Francis-Turbine,** eine radial beaufschlagte, nach dem Überdruckprinzip arbeitende Wasserturbine.
2) ['frɑːnsɪs], Richard (Dick) Stanley, brit. Schriftsteller, *Tenby (Südwales) 31. 10. 1920; war einer der erfolgreichsten Jockeys (bis 1956) des engl. Reitsports. F. schreibt populäre Kriminalromane, ausschl. aus dem Milieu des Reitsports (»Totsicher«, 1962; »Comeback«, 1991; »Zügellos«, 1994; »Verrechnet«, 1996).
3) ['frænsɪs], Sam, amerikan. Maler und Grafiker, *San Mateo (Calif.) 25. 5. 1923, †Santa Monica (Calif.) 4. 11. 1994; lebte 1950–57 in Paris, wichtiger Vertreter des abstrakten Expressionismus; seine stark farbige Malerei betont den Duktus des Farbauftrags in einer fleckenhaften Technik; sein reiches Œuvre umfasst auch Handzeichnungen und Druckgrafik in den verschiedensten Techniken.
Francistown ['frɑːnsɪstaʊn], zweitgrößte Stadt von Botswana, im O des Landes, 97 050 Ew.; kath. Bischofssitz, Lehrerbildungsanstalt; Großschlachthof; Bahnstation, Flugplatz.
Francium *das,* chem. Symbol **Fr,** sehr seltenes radioaktives Element aus der 1. Gruppe des Periodensystems, Ordnungszahl 87; es sind die Isotope ^{201}Fr bis ^{231}Fr (alle radioaktiv) mit Halbwertszeiten von 0,0 µs bis 21,8 min bekannt. Das Alkalimetall F. ist chemisch dem Cäsium ähnlich.
Franck, 1) [frãk], César, frz. Komponist dt.-belg. Herkunft, *Lüttich 10. 12. 1822, †Paris 8. 11. 1890; Kirchenmusiker ebd.; Oratorien, Opern, sinfon. Dichtungen, Sinfonie in d-Moll, Orgel-, Klavier- und Kammermusik. – Ab etwa 1865 zahlr.

Neuerungen, bes. Chromatisierung der Harmonik und die Ableitung aller musikal. Gedanken eines zykl. Werkes aus dem Hauptthema.
2) James, dt.-amerikan. Physiker, *Hamburg 20. 8. 1882, †Göttingen 21. 5. 1964; Prof. in Berlin, Göttingen, Baltimore (USA) und Chicago, bestätigte 1913 durch Untersuchungen über die Energieabgabe von Elektronen beim Zusammenstoß mit Gasatomen zus. mit G. Hertz (F.-Hertz-Versuch) die plancksche Quantenhypothese sowie die bohrsche Theorie der Spektrallinien. Dafür erhielten F. und Hertz 1925 den Nobelpreis für Physik.
3) Melchior, Komponist, *Zittau um 1580, †Coburg 1. 6. 1639; komponierte vielseitige geistl. und weltl. Vokalwerke. Seine Liedsätze sind eine wichtige Quelle für das dt. Volkslied, seine Tanzsätze Vorläufer der Orchestersuite.
4) Sebastian (auch Frank von Wörd gen.), Theologe und Schriftsteller, *Donauwörth 20. 1. 1499, †Basel 1542 oder 1543; war kath. Priester, dann prot. Prediger; setzte der strengen dogmat. Ausformung der luth. Lehre einen spiritualist. Denkansatz entgegen; verfasste stark von der Mystik (bes. J. Tauler) beeinflusste Schriften.

Francke, August Hermann, evang. Theologe und Pädagoge, *Lübeck 12.(?)3. 1663, †Halle (Saale) 8. 6. 1727; war ab 1689 Dozent in Leipzig, wurde durch Vermittlung von P. J. Spener, der sein Denken entscheidend geprägt hatte, 1691 Pfarrer in Glaucha bei Halle (Saale) und 1694 Prof. in Halle (für oriental. Sprachen, ab 1698 auch für Theologie). F. hat den Pietismus maßgeblich mitgeprägt, der über die von ihm gegründeten ↑Franckeschen Stiftungen eine stark auf die christl. Lebenspraxis ausgerichtete Akzentuierung erfuhr.

Francke, Meister, Maler, *Hamburg (?) um 1380, †ebd. nach 1430; bed. Vertreter des ↑schönen Stils; ausgehend von der burgund. Buchmalerei, der böhm. und niederländ. Malerei, schuf er Werke von tief leuchtender, harmonisch abgestimmter Farbigkeit. Um 1410 schuf er den »Barbara-Altar« für die Kirche von Nykyrko in Finnland (heute Helsinki, Suomen Kansallismuseo); sein Hauptwerk ist der »Thomas-Altar« (1424 ff.; heute Hamburg, Kunsthalle) mit Szenen aus dem Marienleben und dem Leben des hl.Thomas.

Franckenstein, Georg Arbogast Freiherr von und zu, bayer. kath. Politiker, *Würzburg 2. 7. 1825, †Berlin 22. 1. 1890; Gegner der Teilnahme Bayerns am Krieg 1870/71 und des Beitritts zum Dt. Reich, seit 1872 MdR (Zentrum). Seine **franckensteinsche Klausel** im Schutzzolltarifgesetz von 1879 bestimmte, dass von den Zolleinnahmen nur 130 Mio. RM jährlich dem Reich, der Überschuss dagegen den Bundesstaaten zufloss; sie wurde 1904 aufgehoben.

Franckesche Stiftungen, von A. H. Francke in Glaucha bei Halle (Saale) gegr. Erziehungsanstalten. 1698 mit kurfürstl. Privileg ausgestattet, umfassten die Anstalten die Armenschule mit Waisenhaus (gegr. 1695), weitere Schulen, das Pädagogium mit Internat für adlige Schüler (1696) und das Gynaeceum (die höhere Mädchenschule, 1698). Angegliedert waren die Buchhandlung (1698), Apotheke (1698), Buchdruckerei (1702), die Ostind. Missionsgesellschaft (1705) und die Cansteinsche Bibelanstalt (1710). Durch die F. S. wurde Halle zu einem Zentrum des Pietismus in Dtl. 1946 aufgehoben, erlangten die F. S. 1992 ihren Status als öffentlich-rechtl. Stiftung zurück und unterhalten heute pädagog., soziale, wiss. und kulturelle Einrichtungen. 1995 wurde das histor. Waisenhaus mit Dauerausstellungen zur Geschichte der Stiftungen eröffnet.

📖 *Obst, H.: August Hermann Francke u. die F. S. in Halle. Göttingen 2002. – Raabe, P.: In Franckes Fußstapfen. Aufbaujahre in Halle an der Saale. Zürich u. Hamburg 2002.*

Franco, Itamar Augusto Cautiero, brasilian. Politiker, *Juiz de Fora 28. 6. 1931; 1974 erstmals in den Senat gewählt, war 1989–92 Vizepräs., 1992–94 Staatspräsident.

Franco Bahamonde, Francisco, span. General und Politiker, *Ferrol 4. 12. 1892, †Madrid 20. 11. 1975; schlug im Okt. 1934 den sozialistisch-syndikalist. Bergarbeiteraufstand in Asturien nieder. 1935 wurde er Generalstabschef. Nach dem Wahlsieg der Volksfront (Febr. 1936) verbannte ihn die Reg. auf die Kanar. Inseln. Von dort und von Spanisch-Marokko löste er im Juli 1936 den Militärputsch gegen die republikan. Reg. aus, der sich zum ↑Spanischen Bürgerkrieg ausweitete. Im Sept. 1936 ernannte ihn eine von den Aufständischen gebildete Junta zum Chef (Caudillo) des

FRA François-Poncet

»Span. Staates« und zum Generalissimus, dem Oberbefehlshaber aller aufständ. Streitkräfte. Nachdem F. B. mit dt. und italien. Hilfe in dem von beiden Seiten mit großer Härte und Grausamkeit geführten Bürgerkrieg (bis März 1939) die republikanisch-sozialist. Reg. gestürzt hatte, bestimmte er bis zu seinem Tode die polit. Entwicklung in Spanien. Gestützt auf die Armee, die Einheitspartei der ↑Falange und die kath. Kirche, errichtete F. B. auf einer berufsständisch strukturierten Gesellschaftsordnung ein diktator. Reg.system, das alle Formen der Opposition, der freien Bildung von Parteien und der regionalen Autonomie unterdrückte. Trotz offizieller Neutralität entsandte er 1941 span. Militäreinheiten in den Krieg gegen die UdSSR (»blaue Division«). Nach 1945 näherte er sich dem westeurop. Bündnissystem. Nachdem er mit dem Nachfolge-Ges. (1947) die Monarchie wieder eingeführt hatte, übernahm er die Funktion eines Regenten und bestimmte 1969 Juan Carlos von Bourbon zu seinem Nachfolger und Anwärter auf den Thron.

📖 Martin, C.: F. Eine Biographie. A. d. Frz. Graz u. a. 1995.

François-Poncet [fräswapɔ̃'sε], André, frz. Politiker und Diplomat, * Provins (Dép. Seine-et-Marne) 13. 6. 1887, † Paris 8. 1. 1978; war 1931–38 Botschafter in Berlin und 1938–40 in Rom; 1943–45 von den Deutschen interniert; 1949–53 Hochkommissar in der Bundesrep. Dtl., 1953–55 dort Botschafter, 1949–65 Präs. des Internat. Roten Kreuzes, 1955–60 des frz. Rats der Europ. Bewegung. Er schrieb: »Als Botschafter in Berlin« (1946), »Der Weg von Versailles bis Potsdam« (1948).

Françoisvase [frã'swa-], 1844 in Chiusi (Prov. Siena) von dem italien. Ingenieur und Maler Alexandre (Alessandro) François (* 1796, † 1857) gefundener grch. Volutenkrater (Mischkrug), ein Hauptwerk der att. schwarzfigurigen Vasenmalerei um 560 v. Chr. (Florenz, Archäolog. Museum).

Franconia, latinisierte Form des geograph. Namens ↑Franken.

Francs-tireurs [frãti'rœːr, frz.], ↑Franktireurs.

Franc-Zone [frã-], Währungsgemeinschaft zw. Frankreich und den Ländern der Westafrikan. Wirtschafts- und Währungsunion sowie der Zentralafrikan. Wirtschafts- und Währungsgemeinschaft, in denen der seit 1. 1. 1999 in einem bestimmten Wertverhältnis zum Euro stehende ↑CFA-Franc umläuft.

Frane [italien.] *die,* Bergrutschungen in weichem, tonreichem Gestein.

Frank, 1) Adolf, Chemiker, * Klötze (Altmarkkreis Salzwedel) 20. 1. 1834, † Charlottenburg (heute zu Berlin) 30. 5. 1916; Gründer der dt. Kaliindustrie, entwickelte 1899 mit dem poln. Chemiker N. Caro (* 1871, † 1935) das **Frank-Caro-Verfahren** zur Gewinnung von Kalkstickstoff.
2) Anne, * Frankfurt am Main 12. 6. 1929, † KZ Bergen-Belsen März 1945; schrieb als Kind einer 1933 emigrierten und 1940 in Amsterdam untergetauchten dt.-jüd. Familie ein Tagebuch über ihr Leben im Hinterhausversteck 1942–44 (hg. 1946). Dessen mehrfach angezweifelte Authentizität wurde durch Untersuchungen des niederländ. Justizmin. 1986 bestätigt.

📖 *Gies, M.: Meine Zeit mit A. F. A. d. Amerikan. Tb.-Ausg. München* ⁹1996.

Anne Frank

3) Bruno, Schriftsteller, * Stuttgart 13. 6. 1887, † Beverly Hills (Calif.) 20. 6. 1945; emigrierte 1933; handlungsreiche Romane und Novellen (»Polit. Novelle«, 1928; »Der Magier«, 1929), auch Lyrik und Lustspiele (»Sturm im Wasserglas«, 1930).
4) Hans, Politiker (NSDAP), * Karlsruhe 23. 5. 1900, † (hingerichtet) Nürnberg 16. 10. 1946; Rechtsanwalt, 1933–34 bayer. Justizmin. und 1934–45 Reichsmin., trug als Gen.-Gouv. in Polen (1939–44) die Verantwortung für die nat.-soz. Besatzungspolitik, bes. für die Ermordung der Juden. – 1946 als einer der Hauptkriegsverbrecher zum Tod verurteilt.
5) Ilja Michailowitsch, sowjet. Physiker, * Sankt Petersburg 23. 10. 1908, † Moskau 22. 6. 1990; arbeitete über Photochemie, physikal. Optik, Kern- und Neutronenphy-

sik; erhielt 1958 mit I. J. Tamm und P. A. Tscherenkow für die Entdeckung und Aufklärung des Tscherenkow-Effekts den Nobelpreis für Physik.
6) **Leonhard**, Schriftsteller, *Würzburg 4. 9. 1882, †München 18. 8. 1961; lebte 1933–50 als Emigrant in den USA; schrieb straff komponierte, zeitkrit. Romane (u. a. »Die Räuberbande«, 1914; »Das Ochsenfurter Männerquartett«, 1927); Lebenserinnerungen (»Links, wo das Herz ist«, 1952).
7) **Patty**, eigtl. Ernst Tobis, Zirkusartist und Schriftsteller, *Wien 19. 1. 1876, †Radebeul 23. 8. 1959; trug während seiner Aufenthalte in den USA (u. a. Auftritte in der Wildwestshow von Buffalo Bill) eine umfangreiche Sammlung indian. Gegenstände zus.; 1928–59 erster Verwalter des Karl-May-Museums, schrieb u. a. »Die Indianerschlacht am Little Big Horn« (1957).
8) **Robert**, amerikan. Fotograf und Filmregisseur schweizer. Herkunft, *Zürich 9. 11. 1924. Seine Dokumentarfotografien von Amerika (»Les Américains«, 1958) wirkten stilbildend auf die nachfolgende Fotografengeneration.

Franke, Joachim, Eisschnelllauftrainer, *Weißwasser/O. L. 30. 3. 1940; bestritt 1958–67 als Eishockeyspieler 116 Länderspiele für die DDR; seit 1990 DESG-Bundestrainer (↑Eissport), erreichte er v. a. mit M. Garbrecht-Enfeldt (bis 2002) und C. Pechstein olymp., WM- und EM-Erfolge.

Franken (frz. Franc), Währungseinheit in versch. Ländern (↑Währung, Übersicht) und in der ↑Franc-Zone, i. d. R. in 100 Centime (C, c; in der Schweiz in 100 Rappen) unterteilt. – F. hieß erstmals eine frz. Goldmünze (1 Livre zu 20 Sols; 3,885 g), von Johann dem Guten (1350–64) geprägt als Lösegeld (daher franc »frei«). 1575–1641 frz. Silbermünze, 14,888 g. Seit 1795 Einheit des frz. Währungssystems auf Dezimalbasis. – 1799 führte die Helvet. Republik den Schweizer F. ein.

Franken, histor. Landschaft in Bayern und Bad.-Württ., umfasst weite Teile der RegBez. Ober-, Mittel- und Unter-F. in Bayern sowie den Regionalverband F. in Baden-Württemberg. F. hat im Wesentlichen Anteil am Schwäbisch-Fränk. Schichtstufenland (u. a. mit Steigerwald und Fränk. Alb) sowie an angrenzenden Landschaften wie Frankenwald und Spessart. Klimatisch begünstigt sind das westl. Steigerwaldvorland und das Schweinfurter Becken. Der Anbau von Getreide und Zuckerrüben verdrängt zunehmend den von Kartoffeln und Hackfrüchten; in günstigen Lagen, v. a. an Main (**Main-F.**) und Tauber (**Tauber-F.**), Weinbau. Überregionale wirtsch. und kulturelle Bedeutung haben das Städtedreieck Nürnberg–Fürth–Erlangen sowie Würzburg und Schweinfurt. – Bis ins 6. Jh. war F. das Spannungsfeld zw. Thüringern und Alemannen. Seitdem wurde es in mehreren Vorstößen dem Fränk. Reich lose eingegliedert. Nach dem Sturz des fränkisch-thüring. Herzogtums mit Sitz in Würzburg wurde F. um 720 Königsland und von der fränk. Staatskolonisation erfasst (nun **Ost-F.** gen.). Da nach dem Zusammenbruch des Karolingerreichs das Herzogtum F. nicht erneuert werden konnte, wurde F. im MA. Reichsland; trotz der zunehmenden territorialen Zersplitterung galt die »Franconia« weiter als zusammengehöriger Raum, gefördert durch den seit 1340 erneuerten Landfriedensbund; im 16. Jh. Bildung des Fränk. Reichskreises. 1168–1803 besaßen die Bischöfe von Würzburg den Titel eines Herzogs von F.; 1803/06 kam F. überwiegend zu Bayern.
📖 *Dettelbacher, W.: F. Kunst, Gesch. u. Landschaft.* Köln ²1995.

Franken [»Freie« oder »Kühne«], ein german. Stammesverband, entstand durch den Zusammenschluss versch., zumeist am unteren und mittleren Rhein siedelnder Kleinstämme (u. a. Bataver, Brukterer, Chamaven, Chattuarier, Usipeter); erstmals historisch fassbar im 3. Jh., als fränk. Gruppen wiederholt nach Gallien vordrangen. Teile des fränk. Kernstammes der **Salier (sal. F.)** vom Niederrhein setzten sich im 4. Jh. in Toxandrien (Nordbrabant) mit Bundesgenossen Roms fest. Ferner dienten F. nach 360 als Söldner im röm. Heer und wurden in N-Frankreich und Belgien angesiedelt. Zw. Lüttich und Tournai kam es im 4./5. Jh. zu einer dauernden Siedlung sal. F., die unter der Herrschaft von Kleinkönigen aus der Dynastie der Merowinger standen. Zur gleichen Zeit wohnten **Rhein-F.** (fälschlich Ripuarier) am Niederrhein mit Königssitz in Köln. Bis zu Childerich I. (†482) als Föderaten Roms dienend, waren sal. F. wesentlich an dem Vorstoß nach N-Gallien (Ende 5. Jh.)

FRA Frankenberg

beteiligt, der den Grund zur Bildung des ↑Fränkischen Reiches legte. Mit der Übernahme des kath. Christentums durch Chlodwig begann um 500 die Christianisierung. Nach der Vereinigung der einzelnen fränk. Herrschaften zum Fränk. Reich unter Chlodwig I. († 511) und der Unterwerfung von Alemannen, Thüringern, Hessen und Baiern breitete sich die fränk. Reichskultur in rechtsrhein. Gebiet aus. Die seit dem 7./8. Jh. verstärkt einsetzende fränk. Kolonisation (Pfalzen, Klöster) in Süd-Dtl. ließ für die Lande am Main den Namen »Ost-F.« (»Main-F.«) aufkommen. Seit etwa 1200 gilt der F.-Name nur noch für dieses Gebiet. Eine einheitl. fränk. Mundart gibt es nicht. Der räuml. Weite fränk. Eroberung und Siedlung entspricht die Gliederung in viele Mundartgruppen. Ihr Anteil an der hochdt. Lautverschiebung trennt sie in versch. Mundarten. - An die alte Einheit fränk. Volkskultur erinnert nur noch wenig, u. a. das fränk. Gehöft mit mehreren um einen viereckigen Innenhof angeordneten Gebäuden.

Franken: Chlodwig I., Frankenkönig aus dem Haus der Merowinger (466-511)

📖 Pirling, R.: Römer u. F. am Niederrhein. Mainz 1986. – Schulze, Hans K.: Vom Reich der F. zum Land der Deutschen. Merowinger u. Karolinger. Neuausg. Berlin 1994. – Die F., Wegbereiter Europas, 2 Bde. Ausst.-Kat. Reiß-Museum Mannheim. Mainz 1996.

Frankenberg, 1) Stadt im Landkreis Mittweida, Sachsen, an der Zschopau, 18 200 Ew.; Sächs. Verw.schule; Walzengravierwerk, Textilind., Metallverarbeitung, Schuhherstellung. – Nördlich der Stadt liegt auf einem Felsvorsprung das Schloss **Sachsenburg** (1488 auf älteren Burgresten erbaut, später mehrfach verändert). – Ende des 12. Jh. entstanden, 1282 nach Erzfunden erstmalig urkundlich bezeugt.
2) F. (Eder), Stadt im Landkreis Waldeck-Frankenberg, Hessen, 19 200 Ew.; Holz-, Kunststoffind., Maschinenbau. – Liebfrauenkirche (1286-1359) und Marienkapelle (1370-80), ehem. Zisterzienserinnenkloster (1242 gegr.), Fachwerkrathaus (urspr. 1421, nach Brand erneuert 1509). – 1240 erstmals, 1294 als Stadt erwähnt.
Frankenburg am Hausruck, Marktgemeinde im Bezirk Vöcklabruck, Oberösterreich, im Waldgebiet des Hausruck, 5 200 Ew. – Das sog. **Frankenburger Würfelspiel** löste den oberösterr. Bauernkrieg von 1625 aus: Um den Widerstand gegen die Rekatholisierungspolitik zu brechen, wurden 5 000 Bauern gefangen genommen, je zwei ihrer 36 Führer mussten um ihr Leben würfeln.
Frankenhausen, Bad, ↑Bad Frankenhausen/Kyffhäuser.
Frankenhöhe, der südl. Teil des fränk. Keuperberglandes, zw. Aisch und Jagst, bis etwa 550 m ü. M.
Frankenreich, das ↑Fränkische Reich.
Frankenstein, Titelfigur eines Romans (1818) von Mary Wollstonecraft-Shelley (↑Godwin, Mary): F., Schöpfer eines künstlich hergestellten, aber beseelten Monsters wird von diesem getötet.
Frankenstein in Schlesien, Stadt in Polen, ↑Ząbkowice Śląskie.
Frankenthal (Pfalz), kreisfreie Stadt in Rheinl.-Pf., im Oberrhein. Tiefland, 47 800 Ew.; Stadtmuseum, im Rathaus Sammlung Frankenthaler Porzellans; Maschinenbau, Metall und Kunststoff verarbeitende Industrie. – Klassizist. Zwölfapostelkirche (1820-23) im Weinbrennerstil. – F., 772 erstmals erwähnt, erhielt 1577 Stadtrecht; von frz. Truppen 1689 zerstört. Niederländ. Kalvinisten (Glaubensflüchtlinge) brachten F. im 18. Jh. einen wirtsch. Aufschwung. Für die **Frankenthaler Porzellanmanufaktur** (1755-1800) arbeitete u. a. J. P. Melchior als Modellmeister.

Frankfurt FRA

Frankfurt 1): Römer (seit 1405 durch Um- und Ausbau älterer Gebäude entstanden)

Frankenwald, flachwelliges, stark bewaldetes Mittelgebirge in Bayern, kleinerer Teil in Thür., das ohne scharfe Grenze im NW in das Thüringer Schiefergebirge, im SO über die zum F. gehörenden **Münchberger Hochfläche** in das Fichtelgebirge übergeht; im Döbraberg 795 m ü. M.; Textil-, Holz-, Glas-, Elektro-, feinmechan. Ind.; Fremdenverkehr (Naturpark F., 972 km²).

Frankenweine, aus im Maintal und seinen Seitentälern von Zeil bis Aschaffenburg angebauten Reben, v. a. Müller-Thurgau und Silvaner, gewonnene Weine, z. T. auf ↑Bocksbeutel abgefüllt; sie sind säurereich, kräftig, erdig.

Frankfort [ˈfræŋkfət], Hptst. des Bundesstaates Kentucky, USA, am Kentucky River, 25 500 Ew.; Univ.; elektron. Ind., Whiskyherstellung.

Frankfurt, 1) Frankfurt am Main, kreisfreie Stadt im RegBez. Darmstadt, am unteren Main, mit 641 100 Ew. größte Stadt Hessens. F. liegt am Übergang vom Mainzer Becken zur Wetterau, 98 m ü. M., im Zentrum des Rhein-Main-Gebiets. F. ist Sitz der Europ. Zentralbank und mehrerer Bundesbehörden (Dt. Bundesbank, Bundesdisziplinargericht, Bundesanstalt für Landwirtschaft und Ernährung, Bundesamt für Kartographie und Geodäsie) sowie von Regionalbehörden; Sitz des Hess. Rundfunks. Fast alle großen dt. und viele ausländ. Banken sowie die wichtigste dt. Wertpapierbörse haben hier ihren Sitz; ferner Devisen- und Goldbörse, Immobilienbörse, Getreide- und Warenbörse. Viele Wirtschafts- und Ind.verbände, Konsulate und Generalkonsulate, Handelsmissionen u. a. Organisationen sind in F. vertreten. Sitz des Börsenvereins des Dt. Buchhandels, zahlr. Verlage; Messen und Fachausstellungen, u. a. Internat. Buchmesse (größte der Welt), Internat. Pelzmesse, Internat. Automobil-Ausstellung, Frühjahrs- und Herbstmessen. F. ist auch der wichtigste Ind.standort des Ballungsgebietes am Untermain, führend sind chem., elektrotechn. Ind., Maschinenbau. Wichtigster Verkehrsknotenpunkt Dtl.s für Bahn und Straße, außerdem Flusshäfen, internat. Flughafen mit Luftfrachthafen. – Univ. (gegr. 1912; seit 1932 Johann Wolfgang Goethe-Univ.), Philosophisch-Theolog. Hochschule Sankt Georgen, Staatl. Hochschule für bildende Künste (Städelschule), Hochschule für Musik und Darstellende Kunst, Hochschule für Bankwirtschaft, Fachhochschule, Akademie der Arbeit, Akademie für Welthandel, Inst. für Modeschaffen, Hessenkolleg, Dt. Buchhändlerschule. Max-Planck-Institute für europ. Rechtsgesch., für Biophysik, für Hirnforschung, Gmelin-Inst. für anorgan. Chemie, Paul-Ehrlich-Inst., Sigmund-Freud-Inst., Dt. Inst. für Internat. Pädagog. Forschung, Römisch-German. Kommission, Frobenius-Inst., Inst. für Information, Battelle-Inst. F. ist Sitz der ↑Deutschen Bibliothek, hat Stadt- und Univ.bibliothek mit Senckenbergischer Bibliothek und die Bibliothek des Freien Dt. Hochstifts; Goethe-Haus (mit Goethe-Museum), Senckenbergisches Naturhistor. Museum, Museen für Angewandte Kunst, Völkerkunde, Vor- und Frühgesch. Histor. Museum, Liebieg-

FRA Frankfurt

haus (alte Skulpturen), das Städelsche Kunstinst., Kunsthalle Schirn, Jüd. Museum, Museum für Moderne Kunst. Zu den am Mainufer schon bestehenden Museen (Museumsufer) kamen 1984 das Architektur- und das Filmmuseum, 1990 das Dt. Postmuseum hinzu. Ferner hat F. Opern-, Schauspielhaus, Kammerspiel, Alte Oper, mehrere Privattheater, zoolog. Garten (mit Exotarium), Palmengarten. Von den Sportanlagen haben bes. das Waldstadion, die Ballsporthalle Höchst, die Trabrennbahn Niederrad und die Eissporthalle Bedeutung.
Stadtbild: Der Siedlungskern von F. ist eine flache Erhebung rechts am Fluss, der Domhügel, der schon ein röm. Kastell getragen hatte. Die dort von den Karolingern errichtete Pfalz wurde in der otton. Zeit ummauert; in der Stauferzeit entwickelte sich planmäßig eine Stadt neben der Burg (Saalhof, um 1200). In die Stadt war Sachsenhausen von Anfang an einbezogen. Bauwerke der Altstadt sind St. Leonhard (13.–16. Jh.), St. Nikolai (13.–15. Jh.), der »Dom« St. Bartholomäus (13.–14. Jh. auf Vorgängerbau), Liebfrauenkirche (14./15. Jh.), ehemaliges Karmeliterkloster (13.–16. Jh., heute Museum). Die erweiterte Stadt F. erhielt 1333 neue Stadtmauern, erhalten ist der Eschenheimer Turm (1400–28). Innerhalb des neuen Stadtrings entstand u. a. die Katharinenkirche (urspr. 14. Jh., dann neu errichtet 1678–81), in Sachsenhausen die Deutschordenskirche (14. Jh., Barockfassade 18. Jh.). Außer zahlr. Adelshäusern bestimmte der ↑Römer (seit 1405 durch Um- und Ausbau älterer Gebäude entstanden) das Stadtbild. 1729/30 wurde die Hauptwache, 1789–1833 die Paulskirche errichtet. Im 19. Jh. wuchs F., nach Schleifung der Festungsanlagen (1805) von Promenaden und Grüngürteln umgeben, urspr. entlang der strahlenförmig verlaufenden Ausfallstraßen. Im Zweiten Weltkrieg wurde bes. der Kern der noch mittelalterl. Altstadt stark zerstört. Die Fassade des Römers (jüngst auch die Häuserzeile auf dem Römerberg), Leinwandhaus, Goethe-Haus, Paulskirche, Dom, Alte Oper u. a. wurden wieder aufgebaut. Zahlr. Verwaltungshochhäuser bestimmen die »Skyline« von F. (u. a. »Messeturm« von H. Jahn, 1985–91, 256,5 m hoch; Hochhaus der Commerzbank von Lord N. Foster, mit 258,7 m Höhe derzeit höchster Büroturm Europas). Höchstes Bauwerk der Stadt ist der Fernmeldeturm (1976–78, 331 m hoch).
Geschichte: F. war zunächst röm. Militärlager, nach 110 röm. Zivilsiedlung **Nida**. Um 500 fränk. Königshof; der Name **Franconovurd** (Furt der Franken) ist seit 794 belegt. An der Stelle der karoling., später stauf. Pfalz entwickelte sich die Marktsiedlung, die noch vor 1200 Stadt wurde (eigene Stadtrechtsfamilie). Seit 1147 war F. häufig Ort von Königswahlen (in der Goldenen Bulle 1356 reichsrechtlich festgesetzt), seit 1562 der Dom auch Stätte der Kaiserkrönung. Die Stadt (seit 1372 reichsunmittelbar) entwickelte sich im 13. und 14. Jh. zum überregionalen Handels- und Messeplatz. Zu der seit dem 12. Jh. bezeugten Herbstmesse trat 1330 die Frühjahrsmesse; im 15.–17. Jh. war die Frankfurter ↑Buchmesse bedeutend (erneut seit 1949). 1535 schloss sich die Stadt dem luth. Bekenntnis an und wurde Mitgl. des Schmalkald. Bundes. 1792 und 1796 frz. besetzt, verlor F. seine reichsstädt. Freiheit 1806, war 1806–13 Sitz des Fürstprimas des Rheinbunds und wurde 1810 Hptst. des **Großherzogtums F.**, 1813 Freie Stadt, erhielt 1816 eine Gesetzgebende Versammlung (bis 1866); seit 1815/16 Sitz des Dt. Bundestages, 1848/49 der ↑Frankfurter Nationalversammlung. Durch die 1928 erfolgte Eingemeindung von Höchst (1355 Stadtrechte) und Fechenheim wuchs die Bedeutung als Ind.stadt. 1977 Eingemeindung von Bergen-Enkheim. Im Zweiten Weltkrieg wurde die Altstadt fast völlig zerstört.
📖 *F. a. M. Die Gesch. der Stadt in neun Beiträgen,* hg. v. der Frankfurter Histor. Kommission. Sigmaringen ²1994. – Mack, E.: *Von der Steinzeit zur Stauferstadt. Frankfurt am Main* 1994. – *Architektur in F. a. M. 1999–2003,* hg. v. J. Franzke. Hamburg 2002.

2) F. (Oder), kreisfreie Stadt in Brandenburg, am W-Ufer der Oder, 70 300 Ew.; Europa-Univ. Viadrina, Inst. für Halbleiterphysik, Technologiezentrum; Kleist-Theater, Kleist-Gedenk- und Forschungsstätte, Museum »Viadrina«; Betriebe der Elektronik und Mikroelektronik, auch Metallverarbeitung, Holz- und Nahrungsmittelind., Orgelbau; Grenzübergang nach Polen; Oderhafen. – Im Zweiten Weltkrieg wurde die Stadt zu über 90 % zerstört. Erhalten blieben die frühgot. Hallenkirche St. Nikolai (heute Friedenskirche; 13./14. Jh. auf Vorgängerbau, im 15. und 19. Jh. verändert) und die ehem. Franziskanerkirche (heute Konzerthalle; urspr. nach 1270 begonnen, Halle 1516-25). Inzwischen wieder aufgebaut wurden: das spätgot. Rathaus (13.-15. Jh., verändert 1607-09), z. T. die spätgot. Marienkirche (13.-15. Jh.). - Die wohl um 1226 auf dem westl. Oderufer gegr. dt. Marktsiedlung erhielt 1253 Magdeburger Stadtrecht; 1368-1518 Mitgl. der Hanse. 1506-1811 (erneut seit 1991) Univ. »Viadrina«; 1952-90 Hptst. des gleichnamigen DDR-Bezirks. Seit 1945 bilden die östlich der Oder gelegenen Stadtteile (Dammvorstadt) die zu Polen gehörende Stadt **Słubice**.

Frankfurt, 1. FFC [FFC, Abk. für: Frauen-Fußball-Club], entstand Ende 1998 aus der 1970 gegründeten **SG Praunheim**; Dt. Meister 1999, 2001-2003; Pokalsieger 1999-2003; UEFA-Women's-Cup 2002.

Frankfurter, Philipp, Schwankdichter, *um 1450, †Wien 1511; schrieb um 1470 den Schwankroman »Des pfaffen geschicht und histori vom kalenberg« (1473), der in über 2000 Versen umlaufendes Schwankgut verbindet, das an die wohl histor. Person eines verschlagenen Pfarrers geknüpft war.

Frankfurter Allgemeine (Frankfurter Allgemeine Zeitung für Deutschland, Abk. FAZ), in Frankfurt am Main seit 1949 erscheinende unabhängige, konservative, überregional verbreitete Tageszeitung in der Tradition der ↑Frankfurter Zeitung; Auflage (2004, 1. Quartal): 386 000 Exemplare. Seit 1990 erscheint die »Frankfurter Allgemeine Sonntagszeitung« (seit 30. 9. 2001 bundesweit, Auflage: 284 000 Exemplare).

Frankfurter Friede, am 10. 5. 1871 zw. O. von Bismarck und J. Favre aufgrund des Vorfriedens von Versailles vom 26. 2. 1871 abgeschlossener Vertrag, beendete den Deutsch-Frz. Krieg 1870/71.

Frankfurter Fürstentag, im Aug. 1863 durch Österreich einberufene Versammlung der dt. Monarchen und freien Städte zur Reform des Dt. Bundes; verlief ergebnislos.

Frankfurter Nationalversammlung, erstes gesamtdt. verfassunggebendes Parlament, das 1848/49 in der Paulskirche zu Frankfurt am Main tagte, nach der Märzrevolution 1848 hervorgegangen aus freien Wahlen. Die am 18. 5. 1848 gebildete F. N. **(Dt. Nationalversammlung)** wollte eine gesamtdt. Verf. entwerfen und einen dt. Nationalstaat schaffen, der die preuß. und österr. Sonderinteressen bei Erhaltung der staatl. Vielfalt Dtl.s aufheben sollte (»dt. Frage«). Am 28./29. 6. 1848 schuf die F. N. mit der Wahl des Reichsverwesers Erzherzog Johann von Österreich eine provisor. Reg., der jedoch eine wirksame Exekutivgewalt fehlte. In der Septemberrevolution ließ die gemäßigt-liberale Mehrheit der F. N. einen Aufstand der radikalen Linken durch preuß. und österr. Truppen niederschlagen (18. 9. 1848) und verhalf so den alten Ordnungsmächten zum entscheidenden Erfolg. Während es der F. N. gelang, sich auf ein umfassendes »Gesetz über die Grundrechte des dt. Volkes« zu einigen (27. 12. 1848), standen sich in der Debatte um die dt. Frage die Kleindeutschen (Erbkaiserliche, v. a. H. von Gagern), die den Ausschluss Österreichs befürworteten, und die in sich uneinheitl. Gruppe der Großdeutschen gegenüber. Am 28. 3. 1849 wurde schließlich der preuß. König Friedrich Wilhelm IV. zum Kaiser eines kleindt. Reiches gewählt (290 Stimmen bei 248 Enthaltungen). Mit seiner Weigerung, die Erbkaiserkrone anzunehmen (3. 4.; endgültig 28. 4.), war die F. N. gescheitert. Die liberal geprägte Reichsverf. vom 28. 3. 1849 wurde nur von 28 kleineren Staaten, aber u. a. nicht von Preußen oder Österreich anerkannt. Die Maiaufstände zur Durchsetzung der Verf. in Sachsen, Baden und der Rheinpfalz wurden niedergeschlagen. Das **Rumpfparlament** aus etwa 100 Radikalen (Eröffnung 6. 6.) wurde am 18. 6. 1849 von württemberg. Truppen aufgelöst.

📖 *Best, H. u. Weege, W.: Biograph. Hb. der Abgeordneten der F. N. 1848/49.* Düsseldorf 1996. – *Europa 1848. Revolution u. Reform,* hg. v. D. Dowe, H.-G. Haupt u. D. Langewiesche. Bonn 1998.

Frankfurter Rundschau, unabhängig, überregional verbreitete Tageszeitung sozialliberaler Richtung; gegr. 1945 in Frankfurt am Main; Auflage (2004, 1. Quartal): 181 000 Exemplare.

Frankfurter Schule, Bez. für den Kreis von Sozial- und Kulturwissenschaftlern um M. Horkheimer und das 1930-59 von diesem geleitete Frankfurter »Inst. für Sozialforschung« (1933/34 in Genf, dann in

New York; 1950 von Horkheimer und T. W. Adorno in Frankfurt wieder gegr.) sowie für die hier entwickelten, von K. Marx und S. Freud bestimmten soziologisch-philosoph. Lehren, die ↑kritische Theorie. Der F. S. standen u. a. W. Benjamin, H. Marcuse und E. Fromm nahe; die Denkansätze der jüngeren Generation haben v. a. J. Habermas und Alfred Schmidt (*1931) bestimmt. Die F. S. spielte bes. seit den 60er-Jahren eine Rolle auf gesellschaftskrit., wissenschaftstheoret. und pädagog. Ebene im Rahmen des Neomarxismus.
📖 *Wiggershaus, R.: Die F. S. Tb.-Ausg. München* ^{4}*1993. – Albrecht, C., u. a.: Die intellektuelle Gründung der Bundesrepublik. Eine Wirkungsgesch. der F. S. Studienausg. Frankfurt am Main u. a. 2000.*

Frankfurter Zeitung, dt. Tageszeitung mit großem Feuilleton, Handels- und Börsenteil; 1856 von Leopold Sonnemann (*1831, †1909) gegr., Hauptorgan der Demokratie in SW-Deutschland, bis 1943 erschienen.

Frankiermaschine, Büromaschine zur ↑Freimachung von Postsendungen durch einen Stempelabdruck, der Gebühr, Ort, Datum und Absenderfirma angibt.

Fränkische Alb (Frankenalb, Fränkischer Jura), Mittelgebirge in Franken, der östl. Teil des Schwäbisch-Fränkischen Schichtstufenlandes, durch das Ries von der Schwäb. Alb getrennt, aufgebaut aus flach gelagerten Jurakalken und -dolomiten, z. T. als Plattenkalk (↑Solnhofen) ausgebildet. Im W erhebt sie sich über das Vorland mit einer bis zu 280 m hohen Stufe, vor der sich Zeugenberge finden (Hesselberg 689 m ü. M., Staffelberg 539 m ü. M.). Das Hochland ist infolge Verkarstung (Trockentäler, Dolinen; Tropfsteinhöhlen) sehr wasserarm. Die Altmühl durchbricht den südl. Teil. Im N bildet Dolomit die Felslandschaften der **Fränkischen Schweiz** (Wiesenttal) und der **Hersbrucker Schweiz** (Pegnitztal).

Fränkischer Jura, die ↑Fränkische Alb.

Fränkischer Reichskreis, einer der 1512 gebildeten zehn ↑Reichskreise des Dt. Reiches, bes. die Bistümer Würzburg, Bamberg, Eichstätt, die hohenzoller. Lande in Franken, die Grafschaft Henneberg, die Reichsstadt Nürnberg und die Gebiete der umliegenden kleineren Reichsstände.

Fränkische Schweiz, Teil der ↑Fränkischen Alb.

fränkisches Recht, ↑germanische Volksrechte.

Fränkisches Reich (Frankenreich, lat. Regnum Francorum), die bedeutendste german. Reichsbildung des frühen Mittelalters.
Die salischen ↑Franken siedelten seit dem 4. Jh. im südl. Belgien. Im 5. Jh. begründete die Dynastie der Merowinger eine Herrschaft mit dem Mittelpunkt Tournai. Der Sohn Childerichs, Chlodwig I., beseitigte 486/487 die Reste der Römerherrschaft in Gallien und seine fränk. Mitkönige (nach 508); zw. 483 und 507 eroberte er Teile des Alemannenlandes und des Westgotenreichs. Der Mittelpunkt des nun geschaffenen fränk. Einheitsreiches verlagerte sich nach N-Frankreich. Der Übertritt Chlodwigs zum christl.-kath. Glauben zw. 497 und 499 schuf die Voraussetzung für die Integration der roman. Völker und die Grundlage für die Stellung der Kirche im MA. Bei Chlodwigs Tod (511) wurde das Reich unter seine vier Söhne aufgeteilt. Die Hauptorte waren Paris, Soissons, Orléans und Metz. 531 wurde Thüringen, 532–54 Burgund erobert, die alemann. Restgebiete und Bayern gerieten in polit. Abhängigkeit. Gegensätze zw. Königtum und Aristokratie und zw. ↑Austrasien und ↑Neustrien lockerten den Verband des Reichs. Nach dem Tod Dagoberts I. (639) verfiel die Macht der Merowingerkönige. Die polit. Macht übten ↑Hausmeier aus. 687 gewann der Hausmeier von Austrasien, der Karolinger Pippin II., die Alleinherrschaft im F. R. Sein Enkel, Pippin III., setzte die Dynastie der Merowinger ab und machte sich 751 zum König der Franken, wobei die kirchl. Salbung das fehlende Geblütsrecht ersetzte. 754 übernahm er den Schutz des Papstes (Patricius Romanorum) und seines Besitzes (↑Pippinsche Schenkung). Durch die Eingliederung der Stammesherzogtümer der Thüringer (um 700), Alemannen (730), Aquitanier (768) und Baiern (788) wurde die bedrohte Reichseinheit wiederhergestellt. Friesland wurde unterworfen, das Vordringen der Araber durch den Sieg Karl Martells bei Poitiers (732) aufgehalten. Die größte Ausdehnung erhielt das F. R. unter Karl d. Gr., der das Langobardenreich (774), die Sachsen (772–804), das Awarenreich (796) unterwarf und 795 südlich der Pyrenäen die Span. Mark begründete. Mit der Kaiser-

Fränkisches Reich FRA

krönung (800) erhielt Karl die Hoheit über Rom und den Kirchenstaat, die 812 auch von Byzanz anerkannt wurde.
Der Verfall des F. R. trat bald nach Karls d. Gr. Tod ein (↑Straßburger Eide, 842). Im Vertrag von Verdun (843) wurde es unter die drei Söhne Ludwigs des Frommen aufgeteilt; der nördl. Teil des mittleren Gebietes kam in den Verträgen von Meerssen (870) und Ribemont (880) als Lothringien an den östl. Reichsteil. Karl III. (885–87) vereinigte die Teilreiche noch einmal, dann vollzog sich die endgültige Trennung in das Westfränk. Reich (↑Frankreich, Geschichte), das Ostfränk. Reich (↑deutsche Geschichte), ↑Burgund und ↑Italien. In der Zeit der Auflösung war das F. R. starken Angriffen durch die Normannen und Sarazenen ausgesetzt. Die ostfränk. Karolinger starben 911, die westfränk. 987 aus.

Verfassung: Mit dem Erstarken des Königtums (materielle Grundlage das Königsgut) wurden Grafen als königl. Beamte eingesetzt, damit war – durch die Verbindung von Vasallentum und Vergabe von Landbesitz – das mittelalterl. Lehnswesen begründet. Jedoch bildeten die Freien noch den größten Teil des Volkes; innerhalb der Freien entwickelte sich die Aristokratie langsam zum Adel. Die Stellung des Königtums erwuchs aus dem german. Heerkönigtum, wurde aber durch die Übernahme röm. Einrichtungen wesentlich verändert und gestärkt. Neben dem Hausmeier gab es die Hofämter. Die Mittelpunkte des F. R. bildeten die Pfalzen, deren wichtigste in karoling. Zeit Aachen, Ingelheim und Nimwegen waren.

Wirtschaft: Sie war bäuerlich bestimmt mit Grundherrschaften in Fronhofverfassung. Im städtisch geprägten W und S hielten sich als antikes Erbe Fernhandel und Münzwesen. Im 8. und 9. Jh. entwickelte sich vom Rheingebiet aus ein Handel nach England und Skandinavien. Das Münzwesen wurde durch Pippin III. und Karl d. Gr. neu geordnet. Der Ansatz zur Bildung von Handelsplätzen (Wik) wurde durch die Normanneneinfälle gehemmt.

Kultur: Das hoch stehende Kunstgewerbe (↑merowingische Kunst) vereinte spätantike, german. und östl. Einflüsse. Die

FRA Frankl

Amts- und Schriftsprache war das Latein, in dem z. B. auch die weit über die fränk. Zeit hinaus vorherrschende Lex Salica (↑germanische Volksrechte) abgefasst ist. Irisch-schott. Mönche verbreiteten das Christentum (Columban), später angelsächs. Missionare (Bonifatius). Karl d. Gr. knüpfte erneut an antikes Bildungsgut an (karoling. Renaissance), förderte in den Klosterschulen (Fulda u. a.) Wiss.en und Künste. In der Baukunst (Aachen) ist byzantin. Einfluss unverkennbar (↑karolingische Kunst).
Weltgeschichtliche Bedeutung: Durch die merowing. Reichsgründung verlagerte sich der polit. Schwerpunkt aus dem Mittelmeergebiet nach dem Norden. Hier wurden die Reste antiker Kultur erhalten und mit germanisch-christl. Vorstellungen zur abendländ. Kultur des MA. verschmolzen. Die politisch-institutionellen Einrichtungen des F. R. wurden gemeinsame Grundlage fast aller mittelalterl. Herrschaftsräume Europas.
⌑ *Schneider, R: Das Frankenreich. München ³1995. – Geary, P. J.: Die Merowinger. Europa vor Karl dem Großen. A. d. Engl. München 1996.*

Benjamin Franklin

Frankl, Victor Emil, österr. Psychiater und Psychotherapeut, *Wien 26. 3. 1905, †ebd. 2. 9. 1997; war ab 1955 Prof. in Wien, ab 1970 auch in San Diego (Calif.), Begründer der ↑Existenzanalyse und der auf ihr basierenden Logotherapie.
Frankland ['fræŋklənd], Sir (seit 1897) Edward, brit. Chemiker, *Churchtown (bei Lancaster) 18. 1. 1825, †auf einer Reise in Norwegen 9. 8. 1899; Prof. in Manchester und London; entdeckte die metallorgan. Verbindungen und schuf den Valenzbegriff.
Franklin ['fræŋklɪn], **1)** Aretha, amerikan. Popmusikerin (Gesang und Klavier), *Memphis (Tenn.) 25. 3. 1942; durch ihren von Gospel, Blues und Jazz geprägten Stil eine der erfolgreichsten Vertreterinnen der afroamerikan. Musik; »Queen of Soul«.
2) Benjamin, amerikan. Staatsmann, Naturwissenschaftler und Schriftsteller, *Boston (Mass.) 17. 1. 1706, †Philadelphia (Pa.) 17. 4. 1790; urspr. Buchdrucker, gab seit 1729 in Philadelphia eine Zeitung und einen Almanach (»Poor Richard's Almanack«) heraus. Bekannt wurde F. als Erfinder des Blitzableiters (1752) und durch weitere physikal. Arbeiten (seit 1746, u. a. zur Theorie der Elektrizität, Wärmestrahlung). 1757–75 (mit Unterbrechungen) vertrat er Pennsylvania, zeitweilig auch andere Kolonien in London; 1776 Mitunterzeichner der Unabhängigkeitserklärung. Als amerikan. Gesandter in Frankreich (1776–85) erzielte er durch das frz.-amerikan. Bündnis und den Frieden von 1783 große Erfolge. F. hatte wesentl. Anteil an der Verf. von 1787; er war der bedeutendste Vertreter der Aufklärung in Amerika; schrieb u. a. eine Autobiografie (1771–90, 4 Tle.), erste vollständige amerikan. Ausgabe 1868).
3) Sir (seit 1829) John, brit. Seeoffizier und Polarforscher, *Spilsby (Lincolnshire) 16. 4. 1786, †King William Island 11. 6. 1847; unternahm 1819–22 und 1825–27 Expeditionen ins kanad. Arktisgebiet. Zur Suche nach der ↑Nordwestpassage brach F. im Mai 1845 mit zwei Schiffen auf, die letztmalig am 26. 7. 1845 im Lancaster Sound (nördlich von Baffin Island) gesehen wurden. Erst 1859 fand eine der zahlr. Suchexpeditionen auf King William Island Überreste und schriftl. Aufzeichnungen (bis 25. 4. 1848) der F.-Expedition, deren Teilnehmer alle ums Leben gekommen waren.
⌑ *Beattie, O. u. Geiger, J.: Der eisige Schlaf. Das Schicksal der F.-Expedition. A. d. Engl. Tb.-Ausg. München u. a. ³1996.*
Franklinstraße ['fræŋklɪn-; nach Sir J. Franklin] (engl. Franklin Strait), Meeresstraße im Kanadisch-Arkt. Archipel zw. der Halbinsel Boothia und Prince of Wales Island, 40–60 km breit.
Frankọ, Iwan Jakowytsch, ukrain. Schriftsteller, *Nagujewitschi (bei Drogobytsch) 27. 8. 1856, †Lemberg 28. 5. 1916; als polit. Journalist bed. Vertreter des ukrain. Geisteslebens seiner Zeit. Sein dichter. Werk umfasst alle literar. Gattungen.

Frankreich FRA

frankoflämische Schule, ↑niederländische Musik.

Frankokanadi|er, die Einwohner ↑Kanadas frz. Abstammung; leben v. a. in der Prov. Quebec.

Frankophonie *die,* die Gemeinschaft aller Länder, in denen das Französische Mutter- bzw. Verkehrssprache ist. Die F. hat kein offizielles Statut, die betr. Länder (v. a. die ehem. Kolonien in Afrika) werden dennoch von Frankreich begünstigt.

Frankreich

Fläche	543 965 km²
Einwohner	(2003) 60,144 Mio.
Hauptstadt	Paris
Verwaltungsgliederung	96 Dép. in 22 Regionen
Amtssprache	Französisch
Nationalfeiertag	14. 7.
Währung	1 Euro (EUR, €) = 100 Cent
Zeitzone	MEZ

Frankreich (frz. La France, amtlich République Française; dt. Französische Republik), Staat in Europa, grenzt im W an den Atlantik, im NW an den Ärmelkanal, im NO an Belgien und Luxemburg, im O an Dtl., die Schweiz und Italien, im S an das Mittelmeer und Spanien. Zu F. gehört die Insel Korsika. Zum Hoheitsgebiet gehören außerdem die überseeischen Dép. Guadeloupe, Französisch-Guayana, Martinique und Réunion, die Überseeterritorien mit beschränkter Selbstverwaltung Wallis-et-Futuna, Französisch-Polynesien und Neukaledonien sowie die Collectivités Territoriales Saint-Pierre-et-Miquelon und Mayotte. Einen Sonderstatus haben die Terres Australes et Antarctiques Françaises (Adélieland, Crozetinseln, Kerguelen, Saint-Paul, Île Amsterdam) sowie die als Îles Australes zusammengefassten, größtenteils unbewohnten Inseln Bassas da India, Europe, Juan da Nova, Tromelin und die Îles Glorieuses, die von Réunion aus verwaltet (und von Madagaskar beansprucht) werden.

Staat und Recht: Nach der Verf. vom 4. 10. 1958 (mehrfach, v. a. durch das Referendum vom 7. 11. 1962, geändert) ist F. eine Rep., die durch einen Dualismus von parlamentar. und präsidialem Prinzip geprägt ist. Staatsoberhaupt ist der direkt gewählte und mit weitgehenden Vollmachten ausgestattete Präs. der Rep. (durch Volksentscheid am 24. 9. 2000 Änderung seiner Amtszeit von bisher 7 auf 5 Jahre). Er benennt und entlässt den Premiermin. und auf dessen Vorschlag die übrigen Kabinettsmitgl., führt den Vorsitz im Min.rat, kann Gesetzesvorlagen oder die Ratifizierung von Verträgen einer Volksabstimmung unterziehen und die Nationalversammlung auflösen. Er ist Oberbefehlshaber der Streitkräfte und ernennt mit Zustimmung der Reg. die höchsten Beamten. Die Exekutive liegt bei der Reg. mit dem Premiermin. an der Spitze. Sie ist dem Parlament verantwortlich und kann durch Misstrauensvotum zum Rücktritt gezwungen werden. Regierungsmitgl. dürfen dem Parlament nicht angehören. Das Zweikammerparlament besteht aus der Nationalversammlung (577 Abg., für 5 Jahre im modifizierten Mehrheitswahlsystem gewählt) und Senat (321 Mitgl., in den Dép. indirekt durch Wahlmänner für 9 Jahre gewählt). Der Senat vertritt die Interessen der Gebietskörperschaften. Dem Verf.rat (Conseil Constitutionnel) gehören 9 Mitgl. (je 3 durch den Staatspräs. sowie die Präs. von Senat und Nationalversammlung bestimmt), ferner die ehemaligen Präs. der Rep. auf Lebenszeit an; Grundgesetze müssen, sonstige Gesetze können ihm zur Prüfung auf ihre Verfassungsmäßigkeit vorgelegt werden. Weitere wichtige Staatsorgane sind der Staatsrat (Conseil d'État) als Beratungsgremium für die Reg. und oberstes Verwaltungsgericht sowie der Wirtschafts- und Sozialrat (Conseil Économique et Social). Einflussreichste Parteien: Union für eine Volksbewegung (UMP; 2002 aus dem Wahlbündnis Union für die Mehrheit des Präs. hervorgegangene rechtsbürgerl. Partei), Sozialist. Partei (PS), Union für die Demokratie (UDF), Kommunist. Partei (PCF), Radikale Partei

FRA Frankreich

Frankreich: Verwaltungsgliederung (Stand 1999)

Region / Département	Fläche in km²	Einwohner in 1 000	Einwohner je km²	Hauptstadt
Île-de-France	12 011	10 939	911	Paris
Paris	105	2 118	20 171	Paris
Seine-et-Marne	5 915	1 194	202	Melun
Yvelines	2 284	1 354	593	Versailles
Essonne	1 804	1 133	628	Évry
Hauts-de-Seine	176	1 426	8 102	Nanterre
Seine-Saint-Denis	236	1 382	5 856	Bobigny
Val-de-Marne	245	1 227	5 008	Créteil
Val-d'Oise	1 246	1 105	887	Cergy-Pontoise
Champagne-Ardenne	25 606	1 342	52	Châlons-en-Champagne
Ardennes	5 229	290	55	Charleville-Mézières
Aube	6 004	292	49	Troyes
Marne	8 162	565	69	Châlons-en-Champagne
Haute-Marne	6 211	195	31	Chaumont
Picardie	19 399	1 858	96	Amiens
Aisne	7 369	536	73	Laon
Oise	5 860	766	131	Beauvais
Somme	6 170	556	90	Amiens
Haute-Normandie	12 318	1 779	144	Rouen
Eure	6 040	541	90	Évreux
Seine-Maritime	6 278	1 238	197	Rouen
Centre	39 151	2 440	62	Orléans
Cher	7 235	314	43	Bourges
Eure-et-Loir	5 880	408	69	Chartres
Indre	6 791	231	34	Châteauroux
Indre-et-Loire	6 127	554	90	Tours
Loir-et-Cher	6 343	315	50	Blois
Loiret	6 775	618	91	Orléans
Basse-Normandie	17 589	1 421	81	Caen
Calvados	5 548	648	117	Caen
Manche	5 938	481	81	Saint-Lô
Orne	6 103	292	48	Alençon
Bourgogne	31 582	1 610	51	Dijon
Côte-d'Or	8 763	507	58	Dijon
Nièvre	6 817	225	33	Nevers
Saône-et-Loire	8 575	545	64	Mâcon
Yonne	7 427	333	45	Auxerre
Nord-Pas-de-Calais	12 414	3 995	322	Lille
Nord	5 743	2 553	445	Lille
Pas-de-Calais	6 671	1 442	216	Arras
Lorraine	23 547	2 311	98	Metz
Meurthe-et-Moselle	5 241	714	136	Nancy
Meuse	6 216	192	31	Bar-le-Duc
Moselle	6 216	1 024	165	Metz
Vosges	5 874	381	65	Épinal

Frankreich FRA

Frankreich: Verwaltungsgliederung (Stand 1999; Fortsetzung)

Region Département	Fläche in km²	Einwohner in 1000	Einwohner je km²	Hauptstadt
Alsace	8280	1734	209	Straßburg
Bas-Rhin	4755	1026	216	Straßburg
Haut-Rhin	3525	708	201	Colmar
Franche-Comté	16202	1116	69	Besançon
Doubs	5234	498	95	Besançon
Jura	4999	251	50	Lons-le-Saunier
Haute-Saône	5360	230	43	Vesoul
Territoire de Belfort	609	137	225	Belfort
Pays de la Loire	32082	3221	100	Nantes
Loire-Atlantique	6815	1133	166	Nantes
Maine-et-Loire	7166	733	102	Angers
Mayenne	5175	285	55	Laval
Sarthe	6206	530	85	Le Mans
Vendée	6720	540	80	La Roche-sur-Yon
Bretagne	27209	2904	107	Rennes
Côtes d'Armor	6878	540	78	Saint-Brieuc
Finistère	6733	852	127	Quimper
Ille-et-Vilaine	6775	868	128	Rennes
Morbihan	6823	644	94	Vannes
Poitou-Charentes	25809	1640	64	Poitiers
Charente	5956	340	57	Angoulême
Charente-Maritime	6864	557	81	La Rochelle
Deux-Sèvres	5999	344	57	Niort
Vienne	6990	399	57	Poitiers
Aquitaine	41309	2907	70	Bordeaux
Dordogne	9060	388	43	Périgueux
Gironde	10000	1287	129	Bordeaux
Landes	9243	327	35	Mont-de-Marsan
Lot-et-Garonne	5361	305	57	Agen
Pyrénées-Atlantiques	7645	600	78	Pau
Midi-Pyrénées	45348	2551	56	Toulouse
Ariège	4890	137	28	Foix
Aveyron	8735	264	30	Rodez
Haute-Garonne	6309	1046	166	Toulouse
Gers	6257	172	27	Auch
Lot	5217	160	31	Cahors
Hautes-Pyrénées	4464	223	50	Tarbes
Tarn	5758	343	60	Albi
Tarn-et-Garonne	3718	206	55	Montauban
Limousin	16942	711	42	Limoges
Corrèze	5857	233	40	Tulle
Creuse	5565	124	22	Guéret
Haute-Vienne	5520	354	64	Limoges
Rhône-Alpes	43698	5641	129	Lyon
Ain	5762	515	89	Bourg-en-Bresse

FRA Frankreich

Frankreich: Verwaltungsgliederung (Stand 1999; Fortsetzung)

Region / Département	Fläche in km²	Einwohner in 1000	Einwohner je km²	Hauptstadt
Rhône-Alpes				
Ardèche	5529	286	52	Privas
Drôme	6530	437	67	Valence
Isère	7431	1094	147	Grenoble
Loire	4781	728	152	Saint Étienne
Rhône	3249	1576	485	Lyon
Savoie	6028	373	62	Chambéry
Haute-Savoie	4388	632	144	Annecy
Auvergne	26013	1309	50	Clermont-Ferrand
Allier	7340	345	47	Moulins
Cantal	5726	151	26	Aurillac
Haute-Loire	4977	209	42	Le Puy-en-Velay
Puy-de-Dôme	7970	604	76	Clermont-Ferrand
Languedoc-Roussillon	27376	2295	84	Montpellier
Aude	6139	310	50	Carcassonne
Gard	5853	623	106	Nîmes
Hérault	6101	896	147	Montpellier
Lozère	5167	73	14	Mende
Pyrénées-Orientales	4116	393	95	Perpignan
Provence-Alpes-Côte-d'Azur	31400	4500	143	Marseille
Alpes-de-Haute-Provence	6925	139	20	Digne-les-Bains
Hautes-Alpes	5549	121	22	Gap
Alpes-Maritimes	4299	1008	234	Nizza
Bouches-du-Rhône	5087	1835	361	Marseille
Var	5973	897	150	Toulon
Vaucluse	3567	500	140	Avignon
Corse	8680	260	30	Ajaccio
Corse-du-Sud	4014	118	29	Ajaccio
Haute-Corse	4666	142	30	Bastia

(PRG), Grüne (frz. »Les Verts«). Eine Rolle spielt auch die rechtsextreme Nat. Front (FN). – Der Verw.aufbau ist auch nach dem Dezentralisierungsgesetz von 1982 zentralistisch geprägt. Die Spitze der Verw. bilden die Minister. Das frz. Mutterland ist in 22 Verw.regionen (gewählte autonome Gebietskörperschaften) und 96 Dép. (diese wiederum bestehen aus 326 Arrondissements und 3714 Kantonen) gegliedert. Vertreter der Zentralgewalt und Koordinator der versch. nachgeordneten Behörden ist in den Dép. ein Präfekt.

Landesnatur: F. reicht vom Atlantik im NW und W bis zum Mittelmeer im S, im SW bis auf den Kamm der Pyrenäen (Pic de Vignemale 3298 m ü. M.), im SO auf den der Westalpen (Montblanc 4810 m ü. M.), im O bis in die Oberrhein. Tiefebene (Elsass), im NO bis zum Rhein. Schiefergebirge (Ardennen), im N bis zur Straße von Dover. Kernraum ist das Pariser Becken, ein Schichtstufenland, das sich zw. den alten Massiven der Ardennen und Vogesen im O, dem Zentralmassiv mit seinen Vulkankuppen im S und dem Armorikan. Massiv im W erstreckt. Über die niedrige Schwelle von Poitou steht das Pariser Becken mit dem Aquitan. Becken (mit dem Sand- und Dünengebiet der Landes an der Küste des Golfs von Biscaya) in Verbindung. Der Mittelmeerküstensaum ist relativ schmal; von N her wird er über die Rhône-Saône-Furche, eine Senke zw. Zentral-

massiv und Westalpen, erreicht. Diese Grabenzone, die durch die Burgund. Pforte mit dem Oberrheingraben verbunden ist, ist der südl. Teil der wichtigsten tekton. Leitlinie Europas (Mittelmeer-Mjösen-Zone) und bildet eine ausgezeichnete meridionale Verkehrsachse. Im O hat F. noch Anteil am Jura. Von den großen Strömen F.s münden die Seine in den Ärmelkanal, Loire und Garonne in den Atlant. Ozean, die Rhone ins Mittelmeer.
Die Reliefgestaltung macht das Land auf der W-Seite sehr offen, sodass sich der atlant. Klimatypus mit seinen Großwetterlagen weit nach O auswirken kann. Niederschläge fallen im W zu allen Jahreszeiten mit Maximum im Herbst und Winter, überwiegend lang dauernde Nieselregen. Der Midi, Bereich des Mediterranklimas, weist Niederschlagsmaxima im Herbst und Frühjahr auf; der Sommer ist sehr trocken. Extremere Verhältnisse weisen Alpen und Pyrenäen, aber auch Jura, Zentralmassiv und Vogesen auf, in denen in über 1 000 m Höhe der Schnee mehr als 100 Tage liegen bleibt. – Die Pflanzenwelt weist atlant., mitteleurop. und mittelmeer. Züge auf. In den Küstengebieten des W sind Heide (atlant. Heiden in der Bretagne) und Moore verbreitet, im mittelmeer. Bereich immergrüner Buschwald aus Hartlaubgewächsen (Macchie), weitgehend zur Garrigue degradiert.

Bevölkerung: 70% der Bev. sind nach ihrer sprachl. Herkunft Franzosen; die frz. Sprache wird aber von fast allen Ew. als Muttersprache gesprochen, jedoch koexistieren in vielen Gebieten nicht frz. Sprachen mit dem Französischen. Die provenzal. (okzitan.) Sprache (»Langue d'oc«), früher von der aquitan. Küste bis zur italien. Grenze verbreitet, wird nur noch von wenigen Menschen gesprochen. Weitere sprachl. Minderheiten sind die ↑Bretonen (in der Bretagne westlich der Linie Vannes–Paimpol: knapp 1 Mio. Menschen), die Flamen (in Frz.-Flandern, um Dünkirchen, 400 000), die Katalanen im Roussillon (Dép. Pyrénées-Orientales, 200 000) sowie die ↑Basken im äußersten SW (um Saint-Jean-de-Luz, 100 000). Etwa 1 Mio. Menschen leben im dt. Sprachbereich (Elsass, O-Lothringen), 1 Mio. im italien. (Korsika, Gebiet um Nizza). Amts-, Schul- und Bildungssprache ist das Französische. Trotz vieler Einbürgerungen ist die Zahl der Ausländer hoch (2000: rd. 3,2 Mio., v. a. Portugiesen, Algerier, Marokkaner, Italiener und Spanier). Die Bev.dichte ist mit 109 Ew./km² relativ gering. 76% der Bev. wohnen in Städten. Neben der Millionenstadt Paris (in der Agglomeration Paris leben etwa 20% aller Franzosen) gibt es über 30 Großstädte.
Seit 1905 besteht eine strikte gesetzl. Trennung von Staat und Kirche. Die größte Glaubensgemeinschaft ist die kath. Kirche, der rd. 81% der Bev. angehören. Die prot. Kirchen und Gemeinschaften zählen etwa eine Mio., die armen. Kirche rd. 300 000, die anderen Ostkirchen rd. 250 000 Mitgl.. Nicht christl. religiöse Minderheiten bilden die etwa 4 Mio. Muslime (überwiegend nordafrikan. Herkunft) und die rd. 700 000 Juden.

Frankreich: Felsentor Pont d'Arc im Tal der Ardèche, Südfrankreich

FRA Frankreich

Es besteht eine zehnjährige allg. Schulpflicht. Neben den öffentl. Schulen, deren Besuch kostenfrei ist, bestehen Schulgeld erhebende Privatschulen, überwiegend in kath.-kirchl. Trägerschaft. Das Schulsystem gliedert sich in folgende Stufen: die Vorschule (École maternelle) für Kinder von 2 bis 6 Jahren (nicht obligatorisch), die sechsjährige Primarschule (École élémentaire), die vierjährige Sekundarschule I (Collège) als Gesamtschule für alle 12- bis 16-Jährigen und die Sekundarschule II mit zwei Typen, dem allgemein bildenden Lyzeum (Lycée; Schulzeit drei Jahre), das im Rahmen eines differenzierten Systems zum Reifezeugnis (Baccalauréat) oder (mit Berufsqualifikation) zum Technikerdiplom

Frankreich: Stadt Dinan an der Rance in der Bretagne

führt, und dem berufsbildenden Lyzeum (Lycée professionnelle; Schulzeit zwei Jahre). Das Hochschulwesen (Enseignement supérieur) ist gegliedert in Universitäten (Universités), Spezialhochschulen (Grandes Écoles) und Technolog. Univ.-Institute (Instituts Universitaires de Technologie – Abk. IUT). Es bestehen über 70 staatliche Univ. (die älteste ist die ↑Sorbonne) sowie zahlreiche andere Hochschulen.

Wirtschaft und Verkehr: F. ist Mitglied der ↑Euro-Zone; es ist ein hoch entwickelter Ind.staat mit einem traditionell starken, an Bedeutung gewinnenden Dienstleistungssektor. Die *Landwirtschaft* hat eine führende Stellung im EU-Raum; rd. 60% der Gesamtfläche werden landwirtsch. genutzt (58% für Ackerbau, 37% als Weideland und 5% für Obst- und Weinbau). An der Spitze stehen die Erzeugung von Getreide, Zucker, Molkereiprodukten, Wein und Fleisch. Spezialkulturen umfassen Obst, Gemüse, Kräuter sowie Duftblumen (Provence). Bedeutende Weinbaugebiete sind Burgund, das Rhonetal, die Champagne, das Bordelais, das Tal der Loire, das Elsass und das Languedoc. Wälder (27% der Landesfläche) finden sich bes. in den Gebirgen (Vogesen u. a.) und den »Landes«. Der Holzeinschlag wird intensiviert, für Möbelfertigung und Papierproduktion werden Holz und Holzprodukte importiert. Der Fischfang ist bed.; die größten Fischereihäfen liegen in der Bretagne (Lorient, Concarneau) und am nördlichsten Küstenabschnitt (Boulogne-sur-Mer); Austernbänke an der Westküste (Arcachon, Cancale u. a.).

Obwohl F. über große Eisenerz- und Kohlevorkommen, über abbauwürdige Uranreserven sowie über Vorräte an Bauxit, Blei, Zink, Barium und Wolfram verfügt, müssen in erheblichem Umfang Rohstoffe zusätzlich importiert werden. Wegen des geringen Metallgehaltes wurde die Förderung von Eisenerz 1997 eingestellt. Die Kohleförderung geht beständig zurück: von 40,1 Mio. t (1970) auf 3,4 Mio. t (2000), und auch die letzte produzierende Grube in Lothringen wurde 2004 stillgelegt. Der *Bergbau* fördert Bauxit (Provence), Erdöl (um Parentis, südwestlich von Bordeaux), Erdgas (um Lacq).

Zu den führenden *Industriebranchen* zählt die Hüttenind., die neben Kupfer-, Blei-, Zink- und Aluminiumgewinnung v. a. auf die Eisen- und Stahlgewinnung ausgerichtet ist. Die wichtigsten Zweige der Investitionsgüterind. umfassen den Maschinen-, Fahrzeug- und Schiffbau, die Luft- und Raumfahrtind., die elektron. und elektrotechn. Ind. sowie die Rüstungsind., die Automobil- und Fahrradindustrie. Die wichtigsten Produktionsstätten liegen im Pariser Raum. Die bed. Flugzeugind. hat ihr Zentrum in Toulouse. Der Schiffbau (v. a.

Frankreich FRA

Frankreich

in Nantes und Saint-Nazaire) ist auf den Bau von Tankern und Containerschiffen spezialisiert. Zu den führenden Ind.zweigen zählt auch die chem. und kosmet. Industrie. Die Textil- und Bekleidungsind. spielt innerhalb Europas eine führende Rolle. Weitere wichtige Branchen sind die Nahrungs- und Genussmittelind., die Herstellung von Holz-, Leder- und Papierwaren. – Der Primärenergieverbrauch (2002) wird zu 38 % durch Erdöl gedeckt, zu 29 % durch Kernkraft, zu 15 % durch Erdgas, zu 7 % durch Wasserkraft, zu 6 % durch Kohle und zu 5 % durch andere Energien. An der Rance arbeitet ein Gezeitenkraftwerk.
F. ist ein klass. Fremdenverkehrsland. Hauptreisegebiete sind Paris, die Mittelmeerküste, die Seebäder der Normandie und Bretagne, das Loiretal, die Atlantikküste, Burgund und die Provence; in den Alpen moderne Wintersportstationen.
Außenhandel: Wichtigste Ausfuhrgüter sind Kraftfahrzeuge und Maschinen, elektrotechn. und elektron. Erzeugnisse, chem. Produkte, Textilien, landwirtsch. Erzeugnisse, kosmet. Produkte, Waffen. Hauptimportwaren sind Maschinen und Fahrzeuge, mineral. Rohstoffe, elektrotechn. und elektron. Erzeugnisse sowie Konsumgüter. Die Haupthandelspartner sind die EU-Länder, die USA, die Schweiz, Japan und Schweden.
Das *Verkehrsnetz* ist gut ausgebaut und auf Paris ausgerichtet. Von insgesamt 981 000 km Straßen (2000) sind 9 300 km Autobahnen (meist gebührenpflichtig) und 27 223 km Nationalstraßen. Die Länge der Eisenbahnstrecken (2000: 33 163 km) hat seit

FRA Frankreich

Frankreich: Blick auf die Stadt Nizza an der französischen Mittelmeerküste

den 80er-Jahren nur leicht abgenommen, da Stilllegungen unrentabler Strecken durch den Bau neuer Strecken für Hochgeschwindigkeitszüge ausgeglichen wurden. Nachdem seit 1981 der Hochgeschwindigkeitszug TGV zw. Paris und Lyon mit Erfolg verkehrt, wurde dieses Netz mit Verbindungen von Paris in den W und SW Frankreichs (TGV Atlantique) und der Verbindung Paris–Lille mit Weiterführung nach Brüssel und dem Eurotunnel (TGV Nord) erweitert. 2001 wurde die Verbindung Paris–Marseille in Betrieb genommen. Der weitere Ausbau ist geplant. Die versch. Bahngesellschaften wurden 1938 zur staatl. SNCF (»Société Nationale des Chemins de Fer Français«) vereinigt. F. verfügt über ein dichtes Netz von Binnenwasserstraßen. Von den rund 8 500 km Wasserwegen werden rd. 6 700 km genutzt (2 840 km natürl. Wasserwege; 3 800 km Kanäle). Die größte Bedeutung besitzen die Seine zw. Paris (größter Binnenhafen) und Le Havre, die Rhône (v. a. unterhalb von Lyon) und der elsäss. Teil der Rhein-Rhône-Verbindung. Wichtigste Seehäfen sind Marseille, Le Havre, Dünkirchen und Rouen. Die wichtigsten internat. Flughäfen liegen bei Paris (Orly, Le Bourget, »Charles-de-Gaulle« in Roissy-en-France) sowie bei Marseille. Führende nat. Luftverkehrsgesellschaft ist die »Air France«; den Binnenverkehr besorgt v. a. die »Air Inter«.

Geschichte: Mittelalter (843–1483): Durch die Teilung des ↑Fränkischen Reiches im Vertrag von Verdun 843 erhielt Karl der Kahle das Westfränk. Reich, das bis zur Schelde, den Argonnen, der Saône, den Cevennen und der Rhônemündung reichte. Die westfränk. Karolinger verloren zwar an Macht, doch blieb die Monarchie als einheitl. politische Größe bestehen. Die Normanneneinfälle zu Beginn des 10. Jh. schwächten die Zentralgewalt (911 Verlust der Normandie), das umstrittene Lothringen ging 925 an das Dt. Reich über. Diese Ostgrenze blieb mit geringfügigen Änderungen das ganze MA. hindurch die dt.-frz. Grenze. Auch als 987 die Kapetinger auf den Thron gelangten, blieb die Königsmacht zunächst noch gering, erst allmählich setzte sich die Erblichkeit der Krone durch. Mit Ludwig VI. erstarkte das Königtum, das sich auf die Kirche (sakrale Legitimation) und das neu entstandene Bürgertum stützte. 1154 vereinigte das Haus Anjou-Plantagenet durch Erbschaft und Heirat mehr als die Hälfte F.s mit England. Philipp II. August(us) eroberte ab 1202 alle engl. Besitzungen mit Ausnahme der Guyenne und der Gascogne; er erweiterte das unmittelbare Kronland, das kapeting. Francia mit der Hptst. Paris, durch

Frankreich FRA

die Angliederung mehrerer Herzogtümer und Grafschaften. Als Bundesgenosse des Staufers Friedrich II. schlug er 1214 bei Bouvines den welf. Kaiser Otto IV. und die Engländer. Als er 1209 in den Kampf gegen die südfrz. Albigenser eingriff, sicherte er das Languedoc für die Krone (Eroberung 1229 rechtlich abgesichert). Mit dieser polit. Machtentfaltung verband sich die geistige Führerstellung der frz. Nation im Europa des 12./13. Jh.; die frz. Kultur wurde erstmals vorbildhaft für Europa. Einen Höhepunkt seiner Macht erreichte das frz. Königtum unter Philipp IV., dem Schönen, der 1303 seinen Konflikt mit Papst Bonifatius VIII. siegreich durchfocht; das Papsttum musste 1309 in den frz. Machtbereich nach Avignon übersiedeln (bis 1376). Zugleich drang F. in das Gebiet des Königreichs Burgund vor (Lyon, Provence, Dauphiné). Im Innern entstanden feste Zentralbehörden; 1302 wurden erstmals die Generalstände (États généraux) berufen, in denen neben Geistlichkeit und Adel das Bürgertum als »dritter Stand« (Tiers État) vertreten war.

Als 1328 die männl. Linie der Kapetinger ausstarb, fiel die Krone an die Linie Valois (Philipp VI.), obwohl auch der engl. König Eduard III. Plantagenet seine Ansprüche durchsetzen wollte; damit begann 1337/39 der Hundertjährige Krieg; die Valois mussten im Frieden von Brétigny 1360 Calais und das ganze südwestl. F. abtreten. Sie konnten zwar den größten Teil der verlorenen Gebiete zurückerobern, doch brachen heftige innere Kämpfe aus, in denen sich soziale Gegensätze (Bauernaufstand der

FRA Frankreich

Frankreich zur Zeit der Religionskriege

Jacquerie) mit dem Streit zw. zwei Nebenlinien des Königshauses, den Herzögen von Orléans und Burgund, verknüpften. Letztere schufen sich ein mächtiges frz.-dt. Zwischenreich, das sich mit England verbündete; 1415 wurden die Franzosen in der Schlacht von Azincourt schwer geschlagen. Paris und der größte Teil F.s wurden von den Engländern besetzt und Heinrich V. als König von Frankreich anerkannt. Das Eingreifen der Jeanne d'Arc brachte zwar noch nicht die Wende (Belagerung von Orléans 1428/29; Krönung Karls VII. in Reims 1429), stärkte aber den frz. Abwehrwillen, der 1435 zur Rückeroberung von Paris führte. Gleichzeitig führte Karl VII. wichtige innere Reformen durch; so legte er 1438 gegenüber dem Papsttum die »Gallikan. Freiheiten« gesetzlich fest; er leitete mit Unterstützung der Stände 1445 eine Heeresreform ein und konnte die besetzten Gebiete (außer Calais) zurückerobern (1453 Ende des Hundertjährigen Krieges). Ludwig XI. bekämpfte erfolgreich die großen Vasallen, v.a. Karl den Kühnen von Burgund. Nach dessen Tod (1477) fielen das Herzogtum Burgund und die Picardie an die frz. Krone.

Renaissance und Hugenottenkriege (1483–1598): Mit dem Eroberungszug Karls VIII. gegen Neapel 1494/95 griff F. in die europ. Machtkämpfe ein. Ludwig XII. verlor das Königreich Neapel 1503–05 an Spanien; dagegen eroberte er 1499 das Herzogtum Mailand. Franz I. bewarb sich 1519 um die Reichskrone, unterlag aber trotz päpstl. Unterstützung. Seine vier Kriege gegen die spanisch-habsburg. Übermacht führten schließlich zur Preisgabe der frz. Italienpolitik. Im Inneren bereitete Franz den Absolutismus vor; er erlangte durch das Konkordat von 1516 entscheidenden Einfluss auf die frz. Kirche und baute die Verwaltung aus. 1532 kam als Letztes der ehem. selbstständigen Fürstentümer die Bretagne zur frz. Krone. Heinrich II. konnte 1552 Metz, Toul und Verdun in Besitz nehmen und 1558 Calais erobern. Etwa ab 1560 kamen mit den Religionskriegen gegen die ↑Hugenotten neue

Frankreich FRA

schwere Wirren über das Land. Die kath. Partei wurde dabei von Spanien, die prot. von England unterstützt. Die Hugenotten konnten, trotz des Massakers der Bartholomäusnacht (1572), die Stellung einer bewaffneten Minderheit behaupten. Nach dem Erlöschen des Hauses Valois bestieg 1589 ihr bisheriger Führer, der König von Navarra, als Heinrich IV. (aus der kapeting. Nebenlinie Bourbon) den Thron. Doch erlangte er erst 1593 durch seinen Übertritt zum Katholizismus die allg. Anerkennung; den Hugenotten gewährte er 1598 im Edikt von Nantes einen festen Rechtsstatus.
Absolutismus (1598-1789): Die Reg. Heinrichs IV. legte den Grund zum Wiederaufstieg des zerrütteten Landes. Gegenüber dem in den Hugenottenkriegen erstarkten Hochadel setzte Kardinal Richelieu als leitender Minister Ludwigs XIII. die Vormachtstellung der Krone durch; nach der Eroberung von La Rochelle 1628 beseitigte er auch die polit. Sonderstellung der Hugenotten. Gegen Habsburg griff er 1635 erfolgreich in den Dreißigjährigen Krieg ein. Sein Nachfolger Kardinal Mazarin bezwang die ständisch-aristokrat. Unruhen der »Fronde« (1648-53). Im Westfäl. Frieden von 1648 erhielt F. die habsburg. Besitzungen im Elsass, Spanien musste im Pyrenäenfrieden von 1659 Roussillon und Artois abtreten.
Als nach Mazarins Tod 1661 Ludwig XIV. (1643-1715) selbst die Reg. übernahm, begann die Glanzzeit des frz. Absolutismus. Minister J.-B. Colbert stärkte die finanziellen und wirtsch. Kräfte des Landes (↑Merkantilismus), schuf eine mächtige Kriegsflotte und baute das frz. Kolonialreich (Kanada, Louisiana, Westindien) aus; Louvois machte das frz. Heer zur stärksten Kriegsmacht Europas. Durch den Devolutionskrieg von 1667/68 und den Holländ. Krieg 1672-79 gewann Ludwig XIV. das südl. Flandern und die Freigrafschaft Burgund; durch die »Reunionen« (Annexion Straßburgs 1681) rundete er seine Eroberungen ab. Gegenüber dem Papsttum vertrat er 1682 die Selbstständigkeit der »gallikan. Kirche«, während er die Hugenotten verfolgte und 1685 das Edikt von Nantes aufhob. Sein Hof in Versailles wurde das Vorbild der höfisch-aristokrat. Gesellschaft Europas. Aber Ludwig XIV. konnte gegen das Bündnis Österreichs und der Seemächte England und Niederlande die europ. Vormachtstellung nicht behaupten; das zeigte sich schon im Pfälz. Erbfolgekrieg 1688-97. Im ↑Spanischen Erbfolgekrieg setzten sich zwar die frz. Interessen durch, doch hatten die Kriege und die aufwendige Hofhaltung die Staatsfinanzen zerrüttet. Ludwig XV. setzte die kostspielige Kriegspolitik fort (↑Polnischer Thronfolgekrieg, ↑Österreichischer Erbfolgekrieg); die schwersten Verluste, u. a. großer Teile der Kolonien, brachte die Teilnahme am ↑Siebenjährigen Krieg auf österr. Seite. Im Innern führte Ludwig XV. eine Reg. der Willkür und Verschwendung, die zunehmend von seinen Mätressen (u. a. Marquise von Pompadour, Gräfin Dubarry) beeinflusst wurde. Nach 1750 wuchs die Kritik an den Missständen der absoluten Monarchie, bes. an der sie stützenden kath. Kirche. Sie wurde formuliert von den Vertretern der Aufklärung (Montesquieu, Voltaire, J.-J. Rousseau, D. Diderot u. a.), die jedoch kein einheitl. politisches Konzept vertraten. Bes. das wirtsch. aufstrebende Bürgertum (der dritte Stand) forderte Reformen, um - nach engl. Vorbild - an der polit. Macht teilzuhaben. Zur brennendsten Frage der Innenpolitik wurde die Zerrüttung der Staatsfinanzen, die durch die Teilnahme am nordamerikan. Unabhängigkeitskrieg gegen Großbritannien (1778-83) noch gesteigert wurde. Die Reformversuche der Finanzminister Ludwigs XVI. (A. R. J. Turgot, J. Necker, C. A. de Calonne) scheiterten. Nach dem Staatsbankrott 1788 sollten die Generalstände, die seit 1614 nicht mehr getagt hatten, eine Lösung vorschlagen; sie traten am 5. 5. 1789 zusammen. Damit wurden die Ereignisse ausgelöst, die zur Beseitigung des »Ancien Régime« führten.
Französische Revolution, Konsulat und Erstes Kaiserreich (1789-1815): Der dritte Stand erklärte sich am 17. 6. 1789 zur Nationalversammlung, Ludwig XVI. erkannte sie unter dem Druck der Pariser am 27. 6. an, am 9. 7. erklärte sie sich zur verfassunggebenden Nationalversammlung. Mit der Erstürmung der Bastille am 14. 7. begann der offene Aufstand. Die Nationalversammlung verkündete die »Menschenrechte«, schuf das neue Verwaltungssystem der Départements, beseitigte alle Standesvorrechte, zog das Kirchengut ein und gab dem Klerus eine Zivil-

FRA Frankreich

Frankreich vom 15. Jahrhundert bis zum Frieden von Lunéville (1801)

- französisches Krongut im Jahre 1422
- Erwerbungen des Hauses Valois 1422–1589
- Erwerbungen des Hauses Bourbon 1589–1774
- 1789 eingezogene Territorien
- Erwerbungen der französischen Republik 1792–1798
- Erwerbungen im Frieden von Lunéville 1801
- ■ wichtigste Schlachten
- ● wichtigste Friedensschlüsse

verfassung. Der Fluchtversuch der königl. Familie am 21. 6. 1791 beschleunigte die Entwicklung. Zwar verkündete die Verf. vom 14. 9. 1791 die konstitutionelle Monarchie, doch strebten die polit. Klubs die Schaffung einer Rep. an. In der neu gewählten gesetzgebenden Nationalversammlung hatten die Girondisten die Führung. Sie setzten die Kriegserklärung an Österreich am 20. 4. 1792 durch, um der drohenden ausländ. Intervention zuvorzukommen. Damit begannen die ↑Französischen Revolutionskriege, die mit den innenpolit. Ereignissen in enger Wechselwirkung standen. Der Sturm der Volksmassen auf das Tuilerienschloss am 10. 8. 1792 eröffnete den Sturz der Monarchie, die der anstelle der Nationalversammlung berufene, aus allg. Wahlen hervorgegangene Nationalkonvent am 21. 9. förmlich abschaffte. Am 21. 1. 1793 wurde Ludwig XVI. hingerichtet. Die innere und äußere Notlage (Unruhen u. a. in der Vendée,

der Bretagne und in Süd-F., militär. Rückschläge) führten zur Ausschaltung und Hinrichtung der Girondisten durch die Bergpartei (31. 5.–2. 6. 1793) und zur Schreckensherrschaft (Terreur) der Jakobiner. Zentrales Exekutivorgan mit weitreichenden Vollmachten wurde der Wohlfahrtsausschuss (mit G. J. Danton, L. de Saint-Just, A. de Robespierre), gegen die äußere Bedrohung organisierte L. Carnot ein allg. Volksaufgebot (Levée en Masse). Mit Unterstützung der ↑Sansculotten radikalisierte Robespierre die Revolution. Die Verwirklichung der demokrat. Verf. vom 24. 6. 1793 wurde bis zu einem Friedensschluss ausgesetzt. Eine eigene Zeitrechnung (Revolutionskalender) wurde eingeführt, das Christentum durch einen Kult des »Höchsten Wesens« ersetzt. Nachdem Robespierre alle polit. Gegner liquidiert hatte (u. a. Danton und die Hébertisten), wurde er selbst gestürzt und hingerichtet (27. 7. 1794, nach dem Revolutionskalender 9. Thermidor). Damit war die Schreckensherrschaft zu Ende, und die gemäßigteren Republikaner hatten die Oberhand. Die Verf. vom 23. 9. 1795 übertrug die Reg. einem Direktorium von fünf Mitgliedern. Während die Entwertung des Papiergeldes der Revolution, der Assignaten, zum Staatsbankrott führte, wurde der Krieg gegen die europ. Koalition siegreich beendet. F. behielt die österr. Niederlande und das linke Rheinufer, sein Einfluss erstreckte sich auf die in Holland, der Schweiz und Italien errichteten Tochterrepubliken. Eine 2. Koalition vertrieb jedoch im Feldzug von 1799 die Franzosen aus Italien. Napoléon Bonaparte stürzte durch den Staatsstreich vom 18. Brumaire (9. 11.) das Direktorium, die Konsulatsverfassung vom 13. 12. 1799 übertrug ihm die oberste Gewalt. Den Krieg brachte er durch die Friedensschlüsse von Lunéville (9. 2. 1801) und Amiens (27. 3. 1802) zum erfolgreichen Abschluss.

Im Innern schuf Bonaparte als Erster Konsul wieder eine feste Ordnung. Mit der kath. Kirche verständigte er sich durch das Konkordat vom 15. 7. 1801, und das frz. Recht wurde im Code Napoléon zusammengefasst. Gestützt auf eine Volksabstimmung, machte sich Bonaparte am 4. 8. 1802 zum Konsul auf Lebenszeit. Ein Senatsbeschluss erklärte ihn am 18. 5. 1804 zum erbl. Kaiser der Franzosen; er krönte sich selbst am 2. 12. 1804 in Gegenwart des Papstes Pius VII. in Paris. Am 18. 3. 1805 wurde Napoleon I. auch König von Italien. Die Ergebnisse der Großen Revolution wie die straff zentralist. Verwaltung, die allg. Wehrpflicht, die durch den Verkauf der Güter der Kirche und der adligen Emigranten geförderte Bildung eines selbstständigen und wohlhabenden Bauernstands und die bürgerl. Gesellschaftsordnung wurden im napoleon. Kaiserreich konsequent umgesetzt. Der Interessenkonflikt mit Großbritannien, aber auch der übersteigerte Machtwille Napoleons I. entlud sich in den ↑Napoleonischen Kriegen. 1805 besiegte Napoleon eine 3. europ. Koalition, 1806/07 Preußen und Russland, 1809 abermals Österreich. So konnte er seine Herrschaft immer weiter ausdehnen. Er gründete 1806, während das Dt. Reich sich auflöste, den von ihm abhängigen Rheinbund der dt. Mittel- und Kleinstaaten, 1807 das poln. Herzogtum Warschau und setzte in Holland, Neapel, dem neu geschaffenen Königreich Westfalen und in Spanien seine Brüder und Verwandten als Könige ein; der Papst wurde 1809 in frz. Gefangenschaft geführt; Piemont, Genua, Toskana und der Kirchenstaat, die Illyr. Provinzen, 1810 auch Holland und NW-Dtl. mit den Hansestädten wurden dem napoleon. Kaiserreich unmittelbar einverleibt. Nur Großbritannien behauptete nach der Vernichtung der frz. Flotte bei Trafalgar am 21. 10. 1805 die Seeherrschaft und unterstützte wirksam den großen span. Aufstand (seit 1808) gegen Napoleon; dieser suchte dagegen durch die Kontinentalsperre (seit 1806) den brit. Handel zu unterbinden. Den Wendepunkt der Laufbahn Napoleons bedeutete der Untergang seiner »Großen Armee« im russ. Feldzug 1812. Darauf erhob sich im Frühjahr 1813 Preußen und verbündete sich mit Russland und Großbritannien; auch Österreich schloss sich dieser 4. und größten Koalition gegen F. an. Die ↑Befreiungskriege führten zur völligen Niederlage des Kaisers, der am 6. 4. 1814 abdankte und nach Elba verbannt wurde, sowie zur Wiederherstellung (Restauration) des Königtums. Der 1. Pariser Friede (30. 5. 1814) beschränkte F. auf die Grenzen von 1792. Im März 1815 bemächtigte sich Napoleon noch einmal der Herrschaft, aber die »Hundert Tage« endeten mit seiner Niederlage bei Waterloo (18. 6.); er wurde nach Sankt Helena verbannt. Der 2. Pariser Friede (20. 11. 1815) bestimmte für F. die Grenzen von 1790.

Von der Restauration bis zum Zweiten Kaiserreich (1814/15–70): Der neue Bourbonenkönig Ludwig XVIII. erließ am 4. 6. 1814 eine Verf., die das Land in eine konstitutionelle Monarchie umwandelte, jedoch die gesellschaftspolit. Errungenschaften nicht rückgängig machte. Nach 1820, bes. aber ab 1824 unter Karl X., verstärkten sich restaurative Tendenzen. Umso entschiedener wurde die Gegnerschaft des bürgerl. Liberalismus. Die »Juliordonnanzen«, die das Industriebürgertum politisch entmachteten, gaben den Anlass zur Julirevolution von 1830, der Karl X. stürzte und den »Bürgerkönig« Louis Philippe von Orléans auf den Thron brachte. Herrschende Schicht wurde das Großbürgertum. Außenpolit. Erfolge (Eroberung Algeriens 1830–47) gingen einher

mit der Verschärfung sozialer Widersprüche im Inneren und der Unzufriedenheit der von der polit. Macht Ausgeschlossenen, die eine Rep. anstrebten. Die Februarrevolution 1848 stürzte das Bürgerkönigtum und proklamierte die »Zweite Republik«. Die radikalen Sozialisten konnten sich gegen die gemäßigten Republikaner nicht durchsetzen, ein Aufstand der Pariser Arbeiter wurde blutig niedergeschlagen. In direkter Wahl wurde im Dez. 1848 Louis Napoléon Bonaparte, Neffe Napoleons I., zum Präs. gewählt. Er geriet bald in Ggs. zum Parlament, erlangte nach dem Staatsstreich vom 2. 12. 1851 fast unbeschränkte Gewalt und wurde am 2. 12. 1852 als Napoleon III. zum Kaiser ausgerufen (durch Volksabstimmung bestätigt). Das Zweite Kaiserreich stützte sich auf die Armee, begünstigte die kath. Kirche und betrieb eine aktive Wirtschafts- und Sozialpolitik. Es errang bald die führende Stellung unter den europ. Großmächten; im Bunde mit Großbritannien führte es den Krimkrieg 1853–56 gegen Russland; durch den Sieg über Österreich 1859 ermöglichte es die nat. Einigung Italiens, das dafür 1860 Savoyen und Nizza abtrat. Das Kolonialreich wurde beträchtlich ausgedehnt (↑französische Kolonien), nur die militär. Mexikoexpedition 1861–67 war ein schwerer Misserfolg. In seiner Politik gegenüber den dt. Staaten suchte Napoleon III. v. a. eine gesamtdt. Einigung zu verhindern. Nach dem preuß. Erfolg im Dt. Krieg 1866 begann er eine gegen Preußen und die dt. Reichsgründung gerichtete Bündnispolitik, doch scheiterte der Versuch eines frz.-österr.-italien. Bündnisses an der ↑Römischen Frage. Inzwischen hatten die außenpolit. Fehlschläge die innere Gegnerschaft verstärkt, sodass der Kaiser schließlich am 8. 5. 1870 den förml. Übergang zur konstitutionellen Monarchie vollzog. Kurz danach führte die Frage der hohenzollernschen Thronkandidatur in Spanien den ↑Deutsch-Französischen Krieg 1870–71 herbei; als Napoleon III. in Sedan in Gefangenschaft geriet, brach am 4. 9. 1870 in Paris die Revolution aus; L. Gambetta proklamierte die Republik.
Dritte Republik (1870–1940) und État Français (1940–44): Die von den Republikanern gebildete »Regierung der nat. Verteidigung« verweigerte die von Bismarck geforderte Abtretung Elsass-Lothringens und setzte den Krieg fort. Aber alle Versuche, die belagerte Hptst. zu befreien, endeten mit neuen Niederlagen; am 28. 1. 1871 fiel Paris. Die im Febr. 1871 gewählte Nationalversammlung mit einer monarchistisch-bonapartist. Mehrheit (Präs. A. Thiers) musste in Bordeaux der Abtretung Elsass-Lothringens im Versailler Vorfrieden (26. 2.) und Frankfurter Frieden (10. 5.) zustimmen. Teils aus patriot. Protest dagegen, teils aus sozialem Widerstand kam es zum Aufstand der Pariser ↑Kommune, deren radikal linke Führung ein sozialist. städtisches Selbstverwaltungsmodell anstrebte. Ende Mai warfen Reg.truppen den Aufstand nieder (»blutige Woche«).
Wirtschaftlich und gesellschaftlich war die Dritte Republik eine Fortsetzung des Zweiten Kaiserreichs. Thiers' Nachfolger General Mac-Mahon vertrat die monarchistisch-klerikalen Kreise, er versuchte sogar, die Monarchie wieder einzuführen. Die Verf.änderung von 1875 und der Wahlsieg der Republikaner 1876 festigten endgültig den Parlamentarismus. Durch eine expansive Kolonialpolitik in N-Afrika und Indochina gewann F. außenpolitisch seine Großmachtrolle und Bündnisfähigkeit zurück, geriet jedoch in offenen Gegensatz zu Großbritannien (↑Faschodakrise 1898/99). Die ökonom. Krise (»Große Depression«) Mitte der 1880er-Jahre schwächte die Republikaner und stärkte die Monarchisten und Bonapartisten. Bes. populär wurde General Boulanger, der Wortführer einer antiparlamentarisch-nationalist. Bewegung das Land an den Rand eines Staatsstreichs brachte. Weitere innenpolit. Erschütterungen riefen der Bestechungsskandal um den Bau des ↑Panamakanals und die ↑Dreyfusaffäre hervor. Gegen die nationalistisch-klerikalen Strömungen wandten sich v. a. die Radikalsozialisten als Vertreter des mittleren Bürgertums, die von den Sozialisten unter J. Jaurès unterstützt wurden. Eine Koalition aus diesen beiden Parteien stellte bis 1914 die Reg.: Die Kabinette P. Waldeck-Rousseau (1899–1902), É. Combes (1902–05) und G. B. Clemenceau (1906–09) setzten die »Laiengesetze« durch; die kirchl. Schulen wurden beseitigt, die Klöster aufgehoben und die Trennung von Staat und Kirche herbeigeführt. Die frz. Außenpolitik wurde zunehmend vom Gegensatz zu Dtl.

geprägt. Die Marokkokrise 1905 hatte den Chauvinismus wieder belebt, er verbreitete sich nun von der äußersten Rechten (M. Barrès) aus auch unter den gemäßigten Republikanern. R. Poincaré, im Jan. 1912 zum Premiermin. berufen und als Symbolfigur des Revanchegedankens 1913 zum Staatspräs. gewählt, baute die gegen das Dt. Reich gerichtete Bündnis- und Rüstungspolitik noch weiter aus (frz.-russ. Bündnis und Entente cordiale). Im Sommer 1914 brach der Erste ↑Weltkrieg aus. F. gewann im Versailler Vertrag 1918 Elsass-Lothringen. Es erhielt ferner als Mandatsgebiete Syrien und Libanon, von den dt. Schutzgebieten den überwiegenden Teil von Kamerun sowie Osttogo, außerdem die wirtsch. Nutzung des Saarlandes (das aber Völkerbundsmandat war) und den Hauptanteil der dt. Reparationen zugesprochen. Dem frz. Sicherheitsbedürfnis dienten die militär. Bündnisse, die F. mit Belgien, Polen, Tschechoslowakei, Jugoslawien und Rumänien abschloss (↑Kleine Entente). Dadurch wurde F. wieder zur stärksten Festlandsmacht und erlangte gleichzeitig eine starke Stellung im Völkerbund. Poincaré (1922–24 Premiermin.) nutzte die Nichterfüllung der Reparationsforderungen durch Dtl. als Vorwand für die Besetzung des Ruhrgebiets (1923). Im Mai 1924 kam das »Linkskartell« unter dem Radikalsozialisten É. Herriot an die Regierung. Er leitete eine Verständigungspolitik gegenüber dem Dt. Reich ein, die jedoch keinen vollständigen Ausgleich brachte, da die Politik der Weimarer Republik auf die Revision des Versailler Vertrags zielte. Durch die Weltwirtschaftskrise war F. 1932 gezwungen, der Einstellung der dt. Reparationen (Konferenz von Lausanne) und der prinzipiellen Gleichberechtigung des Dt. Reiches auf dem Rüstungssektor zuzustimmen. Im Inneren verschärften sich die sozialen Spannungen, die Kabinette wechselten häufig. Diese Krise des parlamentar. Systems begünstigte die Entwicklung des Links- und Rechtsradikalismus. V. a. die rechtsextremist. Bewegungen (u. a. Croix-de-feu) lösten Unruhen (Paris, Febr. 1934) und den Rücktritt des Kabinetts Daladier aus. Außenpolitisch suchte F. die Verständigung mit der Sowjetunion (Beistandspakt 1935), Italien und Großbritannien (Stresafront 1935). Zu einer Aktion gegen die dt. Wiederbesetzung des Rheinlandes (7. 3. 1936) war F. ebenso wenig bereit wie Großbritannien. Die innenpolit. Instabilität führte im Frühjahr 1936 zu einem Wahlerfolg der »Volksfront«, zu der sich Radikalsozialisten, Sozialisten und Kommunisten zusammengeschlossen hatten. Ihre von L. Blum geleitete Reg. beschloss weit reichende soziale Reformen; im Span. Bürgerkrieg ließ sie sich vom Prinzip der Nichteinmischung leiten. Das im April 1938 unter Daladier gebildete bürgerl. Kabinett tolerierte den Anschluss Österreichs an Dtl. und beteiligte sich am Münchener Abkommen. Den Angriff Hitlers auf Polen beantwortete F. trotz ungenügender Rüstung zus. mit Großbritannien mit der Kriegserklärung an das Dt. Reich (3. 9. 1939). Der frz. Widerstand brach nach sechswöchigem Kampf zusammen (22. 6. 1940 Waffenstillstand Marschall Pétains, Zweiter ↑Weltkrieg), der größere Teil F.s wurde von der dt. Wehrmacht besetzt; mit dem Rücktritt des Kabinetts Reynaud endete die Dritte Republik.

Im unbesetzten F. wurde unter P. Pétain als Staatschef und P. Laval als leitendem Min. eine autoritäre Reg. gebildet (État Français, seit 1. 7. 1940 Sitz in Vichy), die nach der Begegnung Pétains mit Hitler (Montoire 24. 10. 1940) mit Dtl. zusammenzuarbeiten versuchte. In London bildete C. de Gaulle eine Exilreg., die bes. in N-Afrika Fuß fasste. Im Innern entfaltete sich eine Widerstandsbewegung (↑Résistance), die bes. nach der Landung der Alliierten in N-Afrika (8. 11. 1942) an Schlagkraft gewann; am 11. 11. 1942 wurde die bisher freie Zone von dt. Truppen besetzt. Im Juni 1943 bildete de Gaulle in Algier das »Nat. Befreiungskomitee«, das sich unter seiner Führung am 3. 6. 1944 als »Provisor. Reg. der frz. Republik« etablierte. Die Invasion der Briten und Amerikaner in der Normandie (6. 6. 1944) und an der Mittelmeerküste führte zum Zusammenbruch des Vichy-Regimes und befreite F. von der dt. Besetzung (25. 8. Einzug de Gaulles und der Alliierten in Paris). Die provisor. Reg. musste den Mandatsgebieten Syrien und Libanon am 1. 1. 1944 Unabhängigkeit zugestehen. 1945 nahm F. an der Besetzung Dtl.s und Österreichs teil, das Saargebiet gliederte es am 12. 2. 1946 aus seiner Besatzungszone als autonomes Gebiet aus.

FRA Frankreich

Vierte Republik (1944–58) und Fünfte Republik: Am 21. 10. 1945 wurde aufgrund einer Volksbefragung die 1. gesetzgebende Nationalversammlung, am 2. 6. 1946 die 2. gewählt. Chef der provisor. Reg. war Nov. 1945 bis Jan. 1946 General de Gaulle; er trat zurück, als er seine Vorstellungen von einer starken Exekutive in der neuen Verf. nicht durchsetzen konnte. Am 24. 12. 1946 trat die Verf. der Vierten Rep. offiziell in Kraft; gleichzeitig wurde das Kolonialreich zur Frz. Union (↑französische Kolonien) umgestaltet. Bis 1947 wurden die Reg. im Wesentlichen von Sozialisten, Kommunisten und Volksrepublikanern getragen (u. a. Verstaatlichungen, Modernisierungspläne für die Wirtschaft); Gegensätze u. a. in der Indochina- und der Finanzpolitik führten 1947 zum Ausschluss der Kommunisten durch Premiermin. P. Ramadier. Seit 1953 bildeten die Parteien der Mitte (Sozialisten, Volksrepublikaner, Radikalsoziale, Unabhängige) die Regierung. Die innenpolit. Auseinandersetzungen standen unter dem Eindruck der Spaltung der Kriegskoalition in ein westl. und ein östl. Lager und der Erstarkung der Bundesrep. Deutschland. Außenpolitisch suchte F. als eine der Hauptmächte anerkannt zu werden und als Gründungsmitgl. der Vereinten Nationen (1945) eine vermittelnde Stellung zw. den Weltmächten einzunehmen. Unter Außenmin. R. Schuman (1948–52) und seinen Nachfolgern setzte sich F. für die Stärkung der Sicherheit W-Europas und für die europ. Zusammenarbeit ein: Gründungsmitgl. der OEEC (1948), des Europarats und der NATO (1949), der Montanunion (1951), WEU (1955), EWG und Euratom (1957). Seine südostasiat. Interessen vertrat F. ab 1954 in der SEATO. 1956 wurde die das frz.-dt. Verhältnis belastende Saarfrage (↑Saarland, Geschichte) gelöst. Die innenpolit. Zustände blieben weiterhin labil (bis 1958: 26 Kabinette), die Finanzkrise verschlimmerte sich durch den Misserfolg im Sueskanalkonflikt und die Kriege in Indochina und Algerien. Der vergebl. Versuch, Algerien als Teil F.s zu erhalten und den Aufstand der alger. nationalen Befreiungsfront (FLN) niederzuschlagen, löste dort den Putsch der frz. Streitkräfte und das Eingreifen General de Gaulles aus. Am 29. 5. 1958 beauftragte Staatspräs. R. Coty de Gaulle mit der Reg.bildung, die Nationalversammlung stimmte am 1. 6. seiner Reg.übernahme zu. Damit endete die Vierte Republik.

Mit der Verf. der Fünften Rep. (in Kraft seit dem 4. 10. 1958) stärkte de Gaulle die Exekutivgewalt, bes. die des Präsidenten. Seine Persönlichkeit bestimmte die polit. Entwicklung F.s bis 1969. Nach scharfen Auseinandersetzungen mit den Anhängern eines »frz. Algerien« (↑OAS) wurde im Abkommen von Évian-les-Bains (18. 3. 1962) die alger. Unabhängigkeit anerkannt. Bereits 1958 war die Frz. Union in die ↑Französische Gemeinschaft umgewandelt worden. Der angestrebten Rolle einer selbstständigen Großmacht F. diente die Entwicklung einer eigenen Atomstreitmacht (»Force de Frappe«) und die Lösung aus der militär. Integration der NATO. Im Sinne eines »Europa der Vaterländer« suchte de Gaulle die europ. Integrationspolitik auf ihre wirtsch. Ziele zu reduzieren. 1963 schlossen de Gaulle und K. Adenauer den ↑Deutsch-Französischen Vertrag. Seit Mitte der 1960er-Jahre bemühte sich die frz. Außenpolitik um eine Annäherung an die Ostblockstaaten. Im Inneren kulminierten im Mai 1968 soziale Unzufriedenheit, als Studentenunruhen und ein Generalstreik den Bestand der Fünften Rep. infrage stellten. Nach einer Abstimmungsniederlage bei einem Referendum trat de Gaulle am 28. 4. 1969 zurück.

Sein Nachfolger G. Pompidou leitete – unter Beibehaltung der Prinzipien des Gaullismus – eine Reformpolitik ein (nach außen durch Befürwortung des Beitritts Großbritanniens zu den EG, nach innen durch ein Regionalisierungsprogramm). Der Reg.mehrheit (Gaullisten, Unabhängige Republikaner und eine Fraktion der bürgerl. Mitte) stand 1972 die »Linksunion« (Sozialisten, linke Radikalsozialisten, Kommunisten) gegenüber, die von dem Sozialisten F. Mitterrand geführt wurde. Nach dem Tod Pompidous (1974) wurde V. Giscard d'Estaing, der Führer der Unabhängigen Republikan. Partei, Staatspräsident. Er bemühte sich u. a. um eine Steuer- und Regionalreform, suchte Inflation und Arbeitslosigkeit zu bekämpfen und die Wirtschaft zu modernisieren. Die Präsidentschaftswahlen 1981 gewann F. Mitterrand; die folgenden Parlamentswahlen brachten gleichfalls einen Sieg der Linksparteien. Gestützt auf die Reg. Mau-

Frankreich **FRA**

roy, der neben Sozialisten und Linksradikalen auch Kommunisten angehörten, suchte Mitterrand mit einem Verstaatlichungs- und Dezentralisierungsprogramm Staat und Gesellschaft neu zu formen. Der 1984–86 amtierenden Reg. des Sozialisten L. Fabius gehörten die Kommunisten nicht mehr an. In der Außenpolitik kooperierte Mitterrand wieder enger mit den USA, auch verbesserte er die Beziehungen zur Sowjetunion. Bei den Parlamentswahlen 1986 erreichten die Gaullisten (RPR) und die Parteien der bürgerl. Mitte (UDF) die Mehrheit, sodass der Präs. mit ihnen zusammenarbeiten musste (»Cohabitation«); Premiermin. wurde der Gaullist J. Chirac. Nach der Wiederwahl Mitterrands 1988 konnte der Präs. zunächst mit sozialist. Premiermin. regieren (M. Rocard, 1988–91; Edith Cresson, 1991–92; P. Bérégovoy, 1992–93). Bei einem Referendum im Sept. 1992 stimmte nur eine knappe Mehrheit der Bev. für die Ratifizierung des Vertrages von Maastricht. Nachdem die bürgerl. Parteien (RPR und UDF) bei den Wahlen von 1993 eine große Mehrheit errungen hatten, berief Mitterrand den Gaullisten É. Balladur zum Premierminister. Bei den Präsidentschaftswahlen von 1995 setzte sich Chirac als Kandidat des bürgerl. Lagers durch, zum Premiermin. berief er den Gaullisten A. Juppé. Dessen Reg. verlor jedoch schnell an Ansehen (bes. aufgrund des strengen Sparkurses), sodass bei vorgezogenen Neuwahlen 1997 nunmehr die Sozialisten eine starke Mehrheit in der Nationalversammlung erreichten. Premiermin. an der Spitze einer Koalitionsreg. aus Sozialisten, Kommunisten und Grünen wurde der Sozialist L. Jospin. In der Folge gab es erhebl. Umbrüche bei den bürgerl. Parteien; die Reg. war im Frühjahr 1999 im Zusammenhang mit Zwischenfällen auf Korsika (u. a. Brandstiftung durch die Gendarmerie) einem Misstrauensantrag ausgesetzt, konnte aber – bes. durch die gesetzl. Verankerung der 35-Stunden-Woche – wieder an Zustimmung in der Bev. gewinnen. Versch. Affären (u. a. Korruptionsskandal um den früheren staatl. Mineralölkonzern Elf-Aquitaine, Streit um den Verdacht illegaler Parteienfinanzierung) und zunehmende Spannungen zwischen Premier Jospin und Präs. Chirac, die zu einer Belastung der »Cohabitation« und zu mehrfachen Reg.umbildungen führten, bestimmten dann das innenpolit. Klima. Außenpolitisch zog die vom frz. Parlament im Jan. 2001 beschlossene Anerkennung eines Genozids an den Armeniern 1915 im Osman. Reich Proteste der Türkei nach sich. Am 22. 5. 2001 verabschiedete die Nationalversammlung ein heftig umstrittenes Teilautonomiestatut für Korsika (im Jan. 2002 vom Verf.-Rat aber in zentralen Teilen zurückgewiesen). Im Juni 2001 wurde vorzeitig die im Ges. zur Strukturreform der Streitkräfte von 1997 festgelegte Aufhebung der allg. Wehrpflicht verkündet. Bei den Präsidentschaftswahlen erreichte im April 2002 überraschend der Vors. der rechtsextremen Nat. Front (FN), J.-M. Le Pen, mit knapp 17% der Stimmen die Stichwahl gegen den amtierenden Präs. Chirac (19,88%); dieses Ergebnis führte zu heftigen Protesten und Demonstrationen in zahlr. Städten. Bei den Stichwahlen vom 5. 5. 2002, die sich zu »Volkswahlen« für die Rep. und gegen Le Pen gestalteten, wurde Chirac dann mit rd. 82% der Stimmen im Präsidentenamt bestätigt. Der Sozialist Jospin trat nach seiner Wahlniederlage (Verfehlen der Stichwahlen mit nur 16,18% der Stimmen) am 6. 5. 2002 als Reg.chef zurück. Am selben Tag wurde der rechtsliberale Politiker Jean-Pierre Raffarin Premiermin. einer Übergangsreg.; mit seiner bürgernahen Politik stärkte er das Ansehen des rechtsbürgerl. Blocks im Vorfeld der Parlamentswahlen vom 9./16. 6. 2002. Diese konnte (bei einer historisch niedrigen Wahlbeteiligung von 61,5%) das konservative Lager klar für sich entscheiden: Die neu gegründete »Union für die Mehrheit des Präs.« (Union pour la Majorité Présidentielle, Abk. UMP) gewann 355 Abg.-Sitze und sicherte sich damit schon allein eine deutl. absolute Mehrheit (ein bisher einmaliges Ergebnis seit Bestehen der Fünften Rep.); zus. mit verbündeten Parteien kam die bürgerl. Rechte sogar auf 399 Mandate. Die Sozialisten und andere linke Parteien mussten erhebl. Stimmverluste hinnehmen; die rechtsextreme FN verfehlte ganz den Einzug ins neue Parlament. Der am 17. 6. 2002 erneut mit dem Amt des Reg.chefs betraute Raffarin besetzte die Min.posten seines Kabinetts neben wenigen Parteilosen überwiegend mit Mitgl. der UMP, die sich bei ihrer Konstituierung als Partei im Nov. 2002 in Union

FRA Frankreich

Frankreich: Staatsoberhäupter
(Könige: 843–1792 und 1814–48)

Karolinger	
Karl II., der Kahle	840/843–877 (875 Kaiser)
Ludwig II., der Stammler	877–879
Ludwig III.	879–882
Karlmann	879–884
Karl der Dicke	885–887 (881 Kaiser)
Robertiner	
Odo von Paris	888–898
Karolinger	
Karl III., der Einfältige	898–923
Robertiner	
Robert I. von Franzien	922–923
Haus des Boso	
Rudolf von Burgund	923–936
Karolinger	
Ludwig IV., der Überseeische	936–954
Lothar	954–986
Ludwig V.	986–987
Kapetinger (Robertiner)	
Hugo Capet	987–996
Robert II., der Fromme	996–1031
Heinrich I.	1031–1060
Philipp I.	1060–1108
Ludwig VI., der Dicke	1108–1137
Ludwig VII.	1137–1180
Philipp II. Augustus	1180–1223
Ludwig VIII.	1223–1226
Ludwig IX., der Heilige	1226–1270
Philipp III., der Kühne	1270–1285
Philipp IV., der Schöne	1285–1314
Ludwig X., der Zänker	1314–1316
Johann I., das Kind	1316
Philipp V.	1317–1322
Karl IV.	1322–1328
Haus Valois (Kapetinger)	
Philipp VI.	1328–1350
Johann II., der Gute	1350–1364
Karl V., der Weise	1364–1380
Karl VI., der Wahnsinnige	1380–1422
Karl VII., der Siegreiche	1422–1461
Ludwig XI.	1461–1483
Karl VIII.	1483–1498
Ludwig XII. (von Orléans)	1498–1515
Franz I. (von Angoulême)	1515–1547
Heinrich II.	1547–1559
Franz II.	1559–1560
Karl IX.	1560–1574
Heinrich III.	1574–1589
Haus Bourbon (Kapetinger)	
Heinrich IV. (von Navarra)	1589–1610
Ludwig XIII.	1610–1643
Ludwig XIV.	1643–1715
Ludwig XV.	1715–1774
Ludwig XVI.	1774–1792
(Ludwig XVII., Dauphin)	
Erste Republik	
Nationalkonvent	1792–1795
Direktorium	1795–1799
Konsulat	1799–1804
Erstes Kaiserreich	
Napoleon I.	1804–1814 (1815)
Haus Bourbon (Kapetinger)	
Ludwig XVIII.	(1814) 1815–1824
Karl X.	1824–1830
Haus Orléans	
Ludwig Philipp	1830–1848
Zweite Republik *(Präsident)*	
Charles Louis Napoléon Bonaparte	1848–1851 (1852)
Zweites Kaiserreich	
Napoleon III.	1852–1870
Dritte Republik *(Präsidenten)*	
A. Thiers	1871–1873
M. E. P. M. Graf von Mac-Mahon	1873–1879
J. Grévy	1879–1887
M. F. S. Carnot	1887–1894
J. P. P. Casimir-Périer	1894–1895
F. Faure	1895–1899
É. Loubet	1899–1906
C. A. Fallières	1906–1913
R. Poincaré	1913–1920
P. Deschanel	1920
A. Millerand	1920–1924
G. Doumergue	1924–1931
P. Doumer	1931–1932
A. Lebrun	1932–1940
État Français *(Staatschef)*	
P. Pétain	1940–1944/45
Provisorische Regierung der Französischen Republik *(Präsidenten)*	
C. de Gaulle	1944/45–1946
F. Gouin, G. Bidault, L. Blum	1946–1947
Vierte Republik *(Präsidenten)*	
V. Auriol	1947–1954
R. Coty	1954–1959
Fünfte Republik *(Präsidenten)*	
C. de Gaulle	1959–1969
G. Pompidou	1969–1974
V. Giscard d'Estaing	1974–1981
F. Mitterrand	1981–1995
J. Chirac	seit 1995

für eine Volksbewegung (Union pour un Mouvement Populaire, Abk. UMP) umbenannte. – Ein Referendum zur EU-Verf. ist für Herbst 2005 vorgesehen. Zentrale Probleme der frz. Außenpolitik waren in jüngster Zeit bes. die europ. Integration (Ausgestaltung und Erweiterung der EU) und der – zu Kontroversen mit den USA führende – Irak-Konflikt (2002/03). Seit Jan. 2003 sah sich F. zu einer polit. und militär. Intervention in der Elfenbeinküste veranlasst. Des Weiteren übernahm F. im Juni 2003 die Führung einer EU-Eingreiftruppe in der Demokrat. Rep. Kongo.

📖 *Braudel, F.: F., 3 Bde. A. d. Frz. Stuttgart 1989–90.* – *Gesch. F.s, hg. v. J. Favier, 6 Bde. in 7 Tlen. A. d. Frz. Stuttgart 1989–95.* – *Haupt, H.-G.: Sozialgesch. F.s seit 1789. Frankfurt am Main ²1990.* – *Schulin, E.: Die Französische Revolution. München ³1990.* – *Brücher, W.: Zentralismus u. Raum. Das Beispiel F. Stuttgart 1992.* – *Itin, M.: Grundrechte in F. Zürich 1992.* – *Loth, W.: Gesch. F.s im 20. Jh. Neuausg. Frankfurt am Main 1992.* – *Voss, J.: Deutsch-frz. Beziehungen im Spannungsfeld von Absolutismus, Aufklärung u. Revolution. Bonn u. a. 1992.* – *F. Politik, Gesellschaft, Wirtschaft, hg. v. G. Haensch u. H. J. Tümmers. München ²1993.* – *Furet, F. u. Richet, D.: Die Französische Revolution. A. d. Frz. Tb.-Ausg. Frankfurt am Main 12.–13. Tsd. 1993.* – *Haensch, G.: Kleines F.-Lexikon. München ³1994.* – *Hübner, U. u. Constantinesco, V.: Einführung in das frz. Recht. München ³1994.* – *Schunck, P.: Gesch. F.s. Von Heinrich IV. bis zur Gegenwart. München u. a. 1994.* – *Silverman, M.: Rassismus u. Nation. Einwanderung u. die Krise des Nationalstaats in F. A. d. Engl. Hamburg 1994.* – *F. Eine illustrierte Gesch., bearb. v. C. Jones. A. d. Engl. Frankfurt am Main u. a. 1995.* – *F. im europ. Staatensystem der frühen Neuzeit, hg. v. R. Babel. Sigmaringen 1995.* – *Mabileau, A.: Kommunalpolitik u. -verwaltung in F. A. d. Frz. Basel u. a. 1995.* – *F. verstehen. Eine Einführung mit Vergleichen zu Dtl., Beiträge v. E. U. Grosse u. H.-H. Lüger. Darmstadt ⁴1996.* – *Hausmann, F.-R.: Frz. Mittelalter. Stuttgart u. a. 1996.* – *Weisenfeld, E.: Gesch. F.s seit 1945. Von de Gaulle bis zur Gegenwart. München ³1997.* – *Gersmann, G.: F. 1871–1914. Die Dritte Rep. u. die Frz. Revolution. Stuttgart 2002.* – *Meimeth, M.: Die Zukunft von Nationalstaaten in der europ. Integration. Dt. u. frz. Perspektiven. Opladen 2002.* – *Krüger, R.: Die frz. Renaissance. Literatur, Ges. u. Kultur des 14. bis 16. Jh. Stuttgart u. a. 2002.* – *Sutherland, D. M. G.: The French revolution and empire: the quest for a civil order. Malden (Ma.) u. a. 2003.* – *Pletsch, A.: F. Darmstadt ²2003.*

Franktireurs [frãti'rœːr; frz. »Freischärler«] (Francs-tireurs), in den Napoleon. Kriegen entstandene Bez. für frz. Infanteriesoldaten. Seit dem Dt.-Frz. Krieg 1870/71 nannte man F. die bewaffneten Zivilisten, die hinter der Front dt. Truppen bekämpften; so auch im Ersten Weltkrieg in Belgien. **Francs-Tireurs et Partisans français** war 1940–45 der Name der militär. Organisation der frz. Résistance.

Fransenflügler, die ↑Blasenfüße.

Františkovy Lázně ['frantjiʃkovi 'laːznjɛ], Stadt in der Tschech. Rep., ↑Franzensbad.

Frantz, Justus, Pianist und Dirigent, * Hohensalza 18. 5. 1944; v. a. Interpret von Werken der Wiener Klassik und der Romantik; trat auch als Duopartner von C. Eschenbach auf; organisierte 1986–94 alljährlich das Schleswig-Holstein-Musikfestival; gründete 1995 mit dem »Philharmonie der Nationen« ein eigenes, vom Festival unabhängiges Orchester. Im Mai 1997 wurde er zum Chefdirigenten der Philharmonia Hungarica berufen.

Franz (frz. François), Herrscher: Hl. Röm. Reich: **1) F. I.,** Kaiser (1745–65), als Herzog von Lothringen (1729–35) und Großherzog von Toskana (1737–65) **F. Stephan,** * Nancy 8. 12. 1708, † Innsbruck 18. 8. 1765, Großvater von 2); musste Lothringen infolge des Poln. Thronfolgekrieges abtreten, erhielt dafür die Toskana (1737); heiratete 1736 Maria Theresia und wurde damit der Stammvater des Hauses Habsburg-Lothringen; blieb als Mitregent (seit 1740) und Kaiser ohne polit. Einfluss. **2) F. II.,** Kaiser (1792–1806), als Kaiser von Österreich (1804–35) **F. I.,** * Florenz 12. 2. 1768, † Wien 2. 3. 1835, Neffe Josephs II., Enkel von 1), Großvater von 5); musste als Folge der Französischen Revolutionskriege (1792–1802) schwere Gebietsverluste hinnehmen; proklamierte 1804 das Kaiserreich Österreich, legte am 6. 8. 1806 angesichts der inneren Auflösung des Reiches (v. a. ↑Rheinbund) die Röm. Kaiserkrone nieder und erklärte das

Hl. Röm. Reich als erloschen. Nach 1809 suchte er sich Napoleon I. zu nähern und stimmte 1810 dessen polit. motivierter Heirat mit seiner Tochter Marie Louise zu. In den Befreiungskriegen schloss er sich – zunächst geheim (1813) – dem preußisch-russ. Bündnis an; er berief den Friedenskongress von 1814/15 nach Wien ein. Nach 1815 richtete sich seine Politik, geleitet von Metternich, gegen alle nat. und liberalen Bestrebungen.

Frankreich: **3) F. I.,** König (1515–47), aus der Seitenlinie Orléans-Angoulême des Hauses Valois, *Cognac 12. 9. 1494, †Rambouillet 31. 3. 1547; eroberte durch seinen Sieg über die Schweizer bei Marignano 1515 das Herzogtum Mailand und schloss mit Papst Leo X. das für Frankreich vorteilhafte Konkordat von 1516 ab. 1519 bewarb er sich vergeblich um die dt. Kaiserkrone und kämpfte danach in vier Kriegen gegen Habsburg (1525/26 in span. Gefangenschaft). Er trat der Ausbreitung der Reformation mit Entschiedenheit entgegen. F. gilt als Wegbereiter des frz. Absolutismus. Sein Mäzenatentum (u. a. für Leonardo da Vinci) verschaffte den geistigen Bestrebungen der Renaissance Eingang in Frankreich.

📖 *Treffer, G.: F. I. von Frankreich (1494–1547). Herrscher u. Mäzen. Regensburg 1993.*

Österreich: **4) F. I.,** ↑Franz 2).

Österreich-Ungarn: **5) F. Joseph I.,** Kaiser (1848–1916), König von Ungarn (1867 bis 1916), *Schloss Schönbrunn (heute zu Wien) 18. 8. 1830, †ebd. 21. 11. 1916, Neffe von Ferdinand I., Enkel von 2), Onkel von 6), ⚭ 1854 mit ↑Elisabeth 3); trat 1848 nach Abdankung seines Onkels die Reg. an. Er hob die Verf.zugeständnisse von 1849 auf (1851) und regierte im absolutist. Sinn (Zentralismus, klerikale Kirchenpolitik). Die Niederlagen im Sardinisch-Französisch-Österr. Krieg (1859) leiteten eine Wende zu konstitutionellen Formen ein (Oktoberdiplom 1860, Februarpatent 1861). Der Verlust der Vorherrschaft in Dtl. nach dem Dt. Krieg 1866 zwang zur Verständigung mit Ungarn; der Ausgleich von 1867 schuf eine Realunion von Österreich und Ungarn. Seitdem orientierte er sich an der dualist. Verfassung. Grundlage seiner Außenpolitik waren seit 1866 ↑Zweibund und ↑Dreibund, wobei er die Spannungen mit Russland (Balkanfrage) nicht erkannte. Seine Fehleinschätzung der Kräfteverhältnisse trug mit zu der Krisenkonstellation bei, die in den Ersten Weltkrieg mündete.

📖 *Palmer, A.: F. Joseph I. Kaiser von Österreich u. König von Ungarn. A. d. Engl. München u. a. 1995.*

6) F. Ferdinand, Erzherzog, *Graz 18. 12. 1863, †(ermordet) Sarajevo 28. 6. 1914, Neffe von 5); wurde durch den Tod des Kronprinzen Rudolf (1889) und seines Vaters, Erzherzog Karl Ludwig, (1896) Thronfolger; seit 1913 Generalinspekteur der Armee. Nach seiner Auffassung war die habsburg. Monarchie nur durch einen föderalist. (Trialismus) und liberaldemokrat. Staatsumbau (u. a. allg. Wahlrecht für Ungarn) zu retten. Seine Ermordung durch den serb. Nationalisten G. Prinčip war der äußere Anlass zum Ersten Weltkrieg.

📖 *Weissensteiner, F.: F. Ferdinand. Der verhinderte Herrscher. München u. a. 1994.*

Franz, Heilige: **1) F. von Assisi** (Franziskus), eigtl. Giovanni Bernardone, italien. Ordensstifter, *Assisi 1181 oder 1182,

Franz von Assisi: Darstellung der Vogelpredigt des heiligen Franz von Assisi im Chor der mittelalterlichen Kirche Königsfelden (Glasmalerei)

†ebd. 3. 10. 1226; stammte aus einer wohlhabenden Kaufmannsfamilie. Nach Krankheit und Bekehrungserlebnissen lebte er seit 1208 als Bettler und Wanderprediger und widmete sich der Pflege der Aussätzigen. 1209 schlossen sich ihm die ersten Gleichgesinnten an. Die schnell wachsende Anhängerschaft verband F. von Assisi zum »Orden der Minderen Brüder« (↑Franziskaner) und verpflichtete sie in einer ersten, auf Texten des N. T. basierenden Regel zu einem Leben in Armut und Buße im Dienst an den Menschen und an der Kirche. F. trat 1220 von der Leitung des Ordens zurück (Rückzug auf den Monte Alverno, dort 1224 ↑Stigmatisation). Seine Frömmigkeit ist bestimmt durch Einfühlsamkeit und Gebet, weniger durch theolog. Gelehrsamkeit. Als Beispiel kann neben seinen Gebeten bes. der »Sonnengesang« (1224; eines der ersten Zeugnisse italien. Lyrik in volkstüml. Sprache) dienen. Bereits 1228 heilig gesprochen, Tag: 4. 10.
📖 *Holl, A.: Der letzte Christ. F. von Assisi.* Frankfurt 1989. – *Dieterich, V.-J.: F. von Assisi.* Reinbek 1995. – *Frugoni, C.: F. von Assisi. Die Lebensgeschichte eines Menschen.* A. d. Italien. Zürich u. a. 1997.

2) F. von Paula (F. von Paola), italien. Ordensstifter, * Paola (bei Cosenza) um 1436 (1416?), † Schloss Plessis-lès-Tours 2. 4. 1507; gründete den Orden der Minimen (Paulaner), 1519 heilig gesprochen, Tag: 2. 4.

3) F. von Sales, frz. kath. Theologe und Ordensstifter, * Schloss Sales (bei Annecy) 21. 8. 1567, † Lyon 28. 12. 1622; setzte als Bischof von Genf (seit 1602) konsequent die Beschlüsse des Konzils von Trient (Tridentinum) um; gründete 1610 mit Jeanne Françoise de Chantal den Orden der Salesianerinnen. Unter seinen Schriften, die ihn als einen der großen frz. Prosaisten des 17. Jh. ausweisen, ragen bes. das Andachtsbuch »Philothea« (Anleitung zum gottseligen Leben, 1608) und der Traktat »Theotismus« (Abhandlung über die Liebe Gottes, 1616) hervor. – Heiliger (Tag: 24. 1.); 1877 zum Kirchenlehrer erklärt.

4) F. Xaver, eigtl. Francisco de Jassu y Xavier (Javier), span. kath. Theologe, Jesuit, * Schloss Javier (bei Sangüesa, Prov. Navarra) 7. 4. 1506, † auf Shangchuan Dao (bei Kanton) 3. 12. 1552; Mitbegründer des Jesuitenordens; ging 1541 als päpstl. Legat im Auftrag des portugies. Königs Johann III. nach Indien; unternahm von dort Missionsreisen nach Ceylon, Malakka und Japan. 1622 heilig gesprochen (Tag: 3. 12.), Patron der kath. Mission.

Franz, 1) Robert, eigtl. R. F. Knauth, Komponist, * Halle (Saale) 28. 6. 1815, † ebd. 24. 10. 1892; hinterließ über 350 Lieder mit Klavierbegleitung und Bearbeitungen von Werken J. S. Bachs und G. F. Händels im Stil seiner Zeit.

2) Wolfgang, Volkswirtschaftler, * Nassau/Lahn 7. 1. 1944; Prof. an den Univ. Mannheim (1983–84), Stuttgart (1984–88) und Konstanz (1989–97); seit 1997 Präs. des Zentrums für Europ. Wirtschaftsforschung (ZEW) in Mannheim und Prof. an der dortigen Univ.; Mitgl. des wiss. Beirats beim Bundesministerium für Wirtschaft und Arbeit sowie des Rats für nachhaltige Entwicklung der Bundesregierung; 1994 bis 1999 und erneut seit 2003 Mitgl. des Sachverständigenrats zur Begutachtung der gesamtwirtsch. Entwicklung; vorrangige Arbeitsgebiete sind die makroökonom. Volkswirtschaftslehre, die Arbeitsmarktforschung und die empir. Wirtschaftsforschung.

Franzband, Abk. für **franz**ösischer Ein**band,** handgebundener Ganzledereinband mit direkt am Falz angesetzten Pappdeckeln; Halb-F. ist ein entsprechender Halbledereinband.

Franzbranntwein (Spiritus Vini gallici), kampferhaltige alkohol. Lösung; durchblutungsfördernd und hautreizend; Massage- und Einreibemittel bei Muskelschmerzen und gegen Wundliegen.

Jonathan Franzen

Franzen [ˈfrænzn], Jonathan, amerikan. Schriftsteller, * Western Springs (Ill.) 17. 8. 1959; schreibt seit den 1980er-Jahren sozialkrit. Romane. Populär wurde er mit dem Gesellschaftsroman »Die Korrekturen«

FRA Franzensbad

Franzensbad: Kurgäste im Kurpark Franzensbad vor der 1930 erbauten Trinkhalle der Glauberquelle, einer der 24 Mineralquellen des Kurortes

(2001; dt.), in dem er mit groteskem Humor die menschl. Verzweiflung hinter der Fassade des amerikan. (Familien-)Glücks beschreibt.

Franzensbad (tschech. Františkovy Lázně), Stadt in Westböhmen, Tschech. Rep., 448 m ü. M., nördlich von Eger, 4800 Ew.; Heilbad mit Mineralquellen, auch Mooranwendungen. – 1791 wurde F. (nach Kaiser Franz II. benannter) Kurort; 1865 Stadt.

Franzensfeste (italien. Fortezza), Gem. in Südtirol, Prov. Bozen, Italien, an der Brennerstraße im Eisacktal, 900 Ew.; Bahnknotenpunkt.

Franzilen, ↑Francia.

Franziskaner, die Mitgl. aller Ordensgemeinschaften bzw. geistl. Gemeinschaften, die Franz von Assisi verehren (als Gründer und geistl. Vater). Solche Gemeinschaften existieren auch außerhalb der kath. Kirche (z. B. anglikan. und evang. F.-Bruderschaften). I. e. S. **F.** gen. werden die Mitglieder des kath. »Ordens der Minderen Brüder« (lat. Ordo Fratrum Minorum, Abk. OFM), die nach der 1223 von Papst Honorius III. bestätigten Regel des ↑Franz von Assisi leben. Die F. gehören zur Gruppe der Bettelorden und tragen als Ordenskleidung braunen Habit mit Kapuze, weißem Strick und braunem Umhang, oft auch Sandalen. Philosoph.-theolog. orientieren sie sich (im Unterschied zu den Dominikanern) besonders an der platon.-augustin. Tradition: Sie betonen Wille und Liebe gegenüber Intellekt und Erkennen, wenn es um den Weg zu Gott geht, denn die Liebe vereinige uns inniger mit Gott als der Glaube (Duns Scotus). Der Orden breitete sich rasch in Europa aus, Auseinandersetzungen um die Auslegung der Ordensregel führten jedoch bereits im 13. Jh. zur Entstehung von drei Richtungen, den auf wörtl. Regelbefolgung bestehenden ↑Spiritualen, den eine Angleichung an die alten Orden anstrebenden Konventualen und einer mittleren Richtung, die zeitgemäße Anpassung und größtmögl. Treue zum ursprüngl. Ordensideal zu verbinden versuchte. Im 14. Jh. entstand die Reformbewegung der Observanten (1517 als eigenständige Ordensfamilie anerkannt), aus der im 16. Jh. die Reformgruppe der Kapuziner hervorging (seit 1619 selbstständiger Orden). Heute umfasst die kath. F.-Gemeinschaft drei voneinander unabhängige, zentral verfasste Orden: den 1897 aus der Vereinigung der versch. Observantenfamilien hervorgegangenen **Orden der Minderen Brüder** (Tätigkeitsfelder: Seelsorge, Schule, Wiss. und Mission; Anfang 2002 rd. 16900 Mitgl.), die **Konventualen** (Abk. OFM Conv, auch Minoriten gen.; rd. 4500 Mitgl.), die **Kapuziner** (Abk. OFM Cap; rd. 11300 Mitgl.). – Der weibl. Zweig (Zweiter Orden) geht auf die hl. Klara von Assisi zurück. Er bildet eine kontemplativ ausgerichtete Ordensgemeinschaft **(Klarissen)** mit rd. 8100 Schwestern; Reformzweige sind die Klarissen-Kapuzinerinnen (rd. 2300 Schwestern) und die Klarissen-Colettinen (rd. 750 Schwestern). Um die franziskan. Orden haben sich auch franziskan. Laiengemeinschaften (↑Dritter Orden) gebildet.

französische Kolonien FRA

📖 Feld, H.: *Franziskus von Assisi u. seine Bewegung. Neuausg. Darmstadt 1996.*
Franz-Josef-Land [nach dem österr. Kaiser Franz Joseph I.] (russ. Semlja Franza-Iossifa), Gruppe von 191 unbewohnten (außer geophysikal. Observatorium und Polarstationen) Inseln im Nordpolarmeer, östlich von Spitzbergen, zu Russland, 16 090 km²; die größten sind Alexandra-, Georg-, Wilczekland und die Graham-Bell-Insel; fast alle Inseln (bis 620 m ü. M.) sind eisbedeckt. Auf der Rudolfinsel liegt bei 81°49′ n. Br. der nördlichste Punkt Russlands. F.-J.-L. wurde 1873 von der österr.-ungar. Nordpolarexpedition entdeckt.
Franz Joseph I., österr. Kaiser, ↑Franz, Herrscher.
Franzobel (eigtl. Franz Stefan Griebl), österr. Schriftsteller, *Vöcklabruck 1. 3. 1967; schreibt experimentelle, sprachspieler. Texte, die respektlos bürgerl. Normalität parodieren: Prosa: u.a. »Krautflut« (1995), »Hundshirn« (1995); Dramen: »Beuschelgeflecht« (1996), »Phettberg. Eine Hermes-Tragödie« (1999); erhielt 1995 den Ingeborg-Bachmann-Preis.
Franzos, Karl Emil, österreich. Schriftsteller, *Czortków (heute Tschortkiw, Gebiet Ternopol) 25. 10. 1848, †Berlin 28. 1. 1904; Wiederentdecker der Werke G. Büchners; schrieb aus liberaler Sicht Kulturbilder und Erzählungen aus der Welt des osteurop. Judentums.
Franzose, *Technik:* Schraubenschlüssel mit verstellbarer Maulweite.
Franzosen, den Romanen zugehörendes Volk, das Staatsvolk Frankreichs mit frz. Muttersprache. Neben den vorindogerman. Ligurern im SO, den Iberern im SW und den grch. Siedlungen an der Südküste bilden die Gallier den Grundstock des frz. Volkes. Die Römer drangen zuerst 125 v. Chr. im S ein und hatten hier auch später einen größeren Einfluss auf die Bev. als in den übrigen Teilen Galliens. Seit dem 3. Jh. stießen die salischen Franken von NO her ins Innere Galliens bis an die Loire vor. Der Einfluss der Franken bewirkte die Trennung in Nord- und Südfranzosen. Unterschiede in Sprache, Sitte und Wesensart blieben bis heute. Der innere Zusammenhalt wurde bes. in der Revolution von 1789 gefestigt.
Französisch-Äquatorialafrika (frz. Afrique Équatoriale Française, Abk.

AEF), 1910–58 frz. Gebiet in Zentralafrika, 2,5 Mio. km², (1958) fast 5 Mio. Ew., Verw.sitz Brazzaville; umfasste die Gebiete Gabun, Mittelkongo (heute Rep.Kongo), Ubangi-Schari (heute Zentralafrikan. Rep.) und Tschad. – Seit 1842 setzten sich die Franzosen an der Küste von Gabun fest. Die Entwicklung zur großen Kolonie 1875–85 kam v. a. durch den Grafen P. Savorgnan de Brazza zustande, der mit Brazzaville 1880 die Verw.zentrale und spätere Hptst. (seit 1904) von F.-Ä. schuf. Der Versuch J.-B. Marchands, ein zusammenhängendes Kolonialreich zu gründen, scheiterte am Widerstand H. H. Kitcheners (↑Faschodakrise). Aus mehreren Kolonien entstand 1910 F.-Ä. Ende 1958 wurden die einzelnen Gebiete Staaten der ↑Französischen Gemeinschaft, 1960 souverän.
Französische Bulldogge, kräftige, gedrungen aussehende Haushunderasse, Schulterhöhe bis 34 cm, mit kurzem, stumpfnasigem Gesicht und kurzer Behaarung; Schutz- und Begleithund.
Französische Gemeinschaft (frz. Communauté Française), durch die frz. Verf. vom 4. 10. 1958 anstelle der ↑Französischen Union geschaffene staatsrechtl. Verbindung der Frz. Republik mit den autonom gewordenen Kolonialgebieten Dahomey (heute Benin), Elfenbeinküste, Gabun, Kongo (heute Rep. Kongo), Madagaskar, Mauretanien, Niger, Obervolta (heute Burkina Faso), Tschad, Senegal, Sudan (heute Mali) und Zentralafrikan. Republik; hinzu kamen die UN-Treuhandgebiete Kamerun und Togo. Nach der Entlassung der Gebiete in die Unabhängigkeit (1960) bildete die Frz. Republik 1960 mit Gabun, Kongo-Brazzaville, Madagaskar, Senegal, Tschad und der Zentralafrikan. Republik auf völkerrechtl. Grundlage eine neue (zweite) F. G., die formell bis heute besteht.
französische Kolonien. Das frz. Kolonialreich entstand im Wesentlichen durch zwei Expansionswellen im 17. und im 19. Jh. Ende des 17. Jh. erstreckte sich das frz. Einflussgebiet in Amerika auf einen Teil der Antillen (u. a. Guadeloupe, Martinique, den westlichen Teil von Haiti), auf Guayana, das Mississippibecken (Louisiana), Neufundland und Teile Kanadas (↑Akadien), in Afrika auf die Küste Senegals und die Insel Réunion. Durch die

FRA **französische Kunst**

Niederlagen im Span. Erbfolgekrieg und im Siebenjährigen Krieg verlor Frankreich alle Besitzungen auf dem amerikan. Festland. Die Expansion begann erneut 1830 mit der Eroberung von Algier. Bis zu den 1860er-Jahren erweiterten die Franzosen ihre Einflusssphäre in West- und Mittelafrika sowie in Ozeanien (u. a. Tahiti, Neukaledonien). Mit der Eroberung von Cochinchina 1858-62 und dem Protektorat über Kambodscha begann die frz. Herrschaft über Indochina. Nach 1870 wurden diese verstreuten Besitzungen durch Neuerwerbungen bes. in Afrika (Tunesien, Marokko, Kongogebiet, Sudan [heute Mali], Madagaskar) zu einem riesigen Kolonialreich ausgeweitet. 1919 erhielt Frankreich auch die Herrschaft über die ehem. dt. Kolonien Togo und Kamerun, aus dem sich auflösenden Osman. Reich das Völkerbundsmandat über Syrien und den Libanon. Das frz. Kolonialreich hatte damit seine größte Ausdehnung.

Obwohl nach dem Vorbild des Commonwealth 1946 die Französische Union gegr. wurde (seit 1958 ↑Französische Gemeinschaft), die die Kolonialherrschaft lockern sollte, begann mit der frz. Niederlage im Indochinakrieg (1946-54) der Zerfall des frz. Kolonialreichs; viele f. K. wurden in den Jahren 1956-60 selbstständig. Der Algerienkrieg (1954-62) erschütterte auch das Mutterland schwer, er endete mit der Unabhängigkeit Algeriens. Die noch verbliebenen Gebiete gelten heute entweder als Teil des Mutterlandes (Überseedépartements) oder - mit beschränkter Selbstverwaltung - als Überseeterritorien (↑Frankreich).

📖 *Fuchs, G. u. Henseke, H.: Das frz. Kolonialreich. Berlin 1988.*

französische Kunst. Die Geschichte der f. K. setzt um die Jahrtausendwende ein, als die Kunst des westfränk. Reiches in Ggs. zu den vorhergehenden, eher übernationalen Charakter aufweisenden künstler. Leistungen (↑merowingische Kunst, ↑karolingische Kunst) mit spürbar eigenständigen Erscheinungsformen hervortrat. Die f. K. kam um 1100, zunächst bes. in der Architektur und der Plastik, zu ihrer vollen Entfaltung und bestimmte dann wesentlich die Entwicklung der Kunst in Europa mit.

MITTELALTER
Baukunst: Der roman. Kirchenbau entwickelte sich seit Beginn des 11. Jh. bei ausgeprägten regionalen Unterschieden stilbildend für die architekton. Prinzipien der Epoche: Doppelturmfassade, Staffelchor oder Chor mit Umgang und Kapellenkranz (z. B. Saint-Martin in Tours, 997-1015). Gewölbebauten, meist mit tonnengewölbtem Mittelschiff, traten in Süd- und Mittelfrankreich auf. Das Vorherrschen des Tonnengewölbes ging, wie viele dekorative Formen, auf spätantike Überlieferungen zurück, die in Aquitanien gebauten Kuppelkirchen (Saint-Front in Périgueux) auf byzantin. Vorbilder. Die in den roman. Kirchen der Normandie (Saint-Étienne in Caen) durchgebildete Gliederung der Innenwände in Emporen, Laufgänge vor den Obergaden und Dienste entsprach bereits got. Bauvorstellungen. In der Gotik übernahm die f. K. die führende Rolle innerhalb der europ. Kunst. Das Ursprungsland der Gotik war die Île-de-France, wo seit Mitte des 12. Jh. die Abteikirche in Saint-Denis, die Kathedralen in Sens, Senlis, Noyon, Laon und Paris richtungweisend wurden. Zur klass. Vollendung der Hochgotik reifte der Stil in der ersten Hälfte des 13. Jh. in den Kathedralen in Chartres, Soissons, Reims und Amiens. Bald setzte die Gotik sich auch in anderen Landschaften Frankreichs durch, meist in vereinfachten, regional abgewandelten Formen. Die Spätgotik lebte bis in das 16. Jh. fort (↑Flamboyantstil). Neben den sakralen traten die profanen Bauaufgaben seit dem 14. Jh. stärker hervor (Stadtbefestigungen, bes. von Carcassonne; Papstpalast in Avignon u. a.).

Bildhauerkunst: Aus dem frühen MA. sind Goldschmiedearbeiten und Elfenbeinschnitzereien erhalten. Die frz. monumentale Bauplastik übernahm in der Romanik eine führende Rolle. Das Hauptwerk der nordfrz. Plastik der Zeit ist das um 1145-55 ausgeführte dreitorige Westportal der Kathedrale in Chartres. Aus der starren Gebundenheit der Gewände- und Tympanonfiguren lösten sich erstmals got. Skulpturen. Seit Beginn des 13. Jh. zeigte sich, obwohl idealisiert im Ausdruck, eine frische vollplast. Körpermodellierung bei zunehmend realistisch geprägten Proportionen und betont höf. Anmut: die Fassadenskulpturen von Notre-Dame in Paris, die Bildwerke der Querschiffportale der Kathedrale in Chartres und der Skulpturenschmuck der Kathedralen in Reims und

Amiens. Die nach Lebenstreue strebende bildnishafte Grabplastik gewann im 14. Jh. an Bedeutung (Saint-Denis). Jenseits der internat. Gotik bildeten um 1400 die Skulpturen des in Burgund tätigen Niederländers C. Sluter einen Höhepunkt wirklichkeitsnaher und monumentaler Gestaltung. Kostbarste kleinplast. Werke schuf die zu neuer Blüte entwickelte Elfenbeinschnitzerei.

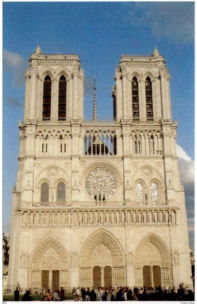

französische Kunst: Westfassade der Kathedrale Notre-Dame in Paris (1200–20)

Malerei: Nach der an spätantike Überlieferungen anknüpfenden Malerei der karoling. Zeit formte sich in der Romanik eine zunehmende eigenständige frz. Malerei. Die Wandmalerei zeichnete sich bes. im Poitou und in Burgund durch hervorragende Leistungen aus (Doppelkapelle in Berzé-la-Ville). Die Emailkunst erlangte v. a. im Limousin (Limoges) sowie im Gebiet von Maas und Mosel, wo Nikolaus von Verdun an der Wende zur Gotik entscheidenden Einfluss besaß, höchste Bedeutung. In der Gotik wies die Glasmalerei mit den Fenstern der Kathedralen in Chartres, Le Mans, Bourges und der Sainte-Chapelle in Paris Werke von ungewöhnl. künstler. Vollendung auf. Die got. Buchmalerei fand in Paris zu Zeiten der Hofkunst Ludwigs IX. ihren ersten Höhepunkt (Bible moralisée, Ludwigspsalter). Mit den Arbeiten von J. Pucelle in der ersten Hälfte des 14. Jh. (Brevier de Jeanne de Belleville) sowie von Jacquemart de Hesdin und der Brüder von Limburg um die Jahrhundertwende (Stundenbücher des Herzogs von Berry) entstanden weitere Meisterwerke. Das auf Seide in Grisaille gemalte Parament von Narbonne (Louvre), der von J. Bandol aus Brügge entworfene Bildteppich der Apokalypse (Angers, Museum) sowie andere in Arras (Arazzi) und Tournai gearbeitete Bildteppiche gehören ebenfalls zu den wichtigsten Zeugnissen der frz. got. Kunst. Als sich im 15. Jh. eine realist. Darstellungsweise ausbreitete, bestimmten S. Marmion, J. Fouquet und die Schule von Avignon mit N. Froment und E. Quarton die frz. Malerei.

RENAISSANCE UND MANIERISMUS
Baukunst: Die Architektur der seit der Wende zum 16. Jh. sich ausbreitenden Renaissance wandte sich bes. dem Schlossbau zu, urspr. unter starker Mitwirkung von italien. Künstlern (Leonardo da Vinci u. a.), bes. zu Zeiten Franz' I. (Loire-Schlösser Blois und Chambord sowie Fontainebleau u. a.). Mit P. Lescot (West- und Südflügel des Louvre) und mit P. Delorme (Tuilerien in Paris) fand um die Mitte des 16. Jh. die frz. Spielart der klass. Renaissance ihren reinsten Ausdruck. Im Kirchenbau wurden gotische Formen mit Renaissanceelementen verbunden (Saint-Eustache in Paris).
Bildhauerkunst: Wegbereiter zur Zeit der Renaissance wurden die Italiener F. Laurana, G. Mazzoni, A. und J. Juste (Grabmal Ludwigs XII. in Saint-Denis). Ein Zentrum italienisch-frühmanierist. Bildhauerei bildete Schloss Fontainebleau mit den richtungweisenden Stuckdekorationen F. Primaticcios. J. Goujon (»Fontaine des Innocents« in Paris) und G. Pilon (Grabmal Heinrichs II. in Saint-Denis) verarbeiteten den italien. Einfluss zu einem Stil frz. Prägung.
Malerei: In der Renaissance verwarfen die durch Franz I. nach Fontainebleau berufenen italien. Maler (G. B. Rosso, F. Primaticcio) den nüchternen Realismus von F. Clouet und Corneille de Lyon; das manierist. Vokabular der ↑Schule von Fon-

FRA französische Kunst

französische Kunst: Auguste Renoir, »Porträt der Schauspielerin Jeanne Samary« (1877; Moskau, Puschkin-Museum)

tainebleau bestimmte dann jahrzehntelang den offiziellen Geschmack.

BAROCK, ROKOKO UND KLASSIZISMUS

Baukunst: Das 17. Jh. brachte die Vollendung der klass. frz. Schlossbaukunst. Nachdem der von J. Lemercier, L. Le Vau und C. Perrault fortgeführte Bau des Louvre eingestellt worden war, beanspruchte zu Zeiten Ludwigs XIV. das unter der Leitung von L. Le Vau und J. Hardouin-Mansart entstehende Schloss von Versailles, Ausdruck höchster polit. Repräsentanz und Macht (Louis-quatorze-Stil), alle künstler. Kräfte. Repräsentative Wirkung erstrebten auch die Stadtpalais (Hôtels) und Schlösser des Adels (Maisons-Laffitte von F. Mansart, Vaux-le-Vicomte von L. Le Vau). Vom Geist einer erhabenen Tektonik erfüllt, nahm der Kirchenbau einen neuen Aufschwung (Kirche der Sorbonne, Invalidendom in Paris). Der dem Louis-quatorze-Stil folgende Régencestil lockerte die schweren Formen und leitete zum Louis-quinze-Stil, dem frz. Rokoko, über. Innenräume von heiter beschwingter Eleganz wurden eingerichtet (Ovaler Salon im Hôtel Soubise, Paris, von G. Boffrand); im Außenbau aber, auch dem der Kirchen, wurde eher ernste, strenge Haltung bewahrt. Der Klassizismus setzte nach der Mitte des 18. Jh. ein. Er reichte vom Louisseize-Stil (Petit Trianon, Versailles; Panthéon, Paris) über den Sonderstil der ↑Revolutionsarchitektur (C.-N. Ledoux, É.-L. Boullée) bis zum ↑Empirestil unter Napoleon I. (C. Percier, P. F. L. Fontaine).

Bildhauerkunst: Die Bildhauer des 17./18. Jh. bedienten sich sowohl der klassizist. als auch der barocken Formensprache. Zu den wichtigsten Aufgaben gehörten neben Porträtbüsten, Grabmonumenten und Denkmälern Figuren für die königl. Schlösser und Gärten (P. Puget, A. Coysevox, F. Girardon, die Brüder N. und G. Cousteau, E. Bouchardon). Der Klassizismus gelangte im Werk von J.-B. Pigalle und E.-M. Falconet zum Durchbruch, zu seiner reifen Form im Schaffen von J.-A. Houdon und P.-J. David d'Angers. Hervorragende Leistungen finden sich in Porträtbüsten.

Malerei: Auf die frz. Malerei zu Beginn des 17. Jh. wirkte zunächst noch die Schule von Fontainebleau nach. Die frz. Grafik erreichte einen Höhepunkt mit dem Werk J. Callots. In der Malerei kamen verstärkt italien. Einflüsse zur Geltung (v. a. Caravaggio), die u. a. von dem lange Jahre in Italien tätigen S. Vouet nach Frankreich vermittelt wurden. Zu seinen Schülern gehörten E. Le Sueur und P. Mignard, ferner

französische Kunst: Auguste Rodin, »Der Kuss«, Marmor (1886; Paris, Musée Rodin)

französische Kunst FRA

französische Kunst: Paul Cézanne, »Stillleben mit Korb und Äpfeln« (um 1890; Paris, Musée d'Orsay)

auch C. Le Brun (Apollogalerie im Louvre, Spiegelgalerie in Versailles), dessen Stil, wie ihn auch H. Rigaud und S. Vouet vertraten, die »Akademie« als verbindlich erklärte. Die Darstellungsmöglichkeiten reichten ferner in ihrer ganzen Breite von G. de La Tour über die Brüder Le Nain zu P. de Champaigne. Neben diesen Malern erschienen N. Poussin und Claude Lorrain mit klassisch-heroischen Landschaften sowie mytholog. und religiösen Motiven als hervorragende Meister ihrer Zeit. Im Rokoko entwickelte sich die frz. Malerei zu neuem Glanz. Vorbildlich für das 18. Jh. entwickelten bes. A. Watteau, J.-B. S. Chardin, F. Boucher und J. H. Fragonard im Spannungsfeld einer locker-anmutigen Formensprache und einer realistisch gestimmten Bildwelt die entscheidenden Stilelemente. J.-M. Vien wurde mit seinen Historienbildern richtungweisend für J.-L. David, der in seinen Werken den Klassizismus in ein polit. Programm umsetzte. Seine maßvolle, beherrschte Kunst charakterisierte das Bild der Revolutionszeit und des Ersten Kaiserreichs.

19. UND 20. JAHRHUNDERT
Baukunst: Restauration und Zweites Empire begünstigten den Historismus (städtebaul. Neugestaltung von Paris, Grand Opéra in Paris). Um die Mitte des 19. Jh. wurde Frankreich wegweisend in der Entwicklung von Eisen- und Stahlkonstruktionen (Bibliothèque Sainte-Geneviève, Paris, von H. Labrouste, 1843–50; Eiffelturm, Paris, 1889). Weitere architekton. Leistungen wurden um 1900 mit dem Beitrag zur Art nouveau (↑ Jugendstil; H. Guimard) und mit der Einführung des Stahlbetonbaus (A. Perret) geschaffen. Nach T. Garnier und E. Freyssinet traten dann in der 1. Hälfte des 20. Jh. bes. R. Mallet-Stevens, A. Lurçat und, als der bedeutendste frz. Architekt seiner Zeit, der gebürtige Schweizer Le Corbusier hervor. Auf seinen Ideen aufbauend, hat die frz. moderne Architektur seit 1955 einen Stil ausgeprägt, an dem v. a. M. Lods, B.-L. Zehrfuss, J. Prouvé und D. Perrault beteiligt waren bzw. sind. Individuellere Gestaltungen u. a. bei E. Aillaud, F. Spoerry, R. Simounet, R. Schweitzer, J. Nouvel, P. Andreu und C. de Portzamparc. Viele bed. architekton. Leistungen der 1980er- und 90er-Jahre entstanden v. a. in Paris unter Mitwirkung international tätiger Architekten.
Bildhauerkunst: Die Plastik tradierte im 19. Jh. das klassizistisch-realist. Formengut. Romant. Züge traten in den Werken von F. Rude, A.-L. Barye und J.-B. Carpeaux hervor. A. Rodin und A. Maillol führten bei gegensätzlicher Formensprache gemeinsam an der Schwelle zur Moderne die frz. Plastik auf einen neuen Höhepunkt. Anhaltend richtungweisend zeigten sich die plast. Ausdrucksmöglichkeiten im 20. Jh. v. a. in dem Werk von H. Matisse, R. Duchamp-Villon, H. Laurens und

A. Beaudin sowie bei nach Paris gezogenen Künstlern wie P. Picasso, C. Brâncuşi, H. Arp, O. Zadkine, A. Giacometti. Bedeutend für die Entwicklung der kinet. Kunst wurde der »Groupe de Recherche d'Art Visuel«. Ferner sind G. Richier und H.-G. Adam sowie César, J. R. Ipoustéguy, A. und P. Poirier und J.-M. Bertholin zu erwähnen. Mit bunten Polyesterplastiken wurde Niki de Saint-Phalle berühmt.

französische Kunst: Jean Nouvel, Wohnkomplex »Nemausus I« in Nîmes (1985–87)

Malerei: Deutlicher noch als die Bildhauerkunst stand die Malerei bis weit ins 19. Jh. hinein im Spannungsfeld zw. Klassizismus (J. A. D. Ingres), romant. Strömungen (E. Delacroix), Historienmalerei und Symbolismus (G. Moreau). Gesellschafts- und Sozialkritik traten v. a. in der Grafik zutage (G. Doré, H. Daumier). Landschaft wurde neu, realistisch, erfasst (G. Courbet; die Freilichtmaler der Schule von Barbizon). Die Freilichtmalerei, bes. das Werk C. Corots, bereitete den Impressionismus vor, für den Licht und Farbe eine besondere Bedeutung gewannen (É. Manet, C. Monet, A. Renoir, E. Degas, A. Sisley, C. Pissarro u. a.). Eine Verfestigung der Konturen trat wieder ein bei H. de Toulouse-Lautrec und der Schule von Pont-Aven (mit P. Gauguin). Grundlegende Erneuerungen der bildner. Mittel brachten zu Beginn des 20. Jh. der Fauvismus (↑Fauves) mit expressiv farbiger und der ↑Kubismus (der von P. Picasso in Anknüpfung an die Malerei P. Cézannes begründet wurde) mit formal zeichenhafter Gegenstandsdarstellung. Unter wachsender Beteiligung ausländ. Künstler wurde Paris zum Zentrum des ↑Surrealismus. 1931 wurde die an den Konstruktivismus anschließende Gruppe »Abstraction Création« gegründet, die u. a. zur Op-Art überleitete. Die »Zweite Schule von Paris« (↑École de Paris) wurde um die Jahrhundertmitte zum Mittelpunkt der informellen Kunst, bes. des Tachismus, bis jüngst die »Schule von Nizza« mit dem v. a. Grenzbereiche der Malerei betretenden Nouveau Réalisme (↑Realismus) Beachtung fand. Vertreter der modernen Malerei in Frankreich waren u. a. neben G. Braque, F. Léger und H. Matisse, P. Picasso und J. Gris sowie A. Modigliani, M. Chagall, M. Ernst, J. Miró neben A. Masson, G. Rouault, R. Delaunay, M. Duchamp und J. Villon, ferner H. Hartung und Wols neben E. Lascaux, A. Beaudin, E. de Kermadec, J. Dubuffet, J. Bazaine, N. de Staël, Y. Klein, M. Raysse, S. Hadengue u. a. In den 70er-Jahren wirkte die »stille Avantgarde« der ↑Spurensicherung und subjektiven Wiss. (C. Boltanski, A. und P. Poirier, Jean Le Gac), daneben eine theoretisierende Richtung der analyt. Malerei (L. Cane). In den 80er-Jahren überwiegt die Orientierung an der expressionist. Tradition der Fauves. Im Bereich der multimedialen Künste arbeiten Paul-Armand Gette, Françoise Quardon und Catherine Beaugrand. Daneben entstand Anfang der 1980er-Jahre eine »Straßenkunst«, die einige Parallelen zur amerikan. Graffiti-Art aufweist. Die »Pochoiristen« (Schablonenkünstler), die meist mit Pseudonymen signieren, eignen sich den öffentl. Raum an; als Väter dieser Richtung gelten Ernest Pignon-Ernest und Gérard Zlotykamien.

⌑ *Reclams Kunstführer Frankreich, 5 Bde.* Stuttgart [1–2]1975–87. – *Oursel, R.: Romanisches Frankreich, 2 Bde.* A. d. Frz. Würzburg 1991–93. – *Millet, C.: L'art contemporain en France.* Paris [3]1994. – *Prinz, W. u.*

französische Literatur FRA

französische Kunst: Niki de Saint Phalle, Nana »La temperance« (Privatbesitz)

Kecks, R. G.: Das frz. Schloß der Renaissance. Form u. Bedeutung der Architektur, ihre geschichtl. u. gesellschaftl. Grundlagen. Berlin ²1994. – Frz. Impressionismus 1860–1920, bearb. v. P. H. Feist. Köln 1995. – Die got. Architektur in Frankreich 1130–1270, bearb. v. D. Kimpel u. R. Suckale. Studienausg. München 1995. – Von Ingres bis Cézanne, bearb. v. M.-C. Boucher u. a., Ausst.-Kat. Musée de Petit Palais, Paris. Köln 1998. – Jenseits der Grenzen. Frz. u. dt. Kunst vom Ancien Régime bis zur Gegenwart, hg. v. U. Fleckner u. a. Köln 2000.

französische Literatur, die Literatur Frankreichs und die frz.-sprachige Literatur Belgiens. Vgl. auch ↑schweizerische Literatur, ↑kanadische Literatur.

Mittelalter (Alt- und mittelfrz. Literatur): Die ältesten Zeugnisse einer Literatur in frz. Sprache stammen aus dem kirchlich-religiösen Bereich; neben Übersetzungen aus dem Lateinischen stehen erste Neuschöpfungen in der Volkssprache: die »Eulaliasequenz« (881), die »Passion Christi« (10. Jh.), das »Alexiuslied« (Mitte des 11. Jh.). Sehr früh entstand in Frankreich die Großform der mittelalterl. weltl. Dichtung, das Heldenepos (Chanson de Geste; ↑Geste). Die Chansons de Geste spiegeln durch ihre Behandlung histor. Themen (Karlszyklus um Karl den Gr., u. a. mit dem »Rolandslied«, dem Wilhelmszyklus um Wilhelm von Orange, dem Kreuzzugszyklus um Gottfried von Bouillon u. a.) die großen Probleme der Zeit, die Kreuzzüge und Auseinandersetzungen zw. Zentral- und Territorialgewalten.

Um die Mitte des 12. Jh. brachte die höf. Kultur als neue Gattungen den Versroman und die Verserzählung hervor. Bevorzugt waren nun die aus der Antike überlieferten Stoffe (»Alexanderroman«, »Trojaroman«) und die Sagen um König ↑Artus. Vorbildhaft, nicht nur für Frankreich, wirkte auf dem Gebiet des höf. Romans Chrétien de Troyes. Um die Wende vom 11. zum 12. Jh. entwickelte sich in S-Frankreich die Troubadour-Dichtung, die in strengen Formen die Liebe zu einer unerreichbaren Dame pries (u. a. Marcabru, Wilhelm IX. von Aquitanien, Bernart de Ventadorn). Im N Frankreichs nahmen die Trouvères diese Tradition auf (u. a. Chrétien de Troyes, Thibaut IV de Champagne, Gace Brulé, später Guillaume de Machaut). Höf. Ursprungs ist auch der von Guillaume de Lorris um 1236 verfasste, allegorisch verschlüsselte »Rosenroman«, dessen einige Jahrzehnte später entstandene Fortsetzung (von Jean de Meung) den Verfall der höf. Ideale bezeugt. In den Städten blühte die Dichtung im 13. Jh. auf; neben Balladen und Tanzliedern (Virelai, Rondel) entstanden v. a. die satir. Fabliaux und erste dramat. Werke, geistl. Mirakel- und Mysterienspiele (Rutebeuf, »Das Mirakelspiel von Theophilus«), auch weltl. Stücke (Adam de la Halle, »Le jeu de Robin et de Marion«). Im 14./15. Jh. waren bes. allegor. Spiele beliebt (Moralités), die derb-kom. Soties und die satir. Farces (»Maistre Pierre Pathelin«). Die Literatur dieser Zeit litt unter dem Hundertjährigen Krieg; viele Dichter waren in die Parteienkämpfe einbezogen (A. Chartier, Charles d'Orléans, Christine de Pisan). Zu einem kulturellen Zentrum wurde der Hof von Burgund (Schule der Rhétoriqueurs, die besonderen Wert auf dichter. Virtuosität legte). Überragende Bedeutung erlangte der außerhalb aller gesellschaftl. Bindun-

gen lebende F. Villon, dessen Lyrik aus unmittelbarer persönl. Erfahrung schöpft.
16. Jahrhundert (Renaissance): Durch das Eingreifen der frz. Könige in die Machtkämpfe in Oberitalien seit dem Ende des 15. Jh. wurde die Kultur der italien. Renaissance in Frankreich bekannt, die frz. Dichtung folgte nun italien. Vorbildern; die Humanisten (G. Budaeus, J. Amyot) übersetzten Werke der Antike. Die konfessionellen Auseinandersetzungen, die in der 2. Hälfte des 16. Jh. in die Religionskriege mündeten, beeinflussten schon Jahrzehnte vorher das literar. Leben: Margarete von Navarra, Schwester Franz' I. (bekannt v. a. durch die Novellensammlung »Das Heptameron«, hg. 1559; nach dem Vorbild des »Decamerone« von Boccaccio), sympathisierte mit den Hugenotten; der Lyriker C. Marot, der in ihrem Dienst stand, musste, als Anhänger der Reformation verdächtigt, das Land verlassen. An Marot knüpften die Dichter der ↑Pléiade an, die erstmals die frz. Sprache und Dichtung als der antiken ebenbürtig betrachteten (P. de Ronsard, J. Du Bellay u. a.). Neben Paris war Lyon Zentrum der Literatur (Lyoner Dichterschule mit Louise Labé). Keinerlei Schule gehörte F. Rabelais an, dessen satirisch-fantast. Romanfolge »Gargantua und Pantagruel« (1532–52) humanist. Gelehrsamkeit mit unbegrenzter Fabulierfreude verbindet. Inhaltl. und formale Neuerungen brachte M. de Montaigne mit seinen »Essays« (1580–95), die bes. in der Moralistik des 17. Jh. nachwirkten.
17. Jahrhundert (Klassik): Mit der Berufung F. de Malherbes an den Hof (1605) begann eine neue Periode der frz. Literatur. Er forderte jene Klarheit der Sprache und Strenge der Form, die für die frz. Klassik kennzeichnend werden sollte. Richelieu, seit 1624 Erster Min. Ludwigs XIII., setzte auf dieser Grundlage Sprache und Literatur bewusst ein, um die absolute Monarchie zu stärken. Er förderte die Gründung der Académie française (1635) als Instrument zu ihrer Normierung. Die Literatur sollte den Verhaltenskodex (»bienséance«) der absolutist. Gesellschaft propagieren. Gefordert waren dabei Wahrscheinlichkeit (»vraisemblance«) der Handlung sowie die Einhaltung der drei Einheiten (Einheit der Zeit, des Ortes und der Handlung). Der Académie française wurde die Rolle des Kunstrichters übertragen. In den Jahrzehnten 1640–80 erreichte die frz. Klassik ihre höchste Blüte in den Tragödien von P. Corneille und J. Racine, in den Komödien von Molière, in den Fabeln von J. de La Fontaine; die Regeln der Poetik wurden von N. Boileau-Despréaux 1674 zusammengefasst. Eine wichtige Rolle bei der Formulierung der moral. und ästhet. Normen spielten die Pariser Salons, bes. die der Marquise de Rambouillet und der Mademoiselle de Scudéry. Lyrik und Roman hatten nur untergeordnete Bedeutung. Dennoch waren Romane zur Unterhaltung sehr beliebt: die Schäferromane (H. d'Urfé, Madeleine de Scudéry), die fantast. Reiseromane Cyrano de Bergeracs sowie Marie-Madeleine de La Fayettes »Prinzessin von Clèves« (1678), der erste psycholog. Roman. Ein scharfer Kritiker der Salongesellschaft war F. de La Rochefoucauld mit seinen brillanten Aphorismen (»Maximen und Reflexionen«, 1665), die mit den Betrachtungen von J. de La Bruyère, J. F. P. de Retz und L. de Saint-Simon Höhepunkte der moralist. Literatur darstellen. Die Sprache der Prosa prägten wesentlich auch die Philosophen R. Descartes und B. Pascal.
Bis zum Ende des 17. Jh. hatte die antike Literatur unbestrittene Vorbildfunktion. Die Behauptung C. Perraults (heute bes. bekannt durch seine Märchensammlung), dass die moderne Kultur der antiken ebenbürtig, wenn nicht sogar überlegen sei, rief deshalb 1687 eine große Auseinandersetzung (»Querelle des anciens et des modernes«) hervor, die die Intellektuellen in zwei Lager spaltete und das Aufklärungszeitalter ankündigte.
18. Jahrhundert (Aufklärung): Die ersten Werke, die das neue Zeitalter der ↑Aufklärung ankündigten, erschienen bereits am Ende des 17. Jh. (P. Bayle, F. Fénelon, B. de Fontenelle). Nach dem Tod Ludwigs XIV. entwickelte sich in Paris eine geistige Kultur, die zwar noch die Formen des 17. Jh. wahrte, aber – auch unter engl. Einfluss – die Vernunft zum Maßstab des Wertesystems erhob. Immer wichtiger wurde der Roman (A.-R. Lesage, P. C. de Marivaux, A.-F. Prévost d'Exiles). Auch der Staatstheoretiker Montesquieu wurde mit einem Roman berühmt, mit den »Pers. Briefen« (1721), in denen er polit., moral. und philosoph. Kritik artikuliert. Voltaire,

französische Literatur FRA

der für seine philosoph. Essays ebenfalls die beliebte Briefform nutzte, schuf Romane und Erzählungen, die in unterhaltsam-satir. Art die absolutist. Gesellschaft kritisieren (berühmt bes. »Candide oder Die beste Welt«, 1759). Voltaire schrieb zwar noch Tragödien im Stil der Klassik, doch kündigten die geistreichen psycholog. Komödien von Marivaux auch auf dem Theater ein neues Zeitalter an. Mit dem Erscheinen der »Encyclopédie« (↑Enzyklopädisten) erreichte die Aufklärung in Frankreich eine neue Qualität. Das literar. Leben war nun bestimmt von Zensur, Verboten, auch Verfolgungen (verstärkt ab 1757 nach einem Attentat auf Ludwig XV.). Die meisten Werke erschienen anonym, mit fingiertem Verlagsort oder im Ausland. Die Autoren waren vielseitig: Philosophie, Kunstkritik, Naturwiss.en wurden in unterhaltsamer Art, oft in belletrist. Werke eingestreut, geboten (bes. ausgeprägt bei D. Diderot). Folgenreich bis weit ins 19. Jh. war das Werk J.-J. Rousseaus, das der Fortschrittsgläubigkeit der Aufklärung widersprach und im »Gesellschaftsvertrag« (1762) das Ideal einer bürgerlichdemokrat. Gesellschaft darstellte. Für das Theater entwickelte Diderot die Theorie des bürgerl. Trauerspiels, an die G. E. Lessing anknüpfte. Wenige Jahre vor der Revolution kündigte sich in P. A. C. de Beaumarchais' »Die Hochzeit des Figaro« (1785) das Ende des Ancien Régime auf der Bühne an. Der Roman erschloss in der 2. Hälfte des Jh. neue Dimensionen sowohl in der lyr. Natur- und Gefühlsdarstellung (Rousseau, »Die neue Heloise«, 1761; J. H. Bernardin de Saint-Pierre, »Paul und Virginie«, 1788) als auch in der Schilderung gesellschaftl. Korruption (P. A. F. Choderlos de Laclos) und des psychopathisch Bösen (Marquis de Sade). Während der Revolution bis in die ersten Jahre des Kaiserreichs dominierten Publizistik und an röm. Vorbild geschulte Rhetorik. Die Lyrik, in der Aufklärung bedeutungslos, gestaltete nun patriot. Themen in klassizist. Formen (A.-M. Chénier).

19. Jahrhundert: In den Werken der Madame de Staël, die erstmals versuchte, die dt. Kultur den Franzosen nahe zu bringen, und in denen F. R. de Chateaubriands wurde zu Beginn des 19. Jh. das neue Lebensgefühl sichtbar, das die nächsten Jahrzehnte der f. L. bestimmte: Subjektivismus, gefühlsbetontes Naturerleben, Kulturmüdigkeit; der Klassik (»Classicisme«) wurde die Romantik (»Romantisme«) gegenübergestellt. Sammelpunkt der Romantiker war der Kreis (»Cénacle«) um C. Nodier, später um V. Hugo, in Paris. Die Lyrik wurde jetzt zum wichtigen Medium, um das neue Weltverständnis zu artikulieren (A. de Lamartine, A. de Vigny, V. Hugo, A. de Musset). Eine Neuorientierung vollzog sich auch auf der Bühne. Mit Hugos Vorrede zum Drama »Cromwell« (1827) wurden die Regeln der frz. Klassik für nichtig erklärt; u. a. war nicht mehr das Idealtypische, sondern das Individuelle gefordert. Daneben eroberte nach 1830 das Boulevardtheater die Bühnen (erfolgreiche Autoren u. a.: E. Scribe, E. Labiche, A. Dumas d. J., später G. Feydeau). Histor. Stoffe wurden in der Nachfolge W. Scotts zunehmend beliebt (Vigny, P. Mérimée, Hugo, E. Sue, A. Dumas d. Ä.). Die unteren Volksschichten wurden für die Literatur entdeckt (Hugo, George Sand). In den 1840er-Jahren ging der literar. Einfluss der Romantik zurück. Eine Sonderstellung nahm schon ein Jahrzehnt früher Stendhal ein, dessen Romane (u. a. »Rot und Schwarz«, 1830) chronikartig außergewöhnl. Charaktere mit größter psycholog. Genauigkeit schildern. In H. de Balzacs Zyklus »Die menschl. Komödie« (1829 bis 1854) erreichte die kritische realist. f. L. ihren Höhepunkt. Die objektivierende Darstellung G. Flauberts (»Madame Bovary«, 1857) war von großer Bedeutung für die Moderne.

Seit der Julirevolution 1830, verstärkt seit dem Staatsstreich Napoleons III., als sich viele Schriftsteller vom öffentl. Leben zurückzogen, wurde dem sozialen Engagement die Konzeption des ↑L'art pour l'art entgegengesetzt. Dessen Prinzip der zweckfreien Schönheit verfolgten in ihrer Lyrik u. a. T. Gautier und die Gruppe der ↑Parnassiens, auch C. Baudelaire, der mit den formstrengen Gedichten »Die Blumen des Bösen« (1857) der Kunst eine neue Welt erschloss und zum Vorläufer des Symbolismus wurde. In der Prosa setzten sich dagegen – anknüpfend an Flaubert und beeinflusst vom Positivismus – Detailgenauigkeit und Orientierung an der sozialen Wirklichkeit durch. É. Zola verwirklichte dieses Konzept des Naturalismus in seinem Zyklus »Die Rougon-Macquart«

(1871–93). G. de Maupassants Novellen verbinden höchste psycholog. Einfühlung mit naturalist. Genauigkeit. Gegen Ende des 19. Jh. wurde die Lyrik der Parnassiens vom ↑Symbolismus abgelöst: freier Vers, assoziative Klangwirkungen und die Evozierung zeichenhaft verborgener Seins- und Bewusstseinsschichten bestimmen die Dichtungen P. Verlaines, A. Rimbauds, S. Mallarmés und des jungen P. Valéry. Das Lebensgefühl der Dekadenz, das auch die Prosa von J. K. Huysmans beherrscht, geht einher mit dem Interesse für die Welt des Exotisch-Fantastischen (P. A. de Villiers de l'Isle-Adam, P. Loti). Die realist. Erzähltradition führten A. France und R. Rolland fort. Die polit. Polarisierung am Ende des 19. Jh. (↑Dreyfusaffäre) ergriff auch die Schriftsteller. É. Zola trug mit seinem offenen Brief »J'accuse« (»Ich klage an«, 1898) entscheidend zur Wiederaufnahme des Prozesses bei, ihn unterstützten u. a. A. France, A. Gide, R. Rolland; die klerikal-nationalist. Bewegung wurde u. a. von C. Maurras und M. Barrès angeführt.

20. Jahrhundert: Mit der Gründung der »Nouvelle Revue Française« (1909) erhielt die zeitgenöss. f. L. ein wichtiges Forum jenseits ideolog. Bindungen. Hier erschienen die Werke von P. Claudel, A. Gide, M. Proust, P. Valéry, später die von A. Malraux und Saint-John Perse. Der Erste Weltkrieg führte in der Literatur zum Bruch mit den gesellschaftl. und künstler. Traditionen. Die unmittelbare Erfahrung des Krieges schilderte H. Barbusse in »Das Feuer« (1916), in vielfältiger Brechung spiegeln sich Kriegs- und Nachkriegswirklichkeit auch im ↑Surrealismus. Schon 1896 war mit A. Jarrys »König Ubu« ein Stück uraufgeführt worden, das die herkömml. dramat. Strukturen sprengte. Seine Techniken nahm G. Apollinaire auf, die Leitfigur der künstler. Avantgarde der 20er-Jahre (u. a. mit A. Breton, P. Éluard, L. Aragon). Neben den surrealistisch inspirierten Werken erschienen zw. den Weltkriegen z. T. sehr umfangreich angelegte, traditionell verfasste Romane oder Romanzyklen, u. a. von J. Romains, R. Martin du Gard, R. Rolland, Sidonie-Gabrielle Colette. Am folgenreichsten war M. Prousts Romanzyklus »Auf der Suche nach der verlorenen Zeit« (1913–27), dessen neuartige Struktur und Erzähltechniken dem Roman weltliterarisch neue Perspektiven eröffneten. Seit dem Ende des 19. Jh. hatten sich kath. Schriftsteller um eine humanist. Erneuerung der Literatur bemüht (P. Claudel); diesen ↑Renouveau catholique führten im 20. Jh. G. Bernanos, J. Green, F. Mauriac in psycholog. Romanen fort. Betonter Individualismus kommt in den Romanen von A. Gide, A. Malraux und H. de Montherlant zum Ausdruck, die Prosa von E. Bove nimmt existenzialist. Lebensgefühl vorweg. Die Dramatik dieser Zeit vertraten u. a. J. Giraudoux und J. Anouilh mit konventionell gebauten Stücken sowie J. Cocteau, der eine Synthese vieler Stilformen versuchte.

Der aufkommende Faschismus und der Span. Bürgerkrieg spiegelten sich in der f. L. seit Mitte der 30er-Jahre. Z. Z. der dt. Besetzung schlossen sich viele Autoren der ↑Résistance an (u. a. Éluard, Aragon, J.-P. Sartre, A. Camus). In der Literatur der Résistance waren v. a. publizist. Lyrik, Essay und Drama (Sartre, »Die Fliegen«, 1943) wichtig. Während und nach dem Zweiten Weltkrieg beherrschte das Konzept der ↑Existenzphilosophie die Literatur. Verwirklicht wurde u. a. in den Romanen, Essays und Dramen von Sartre, Camus und Simone de Beauvoir, auch die Romane der Françoise Sagan sind davon beeinflusst. Bed. formale Neuerungen gingen in den 50er-Jahren von der f. L. aus: in der Dramatik u. a. durch E. Ionesco, S. Beckett (↑absurdes Theater) und J. Genet, in der Prosa durch den ↑Nouveau Roman. Dessen Vertreter stellten in unterschiedl. Weise die überkommenen Elemente des Romans infrage (M. Butor, A. Robbe-Grillet, Nathalie Sarraute, C. Simon, z. T. Marguerite Duras u. a.); die Technik des Nouveau Roman nutzten J. Le Clézio und G. Perec für ihre zivilisationskrit. Anliegen. Das breite Spektrum der Lyrik wurde u. a. von H. Michaux, R. Char, F. Ponge, Y. Bonnefoy, M. Deguy, D. Roche und J. Roubaud geprägt. Im Allg. verstärkten sich nach den Ereignissen vom Mai 1968 wieder die gesellschaftskrit. Züge der f. L., v. a. auf dem Theater (A. Gatti, z. T. F. Arrabal), das sich in den 80er-Jahren durch Autoren wie M. Vinaver und B.-M. Koltès sowie dank der innovativen Inszenierungen von Regisseuren wie P. Chéreau, Ariane Mnouchkine (»Théâtre du Soleil«) und R. Planchon weiterentwickelte. Auch entstand eine spezif. Frauenliteratur (u. a. Monique Wittig, Christiane Rochefort, Chantal Chawaf, Marie Cardinal, Hélène Cixous). Sprachspiele und -experimente und die Problematisierung des Zusammenhangs zw. Sprache und Realität kennzeichnen u. a. die Werke von Ponge und R. Queneau. Parallel dazu wird die große erzähler. Tradition der f. L. fortgeführt, oft mit autobiograph. oder histor. Hintergrund, so bei Marguerite Yourcenar, M. Tournier, P. Modiano. – Die f. L. der Gegenwart begleitet eine bed. Literaturkritik. Sie setzt sich, angeregt u. a. von G. Bataille, M. Blanchot und G. Bachelard, mit der Reflexion über Sprache auseinander. In den 60er-Jahren beherrschte der Strukturalismus die literaturwiss. Analyse (»Nouvelle Critique«: R. Barthes, T. Todorov u. a.). Im Zeichen der Postmoderne durchdrangen theoret. Reflexion über das Schreiben und fiktionale Literatur einander (J. Derrida, P. Sollers, Julia Kristeva, H. Cixous). Die theoret. Reflexion über das Schreiben prägt auch die fiktionale Literatur der 80er-Jahre (F. Bon, J.-P. Toussaint, J. Échenoz u. a.), die mit stilist. Kunstfertigkeit Zeitphänomene wie etwa die multikulturelle Gesellschaft oder den beherrschenden Einfluss der Medien verarbeitet. Parallel dazu entwickelte sich in bewusster Abkehr von der theoret. Ausrichtung ein unkonventioneller Stil, der sich einer verkürzten Alltagssprache bedient (P. Djian). An der *Wende zum 21. Jh.* sind die ästhet. Stilmittel so vielfältig wie die Themen und werden zwanglos kombiniert. Kommerzielle Interessen, literar. Moden und polit. Ereignisse stehen in enger Wechselwirkung mit der von Gegensätzen geprägten literar. Landschaft. Viele Autoren wenden sich wieder dem Leser zu, erzählen überschaubare Geschichten, deren Botschaft eine »Moral« enthält: so bei Le Clézio, Sylvie Germain, Marie N'Diaye und Paule Constant. Auf der anderen Seite entwickelt sich ein Trend zu aggressiver Kulturkritik (M. Houellebecq, F. Beigbeder), oft in Form einer derb-realist. Darstellungsweise sexueller Spielarten (Catherine Millet, Virginie Despentes, Catherine Breillat). Aufmerksamkeit erregte im Herbst 2001 auch die Neuübersetzung der Bibel von 20 prominenten frz. Autoren. Im Bereich des Dramas finden bes. die melanchol. Komödien Yasmina Rezas internat. Resonanz.

In den ehem. frz. Besitzungen entwickelte sich seit dem Ende der Kolonialherrschaft im Spannungsfeld zw. Zugehörigkeit zur frz. Kultur und Suche nach eigener Identität eine Literatur in frz. Sprache: in Algerien (Kateb Yacine, M. Dib, M. Mammeri, M. Feraoun, Assia Djebar, R. Boudjedra u. a.), in Tunesien (A. Memmi u. a.) und in Marokko (D. Chraibi, T. Ben Jelloun u. a.). Eine bed. frz.sprachige Literatur entstand in Schwarzafrika und in der Karibik unter dem Einfluss der ↑Négritude. (↑afrikanische Literatur, ↑karibische Literatur) **Französische Literatur in Belgien:** Die belg. Literatur frz. Sprache gehört – unabhängig von der Gründung des selbstständigen Staates Belgien (1830) – bis in die Gegenwart zum Bestand der f. L. Zwar waren und sind Schriftsteller aus Belgien in der Wahl ihrer Stoffe oft heim. Traditionen verpflichtet (C. de Coster), doch folgen sie den großen literar. Strömungen Frankreichs. Bekannte belg. Autoren des Symbolismus sind A. Mockel, É. Verhaeren, M. Maeterlinck und G. Rodenbach, den Naturalismus vertrat C. Lemonnier, zu den Surrealisten gehörte F. Hellens. Erfolgreiche Dramatiker waren (im Umkreis des Expressionismus) F. Crommelynck und M. de Ghelderode. In viele Sprachen übersetzt wurden die psychologisch fundierten Kriminalromane von G. Simenon. Die Vielseitigkeit der neueren belg. Literatur mit ihren Widersprüchen und ihrer Infragestellung der eigenen Identität zeigt sich im Roman u. a. bei A. Bosquet de Thoran, C. Detrez, P. Mertens, J.-P. Otte und F. Weyergans, in der Lyrik u. a. bei J. Crickillon, C. Hubin und J.-P. Verheggen, im Drama u. a. bei J. de Decker, P. Willems und J. Louvet. Bes. populär sind seit den 1990er-Jahren die von schwarzem Humor geprägten Romane Amélie Nothombs.

📖 *Das frz. Theater vom Barock bis zur Gegenwart, hg. v. J. von Stackelberg, 2 Bde. Düsseldorf 1968. – Kukenheim, L. u. Roussel, H.: Führer durch die f. L. des MA. A. d. Frz. Berlin 1969. – Schoell, K.: Das frz. Drama seit dem Zweiten Weltkrieg, 2 Bde. Göttingen 1970. – Die frz. Lyrik von Villon bis zur Gegenwart, hg. v. H. Hinterhäuser, 2 Bde. Düsseldorf 1975. – Der frz. Roman vom MA. bis zur Gegenwart, hg. v. K. Heitmann, 2 Bde. Düsseldorf 1975. – F. L. des 19. Jh., hg. v. W.-D. Lange, 3 Bde. Heidelberg 1979–80. – F. L. in Einzeldarstellun-*

FRA französische Musik

gen, hg. v. P. Brockmeier u. a., 3 Bde. Stuttgart 1981–82. – Engler, W.: Gesch. des frz. Romans von den Anfängen bis Marcel Proust. Stuttgart 1982. – Grimm, J.: Das avantgardist. Theater Frankreichs 1895–1930. München 1982. – Pabst, W.: Frz. Lyrik des 20. Jh. Theorie u. Dichtung der Avantgarden. Berlin 1983. – Pollmann, L.: Gesch. der f. L. der Gegenwart (1880–1980). Darmstadt 1984. – Blüher, K. A.: Die frz. Novelle. Tübingen 1985. – Kirsch, F. P.: Epochen des frz. Romans. Darmstadt 1986. – Die frz. Lyrik, hg. v. D. Janik. Darmstadt 1987. – Lope, H.-J.: Frz. Literaturgesch. Heidelberg u. a. ³1990. – Literatur u. Theater im gegenwärtigen Frankreich, hg. v. K. Schoell. Tübingen 1991. – Engler, W.: F. L. im 20. Jh. Tübingen u. a. 1993. – Engler, W.: Lexikon der f. L. Stuttgart ³1994. – Frz. Literaturgesch., hg. v. J. Grimm. Stuttgart u. a. ⁴1999. – Stackelberg, J. von: Kleine Gesch. der f. L. München ²1999. – F. L. der Gegenwart, hg. v. P. Metz u. D. Naguschewski. München 2001. – Engler, W.: Gesch. der f. L. im Überblick. Ditzingen 2002. **Französische Literatur in Belgien:** Bibliographie des écrivains français de Belgique 1881–1960, bearb. v. J.-M. Culot, auf mehrere Bde. ber. Brüssel 1958 ff. – Burniaux, R. u. Frickx, R.: La littérature belge d'expression française. Paris ²1980. – Lettres françaises de Belgique. Dictionnaire des œuvres, hg. v. R. Frickx u. R. Trousson, auf mehrere Bde. berechnet. Paris 1988 ff.
französische Musik. Die Kunstmusik entwickelte sich in Frankreich auf der Grundlage der christl. liturg. Gesänge (gallikan. Liturgie). Die ältesten Lehrwerke einer geregelten Mehrstimmigkeit stammen aus dem 9. Jh.; älteste Musikdenkmäler sind die Organa der Schule von Saint-Martial in Limoges (12. Jh.). Die Kunst der Organa erreichte um 1200 mit den Meistern Leoninus und Perotinus Magnus in Paris ihren Höhepunkt (Notre-Dame-Schule). Aus dem Organum entstand durch Unterlegung versch. Texte unter die einzelnen Stimmen die das 13. Jh. kennzeichnende Gattung der Motette. Die weltl. einstimmige Liedkunst der provenzal. Troubadours und der nordfrz. Trouvères gipfelte in den Singspielen des Adam de la Halle. Die freiere Mehrstimmigkeit der ↑Ars nova griffen im 14. Jh. vor allem P. de Vitry und G. de Machaut mit Motetten und Balladen auf. Im 15. Jh. verlagerte sich das Zentrum der

f. M. nach Nordosten. Eine wichtige Gattung der weltl. Musik des 15. und 16. Jh. ist das mehrstimmige Chanson. Die Messekomposition bediente sich häufig der Melodien volkstüml. Chansons, ebenso die nach wie vor gepflegte Motettenkomposition. Nach J. Ockeghem, der u. a. mit Messen hervortrat, galt Josquin Desprez mit seinen Messen und Motetten als bedeutendster Musiker seiner Zeit. Die Josquin-Schüler Jean Mouton († 1522) und C. Janequin sowie Claude Goudimel († 1572) führten die Gattung des Chansons im 16. Jh. mit ihren A-cappella-Chansons auf den Höhepunkt. Eine hohe Blütezeit erlebte die f. M. im 17. Jh. v. a. unter Ludwig XIV. mit Ballett und Oper, ihr erster Meister war der gebürtige Florentiner J.-B. Lully. Die Ouvertüren und Tanzstücke seiner Opern sind die ersten bed. Zeugnisse der Orchestermusik. Daneben entwickelte sich eine reich verzierte Klaviermusik, in der die Suite ausgebildet wurde, v. a. durch J. Chambonnières und F. Couperin. Der überragende Meister des 18. Jh. war J.-P. Rameau; er wies der Klaviermusik neue Wege und schuf die Grundlage der neuzeitl. Harmonielehre. Die frz. Oper führte er zu einem Höhepunkt. Sein Nachfolger war (mit seinen in frz. Sprache geschriebenen Opern) der Deutsche C. W. Gluck, dessen Opernerneuerung sich in Paris gegen die damals herrschenden Italiener durchsetzte. Angeregt von der italien. Opera buffa, entstand nach 1750 die frz. komische Oper (Opéra comique): J.-J. Rousseau, F.-A. Philidor, P.-A. Monsigny, v. a. A. E. M. Grétry aus Lüttich. L. Cherubini verschmolz Elemente der ernsten und der kom. Oper. An ihn schlossen sich als Komponisten von »Revolutions-« oder »Schreckensopern« F.-J. Gossec, J.-F. Lesueur und É. N. Méhul an. Im 19. Jh. schuf H. Berlioz die Programmsinfonie und einen Orchesterklang mit reichen Klangschattierungen. Hauptvertreter der Instrumentalmusik des 19. Jh. sind C. Saint-Saëns, C. Franck, G. Fauré. Zu Weltgeltung gelangten die kom. Opern von F. A. Boieldieu, D. F. E. Auber, J. F. Halévy, A. Adam und die »großen« Opern von G. Rossini, Auber, Halévy, G. Meyerbeer, später Saint-Saëns. In der 2. Hälfte des 19. Jh. brachten C. Gounod, A. Thomas, dann bes. G. Bizet, später J. Massenet wieder eine Verschmelzung von heiterer, lyr. und ernster dramat. Oper. Daneben entfal-

tete sich die Operette: J. Offenbach, Charles Lecocq († 1918). Ende des 19. Jh. entwickelte C. Debussy den Impressionismus mit einem vielfältigen Klangfarbenspektrum. Dem Impressionismus gehörten ferner P. Dukas, M. Ravel und A. Roussel an. Ravel bereitete (um 1920) auch den Neoklassizismus vor, dessen Hauptrepräsentant der damals in Frankreich lebende I. Strawinsky wurde. Die Groupe des Six (D. Milhaud, A. Honegger, F. Poulenc, G. Auric, Louis Durey (* 1888, † 1979), Germaine Tailleferre) knüpfte an die leichte Musik der Music Hall, Jazz u. a. an, zerfiel aber bald wieder. In Abkehr von spätromant. Traditionen zeigen die Werke E. Saties eine klare, einfache Satztechnik. Seit der Mitte des 20. Jh. ging der Neoklassizismus zurück, während sich Einflüsse der Zwölftonmusik auszuwirken begannen (R. Leibowitz). Die Gruppe »Jeune France« (Junges Frankreich), darunter O. Messiaen, trat mit eigenwilligen, teils mystisch, teils exotisch geprägten Werken hervor. P. Schaeffer und P. Henry experimentierten, inspiriert von E. Varèse, mit Geräuschen und elektron. Klangerzeugung in der ↑Musique concrète. I. Xenakis benutzte seit 1955 bevorzugt mathemat. Verfahren beim Komponieren (↑stochastische Musik). Wichtigster Vertreter der ↑seriellen Musik ist P. Boulez, dessen gesamtes Musikschaffen richtungweisend wirkte; nach neuen Ausdrucksmitteln suchen auch die in seinem Umkreis experimentierenden Komponisten G. Amy, Alain Louvier (* 1945) und Patrice Mestral (* 1945). Vertreter der ↑Aleatorik oder der improvisierten Realisation sind Philippe Capdenat (* 1931), Gerard Grisey (* 1946, † 1998), Pierre Mariétan (* 1935), Jean-Yves Bosseur (* 1947) und L. Ferrari. Der experimentellen Musik dient das 1977 in Paris eröffnete »Institut de Recherche et de Coordination Acoustique/Musique« (↑IRCAM).
📖 Paillard, J. F.: La musique française classique. Paris ³1973. – Hirsbrunner, T.: Die Musik in Frankreich im 20. Jh. Laaber 1995. – Gervink, M.: Die musikalisch-poet. Renaissancebestrebungen in Frankreich u. ihre Bedeutung für die Entwicklung einer nationalen frz. Musiktradition. Frankfurt am Main u. a. 1996. – Frz. und dt. Musik im 20. Jh., hg. v. G. Schubert. Mainz u. a. 2001.
französische Philosophie. An ihrem Beginn steht die Frühscholastik der karoling. Hofschule des 9. Jh. in Paris, deren Höhepunkt Abälards Werke bezeichnen. Er erklärte, wirkl. Wissen gebe es nur vom Einzelding. Demgegenüber betonte Bernhard von Clairvaux die myst. Schau als Quelle der Erkenntnis. Von seinen Gedanken war die Schule von St. Viktor beeinflusst, die sich neben der älteren, christlich-platon. Schule von Chartres herausbildete. In der Epoche der Hochscholastik (13. Jh.) erlangte die Pariser Univ. v. a. mit Albertus Magnus und Thomas von Aquin zentralen europ. Rang. Sie wurde Forum für die Auseinandersetzungen zw. augustinisch-platon. Philosophie, dem Averroismus und der christlich beeinflussten Aristotelesauslegung. In der Nachfolge des herrschenden Nominalismus standen J. Buridan und Nikolaus von Oresme, die Vorläufer einer mechanist. Naturauffassung. Die Religionskämpfe des 16. Jh. führten zu einer Philosophie der Skepsis und Toleranz, die ihren Hauptvertreter in M. de Montaigne fand. Die folgenreichste philosoph. Leistung des 17. Jh. waren der absolute Zweifel des R. Descartes, der erst vor der Unbezweifelbarkeit des Selbstbewusstseins und Gottes Halt machte, und seine hierauf aufbauende Zweisubstanzenlehre. Darüber hinaus wurde sein Denken nach dem Vorbild der mathemat. Wissenschaften für die europ. Philosophie bis zu I. Kant maßgebend. N. Malebranche und die Okkasionalisten bildeten seine Lehre weiter; P. Gassendi, der einen dynam. Mechanismus begründete, war sein bedeutendster Gegenspieler. B. Pascal betonte – in Auseinandersetzung mit Descartes – die Grenzen der Vernunft und des mathemat. Wissenschaftsideals. Die konkrete tägl. Erfahrung und die Natur machte er zur Grundlage für das mathemat. Denken. Die »Logik der Vernunft« ergänzte er durch die »Logik des Herzens«.
Die frz. Aufklärung entwickelte sich bis hin zu Sensualismus, radikalem Materialismus (J. O. de La Mettrie) und Atheismus. Hauptrepräsentanten waren P. Bayle und Voltaire, der sich an I. Newton und der Gesellschaftskritik J. Lockes orientierte, während La Mettrie das materialist. Weltbild von T. Hobbes übernahm. Nach engl. Vorbild schuf Montesquieu eine neue, auf dem Gedanken freiheitl. Verfassung beruhende Staatslehre (Gewaltenteilung). Die ↑Enzyklopädisten, an ihrer Spitze D. Dide-

rot und J. Le Rond d'Alembert, verbreiteten den Geist der Aufklärung über Frankreichs Grenzen hinaus. J.-J. Rousseau stand der Aufklärung nahe, überwand sie aber durch einen radikalen Subjektivismus. Natur als urspr. sozialer und kultureller Zustand des Menschen wurde zum Zentralbegriff seiner radikaldemokrat. Lehre vom Gesellschaftsvertrag, die geistige Grundlage der Frz. Revolution wurde; deren Geist entsprach auch die von M. J. A. de Condorcet formulierte Idee des unbegrenzten Fortschritts der Menschheit. Die Gruppe der Ideologen (Destutt de Tracy, J. G. Cabanis [* 1757, † 1808], P. P. Royer-Collard [* 1763, † 1845]) radikalisierte den Sensualismus der Aufklärung. Aufklärung

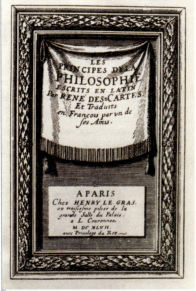

französische Philosophie: Titelblatt der französischen Erstausgabe (1647) von René Descartes' »Meditationen über die Erste Philosophie«

und Revolution folgte eine restaurative Staatsphilosophie (bes. J. M. de Maistre), der jedoch bald die frühsozialist. Gedanken von C. H. de Saint-Simon und P. J. Proudhon entgegentraten. Der psycholog. Ansatz F. P. Maine de Birans leitete über zum ↑Spiritualismus, einer Hauptströmung der f. P. bis in die Gegenwart. Durch

V. Cousin (* 1792, † 1867) fand die dt. idealist. Philosophie in Frankreich Eingang. A. Comte wurde zu einem der Begründer des ↑Positivismus. Vertreter des neukantian. Idealismus waren C. B. Renouvier und É. Boutroux (* 1845, † 1921). H. Bergson kristallisierte ihre Gedanken zu einer vitalistisch-intuitionist. Philosophie, die den positivistisch-pragmatisch verengenden Strömungen entgegenstand.

Gegen Bergson wandten sich die Neuthomisten J. Maritain und É. Gilson. Als Exponenten der frz. Existenzialismus (↑Existenzphilosophie) gelten J.-P. Sartre, M. Merleau-Ponty und A. Camus. Zu neuem Gemeinschaftsgefühl suchte G. Marcel durch einen christl. Existenzialismus, E. Mounier (* 1905, † 1950) durch eine personalist. Philosophie zu führen. Der anthropolog. ↑Strukturalismus von C. Lévi-Strauss wirkte auf die marxist. Richtung in der f. P. (L. Althusser). A. Glucksmann, B.-H. Lévy, J.-M. Benoist (* 1942) vertreten die Konzeption einer antimarxist., antiideolog., oft als »Nouvelle Philosophie« bezeichneten, gesellschaftlich-politisch orientierten Denkrichtung; die rechtskonservative »neue Rechte« repräsentiert A. de Benoist (* 1943). Geprägt durch die Hegel-Rezeption A. Kojèves und beeinflusst durch F. Nietzsche, setzten sich J. Lacan, M. Foucault, G. Deleuze, F. Guattari und J. Derrida mit Psychoanalyse, Psychiatrie und gesellschaftskrit. Theorien auseinander. Von der Phänomenologie E. Husserls beeinflusst sind u. a. E. Levinas, P. Ricœur und J.-F. Lyotard, der den Begriff Postmoderne einführte. Aus feminist. Perspektive, u. a. anknüpfend an Simone de Beauvoir, analysieren Élisabeth Badinter (* 1944) und Luce Irigaray kritisch die Philosophiegeschichte und entwerfen Modelle alternativer Ethik und Wissenschaft.

📖 Sauer, E. F.: Frz. Philosophen von Descartes bis Sartre. Bonn 1976. – Altwegg, J., u. Schmidt, Aurel: Frz. Denker der Gegenwart. 20 Porträts. München ²1988. – Taureck, B.: F. P. im 20. Jh. Analyse, Texte, Kommentare. Reinbek 1988. – Postmoderne u. Dekonstruktion. Texte frz. Philosophen der Gegenwart, hg. v. P. Engelmann. Stuttgart 1991, Nachdr. 1993. – Kühn, R.: Frz. Reflexions- u. Geistesphilosophie. Profile u. Analysen. Frankfurt am Main 1993. – Von Michel Serres bis Julia Kristeva, hg. v. J. Jurt. Freiburg im Breisgau 1999.

französische Sprache FRA

Französische Revolution, bes. die Große Revolution 1789 bis 1799, ↑Frankreich (Geschichte).
Französische Revolutionskriege, die Kriege zw. dem revolutionären Frankreich und den europ. Koalitionen 1792 bis 1802; eine Fortsetzung fanden sie in den ↑Napoleonischen Kriegen, mit diesen zus. auch **Koalitionskriege** genannt.
Der Krieg Frankreichs gegen die 1. Koalition (1792–97): Das revolutionäre Frankreich erklärte am 20. 4. 1792 Österreich, auf dessen Seite sich sofort das verbündete Preußen stellte, den Krieg. Ein preuß. Heer unter dem Herzog von Braunschweig drang im Sommer 1792 bis in die Champagne vor, mit der Kanonade von Valmy (20. 9.) begann der Vormarsch der Franzosen: A. P. de Custine eroberte Mainz (21. 10., Gründung der ↑Mainzer Republik), C. F. Dumouriez besiegte die Österreicher bei Jemappes (6. 11.) und besetzte die österr. Niederlande. Savoyen und Nizza wurden ebenfalls besetzt. Während sich durch den Anschluss Großbritanniens, der Generalstaaten und Spaniens 1793 die 1. Koalition vergrößerte, gewannen die Preußen Mainz zurück (23. 7.). Die Briten besetzten Toulon, mussten aber kapitulieren (18. 12.); hierbei zeichnete sich Napoléon Bonaparte zum ersten Mal aus. Inzwischen gelang es L. Carnot, kriegstüchtige Heere auf der Grundlage der allg. Wehrpflicht aufzustellen. J. P. Jourdan eroberte durch den Sieg bei Fleurus (26. 6. 1794) die österr. Niederlande, C. Pichegru im Winter 1794/95 die Generalstaaten, J. V. Moreau das ganze linke Rheinufer. Preußen schloss am 5. 4. 1795 den Baseler Frieden, schied somit aus der F. R. aus unter Verlust seiner linksrhein. Besitzungen an Frankreich. Eine Demarkationslinie (17. 5.) neutralisierte Nord-Dtl. und den Fränk. Reichskreis. Österreich setzte den Krieg fort. Die Entscheidung führte Bonaparte 1796 in Oberitalien herbei. Der König von Sardinien musste auf Savoyen und Nizza verzichten (15. 5.). Im Kampf um die Festung Mantua besiegte Bonaparte die Österreicher bei Castiglione (5. 8.), Bassano (8. 9.), Arcole (15.–17. 11. 1796) und Rivoli (14. 1. 1797); Mantua musste sich am 2. 2. ergeben. Durch seinen Vorstoß gegen Wien erzwang Bonaparte den Vorfrieden von Leoben (18. 4. 1797). Im Frieden von ↑Campoformio (17. 10. 1797) schied Österreich aus dem Krieg aus. Nur Großbritannien blieb im Krieg. Im Seekrieg allerdings waren die Franzosen den Briten unterlegen; als Bonaparte, um die brit. Herrschaft in Indien zu bedrohen, seine »Ägypt. Expedition« unternahm, errang der brit. Admiral Nelson den entscheidenden Sieg bei Abukir (1. 8. 1798).
Der Krieg der 2. Koalition gegen Frankreich (1798–1801/02): Die Expansionspolitik der Frz. Republik führte bereits 1798 zur Bildung einer 2. europ. Koalition, an deren Spitze der russ. Kaiser Paul I. trat; ihr schlossen sich Österreich, Großbritannien, die Türkei, Portugal, Neapel und der Kirchenstaat an. Am Oberrhein schlug Erzherzog Karl im Frühjahr 1799 die Franzosen mehrfach, in Italien siegten die Verbündeten unter dem russ. General A. W. Suworow. Aber im Dez. schied Russland aus der Koalition aus. In Frankreich stieg der aus Ägypten zurückgekehrte Napoléon Bonaparte zum Ersten Konsul auf und wandte sich im Frühjahr 1800 nach Oberitalien, wo er die Österreicher bei Marengo (14. 6.) besiegte; inzwischen drang J. V. Moreau mit der Rheinarmee nach Bayern vor und siegte bei Hohenlinden (3. 12.) über das Heer des Erzherzogs Johann. Darauf schloss Österreich den Frieden von Lunéville (9. 2. 1801), der Frankreich den Besitz des linken Rheinufers und die Vorherrschaft in Italien bestätigte. Nun folgte auch Großbritannien, das noch 1801 die Franzosen aus Ägypten verdrängt hatte, mit dem Frieden von Amiens (27. 3. 1802).
📖 *Dewora, V. J.:* »*Ehrendenkmal*«. *Quellen zur Geschichte der Koalitionskriege 1792–1801,* hg. v. M. Embach. Trier 1994.
Französische Schweiz (Welsche Schweiz, La Suisse Romande), die Gebiete der Schweiz, in denen die frz. Sprache vorherrscht; insbesondere die Kt. Genf, Waadt, Neuenburg, Jura, das untere Wallis, der größte Teil des Kt. Freiburg sowie Teile des Kt. Bern.
Französisches Nationalkomitee (frz. Comité National Français, Abk. CNF), 1941 in London von General de Gaulle gegr. polit. Organisation der ↑Résistance.
französische Sprache, eine der ↑romanischen Sprachen; entwickelte sich aus dem Vulgärlatein nördlich der Loire. Sie wird von rd. 100 Mio. (davon rd. 56 Mio. in Frankreich) gesprochen; in Europa (außer

in Frankreich) v.a. in Belgien (bes. Wallonien), in der frz. Schweiz, in Luxemburg, Monaco und z.T. in Italien (v.a. Aostatal); außerhalb Europas v.a. in Kanada und in den ehem. frz. Kolonialgebieten. Die f. S. spielt eine wichtige Rolle als Kultur-, Handels- und Verkehrssprache sowie als Sprache der Diplomatie und des internat. Rechts. In der Entwicklung der f. S. werden drei Perioden unterschieden: Altfranzösisch (9.–14. Jh.), Mittelfranzösisch (14.–16. Jh.) und Neufranzösisch (seit dem 16. Jh.).

Altfranzösisch und Mittelfranzösisch: Die nördlich der Loire gesprochene Variante des Lateins unterschied sich von derjenigen südlich dieser Linie durch den stärkeren Einfluss kelt. Substratsprachen. Seit der Entstehung german. Reiche auf gall. Boden wurde die sprachl. Differenzierung zw. dem N und dem S noch gefördert. Die fränk. Sprache wirkte nördlich der Zone zw. Loire, Somme und Maas auf das Galloromanische ein, was sich v.a. im Wortschatz und im phonolog. System auswirkte. Im Fränk. Reich existierten »lingua theotisca« (dt. Sprache) und »lingua rustica romana« (galloroman. Sprache) rd. 3 Jh. nebeneinander. Bereits im 7./8. Jh. waren der N und der S des heutigen Frankreich linguistisch deutlich unterschieden; im N entstand die »langue d'oïl«, die Ausgangsbasis des heutigen Französisch, im S die »langue d'oc«, die okzitan. oder provenzal. Sprache (»oïl« und »oc« sind die jeweiligen Formen der Bejahungspartikel). Zw. Norden und Süden bildete sich eine sprachl. Übergangszone, das Frankoprovenzalische, heraus. Die ersten schriftsprachl. Zeugnisse in altfrz. Sprache sind die altfrz. Eidesformeln in den »Straßburger Eiden« (842) und die »Eulaliasequenz« (881). Eine allgemein verbindl. Schriftsprache gab es in der altfrz. Periode noch nicht; es bestanden versch., z.T. auch literarisch bedeutsame Dialekte, darunter das Normannische (mit der in England gesprochenen Variante des ↑Anglonormannischen), das Champagnische, das Pikardische, das Burgundische, Lothringische und Wallonische. Mit dem Wachsen der königl. Zentralgewalt seit dem 13. Jh. gewann das Franzische, die Mundart der Ile-de-France, Vorbildcharakter.

Neufranzösisch: Im 16. Jh. setzte mit Bestrebungen zur Normierung der f. S. in Grammatik, Wortschatz, Phonetik und Orthographie die theoret. Auseinandersetzung mit ihr ein. In der Orthographie behauptete sich die etymologisierende (an der i.d.R. lat. Wortherkunft orientierte) Richtung gegenüber der phonetischen (einer der Aussprache entsprechenden Schreibung). Die 1635 gegründete Académie française wurde in Fragen der Grammatik, Lexikographie, Rhetorik und Poetik zur kodifizierenden Institution. Im 17. und bes. im 18. Jh. entwickelte sich das Französische zur internat. Kultursprache. Im 19. Jh. wurde der (v.a. fachsprachl.) Wortschatz infolge der naturwissenschaftlich-techn. Entwicklung bes. durch Termini aus dem Englischen und Amerikanischen bereichert, eine Tendenz, die sich im 20. Jh. fortsetzte. Diskussionen über den verstärkten Gebrauch von Fremdwörtern führten 1994 zu einem Gesetz, das v.a. den Einfluss der engl. Sprache in der Werbung, in den Medien sowie in amtl. Mitteilungen und bei öffentl. Veranstaltungen zurückdrängen soll. Die f. S. der Gegenwart besitzt 16 Vokale, darunter 4 Nasalvokale und die gerundeten vorderen Vokale [y], [ø] und [œ]. Bes. im gesprochenen Französisch ist ein Rückgang (und Schwund) der vokal. Oppositionen (z.B. [œ̃] und [ɛ̃]) zu beobachten. Die Reduktion des lautl. Inventars im Lauf der sprachgeschichtl. Entwicklung hatte den Verlust des Zweikasussystems und die kompensator. Verwendung des Artikels (auch aufgrund der phonetisch meist ident. Singular- und Pluralformen), in der Verbalflexion (wo die Unterscheidung durch die Suffixe phonetisch nur noch z.T. realisiert wird) die Markierung der Verbformen durch das Personalpronomen zur Folge. Die Betonung liegt auf der letzten Silbe eines Wortes oder einer Sprecheinheit. Die f. S. hat zwei Genera (Maskulinum und Femininum), zwei Modi (Indikativ und Konjunktiv, »Subjonctif«) und drei Zeitstufen (Präsens, Imperfekt und Futur); das Tempussystem weist differenzierte Formen zur Bez. abgeschlossener und nicht abgeschlossener Handlungen auf. In der Syntax setzt sich umgangssprachlich (auch im Fragesatz) die regelmäßige Folge Subjekt – Prädikat – Objekt durch.

📖 *Wolf, H. J.: Frz. Sprachgeschichte. Heidelberg u.a. ²1991. – Geckeler, H. u. Dietrich, W.: Einführung in die frz. Sprachwissenschaft. Berlin 1995.*

Französische Union (frz. Union Fran-

Französisch-Guayana FRA

çaise), eine Staatengemeinschaft, geschaffen durch die frz. Verfassung vom 27. 10. 1946, bestand aus Frankreich und den ↑französischen Kolonien, versuchte nach dem Vorbild des (brit.) Commonwealth die Kolonialherrschaft durch aufgelockerte polit. Formen zu ersetzen. 1958 wurde sie durch die ↑Französische Gemeinschaft abgelöst.

französische Weine, die auf (2000) 0,917 Mio. ha Rebfläche in Frankreich erzeugten Weine (57,5 Mio. hl). Der Anbau erfolgt bes. im Languedoc-Roussillon (fast die Hälfte der frz. Weinproduktion), im Großraum Bordeaux und im Loiretal sowie im südl. Rhonetal, im Elsass und in der Champagne. Die f. W. werden in vier Qualitätsstufen erzeugt.

📖 *Ambrosi, H.: Weinlexikon. Niedernhausen 2001.*

Französisch-Guayana (frz. Guyane Française), frz. Überseedép. an der NO-Küste Südamerikas, zw. Surinam im W (Grenzfluss Maroni) und Brasilien im O und S, 83 534 km², (2001) 170 000 Ew., Hptst. ist Cayenne. F.-G. gehört zum Bergland von Guayana, das, von vielen Flüssen stark zerschnitten, hier nur noch Höhen bis 700 m ü. M. erreicht. Der bis 40 km breiten Küstenebene sind die Îles du Salut, zu denen die Teufelsinsel gehört, vorgelagert. Das Klima ist tropisch mit hohen Niederschlägen. Etwa 90 % der Fläche sind von trop. Regenwald bedeckt, an der Küste sind Mangrovesümpfe verbreitet. Fast die Hälfte der Bev. (Kreolen, Schwarze, Asiaten) lebt in der Hptst., eine geringe Zahl von Indianern an der Küste und im Landesinnern, Buschneger (↑Maron) am Río Maroni. Amtssprache ist Französisch,

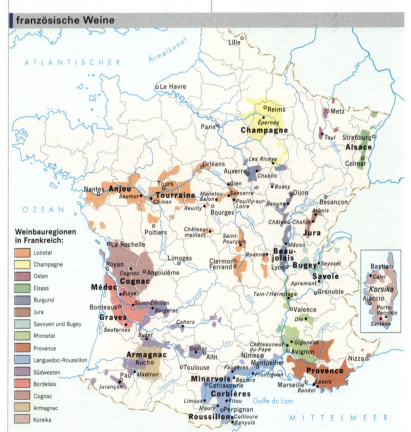

französische Weine

FRA Französisch-Indien

Französisch-Guayana: tropischer Regenwald bei Rourkela

Umgangssprache eine frz. Kreolsprache. 74% der Bev. sind römisch-katholisch. – In der Wirtschaft spielen neben dem Anbau für den Eigenbedarf lediglich der Zuckerrohranbau, die Krabbenfischerei (für den Markt in den USA) und der Holzeinschlag eine gewisse Rolle; Holzreichtum (bes. Harthölzer) und Bodenschätze (Bauxit, Gold, Tantalit) werden wegen der geringen Erschließung noch wenig genutzt. – Nordwestlich von Cayenne entstand seit 1967 ↑Kourou. – Die Küste wurde 1599 von Spaniern entdeckt, 1604 von Franzosen besiedelt, endgültig 1816 frz., 1852/54–1948 Sträflingskolonie (Teufelsinsel, Cayenne); seit 1946 frz. Überseedépartement.

Französisch-Indien (frz. Établissements Français dans l'Inde), die ehem. frz. Niederlassungen in Indien: die Hafenstädte Pondicherry, Karikal, Yanam an der O-Küste, Mahe an der W-Küste und Chandernagore im Gangesdelta; seit dem Pariser Frieden (1763) Restbesitz eines seit 1674 (Gründung von Pondicherry) gebildeten Kolonialgebiets, das unter Statthalter J. F. Dupleix (1742–54) seinen größten Umfang erreichte; Chandernagore kam 1950, die übrigen Besitzungen 1954 zur Ind. Union.

Französisch-Indochina, ↑Indochina.

Französisch-Polynesien (frz. Polynésie Française), frz. Überseeterritorium in Polynesien, umfasst über 100 Inseln im O-Pazifik; die Inseln sind über eine Meeresfläche von über 5 Mio. km² verteilt; 4 000 km², (2003) 244 000 Ew.; Hptst. ist Papeete auf Tahiti; zu F.-P. gehören die Gesellschafts- und Marquesas-, Tuamotu-, Tubuai- und Gambierinseln. Etwa 65% der Bev. sind Polynesier, 30% Europäer und Europolynesier, 5% Chinesen. Die Hauptexportgüter der meist vulkan. Inseln sind Kopra, Kokosöl, Perlmutt, Vanille und Kaffee. Der Fremdenverkehr gewinnt zunehmend an Bedeutung (Bora Bora, Moorea). – Gesellschafts- und Marquesasinseln wurden 1842 frz., die Übrigen 1880; seit 1958 Überseeterritorium.

Französisch-Somaliland, frühere frz. Kolonie, ↑Djibouti.

Französisch-Sudan, frühere frz. Kolonie, ↑Mali.

Französisch-Westafrika (frz. Afrique Occidentale Française, Abk. AOF), 1895–1958 frz. Generalgouvernement bzw. Föderation von Territorien der ↑Französischen Union, umfasste Dahomey (heute Benin), Elfenbeinküste, Frz.-Guinea (heute Guinea), Frz.-Sudan (heute Mali), Mauretanien, Niger, Obervolta (heute Burkina Faso) und Senegal.

Frappé [frz.] *der* (Frappee), Gewebe mit eingepresster Musterung.
Frappé [frz.] *das* (Frappee), **1)** *Ballett:* leichtes, schnelles Anschlagen der Ferse des Spielbeins gegen das Standbein vor und hinter dem Spann des Fußes. **2)** *Kochkunst:* Bez. für ein stark gekühltes Getränk.
frappieren, jemanden überraschen, in Erstaunen versetzen.
Frasassi-Höhle (italien. Grotte di Frasassi), große Tropfsteinhöhle bei Fabriano (Prov. Ancona) in den Marken, Italien; 1971 entdeckt.
Frascati, Stadt in Latium, Prov. Rom, Italien, am NW-Hang der Albaner Berge, 20 800 Ew.; Kernforschungszentrum, Europ. Raumforschungsinst.; Weinerzeugung; Fremdenverkehr. – Seit der Antike Sommeraufenthalt der Römer, viele Villen (meist 16./17. Jh.) mit wertvollen Kunstschätzen; die berühmteste ist die Villa Aldobrandini, die 1598–1603 von Giacomo Della Porta (von C. Maderna vollendet) für Papst Klemens VIII. aus dem Hause Aldobrandini gebaut wurde (weitere sind Villa Falconieri, Villa Mondragone u. a.). In der Nähe die Ruinen der röm. Villenstadt Tusculum.
Frasch-Verfahren [fræʃ-; nach dem amerikan. Chemiker H. Frasch, *1851, †1914], in den USA entwickeltes Verfahren zur Schwefelgewinnung aus tief gelegenen Lagerstätten ohne vorherigen bergmänn. Abbau; der durch ein Rohr eingeleitete überhitzte Wasserdampf verflüssigt den Schwefel, der mittels Druckluft durch ein weiteres Rohr zutage gefördert wird, wo er erstarrt.
Fräsen, Verfahren der spanenden Formgebung mit ein- oder mehrschneidigem, rotierendem Werkzeug (Fräser) bei kontinuierl. Vorschubbewegung des Werkstücks.
Fraser [ˈfreɪzə] *der,* Fluss im westl. Nordamerika, Kanada, 1 368 km lang, entspringt in den Rocky Mountains, durchschneidet das **F.-Plateau,** durchbricht die Coast Mountains, mündet bei Vancouver in die Georgiastraße; Lachsfischerei.
Fräser, spanabhebendes Werkzeug mit geometrisch bestimmter Schneide zum Fräsen. Als Schneidmaterial wird meist Hartmetall oder Schnellarbeitsstahl verwendet, aber auch stoßunempfindl. Mischkeramiken und polykristalliner Diamant oder Bornitrid.

Fraser Island [ˈfreɪzə ˈaɪlənd], größte Sandinsel der Erde, SO-Queensland, vor der O-Küste Australiens, 122 km lang, umfasst 1 600 km²; mit den höchsten Küstendünen und trop. Regenwäldern; Heimat von rd. 240 Vogelarten (UNESCO-Weltnaturerbe).
Frashëri [ˈfraʃəri], Naim, alban. Lyriker und Epiker, *Frashër (südwestl. von Korçë) 25. 5. 1846, †Konstantinopel 20. 10. 1900; bed. Vertreter der alban. nat. Bewegung; verfasste in alban. Sprache Lyrik, u. a. »Viehzucht und Landbau« (1886), Epen, Schulbücher und Übersetzungen.
Fräsmaschine, Werkzeugmaschine zur Herstellung von Plan- und Formflächen durch spanende Bearbeitung mittels Fräsern. Die wichtigsten Arten sind Konsol-F. (als Senkrecht-, Waagerecht-, Universal-F.), Bett-F. (als Ein- und Zweiständerausführung) und Sonder-F. (z. B. Gewinde-, Nuten-, Nachform-F.).
Frater [lat.»Bruder«] *der,* im frühen Mönchtum Selbstbez. der Mönche; heute Bez. für die Laienmönche im Unterschied zu den Priestermönchen.
Fraternité [frz.] *die,* Brüderlichkeit, programmat. Schlagwort der Frz. Revolution (↑Liberté, Égalité, Fraternité).
Frau [ahd. frouwa »Herrin«], weibl. erwachsener Mensch. Die geschlechtsspezif. körperl. Merkmale der F. sind v. a. geprägt durch die biolog. Funktion der Fortpflanzung. Diese biolog. Merkmale werden in versch. Gesellschaften unterschiedlich sozial überformt. Ebenso differiert die Wesensdefinition der F. je nach geograph. Raum, histor. Epoche sowie Gesellschafts- und Kulturtypus.
In den frühgeschichtl. Kulturen nahm die F. z. T. eine herausragende Stellung ein, z. B. in China, allem Anschein nach auch im östl. Mittelmeerraum. Im antiken Griechenland ging im 7./6. Jh. v. Chr. mit der Ablösung der bäuerl. Sippengemeinschaft durch eine merkantile Stadtkultur eine zunehmende Abwertung des weibl. zugunsten des männlich-patriarchal. Prinzips einher, jedoch ging von gebildeten Hetären oft namhafter geistiger und polit. Einfluss aus. Grundlage des röm. Gemeinwesens bildete der durch die autokrat. Gewalt des (männl.) Familienoberhaupts geprägte Familienverband. Gesellschaftlich genoss jedoch die Römerin eine wesentlich höhere Wertschätzung als die griech. F. Die früh-

FRA Frauenarbeit

christl. und mittelalterl. Kirche und Theologie bestimmten die Rolle der F. v. a. in den Extremen der vom Weg des Heils abbringenden Verführerin Eva und der jungfräul. Mutter Maria. Thomas von Aquin begründete die Gehorsamspflicht der F. gegenüber dem Mann aus der von Aristoteles übernommenen Auffassung von der physiolog. Minderwertigkeit der F. Erst im 13. Jh. erlangte die F. ihre Anerkennung als Rechtssubjekt sowie Zugang zu Handel und gewerbl. Produktion. Erneute Abhängigkeit und Unfreiheit brachten die Umwälzungen des 15. und 16. Jh., einerseits durch die Annahme des röm. Rechts und die Entdeckung des antiken (Haus-)Frauenideals in der Renaissance, andererseits durch den Hexenwahn. Humanismus, Reformation und Gegenreformation, die bed. Anteil an der Schaffung des neuzeitl. Menschenbildes hatten, haben die Theorie von der grundsätzlichen weibl. Unterlegenheit nicht wesentlich modifiziert. Demgegenüber war der Typus der philosophisch gebildeten F., des »Blaustrumpfs« und der »Gelehrten«, zumindest ideell in das auf Vernunft begründete egalitäre Menschenideal der Aufklärung einbezogen. Aufgrund der wirtsch. Umwälzung durch die Industrialisierung im 19. Jh. drangen F. allmählich in alle gesellschaftl. Bereiche vor und organisierten sich in Bewegungen, die die privatrechtl. Gleichstellung der F. und ihre Selbstständigkeit im öffentl. Leben erstrebten. Inzwischen ist in allen industrialisierten Ländern die Gleichstellung von F. und Mann verfassungsmäßig verankert, faktisch bestehen für die F. jedoch in bestimmten Bereichen der Gesellschaft (z. B. im Berufsleben und in Bezug auf das allg. gesellschaftl. Rollenverständnis) Benachteiligungen fort. (↑Frauenarbeit, ↑Frauenbewegung, ↑Frauenforschung, ↑Frauenpolitik)

📖 *Gesch. der Frauen, hg. v. G. Duby u. M. Perrot, 5 Bde. A. d. Italien. Frankfurt am Main u. a. 1993–95. – Ennen, E.: Frauen im MA. München ⁵1994. – F. in den Religionen, hg. v. M. Klöcker u. M. Tworuschka. Weimar u. a. 1995. – Heinich, N.: Das »zarte« Geschlecht. F.-Bilder in der abendländ. Literatur. A. d. Frz. Düsseldorf u. a. 1997.*

Frauenarbeit, i. e. S. die gegen Entgelt geleistete Arbeit der Frauen, i. d. R. als (außerhäusl.) Erwerbstätigkeit, i. w. S. auch die von Frauen (unentgeltlich) erbrachten häusl. und pfleger. Tätigkeiten in der Familie oder Lebensgemeinschaft (Hausarbeit).
Bis zur Industrialisierung bestand F. überwiegend aus landwirtsch. Arbeit sowie der Eigenproduktion grundlegender Güter wie Nahrung, Kleidung u. a. (Subsistenzwirtschaft). Mit der Industrialisierung verbreitete sich die Heim- (Hausindustrie), Manufaktur- oder Verlagsarbeit und in deren Gefolge die Fabrikarbeit. In den Hausindustrien waren die Frauen zu billigster Akkordarbeit gezwungen, und in der Industrie (v. a. in der Textilindustrie, auch in Bergbau und Hüttenwesen) entstand ein (verglichen mit Männern noch schlechter bezahltes) Frauenproletariat. Im letzten Drittel des 19. Jh. waren Frauen häufig als Dienstbotinnen, Kontoristinnen, Verkäuferinnen sowie im Postwesen eingesetzt.
Der Wert der von Frauen im Haushalt, bei Kindererziehung sowie Pflege und Betreuung von Kranken und Alten geleisteten Arbeit wird für die Industrieländer auf 25–40 % des Bruttoinlandsprodukts geschätzt. Weltweit nehmen Frauen rd. ein Drittel aller bezahlten Arbeitsplätze ein. Während die Frauenerwerbstätigkeit in den afrikan. Entwicklungsländern, Teilen von Südamerika und Südostasien sowie in arabischen u. a. islam. Staaten bes. gering ist, ist sie in den Industriestaaten sowie in den ehemals sozialist. Ländern und China stark ausgeprägt. In der EU liegt die durchschnittl. Frauenerwerbsquote (2001) bei 47,0 %, sie schwankt allerdings zw. 36,2 % (Italien) und 59,7 % (Dänemark); für Dtl. werden 49,3 % ausgewiesen. In den letzten Jahrzehnten hat die Erwerbsneigung von Frauen in den meisten Ländern zugenommen. In Dtl. z. B. stieg die Zahl der weibl. Erwerbspersonen von (1951) 4,5 Mio. auf (2001) 17,87 Mio. (44,1 % aller Erwerbspersonen). Dabei ist allerdings zu berücksichtigen, dass durch gleichzeitige Zunahme der (überwiegend von Frauen geleisteten) Teilzeitarbeit das Arbeitsvolumen nicht im gleichen Maße gestiegen ist wie die Zahl der Arbeitsplätze. Wesentl. Bestimmungsgründe für das Ausmaß bezahlter F. sind: Familienstand, Kinderzahl, Teilzeitbeschäftigungsmöglichkeiten, berufl. Qualifikation, die Notwendigkeit, den eigenen Lebensunterhalt zu bestreiten bzw. zum Familieneinkommen beizutragen, Streben nach wirtsch. Unabhängigkeit

Frauenarbeit FRA

und berufl. Betätigung sowie der Anspruch, den erlernten Beruf (nach einer »Familienpause«) wieder ausüben zu können. – Obwohl die Einkommensdifferenzen zw. Männern und Frauen verringert wurden, sind diese nach Angaben der Internat. Arbeitsorganisation (ILO) noch immer hoch. Die geringeren Durchschnittseinkommen der Frauen beruhen neben direkter Lohndiskriminierung auf dem Umstand, dass Frauen tariflich niedriger eingestuft sind, weniger Überstunden bei insgesamt kürzeren Wochenarbeitszeiten leisten, weniger Tarifzuschläge erhalten und kürzere Betriebszugehörigkeiten als Männer aufweisen. Außerdem steigen Frauen seltener in leitende Positionen auf als Männer. Infolge einer ungünstigeren Qualifikationsstruktur von Frauen (Konzentration auf eine kleine Zahl von »Frauenberufen«) und geringerem Interesse von Arbeitgebern an der Einstellung von Frauen sind diese i. d. R. stärker von Arbeitslosigkeit betroffen als Männer.

Rechtl. Regelungen: Unterschieden werden Gesetze, die spezielle Arbeitsschutzvorschriften für Frauen enthalten, Gesetze, die die Vereinbarkeit von Familie und Beruf fördern, und solche, die (auch) der berufl. Gleichstellung dienen (↑Lohngleichheit). Mit dem Arbeitszeitrechts-Ges. von 1994 wurden die bisherigen Beschäftigungsverbote und -einschränkungen (bes. das Nachtarbeitsverbot) für Frauen und die Hausarbeitstagsregelung aufgehoben. Das Beschäftigungsverbot für Frauen im Bergbau unter Tage wurde beibehalten. Der speziellen Situation erwerbstätiger Frauen tragen Rechnung u. a. das Mutterschutz-Ges. (↑Mutterschutz) und das Bundeserziehungsgeld-Ges. (↑Erziehungsgeld, ↑Erziehungsurlaub). Mit dem Zweiten Gleichberechtigungs-Ges. von 1994 wurde die geschlechtsspezif. Stellenausschreibung verboten und mit dem Beschäftigtenschutz-Ges. der Schutz der Beschäftigten vor sexueller Belästigung am Arbeitsplatz geregelt. 1994 wurde der Gleichberechtigungsartikel (Art. 3 Abs. 2 GG) konkretisiert durch die Ergänzung: »Der Staat fördert die tatsächl. Durchsetzung der Gleichberechtigung von Frauen und Männern und wirkt auf die Beseitigung bestehender Nachteile hin.« Der gesetzl. Anspruch eines Kindes vom vollendeten 3. Lebensjahr an auf einen Kindergartenplatz soll v. a. die Arbeit von Müttern erleichtern. Viele der genannten Regelungen wurden durch das Recht der EG bzw. die Rechtsprechung des Europ. Gerichtshofes ausgelöst. In *Österreich* enthält das Gleichbehandlungs-Ges. einschlägige Bestimmungen. Zum 1. 8. 2002 wurde das Frauennachtarbeitsverbot aufgehoben und gleichzeitig wurden in das Arbeitszeit-Ges. geschlechtsneutrale Bestimmungen zum Schutz der Nachtarbeitnehmer aufgenommen. In der *Schweiz* kon-

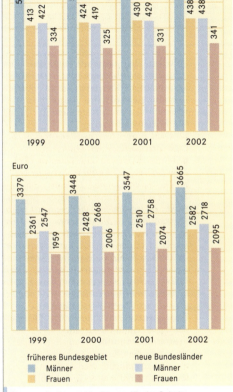

Frauenarbeit: geschlechtsspezifische Gehaltsunterschiede in Deutschland; oben durchschnittliche Bruttowochenverdienste von Arbeitern und Arbeiterinnen im produzierenden Gewerbe, unten durchschnittliche Bruttomonatsverdienste von männlichen und weiblichen Angestellten im produzierenden Gewerbe, Handel, Kredit- und Versicherungsgewerbe

FRA Frauenarzt

Frauenarbeit: Frauenerwerbsquoten in Deutschland*) nach Altersgruppen und Familienstand (in %)

Alter von ... bis unter ... Jahren	Frauen insgesamt		Bundesländer		verheiratet	ledig	verwitwet	geschieden
			alte	neue				
	1991	2000	2000	2000	2000	2000	2000	2000
15–20	37,2	28,6	28,4	29,6	35,8	28,5	–	–
20–25	75,9	68,5	67,6	72,5	55,5	71,2	–	68,8
25–30	75,6	76,0	74,3	84,8	65,7	84,8	–	79,5
30–35	72,8	77,3	74,6	91,5	70,3	91,4	79,5	86,1
35–40	75,1	79,0	75,7	93,6	74,6	92,1	82,7	88,9
40–45	75,4	81,1	77,9	94,9	78,1	91,9	80,8	91,7
45–50	72,8	80,2	77,1	92,7	77,8	90,6	75,5	91,0
50–55	65,3	72,6	69,2	89,0	70,0	83,8	70,5	86,6
55–60	42,9	58,1	53,5	76,4	55,0	71,7	56,3	77,3
60–65	10,7	13,2	14,9	6,6	12,3	16,7	11,9	21,5
65 und mehr	3,3	3,3	3,3	3,9	1,4	1,8	2,0	1,1	3,2

*) einschließlich neuer Bundesländer

kretisiert das Gleichstellungs-Ges. von 1995 den seit 1981 geltenden Verfassungsanspruch von Mann und Frau auf gleichen Lohn für gleiche Arbeit und verbietet mittelbare und unmittelbare Benachteiligung von Frauen im Beruf.

📖 *Wahl, A. von: Gleichstellungsregime. Berufl. Gleichstellung von Frauen in den USA u. in der Bundesrep. Dtl. Opladen 1999. – Pfau-Effinger, B.: Kultur u. Frauenerwerbstätigkeit in Europa. Opladen 2000. – Döse, A.: F. in Europa u. Gemeinschaftsrecht. Baden-Baden 2000. – Krais, B. u. Maruani, M.: F. – Männerarbeit. Neue Muster der Ungleichheit auf dem europ. Arbeitsmarkt. A. d. Frz. Frankfurt am Main u. a. 2000. – Fischer, U. L.: F. in Transformation. Opladen 2001. – Chancengleichheit durch Personalpolitik. Gleichstellung von Frauen u. Männern in Unternehmen u. Verwaltungen, hg. v. G. Krell. Wiesbaden ³2001.*

Frauenarzt (Gynäkologe), Arzt für Frauenheilkunde und Geburtshilfe.

Frauenbewegung, organisiertes Eintreten der Frauen für ihre Interessen und gegen Benachteiligung auf ökonom., sozialem, polit. und kulturellem Gebiet; entstand im Zusammenhang mit den sozialen und erzieher. Reformbewegungen seit dem Ende des 18. Jh., zuerst im früh industrialisierten Westeuropa.

Während der Frz. Revolution erschienen zahlr. Veröffentlichungen zu den Rechten der Frau. In dieser Zeit bildeten sich in Frankreich revolutionäre Frauenklubs (ähnlich in Dtl. um 1848). Die mit der industriellen Revolution verbundenen sozialen Umwälzungen gaben der F. nach 1850 in vielen Ländern neue Impulse. 1865 wurde der Allgemeine Dt. Frauenverein (ADF) gegründet, der sich v. a. mit Frauenarbeit und Frauenbildung beschäftigte. Die sozialist. Deutung der Frauenemanzipation (A. Bebel, Clara Zetkin) betonte, dass die Befreiung des Proletariats auch die Befreiung der Frau bedeute. Das Hauptanliegen der frühen F., das Frauenwahlrecht, wurde schließlich zu ganz unterschiedl. Zeitpunkten erreicht: z. B. in Finnland 1906, Russland 1917, Dtl. 1918, USA 1920, Großbritannien 1928, Frankreich 1944. Im Ersten Weltkrieg nahm die Frauenarbeit und damit die Integration der Frau in Politik und Gesellschaft zu. Einen starken Rückschritt brachte in Dtl. die nat.-soz. Ideologie von der Rolle der Frau als Gattin und Mutter. – Trotz Frauenwahlrecht und verfassungsrechtl. Gleichstellung (↑Gleichberechtigung) ist bis heute die volle Integration der Frauen in das polit., soziale und kulturelle Leben nicht verwirklicht (z. B. Benachteiligung bei der Entlohnung, geringe Vertretung in den Parlamenten). So entstand die radikalere **neue F.,** auch unter der Bez. **Feminismus** (z. B. in den USA »Women's Lib«). In der Bundesrep. Dtl. entwickelten sich nach 1968 aus der Studentenbewegung – v. a. auch im Zusammenhang mit dem Kampf um die Abschaffung des § 218 (Verbot des Schwangerschaftsabbruchs) – alternative Frauengruppen, die den Ausbau eines eigenen Kommunikationssystems (Frauenzentren, -verlage) betrieben und ein Netz von Selbsthilfeprojekten (↑Frauenhäuser, Selbsterfahrungsgruppen) schufen. In den 80er-Jahren engagierte sich die autonome F. vielfach in der Ökologie-, Antiatomkraft- und Friedensbewegung sowie bei den Grünen. Auch die in Parteien, Gewerkschaften und anderen Organisationen aktiven Frauen setzten sich mit wachsendem Erfolg dafür ein, Frauenanliegen gesamtgesellschaftlich stärker in den Blick zu rücken (z. B. Durchsetzung der ↑Frauenförderung). Um den Anliegen der F. ein weltweites Forum zu bieten, rief die UNO die ↑Weltfrauenkonferenz ins Leben.

❖ siehe ZEIT Aspekte

📖 *Schenk, H.: Die feminist. Herausforderung. 150 Jahre F. in Deutschland.* München ⁶1993. – *Gerhard, U.: Unerhört. Die Geschichte der dt. F.* Reinbek 20.–22. Tsd. 1995. – *Geschichte der dt. F.,* hg. v. *F. Hervé.* Beiträge v. W. Buchholz-Will u. a. Köln ⁵1995. – *G. Lerner: Frauen u. Geschichte,* 2 Bde. A. d. Engl. Studienausg. Frankfurt am Main u. a. 1995. – *Das Weiberlexikon,* hg. v. *F. Hervé* u. a. Tb.-Ausg. München 1996.

Frauenburg, Stadt in Polen, ↑Frombork.

Frauenfarn (Athyrium), Gattung der Farne; heimisch der **Wald-F.** (Athyrium filix-femina) mit bis 1 m langen, zart gefiederten Wedeln.

Frauenfeld, Hptst. des Kt. Thurgau, Schweiz, zu beiden Seiten der Murg, 20 300 Ew.; Zuckerfabrik, Schleif- und Schmirgelwarenerzeugung, Maschinenbau, Stahlindustrie; traditionelle Pferderennen. – Schloss (Bergfried 13. Jh., spätere Umbauten; z. T. in Fachwerkbauweise, mit Museum), Laurentiuskirche (Mittelbau wohl 10./11. Jh., Chor frühes 14. Jh.) mit kostbaren Glasgemälden (14. Jh.). – 1331 wurde F. Stadt.

Frauenförderung, Maßnahmen zur Verbesserung der ↑Gleichberechtigung der Frauen im Arbeitsleben. Ziele der F. wie Schaffung von Arbeitsplätzen (bes. auch in leitenden Positionen), Entlohnungsgerechtigkeit, Vereinbarkeit von Beruf und Familie, werden häufig in **Frauenförderplänen** festgehalten. Die Durchsetzung der F. ist die Aufgabe von **Frauenbeauftragten,** die es in Betrieben und im öffentl. Dienst gibt. (↑Frauenarbeit)

Frauenforschung (feministische Wissenschaft), in den USA entstandener Wissenschaftsansatz (seit 1969 selbstständiger Studiengang mit akadem. Abschluss), der die weibl. Bedürfnisse, Sichtweisen und Interessen in den Vordergrund von Forschung und Lehre stellt. Grundlegende Anliegen der F. sind u. a., vergessene oder verdrängte kulturelle und wiss. Leistungen von Frauen in versch. Disziplinen aufzuarbeiten (z. B. ↑feministische Philosophie) und die polit. Arbeit der Frauenbewegung wissenschaftlich zu fundieren; gegenwärtige Forschungsschwerpunkte bilden die Erforschung weibl. Lebenszusammenhänge und Sozialisationsmuster, die Stellung von Frauen innerhalb der gesellschaftl. Arbeitsorganisation (bes. hinsichtlich der Bedeutung weibl. Arbeitskraft für die Reproduktion der männl. Arbeitsfähigkeit durch »unbezahlte Hausarbeit«) und die vergleichende Analyse der traditionellen und gegenwärtigen gesellschaftl. (patriarchalen) Strukturen. Ausweitung bzw. Ablösung erfuhr das Konzept der F. durch den interdisziplinären Forschungsansatz der ↑Geschlechterforschung.

📖 *Frauen leben Widersprüche. Zwischenbilanz der F.,* Beiträge v. *S. Metz-Göckel* u. *E. Nyssen.* Weinheim u. a. 1990. – *Zw. Emanzipationsvision u. Gesellschaftskritik. (Re)Konstruktionen der Geschlechterordnung in F.* – *Frauenbewegung – Frauenpolitik,* hg. v. *U. Hornung.* Münster 2001. – *Ztschr. für F. u. Geschlechterstudien.* Bielefeld 1983 ff.

Frauenhandel (Mädchenhandel), nach dem internat. Abkommen vom 4. 5. 1910 u. a. Abkommen das Anwerben, Verschleppen oder Entführen von Mädchen oder Frauen ins Ausland mittels Täuschung oder unter Anwendung von Zwangsmitteln, um sie zur Prostitution zu missbrauchen. Die Abkommen verpflichten die Staaten, F. unter Strafe zu stellen, in Dtl. verwirklicht gemäß §§ 180 b, 181 StGB mit Höchstfreiheitsstrafen von fünf bzw. zehn Jahren. Es gilt das Weltrechtspflegeprinzip (Strafbarkeit unabhängig vom Tatort und Staatsangehörigkeit des Täters). (↑Menschenhandel)

Frauenhaus, autonome oder von gemeinnützigen Organisationen unterstützte Einrichtung, in der Frauen, die von Männern körperlich und seelisch misshandelt wurden, vorübergehend (mit ihren Kindern) wohnen können und Beratung und Hilfe

FRA Frauenheilkunde

erfahren. Die Gründung von F. geht auf Initiativen der Frauenbewegung zurück.

Frauenheilkunde, die ↑Gynäkologie.

Fraueninsel, Insel im ↑Chiemsee.

Frauenkrankheiten, Sammelbez. für alle geschlechtsspezif. Erkrankungen der Frau, u. a. Erkrankungen der Geschlechtsorgane und der Brustdrüsen sowie deren Auswirkungen; auch durch Geschlechtshormone bedingte Störungen.

Frauenlob (eigtl. Heinrich von Meißen), mittelhochdt. Lyriker, *Meißen um 1250/60, † Mainz 29. 11. 1318; hielt sich an vielen Höfen im Norden und Osten des dt. Sprachgebiets auf; er galt als einer der 12 alten Meister; in seinen Tönen (↑Ton, Literatur) ist bis zum Ende der Meistersingergesellschaften gedichtet worden; überliefert sind Minnelieder und Leiche.

Frauenmantel

Frauenmantel (Sinau, Alchemilla), Gattung der Rosengewächse mit kleinen, gelbgrünen Blüten und rundl. gefalteten Blättern; auf feuchten Wiesen der bis 50 cm hohe **Gemeine F.** (**Marienmantel,** Alchemilla vulgaris), der in der Volksmedizin Verwendung findet, und auf Weiden und Geröll der **Alpen-F.** (**Silbermantel,** Alchemilla alpina) mit bis zum Grund geteilter Blattspreite.

Frauenpolitik, zusammenfassende Bez. einerseits für das polit. Engagement und die Ziele der ↑Frauenbewegung, andererseits für die Maßnahmen eines Staates, die Frauen betreffen, z. B. auf den Gebieten der polit. Mitwirkungsrechte, des Ehe- und Familienrechts, der Arbeitsmarktpolitik. Der Grundsatz der ↑Gleichberechtigung ist in vielen Ländern verfassungsrechtl. garantiert. Zu seiner Durchsetzung dienen u. a. Diskriminierungsverbote, Quotenregelungen, Frauenförderpläne (↑Frauenförderung). Ein wichtiges internat. Forum der F. ist die ↑Weltfrauenkonferenz.

Frauenquote, Regelung, die vorsieht, dass in bestimmten Funktionen oder Positionen Frauen in einer angemessenen Zahl vertreten sein müssen. Die Umsetzung einer F. bedeutet z. B., dass beim Vorliegen gleicher Qualifikationen Frauen männl. Mitbewerbern so lange vorgezogen werden, bis der mit der F. festgelegte Wert erreicht ist. Der Europ. Gerichtshof entschied zu gesetzl. Quotenregelungen im öffentl. Dienst: a) Eine Quotenregelung verstößt gegen europ. Recht, wenn Frauen automatisch und mit absolutem Vorrang gleich qualifizierten männl. Mitbewerbern vorgezogen werden dürfen. b) Mit europ. Recht vereinbar ist eine Quotenregelung, wenn sie bei gleicher Eignung nicht einen unbedingten Vorrang der Frau anordnet, sondern im Wege einer »Öffnungsklausel« besondere persönl. Umstände zu berücksichtigen erlaubt.

Frauenraub, gewaltsame Entführung eines Mädchens gegen oder mit dessen Willen zur Eheschließung, heute noch verbreitet bei Naturvölkern; im *Brauchtum* häufig nur Symbol für die Trennung von der Verwandtengruppe, mitunter auch Scherz zur Hochzeitsfeier (»Brautraub«: Verstecken der Braut).

Frauenschuh (Cypripedium), Orchideengattung mit bauchiger, pantoffelähnl. Blütenlippe. Die einzige mitteleurop. Art, der **Rotbraune F.** (Cypripedium calceolus), wächst in Wäldern; geschützt, nach der Roten Liste stark gefährdet.

Frauenstein, Stadt im Landkreis Freiberg, Sachsen, im Osterzgebirge, 3 600 Ew.; Renaissanceschloss (1585–88; Gottfried-Silbermann-Museum), Geburtshaus des Orgelbauers G. Silbermann.

Frauenstift, andere Bez. für ↑Damenstift.

Frauentag, ↑Internationaler Frauentag.

Frauenverbände, Interessenverbände von Frauen, entwickelten sich bes. seit der Industrialisierung, ausgelöst einerseits durch das Bewusstwerden der Unterprivilegierung der Frauen in der Ausbildung, in sozialer und polit. Hinsicht, andererseits

durch ein starkes sozialpolit. Engagement v. a. von Frauen mittelständ. Herkunft. Um die Jahrhundertwende beschäftigten sich in den USA zahlr. F. mit Friedenspolitik, Ausbildung und Beruf sowie dem Schutz von Minderheiten. In den meisten europ. Ländern setzten sich seit etwa 1850 F. für die Lösung sozialer Fragen (z. B. Schutz lediger Mütter, Abschaffung der Prostitution), das Frauenwahlrecht und die Gleichberechtigung ein. – Es bestehen nat. Dachverbände (Dtl.: Dt. Frauenrat, Österreich: Bund österr. Frauenvereine, Schweiz: Bund schweizer. Frauenorganisationen). Neben der Tätigkeit als F. innerhalb der Frauenbewegung gibt es organisierte Aktivitäten für die Verbesserung der Position der Frau in der Gesellschaft, u. a. in den Parteien und Gewerkschaften.
📖 *Handbuch deutscher Frauenorganisationen*, hg. vom Deutschen Frauenrat. Bonn 1994.

Frauenschuh: Rotbrauner Frauenschuh

Fräulein [mhd. Verkleinerungsform von Frau], seit dem 12. Jh. Bez. und Anrede für die Jungfrau adligen Standes. Nach 1800 setzte sich »F.« auch als Bez. für die im 18. Jh. mit »Demoiselle« (Mademoiselle) angesprochenen Töchter aus bürgerl. Familien durch. Daraufhin wurden die Töchter aus adligem Hause, seit der Mitte des 19. Jh. auch diejenigen aus reichen Bürgerfamilien, mit »gnädiges F.« angeredet. Die seit dem 19. Jh. schließlich generell der unverheirateten Frau geltende Anrede F. ist heute meist durch »Frau« ersetzt.

Joseph von Fraunhofer

Fraunhofer, Joseph von (seit 1824), Physiker und Glastechniker, *Straubing 6. 3. 1787, †München 7. 6. 1826; ab 1819 Prof. in München und ab 1823 Konservator des Physikal. Kabinetts der Bayer. Akademie der Wiss.en; entwickelte opt. Geräte (Mikroskope, Refraktoren u. a.) hoher Qualität durch neuartige Methoden zur Herstellung und Bearbeitung von opt. Linsen. Er erfand das Beugungsgitter und untersuchte damit die Spektren von Planeten und Sternen. Dabei entdeckte er (unabhängig von W. H. Wollaston) im Sonnenspektrum die als **fraunhofersche Linien** bezeichneten dunklen Absorptionslinien, anhand derer man die in der Sonnenatmosphäre enthaltenen Elemente bestimmen kann und die F. ab 1815 katalogisierte. – F. verhalf der Wellentheorie des Lichts zum endgültigen Durchbruch.
📖 Preyss, C. R.: *J. v. F. Optiker – Erfinder – Pionier.* Weilheim 1989.

Fraunhofer-Gesellschaft zur Förderung der angewandten Forschung e. V., Abk. **FhG,** gemeinnützige Ges. für angewandte und anwendungsorientierte Forschungsarbeiten v.a. auf dem Gebiet der Natur- und Ingenieurwiss.en, größte Forschungseinrichtung für angewandte Forschung in Europa; gegr. 1949, Sitz: München; unterhält (2003) 56 Forschungsinst. (**F.-Institute**) in Dtl. sowie Forschungszentren in den USA und in Asien.
📖 Trischler, H. u. von Bruch, R.: *Forschung für den Markt. Gesch. der Fraunhofer-Gesellschaft.* München 1999.

Fraxinus, die Pflanzengattung ↑Esche.
Frazer [ˈfreɪzə], Sir (seit 1914) James George, brit. Ethnologe, *Glasgow 1. 1. 1854, †Cambridge 7. 5. 1941; urspr. klass. Philologe; erforschte religionsgeschichtl. Fragen der Antike und des Orients aus ethnologisch-soziolog. Sicht; schrieb u. a. »Der goldene Zweig« (2 Bde. 1890).
Frazier [ˈfreɪzɪə], Joe, amerikan. Boxer, *Beaufort (S. C.) 12. 1. 1944; 1964 Olympiasieger im Superschwergewicht; seit 1965 Profi, u. a. Schwergewichtsweltmeister 1968–70 und 1970–72; 37 Profikämpfe (32 Siege).
Freak [fri:k, engl.] *der,* 1) jemand, der sich nicht ins normale bürgerl. Leben einfügt; 2) jemand, der sich übertrieben für etwas begeistert, z. B. Computerfreak.

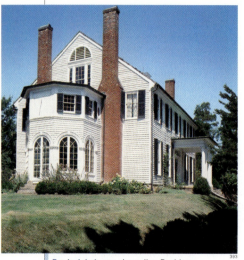

Fredericksburg: ehemalige Residenz »Belmont« im nationalen Militärpark

Frears [ˈfri:əz], Stephen, brit. Filmregisseur, *Leicester 20. 6. 1941; seine Filme sind sozialkrit. Tragikomödien (u. a. »Mein wunderbarer Waschsalon«, 1985). **Weitere Filme:** Gefährliche Liebschaften (1989), nach Choderlos de Laclos; Hi-Lo Country (1999).
Frechen, Stadt im Erftkreis, NRW, in der Ville, 46 200 Ew.; Keramikmuseum; Braunkohlenverarbeitung, Steinzeugfabriken und Quarzsandgewinnung. – 887 erstmals erwähnt. 1951 wurde F. Stadt.
Freckenhorst, Stadtteil von ↑Warendorf.

Fredegunde, fränk. Königin, *um 550, †597; Nebenfrau, dann Gemahlin des fränk. Königs Chilperich I., der 567 seine erste Frau Galswintha ermorden ließ und dadurch den Blutrachekrieg Brunhildes (Schwester Galswinthas) entfachte. Nach der Ermordung Chilperichs (584) regierte sie zeitweilig für ihren Sohn Chlothar II.
Fredensborg [ˈfreːðənsbɔr], Sommerresidenz der dän. Königsfamilie am Esrumsee im N Seelands, im 18. Jh. erbaut.
Fredericia [freðəˈresja], Hafenstadt in Jütland, Dänemark, am Kleinen Belt, 47 000 Ew.; Erdölraffinerie, chem., Eisen-, Textilind.; seit 1970 Beltbrücke zur Insel Fünen.
Fredericksburg [ˈfredrɪkzbəːg], Stadt im NO von Virginia, USA. Am 13. 12. 1862 Schauplatz einer Schlacht des Sezessionskrieges, in der der Angriff einer rd. 120 000 Mann starken Unionsarmee unter General A. E. Burnside von einer etwa 78 000 Mann zählenden Truppe der Konföderierten unter General R. E. Lee zurückgeschlagen wurde.
Fredericton [ˈfredrɪktn], Hptst. der Prov. New Brunswick, Kanada, am Saint John River, 79 000 Ew.; Univ.; Schuhindustrie. – Gegr. 1783.
Frederik [ˈfreðrəg], dän. Könige, ↑Friedrich.
Frederiksberg [freðrəgsˈbɛr], Stadt auf Seeland, Dänemark, 89 200 Ew.; als Enklave im Innenstadtbereich von Kopenhagen gelegen, bildet mit Kopenhagen und Gentofte die dän. Hauptstadt.
Frederiksborg [freðrəgsˈbɔr], dän. Renaissanceschloss bei Hillerød in N-Seeland, 1602–20 erbaut, seit den 1880er-Jahren nationalhistor. Museum. Im **Frieden von F.** (3. 7. 1720) beendeten Dänemark und Schweden den 2. Nord. Krieg.
Frederikshavn [freðrəgsˈhaun], Stadt in N-Jütland, Dänemark, 35 200 Ew.; bed. Fischereihafen, Schiffswerft, Eisen-, Fischkonservenind.; Fährverkehr u. a. nach Oslo und Göteborg. – Die um eine Festung gewachsene Siedlung erhielt 1818 Stadtrecht.
Fredholm, Erik Ivar, schwed. Mathematiker, *Stockholm 7. 4. 1866, †Mörby (bei Stockholm) 17. 8. 1927; begründete 1903 die moderne Theorie der Integralgleichungen **(fredholmsche Theorie)** und lieferte grundlegende Arbeiten zu partiellen Differenzialgleichungen.

Fredrikstad ['frɛdrigsta], Hafenstadt in S-Norwegen, an der Mündung der Glomma in den Oslofjord, 66 700 Ew.; Ausfuhr von Holz, Chemikalien, Granit; Schiffbau, Papier- und Kunststoffind. – 1567 wurde der histor. Kern von F., die Festungsstadt **Gamlebyen** mit dem vorgelagerten Fort Kongsten (1685; unter Denkmalschutz), angelegt.

Fredro, Aleksander Graf, poln. Dramatiker, * Surochów (bei Jarosław) 20. 6. 1793, † Lemberg 15. 7. 1876; bed. Lustspieldichter, v. a. seine gesellschaftskrit. Sittenkomödien (»Pan Geldhab«, 1821; »Damen und Husaren«, 1825) gehören bis heute zum Repertoire des poln. Theaters.

Freecall ['fri:kɔ:l, engl.] *der* (Freephone), *Telekommunikation:* für den Anrufer gebührenfreie Rufnummer, seit 1998 in Dtl. mit der Vorwahl 0800.

Freeclimbing ['fri:klaɪmɪŋ, engl.] *das* (Freiklettern), extreme Form des Klettersports, bei dem Felspassagen ohne Steighilfen, zur Sicherung lediglich mit Haken u. a. zu überwinden sind.

Freeconcert ['fri:'kɔnsət, engl.] *das,* (bes. der Plattenwerbung dienendes) Rockkonzert, bei dem die Gruppen ohne Gage auftreten und kein Eintritt erhoben wird.

Free Jazz ['fri: dʒæz; engl. »freier Jazz«] *der,* um 1960 aufgekommene Spielart des Jazz, die in der völlig freien Verwendung des Tonmaterials u. a. Ausdrucksmittel besteht und auf herkömml. Stilkriterien verzichtet.

Freelance ['fri:lɑ:ns] *der,* engl. Bez. für: 1) freier Musiker (ohne Bindung an ein bestimmtes Ensemble); 2) freier Schriftsteller, Journalist; 3) freier Mitarbeiter.

Freeman ['fri:mən], Cathy, austral. Leichtathletin (Sprinterin), * Mackay (Queensland) 16. 2. 1973; stammt von den austral. Ureinwohnern (Aborigines) ab; über 400 m u. a. Olympiasiegerin (2000) und Weltmeisterin (1997, 1999).

Freemasonry ['fri:meɪsnrɪ], engl. Bez. für ↑ Freimaurerei.

Freese, Heinrich, Unternehmer, * Hamburg 13. 5. 1853, † Strausberg 29. 9. 1944; einer der ersten dt. Industriellen, die sozialpolit. Maßnahmen einführten (1884 Arbeitervertretung und Tarifvertrag, 1889/91 Gewinnbeteiligung, 1892 Achtstundentag).

Freesile *die* (Freesia), Gattung der Schwertliliengewächse im südl. Afrika,

Stauden mit glockigen Blüten in nach einer Seite gerichteten Wickeln; beliebte Schnittblume.

Freeskiing ['fri:ski:ɪŋ, engl.] (Freeriding) *das, Extremsport:* das Befahren von extrem steilen Hängen (abseits der Pisten) mit breitem und tailliertem Ski (»Twintip«, z. T. hinten aufgebogen zum Rückwärtsfahren), auch bes. geeignet für Sprünge und Drehungen.

Freestyle ['fri:staɪl, engl.] *der* (früher Skiakrobatik, Trickski), *Skisport:* Skiwettbewerbe, bei denen hohe Präzision und ausgeprägtes techn. und akrobat. Können gefordert sind; Wertungsdisziplinen sind ↑ Acroski, ↑ Buckelpiste und ↑ Kunstspringen, außerdem die Kombination aus Addition der Punktzahlen der Einzeldisziplinen.

Freetown ['fri:taʊn], Hptst. von Sierra Leone, an der Westküste Afrikas, am NW-Ende der Halbinsel Sierra Leone, 1,3 Mio. Ew. (städt. Agglomeration); Erzbischofssitz; Univ. (gegr. 1967); Ind.zentrum; bed. Handelshafen; internat. Flughafen (Lungi). Erdölraffinerie und -hafen in Kissy. – 1787 als erste Siedlung für freigelassene Sklaven gegründet.

Free TV ['fri:ti:'vi:, engl.] *das,* unverschlüsselt und kostenfrei zu empfangendes, werbefinanziertes Privatfernsehen (im Ggs. zum Pay-TV).

Freeware ['fri:weə, engl.] *die,* funktionsfähige Software, die kostenlos abgegeben wird und beliebig kopiert, weitergegeben und verändert werden darf.

Fregatte [italien.] *die,* im 17. Jh. schnell segelndes Kriegsschiff zur Unterstützung der Linienschiffe. Der heutige F.typ entstand im Zweiten Weltkrieg als zerstörerähnl. Geleitfahrzeug und zur U-Boot- und Luftabwehr; inzwischen erreichen F. Zerstörergröße und mit Lenkwaffen ausgerüstet. – Abb. S. 126

Fregattenkapitän, Marineoffizier im Range eines Oberstleutnants.

Fregattvögel (Fregatidae), Familie trop., zu den Ruderfüßern gehörender Küstenvögel, die ausgezeichnete Segler sind. Größte Art ist der **Prachtfregattvogel** (Fregata magnificens) mit bis zu 2,3 m Flügelspannweite; sie ernähren sich von fliegenden Fischen, jagen aber auch anderen Vögeln die Beute ab. Das Männchen besitzt einen roten Kehlsack, den es während der Balz aufbläst. – Abb. S. 126

Fregatte: die Fregatte »Schleswig-Holstein« der deutschen Marine

Frege, Gottlob, Mathematiker, Logiker und Philosoph, *Wismar 8.11.1848, †Bad Kleinen 26.7.1925; verfasste grundlegende Untersuchungen zum Verhältnis von Logik und Mathematik; begründete die math. Logik als selbstständige Disziplin; von bed. Einfluss auf B. Russell, E. Husserl, L. Wittgenstein.
Werke: Begriffsschrift (1879); Die Grundlagen der Arithmetik (1884); Grundgesetze der Arithmetik (2 Bde., 1893–1903).
📖 *Kreiser, L.: G. F. Leben – Werk – Zeit.* Hamburg 2001.
Freia, nordische Göttin, ↑Freyja.
Freiamt (Aargauisches Freiamt), histor. Landschaft im Kt. Aargau, Schweiz; ein fruchtbares Hügelland mit Landwirtschaft und Weinbau.
Freiballon [-balɔŋ, -balɔ̃], bemannter Ballon, der sich frei (d.h. ungefesselt) und beschränkt steuerbar im Luftraum bewegen kann. Er wird überwiegend für sportl. Zwecke verwendet, früher auch für meteorolog. und astronom. Beobachtungen (Ballonastronomie). Die beim **Wasserstoff-** oder **Heliumballon** mit Gas gefüllte Ballonhülle trägt am unteren Pol den Füllansatz und am oberen Pol ein Ventil zum Ablassen von Gas. Mittels Reißleine und einer über einen Schlitz der Hülle geklebten Reißbahn kann das Gas bei der Landung schnell entleert werden. Ein Netz über der Hülle verteilt das Gewicht des daran aufgehängten Korbes, der die Besatzung und den Ballast aufnimmt. Durch Ablassen von Gas kann das Sinken und durch Abwurf von Ballast das Steigen bewirkt werden. Bei **Heißluftballons** wird der Auftrieb durch period. Aufheizen der in der Ballonhülle enthaltenen Luft mit einem Propangasbrenner erzeugt. Heißluft-

Fregattvögel: balzende Prachtfregattvögel

Freiberg FRE

Freiballon: Heißluftballon über Weinbergen in Burgund

ballons waren die ersten Luftfahrzeuge (↑Montgolfier). – Dem schweizer. Psychiater Bertrand Piccard (* 1958) und dem brit. Flugingenieur Brian Jones (* 1948) gelang vom 1. 3. bis 21. 3. 1999 (in 19 Tagen, 21 Stunden und 55 Minuten) in einem Heliumballon die erste Erdumrundung. Der 58-jährige US-amerikan. Abenteurer Steve Fossett umrundete die Erde in Alleinfahrt vom 19. 6. bis 2. 7. 2002 (Überflug der Ziellinie) in 13 Tagen und über 12 Stunden nach mehr als 31 200 km (Landung am 4. 7. 2002).

Freiballonsport [-baˈlɔŋ-, -balɔ̃-] (allgemeinsprachlich Ballonfahren), mit Freiballons betriebene älteste Form des Flugsports. Mit Wasserstoffballons werden seit 1972 Europa- und seit 1976 Weltmeisterschaften ausgetragen, mit Heißluftballons seit 1973 Europa- und Weltmeisterschaften. Dabei werden zumindest drei Zielwettfahrten durchgeführt. Weltrekorde bestehen jeweils in den Disziplinen Weiten-, Höhen- und Dauerfahrten.

Freiberg, 1) Landkreis im RegBez. Chemnitz, Sachsen, 914 km^2 und 151 600 Einwohner.
2) Krst. von 1) in Sachsen, auf der N-Abdachung des Osterzgebirges, westlich der F.er Mulde, 45 200 Ew.; TU Bergakademie (eine der ältesten montanwiss. Hochschulen der Erde, 1765 gegr.; Mineralien-Samml.); Forschungsinstitute; Bergbau-, Naturkundemuseum, Mittelsächs. Theater; Besucherbergwerk; Halbleiter-, Silicium-, Arzneimittel-, Porzellanwerk, Maschinenbau. – Der Dom (1185–1200, nach Stadtbrand 1484 Neubau, 1512 vollendet) besitzt eine reiche Innenausstattung (u. a. Tulpenkanzel von H. Witten, Orgel von G. Silbermann, wettinische Fürstengräber), vom ersten Bau sind die spätroman. ↑Goldene Pforte (um 1230) und die Triumphkreuzgruppe (um 1230) erhalten; spätgot. Sakral- (Petrikirche, Nikolaikirche) und Profanbauten (Domherrenhof, Rathaus), Reste der Stadtbefestigung. – Seit 1168 bed. Silberbergbau, bis Ende

Freiberg 2): Obermarkt mit Rathaus

FRE Freiberge

12. Jh. Ansiedlung v. a. von Harzer Bergleuten; ab 1296 Stadtrechtsaufzeichnung. F. wurde mit dem **Freiberger Bergrecht** (1346) die erste Freie Bergstadt Deutschlands.
📖 *Geschichte der Bergstadt F., hg. v. H.-H. Kasper u. E. Wächtler. Weimar 1986.*
Freiberge (frz. Franches-Montagnes), Landschaft und Bezirk im schweizer. Kt. Jura; karge Hochfläche mit bed. Pferde-, auch Rinderzucht; Uhrenherstellung. Hauptort ist Saignelégier.
Freiberger Mulde, rechter Quellfluss der ↑ Mulde.
Freibetrag, steuerfreier Betrag, der bei der Ermittlung der Steuerbemessungsgrundlage unberücksichtigt bleibt. Im Ggs. zur ↑ Freigrenze bleibt der F. in jedem Fall von der Besteuerung ausgenommen, unabhängig davon, wie hoch die Steuerbemessungsgrundlage ist. F. gibt es aus wirtschafts-, sozial- und steuerpolit. Gründen v. a. bei der Einkommen- und der Erbschaftsteuer.
Freibeuter, früher bewaffnetes Schiff, das ohne Kaperbrief Handelsschiffe aufbrachte (↑ Kaper); auch synonym mit **Seeräuber, Pirat, Korsar** verwendete Bez. für den auf einem F. fahrenden Seemann.
Freibeweis, *Prozessrecht:* Beweisverfahren, in dem sich der Richter seine Überzeugung auf beliebigem Weg ohne Bindung an die sonst für die Beweisaufnahme vorgeschriebenen Regeln und Förmlichkeiten (sog. Strengbeweis) verschaffen kann; bes. zur Ermittlung verfahrensrechtlich bedeutsamer Umstände möglich, nicht aber bei solchen, die als Grundlage für die Urteilsfindung dienen.
freibleibend (ohne Obligo), Klausel im Geschäftsverkehr, die die Bindung des Anbietenden an das Angebot oder an einzelne vertragliche Zusagen (z. B. Lieferfristen, Preis) ausschließt.
Freibord, Abstand zw. Schwimmwasserlinie und oberstem Deck (F.-Deck) von Seeschiffen. Die **F.-Marke** ist eine gesetzlich festgelegte Markierung des höchstzulässigen Tiefgangs von Handelsschiffen, die auf beiden Schiffsseiten angegeben ist.
Freibrief, *mittelalterl. Recht:* 1) königl. oder fürstl. Privileg, das einzelnen Personen oder Körperschaften Vorrechte gewährte; 2) Urkunde über die Freilassung aus der Leibeigenschaft.
Freiburg, 1) RegBez. in Bad.-Württ., 9 357 km², 2,137 Mio. Ew.; umfasst den Stadtkreis F. im Breisgau sowie die Landkreise Breisgau-Hochschwarzwald, Emmendingen, Konstanz, Lörrach, Ortenaukreis, Rottweil, Schwarzwald-Baar-Kreis, Tuttlingen, Waldshut.
2) (frz. Fribourg), Kanton der Schweiz, 1 671 km², (2000) 236 300 überwiegend frz.-sprachige Ew.; umfasst die Bezirke (Districtes) La Broye, La Glâne, La Gruyère, La Sarine, See/Lac, Sense/La Singine und La Veveyse. F. gehört zum größten Teil zum schweizer. Mittelland, das hier ein von der Saane und Broye tief zerschnittenes, im Mont Gibloux 1 206 m ü. M. hohes Molasseplateau bildet, zum kleineren Teil zu den Kalk- und Flyschketten der Voralpen (Préalpes romandes, im Vanil Noir 2 389 m ü. M.). Milchwirtschaft bildet die Grundlage für die Käserei und die Schokoladeherstellung. Am Neuenburger See werden auch Obst und Wein angebaut. Wichtigste Ind.branchen sind Nahrungs- und Genussmittelind. sowie Holzverarbeitung, ferner Elektrotechnik, Elektronik, Metall- und chem. Industrie.
Verfassung: Nach der Verf. vom 7. 5. 1857 (zahlr. Teilrevisionen) liegt die Legislative beim Großen Rat (130 Abg.) und die Exekutive beim Staatsrat (7 Mitgl. Beide Gremien werden für 5 Jahre gewählt (Frauenwahlrecht seit 1971). Am 13. 6. 1999 wurde in einem Referendum für die Ausarbeitung einer neuen Verf. votiert.
Zur *Geschichte* ↑ Freiburg 3).
3) (frz. Fribourg, dt. auch F. im Üechtland), Hptst. von 2), auf einem Talsporn der tief eingeschnittenen Saane, 32 100 Ew.; Bischofssitz (seit 1613), zweisprachige Univ. (gegr. 1889) mit kath. theolog. Fakultät, Technikum, Musikschule; Maschinen-, Kartonagen-, Nahrungsmittel-, Holz-, Metall-, Bekleidungs-, chem. Industrie. – Die hoch gelegene Altstadt hat mit ihren zahlr. Kirchen, Toren, Türmen und Brunnen das mittelalterl. Gepräge bewahrt. got. Kathedrale Saint-Nicolas (im 13. Jh. begonnen), von der got. Franziskanerkirche (2. Hälfte 13. Jh.) blieb beim Neubau im 18. Jh. der Chor erhalten, Rathaus (1501–21). – F. wurde 1157 von Herzog Berthold IV. von Zähringen († 1186) gegr., kam 1218 an die Kyburger und stand 1277–1452 unter der Herrschaft der Habsburger. Nach Anschluss an die Eidgenossenschaft (1481; Stanser Verkommnis) er-

folgte ein stetes Anwachsen zu einem bedeutenden Stadtstaat; 1803 wurde F. Hptst. des aus dem ehem. Untertanenland des Stadtstaats und Teilen der von Bern regierten Gebiete gebildeten Kantons.

4) dt. **Erzbistum,** 1821 gegr., mit den Suffraganbistümern Rottenburg-Stuttgart und Mainz (bis 1929 auch Fulda und Limburg).

5) Freiburg im Breisgau, kreisfreie Stadt, Verw.sitz des RegBez. F. und des Landkreises Breisgau-Hochschwarzwald, Bad.-Württ., am Ausgang des Dreisamtals aus dem Schwarzwald in die Oberrheinebene, 205 100 Ew.; kath. Erzbischofssitz; Albert-Ludwigs-Univ. (1457 von Erzherzog Albrecht VI. gestiftet, 1460 eröffnet), Staatl. Hochschule für Musik, PH, kath. und evang. FH, Max-Planck-Institute für Immunbiologie, für ausländ. und internat. Strafrecht, Fraunhofer-Institute; Theater, Museen; Oberfinanzdirektion, Landesbergamt, Geolog. Landesamt; chem., Holz verarbeitende, elektrotechn., pharmazeut. Ind., Bau medizinisch-techn. Apparate, Verlage. F. ist ferner führender Handels-, Banken- und Versicherungsplatz Südbadens. – Das Münster mit spätroman. Querhaus (um 1200) und gotisch umgebauten Chortürmen, den Hahnentürmen, mit dreischiffigem got. Langhaus (13./14. Jh.) und spätgot. Chor (1354 begonnen, 1513 geweiht) ist der einzige große got. Dombau Dtls., der im MA. vollendet wurde. Sein Wahrzeichen ist der 115 m hohe Westturm mit durchbrochenem steinernem Helm. Weitere Bauwerke: got. Martinskirche (Chor 1262; Langhaus 14. Jh.), Martins- und Schwabentor (13. Jh.), Basler Hof, Rathaus und das »Kaufhaus« (alle 16. Jh.). – F. wurde 1120 von Zähringer Herzögen gegr.; eigene Stadtrechtsfamilie; rascher wirtsch. Aufstieg im MA.; 1218 an die Grafen von Urach (seitdem Grafen von F.), 1368 an die Habsburger; 1679–97 frz. Festung (Ausbau durch S. Vauban; 1744 geschleift); 1805 an Baden.

📖 *Geschichte der Stadt F. im Breisgau, hg. v. H. Haumann u. H. Schadek, 3 Bde. Stuttgart 1992–96.*

6) F. in **Schlesien,** Stadt in Polen, ↑Świebodzice.

Freiburger Schule, an der Univ. Freiburg im Breisgau um 1930 von W. Eucken, Hans Grossmann-Doerth (*1894, †1944) und F. Böhm begründete wirtschaftspolit. Lehre. (↑Neoliberalismus, ↑soziale Marktwirtschaft)

Freidank [mhd. Vrîdanc »Freidenker«], Spruchdichter aus der 1. Hälfte des 13. Jh.; Verfasser des Lehrgedichts »Bescheidenheit«, einer Sammlung von Kernsprüchen und Sprichwörtern über moralisch und religiös richtiges Verhalten.

Freiburg 5): Hotel Bären, dahinter das Schwabentor

Freidenker, ein frei von religiösen Dogmen Denkender, der auch der Religion und ihren Erscheinungs- und Lebensformen ablehnend gegenübersteht. F. (freethinker) nannten sich die engl. Deisten des 17. Jh. (↑Deismus). In Frankreich gaben einige Enzyklopädisten wie Diderot, d'Alembert und Voltaire dem Begriff F. (libre-penseur, bei Voltaire francpenseur) eine atheist. Wendung. In Dtl. zunächst als **Freigeister** bezeichnet, gewannen die F. unter dem Einfluss der Entwicklung der Naturwiss.en und der krit. Theologie im 19. Jh. starken Einfluss (Darwinismus, Monismus, sozialrevolutionäre Strömungen). In vielen Teilen der Welt verbreitet, sind die F. in zahlr. Verbänden zusammengeschlossen. In der Bundesrep. Dtl. konstituierte sich die unter der nat.-soz. Herrschaft verbotene F.-Bewegung 1951 im **Deutschen F.-Verband** neu. In der DDR entstand eine organisierte F.-Bewegung erst im Juni 1989 mit der Gründung des **Verbandes der F. in der DDR (VdF)**. 1991 schlossen sich beide Verbände im **Deutschen F.-Verband e. V. (DFV)** zusammen.

Freideutsche Jugend, Zusammenschluss von Studenten- und Älterengruppen der Jugendbewegung auf dem Hohen Meißner im Okt. 1913; aufgelöst 1919. Zu den Nachfolgebünden gehörte u. a. der **Freideutsche Bund.**

Freie (Frilinge), in den german. Volksrechten der Stand derer, die allein Rechtsfähigkeit und polit. Rechte besaßen **(Gemeinfreie, Altfreie, Volksfreie)**. Aus ihnen ragten die ↑Edelfreien hervor; zw. F. und Unfreien entwickelte sich der Stand der **Minder-** oder **Halbfreien (Liten, Barschalken)**, die zwar Rechtsfähigkeit, aber keine polit. Rechte innehatten. Unfreie konnten durch Freilassung in den Stand der Halbfreien oder den der F. erhoben werden. Im Fränk. Reich führten Königsdienst und Grundherrschaft zur Ausbildung eines Dienst- und Grundadels, der sich als bevorrechtigter Stand der **Hochfreien** über die Gemeinfreien erhob. Im MA. sonderte sich ein Berufskriegerstand (Ritterstand) ab, der sich als niederer ↑Adel gegenüber den Gemeinfreien abschloss. Deren größter Teil sank seit dem 8. Jh. durch Eintritt in ein Schutzverhältnis gegenüber einem Herrn in die Hörigkeit **(Muntmannen)** ab, die eine Art von Minderfreiheit war. Dieser Vorgang dauerte bis zur ↑Bauernbefreiung. Nur in einzelnen dt. Landschaften erhielten sich die alten F. (↑Bauer). In den mittelalterl. Städten wurde die rechtl. Unfreiheit durch das Bürgerrecht beseitigt (»Stadtluft macht frei«).

freie Benutzung, ohne Zustimmung des Urhebers zulässige Benutzung eines urheberrechtlich geschützten Werkes zur Herstellung eines neuen, selbstständigen Werkes. Das neue Werk muss eine eigenschöpfer. Leistung darstellen, die ihrerseits urheberrechtsfähig ist (§ 24 Urheberrechtsgesetz).

freie Berufe, besondere Gruppe der Selbstständigen, die nicht Gewerbetreibende im übl. Sinn sind und deren Einkommen (Honorar) häufig nach Gebührenordnungen berechnet wird (z. B. Ärzte, Heilpraktiker, Hebammen, medizin. Therapeuten, Unternehmensberater; Kunstmaler, Dramaturgen, freie Schriftsteller, Designer, Übersetzer, Journalisten; Architekten, Sachverständige). Die Ausbildung zu f. B. erfolgt an Univ., Fachhochschulen und speziellen Fachschulen. Die meisten f. B. sind in gesetzlich vorgeschriebenen Standesorganisationen (Ärzte-, Rechtsanwaltskammern usw.) eingebunden und unterliegen deren Berufsgerichtsbarkeit, die bei Verstößen die Berufsausübung untersagen kann. Soweit eine gesetzlich geschützte Berufsbez. geführt wird, müssen entsprechende Prüfungen, Approbation und staatl. Genehmigungen vorausgehen. **Freiberufler** sind nicht sozialversicherungspflichtig.

📖 *F. B. im Wandel der Märkte,* hg. v. J. Merz. Baden-Baden 2002.

Freie Bühne, Theaterverein, wurde nach dem Vorbild von A. Antoines »Théâtre Libre« von T. Wolff, M. Harden, den Brüdern H. und J. Hart u. a. 1889 in Berlin gegründet, stand bis 1893 unter O. Brahms Leitung; führte in geschlossenen Vorstellungen v. a. (von der Zensur verbotene) naturalist. Dramen auf (G. Hauptmann, A. Holz, J. Schlaf, M. Halbe u. a.). Die von Brahm seit 1890 herausgegebene Ztschr. »Freie Bühne« hieß später »Neue Rundschau«. Ähnl. Vereine entstanden in Berlin (»Freie Volksbühne«, 1890), München (»Akademisch-dramat. Verein«, 1894), Leipzig, London und Wien.

Freie Demokratische Partei, Abk. **FDP,** 1968/69–2001 parteioffiziell **F.D.P.,** eine polit. Partei, 1948 aus dem Zusammenschluss nationalliberaler und linksliberaler Gruppen in den westl. Besatzungszonen Dtl.s und in den Westsektoren Berlins entstanden; wurde gegründet, als sich die ↑Liberaldemokratische Partei Deutschlands (LDPD) in der SBZ der SED annäherte. – Die FDP spielte bei der Bildung von Bundes- und Landesreg. oft eine Schlüsselrolle; sie stellte mit ihrem ersten Vors. T. Heuss 1949–59 den ersten Bundespräs. und war 1949–57 an den beiden ersten, von CDU/CSU geführten Bundesreg. beteiligt. Vors. waren 1949–54 F. Blücher, 1954–57 T. Dehler, 1957–60 R. Maier, 1960–68 E. Mende, 1968–74 W. Scheel. 1961–66 ging die FDP erneut ein Bündnis mit CDU/CSU ein; 1966–69 stand sie in der Opposition. 1969–82 bildete die FDP mit der SPD eine Koalitionsreg. Der innerparteilich gegen Ende der 1970er-Jahre erstarkte wirtschaftsliberale Flügel um O. Graf Lambsdorff brachte im Herbst 1982 die FDP in Gegensatz zum Koalitionspartner SPD. Der Wechsel zur Koalition mit CDU/CSU im Okt. 1982 wurde in der Bundestagswahl vom März 1983 von den Wählern bestätigt. Nach der Wahl W. Scheels 1974 zum Bundespräs. waren 1974–85 H.-D. Genscher, 1985–88 M. Bangemann und 1988–93 O. Graf Lambsdorff Vors. der Partei. Im Zuge der dt. Vereinigung traten am 12. 8. 1990 die liberalen Gruppierungen der DDR der FDP bei, und zwar die Liberaldemokrat. Partei (LDPD), die Dt. Forumspartei (DFP, gegr. im Jan. 1990) und die FDP der DDR (gegr. im Febr. 1990), außerdem die Nationaldemokrat. Partei Dtl.s (NDPD). Vors. blieb O. Graf Lambsdorff, 1993 gefolgt von K. Kinkel, 1995 von W. Gerhardt, 2001 von G. Westerwelle. Nach den Bundestagswahlen von 1998 ging die FDP in die Opposition, 2002 verhinderte ihr nur mäßiger – vom »Antisemitismus-Streit« um Aktionen J. W. Möllemanns mit verursachter – Stimmengewinn den Regierungswechsel. Nahe stehende Jugendorganisation sind die Jungen Liberalen.

Freie Demokratische Partei Österreichs, Abk. **FDP**, polit. Partei Österreichs, gegr. 1992 als Abspaltung liberaler Kräfte von der FPÖ.

Freie Deutsche Jugend, Abk. **FDJ**, kommunist. Jugendorganisation, gegr. am 7. 3. 1946 in der Sowjet. Besatzungszone Dtl.s, in der DDR bis 1989/90 einzige, der SED eng verbundene staatl. Massenorganisation für Jugendliche vom 14. Lebensjahr an (1988 etwa 2 Mio. Mitgl.). In der Bundesrep. Dtl. war sie seit dem 26. 6. 1951 verboten.

Dem Ziel, die Jugend im Sinne der DDR-Staatsdoktrin zu erziehen, dienten v. a. das »FDJ-Studienjahr«, die »Messen der Meister von morgen« (MMM), »FDJ-Aufgebote«, die vormilitär. Ausbildung der Jugend, ein organisiertes jugendl. Verbandsleben (z. B. FDJ-Nachmittage) und die Durchführung von Massenfesten: Pfingsttreffen, III. und X. Weltfestspiele in Berlin (Ost) 1951 bzw. 1973.

Organisation: Es bestanden »Grundeinheiten« an allen Schulen, Universitäten, Betrieben und Einrichtungen. Oberstes Organ war das alle fünf Jahre zusammentretende »Parlament«; es wählte den »Zentralrat der FDJ«, dessen Büro das eigentl. Führungsorgan war. An der Spitze stand der »Erste Sekretär des Zentralrats«. Vorstufe der FDJ war die von ihr geleitete **Pionierorganisation** »**Ernst Thälmann**«. Seit 1990 besteht – mit verändertem Programm – unter der Abk. **fdj** auf Länderebene ein linker Jugendverband.

📖 *Mählert, U. u. Stephan, G.-R.: Blaue Hemden – rote Fahnen. Die Geschichte der F. D. J. Opladen 1996.*

Freie Demokratische Partei: Jürgen W. Möllemann im Wahlkampf. Der für spektakuläre – wie auch umstrittene – Wahlkampfaktionen bekannte Politiker aus Nordrhein-Westfalen wirbt hier für das »Projekt 18«, womit gemeint ist, 18 % des Wahlvolkes auf die Seite der FDP zu ziehen.

freie Energie (Helmholtz-Funktion, Helmholtz-Energie), Formelzeichen F, nach neuer Empfehlung A, thermodynam. Zustandsfunktion, die bei konstantem Volumen durch $F = U - TS$ gegeben ist

FRE freie Enthalpie

(T Temperatur, S Entropie). Sie ist derjenige Teil der ↑inneren Energie U eines Systems, der bei einem reversiblen isothermen Prozess als Arbeit nach außen abgegeben werden kann, im Ggs. zu dem als **gebundene Energie** verbleibenden Rest.
freie Enthalpie (Gibbs-Funktion, Gibbs-Energie), thermodynam. Zustandsfunktion (↑Enthalpie), die durch $G = F + pV = H - TS$ definiert ist (F freie Energie, H Enthalpie, p Druck, V Volumen, T Temperatur, S Entropie).
Freie evangelische Gemeinden, von staatl. und (landes)kirchl. Bindung freie evang. Gemeinden; geschichtlich auf die schweizer. Erweckungsbewegung Anfang des 19. Jh. zurückgehend. Die dt. Gemeinden sind im »**Bund F. e. G.**« zusammengeschlossen; gegr. 1874, Sitz: Witten, rd. 400 Gemeinden mit (2002) über 33000 Mitgliedern.
📖 *Gesch. u. Theologie der F. e. G.*, hg. v. W. Dietrich, 2 Bde. Witten 1988.
freie Herren, im Hoch-MA. die Angehörigen des alten (Geburts-)Adels, die nicht in den Reichsfürsten- oder Grafenstand aufgestiegen waren, sich aber eindeutig von den urspr. unfreien Ministerialen abhoben. In der Heerschildordnung waren sie zus. mit den Grafen dem vierten ↑Heerschild zugewiesen. Mit der Bildung der Territorialstaaten wurden die f. H. teils landsässig, teils reichsunmittelbar (↑Freiherr).
freie Künste (Artes liberales), in der röm. Antike die Kenntnisse bzw. Wiss.en, über die der freie Bürger verfügen sollte. In der Spätantike bildete sich für die f. K. ein fester Kanon von sieben Fächern heraus, drei sprachl. (Grammatik, Rhetorik, Dialektik) und vier mathemat. (Arithmetik, Geometrie, Astronomie, Musik), später **Trivium** (»Dreiweg«) und **Quadrivium** (»Vierweg«) genannt. Die f. K. wurden an der mittelalterl. Univ. in der Artistenfakultät gelehrt; sie bildeten die Propädeutik für die höheren Fakultäten (Theologie, Recht, Medizin).
Freienbach, Stadt im Kt. Schwyz, Schweiz, 410 m ü. M., am oberen Zürichsee, 12400 Ew.; im Ortsteil Pfäffikon Bahnknotenpunkt.
Freienwalde (Oder), Bad, ↑Bad Freienwalde (Oder).
freie Pistole, *Schießsport:* Faustfeuerwaffe (Einzelladepistole) mit offener Visierung und Kaliber bis 5,6 mm, alle anderen Maße sind freigestellt; auch Bez. für die Schießsportdisziplin. (↑Pistolenschießen)
freie Produktionszone (Freizone), Standort für exportorientierte industrielle Produktionsstätten bes. in Entwicklungsländern (für den Dienstleistungsbereich ↑Offshorezentren). Durch i. d. R. befristete Befreiung von Zöllen und Abgaben, Vorzugstarife für Transport- und andere Dienstleistungen, Bereitstellung der materiellen Infrastruktur und günstige Bedingungen für finanzielle Transaktionen sollen v. a. multinat. Konzerne veranlasst werden, Industriebetriebe anzusiedeln.
Freier Deutscher Gewerkschaftsbund, Abk. **FDGB,** Einheitsgewerkschaft in der DDR, entstanden 1945, mit 15 Industrie- u. a. Gewerkschaften, wurde 1949 Mitgl. des Weltgewerkschaftsbundes. Aufgaben: Erziehung der Arbeitnehmer im Sinne und unter Führung der SED zur Bejahung des Gesellschafts- und Staatssystems, Förderung der Produktionssteigerung (Ablehnung des Streikrechts), Vertretung der Interessen der Arbeiter und Angestellten in den Betrieben. Der FDGB war zuständig für Sozialversicherung, Gesundheits- und Arbeitsschutz sowie für die Organisierung des Wettbewerbs. 1989 hatte der FDGB etwa 9,5 Mio. Mitgl. Nach den demokrat. Veränderungen in der DDR 1989 löste er sich als Dachverband im Sept. 1990 selbst auf; die Einzelgewerkschaften verschmolzen mit Industriegewerkschaften des DGB.
freie Rhythmen, metrisch ungebundene, reimlose Verse mit wechselnder Anzahl der Hebungen und Senkungen, bestimmt vom Rhythmus, häufig sinngemäß in Versgruppen gegliedert. In der dt. Literatur u. a. bei F. G. Klopstock, dem jungen Goethe, Novalis, H. Heine, R. M. Rilke, G. Benn, B. Brecht.
freier Stil, *nord. Skisport:* die ↑freie Technik.
freies Christentum, ↑Weltbund für religiöse Freiheit.
Freies Deutsches Hochstift – Frankfurter Goethe-Museum, 1859 gegründetes Institut zur Pflege von Wiss., Kunst und Bildung. 1863 wurde Goethes Geburtshaus erworben (seitdem Sitz der Stiftung) und 1932 um einen Museumsbau erweitert (1996/97 umgebaut); Spezialbibliothek (rd. 120000 Bde.) zur Lit. (bes. von 1720 bis 1840), Handschriftenarchiv (30000–40000

freie Wohlfahrtsverbände FRE

Autographen, z. B. Nachlässe von Novalis, C. Brentano) und graf. Sammlung. Das F. D. H. ediert u. a. krit. Ausgaben (Brentano, H. von Hofmannsthal).

Freies Frankreich (France libre), von C. de Gaulle gewählte Bez. für die Teile des frz. Kolonialreichs, der frz. Streitkräfte sowie der Gesamtheit der Einzelpersonen, die sich nach seinem Aufruf (18. 6. 1940) zur Fortsetzung des Krieges gegen Dtl. und zum Kampf gegen das Vichy-Regime in Frankreich seiner Führung unterstellten. (↑Résistance)

freies Geleit, ↑Geleit.

freies Radikal, Molekülfragment mit einem ungepaarten Elektron. Der Begriff f. R. hat sich bes. in der Biochemie durchgesetzt. Hier werden freie Sauerstoffradikale für bestimmte Alterungsprozesse lebender Zellen verantwortlich gemacht; Schutzsysteme dagegen sind Antioxidantien.

Freie Städte (Freistädte), urspr. bischöfl. Städte, die die geistl. Herrschaft im 13./14. Jh. abgeschüttelt hatten, z. B. Köln, Augsburg, Worms, Speyer, Straßburg, Basel. Anders als die ↑Reichsstädte waren sie von bestimmten Reichspflichten (Heerfahrt, Jahressteuer) frei; später wurden sie auch **Freie Reichsstädte** genannt. – Davon zu unterscheiden sind die vier Stadtrepubliken Hamburg, Bremen, Lübeck, Frankfurt am Main als Mitgl. des Dt. Bundes (1815–66). Frankfurt fiel 1866 an Preußen; Hamburg, Lübeck **(Freie und Hansestädte)** und Bremen **(Freie Hansestadt)** wurden Glieder des Norddt. Bundes (1867) und 1871 des Dt. Reichs. Lübeck kam am 1. 4. 1937 an Preußen; Bremen unterstand dem nat.-soz. Reichsstatthalter in Oldenburg. 1949 wurden Bremen und Hamburg Länder der Bundesrep. Deutschland. – Danzig war als F. S. 1920–39 Freistaat unter Oberhoheit des Völkerbundes.

freie Technik (freier Stil, Skatingtechnik), *nord. Skisport:* Lauftechnik im Langlauf, bei der v. a. der ↑Schlittschuhschritt, in Erholungsphasen auch der ↑Siitonen-Schritt Anwendung findet; offizielle Trennung zw. f. T. und ↑klassischer Technik seit 1987.

freie Träger, nicht staatl. und nicht kommunale Institutionen, die Einrichtungen in der Wohlfahrtspflege (Gesundheits-, Jugend-, Sozialhilfe) und im Schulwesen unterhalten.

Freie Universität Berlin, Abk. **FU,** Univ. in Berlin; 1948 in Berlin (West) eröffnet; gegr. von Studenten und Wissenschaftlern der im Ostsektor Berlins liegenden Friedrich-Wilhelms-Univ. (seit 1949 Humboldt-Univ. zu Berlin), die ihre Univ. verlassen hatten, um im Westteil der Stadt eine neue, von staatlicher ideolog. Einflussnahme freie Univ. zu gründen. Die betont körperschaftl. Verfassung der FU erklärt sich aus dieser Gründungsgeschichte: Die Studenten haben Sitz und Stimme in allen Organen; die Hochschullehrer sind Beamte der Körperschaft. In der zweiten Hälfte der 1960er-Jahre war die FU das Zentrum der ↑Studentenbewegung, die sich von hier aus auch in Westdeutschland ausbreitete.

Freie Universität Berlin (Siegel)

freie Verse (frz. Vers libres), gereimte, meist jamb. oder trochäische Verse versch. Länge und mit freier Zahl der Hebungen; zuerst im italien. Madrigal, später u. a. in frz. Fabeln und Komödien des 17. Jh., in der dt. Fabeldichtung des 18. Jh. – Bei den frz. Symbolisten (A. Rimbaud) und dt. Expressionisten (F. Werfel, E. Stadler) freirhythm. Verszeilen, die sich nur durch den Reim von den ↑freien Rhythmen unterscheiden.

Freie Volkspartei, Abk. **FVP,** rechtsliberale Partei, 1956 von der FDP abgespalten, verschmolz 1957 mit der Dt. Partei.

freie Wohlfahrtsverbände, Verbände, die neben dem Staat und öffentl. Trägern (Gemeinden und Kommunalverbände) auf freigemeinnütziger Grundlage Dienstleistungen in der sozialen Arbeit organisieren und für ihre Arbeit Anspruch auf staatl. Unterstützung haben. Zu den f. W. gehören in Dtl.: die Arbeiterwohlfahrt e. V., der Dt. Caritasverband e. V., der Dt. Parität. Wohlfahrtsverband e. V., das Dt. Rote Kreuz, das Diakon. Werk – Innere Mission und Hilfswerk der Evang. Kirche in Dtl. e. V. und die Zentralwohlfahrtsstelle der Juden in Dtl. e. V.

Freifrau, ↑Freiherr.

Freigang, gelockerte Form des Strafvollzugs, bei der Strafgefangene regelmäßig ohne Aufsicht außerhalb der Haftanstalt einer Beschäftigung nachgehen können.

Freigeister, ↑Freidenker.

Freigerichte, ↑Femgerichte.

Freigrafschaft Burgund, ↑Franche-Comté.

Freigrenze, Höchstbetrag, bis zu dem keine Besteuerung erfolgt; überschreitet die Steuerbemessungsgrundlage die F., wird im Ggs. zum ↑Freibetrag der gesamte Betrag besteuert.

Freigut (Freihof), Hofgut eines Freibauern, das in grundherrl. Zeit von öffentl. oder grundherrl. Abgaben und Diensten befreit war; ähnelte dem Rittergut, besaß aber nicht dessen Herrschaftsrechte.

Freihafen, See- oder Flusshafengebiet, das zwar zum Zollgebiet der EG gehört, in dem aber für Einfuhrabgaben besondere Regeln gelten. F. dienen dem Umschlag und der Lagerung von Waren für Außenhandelszwecke sowie dem Schiffbau. Drittlandwaren in einem F. gelten als nicht im Zollgebiet der EG befindlich **(Freizone);** Zollpflicht entsteht nicht bei Einfuhr, sondern erst bei Entfernen aus dem F., wenn das Gut in den freien Verkehr eingebracht wird. Der Verkehr über die Grenzen der Freizone unterliegt der zollamtl. Überwachung. Rechtsgrundlage ist der Zollkodex der EG vom 12. 10. 1992 (v. a. Art. 166). Im F. getätigte Lieferungen zw. Unternehmen unterliegen nicht der nat. Umsatzsteuer; eine Lieferung zu nichtunternehmer. Ge- oder Verbrauch ist dagegen steuerbar. F. besitzen Hamburg, Bremen, Bremerhaven, Emden, Kiel, Cuxhaven, Deggendorf und Duisburg.

Freihandbücherei (Freihandbibliothek), eine Bibliotheksform, bei der der systematisch aufgestellte Buchbestand direkt, ohne Katalogsuche und Bestellschein, eingesehen und ausgeliehen werden kann.

Freihandel (engl. freetrade), im Rahmen der klass. Außenhandelstheorie entwickeltes Prinzip der vollkommenen Handelsfreiheit. Der F. entstand in Abkehr vom Protektionismus der Merkantilisten auf der Grundlage des Wirtschaftsliberalismus. Nach der F.-Lehre führen die Befreiung des internat. Güteraustausches von Kontrollen und Regulierungen (z. B. Zölle, Kontingente, Devisenbewirtschaftung) und die Durchsetzung des freien Wettbewerbs zu einer internat. Arbeitsteilung mit optimaler Produktion und größtmögl. Wohlstand. Theoretisch fundiert ist dieser Ansatz in der **Theorie der komparativen Kosten** von D. Ricardo, wonach sich die einzelnen Länder bei freier internat. Konkurrenz auf die Produktion der Güter mit den – internat. gesehen – relativ größten Kostenvorteilen spezialisierten. Die F.-Idee erlangte v. a. im 19. Jh. große Bedeutung. Nach 1945 hat sie mit den Liberalisierungsbemühungen des ↑GATT, der ↑OECD und der ↑Welthandelsorganisation erneut an Aktualität gewonnen.

Freihandelszone, Vereinigung mehrerer Staaten zu einem einheitl. Zollgebiet; Form der wirtsch. Integration von Volkswirtschaften (z. B. EFTA, NAFTA), bei der Zölle u. a. Handelsrestriktionen zw. den Mitgl.ländern abgeschafft werden. Gegenüber Drittländern werden die nat. Außenzölle jedoch aufrechterhalten. Die Bestimmungen der Welthandelsorganisation lassen F. als Ausnahmen von der ↑Meistbegünstigung zu.

frei Haus, Handelsklausel, wonach der Verkäufer die Kosten und die Gefahren für die Lieferung bis zum Haus des Käufers trägt.

Freiheit, 1) *allg.:* Unabhängigkeit von äußerem, innerem oder durch Menschen oder Institutionen (Staat, Gesellschaft, Kirche usw.) bedingtem Zwang. **2)** *Philosophie:* die Entscheidungs- oder ↑Willensfreiheit. Definition und prakt. Auswirkungen der Idee der F. sind seit der Antike sehr unterschiedlich, je nachdem, ob der Gedanke der Befreiung des Individuums aus institutionellen Bindungen und Bevormundungen (»F. wovon«) oder der Aufruf zur selbstverantwortl. Stellungnahme (»F. wozu«) überwiegt. Das philosoph. Denken stellt sowohl die Frage nach der Möglichkeit von F. als auch nach dem Inhalt des F.-Begriffs. Die Ethik steckt die Grenzen der F. gegenüber der Willkür ab; insbes. für die Aufklärung und den dt. Idealismus ist F. die Grundlage der ↑Humanität. – Platon war Anhänger der Willens-F.; der Mensch wähle sich sein Lebensmuster selbst, das dann für sein Handeln Notwendigkeit besitze. Nach Aristoteles heißt frei handeln, vernunftgeleitet zu handeln. Im stoischen Denken bewahrt der Mensch gegenüber dem unabwendbaren

Schicksal seine innere F., indem er Herr über seine Vorstellungen ist, seine äußere F., indem er sein Schicksal bejaht (Seneca). Gegenüber der Kausalität und dem Zwang des Fatums ist für Epikur ein Handeln aus F. ursachenloses, eigenschöpferisches Tun. Im MA. wird der Widerspruch zw. Gesetz und Vorsehung Gottes und der menschl. F. dadurch gelöst, dass das ewige Gesetz dem Menschen gegenüber den Charakter eines Gebotes annimmt, das bei unbedingter Geltung doch keine phys. Nötigung mit sich führt. – Von dem verbindl. mittelalterl. Weltbild hebt sich die freie, unabhängige Persönlichkeit als Leitbild der Renaissance ab. Die Aufklärung fasste F. als Naturrecht auf, das es gegen vernunftwidrige Herrschaft zu verwirklichen gelte. Für Kant ist die F. ein Faktum der prakt. Vernunft: Sie bestehe darin, dass der reine Wille unabhängig von den sinnl. Trieben einzig von der Vernunft bestimmt werde. Dieser Wille folge dem Sittengesetz, das er als empir. Wille als kategor. Imperativ, als Forderung sittl. Handelns, erfahre. Da der Mensch der körperl. und der geistigen Welt angehöre, unterliege er sowohl dem Gesetz der F. als auch dem der Naturnotwendigkeit. Für Fichte ist die Willens-F. absolut: die spontane Tathandlung des Ich schaffe die gesamte Wirklichkeit. Hegel zufolge ist F. ein Attribut des absoluten Geistes, weshalb er die Weltgeschichte als »Fortschritt im Bewusstsein der F.« interpretiert. Die F. als Bedingung der Sittlichkeit betont v. a. N. Hartmann. Sie müsse gegenüber dem Natur- wie dem Sittengesetz als Selbstbestimmung der Person bestehen. Die Existenzphilosophie sieht den Menschen als zur F. verurteilt und damit als in »absolute Verantwortlichkeit« für die Welt und sich selbst gestellt an (Sartre). Die analyt. Philosophie äußerte dagegen vielfach den Verdacht, F. gehöre zu den Illusionen des Menschen. Für den Marxismus ist F. durch soziale Emanzipation, durch bewusste, selbstbestimmte Kontrolle über die materiellen Existenzbedingungen zu erlangen; sie bedarf dabei der Einsicht in die gesellschaftl. Gesetzmäßigkeiten. – In den individualistisch und pluralistisch geprägten Ind.gesellschaften der Gegenwart bestimmen die polit. F.-Rechte und die F. der individuellen Lebensgestaltung die Diskussion um den F.-Begriff.

📖 *Hegge, H.: F., Individualität u. Gesellschaft. Eine philosoph. Studie zur menschl. Existenz. A. d. Norweg. Stuttgart 1992. – F., Verantwortung u. Folgen in der Wissenschaft, hg. v. H. J. Sandkühler. Frankfurt am Main u. a. 1994. – Steinvorth, U.: Freiheitstheorien in der Philosophie der Neuzeit. Darmstadt ²1994. – Berlin, I.: F. Vier Versuche. A. d. Engl. Frankfurt am Main 1995. – F.: Die unbequeme Idee. Argumente zur Trennung von Staat u. Gesellschaft, hg. v. D. Doering u. a. Stuttgart 1995. – Wolf, J.-C.: F. – Analyse u. Bewertung. Wien 1995.*

3) *Politik:* die äußere Unabhängigkeit und die unter das Völkerrecht gestellte ↑Souveränität eines Staates wie das Recht eines Volkes, über seine staatl. Ordnung selbst zu entscheiden (↑Selbstbestimmungsrecht), auch das Recht der Staatsbürger, an der Ausübung der Staatsgewalt teilzuhaben (↑Demokratie), sowie die Sicherung bestimmter Rechte des Einzelnen (Grundrechte). Zu anderen demokrat. Grundwerten (v. a. Gleichheit) steht die F. in einem Spannungsverhältnis. – Die bürgerlich-liberale Bewegung hat in lang dauernden Verfassungskämpfen die Sicherung der individuellen Freiheiten im Staat, Gewaltenteilung, Grundrechte und unabhängige Gerichtsbarkeit als institutionelle Garantie der F. erreicht.

Freiheit der Meere, völkerrechtl. Grundsatz, nach dem das freie Meer (hohe See) keiner einzelstaatl. Hoheit unterliegt und die Benutzung allen Personen und Staaten zu Schifffahrt und Fischerei oder zur Ausbeutung des Meeresgrundes in Friedenszeiten offen steht. In neuerer Zeit ist er durch die Ausdehnung der ↑Küstengewässer bis 12 Seemeilen, durch die Zulassung begrenzter Hoheitsrechte der Küstenstaaten in angrenzenden Fischerei- und Wirtschaftszonen und am Festlandsockel (↑Schelf) eingeschränkt worden. Im Seekrieg erleidet die F. d. M. Einschränkungen. – Der Grundsatz der F. d. M. wurde 1609 von H. Grotius aufgestellt und in der Seerechtsdeklaration von Paris (1856) sowie in der Genfer Seerechtskonferenz von 1958 anerkannt. (↑Seerecht)

Freiheit der Person, ↑Persönlichkeitsrecht.

Freiheit, Gleichheit, Brüderlichkeit, ↑Liberté, Égalité, Fraternité.

freiheitliche demokratische Grundordnung, in Dtl. der Inbegriff der Ele-

FRE Freiheitliche Partei Österreichs

mente, auf denen die demokrat. und rechtsstaatl. Ordnung des GG beruht. Sie kommt v. a. in der Volkssouveränität, der Achtung der Menschenrechte, der Gewaltenteilung, der Gesetzmäßigkeit der Verwaltung, der Unabhängigkeit der Richter und dem Mehrparteienprinzip zum Ausdruck. Bei Missbrauch bestimmter Grundrechte für den Kampf gegen die f. d. G. kann das Bundesverfassungsgericht die Verwirkung der Grundrechte aussprechen (Art. 18 GG). Zur Abwehr einer drohenden Gefahr für die f. d. G. des Bundes oder eines Landes ist die Bundesregierung nach Art. 87a GG befugt, Streitkräfte zur Unterstützung der Polizei und des Bundesgrenzschutzes einzusetzen. Die f. d. G. kann auch durch eine Verfassungsänderung nicht aufgehoben werden (Art. 79 GG).

Freiheitliche Partei Österreichs, Abk. **FPÖ**, österr. Partei, gegr. 1955/56, hervorgegangen aus dem nat.-liberalen »Verband der Unabhängigen« u. a. gleich gesinnten Gruppen. Durch die zunächst rechtsgerichtete Politik isoliert, in den 1960/70er-Jahren stärker liberal orientiert, bejaht sie die Eigenstaatlichkeit Österreichs, bekennt sich aber zur dt. Kulturgemeinschaft. Bundesobmann (Vors.): A. Rheinthaler (1955–58), F. Peter (1958–78), A. Götz (1978–79), N. Steger (1979–86), J. Haider (1986–2000), Susanne Riess-Passer (2000–02), dann zunächst Mathias Reichhold, Dezember 2002 bis Oktober 2003 allein verantwortlich Herbert Haupt, seit Oktober 2003 ergänzt durch eine »geschäftsführende Bundesobfrau«, Ursula Haubner, Schwester von J. Haider, die seit Juli 2004 allein verantwortlich ist. Unter Haider entwickelte die Partei rechtspopulist., z. T. fremdenfeindlich-nationalist. Tendenzen; 1990–99 konnte sie ihre Mandatszahl im Nationalrat erheblich steigern, 2002 erlitt sie dramat. Verluste. – 1983–86 bestand eine Reg.koalition mit der SPÖ, ab 2000 eine Koalition mit der ÖVP, erneuert 2003.

Freiheitsberaubung, der vorsätzl., widerrechtl. Entzug der Bewegungsfreiheit eines Menschen durch Einsperren oder auf andere Weise (Gewalt, Hypnose); wird mit Freiheits- oder Geldstrafe, in schweren Fällen (Freiheitsentziehung von über einer Woche, F. mit schwerer Gesundheitsschädigung) mit Freiheitsstrafe von einem bis zu zehn Jahren bestraft (§ 239 StGB). – Ähnliche Regelungen sind im *österr.* (§ 99) und *schweizer.* (Art. 183) Strafgesetzbuch enthalten.

Freiheitsentziehung, befristete oder unbefristete Unterbringung einer Person gegen ihren Willen oder im Zustand der Willenlosigkeit in einem eng umgrenzten Raum (Justizvollzugsanstalt, Haftraum). Nach Art. 104 GG kann die Freiheit der Person nur aufgrund eines förml. Gesetzes und unter Beachtung der darin vorgeschriebenen Formen beschränkt werden. Über die Zulässigkeit und Fortdauer einer F. hat nur ein Richter zu entscheiden. Bei jeder nicht auf richterl. Anordnung beruhenden F. (z. B. vorläufige Festnahme) ist unverzüglich die richterl. Entscheidung herbeizuführen.

Freiheitsglocke (Liberty Bell), eine 1753 in der Town Hall in Philadelphia aufgehängte Glocke, die 1776 die Unabhängigkeit der USA verkündete. Die **F. von Berlin** ist eine 1950 von L. D. Clay dem Regierenden Bürgermeister von Berlin (West), E. Reuter, übergebene Nachbildung der F. von Philadelphia.

Freiheitsgrad, *Physik:* Anzahl der frei wählbaren, voneinander unabhängigen Parameter eines physikal. Systems, die dessen Zustand eindeutig bestimmen. – Der F. bezeichnet in der *Mechanik* die Möglichkeit, im Raum unabhängige Bewegungen auszuführen. Ein im Raum freier Massepunkt hat drei F. der Translation **(Translations-F.)**; er besitzt zwei F. bei der Bewegung längs einer Fläche und einen F. bei der Bewegung auf einer Kurve. Bei einem freien starren Körper kommen noch drei F. der Rotation **(Rotations-F.)** hinzu. Eine kontinuierl., nichtstarre Masseverteilung (z. B. Flüssigkeit) hat unendlich viele Freiheitsgrade. – In der *Thermodynamik* bezeichnet die Anzahl der F. die Gesamtanzahl der Phasenkoordinaten (d. h. der Orts- und Impulskoordinaten, von denen im gegebenen Zustand die Energie abhängt. Je mehr F. ein Molekül hat, desto mehr Möglichkeiten zur Speicherung kinet. Energie bestehen. Bei nichtstarren mehratomigen Molekülen treten noch **Schwingungs-F.** auf. Nach der Quantentheorie werden vom absoluten Nullpunkt ansteigend zuerst die translator., dann die rotator. und schließlich die Schwingungs-F. angeregt.

Freikirche FRE

Freiheitsstatue an der Hafeneinfahrt von New York

Freiheitskriege, ↑Befreiungskriege.
Freiheitsrechte, ↑Grundrechte.
Freiheitsstatue (Statue of Liberty), auf Liberty Island an der Hafeneinfahrt von New York 1886 aufgestelltes Standbild (Höhe 46 m, Granitsockel 47 m) von F. A. Bartholdi; als Symbol der Freiheit den USA von Frankreich geschenkt; von der UNESCO zum Weltkulturerbe erklärt.
Freiheitsstrafe, eine Strafe, die in der teilweisen oder völligen Entziehung der persönl. Freiheit besteht. Das StGB kennt seit 1969 nur noch eine einheitl. F., d. h. keine Unterteilung in Gefängnis, Zuchthaus u. a. mehr. Das Höchstmaß der zeitigen F. beträgt 15 Jahre, ihr Mindestmaß einen Monat. Für schwerste Verbrechen wird die lebenslange F. angedroht. Die Strafen des Wehrstrafrechts sind F. und Strafarrest. Die F. des Jugendstrafrechts ist die Jugendstrafe, Zuchtmittel ist der Jugendarrest. – Im *österr.* StGB gibt es wie in Dtl. nur noch die einheitl. F. (ein Tag bis höchstens 20 Jahre oder lebenslänglich). Das *schweizer.* StGB kennt als F. Zuchthaus (ein bis 20 Jahre oder lebenslänglich), Gefängnis (drei Tage bis drei Jahre) und Haft (ein Tag bis drei Monate).
Freiheitssymbole, in Verbindung mit polit. Freiheitsbestrebungen (Nordamerikan. Unabhängigkeitskrieg, Frz. Revolution u. a.) entstandene Symbole, z. B. Freiheitsbaum, Jakobinermütze, Freiheitsstatue.
Freiherr, Angehöriger des niederen Adels, im Rang nach dem Grafen; seit dem 16. Jh. als »Baron« angeredet; entsprach urspr. dem Geburtsstand der ↑freien Herren, wurde später die Adelsbez. für die durch kaiserl. oder landesherrl. Diplom in den F.-Stand Erhobenen. – **Freifrau,** die Frau des F.; **Freiin,** dessen unverheiratete Tochter.
Freihof, das ↑Freigut.
Freikirche, eine frei konstituierte Kirche, die (im Unterschied zur Staats- oder Volkskirche) unabhängig ist von staatl. Einflüssen und deren Mitgl. nur aufgrund ausdrückl. Willenserklärung, verstanden als bewusste individuelle Glaubensentscheidung, aufgenommen werden. Die Finanzierung einer F. erfolgt ausschl. über freiwillige (teilweise weit über der Höhe der Kirchensteuer liegende) Beiträge ihrer Mitglieder. Glaubensgrundlage einer F. ist die Bibel in der Gesamtheit ihrer Aussagen, was – im Ggs. zur selektiven Schriftauslegung der Sondergemeinschaften (Sekten) mit christl. Hintergrund – theologisch ihr »Kirchesein« begründet. Die Ursprünge des Freikirchentums liegen im Täufertum. Der Begriff F. (»Free Church«) taucht erstmals 1843 in Schottland auf und ist bis heute bes. in den angelsächs. Ländern verwurzelt, wo die Kirchen mehrheitlich (Großbritannien) bzw. ausschl. (USA) als F. organisiert sind. In Dtl. entstanden F. und freikirchl. Zusammenschlüsse seit dem 19. Jh., u. a. aus Protest gegen die staatlich verordneten Kirchenunionen (↑unierte Kirchen; ↑Altlutheraner). F. in Dtl. sind u. a.: die Altkath. Kirche, der Bund Evang.-Freikirchl. Gemeinden (Baptisten), der Bund Freier

evang. Gemeinden, die Evang. Brüder-Unität (Herrnhuter Brüdergemeine), die Evang.-methodist. Kirche, die Arbeitsgemeinschaft Mennonit. Gemeinden in Deutschland.
📖 *Heinrichs, W. E.: F.n – eine moderne Kirchenform. Gießen u. a. ²1990. – Niethammer, H.-M.: Kirchenmitgliedschaft in der F. Göttingen 1995. – Freikirchen-Hb., hg. v. der Vereinigung Evang. Freikirchen. Wuppertal 2000.*

Freikirchen in Deutschland (2002; Auswahl)

Kirche	Mitglieder
Bund Evangelisch-Freikirchlicher Gemeinden	86 700[1]
Evangelisch-methodistische Kirche	38 000[2]
Selbständige Evangelisch-Lutherische Kirche	37 500
Gemeinschaft der Siebenten-Tags-Adventisten	35 800[3]
Bund Freikirchlicher Pfingstgemeinden	34 600
Bund Freier evangelischer Gemeinden	33 100
Altkatholische Kirche	25 000
Herrnhuter Brüdergemeine	7 200
Arbeitsgemeinschaft Mennonitischer Gemeinden in Deutschland	6 200

1) Darunter rund 77 000 Baptisten. – 2) Erwachsene eingetragene Kirchenmitglieder. – 3) Erwachsene getaufte Kirchenmitglieder.

Freiklettern, das ↑Freeclimbing.
Freikolbenmotor (Freikolbenverdichter), ein Doppelkolbenmotor ohne Pleuel und Kurbelwelle, bei dem die Kolben eines Zweitaktdieselmotors mit den Stufenkolben eines Verdichters verbunden sind. Ein unbelastetes Gestänge sorgt für den Gleichlauf der Kolben. Der F. dient zur Erzeugung von Druckluft oder als Gaserzeuger für Turboanlagen.
Freikonservative Partei, preuß. Partei; entstand 1866 durch Abspaltung der großpreuß. Einigungspolitik O. von Bismarcks befürwortenden agrarkonservativen, industriellen und bürokrat. Führungsgruppen von der preuß. Konservativen Partei; ihre Reichstagsfraktion nannte sich 1871 Dt. Reichspartei; an der ab 1876 eingeleiteten Wendung zur Schutzzollpolitik maßgeblich beteiligt; 1918 in der DNVP aufgegangen.
frei konvertierbare Währung, ↑Konvertibilität.
Freikörperkultur, Abk. **FKK** (Nacktkultur, Naturismus, Nudismus), gemeinsames Sporttreiben in der Natur ohne Bekleidung und ohne Trennung der Geschlechter. In Dtl. sind die Vereine für F. im »Dt. Verband für F.« (DFK) zusammengefasst, in Österreich im »Österr. Naturistenverband«. In der Schweiz besteht die »Schweizer. Naturistenunion«. Auf internat. Ebene existiert die »Internationale Naturisten-Föderation/Fédération Naturiste Internationale«.
Freikorps [-ko:r], ↑Freiwilligenverbände.
Freilandversuch, der ↑Freisetzungsversuch.
Freilassing, Stadt im Landkreis Berchtesgadener Land, Oberbayern, am Zusammenfluss von Saalach und Salzach, 15 200 Ew.; feinmechanische Ind., Maschinenbau; Eisenbahnknotenpunkt an der Grenze zu Österreich.
Freilassung, die Aufhebung von Herrschaftsrechten über Menschen minderen Rechts (Sklaven, Unfreie). – Im *Alten Orient* war der F. nicht selten, die vorgesehenen Fälle sind durch die Gesetzessamml. Hammurapis überliefert. F. war v. a. durch Freikauf oder mittels einer Adoption durch den Herrn möglich (Letzteres in Ägypten üblich). In der *grch. Polis* konnte die F. durch die Gemeinwesen oder durch den Eigentümer des Sklaven erfolgen; es gab die Möglichkeit des Loskaufs; ein Sonderfall war die Weihung des Sklaven an einen Gott (»Tempelfreigelassener«). Der Freigelassene bekam in Griechenland i. d. R. nicht das Bürgerrecht, sondern wurde ↑Metöke. In *Rom* erhielt die F. (»manumissio«) durch Zustimmung des Prätors rechtl. Anerkennung; der Freigelassene (»libertus«) blieb jedoch unter dem Patronat seines früheren Herrn, dessen Gentilnamen er bekam und dem gegenüber er gewisse Pflichten zu erfüllen hatte. Im *Früh-MA* wurden von den meisten Germanenstämmen die röm. F.-Formen übernommen. Die F. nach fränk. Recht durch Schatzwurf wurde in Dtl. die wichtigste Form: Der Herr (oder König) schlug als Symbol der F. dem Freizulassenden den Kopfzins aus der Hand. Der Freigelassene war nunmehr »frei«, aber von abgestufter Freiheit in einem Schutz- und Abhängigkeitsverhältnis milderer Art zum bisherigen Herrn. Seit der *Neuzeit* (bis zur Aufhebung der Leibeigenschaft) erfolgte die F. durch Ausstellung einer Urkunde (Freibrief), wofür oft

erhebl. Gelder gefordert wurden. Hieraus entwickelte sich meist ein Recht der Leibeigenen auf Loskauf. – Im *Islam* galt die F. eines Sklaven als frommes Werk. Sie war durch eine Erklärung seitens des Eigentümers (häufig für den Fall seines Todes) oder durch einen F.-Vertrag möglich, der dem Sklaven nach Zahlung eines Betrages oder nach anderen Leistungen den vollen Status eines Freien zusicherte. (↑Sklaverei)

Freilauf, *Technik:* Vorrichtung, die die Verbindung zw. zwei Wellen löst, wenn die angetriebene Welle sich schneller dreht als die treibende. Beim Fahrrad befinden sich in der Nabenhülse in einem Ring geführte Rollen, die beim Vorwärtstreten gegen die Hülse gepresst werden, das Hinterrad mitnehmen und beim Nichttreten das Rad lose rollen lassen.

Freileitung, im Freien an Isolatoren aus Hartporzellan oder Glas an (F.-)Masten aus Stahl, Stahlbeton oder Holz aufgehängte, fast immer blanke (nicht isolierte) elektr. Leitung zur elektr. Energie- und Informationsübertragung. Als Leiter werden Stahl-Aluminium-Seile (sog. Staluseile) mit Stahlseele für die mechan. Festigkeit und Aluminiummantel für die gute Leitfähigkeit verwendet. Zur Herabsetzung der Koronaverluste werden Hohlleiter und bei höheren Spannungen mehrere Leiterseile (z. B. Zweier- oder Viererbündel, ↑Bündelleiter) montiert. Hochspannungsleitungen (Fernleitungen) bestehen aus zwei Systemen (Stromkreisen) mit je drei Bündelleitern. Über den Leitersystemen werden ein bis drei Erdseile zur Abschirmung atmosphär. Entladungen gespannt, die leitend mit den Stahlmasten und dadurch mit der Erde verbunden sind.

Freilichtbühne (Freilichttheater), Theater unter freiem Himmel, das in Anknüpfung an das antike Theater oder das höf. Naturtheater des 17. und 18. Jh. einem gegebenen Gelände angepasst ist, wie in Epidauros, Syrakus, Verona (Arena) u. a., oder das als Hintergrund histor. Bauwerke, Kirchen (Salzburg) und Burgruinen hat; im 20. Jh. wieder belebt.

Freilichtkino, Vorführung von Filmen unter freiem Himmel. (↑Autokino)

Freilichtmalerei (Pleinairmalerei), das Malen unter freiem Himmel (frz. »plein air«) im Ggs. zur Ateliermalerei; eine im 19. Jh. v. a. mit den Landschaftsbildern von J. Constable und R. P. Bonington aufgekommene Richtung der Malerei, die helle Farben bevorzugt, unmittelbar nach der Natur gestaltet und die Wirkungen des natürl. Lichts wiederzugeben sucht. Die F. wurde zu einer der wichtigsten Forderungen des ↑Impressionismus.

Freilichtmuse|um, volkskundl. Museumsanlage, in der in freiem Gelände wieder aufgebaute Wohnhäuser (↑Bauernhaus), Stallungen, Handwerks- oder techn. Betriebe usw. frühere Wohn- und Wirtschaftsformen veranschaulichen. Als erstes F. für Volksarchitektur wurde 1891 **Skansen** in Stockholm eröffnet (als Anlage des »Nord. Museums«; deshalb auch synonym für F. gebraucht), im deutschsprachigen Raum 1899 in Husum das »Ostenfelder Haus«, als erste größere Anlage – mit Präsentation der Baudenkmale in ihren

Freilichtmuseum: die Stabkirche von Garmo (12. Jahrhundert) im Freilichtmuseum Maihaugen

versch. Funktionen – 1934 das Museumsdorf Cloppenburg; in Österreich (u. a. Österr. F. Stübing bei Graz, gegr. 1962) und der Schweiz (F. für ländl. Bau- und Wohnkultur am Ballenberg, gegr. 1978) erfolgten ähnl. Gründungen erst nach 1945.

📖 *Freier, U. u. P.: F. in Dtl. u. seinen Nachbarländern. München 2000.*

Freiligrath, Ferdinand, Dichter, *Detmold 17. 6. 1810, †Cannstatt (heute zu Stuttgart) 18. 3. 1876; urspr. Bankangestellter; wirkte als Schriftsteller mit polit. und sozialen Gedichten (»Ça ira!«, 1846) für freiheitl., demokrat. Ideale. Seiner Gesinnung wegen verfolgt, ging er nach Belgien, der Schweiz, 1846 nach Großbritannien. 1848 zurückgekehrt, wurde er wegen des Gedichts »Die Todten an die Lebenden« verhaftet, jedoch freigesprochen. Mit K. Marx übernahm er die Redaktion der »Neuen Rheinischen Zeitung«, Köln (bis 1849); 1851–68 erneute Emigration nach Großbritannien. F. brachte mit Schilderungen exot. Welten (»Der Löwenritt«, »Der Mohrenfürst«) einen neuen Ton in die dt. Lyrik. Seine Kriegslieder von 1870 zeigen die Wandlung des einstigen Revolutionärs zum patriot. Dichter der Bismarckzeit.
📖 *Fleischhack, E.: Bibliographie F. F.s 1829–1990. Bielefeld 1993.*

Ferdinand Freiligrath

Freimachung (Frankierung), Vorausentrichten des Entgelts durch Aufkleben von Postwertzeichen, durch ↑Freistempelung oder durch Bar-F. (Barzahlung oder Überweisung). Die Art der F. ist abhängig von der Sendungsart.

Freimaurerei [Lehnübersetzung von engl. freemasonry], internat. verbreitete Bewegung (Bruderschaft), die sich einer humanitären, auf Toleranz und Achtung der Menschenwürde beruhenden Geisteshaltung verpflichtet fühlt. Auf dieser Grundlage treten die **Freimaurer** für freie Entfaltung der Persönlichkeit, Hilfsbereitschaft, Brüderlichkeit und ein friedl., sozial gerechtes Zusammenleben der Menschen ein. Ihr (außerhalb der F. nicht bekanntes) Ritual, das in seinen wesentl. Bestandteilen überall auf der Welt gleich ist, wird als ein dynam. Symbol des kosm. Geschehens gedeutet. Das teilnehmende Logenmitglied ordnet sich mithilfe der Symbolik des Rituals bewusst in die Gesetzmäßigkeit des Universums ein und soll dabei lernen, sein Leben in zunehmendem Maß aus einem übergeordneten Bewusstsein heraus zu gestalten. Das Brauchtum und die Symbole der Freimaurer wurzeln in den mittelalterl. ↑Bauhütten. – Die Vereinigungen der Freimaurer heißen **Logen.** In jedem Land gibt es eine oder mehrere Großlogen. Die Logen wählen Logenmeister **(Meister vom Stuhl).** Die Logenmitgl. (Brüder) können in höhere **Grade** (Erkenntnisstufen) aufsteigen. Die ersten drei Grade sind: Lehrling, Geselle, Meister. Hierauf bauen die Hochgrade auf.

Geschichte: Die F. ist aus der alten engl. Werkmaurerei entstanden. 1717 gründeten vier Londoner Bauhütten die 1. Großloge. 1723 verfasste der schott. presbyterian. Geistliche James Anderson (*1678, †1739), der als Freimaurer auch der erste Geschichtsschreiber der F. wurde, das »Konstitutionsbuch«, das die »Alten Pflichten« enthält (eine Art freimaurer. Sittengesetz). Nach Dtl. kam die F. 1737 durch die Gründung der Hamburger Loge (heute Loge »Absalom zu den drei Nesseln«). Diese nahm 1738 den preuß. Kronprinzen auf, den späteren König Friedrich den Großen, was die »Initialzündung« für die Ausbreitung der F. in Preußen war, der bald auch die Ausbreitung im übrigen Dtl. folgte. 1933, im Jahr des Verbots der Logen durch den nat.-soz. Staat, gab es in Dtl. etwa 76 000 Freimaurer. In der Bundesrep. Dtl. schlossen sich die nach 1945 wieder entstandenen Logen 1958 zu den »Vereinigten Großlogen von Dtl.« zusammen (rd. 20 500 Mitgl.). In der DDR dagegen blieb die F. bis 1990 verboten. Weltweit gibt es heute annähernd 7 Mio. Freimaurer in über 30 000 Logen. Von Anfang ihrer Geschichte an erregte die F. nicht nur das Missfallen autoritärer Regierungen, sondern auch der kath. Kirche, die sie zw. 1738 und 1918 in 12 päpstl. Stellungnahmen verurteilte. Der 1983 in Kraft getretene Codex Iuris Canonici erwähnt den Begriff F. nicht mehr, das kirchl. Lehramt hält jedoch nach wie vor an der prinzipiellen Unvereinbarkeit von F. und Mitgliedschaft in der kath. Kirche fest.

📖 *Freimaurer u. Geheimbünde im 18. Jh.*

in Mitteleuropa, hg. v. *H. Reinalter.* Frankfurt am Main ²1986. – *Schneider, H.:* Dt. Freimaurer-Bibliothek, 2 Tle. Frankfurt am Main u. a. 1993. – *Kischke, H.:* Die Freimaurer. Fiktion, Realität u. Perspektiven. Wien 1996. – *Binder, D. A.:* Die Freimaurer. Ursprung, Rituale u. Ziele einer diskreten Gesellschaft. Freiburg im Breisgau u. a. 1998.

Freimaurerei: Symbole der Freimaurerei

Freinademetz, Josef, kath. Priester, *Oies im Gadertal (Südtirol) 15. 4. 1852, †(infolge einer Typhuserkrankung) bei Jining 28. 1. 1908; entstammte einer Bauernfamilie; erhielt 1875 die Priesterweihe. 1878 trat F. den Steyler Missionaren bei und ließ sich 1879 als Missionar nach China entsenden, wo er ab 1881 die christl. Mission in Südshandong mitbegründete und später leitete. – 1975 selig, 2003 heilig gesprochen (Tag: 28. 1.).

Freiname, *Chemie:* Warenname, der nicht für einen einzelnen Hersteller oder Verteiler geschützt ist, z. B. Trivialnamen wie Alizarin, Carbolineum. Sie dienen als chem. Kurzbez. zur einfachen Benennung der meist kompliziert zusammengesetzten Verbindungen. F. sind bes. für Arznei- und Schädlingsbekämpfungsmittel eingeführt.

Freinet [frɛˈnɛ], Célestin, frz. Schulreformer, *Gars (bei Saint-Auban, Dép. Alpes-Maritimes) 15. 10. 1896, †Vence 8. 10. 1966; entwickelte seit 1920 prakt. Unterrichtstechniken zur Förderung des selbstständigen Lernens (bes. Schuldruckerei und Arbeitsmittel); gründete das »Institut coopératif de l'école moderne«.

Freinsheim, Stadt im Landkreis Bad Dürkheim, Rheinl.-Pf., 4900 Ew.; Wein- und Obstbau; Fremdenverkehr. – F., mit schönen barocken Wohnhäusern, ist von einer nahezu vollständig erhaltenen spätmittelalterl. Stadtmauer mit Toren und Türmen umgeben. – 774 erstmals genannt, seit 1979 Stadt.

Freirechtslehre, vor dem Ersten Weltkrieg entstandene Richtung innerhalb der Rechtswissenschaft, die von der Kritik an der ↑Begriffsjurisprudenz ausging und sich gegen eine übertriebene Anwendung »förml.« Rechts richtete. Ihr zufolge soll der Richter die Parteibelange im Einzelfall gegeneinander abwägen und ist nicht an die rein deduktive Befolgung des Gesetzes gebunden. Die F. konnte sich in der Rechtstheorie nicht durchsetzen.

Freireligiöse, Gemeinschaften, deren Mitglieder sich zur religiösen Bindung des Menschen ohne dogmat. Vorgaben bekennen; seit 1950 im **Bund Freireligiöser Gemeinden Deutschland** (Abk. BFGD; nach Eigenangaben rd. 30 000 Mitgl.) vereinigt.

Frẹi Ruiz-Tạgle [- rruis-], Eduardo, chilen. Politiker, *Santiago de Chile 24. 6. 1942; engagierte sich für die Demokratisierung Chiles, seit 1989 Senator, seit 1991 Vors. der Christl.-Demokrat. Partei (PDC); als Kandidat eines Parteienbündnisses 1993 zum Präs. gewählt (im Amt 1994–2000).

Freisasse, bis zur Bauernbefreiung ein Bauer persönlich freien Standes, der nach einem freien Leiherecht auf grundherrl. Boden siedelte und somit nicht als Höriger galt.

Freischaren, ↑Freiwilligenverbände.

Freischlag, *Sport:* ↑Freistoß.

Freischütz, in Volksglauben und Sage ein Schütze, der sich mithilfe des Teufels sieben **Freikugeln** verschafft, von denen sechs unfehlbar treffen, die siebte aber vom Teufel gelenkt wird. – Danach Oper von C. M. von Weber (1821).

Freisetzungstheorie, Grundthese von D. Ricardo, dass durch techn. Fortschritt Arbeitskräfte verdrängt, d. h. freigesetzt werden. Die mit der Herstellung der Maschinen verbundenen Beschäftigungsgewinne gleichen die mit der Verwendung der

Freisetzungsversuch

Maschinen verbundenen Beschäftigungsverluste nicht aus, sodass die Beschäftigungsrate insgesamt sinkt (**Ricardo-Effekt**).
Freisetzungsversuch (Freilandversuch), das genehmigungspflichtige Aussetzen von gentechnisch veränderten Pflanzen. Der erste F. in Dtl. erfolgte 1990 und diente der Untersuchung springender Gene (bewegl. Strukturen in der Erbmasse). F. stoßen in Dtl., aber auch zunehmend im Ausland, bei großen Teilen der Bev. auf Widerstand. Es wird kritisiert, dass nicht abschätzbar ist, welche Gefahren von gentechnisch veränderten Pflanzen ausgehen können, z. B. das Überspringen von Resistenzgenen auf Unkräuter. (↑Markergene)
Freising, 1) Landkreis im RegBez. Oberbayern, 800 km^2, 152 300 Einwohner.
2) Krst. von 1), Große Kreisstadt in Bayern, in fruchtbarer Umgebung zw. dem Erdinger Moos und dem Tertiärhügelland an der Isar, 40 000 Ew.; Bibliotheken, Museen; Motoren-, Maschinenbau, Elektronikindustrie. In der ehem. Benediktinerabtei **Weihenstephan** (1020–1803) Sitz der Fakultät für Landwirtschaft und Gartenbau und der Fakultät für Brauwesen, Lebensmitteltechnologie und Milchwiss. der TU München, Sitz der Forstwiss. Fakultät der Ludwig-Maximilians-Univ. München sowie einer FH; Brauerei (1140 erstmals erwähnt). – Die Stadt ist reich an schönen Kirchen: auf dem das Stadtbild beherrschenden Domberg der Dom St. Maria und Korbinian, eine 1160–1205 erbaute fünfschiffige Backsteinbasilika, 1480/81 neu eingewölbt, 1723/24 durch die Brüder C. und E. Asam stuckiert und ausgemalt. – 744 als **Castrum Frigisinga** erstmals genannt, erhielt 996 Stadtrecht. Um 739 errichtete Bonifatius das Bistum F. (1818 in das Erzbistum München und F. überführt).
Freisinn, in Dtl. und der Schweiz eine liberale, später auch sozialreformer. polit. Richtung, die sich nach 1870 in Parteien organisierte. Im *Dt. Reich* fusionierte 1884 die Dt. Fortschrittspartei mit der Liberalen Vereinigung in der Dt. Freisinnigen Partei, die sich 1893 in die Freisinnige Vereinigung und die Freisinnige Volkspartei spaltete. In der *Schweiz* entstand der F. nach 1815, bildete jedoch erst 1894 eine Parteiorganisation.
Freisinnig-Demokratische Partei der Schweiz, häufige Abk. **FDP,** schweizer. polit. Partei, gegr. 1894, bekennt sich in ihrem Programm u. a. zur »Pflege und Förderung des eidgenöss. Staatsgedankens«, zur »demokratisch-fortschrittl. Entwicklung der Institutionen des Bundes« und zu sozialen Reformen. Hervorgegangen aus der um 1830 entstandenen demokrat. Freiheitsbewegung, des 1873 gegründeten »Schweizer Volksvereins« sowie der 1878 gebildeten »radikaldemokrat.« Fraktion der Bundesversammlung, waren freisinnige Politiker auf Bundesebene seit der ersten Hälfte des 19. Jh. bis in das 20. Jh. hinein die entscheidende polit. Kraft. Mit dem Übergang vom Mehrheits- zum Verhältniswahlrecht und der Abspaltung der Bauern-, Gewerbe- und Bürgerpartei (↑Schweizerische Volkspartei) 1919 verlor die Partei ihre absolute Mehrheit in beiden Kammern. Im Bundesrat seit 1959 mit zwei Repräsentanten (von 7) vertreten. Bei den Wahlen zum Nationalrat gewann die Partei 1971–95 zw. 20 und 24 % der Stimmen, 1999: 19,9 % (43 Sitze).
Freisinnige Vereinigung, liberale dt. Partei (1893–1910), entstand aus der Spaltung der Dt. Freisinnigen Partei; vertrat die Tradition der Liberalen Vereinigung.
Freisinnige Volkspartei, liberale dt. Partei (1893–1910), entstand aus der Spaltung der Dt. Freisinnigen Partei; vertrat einen strengen Wirtschaftsliberalismus.
Freisler, Roland, Politiker (NSDAP) und Jurist, *Celle 30. 10. 1893, †(Luftangriff) Berlin 3. 2. 1945; geriet 1915 in russ. Kriegsgefangenschaft und wurde später bolschewist. Kommissar, 1920 Rückkehr nach Dtl.; seit 1925 Mitgl. der NSDAP, 1933–34 Staatssekretär im preuß. Justizministerium, 1934–42 im Reichsjustizministerium; war als Präs. des »Volksgerichtshofs« (1942–45) einer der extremsten Vollstrecker des nat.-soz. Justizterrors.
📖 *Buchheit, G.: Richter in roter Robe. F., Präsident des Volksgerichtshofes. München 1968. – Ortner, H.: Der Hinrichter. R. F. – Mörder im Dienste Hitlers. Neuausg. Göttingen 1995.*
Freispiegelleitung, Flüssigkeitsleitung, deren Querschnitt nicht voll durchflossen wird, sodass stets eine freie Flüssigkeitsoberfläche besteht; Ggs.: Druckleitung.
Freisprecheinrichtung, *Telekommunikation:* Leistungsmerkmal von Telefonen (Handys), welches das Telefonieren ohne

Freiwillige FRE

Benutzung der Hände gestattet (seit Anfang 2001 in Dtl. in Kfz Pflicht). Das Telefon ist dabei mit Mikrofon und einem zusätzl. Lautsprecher ausgestattet, sodass bei aufgelegtem Hörer telefoniert werden kann. Eine Sonderform der F. ist das ↑Headset.

Freispruch, im Strafprozess, Disziplinar- und Berufsgerichtsverfahren die gerichtl. Feststellung, dass der Angeklagte von dem Vorwurf der Anklage befreit wird. Nur aus den Urteilsgründen, nicht aber aus der Urteilsformel selbst muss sich ergeben, ob der Angeklagte zu Unrecht angeklagt, für nicht überführt oder ob und aus welchen Gründen die als erwiesen angesehene Tat für nicht strafbar erachtet worden ist. Die Verfahrenskosten hat stets die Staatskasse zu tragen (§ 467 StPO). Ähnliches gilt auch in *Österreich* und der *Schweiz.*

Freistaat, im 19. Jh. entstandenes dt. Synonym für Republik (im Sinne eines »freien Volksstaates« im Unterschied zur Monarchie); innerhalb der Weimarer Republik amtl. Name der dt. Länder (außer Baden und Hessen); nach 1945 amtl. Bez. für Baden (bis 1953), Bayern sowie Sachsen (1947–52 und seit 1990) und Thüringen (seit 1993).

Freistaat (engl. Free State, Afrikaans Vrystaat, bis 1995 Oranjefreistaat), Prov. in der Rep. Südafrika. 129 480 km², 2,791 Mio. Ew.; Hptst. Bloemfontein.

Freistadt, Bez.-Hptst. im Mühlviertel, Oberösterreich, 7 200 Ew.; Textil-, Möbelind., Brauerei. – Die Altstadt mit zahlr. im Kern got. Bürgerhäusern (14.–16. Jh.) und der spätgot. Pfarrkirche ist von mittelalterl. Mauern und Türmen umgeben. – 1241 erstmals genannt.

Freistädte, 1) ↑ Freie Städte.
2) (königliche Freistädte), privilegierte Städte in Ungarn (bis 1848) mit dem Recht der Teilnahme am Reichstag (seit 1405) und Selbstverwaltung; im 13. Jh. als dt. Siedlungen mit dt. Stadtrecht entstanden.

Freistatt (Freistätte, Zufluchtsstätte), rechtshistor. Bez. für das Asyl (↑Asylrecht).

Freistempelung, vereinbarungspflichtige Art der ↑Freimachung von Postsendungen durch Freistempelabdruck anstelle von Postwertzeichen. Die Stempelabdrucke dürfen nur mit von der Post zugelassenen Freistempelmaschinen hergestellt werden.

Freistil, *Sport:* 1) Kampfstil beim ↑Ringen; 2) Wettkampfart im Schwimmen, bei der die Stilart nicht vorgeschrieben ist; bevorzugt wird das ↑Kraulschwimmen; 3) im alpinen Skisport der ↑Freestyle.

Freistoß, *Fußball:* als Strafe bei Regelverstoß ein der Gegenpartei zustehender unbehinderter Stoß des ruhenden Balles. Mit einem **direkten** F. (z. B. nach Foulspiel) kann unmittelbar ein Tor erzielt werden; beim **indirekten** F. (z. B. nach gefährl. Spiel) muss mindestens ein weiterer Spieler den Ball berührt haben. – Ähnl. Formen sind **Freischlag** (z. B. im Hockey) und **Freiwurf** (z. B. im Basket-, Hand-, Wasserball).

Freitag [nach der Göttin Frija], der 5. Tag der Woche. – Vielfältige Volksglaubensvorstellungen; Unglücks- (Freitag, der 13.) oder Glückstag.

Freitag, Thomas, Schauspieler und Kabarettist, *Alsfeld 17. 6. 1950; 1975–77 Schauspieler am Stadttheater Gießen; 1977–86 im Ensemble des »Kom(m)ödchen«, Düsseldorf; seit 1978 Soloprogramme mit Parodien, Chansons, Reportagen, ab 1986 zahlr. Fernsehsendungen.

Freitagsgebet (Freitagsgottesdienst), *Islam:* ↑Djuma.

Freital, Stadt (Große Kreisstadt) im Weißeritzkreis, Sachsen, am Nordfuß des Osterzgebirges, in einem Kessel des Weißeritztales, 40 100 Ew.; Bergbau- und Stadtmuseum; Edelstahlwerk, Maschinen- und Anlagenbau, Glas-, Porzellan-, Papierindustrie. Bis 1959 wurde Steinkohle (Döhlener Becken) abgebaut.

Freiton (Freizeichen), *Telekommunikation:* period. Tonfolge, die dem Anrufer anzeigt, dass der Anschluss des Angerufenen frei ist; Ggs.: Besetztton.

Freitreppe, der Fassade eines Gebäudes, auch Plätzen u. a. vorgelegte offene Treppenanlage.

Freiverkehr, i. w. S. der außerbörsl. Wertpapierhandel, i. e. S. der Handel mit Wertpapieren, die nicht zum amtl. Handel oder zum geregelten Markt zugelassen sind.

Freivorbau, Montageverfahren beim Brückenbau, bei dem 3–6 m lange Teile vorgefertigt und versetzt werden.

Freiwillige, *Militärwesen:* die freiwillig in einer Streitmacht Kriegs- bzw. Wehrdienst Leistenden, im Ggs. zu den gesetzlich zum Militärdienst Verpflichteten. **Kriegsfreiwillige** treten im Kriegsfall in die Streit-

143

kräfte ein, **Zeitsoldaten,** um ihren Wehrdienst zu verlängern.

freiwillige Gerichtsbarkeit, Teil der ordentl. Gerichtsbarkeit, für den es ein bes. geregeltes Verfahren zur Erledigung bestimmter, kraft Gesetzes zugewiesener Rechtsangelegenheiten meist privatrechtl. Art gibt. Urspr. zählten zur f. G. nur Angelegenheiten der Rechtsfürsorge (z. B. Vormundschafts-, Nachlass-, Register- und Beurkundungssachen). Heute sind ihr auch bestimmte Streitsachen des privaten und z. T. des öffentl. Rechts zugewiesen, wie Hausratsverteilung, Versorgungsausgleich bei Ehescheidung, Wohnungseigentums- und Landwirtschaftssachen, sodass eine Abgrenzung von gewöhnl. Zivilsachen nur nach gesetzl. Zuordnung möglich ist. Die f. G. ist im Ges. über die Angelegenheiten der f. G. vom 17. 5. 1898 und in zahlr. Neben-Ges. geordnet. Zuständig sind in 1. Instanz die Amtsgerichte; es herrschen weitgehend Amts- und Untersuchungsgrundsatz, es gibt keine Parteien, sondern »Beteiligte«; sofern mündl. Verhandlungen stattfinden, sind sie nicht öffentlich. F. G. ist auch die Amtstätigkeit der Notare. – In *Österreich* ist die Materie der f. G. hauptsächlich im Ges. über das gerichtl. Verfahren in Rechtsangelegenheiten außer Streitsachen von 1854 enthalten. In der *Schweiz* gibt es keine einheitl. Regelung der f. G., deren Aufgaben z. T. durch Verw.behörden wahrgenommen werden.

Freiwilligenverbände, *Militärwesen:* **1)** (Freikorps), Truppen von Freiwilligen, die mit Ermächtigung des Kriegsherrn nur für die Dauer des Krieges oder eines Feldzugs aufgestellt wurden.

2) (Freischaren), Formationen, die sich im Krieg im Unterschied zu den Freikorps ohne Ermächtigung des Kriegsherrn auf Veranlassung einzelner Persönlichkeiten oder polit. Gruppen bilden. Nach der Haager Landkriegsordnung (1899) werden sie unter bestimmten Bedingungen als Bestandteil der regulären Streitkräfte behandelt.

Freiwillige Selbstkontrolle der Filmwirtschaft, Abk. **FSK,** Einrichtung der dt. Filmwirtschaft, gegr. 1949, Sitz: Wiesbaden; prüft Kinofilme und Videoangebote im Hinblick auf die Eignung zur öffentl. Vorführung und auf die Anforderungen des Jugendschutz-Ges. (Kennzeichnung der Filme mit der entsprechenden Altersfreigabe).

freiwilliges ökologisches Jahr, seit 1993 mögl. freiwilliger Hilfsdienst junger Menschen in Einrichtungen des Natur- und Umweltschutzes (↑Zivildienst).

freiwilliges soziales Jahr, freiwilliger Hilfsdienst junger Menschen in der sozialen Arbeit in Einrichtungen der staatl., kommunalen und freien Wohlfahrtspflege in Dtl.; geleistet i. d. R. zw. dem 17. und 27. Lebensjahr (Mindestdauer sechs zusammenhängende Monate), wobei durch den Träger Unterkunft, Verpflegung, Arbeitskleidung, Taschengeld und Urlaub zu gewährleisten sind (Ges. vom 17. 8. 1964, seither mehrere Änderungen). (↑Zivildienst)

freiwillige Versicherung, Versicherung ohne gesetzl. Zwang. Zur f. V. gehört i. d. R. die Individualversicherung (Ausnahmen in der Feuer- und Kfz-Versicherung). Auch in der Sozialversicherung gibt es die f. V.: a) in der Krankenversicherung für Personen, die aus der Versicherungspflicht ausgeschieden sind; Familienversicherte, für die die Familienversicherung endet; Personen mit erstmaliger Arbeitsaufnahme bei Überschreitung der Jahresarbeitsentgeltgrenze; Schwerbehinderte; Arbeitnehmer, deren Mitgliedschaft durch Beschäftigung im Ausland endete; b) in der Pflegeversicherung nur als Weiterversicherung, z. B. bei Ausscheiden aus der Familienversicherung; c) in der Rentenversicherung für Personen, die nicht versicherungspflichtig sind, ab dem 17. Lebensjahr; für Beamte unter bestimmten Voraussetzungen; d) in der Unfallversicherung für Unternehmer und deren im Unternehmen tätige Ehegatten unter bestimmten Voraussetzungen und für Personen, die in Handelsgesellschaften wie Unternehmer selbstständig tätig sind.

Freiwurf, *Sport:* ↑Freistoß.

Freizeichen, *Handel:* durch das neue Markenrecht überholte Bez. für Warenzeichen, die sich im freien Gebrauch mehrerer Gewerbetreibender befanden.

Freizeichnungsklausel, der vertragl. Ausschluss von gesetzl. Haftungstatbeständen. Von F. wird bes. in allgemeinen ↑Geschäftsbedingungen (AGB) Gebrauch gemacht. F. können allerdings die Haftung für vorsätzl., Schaden stiftendes Handeln nicht ausschließen (§ 276 BGB), in allge-

meinen Geschäftsbedingungen auch nicht die Haftung für grob fahrlässige Vertragsverletzungen (§ 309 Nr. 7 b BGB).
Freizeit, der Zeitraum, der dem arbeitenden Menschen neben seinen berufl. oder berufsähnl. Verpflichtungen verbleibt. F. wird entweder als Gesamtheit dieser »Nicht-Arbeitszeit« oder nur als die darin enthaltene »Mußezeit« definiert; häufig wird F. in reproduktive oder regenerative (Ernährung, Schlaf, Körperpflege) und frei disponible, »verhaltensbeliebige« Zeit (z. B. Vergnügen, Tätigkeiten zur Selbstverwirklichung) unterteilt. – Seit den 1990er-Jahren haben die Menschen in Dtl. mehr Stunden zur eigenen Verfügung, als sie für den Erwerb ihres Lebensunterhaltes aufwenden müssen. Im Zusammenhang damit und angesichts eines Wertewandels in Bezug auf die (Erwerbs-)Arbeit entstand die These von der **F.-Gesellschaft**. Deren Gültigkeit ist jedoch umstritten, auch deshalb, weil ein beträchtl. Teil der F. für familiäre und soziale Verpflichtungen und zur Entfernungsüberbrückung (zw. Wohnort und Arbeitsplatz) aufgewendet wird. Mit der gewachsenen Bedeutung der F. ist in letzter Zeit mit der **F.-Forschung** ein interdisziplinärer wiss. Ansatz entstanden. Die Zunahme der F. hat Angebot an und Nachfrage nach Dienstleistungen und Produkten wachsen lassen. Die aus verschiedensten Wirtschaftszweigen zusammengefasste **F.-Wirtschaft** (in engerer Abgrenzung auch als F.-Industrie bezeichnet) gilt daher als eine ausgesprochene Wachstumsbranche.

📖 *Arbeit – F. – Lebenszeit. Grundlagenforschungen zu Übergängen im Lebenszyklus*, hg. v. L. Rosenmayr u. F. Kolland. Opladen 1988. – Schulze, Gerhard: *Die Erlebnis-Gesellschaft. Kultursoziologie der Gegenwart*. Frankfurt am Main u. a. ⁶1996. – Opaschowski, H. W.: *Einf. in die F.-Wiss*. Opladen ³1997. – ders.: *Dtl. 2010. Wie wir morgen arbeiten u. leben*. Hamburg 2001.

Freizeitarrest, ↑Jugendarrest.
Freizeitsport, sportl. Betätigung im Sinne von »Sport für alle«, ohne hohen Organisationsaufwand oder eingebunden in Aktionen von Vereinen oder Verbänden (unabhängig von einer Mitgliedschaft); zunehmend geprägt vom ↑Funsport.
Freizone, ↑Freihafen.
Freizügigkeit, das Recht der freien Wahl des Aufenthaltsortes, des freien Wegzugs und der freien Niederlassung. Die F. ist in Dtl. allen Deutschen durch Art. 11 GG als Grundrecht gewährleistet; sie kann nur durch Gesetz und nur in engen Grenzen eingeschränkt werden, z. B. zur Bekämpfung von Seuchen oder Naturkatastrophen, zur Abwehr schwerer Gefahren oder zur Verhinderung von Straftaten. Die F. garantiert nicht die Ausreisefreiheit, die sich aus dem Recht auf allgemeine Handlungsfreiheit (Art. 2 Abs. 1 GG) herleitet. Die F. gilt nicht für Ausländer, deren Einreise und Aufenthalt aufgrund des Ausländer-Ges. im Interesse der nat. Sicherheit und der öffentl. Ordnung beschränkt werden kann. Arbeitnehmer aus Mitgl.staaten der EU genießen jedoch die ↑Arbeitnehmerfreizügigkeit. Gewerbetreibende dürfen sich auf die ↑ Niederlassungsfreiheit berufen. – In *Österreich* ist F. grundsätzlich durch Art. 4 StaatsGG von 1867 und durch Art. 5 Ges. zum Schutze der persönl. Freiheit von 1862, in der *Schweiz* durch Art. 24 Bundesverf. (Niederlassungsfreiheit, die auch das Ausreiserecht garantiert) gewährleistet.

Fréjus [fre'ʒys], Stadt an der Côte d'Azur, im Dép. Var, Frankreich, 41 500 Ew.; Kunststoff- und Textilind.; Gärtnereien; Seebäder (F.-Plage, Saint-Aygulf); Flughafen. – Von der ehem. röm. Hafenstadt **Forum Julii** (49 v. Chr.) sind zahlr. Baureste erhalten; Kathedrale (11. und 12. Jh.) mit frühchristl. Taufkapelle (5. Jh.). – F. war 360–1957 Bischofssitz. Der Bruch einer Staumauer oberhalb der Stadt forderte 1959 mehr als 400 Todesopfer und verursachte große Schäden.

Fréjus, Col de [- fre'ʒys], Pass in den Westalpen, 2 542 m ü. M., verbindet die frz. Tallandschaft Maurienne mit dem italien. Piemont; Eisenbahntunnel, Straßentunnel (12,8 km lang, seit 1980).

FRELIMO, Abk. für **Frente de Libertação de Moçambique**, polit. Partei in Moçambique, gegr. 1962 als Befreiungsbewegung, führte ab 1964 den bewaffneten Kampf gegen die portugies. Kolonialherrschaft. Nach der Revolution in Portugal (1974) übertrug die portugies. Reg. 1975 die Staatsgewalt in Moçambique direkt an die FRELIMO. Diese organisierte sich nunmehr als Einheitspartei nach marxistischleninist. Vorbild, ging aber seit etwa Mitte der 1980er-Jahre außenpolitisch zu einem gemäßigten prowestl. Kurs über und bekannte sich mit der Verf. von 1990 innenpolitisch zu einem Mehrparteiensystem. Aus den Wahlen von 1994 und 1999 ging sie als Siegerin hervor. Vors. und Staatspräs. ist seit 1986 J. A. Chissano.

Fremantle ['fri:mæntl], Stadt in Western Australia, Hafen von Perth am Ind. Ozean, 30 200 Ew.; zus. mit dem südlich gelegenen **Kwinana** ein wichtiger Ind.standort (Verarbeitung landwirtsch. Produkte, petrochem. Ind., Maschinenbau u. a.); Fischereihafen.

Fremdarbeiter, im nat.-soz. Sprachgebrauch Bez. für die nach Ausbruch des Zweiten Weltkrieges (1939) aus besetzten Gebieten nach Dtl. deportierten bzw. in der dt. Wirtschaft eingesetzten Arbeiter nicht dt. Staatsangehörigkeit (↑Zwangsarbeit; ab 1945: ↑Displaced Persons).
📖 Herbert, U.: F. Politik u. Praxis des »Ausländer-Einsatzes« in der Kriegswirtschaft des Dritten Reiches. Neuausg. Berlin 1999.

Fremdatome, dem Idealkristall chemisch fremde Atome. Durch ↑Dotierung mit F. können Kristalleigenschaften gezielt geändert werden.

Fremddepot [-po] (Anderdepot), von einem Treuhänder (z. B. Notar) in eigenem Namen für seinen Klienten bei einer Bank in Verwahrung gegebene ↑Effekten.

Fremdenfeindlichkeit (Xenophobie), feindselige Einstellungen und Handlungen gegenüber Menschen(gruppen), die als »fremd« empfunden werden. F. kann von Ablehnung und Ausgrenzung bis hin zur Vertreibung und phys. Vernichtung reichen. Begrifflich nicht scharf abgrenzbar, wird F. sowohl als Oberbegriff wie auch als Synonym für **Ausländerfeindlichkeit** (die Diskriminierung macht sich u. a. an der Staatsbürgerschaft fest) gebraucht. In ihren extremsten Formen tritt F. als ↑Antisemitismus (gegen »die« Juden als Fremde par excellence) und als ↑Rassismus auf. Ursachen von F. sieht die Individual- und Sozialpsychologie in Ichschwäche, repressiven Sozialisationsmodellen und mangelnder Gruppenidentität bzw. fehlenden sozialen Stabilisierungen. Die Soziologie nennt als Bedingungen, die F. auslösen (die sich zur Gewalttätigkeit gegen die »Fremden« bzw. das »Fremde« steigern kann), mangelnde familiäre Bindungen, empfundene und/oder reale berufl. Chancenlosigkeit, die Auflösung von traditionellen Milieus im Zuge beschleunigten sozialen Wandels und die Pluralisierung bzw. den Verlust von gesellschaftl. Normen und Werten. Die Politikwiss. interpretiert F. als Mangel an polit. Bildung, die die Unabdingbarkeit von Toleranz und universellen Menschenrechten gegenüber dem oder den Fremden in einer offenen, zunehmend mobilen pluralist. Gesellschaft nicht genügend vermittelt. Psychoanalytisch wird F. als Ausdruck einer Abwehr des eigenen Unbewussten und der damit verbundenen Gefährdung der mühsam erworbenen Ichbalance samt allen Unterdrückungsmechanismen verstanden.

In der Gegenwart sind, vor dem Hintergrund von globaler Mobilität und Migration – gerade angesichts binnenstaatlich verschärfter Verteilungskämpfe um gesellschaftlich knappe Güter (Arbeitsplätze, Bildung, berufl. Erfolgsaussichten) – auch in den reichsten Staaten fremdenfeindl. Haltungen, Einstellungen und Aktionen anzutreffen. Solche in der Gesellschaft latent vorhandenen oder offen zutage tretenden fremdenfeindl. Tendenzen werden dabei nicht nur von einzelnen Akteuren oder bestimmten sozialen Gruppen (z. B. Teilen der Skinheadszene) zur Kompensation eigener Misserfolge oder zur Mobilisierung im Sinne eigener Interessendurchsetzung genutzt, sondern auch in öffentl. Debatten (z. B. um Asyl und Einwanderung) instrumentalisiert, z. B. durch die Art der Berichterstattung in Teilen der Massenmedien. Die den fremdenfeindl. Tendenzen in der Gesellschaft gegensteuernden Kräfte haben in ihrem Bemühen die UN-Menschenrechtserklärung von 1948 und das Grundgesetz an ihrer Seite, die beide in großer Eindeutigkeit die F. als gegen die Grundrechte und die Würde des Menschen gerichtet herausstellen.
📖 Silbermann, S. u. Hüsers, F.: Der »normale« Haß auf die Fremden. Berlin u. a. 1995. – Stolz, J.: Soziologie der F. Theoret. u. empir. Analysen. New York u. Frankfurt am Main 2000. – Wahl, K. u. A.: F. Auf den Spuren extremer Emotionen. Opladen 2001.

Fremdenlegion (frz. Légion étrangère), zum frz. Heer gehörende Freiwilligentruppe (etwa 8 500 Mann), 1831 von König Louis Philippe geschaffen; in fast allen Kolonialkriegen Frankreichs eingesetzt, v. a. in Nordafrika und (bes. 1946–54) in Indochina, später bei internat. Friedensmissionen (u. a. Afrika, Balkan). Angeworben und aufgenommen werden Diensttaugliche jegl. Nationalität im Alter von 18 bis 40 Jahren, die sich zunächst auf fünf Jahre verpflichten müssen. Nach Ableistung dieser Dienstzeit können die Ausländer die frz. Staatsbürgerschaft erwerben. Die Einheiten sind hoch spezialisiert und ohne Zustimmung des Parlaments einsetzbar. Die Masse der F. ist in Frankreich stationiert, Teile in Frz.-Guayana, Djibouti und auf den frz. Inseln im Pazifik (Atomversuchszentrum Polynesien).

Fremdenrecht, die völkerrechtl. und innerstaatl. Vorschriften, die die Rechtsstellung der Fremden (↑Ausländer) regeln. Der Zugang zum Staatsgebiet (Einreise, Niederlassung, Aufenthalt) kann nach Ermessen geregelt werden, soweit nicht vertragl. Bindungen bestehen. Fremde unterliegen der Rechtsordnung des Aufenthaltsstaates; das Völkerrecht weist ihnen ein Mindestmaß an Rechten (Menschenrechte) zu, wie den Schutz von Leben, Freiheit und Eigentum, das Verbot willkürl. Behandlung und das Recht auf faire Behandlung vor Gericht. Die privatrechtl. Beziehungen von Fremden unterliegen der Rechtsordnung, die das internat. Privatrecht bestimmt. Weiter gehende Sicherungen bestehen z. T. durch internat. Abkommen und zweiseitige Verträge. Die Ausreise darf nach Völkergewohnheitsrecht Fremden nicht verweigert werden. Eine Befugnis zur Ausweisung besteht nicht nach freiem Ermessen, sondern nur bei einem hinreichenden rechtfertigenden Grund und in rechtsstaatlich geordnetem Verfahren (in Dtl. §§ 45 ff. Ausländer-Ges.); zusätzl. Schutz kommt u. a. Flüchtlingen und heimatlosen Ausländern zu.

Fremdenverkehrsstraßen, ↑Ferienstraßen.

Fremder, 1) *Philosophie:* Die Spannweite der philosoph. Definitionen des F. reicht von Positionen, die den F. oder Anderen als originär Unzugänglichen fassen (E. Lévinas), über eine Sicht, die das Fremde als Abwandlung des Eigenen, als Projektion des Ich begreift (J. G. Fichte), bis zu einer logozentr. Interpretation, die Fremdes und Eigenes unter ein umfassendes Ordnungsschema und Deutungsmuster subsumiert (G. W. F. Hegel).

2) *Staats-* und *Völkerrecht:* eine Person, die nicht die Staatsangehörigkeit des Aufenthaltsstaates besitzt. (↑Ausländer, ↑Fremdenrecht)

Fremdgeld (fremde Gelder), Einlagen und aufgenommene Gelder, die ein Kreditinstitut seinen Kunden sowie anderen Kreditinstituten schuldet.

Fremdheitsquantenzahl, *Physik:* Seltsamkeit, ↑Strangeness.

Fremdkapital, die Positionen der Passivseite einer Unternehmensbilanz, die Gläubigeransprüche (Tilgungs- und Zinszahlungen) darstellen. Neben den Verbindlichkeiten zählen dazu auch Rückstellungen für ungewisse Verbindlichkeiten. Das F. kann gegliedert werden nach Gläubigergruppen (z. B. Lieferanten), Laufzeiten (kurz-, mittel-, langfristig) und Art der Sicherung (gesichertes, ungesichertes Fremdkapital).

Fremdkörper, *Medizin:* von außen in Gewebeteile (bes. durch Wunden) oder in Hohlorgane des Körpers eingedrungener oder künstlich (Implantate, Transplantate) eingebrachter Gegenstand oder Stoff. Sind die in das Gewebe eingedrungenen F. keimfrei, so können sie einheilen und werden vom Körper in einer bindegewebigen Schale abgekapselt. Im anderen Fall wird der F. durch Eitern abgestoßen oder muss operativ entfernt werden. Verschluckte F. gehen auf natürl. Weg meist von selbst ab. In Ohr und Nase gelangte F. dürfen wegen Verletzungsgefahr nur vom Arzt entfernt werden.

Fremdlingsfluss, Bez. für einen ein Trockengebiet durchfließenden (und nicht versiegenden) Flusslauf, dessen Oberlauf in einem niederschlagsreicheren Klimabereich liegt (z. B. der Nil in Ägypten).

Fremdrenten, Renten der gesetzl. Unfall- oder Rentenversicherung, die aufgrund des F.-Gesetzes i. d. F. v. 25. 2. 1960 an Vertriebene, Spätaussiedler u. a. Personen gewährt werden. Das F.-Gesetz erkennt bestimmte bei einem Versicherungsträger außerhalb der Bundesrep. Dtl. zurückgelegte Beschäftigungs- bzw. Versicherungszeiten an. Das F.-Gesetz gilt seit 1992 auch in den neuen Ländern.

Fremdsprache, Sprache einer anderen Sprachgemeinschaft, die man sich durch bewusstes Lernen aneignet (gesteuerter F.-Erwerb). Wird eine Zweitsprache in frühester Kindheit – in sprachlich gemischten Gebieten oder Familien – erworben, liegt ein ungesteuerter Erwerb vor, der zu (beinahe) muttersprachl. Kompetenz führen kann.

Fremdwort, aus einer fremden Sprache übernommenes Wort, das sich in Schreibung, Lautung und Flexion der aufnehmenden Sprache nicht angepasst hat. Hierdurch unterscheidet es sich vom ↑Lehnwort, dessen fremde Herkunft dem Normalsprecher nicht bekannt ist, und vom Erbwort, das dem heim. Sprachbereich entstammt. Eine strikte Trennung zw. F. und Lehnwort ist jedoch nicht möglich. Dasselbe Wort kann in einer Sprache als F. und als Lehnwort vorkommen, z. B. im Deutschen lat. »signare« als »signieren« (F.) und »segnen« (Lehnwort). Alle Lehnwörter waren ursprünglich F., jedoch werden nicht alle F. zu Lehnwörtern.
Ursache für die Übernahme von F. ist bes. die Übernahme der durch sie bezeichneten Sache (z. B. bei den durch das Italienische vermittelten Wörtern aus dem Geldverkehr: Giro, Agio, Storno). An F. lassen sich kulturelle Strömungen ablesen, die auf einen Sprachraum einwirken. Die Haltung der Sprachgemeinschaften oder ihrer einzelnen Schichten F. gegenüber ist unterschiedlich. Neben der bewussten Aufnahme von F. (z. B. ritterl. Gesellschaft des MA., die zahlr. Ausdrücke ritterlich-höf. Kultur aus dem Französischen übernahm) stehen Bestrebungen nat. Selbstbehauptung, wie sie schon im 1. Jh. v. Chr. in Rom auftraten, wo sie gegen den Einfluss der grch. Kultur gerichtet waren. In Dtl. waren nach dem Dreißigjährigen Krieg (↑Sprachgesellschaften) und erneut um die Wende vom 18. zum 19. Jh. (J. H. Campe) purist. Tendenzen zu beobachten. In Frankreich führten Diskussionen über den Gebrauch von F. schließlich 1994 zu einem vielfach umstrittenen Gesetz, das v. a. den Einfluss der engl. Sprache zurückdrängen soll. In neuerer Zeit hat die Entwicklung in den Wiss. und Technik die Anzahl der F. stark vergrößert; eine wichtige Rolle spielen F. im Rahmen der von Internationalisierung und Standardisierung gekennzeichneten ↑Fachsprachen.

Fremont [ˈfriːmɔnt], Stadt in Kalifornien, USA, an der SO-Küste der San Francisco Bay, 198 700 Ew.; gegr. 1956 (Zusammenschluss von 5 Gemeinden).

Frémont [friːˈmɔnt], John Charles, amerikan. Offizier und Forschungsreisender, *Savannah (Ga.) 21. 1. 1813, †New York 13. 7. 1890; hatte mit Expeditionen zw. 1841 und 1853 starken Anteil an der Erschließung des S und W der heutigen USA (v. a. Erkundung des Gebirgsteils und günstiger Überlandwege); trug wesentlich zur Inbesitznahme Kaliforniens bei. Als Sklavereigegner 1856 erfolgloser Präsidentschaftskandidat der neu gegr. Republikan. Partei; 1878–83 Gouv. von Arizona.

French Open [frentʃ ˈəʊpn], *Tennis:* seit 1897 (Männer: 1925) jährlich ausgetragenes Grand-Slam-Turnier (Austragungsort: Paris; Rotsandplatz).

Freneau [frɪˈnoʊ], Philip, amerikan. Lyriker, *New York 2. 1. 1752, †Middletown Point (N. J.) 18. 12. 1832; schrieb Gedichte über den Nordamerikan. Unabhängigkeitskrieg, Naturlyrik.

frenetisch [frz.], stürmisch, rasend, tobend (bes. von Beifall, Applaus).

Freni, Mirella, italien. Sängerin (lyr. Sopran), *Modena 27. 2. 1935; wurde bes. in Partien aus Opern von G. Puccini, G. Verdi und W. A. Mozart bekannt.

Frenkel-Defekt [nach dem russ. Physiker J. I. Frenkel, *1894, †1952], Gitterfehler in einem Kristall, verursacht durch das Abwandern eines im Kristall eingebauten Atoms bzw. Ions von seinem normalen Platz im Kristallgitter auf einen Zwischengitterplatz bei therm. Anregung.

Frente de Libertação de Moçambique [-liberˈtasãʊ di musamˈbikə], ↑FRELIMO.

Frenulotomie [lat.], operatives Durchtrennen des oberen und unteren Lippen- oder Zungenbändchens (Frenulum labii bzw. linguae).

Frequenz [lat.] *die, Physik, Technik:* Formelzeichen f oder v, Einheit der F. ist das Hertz (Hz); bei period. Vorgängen (z. B. elektromagnet. Wellen) der Quotient aus der Anzahl n der Schwingungen und der zugehörigen Zeit t, $f = n/t$. Die F. ist der reziproke Wert der Zeitdauer T (Periode) einer vollen Schwingung, $f = 1/T$. Die **Kreis-F.** ω ergibt sich aus der F. zu $\omega = 2\pi f$. Jedes schwingungsfähige System geht bei Anstoß von außen in Schwingungen über. Die für das System charakterist. F. dieser Schwingungen heißen **Eigen-F.** (↑Eigenschwingung). Erfolgt die Anregung periodisch mit der Eigen-F., tritt ↑Resonanz auf.

Frequenzband, *Nachrichtentechnik:* zusammenhängender Frequenzbereich des

Freskomalerei FRE

Spektrums elektromagnet. Wellen. Die Wellenbereiche sind für bestimmte Anwendungen (Rundfunk, Richtfunk, Fernsehen u.a.) in F. unterteilt, die durch Frequenzlage und Bandbreite gekennzeichnet sind. Zur Übertragung eines Signals ist ein F. mit einer Mindestbandbreite erforderlich, z.B. bei einer analogen Telefonverbindung: 3,1 kHz. Die Frequenzlage, die durch die Trägerfrequenz bestimmt wird, ist für das Signal von sekundärer Bedeutung.

Frequenzbereich, *Nachrichtentechnik:* frequenzmäßige Einteilung des Spektrums elektromagnet. Wellen, die für die Funktechnik verwendet werden, entsprechend ihrem Ausbreitungsverhalten. Die nachrichtentechn. F. erstrecken sich vom Längstwellenbereich (Frequenzen 10–30 kHz) bis zum Submillimeterwellenbereich (300–3000 GHz). Für sie gibt es internationale Bez. und Abk. sowie innerhalb ihrer Einteilung internat. vereinbarte Zuordnungen der versch. Funkdienste zu diesen Bereichen. (↑elektromagnetische Wellen, Übersicht)

Frequenzgang, allg. der Verlauf einer physikal. Größe als Funktion der Frequenz, auch Bez. für diese Funktion selbst; i.e.S. Frequenzabhängigkeit des Ausgangssignals eines linearen Übertragungsglieds (z.B. Verstärker, Filter) vom Eingangssignal. Der F. ist als komplexe Funktion beschreibbar und grafisch als Kurvenzug (Ortskurve) darstellbar; der Betrag des F. heißt **Amplitudengang**, seine Phase **Phasengang**.

Frequenzmesser, Geräte zur Messung der Frequenz von Wechselspannungen oder -strömen, meist unter Anwendung des Resonanzprinzips (Zungen-F., direkt anzeigender F., Resonanzwellenmesser, Schwingungszähler u.a.). In digitalen F. wird die Messung auf die Zählung von Impulsen in einer bestimmten Zeit zurückgeführt.

Frequenzmodulation, *Nachrichtentechnik:* ↑Modulation.

Frequenz|umsetzer, Gerät zur Änderung einer gegebenen Frequenz durch Frequenzteilung oder -vervielfachung oder (z.B. in Rundfunkempfängern) durch Zwischenfrequenzbildung.

Frequenz|umwandler, elektr. Maschine zur Änderung einer Ausgangsfrequenz (z.B. der Netzfrequenz) in eine niedrigere oder höhere Frequenz. Man unterscheidet rotierende (z.B. asynchroner Einankerumformer) und ruhende F. (z.B. Umrichter).

Frequenzweiche, elektron. Filteranordnung, die meist zum Aussondern eines Frequenzbandes aus einem breiteren Frequenzbereich oder zur Trennung zweier Frequenzbereiche dient.

Frescobaldi, Girolamo, italien. Komponist, *Ferrara vermutlich 12. 9. 1583, †Rom 1. 3. 1643; seit 1608 Organist an der Peterskirche in Rom; Virtuose und Lehrer im Orgel- und Cembalospiel; zahlr. Orgelwerke, Arien, Messen, Madrigale.

Fresenius, Carl Remigius, Chemiker, *Frankfurt am Main 28. 12. 1818, †Wiesbaden 11. 6. 1897; errichtete 1848 in Wiesbaden ein chem. Untersuchungslaboratorium, das zu einer Lehranstalt für Chemotechniker (heute private FH) ausgebaut wurde. F. entwickelte wichtige Grundlagen und Methoden der chem. Analyse; ab 1861 Hg. der »Zeitschrift für analyt. Chemie«.

Freshman [freʃmæn, engl.], in den USA umgangssprachlich für einen Neuling, Anfänger; i.e.S. Student des ersten Semesters.

Fresko [italien.] 1) *das,* ↑Freskomalerei. 2) *der,* strapazierfähiges, poröses Gewebe in Leinwandbindung mit guten Trage- und Gebrauchseigenschaften für Oberbekleidung. Leichte und dem F. ähnl. Gewebe heißen **Tropical**.

Freskomalerei [italien. a fresco »auf das Frische«] (Fresko), abschnittsweise (»Tagwerk«) auf noch feuchtem gipsfreiem Kalkputz ausgeführte Wandmalerei; infolge des schnellen Auftrocknens, bei dem sich an der Oberfläche des Putzes eine feste, wasserunlösl. Schicht von Calciumcarbonat bildet, sind Korrekturen nicht möglich. Das Fresko zeichnet sich durch feinen Glanz aus und ist außerordentlich haltbar. F. findet sich bereits in Çatal Hüyük. Bed. Zeugnisse sind auch für Kreta und Mykene, bei den Etruskern, in Pompeji und Herculaneum belegt. Die F. gelangte zu einer Hochblüte in der karoling., roman. und in der Renaissancekunst (Reichenau-Oberzell, Giotto, Masaccio, Michelangelo). Im 17./18. Jh. wurde das Kaseinfresko (Kasein- statt Wasserfarben) auf trockenem oder wieder angefeuchtetem Kalkputz (»Kalkkaseinfresko«) angewendet. Nach dem letzten großen Freskomaler des Barock, G. B. Tiepolo, verfiel

Fresnel

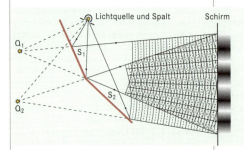

fresnelscher Spiegelversuch mit Darstellung der sich überlagernden Wellenzüge und des entstehenden Interferenzsystems (rechts neben dem Schirm); S_1 und S_2 Spiegel, Q_1 und Q_2 virtuelle Spiegelbilder der Lichtquelle

die F. bis zu ihrer Wiederbelebung im 19. Jh. Im 20. Jh. wurde die F. von den mexikan. Malern J. Orozco und D. Rivera wieder aufgenommen.

📖 *Reclams Hb. der künstler. Techniken, Bd. 2: Wandmalerei, Mosaik. Beiträge v. A. Knoepfli u. a. Nachdr. Stuttgart 1997.*

Fresnel [frɛˈnɛl], Augustin Jean, frz. Physiker und Ingenieur, * Broglie (Dép. Eure) 10. 5. 1788, † Ville d'Avray (bei Sèvres) 14. 7. 1827; seit 1823 Mitgl. der Académie des sciences; begründete ab 1815 die Wellentheorie des Lichts (↑fresnelscher Spiegelversuch), untersuchte die Polarisation des Lichts und die Doppelbrechung. F. erfand den nach ihm benannten Doppelspiegel und das Doppelprisma; er konstruierte die ↑Fresnel-Linse, die noch heute (u. a. in Leuchttürmen) verwendet wird.

Fresnel-Linse [frɛˈnɛl-; nach A. J. Fresnel], Stufenlinse mit großem Öffnungsverhältnis bei kleiner Dicke, verwendet als Sammellinse in opt. Geräten, z. B. in Scheinwerfern, Seezeichen (fälschlich auch als Zonenlinse bezeichnet). Sie besteht aus einer zentralen Linse und nach außen anschließenden ringförmigen Kegelzonen, deren Krümmungsradien so gewählt sind, dass die Brennpunkte aller Zonen zusammenfallen. Bei Verwendung von Kunststoff lassen sich die einzelnen Zonen sehr schmal ausführen (einige 0,01 mm) und in eine dünne Folie einprägen; derartige F.-L. werden z. B. in Overheadprojektoren eingesetzt. F.-L. zerspringen beim Erhitzen weniger schnell, in Solarzellen dienen sie zur Fokussierung der Sonnenstrahlung.

fresnelscher Spiegelversuch [frɛˈnɛl-; nach A. J. Fresnel], klass. Interferenzversuch (1816) zum Nachweis der Wellennatur des Lichtes. Zwei nur gering zueinander geneigte Spiegel S_1 und S_2 entwerfen je ein virtuelles Bild Q_1 und Q_2 einer punkt- oder linienförmigen monochromat. Lichtquelle. Die von diesen Bildern ausgehend gedachten Strahlenbündel überlagern sich zu einem Interferenzsystem von hellen und dunklen Streifen, die auf einem Schirm beobachtet werden können.

fresnelsche Zonen [frɛˈnɛl-; nach A. J. Fresnel], ringförmige Bereiche in einer beugenden Kreisöffnung, in denen sich der Gangunterschied der Wellenlänge λ des Lichtes um jeweils $\lambda/2$ ändert. Die F. Z. werden zum Beispiel zur Konstruktion von Beugungsgittern (↑Zonenplatte) ausgenutzt.

Fresno [ˈfreznəʊ], Stadt in Kalifornien, USA, im Tal des San Joaquin River, 411 600 Ew.; Univ.; Fremdenverkehr; Handelszentrum inmitten reicher Bewässerungskulturen (Baumwolle, Wein, Obst, Gemüse).

Fresszellen (Phagozyten), ↑Phagozytose.

Frettchen

Frettchen (Frett, Mustela putorius furo), domestizierte Albinoform des Europ. Iltis. Mit dem F. werden Wildkaninchen aus ihrem Bau gejagt (**frettiert**).

Freud, 1) Anna, brit. Psychoanalytikerin österr. Herkunft, * Wien 3. 12. 1895, † London 9. 10. 1982, Tochter von 3); verfasste Arbeiten zur Psychoanalyse des Kindes; lehrte vorwiegend in Großbritannien.

Werke: Das Ich und die Abwehrmechanismen (1936); Wege und Irrwege in der Kinderentwicklung (1968).

2) Lucian, brit. Maler, * Berlin 8. 12. 1922, Enkel von 3); lebt seit 1932 in Großbritannien. Porträts und Akte, (Stadt-)Landschaften und Blumenstillleben führte er anfangs im Stil des ↑magischen Realismus aus. Gegen Ende der 1950er-Jahre ging er zu einem zunehmend pastosen Farbauftrag mit grobem Pinselstrich über und entwickelte eine kraftvolle figürl. Malerei.

3) Sigmund, österr. Nervenarzt, * Freiberg (heute Příbor, Nordmähr. Gebiet) 6. 5. 1856, † London 23. 9. 1939, Vater von 1); seit 1902 Prof. in Wien, dort psychotherapeut. Tätigkeit, emigrierte 1938 nach London. F. betrieb zuerst hirnanatom. Forschungen und entdeckte vor K. Koller die schmerzbetäubende Wirkung des Kokains. In Zusammenarbeit mit J. Breuer entwickelte er ein Verfahren zur Heilung seel. Krankheiten durch »Abreaktion« verdrängter traumat. Erfahrungen, den ersten Ansatz zu der von ihm entwickelten ↑Psychoanalyse, mit der er trotz vielfacher Anfeindungen weltweiten Einfluss auf die Entwicklung der psychotherapeut. Behandlung gewann. Deren theoret. Bedeutung liegt in der Erweiterung der älteren Psychologie durch die Einbeziehung des ↑Unbewussten und den daraus folgenden neuen Einsichten in die Triebdynamik. Als Haupttrieb menschl. Verhaltens nahm F. die ↑Libido an, später als Gegenspieler zusätzlich den stark umstrittenen Todes- oder Destruktionstrieb. F. behandelte auch Probleme der Völkerkunde, der Religionswiss. und Mythologie sowie soziolog. und ästhet. Fragen. Seine Wirkung erstreckte sich auf weite Gebiete des Geisteslebens, bes. Philosophie, Literatur und Kunst.

Werke: Studien über Hysterie (1895, mit J. Breuer); Die Traumdeutung (1900); Zur Psychopathologie des Alltagslebens (1901); Der Witz und seine Beziehung zum Unbewußten (1905); Totem und Tabu (1913); Vorlesungen zur Einf. in die Psychoanalyse (1916/17); Jenseits des Lustprinzips (1920); Massenpsychologie und Ich-Analyse (1921); Das Ich und das Es (1923); Das Unbehagen in der Kultur (1930); Neue Folge der Vorlesungen zur Einf. in die Psychoanalyse (1933); Warum Krieg? (1933, mit A. Einstein).

📖 *Clark, R. W.: S. F. Leben u. Werk. A. d. Engl. Frankfurt am Main 1990. – Gay, P.: F. Eine Biographie für unsere Zeit. A. d. Amerikan. Frankfurt am Main 1995. – Lohmann, H.-M.: F. zur Einf. Hamburg ⁵2002.*

Sigmund Freud

Freudenberg, Stadt und Luftkurort im Kr. Siegen-Wittgenstein, NRW, im Siegerland, 18 200 Ew.; Eisen verarbeitende Ind., Behälter- und Apparatebau. – Der Stadtkern »Alter Flecken« mit zahlr. Fachwerkhäusern ist Baudenkmal von internat. Bedeutung. – F. ist seit 1456 Stadt.

Freudenberg

Freudenstadt, 1) Landkreis im RegBez. Karlsruhe, Bad.-Württ., 871 km², 120 800 Ew.

2) Krst. von 1), Große Kreisstadt in Bad.-Württ., im nördl. Schwarzwald, 595–940 m ü. M., 23 200 Ew.; heilklimat. Kurort und

Wintersportplatz mit bed. Fremdenverkehr; Maschinenbau, elektron., Lederwaren-, Kosmetikind., Druckerei. – F. wurde als Planstadt der Renaissance erbaut, mühlebrettartiger Grundriss mit laubenumzogenem Marktplatz; Stadtkirche (1601 bis 1614). – Gegr. 1599 (Ansiedlung vertriebener österr. Protestanten). Der 1945 völlig zerstörte Stadtkern ist wieder aufgebaut.
Freudenthal, ↑Bruntál.
Freund [frø:nd], Gisèle, frz. Fotografin dt. Herkunft, *Berlin 19. 12. 1908, †Paris 31. 3. 2000; emigrierte 1933 nach Paris, arbeitete ab 1936 für die Ztschr. »Life«; Porträts insbes. von Schriftstellern und Künstlern; schrieb u. a. »Photographie und Gesellschaft« (1974).
Freund-Feind-Kennung, ↑Kennung.
Freundlich, Otto, Maler, Grafiker und Bildhauer, *Stolp 10. 7. 1878, †im KZ Majdanek 9. 3. 1943; lebte ab 1924 in Paris. Seine Malerei rhythmisiert flächige geometr. Felder durch Farbdifferenzierung; 1929–33 schuf er auch abstrakte Plastiken.
Freundschaft, Form sozialer Beziehungen zw. zwei oder mehreren Partnern, die bes. durch gegenseitige Anziehung (Sympathie) und ein Verhältnis persönl. Vertrauens bestimmt ist, in der Erfahrung gemeinsam erlebter Lebensabschnitte wurzeln kann (z. B. der Schul- oder Studienzeit) und die im Unterschied zu rein zweckbestimmten partnerschaftl. Verbindungen auch Hilfs- und Opferbereitschaft und freiwillige Verantwortung für den anderen einschließt.
Freundschaft, Erdölleitung, Erdölfernleitungssystem (1960–63 erbaut) von Almetjewsk in Tatarstan (Russ. Föderation) durch Weißrussland (Mosyr) und Polen (Plozk) nach Schwedt/Oder und Spergau bei Leuna (N-Strang) sowie durch die Tschech. und Slowak. Rep. nach Ungarn (S-Strang); Gesamtlänge etwa 4 300 km bzw. 5 330 km.
Freundschaftsinseln, ↑Tonga.
Frevel [ahd. fravili »Kühnheit«], urspr. das schwere Vergehen; seit dem 14./15. Jh. Bez. für minder schwere Delikte, die mit Geldstrafe oder mit Strafe an »Haut und Haar« (d. h. Züchtigung, Haarscheren) geahndet wurden; seit dem 18. Jh. leichtere Übertretungen ohne kriminellen Charakter (z. B. Jagdfrevel).
Freyburg (Unstrut), Stadt im Burgenlandkreis, Sa.-Anh., an der unteren Unstrut, 4 500 Ew.; Jahn-Museum (im ehem. Wohnhaus von F. L. Jahn); Weininstitut; Sektkellerei; Kalksteinindustrie. Mittelpunkt eines Weinbaugebiets. – Spätroman. Stadtkirche St. Marien (um 1220), im Innern spätgotisch; über der Stadt die **Neuenburg** (im Kern romanisch, Umbauten 16.–18. Jh.) mit rundem Bergfried (»Dicker Wilhelm«), spätroman., reich ausgestatteter Doppelkapelle, roman. Wohnturm und weiteren ausgedehnten Wohn- und Wehrbauten (Museum). – Im 13. Jh. als Stadt bezeugt.
Freycinet [frɛsi'nɛ], Charles Louis de Saulces de, frz. Politiker, *Foix 14. 11. 1828, †Paris 14. 5. 1923; war 1870 Mitarbeiter Gambettas bei der Aufstellung neuer Heere, seit 1879 mehrmals Min.-Präs.; hatte großen Anteil am Zustandekommen des frz.-russ. Bündnisses von 1893/94.

Hans Freyer

Freyer, Hans, Philosoph und Soziologe, *Leipzig 31. 7. 1887, †Ebersteinburg (heute zu Baden-Baden) 18. 1. 1969; begründete eine soziolog. Schule, die die Sozialstrukturen als geschichtlich gewachsene ansieht. Später wandte sich F. universalgeschichtl. und kulturkrit. Studien zu. Umstritten ist F.s Haltung nach 1933.
Werke: Theorie des objektiven Geistes (1923); Soziologie als Wirklichkeitswissenschaft (1930); Weltgeschichte Europas, 2 Bde. (1948); Theorie des gegenwärtigen Zeitalters (1955); Schwelle der Zeiten (1965); Gedanken zur Industriegesellschaft (1970); Herrschaft, Planung und Technik (1987).
Freyja [altnord. »Herrin«] (Freia), altnord. Göttin der Liebe und Fruchtbarkeit, Tochter des Vanen ↑Njörd; Schwester des Freyr, Gemahlin Odins.
Freyr [altnord. »Herr«] (Freir), altnord. Gott, Sohn des Vanen ↑Njörd, Bruder der Freyja; als Fruchtbarkeitsgott verehrt.

Freyre ['frɛjre], Gilberto de Mello, brasilian. Soziologe und Schriftsteller, *Recife 15. 3. 1900, †ebd. 18. 7. 1987; schrieb grundlegende Werke zur Kultur und Gesellschaft Brasiliens (»Herrenhaus und Sklavenhütte«, 1933), Literaturkritik, Lyrik, Erzählungen.

Freystadt, Stadt in Polen, ↑Kożuchów.

Gustav Freytag

Freytag, Gustav, Kulturhistoriker und Schriftsteller, *Kreuzburg (heute Kluczbork) 13. 7. 1816, †Wiesbaden 30. 4. 1895; war 1848–61 und 1867–70 Mitherausgeber der einflussreichen nationalliberalen Wochenschrift »Die Grenzboten«; 1867–70 Vertreter der nationalliberalen Partei im Norddt. Reichstag. Seine bis in die 1930er-Jahre viel gelesenen Romane (v. a. »Soll und Haben«, 3 Bde., 1855) wollen bürgerl. Standesbewusstsein und bürgerl. Tugenden vermitteln.
Weitere Werke: Die Journalisten (Lustspiel, 1853); Bilder aus der dt. Vergangenheit (5 Bde., 1859–67); Technik des Dramas (1863); Die Ahnen (Roman-Zyklus, 6 Bde., 1872–80); Erinnerungen aus meinem Leben (1887).

Freyung, Krst. des Landkreises Freyung-Grafenau, RegBez. Niederbayern, am Nationalpark Bayerischer Wald, 655 m ü. M., 7400 Ew.; Elektro-, Textil-, Kunststoffind.; Fremdenverkehr. – 1525 erhielt F. Marktrecht, 1954 wurde es Stadt.

Freyung-Grafenau, Landkreis im Reg.-Bez. Niederbayern, 984 km^2, 82400 Einwohner.

Fria, Regionshauptort in W-Guinea, nördlich von Conakry, etwa 12000 Ew.; Bauxitabbau mit Aufbereitungsanlage.

Friaul (italien. Friuli), Landschaft in NO-Italien, zw. den Karnischen Alpen und der Adria, umfasst etwa das Stromgebiet des Tagliamento und des unteren Isonzo; bildet mit einem Teil von Julisch Venetien (Görz, Triest) die autonome Region **Friaul-Julisch Venetien,** insgesamt 7855 km^2, 1,189 Mio. Ew.; Hptst. ist Triest. Die zu großen Teilen aus bündnerroman. Friulani (Furlani) bestehende Bev. hat bis heute ihre Sprache und zahlr. alte Bräuche bewahrt. F., nach der röm. Stadt **Forum Iulii** genannt (heute Cividale del Friuli), wurde im 6. Jh. ein langobard. Herzogtum, durch Karl d. Gr. eine fränk. Markgrafschaft, das Gebiet um Cividale kam 952 an Bayern, 976 an Kärnten; Heinrich IV. verlieh das übrige F. 1077 an den Patriarchen von Aquileja. 1420 wurde F. größtenteils von Venedig erobert; der Rest fiel an die Grafschaft Görz und 1500 an Österreich. Das venezian. F. gehörte 1797–1866 ebenfalls zu Österreich. Der östl. Teil gehört seit 1947 zu Slowenien. – 1976 richtete ein Erdbeben große Schäden an.

Fribourg [fri'buːr], frz. Name von Kt. und Stadt ↑Freiburg in der Schweiz.

Frick, Wilhelm, Jurist und Politiker (NSDAP), *Alsenz (Donnersbergkreis) 12. 3. 1877, †(hingerichtet als Kriegsverbrecher) Nürnberg 16. 10. 1946; seit 1924 MdR, hatte als Reichsinnenmin. (1933–43) wesentl. Anteil am Aufbau der NS-Diktatur und an der Durchführung der nat.-soz. Rassengesetze. 1943–45 war er Reichsprotektor von Böhmen und Mähren.

Fricsay ['fritʃɔj], Ferenc, österr. Dirigent ungar. Herkunft, *Budapest 9. 8. 1914, †Basel 20. 2. 1963; Dirigent u. a. in Budapest, Wien, Berlin, München; interpretierte bes. Werke der Wiener Klassik und der italien. Oper.

Fridericus Rex [lat.], ↑Friedrich II., d. Gr., von Preußen.

friderizianisch [zu Fridericus, der latinisierten Form von Friedrich], auf die Herrschaftszeit König Friedrichs II. d. Gr. von Preußen (1740–86) bezogen.

friderizianisches Rokoko, preuß. Variante des Rokoko während der frühen Reg.zeit Friedrichs II.; sie vereinigt frz. und niederländ. Einflüsse und zeichnet sich durch klare Gliederung und – bei aller zierl. Dekoration – durch eine eher ruhige, zurückhaltende Ausdrucksweise aus (u. a. Schloss Sanssouci in Potsdam von G. W. von Knobelsdorff).

Fridman, Alexander Alexandrowitsch, russ. Mathematiker und Physiker, ↑Friedmann, A. A.

Fried, 1) Alfred Hermann, österr. Pazi-

FRI Friedan

fist, *Wien 11. 11. 1864, †ebd. 4. 5. 1921; gründete 1892 in Berlin die Dt. Friedensgesellschaft, gab seit 1899 die »Friedenswarte« heraus; wirkte für die Schaffung einer internat. Friedensorganisation; 1911 Friedensnobelpreis mit T. M. C. Asser.
2) Erich, österr. Schriftsteller, *Wien 6. 5. 1921, †Baden-Baden 22. 11. 1988; lebte seit 1938 in London; schrieb zeitkrit., politisch und gesellschaftlich stark engagierte Lyrik (»Und Vietnam und«, 1966; »Die Freiheit, den Mund aufzumachen«, 1972; »Das Nahe suchen«, 1982; »Vorübungen für Wunder«, 1987) sowie Erzählungen, Hörspiele und Essays; Übersetzungen (D. Thomas, T. S. Eliot, Shakespeare u. a.).
Friedan [fri:dn], Betty Naomi, amerikan. Sozialwissenschaftlerin, *Peoria (Ill.) 4. 2. 1921; führende Vertreterin der amerikan. Frauenbewegung, gründete 1966 die »National Organization for Women« (NOW), schrieb »Der Weiblichkeitswahn« (1963), »Mythos Alter« (1993).

Friedberg 2): Blick auf den Adolfsturm

Friedberg, 1) Stadt im Landkreis Aichach-F., Bayern, grenzt im W an Augsburg, 28 700 Ew.; Möbel-, Metall-, Textilmaschinenbau. – Barockrathaus, Schloss (13. bis 16. Jh., nach Zerstörung wiederhergestellt 1652–56) mit Museum, barocke Wallfahrtskirche (1731–53). – 1264 als Stadt gegründet.
2) Friedberg (Hessen), Krst. des Wetteraukreises, Hessen, 26 500 Ew.; Zweige der FH Gießen-F. (Maschinenbau u. a.), Theolog. Seminar der Evang. Kirche in Hessen und Nassau, Blinden- und Gehörlosenschule, Wetterau-Museum; Elektroind. – Die wie eine kleine Stadt wirkende stauf. Burg (um 1250) wurde im 14.–16. Jh. befestigt (Adolfsturm, um 1350); Liebfrauenkirche (um 1260–1410), Judenbad (1260). – Röm. Kastell, bis etwa 260 röm. Stadt. Planmäßige Anlage der mittelalterl. Stadt nach 1170. Die Burggrafschaft F. war im 14./15. Jh. Adelsrepublik. Die Stadt fiel 1802, die mediatisierte Burggrafschaft 1806 an Hessen-Darmstadt (1834 Zusammenschluss).
Friedeburg, Ludwig von, Sozialwissenschaftler und Politiker (SPD), *Wilhelmshaven 21. 5. 1924; war 1969–74 Kultusmin. in Hessen, ab 1974 Direktor des Inst. für Sozialforschung an der Univ. Frankfurt am Main. Seine Schulpolitik (integrierte Gesamtschule, Rahmenrichtlinien) stieß auf heftige Kritik. F. arbeitet bes. auf dem Gebiet der Jugend-, Bildungs- und Betriebssoziologie.
Friedek-Mistek, Stadt in der Tschech. Rep., ↑ Frýdek-Místek.
Friedel-Crafts-Reaktion [-krɑːfts-; nach dem frz. Chemiker C. Friedel, *1832, †1899, und dem amerikan. Chemiker J. M. Crafts, *1839, †1917], 1877 entwickelte Methode zur Alkylierung und Acylierung von aromat. Ringsystemen in Gegenwart von wasserfreiem Aluminiumchlorid, Bortrifluorid oder anderen Katalysatoren. Eine der wichtigsten organisch-chem. Synthesemethoden.
Friedell, Egon, österr. Schriftsteller, *Wien 21. 1. 1878, †(Selbstmord) ebd. 16. 3. 1938; Theaterkritiker, Schauspieler, Kulturhistoriker (»Kulturgesch. der Neuzeit«, 3 Bde., 1927–31; »Kulturgesch. des Altertums«, 1. Bd. 1936, 2. Bd. hg. 1950); ferner Essays, Aphorismen.
Frieden [ahd. fridu »Schutz«, »Sicherheit«, »Freundschaft«], Zustand eines verträgl. und gesicherten Zusammenlebens von Menschen auf versch. Ebenen. Da F. ohne ein Minimum an Ordnung und Einvernehmen nicht lange bestehen kann, ist

der Begriff des F. eng mit dem des Rechts verknüpft, der seinerseits Freiheit voraussetzt. Strittig ist, ob F. nur das äußere, vor willkürl. Gewalteinwirkung geschützte Verhältnis bezeichnet oder auch eine über die Friedfertigkeit hinausgehende innere Anteilnahme meint. F. ist stets ein geschaffener Zustand, der mehr oder weniger ausdrückl. Sicherungen durch Macht und Vereinbarung bedarf.
Bereits in den ältesten polit. Zeugnissen der Kulturen spiegeln sich die Gefährdungen und Kämpfe, die mit der Durchsetzung eigener Lebensvorstellungen verbunden sind. Entsprechend groß ist die Betonung krieger. Selbstbehauptung nach außen. Im Innenverhältnis aber wird von den herrschenden göttl. und menschl. Mächten die Sicherung der Ordnung, also F., erwartet. In diesem Sinne sind auch die großen Religionen, v. a. dort, wo sie sich mit der polit. Herrschaft verbunden haben, kriegsbereit nach außen, aber friedfertig nach innen. Der F. im A.T. (schalom) meint das heilsame Intaktsein einer Gemeinschaft, das als Gabe der Gerechtigkeit ihres gnädigen Schöpfers erfahren wird. F. ist göttl. Geschenk, kaum menschl. Aufgabe. Das N.T. verstärkt diese Auffassung, da seine gesamte Heilsbotschaft als Verkündigung des F. verstanden wird. In Jesus Christus ist der F. der ganzen Welt beschlossen, wer ihm folgt, wird zum F.-Stifter. Augustinus hat im 19. Buch von »De civitate Dei« streng unterschieden zw. dem innerweltl. Bereich, in dem der F. mit Macht und Herrschaft und notfalls auch durch »gerechten Krieg« (bellum iustum) gesichert wird, und dem Bereich eschatolog. F.-Erwartung, der den Möglichkeiten ird. Politik entzogen ist.
Trotz dieser Trennung von Welt-F. und Gottes-F. war im MA. das Streben unübersehbar, christl. Ordnungsvorstellungen der Welt des Politischen aufzuprägen. »Pax et Iustitia« (F. und Recht) lautete über Jh. die Zielbestimmung der öffentl. Ordnung: Das Recht diente dem F. und war selbst Ausdruck des Friedens. In der Epoche des Gottes- und Land-F. entwickelten sich die Herrschaftsinstanzen zu Trägern der Rechts- und F.-Idee. Im Ewigen Landfrieden von 1495 erreichte diese Entwicklung ihren Höhepunkt.
Globale Bedeutung gewannen die Prinzipien einer rechtlich verfassten F.-Ordnung im Zeitalter von Renaissance und Humanismus. Erasmus von Rotterdam verwarf den Krieg als naturwidrig und forderte zwischenstaatl. Garantieerklärungen und Schiedsgerichte. Die Zweifel an der Unvermeidbarkeit von Kriegen wuchsen bes. seit der Zeit der Aufklärung. I. Kant umriss in seinem Entwurf »Zum ewigen F.« (1795) die Bedingungen einer globalen Rechtsordnung als F.-Ordnung und postulierte eine unbedingte sittl. F.-Pflicht, die eine Rechtfertigung des Krieges als »Ultima Ratio« ausschloss. In der Folge ging jedoch aus der Euphorie der Befreiungskriege und dem Nationalismus der europ. Völker eine neue Kriegsbereitschaft hervor.
Im 20. Jh., bes. nach dem Zweiten Weltkrieg, wuchs die Einsicht, dass sich Kriege in der Konsequenz gegen die Menschheit als Ganzes richten. Daraufhin engagierte sich die ↑Friedensbewegung und die ↑Friedensforschung in verstärktem Maße. Auch nach Auflösung des östl. Militärbündnisses drohen weiterhin um wirtsch. und polit. Interessen geführte Kriege sowie Nationalitäten- und Glaubenskonflikte. Die F.-Forschung untersucht auch die Bedingungen für innergesellschaftl. Frieden.
Das *Völkerrecht* definiert F. als Zustand nichtkrieger. Beziehungen zw. Staaten, der seinen Ausdruck in gegenseitigen diplomat. Beziehungen, im Abschluss und der Durchführung von Staatsverträgen, in Handels-, Kultur- und Rechtsbeziehungen und im gegenseitigen Schutz der Staatsangehörigen findet. Der F. wird durch ↑Krieg unterbrochen und klassischerweise durch einen F.-Vertrag wiederhergestellt, i.d.R. bereits durch ausdrückl. Erklärungen oder die Aufnahme diplomat. Beziehungen oder des Handelsverkehrs (»F.-Zustand de facto«). Der Gedanke eines »dauernden F.« ist die treibende Kraft in der ↑Friedenssicherung. Nach der UN-Satzung ist jede Verletzung des F. untersagt. Bereits die Gefahr einer krieger. Auseinandersetzung oder sonstiger Gewalthandlungen löst als F.-Bedrohung die in der Charta vorgesehenen Maßnahmen aus (Abwehr einer Gewaltmaßnahme nur in begrenztem Umfang, Sanktionen).

📖 *Auf dem Weg zu einer europ. F.-Ordnung. Perspektiven u. Probleme nach dem Ende des Kalten Krieges,* hg. v. T. Hoppe. Mainz 1994. – Beutin, W.: Zur Gesch. des

FRI Friedensbewegung

F.-Gedankens seit Immanuel Kant. Hamburg 1996. – Die Zukunft des F. Eine Bilanz der F.- u. Konfliktforschung, hg. v. A. Sahm u. a. Wiesbaden 2001.

Friedensbewegung, Organisationen und Initiativen, deren Mitgl. aus eth., religiösen, ideolog. oder polit. Gründen für die Abrüstung und ein friedl. Zusammenleben der Völker eintreten und auf die Gefahren der militär. Nutzung der Kernkraft aufmerksam machen. Mit öffentl. Aktionen sollen die Regierungen zu polit. Handeln veranlasst werden.

Die geistigen Wurzeln der F. reichen bis ins MA. zurück (die Idee des ewigen Friedens). Getragen von christl. Gedankengut und den humanitären Ideen der Aufklärung entwickelten die »histor. Friedenskirchen« (Mennoniten, Quäker, Church of the Brethren) eine Haltung unbedingter Friedensbereitschaft und Ablehnung des Kriegsdienstes. Zu Beginn des 19. Jh. gründeten die Quäker in Amerika und Großbritannien Peace Societies (Friedensgesellschaften). Mit ihrer programmat. Schrift »Die Waffen nieder« (1889) begründete Bertha von Suttner die bürgerlich-liberale Bewegung des Pazifismus. Mit der Organisation von **Friedensgesellschaften** (z. B. »Dt. Friedensgesellschaft«), die 1891 in einem Internat. Friedensbüro zusammengeschlossen wurden (Sitz: Genf, seit 1919 Bern), und der Veranstaltung von Kongressen entwickelte der Pazifismus starke Aktivitäten. Im Vorfeld des Ersten Weltkrieges (1914–18) bemühte sich der frz. Sozialist J. Jaurès um die Beilegung der Spannungen in Europa. Vertreter der dt. F. waren – bes. unter dem Eindruck des Ersten Weltkrieges – u. a. T. Lessing, C. von Ossietzky und K. Tucholsky; enge Verbindung gab es zw. der F. und der Frauenbewegung sowohl ihres bürgerl. als auch ihres sozialist. Flügels (Helene Stöcker, Anita Augspurg; Clara Zetkin, Rosa Luxemburg).

Nach 1945 gewann die F. starken Auftrieb durch die Bedrohung durch Atomwaffen, auch bestärkt durch die Folgen der Atombombenabwürfe über Hiroshima und Nagasaki; 1958/59 entstand in Großbritannien die ↑Ostermarschbewegung. Anfang der 1980er-Jahre bildete sich in zahlr. westl. Staaten eine neue, auf breiter Basis mit der Umwelt- und Frauenbewegung sowie alternativen Bewegungen verbundene,

auch von Emotionen getragene F., die gegen die Realisierung des ↑NATO-Doppelbeschlusses (1979) protestierte und eine allg. Abrüstung forderte.

Bes. in der DDR, an der Trennlinie der Machtblöcke, entstanden im Verlauf der 1970er-Jahre im Umfeld der Kirchen (informelle) Friedensgruppen, die ab Anfang der 1980er-Jahre trotz staatl. Repressionen zunehmend vernetzt agierten und über versch. Aktionsformen (u. a. ↑Friedensgebete; ↑Schwerter zu Pflugscharen) Öffentlichkeitswirksamkeit gewannen. Ab 1983/84 profilierten sie sich neu und wurden zu Keimzellen für die Bürgerbewegung, die 1989/90 den Umbruch erzwang. Mit der globalen Wende 1989/91 verlor die F. zunächst an polit. Gewicht. Zahlr. neue oder nach dem Ende des Ost-West-Gegensatzes wieder aufbrechende zwischen- und innerstaatl. Konflikte gaben Anlass, die Frage der völkerrechtl. Legitimität des Einsatzes militär. Mittel seitens der Staatengemeinschaft oder einzelner Staaten(gruppen) neu zu diskutieren (z. B. humanitäre Interventionen gegen systemat. Menschenrechtsverletzungen innerhalb eines Staates oder Anwendung von Waffengewalt zur Bekämpfung des internat. Terrorismus unterstützender Regimes).

❖ siehe ZEIT Aspekte

📖 *Riesenberger, D.: Gesch. der F. in Dtl. Von den Anfängen bis 1933.* Göttingen 1985. – *Kriege beenden – Gewalt verhüten – Frieden gestalten. Zur Neupositionierung der F.,* hg. v. B. Schindler-Saefkow u. P. Strutynski. Kassel 1996. – *Nach dem Jh. der Kriege. Alternativen der F.,* hg. v. R.-M. Luedtke u. P. Strutynski. Kassel 2000.

Friedensburg, Ferdinand, Politiker (CDU), * Schweidnitz 17. 11. 1886, † Berlin (West) 11. 3. 1972; Jurist und Bergbaufachmann, ab 1920 Mitgl. der DDP, 1927–33 RegPräs. in Kassel, 1945 Mitbegründer der CDU in der SBZ. Als stellv. Oberbürgermeister von Berlin (1946–51) suchte F. im Verlauf der Spaltung Berlins (Nov./Dez. 1948) die Ansprüche der verfassungsgemäß gewählten Stadtreg. aufrechtzuerhalten. Seit 1953 war er Prof. an der TU Berlin.

Friedensdienst, ↑sozialer Friedensdienst, ↑ziviler Friedensdienst.

Friedensfahrt, *Straßenradsport:* urspr. ein Amateuretappenrennen, das 1948–52 zw. Warschau und Prag (oder umgekehrt) und 1953–89 zw. den wechselnden Start- und Zielorten Prag, Warschau und Berlin (Ost) veranstaltet wurde. Die F. (»Internat. Radfernfahrt für den Frieden«) entwickelte sich seit den 60er-Jahren – trotz ideolog. Vereinnahmung – zum international größten Amateuretappenrennen. – Nach dem polit. Umbruch in Mitteleuropa wurde die Fahrt auf Initiative des tschech. Radsportverbandes weitergeführt und gewinnt wieder an Bedeutung (seit 1996 auch Teilnahme von Profiteams).

Friedensforschung (Friedens- und Konfliktforschung), interdisziplinäre wiss. Forschungsrichtung, die die Bedingungen des Friedens, die Ursachen von Kriegen und die Möglichkeiten der friedl. Konfliktlösung im nat. und internat. Bereich systematisch untersucht. Vertreter der F. fordern oft zugleich eine **Friedenspädagogik**.
Die unterschiedl. Definition des Begriffs ↑Frieden bestimmte im Kern die Entwicklung der F.; ihre ältere Forschungsrichtung geht von der Annahme aus, dass Frieden »Abwesenheit von Krieg« bedeutet. Sie analysiert internat. Beziehungen, erforscht Kriegsursachen im Rahmen des Völkerrechts und die Behandlung von Krisen und entwickelt Strategien zur friedl. Konfliktregelung. Rüstungsdynamik, -kontrolle und Abrüstung stehen im Zentrum ihrer Betrachtungen.
Die jüngere F. zielt in ihren Analysen nicht nur auf Mechanismen und Strukturen, die die Gefahr krieger. Auseinandersetzungen vermindern, sondern auch auf die Beseitigung internat. Interessenkonflikte und systemimmanenter Unterdrückungsapparate, zumindest insofern sie kriegsträchtig sind. Seit dem Ende der bipolaren Weltordnung 1989/90 verlagerten sich die Schwerpunkte der F. zum einen auf die Untersuchung wirtsch. und gesellschaftl. Entwicklungsprozesse sowie ökolog. Probleme, die den Frieden gefährden können, zum anderen auf die Konzeption neuer multilateraler Sicherheitssysteme und den Aufbau bzw. die Reform intermediärer und supranat. Organisationen zur Konfliktbewältigung (UNO, KSZE/OSZE). Außerdem konzentriert man sich verstärkt auf innergesellschaftl. Prozesse wie soziale Desintegration (etwa durch Arbeitslosigkeit) und deren gesellschaftl. Hintergründe sowie auf die ideolog. Grundlagen und Ausdrucksformen sozialer Konflikte, wie sie als Nationalismus und Fremdenfeindlichkeit, als ethnisch oder religiös radikale Einstellung erneut und verstärkt zu beobachten sind.
Wichtige Impulse erhielt die F. u. a. durch das »Peace Research Institute Oslo« (PRIO, gegr. 1959 von J. Galtung) und das dort seit 1964 hg. »Journal of Peace Research«, durch die »International Peace Research Association« (Groningen, gegr. 1964) und das ↑Stockholm International Peace Research Institute (SIPRI). In Dtl. entstanden u. a. die »Dt. Gesellschaft für Friedens- und Konfliktforschung«, die »Hess. Stiftung Friedens- und Konfliktforschung«, das »Max-Planck-Inst. zur Erforschung der Lebensbedingungen in der wiss.-techn. Welt« (Starnberg; 1970–80), das »Institut für F. und Sicherheitspolitik« (Hamburg).
📖 *Alfs, M.: Wiss. für den Frieden? Das schwierige Theorie-Praxis-Verhältnis der Friedens- u. Konfliktforschung. Münster 1995. – Eine Welt oder Chaos?, Redaktion: Berthold Meyer. Frankfurt am Main 1996. – Wasmuht, U. C.: Gesch. der dt. F. Münster 1998.*

Friedensgebete, gottesdienstl. Zusammenkünfte, in deren Rahmen seit Anfang der 1980er-Jahre die in der krit. Auseinandersetzung mit der staatl. »Friedenspolitik« entstandene oppositionelle Friedensbewegung in der DDR zunehmend (bes. durch das Ansprechen innergesellschaftl. Defizite der DDR) auch die außerkirchl. Öffentlichkeit erreichte. Zentren: v. a. Berlin und Leipzig. (↑Schwerter zu Pflugscharen)

Friedenskirchen (historische Friedenskirchen), zusammenfassende Bez. für die durch den theolog. Grundsatz der Gewaltfreiheit sowie die radikale Ablehnung des Kriegsdienstes bes. stark geprägten freikirchl. Gemeinschaften der ↑Quäker, der ↑Church of the Brethren und der ↑Mennoniten.

Friedenskorps [-ko:r], ↑Peace Corps.

Friedensmissionen, Bez. für eine Vielzahl von friedensschaffenden und -erhaltenden Maßnahmen in Konfliktgebieten; v. a. durch militär. oder zivile Interventionen im Rahmen der UN oder der OSZE.

Friedenspfeife (Kalumet), zeremonielle, mit Federn geschmückte Pfeife, später Tabakspfeife der nordamerikan. Indianer, bei feierl. Gelegenheiten durch den Häuptling angeraucht, dann an die Anwesenden weitergegeben.

FRI Friedenspflicht

Friedenspflicht, im kollektiven Arbeitsrecht das Verbot von Arbeitskämpfen während des Bestehens eines geltenden Tarifvertrags.

Friedenspreis des Deutschen Buchhandels, 1950 als »Friedenspreis Dt. Verleger« gestifteter und 1951 vom Börsenverein des Dt. Buchhandels, Frankfurt am Main, in Form einer Stiftung übernommener Preis, heute mit 15 000 € dotiert, mit dem alljährlich eine Persönlichkeit, Institution oder Organisation ausgezeichnet werden soll für die »Förderung des Gedankens des Friedens, der Menschlichkeit und der Verständigung der Völker untereinander«. Bisherige Preisträger: M. Tau, A. Schweitzer, R. Guardini, M. Buber, C. J. Burckhardt, H. Hesse, R. Schneider, T. Wilder, K. Jaspers, T. Heuss, V. Gollancz, S. Radhakrishnan, P. Tillich, C. F. von Weizsäcker, G. Marcel, N. Sachs, A. Bea und W. A. Visser't Hooft (gemeinsam), E. Bloch, L. S. Senghor, A. Mitscherlich, G. und A. Myrdal (gemeinsam), M. Gräfin Dönhoff, J. Korczak, Club of Rome, R. Schutz, A. Grosser, M. Frisch, L. Kołakowski, A. Lindgren, Y. Menuhin, E. Cardenal, L. Kopelew, G. F. Kennan, M. Sperber, O. Paz, T. Kollek, W. Bartoszewski, H. Jonas, S. Lenz, V. Havel, K. Dedecius, G. Konrád, A. Oz, F. Schorlemmer, J. Semprún, A. Schimmel, M. Vargas Llosa, Yaşar Kemal, M. Walser, F. R. Stern, Assia Djebar, J. Habermas, C. Achebe, S. Sontag, P. Esterházy.

Friedenspreise, Preise zur Würdigung des Wirkens für die Verständigung unter den Völkern, der Friedensarbeit u. a. im polit., humanitären, sozialen, religiösen, ökolog. Bereich. Zu ihnen zählen z. B. der Friedensnobelpreis, der alternative Nobelpreis der Right Livelihood Award Stiftelsen, der F. der UNO, der Albert-Einstein-F., der Erasmuspreis, versch. Europapreise, der Niwano-F. (Japan), der F. der Stiftungen von A. Carnegie (USA), der F. des Dt. Buchhandels sowie der F. des Papstes.

Friedensresolution des Reichstages, das am 19. 7. 1917 von der Reichstagsmehrheit aus Sozialdemokraten, Zentrum und Fortschrittl. Volkspartei unter Führung M. Erzbergers beschlossene Bekenntnis zum Verständigungsfrieden ohne Annexionen und Kriegsentschädigungen; auf ihr fußte die spätere Weimarer Koalition.

Friedensrichter, *Recht:* 1) in einigen Kantonen der Schweiz vor dem eigentl. Zivilprozess tätig werdende Institution, die im Sühneverfahren auf eine gütl. Einigung der Parteien hinwirken soll; das Scheitern wird in einer Urkunde (Weisung, Leit-, Akzessschein) festgestellt.
2) in England Richter (meist ohne jurist. Ausbildung), der über Zivil- und Strafsachen geringerer Bedeutung entscheidet und gewisse Verwaltungsaufgaben wahrnimmt.

Friedenssicherung, internat. Bemühungen, den Weltfrieden zu sichern. – Die Bestrebungen zur F. wurzeln im Friedensgedanken der mittelalterl. Reichsidee (↑Landfrieden). In dieser Tradition stehend, bemühten sich die Friedensschlüsse von Münster und Osnabrück (1648) und Utrecht (1713) um einen dauerhaften Frieden. In der Aufklärungsphilosophie weitete sich die Idee des »ewigen Friedens« zu einem in Rechtsgedanken gegründeten universalen Friedensprogramm (I. Kant) aus. Seit der Herausbildung des europ. Staatensystems im 18. und 19. Jh. suchten die europ. Mächte in einem Wechselspiel von Gleichgewichts- und Hegemonialpolitik den Frieden zu sichern. Um 1900 fand der Gedanke der Abrüstung und der Schiedsgerichtsbarkeit Eingang in die Tagesordnung internat. Konferenzen. Nach dem Ersten Weltkrieg verstärkten sich v. a. mit der Errichtung des ↑Völkerbundes (1919) und der Konstituierung eines ↑Ständigen Internationalen Gerichtshofs (1920) die Bemühungen, Streitigkeiten zu schlichten und unterschiedl. Interessen friedlich auszugleichen. Mit dem ↑Briand-Kellogg-Pakt (1928) wurde der Angriffskrieg als Mittel der Politik geächtet. Als Folge der aggressiven, auf Revision der Pariser Vorortverträge gerichteten Politik v. a. des nat.-soz. Dtl. und des faschist. Italien scheiterten in den 1930er-Jahren die Bemühungen um einen Ausgleich der Interessen (z. B. auf der Genfer Abrüstungskonferenz, ↑Genfer Konferenzen).
Nach dem Zweiten Weltkrieg gründeten die Siegermächte 1945 die ↑UN als Instrument der F., zur Abwehr militär. Aggressionen, zur friedl. Konfliktlösung, Forcierung der Abrüstung sowie zur wirtsch. und kulturellen Zusammenarbeit. Angesichts des entstehenden ↑Ost-West-Konflikts suchten die beteiligten Staaten durch den Abschluss von Bündnissen den Frieden zu

Friedensvertrag FRI

sichern, die von den USA geführten Mächte durch die Gründung der ↑NATO, die von der UdSSR gelenkten Staaten durch den Abschluss des ↑Warschauer Paktes. Unter dem Eindruck der Waffenentwicklung v. a. auf thermonuklearem Gebiet setzten nach dem Abflauen des ↑Kalten Krieges seit der 2. Hälfte der 1960er-Jahre Bemühungen um eine ↑Entspannung des Ost-West-Konflikts ein. Gestützt auf ein gleichgewichtiges militär. Drohpotenzial (»Abschreckung«) kam es zw. 1963 und 1993 zu zwei- oder mehrseitigen internat. Verträgen über Abrüstung und Rüstungsbegrenzung (↑Abrüstung). Die ↑KSZE (1973–75) und ihre Nachfolgekonferenzen sollten den Entspannungsprozess vorantreiben, u. a. durch vertrauensbildende Maßnahmen, und dadurch maßgeblich zur F. beitragen. Ausgehend von der Tatsache, dass Hunger, Armut und Überbevölkerung eine wesentl. Ursache für den Ausbruch von Kriegen sein können, sollen die Entwicklungspolitik und der Ausgleich des sozioökonom. Gefälles im ↑Nord-Süd-Konflikt in die Politik der F. einbezogen werden.

Nach dem Ende des Ost-West-Konfliktes (1989/91) trat bei den zahlreich auftretenden regionalen Konflikten die Bedeutung der UN, deren Möglichkeiten zur F. bis dahin oft stark eingeschränkt worden waren, wieder stärker hervor (u. a. Waffenstillstandsüberwachung, Übergangsverw.). Die KSZE wandelte sich zum 1. 1. 1995 in die ↑OSZE um. Die Gemeinsame Außen- und Sicherheitspolitik (seit 1993) sowie die Europ. Sicherheits- und Verteidigungspolitik (seit 1999) der Mitgl.staaten der EU dienen neben der Wahrung gemeinsamer Interessen ebenfalls der Konfliktprävention und -bewältigung in Europa. Infolge des polit. Zusammenbruchs des Ostblocks (Auflösung des Warschauer Paktes 1991) und des Zerfalls der UdSSR (1991) veränderte sich auch die Rolle der NATO als Faktor der Sicherheit und der F. (seit 1999 »Osterweiterung« der NATO; verstärkte Orientierung auf Krisenmanagement, militär. Krisenreaktion, Terrorismusbekämpfung).

Friedenstruppe, 1) die ↑UN-Friedenstruppe; 2) vorwiegend multinat. Streitkräfte, die im Rahmen der Konfliktverhütung und des Krisenmanagements meist nach internat. Auftrag (z. B. der UN) oder aufgrund internat. Vereinbarungen friedenssichernde bzw. friedenserhaltende Maßnahmen durchführen (z. B. SFOR in Bosnien und Herzegowina oder KFOR im Kosovo).

Friedensverrat, Störung des friedl. Zusammenlebens der Völker, bes. durch die Vorbereitung eines Angriffskrieges. Gemäß § 80 StGB wird mit lebenslanger oder mit Freiheitsstrafe nicht unter zehn Jahren bestraft, wer einen Angriffskrieg, an dem Dtl. beteiligt sein soll, vorbereitet und dadurch die Gefahr eines Krieges für Dtl. herbeiführt.

Friedensvertrag, eine völkerrechtl. Vereinbarung, die den Kriegszustand zw. Staaten beendet. Diese Wirkung kommt einem ↑Waffenstillstand und einer ↑Kapitulation nicht zu. Die Hauptregelung eines F. ist die rechtl. Wiederherstellung des Friedens, zumeist verbunden mit Vereinbarungen über territoriale und polit. Verhältnisse, Entschädigungen, Abrüstung, Entmilitarisierung von Gebietsteilen, Besetzung durch den Sieger, Beendigung des Wirtschaftskriegs u. a. Ein F. kann nur zw. Staaten geschlossen werden; die Beendigung eines Bürgerkriegs, sofern dieser nicht zur Loslösung eines Gebietsteils als selbstständiger Staat führt (z. B. Frieden von Paris 1783 nach dem Nordamerikan. Unabhängigkeitskrieg), erfolgt durch innerstaatl. Regelung. Ein F. entfällt ebenfalls, wenn der eine Gegner vollständig niedergeworfen wird und aufhört, als Staat fortzubestehen. Von einem **Sonderfrieden** spricht man, wenn einer der gemeinsam Krieg führenden Staaten den Kriegszustand mit dem Gegner beendet. Zuweilen werden die entscheidenden Forderungen und Zugeständnisse, die für den F. bindend bleiben, in einem **Vorfrieden (Präliminarfrieden)** festgelegt.

Nach dem Zweiten Weltkrieg kamen F. nach Friedenskonferenzen zustande, in Paris am 10. 2. 1947 zw. den Alliierten und Italien, Bulgarien, Rumänien, Ungarn, Finnland, am 8. 9. 1951 in San Francisco zw. 48 Alliierten (ohne UdSSR) und Japan, zw. den Alliierten und Österreich durch Staatsvertrag vom 15. 5. 1955 in Wien. Der Kriegszustand mit Dtl. ist durch gegenseitige Erklärungen beendet worden. Ein F. mit Dtl. konnte nicht abgeschlossen werden, da Dtl. im völkerrechtl. Sinne als Rechtssubjekt handlungsunfähig war (↑Zwei-plus-vier-Vertrag).

FRI Friedenthal

Friedhof: muslimischer Friedhof in Sarajevo

Friedenthal, Richard, Schriftsteller, *München 9. 6. 1896, †Kiel 19. 10. 1979; emigrierte 1938 nach London, schrieb Gedichte, Novellen, Romane, Biografien zu Goethe (1960), Luther (1967), »Jan Hus« (1972), »Karl Marx« (1981).

Friedhof [ahd. frithof »Zufluchtsort«, zu friten »hegen«], etwa seit dem 15./16. Jh. Bez. für die Ruhestätte der Toten (auch **Gottesacker** gen.); urspr. ein umfriedeter Raum um die Kirche, der häufig als Begräbnisstätte diente **(Kirchhof)**. – Die Errichtung von Grabdenkmälern erwuchs vermutlich abergläub. Vorstellungen (Abwehrzauber). Tote vornehmer Herkunft wurden oft in der Kirche bestattet. – In Europa treten die ersten F. gegen Ende der Jungsteinzeit (7. Jt. v. Chr.) auf. Auch im ältesten Ägypten finden sich bereits Friedhöfe. Die antiken F. lagen außerhalb der Städte an den Landstraßen (z. B. in Rom: Via Appia). Die ersten Christen bestatteten ihre Toten auf freiem Feld, dann in Katakomben.

Friedland, 1) Stadt im Landkreis Mecklenburg-Strelitz, Meckl.-Vorp., 7 900 Ew. – Marienkirche (14./15. Jh., im 18. Jh. wiederhergestellt), weitgehend erhaltene Stadtmauer mit zwei Stadttoren, dem Anklamer Tor (14. Jh.) und dem Neubrandenburger Tor (15. Jh.). – 1244 als gitterförmige Anlage gegründet.
2) Gem. im Landkreis Göttingen, Ndsachs., 9 900 Ew.; Brotmuseum (im Ortsteil Mollenfelde); seit 1945 Grenzdurchgangs- und Notaufnahmelager für Kriegsgefangene, Vertriebene, Flüchtlinge und Aussiedler.

3) Stadt in der Tschech. Rep., ↑Frýdlant.
4) Friedland (Ostpr.), ↑Prawdinsk.
Friedländer, Max Jakob, Kunsthistoriker, *Berlin 5. 6. 1867, †Amsterdam 11. 10. 1958; war 1896–1933 an der Berliner Gemäldegalerie tätig, ab 1924 als Erster Direktor; 1908–28 gleichzeitig Direktor des Kupferstichkabinetts. 1938 emigrierte er in die Niederlande; u. a. Arbeiten über niederländ. und altdt. Malerei.

Max Friedländer

Friedlosigkeit, ↑Acht.
Friedman, 1) [ˈfriːdmən], Jerome Isaac, amerikan. Physiker, *Chicago (Ill.) 28. 3. 1930; seit 1967 Prof. am Massachusetts Institute of Technology. F. bestätigte zus. mit H. W. Kendall und R. E. Taylor erstmals durch unelast. Streuung von Elektronen an Protonen und gebundenen Neutronen die Theorie vom Aufbau der Hadronen aus Quarks; dafür erhielten sie 1990 den Nobelpreis für Physik.
2) Michel, Rechtsanwalt, *Paris 25. 2. 1956; entstammt einer bürgerl. jüd. Familie; kam 1965 mit seinen Eltern (1944/45 durch die Hilfe O. ↑Schindlers vor der Er-

mordung im Vernichtungslager Auschwitz bewahrt) nach Dtl.; ist seit 1988 Rechtsanwalt in Frankfurt am Main. Seine Wahlämter als stellv. Vors. des Zentralrats der Juden in Dtl. (seit 1999) und Präs. des Europ. Jüd. Kongresses (seit 2001) legte F. im Juli 2003 in persönl. Konsequenz eines gegen ihn verhängten Strafbehls wegen Drogenbesitzes nieder.
3) ['fri:dmən], Milton, amerikan. Volkswirtschaftler, * New York 31. 7. 1912; Vertreter des ↑Monetarismus; entwickelte die Quantitätstheorie weiter. Er vertritt in seiner Geldtheorie v. a. die These, dass der Prozentsatz der Geldmengenänderung sich an der langfristigen Wachstumsrate des realen Sozialprodukts orientieren müsse, um ein Höchstmaß an Geldwertstabilität und Wirtschaftswachstum zu erreichen. F. war auch Berater versch. Politiker (u. a. R. Nixon, A. Pinochet; bes. R. Reagan (»Reaganomics«) und M. Thatcher (»Thatcherism«) haben Elemente seiner wirtschaftspolit. Auffassung übernommen. F. erhielt 1976 den Nobelpreis für Wirtschaftswissenschaften.
Werke: Kapitalismus und Freiheit (1962); Die optimale Geldmenge (1969); Es gibt nichts umsonst (1975); Die Tyrannei des Status Quo (1984; mit R.D. Friedman).
Friedmann (Fridman), Alexander Alexandrowitsch, russ. Mathematiker und Physiker, * Petersburg 17. 6. 1888, † ebd. 16. 9. 1925; verfasste bed. Beiträge zur dynam. Meteorologie, Turbulenztheorie und Hydrodynamik. Auf den Lösungen der von ihm aus den Einstein-Gleichungen der allg. Relativitätstheorie hergeleiteten **F.-Gleichungen** basieren seine Modelle des expandierenden Weltalls (**F.-Weltmodelle**), die Grundlage der relativist. Kosmologie sind.
Friedrich, Herrscher:
Hl. Röm. Reich: **1) F. I. Barbarossa** (Rotbart), Röm. König (1152), Kaiser (1155-90), als Herzog von Schwaben **F. III.**, * Waiblingen (?) 1122, † (ertrunken) im Saleph (heute Göksu) 10. 6. 1190; Staufer, 1152 als Nachfolger seines Onkels, Konrads III., zum Röm. König gewählt; 1155 Kaiserkrönung in Rom. In Italien kam es zu Spannungen mit dem Papsttum und den nach Autonomie strebenden lombard. Städten, die er in den Italienfeldzügen von 1158 (Eroberung und Zerstörung Mailands), 1163 und 1166-68 (Eroberung ganz N-Italiens und Roms) zunächst bezwang; er musste aber schließlich nach der Niederlage bei Legnano (1176) den Frieden von Venedig 1177 mit Papst Alexander III. und den von Konstanz 1183 mit dem Lombardenbund schließen; daraufhin erkannte er die Selbstverw. der lombard. Städte an, die jedoch im Lehnsverband des Reichs verblieben. In Dtl. enthob F. den allzu eigenmächtig gewordenen Heinrich den Löwen nach zwei Prozessen (1178-81) seiner Lehen (Sachsen, Bayern), vermochte aber den Dualismus zw. Staufern und Welfen nicht zu überwinden; er baute durch zielstrebige Hausmachtpolitik den süddt. Stauferbesitz vom Elsass bis ins Egerland aus und stützte sich in der Reichsverw. bes. auf den aufstrebenden Stand der Reichsministerialen. F. ertrank beim Baden während des 1189 begonnenen (3.) Kreuzzuges. – F. galt schon den Zeitgenossen als Verkörperung ritterl. Ideale und als Erneuerer des Reichs. Erstmals 1519 wurde die urspr. mit ↑ Friedrich 2) verbundene Kyffhäusersage (↑ Kaisersage) auf F. übertragen. Im 19. Jh. wurde er zur volkstüml. Gestalt (z. B. Kyffhäuser-Denkmal). 📖 *Kaiser F. Barbarossa. Landesausbau – Aspekte seiner Politik – Wirkung*, hg. v. E. Engel u. B. Töpfer. Weimar 1994. – Opll, F.: *F. Barbarossa*. Darmstadt ³1998.
2) F. II., Röm. König (1196), Kaiser (1220-50), * Iesi 26. 12. 1194, † Castel Fiorentino (bei San Severo) 13. 12. 1250, Enkel von 1), Sohn Kaiser Heinrichs VI. und der normannisch-sizilian. Thronerbin Konstanze. Obgleich 1196 zum Röm. König gewählt, wurde F. beim Tod seines Vaters (1197) nicht anerkannt. Seine Mutter ließ ihn 1198 zum König von Sizilien krönen und stellte ihn unter die Vormundschaft des Papstes Innozenz III. Dieser betrieb nach dem Feldzug Kaiser Ottos IV. (Welfe) nach S-Italien die Wahl F.s zum Gegenkönig in Dtl. (1211; Krönung erstmals Mainz 1212, erneut Aachen 1215). Für diese Förderung musste F. die Erweiterung des Kirchenstaates anerkennen, auf Beeinflussung der Bischofswahlen u. a. Rechte in der Kirche verzichten (Egerer Goldbulle 1213). 1220 ließ er seinen Sohn Heinrich (VII.) zum dt. König krönen, um selbst nach Italien zurückzukehren und zum Kaiser gekrönt zu werden (22. 11. 1220). Nach der Niederwerfung des Aufstands Heinrichs VII. (Mainzer Reichs-

FRI Friedrich

landfrieden, 1235) ließ er den jüngeren Sohn Konrad (IV.) zum Röm. König wählen. 1220 und 1232 (↑Fürstenprivilegien) ordnete F. das Verhältnis zw. Königtum, Städten und Fürsten und festigte damit die entstehenden fürstl. Territorien. In Sizilien dagegen schuf er einen straff zentralisierten, finanzkräftigen Beamtenstaat ohne feudale Zwischengewalten (Konstitutionen von Melfi, 1231). Als F. auch die Lombardei unterwerfen wollte und den 1220 gelobten Kreuzzug mehrfach verschob, belegte ihn Papst Gregor IX. mit dem Kirchenbann (1231 wieder gelöst). 1228 zog F. nach Jerusalem, zu dessen König er sich 1229 krönte (5. Kreuzzug). Als F. nach seinem Sieg über den Lombardenbund bei Cortenuova 1237 die Unterwerfung Mailands und der Lombardei forderte, verhängte Gregor IX. über ihn 1239 erneut den Bann. F. brachte weite Teile Italiens unter seine Herrschaft. Innozenz IV. erklärte 1245 (Konzil von Lyon) den Kaiser für abgesetzt und ließ in Dtl. Gegenkönige wählen (Heinrich Raspe, Wilhelm von Holland); F. konnte sich jedoch behaupten. – Der letzte bed. Staufer galt schon den Zeitgenossen als »stupor mundi« (»der die Welt in Erstaunen versetzt«). Er beschäftigte sich mit Philosophie, Naturwiss.en und Lyrik. Sein Buch über die Falkenjagd (um 1246) gilt als frühes Meisterwerk beobachtender Naturwiss.en; an seinem Hof in Palermo entwickelte sich die Sizilian. Dichterschule (↑italienische Literatur).
📖 *Abulafia, D.: F. II. von Hohenstaufen. Herrscher zwischen den Kulturen. A. d. Engl. Neuausg. München 1994. – Kantorowicz, E. H.: Kaiser F. der Zweite, 2 Bde. Neuausg. Stuttgart ⁴⁻⁷1994. – Rösch, E. S. u. G.: Kaiser F. II. u. sein Königreich Sizilien. Sigmaringen 1995. – Stürner, W.: F. II. 2 Bde. Darmstadt 1997–2000.*

3) F. der Schöne, als **F. III.** Herzog von Österreich und Steiermark (1308), König (1314–30), *1289, †Burg Gutenstein (NÖ) 13. 1. 1330; Sohn König Albrechts I., 1314 zum Gegenkönig Ludwigs (IV.) des Bayern gewählt, 1322 bei Mühldorf am Inn besiegt und gefangen genommen. Im Vertrag von München (1325) erkannte Ludwig ihn als Mitkönig an.

4) F. III., Röm. König (1440), Kaiser (1452–93), als **F. V.** Herzog von Innerösterreich (Steiermark, Kärnten, Krain; seit 1424), *Innsbruck 21. 9. 1415, †Linz 19. 8. 1493; Sohn Herzog Ernsts des Eisernen von (Inner-)Österreich, letzter in Rom gekrönter Kaiser (1452); trotz eines weit gehenden Rückzugs aus der Reichspolitik (seit 1445 blieb er allen Reichstagen fern) konnte er eine Schwächung des habsburg. Hausmachtbesitzes nicht verhindern. Er verlor Böhmen 1458 an Georg von Podiebrad und Kunštát, Ungarn und 1485–90 sogar Wien an Matthias I. Corvinus. F. war ein Gegner der Reichsreform, behauptete sich jedoch gegen die Versuche, ihn abzusetzen oder einen Gegenkönig zu wählen. Mit der Verheiratung seines Sohnes Maximilian (I.) 1477 mit der Tochter Karls des Kühnen, Maria, gewann er Burgund für das Haus Habsburg (Anfall 1482).

Dt. Reich: **5) F.**, Kaiser und als **F. III.** König von Preußen (1888), als Kronprinz **F. Wilhelm**, *Potsdam 18. 10. 1831, †ebd. 15. 6. 1888; Sohn und Nachfolger Wilhelms I., ⚭ 1858 mit der brit. Prinzessin Viktoria, die ihn stark beeinflusste (liberale Einstellung), lehnte die Innenpolitik O. von Bismarcks ab. F. starb nach nur 99 Tagen Reg. an Kehlkopfkrebs.

Baden: **6) F. I.**, Großherzog (1856–1907), *Karlsruhe 9. 9. 1826, †Insel Mainau 28. 9. 1907; 1852 Prinzregent, vertrat eine ausgesprochen liberale Politik. Im Dt. Krieg 1866 auf österr. Seite, schloss er sofort nach der Niederlage ein Bündnis mit Preußen und setzte sich für die Reichsgründung 1870/71 ein.

Böhmen: **7) F. I.**, König (»Winterkönig« 1619/20), ↑Friedrich 23.

Brandenburg: **8) F. I.**, Kurfürst (1417–25), als **F. VI.** (seit 1397) Burggraf von Nürnberg, *1371, †Cadolzburg (Landkreis Fürth) 20. 9. 1440; unterstützte die Bewerbung Sigismunds um die Röm. Königskrone und erhielt dafür 1411 die Regentschaft in der Mark Brandenburg (offiziell 1415, Belehnung mit der Kur und dem Erzkämmereramt 1417), wurde damit Stammvater der brandenburg. Hohenzollern; er übergab 1426 die Regentschaft seinem ältesten Sohn Johann (I., dem Alchimisten; *1406, †1464); 1437 bestimmte er seinen zweitgeborenen Sohn F. (II.) den Eisernen (*1413, †1471) zum Nachfolger in der Mark.

9) F. Wilhelm, der Große Kurfürst, Kurfürst (1640–88), *Berlin 16. 2. 1620, †Potsdam 9. 5. 1688; suchte Brandenburg

zu einem kalvinist. Modellstaat zu machen. Kulturelles und polit. Vorbild war ihm dabei Frankreich. Im Westfäl. Frieden von 1648 erzielte F. Wilhelm in geschickter Schaukelpolitik große Gewinne (Cammin, Minden, Halberstadt, Magdeburg). Im Vertrag von Oliva (1660) erlangte er die Souveränität seines Herzogtums Preußen und erwarb auch kolonialen Besitz (↑Groß-Friedrichsburg). Trotz seines Sieges bei Fehrbellin (28. 6. 1675) über die Schweden gelang es ihm nicht, Stettin und Vorpommern (seit 1648 zu Schweden) zu erwerben. 1686 vollzog F. Wilhelm die Wendung vom frz. zum habsburg. Bündnis, das die brandenburgisch-preuß. Außenpolitik bis 1740 bestimmte. Durch das Edikt von Potsdam (1685) nahm er die aus Frankreich vertriebenen Hugenotten in Brandenburg auf. Das seit 1643/44 aufgebaute Heer, finanziert durch Subsidien und Steuern, war das Instrument seiner Außenpolitik wie seines Absolutismus. In seinen 1618-48 völlig verwüsteten Ländern baute er eine einheitl. Kriegs-, Steuer- und Domänenverw. auf; seine Politik legte den Grundstein für den Aufstieg Brandenburg-Preußens.
📖 *Neumann, H.-J.: F. Wilhelm der Große Kurfürst. Der Sieger von Fehrbellin. Berlin 1995.*
10) F. III., als F. I. König in Preußen, ↑Friedrich 24).
Dänemark: **11)** F. I., König von Dänemark (1523-33) und Norwegen (1524-33), Herzog von Schleswig und Holstein, * 7. 10. 1471, † Gottorf 10. 4. 1533; jüngster Sohn Christians I., wurde 1523 nach der Absetzung seines Neffen Christian II. zum König gewählt; führte die luther. Reformation in Dänemark ein; trat 1532 dem Schmalkald. Bund bei.
12) F. II., König von Dänemark und Norwegen (1559-88), Herzog von Schleswig und Holstein, * Haderslevhus (bei Hadersleben) 1. 7. 1534, † Antvorskov (bei Slagelse) 4. 4. 1588; Sohn Christians III., eroberte 1559 Dithmarschen; konnte im Dreikronenkrieg (1563-70) gegen Schweden die Vorherrschaft im Ostseeraum nicht erlangen; verbesserte die Staatsfinanzen durch Neuordnung des Sundzolls.
13) F. III., König von Dänemark und Norwegen (1648-70), Herzog von Schleswig und Holstein, * Haderslevhus (bei Hadersleben) 18. 3. 1609, † Kopenhagen 9. 2. 1670; Sohn Christians IV., erklärte 1657 Schweden den Krieg, musste aber, nachdem der schwed. König Karl X. Gustav fast ganz Dänemark erobert hatte, 1658 den sehr ungünstigen Frieden zu Roskilde schließen. Der Friede zu Kopenhagen (1660) brachte geringfügige Gebietskorrekturen zugunsten Dänemarks. F. führte die Erbmonarchie ein und konnte die absolute Königsgewalt durchsetzen.
14) F. IV., König von Dänemark und Norwegen (1699-1730), Herzog von Schleswig und Holstein, * Kopenhagen 11. 10. 1671, † Odense 12. 10. 1730, Enkel von 13); begann 1700 mit Polen und Russland den 2. Nord. Krieg gegen Karl XII. von Schweden, musste am 8. 8. 1700 den Frieden von Traventhal schließen. Nach der Niederlage Karls XII. bei Poltawa (1709) eröffnete F. den Kampf von neuem und erreichte, dass Schweden im Frieden von Frederiksborg 1720 den gottorp. Teil Schleswigs an Dänemark abtrat. F. hob 1702 die Leibeigenschaft in Dänemark auf.
15) F. VI., König von Dänemark (1808 bis 1839) und Norwegen (1808-14), * Kopenhagen 28. 1. 1768, † ebd. 3. 12. 1839; übernahm 1784 die Regentschaft (leitender Min. bis 1797 Graf A. P. Bernstorff); setzte soziale Reformen (Aufhebung des Heimatzwangs der dän. Bauern 1788 und der Leibeigenschaft in Schleswig und Holstein 1804) durch. Das nach Angriff der brit. Flotte auf Kopenhagen mit Napoleon I. geschlossene Bündnis führte zum Verlust Norwegens und Helgolands (Frieden von Kiel, 1814); dafür fiel das Herzogtum Lauenburg an die dän. Krone (1815).
16) F. IX., König (1947-72), * Schloss Sorgenfri (bei Lyngby) 11. 3. 1899, † Kopenhagen 14. 1. 1972; folgte seinem Vater Christian X. am 20. 4. 1947 auf den Thron. Mit ihm starb das Haus Schleswig-Holstein-Sonderburg-Glücksburg im Mannesstamm aus.
Hessen-Homburg: **17)** F. II., Landgraf (1680-1708), bekannt als **Prinz von Homburg**, * Homburg (heute Bad Homburg v. d. Höhe) 30. 3. 1633, † ebd. 24. 1. 1708; diente seit 1654 im schwed. Heer, trat nach seiner Heirat (1670) mit einer Nichte des Großen Kurfürsten (↑Friedrich 9) als General der Kavallerie in das brandenburg. Heer ein und hatte am Sieg bei Fehrbellin (1675) wesentl. Anteil. Nach seinem Abschied vom Militär (1678) widmete er sich mit großem Erfolg der Entwicklung seines

Landes und siedelte u.a. Hugenotten und Waldenser an. – H. von Kleists Schauspiel »Prinz Friedrich von Homburg« (gedr. 1821) hat mit der histor. Persönlichkeit wenig mehr als den Namen und die Zeitumstände gemein.

Friedrich II.,: Landgraf von Hessen-Homburg

Hessen-Kassel: **18) F.I.**, Landgraf, König von Schweden, ↑Friedrich 41).
19) F. II., Landgraf (1760–85), *Kassel 14. 8. 1720, †Schloss Weißenstein (heute Wilhelmshöhe, zu Kassel) 31. 10. 1785; förderte die Wirtschaft und entfaltete eine reiche Bautätigkeit in Kassel, die er zum größten Teil aus Subsidienverträgen mit Großbritannien finanzierte (1776–84 Entsendung von etwa 12000 hess. Soldaten nach Nordamerika).

Friedrich II.,: Landgraf von Hessen-Kassel

20) F. Wilhelm I., Kurfürst (1847–66), *Schloss Philippsruhe (heute zu Hanau) 20. 8. 1802, †Prag 6. 1. 1875; 1831–47 Mitregent seines Vaters Wilhelm II., aber faktisch Alleinherrscher, musste die Aufhebung der Verf. (1851) und die Beschneidung der Rechte des Landtages 1862 rückgängig machen. Im Dt. Krieg 1866 auf österr. Seite; führte zur Annexion seines Landes durch Preußen und zum Thronverlust.
Niederlande: **21) F. Heinrich**, Prinz von Oranien, Statthalter der Rep. der Vereinigten Niederlande (1625–47), *Delft 29. 1. 1584, †Den Haag 14. 3. 1647, jüngster Sohn Wilhelms I. von Oranien; bed. Heerführer, eroberte im Kampf gegen Spanien zahlr. Festungen (u.a. Herzogenbusch 1629, Maastricht 1632, Breda 1637) und schuf damit die Verteidigungslinie der Rep., die im Westfäl. Frieden behauptet werden konnte; er verschaffte dem Haus Oranien europ. Geltung.
Österreich: **22) F. II., der Streitbare**, Herzog von Österreich und Steiermark (1230–46), Herr in Krain (seit 1232), *um 1210, †15. 6. 1246; verfolgte eine gegen Kaiser Friedrich II. gerichtete Politik, um seine Länder aus dem Hl. Röm. Reich zu lösen. 1236 ächtete ihn der Kaiser. Die Aussicht auf ein Erbkönigreich Österreich brachte wieder eine Annäherung (1239), doch zerschlug sich der Plan. F. starb nach einer Schlacht gegen König Béla IV. von Ungarn; mit ihm erloschen die Babenberger.
Pfalz: **23) F. V.**, Kurfürst (1610–23), als **F. I.** König von Böhmen (»Winterkönig« 1619/20), *Amberg 26. 8. 1596, †Mainz 29. 11. 1632; Schwiegersohn Jakobs I. von England und Schottland. Als Haupt der prot. Union wurde er 1619 von den böhm. Ständen zum Nachfolger des abgesetzten Ferdinand II. gewählt. Nach der Niederlage am Weißen Berg bei Prag (1620) floh er in die Niederlande. (↑Dreißigjähriger Krieg)
Preußen: **24) F. I.**, König in Preußen (1701–13), als **F. III.** Kurfürst von Brandenburg (seit 1688), *Königsberg (heute Kaliningrad) 11. 7. 1657, †Berlin 25. 2. 1713, Sohn von 9); von E. von Danckelman erzogen (dieser wurde später sein leitender Min.); lehnte sich außenpolitisch an Kaiser Leopold I. an, den er bes. im Span. Erbfolgekrieg unterstützte. Der Kaiser erkannte dafür F.s Selbstkrönung (Königsberg 18. 1. 1701) zum König in Preußen (d. h. für das nicht zum Hl. Röm. Reich gehörende Herzogtum Preußen) an; F. berief A. Schlüter nach Berlin, der den Hauptbau des Schlosses schuf. Seine zweite Frau Sophie Charlotte von Hannover sowie Danckelman förderten Kunst und Wiss.en (1694 Gründung der Univ. Halle, 1696 der Akademie der Künste, 1700 der »Societät der Wiss.en«).
25) F. Wilhelm I., König in Preußen (1713–40), *Cölln (heute zu Berlin) 14. 8. 1688, †Potsdam 31. 5. 1740, Sohn von 24), Vater von 26); führte einen bürgerlich-ein-

fachen Hof. Seine Hingabe an Arbeit und Pflichterfüllung wurde bes. durch den v. a. von A. H. Francke vertretenen Pietismus geprägt. Aus der Einsicht der territorialen Zersplitterung Preußens leitete er die Notwendigkeit einer starken Armee ab (auch »Soldatenkönig« gen.). Er schuf einen Einheitsstaat mit einer zentralen obersten Verw.behörde, dem Generaldirektorium (1723), beseitigte die Reste ständ. Vorrechte und vollendete damit die absolute Monarchie. Die Wirtschaft lenkte er im Sinn des Merkantilismus und förderte die innere Kolonisation (Ansiedlung von Salzburger Exulanten). Im Utrechter Frieden (1713) erwarb er Obergeldern, im Frieden von Stockholm (1720) Stettin und das östl. Vorpommern. F. W. schuf die Voraussetzungen für den Aufstieg Preußens zur europ. Großmacht.

📖 *Venohr, W.: Der Soldatenkönig. Revolutionär auf dem Thron. Frankfurt am Main u. a. 1988.*

26) F. II., der Große, König in Preußen (seit 1740), seit 1772 König von Preußen, *Berlin 24. 1. 1712, † Potsdam 17. 8. 1786, Sohn von 25); intellektuell und musisch begabt, geriet er in Ggs. zu seinem Vater, der ihn militärisch streng erziehen ließ und dem er sich nach einem Fluchtversuch nach England (1730), der Hinrichtung seines an den Fluchtplänen beteiligten Freundes H. Katte und seiner Festungshaft in Küstrin unterwarf. Nach sorglosen Jahren in Rheinsberg (1736–40; dort Entstehung des ↑Antimachiavell) bot er nach seinem Reg.antritt der frz. Aufklärung in der Berliner Akademie eine Stätte zur Ausbreitung selbst ihrer krit. Ideen (Voltaire, P. L. M. de Maupertuis, J. O. de La Mettrie). Das seinen Vernunft- und Humanitätsideen widerstreitende Machtinteresse führte ihn zur vertragswidrigen Annexion Schlesiens während der ↑Schlesischen Kriege 1740–42 und 1744/45. In der Überzeugung, dass der Dualismus mit Österreich ohnehin im offenen Konflikt enden würde, begann F. 1756 den ↑Siebenjährigen Krieg (Einmarsch in Kursachsen), in dem er sich v. a. durch die Führung seiner auf mehr als 180 000 Mann gebrachten Armee auszeichnete. Nach dem Frieden von Hubertusburg (1763) war Preußen europ. Großmacht. Territorial erwarb F. 1744 durch Erbfall Ostfriesland und 1772 Westpreußen (ohne Danzig und Thorn) und das Netzegebiet durch die 1. Poln. Teilung.

F. festigte die ständ. Ordnung, indem er jedem Stand bestimmte Aufgaben zuwies. Der Adel stellte die Offiziere und höheren Beamten. Den Bürgern blieben Handel und Gewerbe überlassen. Die Reg. wurde von ihm persönlich und absolut mithilfe seiner Kabinettsräte geführt. Dabei baute er das Werk seines Vaters in zunehmender Zentralisierung durch Fachdepartements bürokratisch aus. Vor allem nach 1763 suchte er rigoros durch Monopole, straffe Steuerpolitik, scharfen Merkantilismus die Volkswirtschaft und die Staatseinnahmen zu heben, förderte die Landwirtschaft u. a.

Friedrich II., der Große, König von Preußen (Statue von Johann Gottfried Schadow)

durch Separationen und Kreditkassen und siedelte mehr als 57 000 Familien an. Erfolge erzielten die Entwicklung der 1772 erworbenen poln. Gebiete, seine Meliorationen und Kanalbauten. Seine bildungspolit. Maßnahmen (Landschulreglement 1763) verbesserten Lehrerbildung und Volksschulwesen. Er selbst blieb zeitlebens allein der frz. Kultur verbunden, die dt. Li-

FRI Friedrich

teratur war ihm fremd. Groß war seine Liebe zur Musik (J. S. und C. P. E. Bach, J. G. und K. H. Graun), die er als bewunderter Flötenspieler und Komponist selbst ausübte (Lehrer J. J. Quantz), und zur bildenden Kunst (G. W. von Knobelsdorff). Obwohl bis zuletzt unter der Spannung zw. humanitärem Idealismus und Staatsräson stehend, wurde der oft schroffe, gleichwohl volkstüml. »**Fridericus Rex**« oder »**Alte Fritz**« doch zunehmend von einem oft zyn. polit. Realismus und Skeptizismus beherrscht. ✥ **siehe Zeit Aspekte**
📖 *Duffy, C.: F. der Große. Ein Soldatenleben. A. d. Engl. Neuausg. Augsburg 1994. – Schieder, T.: F. der Große. Ein Königtum der Widersprüche. Berlin 2002.*

27) F. Wilhelm II., König (1786–97), *Berlin 25. 9. 1744, †Potsdam 16. 11. 1797, Neffe von 26), Sohn von Prinz August Wilhelm (↑August 2); näherte sich Österreich an (Konvention von Reichenbach 1790), doch brachten die Gebietserweiterungen der 2. und 3. Poln. Teilung neue österr.-preuß. Gegensätze, sodass er sich im Frieden von Basel (1795) aus der Koalition zurückzog. Innenpolitisch lockerte er den Zentralismus und bereitete der friderizianisch-rationalist. Aufklärung durch das Religions- und Zensuredikt (1788) ein Ende. Er förderte Kunst und Wiss.en; seine Günstlings- und Mätressenwirtschaft verschuldete Preußen enorm.

28) F. Wilhelm III., König (1797–1840), *Potsdam 3. 8. 1770, †Berlin 7. 6. 1840, Sohn von 27); ⚭ 1793 mit Prinzessin Luise von Mecklenburg-Strelitz; neigte zu bürgerl. Einfachheit, daher volkstümlich. Bis 1806 in Abhängigkeit von Napoleon I. von Frankreich, konnte er Preußen 1803 und 1805/06 erheblich vergrößern; trat 1806 in den Krieg gegen Napoleon I. ein, der ihn nach der Niederlage von Jena und Auerstedt zum Frieden von Tilsit (1807; enorme Gebietsverluste) zwang. Ermöglichte die ↑preußischen Reformen, doch schloss er sich nur zögernd dem Bündnis Russlands und Österreichs gegen Napoleon I. an. Nach dem Wiederaufstieg Preußens zum Großstaat verzichtete er auf die Fortführung der Reformen (Entlassung W. von Humboldts und A. von Boyens 1819) zugunsten einer Restauration der Bürokratie im Zeichen der Hl. Allianz und der Ideen von K. W. Fürst von Metternich.
📖 *Stamm-Kuhlmann, T.: König in Preu-*

ßens großer Zeit. F. Wilhelm III., der Melancholiker auf dem Thron. Berlin 1992.

29) F. Wilhelm IV., König (1840–61), *Berlin 15. 10. 1795, †Potsdam 2. 1. 1861, Sohn von 28); künstlerisch und wiss. hoch begabt, geprägt von der Romantik (»Romantiker auf dem Thron«) und einem christlich-german. Staatsideal, ging er von der Restaurationspolitik seines Vaters ab. Durch die Berufung des Vereinigten Landtags 1847 suchte er einen ständ. Staatsaufbau zu verwirklichen, versagte sich aber einer Gesamtverfassung. Die dt. Kaiserkrone, die ihm die Frankfurter Nationalversammlung antrug, lehnte er am 3. 4. 1849 ab. Sein Versuch einer Union der dt. Fürsten unter Preußen scheiterte (Olmützer Punktation, 1850). Die oktroyierte Verf. von 1848, 1850 in konservativem Sinn revidiert, wahrte dem von der »Kamarilla« (L. von Gerlach, O. von Manteuffel) beratenen F. Wilhelm trotz bed. liberaler Konzessionen erhebl. Machtpositionen. Eine schwere Erkrankung machte den König 1858 regierungsunfähig; seitdem vertrat ihn sein Bruder Wilhelm (I.) als Regent.
📖 *Blasius, D.: F. Wilhelm IV. 1795–1861. Psychopathologie u. Gesch. Göttingen 1992. – Barclay, D. E.: Anarchie u. guter Wille. F. Wilhelm IV. u. die preuß. Monarchie. A. d. Amerikan. Berlin 1995.*

Sachsen: 30) F. III., der Weise, Kurfürst (1486–1525), *Torgau 17. 1. 1463, †Schloss Lochau (bei Torgau) 5. 5. 1525; regierte mit seinem Bruder Johann I., dem Beständigen. Er bemühte sich um die Reichsreform, lehnte aber 1519, nach dem Tod Maximilians I., die Kaiserkrone ab. 1502 gründete er die Univ. Wittenberg. Ohne sich öffentlich zur Lehre M. Luthers zu bekennen, gewährte er ihm Schutz, erwirkte 1521 freies Geleit für ihn nach Worms und verbarg ihn auf der Wartburg. Seine tolerante Politik förderte die Ausbreitung der Reformation.

31) F. August I., Kurfürst, ↑August 4).
32) F. August II., Kurfürst, ↑August 5).
33) F. August I., der Gerechte, König (1806–27), als Kurfürst **F. August III.** (seit 1763), *Dresden 23. 12. 1750, †ebd. 31. 5. 1827; trat im Vertrag zu Posen (1806), der sein Land zum Königreich erhob, dem Rheinbund bei. Durch den Tilsiter Frieden (1807) erhielt er das aus preuß. Gebiet gebildete neue Herzogtum Warschau. In Leipzig geriet F. August nach der

Völkerschlacht 1813 in preuß. Gefangenschaft. Nach der Einwilligung in die Abtretung des größten Teils Sachsens an Preußen (Wiener Kongressakte von 1815) kehrte F. August nach Dresden zurück.
34) F. August III., König (1904–18), *Dresden 25. 5. 1865, † Schloss Sibyllenort (heute Szczodre, bei Oleśnica) 18. 2. 1932; regierte streng konstitutionell; erlangte große, durch zahlr. Anekdoten gespeiste Volkstümlichkeit; dankte am 13. 11. 1918 ab.

Friedrich August III., König von Sachsen

Sachsen-Gotha-Altenburg: **35) F. III.**, Herzog (1732–72), *Gotha 14. 4. 1699, † ebd. 10. 3. 1772; machte mit seiner Frau Luise Dorothea seinen Hof zu einem Zentrum der Aufklärung; pflegte persönl. oder briefl. Umgang mit J.-J. Rousseau, C. von Wolff, König Friedrich II., d. Gr., von Preußen, Voltaire u. a.
Schleswig-Holstein-Sonderburg-Augustenburg: **36) F. Christian II.**, Herzog (1794–1814), *Augustenburg (auf Alsen) 28. 9. 1765, † ebd. 14. 6. 1814; verhinderte 1806 den dän. Versuch, Holstein zu annektieren. 1791 gewährte er dem verarmten F. Schiller ein dreijähriges Stipendium.
37) F. VIII., Herzog, *Augustenburg (auf Alsen) 6. 7. 1829, † Wiesbaden 14. 1. 1880; Sohn von Herzog Christian August, machte 1863 seine Erbansprüche in Schleswig und Holstein geltend, wurde in den Herzogtümern auch anerkannt, die aber 1866 preuß. Provinz wurden.
Schwaben: **38) F. I.**, Herzog (1079–1105), *um 1050, † 1105; Sohn von Graf Friedrich von Büren, Stammvater der Staufer, Parteigänger Kaiser Heinrichs IV., der ihm 1079 das Herzogtum Schwaben gab und seine Tochter Agnes mit ihm verheiratete.
39) F. III., F. **Barbarossa**, Herzog, †Friedrich 1).
40) F. IV. von Rothenburg, Herzog,

*um 1144, † Rom 19. 8. 1167; Sohn Konrads III.; bei der Königswahl 1152 zugunsten seines Vetters F. III. von Schwaben (↑Friedrich 1) übergangen, dafür von diesem mit dem Herzogtum Schwaben u. a. stauf. Hausgut belehnt. F. nahm am 3. und 4. Italienfeldzug Kaiser Friedrichs I. teil und starb an Malaria.
Schweden: **41) F. I.**, König (1720–51), Landgraf von Hessen-Kassel (1730–51), *Kassel 28. 4. 1676, † Stockholm 5. 4. 1751; Sohn des Landgrafen Karl, kam durch seine Ehe mit Ulrika Eleonora, der Schwester Karls XII., auf den Thron. Als Landgraf von Hessen-Kassel überließ er die Regentschaft seinem Bruder Wilhelm (VIII.).
Württemberg: **42) F. I.**, Kurfürst (1803–06), König (1806–16), als **F. II.** Herzog (1797–1803), *Treptow am Rega (heute Trzebiatów, bei Gryfice) 6. 11. 1754, † Stuttgart 30. 10. 1816; am Hof Friedrichs d. Gr. erzogen, stand zunächst in preuß. und russ. Militär- und Verwaltungsdienst. Als Landesherr schloss er sich nach 1802 Frankreich an und erreichte im Reichsdeputationshauptschluss (1803), im Frieden von Pressburg (1805) und durch den Beitritt zum Rheinbund (1806) die Verdoppelung seines Territoriums und die Erhebung Württembergs zum Königreich, dessen Bestand er durch den Austritt aus dem Rheinbund (1813) und seine Beteiligung am Feldzug (1814) gegen Napoleon I. sicherte. 1815 trat er widerstrebend dem Dt. Bund bei.
Friedrich, 1) Carl Joachim, amerikan. Politologe dt. Herkunft, *Leipzig 5. 6. 1901, † Lexington (Mass.) 22. 9. 1984; Prof. an der Harvard University (Cambridge, Mass.), 1956–66 zugleich in Heidelberg; befasste sich mit den Grundlagen und der Entwicklung des heutigen Verfassungsstaates sowie mit der Totalitarismusforschung.
Werke: Totalitäre Diktatur (1956); Pathologie der Politik (1972); Tradition und Autorität (1972).
2) Caspar David, Maler, *Greifswald 5. 9. 1774, † Dresden 7. 5. 1840; studierte 1794–98 an der Akademie von Kopenhagen, 1798 ging er nach Dresden. Ein gesteigertes, aus sorgfältiger Beobachtung erwachsenes Gefühl für die Stimmungen der Natur löst bei F. die Schemata der idealen (italien.) Landschaft ab. Die neuen Inhalte

FRI **Friedrich**

romant. Erlebens sind Spiegelungen subjektiver Empfindung und einer individuellen Gefühlswelt, deren Vorstellungen v. a. um Werden und Vergehen kreisen.
Werke: Kreuz im Gebirge (sog. Tetschener Altar; 1808, Dresden, Staatl. Kunstsammlungen), Der Mönch am Meer (1809; Berlin, Schloss Charlottenburg), Kreidefelsen auf Rügen (um 1818; Winterthur, Stiftung Oskar Reinhart), Zwei Männer in Betrachtung des Mondes (um 1819/20; Dresden, Staatl. Kunstsammlungen), Riesengebirgslandschaft mit aufsteigendem Nebel (zw. 1812 und 1825; München, Neue Pinakothek), Harzlandschaft (1823; Berlin, Nationalgalerie).

Caspar David Friedrich: Ein Träumer (Sankt Petersburg, Eremitage)

📖 *C. D. F.*, bearb. v. W. Geismeier. Neuausg. Augsburg 1994. – Jensen, J. C.: *C. D. F. Leben u. Werk.* Neuausg. Köln 1999. – Schmied, W.: *C. D. F.* Neuausg. Köln 2002.
3) Götz, Opernregisseur, *Naumburg (Saale) 4. 8. 1930, †Berlin 12. 12. 2000; 1968–72 Oberspielleiter an der Kom. Oper Berlin (Ost). Als Schüler W. Felsensteins übernahm er das Prinzip des realist. Musiktheaters; 1973–81 Oberspielleiter der Hamburg. Staatsoper, 1981–2000 Generalintendant der Dt. Oper Berlin, leitete daneben 1984–93 auch das Theater des Westens in Berlin.
4) Hugo, Romanist, *Karlsruhe 24. 12. 1904, †Freiburg im Breisgau 25. 2. 1978; ab 1937 Prof. in Freiburg im Breisgau; schrieb u. a. maßgebl. Werke zu den roman. Literaturen, u. a. »Drei Klassiker des frz. Romans. Stendhal, Balzac, Flaubert« (1939), »Montaigne« (1949), »Die Struktur der modernen Lyrik« (1956), »Epochen der italien. Lyrik« (1964).
5) Johannes, evang. Theologe, *Gadderbaum (heute Stadtteil von Bielefeld) 20. 6. 1948; trat nach Studium und Promotion (Neues Testament) 1976 in den Dienst der bayer. Landeskirche, war Gemeindepfarrer und Studentenpfarrer in Nürnberg, Propst der »Evang. Gemeinde dt. Sprache« in Jerusalem und Dekan in Nürnberg. Im April 1999 wurde F. zum Landesbischof der Evang.-Luth. Kirche in Bayern gewählt und am 21. November feierlich in das Bischofsamt eingeführt (Nachfolger Hermann von Loewenichs [*1931]).

Friedrich-Ebert-Stiftung e. V., Abk. **FES,** 1925 gegr. Stiftung zur Förderung des demokrat. Bewusstseins in allen Schichten des dt. Volkes und der internat. Verständigung; 1933 verboten, 1947 neu gegr., Sitz: Bonn-Bad Godesberg; betreibt Studienförderung, Erwachsenenbildung, Ausbildungshilfe für Entwicklungsländer; Forschungsinstitut.

Friedrich-Naumann-Stiftung, Abk. **FNSt,** eine Stiftung, gegr. 1958 von T. Heuss, zur Pflege der polit. Erwachsenenbildung und des Dialogs mit dem Ausland (**Theodor-Heuss-Akademie** in Gummersbach, gegr. 1965); Sitz: Königswinter.

Friedrichroda, Stadt im Landkreis Gotha, Thür., 430–710 m ü. M., am NO-Rand des Thüringer Waldes, 5 500 Ew.; Kur- und Erholungsort sowie Wintersportplatz; Holz verarbeitende Ind. Nordwestlich von F. die 300 m lange Marienglashöhle (Gips-Schaubergwerk mit Kristallgrotte). – In einem Landschaftspark das neugot. Schloss Reinhardsbrunn (1827–35, heute Hotel). – 1209 erstmals erwähnt, seit 1597 Stadt.

Friedrichsdorf, Stadt im Hochtaunuskreis, Hessen, am O-Hang des Taunus, 24 200 Ew.; Philipp-Reis-Museum; Glashütte, chem. Ind., Zwiebackherstellung. – 1687 von Hugenotten gegr., erhielt 1771 Stadtrecht.

Frieren FRI

Friedrichshafen: Barockfassade der 1695–1701 von Christian Thumb erbauten Schlosskirche

Friedrichshafen, Große Kreisstadt in Bad.-Württ., Verw.sitz des Bodenseekreises und der Region Bodensee-Oberschwaben, am N-Ufer des Bodensees, 57 200 Ew.; Multimedia-Akademie, Zeppelin-Museum, Schulmuseum; Herstellung von Dieselmotoren, Antriebs- und Fahrwerktechnik, Silo- und Apparatetechnik, Satelliten; Fremdenverkehr; jährl. Internat. Bodensee-Messe; Fährverkehr nach Romanshorn (Schweiz); Flughafen. – Schlosskirche an der Stelle der 1634 abgebrannten Klosteranlage Hofen von C. Thumb 1695–1701 neu errichtet. – F. entstand 1811 durch Vereinigung von **Buchhorn** (838 erstmals erwähnt, seit 1275–99 Reichsstadt) und dem Kloster **Hofen** (um 1085 gegr., 1419 aufgehoben).
Friedrichshain, ehem. Stadtbezirk von ↑Berlin.
Friedrichshain-Kreuzberg, Bez. von Berlin, 2001 gebildet aus den ehemaligen Bez. Friedrichshain und Kreuzberg, 20,2 km², (2001) 251 800 Einwohner.
Friedrichshall, Bad, ↑Bad Friedrichshall.
Friedrichsruh, Ortsteil von Aumühle, Kr. Herzogtum Lauenburg, Schlesw.-Holst., im Sachsenwald; Bismarckmausoleum und -museum.
Friedrichstadt, Stadt im Kr. Nordfriesland, Schlesw.-Holst., am Zusammenfluss von Eider und Treene, 2 600 Ew.; kleiner Binnenhafen, Blumenzucht, Fremdenverkehr. – Treppengiebelhäuser im Stil der niederländ. Renaissance. – 1621 für niederländ. Arminianer von Herzog Friedrich III. von Schleswig-Holstein-Gottorf gegründet.
Friedrich von Antiochi|en, natürl. Sohn Kaiser Friedrichs II., *um 1225, †Foggia 1256; von seinem Vater 1244 zum Generalvikar der Mark Ancona, 1246 zum Podestà von Florenz und Generalvikar der Toskana bestellt, die er bis 1250 (Tod Friedrichs II.) erfolgreich gegen die guelf. (päpstl.) Partei verteidigte. Er blieb bis zu seinem Tod seinem Halbbruder ↑Manfred treu.
Friedrich von Hausen, mhd. Dichter der 2. Hälfte des 12. Jh.; fiel als Teilnehmer des 3. Kreuzzugs am 6. 5. 1190 in Kleinasien. In der Maness. Handschrift und in der Weingartner Liederhandschrift sind unter seinem Namen 53 Strophen überliefert, in denen erstmals in der dt. Lyrik das Thema der hohen Minne voll entfaltet wird; F. v. H. gilt als der bedeutendste Vertreter des durch provenzal. Einflüsse gekennzeichneten rhein. Minnesangs.
Friel, Brian, irischer Dramatiker, *Omagh (Nordirland) 9. 1. 1929; gestaltet Hoffnungen, Illusionen und Enttäuschungen der irischen Bevölkerung in Romanen, Hörspielen, Kurzgeschichten.
Werke: Ich komme, Philadelphia! (1965); Die Liebesaffären der Katty McGuire (1967); Väter und Söhne (1987); Making history (1989).
Frieren, Reaktion des Warmblüterorganismus auf eine Erniedrigung der Umge-

bungstemperatur deutlich unter die Behaglichkeitsgrenze. Nervenendigungen in der äußeren Haut (Kälterezeptoren) registrieren die Kälte und leiten entsprechende Erregungen zu höheren Zentren im Rückenmark und im Gehirn weiter. Als Abwehrmaßnahme wird nun eine erhöhte Wärmeproduktion in Gang gesetzt, die sich v. a. in vermehrter Muskeltätigkeit äußert (Muskelzittern, z. B. als Zähneklappern oder als Gänsehaut).

Fries, *Baukunst:* ein waagerechter bandartiger Streifen zur Gliederung und zum Schmuck einer Wandfläche, als verbindendes Bauteil zw. Architrav und Gesims am grch. Tempel ausgebildet, im dor. Stil in Triglyphen und Metopen gegliedert, im ion. durchlaufend, oft mit Reliefs bedeckt (Parthenon-F.), reich ausgebildet bes. an roman. Bauten (↑Bogenfries, Würfel-, Schuppen-, Zickzack-, Tierfries u. a.).

Fries: 1 Eierstab, 2 Mäander, 3 Rundbogenfries, 4 Kreuzbogenfries, 5 Zickzackfries, 6 Zahnfries

Fries, 1) Ernst, Maler, *Heidelberg 22. 6. 1801, †Karlsruhe 12. 10. 1833; neben C. P. Fohr und C. Rottmann bedeutendster Heidelberger Maler der Romantik, v. a. Landschaftsdarstellungen.
2) Fritz Rudolf, Schriftsteller, *Bilbao (Spanien) 19. 5. 1935; seit 1942 in Dtl.; seine vielschichtigen Romane, die Einflüsse Jean Pauls und des span. Schelmenromans erkennen lassen, spiegeln, z. T. fantastisch verfremdet, das intellektuelle Milieu der DDR (»Der Weg nach Oobliadooh«, 1966; »Alexanders neue Welten«, 1982; »Verlegung eines mittleren Reiches«, 1984). Er schrieb ferner u. a. »Das Luftschiff. Biograf. Nachlässe zu den Fantasien meines Großvaters« (R., 1974),

»Die Väter im Kino« (R., 1989) sowie Reiseberichte und autobiograf. Prosa (»Im Jahr des Hahns«, 1996; »Diogenes auf der Parkbank«, 2002). Auch Übersetzer spanischsprachiger Autoren.
3) Hans, schweizer. Maler, *Freiburg um 1460/65, †Bern(?) um 1523; 1501–09 Stadtmaler in Freiburg; seine spätgot. Altarwerke zeigen Einflüsse der niederländ. Malerei und M. Pachers, später auch A. Dürers.
4) Jakob Friedrich, Philosoph, *Barby (Elbe) 23. 8. 1773, †Jena 10. 8. 1843; Prof. in Jena und Heidelberg, 1819–24 wegen seiner Teilnahme am Wartburgfest (1817) zwangsemeritiert. F. versuchte I. Kants Lehre von dem »Vorurteil des Transzendentalen« zu befreien, indem er die Kritik der Vernunft auf Selbstbeobachtung gründete und somit beanspruchte, den vollständigen anthropolog. Nachweis der in der menschl. Vernunft liegenden philosoph. Wahrheiten geführt zu haben.
Werke: Neue oder anthropolog. Kritik der Vernunft, 3 Bde. (1807); Hb. der prakt. Philosophie, 2 Bde. (1818–32); Versuch einer Kritik der Principien der Wahrscheinlichkeitsrechnung (1842).

Friesach, Stadt in Kärnten, Österreich, am O-Rand der Gurktaler Alpen, 5 700 Ew.; Museum; Maschinenbau, Sägewerk, Fremdenverkehr. – Von der erzbischöfl. Burg auf dem Petersberg sind der Bergfried (zw. 1124 und 1130), die spätkaroling. Peterskirche und Reste vom Palas (12. Jh.) erhalten; Pfarrkirche St. Bartholomäus mit bed. Glasmalereien (13./14. Jh.), Dominikanerklosterkirche St. Nikolaus von Myra (Langhaus 1251–68, 1300 geweiht); Bürgerhäuser (seit 16. Jh.). – Schon in röm. Zeit besiedelt **(Candalice),** kam F. 860 in salzburg. Besitz; seit 1215 als Stadt bezeichnet.

Friesel (Miliaria, Sudamina), Hautausschlag mit kleinen, wasserhellen Bläschen; tritt nach starkem Schwitzen **(Schweiß-F., Hitze-F.,** z. B. bei fieberhaften Krankheiten) auf und verschwindet rasch wieder.

Friesen (lat. Frisii, Frisiones), german. Stamm an der Nordseeküste mit Kerngebiet zw. Niederrhein und Ems; geriet 12 v. Chr. unter röm. Herrschaft, von der er sich nach mehreren Aufständen Ende des 3. Jh. wieder befreite. Unter König Radbod errichteten die Friesen um 700 ein Großreich, dessen Machtschwerpunkt in

friesische Sprache FRI

W-Friesland lag (Zentren Dorestad und Utrecht). Die F. galten als gute Viehzüchter und Händler. Im 8. Jh. wurden sie durch die Franken unterworfen und u. a. von den Missionaren Willibrord und Bonifatius, der 754 bei Dockum den Tod fand, christianisiert; 802 Aufzeichnung der fries. Volksrechte (»Lex Frisionum«). Im 9. Jh. dehnten die F. ihr Siedlungsgebiet bis zu den Nordfries. Inseln aus. (↑Friesland)
📖 *F., Sachsen u. Dänen – Kulturen an der Nordsee, 400 bis 1000 n. Chr., hg. v. J. Dring u. a. Ausst.-Kat. Fries Museum, Leeuwarden. Franeker u. a. 1996.*
Fri̱esen, Karl Friedrich, Turnpädagoge, *Magdeburg 25. 9. 1784, ✕ Lalobbe (bei Charleville-Mézières) 15. 3. 1814; seit 1810 Mitarbeiter F. L. Jahns, Mitbegründer des ersten Turnplatzes (Hasenheide, Berlin-Neukölln), förderte auch Schwimmen und Fechten.
Frie̱singer, Anna Christina (Anni), Eisschnellläuferin, *Bad Reichenhall 11. 1. 1977; Olympiasiegerin 2002 (1 500 m), Weltmeisterin 1998 (1 500 m), 2001 (Vierkampf, 1 500 m), 2002 (Vierkampf), 2004 (1 000 m, 1 500 m) sowie Europameisterin 2000, 2002, 2003 und 2004 (jeweils Vierkampf); gewann den Weltcup 2001 (1 500 m).
Frie̱sische I̱nseln, die Inselkette entlang der Nordseeküste von den nördl. Niederlanden über Dtl. bis S-Dänemark, gliedert in die **Westfries. Inseln** von Texel bis zur Emsmündung (Texel, Vlieland, Terschelling, Ameland, Schiermonnikoog, Rottumerplaat und Rottumeroog), die **Ostfries. Inseln** zw. Ems- und Wesermündung (Borkum, Juist, Norderney, Baltrum, Langeoog, Spiekeroog, Wangerooge) und die **Nordfries. Inseln,** zu denen die Halligen, Amrum, Föhr, Sylt, Nordstrand, Pellworm und in Dänemark Rømø und Fanø gehören. Die West- und Ostfries. Inseln sind junge Strandwall- und Dünenbildungen, die Nordfries. Inseln Sylt, Amrum und Föhr enthalten alte Geestkerne. Zw. den Inseln und dem Festland liegt das Wattenmeer. Die Vogelwelt steht teilweise unter Naturschutz. Der sommerl. Fremdenverkehr (viele Badeorte) spielt eine große Rolle.
friesische Literatu̱r. Die fries. Überlieferung setzte, abgesehen von einigen urfries. Runeninschriften (6.–9. Jh.) und einem Psalmenbruchstück (11.–12. Jh.), erst im 13. Jh. (altfries. Zeit) ein. Greifbar wird die f. L. in mittelfries. Zeit (etwa 1550–1800). Einen Höhepunkt literar. Schaffens bildet das Werk des westfries. Dichters G. Japiks (*1603, †1666). Das Ostfriesische wich seit dem 15. Jh. dem Niederdeutschen. Anfang des 19. Jh. erfuhr die neufries. Literatur Anstöße durch die Romantik, bes. mit den Brüdern J. H. Halbertsma (*1789, †1869) und E. H. Halbertsma (*1797, †1858). Um 1915 entstand die »Jungfries. Bewegung«. Führend war D. Kalma (*1896, †1953). Für die Zeit nach dem Zweiten Weltkrieg sind u. a. A. Wadman (*1919, †1997) und T. Riemersma (*1938) zu nennen. Seit dem 19. Jh., eingeleitet durch die Sylter Komödie »Di Gidtshals of die Söl'ring Pid'ersdei« (1809) von J. P. Hansen (*1767, †1855), besteht ein umfangreiches nordfries. Schrifttum, vertreten u. a. durch Werke von S. R. Bohn (*1834, †1879), J. E. Mungard (*1885, †1940), M. Nissen (*1822, †1902), P. Jensen (*1861, †1936) und P. Paulsen (*1883, †1976).
friesische Sprache, eigenständige Sprache des nordseegerman. Zweiges des Westgermanischen (↑germanische Sprachen). Das **Altfriesische** umfasst das **Altwestfriesische** (in der niederländ. Prov. Friesland; v. a. Rechtstexte und Urkunden, 14.–16. Jh.), das **Altostfriesische** (v. a. Rechtstexte, 1300–1450) mit einem emsfries. (im N der Prov. Groningen, Ostfriesland) und einem westfries. Zweig (Jade- und Wesermündungsgebiet), das **Altnordfriesische** (ohne Sprachdenkmäler) mit dem Inselnordfriesischen (fries. Besiedlung der Geestinseln 8./9. Jh.) und dem Festlandnordfriesischen (seit der emsfries. Besiedlung der Marschen im 10./11. Jahrhundert).
Das **Westfriesische** büßte im 16. Jh. seinen offiziellen Status ein und überlebte nur noch als Sprache der Landbevölkerung. Mit der Nationalromantik der frühen 19. Jh. nahmen die fries. Sprach- und Kulturaktivitäten einen bed. Aufschwung (»De Fryske Beweging«), u. a. durch die Schaffung einer normierten Schriftsprache (»Standertfrysk«). Nach dem Zweiten Weltkrieg erlangte das Westfriesische Anerkennung als offizielle Sprache (»zweite Landessprache«).
Das **Ostfriesische** (von der Prov. Groningen im W bis zum Land Wursten im NO)

FRI Friesland

wurde seit dem 15. Jh., erst als Amts-, dann auch als Volkssprache, vom Niederdeutschen (Niedersächsischen) verdrängt. Nur in Randgebieten konnte es sich länger halten: auf Wangerooge bis um 1900, im Saterland (südöstlich von Leer) bis heute. Das **Nordfriesische**, nie Amtssprache und stark in Dialekte zersplittert, weicht seit dem 16. Jh. (zuerst in Eiderstedt) dem Niederdeutschen, seit geraumer Zeit auch dem Hochdeutschen. Die Festlandmundarten sterben derzeit (außer in der Niebüller Gegend) aus, dasselbe gilt mehr oder weniger auch für die Inseldialekte (Sylt, Amrum, Helgoland; die Situation des Dialekts auf Föhr ist günstiger).

Friesland, 1) urspr. das von den ↑Friesen besiedelte Küstengebiet an der Nordsee. – Im MA. gliederte sich F. in West-, Mittel- und Ost-F.; West-F., das vom Sinkfal bei Brügge bis zur Zuidersee reichte (heute bis zum IJsselmeer), ging schon früh in der Grafschaft Holland auf. Mittel-F. (westlich der Lauwers, von Dtl. aus gesehen West-F.) und das sich ihm anschließende Ost-F. (bis zur Weser) zerfielen nach der Zerschlagung (785) des um 700 entstandenen Großreichs Radbods durch Karl d. Gr. in zahlr. kleine, bäuerlich bestimmte Herrschaften, die gegenüber den »Häuptlingen« (Landesherren) ihre Freiheiten verteidigten. Das im ständigen gemeinsamen Kampf gegen die Nordsee (Deichbau) entstandene soziale Gefüge, dessen Kennzeichen die persönl. Freiheit aller Stände war, wurde Wurzel der späteren, v. a. durch die Konsulatsverf. der einzelnen »Länder« bestimmten »Fries. Freiheit«. Dorestad wurde zum Zentrum des England- und Skandinavienhandels. Zusammengeschlossen waren die kleinen »Bauernrepubliken« in einer Art Landfriedensbund, im Upstalboomverband (nach dem Upstalboom bei ↑Aurich). 1464 wurde unter Ulrich Cirksena F. östlich der Ems zum großen Teil vereinigt und bildete zunächst die Reichsgrafschaft und später das Fürstentum ↑Ostfriesland. F. westlich der Ems fiel an Burgund, später an die Niederlande.
2) Landkreis im RegBez. Weser-Ems, Ndsachs., 608 km², 101 100 Ew.; Krst. Jever.
3) Prov. der ↑Niederlande.

Friesoythe, Stadt im Landkreis Cloppenburg, Ndsachs., nördlich der Thülsfelder Talsperre, 19 400 Ew.; pharmazeut., Nahrungsmittel-, Textilindustrie. – Pfarrkirche St. Veit, ein Granit- und Backsteinbau aus dem 12. Jh. mit spätgot. Wandmalereien. – Um 1200 gegr., als Stadt erstmals 1308 bezeugt.

Frigidität [lat.] *die,* unpräzise veraltete Bez. für eine als sexuelle Gefühlskälte beschriebene Störung der sexuellen Erlebnisfähigkeit der Frau; inzwischen als Libido- oder Orgasmusstörung bezeichnet.

Frija [german. »Geliebte«, »Gattin«] (altnord. Frigg, langobard. Frea), altgerman. Göttin, vielfach mit ↑Freyja gleichgesetzt.

Frikadelle [italien. »Gebratenes«] *die* (Bulette, deutsches Beefsteak), flacher, gebratener Kloß aus Hackfleisch, eingeweichtem Weißbrot, Ei und Gewürzen.

Frikassee [frz.] *das,* in kleine Würfel geschnittenes, gekochtes Fleisch von Geflügel, Kalb oder Lamm, mit einer weißen, mit Zitronensaft und Eigelb abgeschmeckten Soße.

Frikativ [lat.] *der* (Frikativlaut), Reibelaut, Spirans (↑Laut).

Friktion [lat. »Reibung«] *die,* **1)** *Technik:* Übertragung von Kräften und Drehmomenten durch Reibung zw. gegeneinander bewegten Körpern.
2) *Wirtschaftstheorie:* Widerstände, die der Anpassung der Preise und damit dem Ausgleich von Angebot und Nachfrage bei einer neuen Marktlage entgegenstehen.

Frings, 1) Josef, kath. Theologe, * Neuss 6. 2. 1887, † Köln 17. 12. 1978; 1942–69 Erzbischof von Köln, 1945–65 zugleich Vors. der dt. Bischofskonferenz; seit 1946 Kardinal; war maßgeblich am 2. Vatikan. Konzil beteiligt.

Josef Frings

2) Theodor, Germanist, * Dülken (heute zu Viersen) 23. 7. 1886, † Leipzig 6. 6. 1968; machte den Zusammenhang von Dialekt- und Kulturgeographie deutlich und veröf-

fentlichte sprachgeschichtl. und literaturhistor. Arbeiten; begründete das »Althochdeutsche Wörterbuch« (1952 ff.).
Werke: Germania Romana (1932); Heinrich von Veldeke (4 Bde., 1947–52; mit Gabriele Schieb); Grundlegung einer Gesch. der dt. Sprache (1948).
Frisbee® [ˈfrɪzbɪ, engl.] *das,* in den USA in den 1960er-Jahren entwickelte tellerartige Kunststoffwurfscheibe mit zur Unterseite eingebogenem Rand. Mit dem F. werden als Freizeitspiel oder Wettkampfsport versch. Disziplinen ausgetragen (u. a. Weit-, Ziel-, Schnell-, Schwebewurf).
Frisch, 1) Karl von, österr. Zoologe, * Wien 20. 11. 1886, † München 12. 6. 1982; führte sinnesphysiolog. Forschungen durch, bes. an Fischen und Bienen (Orientierung nach Farben, Formen, Geruch, dem Sonnenstand und nach polarisiertem Licht); erhielt 1973 mit K. Lorenz und N. Tinbergen den Nobelpreis für Physiologie oder Medizin.
Werke: Du und das Leben (1936); Tänze der Bienen (1956); Tiere als Baumeister (1974).
2) Max, schweizer. Schriftsteller, * Zürich 15. 5. 1911, † ebd. 4. 4. 1991; urspr. Architekt. Seine Dramen zeigen anfangs Einflüsse von B. Brecht; sie sind vielfältig in der Form (Farce, Moritat, Komödie) und behandeln, oft gleichnishaft, Gegenwartsprobleme, z. B. in »Nun singen sie wieder« (1946), »Herr Biedermann und die Brandstifter« (1958, als Hörspiel 1956) das Zurückweichen des Durchschnittsbürgers vor der Gewalt, in »Andorra« (1961), ebenfalls lehrstückhaft, die Manipulierbarkeit einer Gesellschaft am Beispiel des Antisemitismus. Außer um Schuld, Macht und Gerechtigkeit ging es F. um das Problem der Identität, die Freiheit, sich anders verhalten zu können, und um den Ausbruch aus den Klischees vorgezeichneter Abläufe (»Stiller«, R., 1954; »Homo faber«, R., 1957; »Mein Name sei Gantenbein«, R., 1964; »Biografie. Ein Spiel«, Dr., 1967). Die Spätwerke wie die Erzählung »Montauk« (1975) und »Der Mensch erscheint im Holozän« (1979) sowie das Stück »Triptychon. Drei szen. Bilder« (1978) zeigen Alters- und Todesbewusstsein. In den Tagebüchern (»Blätter aus dem Brotsack«, 1940; »Tagebuch 1946–1949«, 1950; »Tagebuch 1966–1971«, 1972) sind die Werke vielfach vorkonzipiert. F. erhielt 1958 den Georg-Büchner-Preis, 1976 den Friedenspreis des Dt. Buchhandels.
📖 *Reich-Ranicki, M.: M. F. Neuausg. Frankfurt am Main 1994. – Tantow, K. u. Tantow, L.: M. F. Ein Klassiker der Moderne. München 1994. – Hage, V.: M. F. Reinbek ¹²1999.*

Max Frisch

3) Otto Robert, brit. Physiker österr. Herkunft, * Wien 1. 10. 1904, † Cambridge 22. 9. 1979; gab zus. mit Lise Meitner die physikal. Deutung der Uranspaltung; war im Zweiten Weltkrieg in den USA an der Entwicklung der Atombombe beteiligt.
4) Ragnar, norweg. Volkswirtschaftler, * Oslo 3. 3. 1895, † ebd. 31. 1. 1973; Mitbegründer der Ökonometrie, beschäftigte sich v. a. mit Fragen des Konsumentenverhaltens sowie produktions- und preistheoret. Problemen; erhielt 1969 mit J. Tinbergen den Nobelpreis für Wirtschaftswissenschaften.
Werke: New methods of measuring marginal utility (1932); Maxima et minima (1959).
Frischen, *Technik:* Raffination flüssigen Roheisens zu Stahl durch Oxidation der Beimengungen (Kohlenstoff, Silicium u. a.).
Frisches Haff (poln. Zalew Wiślany, russ. Wislinski saliw), Meeresbucht der Ostsee im ehem. Ostpreußen; der SW-Teil gehört zu Polen, der NO-Teil zu Russland (Exklave Kaliningrad), 840 km² groß, bis zu 5 m tief, von der offenen See getrennt durch die **Frische Nehrung (Danziger Nehrung),** einen 56 km langen, 0,5 bis 1,8 km breiten Dünenwall, der im Pillauer Seetief den Zugang des F. H.s zur Ostsee freigibt.
Frisch, Fromm, Fröhlich, Frei, Abk. **FFFF,** Turnerwahlspruch, nach einem Studentenspruch des 16. Jh. von F. L. Jahn

neu gefügt; die Abk. wurden zum »Turnerkreuz« zusammengestellt.
Frischhaltung, ↑Konservierung.
Frischlin, Nikodemus, Philologe und Dichter, *Balingen 22. 9. 1547, †(bei Fluchtversuch aus der Festung) Hohenurach (heute zu Bad Urach) 29. 11. 1590; war Prof. in Tübingen. F., ein derb-humorvoller und lebensfreudiger Humanist, schrieb lat. Komödien, so »Julius redivivus« (1582), das dt. Schauspiel »Frau Wendelgard« (1579), Gedichte.
Frischling, Wildschwein im ersten Lebensjahr.
Frischluftgeräte, Atemschutzgeräte, die den Träger über einen an eine Atemschutzmaske angeschraubten langen Schlauch von außen mit frischer Luft versorgen. Anwendung u. a. bei Arbeiten in Tanks, Silos.
Frischmuth, Barbara, österr. Schriftstellerin, *Altaussee (bei Bad Aussee) 5. 7. 1941; ihre vielschichtigen, symbolreichen Romane und Erzählungen kreisen meist um die Identitätssuche von Frauen, die Sprachreflexion spielt dabei eine wichtige Rolle: u. a. »Das Verschwinden des Schattens in der Sonne« (R., 1973), »Die Mystifikation der Sophie Silber« (1976), »Amy oder Die Metamorphose« (1978), »Kai und die Liebe zu den Modellen« (1979; R.-Trilogie), »Über die Verhältnisse« (R., 1987), »Die Schrift des Freundes« (R., 1998); auch Kindergeschichten, Hörspiele, Übersetzungen.
Frischwasser, *seemännisch:* Süßwasser, im Ggs. zu See- bzw. Salzwasser; die Mischung beider ist ↑Brackwasser.
Frischzellentherapie, stark umstrittene Behandlungsmethode (↑Zellulartherapie).
Frisco [-kəʊ], volkstüml. amerikan. Kurzform für ↑San Francisco.
Frisistik *die,* Wiss. von der Sprache, Literatur und Landeskunde der ↑Friesen. (↑friesische Sprache, ↑friesische Literatur)
Frist, eine durch Gesetz, richterl. oder verwaltungsbehördl. Verfügung oder durch Rechtsgeschäft festgelegte Zeitspanne, deren Ablauf allein oder zus. mit anderen jurist. Tatsachen (etwa einer Kündigung) Rechtswirkungen herbeiführt, so Entstehung, Untergang oder inhaltl. Änderung von Rechten, den Erwerb rechtserhebl. Eigenschaften (z. B. Volljährigkeit), den Verlust von Rechtsmitteln u. a. Die F. gliedern sich in **Verjährungs-** und **Ausschluss-F.** Bei einer Verjährungs-F. steht dem Schuldner nach F.-Ablauf ein von ihm einredeweise geltend zu machendes Leistungsverweigerungsrecht zu (↑Verjährung, §§ 194 ff. BGB). Die Ausschluss-F. fordert, dass ein Recht innerhalb einer F. ausgeübt wird (z. B. Ausschlagung der Erbschaft binnen sechs Wochen, § 1944 BGB). Die F.-Berechnung ist einheitlich für das gesamte Privatrecht, Handels-, Wechsel-, Prozessrecht und das öffentl. Recht in den §§ 186 ff. BGB geregelt.
Fristenlösung, ↑Schwangerschaftsabbruch.
fristlose Entlassung, ↑Kündigung.
Fritfliege (Oscinella frit), 2 mm lange Halmfliege mit jährlich bis zu drei Generationen. Die Maden fressen bes. in Halmen von Hafer, Sommergerste, Roggen und Mais.
Frithjofssaga, die Liebesgeschichte um den sagenhaften norweg. Helden Friðthiof und die schöne Ingibjörg, um 1300 in Island entstanden; freie Bearbeitung im gleichnamigen Epos durch Dichter E. Tegnér (1825).
Fritillaria, die Pflanzengattung ↑Schachbrettblume.
Fritsch, 1) Katharina, Bildhauerin, *Essen 14. 2. 1956; »inszeniert« Arbeiten von formaler Klarheit, oft in symmetr. Anordnung, die ein Gefühl von Unnahbarkeit, auch Melancholie vermitteln (»Elefant«, 1987; »Tischgesellschaft«, 1988; »Mann und Maus«, 1991/92; »Rattenkönig«, 1993; »Museum«, 1995).
2) Werner Freiherr von, Generaloberst, *Benrath (heute zu Düsseldorf) 4. 8. 1880, ⨯ vor Warschau 22. 9. 1939; 1934–35 Chef der Heeresleitung, stellte sich in der »Röhm-Affäre« (1934) auf die Seite Hitlers. Als Oberbefehlshaber des Heeres (1935–38) baute er dieses im Rahmen der 1935 verkündeten allgemeinen Wehrpflicht auf. In der Besprechung Hitlers mit den Oberbefehlshabern der Wehrmacht (1937) ließ er seine Bedenken gegenüber der von Hitler angekündigten Politik des »Risikos« und der Expansion durchblicken. Die Verabschiedung F.s 1938 (aufgrund von Bezichtigung homosexueller Neigung, »Blomberg-F.-Krise«; von einem Offizierseehrengericht spätere Rehabilitierung) war zus. mit der Übernahme des Wehrmachtsoberbefehls durch Hitler entscheidend für die Integrierung des Heeres in den nat.-soz. Staat.

📖 *Janßen, K.-H. u. Tobias, F.: Der Sturz der Generäle. Hitler u. die Blomberg-F.-Krise 1938. München 1994.*
3) **Willy**, Filmschauspieler, *Kattowitz 27. 1. 1901, †Hamburg 13. 7. 1973; wurde in Liebhaberrollen der 1930er- und 40er-Jahre populär: »Die Drei von der Tankstelle« (1930), »Der Kongreß tanzt« (1931), »Film ohne Titel« (1947).

Fritte [frz.] *die*, ein bei niedriger Temperatur durch Zusammenschmelzen von Quarzsand und Flussmitteln gewonnenes Glas, das wieder pulverisiert wird und als Ausgangsstoff zur Herstellung bestimmter Glasuren dient.

Fritten, das Erhitzen einer pulver- oder körnerförmigen Mischung bis zur oberflächl. Verschmelzung der Teilchen. Das Ergebnis ist eine poröse Masse.

Fritteuse [friˈtøːzə, frz.] *die*, elektr. Gerät zum Frittieren (Garen im heißen Fettbad) von Speisen.

Frittung, durch die Hitzewirkung von aufsteigendem Magma verursachtes teilweises Umschmelzen von Sedimentgesteinen (↑Kontaktmetamorphose); Sandsteine werden glasig hart, Tone porzellanartig, Kalksteine zu Marmor.

Fritzlar, Stadt im Schwalm-Eder-Kr., Hessen, auf dem Steilufer der Eder, 14 800 Ew.; Domschatzmuseum; Konserven-, Textilind. - Roman. Pfarrkirche, so genannter Dom (11.-14. Jh.) mit drei Krypten und reicher Ausstattung, Fraumünsterkirche (12.-17. Jh.); Stadtmauer (13./14. Jh.) mit Wehrtürmen; zahlreiche Fachwerkhäuser (15.-18. Jh.). - 741 Klostergründung durch Bonifatius bei einem fränk. Kastell, 774 von den Sachsen zerstört; in karoling. Zeit Kaiserpfalz. Anfang des 12. Jh. Gründung der Stadt durch den Mainzer Erzbischof.

frivol [frz.], leichtfertig, bedenkenlos; das sittl. Empfinden, die geltenden Moralbegriffe verletzend; schamlos, frech.

FRM, Abk. für **F**orschungs**r**eaktor **M**ünchen, Bez. für den Forschungsreaktor der TU München in Garching b. München, der 1957–2000 (Leistung 4 MW) in Betrieb war (»Atom-Ei«). Die Anlage wurde durch einen Hochflussreaktor mit einer therm. Leistung von 20 MW ersetzt **(FRM II)**. Sie soll als Neutronenquelle in der Grundlagenforschung sowie für eine anwendungsorientierte Forschung und Entwicklung eingesetzt werden. Um die angestrebte hohe Neutronenflussdichte zu erreichen, soll hoch angereichertes Uran (engl. **h**igh **e**nriched **u**ranium, **HEU**) verwendet werden, was eine starke öffentl. Diskussion ausgelöst hat. Der FRM II wurde im Juni 2004 offiziell in Betrieb genommen, muss jedoch bis spätestens 2010 auf nicht kernwaffenfähiges Uran umgerüstet werden.

Fröbe, Gert, Filmschauspieler und Rezitator, *Oberplanitz (heute zu Zwickau) 25. 2. 1913, †München 5. 9. 1988; zunächst Bühnenschauspieler und Kabarettist; hatte seine größten Erfolge als »Otto Normalverbraucher« in der »Berliner Ballade« (1948), als Kindermörder in »Es geschah am hellichten Tag« (1958), als Großgangster in dem James-Bond-Film »Goldfinger« (1964) sowie in »Brennt Paris?« (1965); Morgenstern-Interpret.

Gert Fröbe

Fröbel, 1) Friedrich, Pädagoge, *Oberweißbach/Thür. Wald 21. 4. 1782, †Marienthal (heute zu Schweina, bei Bad Liebenstein) 21. 6. 1852, Onkel von 2); lernte als Hauslehrer die Ideen Pestalozzis kennen, gründete Kindererziehungsheime in Keilhau (1816/17) und 1840 in Blankenburg (Landkreis Saalfeld-Rudolstadt) und wurde Initiator der Kindergartenbewegung (↑Kindergarten). In zahlr. Städten wurden (seit 1839) Kurse für »Kinderführer« (woraus die Berufe der Kinderpflegerin und Kindergärtnerin erwuchsen) eingerichtet. F. entwickelte Spielzeug (»Fröbel-Bausteine«), mit dem er die kindl. Spieltrieb und die kindl. Selbstständigkeit fördern wollte. Durch Spiel, rhythm. Bewegung, Lied und Sprache förderte er den Sinn der Kinder für die Gemeinschaft. Zentralen erzieher. Wert maß F. dem Erleben von Heimat und Natur, Gartenbau und Tierpflege, Sport und Spiel, Werkarbeit mit Holz und Papier, Musik, persönl. Zusammenleben, Festen und Feiern bei. F. gilt als Begründer des ganzheitl. Denkens in der Pädagogik.
📖 *Heiland, H.: Die Schulpädagogik F. F. s.*

Hildesheim u. a. 1993. – Heiland, H.: F. F. in Selbstzeugnissen u. Bilddokumenten. Reinbek 11.–12. Tsd. 1995.
2) Julius, Pseudonym C. Junius, Publizist und Politiker, *Griesheim (heute zu Ilmtal, bei Stadtilm) 16. 7. 1805, † Zürich 6. 11. 1893, Neffe von 1); 1848 als einer der Führer der demokrat. Linken in die Frankfurter Nationalversammlung gewählt; wegen seiner Teilnahme am Wiener Oktoberaufstand zum Tode verurteilt, jedoch begnadigt. F. wirkte nach 1857 von Wien aus publizistisch für den großdt. Gedanken.
Froben (Frobenius), Johannes, schweizer. Buchdrucker, Verleger dt. Herkunft, *Hammelburg um 1460, begraben Basel 26. 10. 1527; war bekannt für korrekten Druck, künstler. Ausstattung und wiss. Genauigkeit; u. a. Erstausgaben des Erasmus von Rotterdam.
Frobenius, 1) Ferdinand Georg, Mathematiker, *Berlin 26. 10. 1849, † Charlottenburg (heute zu Berlin) 3. 8. 1917; Prof. in Zürich und Berlin; lieferte u. a. bedeutende Arbeiten zur Theorie der Gruppen und ihrer Darstellungstheorie, die später für die Quantenmechanik große Bedeutung erlangte.
2) Leo, Völkerkundler und Kulturphilosoph, *Berlin 29. 6. 1873, † Biganzolo (heute zu Verbania) 9. 8. 1938; begründete den Begriff des Kulturkreises sowie die Lehre von der Kulturmorphologie. Bei zwölf Forschungsreisen in Afrika zw. 1904 und 1935 sammelte F. Materialien zur traditionellen Kultur, bes. altafrikan. Erzählgut, und erforschte Felsbilder. Im **Frobenius-Institut** in Frankfurt am Main werden die ethnolog. und archäolog. Arbeiten über Afrika weitergeführt.
Werke: Der Ursprung der afrikan. Kulturen (1898); Atlantis. Volksmärchen und Volksdichtungen Afrikas, 12 Bde. (1921 bis 1928); Kulturgesch. Afrikas (1933).
Froberger, Johann Jakob, Komponist, getauft Stuttgart 19. 5. 1616, † Schloss Héricourt (bei Montbéliard) 6. (7.?) 5. 1667; verschmolz in Klavierkompositionen italien., frz. und engl. Elemente zu einer eigenen Satzweise; er wurde zum Schöpfer der Klaviersuite.
Frobisher [ˈfrəʊbɪʃə], Sir (seit 1588) Martin, engl. Seefahrer, *Normanton (bei Wakefield) um 1535, † Plymouth 22. 11. 1594; entdeckte auf der Suche nach der Nordwestpassage 1576 den S von Baffin Island. 1578 befuhr er als erster Europäer die Hudsonstraße.
Frobisher Bay [ˈfrəʊbɪʃə ˈbeɪ], früherer Name von ↑Iqaluit, Kanada.
Fröding, Gustaf, schwed. Dichter, *Alster (bei Karlstad) 22. 8. 1860, † Stockholm 8. 2. 1911; Lyriker von reicher musikal. Ausdruckskraft, gestaltete zuerst humorvollnatürl. Bilder, später grübler. Verzweiflung und myst. Wahrheitssuche.
Froelich [ˈfrø-], Carl, Filmregisseur, *Berlin 5. 9. 1875, † ebd. 12. 2. 1953; drehte ab 1912 Stummfilme, 1928 den ersten Tonfilm (»Die Nacht gehört uns«).
Fröhlich-Krankheit [nach dem Wiener Neurologen A. Fröhlich, *1871, †1953] (Dystrophia adiposogenitalis, hypothalamisches Syndrom), durch krankhafte Hypophysen- und Zwischenhirnprozesse verursachte, sehr seltene Störung; äußert sich in Fettsucht, vermindertem Wachstum und mangelhafter Entwicklung oder Rückbildung der Keimdrüsen und der sekundären Geschlechtsmerkmale (Hypogenitalismus).
Frohner, Adolf, österr. Maler und Grafiker, *Groß-Inzersdorf (heute zu Zistersdorf) 12. 3. 1934; gehörte zu den Wegbereitern des ↑Wiener Aktionismus, der in seinen Arbeiten (u. a. Objekte, Collagen, Materialbilder, Tafelbilder) ebenso nachwirkt wie seine Auseinandersetzung mit der informellen Kunst und der Einfluss J. Dubuffets.
Frohnleiten, Markt-Gem. in der Steiermark, Österreich, 438 m ü. M., im Murtal, 7 300 Ew.; Holzverarbeitung, Karton- und Papierfabrik.
Froissart [frwaˈsaːr], Jean, frz. Geschichtsschreiber und Dichter, *Valenciennes 1337 (?), † Chimay (bei Charleroi) um 1410; verfasste »Chroniques de France, d'Angleterre, d'Écosse, d'Espagne, de Bretagne...« über die Zeit des Hundertjährigen Kriegs mit der Episode der Bürger von ↑Calais; daneben allegor. Lehrgedichte und Minnelieder.
Fromage [froˈmaːʒ] *der,* frz. Bezeichnung für Käse.
Frombork (dt. Frauenburg), Stadt in der Wwschaft Ermland-Masuren, Polen, am Frischen Haff, 2 600 Ew.; Kopernikusarchiv und -museum; Fischereihafen, Fischverarbeitung. – Über der Stadt der burgartige Dombezirk; im Dom (1329–88) Grabmal des Kopernikus. – 1288–1945 Sitz des Domkapitels des Bistums Ermland.

Fronde FRO

Frombork: Dom (1329–88)

Fromentin [frɔmãˈtɛ̃], Eugène, frz. Maler und Schriftsteller, *La Rochelle 24. 10. 1820, †Saint-Maurice (bei La Rochelle) 27. 8. 1876; empfing auf mehreren Reisen nach Nordafrika zw. 1846 und 1853 Anregungen für die Darstellung von Straßen-, Volks-, Tier- und Jagdszenen und wurde einer der führenden Vertreter der »Orientmalerei«. Sein psycholog. Roman »Dominik« (1863) lässt noch romant. Traditionen erkennen; auch Kunstkritiker (»Die alten Meister«, 1876); Reisebücher.

Fromm, Erich, Psychoanalytiker, *Frankfurt am Main 23. 3. 1900, †Muralto (bei Locarno) 18. 3. 1980; emigrierte 1934 in die USA; Begründer der humanist. Psychoanalyse und der analyt. Sozialpsychologie; berücksichtigte unter dem Einfluss der Frankfurter Schule bes. die sozialen und kulturellen Einflüsse auf die existenzielle Situation des Menschen; Beiträge zur Kritik des freudschen Menschenbilds und zur Aggressionsforschung.
Werke: Die Furcht vor der Freiheit (1941); Die Kunst des Liebens (1956); Analyt. Sozialpsychologie und Gesellschaftstheorie (1970); Anatomie der menschl. Destruktivität (1973); Haben oder Sein (1976).
📖 *E. F. heute. Zur Aktualität seines Denkens,* hg. v. R. Funk u. a. München 2000. – Funk, R.: E. F. Neuausg. Reinbek 2001.

Frömmigkeit [aus mhd. vrum, vrom »nützlich«, »tüchtig«, »tapfer«], traditionelle Bez. für die seelisch-geistige Grundhaltung und Gestimmtheit, die das Denken, Handeln und Fühlen eines religiösen Menschen gegenüber Gott bzw. dem Göttlichen prägt.

Fron [ahd. frono »dem Herrn (Gott) gehörig«] (Fronde, Scharwerk, Robot), bemessene oder unbemessene Dienstleistung, wurde zwangsweise und unentgeltlich für öffentl. oder private Berechtigte verrichtet. Vor den Agrarreformen des 19. Jh. (↑Bauernbefreiung) war bes. die bäuerl. Bevölkerung mit F. belastet. Der Anspruch auf F. war mit dem Besitz eines Grundstücks (Gutsherr, Landesherr) verbunden. Geleistet wurde F. teils als **Spanndienste** (Ackerbestellung, Baufuhren), teils als **Handdienste** (Ernte-, Drescharbeiten, Jagdfronden u. a.). Die Zahl der **F.-Tage** schwankte zw. wenigen Tagen im Jahr und mehreren Tagen in der Woche.

Fronde [ˈfrɔ̃də; frz. »Schleuder« (Spottwort)] *die,* in Frankreich 1648–53 die polit., gegen den Absolutismus der Regentin Anna von Österreich und ihres Ministers Mazarin gerichtete Bewegung des Hochadels und der Parlamente (Gerichtshöfe) während der Minderjährigkeit Ludwigs XIV. Wichtigster Führer der F. war Louis II., Prinz von Condé. Der Aufstand wurde begleitet von z. T. heftigen Kämpfen in Paris und in der Provinz, bei denen schließlich die absolutist. Zentralgewalt siegte. Die Erfahrungen der F. bestimmten Ludwig XIV. in hohem Maß zum Ausbau seiner absoluten Herrschaft.

Fröndenberg, Stadt im Kr. Unna, NRW, an der Ruhr, am S-Fuß des Haarstrangs, 22 800 Ew.; Metall verarbeitende Ind., Maschinenbau; Fremdenverkehr. – Got. Pfarrkirche mit zwei Tafeln des Fröndenberger Altars (kurz vor 1400). – Seit 1952 Stadt.

Frondeur [frõˈdœːr, lat.-frz.] *der,* urspr. Anhänger der Fronde; danach allg. scharfer polit. Opponent und Regierungsgegner.

Fronhof, im MA. ein Herrengut, zu dem abhängige Bauerngüter gehörten, die Abgaben zu liefern hatten und Fronen leisten mussten; im frühen MA. häufig Sitz einer Villikation.

Fronius, Hans, österr. Grafiker, Illustrator und Maler, *Sarajevo 12. 9. 1903, †Wien 21. 3. 1988; schuf graf. Zyklen und illustrierte literar. Werke (u. a. F. Kafka, F. Villon, H. de Balzac, E. A. Poe); auch Porträts, Stadt- und Landschaftsbilder.

Fronleichnam [mhd. vrōnlīcham »Leib des Herrn«], im MA. Ausdruck für den eucharist. Leib Christi; Fest der kath. Kirche zur Verehrung der Eucharistie am Donnerstag nach dem Dreifaltigkeitssonntag (1. Sonntag nach Pfingsten), heute **Hochfest des Leibes und Blutes Christi.** Das F.-Fest wurde 1246 erstmals gefeiert, 1264 verbindlich für die ganze lat. Kirche vorgeschrieben, seit Mitte des 14. Jh. ist es mit der **F.-Prozession** verbunden, in der die geweihte Hostie in einer Monstranz mitgeführt wird.

Fronleichnamsspiele, geistl. Spiele im MA., die am Fronleichnamsfest aufgeführt wurden. Dargestellt wurden einzelne Stationen der christl. Heilsgeschichte.

Front [frz., von lat. frons »Stirn«], **1)** *allg.:* Stirnseite, Voderansicht.
2) *Meteorologie:* Grenzfläche zw. warmen und kalten Luftmassen, oft nur wenige Kilometer breit, in Auflösung und Neubildung ständig wechselnd. Nach Art der vordringenden Luftmasse unterscheidet man **Warm-** und **Kalt-F.;** im Verlauf der Vereinigung von beiden (Okklusion) setzt sich in Bodennähe meist die Kalt-F. durch. F. sind bestimmend für den Wetterablauf (↑Tiefdruckgebiet) und i. d. R. mit ausgeprägten Wettererscheinungen verbunden. Über die **Frontalzone,** die Übergangsschicht in größeren Höhen, ↑Jetstream.
3) *Militärwesen:* Berührungslinie feindl. Streitkräfte; darüber hinaus Bez. für die gesamte vordere Kampfzone im Ggs. zur Etappe.

frontal [nlat.], an der Vorderseite befindlich, von der Vorderseite kommend, von vorn; nach vorn gerichtet.

Frontalunterricht, Bez. für eine frontal organisierte Lehr-Lern-Situation, bei der einer Lerngruppe (↑Klasse) in einer festgelegten Zeit ein bestimmter Inhalt sprachlich vermittelt wird. Kennzeichnend für den F. ist, dass beim Lehrenden das Steuerungs-, Kontroll- und Bewertungsmonopol liegt. Das Lernen erfolgt im Wesentlichen rezeptiv. Ein typisches Beispiel für den F. ist die universitäre Vorlesung; beim F. handelt es sich aber auch um eine grundlegende und häufig verbreitete Form des Schulunterrichts. Der F. in der Schule folgt meist einem typischen Ablaufmuster: Stundeneröffnung (Begrüßung, Organisatorisches), Unterrichtseinstieg (Wiederholung, Hausaufgabenkontrolle), Darbietung des neuen Stoffs, Arbeit am neuen Stoff, Ergebnissicherung (Tafeltext, wiederholende Übung, Zusammenfassung) und zumeist Hausaufgabe. – Die ↑Didaktik verbindet mit dem F. sowohl Vorteile als auch Nachteile. Einerseits gilt der F. als bes. gut geeignet, um eine Lerngruppe bzw. Klasse in ein neues Wissensgebiet einzuführen und dabei übergreifende sachl. Zusammenhänge, Fragestellungen und Probleme aus der Sicht des Lehrenden herauszuarbeiten. Andererseits wird als wesentl. Nachteil der Unterrichtsform gesehen, dass die unterschiedl. Lernvoraussetzungen der Schüler nicht durch ein differenziertes Vorgehen berücksichtigt werden (können). Weitgehende Einigkeit besteht dennoch darin, dass der F. eine unverzichtbare, jedoch um andere unterrichtl. Arbeitsformen zu ergänzende (z. B. Selbst-, Partner- und Gruppenarbeit) Lehrform ist.

📖 *Meyer, H. u. Paradies, L.: Frontalunterricht lebendiger machen.* Oldenburg 2003. – *Gudjons, H.: Frontalunterricht – neu entdeckt: Integration in offene Unterrichtsformen.* Bad Heilbrunn 2003.

Front|antrieb, ↑Vorderradantrieb.

Front de Libération Nationale [frɔ̃dliberasˈjɔ̃ nasjɔˈnal; frz. »Nationale Befreiungsfront«], alger. Partei, ↑FLN.
Front-Fan-Triebwerk [ˈfrʌntˈfæn-; engl. »Vordergebläse«], ein ↑Strahltriebwerk.
Frontier [frʌnˈtɪə; amerikan. »Grenze«] *die*, in der nordamerikan. Geschichte Begriff für die nach W vorrückende Siedlungsgrenze zw. der von Indianern, Jägern und Fallenstellern beherrschten »Wildnis« und der nachfolgenden »Zivilisation«; übte mit ihren harten Lebensbedingungen und der Rückführung aller sozialen Interaktionen auf einfachste Beziehungen einen tief greifenden und bleibenden Einfluss auf den amerikan. Nationalcharakter aus. So steht F. als Symbol für den spezifisch amerikan. Pioniergeist und für vielerlei Arten des Neubeginns: Präs. J. F. Kennedy appellierte 1961 an die Amerikaner, sich einer »New Frontier« zuzuwenden.
Frontignan [frɔ̃tiˈɲã], Ind.stadt in S-Frankreich, Dép. Hérault, Languedoc, am Rhone-Sète-Kanal (Hafen), 16 200 Ew.; Erdölraffinerie und petrochem. Industrie.
Front Islamique du Salut [frɔ̃ izlaˈmik dy saˈly; frz. »Islam. Heilsfront«], islamistische polit. Partei in Algerien, ↑FIS.
Frontispiz [frz.] *das*, 1) *Architektur:* Giebeldreieck, bes. über vorspringenden Gebäudeteilen (Risaliten), auch über Fenstern **(Fronton)**.
2) *Buchdruck:* dem eigentl. Titelblatt gegenüberliegendes Schmucktitelblatt mit Kupferstich; in der Frühzeit der Buchkunst auch das Titelblatt selbst verzierende Holzschnitt.
Frontlader, Fahrzeug mit hydraulisch betätigter Frontschaufel oder -gabel zum Heben, Transportieren und Laden von Gütern.
Frontman [ˈfrʌntmæn, engl.] *der*, Musiker einer Rock- oder Popgruppe, der bei Auftritten (als Sänger) im Vordergrund agiert.
Front Range [ˈfrʌnt ˈreɪndʒ], östl. Randkette der südl. Rocky Mountains, in Colorado und im südöstl. Wyoming, USA, bis 4 349 m ü. M. (Grays Peak); Rocky Mountain National Park.
Frontstaaten, Bez. für eine Gruppe von Staaten (Angola, Botswana, Moçambique, Sambia, Simbabwe, Tansania), die die Apartheidpolitik der Rep. Südafrika bekämpften; löste sich nach dem Ende der Apartheidpolitik 1994 auf.

Frosch, 1) *Biologie:* ↑Frösche.
2) *Musik:* das Griffende des Bogens von Saiteninstrumenten mit Stellschrauben zum Spannen des Bogenbezuges.
Froschauer, Christoph, schweizer. Buchdrucker und Verleger, *Kastl (bei Altötting) um 1490, †Zürich 1. 4. 1564; war für die Schweizer Reformatoren (U. Zwingli, H. Bullinger, J. Ökolampad) tätig. Seine Druckerei ging 1585 an die Firma Orell Füssli über.
Froschbissgewächse (Hydrocharitaceae), Familie der Einkeimblättrigen in Süß- und Salzgewässern der wärmeren und gemäßigten Zonen; in Mitteleuropa u. a. der **Froschbiss** (Hydrocharis morsus-ranae), eine Schwimmpflanze stehender oder langsam fließender Süßgewässer.
Frösche (Echte Frösche, Ranidae), Familie der ↑Froschlurche in Afrika, Eurasien sowie Teilen Nord- und Südamerikas mit glatter Haut, horizontal stehender Pupille und breitem, in Oberkiefer und Gaumen bezahntem Maul. Die Ochsen-F. und Goliath-F. fressen kleine Wirbeltiere, die kleineren Arten Insekten, Schnecken und Würmer. In Mitteleuropa leben der Wasser-F., See-F., Gras-F., Moor-F. und der Springfrosch.

Frösche: Wasserfrosch (Rana esculenta, Körperlänge bis 9 cm)

Froschfische (Batrachoidiformes), Ordnung der Knochenfische mit der einzigen Familie Batrachoididae (etwa 55 Arten); Bewohner trop. und gemäßigter Meere; einige Arten mit Giftdrüsen; manche können Laute erzeugen. Der bis 25 cm lange F. (**Austernfisch**, Opsanus tau) der atlant. Küsten Nordamerikas eignet sich für Aquarien. Tiefseebewohner sind die bis 40

FRO Froschlöffel

cm langen **Bootsmannsfische** (Gatt. Porichthys) mit zahlr. Leuchtorganen.
Froschlöffel (Alisma), Gattung der einkeimblättrigen **F.-Gewächse** (Familie Alismataceae), Wasser- oder Sumpfpflanzen, in Mitteleuropa häufig der **Gemeine F.** (Alisma plantago-aquatica) mit grundständigen Blättern und weißl. Blüten, in Sümpfen, an Teichen und Gräben.
Froschlurche (Anura, Salientia), Ordnung der Amphibien mit gedrungenem Körper und kurzen Vordergliedmaßen; die Hintergliedmaßen sind Sprungbeine mit Schwimmhäuten zw. den Zehen. Die Eier **(Laich)** werden, oft in Schnüren oder Klumpen, ins Wasser abgelegt und vom Männchen befruchtet. Die ausschlüpfende Larve **(Kaulquappe)** hat am fußlosen Körper einen Ruderschwanz mit Flossensaum, ferner Raspelzähne für das anfängl. Abweiden von Algen; sie atmet durch Kiemen. Im Verlauf der Entwicklung bilden sich Beine und Lunge, während Kiemen und Ruderschwanz schwinden. Die F. verlassen dann meist das Wasser und ernähren sich von Kleintieren. Zu den F. gehören u. a. ↑Scheibenzüngler, Pipakröten (↑Pipa), ↑Kröten, ↑Laubfrösche und ↑Frösche.
Froschmann, ein mit Spezialanzug, Tauchgerät, Schwimmflossen u. a. ausgerüsteter, frei schwimmender Taucher für militär. und Noteinsätze.
Froschmäusekrieg, ↑Batrachomyomachie.
Froschperspektive, ↑Perspektive.
Frosinone, 1) Prov. in Latium, Mittelitalien, 3244 km², 494 300 Einwohner.
2) Hptst. von 1), Hauptort der durch ihre Trachten bekannten Landschaft Ciociaria, 47 600 Ew.; Hubschrauberwerk, Textil-, Elektronik-, Nahrungsmittelind.; Weinbau und Ölbaumkulturen. – Vom antiken **Frusino** sind nur wenige Reste erhalten; östlich von F. frühgot. Zisterzienserabtei.
Frost, Auftreten von Temperaturen unter 0 °C und damit Gefrieren des Wassers im Boden oder in mit dem Boden verbundenen Objekten. **Strahlungs-F.** tritt bei klarem, windstillem Wetter meist nachts **(Nacht-F.)** auf; **Boden-F.** ist ein F. am und im Boden; Einströmen ortsfremder Kaltluft führt zu **Advektivfrost.**
Frost [frɔːst], Robert Lee, amerikan. Lyriker, *San Francisco 26. 3. 1875, †Boston 29. 1. 1963; lebte 1912–15 in Großbritan-

nien, wo er durch den Imagismus bed. Impulse erhielt. Seine Naturgedichte zeigen eine Vielfalt von Stimmungslagen, iron. Haltungen und Gefühlsabstufungen.
Frostbeulen (Perniones), rundl., gerötete, bei Erwärmung juckende und brennende Hautschwellungen als Auswirkung eines Kälteschadens bei Durchblutungsstörungen, die auch zu Blasen- und Geschwürbildung führen können. F. treten bes. an Füßen und Händen auf; sie verschwinden in der warmen Jahreszeit.
Frostboden, Boden mit zeitweilig oder dauernd (↑Dauerfrostboden) gefrorenem Bodenwasser. Durch die Volumenmehrung des gefrierenden Wassers entstehen Druckkräfte **(Frosthub, Frostschub)**, deren Ausmaß von der Quellfähigkeit, der Wasserdurchtränkung und der Körnung des Bodens abhängig ist. Feinkörnige Böden (Ton, Löss, Lehm) weisen hohe Quellfähigkeit und hohe Frostgefährdung auf. Bei Böden mit unterschiedl. Körnung genügt ein etwa 3%iger Tonanteil, um Frostschäden hervorzurufen. **Frostmusterböden** (Strukturböden) wie Brodelböden und Polygonböden entstehen durch ↑Kryoturbation.
Frosteindringtiefe, Tiefe unter der Geländeoberfläche, bis zu der freies Wasser im Boden gefriert. Sie ist abhängig vom **Frostindex,** der als Produkt aus der Anzahl der Frosttage und der Frosttemperatur definiert ist. Die F. beträgt in Mitteleuropa bis max. 1,20 m.
Frostkeimer, Freilandpflanzen, deren Samen bei niedrigen Temperaturen besser keimen.
Frostresistenz, ↑Kälteresistenz.
Frostschäden, 1) *Biologie:* bei Pflanzen versch. Krankheitsbilder durch Frost: an Baumstämmen in Längsrichtung **Frostrisse** oder **Frostspalten,** in denen sich Überwallungswülste **(Frostleisten)** bilden, eingesunkene Rindenpartien **(Frostplatten);** an Zweigen herabhängende Rindengewebe **(Frostlappen),** breitkegelförmige Auftreibungen **(Frostbeulen),** erfrorene Zweigspitzen **(Spitzenbrand);** krautige Pflanzen vergilben oder werden bei Auftauen schlaff, wässrig durchscheinend und vertrocknen; an Blättern hebt sich die Oberhaut ab **(Frostblasen),** das Laub fällt vorzeitig ab **(Frostschütten);** an Wintersaaten werden die Spitzen weiß und vertrocknen; an Blüten werden Griffel

und Fruchtknoten schwarz. **Indirekte F.** sind das Vertrocknen junger Saaten durch Abreißen der Wurzeln nach wechselndem Gefrieren und Auftauen des Bodens, Eindringen von Pilzparasiten durch Frostrisse u. a. – Frostschutzmaßnahmen sind das **Frosträuchern** (Verhinderung der Wärmeausstrahlung durch Erzeugen von Rauch) oder die direkte Beheizung der Kulturen. Am wirksamsten ist die **Frostschutzberegnung** vor Einsetzen des Frostes, damit bei Eisbildung die frei werdende Erstarrungswärme die Pflanzen schützt.
2) *Erdbau:* aufgrund der Volumenvergrößerung feinkörniger Böden mit hoher Kapillarität (Frostboden) durch Gefrieren des Porenwassers entstehende Schäden in Form unregelmäßig verteilter, reiner Eislinsen. An Bauwerken (z. B. Straßen) auf derartigen Böden ergeben sich F. (z. B. an der Straßenoberfläche) in Form von Rissen, Wellen, Beulen infolge unterschiedl. Bodenhebungen. Zur Verhinderung von F. kann eine die Kapillarität unterbrechende Schicht (**Frostschutzschicht**) aus verwitterungsbeständigem, kornabgestuftem Kiessand oder gebrochenem Gestein aufgebracht werden.
Frostschutt, ↑Spaltenfrost.
Frostschutzmittel, die ↑Gefrierschutzmittel.
Frostspanner, im Herbst und Winter auftretende Schmetterlinge aus der Familie Spanner mit geflügelten Männchen und flügellosen oder stummelflügeligen Weibchen. Die Raupen des **Kleinen F.** (Operophthera brumata) zerstören Blätter, Knospen und Früchte an Obstbäumen. Der **Große F.** (Erannis defoliaria) ist bes. Schädling an Eichen.
Frostsprengung (Frostverwitterung), ↑Spaltenfrost.
Frottage [frɔˈtaːʒə, frz.] *die* (Abreibung, Durchreibung), graf. Verfahren, bei dem Papier auf prägende Unterlagen (Holz, Metall, Textilien u. Ä.) gedrückt und mit Graphit abgerieben wird, um die jeweilige Struktur der Unterlage bildnerisch zu nutzen; 1925 von M. Ernst erstmals angewendet.
Frottee [frz.] *das* oder *der* (Frotté, Kräuselstoff, Noppenstoff), raue, unebene, gekräuselte Baumwoll- oder Viskosestoffe, meist in Leinwandbindung aus dreifädigem F.-, Schlingen- und/oder Kräuselzwirn gewebt.

Frottierstoff (Frottiergewebe, Schlingengewebe), aus glatten Zwirnen oder Garnen gewebtes, beidseitig mit Schlingen versehenes Gewebe für Hand- und Badetücher, -mäntel und Strandkleidung. Bei **Frottiervelours** sind die Schlingen auf einer Gewebeseite aufgeschnitten.
Frottola [italien.] *die,* in der italien. Musik seit Ende des 15. Jh. eine vierstimmige Liedform in volkstümlich einfacher Setzweise.
Froward, Kap [- ˈfrəʊəd], der südlichste Punkt des südamerikan. Festlands, am N-Ufer der Magellanstraße (53°54′ s. Br.).
Frowein, Jochen A., Jurist, * Berlin 8. 6. 1934; 1967 Prof. in Bochum, 1969 in Bielefeld, 1981 Direktor des Max-Planck-Instituts für ausländ. öffentl. Recht und Völkerrecht in Heidelberg; 20 Jahre Mitgl. der Europ. Menschenrechtskommission, gehört seit 1972 dem völkerrechtswiss. Beirat des Auswärtigen Amtes an. Vorrangige Arbeitsgebiete sind Staats- und Völkerrecht. **Werke:** Die polit. Betätigung des Beamten (1967); Zur völkerrechtl. und verfassungsrechtl. Gewährleistung der Aussperrung (1976); Europ. Menschenrechtskonvention (1985, mit W. Peukert); Der völkerrechtl. Rahmen für die Reform des dt. Asylrechts (1993). – Grundfragen der Verfassungsgerichtsbarkeit in Mittel- und Osteuropa (1998, mit anderen).
Frucht, 1) *Botanik:* aus dem F.-Knoten einer Blüte während der Samenentwicklung entstehendes Organ, das den oder die Samen enthält. Es gibt versch. F.-Formen: 1) **Einzelfrüchte:** Aus einer Blüte geht nur eine einzige F. hervor, die sich bei der Reife ganz oder teilweise öffnet und die Samen freigibt (**Öffnungsfrüchte, Streufrüchte;** z. B. Balg-F., Hülse, Schote und Kapsel-F.) oder in geschlossenem Zustand von der Pflanze abfällt (**Schließfrüchte;** z. B. Nuss, Beere, Stein-F.); 2) **Sammelfrüchte:** Aus jedem einzelnen F.-Blatt entsteht eine F. für sich (Früchtchen), jedoch bilden alle Früchtchen dieser Blüte unter Mitwirkung anderer Blütenteile (z. B. der Blütenachse) bei der Reife einen einheitl. Verband (**F.-Verband**), der eine Einzel-F. vortäuscht (**Schein-F.**) und sich als Gesamtheit ablöst. Nach der Ausbildung der Früchtchen werden die Sammelnuss-F. (z. B. Erdbeere), die Sammelstein-F. (z. B. Himbeere) und die Sammelbalg-F. (z. B. Apfel) unterschieden; 3) **F.-Stände:** Ganze Blütenstände, die bei

FRU Fruchtaromen

Frucht 1): Einzelfrüchte; a–d Öffnungsfrüchte: a Balgfrucht (Sumpfdotterblume), b Hülse (Wachsbohne), c Kapsel (Mohn), d Schote (Raps); e–i Schließfrüchte: e Nuss (Haselnuss), f Beere (Johannisbeere), g Steinfrucht (Kirsche), h Spaltfrucht (Kümmel), i Bruchfrucht (Gliederhülse des Vogelfußklees); k–m Sammelfrüchte: k Sammelnussfrucht (Erdbeere), l Sammelsteinfrucht (Brombeere), m Sammelbalgfrucht (Apfel); Fruchtstand: n Beerenfruchtstand (Ananas)

der Reife (unter Mitwirkung zusätzl. Organe) das Aussehen einer Einzel-F. annehmen und als Ganzes verbreitet werden (Scheinfrüchte). F.-Stände können als **Nussfruchtstand** (z. B. Maulbeere), **Beerenfruchtstand** (z. B. Ananas) oder **Steinfruchtstand** (z. B. Feige) ausgebildet sein. *2) Recht:* ↑Früchte.

Frucht|aromen (Fruchtessenzen), Alkohole, Aldehyde, Ketone, niedere und mittlere Fettsäuren sowie deren Ester mit niederen Alkoholen (früher **Fruchtäther** gen.), die die Aromen von Früchten enthalten und wiedergeben; meist künstlich hergestellt und bes. zur Bonbonfabrikation und zur Aromaverstärkung von Fruchtzubereitungen verwendet.

Fruchtbarer Halbmond (engl. Fertile Crescent), von J. H. Breasted eingeführte Bez. für die noch im Regenfeldbau (ohne Bewässerung) nutzbaren Steppenlandschaften Jordaniens, Libanons, Israels, Syriens, der Türkei, Iraks und Irans. Sie umschließen halbkreisförmig den Nordsaum der Arab. Halbinsel. Funde der Mittelsteinzeit (Natufien) und vom Beginn der Jungsteinzeit lassen den Schluss zu, dass sowohl Getreideanbau als auch Haustierzucht im Bereich des F. H. ihren Ursprung haben. In den höher gelegenen Gebieten (Kurdistan, Syrien, Palästina) kommen heute noch Wildformen von Weizen und Gerste sowie wild lebende Schafe vor.

Fruchtbarkeit, 1) *Biologie:* (Fertilität), die Fähigkeit von Organismen, Nachkommen hervorzubringen. (↑Sterilität) **2)** *Bodenkunde:* die Fähigkeit des Bodens (Boden-F.) zur ausreichenden Ernährung von Feldfrüchten; F. durch Melioration steigert den Ertrag langfristig oder macht den Boden erst fruchtbar.

Fruchtbarkeitskulte, in den meisten Kulturen der Erde verbreitete Bräuche, die die Vermehrung von Mensch, Tier oder Pflanze fördern sollen. F. sind meist mit Opferriten **(Fruchtbarkeitsriten)** verbunden; sie werden bes. ausgeübt bei der Hochzeit, bei der Aussaat, bei Dürre und beim Austreiben des Viehs auf die Sommerweide. – F. waren im Altertum Bestandteil versch. Kulte (z. B. Demeter, Kybele, Dionysos) und wirken noch in vielen Bräuchen nach, so beim ↑Flurumgang.

Fruchtbarkeitsziffer, ↑Geburtenstatistik.
Fruchtbecher, *Botanik:* die ↑Cupula.
Fruchtblase, bei lebend gebärenden Säugetieren (einschl. Mensch) die Hülle, welche die Amnionhöhle mit dem Fruchtwas-

ser umschließt; die F. besteht aus den Embryonalhüllen Amnion und Chorion (Serosa).

Fruchtblatt, *Botanik:* weibl. Geschlechtsorgan der ↑Blüte.

Fruchtbringende Gesellschaft (Palmenorden), die älteste und größte der ↑Sprachgesellschaften, gegr. 1617 bei Weimar von Fürst Ludwig von Anhalt-Köthen und drei Herzögen von Sachsen. Nach dem Vorbild der italien. »Accademia della Crusca« widmete sie sich der Pflege der dt. Sprache und Literatur und der Hebung ihres Ansehens. Sie förderte die Normierung von Rechtschreibung und Grammatik und bekämpfte das Fremdwort. Die F. G. bestand bis 1680.

Früchte, *Zivilrecht:* die Erzeugnisse einer Sache (z. B. die Milch einer Kuh) und die sonstige Ausbeute (z. B. Steine aus einem Steinbruch), die aus der Sache ihrer Bestimmung gemäß gewonnen werden (»Sach-F.«), sowie die Erträge eines Rechts (z. B. die Dividende der Aktie), die das Recht seiner Bestimmung gemäß gewährt (»Rechts-F.«, § 99 BGB). **Mittelbare** (Sach- und Rechts-)**F.** sind die Erträge, die eine Sache oder ein Recht aufgrund eines Rechtsverhältnisses gewährt (z. B. die Miete bei untervermietetem Wohnraum). Von den F. sind die ↑Nutzungen zu unterscheiden. F. stehen auch nach der Trennung dem Eigentümer der Muttersache zu (Ausnahme: der ↑Überfall), es sei denn, der Eigentümer hat Dritten das Recht zur Fruchtziehung eingeräumt.

Fruchtfäule, Pflanzenkrankheit, bei der die Früchte verfaulen, so ↑Graufäule, ↑Moniliakrankheit.

Fruchtfliegen (Bohrfliegen, Trypetidae), Familie der Fliegen mit rd. 2000 Arten; bis 7 mm lange Tiere mit Querbändern oder Fleckenzeichnung auf den Flügeln. Die Larven entwickeln sich in Blütenköpfen, Pflanzenstängeln und in Früchten. Zu den F. gehören Schädlinge wie Kirsch-F., Oliven- und Spargelfliege. Als F. werden auch fälschlich die ↑Taufliegen bezeichnet.

Fruchtfolge (Fruchtwechsel), aufeinander folgender Anbau versch. Feldfrüchte nach bestimmten Grundsätzen (**Fruchtwechselwirtschaft**). F. ist u. a. nötig, um der Bodenermüdung und Ausbreitung von Schädlingen vorzubeugen. Älteste F.-Formen sind die Feld-Gras-Wirtschaft und die Dreifelderwirtschaft.

Fruchtholz, Obstbaumzweige, die Blüten und Früchte tragen. Das Kernobst bildet **Fruchtruten,** bis 30 cm lang, und **Fruchtspieße,** bis 10 cm lang; beide verlängern sich durch eine endständige Holzknospe. Das stark verzweigte F. nennt man auch **Quirlholz.** Der **Ringelspieß** ist ein gestauchter, mehrjähriger Trieb, der mit einer Blattrosette abschließt, in der sich eine Blütenknospe entwickeln kann. Steinobst bildet **Bukettriebe,** Kurztriebe, die rundum Blütenknospen und in deren Mitte eine Blattknospe tragen.

Fruchtknoten, *Botanik:* der aus den Fruchtblättern gebildete, geschlossene Hohlraum, in dem die Samenanlagen eingeschlossen sind.

Fruchtsaft, i. w. S. ein unvergorener, aus Früchten mittels techn. Verfahren gewonnener Saft; auch aus F.-Konzentrat durch Zusatz des bei der Konzentration entzogenen Wassers hergestellter Saft. **Fruchtsaft:** Saftanteil 100%, Fruchtgehalt 50%; **Fruchtnektar:** Saftanteil 50%, Fruchtgehalt 25%; **F.-Getränke:** Saftanteil 6%, Fruchtgehalt 3%. **Fruchtsirup** ist eine dickflüssige Zubereitung aus F., konzentriertem F. oder aus Früchten (mit höchstens 68% Zucker). Dem F. können bis 15 g Zucker pro Liter ohne Kennzeichnung zugesetzt werden.

Fruchtsäuren, organ. Säuren, die in Früchten vorkommen, z. B. Apfel-, Zitronen-, Weinsäure.

Fruchtschiefer, ↑Kontaktschiefer.

Fruchtschmiere (Käseschmiere, Vernix caseosa), dem Neugeborenen bei der Geburt anhaftende Schutzschicht aus Talg, Epithelien und Wollhaaren; schützt vor Wärmeverlust und erleichtert das Gleiten des Kindes während der Geburt.

Fruchtstand, *Botanik:* aus Einzelfrüchten bestehende Scheinfrucht. (↑Frucht)

Fruchtwasser (lat. Liquor amnii), vom Amnion gebildete Flüssigkeit innerhalb der Amnionhöhle bzw. Fruchtblase. Im F. ist der Embryo (bzw. Fetus) frei beweglich eingebettet und gegen Druck, Stoß und Erschütterungen von außen geschützt. Die F.-Menge beträgt am Ende der Schwangerschaft 200–1 000 ml.

Fruchtwasserdiagnostik, die Untersuchung des durch Amniozentese gewonnenen Fruchtwassers zur ↑Pränataldiagnostik sowie zur Erkennung des Gesundheitszustandes des Fetus.

Fruchtwasserinfektion, das ↑Amnioninfektionssyndrom.
Fruchtwechsel, die ↑Fruchtfolge.
Fruchtzucker, die ↑Fructose.
Fructose [lat.] *die* (Fruktose, Fruchtzucker), in der Natur weit verbreiteter Zucker, eine optisch aktive Ketohexose (Monosaccharid). Prakt. Bedeutung hat nur die linksdrehende D-Form **(Lävulose),** die sich frei in vielen Früchten und im Honig, chemisch gebunden in Saccharose und im Inulin findet. Das Molekül liegt bei der reinen Substanz als sechsgliedriger Ring **(Pyranose)** vor, im gebundenen Zustand als fünfgliedriger Ring **(Furanose).**
Frueauf [ˈfry:-], **1)** Rueland d. Ä., Maler, *Obernberg am Inn(?) zw. 1440 und 1450, † Passau 1507, Vater von 2); 1480 Bürger in Passau, dort und in Salzburg tätig; schuf Tafelbilder und Fresken im linearen Stil der Spätgotik.
2) Rueland d. J., Maler, *Passau um 1470, † ebd. nach 1545, Sohn von 1). Zu seinem Werk gehören die Flügelbilder eines Leopoldaltars (1505), heute im Stiftsmuseum von Klosterneuburg; mit seinen stimmungsvollen Landschaften ist er ein Wegbereiter der Donauschule.
frugal [frz., »zu den Früchten gehörend, aus Früchten bestehend«], einfach, bescheiden; nicht üppig (in Bezug auf die Lebensweise, bes. bezogen auf Essen und Trinken).
Frühbeck de Burgos, Rafael, eigtl. R. Frühbeck, span. Dirigent, *Burgos 15. 9. 1933; war 1962–78 Chefdirigent des Span. Nationalorchesters Madrid und 1966–70 GMD der Stadt Düsseldorf sowie 1992–97 der Dt. Oper Berlin, 1991–96 Chefdirigent der Wiener Symphoniker sowie 1994–2000 des Rundfunk-Sinfonieorchesters Berlin.
Frühbeet, zur Anzucht junger Pflanzen angelegtes Beet, das zum Schutz vor der Witterung mit einer Umrandung versehen und mit abnehmbaren Fenstern oder Plastikfolie abgedeckt ist.
frühchristlich (altchristlich), die ersten drei nachchristl. Jahrhunderte (bis zur Entstehung der Staatskirche im Röm. Reich) betreffend. In der jüngeren Forschung wird die Epoche des **Frühchristentums** bis zum Beginn der Christianisierung der Germanen (etwa 7. Jh.) ausgedehnt.
frühchristliche Kunst, (altchristliche Kunst), die christl. Kunst der Spätantike vom 3. bis 6. Jh., meist unter Abgrenzung von der ↑byzantinischen Kunst und der ↑armenischen Kunst. Thema der Katakombenmalerei und Mosaikkunst ist der christl. Erlösungsgedanke, ausgedrückt in Symbolen (Pfau, Taube, Fisch) sowie in alt- und neutestamentl. Szenen. Die Bautätigkeit setzte ein im 4. Jh. in Jerusalem mit dem Bau der Grabeskirche (326–335) und in Rom mit der Erlöserbasilika (San Giovanni in Laterano; 326), Alt-Sankt-Peter, San Paolo fuori le mura und im 5. Jh. Santa Maria Maggiore. Neben diesen röm. Patriarchalbasiliken entstanden Kirchen v. a. in Ravenna (San Vitale, 547; Sant' Apollinare in Classe, 549) und Mailand. Bed. Zeugnisse f. K. sind auch die Elfenbeinarbeiten, z. B. Kathedra des Bischofs Maximian in Ravenna (um 550; Ravenna, Erzbischöfl. Museum) sowie die Sarkophagreliefs, z. B. der Junius-Bassus-Sarkophag (359; Rom, Vatikan. Sammlungen), der Zwölf-Apostel-Sarkophag in Sant' Apollinare in Classe in Ravenna (5. Jh.). Von der Buchmalerei ist wenig erhalten, so die aus Konstantinopel oder Antiochia stammende ↑Wiener Genesis (6. Jh.; Wien, Österr. Nationalbibliothek). – Die f. K. hatte großen Einfluss auf die gesamte abendländ. Entwicklung.

📖 *Effenberger, A.:* F. K. u. Kultur. Von den Anfängen bis zum 7. Jh. Leipzig 1986. – *Hutter, I.:* Frühchristl. u. byzantin. Kunst. Sonderausg. Stuttgart u. a. 1991. – *Stützer, H. A.:* F. K. in Rom. Ursprung christlich-europ. Kunst. Köln 1991.

frühchristliche Literatur, das christl. Schrifttum bis zum Ende der Antike (etwa 6. Jh.), anfangs, in jüd. Tradition und in grch. Sprache, als Evangelien, Apokalypsen, Briefe, seit dem 2. Jh. zunehmend in Formen der weltl., bes. der hellenist. Literatur: zunächst bei den ↑Apologeten (seit Justin), später bes. in der alexandrinischen Theologenschule (↑alexandrinische Schule) und bei den Kirchenvätern. Rhetor. Vollendung erreichte die christl. Kunstpredigt (Johannes Chrysostomos). Im Osten ging die f. L. bruchlos in die byzantin. über; im Westen bildete sich seit etwa 200 neben der grch. eine lat. Literatur (Tertullian, Cyprianus, Lactantius), die im 4. Jh. durch Hieronymus, Ambrosius und bes. Augustinus einen Höhepunkt erreichte. Die Dichtung verherrlichte die

neuen Ideale und begründete das christl. Epos (Prudentius).
📖 *Dibelius, M.: Gesch. der urchristl. Literatur.* München ³1990. – *Altaner, B. u. Stuiber, A.: Patrologie. Leben, Schriften u. Lehre der Kirchenväter.* Sonderausg. Freiburg im Breisgau u. a. 1993.

frühchristliche Musik, die Musik der christl. Kirche vom 1. bis 6. Jh., vereint Elemente des jüd. Synagogalgesangs mit Elementen der antiken grch. Musik. Die Kenntnis von der f. M. basiert lediglich auf literar. Zeugnissen. Im Ggs. zum jüd. Kult war im christl. Gottesdienst die Verwendung von Musikinstrumenten verboten. In den grundsätzlich einstimmigen Gesängen herrschte zunächst das Griechische als Kultsprache vor. Es bildeten sich die Traditionen des Ostens (kopt., byzantin. und armen. Kirchenmusik, syr. Kirchengesang) und des Westens heraus (als ↑gregorianischer Gesang, ↑ambrosianischer Gesang, später gallikan. und mozarab. Gesang).

Frühdruck, Druckwerk aus der Frühzeit des Buchdrucks, i. w. S. Drucke von etwa 1450 bis etwa 1550, i. e. S. Drucke nur bis 1500 (Wiegendrucke) oder aber Drucke aus der Zeit zw. 1501 und 1550.

Früherkennungsuntersuchungen, Untersuchungen zur möglichst frühzeitigen Erkennung vorhandener Krankheiten oder Entwicklungsstörungen; in der gesetzl. Krankenversicherung haben Versicherte einen Anspruch auf Maßnahmen zur Früherkennung von Krankheiten in folgenden Fällen: 1. Kinder bis zur Vollendung des 6. Lebensjahrs und nochmals nach Vollendung des 10. Lebensjahrs auf Erkrankungen, die ihre normale körperl. oder geistige Entwicklung in nicht geringfügigem Maß gefährden (↑Kinderfrüherkennungsuntersuchungen); 2. Frauen über 20 Jahre und 3. Männer über 45 Jahre einmal jährlich auf bestimmte Krebserkrankungen (↑Krebsfrüherkennungsuntersuchungen); 4. über 35 Jahre alte Personen jedes zweite Jahr auf Herz-, Kreislauf- und Nierenerkrankungen sowie auf Diabetes mellitus.

Frühgeburt (Partus prematurus, Partus immaturus), vorzeitige Entbindung eines lebenden Neugeborenen vor Vollendung der 37. Schwangerschaftswoche unabhängig vom Geburtsgewicht. Ursachen einer spontanen F. sind Erkrankungen der Mutter oder des Kindes. Alle Lebend- und Totgeburten mit einem Geburtsgewicht ab 500 g sind meldepflichtig. **Frühgeborene** sind funktionell unreif, sie sind gefährdet durch Trinkschwäche, Atemstörungen, Unterkühlung, Gelbsucht und Infektionen. (↑Inkubator)

Frühgeschichte, der im geschichtl. Verlauf jeweils auf die ↑Vorgeschichte folgende Zeitabschnitt, für den neben archäolog. Funden auch schriftl. Überlieferungen und sonstige histor. Quellen (Sprachdenkmäler, Ortsnamen, Münzen u. a.) zur Verfügung stehen, ohne dass diese allein für eine verlässl. Bestandsaufnahme ausreichten. Für Mitteleuropa beginnt die F. mit der Zeit Caesars (Mitte des 1. Jh. v. Chr.), für das Mittelmeergebiet wesentlich früher, für N-Europa später.

Frühjahrsmüdigkeit, volkstüml. Bez. für die allg. körperl. Abgespanntheit während der Frühjahrsmonate, u. a. möglicherweise Folge eines Vitamin-C-Mangels oder bioklimat. Einflüsse.

Frühling (Frühjahr, Lenz), die ↑Jahreszeit zunehmender Tageslängen, astronomisch von der F.-Tagundnachtgleiche bis zur Sommersonnenwende.

Frühlingsdreieck, aus den Sternen **Regulus** (im Sternbild Löwe), **Arktur** (Bärenhüter) und **Spika** (Jungfrau) gebildetes Dreieck am Frühjahrshimmel.

Frühlingspunkt (Widderpunkt), Schnittpunkt des Himmelsäquators und der Ekliptik, in dem die Sonne beim Frühlingsanfang steht, einer der beiden Äquinoktialpunkte (↑Äquinoktium). Er liegt im Sternbild Fische und wird als Nullpunkt der Rektaszensions- und der ekliptikalen Längenzählung genommen. Der Gegenpunkt heißt **Herbstpunkt**. (↑astronomische Koordinaten)

Frühneuhochdeutsch, Entwicklungsabschnitt der dt. Sprache von etwa 1350 bis 1650.

Frühreife, 1) *Anthropologie:* im Unterschied zur generellen Akzeleration die außergewöhnl. Beschleunigung der phys. und/oder psych. Entwicklung bei Kindern und Jugendlichen.
2) *Botanik:* verfrühte Reifung von Früchten.
3) *Zoologie:* bei Haustieren ein erblich bedingter früher Entwicklungsabschluss.

Frühstart (Fehlstart), *Sport:* bei Geschwindigkeitswettbewerben das Lösen aus der Startposition vor dem Startzeichen. Im *Eisschnelllauf, Bahnradsport* und

FRU Frühstückskartell

Rudern ist ein F. je Sportler (bzw. Mannschaft) erlaubt, beim zweiten F. erfolgt Ausschluss. In der *Leichtathletik* ist nur ein Fehlstart pro Lauf zulässig. Im *Schwimmen* gibt es die »Einstartregel«, d. h., der F.-Verursacher wird erst nach dem Wettbewerb disqualifiziert. Im *Automobilrennsport* (Formel 1) muss der Fahrer bei F. im weiteren Rennen einmal durch die Boxengasse »rollen«.

Frühstückskartell, kartellrechtl. Vereinbarung über ein bestimmtes Verhalten am Markt in Form mündl. Absprachen; nach dem Ges. gegen Wettbewerbsbeschränkungen unzulässig (↑Kartell).

Günter Fruhtrunk: Klostergarten Expl. III (1962/63; Ludwigshafen am Rhein, Wilhelm-Hack-Museum)

Fruhtrunk, Günter, Maler, *München 1. 5. 1923, †ebd. 12. 12. 1982. Entscheidend war seine Begegnung mit F. Léger und H. Arp; einer konstruktivist. Phase folgten farbintensive Bilder aus parallelen, orthogonalen oder diagonalen Farbstreifen.

Frühwarnsystem (engl. early warning system), militär. Radar- und Rechenanlage zum frühzeitigen Erkennen anfliegender gegner. Flugzeuge und Fernlenkwaffen sowie zum Auslösen der Luftverteidigung. Neben den landgestützten Systemen (z. B. NADGE) werden fliegende Systeme (z. B. AWACS) verwendet. Durch Infrarot- und opt. Sensoren in Erdsatelliten kann der überwachbare Raum über die gesamte Erdoberfläche ausgedehnt werden.

Fruktifikationstheorie, ↑Zinstheorien.

Frundsberg, Georg von, kaiserl. Feldhauptmann, *Burg Mindelburg (Mindelheim) 24. 9. 1473, †ebd. 20. 8. 1528; diente als Landsknechtsführer den Kaisern Maximilian I. und Karl V.; 1519 befehligte er das Fußvolk des Schwäb. Bundes gegen Herzog Ulrich von Württemberg. Im Krieg gegen Frankreich hatte er entscheidenden Anteil an den Siegen bei Bicocca (1522) und bei Pavia (1525); als »Vater der Landsknechte« organisierte er diese zu einer schlagkräftigen Truppe.

Frunse, 1926–91 Name der Stadt ↑Bischkek.

Frunse, Michail Wassiljewitsch, sowjet. Politiker und Militärfachmann, *Pischpek (heute Bischkek) 2. 2. 1885, †Moskau 31. 10. 1925; seit 1904 Bolschewik, führte im Bürgerkrieg erfolgreich Verbände der Roten Armee gegen die »weißen« Generäle Koltschak und Wrangel und eroberte Turkestan. F. war Begründer der sowjet. Militärwissenschaft, ab 1924 Leiter der Militärakademie. Als Nachfolger Trotzkis war er 1925 Kriegskommissar.

Fruška gora [ˈfruʃka -], Hügelzug zw. Donau und Save, Serbien, bis 539 m ü. M., mit Laubwald bestanden, an den Hängen Weinberge; z. T. Nationalpark (22 850 ha).

Frustration [lat.] *die, Psychologie:* Enttäuschung einer Erwartung oder Nichterfüllung eines Bedürfnisses u. Ä., z. B. bei ausbleibender Triebbefriedigung, bei Scheitern eines persönl. Plans. Bei wiederholten oder starken F. kann es zu Ausweichreaktionen, depressivem und aggressivem Verhalten kommen.

Frutigen, Hauptort des Bezirks F. im Kt. Bern, Schweiz, an der Lötschbergbahn, 803 m ü. M., 6 600 Ew.; Viehmärkte; Fremdenverkehr.

Fruttero, Carlo, italien. Schriftsteller, *Turin 19. 9. 1926; Übersetzungen (u. a. von S. Beckett), erfolgreiche Romane in Zusammenarbeit mit F. ↑Lucentini.

Frutti di Mare [italien.], Meeresfrüchte (z. B. Muscheln, Austern).

Fry [fraɪ], **1)** Christopher, eigtl. C. Harris, engl. Dramatiker, *Bristol 18. 12. 1907; schrieb spielerisch-geistreiche, ironischromant. Dramen in Versen voll kühner Bilder: »Ein Phoenix zuviel« (1946), »Die Dame ist nicht fürs Feuer« (1949), »Venus im Licht« (1949), »Ein Schlaf Gefangener« (1951), »Das Dunkel ist Licht genug« (1954), »König Kurzrock« (1961); Film-

drehbücher (»Die Bibel«, »Ben Hur«) und Libretti (»Das verlorene Paradies«, nach J. Milton; Oper von K. Penderecki).
2) Elizabeth, brit. Sozialreformerin, *Norwich 21. 5. 1780, †Ramsgate 12. 10. 1845; Quäkerin, gründete 1817 den »Frauenverein zur Besserung weibl. Sträflinge« und setzte sich für die Reform des Strafrechts und des Strafvollzugs ein.
3) Stephen John, brit. Schriftsteller und Schauspieler, *London 24. 8. 1957; erfolgreich als Kolumnist, Librettist, Dramatiker, im brit. Fernsehen mit den Sendungen »Black Adder« und »Saturday Night Fry«; mit seinen Romanen in der Gegenwart einer der meistgelesenen brit. Autoren: »Der Lügner« (1991), »Das Nilpferd« (1994), »Geschichte machen« (1996), »Columbus war ein Engländer« (1997); als Schauspieler u. a. in »Ein Fisch namens Wanda« (1988), »Peter's Friends« (1992), »Cold Comfort Farm« (1995), »Oscar Wilde« (1998) zu sehen.
Frýdek-Místek [ˈfriːdɛk ˈmiːstɛk] (dt. Friedek-Mistek), Stadt im Nordmähr. Gebiet, Tschech. Rep., 63 000 Ew.; Textil-, Holzindustrie.
Frýdlant [ˈfriːd-] (dt. Friedland), Stadt in der Tschech. Rep., am N-Rand des Isergebirges, 6 200 Ew.; Maschinenbau, Textilind.; mit Wallensteins Burg. – Nach der Burg F. (13.–19. Jh., mit reicher Ausstattung aus dem 17. und 18. Jh.) wurde Wallensteins, des **Friedländers,** nordböhm. Herzogtum 1627 benannt.
F-Schlüssel, *Musik:* Bassschlüssel, der die Lage der Note F auf der 4. Linie des Notensystems angibt. (↑Schlüssel)
FSH, Abk. für ↑follikelstimulierendes Hormon. (↑Hormone, Übersicht)
F-Sterne, Hauptreihensterne der ↑Spektralklasse F.
ft, Einheitenzeichen für ↑Foot.
FTAA, Abk. für engl. Free Trade Area of the Americas, ↑Amerikanische Freihandelszone.
FTP [Abk. für engl. file transfer protocol], ein Dienst des ↑Internet.
FU, Abk. für ↑Freie Universität Berlin.
Fuchs, 1) *Astronomie:* (lat. Vulpecula, Füchschen), im Sommer am Abendhimmel sichtbares nördl. Sternbild.
2) *Feuerungstechnik:* Abgaskanal, der einen Industrieofen oder einen Dampferzeuger mit dem Schornstein verbindet.
3) *Militärwesen:* Bez. für ein schwimmfähiges gepanzertes Radfahrzeug aus dt. Produktion mit einer Motorleistung von 235 kW, einer Höchstgeschwindigkeit von etwa 100 km/h, einem Aktionsradius von rd. 800 km und bewaffnet mit einem Maschinengewehr. In der Ausführung als **Transportpanzer** kann er neben den drei Mann Besatzung noch maximal neun Soldaten befördern. In der Ausführung als **Spürpanzer** wird er mit vier Mann Besatzung zur ABC-Aufklärung eingesetzt. Ausgerüstet ist er dazu mit Sonden und Sensoren, um Strahlungen und Kampfstoffe in der Luft, am Boden und im Wasser aufzuspüren und mithilfe entsprechender Labortechnik zu analysieren; ein spezieller Greifarm kann Bodenproben zu Feinanalysen entnehmen. Eingesetzt wurde der Spürpanzer F. u. a. 1991 im 2. Golfkrieg von amerikan., brit. und israel. Streitkräften.
4) *student. Verbindungswesen:* (Fux), Verbindungsstudent in den beiden ersten Semestern.
5) *Zoologie:* 1) ein Raubtier, ↑Füchse. 2) fuchsähnlich gestaltete Säugetiere, wie Flug-F. (↑Flughunde). 3) Pferd von rötl. Farbe in allen Abstufungen. Mähne und Schweif haben etwa die Farbe der Körperhaare, nicht schwarz wie beim Braunen. 4) Bez. für zwei Schmetterlinge (Eckenflügler): **Großer F.** (Nymphalis polychloros), ziemlich selten, 5–6 cm spannend, und **Kleiner F.** (Aglais urticae), 4–5 cm spannend.
Fuchs, 1) Anke, Politikerin (SPD), *Hamburg 5. 7. 1937; Juristin, seit 1980 MdB, war 1982 Bundesmin. für Jugend, Familie und Gesundheit sowie 1987–91 Bundesgeschäftsführerin der SPD; 1993–98 stellv. Vors. der SPD-Bundestagsfraktion; seit 1998 Vizepräsidentin des Dt. Bundestags.
2) Emil, evang. Theologe, *Beerfelden (Odenwaldkreis) 13. 5. 1874, †Berlin (Ost) 13. 2. 1971, Vater von 6); nach dem Ersten Weltkrieg führender religiöser Sozialist, 1949 Prof. in Leipzig; schrieb »Christl. und marxist. Ethik« (1957 ff.).
3) Ernst, österr. Maler und Grafiker, *Wien 13. 2. 1930; Schüler von A. P. Gütersloh, gehört zur ↑Wiener Schule des phantastischen Realismus.
4) Günter Bruno, Schriftsteller, Grafiker, *Berlin 3. 7. 1928, †ebd. 19. 4. 1977; Lyriker und Prosaist, der hinter seinen verspielten, märchenhaften, fantast. Versen und

Texten Zeitkritik versteckt (»Bericht eines Bremer Stadtmusikanten«, R., 1968; »Gemütlich summt das Vaterland«, Gedichte u. a., hg. 1984); auch Hörspiele; Grafiken u. a. zur Gestaltung seiner Bücher.
5) Jürgen, Schriftsteller, *Reichenbach/Vogtl. 19. 12. 1950, †Berlin 9. 5. 1999; studierte Psychologie in Jena, 1975 zwangsexmatrikuliert; nach Protest gegen die Ausbürgerung W. Biermanns 1976 in Haft, 1977 nach Berlin (West) abgeschoben. F. beschrieb immer wieder Bedrohung, Unterwerfung und Opportunismus im DDR-Alltag (»Gedächtnisprotokolle«, 1977, »Tagesnotizen«, Ged., 1979; »Fassonschnitt«, R., 1984; »Das Ende einer Feigheit«, Prosa, 1988), über das Ende der DDR hinaus in »Magdalena« (1998), einem Erfahrungsbericht über die »Gauck-Behörde«.
6) Klaus, Physiker, *Rüsselsheim 29. 12. 1911, †Berlin (Ost) 28. 1. 1988, Sohn von 2); 1943–46 als brit. Staatsbürger im amerikan. Atomforschungszentrum Los Alamos, danach im brit. Forschungszentrum Harwell beschäftigt. Wegen Verrats von Geheimnissen an die UdSSR 1950–59 inhaftiert; danach in der DDR tätig.
7) Leonhart, Mediziner und Botaniker, *Wemding (Landkreis Donau-Ries) 17. 1. 1501, †Tübingen 10. 5. 1566; gilt als einer der »Väter« der Botanik; er gab in »Historia stirpium« (1542; dt. u. d. T. »New Kreüterbuch«) erstmals eine systemat. Darstellung der Pflanzen und führte eine wiss. Benennung ein.
8) [fu:ks], **Sir** (seit 1958) **Vivian Ernest,** brit. Geologe und Polarforscher, *Freshwater (Isle of Wight) 11. 2. 1908, †Cambridge 11. 11. 1999; leitete 1957/58 die Trans-Antarctic-Expedition, die erstmals die gesamte Antarktis auf dem Landweg durchquerte.

Fuchsbandwurm, ↑Echinokokken.

Fuchsberger, Joachim, Schauspieler, Fernsehmoderator, Produzent, *Stuttgart 11. 3. 1927; zahlr. Spielfilmrollen (z. B. »Der letzte Mann«, 1955; »Der Hexer«, 1963; »Das fliegende Klassenzimmer«, 1973; »Flammen der Liebe«, 1994, Fernsehfilm); erfolgreich als Talk-, Quiz- und Showmaster (u. a. »Auf los geht's los«, 1977–86; «Heut' abend«, 1980–91); dreht und produziert auch Dokumentarfilme (»Terra Australis«, 1989 ff.).

Füchse, mehrere verwandte Gattungen aus der Familie Hundeartige; bis mittelgroße, schlanke Tiere mit kurzen Beinen, spitzer Schnauze, großen, spitzen Ohren und langem, buschigem Schwanz. F. sind Kleintierfresser, die sich aber auch von Aas und Pflanzen ernähren. Zu den F. gehören die **Echten F.** (Gattung Vulpes) sowie Fennek, Grau-F., Polar-F. (↑Hunde).

Füchse: Polarfuchs (Körperlänge bis 70 cm)

Die bekannteste Art ist der mit mehreren Unterarten in Eurasien und Nordamerika verbreitete **Rot-F.** (Vulpes vulpes). Der **Polar-F. (Eis-F.,** Alopex lagopus) mit im Winter weißem, im Sommer graubraunem Fell lebt in der Arktis. Eine Farbvariante des Polar-F. ist der **Blau-F.** – Als **Edel-F.** gelten im Rauchwarenhandel die Felle der F. außer dem Rot-, Grau-, Kitt-F. und Fennek.

Fuchsie [nach L. Fuchs] *die* (Fuchsia), artenreiche Gattung der Nachtkerzengewächse; verschiedenfarbig blühende Sträucher, meist im bergigen Süd- und Mittelamerika, einige in Neuseeland; beliebte Zierpflanzen.

Fuchsin [zu Fuchsie] *das* (fälschlich auch Rosanilin), intensiv roter, aber wenig lichtechter synthet. Farbstoff (Triphenylmethanfarbstoff); früher zum Färben von Textilien, heute für Druckfarben und zur Färbung mikroskop. Präparate verwendet.

Fuchsjagd, *Pferdesport:* ↑Jagdreiten.
Fuchskauten *der,* höchste Erhebung des Westerwaldes, Rheinl.-Pf., 656 m ü. M.
Fuchsschwanz, 1) die Pflanzengattung ↑Amarant.
2) eine Säge mit kurzem, breitem Blatt und einem Griff.
Fuchsschwanzgras (Alopecurus), Gattung der Süßgräser mit dichten, weichen Ährenrispen; auf Wiesen, Äckern und an feuchten Stellen.
Fuchtel [zu fechten], Degen mit breiter Klinge, später Bez. für den Schlag mit der flachen Klinge, im preuß. Heer bis 1806 eine oft angewendete Strafe; daher die Redensart »unter der F. stehen«.
Fuciner Becken [ˈfuːtʃi-] (italien. Conca del Fucino), abflusslose Beckenlandschaft im Hochland der Abruzzen, Mittelitalien, 655 m ü. M.; noch im Altertum von einem Karstsee mit stark schwankendem Wasserspiegel (**Fucinus lacus**) erfüllt; 1854–76 trockengelegt (Versuche in der Antike und im MA. waren gescheitert).
Fuder [mhd. vuoder »Wagenladung«, »Fuhre«], **1)** alte, regional noch gebräuchl. Volumeneinheit für Wein; zw. 750 und 1 950 Liter; 1 200 Liter am Rhein, 1 000 Liter an der Mosel, 808 Liter in Sachsen, 1 811 Liter in Österreich.
2) alte Volumeneinheit für Festkörper, bes. für Erz.
Fudjaira [-dʒ-], Scheichtum der ↑Vereinigten Arabischen Emirate.
Fudschijama (Fudschisan), ↑Fuji.
Fudschisawa, Stadt in Japan, ↑Fujisawa.
Fuentes, Carlos, mexikan. Schriftsteller, * Mexiko 11. 11. 1928; war zunächst im diplomat. Dienst (1975–77 Botschafter in Paris); Prof. an der Harvard University; als Literat, Filmautor und Hg. versch. Zeitschriften von großer Wirkung auf das mexikan. Geistesleben; entwirft in seinen thematisch und erzähltechnisch vielfältigen Romanen ein umfassendes Bild mexikan. Gegenwart mit ihren histor. Wurzeln und kulturellen Zusammenhängen, u. a. in »Der Tod des Artemio Cruz« (1962, auch u. d. T. »Nichts als das Leben«), »Hautwechsel« (1967), »Terra nostra« (1975), »Der alte Gringo« (1985), »Christoph, ungeboren« (1987), »Diana oder die einsame Jägerin« (1994); schrieb auch Erzählungen, Essays, Theaterstücke.
📖 *Sauter de Maihold, R. M.: Del silencio a la palabra. Myth. u. symbol. Wege zur Iden-*
tität in den Erzählungen von C. F. Frankfurt am Main u. a. 1995.
Fuero [von lat. forum] *der,* span. Rechtsbegriff: Gericht, Rechtsordnung (Gewohnheits- und geschriebenes Recht), Gesetzessammlung, Urkunde.
Fuerteventura, die zweitgrößte der Kanar. Inseln, 1 663 km², 36 900 Ew., im Pico de Jandia 807 m ü. M. Das extrem trockene Klima lässt nur dürftige Vegetation zu; in Bewässerungsoasen werden Tomaten und Luzerne angebaut; Küstenfischerei, Meersalzgewinnung; ausgedehnte Sandstrände, Unterwasserparks mit reicher Fauna (Fremdenverkehr). Hauptort ist Puerto del Rosario (Hafen, Flughafen).
Füetrer, Ulrich, Dichter und Maler, * Landshut 1. Hälfte des 15. Jh., † München um 1496; malte für das Kloster Tegernsee um 1457 eine »Kreuzigung Christi« (München, Alte Pinakothek). 1478–81 verfasste er eine »Bayer. Chronik« in Prosa. Sein dichter. Hauptwerk ist das »Buch der Abenteuer« (zw. 1473 und 1484).
Fufu [westafrikan.] *der,* westafrikan. Gericht aus zu einem Brei gestampften gekochten Maniok- oder Jamsknollen, der zu kleinen Kugeln geformt und mit einer stark gewürzten, öligen Suppe übergossen wird.

Fuchsie

Fugard [ˈfjuːɡəːd], Athol, südafrikan. Dramatiker, * Middelburg (Prov. Ost-Kap) 11. 6. 1932; schreibt polit., hart analysierende sozialkrit. Stücke (»Sizwe Bansi ist tot«, 1972; »Aussagen nach einer Verhaftung aufgrund des Gesetzes gegen Unsittlichkeit«, 1974; »Master Harold ... und die

Boys«, 1983; »My Children! My Africa!«, 1990).
Fugato [italien.] *das, Musik:* die imitierende Verarbeitung eines Themas, die auf die vollständige Entwicklung einer Fuge verzichtet.
Fugazität [lat., »Flüchtigkeit«], Größe der Dimension eines Druckes zur exakten thermodynam. Beschreibung realer Gase. Die F. verhalten sich zu Drücken analog wie die Aktivitäten zu Konzentrationen.
Fuge [mhd. vuoge »Verbindungsstelle«], Zwischenraum zw. aneinander stoßenden Bauteilen; zum Ausgleich von Längenänderungen durch Temperaturschwankungen, Quellen, Setzen oder Schwinden des Baumaterials werden **Trenn-** oder **Dehnungs-F.** angeordnet.
Fuge [italien., von lat. fuga »Flucht«] *die, Musik:* die gesetzmäßig am strengsten gebaute Form des mehrstimmigen kontrapunkt. Satzes, bei der das gleiche Thema von jeder Stimme nacheinander ausgeführt wird. Eine Stimme beginnt allein mit dem Thema als **Dux (Führer, Subjekt)** in der Grundtonart, der Tonika. Sobald es beendet ist, nimmt eine 2. Stimme das Thema in der Dominante als **Comes (Gefährte, Antwort)** auf, während die 1. Stimme einen freien Kontrapunkt **(Gegensatz, Kontrasubjekt)** dazu entwickelt. Dann tritt die 3. Stimme mit dem Thema wieder in der Tonika ein, die 2. Stimme nimmt den Ggs. auf, und die 1. wird frei weitergeführt. Haben sämtl. Stimmen das Thema vorgetragen, so ist die erste **Durchführung (Exposition)** beendet, auf die weitere folgen können. Die letzte Durchführung benutzt meist kunstvolle kontrapunkt. Mittel, wie ↑Engführung, ↑Vergrößerung, ↑Verkleinerung, ↑Umkehrung und Gegenbewegung (↑Krebs) des Themas. Zwischen die Durchführungen sind oft freie **Zwischenspiele (Episoden)** eingefügt. Die **Doppel-F.** hat zwei Themen, das eine vielfach zugleich als Ggs., die **Tripel-F.** drei, die **Quadrupel-F.** vier Themen. – Die F. erreichte durch J. S. Bach ihre höchste Vollendung (»Das Wohltemperierte Klavier«, 1722–44; »Die Kunst der F.«, 1750).
Fügen, Verfahren zur form-, kraft- oder stoffschlüssigen Verbindung zweier oder mehrerer Werkstücke oder von Werkstücken mit einem formlosen Stoff z. B. durch Schrauben, Nieten, Schweißen, Falzen.
Füger, Heinrich Friedrich, österr. Maler,

* Heilbronn 8. 12. 1751, † Wien 5. 11. 1818; wurde 1795 Direktor der Wiener Akademie; schuf klassizist. Historienbilder und anmutig elegante Bildnisse, v. a. als Miniaturen.
Fugger, schwäb. Geschlecht, seit 1367 in Augsburg ansässig. Jakob I. († 1469) ist der Stammvater der noch heute bestehenden Linie **F. von der Lilie** und der Gründer des fuggerschen Handelshauses. Seine Söhne, u. a. Jakob II., schufen die Weltstellung und das Vermögen des Hauses; die Neffen von Jakob II., Raimund (* 1489, † 1539) und Anton, begründeten die noch bestehenden Hauptlinien **F. von Kirchberg und Weißenhorn** (Grafen), **F. von Babenhausen** (seit 1803 Reichsfürsten) und **F. von Glött** (seit 1913 im bayer. Fürstenstand). Die F., 1514 und 1530 in den Reichsgrafenstand erhoben, taten sich auch als Kunstfreunde und Sammler hervor. Bedeutende Vertreter: **1)** Anton, Reichsgraf (seit 1530), Handelsherr, * Augsburg 10. 6. 1493, † ebd. 14. 9. 1560, Neffe von 2); übernahm 1525 die Leitung des Unternehmens und befolgte den politisch-ökonom. Kurs seines Onkels, Jakobs II.; unterstützte Ferdinand I. und Karl V.; konnte mit des Kaisers Hilfe den Handel bis nach Zentral- und Südamerika ausdehnen; gewährte auch Philipp II. von Spanien Kredite; hinterließ 6 Mio. Goldkronen und einen beträchtl. Landbesitz.
2) Jakob II., **der Reiche,** Reichsgraf (seit 1514), Handelsherr und Bankier, * Augsburg 6. 3. 1459, † ebd. 30. 12. 1525, Onkel von 1); übernahm 1485 die Leitung der fuggerschen Faktorei in Innsbruck; verbündete sich mit Erzherzog Maximilian, dem späteren Kaiser Maximilian I., dem er 1490 zu Tirol verhalf; errichtete ein europ. Kupfermonopol; wurde zum Bankier des Kaisers, der Päpste und der röm. Kurie; finanzierte 1519 die Wahl Karls I. von Spanien zum Röm. König (Karl V.), wurde weitgehend dessen Geldgeber; schuf 1519 die »Fuggerei«, eine (noch bestehende) Wohnsiedlung für Bedürftige.

✤ siehe ZEIT Aspekte

📖 Pölnitz, G. von: Die F. Tübingen ⁵1990.
Fühler, Sinnesorgane tragende Kopfanhänge bei niederen Tieren (↑Antennen, ↑Tentakel).
Fühllehre (Fühlerlehre, Spion), Messmittel zum Bestimmen der Breite von Rissen und Spalten sowie zum Einstellen des Spiels

bei Lagern u. a.; besteht aus Stahlblechzungen versch. Dicke von 0,05 bis 1 mm.
Fuhlsbüttel, Stadtteil von Hamburg; Flughafen.
Führmann, Franz, Schriftsteller, *Rochlitz an der Iser (heute Rokytnice nad Jizerou, Ostböhm. Gebiet) 15. 1. 1922, † Berlin (Ost) 8. 7. 1984; begann mit psychologisch tiefgründigen, z. T. autobiograf. Erzählungen über Krieg und Nationalsozialismus (»König Ödipus«, 1966). Seit Anfang der 1970er-Jahre auf Distanz zu Realität und offizieller Lit. der DDR (»22 Tage oder Die Hälfte des Lebens«, 1973), schuf F. ein vielseitiges Werk um Traum, Mythos und Utopie (u. a. Erzn. »Saiäns-Fiktschen«, 1981; »Das Ohr des Dionysios«, 1985); auch die Bearbeitungen von Werken der Weltliteratur für Kinder (u. a. das »Nibelungenlied«, 1971) zeugen von seiner hohen Sprachkunst.
Führerprinzip, auf der Vorstellung der totalen Identität von Herrscher und Beherrschten beruhendes Herrschaftsprinzip, das die unbedingte Autorität und Entscheidungskompetenz in einem Staat, einer Partei oder Organisation einem Einzelnen zuweist. Dabei gilt der Grundsatz: unbedingte Autorität nach unten, ausschließl. Verantwortlichkeit nach oben. Der oberste Führer selbst beruft sich bei seinen Entscheidungen auf den (meist manipulierten) »Volkswillen«, auf (rassist. oder sozialrevolutionäre) Doktrinen oder auf eine (im Irrationalen angesiedelte) Autorität, z. B. die »Vorsehung«. (↑Faschismus, ↑Nationalsozialismus)
Führerschein, amtl. Dokument, das zum Nachweis des Besitzes einer entsprechenden ↑Fahrerlaubnis dient und das beim Führen eines Kfz mitzuführen ist. Im Rahmen der EU wird der F. nach einheitl. Muster ausgefertigt. Für abhanden gekommene oder unleserlich gewordene F. hat der F.-Inhaber die Ausstellung eines neuen F. zu beantragen. F., die der Einziehung (§ 69 Abs. 3 StGB) unterliegen oder im Ermittlungsverfahren von Bedeutung sind, können beschlagnahmt werden (§ 94 StPO); hierüber kann der Betroffene gerichtl. Entscheidung beantragen. Das Nichtmitführen des F. bei bestehender Fahrerlaubnis ist lediglich eine Ordnungswidrigkeit.
Führich, Joseph Ritter von (seit 1861), österr. Maler, *Kratzau (heute Chrastava,

Nordböhm. Gebiet) 9. 2. 1800, † Wien 13. 3. 1876; hielt sich 1827–29 in Rom auf. Unter dem Eindruck italien. Kunst schuf er Werke von schlichter Klarheit. Seit 1834 in Wien, malte er volkstümlich-religiöse Bilder im Stil der ↑Nazarener und schuf Illustrationen sowie Entwürfe für Glasfenster.
Fuhrmann (lat. Auriga), nördl. Sternbild in der Milchstraße mit dem Hauptstern Capella.
Führung, 1) *Soziologie:* die planende, leitende, koordinierende und kontrollierende Tätigkeit von übergeordneten oder überlegenen Mitgliedern in einer Gruppe, einer Organisation oder in einem größeren Kollektiv gegenüber untergeordneten, unterlegenen Mitgliedern. F.-Erfolge einer Person hängen von den spezif. Wertorientierungen, Zielen und Aufgaben sowie von der Struktur und dem soziokulturellen Umfeld des zu führenden sozialen Gebildes ab. In der *Betriebswirtschaftslehre* wird zw. Personal-F. und Unternehmens-F. unterschieden. In der Personal-F. werden die situative (Veränderungen der Unternehmensumwelt berücksichtigende), informationsverarbeitende und zielorientierte Gestaltung sowie die psycholog. und sozialen Fähigkeiten von F.-Personen betont.
📖 *Handwörterbuch der F.,* hg. v. A. Kieser u. a. Stuttgart ²1995.
2) *Technik:* Teil einer Maschine, das einem bewegl. Teil die Bahn und/oder die Lage bei seiner Bewegung vorschreibt.
Führungsakademie der Bundeswehr, Ausbildungseinrichtung, in der Stabsoffiziere aus- und weitergebildet werden; Sitz: Hamburg.
Führungsaufsicht, Maßregel der Besserung und Sicherung, die das Gericht anordnen kann, wenn der Täter zu einer Freiheitsstrafe von mindestens 6 Monaten verurteilt wird, die verletzte Strafnorm F. vorsieht und die Gefahr besteht, dass der Täter weitere Straftaten begehen wird (§§ 68 ff. StGB). Der Verurteilte wird für 2 bis 5 Jahre einer Aufsichtsstelle und einem Bewährungshelfer unterstellt; das Gericht kann ihm Weisungen erteilen (z. B. sich zu bestimmten Zeiten bei der Aufsichtsstelle zu melden).
Führungstruppen, in der Bundeswehr Truppengattungen, die die militär. Führung im Heer unterstützen: Feldjäger, Fernmelde-, Fernspäh-, Frontnachrichten-, Topographietruppe.

| FUH | Führungszeugnis |

Fuji: der höchste Berg Japans, davor ein Hochgeschwindigkeitszug des Shinkansen

Führungszeugnis (früher polizeil. F.), urkundl. Auszug aus dem ↑Bundeszentralregister; gibt Auskunft, ob bzw. welche Strafvermerke über eine Person eingetragen sind. Antragsberechtigt sind unter bestimmten Voraussetzungen Behörden, Privatpersonen nur in eigener Sache. Dem F. entspricht in *Österreich* die Strafregisterbescheinigung, in der *Schweiz* das Leumundszeugnis.

Fujaira [-dʒ-], Emirat am Golf von Oman, ↑Vereinigte Arabische Emirate.

Fuji [fudʒi] (Fujisan, Fudschisan, Fujiyama, Fudschijama), kegelförmiger Vulkan auf Honshū, im SW der Ebene von Tokio, mit 3776 m ü. M. höchster Berg Japans, mit 600 m breitem, 150 m tiefem Krater; letzter Ausbruch 1707. Auf dem Kraterrand stehen Tempel, Herbergen, eine meteorolog. und eine Radarstation. Zu Füßen des Berges liegen fünf Seen. Das Gebiet ist Teil eines Nationalparks. Der F. ist der heilige Berg Japans und das Wahrzeichen des Landes.

Fujian [fudʒiɛn] (Fukien), chines. Küstenprovinz an der Formosastraße, gegenüber Taiwan, 120 000 km², 34,71 Mio. Ew., Hptst. ist Fuzhou. 90 % der Fläche werden vom südostchines. Bergland eingenommen; der stark gegliederten Küste mit guten Naturhäfen sind 600 Inseln vorgelagert; forstwirtsch. Nutzung. F. ist einer der Hauptproduzenten von Tee und Zuckerrohr; 1980 wurde die Wirtschaftssonderzone Xiamen für Auslandsinvestitionen eingerichtet.

Fuji Bank Ltd. [fudʒi ˈbæŋk ˈlɪmɪtɪd], ↑Mizuho Holdings, Inc.

Fujimori [fudʒi-, span. fuxi-], Alberto, peruan. Politiker, *Lima 28. 7. 1938; japan. Herkunft; Agrarwissenschaftler, gründete 1989 die Bürgerbewegung »Cambio 90« und wurde als deren Kandidat im Juli 1990 zum Staatspräs. gewählt. Im April 1992 setzte er mithilfe des Militärs die Verf. außer Kraft und unterdrückte seitdem alle oppositionellen Bestrebungen. Wirtsch. Erfolge und das Zurückdrängen des Terrorismus – auch durch Verhängung des Ausnahmezustands – führten 1995 zu seiner Wiederwahl. In dieser 2. Amtszeit wuchs die Kritik an seinem autoritären Reg.-Stil. Als er ab 1999 die Wahl für eine 3. Amtszeit betrieb, verstärkte sich der Widerstand der Öffentlichkeit. Nach Behinderungen zog der Kandidat der Opposition, A. Toledo, seine Teilnahme an der Stichwahl (28. 5. 2000) zurück, und F. ließ sich als Sieger erklären. Die wachsenden Proteste, die Aufdeckung von Korruptionsskandalen um seinen Berater V. Montesinos führten schließlich zu einer Staatskrise; F. kündigte zunächst seinen Rücktritt für April

2001 an, kehrte dann aber von einem Staatsbesuch in Japan nicht nach Peru zurück und wurde vom Parlament für abgesetzt erklärt.
Fujisan [fudʒi-], höchster Berg Japans, ↑ Fuji.
Fujisawa [fudʒi-] (Fudschisawa), Stadt auf Honshū, Japan, an der Sagamibucht, 368 700 Ew.; elektrotechn. Ind.; Bade- und Segelsportzentrum.
Fujiwara [fudʒi-], japan. Adelsgeschlecht, das vom 9. bis 12. Jh. die Politik des Kaiserhauses prägte und dem Höhepunkt der Heian-Zeit im 10. und 11. Jh. ihren Namen (F.-jidai) gab. Aus der Familie gingen höchste Hofbeamte, geistl. Würdenträger, Militärs, Gelehrte und Künstler hervor; sie sicherten durch geschickte Heirats- und Familienpolitik dem Haus F. eine einzigartige Vorrangstellung. Durch Familienzwist und die Bemühungen einzelner Kaiser, die Macht der F. zu beschneiden, ging der Einfluss in der 2. Hälfte des 12. Jh. verloren.
Fujiyama [fudʒi-], höchster Berg Japans, ↑ Fuji.
Fukien, Provinz in China, ↑ Fujian.
Fuks, Ladislav, tschech. Schriftsteller, * Prag 24. 9. 1923, † ebd. 19. 8. 1994; schrieb Romane und Erzählungen, meist aus dem jüd. Milieu, in der Vorkriegszeit und der Zeit dt. Besetzung angesiedelt (»Herr Theodor Mundstock«, R., 1963; »Variationen für eine dunkle Saite«, R., 1966; »Der Leichenverbrenner«, R., 1967); sein vielfältiges Werk umfasst auch Science-Fiction (»Die Mäuse der Natalie Mooshaber«, R., 1970), Kriminal- und histor. Romane (»Der Fall des Kriminalrats«, 1971).
Fukui, Hptst. der Präfektur F., auf der Insel Honshū, Japan, nördlich des Biwasees, 255 600 Ew.; Univ.; Seidenweberei. – Ehem. Burgstadt mit alten Stadthäusern. – Seit dem 10. Jh. Mittelpunkt der Seidenindustrie.
Fukui, Kenichi, japan. Chemiker, * Nara 4. 10. 1918, † Kyōto 9. 1. 1998; Arbeiten zur Quantenchemie von Reaktionen; erhielt 1981 mit R. ↑ Hoffmann für die (unabhängig voneinander) erstellten Theorien über den Verlauf organisch-chem. Reaktionen den Nobelpreis für Chemie.
Fukujama, Stadt in Japan, ↑ Fukuyama.
Fukuoka, Hptst. der Präfektur F., auf der Insel Kyūshū, Japan, an der Hakatabucht (Seehafen Hakata), 1,34 Mio. Ew.; kath. Bischofssitz, zwei Univ., Maschinenbau, Werften, chem. und Textilind., Herstellung von Porzellanpuppen (»Hakata-Puppen«); Flughafen, U-Bahn. – Ältester Zentempel Japans (1195) mit z. T. erhaltenen Holzbauten, Shintōschreine; auch herausragende Beispiele moderner japan. Architektur.
Fukushima [-ʃima] (Fukuschima), Hptst. der Präfektur F. im NO von Honshū, Japan, 285 800 Ew.; medizin. Hochschule; traditionelle Seidenind., heute auch Verarbeitung von Chemiefasern; Kernkraftwerk.
Fukuyama (Fukujama), Stadt in Japan, an der S-Küste von W-Honshū, 374 500 Ew.; Eisen- und Stahl-, Gummi-, Textil- und Nahrungsmittelindustrie.
Fukuyama [fuːkəˈjaːmə], Francis, amerikan. Politikwissenschaftler, * Chicago (Ill.) 27. 10. 1952; wurde 1989 bekannt durch den Aufsatz »The end of history« (in der Zeitschrift »National interest«; Buchfassung 1992 u. d. T. »The end of history and the last man«; dt. »Das Ende der Geschichte. Wo stehen wir?«), in dem er nach dem Ende des Kommunismus die weltweite Durchsetzung des westl. liberalen Gesellschaftsmodells postulierte.
Weitere Werke: Trust. The social virtues and the creation of prosperity (1995; dt. Konfuzius u. Marktwirtschaft. Der Konflikt der Kulturen; auch u. d. T. Der Konflikt der Kulturen. Wer gewinnt den Kampf um die wirtsch. Zukunft?); The great disruption. Human nature and the reconstitution of social order (1999; dt. Der große Aufbruch. Wie unsere Gesellschaft eine neue Ordnung erfindet); Our posthuman future. Consequences of the biotechnology revolution (2002; dt. Das Ende des Menschen).
Fulbe (engl. Fulani, frz. Peuls), Stammesgruppe in W- und Zentralafrika (rd. 17 Mio. Menschen) mit einer westatlant. Klassensprache (**Ful**); leben über die ganze westl. Sudanzone verteilt. Die F. gliedern sich kulturell und wirtsch. in äthiopide Nomaden (Bororo) und negride sesshafte Feldbauern, die als fanat. Muslime gelten. Vom 12./13. Jh. an breiteten sie sich von Senegal nach S und O aus. Im 18. Jh. erreichten sie Adamaua. Vom 16. bis 19. Jh. gründeten sie zahlr. Staaten, z. T. als Erben früherer Herrscher in den Staaten des Sudan, so bes. in den großen

FUL Fulbright

Hausastaaten Nordnigerias, die sie zu Beginn des 19. Jh. unter der Führung ↑Osman dan Fodios den Hausa in rascher Folge entrissen.

Fulbe: in einem Dorf der Fulbe in Sierra Leone

Fulbright ['fʊlbraɪt], James William, amerikan. Politiker, * Sumner (Mo.) 9. 4. 1905, † Washington (D. C.) 9. 2. 1995; Jurist, Mitgl. der Demokrat. Partei, brachte als Abg. 1943 die F.-Resolution ein, die maßgeblich zur Entstehung der UNO beitrug. 1946 initiierte er das ↑Fulbright-Stipendium. Als Vors. des außenpolit. Senatsausschusses (1959–74) Gegner der Vietnampolitik der USA.

Fulbright-Stipendium ['fʊlbraɪt-], Stipendium für den Austausch von Studenten und Dozenten zw. den USA und europ. Ländern, urspr. nach dem Vorschlag J. W. Fulbrights aus dem Erlös von Kriegsüberschussgütern finanziert. Sitz der Fulbright-Kommission für den Austausch USA–Dtl. ist Berlin (seit 1999; vorher Bonn-Bad Godesberg).

Fu̱lda, 1) *die,* Quellfluss der Weser, 218 km lang (109 km schiffbar), entspringt an der Wasserkuppe (Rhön), nimmt die Eder auf und vereinigt sich bei Hann. Münden mit der Werra zur Weser.

2) Landkreis im RegBez. Kassel, Hessen; 1 380 km², 218 300 Einwohner.

3) Krst. von 2) in Hessen, zw. Rhön und Vogelsberg, an der Fulda, 62 200 Ew.; Sitz eines kath. Bischofs, der kath. Dt. Bischofskonferenz und des Präsidiums des Dt. Evang. Kirchentags; Theolog. Fakultät, FH, Schlossmuseum, Dt. Feuerwehrmuseum, Dommuseum, Vonderau-Museum. Die Industrie stellt Textilien (techn. Gewebe, Filze, Teppiche), Kugellager, Reifen, Thermometer, Papier, Kerzen u. a. her.

Stadtbild: Teile der mittelalterl. Stadtmauer blieben erhalten. Die im 10. und 11. Jh. umgebaute Michaelskirche geht auf eine karoling. Friedhofskapelle (820–22) zurück, von der nur die Krypta erhalten ist. Der Dom wurde anstelle der alten Stiftskirche mit Doppelchoranlage (819 geweiht, im 12. Jh. teilweise erneuert) 1704–12 von J. Dientzenhofer errichtet; in der Krypta das Grabmal des hl. Bonifatius. An den Dom schließt ein Kloster an (17./18. Jh., jetzt Priesterseminar). Spätbarocke Bauten sind u. a. auch das ehem. Schloss der Fürstäbte, Heiliggeist-, Stadtpfarrkirche, Bibliothek und ehem. Univ. (bestand 1734–1803). Vier Bergklöster um F. (frühmittelalterl. Gründungen) bezeichnen symbolisch die Enden eines Kreuzes.

Geschichte: Um 500 fränk. Hof, um 700 von den Sachsen zerstört. 744 gründete Bonifatius das Benediktinerkloster, 765 war es Reichsabtei, unter Hrabanus Maurus (Abt 822–842) bed. Vermittler abendländ. Kultur in Dtl. Der Abt wurde 968 Primas aller Benediktinerklöster »Germaniens und Galliens«, 1220 wurden die Äbte zu Reichsfürsten erhoben. Die Siedlung erhielt 1019 das Marktrecht, wohl um 1114 Stadtrecht; im 16. Jh. wurde F. geistiges Zentrum der Gegenreformation. 1803 erlosch das 1752 errichtete **Fürstbistum F.**, sein Gebiet fiel an Nassau-Oranien, 1806 an Frankreich, 1810 an das Großherzogtum Frankfurt, 1815 an Hessen-Kassel. Erneut Bischofssitz wurde F. 1821. – Das 1821 wieder errichtete **Bistum F.** wurde der Oberrhein. Kirchenprovinz (Freiburg im Breisgau) unterstellt, 1929 neu umschrieben und als Suffraganbistum in die Kirchenprov. Paderborn eingegliedert. Durch die Teilung Dtl.s 1945 wurde das Bistum F. ebenfalls geteilt; für seinen in Thüringen liegenden Teil wurde eine eigene kirchl. Verw.struktur geschaffen. 1994 ging der thür. Gebietsanteil (mit Ausnahme des Dekanats Geisa) in das neu errichtete Bistum Erfurt ein.

📖 *Kloster F. in der Welt der Karolinger u. Ottonen*, hg. v. G. Schrimpf. Frankfurt am Main 1996.

Fulgurit [lat.] *der, Geologie:* die ↑Blitzröhre.

Fulla, L'udovít, slowak. Maler, Grafiker und Illustrator, * Ružomberok 27. 2. 1902, † Pressburg 21. 4. 1980; verband folklorist., konstruktivist. und fauvist. Elemente.

Fulldress [engl.], Gala, großer Gesellschaftsanzug, Gesellschaftskleidung.

Füllen, 1) *Astronomie:* (lat. Equuleus), Sternbild der Äquatorzone, im Herbst am Abendhimmel sichtbar.
2) *Biologie:* ↑Fohlen.

Fuller ['fʊlə], Richard Buckminster, amerikan. Ingenieur und Architekt, * Milton (Mass.) 12. 7. 1895, † Los Angeles (Calif.) 1. 7. 1983; wurde richtungweisend mit geodät. Kuppeln, deren Tragwerk aus an ihren Kreuzungspunkten miteinander verbundenen Stäben (Holz, Aluminium, Spannbeton, Pappe u. a.) besteht, wobei die einzelnen Elemente die Form von Oktaedern oder Tetraedern erhalten. Sein Hauptwerk ist die Kuppel des amerikan. Pavillons auf der Weltausstellung in Montreal 1967.

Fullerene [nach dem amerikan. Architekten R. B. Fuller], ausschl. aus Kohlenstoff bestehende Moleküle (Cluster) mit in sich geschlossener, polyedr. Struktur und einer geraden Anzahl von Atomen. Am häufigsten sind die F. aus 60 (C_{60}, »Buckminster-F.«) und 70 Kohlenstoffatomen (C_{70}), bei denen die Atome ein Netzwerk aus jeweils 12 Fünfecken und einer unterschiedl. Zahl von Sechsecken bilden. Feststoffe, die aus einem bestimmten F.-Molekül oder einem Gemisch versch. F.-Moleküle aufgebaut sind, werden als **Fullerite** bezeichnet. Sie stellen eine bisher unbekannte und – neben Graphit und Diamant – dritte Modifikation des Kohlenstoffs dar. – Reines Fullerit ist elektrisch nicht leitend, aber in Verbindung mit Alkalimetallen (Dotierung) wird es leitend bzw. bei tiefen Temperaturen supraleitend. F. wurden 1985 mithilfe der Massenspektrometrie bei der Laserverdampfung von Graphit entdeckt (R. F. Curl, H. W. Kroto, R. E. Smalley; Nobelpreis für Chemie 1996). Der dt. Physiker W. Krätschmer und sein amerikan. Kollege D. R. Huffman stellten 1990 F. erstmals in makroskop. Mengen her, wodurch der eindeutige Strukturnachweis ermöglicht wurde.

📖 *Von Fuller bis zu F. Beispiele einer interdisziplinären Forschung,* hg. v. W. Krätschmer u. H. Schuster. Braunschweig u. a. 1996. – Feldtner, N.: *Neue Kohlenstoffmaterialien auf der Basis von C 60-F. u. Phosphor.* Clausthal-Zellerfeld 2002.

Fuller|erde [von engl. *to full* »walken«], die ↑Bleicherde.

Füllfederhalter (Füller), mit Tintenvorrat versehenes Schreibgerät, als Kolben- oder Patronen-F. gebräuchlich. Beim Schreiben fließt die Tinte durch feine Kanäle zur Schreibfeder. – Die Schreibfeder aus Stahl wurde 1780 erfunden; 1884 erhielt der Amerikaner Lewis Edson Waterman ein Patent auf den Füllfederhalter.

Füllhorn, mit Blumen und Früchten gefülltes Horn; in antiken Darstellungen seit dem 4. Jh. v. Chr. Sinnbild des Überflusses; Wie-

Fulda 3): Blick auf den Dom (1704–12), errichtet von Johann Dientzenhofer

FUL Füllkörper

deraufnahme in Renaissance und Barock, bes. Attribut der röm. Göttin Fortuna.
Füllkörper, *Chemie:* meist ring- oder sattelförmige Körper aus Glas, Metall, Keramik u. a., die als lose Schüttungen in ↑Kolonnen z. B. bei Destillationen oder Extraktionen verwendet werden, um die Grenzfläche zw. den beteiligten Phasen (z. B. Dampf und Flüssigkeit) zu vergrößern und so den Stoffübergang zu beschleunigen (z. B. Raschig-Ringe).
Füllort, *Bergbau:* größerer Grubenbau mit Einrichtungen zum Umschlag des Fördergutes von der waagerechten Streckenförderung auf die senkrechte Schachtförderung.
Fu**llservice** [-səːvɪs, engl.], Kundendienst, der alle anfallenden Arbeiten übernimmt.
Füllstimmen, *Musik:* in einer mehrstimmigen Komposition die Stimmen, die ohne melod. oder rhythm. Eigenprägung nur der Stärkung des harmon. Klanggerüstes dienen.
Füllstoffe, *Chemie:* pulver- oder faserförmige Hilfsstoffe (z. B. Holz- und Gesteinsmehl, Metallpulver, Glasfasern), die bei der Herstellung von Kautschuk, Form- und Dichtungsmassen, Baustoffen, Lacken, Klebern, Papier u. a. verwendet werden. Sie verleihen dem Ausgangsmaterial bestimmte physikal. oder chem. Eigenschaften, z. B. Härte, Festigkeit, Leitfähigkeit und/oder erhöhen sein Volumen **(Streckungsmittel, Extender).**
Fulltimejob [ˈfʊltaɪmdʒɔb, engl.] (Full-Time-Job), Ganztagsarbeit, d. h. eine die ganze Arbeitszeit eines Arbeitnehmers beanspruchende bezahlte Tätigkeit; übertragen auch (unbezahlte) Aktivität, die jemanden voll ausfüllt (seine Zeit voll in Anspruch nimmt).
Füllung, ↑Zahnfüllung.
fully fashioned [ˈfʊlɪ ˈfæʃənd, engl.], bei Trikotagen durch Zu- oder Abnehmen von Maschen formgerecht gestrickt, nicht zugeschnitten.
fulminant [lat.], sich in seiner außergewöhnl. Wirkung oder Qualität in auffallender Weise mitteilend; glänzend, großartig, ausgezeichnet.
Fulminate [lat.], die sehr explosiven Salze der ↑Knallsäure.
Fulton [ˈfʊltən], Robert, amerikan. Ingenieur, *Little Britain (heute Fulton, Pa.) 14. 11. 1765, †New York 24. 2. 1815; erbaute das erste brauchbare Dampfschiff,

die »Clermont« (Länge 45,7 m, mit einer 20-PS-Dampfmaschine), die am 17. 8. 1807 erstmals den Hudson von New York nach Albany (240 km) in 32 Stunden befuhr.
Fumage [fyˈmaːʒ, frz.] *die* (Brandcollage), unter Einfluss des ↑Automatismus von Wolfgang Paalen (*1907, †1959) entwickelte Kunsttechnik, bei der mit einer (Kerzen)flamme auf das bereits gemalte Bild oder den Malgrund Rußspuren gezeichnet werden; auch als Montage angesengter oder abgebrannter Papier- bzw. verkohlter Holzstückchen auf einem Bildträger (u. a. J. Schreiter).
Fumaria, die Pflanzengattung ↑Erdrauch.
Fumarole [italien.] *die,* natürl. Austritt (Exhalation) von heißen vulkan. Gasen, v. a. Wasserdampf, aus Spalten und anderen Öffnungen tätiger Vulkane und erkaltender Lavaströme mit Temperaturen von 200 bis 800 °C.
Fumarsäure, $C_4H_4O_4$, einfachste ungesättigte Dicarbonsäure, die in versch. Pilzen und Flechten vorkommt; sie wird aus Maleinsäure hergestellt; verwendet in der Lebensmittelind. und für Polyester.
Fun [fan, engl.] *der,* Vergnügen, das eine bestimmte Handlung, ein Ereignis o. Ä. bereitet.
Funabashi [-ʃi] (Funabaschi), Stadt auf Honshū, Japan, an der Bucht von Tokio, 540 800 Ew.; Trabantenstadt von Tokio; Eisen-, Stahl- und chem. Industrie.
Funchal [fũˈʃal], Hptst. der portugies. Insel (und Region) Madeira, an der S-Küste der Insel, 126 900 Ew.; Handelsplatz und Ausfuhrhafen, Weinkellereien; Flughafen; Fremdenverkehr. – Kathedrale (1485 bis 1514, im Emanuelstil).
Functional Food [ˈfʌŋkʃənl ˈfuːd, engl.] (funktionelles Lebensmittel), Lebensmittel mit gesundheitsförderndem Zusatzstoff, z. B. probiot. Joghurt (dieser enthält Bakterienstämme, die das Immunsystem stimulieren sollen).
Fund, das Entdecken und An-sich-Nehmen einer verlorenen, aber nicht herrenlosen Sache (§§ 965–984 BGB). Der Finder hat dem Verlierer, Eigentümer oder Empfangsberechtigten, sonst der zuständigen Behörde, einen F. von mehr als 10 € unverzüglich anzuzeigen. Andernfalls macht er sich einer ↑Unterschlagung schuldig. Der Finder hat Anspruch auf Ersatz seiner Aufwendungen und auf **Finderlohn;** bis zu einem Wert der Fundsache von 500 € beträgt

dieser 5%, vom darüber hinausgehenden Wert 3%, bei Tieren generell 3%. Das Eigentum am F.-Objekt geht sechs Monate nach der F.-Anzeige und erfolglosem Abwarten auf den Finder über, unterliegt aber für weitere drei Jahre dem Herausgabeanspruch des ursprüngl. Eigentümers nach den Vorschriften über die ungerechtfertigte Bereicherung. F. in Behörden oder öffentl. Verkehrsmitteln sind dort abzuliefern, der Finderlohn ist geringer, die übrigen Rechte stark eingeschränkt. Über den **Schatz-F.** ↑Schatz; über den F. von Altertümern ↑Ausgrabung. – Ähnl. Regelungen sind im *österr.* (§§ 388 ff. ABGB) und im *schweizer.* (Art. 720 ff. ZGB) Recht enthalten.

Fundament [lat.] *das, Bautechnik:* die ↑Gründung.

Fundamentalartikel, grundlegende Glaubens- und Lehrsätze; in der lutherisch-orth. Dogmatik Bez. der Zentralwahrheiten des christl. Glaubens; die luther. Orthodoxie erreichte jedoch keine Einheitlichkeit in der Bestimmung dessen, was zum Heil notwendig ist.

Fundamentalbass, der ideelle Basston, der zwar die Harmonie aufbaut, aber nicht selbst erklingen muss.

Fundamentalfolge, die ↑Cauchy-Folge.

Fundamentalismus *der,* allg. kompromissloses Festhalten an (polit., religiösen) Grundsätzen. – Das Wort F. trat erstmals im Zusammenhang mit einer von prot. Christen (1910–15) in den USA herausgegebenen Schriftenreihe auf. Es waren v. a. vier unverrückbare »Grundwahrheiten« (»fundamentals«), die diese Bewegung charakterisierten: 1) die buchstäbl. Unfehlbarkeit der Hl. Schrift und die unbeirrbare Gewissheit, dass die Hl. Schrift keinen Irrtum enthalten könne; 2) die Nichtigkeit aller modernen Theologie und Wiss., soweit sie dem Bibelglauben widersprechen; 3) die Überzeugung, dass niemand, der vom fundamentalist. Standpunkt abweicht, ein wahrer Christ sein könne, und 4) die Überzeugung, dass die moderne Trennung von Kirche und Staat immer dann zugunsten einer religiösen Bestimmung des Politischen aufgehoben werden muss, wenn polit. Regelungen mit fundamentalen religiösen Überzeugungen kollidieren. Heute sind fundamentalist. Geisteshaltungen und Strömungen in allen Weltreligionen zu finden, jedoch ebenso in säkularen Ideologien und Bewegungen, z. B. als Ökologismus, bis zum Zerfall des kommunist. Weltsystems als Ideologie des Marxismus-Leninismus und in Nord-Korea als quasireligiöse »Juche«-Staatsdoktrin (»Eigenständigkeits«-Ideologie). Der heutige **religiöse F.** stellt hinsichtlich der von seinen Anhängern (den »Fundamentalisten«) vertretenen Ansichten den Versuch dar, die generalisierte Ungewissheit aller Erkenntnisansprüche und die generelle Offenheit aller sozialen Systeme für Alternativen, die der Prozess der ↑Modernisierung mit sich brachte, mit willkürl. Dogmatisierungen aus der Religion fern zu halten und bestimmte Fundamente gegen alle Zweifel und Kritik zu immunisieren. Der **prot. F.** verfügt bes. in den USA über feste Organisationsstrukturen (↑Christian Coalition of America). Als Träger eines **kath. F.** gelten nach dem 2. Vatikan. Konzil versch., durch ein eher vorkonziliar-restauratives Kirchenverständnis geprägte »traditionalist.« (nach eigenem Verständnis traditions- und papsttreue) geistl. Bewegungen innerhalb der kath. Kirche. Aufsehen erregt hat seit den 1970er-Jahren in Europa v. a. der **islam. F.,** der unter der geistlich-polit. Führung des schiit. Religionsführers R. M. Khomeini mit einer kämpferisch antiwestl. Einstellung im Iran an die Macht gelangte und in der Folge in mehreren islamisch geprägten Ländern eine erhebl. (auch polit.) Rolle zu spielen begann. Geprägt durch eine islamist. Ideologie, daher im westl. Sprachgebrauch seit Anfang der 1990er-Jahre auch **Islamismus** gen., wird der islam. F. in starkem Maße durch islam. Bruderschaften (Ägypten, Sudan) und islamist. Parteien, Bewegungen und Gruppen (Algerien, Palästina, Indonesien, Pakistan) getragen, die in Teilen terrorist. Gewalt als ein Mittel zur Durchsetzung ihrer in erster Linie polit. Ziele betrachten, und erlangte in Afghanistan unter der Herrschaft der ↑Taliban (1996–2001) eine extreme Ausformung. In Indien gewinnt seit dem Ende der 1980er-Jahre der politisch organisierte **Hindu-F.** an Einfluss, der das »Hindutum« als den authent. Ausdruck einer einheitlichen ind. *nationalen* Identität betont. Der seit Mitte der 1980er-Jahre ebenfalls erstarkte **jüd. F.** in Israel ist religiös in Teilen des orth. Judentums verwurzelt.

📖 *Kepel, G.: Die Rache Gottes. Radikale Moslems, Christen u. Juden auf dem Vor-*

FUN Fundamentalkatalog

marsch. A. d. Frz. Neuausg. München u. a. 1994. – Der polit. Auftrag des Islam. Programme u. Kritik zwischen F. u. Reformen. Originalstimmen aus der islam. Welt, hg. v. Andreas Meier. Wuppertal 1994. – Tibi, B.: Der religiöse F. im Übergang zum 21. Jh. Mannheim u. a. 1995. – Kienzler, K.: Der religiöse F. Christentum, Judentum, Islam. München 1996. – Kepel, G.: Das Schwarzbuch des Dschihad. Aufstieg u. Niedergang des Islamismus. A. d. Frz. München u. Zürich 2002.

Fundamentalkatalog, *Astronomie:* Katalog der Örter von Sternen, deren Koordinaten über Jahrzehnte äußerst genau gemessen wurden, sodass ihre Eigenbewegungen berechnet werden können. Die Sterne des F. (**Fundamentalsterne**) werden zur Bestimmung der Zeit, der geograph. Breite, der Örter anderer Sterne verwendet. Als **Fundamentalsystem** wird das astronom. Koordinatensystem bezeichnet, das durch die Örter der Fundamentalsterne festgelegt ist. Dem gegenwärtig in der Astrometrie benutzten Fundamentalsystem liegt der F. des »Berliner Astronom. Jahrbuchs« zugrunde, dessen 1988 als **FK 5** im Astronom. Recheninst. in Heidelberg bearbeitete Ausgabe etwa 4500 Sterne enthält. (↑Sternkatalog)

Fundamentalkonstanten, die ↑physikalischen Konstanten.

Fundamentalopposition, polit. Opposition, die sich gegen das gesamte polit. und gesellschaftl. System eines Staates wendet.

Fundamentalpunkte, Bez. für den ↑Eispunkt (0 °C) und den ↑Dampfpunkt (100 °C) des Wassers, die früher zur Festlegung der internat. Temperaturskala und der Temperatureinheiten dienten (↑Festpunkt). Die Temperaturdifferenz zw. den beiden F. heißt **Fundamentalabstand**.

Fundamentaltheologie, systemat. Disziplin der kath. Theologie. Sie untersucht nicht einzelne Glaubensinhalte, sondern die Prinzipien (Fundamente und Bedingungen) der Theologie, die Möglichkeit des Glaubens und der ihn begründenden Offenbarung sowie den Wissenschaftsanspruch der Theologie. (↑systematische Theologie)

fundieren [lat], *Wirtschaft:* 1) Zins- und Tilgungszahlungen durch bestimmte Einnahmequellen absichern; 2) kurzfristige Verbindlichkeiten in langfristige umwandeln, i. d. R. durch Ausgabe von Anleihen.

fundiertes Einkommen, auf Vermögen basierendes Einkommen, das dem Steuerpflichtigen frei von Risiken wie Krankheit, Arbeitslosigkeit u. a. regelmäßig zufließt.

Fundus [lat. »Boden«, »Grundlage«] *der,* **1)** *allg.:* Grundlage, Unterbau.
2) *Theater* und *Film:* Bestand an Kostümen und Requisiten.

Fundybai [ˈfʌndɪ-], 150 km lange Bucht des Atlantiks im SO Kanadas, zw. den Küsten von New Brunswick und Nova Scotia; hat die stärksten Gezeiten der Erde (Tidenhub bei Springflut bis 21 m); Gezeitenkraftwerk geplant; Haupthafen ist Saint John.

funebre [fyˈnɛbr, frz.], musikal. Vortragsbezeichnung: traurig, düster.

Fünen (dän. Fyn), zweitgrößte Insel Dänemarks, zw. Großem und Kleinem Belt, 2985 km²; bildet mit Langeland, Ærø, Tå-

Fünen: Burg Egeskov

singe und kleineren Inseln das Amt **Fünen** (3 486 km², 439 200 Ew., Hptst. ist Odense). Anbau von Getreide, Zuckerrüben, Gemüse und Obst, Schweine- und Milchviehhaltung; im S waldreiche Moränenhügelkette; zahlr. Seebäder; Hauptindustriestandorte sind Odense, Svendborg und Nyborg. F. ist durch Brücken mit Jütland, Tåsinge und Langeland verbunden, durch ein Brücken-Tunnel-Bauwerk mit Seeland (↑Beltsee).

Funeralriten [lat.], Riten der ↑Bestattung.

Funès [fy'nɛs], Louis de, frz. Schauspieler, *Courbevoie (Dép. Hauts-de-Seine) 31. 7. 1914, †Nantes 27. 1. 1983; Komiker in Unterhaltungsfilmen, u. a. als »Balduin« und »Gendarm von St. Tropez« (1964); außerdem »Die dummen Streiche der Reichen« (1971), »Louis und seine verrückten Politessen« (1982).

fünf (als Ziffer: 5), Primzahl; die Zahl der Finger an der Hand, daher in alten Kulturen häufig Zähleinheit, bedeutend auch als Symbolzahl in Mythologie und Religion.

Fünfeck (Pentagon), eine durch fünf Eckpunkte bestimmte ebene Figur, ein ↑Polygon; die Summe der Innenwinkel beträgt 540°.

Fünfkampf, *Sport:* Bez. für einen aus fünf Disziplinen bestehenden Mehrkampf in versch. Sportarten, z. B. im Billard und - auf das Vorbild des grch. Pentathlon zurückgehend - bis 1980 in der (Frauen-)Leichtathletik (heute dort noch bei Hallenwettbewerben). Ein Vielseitigkeitswettbewerb ist der ↑moderne Fünfkampf; wehrsportl. Charakter trägt der militär. F. (↑Militärsport).

Fünfkirchen, Stadt in Ungarn, ↑Pécs.

Fünfpass, *Baukunst:* got. Maßwerkform aus fünf gleich großen Dreiviertelkreisbögen, die um einen mittleren Kreis angeordnet sind und/oder von einem Kreis umschlossen werden.

Fünfprozentklausel, eine gegen Splitterparteien gerichtete Vorschrift in Wahlgesetzen, um arbeitsfähige Mehrheiten im Parlament zu schaffen. Bei der Verteilung der Parlamentssitze nach dem System der Verhältniswahl werden nur solche Parteien berücksichtigt, die mindestens 5 % der Stimmen (Quorum) im ganzen Wahlgebiet oder in Teilen desselben errungen haben. In Dtl. verlangt das Bundeswahlgesetz für die Wahlen zum Bundestag, dass 5 % der im ganzen Bundesgebiet abgegebenen Zweitstimmen oder drei Direktmandate (Mehrheit der Erststimmen in drei Wahlkreisen) erreicht werden, um den Einzug ins Parlament zu erreichen. Auf Parteien nat. Minderheiten wird die F. nicht angewendet. Sie ist auch in den meisten Landeswahlgesetzen enthalten.

Fünfstern, ein mystisch-mag. Zeichen (↑Pentagramm, ↑Drudenfuß).

Fünfstromland, Landschaft in Vorderindien, ↑Pandschab.

Fünftagefieber (wolhynisches Fieber, Febris quintana), akute, durch Bartonella quintana hervorgerufene Infektionskrankheit, die durch Kopf- und Kleiderläuse übertragen wird; gekennzeichnet durch period., meist im Abstand von fünf Tagen auftretende Fieberschübe, heftige Kopf- und Gliederschmerzen sowie Leber- und Milzvergrößerung.

fünfte Kolonne, polit. Schlagwort, bezeichnet Gruppen, die bei polit. Konflikten oder Kriegen - meist verdeckt - mit dem Gegner des eigenen Staats zusammenarbeiten (u. a. Propaganda, Sabotage, Spionage). Der Ausdruck stammt von General E. Mola, einem Mitkämpfer General F. Francos im Span. Bürgerkrieg (1936-39): Er (Mola) werde vier Kolonnen gegen Madrid führen, aber die f. K. (die Anhänger Francos in Madrid) werde die Offensive beginnen.

Fünfte Republik, der frz. Staat seit 1958 (↑Frankreich, Geschichte).

Funfur ['fʌnfə:, engl.] *der,* Kleidungsstück aus weniger kostspieligen (Imitat-)Pelzen.

fünf Weise, Bez. für die Mitgl. des ↑Sachverständigenrates zur Begutachtung der gesamtwirtschaftl. Entwicklung.

Fünf zivilisierte Stämme, die nordamerikan. Indianerstämme Cherokee, Chickasaw, Choctaw, Creek und Seminolen, die aufgrund ihres ursprüngl. Lebensraumes im SO der heutigen USA früh mit weißen Siedlern in Berührung kamen und sich schnell deren Lebensweise anpassten; wurden dennoch nach dem Erlass des »Indian Removal Act« (1830) in den folgenden Jahren unter brutalen Umständen in das ↑Indianerterritorium zwangsumgesiedelt.

Fungi [lat.], die höheren ↑Pilze.

fungibel [lat.-nlat.], *Wirtschaft:* Bez. für austauschbare oder vertretbare Waren, Devisen, Wertpapiere, die der Gattung nach bestimmt und durch andere Stücke

gleicher Gattung und Menge ersetzt werden können. – **Fungibilität** (Austauschbarkeit) ist die Voraussetzung für den börsenmäßigen Handel.
fungieren [lat.], eine bestimmte Funktion ausüben, eine bestimmte Aufgabe haben, zu etwas da sein.
Fungizide [zu lat. fungus »Pilz« und caedere »töten«], Wirkstoffe, die Pilze und deren Sporen abtöten. Im Pflanzenbau werden als **anorgan. F.** Schwefel und Kupferoxidchlorid angewendet. Als **organ. F.** finden u. a. Derivate der Dithiocarbamidsäure Verwendung. Seit 1996 sind F. der Gruppe der Strobilurine gegen Getreidekrankheiten in der Anwendung. Quecksilberhaltige F. sind in Dtl. verboten. F. werden auch zur Konservierung von Lebensmitteln (z. B. Propionsäure gegen Schimmelpilze) und zum Holzschutz verwendet. Medizin. Präparate werden als ↑Antimykotika bezeichnet.
Funk, Kurzwort für ↑Funktechnik und ihre Teilbereiche, i. e. S. auch für ↑Rundfunk.
Funk [fʌŋk, engl.] *der,* im Jazz ein aus dem afroamerikan. Slang (funky »stinkig«) abgeleiteter Begriff für die blues- und gospelbetonte Spielweise des Hardbop um 1960; seit den 1970er-Jahren auch Richtung im Rockjazz.
Funk, Walther, Politiker (NSDAP), *Trakehnen 18. 2. 1890, †Düsseldorf 31. 5. 1960; Journalist, 1922–30 Chefredakteur der »Berliner Börsenzeitung«, 1933–38 Pressechef der Reichsreg., war als Reichswirtschaftsmin. (seit 1938) und Reichsbankpräs. (seit 1939) mitverantwortlich für die wirtsch. und finanzielle Kriegführung. 1946 verurteilte ihn das Internat. Militärtribunal in Nürnberg zu lebenslanger Haft; 1957 wegen Krankheit entlassen.
Funkamateur [-tø:r, frz.], ↑Amateurfunk.
Funk-Art [ˈfʌŋkɑːt, engl.] *die,* vom Jazz übernommene Bez. für eine um 1960 von kaliforn. Künstlern in Assemblage und Environment ausgehende Tendenz, die durch Schock, Anarchismus und (zotige) Antiästhetik in Kontrast zur gefälligen Pop-Art stand (u. a. E. Kienholz).
Funkdienst, der von Funkstellen durchgeführte Funkverkehr. In Dtl. gehören zum **festen F.** (alle Funkstellen ortsfest) der kommerzielle Übersee- und Europafunkverkehr, die ↑Richtfunkverbindung und Funkwege über Nachrichtensatelliten.

Daneben gibt es nicht öffentl. F. u. a. für Militär, Behörden. Wichtigste **bewegl. F.** sind See-, Land- und Flugfunkdienst. Zum Land-F. gehört der Straßenfunk (Autotelefon), der Hafen-, Binnenschifffahrts- und Zugfunk. Daneben gibt es nicht öffentl. Land-F., z. B. für Polizei, Feuerwehr, Rettungsdienst, Taxiunternehmen (Taxifunk); außerdem zahlr. nicht öffentl. ↑Funkrufdienste. Der See-F. ermöglicht weltweite Fernsprech- und Fernschreibverbindungen zw. den ortsfesten Küsten- und den Seefunkstellen an Bord; außerdem Übertragung von Nachrichten, Wetterberichten, Zeitzeichen, Seenotmeldungen. Der Flug-F. ermöglicht Funksprechverkehr zw. Luftfahrzeugen untereinander und mit Bodenfunkstellen; hauptsächlich zur Sicherung der zivilen und militär. Luftfahrt, steht auch der Privat- und Sportfliegerei zur Verfügung.
Funke (Funken), **1)** *Chemie:* Glutteilchen, das bei Verbrennungs- oder Reibungsvorgängen entsteht.
2) *Physik:* (elektrischer F.), funkenähnl. Lichterscheinung bei einer ↑Funkenentladung.
Funke, 1) Cornelia, Schriftstellerin, *Dorsten (Westfalen) 10. 12. 1958, Kinderbuchautorin und -illustratorin; schreibt fantast. und alltagsnahe Geschichten (»Die wilden Hühner«, 1993 ff.; »Drachenreiter«, 1997) voller Witz und skurriler Details. Mit dem Kinderroman »Herr der Diebe« (2000) um eine Bande pfiffiger Straßenkinder in Venedig gelang F. ein großer internat. Erfolg.
2) Gerhard, Philosoph, *Leopoldshall (heute zu Staßfurt) 21. 5. 1914; war ab 1959 Prof. in Mainz. Anknüpfend an E. Husserls Spätphilosophie lieferte F. Beiträge zur Phänomenologie des transzendentalen Bewusstseins, daneben Forschungen zur Geistes- und Begriffsgeschichte.
3) Karl-Heinz, Politiker (SPD), *Dangast (heute zu Varel) 29. 4. 1946; Landwirt; war 1990–98 Landwirtschaftsmin. in Ndsachs., Okt. 1998 bis Jan. 2001 Bundeslandwirtschaftsmin. (Rücktritt wegen der BSE-Krise).
Funkenanalyse (Funkenprobe), Prüfung der Zusammensetzung eines Stahls anhand der Funkenbilder, die beim Anschleifen des Werkstückes entstehen.
Funkenentladung, kurz dauernde, selbstständige ↑Gasentladung bei Atmosphären-

druck, begleitet von lebhaften Licht- und Schallerscheinungen (elektr. Durchbruch). Funkenstrecken werden zur Auslösung extrem kurzzeitiger Schaltvorgänge benutzt. Die Schlagweite des Funkens ist durch Gaszusammensetzung, Druck, Temperatur, Elektrodenform und Spannung bestimmt. Eine besondere Form der F. ist der ↑Blitz.
Funkenerosion, ↑Elektroerosion.
Funkengarde (Fastnachtsgarde, Funken), meist friderizianisch uniformierte, in Karnevalsvereinen organisierte (junge) Männer, wobei jeder F. ein »Funkenmariechen« angehört.
Funkeninduktor, Hochspannungstransformator aus zwei über einen stabförmigen Eisenkern gewickelten Zylinderspulen. Durch die Primärspule fließt i. d. R. ein zerhackter Gleichstrom, der durch einen selbsttätigen Unterbrecher (wagnerscher Hammer, Wehnelt-Unterbrecher) erzeugt wird. In der Sekundärspule entsteht eine Wechselspannung zw. 1 und 100 kV von stark unsymmetr. Kurvenform. Nach dem Prinzip des F. arbeiten die Zündspulen der Ottomotoren, die die Hochspannungsimpulse für die Zündkerzen liefern.
Funkenkammer, zu den Gasspurkammern zählendes Nachweisgerät für geladene, energiereiche, ionisierende Elementarteilchen; wird zur Untersuchung von Kern- und Elementarteilchenreaktionen benutzt. Die F. besteht aus einem Satz paralleler Platten, die abwechselnd miteinander elektrisch verbunden sind. Der Raum zw. den Platten ist mit einem geeigneten Edelgas (meist Neon-Helium-Gemisch) gefüllt. Kurz nach dem Durchgang eines geladenen Teilchens durch den Plattensatz wird ein Hochspannungsimpuls angelegt. Die entstehenden Funkenüberschläge entlang der Teilchenbahn werden aus zwei Richtungen fotografiert.
Funkenlöschung, Maßnahme zur Vermeidung der beim Öffnen von induktiv belasteten Stromkreisen auftretenden hohen Überspannungen und der dadurch hervorgerufenen Öffnungsfunken an den Schalterkontakten. Üblich ist eine Beschaltung mit einem Kondensator oder, in Gleichstromkreisen, mit einer Halbleiterdiode in Verbindung mit Widerständen.
Funk|entstörung, Maßnahmen zur Verminderung oder Beseitigung von ↑Funkstörungen, die das störende und/oder das gestörte Gerät betreffen. Für die F. werden v. a. Kondensatoren, Drosselspulen und Widerstände verwendet.
Funkenzähler, Nachweisgerät für geladene, ionisierende Teilchen. Zw. zwei parallelen, isolierten Metallplatten in einem Gas-Dampf-Gemisch liegt eine elektr. Spannung von einigen Kilovolt. Ein hindurchgehendes, energiereiches geladenes Teilchen erzeugt einen Funken, der elektrisch registriert wird. Eine Weiterentwicklung des F. ist die ↑Funkenkammer.
Funker, *Militärwesen:* Mannschaftsdienstgrad der Fernmeldetruppe, Luftwaffe und Marine.
Funkfeuer, ortsfester Sender, der ausschl. für die Zwecke der Funknavigation von Schiffen und Flugzeugen ein Signal ausstrahlt. Man unterscheidet: **ungerichtete F. (rundstrahlende F.),** die gleichmäßig in alle Richtungen des Azimuts strahlen, z. B. Decca-Navigator-System, **Richt-F.,** die mittels Richtantennen einen oder mehrere Leitstrahlen aussenden, z. B. Markierungsfeuer, sowie die **Dreh-F.** mit einem umlaufenden Richtstrahl, die außer der Ortung auch das Einhalten eines gewählten Kurses ermöglichen, z. B. Consol.
Funkkolleg, das von sieben öffentlichrechtl. Rundfunkanstalten ausgestrahlte, als Fernstudium konzipierte wiss. Bildungsprogramm. Die Hörfunksendungen – nicht als Vorlesungen, sondern mit den eigenen dramaturg. Möglichkeiten des Mediums Hörfunk gestaltet – werden durch

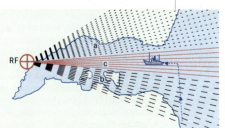

Funkfeuer: Funktionsweise eines Richtfunkfeuers (RF): Punkt- oder strichförmige Funkzeichen kennzeichnen die unbefahrbaren Sektoren (a und b), Dauerzeichen den Fahrwassersektor (c).

FUN Funkloch

Studienbriefe vertieft. Über Hausarbeiten und Klausuren können staatlich anerkannte Zertifikate erworben werden.
Funkloch, Region, in der das Mobiltelefon keinen Empfang aufweist (z. B. bei zu großer Entfernung zum nächsten Sender).
Funkmesstechnik, ↑Radar.
Funknavigation, die Navigation von Wasser- oder Luftfahrzeugen mithilfe von Funksignalen, die von Funkfeuern ausgesendet und von bordeigenen Funkpeilern empfangen oder von Bordsendern abgestrahlt und als reflektierte Signale empfangen werden. Entsprechend der Reichweite unterscheidet man allg. Kurzstrecken-, Mittelstrecken- und Langstrecken-F.; spezielle Verfahren der Kurzstrecken-F. werden z. B. in der Luftfahrt für den Landeanflug und die Allwetterlandung, in der Schifffahrt für das Befahren schwieriger Küstengewässer verwendet. – Die F.-Verfahren werden in folgende Gruppen eingeteilt: Bei den **Richtempfangsverfahren** wird die Abhängigkeit der Antennenspannung von der Richtung der von einer Land- oder Bodenfunkstelle einfallenden elektromagnet. Wellen ausgenutzt, z. B. beim Radiokompass. Bei den **Richtsendeverfahren** werden von einer oder mehreren ortsfesten Funkstellen modulierte Wellen ausgesendet, wobei die Modulation als Richtungsinformation dient, z. B. beim Instrumentenlandesystem oder beim VOR-Verfahren. Bei den **Differenzentfernungsmessverfahren** werden Entfernungen zu versch. Bodenstationen dadurch ermittelt, dass entweder die Zeitdifferenzen zw. dem Empfangen der von den Stationen gleichzeitig ausgesendeten Impulse (Laufzeitdifferenzen) gemessen werden (z. B. beim LORAN-Verfahren) oder die Phasendifferenzen zw. den gleichfrequenten elektromagnet. Wellen (z. B. beim Decca-Navigator-System). Beide Methoden liefern als Standlinien Hyperbeln (sog. Hyperbelnavigation). Bei den **Entfernungsmessverfahren** wird aus der Laufzeit eines von einem (bordeigenen) Sender ausgestrahlten Impulses zu einem aktiven Rückstrahler und zurück die momentane Entfernung bestimmt. **Radarverfahren** (Radarnavigation) dienen in der Schifffahrt v. a. zur Ermittlung des Standorts und des Kurses bei Nacht und schlechter Sicht. Navigationseinrichtungen unabhängig von Bodenstationen sind z. B. ↑Doppler-Navigationsverfahren. – Die F. für Luftfahrzeuge findet vor und während der Landung eine Ergänzung durch Leitverfahren. (↑Landeführungssysteme)
📖 Marcus, C.: F. Grundlagen, Methoden u. richtige Anwendung. Herford ³1990. – Mies, J.: F. Stuttgart 1995.
Funknetz (Funkrufnetz), Kommunikationssystem zur Übertragung von Funkverbindungen. Spezielle F. sind die **Mobil-F.** (↑Mobilfunk). Bei ihnen handelt es sich um ↑zellulare Netze mit Festverbindungen zw. den Basisstationen.
Funkortung, die Ermittlung von Standort und/oder Bewegungszustand von Land-, See-, Luft- oder Raumfahrzeugen unter Verwendung von Funkwellen. F. ist eine wesentl. Aufgabe der Navigation (↑Funknavigation). Zu unterscheiden sind Eigenortung vom Fahrzeug oder Fremdortung von anderen Stellen aus.
Funkpeiler, Funkempfänger mit einer Richtantenne zur Bestimmung und Anzeige der Richtung zu einem Sender. Beim **Drehrahmen-** oder **Minimumpeiler** dient als Richtantenne ein Mehrwindungsrahmen mit einer Doppelkreis-Richtcharakteristik; die Peilrichtung wird durch das Minimum der Empfangsspannung angezeigt. Durch Zuschaltung einer Hilfsantenne (eine Stabantenne) kann das Minimum »geschärft« (Enttrübung) und die Einfallsrichtung eindeutig bestimmt werden (Seitenbestimmung). – Beim **Kreuzrahmen-** oder **Goniometerpeiler** wird durch zwei gekreuzte Rahmenantennen das Feld der einfallenden Welle in zwei Komponenten zerlegt und über zwei HF-Leitungen zu einem ↑Goniometer übertragen. Durch diese Anordnung kann der Kreuzrahmen an einem von elektr. Rückstrahlern freien Ort (z. B. Mastspitze auf Schiffen) aufgestellt werden. – Beim **Radiokompass** für Flugzeuge wird die Suchspule des Goniometers durch eine automat. Nachstellschaltung fortlaufend in die Peilrichtung gedreht. Diese Einstellung wird durch eine Winkelwertübertragung in einem Spezialinstrument (Radio Magnetic Indicator, Abk. RMI) mit der Kompassanzeige kombiniert, sodass der Zeiger dem Flugzeugführer sowohl den Peilwert gegenüber der Flugzeuglängsachse als auch am Kompass gegenüber dem magnet. Nordpol anzeigt. – Ein spezieller F. ist der ↑Adcock-Peiler.

Der **Doppler-Peiler** beseitigt weitgehend durch seine Großbasisantennen die durch Mehrwegeausbreitung entstehenden Peilfehler: Durch den simulierten Umlauf einer Empfangsantenne auf einer Kreisbahn wird das Empfangssignal durch den ↑Doppler-Effekt, von der Einfallsrichtung in seiner Phase abhängig, mit der Umlauffrequenz frequenzmoduliert. Zum Phasenvergleich dient eine von der Umlaufschaltung abgeleitete, in ihrer Phase richtungsunabhängige Bezugsschwingung. Der gemessene Phasenwinkel ist direkt der Peilrichtung proportional, bezogen auf die N-Richtung der Empfangsanlage. – Beim **Zweikanalpeiler (Watson-Watt-Peiler)** werden die beiden Ausgangsspannungen eines Kreuzrahmens oder Adcock-Peilers in getrennten Empfangskanälen verstärkt und der x- und y-Ablenkung eines Oszilloskops zugeführt, auf dessen Schirm der Leuchtstrich direkt die Peilrichtung anzeigt. Zur Seitenbestimmung wird die in einem dritten Kanal verstärkte Spannung einer Hilfsantenne verwendet. Dem Nachteil, dass vor jeder Peilung durch einen kurzen Eichvorgang gleicher Verstärkungsgrad und gleiche Laufzeit in beiden Kanälen auf der Empfangsfrequenz kontrolliert werden müssen, steht der große Vorteil gegenüber, dass am Schirmbild die Qualität des Peilergebnisses beurteilt werden kann, was von besonderer Wichtigkeit bei Kurz- und Grenzwellenpeilungen ist.

Funkrufdienst (heute Pagingdienst), einseitig gerichtete Übertragung des Funkrufs (**Paging**) mittels codierter Zeichen von ortsfesten Funkstellen an bewegl. Empfangsgeräte (↑Pager). Die Bedeutung der Zeichen muss verabredet sein; sie übermitteln dem Empfänger eine Information oder veranlassen ihn zur Rückfrage über einen anderen Nachrichtenweg (z. B. Telefon). Vorteil gegenüber einem Funkdienst mit gegenseitiger Verständigung ist die Einfachheit, Preisgünstigkeit und Tragbarkeit des Empfangsgerätes. Der **nicht öffentl. F.** wird zum Rufen von Personen in begrenzten Bereichen (z. B. Krankenhäusern) angewendet. Der **öffentl. F.** gestattet das Rufen von Personen über Fernsprechanschlüsse. Bekannte F. in Dtl. sind z. B. ↑Cityruf und ↑Ermes.

Funksprechgerät, bewegl. oder tragbare Sende-Empfangs-Anlage für drahtlose Sprachübertragung. Ein kleines handl. F. wird auch **Walkie-Talkie** genannt. F. haben meist nur eine begrenzte Auswahl an fest eingestellten Kanälen. Die Sendeleistung ist relativ gering, die Reichweite auf kurze und mittlere Entfernungen begrenzt. F. sind meist für Wechsel-, seltener für Gegensprechen eingerichtet. Sie werden für Grenz-, Kurz- und Ultrakurzwellen gebaut und im bewegl. ↑Funkdienst verwendet, zunehmend allerdings durch Mobiltelefone ersetzt.

Funkspruch, drahtlos übermittelte Nachricht, oft verschlüsselt.

Funkstille, Unterbrechung des Funkverkehrs für Notfälle. Für den Seefunkdienst ist zweimal stündlich eine F. von je drei Minuten internat. vereinbart. Bei Empfang eines Notsignals ist sofortige F. vorgeschrieben.

Funkstörungen, Störungen des Funkverkehrs, machen sich beim Hörempfang durch Nebengeräusche, beim Bildempfang durch waagerechte Streifen oder durch Moirémuster bemerkbar. F. werden durch Fehler der Empfangsanlage, durch Sender, deren Wellen in zu dicht besetzten Frequenzbereichen die Welle des zu empfangenden Senders überlagern, atmosphär. Entladungen, kosm. Störungen (Sonnenflecken), elektr. Maschinen, Geräte u. a. verursacht. (↑Funkentstörung)

Funktechnik, Gesamtheit der Verfahren und Einrichtungen zur drahtlosen Übermittlung von elektr. Signalen beliebigen Informationsinhaltes mittels entsprechend modulierter Funkwellen. Spezielle Bereiche und Anwendungen der F. sind Funknavigation (↑Radar), Mobilfunk, Richtfunk, Rundfunk, Fernsehen, Satellitenfunk, Telegrafie, Telemetrie sowie CB- und Amateurfunk, Zeitzeichensender und drahtlose lokale Netze.

Funktelefon, ↑Mobiltelefon.

Funktion [lat.] *die,* **1)** *allg.:* Aufgabe, Tätigkeit, Stellung.
2) *Mathematik:* eine Zuordnungsvorschrift (↑Abbildung), die einer Größe x eine zweite Größe y in der Weise ↑eindeutig zuordnet, dass zu jedem Wert von x ein bestimmter Wert von y gehört. Diese Vorschrift wird explizit durch die Gleichung $y = f(x)$ (gesprochen »y ist gleich f von x«) oder implizit in der Form $F(x, y) = 0$ ausgedrückt; x heißt unabhängige Variable oder **Argument,** y abhängige Variable oder **F.-Wert.** Meist verwendet man den

Begriff F. für eine Abbildung, deren Ausgangs- und Zielmenge Zahlmengen sind. Die F. $y = f(x) = 2x + 5$ ist ein Beispiel einer stetigen F. einer Variablen; solche F. lassen sich in einem Koordinatensystem durch Kurven darstellen. Allgemeiner kann man auch F. mit zwei oder mehr Variablen $y = f(x_1, x_2, ...)$ betrachten; stetige F. zweier Variabler lassen sich durch Flächen im Raum darstellen. Die F. mit komplexen Variablen behandelt die ↑Funktionentheorie.

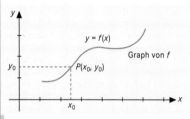

Funktion 2): grafische Darstellung einer Funktion $y = f(x)$

3) *Medizin:* normale (funktionelle) Tätigkeit eines Organs oder Gewebes innerhalb des Gesamtorganismus. Als **funktionelle Störungen** werden Krankheitssymptome bezeichnet, die als organ. Beschwerden in Erscheinung treten, jedoch nicht auf organ. Strukturveränderungen, sondern auf psychosomat. Einflüsse zurückzuführen sind (z. B. Somatisierungsstörung).
4) *Philosophie:* Abhängigkeit eines Sachverhaltes, Vorgangs, Begriffs von einem anderen.
5) *Sprache:* Leistung eines sprachl. Elements in einem bestimmten Zusammenhang, z. B. die bedeutungsunterscheidende F. der Phoneme. In der generativen Grammatik bezeichnet F. das Verhältnis von Kategorien in der syntakt. Tiefenstruktur (z. B. »Subjekt von ...«, »Objekt von ...«).
funktional [nlat.], die Funktion betreffend, auf die Funktion bezogen, der Funktion entsprechend.
Funktional *das,* ein ↑Operator, der eine Menge von Elementen (Zahlen, Vektoren u. a.) in eine Menge von reellen oder komplexen Zahlen abbildet, z. B. das bestimmte Integral einer Funktion.
Funktional|analysis, Teilgebiet der Analysis, das durch Verallgemeinerung von Begriffen der analyt. Geometrie auf Mengen von Funktionen entstand. Diese bilden in der F. **abstrakte Räume (Funktionenräume),** z. B. die linearen Räume (↑Vektorraum) und die topolog. Räume (↑Topologie).
funktionale Musik, Musik, in der die autonom musikal. Belange vor einer außermusikal. Zweckbestimmung zurücktreten, z. B. Musik am Arbeitsplatz, in Warenhäusern, Werbemusik.
Funktionalismus *der,* 1) Gestaltungsprinzip der modernen *Architektur* und des modernen *Designs:* Die Erscheinungsform eines Bauwerks oder eines Gebrauchsgegenstandes wird aus seiner Funktion abgeleitet, d. h., alle Teile eines Baus oder eines Produkts werden ihrem Zweck entsprechend gestaltet. Form und Funktion sollen eine Einheit bilden. Die Theorie des F. geht auf den amerikan. Bildhauer Horatio Greenough (*1805, †1851) zurück, der um die Mitte des 19. Jh. ein funktionalist. Programm formulierte. Mit seiner These »form follows function« reagierte der Architekt L. Sullivan) auf die neuen techn. Möglichkeiten seiner Zeit. Der F. bedeutete die Überwindung des Eklektizismus. Zu den wichtigsten, vom F. ausgehenden Architekten gehören H. Häring, Le Corbusier, L. Mies van der Rohe und F. L. Wright. Die Theorie des F. hat die moderne Architektur entscheidend beeinflusst (Dt. ↑Werkbund, Gruppe ↑Stijl, ↑Bauhaus).
📖 *Design in Dtl., 1933–1945. Ästhetik u. Organisation des Dt. Werkbundes im »Dritten Reich«,* hg. v. S. Weißler. Gießen 1990. – *Architektur in Dtl. 1919–1939. Die Vielfalt der Moderne,* hg. v. J. Zukowsky. A. d. Amerikan. München u. a. 1994.
2) *Philosophie:* Denkweise, die Tatbestände nicht als isolierte Gebilde, sondern in Wechselbeziehung zu anderen auffasst bzw. in Abhängigkeit von sie konstituierenden Bestandteilen sieht. So versteht z. B. J. G. Fichte die Welt insgesamt als Funktion des Ichs, der Pragmatismus das Denken als Funktion des Handelns, die Existenzphilosophie M. Heideggers das Bewusstsein als Funktion des Besorgens und In-der-Welt-Seins.
3) *Psychologie:* Theorie, die die Prozesshaftigkeit psych. Vorgänge betont; v. a. werden die biolog. Voraussetzungen psych. Funktionen betrachtet.
4) *Soziologie:* die ↑strukturell-funktionale Theorie.

Funkwetter FUN

5) *Sprachwissenschaft:* ↑Prager Schule.
6) *Völkerkunde:* von Alfred Reginald Radcliffe-Brown (* 1881, † 1955) und Bronislaw Malinowski (* 1884, † 1942) um 1922 in Großbritannien entwickelte Lehrmeinung, die von der wiss. Überzeugung ausgeht, dass die menschl. Gesellschaft, ähnlich wie tier. oder pflanzl. Organismen, naturgesetzl. Abhängigkeiten unterliegt, wodurch Voraussagen über bestimmte soziale Erscheinungen oder Entwicklungen möglich sind.
Funktionalstil, *Sprachwissenschaft:* Verwendungsweise sprachl. Mittel, die je nach gesellschaftl. Tätigkeit oder sprachlich-kommunikativer Funktion differieren.
Funktionär *der,* Entscheidungsträger (Beauftragter), der im öffentl. Leben, in Organisationen und Institutionen Führungsaufgaben wahrnimmt; in diktator. Staaten der Beauftragte der regierenden Staatspartei.
funktionelle Gradientenwerkstoffe, Werkstoffe, deren Zusammensetzung, Struktur und Gefüge vom Volumeninneren zur Oberfläche ein Gefälle aufweist; der gradierte Bereich erstreckt sich über wenige Mikrometer.
funktionelle Gruppe, Atom oder Atomgruppierung, die ein Wasserstoffatom einer Stammverbindung ersetzen kann. Die f. G. verleiht einer Verbindungsklasse charakteristische physikal. und chem. Eigenschaften und wird deshalb auch **charakterist. Gruppe** gen., z. B. die Aminogruppe $-NH_2$ (bei Aminen).
funktionelle Magnetresonanztomographie, ↑Kernspintomographie.
funktionelle Störungen, in der *Medizin:* ↑Funktion.
Funktionentheorie, Bez. für die Theorie der Funktionen einer oder mehrerer komplexer Variablen. Die F. beeinflusst fast alle Gebiete der Mathematik, wie Zahlentheorie, Reihenlehre, Theorie der Differenzialgleichungen, Potenzialtheorie u. a.; sie ist Ausgangspunkt zahlr. moderner Theorien und Begriffsbildungen, v. a. der Topologie.
Funktionselite, ↑Elite.
Funktionsgenerator, elektron. Gerät oder Bauelement, das Wechselspannungen bestimmter Form erzeugt und (z. B. zu Messzwecken) abgibt.
Funktionsverb, *Sprachwissenschaft:* ein Verb, das in einer festen Verbindung mit einem Substantiv gebraucht wird, wobei das Substantiv den Inhalt der Wortverbindung bestimmt (z. B. »in Verbindung treten«, »in Gang bringen«).
Funkturm, frei stehendes, nicht abgespanntes Bauwerk zur Aufnahme von Sende- und Empfangsantennen großer vertikaler Ausdehnung oder in großem Abstand vom Erdboden. Mittel- und Langwellensender benutzen statt der F. mit vertikaler Antenne isoliert aufgestellte, abgespannte **Funkmaste,** die selbst als Antenne wirken.
Funkuhr, elektron. Uhr, deren Zeit- und Datumseinstellung über Funksignale erfolgt. Das Funksignal wird von Mainflingen bei Frankfurt am Main mit dem Langwellensender DCF77 (Sendefrequenz 77,5 kHz) übertragen und hat eine Reichweite von ca. 2 000 km. Die Zeitinformation erhält der Sender von ↑Atomuhren, die von der Physikalisch-Techn. Bundesanstalt betrieben werden. Der Wechsel zw. Sommer- und Winterzeit erfolgt bei F. automatisch.
Funkverkehr, drahtlose Nachrichtenübertragung, die auf der Ausbreitung elektromagnet. Wellen **(Funkwellen)** im freien Raum beruht; die internat. festgelegten Frequenzbereiche liegen zw. etwa 10 kHz und 300 GHz. Funkwellen umfassen insbesondere den Bereich der Hochfrequenz, dessen Grenzen bei 30 kHz und 300 GHz festgelegt wurden; unterhalb von 30 kHz liegt der Bereich der Niederfrequenz mit den technisch wichtigen Tonfrequenzen von etwa 16 Hz bis 20 kHz.
Funkwellen breiten sich im Vakuum mit Lichtgeschwindigkeit aus. Die Empfangsleistung nimmt mit dem Quadrat der Entfernung ab, wodurch die Reichweite eines Senders prinzipiell begrenzt wird. Im Weltraum ist die Ausbreitung geradlinig, in der Erdatmosphäre infolge der höhen- und wetterabhängigen atmosphär. Brechung (Funkwetter) gekrümmt. Der F. wird durch Dämpfung (Absorption, Streuung, Interferenz), Verzerrung (Mehrwegeleitung) oder Funkstörungen beeinflusst. Diese Einflüsse sind von der Frequenz abhängig, sodass für die versch. Frequenzbereiche unterschiedl. Ausbreitungsbedingungen gelten.
Funkwellen, ↑Funkverkehr.
Funkwetter, alle atmosphär. und kosm. Bedingungen, die den ↑Funkverkehr beeinflussen. F.-Dienste geben in internat. Zusammenarbeit versch. Staaten Funkprognosen.

Funsport ['fʌn-, engl.], freizeitsportl. Betätigung, die Vergnügen bereitet und v. a. in vielen Trendsportarten (↑Trendsport) ihre Verwirklichung findet.

Fur (For), die alteingesessene Bev. von ↑Darfur, Rep. Sudan, etwa 450000 Menschen. Die F.-Sprache gehört zu den nilosaharan. Sprachen.

Furan [lat.] *das,* fünfgliedrige heterozykl. Verbindung, eine farblose, chloroformartig riechende Flüssigkeit, Herstellung z. B. aus ↑Furfural durch Abspaltung von Kohlenmonoxid. F.-Abkömmlinge werden u. a. in Riech- und Aromastoffen verwendet, techn. bedeutsam sind **F.-Harze** zur Herstellung u. a. von Klebstoffen.

Fürbitten, *christl. Liturgien:* das **allgemeine Gebet** im christl. Gottesdienst, in dem der Liturg oder auch Gemeindeglieder in liturgisch gebundener oder freier Form die zentralen Gebetsanliegen (F.) der Gemeinde formulieren.

Furchenschrift, das ↑Bustrophedon.

Furchenwale (Balaenopteridae), Familie der Bartenwale mit Längsfurchen an der Unterseite des Vorderkörpers, die eine starke Erweiterung der Mundhöhle bei Aufnahme des nahrungshaltigen Wassers ermöglichen. Die F. umfassen sechs Arten in zwei Gattungen; sie ernähren sich von kleinen Krebsen, Schnecken und Fischen, die sie mit Barten abseihen. Zu den **Finnwalen** (Balaenoptera) gehören der **Zwergwal** (Balaenoptera acutorostrata), 8–10 m lang, bis zu 9 t schwer, mit 50–60 Furchen, der **Seiwal** (Balaenoptera borealis), 15–19 m lang, mit 60–100 Furchen, und der gehört als einzige Art der **Buckelwal** (Megaptera novaeangliae), 14–19 m lang, 30–45 t schwer, 14–20 Furchen; Kopf mit kleinen Knollen (Buckeln). Mit Ausnahme des Zwergwals sind die übrigen F. in ihrem Bestand bedroht.

Furchgott ['fɔːtʃgɔt], Robert F., amerikan. Pharmakologe, * Charleston (S. C.) 4. 6. 1916; arbeitete 1958–88 am Department of Pharmacology an der State University of New York. F. erhielt mit L. J. Ignarro und F. Murad 1998 den Nobelpreis für Medizin oder Physiologie für die Entdeckung der Bedeutung des Stickoxids als Signalgeber (Botenstoff) im Herz-Kreislauf-System.

Furcht, Gefühl des Bedrohtseins. F. ist im Unterschied zur ↑Angst objektbezogen, d. h., sie tritt nur angesichts einer konkreten Gefahr auf.

Furchung (Blastogenese), erste Phase der Embryonalentwicklung, in der sich die befruchtete Eizelle ohne Volumenzunahme in **F.-Zellen (Blastomeren)** aufteilt. Der F.-Verlauf ist von der Dottermenge des Eies abhängig und äußerlich durch das Auftreten von Furchen gekennzeichnet. (↑Entwicklung)

Furet [fyˈrɛ], François, frz. Historiker, * Paris 27. 3. 1927, † Toulouse 12. 7. 1997; widmete sich v. a. der Revolutionsforschung. 1995 erregte er Aufsehen mit seinem Buch »Le Passé d'une illusion ...« (dt. »Das Ende einer Illusion. Der Kommunismus im 20. Jh.«), in dem er den Versuch der Darstellung einer umfassenden Ideologiegeschichte unternahm.

Furchenwale: Blauwal

Bryde- oder **Edenwal** (Balaenoptera edeni), etwa 12 m lang. Der eigtl. **Finnwal** (Balaenoptera physalus) wird 20–25 m lang und hat 68–114 Furchen. Der größte Wal ist der **Blauwal** (Balaenoptera musculus); mit bis zu 35 m Länge und 130 t Gewicht das größte gegenwärtig lebende Tier. Zur Gattung **Langflossenwale** (Megaptera)

Furfural [Kw., zu lat. furfur »Kleie«] *das* (α-Furfurylaldehyd, früher Furfurol), *Chemie:* farblose, die Schleimhäute reizende Flüssigkeit. F. wird aus landwirtsch. Abfallprodukten, die Pentosen oder Pentosane enthalten (z. B. Haferschalen, Maiskolbenrückstände), durch Umsetzung mit Schwefelsäure und Wasserdampf herge-

stellt. Es dient als Lösungsmittel für Trennverfahren sowie als chem. Zwischenprodukt für die Herstellung von Furanharzen.
Furgler, Kurt, schweizer. Politiker, *St. Gallen 24. 6. 1924; Rechtsanwalt, Mitgl. der CVP, leitete als Bundesrat 1972–82 das Departement für Justiz und Polizei, 1983–86 das volkswirtsch. Departement. Mit der »Lex F.« schränkte er den Grundstücksverkauf an Ausländer ein. 1977, 1981 und 1985 war er Bundespräsident.
Furiant [lat.] *der,* böhm. Volkstanz in schnellem, scharf akzentuiertem und wechselndem $^2/_4$- und $^3/_4$-Takt.
Furilen [lat.], röm. Rachegöttinnen, entsprechen den grch. ↑Erinnyen.
furios [lat.], wütend, hitzig; mitreißend, glänzend.
furioso [italien.], musikal. Vortragsbezeichnung: leidenschaftlich erregt, stürmisch.
Furka *die,* Alpenpass in der Schweiz, ↑Alpenstraßen (Übersicht).
Furlanisch, eine ↑rätoromanische Sprache.
Furmint, spät reifende, ertragreiche Weißweinrebe mit großen, lockerbeerigen Trauben; liefert alkoholreiche Weine mit feinem Bukett.
Fürnberg, Louis, Schriftsteller, *Iglau 24. 5. 1909, †Weimar 23. 6. 1957; 1949–52 tschechoslowak. Botschaftsrat in Berlin (Ost). Übersiedelte 1954 nach Weimar; in seiner Lyrik steht polit. Pathos neben feinfühliger Natur- und Landschaftsdichtung; F. war Vermittler zw. dt. und tschech. Kultur.
Furness ['fə:nɪs], zur engl. Cty. Cumbria gehörende Halbinsel an der Morecambebai; Kalksteinbrüche; die Eisenerzvorkommen bei Barrow-in-Furness sind erschöpft.
Furniere [frz.], dünne Holzblätter, die nach Art der Herstellung in Säge-, Messer- und Schäl-F. eingeteilt werden. **Messerfurniere** sind dünne Deckblätter aus gutem Holz, das auf weniger wertvolles Holz aufgeleimt wird. **Schälfurniere** werden hauptsächlich für Furnierplatten verwendet. Durch Sägen hergestellte **Sägefurniere** sind etwa 3 mm dick. Nach der Verwendung unterscheidet man Absperr-, Unter-, Gegen- und Deck-F. Furnierstämme müssen u. a. gesund, geradschaftig sein und Jahresringbau aufweisen.
Furnierplatte, ↑Sperrholz.

Furore [italien.] *die* oder *das,* rasender Beifall; Leidenschaftlichkeit.– **Furore machen:** Aufsehen erregen, Beifall erringen.
Furor poeticus [grch.-lat.] *der,* (nach antiker [platon.] Auffassung) rauschhafter Zustand des inspirierten Dichters.
Furor teutonicus [lat.] *der,* german. Angriffsgeist; Aggressivität als den Deutschen unterstelltes Wesensmerkmal.
Furrer, 1) Beat, schweizer. Komponist und Dirigent, *Schaffhausen 6. 12. 1954; seit 1985 musikal. Leiter des von ihm mitgegründeten Ensembles »Société de l'Art Acoustique« (1988 umbenannt in »Klangforum Wien«). Durch Techniken der Wiederholung, Überlagerung oder Aufspaltung musikal. Partikel, z. T. auf engstem Raum, unterliegen seine Kompositionen einer prozesshaft sich entfaltenden Entwicklung, u. a. Orchesterwerke, Werke für Musiktheater und für Ensemble.
2) Jonas, schweizer. Politiker, *Winterthur 3. 3. 1805, †Bad Ragaz 25. 7. 1861; Rechtsanwalt, Führer der Liberalen im Kt. Zürich. 1845 wurde er Bürgermeister von Zürich und 1848 der erste schweizer. Bundespräs. (erneut 1852, 1855, 1858); 1848–61 Bundesrat.
3) Reinhard, Physiker und Wissenschaftsastronaut, *Wörgl 25. 10. 1940, †(Flugzeugabsturz) Berlin 9. 9. 1995; untersuchte vom 30. 10. bis 6. 11. 1985 bei einem Raumflug mit dem amerikan. Raumtransporter »Challenger« – an Bord das europ. Weltraumlaboratorium »Spacelab D-1« – die Auswirkungen der Schwerelosigkeit.
Fürsorge, veraltet für ↑Sozialhilfe.
Fürsorgeerziehung, frühere Erziehungsmaßnahme bzw. Erziehungsmaßregel, die seit 1. 1. 1991 nicht mehr vorgesehen ist.
Fürsorgepflicht, die z. T. auf Gesetz beruhende, der Treuepflicht des Arbeitnehmers entsprechende Pflicht des Arbeitgebers, im Rahmen des Arbeitsverhältnisses für den Schutz der Rechtsgüter des Arbeitnehmers (bes. Leben, Ehre, Gesundheit, Eigentum) zu sorgen. Die F. umschließt auch die Pflicht des Dienstherrn zur Bereitstellung geeigneter Räume und Geräte für den Schutz des Arbeitnehmers vor Gefahren bei der Arbeit (§§ 618 BGB, 62 HGB) und zur Einhaltung öffentlichrechtl. Bestimmungen, bes. zur ordnungsgemäßen Entrichtung von Sozialabgaben. Gemäß Beamtenrecht hat der Dienstherr

die Pflicht, für das Wohl des Beamten und seiner Familie zu sorgen; Entsprechendes gilt auch für Soldaten. – Die Rechtslage in *Österreich* und der *Schweiz* ist ähnlich.

Fürspan (Vorspange), Schmuckspange, die in der Männer- und Frauenkleidung des 12. und 13. Jh. den Brustschlitz der Gewänder zusammenhielt.

Fürsprecher (Fürsprech), in einigen Kantonen der Schweiz Bez. für Rechtsanwalt.

Fürst [ahd. furisto, eigtl. »der Erste«, »der Vornehmste«] (lat. Princeps), allg. Landesherr, monarch. Staatsoberhaupt; schon in frühgeschichtl. Zeit ein Führer von Völkern, bes. bei den Germanen höchster Richter und Heerführer im Gau; im Hl. Röm. Reich ein mit königl. (unmittelbaren) Reichslehen (Fürstenlehen) versehener und mit Reichsämtern (↑Erzämter) betrauter hoher Adliger mit herzogl. oder herzogsgleicher Stellung (Gebietsherrschaft, später Landesherrschaft). – Im Karolingerreich (8.–10. Jh.) entwickelte sich auf amtsrechtl. Grundlage der sog. **ältere Reichsfürstenstand** (principes, seit dem 10. Jh. principes regni oder imperii), der im Hoch-MA. Gliedschaft am Hl. Röm. Reich und regionale Herrschaft (v. a. durch Übertragung königl. Regalien) erlangte. Seit dem 12. Jh. (Stauferzeit) etablierte sich auf lehnsrechtl. Grundlage durch kaiserl. Privilegierung (↑Landesherrschaft, ↑Fürstenprivilegien) ein sog. **jüngerer Reichsfürstenstand** aus direkt mit zwei. Fahnlehen (weltl. F.) bzw. Zepterlehen (geistl. F.) versehenen Hochadligen (↑Fürstentum). Dadurch verlor die Mehrheit der Grafen ihren bisherigen (alten) Reichsfürstenstand. Aus der sich seit 1180 zunehmend von den freien Herren und Reichsgrafen abschließenden adligen Oberschicht der Reichs-F. sonderte sich im 13. Jh. das Kollegium der vornehmsten Königswähler (↑Kurfürsten) ab; seit dem 16. Jh. (bis zum Reichsdeputationshauptschluss 1803) beinhaltete der Begriff Reichs-F. staatsrechtl. wie persönl. ständische Reichsunmittelbarkeit, landesfürstl. Hoheitsrechte sowie Territorialgewalt und Reichsstandschaft (Sitz und Stimme auf dem Reichstag; ↑Fürstenbank). – Der Titel F. trat außerhalb des Hl. Röm. Reichs auch in Russland (Knjas), Italien (Principe) und seit napoleon. Zeit in Frankreich (Prince) auf. – Seit 1919 ist in Dtl. der Titel F. lediglich Namensbestandteil. (↑Titularfürst)

📖 *Europas Fürstenhäuser, bearbeitet von W. Ziehr. Köln 1995.*

Fürst|abt, ↑geistliche Fürsten.

Fürstbischof, ↑geistliche Fürsten.

Fürstenabfindung, die rechtl. Regelung der Vermögensverhältnisse zw. den 1918 entthronten dt. Fürsten und ihren früheren Ländern durch 26 Einzelverträge, nachdem eine reichsgesetzl. Regelung und der von KPD und SPD eingeleitete »Volksentscheid auf entschädigungslose Enteignung« der Fürsten 1926 gescheitert waren. Am 6. 10. 1926 schloss z. B. der Freistaat Preußen mit dem Hause Hohenzollern einen Vertrag, dem gemäß im Wesentlichen das Kammergut (Domänen) zw. Staat und Fürstenhaus geteilt wurde, die Residenzschlösser, Parks, Theater, Bibliotheken und Museen meist an den Staat übergingen. In Österreich wurde durch das Ges. vom 3. 4. 1919 das gesamte Vermögen des Hauses Habsburg von der Rep. Österreich enteignet.

Fürstenbank (Fürstenrat), Gesamtheit der geistl. und weltl. Reichsfürsten, die auf den Reichstagen des Hl. Röm. Reiches bis 1806 Sitz und Stimme hatten.

Fürstenberg, schwäb. Grafen-, seit 1664 Fürstengeschlecht, erwarb die Landgrafschaft Baar und Stühlingen sowie die Grafschaft Heiligenberg. Die Brüder Franz Egon und Wilhelm Egon waren 1663–82 und 1682–1704 Bischöfe von Straßburg und Parteigänger Ludwigs XIV. von Frankreich. Das Fürstentum F. (Hptst.: Donaueschingen) kam 1806 größtenteils unter bad. Landeshoheit.

Fürstenberg: Franz Egon, Fürst zu Fürstenberg

Fürstenberg, **1)** Fürstenberg/Havel, Stadt und Luftkurort im Landkr. Oberhavel, Brandenburg, an der oberen Havel, im Bereich der Mecklenburg. Seenplatte; 4800 Ew.; Futtermittelind., Fleischverarbeitung. – Erstmals 1278 erwähnt und 1318

als Stadt genannt. Im Ortsteil ↑Ravensbrück bestand 1939-45 ein Konzentrationslager.
2) Fürstenberg/Oder, seit 1961 Teil von ↑Eisenhüttenstadt.
Fürstenberger Porzellan, Porzellan der 1747 von Herzog Karl I. von Braunschweig in Fürstenberg (heute im Landkr. Holzminden, Ndsachs.) gegründeten Manufaktur. Ab 1753 stellte sie Geschirre, Bildnisbüsten und -reliefs sowie figürl. Arbeiten her; bedeutend sind v. a. die Figuren der Commedia dell'Arte und die Bergleute von H. S. Feilner (1753-68 als Modellmeister tätig). Die Blütezeit des F. P. lag zw. 1770 und 1790.
Fürstenfeld, Bez.-Hptst. in der Steiermark, Österreich, im Oststeir. Hügelland, 6 100 Ew.; Tabak-, Textil-, opt. Industrie. – Stadtpfarrkirche (13. Jh., im 18. Jh. umgestaltet). – Um 1170 gegr.; erhielt Anfang des 13. Jh. Stadtrecht.
Fürstenfeldbruck, 1) Landkreis im Reg.Bez. Oberbayern, 435 km², 193 100 Einwohner.
2) Krst. von 1) in Bayern, an der Amper, 32 100 Ew.; Bekleidungsind.; Offiziersschule und Fliegerhorst der Bundesluftwaffe. – Klosterkirche (1700-41, 1747 Vollendung der Fassade) des ehem. Zisterzienserklosters (1258 gegr.). – **Bruck** wurde 1306 erstmals als Markt erwähnt, erhielt 1908 den heutigen Namen und ist seit 1935 Stadt.
Fürstengenossen (Fürstenmäßige), im Hl. Röm. Reich bis 1806 Bez. für die den Fürstenhäusern ebenbürtigen Geschlechter, die selbst nicht zum Reichsfürstenstand gehörten.
Fürstengesetze, die ↑Fürstenprivilegien.
Fürstengräber (Adelsgräber, Königsgräber), vor- und frühgeschichtl. Gräber, die sich meist schon durch ihre Lage, v. a. aber durch ihren Aufbau (oft bes. hohe Hügel, mächtige Grabkammern, sorgfältige Einbauten u. a.) und ungewöhnl. Beigabenreichtum (u. a. Edelmetalle) deutlich von den übrigen Bestattungen gleicher Kulturzugehörigkeit abheben und dadurch die bes. hohe soziale Stellung des Verstorbenen zum Ausdruck bringen (z. B. in Mykene).
Fürstenhut, *Heraldik:* Rangzeichen der Fürsten; entspricht im Wesentlichen der ↑Fürstenkrone (statt Kronreif Hermelinstulp).

Fürstenkrone, *Heraldik:* Rangkrone der den Fürstentitel tragenden Personen oder Familien (purpurne Mütze, fünfblättriger Kronreif sowie drei Halbbügel mit Reichsapfel).
Fürstenprivilegien (Fürstengesetze), zusammenfassende Bez. für zwei Reichs(grund)gesetze (»Confoederatio cum principibus ecclesiasticis«, 1220; »Statutum in favorem principum«, 1231/32), mit denen Kaiser Friedrich II. den weltl. und geistl. Fürsten Münz-, Markt-, Zollrecht u. a. Regalien überließ, die sie de facto schon besaßen.
Fürstenschulen (Fürsten- und Landesschulen), spätere amtl. Bez. der im 16. Jh. gegründeten sächs. ↑Landesschulen.
Fürstenspiegel, Schriften, in denen das Musterbild eines Fürsten vermittelt wird; enthalten eth. Vorstellungen über Rechte und Pflichten, Befugnisse und Grenzen fürstl. Macht: entweder Lebensbeschreibung berühmter Herrscher oder dichter. Idealbild. Frühe F. sind u. a. Xenophons »Die Erziehung des Kyros«, Mark Aurels »Selbstbetrachtungen« und Augustinus' »Vom Gottesstaat«; bekannt v. a. N. Machiavellis »Der Fürst« (1532).
Fürstentum, Herrschaftsgebiet eines Angehörigen des Fürstenstandes, v. a. in O-Europa auch staatsähnl. monarch. Herrschaftsgebiet. Noch bestehende F. in Europa sind Monaco und Liechtenstein. – Im *Hl. Röm. Reich* vor 1806 die reichsunmittelbaren Territorien (Fürstenlehen) mit einem Fürsten als Oberhaupt. Die geistl. F. (Zepterlehen) entstanden nach dem Investiturstreit aus den kirchl. Besitzungen, die schon im Fränk. Reich von der Amtsgewalt der Grafen befreit waren, die weltl. F. (Fahnlehen) aus den »alten Stammesherzogtümern«. Aufnahmen in den Stand des Fürsten erfolgten seit 1180 durch Erhebung des Territoriums zum Herzogtum, zur Markgrafschaft oder Landgrafschaft. Eine überragende Stellung erlangten im 13. Jh. die Kurfürstentümer. Die geistl. F. wurden 1803 aufgehoben, die weltl. z. T. mediatisiert, oder sie erlangten 1806 die Souveränität.
Fürstenverschwörung, Erhebung dt. Fürsten 1551/52, getragen von prot. Reichsfürsten, geführt von Moritz von Sachsen und Landgraf Wilhelm von Hessen; wandte sich gegen die Reichs- und Religionspolitik Kaiser Karls V. Die von Kö-

nig Ferdinand I. mit Moritz von Sachsen geführten Verhandlungen zur Beilegung des Konflikts (Vertrag von Linz, 1552) führten zum ↑Passauer Vertrag.

Fürstenwalde/Spree, Stadt im Landkr. Oder-Spree, Brandenburg, an der hier kanalisierten Spree, 34 000 Ew.; Museum; Reifen- und Gummi-, Farben- und Lackwerk, Chemie- und Tankanlagenbau, Eisengießerei, Kunststoffherstellung; Verkehrsknotenpunkt, Binnenhafen. – Pfarrkirche Sankt Marien (begonnen 1446, nach Brand barock verändert); Rathaus mit Maßwerkgiebel (um 1500, Turm von 1624). – Zw. 1252 und 1258 als Stadt gegründet; bis 1993 Kreisstadt.

Furt, seichte Übergangsstelle in Gewässern, die ein leichtes Überqueren ermöglicht; war oft ausschlaggebend für die Gründung eines Ortes, z. B. Frankfurt.

Fürth, 1) Landkreis im RegBez. Mittelfranken, Bayern, 308 km², 112 900 Einwohner.

2) kreisfreie Stadt und Verw.sitz von 1) in Bayern, am Zusammenfluss von Rednitz und Pegnitz zur Regnitz, ist mit Nürnberg baulich und wirtsch. zusammengewachsen (U-Bahn-Verbindung seit 1982), 110 500 Ew.; Rundfunkmuseum; elektrotechn., Glas-, Spielwaren-, Eisen-, Blech-, Metallwarenind., Druckereien; Hafen am Rhein-Main-Donau-Großschifffahrtsweg. – Got. Kirche St. Michael (um 1100, umgebaut 14./15. Jh.); barocke Patrizierhäuser, Rathaus (Neurenaissancebau, 1840–50). – Um F., 1007 erstmals erwähnt, stritten Ansbach, Bamberg und Nürnberg, bis es 1792 an Preußen, 1806 an Bayern kam; 1808 (endgültig 1818) erhielt F. Stadtrecht. 1835 fuhr zw. Nürnberg und F. die erste dt. Eisenbahn.

Furth i. Wald, Stadt im Landkr. Cham, Bayern, in der **Cham-Further Senke,** im Bayer. und Oberpfälzer Wald, 9 700 Ew.; Glas-, Holz-, Leder-, Textilind., Maschinenbau. – Erhielt 1330 Stadtrecht.

Furtwangen, Stadt im Schwarzwald-Baar-Kr., Bad.-Württ., im südöstl. Schwarzwald, 858 m ü. M., 9 900 Ew.; Luftkurort; FH; Dt. Uhrenmuseum; Stempel- und Uhrenfabrikation, Feinwerk- und Elektrotechnik, Maschinenbau. – 1179 erstmals erwähnt; nach 1740 begann die Uhrenherstellung; seit 1873 Stadt.

Furtwängler, 1) Adolf, Archäologe, *Freiburg im Breisgau 30. 6. 1853, †Athen 11. 10. 1907, Vater von 2); wurde 1884 Prof. in Berlin, 1894 in München; führte Ausgrabungen in Ägina, Amyklä und Orchomenos durch; schuf grundlegende Voraussetzungen für eine kunsthistorische archäolog. Forschung. – *Schriften:* Meisterwerke der grch. Plastik (1893); Grch. Vasenmalerei, Serie I und Serie II, Lieferung 1–3 (1900–06, Mithg.); Die antiken Gemmen (3 Bde., 1900).

Wilhelm Furtwängler

2) Wilhelm, Dirigent und Komponist, *Berlin 25. 1. 1886, †Ebersteinburg (heute zu Baden-Baden) 30. 11. 1954, Sohn von 1); leitete die Berliner Philharmoniker (1922–45, 1952–1954) und die Gewandhauskonzerte in Leipzig (1922–28), daneben die Konzerte der Wiener Philharmoniker (1927–30, 1939–40), übernahm 1931 die musikal. Leitung der Bayreuther Festspiele und wurde 1933 Direktor der Berliner Staatsoper. F. war ein hervorragender Interpret der Musik des 19. Jh., besonders von L. van Beethoven, R. Schumann, J. Brahms, R. Wagner und A. Bruckner. Er komponierte u. a. drei Sinfonien.

Furunkel [lat.] *der,* auch *das* (Eiterbeule), durch Eindringen von Bakterien verursachte eitrige Entzündung eines Haarbalgs oder der dazugehörigen Talgdrüse mit Entwicklung eines erbsen- bis walnussgroßen, schmerzhaft geröteten Knotens mit zentralem Eiterpfropf und narbiger Abheilung. Treten mehrere F. gleichzeitig an versch. Stellen auf, spricht man von **Furunkulose,** gehen mehrere, nebeneinander liegende F. ineinander über, von **Karbunkel.** Zur Behandlung dienen Antibiotika; mitunter ist eine operative Eröffnung des F. erforderlich.

Fürwort, ↑Pronomen.

Fusa [italien.] *die,* Achtelnote in der ↑Mensuralnotation.

Fusan, japan. Name der korean. Stadt ↑Pusan.

Fusariosen [lat.-nlat.], durch Pilze der Gattung Fusarium verursachte Pflanzenkrankheiten, z. B. die Fusariumfäule (eine Fruchtfäule des Obstes oder eine Knollenfäule der Kartoffel).

Fuscher Tal, rechtes Seitental der Salzach in den Hohen Tauern, Österreich, von der **Fuscher Ache** durchflossen, 24 km lang. Das F. T. wird durchzogen von der Großglockner-Hochalpenstraße bis zum Pass **Fuscher Törl** (2428 m ü. M.).

Fuschlsee, See im salzburg. Salzkammergut, Österreich, 4 km lang, 2,7 km² groß; am F. liegen die Sommerfrische **Fuschl am See** (1300 Ew., 663 m ü. M.) und das ehem. Jagdschloss der Erzbischöfe von Salzburg, Schloss Fuschl (Hotel).

FU-Schutzschalter, der ↑Fehlerspannungsschutzschalter.

Fuselöl, Nebenprodukt der alkohol. Gärung, im Wesentl. Gemisch aus n-Propanol, Isobutanol und Pentanolen. F. ist Bestandteil minderwertiger Spirituosen.

Fushun [-ʃ-] (Fuschun), Stadt in der Prov. Liaoning, NO-China, 1,2 Mio. Ew.; Zentrum eines bed. Steinkohlengebiets, dessen Flöze mit ergiebigem Ölschiefer bedeckt sind; Stahl-, petrochem. Ind., Schwermaschinenbau.

Füsilier [frz., zu fusil »Gewehr«] *der,* Ende des 17. Jh. mit einem Steinschlossgewehr bewaffneter Soldat, später allg. Bez. für leichte Infanterie.

füsilieren [frz.], standrechtlich erschießen.

Fusinit *der,* ↑Streifenarten der Steinkohle.

Fusion [lat.] *die,* **1)** *Physik:* die ↑Kernfusion.

2) *Wirtschaft:* Verschmelzung mehrerer Unternehmen, meist Kapitalgesellschaften, zu einer rechtl. und wirtsch. Einheit. Bei F. durch Aufnahme übernimmt die eine Gesellschaft das gesamte Vermögen der übertragenden Gesellschaft und überlässt dafür dem bisherigen Kapitaleigner einen Teil ihrer Kapitalanteile (Aktien). Bei F. durch Neubildung übertragen die fusionierenden Gesellschaften ihr Kapital auf eine neu gegründete Gesellschaft und erhalten von dieser entsprechende Anteile. (↑Umwandlung)

Fusionskontrolle, 1973 in das Ges. gegen Wettbewerbsbeschränkungen (GWB) eingeführtes Instrument der Wettbewerbspolitik zur Untersagung von wettbewerbspolitisch unerwünschten Unternehmenszusammenschlüssen, um die fortschreitende Unternehmenskonzentration zu begrenzen. Das GWB i. d. F. v. 26. 8. 1998 unterscheidet zw. Anmelde- und Anzeigepflichten, Aufgreif- und Untersagungskriterien. Zusammenschlüsse sind vor dem Vollzug beim Bundeskartellamt anzumelden, wenn die beteiligten Unternehmen im letzten Geschäftsjahr insgesamt (weltweit) Umsatzerlöse von mehr als 500 Mio. € und mindestens ein beteiligtes Unternehmen im Inland Umsatzerlöse von mehr als 25 Mio. € erzielt haben. Fusionen werden vom Bundeskartellamt untersagt, wenn dadurch eine marktbeherrschende Stellung entstünde. Marktbeherrschend ist ein Unternehmen, wenn es ohne Wettbewerber ist oder keinem wesentl. Wettbewerb ausgesetzt ist oder eine überragende Marktstellung hat. Weisen Unternehmen nach, dass durch den Zusammenschluss eine Verbesserung der Wettbewerbsbedingungen eintritt und diese die Nachteile der Marktbeherrschung überwiegt, ist der Zusammenschluss zulässig. Bei überragendem Interesse der Allgemeinheit kann der Bundesmin. für Wirtschaft und Arbeit eine vom Bundeskartellamt untersagte Fusion ausnahmsweise genehmigen (»Ministererlaubnis«). Das GWB findet keine Anwendung, soweit die Europ. Kommission nach der am 21. 9. 1990 in Kraft getretenen Fusionskontroll-VO ausschl. zuständig ist. Auf europ. Ebene wurde eine F. bereits mit der Europ. Gemeinschaft für Kohle und Stahl eingeführt; seit 1990 gewinnt europ. Wettbewerbsrecht (gemäß Art. 81–89 EG-Vertrag) zunehmend an Bedeutung.

📖 *Herdzina, K.: Wettbewerbspolitik.* Stuttgart ⁵1999. – *Schmidt, Ingo: Wettbewerbspolitik u. Kartellrecht. Eine Einf.* Stuttgart ⁷2001.

Fuß, 1) *Anatomie:* (Pes), unterster Abschnitt der Beine der Wirbeltiere, beim Menschen und den Affen nur der beiden hinteren (unteren) Gliedmaßen. Der durch das **F.-Gelenk (Sprunggelenk)** mit dem Unterschenkel verbundene F. setzt sich zusammen aus der **F.-Wurzel** (Tarsus) mit den **F.-Wurzelknochen** (Tarsalia), dem **Mittel-F.** (Metatarsus) mit den (meist fünf) lang gestreckten, durch straffe Bänder miteinander verbundenen **Mittelfußknochen** (Metatarsalia) und den Zehen. Beim Menschen besteht das F.-Skelett aus den

FUS Fußball

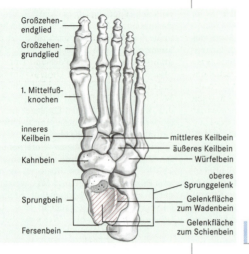

Fuß 1): Knochen des Fußes beim Menschen

Knochen der fünf Zehen, den sieben F.-Wurzelknochen (Fersenbein, Sprungbein, Kahnbein, Würfelbein sowie äußeres, mittleres und inneres Keilbein) und fünf Mittelfußknochen. An der Unterseite ist ein F.-Gewölbe ausgebildet, das sich an drei durch Ballen gepolsterten Stellen (Fersenbein und die Enden des inneren und äußeren Mittelfußknochens) vom Boden abstützt. Das Sprunggelenk (Articulatio pedis) umfasst ein zw. den beiden Knöcheln gelegenes oberes Sprunggelenk (Knöchelgelenk, ein Scharniergelenk für Heben und Senken des F.) und ein unteres Sprunggelenk (für drehende F.-Bewegungen).
2) *Messwesen:* frühere Längeneinheit, die von der Länge des menschl. F. abgeleitet wurde, schwankte landschaftlich etwa zwischen 0,25 und 0,34 m, in Großbritannien und den USA noch gebräuchlich (↑Foot).
Fußball, Sportspiel zw. zwei Mannschaften, bei dem ein Ball möglichst oft in das gegner. Tor (2,44 m hoch) zu schießen ist, während Tore der gegner. Mannschaft verhindert werden sollen. Länge und Breite des Spielfelds sind in bestimmten Grenzbereichen variabel.
Gespielt wird mit einem Ball (aus Leder oder einem anderen genehmigten Material) mit 68–70 cm Umfang und 410–450 g Masse. Eine Mannschaft besteht aus Torhüter und zehn Feldspielern, wobei max. drei Auswechselungen erlaubt sind.
Die reguläre Spielzeit beträgt 2 × 45 Minuten, die Pause zw. beiden Halbzeiten max. 15 Minuten. Nach der Halbzeit werden die Spielfeldseiten gewechselt. Durch Verletzungen oder andere Verzögerungen verlorene Spielzeit sollte nachgespielt werden (↑Nachspielen). Geleitet wird ein Spiel von einem Schiedsrichter und zwei Schiedsrichterassistenten.
Ein Sieg wird mit drei Pluspunkten gewertet, bei einem Unentschieden erhalten beide Mannschaften je einen Punkt. In Entscheidungsspielen wird bei unentschiedenem Ausgang die Spielzeit um 2 × 15 Minuten verlängert, bei erneutem Unentschieden durch Strafstoßschießen entschieden.
Der Ball darf mit allen Körperteilen außer »Hand« (gesamter Arm) gespielt werden. Nur der Torhüter kann innerhalb seines Strafraumes den Ball auch mit den Händen aufnehmen, allerdings nicht bei einem absichtl. Zuspiel (meist als Rückgabe) eines Mitspielers (mit indirektem Freistoß geahndet). Torhüter dürfen den Ball unbedrängt nicht länger als sechs Sekunden in den Händen halten (sonst indirekter Freistoß). Jeder Spieler, auch der Torhüter, kann Tore schießen. Ein Tor ist erzielt, wenn der Ball die Torlinie vollständig überschritten hat. Geht der Ball über eine Seitenlinie ins »Aus«, wird er mit den Händen wieder ins Spiel eingeworfen (»Einwurf«). Verlässt er die Torauslinie und wurde zuletzt vom Gegner gespielt, wird das Spiel mit Abstoß fortgesetzt; wurde er über die eigene Torauslinie gespielt, erhält der Geg-

ner einen Eckstoß. Wenn der Schiedsrichter das Spiel wegen eines Regelverstoßes (z. B. Treten, Halten oder Stoßen des Gegners) unterbricht, wird das Spiel mit einem direkten Freistoß für die gegner. Mannschaft wieder aufgenommen; fand der Regelverstoß im eigenen Strafraum statt, erhält der Gegner einen Strafstoß zugesprochen. Bei bestimmten Regelverstößen (gefährl. Spiel, strafbarer Abseitsstellung, Sperren ohne Ball) gibt es einen indirekten Freistoß. Dabei müssen die Gegner einen Abstand von 9,15 m zum Ball einhalten. Bei Freistößen in Tornähe stellen sich Spieler der verteidigenden Mannschaft zu einer Mauer auf, um die Einschussmöglichkeit zu verringern. Bei wiederholten oder groben Regelverstößen kann der Spieler verwarnt (Zeigen der gelben Karte) oder durch Feldverweis vom weiteren Spiel ausgeschlossen werden (rote Karte). Wird ein Spieler zum zweiten Mal während des Spiels verwarnt, wird ihm die gelbe und dann die rote Karte (»Gelb-Rot«) gezeigt, was ebenfalls Feldverweis (»Matchstrafe«) bedeutet.
Wettbewerbe, Organisationen: In Dtl. werden Meisterschaften für Männer seit 1903 (im Frauen-F. seit 1974) ausgetragen.

Fußball: offizielles Logo der Fußballweltmeisterschaft 2006 in Deutschland

Fußball: Weltmeisterschaften

Jahr	Austragungsland	Weltmeister
Männer		
1930	Uruguay	Uruguay
1934	Italien	Italien
1938	Frankreich	Italien
1950	Brasilien	Uruguay
1954	Schweiz	Bundesrep. Dtl.
1958	Schweden	Brasilien
1962	Chile	Brasilien
1966	Großbritannien (England)	England
1970	Mexiko	Brasilien
1974	Bundesrep. Dtl.	Bundesrep. Dtl.
1978	Argentinien	Argentinien
1982	Spanien	Italien
1986	Mexiko	Argentinien
1990	Italien	Bundesrep. Dtl.
1994	USA	Brasilien
1998	Frankreich	Frankreich
2002	Japan/Süd-Korea	Brasilien
2006	Deutschland	–
Frauen		
1991	China	USA
1995	Schweden	Norwegen
1999	USA	USA
2003	USA	Deutschland
2007	China	–

Der DFB-Vereinspokal wird seit 1935 (Frauen seit 1981) ausgespielt. Die wichtigsten internat. F.-Wettbewerbe für Vereinsmannschaften in Europa sind die jährlich ausgetragenen Europapokalspiele (↑Champions League, ↑UEFA-Pokal). – In der Bundesrep. Dtl. wurde 1963 als höchste Spielklasse die Bundesliga gegründet; darunter besteht seit 1974 die Zweite

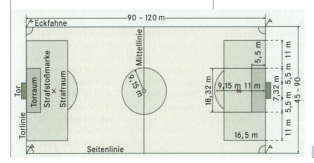

Fußball: Spielfeld

FUS Fußballtoto

Fußball: Europameisterschaften

Jahr	Austragungsland	Europameister
Männer		
1968	Italien	Italien
1972	Belgien	Bundesrep. Dtl.
1976	Jugoslawien	ČSSR
1980	Italien	Bundesrep. Dtl.
1984	Frankreich	Frankreich
1988	Bundesrep. Dtl.	Niederlande
1992	Schweden	Dänemark
1996	Großbritannien (England)	Deutschland
2000	Belgien/ Niederlande	Frankreich
2004	Portugal	Griechenland
2008	Österreich/ Schweiz	–
Frauen		
1984	Schweden[1] und England[2]	Schweden
1987	Norwegen	Norwegen
1989	Deutschland	Deutschland
1991	Dänemark	Deutschland
1993	Italien	Norwegen
1995	Deutschland	Deutschland
1997	Norwegen/ Schweden	Deutschland
2001	Deutschland	Deutschland
2005	Großbritannien (England)	–

1) Hinspiel. – 2) Rückspiel.

Bundesliga. In der DDR wurde 1949 die Oberliga eingeführt, die bis 1991 bestand. In Österreich gibt es ebenfalls eine Bundesliga und in der Schweiz die Nationalliga A. Organisationen sind in Dtl. der Dt. Fußball-Bund (DFB), in Österreich der Österr. F.-Bund, ÖFB (gegr. 1904, Sitz: Wien) und in der Schweiz der Schweizer. F.-Verband (SFV, gegr. 1895, Sitz: Muri im Kt. Bern). Die nat. F.-Verbände der europ. Staaten sind zusammengeschlossen in der ↑UEFA. Weltdachverband ist die ↑FIFA. **Geschichte:** Für das Spielen eines Balles mit Fuß, Knie und Oberschenkel gibt es in fast allen Kulturen Zeugnisse, die wohl ältesten aus dem 3. Jt. v. Chr. aus China. Im europ. MA. kannte man v. a. in England, Frankreich und Italien (z. B. Calcio) treibballähnl., ungeregelte Kampfspiele, bei denen ganze Ortschaften gegeneinander antraten und versuchten, einen Ball querfeldein durch das gegner. Dorf- oder Stadttor zu treiben. Aus diesen volkstüml. Wettbewerben entstanden in engl. Schulen Mitte des 19. Jh. die Anfänge des modernen F.-Spiels. Im Bemühen um einheitl. Regeln war die Hauptstreitfrage, ob der Ball auch mit den Händen getragen werden dürfe. Da die Schule in Rugby diese Regel zuließ, wurde sie Schöpferin des Rugbyspiels. Dagegen schlossen sich die Gegner dieser Spielweise 1863 in London zur »Football Association« zusammen und übernahmen als einheitl. Regelwerk die im Prinzip heute noch gültigen »Cambridgeregeln« (erstmals 1848 gedruckt, 1862/63 überarbeitet und ergänzt). Der F. der »Association« (nach der zweiten Silbe auch kurz »Soccer« genannt) fand in Dtl. zuerst an den höheren Schulen in Braunschweig Anhänger. 1878 wurde in Hannover der erste dt. F.-Verein gegründet. – DFB-Landesmeister und -Pokalsieger Übersicht ↑Deutscher Fußball-Bund.

📖 *Rohr, B. u. Simon, G.:* F. Lexikon. München 1993. – F.-Weltgeschichte, hg. v. K.-H. Huba. München [16] 2000.

Fußballtoto, staatlich genehmigte, wöchentlich ausgespielte Sportwette auf den Ausgang von Fußballspielen. In Dtl. gibt es 16 Totogesellschaften, die entweder staatl. Betriebe, Körperschaften des öffentl. Rechts oder private Gesellschaften sind. Gespielt werden die **Elferwette** (vorherzusagen sind die Spielausgänge von elf vorgegebenen Treffen) und die **Auswahlwette 6 aus 45** (vorherzusagen sind aus 45 vorgegebenen Treffen sechs, die unentschieden enden). Vom Spieleinsatz entfallen auf die Gewinner 50 %, auf die Sportwettsteuer 16 $^{2}/_{3}$ %, auf Sportförderung, soziale und karitative Zwecke etwa 22 % und auf die Verw. etwa 11 %. – Das F. wurde erstmals 1921 in England eingeführt, in der Bundesrep. Dtl. 1948.

Fußball-Weltverband, die ↑FIFA.

Fußboden, untere horizontale Innenraumfläche mit unterschiedl. Aufbau, der von Gestaltung, Nutzung und Anforderungen abhängt (begehbar, befahrbar, gleitsicher, abrieb-, druckfest, schall-, wärmedämmend, wasserdicht u. a.). Der F. besteht aus dem **Bodenbelag** und dem **Unterboden** (↑Estrich). Der Bodenbelag, also die Nutzfläche, wird meist aus Stein, Holz (↑Parkett), Kunststoff, Kork, Lin-

oleum, Gummi oder textilem Material gefertigt.
Fußbodenheizung, eine ↑Flächenheizung.
Fußdeformitäten, angeborene oder erworbene Formabweichungen oder Fehlhaltungen der Füße. Zu den häufigsten F. gehört die Fußsenkung **(Senkfuß),** eine Absenkung des Fußgewölbes infolge Muskel- oder Bindegewebeschwäche. Fließende Übergänge bestehen zw. Senkfuß und **Plattfuß,** bei dem inneres und äußeres Fußgewölbe abgeflacht sind. Bei nicht rechtzeitiger Behandlung kann es durch Veränderung der Gelenkflächen und durch Bänderschrumpfungen zu einer völligen Versteifung kommen. Neben der Abflachung des Längsgewölbes tritt häufig eine Lockerung der Querverspannungen auf, was eine weitere Abplattung und Verbreiterung des Fußes zur Folge hat **(Spreizfuß).** Bei Kindern ist die entstehende Senkung des Fußgewölbes meist mit Abknickung des Fußes nach innen kombiniert **(Knick-Senk-Fuß).** Vorbeugende Maßnahmen gegen die Fußsenkung sind Barfußlaufen und das Tragen passender, weicher Schuhe. – Der **Klumpfuß** ist meist angeboren. Er besteht in einer starken Abknickung der äußeren Fußkante nach unten und einer Einwärtsknickung des Vorderfußes samt den Zehen. Die Behandlung erfolgt durch einen Gipsverband oder operativ. – Der **Spitzfuß** wird durch Lähmung der vorderen Unterschenkelmuskulatur hervorgerufen. Die Fußspitze hängt steil nach unten, beim Auftreten erreicht die Ferse den Boden nicht. Behandlung: orthopäd. Schuhe, operative Verlängerung der Achillessehne. – Der **Hackenfuß,** der durch Lähmung der Wadenmuskulatur oder Abriss der Achillessehne entsteht, ist durch eine abnorme Steilstellung des Fersenbeins gekennzeichnet. – Für den **Hohlfuß** ist ein abnorm hohes Längsgewölbe mit hohem Spann, meist zus. mit Spreizfuß und Hammerzehe, charakteristisch. – Beim **Sichelfuß** besteht eine Mittelfußkontraktur. Die Behandlung umfasst v. a. Krankengymnastik und Gipsverbände.
 Rabl, C. R. u. Nyga, W.: Orthopädie des Fußes. Stuttgart ⁷1994.
Füssen, Stadt im Landkreis Ostallgäu, Bayern, am Lech, der zw. F. und Roßhaupten zum Forggensee aufgestaut ist, 800 m ü. M., 13 600 Ew.; der Ortsteil **Bad Faulenbach** ist Schwefelbad und Kneippkurort; Hanfwerke, Metallind., Maschinenbau. – Über der mittelalterl. Stadt liegt das »Hohe Schloss« (1486–1505; jetzt staatl. Gemäldegalerie); nahebei die Schlösser ↑Hohenschwangau und ↑Neuschwanstein. – F. entstand um das Benediktinerkloster St. Mang (gegr. im 8. Jh., heutige Kirche 1701–26) und einen Königshof. Vögte des Klosters waren die Welfen, seit 1191 die Staufer. 1313 wurde die Stadt F. (1295 erstmals als Stadt belegt) an die Bischöfe von Augsburg verpfändet, 1802 kam F. an Bayern.

Füssen: Klosterkirche Sankt Stephan, ehemaliges Franziskanerkloster

Fussenegger, Gertrud, verheiratete Dorn, österr. Schriftstellerin, *Pilsen 8. 5. 1912; schrieb figuren- und symbolreiche Romane und Erzählungen, häufig mit histor. Themen: Romane u. a. »Das Haus der dunklen Krüge« (1951), »Das verschüttete Antlitz« (1957), »Zeit des Raben – Zeit der Taube« (1960), »Jirschi oder die Flucht ins Pianino« (1995); Erzählungen u. a. »Nur ein Regenbogen« (1987), »Ein Spiel ums andere« (1996).
Fußgängerzonen, Straßenzüge und Plätze in Siedlungen, meist Stadtzentren, die (bis auf Liefer- und Anliegerverkehr) für den motorisierten Verkehr gesperrt sind.
Füssing, Bad, ↑Bad Füssing.
Füssli, Johann Heinrich (in England Henry Fuseli oder Fusely gen.), engl. Maler schweizer. Herkunft, *Zürich 6. 2. 1741, †Putney Hill (heute zu London) 16. 4. 1825; lebte seit 1779 ständig in London,

seit 1804 Akademiedirektor. Er bevorzugte visionäre Bilder und Zyklen meist zu literar. Stoffen; stilistisch sowohl dem Manierismus als auch dem Klassizismus verpflichtet. Er illustrierte u. a. Shakespeare, das Nibelungenlied, die Bibel, Dante Alighieri, Vergil.

Fußmann, Klaus, Maler und Grafiker, *Velbert 24. 3. 1938; schuf, beeinflusst von G. Morandi, v. a. Stillleben, karge Interieurs, Porträts und Landschaften. Er schrieb u. a. »Die Schuld der Moderne« (1991).

Fußpilz, eine ↑Hautpilzkrankheit.

Fußpunkt, 1) *Astronomie:* der ↑Nadir. **2)** *Geometrie:* ↑Lot.

Fußschweiß, vermehrte Absonderung von Schweiß an den Füßen, bes. zw. den Zehen und an der Fußsohle. F. kann v. a. zw. den Zehen zu Hautentzündungen, Ekzemen und Pilzinfektionen führen. F. ist oft anlagemäßig bedingt, aber auch Begleiterscheinung anderer Krankheiten (z. B. vegetative Störungen). – *Behandlung:* besteht v. a. in Fußhygiene, u. a. Einpudern oder Benutzung adstringierender Fußsprays, häufiges Barfußlaufen, Tragen saugfähiger Strümpfe und luftdurchlässiger Schuhe.

Fußsenkung, ↑Fußdeformitäten.

Fußtonzahl, bei der Orgel die in Fuß (etwa 30 cm, Zeichen ′) angegebene Tonlage eines Registers, ben. nach der Pfeifenlänge des jeweils tiefsten Tones. Nach der 8′ (etwa 2,40 m) langen, offenen Labialpfeife mit dem Ton C werden alle Orgelregister, die auf der Taste C den Ton C hervorbringen, achtfüßig genannt. Die z. B. eine Oktave höher als die Tastenlage klingenden Stimmen sind vierfüßig, eine Oktave tiefer sechzehnfüßig.

Fußwaschung, Reinigungssitte im Alten Orient und Mittelmeerraum, die, da man normalerweise barfuß oder in offenen Sandalen ging, vor der Mahlzeit üblich war und als Sklavenarbeit galt; von Jesus als Zeichen vorbehaltloser Dienstbereitschaft am Nächsten an den Aposteln (Joh. 13, 1–17) geübt. – In der kath. Kirche ist die F. (fakultativer) Bestandteil der Liturgie des Gründonnerstags.

Fust [auch fu:st], Johann, Verleger und Buchhändler, *Mainz um 1400, †Paris 30. 10. 1466; Geldgeber und Teilhaber J. Gutenbergs, den er 1455 auf Rückzahlung seiner Darlehen verklagte. F. gründete dann mit seinem Schwiegersohn P. Schöffer eine Druckerei, die 1457 das »Psalterium Moguntinum« veröffentlichte, das erste in drei Farben gedruckte und mit voller Angabe der Druckerei erschienene Buch.

Fustage [-'taːʒə] *die,* 1) Leergut (z. B. Fässer, Kisten, Säcke); 2) Preis für Leergut.

Fustanella [italien.] *die,* eng gefältelter, knielanger, weißer Baumwollrock der Nationaltracht der grch. Männer.

Fusti [italien.], Vergütung für Verunreinigungen einer Ware (Blätter, Stängel, Steine u. a.); zur Berechnung der Gewichtseinbuße wird eine F.-Rechnung aufgestellt. (↑Refaktie)

Fusuli, türk. Schriftsteller, ↑Fuzuli.

Fusuma [japan.] *die,* undurchsichtige Schiebewand, die im japan. Haus die einzelnen Räume voneinander trennt und auch vor Wandschränken verwendet wird. Eine mit weißem Papier bespannte Schiebewand, die das Licht von außen durchscheinen lässt, heißt **Shōji.**

Futa-Dschalon, Gebirge in W-Afrika, ↑Fouta-Djalon.

Futhark ['fuːθark], Runenreihe, ↑Runen.

Futsal [span. »Hallenfußball«] *das,* ein schneller, technisch intensiver und relativ körperloser Kleinfeldfußball, meist in Turnierform ausgetragen. Gespielt wird (ohne Spielfeldbande) mit vier Feldspielern und einem Torhüter je Team. Die effektive Spielzeit beträgt 2 × 20 min. Der Ball ist gegenüber dem sonst übl. Spielgerät sprungreduzierter und etwas kleiner. Im F. werden u. a. Welt- und Europameisterschaften ausgetragen.

Futschou, Stadt in China, ↑Fuzhou.

Futter, 1) *Bautechnik:* Holzverkleidung der Laibung bei Fenstern und Türen.
2) *Landwirtschaft:* (Futtermittel), der tier. Ernährung dienende organ. oder mineral. Stoffe. Nach der ernährungsphysiolog. Aufgabe unterscheidet man **Erhaltungs-F.,** das die zur Erhaltung der Lebensfunktionen notwendigen Nährstoffmengen enthält, und **Leistungs-F.,** durch das dem Tier die Nährstoffmengen zugeführt werden, die zur Erzeugung einer zusätzl. Leistung (Milch, Fleisch) benötigt werden. Je nach den mengenmäßigen F.-Anteilen spricht man von **Grund-F.** (Haupt-F.) und **Bei-F.** (Zusatz-F.). Zum **Saft-F.** gehören Grün-F. (frische F.-Pflanzen), Gär-F. (Silo-F.) und Hackfrüchte,

zum **Rau-F.** getrocknetes Grün-F. (Heu), Stroh und Spreu. Als **Kraft-F.** dienen bes. Abfälle und Nebenerzeugnisse der Nahrungsmittelind., wie Kleie oder Ölkuchen.
📖 *Kirchgessner, M.: Tierernährung. Frankfurt am Main* [8]*1992. – Kamphues, J. u. Flachowsky, G.: Tierernährung – Ressourcen u. neue Aufgaben. Braunschweig* [3]*2001.*
3) *Textiltechnik:* Innenauskleidung für Oberbekleidung aus haltbarem Gewebe **(F.-Stoff)**; bei Schuhen und Täschnerwaren die Innenverkleidung.
4) *Werkzeugmaschinen:* Vorrichtung zum Einspannen von Werkstücken oder Werkzeugen **(Spannfutter).**
Futteral [mlat., zu fotrum »Überzug«] *das,* der Form angepasste Hülle für einen Gegenstand.
Futterautomat, Vorrichtung, die den Tieren das Futter selbsttätig, periodisch und meist dosiert zuteilt, bes. in der Geflügel-, Schweine- und Rinderhaltung.
Futtermittel, *Landwirtschaft:* ↑Futter.
Futterpflanzen, zur Futtergewinnung angebaute Pflanzen wie Klee, Futterrüben, Mais oder Futtergräser.
Futterrübe, ↑Runkelrübe.
Futtersilo (Futterturm), ↑Silo.
Futuna [fyty'na, frz.], Pazifikinsel, ↑Wallis und Futuna.
Futur [lat., zu futurus »künftig«] *das* (lat. Futurum), Tempus des Verbs. Das F. I bezeichnet ein erwartetes, in der Zukunft ablaufendes Geschehen; im Deutschen gebildet mit dem Hilfsverb werden und dem Infinitiv (»ich werde arbeiten«); häufig wird jedoch zur Bez. des Zukünftigen der Präsens gebraucht (»er kommt morgen«). – Das F. II bezeichnet den vermuteten Abschluss einer Handlung (»er wird sich seine Gedanken gemacht haben«). (↑Verb, Übersicht)
Futures [ˈfjuːtʃəz; engl., Pl. von future »Zukunft«], Sammelbez. für standardisierte Terminkontrakte, die an Börsen gehandelt werden und neben dem spekulativen Aspekt v. a. der Absicherung von Wechselkurs-, Aktienkurs- oder Zinsänderungsrisiken dienen. Stark an Bedeutung gewonnen haben die **Financial Futures,** wobei Terminkontrakte auf Devisen (Currency-Futures), festverzinsl. Wertpapiere (Interest-Rate-Futures) und Aktienindizes (Stock-Index-Futures) unterschieden werden. (↑Termingeschäfte)
Futurismus [lat.] *der,* Anfang des 20. Jh. in Italien aufgekommene, nach Russland ausgreifende revolutionierende, v. a. künstler., aber auch polit. Bewegung mit starken Einflüssen auf Expressionismus, Dadaismus und Surrealismus.

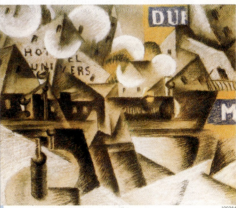

Futurismus: Gino Severini, »Der Zug zwischen den Häusern« (Hamburg, Kunsthalle)

Literatur: Auf das 1909 im »Figaro« veröffentlichte Gründungsmanifest des italien. literar. F. von F. T. Marinetti folgte eine Flut von Manifesten zu fast allen künstler. Bereichen sowie zur Politik (deutlich faschistisch Marinettis »F. und Faschismus«, 1924). Der F. proklamierte die Zerstörung der Traditionen und wollte, dass Literatur stattdessen das moderne Leben, die Welt der Technik als »Bewegung« spiegeln sollte, als »allgegenwärtige Geschwindigkeit, die die Kategorien Raum und Zeit aufhebt«. Für eine solche Lit. war die Schaffung einer eigenen Sprache, Syntax und Grammatik nötig (»Techn. Manifest der futurist. Lit.«, 1912). In ebendiesen sprachl. und formalen Neuerungen lag die Bedeutung des **italien.** F. Auch die **russ. Futuristen** (1910–20) betonten das Recht des Dichters auf Revolutionierung des poet. Stoffes, des Wortschatzes und der Syntax (D. Burliuk, W. Chlebnikow, A. J. Krutschonych, W. W. Majakowski).
Malerei, Plastik, Architektur: Mit Marinetti gaben u. a. U. Boccioni, C. Carrà, L. Russolo und G. Balla 1910 das »Manifest der futurist. Malerei« heraus, gefolgt vom »Techn. Manifest der futurist. Malerei«. Bewegung und Energie wurden im **italien.** F. durch den »Komplementaris-

mus«, das ständige Sichdurchdringen und Ergänzen der Formen und Farben (da Licht und Bewegung die Stofflichkeit der Körper zerstören), wiedergegeben, seit 1912 als simultane Darstellung von Bewegungsimpulsen. Boccioni forderte 1912 auch für die Plastik dynamische Simultaneität, A. Sant'Elia eine futurist. Architektur. Auf dem 1920 in Moskau von N. Gabo und A. Pevsner veröffentlichten »Techn. Manifest« basierend, strebte der **russ. F.** in der bildenden Kunst auf konstruktivist. Basis eine absolute Gestaltung ohne Wiedergabe individueller Empfindungen an. Mechan. Bewegungsimpulse und elektr. Licht wurden in dreidimensionale Objekte mit einbezogen.

📖 *Demetz, P.: Worte in Freiheit. Der italien. F. u. die dt. literar. Avantgarde (1912–1934). Mit einer ausführl. Dokumentation. München 1990. – Schmidt-Bergmann, H.: ... F. Geschichte, Ästhetik, Dokumente. Reinbek 1993.*

Futurologie [lat.] *die,* 1943 von dem Politologen O. K. Flechtheim geprägter Begriff für die systematisch-krit. Behandlung von Zukunftsfragen (↑Zukunftsforschung).

Fux, Johann Joseph, österr. Komponist und Musiktheoretiker, * Hirtenfeld (heute zu Langegg bei Graz) 1660, † Wien 13. 2. 1741; 1696–1702 Organist in Wien, wurde 1698 kaiserl. Hofkomponist und 1715 Hofkapellmeister. Bed. ist sein Lehrbuch des Kontrapunkts (»Gradus ad Parnassum«, 1725). In seinem Schaffen (Instrumentalmusik, Opern) vereinigte er italien. und bodenständige Traditionen mit älteren kontrapunkt. Techniken.

Fuxin [-ç-], Stadt in der Prov. Liaoning, China, in der südwestl. Mandschurei, 635 500 Ew.; Steinkohlenbergbau und Kohlekraftwerke, chem. Industrie.

Fuzhou [fudʒəʊ] (Futschou, Foochow), Hptst. der Prov. Fujian, in SO-China, in Küstennähe am Min Jiang, 874 800 Ew.; Univ., Schiffbau, elektron., chem. Ind. Kunsthandwerk (Lackarbeiten); Seehafen. 1984 zur »offenen Küstenstadt« erklärt. – Im 19. Jh. Zentrum des chines. Teehandels.

Fuzuli [-z-] (Fusuli), Muhammad ibn Süleiman, türk. Schriftsteller, * Ende 15. Jh., † in Irak (Kerbela?) 1566; bedeutendster Klassiker der türk. Literatur. Über sein Leben ist wenig bekannt. Einem in Irak siedelnden Oghusenstamm zugehörig, schrieb er neben aserbaidschanisch-türkischen (Muttersprache) auch arab. und pers. Werke. Sein Weltbild ist von einer sektenfreien Hinwendung zur Mystik geprägt. F. gilt als Meister der Ghaseldichtung.

Fuzz-Booster [ˈfʌzbuːstə, engl.] *der,* elektron. Einrichtung zur Klangverzerrung (hervorgerufen durch Amplitudenbegrenzung der erzeugten Schwingungen) mit nachfolgendem Verstärker, z. B. für elektr. Gitarren.

Fuzzylogik [ˈfʌzɪ-; zu engl. fuzzy »verschwommen«, »unscharf«], Logiksystem, das mehrere bis unendlich viele Wahrheitswerte kennt. Die F. stellt eine Erweiterung der klass. Logik und Mengenlehre dar, indem anstelle der klass. (»scharfen«) Wahrheitswerte 0 (»falsch«) und 1 (»wahr«) beliebige Zahlen des abgeschlossenen Einheitsintervalls als »unscharfe«, kontinuierl.) Werte zugelassen sind, sodass eine Darstellung und Verarbeitung unpräziser Informationen (wie »stark bewölkt«, »scharf bremsen« usw.) möglich ist. Nach diesem Kontinuitätsbegriff kann jedes Element mit einem gewissen Zugehörigkeitsgrad zu einer bestimmten Menge (**Fuzzymenge**) gehören. – Das zurzeit wichtigste Anwendungsgebiet der F. ist die Regelungstechnik. Dort kommt sie in **Fuzzyreglern** zum Einsatz, wenn Störgrößen nicht exakt quantifiziert werden können, ihre Anzahl zu groß oder ihr Zusammenhang mit einer Regelgröße nicht genau bekannt ist. Fuzzyregler werden z. B. in Schienenfahrzeugen, Waschmaschinen und Kameras eingesetzt.

📖 *Grauel, A.: Fuzzy-Logik. Einf. in die Grundlagen mit Anwendungen. Mannheim u. a. 1995. – Kosko, B.: Die Zukunft ist fuzzy. Unscharfe Logik verändert die Welt. A. d. Amerikan. München u. a. 2001. – Eiden, W.: Präzise Unschärfe. Informationsmodellierung durch Fuzzy-Mengen. Stuttgart 2003.*

FVP, Abk. für ↑Freie Volkspartei.

Fyn [fyːn], dän. Name der Insel ↑Fünen.

Fyt [fɛjt], Jan, fläm. Maler, getauft Antwerpen 15. 3. 1611, † ebd. 11. 9. 1661; Schüler von F. Snyders, malte großzügig aufgebaute Jagd- und Tierbilder sowie Stillleben, die sich durch ihre Beleuchtungseffekte auszeichnen.

fz., *Musik:* Abk. für forzato (↑sforzato).

g, G, 1) Konsonant (↑Laut), der siebente Buchstabe des dt. Alphabets; stimmhafter velarer Verschlusslaut. Eine lat. Umbildung des C, nimmt das G im Alphabet die Stelle des (zwischenzeitlich aufgegebenen) Z ein, das später wieder neu aufgenommen und am Schluss eingefügt wurde.
2) *Börsenwesen:* Abk. G auf Kurszetteln für Geld im Sinne von Nachfrage.
3) *Einheitenzeichen:* g für Gramm; ᵍ für Neugrad, G für Gauß.
4) *Formelzeichen:* g für den Betrag der ↑Fallbeschleunigung, G für die ↑freie Enthalpie und die Gravitationskonstante.
5) *Münzwesen:* G, Kennbuchstabe auf dt. Reichsmünzen seit 1872 und denen der Bundesrep. Dtl. für die Münzstätte Karlsruhe, auf preuß. Münzen 1753–54 Stettin, auf frz. Münzen 1539–1772 Poitiers und auf schweizer. 1799–1805 sowie 1812 Genf, auf österr. Münzen 1761–63 Graz, 1764–69 Günzburg, 1766–1829 Nagybánya (heute Baia Mare, Rumänien).
6) *Musik:* g der fünfte Ton der C-Dur-Tonleiter; g Zeichen für g-Moll; G Zeichen für G-Dur; G der G-Schlüssel, Violinschlüssel.
7) *Vorsatzzeichen:* G für ↑Giga.
G 20, am 25. 9. 1999 gegr. Forum für die Weiterentwicklung des internat. Wirtschafts- und Finanzsystems unter den Bedingungen der Globalisierung, dem 19 Staaten – neben den G 8 (G-7-Staaten und Russland) Argentinien, Australien, Brasilien, China, Indien, Indonesien, Mexiko, Saudi-Arabien, Südafrika, Süd-Korea und die Türkei – sowie IWF und Weltbank angehören. Die kleineren europ. Staaten werden politisch durch den Präs. der Europ. Kommission vertreten. Das Gründungstreffen fand am 15./16. 12. 1999 in Berlin statt.
G 7, Bez. für die sieben führenden westl. Ind.staaten (↑Weltwirtschaftsgipfel).
G 77, ↑Gruppe der 77.
G 8, ↑Weltwirtschaftsgipfel.

g, G 1): Druckschriftvarianten

Ga, chem. Symbol für ↑Gallium.
Ga., Abk. für den Bundesstaat Georgia, USA.
Gaa, grch. Göttin, ↑Gaia.
Gaarder ['gɔːdər], Jostein, norweg. Schriftsteller, *Oslo 8. 8. 1952; unterrichtete Philosophie; G. verwendet in seinen v. a. für ein jugendl. Publikum geschriebenen Büchern postmoderne Techniken wie die Vermischung von unterschiedl. Realitätsebenen (»Das Kartengeheimnis«, 1990; »Sofies Welt«, 1991; »Das Leben ist kurz«, 1996).
Gabal [dʒ-], arabisch für Berg, Gebirge; ↑Djebel.
Gabardine ['gabardiːn, gabar'diːn(ə); frz. von span.] *der,* auch *die,* Gewebe aus Wolle, Baumwolle oder Chemiefaserstoffen, das infolge Steilgratköperbindung feine Schrägrippen aufweist.
Gabbro [italien.] *der,* dunkles, bas. Tiefengestein v. a. aus Plagioklas, Klinopyroxen und/oder Hornblende. Überwiegt Orthopyroxen, spricht man von **Norit.** Olivin-G. enthält zusätzlich Olivin. An G. sind wichtige Nickelmagnetkies- und Titanmagnetit-Vorkommen gebunden.
Gabčíkovo [-tʃiː-], Ort im W der Slowak. Rep., östlich von Bratislava, an der Donau auf der Großen Schütt, 4 500 Ew.; bei G. ist seit 1992/93 ein ökologisch umstrittenes Wasserkraftwerk (bis 1989 ein ungarisch-tschechoslowak. Gemeinschaftsprojekt, seit 1994 zw. den Reg. der S. R. und Ungarns rechtlich umstritten, 1997 durch den Internat. Gerichtshof für rechtens erklärt) in Betrieb.
Gabel, Tischgerät; zuerst 1032 in Montecassino erwähnt, diente die G. (mit zwei oder mehreren Zinken) bis ins späte MA. zum Vorlegen v. a. von Fleisch, vom 16. Jh. an zunehmend als Essgerät.
Gabelantilopen (Gabelböcke, Gabelhorntiere, Antilocapridae), wiederkäuende Paarhuferfamilie mit nur einer lebenden Art, dem **Gabelbock** (Antilocapra americana), in den Prärien Nordamerikas. Das Horn ist gegabelt und wird jährlich gewechselt.
Gabelbein (Furcula), die beiden mit ihren medialen Enden verwachsenen Schlüsselbeine der Vögel.
Gabelhirsch, Hirschgattung der südamerikan. Anden, mit Gabelgeweih, so der **Huemul.** (↑Trughirsche)
Gabelle [arab.-italien.-frz.] *die,* Steuer, Abgabe, bes. die Salzsteuer in Frankreich 1341–1790.
Gabelmücken, die ↑Fiebermücken.
Gabelsberger, Franz Xaver, Stenograf, *München 9. 2. 1789, †ebd. 4. 1. 1849; bayer. Kanzleibeamter; schuf die erste kursive Kurzschrift in Anlehnung an die dt. Schreibschrift.
Gabelschaltung, *Telekommunikation:* eine Schaltung mit festen und veränderl. Dämpfungsgliedern; ein Rückkopplungskreis für den schaltungstechn. Übergang Zweidraht/Vierdraht. Die G. kann elektr. Signale in Sende- und Empfangsrichtung trennen bzw. zusammenfassen. Sie wird beim Telefon als Ein-/Ausschalter, z. B. in der Hörerablage oder als entsprechende Funktionstaste, genutzt.
Gabelschwanz (Großer G., Cerura vinula), ein zu den Zahnspinnern gehörender weißgrauer Schmetterling mit rötlich brauner Zeichnung. Die Raupen haben einen gegabelten Anhang, aus dem bei Beunruhigung zwei rote Fäden treten, die ein dünnflüssiges Sekret abgeben.
Gabelstapler, gleisloses Flurfördermittel mit Elektro- oder Dieselantrieb und einer an einem senkrechten Hubgerüst hydraulisch bewegten Gabel zum Stapeln, Entstapeln oder Verladen von Stückgütern über Höhen von mehreren Metern.
Gabelweihe, Greifvogel, ↑Milane.
Gabès [ga'bɛs] (arab. Qabis), tunes. Gouvernoratshptst. und Hafenstadt an der Kleinen Syrte (Golf von G.), in einer Oase, 98 900 Ew.; Handelszentrum; Kunsthandwerk; Erdölraffinerie (vor der Küste Erdöl- und Erdgasförderung); chem., Textilind.; Eisenbahnendpunkt; Fremdenverkehr; Tiefwasserhafen **Ghannouch** (Phosphatexport). – Gegr. als pun. Handelsfaktorei, von den Römern **Tacapae** genannt.
Gabin [ga'bɛ̃], Jean, eigtl. Jean Alexis Moncorgé, frz. Filmschauspieler, *Mériel (Dép. Val d'Oise) 17. 5. 1904, †Neuilly-sur-Seine 15. 11. 1976; Charakterdarsteller; spielte u. a. in »Pépé le Moko« (1936), »Der Tag bricht an« (1939), »Wenn es Nacht wird in Paris« (1954), »Die großen Familien« (1958), »Im Kittchen ist kein Zimmer frei« (1959), auch in zahlr. Filmen um Kommissar Maigret (nach G. Simenon).
Gabione [italien.] *die, Landschaftsbau:* Drahtkorb, der mit Steinmaterialien gefüllt ist; wird zur Abstützung von Steilhän-

gen bzw. Geländevorsprüngen oder als Natursteinmauer verwendet.
Gabirol, Salomon, ↑Ibn Gabirol.
Gable [geɪbl], Clark, amerikan. Filmschauspieler, *Cadiz (Oh.) 1. 2. 1901, †Hollywood 16. 11. 1960; Darsteller von Draufgängertypen u. a. in »Meuterei auf der Bounty« (1935), »Vom Winde verweht« (1939), »Nicht gesellschaftsfähig« (1960).
Gabler, Rehbock (Gabelbock) oder Rothirsch (Gabelhirsch) mit zweiendiger Stange.
Gablonz an der Neiße (tschech. Jablonec nad Nisou), Stadt im Nordböhm. Gebiet, Tschech. Rep., an der Lausitzer Neiße, am Isergebirge, 46 500 Ew.; Maschinenbau, Kunststoff-, Glas-, Schmuckwarenind. (seit 19. Jh.). – 1356 gegr., im 16. Jh. Wüstung und erneut besiedelt; 1866 Stadt. Bis 1945 überwiegend dt. Bevölkerung (Neugründung der ausgesiedelten und vertriebenen Deutschen: Kaufbeuren-Neugablonz).
Gabo ['gɑːbəʊ], Naum, amerikan. Plastiker russ. Herkunft, eigtl. Neemia Borissowitsch Pevsner, *Brjansk 5. 8. 1890, †Waterbury (Conn.) 23. 8. 1977; Bruder von A. Pevsner, mit dem er das »Realist. Manifest« (1920) verfasste, die Programmschrift des russ. ↑Konstruktivismus; seit 1946 in den USA. Seine Gebilde aus Metall, Glas, Kunststoff u. a. Materialien wurden bahnbrechend für die moderne Plastik.
Gabon [gaˈbɔ̃], Staat in Afrika, ↑Gabun.
Gabor ['geɪbə], Dennis, brit. Physiker ungar. Herkunft, *Budapest 5. 6. 1900, †London 9. 2. 1979; arbeitete über Plasmaphysik, Elektronenoptik und Informationstechnik; entwickelte 1948 die ↑Holographie und erhielt dafür 1971 den Nobelpreis für Physik.
Gaborone (bis 1970 Gaberones), Hptst. und Handelszentrum von Botswana, 202 700 Ew.; Univ.; kath. Bischofssitz; Gerberei, Lederverarbeitung, Brauerei; internat. Flughafen.
Gabri|el, einer der Erzengel, in der Bibel (Dan. 8,16 ff.; 9,21 ff.; Lk. 1,26) als Bote Gottes erwähnt; Engel der Verkündigung der Geburt Jesu. Im nachbibl. jüd. Schrifttum ist G. der Straf- und Todesengel; im Islam gilt er als der höchste Engel, von dem Mohammed seine Offenbarung empfing. – Fest: 29. 9. (zus. mit Michael und Raphael).

Gabriel 1) [gabriˈɛl], Jacques, frz. Baumeister, *Paris 6. 4. 1667, †Fontainebleau 23. 6. 1742, Vater von 2); ab 1735 Erster königl. Architekt, bedeutend sind v. a. seine städtebaulichen Entwürfe, u. a. für Rennes (1728 ff.) und Bordeaux (Place de la Bourse, 1733 begonnen, von seinem Sohn 1743 vollendet).
2) [gabriˈɛl], Jacques-Ange, frz. Baumeister, *Paris 23. 10. 1698, †ebd. 4. 1. 1782, Sohn von 1); ab 1742 Erster königl. Architekt; bedeutendster Vertreter eines Klassizismus palladian. Prägung in Frankreich vor der Frz. Revolution.
Werke: École militaire (1750–68) und Place de la Concorde (ab 1755, eingeweiht 1763) mit angrenzenden Hauptgebäuden in Paris; Petit Trianon (1764–68) und das Theater (1763–70) in Versailles.
3) ['geɪbrɪəl], Peter, brit. Sänger und Songschreiber, *London 13. 2. 1950; begann seine Laufbahn als Sänger der Rockband »Genesis«, die er 1975 für eine Solokarriere verließ. G. wurde mit dem von ihm 1982 ins Leben gerufenen WOMAD-Festival (World of Music, Arts and Dance) zu einem der Initiatoren des seit Mitte der 80er-Jahre anhaltenden World-Music-Trends.
4) ['gaːbriːl], Sigmar, Politiker (SPD), *Goslar 12. 9. 1959; Lehrer; seit 1977 Mitgl. der SPD; in Ndsachs. ab 1990 MdL (1998–99 und ab 2003 Fraktionsvors.); wurde Anfang Dez. 1999 MinPräs. (Nachfolger von G. Glogowski; Abwahl am 2. 2. 2003).
Gabrieli, Andrea, *Venedig um 1510, †ebd. 1586; gehörte mit seinem Neffen Giovanni (*zw. 1553 und 1556, †1612) zu den bahnbrechenden Komponisten der venezian. Schule; mehrchörige Kirchenmusik, Madrigale.
Gabrowo, Stadt (Zentrum des Gebiets G.) im mittleren Bulgarien, an der Jantra; 67 400 Ew.; TU; Maschinenbau, Textil-, elektrotechn. u. a. Ind.; Freiluftmuseum. Ausgangspunkt der Balkanquerstraße über den Schipkapass. – Urspr. thrak. Siedlung, später röm. und mittelalterl. Festung; seit dem 14. Jh. Stadt.
Gabun (frz. Gabon, amtlich frz. République Gabonaise; dt. Gabunische Rep.), Staat im westl. Zentralafrika, grenzt im W an den Golf von Guinea (Atlantik), im N an Äquatorialguinea und Kamerun, im O und S an die Rep. Kongo.

GAB Gabun

Gabun

Fläche	267 667 km²
Einwohner	(2003) 1,329 Mio.
Hauptstadt	Libreville
Verwaltungsgliederung	9 Provinzen
Amtssprache	Französisch
Nationalfeiertag	17. 8.
Währung	1 CFA-Franc = 100 Centime
Zeitzone	MEZ

Staat und Recht: Nach der Verf. vom 28. 3. 1991 (mehrfach, zuletzt 1998, geändert) ist G. eine präsidiale Rep. mit Mehrparteiensystem. Staatsoberhaupt und Oberbefehlshaber der Streitkräfte ist der für 7 Jahre direkt gewählte Präs. (einmalige Wiederwahl möglich). Vollziehendes Organ ist die Reg. unter Vorsitz des Premiermin., der vom Präs. ernannt wird. Die Legislative liegt beim Zweikammerparlament, bestehend aus der Nationalversammlung (120 Abg., für 5 Jahre gewählt) und dem Senat (91 Mitgl., von den Gemeinde- und Regionalräten auf 6 Jahre gewählt). Einflussreiche Parteien: Parti Démocratique Gabonais (PDG), Parti Gabonais du Progrès (PGP), Rassemblement National des Bûcherons (RNB).

Landesnatur: Der etwa 200 km breite Küstenstreifen ist mit Mangrovenwald und Savannenvegetation bedeckt und hat im S eine wenig gegliederte Nehrungsküste, während im N das weit ins Meer vorspringende Kap Lopez (Port-Gentil) und das 80 km lange und bis 16 km breite Ästuar des Gabun (Libreville) gute Hafenmöglichkeiten schaffen. Das Innere wird von einem bis über 1 000 m hohen Bergland mit trop. Regenwald (heute weitgehend zerstört), Berg- und Galeriewald eingenommen, Einzugsgebiet zahlr. Flüsse, darunter der 1 200 km lange Ogowe mit seinen Nebenflüssen. Das Klima ist tropisch mit zwei Regenzeiten (Niederschläge zwischen 1 600 und 3 000 mm); die lange Trockenzeit dauert von Mitte Mai bis Mitte September.

Bevölkerung: Es gibt etwa 40 ethn. Gruppen, vorwiegend Bantu (Fang etwa 30%, Eschira 25% u. a.); ferner Pygmäen (1%) und Franzosen. 81% der Bev. leben in Städten. Größte Städte sind Libreville, Port-Gentil und Franceville. – Etwa 87% der Bev. sind Christen (v. a. Katholiken), rd. 4% Muslime (starkes Wachstum). Formen traditioneller afrikan. Religiosität sind über die Anhänger der traditionellen Religionen (etwa 8%) hinaus weit verbreitet. – Es besteht eine zehnjährige allg. Schulpflicht. Die Analphabetenquote beträgt 29%. Univ. in Libreville (gegr. 1970).

Wirtschaft und Verkehr: G. ist reich an Bodenschätzen. Größte Bedeutung hat die Förderung von Erdöl (an der Küste und auf dem Schelf um Port-Gentil), sie erbringt meist über 65% der Staatseinnahmen und rd. 80% der Exporterlöse; dazu kommen die Erdgasförderung sowie der Abbau von Mangan- (Moanda), Uran- (Mounana), Eisenerzen (Belinga und Mekambo), Gold u. a. Bei einem Waldanteil von über zwei Dritteln des Landes ist auch die Holzgewinnung (bes. von Okoumé) ein wichtiger Wirtschaftsfaktor. Die verarbeitende Ind. ist noch wenig entwickelt, v. a. Erdölraffinerie, Nahrungs- und Genussmittelind., Holzverarbeitung, Baustoffind. Die Landwirtschaft dient v. a. der Eigenversorgung (bes. Zuckerrohr, Maniok, Jamswurzel, Kochbananen, Mais, Reis), dennoch muss über die Hälfte der Nahrungsgüter importiert werden; Anbau von Kakao, Kaffee und Erdnüssen sowie Ölpalmen bes. für den Export. – Das Straßennetz ist über 7 600 km lang, nur z. T. asphaltiert. Die 649 km lange Transgabunbahn dient v. a. dem Erz- und Holztransport. Bedeutung hat die Binnenschifffahrt auf dem Ogowe (350 km). Hochseehäfen sind Libreville-Owendo und Port-Gentil. Internat. Flughäfen: Libreville, Port-Gentil und Franceville. Nat. Luftfahrtges.: »Air Gabon«.

Geschichte: Die Küste G.s wurde 1472 von den Portugiesen entdeckt, jedoch kam es in der Folgezeit zu keiner festen Ansiedlung von Europäern. Seit 1839 war G. in frz. Besitz. 1849 gründete die frz. Kolonialmacht Libreville als Siedlung für freige-

Gadamer GAD

Gabun: Atlantikküste

lassene Sklaven. 1910–59 war G. ein Territorium von Französisch-Äquatorialafrika. Im Rahmen der Frz. Gemeinschaft besaß es 1959–60 innere Autonomie. 1960 erhielt G. die Unabhängigkeit, unterhielt jedoch weiterhin enge Beziehungen zu Frankreich. Staatspräs. O. Bongo, seit 1967 im Amt, gründete 1968 auf der Basis des PDG ein Einparteiensystem und ließ sich in den folgenden Jahrzehnten mehrfach im Amt bestätigen. Nach der offiziellen Einführung eines Mehrparteiensystems durch die Verf. von 1991 wurde Bongo 1993 bei den ersten Präsidentschaftswahlen mit Gegenkandidaten wieder gewählt. Anhaltende Konflikte des Präs. mit der Opposition, die die Rechtmäßigkeit der Wiederwahl Bongos anzweifelte und den Oppositionskandidaten Paul Mba Abessole zum Wahlsieger erklärte, führten 1994 zum Pariser Abkommen, das eine Reg.beteiligung der in Opposition stehenden Kräfte und Neuwahlen vorsah. Bei den Parlamentswahlen 1996 konnte der regierende PDG die Mehrheit der Mandate erringen, bei den Präsidentschaftswahlen 1998 wurde Bongo im Amt bestätigt.

📖 *Aicardi de Saint-Paul, M.: Gabon. The development of a nation.* A. d. Frz. London 1987. – *Barnes, J. F.: Gabon. Beyond the colonial legacy.* Boulder, Colo. 1993. – *Edzodzomo-Ela, M.: De la démocratie au Gabon.* Paris 1993. – *Richard, A. u. Léonard, G.: Le Gabon. Géographie active.* Libreville 1993. – *Gardinier, D. E.: Historical dictionary of Gabon.* Metuchen, N. J. ²1994.

Gad [hebr. wahrscheinlich »Glück«], **1)** semit. Glücksgott (Jes. 65, 11).
2) Prophet zur Zeit Davids (2. Sam. 24, 11 ff.).
3) israelit. Stamm im Ostjordanland, nach einem Sohn Jakobs benannt (1. Mos. 30, 11).

Gadamer, Hans-Georg, Philosoph, * Marburg 11. 2. 1900, † Heidelberg 13. 3. 2002; entwickelte, Impulse von W. Dilthey, E. Husserl und M. Heidegger aufnehmend, eine »philosoph. Hermeneutik« (v. a. in »Wahrheit und Methode«, 1960). Diese

Hans-Georg Gadamer

fragt nach den Bedingungen der Möglichkeit des Verstehens, das nicht als eine unter vielen Verhaltensweisen des Menschen, sondern als »die Seinsweise des Daseins selber« verstanden wird. G. sieht das Ver-

stehen durch einen traditions- und überlieferungsbestimmten Verstehens-»Horizont« bedingt, aus dem Fragen und Vorurteile des Interpreten erwachsen.
Weitere Werke: Vernunft im Zeitalter der Wiss. (1976); Die Aktualität des Schönen (1977); Das Erbe Europas (1989); Erziehung ist sich erziehen (2000).
📖 *Grondin, J.: H.-G. G. Eine Biographie. Studienausg. Tübingen 2000.*

Gadames, Oasenstadt in Libyen, ↑Ghadamis.

Gadda, Carlo Emilio, italien. Schriftsteller, *Mailand 14. 11. 1893, †Rom 22. 5. 1973; einer der bedeutendsten zeitgenöss. Schriftsteller Italiens; schrieb vielschichtige Romane und Erzählungen in ironisch-bizarrer Prosa: »Die gräßl. Bescherung in der Via Merulana« (R., 1957); »Die Erkenntnis des Schmerzes« (R., 1963); »Die Liebe zur Mechanik« (R., 1970); auch Essays.

Gaddhafi (al-G., Khadafi), Moamar (Mahmoud), libyscher Politiker, *Sirte (Tripolitanien) Sept. 1942(?); Offizier, stürzte gemeinsam mit anderen Offizieren 1969 die Monarchie und übernahm den Oberbefehl über die Streitkräfte. 1969–77 war er als Vors. des Revolutionsrates Staatsoberhaupt, 1970–72 auch Verteidigungsmin. und MinPräs., 1977–79 Gen.-Sekr. des Allgemeinen Volkskongresses. Seit 1979 ohne polit. Funktion, übt G. als »Führer der Revolution« weiterhin den entscheidenden Einfluss auf die Politik seines Landes aus. In seiner Außenpolitik vertritt er eine Politik der arab. Einheit, blieb aber hierbei ohne bleibenden Erfolg. Im Nahostkonflikt ist G. einer der entschiedensten Gegner Israels; er gilt als Förderer zahlreicher terrorist. Aktivitäten.

Gaddi, italien. Malerfamilie in Florenz: Taddeo G., *Florenz (?) um 1300, †ebd. 1366; einer der bedeutendsten Schüler Giottos, dessen Stil er durch realist. Züge, neuartige Lichtwirkungen und Architekturdarstellungen bereicherte (Fresken aus dem Marienleben u. a. in Santa Croce, Florenz). Sein Sohn und Schüler Agnolo G. (*Florenz um 1350, begraben ebd. 16. 10. 1396), führte die Werkstatt fort (Freskenfolgen in Santa Croce, Florenz, und im Dom von Prato).

Gaddis [ˈgædɪs], William, amerikan. Schriftsteller, *New York 29. 12. 1922, †East Hampton (N. Y.) 16. 12. 1998; gilt mit seinen formal komplexen und innovativen, kulturkrit. Romanen als einer der Wegbereiter der Postmoderne, dem eine breite Wirkung lange versagt blieb; Romane: »JR« (1975), »Die Erlöser« (1985), »Letzte Instanz« (1994).

Gade [ˈgɑːðə], Niels Wilhelm, dän. Komponist und Dirigent, *Kopenhagen 22. 2. 1817, †ebd. 21. 12. 1890; schuf an F. Mendelssohn Bartholdy und R. Schumann orientierte Werke: Ballette, Ouvertüren (»Nachklänge an Ossian«, 1840), Sinfonien, Chorwerke mit Orchester, Kammermusik, Klavierstücke.

Gadebusch, Stadt im Landkr. Nordwestmecklenburg, Meckl.-Vorp., 6300 Ew.; Bauind. – Spätroman. Backsteinkirche (um 1220/30), Renaissanceschloss (1570/73), Rathaus (im Kern 14. Jh.) mit Gerichtslaube (1618). – 1194 erstmals erwähnt, 1225 Stadtrecht; bis 1994 Kreisstadt.

Gaden, 1) *schweizer.,* auch *niederdt.:* Haus mit nur einem Zimmer; Kammer; Stockwerk.
2) (Ober- oder Lichtgaden), die durchbrochene, die Seitenschiffdächer überragende Mittelschiffwand einer Basilika.

Gades, Antonio, eigtl. A. Esteve, span. Tänzer, Choreograph und Ballettdirektor, *Elda (Prov. Alicante) 16. 11. 1936, †Madrid 20. 7. 2004; galt als einer der führenden span. Tänzer und Choreographen; u. a. Flamenco-Trilogie (»Bluthochzeit«, 1981; »Carmen«, 1983; »Liebeszauber«, 1986; von C. Saura verfilmt), Ballette »Feuer« (1988), »Fuenteovejuna« (1994).

Gadget [ˈgædʒɪt, engl.] *das,* kleine Werbebeigabe.

Gadolinit [nach dem finn. Chemiker J. Gadolin, *1760, †1852] *der,* $Y_2FeBe_2[O|SiO_4]_2$, neben Yttrium viele andere Seltenerdmetalle sowie Thorium enthaltendes monoklines Mineral, schwarz, meist derb; Vorkommen in Granitpegmatiten.

Gadolinium [nach dem finn. Chemiker J. Gadolin, *1760, †1852] *das,* chem. Symbol **Gd,** Seltenerdmetall aus der Gruppe der Lanthanoide, Ordnungszahl 64, relative Atommasse 157,25, Dichte 7,90 g/cm³ (bei 25°C), Schmelzpunkt 1314°C, Siedepunkt 3264°C. – G. ist ferromagnetisch und zeigt Supraleitfähigkeit. Es hat von allen Elementen den höchsten Absorptionsquerschnitt für Neutronen, wird deshalb in der Kerntechnik verwendet; dient auch als Legierungsbestandteil.

Gaggenau GAG

Gaede ['gæ-], Wolfgang, Physiker, * Lehe (heute zu Bremerhaven) 25. 5. 1878, † München 24. 6. 1945; 1919–34 Prof. in Karlsruhe, schuf die Grundlagen der modernen Hochvakuumtechnik. Er erfand und verbesserte 1905 die nach ihm benannte rotierende Quecksilberluftpumpe; entwickelte 1912/13 die Molekularluftpumpe in Gestalt der rotierenden Pumpe, 1914/15 die ↑Diffusionspumpe und 1936 die Gasballastpumpe.

Juri Gagarin

Gaeta, Hafenstadt in Latium, Prov. Latina, Italien, am Golf von G. (Tyrrhen. Meer), 22 500 Ew., kath. Erzbischofssitz; keram. Ind.; Badeort. – Roman. Dom, Kastell (13., 15., 16. Jh.; heute Gefängnis). – G. (**Caieta**), eine grch. Kolonie der Antike, erlangte im MA. Bedeutung durch den Seehandel; stand bis ins 19. Jh. unter wechselnder Herrschaft; 1860/61 letztes Bollwerk der neapolitan. Bourbonen.
Ga|etani, Adelsgeschlecht, ↑Caetani.
Gaffel, an einem Mast verschiebbare, schräg nach oben ragende Stange; trägt bei Segelschiffen das unregelmäßige, viereckige **G.-Segel**.
Gaffer ['gæfə, amerikan.], *Film:* der Chefbeleuchter bei Dreharbeiten.
Gaffky [-ki], Georg Theodor August, Bakteriologe, * Hannover 17. 2. 1850, † ebd. 23. 9. 1918; Mitarbeiter Robert Kochs. 1884 züchtete er erstmals Typhusbakterien in Reinkultur.
Gafsa, Provinzhptst. und Oase in Tunesien, 71 100 Ew.; bed. Phosphatabbau; Textilind., Teppichherstellung. – Numid. Gründung, röm. Kolonie **Capsa;** vorgeschichtl. Funde (↑Capsien).
Gag [gɛk, engl.-amerikan.] *der,* effektvoller, witziger Einfall im Film, auf der Bühne, in der Werbung.
Gagaku *die,* die klass. (ga) Musik (gaku) Japans, Instrumentalmusik mit dazugehörigen Tänzen.
Gagarin, Juri Alexejewitsch, sowjet. Fliegeroffizier, Kosmonaut, * Kluschino (Gebiet Smolensk) 9. 3. 1934, † (Flugzeugabsturz) bei Nowosjolowo (Gebiet Wladimir) 27. 3. 1968; umkreiste am 12. 4. 1961 als erster Mensch die Erde in einem »Wostok«-Raumfahrzeug (1 h 48 min).
Gagat [grch., nach der antiken Stadt Gagas in Kleinasien] *der* (Jet), eine zu Schmuckzwecken verwendete polierbare, bitumenreiche, tiefschwarze Braunkohle.
Gagausen, christl. Turkvolk im autonomen Gebiet **Gagausien** (1 832 km², 171 500 Ew.) in Moldawien (etwa 150 000) sowie in der Ukraine (31 900), außerdem in anderen GUS-Staaten, Rumänien und Bulgarien; insgesamt etwa 190 000.
Gage ['ga:ʒə, frz.] *die,* Bezahlung, Gehalt von Künstlern.
Gagea, die Pflanzengattung ↑Goldstern.
Gagelstrauch (Heidegagelstrauch, Gagel, Myrica gale), zu den Gagelgewächsen gehörender, in feuchten Heiden und Mooren vorkommender, 0,5–2 m hoher, aromatisch duftender Strauch mit unscheinbaren, vor den Blättern erscheinenden Blüten.
Gagern, dt. Uradelsgeschlecht (1290 Ersterwähnung; Stammsitz Gawern auf Rügen). – Bedeutend v. a.:
1) Friedrich Freiherr von, österr. Schriftsteller, * Schloss Mokritz (Krain) 26. 6. 1882, † Geigenberg (heute zu Leonhard am Forst, Bez. Melk) 14. 11. 1947; schrieb v. a. Jagd-, Tier- und Abenteuergeschichten (»Im Büchsenlicht«, 1908).
2) Wilhelm Heinrich August Freiherr von, Politiker, * Bayreuth 20. 8. 1799, † Darmstadt 22. 5. 1880; zunächst Führer der Liberalen im Großherzogtum Hessen; am 19. 5. 1848 zum Präs. der ↑Frankfurter Nationalversammlung gewählt, übernahm am 18. 12. den Vorsitz im »Reichsministerium«; versuchte in der dt. Frage durch das **gagernsche Programm** (Schaffung eines »Engeren Bundes« und eines »Weiteren Bundes«) zu vermitteln. Nach dessen Scheitern wirkte er an einer kleindt. Verfassung mit, die zur Wahl König Friedrich Wilhelms IV. von Preußen zum dt. Kaiser führte. Nachdem dieser die Kaiserkrone abgelehnt hatte, trat G. am 21. 5. 1849 aus der Frankfurter Nationalversammlung aus.
Gaggenau, Stadt (Große Krst.) im Land-

Gagman

kreis Rastatt, Bad.-Württ., im Murgtal, 31 400 Ew.; Auto-, Maschinen-, Werkzeug-, Gerätebau, Metallind., Herstellung von Verkehrsleitsystemen, Verkehrstechnik und Bauprodukten; im Ortsteil **Bad Rotenfels** Thermalbad. – 1243 ersterwähnt, seit 1922 Stadt.

Gagman [ˈgægmən, engl.-amerikan.] *der,* jemand, der Gags erfindet.

Gagnoa [ɡaɲoˈa], Stadt im S der Rep. Elfenbeinküste, 42 300 Ew.; Erzbischofssitz; Verw.- und Handelszentrum; Holzverarbeitung.

Gähnen, reflektor. Leistung von Muskelgruppen des Zwerchfells, ausgelöst durch Sauerstoffmangel oder Blutleere des Gehirns sowie Ermüdung des Nervensystems. Die Ursache ist weitgehend unbekannt.

Gahnit *der* (Zinkspinell), $ZnAl_2O_4$, kub. dunkelgrünes Mineral, kann auch Magnesium, Eisen oder Mangan enthalten.

Gahse, Zsuzsanna, Schriftstellerin ungar. Herkunft, * Budapest 27. 6. 1946; verließ Ende 1956 ihre Heimat, lebte zunächst in Wien, seit 1961 in der Bundesrep. Dtl. Ihre Prosa, die das Schicksal des Exils spiegelt, schildert in knapper Sprache komplizierte menschl. Beziehungen (u. a. »Zero«, 1983; »Abendgesellschaft«, 1986; »Kellnerroman«, 1996; »Nichts ist wie«, 1999).

Gaia [grch. »Erde«] (Ge, Gäa, lat. Tellus, Terra), *grch. Mythos:* Erdgöttin, aus dem Chaos entstanden. Nach der »Theogonie« Hesiods gebar sie den Himmel (Uranos), die Berge, das Meer (Pontos) und, von Uranos befruchtet, Titanen und Kyklopen. Da Uranos seine Kinder hasste und sie in die Erde zurückstieß, entmannte das jüngste, Kronos, mithilfe seiner Mutter den Vater. Aus den Blutstropfen, die auf die Erde fielen, gebar G. die Erinnyen und die Giganten.

Gaia-Hypothese [nach der grch. Erdgöttin], in den 1970er-Jahren aufgestellte Theorie, dass die Natur als eine Vielzahl von Ökosystemen, d. h. vielfältig in sich gegliederten, sich selbst regulierenden Ganzheiten anzusehen ist, vielleicht sogar im Ganzen eine Art Lebewesen darstellt; begründet von dem britischen Biologen James Lovelock.

Gail *die,* 125 km langer, rechter Nebenfluss der Drau in Kärnten, Österreich, entspringt am Kartitscher Sattel in Osttirol, durchfließt in enger Schlucht das Lesachtal (oberes Gailtal) mit dem Wallfahrtsort Luggau, mündet bei Kötschach-Mauthen in das breite eigentl. **Gailtal** mit dem Hauptort Hermagor-Pressegger See, mündet östlich von Villach.

Gaildorf, Stadt im Landkreis Schwäbisch Hall, im Kochertal, Bad.-Württ., 12 100 Ew.; Holz-, Kunststoff-, Metall verarbeitende Ind., Schaltgerätewerk. – Ehem. Wasserschloss (15.–17. Jh.), Stadtkirche (16. Jh.). – 1404 Stadtrecht.

Thomas Gainsborough: Dame in Blau (Porträt der Duchesse von Beaufort), um 1780 (Sankt Petersburg, Eremitage)

Gailit, August, estn. Schriftsteller lett. Herkunft, * Sangaste (bei Valka) 9. 1. 1891, † Örebro (Schweden) 5. 11. 1960; Vertreter eines düsteren und fantast., neoromant. Realismus mit iron. und grotesken Zügen.

Gaillard [gaˈjaːr], Eugène, frz. Architekt und Möbelzeichner, * 31. 1. 1862, † Paris 1933; bed. Vertreter des Art nouveau (Jugendstil).

Gaillarde [gaˈjardə, frz.] *die,* im 15. bis 17. Jh. weit verbreiteter lebhafter Tanz im Tripeltakt, wahrscheinlich italien. Herkunft; urspr. Nachtanz zur Pavane und Werbetanz.

Gailtaler Alpen, Teil der Südl. Kalkalpen zw. Drau und Gail, von den Karnischen Alpen durch das Gailtal getrennt, Österreich; im W-Teil, den **Lienzer Dolomiten,** bis 2 772 m hoch.

gaîment [gɛ'mã, frz.], musikal. Vortragsbez.: lustig, fröhlich, heiter.

Gainesville ['geɪnzvɪl], Stadt in Florida, USA, 96 100 Ew.; Sitz der Staatsuniversität von Florida u. a. wiss. Institutionen.

Gainsborough ['geɪnzbərə], Thomas, engl. Maler, getauft Sudbury (bei Ipswich) 14. 5. 1727, † London 2. 8. 1788; neben J. Reynolds der Hauptmeister der engl. Bildnismalerei (v. a. Ganzfigurenporträts mit Landschaftshintergrund). Seine Naturbilder geben eine typische engl. Landschaft wieder, in zarten Tönen und hell leuchtenden Farben, die eine Vorstufe zur Kunst J. Constables bilden.
Werke: Der Knabe in Blau (The Blue Boy, um 1770, San Marino, Calif., Huntington Art Gallery); Mrs. Robinson als Perdita (1781/82, London, Wallace Collection); Mrs. Siddons (1783/85, ebd., National Gallery).

Gaiser, Gerd, Schriftsteller, * Oberriexingen (Kr. Ludwigsburg) 15. 9. 1908, † Reutlingen 9. 6. 1976; behandelte in Romanen (»Eine Stimme hebt an«, 1950; »Die sterbende Jagd«, 1953) und Erzählungen (»Einmal und oft«, 1956; »Ortskunde«, hg. 1977) Isoliertheit des Einzelnen und Sattheit des Wohlstandsbürgers (»Schlußball«, 1958).

Gaismair (Gaysmayr), Michael, * Sterzing um 1491, † (ermordet) Padua April 1532; Schreiber und Zöllner des Bischofs von Brixen; übernahm im Bauernkrieg 1525 die Führung der Tiroler Bauern und versuchte, beeinflusst von Zwingli, in seiner »Tiroler Landesordnung« (1526) eine christl., demokrat. Bauernrepublik zu begründen.

Gaita [span.] *die,* Bez. für verschiedenartige span. Blasinstrumente (z. B. Dudelsack aus Ziegenleder, Hirtenflöte).

Gaitskell ['geɪtskəl], Hugh Todd, brit. Politiker, * London 9. 4. 1906, † ebd. 18. 1. 1963; Mitgl. der Labour Party, 1950 Wirtschaftsmin., 1950–51 Schatzkanzler, war 1955–63 Führer seiner Partei im Unterhaus.

Gaius, röm. Jurist um die Mitte des 2. Jh. n. Chr. Seine »Institutionen«, ein jurist. Elementarwerk in vier Büchern, sind das einzige fast vollständig überlieferte Werk der klass. röm. Rechtswissenschaft. In überarbeiteter Form wurden sie in das ↑Corpus Iuris Civilis übernommen.

Gaj, Ljudevit, kroat. Kulturpolitiker und Publizist, * Krapina (bei Zagreb) 8. 7. 1809, † Zagreb 20. 4. 1872; Ideologe und Führer des ↑Illyrismus.

Gajdusek [geɪ'duːsək], Daniel Carleton, amerikan. Kinderarzt und Virologe, * Yonkers (N. Y.) 9. 9. 1923; erhielt 1976 mit B. S. Blumberg für die Entdeckung neuer Mechanismen bei der Entstehung und Verbreitung von Infektionskrankheiten den Nobelpreis für Physiologie oder Medizin.

gal, Einheitenzeichen für ↑Gallon.

Gala [span. »Prunkkleidung«] *die,* **1)** festl. (Staats-)Kleidung für besondere Anlässe. **2)** Theater-, Opernaufführung; Auftritt von (Unterhaltungs-)Künstlern in festl. Rahmen.

galaktisch [von grch. gála »Milch«], zur Galaxis, dem Milchstraßensystem, gehörig.

galaktisches System, astronom. Koordinatensystem (↑astronomische Koordinaten).

galaktisches Zentrum, der in rd. 30 000 Lichtjahren Entfernung in Richtung des Sternbildes Schütze liegende Kernbereich des ↑Milchstraßensystems.

Galaktographie: Darstellung der Milchgänge in den oberen Segmenten der weiblichen Brust nach Kontrastmittelinjektion (Normalbild)

Galaktographie [grch.] *die* (Duktugraphie), *Medizin:* röntgenolog. Darstellung der Milchdrüsengänge in der weibl. Brust; wichtige Ergänzungsuntersuchung zur Mammographie bei Frauen mit auffälliger Sekretion (Absonderung) aus der Brustwarze.

Galaktosämie [grch.] *die* (Galaktoseintoleranz), angeborene erbl. Unverträglichkeit gegenüber Galaktose (Bestandteil des

GAL Galaktose

Milchzuckers) infolge eines Enzymmangels. Ernährung mit Frauen- oder Kuhmilch führt bei betroffenen Säuglingen zu schwerer Erkrankung mit Erbrechen, Lebervergrößerung, Gelbsucht, Hirn- und Augenschäden. Die Behandlung besteht in rechtzeitiger milch- und milchzuckerfreier Säuglingsernährung sowie einer lebenslangen galaktosefreien Diät.

Galaktose [grch.] *die,* zu den Hexosen gehörender Zucker (Monosaccharid), kommt v. a. in Milchzucker und Pektinstoffen vor und wird im Organismus in Glucose umgewandelt und abgebaut.

Galakturonsäure [grch.], eine Uronsäure, Grundbaustein der Pektine.

Galan [span.] *der,* Mann, der sich mit besonderer Höflichkeit, Zuvorkommenheit um eine Frau bemüht; auch: (ironisch) Liebhaber, Freund. – **galantes Zeitalter,** (seltene) Bez. für das Rokoko.

galante Dichtung, europ. Modedichtung in der Übergangszeit vom Spätbarock zur Aufklärung und zum Rokoko (1680–1720). Sie knüpft an den preziösen Stil der frz. Salons an (Précieuses), auch an den ↑Marinismus. Die g. D. will weltmännisch, geistreich, leicht frivol sein. Erfolgreichste Vertreter des »galanten Romans«, der im höf. Bereich galantes Auftreten und intrigante Taktik mit erotisch-galanten Affären vorführt, waren in Dtl. A. Bohse und C. F. Hunold.

Galanterie [frz.] *die,* höfl., zuvorkommendes Verhalten gegenüber Frauen, das sich bes. in geschmeidigen Umgangsformen ausdrückt.

Galanteriewaren, veraltet: Mode-, Putz- und Schmuckwaren; mod. Zubehör wie Tücher, Fächer und Handschuhe.

Galanthus, die Pflanzengattung ↑Schneeglöckchen.

Galápagosinseln (amtl. Archipiélago de Colón), zu Ecuador gehörende vulkan. Inselgruppe im Pazif. Ozean, 1 000 km vor der Küste Ecuadors, mit 13 größeren (größte: Isabela oder Albemarle, 4 275 km²) und 17 kleineren Inseln; insgesamt 8 010 km², (2001) 18 555 Ew.; Hauptort ist Puerto Baquerizo Moreno (3 000 Ew.) auf San Cristóbal. Das durch die Lage am Äquator bestimmte Klima wird durch den Einfluss des kalten Humboldtstroms gemildert. Die Tier- und Pflanzenwelt zeichnet sich bes. durch endem. Arten aus. Typ. Vertreter sind Riesenschildkröten, Galá-pagos-Meerechse, Drusenköpfe, Galápagos-Seebär, Galápagos-Pinguin, Darwin-Finken. Die G. sind für die Evolutionsforschung von großem wiss. Wert. Die einzigartige Tierwelt hat wesentlich zur Formulierung der Abstammungslehre von C. R. Darwin, der sich 1835 auf den Inseln aufhielt, beigetragen. 1964 wurde das Charles-Darwin-Inst. auf Santa Cruz eröffnet. Seit 1934 stehen die G. unter Naturschutz; 1959 wurden rd. 90 % der Fläche des Archipels zum Nationalpark erklärt. Seit 1978 stehen die G. auf der Welterbeliste der UNESCO. Durch verwilderte Haustiere sowie zunehmende Ansiedlung von Festlandbewohnern im Zusammenhang mit dem florierenden Tourismus wird das ökolog. Gleichgewicht der einheim. Pflanzen- und Tierwelt empfindlich gestört. 1998 wurde deshalb ein Gesetz zum Schutz der G. verabschiedet. – Die G. wurden 1535 von den Spaniern entdeckt und 1832 von Ecuador in Besitz genommen.

✦ **siehe ZEIT Aspekte**

📖 *Mayland, H. J.:* Galapagos. Landschaft u. Tiere. Hannover 1989.

Galata (türk. Karaköy), Stadtteil von ↑Istanbul, Türkei.

Galatea, ein Mond des Planeten ↑Neptun.

Galater, Bund kelt. Stämme, die um 278 v. Chr. von der Balkanhalbinsel in die nach ihnen **Galatien** genannte inneranatol. Landschaft einwanderten. Unter Augustus wurde Galatien 25 v. Chr. röm. Provinz. Von ihren Kämpfen gegen die Könige von Pergamon zeugen der ↑Pergamonaltar sowie Skulpturen wie die des »sterbenden Galliers« im Kapitolin. Museum zu Rom.

Galaterbrief, Abk. **Gal.,** einer der echten Briefe des Apostels Paulus (wohl um 53–55); Rundschreiben an mehrere von ihm gegr. Gemeinden in Galatien. Die Grundfrage des Briefes ist die nach dem Heilscharakter des Gesetzes und nach dem Verhältnis von Gesetz und Evangelium, wobei Paulus die Freiheit des Christen vom Gesetz betont.

Galaţi [ga'latsj] (dt. Galatz), Hptst. des Bezirks G., Rumänien, an der Donau, 298 600 Ew.; rumänisch-orth. Erzbischofssitz; Univ.; Ind.zentrum (Stahlwerk, Werft, Maschinenbau); Donauhafen, für Seeschiffe erreichbar. – 1445 erstmals erwähnt; entwickelte sich im 16./17. Jh. zum bedeutendsten Donauhafen der Walachei, 1837–83 Freihafen.

Galeerenstrafe GAL

Galeere: Ausschnitt aus einem Deckengemälde (Barcelona, Katalanisches Nationalmuseum für Kunst)

Galaţz, Stadt in Rumänien, ↑Galaţi.
Galaxie [grch. galaxías »Milchstraße«] *die* (extragalaktischer Nebel, extragalaktisches Sternsystem), eigenständiges ↑Sternsystem außerhalb des Milchstraßensystems.
Galaxis [grch.] *die,* das ↑Milchstraßensystem.
Galba, Servius Sulpicius, röm. Kaiser (68/69), *bei Terracina um 3 v. Chr., †(ermordet) Rom 15. 1. 69; war 68 als Statthalter in Spanien beteiligt am Aufstand gegen Nero, dessen Nachfolger er wurde. Seine rigorosen Sparmaßnahmen führten zu seinem Sturz.
Galbraith [ˈgælbreɪθ], John Kenneth, amerikan. Volkswirtschaftler, *Iona Station (Ontario) 15. 10. 1908; Vertreter eines progressiven Liberalismus, Berater der Präs. F. D. Roosevelt und J. F. Kennedy. G. suchte die Unzulänglichkeit des herrschenden Wirtschaftsdenkens zu beweisen, das durch ein Missverhältnis von privater Verschwendung (Verschwendungskonsum) und öffentl. Armut (unzureichende Infrastruktur, vernachlässigte staatl. Dienstleistungen) die meisten sozialen Probleme hervorrufe. Er entwickelte die Theorie der gegengewichtigen Marktmacht (↑Countervailing Power) und setzte sich kritisch mit dem Trend zur Unternehmenskonzentration und wachsenden staatl. Abhängigkeit von Großkonzernen auseinander.
Werke: Gesellschaft im Überfluß (1958); Die Arroganz der Satten (1979); Die Entmythologisierung der Wirtschaft (1986); Geschichte der Wirtschaft im 20. Jh. (1994).
Gałczyński [gau̯ˈtʃɪjski], Konstanty Ildefons, poln. Schriftsteller, *Warschau 23. 1. 1905, †ebd. 6. 12. 1953; vielseitiger Lyriker; mit seinen dramat. Miniaturen Vertreter des absurden Theaters (»Die grüne Gans«, 1946–50).
Galdhøpigg [ˈgalhø:pig] *der,* Berg in ↑Jotunheim, Norwegen.
Galdós, Benito Pérez, span. Schriftsteller, ↑Pérez Galdós.
Galeere [italien.] *die,* vom 11. bis 18. Jh. das Linienschiff der Mittelmeermächte, ein mit Rammsporn und Wurfmaschinen, später Geschützen, bewaffnetes, wendiges, aber wenig seetüchtiges Ruderfahrzeug von etwa 40 bis 50 m Länge, 6 m Breite, mit rd. 50 Riemen, die mit je 1 bis 5 Mann, meist Galeerensklaven, besetzt wurden. Die größte mit G. geführte Seeschlacht war die bei Lepanto (1571). Im 16. Jh. entwickelten sich aus der G. zusätzlich die kampfkräftigere, aber schwerfällige **Galeasse** von 70 m Länge mit 30–40 Riemen, die meist nur im Gefecht benutzt wurde, die leichtere **Galeote** mit etwa 20 Riemen als Aufklärungsschiff sowie die **Feluke** als schneller Segler mit etwa zehn Riemen als Hilfsantrieb.
📖 Paris, E.: *Die große Zeit der G. n u. Galeassen. A. d. Frz.* Bielefeld 1973.
Galeerenstrafe, eine v. a. bei seefahrenden Nationen seit dem 15. Jh. bei Kapitalverbrechen und wiederholten (auch leichteren) Straftaten verhängte lebensläng. oder zeitl. Kriminalstrafe, bei der die Verurteilten als Ruderer auf Galeeren angekettet wurden; die Todesrate war sehr hoch (ca. 70%). Die G. war bis ins 18. Jh. ge-

GAL Galen

bräuchlich, lebte in Österreich bis ins 19. Jh. als Strafe des Schiffziehens auf der Donau fort, wurde in Frankreich durch die Zwangsarbeit im Bagno abgelöst.
Galen (lat. Claudius Galenus), röm. Arzt grch. Herkunft, *Pergamon 129 (?), † Rom 199 (?); Arzt und Schriftsteller in Rom; neben Hippokrates der bedeutendste Arzt der Antike. Mit ihm fand die grch. Medizin, soweit sie als eine wiss. Medizin angesehen werden kann, ihren Abschluss. Sein System zeichnet sich durch die Betonung der Notwendigkeit einer theoret. Grundlage in der Medizin, durch die Erklärung physiolog. Vorgänge sowie durch die Verknüpfung der Medizin mit den philosoph. Anschauungen Platons und Aristoteles' aus. G.s Lehren beherrschten über ein Jt. die Medizin.
Galen, Clemens August Graf von, kath. Theologe, *Dinklage (Kr. Vechta) 16. 3. 1878, †Münster 22. 3. 1946; Bischof von Münster (seit 1933), Kardinal (seit 1946); Gegner des Nationalsozialismus; trat öffentlich gegen die Tötung sog. »lebensunwerten Lebens« auf (↑Euthanasie).
📖 *Kuropka, J.: C. A. Graf von G. Sein Leben u. Wirken in Bildern u. Dokumenten.* Cloppenburg ²1994.
Galen, kelt. Bewohner Schottlands, auch Irlands und der Insel Man. (↑Gälisch)
Galenik, ältere, aber noch übl. Bez. für ↑pharmazeutische Technologie.
Galenit *der,* der ↑Bleiglanz.
Galeone [span.-niederländ.] *die,* Typ des span. und portugies. hochbordigen Kriegs- und Handelsschiffes (16.–18. Jh.) mit bis zu 1 500 t Wasserverdrängung und 3–4 Masten. Das Oberdeck lief in einer Art Balkon (Galion) über den Bug hinaus; Hauptkampfschiff der ↑Armada.
Galeopsis, die Pflanzengattung ↑Hohlzahn.
Galeote (Galiote), kleine Form der ↑Galeere.
Galerie [italien.] *die,* **1)** nach einer Seite offener Laufgang um das Obergeschoss von Gebäuden, langer, gedeckter Säulengang.
2) oberster Rang (im Theater).
3) Ausstellungsraum für Kunstsammlungen.
4) Kunsthandlung.
5) gedeckter Gang mit Schießscharten, Minengang, -stollen.
6) langer, schmaler Orientteppich; Brücke.

Galerius, Gaius G. Valerius Maximianus, röm. Kaiser (seit 305), *bei Serdica (heute Sofia) um 250, † Nikomedia (heute İzmit) Mai 311; von Diokletian 293 zum Mitregenten (Caesar) ernannt; erbitterter Gegner des Christentums.
Galgant *der* (Alpina officinarum), etwa 1,5 m hohes Ingwergewächs aus S-China; das äther. Öl des Wurzelstocks wirkt anregend auf die Magensaftsekretion, seit der Antike als Gewürz und Heilmittel verwendet.
Galgen [ahd. galgo »Stange«, »Pfahl«], **1)** Vorrichtung zur Hinrichtung durch den Strang; urspr. eine aufrechte Säule, in deren oberes Ende ein Balken rechtwinklig eingreift **(Schnell-, Wipp-, Knie-** oder **Soldaten-G.)**, oder mehrere Pfosten mit darüber gelegtem Verbindungsbalken **(Dorf-G., Dreiholz)**, auch gemauerte kreisförmige Erhöhung, auf der drei Säulen oder Pfeiler die Querbalken tragen **(Hochgericht)**. Erhängen am G. war gegenüber der Enthauptung eine schimpflichere Strafe. Diebe und Straftäter niederer Stände wurden dazu verurteilt. 1871 durch die Vollzugsart der Enthauptung abgelöst, in der nat.-soz. Vergeltungsjustiz wieder in Gebrauch genommen, danach endgültig abgeschafft.
2) Vorrichtung zum Aufhängen von Lasten.
Galicien (span. Galicia), autonome Region in NW-Spanien, die die Prov. La Coruña, Lugo, Orense und Pontevedra umfasst, 29 574 km², 2,696 Mio. Ew.; großenteils gebirgig (im Peña Trevinca 2 142 m ü. M.), regenreich (ozean. Klima). Die Bev. **(Galicier,** span. **Gallegos)** steht sprachlich und kulturell den Portugiesen nahe. Der dicht besiedelte Küstenstreifen ist stark industrialisiert (Vigo, Ferrol, Pontevedra, San Ciprián, Coruña) im Landesinneren Ackerbau und Viehzucht (starke Landflucht), Ind.standort Ourense. Kulturelles Zentrum ist der Wallfahrtsort Santiago de Compostela. – Der Name geht auf die kelt. ↑Galläker zurück; nach der röm. Eroberung unter Augustus zunächst Teil der Prov. Hispania citerior, seit 214 Prov. Gallaecia. Im 5. Jh. gründeten die german. Sweben auf dem Boden der röm. Prov. Gallaecia ein Reich, das 585 von den Westgoten unterworfen wurde. G. kam im 8. Jh. unter maur. Herrschaft, war dann meist Teil von León, mit dem es 1230 an Kasti-

lien fiel. – Seit 1981 ist G. autonome Region mit Parlament.

galicische Literatur, 1) die Lit. in galicisch-portugies. Sprache des 12.–14. Jh.: v. a. Minnelyrik. Vertreter: König Dionysius von Portugal, König Alfons X. von Kastilien; 2) die neugalic. Lit., die um die Mitte des 19. Jh. aufblühte; seit 1861 fanden jährlich Dichterwettbewerbe (»Xogos Froraes de Galicia«) statt; Vertreter neugalic. Lit.: Manuel Curros Enríquez, Rosalía de Castro, im 20. Jh. u. a. Eduardo Blanco Amor, Augusto María Casas, Álvaro Cunqueiro und José Neira Vilas.

 Sprache, Lit. u. Kultur Galiciens, hg. v. J. Kabatek u. A. Schönberger. *Frankfurt am Main 1993.*

galicische Sprache, ein roman. Idiom im NW der Iber. Halbinsel; neben dem Spanischen die offizielle Sprache Galiciens. Aus dem im MA. sich nach S ausbreitenden Galicischen hat sich die portugies. Sprache entwickelt.

Galiläa, histor. Landschaft in Palästina, in ihrem nördl. Teil zum Libanon, in ihrem südl. zu Israel gehörig. G. liegt zw. der Ebene Jesreel im S und dem Fluss Litani im N, dem Mittelmeer im W und dem Jordan im O; durch ein Quertal in das Hügelland von **Unter-G.** (im S) und das Bergland **Ober-G.** (bis 1 208 m hoch) gegliedert. – G. gehörte im 1. Jt. v. Chr. zum Reich Israel, wurde 733 v. Chr. zur assyr. Provinz Megiddo. 104/103 v. Chr. kam die nicht mehr zahlreiche jüd. Bevölkerung wieder unter jüd. Oberhoheit. Es gehörte zum Reich Herodes' des Gr. und fiel dann an Herodes Antipas, unter dessen Reg.zeit Jesus auftrat; seit 39 n. Chr. war es röm. Provinz. Nach der Vertreibung der Juden aus Jerusalem (135 n. Chr.) war es Zentrum des Judentums. – Jesus und die meisten seiner Jünger stammen aus G.; darum wurden auch die Christen gelegentlich Galiläer genannt. – 1922 wurde G. auf das brit. Mandatsgebiet Palästina (seit 1948 Israel) und das frz. Mandatsgebiet Libanon aufgeteilt.

 Aharoni, Y.: Das Land der Bibel. Eine histor. Geographie. A. d. Engl. Neukirchen-Vluyn 1984.

Galiläisches Meer, der See ↑Genezareth.

Galilei, Galileo, italien. Mathematiker, Physiker und Philosoph, * Pisa 15. 2. 1564, † Arcetri (heute zu Florenz) 8. 1. 1642; wurde 1589 Prof. in Pisa, 1592 in Padua, 1610 Hofmathematiker und Hofphilosoph des Großherzogs von Florenz; wurde durch die Einführung des systemat. Experiments und der induktiven Methode zum Begründer der neueren Naturwissenschaft. Mit seinen Untersuchungen zur Fall- und Wurfbewegung begründete G. die moderne Kinematik. Er baute 1609 das ein Jahr früher in Holland erfundene ↑Fernrohr nach und beobachtete damit u. a. die Phasen der Venus, die Mondgebirge, die vier größten Jupitermonde **(Galileische Monde),** den Ring der Saturn sowie die Zusammensetzung der Milchstraße aus vielen Sternen.

Galileo Galilei (Ausschnitt aus einem Gemälde von Justus Sustermans; um 1636, Florenz, Uffizien)

G. trat seit 1610 öffentlich für das heliozentr. Weltsystem des N. Kopernikus ein. 1613 entwickelte er seine Vorstellungen über das Verhältnis der Bibel zur Naturerkenntnis und zum heliozentr. System, die eine Neuinterpretation der Hl. Schrift erforderten. Dies führte zu einer ersten Auseinandersetzung mit der kath. Kirche, die 1616 mit dem Verbot dieser Lehre durch den Papst antwortete. Seine Schrift »Dialogo« (1632) führte zum Prozess gegen G. vor der Inquisition; am 22. 6. 1633 musste er »seinem Irrtum« abschwören und wurde zu Hausarrest in seinem Landhaus in Arcetri verurteilt. In der Haft verfasste er trotz seiner Erblindung (1637) die »Discorsi e dimostrazioni matematiche« (Leiden 1638), in denen er physikal. Probleme wie die Fallgesetze behandelte; als einer der Ersten in Italien bediente sich G. bei seinen Schriften der Muttersprache. – 1992 charakterisierte die kath. Kirche die Verurteilung G.s als ungerechtfertigt und rehabilitierte ihn. – G.s Konflikt mit der Kirche wurde wiederholt in der Literatur behandelt, so von B. Brecht (3. Fassung 1955), M. Brod (1948) und Gertrud von Le Fort (1954).

📖 *Brandmüller, W.:* G. u. die Kirche. Ein »Fall« u. seine Lösung. Aachen 1994. – *Hemleben, J.:* G. G. Mit Selbstzeugnissen u. Bilddokumenten. Reinbek [16]1994. – *Fölsing, A.:* G. G. – Prozess ohne Ende. Eine Biographie. Reinbek 1996. – *Reston, J.:* G. G. Eine Biographie. A. d. Engl. München 1999.

Galion: Galionsfigur der Korvette »Blanca Aurora« (1849)

Galileo, 1) eine 1989 gestartete Raumsonde der NASA zur Erforschung des Planeten Jupiter, v. a. seiner Magnetosphäre und Atmosphäre und seiner Hauptmonde. Während ihrer Reise nutzte G. die Vorbeiflüge an Venus, Erde und Mond sowie den Asteroiden Gaspra und Ida für Aufnahmen und Messungen. 1994 machte sie Bilder der Einschläge der Kometenfragmente von Shoemaker-Levy 9 auf dem Jupiter. 1995 erreichte G. Jupiter und schickte eine Abstiegskapsel in dessen Atmosphäre. Vier langellipt. Umläufe um Jupiter führten G. 1996 insgesamt sechsmal an den großen Monden Io, Ganymed, Europa und Callisto vorbei. 2002 durchflog die Sonde die Jupiterringe und näherte sich bis auf etwa 160 km dem Mond Amalthea. – Mit der G.-Mission konnten erstmals wichtige Daten und Aufnahmen der Jupiteratmosphäre und -monde gewonnen werden. Aus größeren Abständen machte G. Fotos von Vulkanausbrüchen auf dem Jupiter. Da die Hauptantenne von G. nur z. T. entfaltet war, wurden die Funkverbindungen mit der Kontrollzentrale in Pasadena (Calif.) mit einer Nebenantenne und niedrigen Übertragungsraten abgewickelt (Missionsende: September 2003).
2) Name des noch im Aufbau befindlichen europäischen Satellitennavigationssystems (↑Satellitennavigation).

Galion [zu Galeone] *das,* früher übl. Vorbau am Vorsteven hölzerner Schiffe, vorn meistens durch die **Galionsfigur** (Bugfigur) verziert, die das Schiff schützen sollte.

Gälisch, kelt. Sprache der Gälen Irlands, Schottlands und der Insel Man; meist unterschieden in **Irisch, Gälisch** i. e. S. (Schottisch-G.) und **Manx** (oder Manx-G.). Bis zum 10. Jh. werden die drei Sprachen als Gemein-G. bezeichnet. Zw. dem 10. und 13. Jh. entwickelte sich aus dem Gemein-G. das Westgemein-G. (Irisch) und Ostgemein-G.; aus Ostgemein-G. gliederten sich bis zum 15./16. Jh. Schottisch-G. und Manx aus.

Galite-Inseln [ga'li:t-] (arab. Djeziret Djalita, kleine Inselgruppe vor der N-Küste Tunesiens; bewohnt ist die Hauptinsel **La Galite.**

Galitsch (Halitsch, ukrain. Halytsch), Stadt im Gebiet Iwano-Frankowsk, Ukraine, am oberen Dnjestr, etwa 4000 Ew.; eine der ältesten slaw. Siedlungen auf dem Gebiet der Ukraine. – Wohl im 10. Jh. gegr., wurde 1144 Hptst. des gleichnamigen Fürstentums und 1199 des Fürstentums G.-Wolhynien; 1241 von den Tataren zerstört.

Galium [grch.-lat.] *das,* die Pflanzengattung ↑Labkraut.

Galizi|en, histor. Landschaft auf der nördl. Abdachung und im Vorland der Karpaten, gehört als **Westgalizien** zw. der Poln. Platte im N und den Karpaten im S zu Polen, als **Ostgalizien** im Flusstal des oberen Dnjestr und auf der Podolischen Platte zur Ukraine.
Geschichte: Bis 1772 bildete das Gebiet G. keine politisch-territoriale Einheit. Mit der Namengebung **Königreich G. und Lodomerien** knüpfte Österreich an die mittelalterl. Geschichte des Ostteils von G., des Fürstentums Galitsch (Halitsch, latinisiert **Galicia**) am Dnjestr, an. Dieses löste sich Mitte des 11. Jh. vom Kiewer Reich und wurde 1199 mit dem Fürstentum Wladimir (Wolhynien) vereinigt. Nach 1205 erhoben Polen und Ungarn Ansprüche (der ungar. König führte den Titel »rex Galiciae et Lodomeriae«), doch konnten die Teilfürstentümer, die aus der im 13. Jh. zerfallenen galizisch-wolhyn. Herrschaft hervorgegangen waren, ihre Selbstständigkeit bis 1340/49 bewahren. 1387 gewann Polen das Fürstentum Galitsch als **Reußen (regnum Russiae),** die ungar. Königstitulatur blieb aber bestehen und diente Österreich bei der 1. Poln. Teilung (1772) als Vorwand für seine Ansprüche. Die Verw. des Königreichs (seit 1849 meist Kronland) erfolgte zentralistisch, ohne Rücksicht auf die ethn. Unterschiede (45 % Ukrainer, 47 % Polen, 6 % Juden). Joseph II. siedelte (ab 1774/81) rd. 5 000 dt. Familien (zumeist Protestanten aus der Pfalz) im ukrain. Ost-G. an. Im 18. Jh. bed. Zentrum ostjüd. Kultur- und Geisteslebens (Chassidismus); Anschluss u. a. West-G.s (1795–1809) und des Freistaats Krakau (1846). Ein polnisch-nat. Aufstand im Frühjahr 1846 wurde niedergeschlagen. Nach 1849 begann eine Polonisierung der Verw., die 1868 zur weit gehenden Selbstverw. mit poln. Unterrichts- und Amtssprache, poln. Statthalter und Min. für G. in Wien führte und auch ein reges geistiges Leben ermöglichte (zwei poln. Univ. in Lemberg und Krakau). Wirtschaftlich stagnierte das rein agrar. Land (deshalb starke Auswanderung in die USA). 1918 annektierte das neu entstandene Polen G.; im ukrain. Osteil kam es zu blutigen Auseinandersetzungen. – Pogrome (nach 1918) und der Holocaust während der dt. Besatzung (1939–44) führten zur vollständigen Auslöschung jüd. Lebens in G.; 1939/40 Umsiedlung der **G.-Deutschen** (»Vertragsumsiedler«).

✤ **siehe ZEIT Aspekte**

📖 *Dohrn, V.: Reise nach G. Grenzlandschaften des alten Europa. Neuausg. Frankfurt am Main 1993.*

Galizien: Altstadt mit der Herrengasse in Tschernowzy

Gall, 1) Ernst, Kunsthistoriker, *Danzig 17. 2. 1888, †München 5. 8. 1958; arbeitete über die Baugeschichte des MA., bes. der Gotik; Mitverfasser (Hg. der Neubearbeitung) von G. Dehios »Handbuch der dt. Kunstdenkmäler« (ab 1935).
2) Franz Joseph, Mediziner, *Tiefenbronn (bei Pforzheim) 9. 3. 1758, †Montrouge (Dép. Hauts-de-Seine) 22. 8. 1828. Nach seiner Schädellehre, später **Phrenologie** genannt, sollten Begabungen und Charaktereigenschaften an Schädel- und Gesichtsform zu erkennen sein. G. entdeckte u. a. die Faserstruktur des Gehirns.
3) Lothar, Historiker, *Lötzen (Ostpreußen; heute Gyżicko) 3. 12. 1936; Prof. in Gießen, Berlin und Frankfurt am Main; arbeitet v. a. zur Gesch. des 19. und 20. Jh. (u. a. »Bürgertum in Dtl.«, 1989); Mithg. der »Enzyklopädie dt. Gesch.« (1988 ff.; auf über 100 Bde. berechnet), seit 1975 der »Histor. Zeitschrift«.

Galla, Volk in Afrika, ↑Oromo.
Galläker (Kallaiker, lat. Callaici), im Altertum ein kelt. Volk in NW-Spanien; von ihnen leitet sich der Name Galicien ab.
Gall|apfel, pflanzl. Missbildung, ↑Gallen.
Galla Placidia, weström. Kaiserin, *Konstantinopel um 390, †Rom 27. 11. 450; Tochter des röm. Kaisers Theodo-

GAL Gallarate

Galla Placidia: Kapelle der Galla Placidia in Ravenna (zwischen 425 und 433 erbaut)

sius I.; heiratete 414 den westgot. König Athaulf († 415), dann 417 den späteren Kaiser Constantius III. († 421); Mutter Valentinians III., dem sie 425 den Thron sicherte und für den sie bis 437 die Reg. führte. Berühmt ist das zw. 425 und 433 entstandene Mausoleum, das sie in Ravenna erbauen ließ (nicht dort begraben).
Gallarate, Stadt in der Lombardei, Prov. Varese, Italien, 46 900 Ew.; Baumwollwebereien, Strickwarenfabriken, Goldschmiedewerkstätten; Flughafen Malpensa (für Mailand).

Galle: Festungswall des Holländischen Forts (seit 1663) und Leuchtturm

Gallas, Matthias Reichsgraf (1632), kaiserl. General und Feldmarschall (1632) im Dreißigjährigen Krieg, *Trient 16. 9. 1584, † Wien 25. 4. 1647; kämpfte seit 1629 im Heer Wallensteins; nach Wallensteins Tod erhielt er dessen böhm. Herrschaft Friedland; siegte 1634 bei Nördlingen über die Schweden.
Gallate, Salze und Ester der Gallussäure.
Galle [ahd. galla, eigtl. »die gelblich Grüne«], *Physiologie:* von der Leber produzierte Flüssigkeit (etwa 1 l täglich), die über den Lebergang der G.-Blase zugeführt, hier eingedickt, gespeichert und durch reflektor. Kontraktionen der G.-Blase in den Zwölffingerdarm abgegeben wird. Die G.-Säuren dienen der Fettverdauung (Emulgierung), andere G.-Bestandteile sind Ausscheidungsprodukte (Exkrete).
Galle [von lat. galla »kugelartiger Auswuchs«, »Gallapfel«], **1)** *Botanik:* ↑Gallen. **2)** *Tiermedizin:* krankhafte Flüssigkeitsansammlung in den Gelenken und Sehnenscheiden in Form einer weichen Anschwellung, bes. bei Pferden.
Galle [engl. gɑ:l, gæl], Distr.-Hptst. und Hafen im SW von Sri Lanka, 84 000 Ew. – Die Altstadt, schon vor dem 9. Jh. wichtiger Handelsplatz, mit ihrem Mauerring und elf Bastionen wurde von der UNESCO zum Weltkulturerbe erklärt.
Galle, Johann Gottfried, Astronom, *Pabsthaus (zu Radis, Kr. Wittenberg) 9. 6. 1812, † Potsdam 10. 7. 1910; Direktor der Sternwarte in Breslau; entdeckte u. a. drei Kometen und 1846 den von U. Leverrier berechneten Planeten Neptun (den G. Galilei vermutlich schon 1613 beobachtet hatte, ohne seine Natur zu erkennen).
Gallé, Émile, frz. Kunsthandwerker, *Nancy 4. 5. 1846, † ebd. 23. 9. 1904; vielseitige Tätigkeit als Entwerfer und Produzent von Möbeln, Glas-, Keramikwaren, Schmuck und Gerät. G. gehört zu den führenden Künstlern des Jugendstils als Meister zartfarbiger Gläser mit floralem Dekor (**Gallé-Gläser**).
Gallegos [gaˈʎeɣos, span.], die Bewohner ↑Galiciens.
Gallegos [gaˈjeɣos], Rómulo, venezolan. Schriftsteller und Politiker, *Caracas 2. 8. 1884, † ebd. 5. 4. 1969; war 1948 Präs. der Rep. Venezuela, 1949–58 im Exil in Mexiko; schildert in seinen Romanen, u. a. »Doña Bárbara« (1929), »Canaima«

(1932) und »Cantaclaro« (1934), Menschen und Landschaften Venezuelas.
Gạllehus, dän. Ort in Sønderjylland, 4 km nordwestlich von Tondern, Fundort zweier german. Goldhörner (Tondernsche Hörner) der Zeit um 400 n. Chr. Eines trägt eine Runeninschrift (früher Beleg des german. Stabreims).
Gallen (Pflanzengallen, Zezidien, Cecidien), *Botanik:* Gewebewucherungen an Pflanzen; hervorgerufen durch Bakterien, parasit. Pilze oder durch Einstich und Eiablage von Milben oder Gallinsekten (Gallmücken, Gallwespen). Rundl. Galläpfel bzw. Markgallen kommen an Blättern der Eiche oder Beutelgallen an Blättern der Pappel vor.
Gallenblase (lat. Vesica fellea), dünnwandiger, birnenförmiger, mit glatter Muskulatur durchsetzter Schleimhautsack an der Eingeweidefläche der Leber. In der G. wird das Sekret der Leber (↑Galle) gespeichert und durch Wasserentzug eingedickt; Fassungsvermögen der G. beim Menschen: etwa 50 ml.
Gallenblasenentzündung (Cholezystitis), entzündl. Reaktion der Gallenblase bes. bei Gallensteinkrankheit, seltener durch Bakterien hervorgerufen. Die **akute** G. ist durch Fieber und Koliken, verbunden mit Übelkeit und Erbrechen gekennzeichnet. Für die **chron.** G. sind Druckschmerzen im rechten Oberbauch, Völlegefühl und Unverträglichkeit von Fett, Hülsenfrüchten u. a. Nahrungsmitteln charakteristisch. G. ist oft mit Entzündung der Gallengänge **(Cholangitis)** kombiniert. – *Behandlung:* operative Entfernung der Gallenblase, Antibiotika und diätet. Maßnahmen.
Gallenblasenkrebs (Gallenblasenkarzinom), meist von der Gallenblasenschleimhaut ausgehende bösartige Gewebeneubildung (Adenokarzinom); tritt überwiegend nach dem 60. Lebensjahr bes. bei Frauen auf. Häufig erfolgt eine Metastasierung in Leber und Bauchfell. Als Ursache kommt möglicherweise eine ↑Gallensteinkrankheit mit chron. ↑Gallenblasenentzündung in Betracht.
Gallenfarbstoffe, durch Abbau des beim Zerfall von roten Blutkörperchen frei wer-

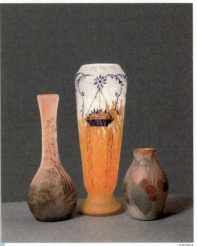

Émile Gallé: Jugendstilvasen (um 1900; Mailand, Privatsammlung)

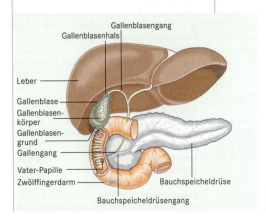

Gallenblase und Gallenwege des Menschen

denden Hämoglobins (und beim Abbau des Myoglobins) gebildete Farbstoffe. Durch Oxidation entsteht aus dem Hämoglobin das grüne **Biliverdin,** aus diesem durch Reduktion das gelbbraune **Bilirubin,** das über die Leber in freier Form oder an Glucuronsäure gebunden mit der Galle in den Darm abgeschieden wird. Dort wird es durch Darmbakterien z. T. zu anderen G. umgebaut. Die Farbe der Galle und der Fäzes sind auf die G. zurückzuführen. Als Folge patholog. Veränderungen (↑Gelbsucht) treten die G. oft vermehrt in Blutserum und Harn auf.

Gallén-Kallela, Akseli, eigtl. Axel Gallén, finn. Maler und Grafiker, *Pori 26. 5. 1865, †Stockholm 7. 3. 1931; entwickelte einen Stil, in dem er Einflüsse von Symbolismus und Jugendstil verarbeitete. Seine Themen beziehen sich v. a. auf das finn. Nationalepos »Kalevala« und die Volksliedddichtung.

Gallenkolik, anfallartig auftretender heftiger Schmerz im rechten Oberbauch unterhalb des Rippenbogens, der bis in die Brust und Schulter ausstrahlen kann und häufig mit Übelkeit, Erbrechen, Schweißausbruch, Schüttelfrost, flacher Atmung (Schonatmung) und Bauchdeckenspannung verbunden ist. Die G. wird durch eine Dehnung und/oder Zusammenziehung der Muskulatur der Gallenblase, auch der Gallengänge, hervorgerufen, deren Ursache eine ↑Gallenblasenentzündung ist, die meist in Verbindung mit einer ↑Gallensteinkrankheit vorkommt und (im letzteren Fall) überwiegend durch die Wanderung, z. T. Einklemmung eines Gallensteins bewirkt wird **(Gallensteinkolik).** – *Behandlung:* krampflösende Mittel und vorübergehende Nahrungsenthaltung sowie Behebung des Grundleidens.

Gallenröhrling (Bitterling, Tylopilus felleus), unter Nadelbäumen wachsender, steinpilzähnl. Röhrling mit gallebitterem Geschmack; ungenießbar. (↑Röhrlinge).

Gallensäuren, in der Gallenflüssigkeit von Mensch und Wirbeltieren enthaltene, physiologisch wichtige Carbonsäuren, die zu den Steroiden gehören und peptidartig an Taurin **(Taurocholsäuren)** oder Glycin **(Glykocholsäuren)** gebunden sind. Ihre Salze haben verdauungsfördernde Wirkung (durch Emulgierung von Fetten, wodurch diese durch die Darmwand resorbiert werden können). – Die Biosynthese geht vom Cholesterin aus.

Gallenstein (Cholelith, Gallenkonkrement), steinähnl. Gebilde, das sich in der Gallenblase, selten in den Gallengängen, bildet. G. können aus Cholesterol (Cholesterolsteine), dem Gallenfarbstoff Bilirubin (Pigmentsteine) und Calciumsalzen (Kalksteine) bestehen, meist handelt es sich um eine Kombination dieser Bestandteile. Zur Bildung von G. kommt es durch Veränderung der Zusammensetzung der Galle und der Löslichkeit der Gallenbestandteile infolge Stauung der Galle, Entzündung der Gallenwege, Stoffwechselstörungen u. a. – G. bilden sich am häufigsten zw. dem 50. und 70. Lebensjahr.

Gallensteinkrankheit (Cholelithiasis), durch Steinbildung verursachte, häufigste Erkrankung der Gallenblase und der Gallenwege. Anzeichen einer G. sind u. a. Druckgefühl im rechten Oberbauch, Blähungen, Aufstoßen und Fettunverträglichkeit. Charakterist. Symptom ist die ↑Gallenkolik. In Dtl. sind etwa 12% der Bev. von dieser Erkrankung betroffen, Frauen doppelt so häufig wie Männer. – *Behandlung:* In den meisten Fällen ist eine operative Entfernung **(Cholezystektomie)** angezeigt; weitere Möglichkeiten sind eine endoskop. Steinentfernung oder die Steinzertrümmerung durch Stoßwellen; eine chem. Steinauflösung (Cholelitholyse) kann versucht werden.

Galleria [italien.] *die,* mehrere Räume oder Gebäudeteile verbindende hallenartige Konstruktion mit großen Glasflächen.

Gallerte [auch 'ga-] *die* (Gallert), Bez. für im Gelzustand vorliegende Kolloide, die eine hohe Affinität zu ihrem Lösungsmittel (meist Wasser) haben. G. sind von zähelast. Konsistenz; bei Trocknung verfestigen sie sich und quellen bei Zugabe eines Lösungsmittels wieder auf. G. dienen zur Verfestigung z. B. von mikrobiolog. Nährböden oder von Produkten der Nahrungsmittelind.; sie können mit Gelatine, Agar-Agar, Isländischem Moos, Pektin, Leim u. a. hergestellt werden.

Gallertkrebs (Kolloidkarzinom), bösartige Gewebeneubildung (Adenokarzinom), bei dem starke Schleimbildung der Krebszellen gekennzeichnet ist und bes. in Magen, Mastdarm und der weibl. Brustdrüsen entsteht.

galletreibende Mittel (grch. Cholagoga), Mittel, die eine vermehrte Bildung von Galle anregen **(Choleretika),** z. B.

Gallensäuren, Histamin, und solche, die durch Kontraktion der Gallenwege einen verstärkten Gallenabfluss bewirken (**Cholekinetika**), z. B. Eigelb, Olivenöl, Artischocke, Pfefferminzöl.

GALLEX [Kurzwort aus **Gallium-Experiment**], ein Experiment zum Nachweis von solaren ↑Neutrinos. Zur Messung des Flusses der aus den Kernfusionsprozessen im Innern der Sonne stammenden Elektronneutrinos v_e dient die Reaktion: $v_e + {}^{71}Ga \rightarrow {}^{71}Ge + e^-$. Der dafür benötigte Galliumdetektor (im italien. Gran-Sasso-Massiv) enthält konzentrierte $GaCl_3$-HCl-Lösung als Target (Galliumgehalt 30,3 t). Der Nachweis erfolgt über das aufgrund des Neutrinoeinfangs in der Targetflüssigkeit sich bildende $GeCl_4$. Die Ergebnisse scheinen den bisherigen Vorstellungen von den thermonuklearen Vorgängen auf der Sonne zu widersprechen. Die 1992 begonnenen Beobachtungen werden seit Mai 1997 unter der Bez. **Gallium Neutrino Observatory (GNO)** fortgesetzt. (↑Neutrinoastronomie)

Gallico ['gælıkəʊ], Paul William, amerikan. Schriftsteller, *New York 26. 7. 1897, †Monte Carlo 15. 7. 1976; schrieb Unterhaltungsromane (»Ein Kleid von Dior«, 1958; »Mrs. Harris fliegt nach Moskau«, 1975) sowie Erzählungen (»Kleine Mouche«, 1954).

Galli|en (lat. Gallia), seit Caesar das Land der ↑Gallier zw. Rhein, Alpen, Mittelmeer, Pyrenäen und Atlantik, in Italien seit dem 4. Jh. v. Chr. das Gebiet zw. Alpen und Apennin. Nach seiner Lage zu Rom unterschied man zw. »G. diesseits der Alpen« (**Gallia Cisalpina** oder **Gallia Citerior**) und »G. jenseits der Alpen« (**Gallia Transalpina** oder **Gallia Ulterior**). Gallia Cisalpina (Oberitalien), in das die Gallier um 400 v. Chr. einwanderten, wurde von den Römern um 225–190 v. Chr. unterworfen; die Bev. südlich des Po erhielt 89 v. Chr., die nördlich des Po 49 v. Chr. das röm. Bürgerrecht. Der südl. Teil des jenseitigen G. war bereits 118 v. Chr. röm. Provinz geworden (**Gallia Narbonensis**); das restl. Gebiet (**Gallia Comata**) unterwarf Gaius Iulius Caesar im **Gallischen Krieg** (lat. Bellum Gallicum) 58–51 v. Chr. Unter Augustus wurde die »Narbonensis« dem Senat unterstellt und die »Comata« in drei Provinzen geteilt: **Aquitania** im SW bis zur Loire, **Gallia Lugdunensis** (das zentrale G.) und im NO **Gallia Belgica,** deren Statthaltern bis 90 n. Chr. der Schutz der Rheingrenze gegen die Germanen anvertraut war. Durch die Umsiedlung der ländl. Bevölkerung und die Anlage neuer Städte

Gallien – Eroberung durch Caesar

■ Caesars Siege ■ Niederlage Caesars

machte die Romanisierung rasche Fortschritte. Lugdunum (Lyon), seit Augustus der polit. Mittelpunkt G.s, entwickelte sich zum größten Handelsplatz im W des Reiches. Bedeutung gewannen ferner Städte wie Tolosa (Toulouse), Burdigala (Bordeaux), Augusta Treverorum (Trier), Lutetia Parisiorum (Paris). Christl. Gemeinden entstanden schon seit der Mitte des 2. Jh. Nach drei Jahrhunderten wirtsch. Prosperität wurde G. um 400 n. Chr. von der Völkerwanderung erfasst. Das zum Schutz der Rheingrenze 259 gegründete gall. Sonderreich des †Postumus bestand nur bis 273. Im N setzten sich die Franken, im S Alemannen auf dem linken Rheinufer fest; seit 413 breiteten sich im SO die Burgunder, seit 418 im SW die Westgoten aus. Der Rest der röm. Herrschaft in G. wurde 486 durch den Frankenkönig Chlodwig beseitigt (↑Fränkisches Reich).

📖 Duval, P.-M.: *G. Leben u. Kultur in röm. Zeit.* A. d. Frz. Stuttgart 1979.

Galliéni [galje'ni], Joseph Simon, frz. General, *Saint-Béat (Dép. Haute-Garonne) 24. 4. 1849, †Versailles 27. 5. 1916; 1914 Militärgouv. von Paris; leitete in der Marneschlacht (Sept. 1914) den erfolgreichen Angriff in die rechte Flanke des dt. Heeres; 1915/16 Kriegsmin.; 1921 posthum zum Marschall ernannt.

Gallienus, Publius Licinius Egnatius, röm. Kaiser (260–68), *Mediolanum (heute Mailand) 218, † (ermordet) vor Mediolanum 268; seit 253 Mitregent Valerians, dessen christenfeindl. Edikte er aufhob. G. musste nahezu während seiner ganzen Reg.zeit gegen Usurpatoren und Barbareneinfälle kämpfen.

Gallilier, im Altertum die Bewohner Galliens, zu den ↑Kelten gehörend, in viele Stämme gegliedert; spätestens seit dem 7. Jh. v. Chr. in Mittelfrankreich nachweisbar. Um 400 v. Chr. erschienen gall. Stämme südlich der Alpen und drangen in Raubzügen ins mittlere und südl. Italien vor. Seit 225 v. Chr. Unterwerfung durch die Römer (↑Gallien).

Gallikanismus [mittellat.] *der,* frz. Form des ↑Episkopalismus; als Begriff seit dem 19. Jh. gebräuchlich. G. beschreibt das Bestreben der frz. Kirche nach Eigenständigkeit und weitestgehender Unabhängigkeit von Rom. In der Pragmat. Sanktion von Bourges (1438) wurde der G. zum Staatsgesetz erhoben. Seinen Höhepunkt erreichte er 1682 in der Erklärung der **gallikan. Freiheiten,** formuliert in den vier **gallikan. Artikeln,** die bis zur Frz. Revolution galten: a) die kirchl. Gewalt erstreckt sich nur auf den geistl. Bereich; b) die Dekrete des Konstanzer Konzils über die Oberhoheit des Konzils sind verbindlich; c) die Gewohnheiten des frz. Königreichs und der gallikan. Kirche müssen in Kraft bleiben; d) die Entscheidungen des Papstes bedürfen der Zustimmung der Gesamtkirche.

Gallinas, Kap [-ɣaˈjinas] (Punta Gallinas), der nördlichste Punkt des südamerikan. Festlandes in Kolumbien, bei 12°27′ n. Br. und 71°44′ w. L., auf der Halbinsel Guajira am Karib. Meer.

Gallipoli, 1) Stadt in Apulien, Prov. Lecce, Italien, am Golf von Tarent, 21 800 Ew.; Hafen und Badeort. – Die Altstadt liegt auf einer Felseninsel.
2) früherer Name von ↑Gelibolu.

gallischer Hahn, Wahrzeichen und nat. Tiersymbol der Franzosen; 1789–1804 Wappentier Frankreichs.

Gallischer Krieg, ↑Gallien.

Gallitzin (Golizyn), Amalie Fürstin von, *Berlin 28. 8. 1748, † Münster 27. 4. 1806; siedelte 1774 nach Holland über, wo sie wechselseitige Anregung mit dem niederländ. Philosophen F. Hemsterhuis verband. 1779 ließ sie sich in Münster nieder und bildete das Zentrum des kath., den philosoph., literar. und religiösen Strömungen der Zeit aufgeschlossenen Kreises von Münster (B. Overberg). Sie stand lange mit F. H. Jacobi, Goethe, M. Claudius, Graf F. L. zu Stolberg-Stolberg und J. G. Hamann in Verbindung.

Gallium *das,* chem. Symbol **Ga,** metall. Element aus der 3. Gruppe des Periodensystems, Ordnungszahl 31, relative Atommasse 69,72, Dichte 5,91 g/cm^3 (bei 20 °C), Schmelzpunkt 29,76 °C, Siedepunkt 2 204 °C. – G. ist ein silberglänzendes, an der Luft beständiges, dehnbares Metall, das in Gesteinen und Erzen weit verbreitet ist, aber praktisch keine eigenen Minerale bildet; ein Nebenprodukt der Zink- und Aluminiumgewinnung. Hauptverwendung für Halbleiterverbindungen (z. B. **G.-Arsenid,** GaAs, und **G.-Phosphid,** GaP), daneben dient es u. a. zur Füllung von Hochtemperaturthermometern, als Wärmeaustauschmedium in der Reaktortechnik sowie als Detektormaterial zum Nachweis von Neutrinos (↑Neutrinoastronomie).

Gällivare [ˈjɛlivaːrə], Gemeinde in N-Schweden, 22 500 Ew.; Bahnknotenpunkt (an der Lapplandbahn) für den nahen Eisenerzbergbau im Ortsteil Malmberget.

Gallizismus [nlat.] *der,* semant., syntakt. oder idiomat. Eigenart der frz. Sprache, die in eine andere Sprache übernommen wurde.

Gallmilben (Tetrapodili), an Pflanzen lebende Milben, in zahlr. Arten verbreitet; verursachen Bildung von ↑Gallen.

Gallmücken (Itonididae, Cecidomyiidae), Familie zarter, nicht stechender, 1–5 mm langer Mücken. Einige Arten leben räuberisch von kleinen Insekten, andere in faulenden Stoffen oder als Einmieter in Gallen anderer Gallinsekten; viele G. sind Schädlinge.

Gallo [ˈgæləʊ], Robert Charles, amerikan. Mikrobiologe, *Waterbury (Conn.) 23. 3. 1937; Prof. am National Institute of Health in Bethesda (Md.). G. vermutete als einer der Ersten den Erreger der erworbenen Immunschwäche (Aids) in der Gruppe der Retroviren. 1984 gelang ihm die Identifi-

Galsworthy GAL

zierung des von ihm HTLV-III (↑HIV) gen. Virus (fast gleichzeitig mit L. Montagnier).
Gallomanie, übertriebene Vorliebe für alles Französische.
Gallon ['gælən, engl.] *der* oder *das* (Gallone), Einheitenzeichen **gal**, in Großbritannien, den Staaten des Commonwealth und den USA verwendete Volumeneinheit (meist für Flüssigkeiten). Das v. a. in Großbritannien und Australien benutzte **Imperial Gallon** beträgt 4,546 dm³. Daneben wird in den USA und Kanada das **Winchester Gallon** (= 3,785 dm³) verwendet.
Galloromanisch, die aus dem in Gallien gesprochenen Vulgärlatein entstandenen roman. Sprachen Französisch und Provenzalisch (Okzitanisch).
Gallup ['gæləp] Stadt im NW von New Mexico, USA, nahe der Grenze zu Arizona, 2012 m ü. M., 19000 Ew.; wichtiger Handelsort zw. den Indianerreservationen der Navajo und Zuni. – Entstand um 1880; jährlich im Aug. Schauplatz des »Inter-Tribal Indian Ceremonial«, eines Treffens versch. nordamerikan. Indianerstämme.
Gallup ['gæləp], George Horace, amerikan. Meinungsforscher und Sozialwissenschaftler, *Jefferson (Iowa) 18. 11. 1901, †Thun 27. 7. 1984; gründete 1935 mit C. E. Robinson (*1900, †1961) in Princeton, N. J., das Umfrageunternehmen American Institute of Public Opinion (AIPO; auch **Gallup-Institut** genannt) und bewies die hohe Aussage- und Prognosequalität kleiner Stichproben bei der ↑Meinungsforschung.
Gallus, irischer Missionar, *um 560 in Irland, †Arbon (Kt. Thurgau) 16. 10. 650 (?); Schüler Columbans d. J.; gründete um 612 eine Einsiedlerzelle, aus der im 8. Jh. das Kloster ↑Sankt Gallen hervorging. Heiliger, Tag: 16. 10.
Gallus, Gaius Vibius Trebonianus, röm. Kaiser (251–253), *Perusia (heute Perugia) um 206, †253; wurde von den Donaulegionen zum Kaiser ausgerufen, aber nach kurzer Reg. von den eigenen Truppen getötet.
Gallussäure (3,4,5-Trihydroxybenzoesäure), aromat. Hydrocarbonsäure, Vorkommen u. a. in Eichenrinde, Galläpfeln; Verwendung zur Herstellung von Eisengallustinten, Antioxidantien, Sonnenschutzmitteln, Farbstoffen.

Gallwespen (Cynipidae), Überfamilie kleiner, dunkler oder rötl. Hautflügler, von denen manche als Unterkunft und Nahrung für ihre Brut Pflanzengallen (↑Gallen) verursachen: Die **Gemeine Eichen-G.** (Cynips quercusfolii) ruft die Galläpfel an der Eiche hervor, die **Rosen-G.** (Diolepsis rosae) den Schlaf- oder Rosenapfel an Wildrosen.
Galmei [lat. Cadmia] *der*, Sammelbez. für carbonat. und silikat. Zinkerze; z. B. Hemimorphit, Smithsonit.
Galois [ga'lwa], Évariste, frz. Mathematiker, *Bourg-la-Reine (Dép. Hauts-de-Seine) 25. 10. 1811, †(nach einem Duell) Paris 30. 5. 1832; begründete die **G.-Theorie**, eine neue, auf die Gruppentheorie gestützte Theorie der endl. Körpererweiterungen, die aus der Frage nach den Lösungen algebraischer Gleichungen entstand; mit ihr lässt sich u. a. die Unlösbarkeit des ↑delischen Problems zeigen.
galonieren [frz.], *Schneiderei:* mit Tressen oder Borten besetzen.
Galopp [frz.], **1)** schnellste ↑Gangart des Pferdes.
2) um 1820 aufgekommener Gesellschaftstanz in schnellem ²/₄-Takt, bis Ende des 19. Jh. beliebt.
Galopprennen (Galoppsport), Teildisziplin im Pferdesport; i. d. R. von Vollblutpferden in der Grundgangart Galopp gelaufene Rennen. Geritten werden die Pferde von ↑Jockeys. Ausgetragen werden ↑Flachrennen und ↑Hindernisrennen. Durch die Rennen können Aufschlüsse über die Verwendbarkeit der Pferde für die Zucht gewonnen werden. G. werden in Dtl. v. a. durch den behördlich genehmigten Wettbetrieb finanziert. Zuständiger Dachverband in Dtl. für das Regelwerk, die Sportgerichtsbarkeit, das Gestütbuch, die Beaufsichtigung und die Interessenvertretung der G. ist das Direktorium für Vollblutzucht und Rennen e. V. (gegr. 1950, Sitz: Köln).
Galosche [frz.] *die*, Gummiüberschuh.
Galsworthy ['gɔ:lzwə:ðɪ], John, engl. Schriftsteller, *Kingston (heute zu London) 14. 8. 1867, †London 31. 1. 1933; schuf mit der Familienchronik »Die Forsyte Saga« (5 Bde., 1906–21) sowie deren Fortsetzungen »Moderne Komödie« (3 Tle., 1924–28) und »Das Ende vom Lied« (3 Tle., 1931–33) ein gesellschaftskrit. Zeitgemälde der ausgehenden Viktorian. Epo-

che. G. schrieb den Roman »Das Herrenhaus« (1907) sowie Novellen, Essays, Dramen; Nobelpreis für Literatur 1932.
Galt, *Tiermedizin:* ↑gelber Galt.
Galton [gɔ:ltn], Sir (seit 1909) Francis, brit. Naturforscher und Schriftsteller, *Sparbrook (heute zu Birmingham) 16. 2. 1822, † Haslemere (Cty. Surrey) 17. 1. 1911; unternahm Forschungsreisen u. a. nach N- und SW-Afrika; entwickelte den Gedanken der Erblichkeit psych. Eigenschaften. Auf seine Anregung wurde in London das erste Inst. für Eugenik gegründet; außerdem begründete er die Zwillingsforschung und stellte eine Reihe von Erbgesetzen auf, u. a. die **G.-Regel,** wonach bestimmte erbl. Eigenschaften stets um einen Mittelwert schwanken. G. regte den Gebrauch der ↑Daktyloskopie im polizeil. Erkennungsdienst an; Arbeiten zur Statistik u. a.
Werke: Genie und Vererbung (1869); The History of twins (1875).
Galton-Brett ['gɔ:ltn-; nach Sir F. Galton], Hilfsmittel zur Veranschaulichung der Binomialverteilung. Lässt man von der Mitte eines geneigten Brettes eine große Anzahl Kugeln durch eine Sperre gleichmäßig verteilter Hindernisse (z. B. Nägel) in eine Anzahl völlig gleicher Kammern rollen, so zeigt die wahrscheinlichste Füllung eine ↑Normalverteilung in Form einer Glockenkurve.
Galton-Pfeife [gɔ:ltn-; nach Sir F. Galton], Pfeife zur Erzeugung sehr hoher Töne und von Ultraschall bis 10 kHz.
Galuppi, Baldassare, gen. Il Buranello, italien. Komponist, *auf Burano 18. 10. 1706, † Venedig 3. 1. 1785; seit 1748 Kapellmeister an der Markuskirche in Venedig, 1765-68 Hofkapellmeister in St. Petersburg; einer der Hauptvertreter der Opera buffa (über 100 Werke), vertonte Texte von C. Goldoni; schrieb auch Oratorien, Kirchenwerke, Klaviersonaten.
Galvani, Luigi, italien. Arzt und Naturforscher, *Bologna 9. 9. 1737, † ebd. 4. 12. 1798; Prof. der Anatomie und Gynäkologie in Bologna, entdeckte 1780 im Froschschenkelversuch elektrochem. Effekte, die er auf elektr. Entladungen im tier. Körper zurückführte. Dieser Irrtum führte u. a. zur Entdeckung der galvan. Elemente und leitete einen neuen Abschnitt der Elektrizitätslehre ein.
galvanische Elemente [nach L. Galvani] (galvanische Zellen), elektrochem. Stromquellen, die chem. Energie unmittelbar in elektrische umwandeln. Sie bestehen aus zwei versch. Elektroden (Metalle oder Kohle), die als **Halbelemente** (z. B. durch ein Diaphragma) räumlich getrennt sind und in Elektrolytlösungen (Salz- oder Säurelösungen) eintauchen. Dadurch gehen Metallionen in Lösung oder schlagen sich aus der Lösung auf den Elektroden nieder, sodass elektr. Spannungen entstehen. Die an einer Elektrode zum Ablauf der Redoxreaktion benötigten Elektronen werden an der anderen Elektrode erzeugt. Bei leitender Verbindung beider Elektroden durch einen äußeren Draht fließt ein Strom vom negativen (Anode) zum positiven (Kathode) Potenzialniveau. – Zu den g. E. zählen die **Primärelemente** (↑Batterie), die nach Ablauf der Reaktion nicht wieder verwendet werden können, und die wieder aufladbaren **Sekundärelemente** (↑Akkumulator); eine dritte Gruppe der elektrochem. Stromquellen stellen die ↑Brennstoffzellen dar. Als klassisches g. E. gilt das **Daniell-Element,** das aus einer in Zinksulfatlösung tauchenden Zinkelektrode (Anode) und einer in Kupfersulfatlösung tauchenden Kupferelektrode (Kathode) besteht (Spannung: 1,1 V). Für techn. Anwendungen (z. B. Batterien) sind insbesondere **Trockenelemente** von Bedeutung, bei denen der Elektrolyt durch geeignete Zusätze verdickt wird; am bekanntesten ist das ↑Leclanché-Element. **Normalelemente** dienten bis zur Neuregelung der elektr. Einheiten 1990 als Spannungsnormal; das beständigste ist das **Weston-Element,** das bei 20°C eine Spannung von 1,018 65 V liefert.
Galvano [nach L. Galvani] *das,* auf galvan. Weg hergestellte Kopie (Duplikat) einer Druckplatte für den Buchdruck; ↑Galvanoplastik.
Galvanographie [italien.-grch.] *die* (Galvanografie), *graf. Technik:* Verfahren zur Herstellung von Kupferdruckplatten.
Galvanokaustik [nach L. Galvani], Methode der Elektrochirurgie, bei der eine durch Gleichstrom erhitzte Elektrode (**Galvanokauter**) zum unblutigen Schneiden, auch zur flächenhaften Blutstillung verwendet wird. Anwendung v. a. in der Urologie sowie in der Hals-, Nasen- und Kehlkopfchirurgie; zunehmend durch Laserstrahltechnik ersetzt.
galvanomagnetische Effekte [nach

L. Galvani], Sammelbegriff für Erscheinungen, die bei Einwirkung eines homogenen Magnetfeldes auf einen stromdurchflossenen elektr. Leiter entstehen (z. B. ↑Hall-Effekt, ↑Nernst-Effekt).
Galvanometer [nach L. Galvani] *das*, hoch empfindl. elektr. Messgerät zum Messen sehr niedriger Gleichspannungen und -ströme oder zum Nachweis der Stromlosigkeit, bei dem die Kraftwirkung zw. einem Magneten und einem vom zu messenden Strom durchflossenen Leiter zur Anzeige ausgenutzt wird, z. B. in Messbrücken. Das **Drehspul-G.** hat eine drehbare, vom zu messenden Strom durchflossene Spule zw. den Polen eines Permanentmagneten. Je nach Art der Ablesung unterscheidet man Zeiger-, Spiegel- oder Lichtmarken-G. Weitere G.-Arten sind u. a. **Vibrations-G.** zur Messung von Wechselspannungen und G. mit supraleitender Feldwicklung **(supraleitende G.)**. – Ein **Galvanoskop** zeigt nur das Vorhandensein eines Stromes (ohne exakte Messwertanzeige) an.

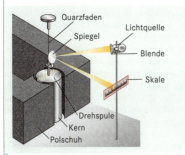

Galvanometer: Drehspulgalvanometer (Spiegelgalvanometer)

Galvanoplastik [nach L. Galvani], das Abformen von Gegenständen durch galvan. Auftragen dicker, abziehbarer Metallschichten. Das Wachs-, Kunststoff- oder Metallnegativ des Originals wird anschließend in Kupfer, Nickel u. a. abgeformt.
Galvanoskop [nach L. Galvani] *das*, ↑Galvanometer.
Galvanotaxis [nach L. Galvani] *die* (Elektrotaxis), durch elektr. Strom bewirkte aktive Ortsveränderung frei bewegl. Organismen (wie Amöben, Algen, Fische, Kaulquappen).
Galvanotechnik [nach L. Galvani], die elektrolyt. Abscheidung von Metall- und die Erzeugung von Nichtmetallüberzügen, z. B. Oxiden. Ferner gehören zur G. die Metallabscheidung ohne äußere Stromquelle sowie Vor- und Nachbehandlungsverfahren. – Die G. dient zur Erzeugung von bestimmten Oberflächeneigenschaften auf Werkstücken (Korrosionsschutz, Verbesserung des Aussehens, der physikal. Eigenschaften u. a.) sowie zur elektrolyt. Herstellung von Metallgegenständen, die nach anderen Verfahren schwierig zu fertigen sind (»Elektroforming«, ↑Galvanoplastik). Zur Abscheidung der Metallüberzüge werden die mechanisch, chemisch oder elektrochemisch vorbereiteten Gegenstände als Kathode in eine Lösung **(galvan. Bad)** eingehängt, die Salze des abzuscheidenden Metalls und weitere Bestandteile enthält. Durch Gleichstrom bei etwa 1 bis 15 V wird Metall an der Kathode abgeschieden und eine entsprechende Menge an der Anode gelöst. Die Überzugsdicke beträgt für die meisten Zwecke etwa 0,001 bis 0,05 mm. Ohne äußere Stromquelle lassen sich unedle Werkstoffe mit edleren Metallen dünn überziehen, indem man die Werkstoffe in geeignete Lösungen des edleren Metalls, meist bei höherer Temperatur, taucht **(Sudverfahren).** Dickere Überzüge kann man mit Reduktionsmitteln abscheiden. So versilbert und verkupfert man z. B. Glas und Kunststoffe (Leiterplatten, gedruckte Schaltungen) oder vernickelt Hohlkörper (z. B. das Innere von Tanks) und Gegenstände komplizierter Form, die sich galvanisch schlecht behandeln lassen. Für die galvan. Behandlung nicht leitender Gegenstände (z. B. Glas, Kunststoffe) werden diese nach versch. Verfahren leitend gemacht, dann i. d. R. in einem sauren Kupferbad verkupfert und mit dem gewünschten Überzug (z. B. Nickel, Silber, Gold) versehen. Die Galvanisierung von Kunststoffen, bes. von ABS-Polymerisaten, hat erhebl. techn. Bedeutung.
Galveston [ˈgælvɪstən], Stadt in Texas, USA, auf einer Nehrungsinsel im Golf von Mexiko, 59 100 Ew.; Zweig der University of Texas; Erdölraffinerien, Nahrungsmittelind.; Ausfuhrhafen für Schwefel, Baumwolle, Getreide; bed. Fremdenverkehr (Seebad); durch einen Damm mit dem Festland verbunden.
Gálvez [ˈgalβɛz], Manuel, argentinischer

Schriftsteller, *Paraná 18. 7. 1882, †Buenos Aires 14. 11. 1962; schrieb Gedichte, Dramen, realist. Romane (»La maestra normal«, 1914; »Karawane der Sünder«, 1930), literatur- und sozialkrit. Abhandlungen.

Galway [ˈgɔːlweɪ] (gälisch Gaillimh), **1)** Cty. in der Rep. Irland, 5940 km², 188800 Einwohner.
2) Hptst. von 1), an der Galwaybucht des Atlantiks, 50900 Ew.; Abteilung der Univ. Dublin; kath. Bischofssitz; Maschinenbau, Elektronik- u. a. Ind.; Fremdenverkehr. – Anglikan. Kirche Saint Nicholas (14. Jh. ff.), Lynch's Castle (16. Jh., heute Bankgebäude).

Galway [ˈgɔːlweɪ], James, irischer Flötist, *Belfast 8. 12. 1939; war u. a. 1967–69 Mitgl. des Royal Philharmonic Orchestra, 1969–75 Soloflötist bei den Berliner Philharmonikern, seitdem als Konzertsolist tätig. Neben den klass. Flötenkonzerten gehören auch zeitgenöss. Werke sowie irische Volkstänze zu seinem Repertoire.

Gama, Vasco da, Graf (seit 1519) von Vidigueira, portugies. Seefahrer, *Sines (Prov. Setúbal) um 1469, †Cochin (Indien) 24. 12. 1524; wurde von König Emanuel I. von Portugal beauftragt, den Seeweg nach Indien zu finden. Er verließ am 8. 7. 1497 den Hafen Rastello bei Lissabon mit vier Schiffen, umsegelte am 22. 11. das Kap der Guten Hoffnung und erreichte am 20. 5. 1498 die ind. Küste bei Calicut, am 10. 7. 1499 war er wieder in Lissabon. G. wiederholte 1502/03 seine Reise mit einer Kriegsflotte, zerstörte eine arab. Flotte und erzwang die Anerkennung der portugies. Oberhoheit in den Städten an der ind. W-Küste (Sicherung des Handelsmonopols). 1524 wurde er als Vizekönig nach Indien entsandt. G. leitete die Blütezeit Portugals als Kolonialmacht ein. Seine Taten hat L. Vaz de Camões in den »Lusiaden« (1572) verherrlicht.
📖 *Velho, A.: V. d. G. Die Entdeckung des Seewegs nach Indien. Ein Augenzeugenbericht 1497–1499, hg. v. G. Giertz. A. d. Portugies. Stuttgart u. a. ³1990.*

Gamaliǀel der Ältere, Führer des pharisäischen Judentums in der 1. Hälfte des 1. Jh. n. Chr.; Vors. des Synedriums; nach Apg. 22, 3 Lehrer des Apostels Paulus.

Gamander [grch.] *der,* **1)** (Teucrium) Gattung der Lippenblütler. In Mitteleuropa wächst u. a. der rötlich blühende **Echte G. (Edel-G., Frauenbiss,** Teucrium chamaedrys), ein niedriger Halbstrauch in Gebirgsgehölzen und auf Trockenrasen.
2) (G.-Ehrenpreis), ein ↑Ehrenpreis.

Gamasche [frz.], Überstrumpf ohne Füßling mit Steg, seitlich geschnürt oder geknöpft, aus Wolle, Leinen, Leder. Im 18. Jh. wurde die G. von Friedrich Wilhelm I. bei der preuß. Infanterie eingeführt. Mit dem Aufkommen langer Hosen wurde die G. in der Herrenmode zur kurzen Halb-G. und blieb bis zum Zweiten Weltkrieg ein Teil der mod. Herrenkleidung.

Gamay [-ˈmɛ], ertragreiche, recht anspruchslose Rotweinrebe, vor allem in Frankreich, Norditalien, in der Schweiz und in Kalifornien vertreten; liefert gerbstoffarme, säurebetonte, mittelschwere Weine.

Gambade [auch: gãˈbadə, vulgärlat.] *die,* 1) Luftsprung; Kapriole, närr. Einfall; 2) schneller Entschluss.

Gambang [indones.] *das,* im Gamelan verwendetes xylophonartiges Instrument.

Gambe [italien. viola da gamba »Kniegeige«] *die,* Streichinstrument mit sechs, auch fünf oder sieben Saiten (↑Viola).

Gambetta [gãbɛˈta], Léon, frz. Politiker, *Cahors 3. 4. 1838, †Ville-d'Avray (Dép. Hauts-de-Seine) 31. 12. 1882; Gegner des Zweiten Kaiserreichs, proklamierte nach der Kapitulation von Sedan die Republik (4. 9. 1870) und stellte als Innen-, Finanz- und Kriegsmin. der »Reg. der nat. Verteidigung« Volksheere zum Entsatz von Paris auf, der jedoch nicht gelang. Nach dem Fall der Hptst. trat G. zurück (6. 2. 1871). Als Führer der radikalen, dann aufseiten der gemäßigten Republikaner bekämpfte G. die monarchist. Mehrheit der Nationalversammlung. Er übte großen Einfluss auf die Politik der Linken in der Dritten Rep. aus und vertrat eine gegen das Dt. Reich gerichtete Außenpolitik. Nov. 1881 bis Jan. 1882 war G. Ministerpräsident.

Gambia *der,* Fluss in Westafrika, rd. 1120 km, entspringt im Hochland von Fouta-Djalon, Guinea; mündet mit einem bis zu 13 km breiten Ästuar bei Banjul, Gambia, in den Atlantik; auf gesamter Flussstrecke schiffbar.

Gambia (amtlich engl. Republic of the Gambia; dt. Rep. G.), Staat in W-Afrika, am Atlantik, sonst vom Staatsgebiet Senegals umschlossen.

Gambia GAM

Gambia: Der Fluss durchfließt den Niokolo-Koba-Nationalpark (UNESCO-Weltnaturerbe) in Senegal.

Staat und Recht: Nach der am 8. 8. 1996 durch Referendum gebilligten Verf. (seit 16. 1. 1997 in Kraft) ist G. eine präsidiale Rep. im Commonwealth. Staatsoberhaupt und Reg.chef ist der mit weit reichenden Befugnissen ausgestattete Präs. Er ernennt den Vizepräs. sowie die Mitgl. des Kabinetts. Gesetzgebendes Organ ist die Nationalversammlung (48 für 5 Jahre gewählte und 5 vom Präs. ernannte Abg.). Wichtigste Parteien: Alliance for Patriotic Reorientation and Construction (APRC), People's Democratic Organization for Independence and Socialism (PDOIS), National Reconciliation Party (NRP).
Landesnatur: G., der kleinste Staat des afrikan. Kontinents, erstreckt sich von der Atlantikküste (Küstenlänge 50 km) 375 km lang und bis 45 km breit beiderseits des Flusses G. Im Mündungsgebiet ausgedehnte Mangrovensümpfe, landeinwärts folgen Regenwald und (bei abnehmenden Niederschlägen) Savannen. Das Klima ist randtropisch mit einer Regenzeit.
Bevölkerung: G. gehört zu den am dichtesten besiedelten Staaten Afrikas. Die Bev. besteht zu 80% aus sudan. Stämmen (Mandingo, Fulbe, Wolof u. a.). 32% der Bev. leben in Städten. Die größten Städte sind Banjul und Serekunda. – Etwa 95% der Bev. sind Muslime, rd. 3,5% Christen (v. a. Katholiken). Der Anteil der Anhänger traditioneller afrikan. Religionen an der Bev. ist infolge der islam. Mission stetig auf heute wohl unter 1% zurückgegangen. – Das Schulsystem (keine Schulpflicht) ist am brit. Vorbild ausgerichtet; daneben haben Koranschulen eine große Bedeutung. Die Analphabetenquote beträgt 63%.
Wirtschaft und Verkehr: Dominierend ist die Landwirtschaft in kleinbäuerl. Betrieben, v. a. Anbau von Erdnüssen für den Export (90% des Exporterlöses), für den

Gambia	
Fläche	11 295 km²
Einwohner	(2003) 1,426 Mio.
Hauptstadt	Banjul
Verwaltungsgliederung	6 Bezirke
Amtssprache	Englisch
Nationalfeiertag	18. 2.
Währung	1 Dalasi (D) = 100 Bututs (b)
Zeitzone	WEZ

GAM Gambierinseln

Eigenbedarf Hirse, Reis, Maniok. Wichtig sind Tourismus (über 100 000 ausländ. Besucher jährlich) sowie Küsten- und Flussfischerei. Außer Erdnussverarbeitung wenig Industrie. Bed. Handelspartner sind Senegal (Reexporte) und die EU-Staaten. – Straßennetz 2 700 km (davon knapp 1 000 km befestigt); Hauptverkehrsader ist der Fluss G., mit Seeschiffen 200 km landeinwärts befahrbar, mit kleineren Schiffen auf der gesamten Flussstrecke. Hochseehafen Banjul (auch Umschlagplatz für Senegal); internat. Flughafen ist Banjul-Yundum. **Geschichte:** Das Gebiet um den Gambia gehörte vom 13. bis zum 15. Jh. zum Reich Mali. Gegen Ende des 15. Jh. errichteten Portugiesen Handelskontore am unteren Gambia; an seiner Mündung trieben seit 1588 Engländer, seit 1681 Franzosen Handel. 1783 verdrängten Briten die frz. Rivalen, gründeten 1816 Bathurst (heute Banjul) als brit. Flottenstützpunkt und Niederlassung für Freigelassene und besetzten in der Folgezeit das Hinterland. Seit 1843 brit. Kronkolonie, erhielt G. 1960 Autonomie und 1965 die Unabhängigkeit innerhalb des Commonwealth. Nach Ausrufung der Republik (1970) wurde D. K. Jawara Staatspräs. (mehrfach wieder gewählt). 1982–89 bildete G. mit der Rep. Senegal die **Konföderation Senegambia**. Im Juli 1994 wurde Staatspräs. Jawara durch einen Militärputsch gestürzt, die Verf. außer Kraft gesetzt, die Parteien wurden verboten. Nach starkem internat. Druck auf das Militärregime wurde 1996 eine neue Verf. angenommen und das Parteienverbot aufgehoben. Die Präsidentschaftswahlen 1996 sowie 2001 bestätigten Y. Jammeh, seit dem Putsch Staatspräs., im Amt; er bildete 1996 eine Zivilreg. Bei den Parlamentswahlen 1997 sowie im Jan. 2002 siegte die APRC. ❖ **siehe ZEIT Aspekte**
📖 *Gray, J. M.: A history of the G.* Neudr. London 1966. – *The G. Studies in society and politics*, hg. v. A. Hughes. Birmingham 1991. – *Hughes, A. u. Perfect, D.: Political history of the G., 1816–1992.* London 1993. – *Wodtcke, A. u. a.: Senegal, G.* Nürnberg 1993. – *Wiese, B.: Senegal, G. Länder der Sahel-Sudan-Zone.* Mit einem Anh. v. D. Bloch: Fakten – Zahlen – Übersichten. Gotha 1995.

Gambierinseln [gã'bje-], Gruppe von vier größeren und mehreren kleinen Inseln im Pazif. Ozean, Teil von Französisch-Polynesien, 36 km², etwa 600 Ew. Größte Insel ist **Mangareva;** Hauptort: Rikitea. Kokospalmen, Brotfruchtbäume, Taro-, Bananen-, Batatenanbau; Fischfang, Perlfischerei.

Gambit [vulgärlat.-italien.-span.] *das,* Schach: Eröffnung mit einem Bauernopfer zur Erlangung eines Stellungsvorteils.

Gambrinus, sagenhafter flandr. König zur Zeit Karls d. Gr., gilt als Erfinder des

Gambrinus: der sagenhafte König von Flandern als Erfinder des Bierbrauens (Buchmalerei, 15. Jh., Nürnberg, Germanisches Nationalmuseum)

Gammaastronomie GAM

Gamelan: Gamelanorchester auf Bali

Bierbrauens und Schutzherr der Brauer; die Sage entstammt dem 16. Jahrhundert.
Gambusen (Gambusia), kleine lebend gebärende Zahnkarpfen, in vielen Ländern zur Vertilgung der Moskitolarven (Malariabekämpfung) aus Amerika eingeführt.
Gameboy® ['geɪmbɔɪ, engl.], tragbares, batteriebetriebenes Gerät für ↑Videospiele mit kleinem (schwarz-weißem oder farbigem) LCD-Bildschirm. Der G. kann allein oder mithilfe von Dialogkabeln bzw. Mehrspieladaptern von mehreren Spielern gleichzeitig genutzt werden; die einzelnen Spiele, von denen Hunderte auf dem Markt sind, werden in Form von Softwarekassetten ausgetauscht.
Gamelan [indones.] *das,* bis zu 20 und mehr Musikinstrumente umfassendes Orchester auf Bali und Java. Es besteht v.a. aus Gongs u.a. Metallophonen, ferner aus Xylophonen und Trommeln; Soloinstrumente sind die zweisaitige Laute (Rebab), die Längsflöte (Suling) und die Zither (Celempung). Das G. begleitet u.a. kult. Tanzszenen und Schattenspiele.
Gamelin [gam'lɛ̃], Maurice Gustave, frz. General, *Paris 20. 9. 1872, †ebd. 14. 4. 1958; im Ersten Weltkrieg als Stabschef J. Joffres (1914–16) an der Planung der Marneschlacht beteiligt, war 1935–38 Generalinspekteur des Heeres und Vizepräs. des Obersten Kriegsrats. Von Sept. 1939 bis Mai 1940 Oberbefehlshaber der alliierten Streitkräfte in Frankreich, wurde G. von der Vichy-Reg. im Prozess von Riom (1942) für die frz. Niederlage verantwortlich erklärt. Bis 1943 war er in frz., bis 1945 in dt. Haft.

Gameshow ['geɪmʃəʊ, engl.] *die,* Fernsehunterhaltungssendung, in der Spiele (um Preise, Gewinne) veranstaltet werden.
Gameten [grch.] (Geschlechtszellen, Keimzellen), die bei der Befruchtung miteinander verschmelzenden, als männlich und weiblich unterschiedenen, haploiden Zellen.
Gametophyt [grch.] *der,* bei Pflanzen mit Generationswechsel die geschlechtl. Generation.
Gametozyt [grch.] *der* (Gamont), bes. differenzierte Zelle bei Einzellern, die Gameten bildet.
Gamillscheg, Ernst, Romanist, *Neuhaus (Jindřichův Hradec, Südböhm. Gebiet) 28. 10. 1887, †Göttingen 18. 3. 1971; Prof. in Innsbruck, Berlin und Tübingen; Arbeiten v.a. zur Etymologie, Wortbildung, Syntax und Semantik.
Werke: Etymolog. Wb. der frz. Sprache (1926–29); Romania germanica (3 Bde., 1934–36); Histor. frz. Syntax (1957).
Gaming, Markt-Gem. in Niederösterreich, in den Eisenwurzen, 3400 Ew.; Fremdenverkehr. – Ehem. Kartäuserkloster (heute Hotel).
Gamla Uppsala, schwed. für ↑Altuppsala.
Gamma *das,* der 3. Buchstabe des grch. Alphabets (Γ, γ).
Gamma|astronomie, Teilgebiet der Astronomie, das die aus dem Weltall kommende ↑Gammastrahlung untersucht; teilweise auch als Gebiet der Röntgenastronomie betrachtet. Während das sichtbare Licht »normaler« Sterne eine Temperaturstrahlung ist, werden die Gammastrahlen

GAM Gammaeule

kosm. Gammastrahlungsquellen durch andere Prozesse erzeugt (Radioaktivität, Bremsstrahlung, Synchrotronstrahlung, inverser Compton-Effekt, Annihilation, Pionenproduktion). Die Beobachtungen erfolgen i. Allg. von Erdsatelliten oder Raumsonden aus, um die Absorption in der Erdatmosphäre und die störende Sekundärstrahlung der kosm. Strahlung zu reduzieren. Der Nachweis sehr hochenerget. Gammastrahlung ist über die durch sie in der Erdatmosphäre ausgelöste ↑Tscherenkow-Strahlung auch von der Erdoberfläche aus möglich. Neben den plötzlich auftretenden Strahlungsausbrüchen (↑Gammastrahlungsblitz) wurden u. a. Pulsare (z. B. Krebs- und Velapulsar) und Röntgendoppelsterne als diskrete Gammaquellen nachgewiesen.

Genaue Messungen der kosm. Gammastrahlung lieferten u. a. der europ. Forschungssatellit COS-B (1975–82), die amerikan. Satelliten HEAO (1977–81) und das ↑Compton-Observatorium. 2002 wurde der ESA-Satellit ↑INTEGRAL gestartet. Außerdem sind seit Dezember 2003 alle vier Tscherenkow-Teleskope des Experiments ↑HESS (Abk. für engl. High Energy Stereoscopic System) in Namibia in Betrieb. HESS ist der leistungsfähigste Detektor für ↑kosmische Strahlung (Gammaquanten) im Energiebereich oberhalb von 50 GeV. Seit Okt. 2003 ist das Gammastrahlenteleskop **MAGIC** (Abk. für engl. Major Atmospheric Gamma Imaging Cherenkov) auf La Palma in Betrieb. Mit einem Spiegeldurchmesser von 17 m soll MAGIC den bisher weitgehend unerforschten Energiebereich zw. etwa 20 und 300 Mrd. eV untersuchen.

Gammaeule, ↑Eulenschmetterlinge.

Gammafunktion, komplexe Funktion, die durch

$$\Gamma(z) = \int_0^\infty e^{-t} t^{z-1} dt \text{ mit } \mathrm{Re}(z) > 0$$

dargestellt wird; dient u. a. zur Interpolation der ↑Fakultät. Aus der Funktionalgleichung $\Gamma(z+1) = z\Gamma(z)$ folgt für jede natürl. Zahl n $\Gamma(n+1) = n!$.

Gammaglobuline (γ-Globuline), frühere Bez. für ↑Immunglobuline.

Gammagraphie [grch.] *die* (Gammastrahlenverfahren), Verfahren zur zerstörungsfreien Werkstoffprüfung, bei dem starkwandige Werkstücke zur Untersuchung auf innere Fehler mit Gammastrahlen durchstrahlt werden. Das Bild wird fotografisch festgehalten.

Gammakamera (Szintillationskamera), nuklearmedizin. Untersuchungsgerät zur raschen bildmäßigen Aufzeichnung der Verteilung gammastrahlender und Positronen aussendender Nuklide. Die G. gestattet die Erfassung struktureller und funktioneller Kriterien.

Gammaquant (γ-Quant), Photon der ↑Gammastrahlung.

Gamma Ray Observatory [ˈgæmə reɪ əbˈzɜːvətrɪ, engl.], ↑Compton-Observatorium.

Gammaspektrometer, Messgerät zur Bestimmung des Energiespektrums von Gammaquanten (**Gammaspektrum**) unter Ausnutzung von Photoeffekt, Compton-Effekt und/oder Paarerzeugung. Die Wechselwirkung der Gammaquanten mit der Detektormaterie aufgrund dieser (oder eines dieser) Effekte erzeugt einen elektr. Impuls, dessen Höhe der gesamten oder einem definierten Teil der Energie des Teilchens proportional ist. Bauarten sind: **Szintillationsspektrometer,** bei denen die Gammastrahlung im Szintillator (z. B. Natriumjodid-Einkristall) Elektronen freisetzt, einen Halbleiterdetektor (z. B. eine lithiumgedriftete Germaniumdiode) enthaltende **Halbleiterspektrometer,** bei denen die Gammaquanten einen dem Energieverlust proportionalen Spannungsimpuls verursachen sowie **Compton-** und **Paarspektrometer;** im **Kristallspektrometer** wird die Wellenlänge der Gammastrahlung durch Beugung an einem Einkristall bestimmt.

Gammastrahlung (γ-Strahlung), i. e. S. die bei Atomkernumwandlungen auftretende hochenergetische elektromagnet. Strahlung mit Wellenlängen zw. etwa 10^{-10} und 10^{-14} m. G. entsteht, wenn ein angeregter Atomkern in einen stabileren Zustand übergeht; dabei können ein oder mehrere **Gammaquanten,** d. h. entsprechend energiereiche Lichtquanten (oberhalb einiger keV pro Gammaquant) bei diskreten Wellenlängen ausgesandt werden. Auch beim Elementarteilchenzerfall und bei der Paarvernichtung (↑Paarbildung) entsteht G. (G. i. w. S.). Gammastrahlen sind durchdringender als Alpha- und Betastrahlen; ihre physiolog. Wirkung entspricht der von ↑Röntgenstrahlen. Die G.

von Kobalt und Radium wird in der Medizin zur Tumorbehandlung (↑Radiumbestrahlung), in der Technik zur zerstörungsfreien Werkstoffprüfung (↑Durchstrahlungsprüfung), Sterilisation von Lebensmitteln u. a. genutzt.

📖 *Dosimetrie ionisierender Strahlung. Grundlagen u. Anwendungen*, hg. v. H. Reich. Stuttgart 1990. – Stolz, W.: *Radioaktivität. Grundlagen, Messung, Anwendungen.* Stuttgart u. a. ³1996.

Gammastrahlungsblitz (Gammaburst), plötzlich auftretender Gammastrahlungsausbruch von etwa 0,01 bis 1 000 s. Die bisher beobachteten G. sind völlig isotrop am Himmel verteilt und ihre Quellen extragalakt. Ursprungs. G. sind möglicherweise die Folge der Verschmelzung zweier Neutronensterne oder eines Neutronensterns mit einem Schwarzen Loch in einem extragalakt. Sternsystem. Neuere Untersuchungen, v. a. die Analyse des opt. Nachglühens eines sehr hellen und lang andauernden Gammastrahlenausbruchs am 29. 3. 2003, zeigen, dass zumindest einige Gammastrahlungsausbrüche mit dem Kernkollaps eines massereichen Sterns zusammenhängen und somit eine Folge der Evolution massereicher Sterne sind. G. stehen demnach in enger Verbindung zu Supernovabzw. Hypernovaexplosionen massereicher Sterne. Bei Hypernovae handelt es sich um sehr seltene Ereignisse, die möglicherweise durch die Explosion sog. ↑Wolf-Rayet-Sterne verursacht werden.

Gammazismus *der*, Schwierigkeit bei der Aussprache von g und k, die fälschlich wie j, d oder t ausgesprochen werden (häufig in der Kindersprache, als Dialektfehler oder auch infolge Krankheit).

Gammelstad [-'stɑːd], ↑Luleå.

Gamone [grch.], die Befruchtungsstoffe (↑Befruchtung).

Gamow ['geɪmaʊ], George Anthony, amerikan. Physiker russ. Herkunft, *Odessa 4. 3. 1904, †Boulder (Colo.) 19. 8. 1968; entwickelte eine Theorie des Alphazerfalls der Atomkerne (**G.-Theorie**), prägte den Begriff des »Big Bang« (↑Urknall) und sagte die Existenz einer ↑kosmischen Hintergrundstrahlung voraus.

Gams, ↑Gämse.

Gamsachurdia [-x-], Swiad, georg. Schriftsteller und Politiker, *Sugdidi (Mingrelien) 11. 3. 1939, †(Selbstmord) bei Suchumi 31. 12. 1993; wurde nach dem Sieg des von ihm geführten Wahlbündnisses »Runder Tisch – Freies Georgien« im Nov. 1990 Parlamentspräs. Als Staatspräs. (Wahl im Mai 1991) unterdrückte er die polit. Opposition sowie die ethn. Minderheiten; durch einen Aufstand Anfang Jan. 1992 gestürzt. Versuche G.s und seiner Anhänger (»Swiadisten«), die Macht militärisch zurückzugewinnen, scheiterten.

Gamsbart, *Tracht, Mode:* büschelförmig gebundener Hutschmuck aus den weiß gestreiften Rückenhaaren der ↑Gämse.

Gämsbock (Gamsbock), männl. Gämse.

Gämse (Echte G., Gams, Rupicapra rupicapra, veraltet: Gemse), etwa ziegengroße Art der Horntiere (Unterfamilie Ziegenartige) in den Hochgebirgen Europas (mit Ausnahme des N) und SW-Asiens, eingebürgert auch in europ. Mittelgebirgen (z. B. im Schwarzwald und Erzgebirge) und in Neuseeland; Körperlänge etwa 1,1–1,3 m, Schulterhöhe etwa 70–85 cm, Gewicht bis 60 kg; die bes. verlängerten Haare auf Widerrist und Kruppe liefern

Gämse

den Gamsbart; Männchen und Weibchen mit hakenartig nach hinten gekrümmtem Gehörn (Krucken, Krickel, Krückel); die spreizbaren, hart- und scharfrandigen Hufe mit einer elast. Sohlenfläche passen sich gut dem Gelände an.

Gämskresse (Gamskresse, Hutchinsia), Gattung der Kreuzblütler; heimisch die weiß blühende **Alpen-G.** (Hutchinsia alpia) mit grundständiger Blattrosette.

Gämswurz (Gamswurz, Doronicum),

Gattung der Korbblütler mit gelben Blüten, in alpinen Hochstaudenfluren und Geröllen vorkommend, u. a. die **Großblütige G.** (Doronicum grandiflorum). Einige Arten sind beliebte Zierstauden.

GAN [Abk. für engl. global area network], weltweites Kommunikations- bzw. ↑ Rechnernetz, in dem die Daten mittels Satellitenverbindungen transportiert werden.

Gana (Ghana), afrikan. Reich (9.–13. Jh.) im Grenzgebiet des heutigen Mauretanien und Mali; erreichte zw. 950 und 1050 seine größte Bedeutung. Der neue Staat ↑Ghana, nicht identisch mit G., übernahm den Namen als Symbol eigenständiger afrikan. Größe.

Ganache [gaˈnaʃ, frz.] *die*, cremige Nachspeise, die hauptsächlich aus einer Mischung von süßer Sahne und geriebener Schokolade hergestellt wird.

Gäncä [-dʒ-] (Gəncə, Gandscha, Gjandscha, 1804–1918 Jelisawetpol, 1935–89 Kirowabad), Stadt in Aserbaidschan, am N-Rand des Kleinen Kaukasus, 293 300 Ew.; Hochschulen; Porzellanwerk, Textil-, Nahrungsmittelind., Weinkellereien. – Im 5. Jh. gegr.; erhaltener oriental. Stadtkern: Zitadelle und Stadtmauer, Mausoleum Imansade (14. Jh., im 17. Jh. z. T. zerstört), Karawanserei.

Gance [gãs], Abel, frz. Filmregisseur, * Paris 25. 10. 1889, † ebd. 10. 11. 1981; experimentierte mit der Montage, für seinen Stummfilm »Napoléon« benutzte er 1923–27 ein von ihm erfundenes Breitwandverfahren (gleichzeitig drei Projektionen; Tonfassung 1935/36, Neubearbeitung 1971).

Gand [gã], frz. Name von ↑Gent.

Ganda (Baganda, Wganda), das Hauptvolk Ugandas, etwa 4 Mio.; vorwiegend Christen; ihre Sprache gehört zu den Bantusprachen. Kaffee- und Baumwollanbau. Die G. waren Träger des Königreiches Buganda.

Gandak *der*, linker Nebenfluss des Ganges, entspringt in Nepal, rd. 680 km lang.

Gander [ˈgændə], Stadt in der Prov. Newfoundland, Kanada, im O der Insel Neufundland, 10 300 Ew.; internat. Flughafen (wichtig für Zwischenstopps bei Transatlantikflügen).

Ganderkesee, Gem. im Landkr. Oldenburg, Ndsachs., 29 600 Ew.; Maschinenbau. In der Nähe liegt das Waldgebiet Hasbruch mit tausendjährigen Eichen.

Gandersheim, Bad, ↑Bad Gandersheim.

Gandhara, histor. Landschaft in Vorderindien, im NW des alten Indien, heute N-Pakistan und O-Afghanistan. G. stand seit dem 6. Jh. v. Chr. unter pers., später unter hellenist. Einfluss. – Die **Gandhara-Kunst,** eine der ind. Kunst zugehörige, hellenistisch-buddhist. Mischkunst im ind. Königreich G., vom 1. bis 5. Jh. n. Chr.; hohe künstler. Blüte: Klöster, Stupas, Reliefs und Buddha-Bildnisse. Ihr Einfluss reichte über Kaschmir bis nach Zentralasien (8. Jh.).

Gandhara: altertümliche Repräsentation des Buddha mit Schnurrbart und hochgetürmtem abgebundenem Haarschopf sowie des Schutzgeistes Vajrapani (Schieferrelief, Gegend um Gandhara, Höhe 39 cm, Anfang 2. Jahrhundert n. Chr.; Berlin, Museum für Indische Kunst)

Gandhi, 1) Indira, ind. Politikerin, * Allahabad 19. 11. 1917, † (ermordet) Neu-Delhi 31. 10. 1984, Mutter von 3); ∞ (1942–47) mit dem Politiker Firoze G.; 1946–64 polit. Beraterin ihres Vaters J. Nehru, 1964–66 Min. für Information und Rundfunk, 1966–77 Premiermin., suchte v. a. die wirtsch. Unterentwicklung ihres Landes zu beseitigen. Nachdem ihr sozialistisch orientiertes Programm 1969 zur Spaltung des regierenden Indian National Congress (INC) geführt hatte, stellte sie sich an die Spitze des »neuen« INC. Außenpolitisch schloss sie einen Freundschaftsvertrag mit der UdSSR (1971) und

Indira Gandhi

setzte im Krieg mit Pakistan (1971) die Unabhängigkeit Ostpakistans (Bangladeshs) durch. Vom obersten Gericht des Amtsmissbrauchs beschuldigt und von der Opposition zum Rücktritt aufgefordert, rief sie 1975 den Ausnahmezustand aus; ihr autoritärer Kurs führte zur Wahlniederlage ihrer Partei (1977) und ihrem Rücktritt als Regierungschefin. Nach einer weiteren Spaltung ihrer Partei und dem Wahlsieg (1980) des von ihr geführten INC (Indira) wurde sie erneut Premierministerin. Seit 1983 trat sie als Sprecherin der blockfreien Staaten hervor. Nach der Erstürmung des von radikalen Anhängern eines unabhängigen Sikh-Staates besetzten »Goldenen Tempels« von Amritsar wurde sie von zwei Leibwächtern, die der Sikh-Gemeinschaft angehörten, ermordet.

📖 *Malhotra, I.: I. G. A. d. Engl.* Freiburg im Breisgau u. a. 1992.

2) Mohandas Karamchand, gen. Mahatma [Sanskrit »dessen Seele groß ist«], Führer der indischen Unabhängigkeitsbewegung, * Porbandar (Kathiawar) 2. 10. 1869, † (ermordet) Neu-Delhi 30. 1. 1948; entstammte einer wohlhabenden Hindufamilie, Rechtsanwalt in Bombay, ging 1893 aus berufl. Gründen nach Südafrika und stieg dort zum Führer der ind. Einwanderer auf. 1906–13 leitete er in Transvaal eine Kampagne für die Anerkennung der bürgerl. Rechte seiner Landsleute.

Unter dem Einfluss der altind. Lehre des Ahimsa (des »Nichtverletzens«), der christl. Bergpredigt und der Ideen L. N. Tolstois entwickelte G. Formen des gewaltlosen Kampfes und beeinflusste den Pazifismus nachhaltig.

1914 kehrte G. nach Indien zurück. Gestützt auf den Indian National Congress (INC), löste er 1920 nach Verkündung des zivilen Ungehorsams den gewaltlosen Widerstand gegen die brit. Herrschaft in Indien aus. Er setzte damit eine Massenbewegung in Gang, die durch »Asahayoga« (»Nichtbeteiligung«, »Non-Cooperation«) an Einrichtungen der brit. Herrschaft (in Verw., Gerichts-, Schul- und Bildungswesen) die brit. Reg. zu Zugeständnissen in der Unabhängigkeitsfrage zu zwingen suchte. Eingeschlossen in diese Kampagne war u. a. der Boykott brit. Firmen und ihrer Produkte. Im Rahmen dieser Aktionen wurde der von G. geführte INC zur einflussreichsten Organisation der ind. Unabhängigkeitsbewegung. 1922–24 in Haft, widmete sich G. nach seiner Entlassung bes. der Aufgabe, der im hinduist. Denken verankerten gesellschaftl. Ächtung der »Parias« (»Unberührbare«) entgegenzuwirken. 1930 initiierte G. den »Salzmarsch« als Protest gegen das brit. Salzmonopol. Danach erneut verhaftet, nahm G. 1931 nach seiner Haftentlassung an einer Konferenz über eine Verf. für Indien teil, drang jedoch mit seinen Forderungen nicht durch. Nach 1932 war er wiederholt im Gefängnis. Da er die Überzeugung gewann, dass die maßgebl. Mitgl. des INC das Prinzip der Gewaltlosigkeit nur als ein polit. Mittel, nicht als ein umfassendes gesellschaftl. Grundbekenntnis verstanden, trat er 1934 aus ihm aus.

Mohandas Karamchand Gandhi

Im Zweiten Weltkrieg verlangte G. von Großbritannien die sofortige Entlassung Indiens in die Unabhängigkeit (»Quit India«). Die blutigen Auseinandersetzungen zw. Hindus und Muslimen nach 1947 suchte er vergeblich zu verhindern. Durch

GAN Gandhinagar

seine polit. Einsicht, asket. Lebensweise und seine tiefe, im Hinduismus begründete Religiosität hatte er wesentl. Anteil an der Unabhängigkeit Indiens; die Teilung des Subkontinents konnte er nicht verhindern; 1948 wurde er von einem fanat. Hindu erschossen. G. schrieb eine Autobiografie (1927–29) und zahlr. Aufsätze.
📖 *Grabner, S.: M. G. Politiker, Pilger u. Prophet. Biographie. Neuausg. Frankfurt am Main u. a. 1992. – Rau, H.: M. G. mit Selbstzeugnissen u. Bilddokumenten. Reinbek 133.–135. Tsd. 1995.*
3) Rajiv, ind. Politiker, *Bombay 20. 8. 1944, †(ermordet) Sriperumbudur (Tamil Nadu) 21. 5. 1991, Sohn von 1); Pilot, wurde 1983 einer der fünf Gen.-Sekr. des Indian National Congress (Indira), Abk. INC (I). Nach der Ermordung seiner Mutter übernahm er 1984 das Amt des Premierm. (Rücktritt 1989) und die Führung der Partei. Während des Wahlkampfes wurde er 1991 durch ein der Untergrundbewegung »Liberation Tiger of Tamil Eelam« zugeschriebenes Bombenattentat getötet. Seine Witwe Sonia G. (*1946), eine gebürtige Italienerin, wurde 1998 Präsidentin der Kongresspartei und nach einer schweren Wahlniederlage ihrer Partei 1999 Oppositionsführerin im Parlament.
4) Sonia, ind. Politikerin, *Orbassano (bei Turin) 9. 12. 1946; die gebürtige Italienerin heiratete 1968 den späteren Premiermin. Rajiv G.; 1998 wurde sie zur Präsidentin des Indian National Congress (INC) gewählt und 1999 Oppositionsführerin im Unterhaus (Lok Sabha). Im April/ Mai 2004 führte G. den INC zwar zum Sieg bei den Parlamentswahlen, doch verzichtete sie auf das Amt des Premierministers.
Gandhinagar [ˈgaːndɪnəgər], Hptst. von Gujarat, Indien, nördlich von Ahmadabad; 123 400 Ew.; Baubeginn 1966 (nach Plänen von L. I. Kahn).
Gandscha, Stadt in Aserbaidschan, ↑Gäncä.
Gan|erbschaft, nach altem dt. Recht gemeinschaftl. Vermögen, bes. Grundvermögen, von **Ganerben** (Miterben zur gesamten Hand). Entstand durch Vertrag; Vertragszweck war der Ausschluss der Teilung des Familienvermögens.
Ganesha [-ʃa; Sanskrit »Herr der Schar«, d. h. des Gefolges von Shiva], ind. Gott der Schreibkunst und Weisheit; meist dickbäuchig mit Elefantenkopf dargestellt.
Gang [gæŋ, engl.] *die,* Zusammenschluss von Verbrechern (Gangstern); auch soziolog. Bez. für (zu Gewalttaten neigende) Gruppe von Jugendlichen.
Gang, 1) *Geologie:* mit Gestein oder Mineralen gefüllte Spalte in einem anderen (älteren) Gestein, meist plattenförmig.
2) *Kfz-Technik:* das Übersetzungsverhältnis zw. Motor und Radantrieb, das durch Umschalten des Getriebes in bestimmten Stufen (Gängen) verändert wird. Üblich sind bei Pkw 3–5 **Vorwärtsgänge** und 1 **Rückwärtsgang**, bei Nutzfahrzeugen 4–12 Vorwärtsgänge und 1 oder 2 Rückwärtsgänge.
3) *Maschinenbau:* ↑Gewinde.
4) *Uhrentechnik:* die Größe, deren Zahlenwert angibt, wie viel eine Prüfuhr gegenüber einer Normaluhr in einer bestimmten Zeit vor- oder nachgeht, meist in Sekunden je Tag gemessen.
Ganga *die,* Strom in Vorderindien, ↑Ganges.
Gangadwara, Wallfahrtsort in Indien, ↑Hardwar.
Gangart, 1) *Hüttenwesen:* Sammelbez. für die nicht metallhaltigen Begleitminerale der Erze (z. B. Quarz, Schwer- und Flussspat).
2) *Pferdesport:* Bewegungsart des Pferdes im Schritt, Trab oder Galopp, bei der nach versch. Tempi (Gangmaße) unterschieden wird. **Schritt:** Mittel-, versammelter und starker Schritt. **Trab:** Die diagonalen Beinpaare setzen gleichmäßig auf dem Boden auf. Es wird zw. Arbeits-, versammeltem, Mittel-, starkem und Renntrab (des Trabrennpferdes) unterschieden. **Galopp:** schnellste G. des Pferdes; aneinander gereihte Folge von Sprüngen, wobei der Schub aus der Hinterhand erfolgt. Unterschieden werden Arbeits-, versammelter, Mittel- und starker Galopp. – Daneben gibt es noch zwei Spezial-G. (**Pass** und **Tölt**), die von einigen Pferderassen (z. B. Islandpony) von Natur aus beherrscht werden.
3) *Schach:* Bez. für die unterschiedl. Bewegungsarten der Schachfiguren.
Gangdise Shan [-ʃ-], chines. Name für den ↑Transhimalaja.
Ganges *der* (Hindi Ganga), Hauptstrom im N Vorderindiens, 2 700 km lang, entspringt im Himalaja rd. 4 000 m ü. M.,

durchströmt mit sehr geringem Gefälle in stark gewundenem, meist östl. Lauf die fruchtbare, dicht besiedelte **G.-Ebene** und nimmt u. a. Yamuna, Ghaghara, Kosi und Son auf; schiffbar bis Allahabad, für Seeschiffe bis Kalkutta. Mit dem Brahmaputra bildet er in Bengalen ein 44 000 km^2 großes, fruchtbares, aber hochwassergefährdetes Delta. Hauptmündungsarme sind der Padma und der Bhagirathi (im Unterlauf: **Hugli [Hooghly]**). – Durch umfangreiche Nutzung zur Bewässerung (Kanalnetz des Oberen und des Unteren G.-Kanals) wurde die Wasserführung sehr verringert (Veränderung des Hugli und des am Hugli liegenden Hafens Kalkutta). Zusätzl. Wassermangel tritt in der Trockenzeit auf, da sich im Himalaja, bedingt durch verstärkte Abholzung, die Wasserspeicherkapazität für Monsunregen im Einzugsgebiet verringert hat. Die Abholzung ist auch Mitverursacher der z. T. katastrophalen Überschwemmungen während der Regenzeit. Der Verbesserung der Schifffahrt auf dem Hugli und der Wasserversorgung von Kalkutta dient der Staudamm von Farakka, nach dessen Bau die Aufteilung des G.-Wassers auf Indien und Bangladesh durch ein Abkommen geregelt wurde. – Der G. ist der heilige Strom der Hindu. Pilgerstätten: Allahabad und Varanasi.

Ganggesteine, magmat. Gesteine, die nach Entstehung und Ausbildung zw. Plutoniten und Vulkaniten stehen; sie treten meist als Ausfüllung von Spalten (**Gänge**) oder Hohlräumen (**Stöcke**) in älterem Gestein auf.

Ganggrab, vorgeschichtl. Megalithgrab mit langem, von Steinplatten überdecktem Gang, verbreitet in S-Skandinavien, W-Europa und auf der Iber. Halbinsel.

Ganghofer, Ludwig, Schriftsteller, *Kaufbeuren 7. 7. 1855, †Tegernsee 24. 7. 1920; war zeitweise Dramaturg, dann Feuilletonredakteur in Wien; schrieb neben Volksstücken (»Der Herrgottsschnitzer von Ammergau«, 1880) zahlr. von naiver Frömmigkeit, Tradition und Sentimentalität getragene bayer. Hochlandromane und Erzählungen, z. T. vor histor. Hintergrund (»Der Klosterjäger«, 1892; »Die Martinsklause«, 1894; »Schloß Hubertus«, 1895; »Das Schweigen im Walde«, 1899).

Ganglilenzelle, ↑Nerven.

Ganglion [grch.] *das*, **1)** *Anatomie:* (Nervenknoten), örtl. Verdickungen des Nervensystems in Form einer Anhäufung von Zellkörpern der Nervenzellen (Ganglienzellen).
2) *Medizin:* das ↑Überbein.

Ganges: der Ganges bei Patna im Bundesstaat Bihar

Gangliosidosen [grch.], durch Enzymdefekte verursachte erbl. Stoffwechselstörungen mit krankhafter Speicherung der Glykolipide (Monosialoganglioside) v. a. im Zentralnervensystem, aber auch in anderen Organen.

Gangrän [grch.] *die, Medizin:* der ↑Brand.

Gangster [ˈgɛŋstə, engl.] *der,* (meist in einer Gang organisierter) Verbrecher.

Gangtok, Hptst. des Bundesstaates Sikkim, Indien, im Vorderhimalaja, 1 700 m ü. M., 25 000 Ew., Marktort.

Gangunterschied, *Optik:* ↑optische Weglänge.

Gangway [ˈgæŋweɪ, engl.] *die* (Stelling), Treppe oder Laufsteg zum Schiff oder Flugzeug.

Gan Jiang [- dʒjaŋ] (Kankiang), rechter Nebenfluss des Jangtsekiang, Hauptfluss der Provinz Jiangxi, 744 km, einer der wichtigsten Verbindungswege Mittel- und S-Chinas, ab Ganzhou schiffbar.

Ganove [hebr.-jidd.] *der,* Verbrecher, Betrüger, Angehöriger der Unterwelt.

Gans, Eduard, Jurist, *Berlin 22. 3. 1797,

GAN Gänse

Gänse: Kanadagans (Länge etwa 93–99 cm)

† ebd. 5. 3. 1839; Schüler G. W. F. Hegels und Lehrer von K. Marx, seit 1825 Prof. der Rechte in Berlin; versuchte die Rechtswiss. aus der Philosophie zu begründen.

Gänse (Anserinae), Unterfamilie 0,4–1,7 m langer ↑Gänsevögel mit zahlr. Arten in mehreren Gattungen. Die G. rupfen ihre pflanzl. Nahrung mit der Schnabelspitze ab. Die Geschlechter sind nur wenig verschieden. Die Jungen werden von beiden Eltern geführt. Alle Arten fliegen gut, die meisten sind Zugvögel. Zu den **Echten G.** (Anser) gehört u. a. die fast 90 cm lange **Graugans** (Anser anser), die Stammform der Hausgans. Die Arten der Gattung **Meer-G.** (Branta) haben einen schwarzen Schnabel; bekannt sind u. a. **Kanadagans** (Branta canadensis) und **Ringelgans** (Branta bernicla). – Zu den G. gehört außerdem die Gattung der ↑Schwäne.

Gänseblümchen (Bellis), Gattung der Korbblütler mit zehn Arten in Europa; einzige Art in Dtl. das 5–15 cm hohe, das ganze Jahr blühende **Ausdauernde G.** (**Maßliebchen,** Bellis perennis) mit grundständiger Blattrosette; gefüllte Zuchtform ist z. B. das Tausendschön.

Gänsedistel (Saudistel, Sonchus), Korbblütlergattung, hohe, stachelige, milchsafthaltige, gelb blühende Kräuter; die 0,5–1,5 m hohe **Acker-G.** (Sonchus arvensis) ist ein häufiges Unkraut auf Äckern und an Gräben.

Gänsefuß (Chenopodium), Gattung der G.-Gewächse mit rd. 200 Arten. Kräuter, auch Sträucher, meist mit dreieckigen, gezähnten Blättern, mit gelbgrünen bis rötl. Blüten in dichten Knäueln und mit flach linsenförmigen, einsamigen Früchten. Der einjährige **Weiße G.** (Chenopodium album) hat leicht weißmehlige Blätter; die ausdauernde Art **Guter Heinrich** (Chenopodium bonus-henricus) trägt wellige Blätter mit endständiger Blütenscheinrispe. Die Jungtriebe dieser u. a. Arten sind als Gemüse verwendbar (**Wilder Spinat, Erdbeerspinat**).

Gänsehaut, meist reflektorisch durch Kältereiz oder durch psych. Faktoren bewirkte Hautveränderung. Das höckerige Aussehen der Haut wird durch Zusammenziehung der an den Haarbälgen ansetzenden glatten Muskeln verursacht, sodass die Haarbälge hervortreten und sich die Haare aufrichten.

Gänsekresse (Arabis), artenreiche Gattung der Kreuzblütler; zum großen Teil Kalk liebende Hochgebirgspflanzen; in Felsgärten und Einfassungen angepflanzt.

Gänserndorf, Bezirkshptst. im Marchfeld, Niederösterreich, 6 900 Ew.; Erdölförderung, Metallverarbeitung.

Gänsevögel (Anseriformes), Ordnung der Vögel mit den Familien **Wehrvögel** (Anhimidae) und **Entenvögel** (Anatidae), darunter die Unterfamilien **Gänse** (Anserinae) und **Enten** (Anatinae). – Viele G. sind Wasservögel mit breiten Schwimmhäuten. Ihre Nahrung besteht meist aus Pflanzen. Die Eier sind groß und meist weißlich, bei einigen Arten olivgrün oder blaugrün. Eine gesonderte Entwicklungsrichtung hat die ↑Spaltfußgans eingeschlagen.

Gansu (Kansu), Provinz im NW Chinas,

454 300 km², 25,62 Mio. Ew.; Hptst. ist Lanzhou; Getreideanbau, im »G.-Korridor« (entlang der Seidenstraße) Baumwollanbau; Seidenraupenzucht; Metall-, petrochem. Ind., Erdölförderung in Yumen und Jinchang, ferner Kupfer-, Blei-, Zinkerze und Kohle.

Ganymed 2): Plastik von Benvenuto Cellini (Florenz, Museo Bargello)

Ganter, Gänserich, männl. Gans.
Ganymed, 1) *Astronomie:* der größte Mond des ↑Jupiter.
2) *grch. Mythos:* trojan. Königssohn, als »Schönster der Sterblichen« vom Adler des Zeus oder von diesem selbst in den Olymp entführt, dort in ewiger Jugend dessen Mundschenk; beliebtes Motiv in Plastik und Malerei.
Ganz, Bruno, schweizer. Bühnen- und Filmschauspieler, *Zürich 22. 3. 1941; spielt seit den 1960er-Jahren Theaterrollen, häufig unter der Regie von P. Stein, u. a. in Bremen (»Hamlet«, 1965) und an der Schaubühne Berlin (»Peer Gynt«, 1971; »Faust«, 2000); seit 1996 Träger des Iffland-Ringes; seit den 1970er-Jahren auch Filmrollen (z. B. in »Die Marquise von O.«, 1975; »Sommergäste«, 1975; »Der Himmel über Berlin«, 1987; »In weiter Ferne, so nah!«, 1993; »Die Ewigkeit und ein Tag«, 1998; »Der Untergang«, 2004).
ganze Zahlen, ↑Zahl.
Ganzgewebeband, *Buchbinderei:* ↑Halbgewebeband.
Ganzheit, etwas, das nicht durch die Eigenschaften seiner Bestandteile, sondern erst durch deren gefügehaften Zusammenhang (Struktur) bestimmt ist, z. B. ein Organismus oder ein Kunstwerk. Die G. ist mehr als die Summe der Teile, die selbst nur aus dem Ganzen heraus zu verstehen sind. – Der Begriff G. (bzw. Gestalt) hat als method. Begriff in der 1. Hälfte des 20. Jh. in vielen Wiss.en als Alternative zu mechanist., atomist. Erklärungsmodellen des 18. und 19. Jh. Eingang gefunden, so in Medizin, Biologie, Psychologie, Soziologie und Pädagogik. (↑Holismus)
Ganzheitsmedizin, medizin. Richtung, die den Kranken nicht nur nach Einzelbefunden, sondern in seinem physisch-psych. Gesamtzustand erfassen und behandeln will; Begriff wird oft synonym mit Alternativmedizin (Komplementärmedizin) verwendet. (↑Psychosomatik)
Ganzheitspsychologie, von F. Krueger zu Beginn des 20. Jh. begründete psycholog. Richtung; entstand als Reaktion auf die analytisch-mechanist. Psychologie des Empirismus, die sich an den exakten Naturwiss.en orientiert hatte. Die G. geht davon aus, dass psych. Erscheinungen nicht als Aneinanderreihung von »psych. Elementen«, sondern nur als einheitl. Erlebniszusammenhang begreifbar sind. (↑Gestalt)

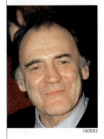

Bruno Ganz

Ganzkörper-CT, ↑Computertomographie.
Ganztagsschule, Schule mit ganztägigem Schulbetrieb; in vielen europ. Län-

dern und in den USA die Regelform zumindest im Primarbereich der Schule; in Dtl., Österreich und der Schweiz dominieren dagegen die **Halbtagsschulen.** Unterschieden wird zw. gebundenen und offenen G.: Der Unterricht an **gebundenen** G. findet sowohl am Vor- als auch am Nachmittag statt; Mittagsversorgung und Hausaufgabenbetreuung sind obligatorisch. **Offene** G. bieten vormittags verbindl. Unterricht an, während die Nachmittagsangebote sowie Mittagessen und Hausaufgabenbetreuung auf freiwilliger Basis stattfinden. Verbindendes Kennzeichen beider Schulformen ist die Betonung der konzeptionellen Einheit von Unterricht und den darüber hinausgehenden Angeboten. – Vorteile des pädagog. Konzeptes der G. gegenüber dem der Halbtagsschule sehen dessen Befürworter bes. in verbesserten individuellen Fördermöglichkeiten, günstigeren Rahmenbedingungen für das soziale Lernen und den erweiterten Möglichkeiten, kognitive Lernfächer mit Entspannungsphasen, Sport, Spiel und mus. Fächern zu kombinieren sowie soziokulturell bedingte Lerndefizite auszugleichen. Kritiker weisen v. a. auf aus ihrer Sicht gegebene Nachteile wie die stoffl. Überfrachtung des Unterrichts und die Entfremdung der Schüler von ihren Familien hin.

In Dtl. werden v. a. Sonderschulen und versch. Privatschulen sowie einige Gesamtschulen und Grundschulen als G. geführt. Bezogen auf die Gesamtzahl der öffentl. allgemein bildenden Schulen ist der Anteil der G. in Dtl. mit 5,4% (2001) gering (höchster Anteil: das Land Berlin mit 32,3%). Die gezielte Erhöhung der Zahl von G. und ganztäglichen schul. Betreuungsangeboten ist in jüngster Zeit Thema der bildungspolit. Diskussion; die Ausweitung der Zahl der G. in größerem Umfang ist u. a. in Bad.-Württ., Berlin, Ndsachs. und Rhld.-Pf. geplant. Die Bundesreg. unterstützt den Aufbau eines bundesweiten Netzes von G. im Grundschulbereich und in der Sekundarstufe I als Alternativangebot zu den bestehenden Halbtagsschulen mit dem im Sept. 2003 gestarteten Investitionsprogramm »Zukunft, Bildung und Betreuung« (Umfang: 4 Mrd. €).

❖ siehe ZEIT Aspekte

📖 Ludwig, H.: Entstehung u. Entwicklung der modernen G. in Dtl. Köln u. a. 1993. – Ganztagserziehung in der Schule. Modelle, Forschungsbefunde u. Perspektiven, hg. v. H. G. Holtappels. Opladen 1995. – Appel, S. u. Rutz, G.: Hb. G. Konzeption, Einrichtung u. Organisation. Schwalbach 1998.

Ganzton, *Musik:* die Tonstufe einer großen Sekunde, z. B. c–d, zerlegbar in die Halbtöne c–cis, cis–d. Die **Ganztonleiter** besteht nur aus G.

Ganzzeug (Ganzstoff), *Papierherstellung:* der wässrige, fertig zubereitete (aufgelöste und gemahlene, mit Leim, Farbstoff und Füllstoffen versetzte), gemischte Faserstoffbrei.

Gao, Handelsstadt in O-Mali, am Niger, 52 200 Ew.; Endpunkt der Transsaharastraße über den Adrar des Iforas und Umschlagplatz; geprägt sudanes. Lehmbauweise. – Gegr. im 7. Jh., vom 10. bis 16. Jh. Hptst. des islam. Reiches Songhai, seit 1899 französisch. – Die nördlich von G. gelegene Grabmoschee der islam. Askiadynastie (1493–1591) ist ein muslim. Wallfahrtsort.

Gaon [hebr.] *der,* Titel der Oberhäupter der für das nachtalmud. Judentum richtungweisenden babylon. Gelehrtenschulen von Sura und Pumbeditha (Blütezeit 6.–11. Jh.); später allg. als Ehrentitel führenden jüd. Gelehrten zuerkannt.

Gao Xingjian (Kao Hsing-chien), chines. Schriftsteller und Maler, *Taizhou (Prov. Jiangsu) 1. 4. 1940; seit 1987 in Paris; trat 1989 aus der KP aus und nahm die frz. Staatsbürgerschaft an. Schrieb zunächst Prosa, v. a. Romane, die inhaltlich mit der Kulturrevolution abrechnen. Dabei bedient er sich moderner Erzähltechniken. In seiner Theaterarbeit (G. X. war 1981–89 Dramaturg am Pekinger Volkskunsttheater), in der er insbesondere in formaler Hinsicht auf das frz. Avantgardetheater Bezug nimmt, verzichtet er auf die Unterteilung in Szenen und Akte, auf Bühnenbild und Kostüme, arbeitet mit Lichteffekten, Klängen und Stimmen; ein charakterist. dramaturg. Mittel seiner Stücke, die bisher tabuisierte Themen der Alltagsrealität wie Wertkonflikte zw. den Generationen und Jugendkriminalität aufgreifen, ist der in Szene gesetzte innere Monolog. Mit den Stücken »Das Notsignal« (UA 1982) und »Die Busstation« (UA 1983) wurde G. X. zum wichtigen Erneuerer des chines. Sprechtheaters; auch literaturtheoret. Schriften. G. X. erhielt 2000 den Nobelpreis für Literatur.

Weitere Werke: Stücke: Die Wilden (1985); Das andere Ufer (1986); Die Stadt der Toten (1989); Flucht (1990); JA oder/ und NEIN (1992). - Roman: Seelenberg (1996). - Essays: Nächtliche Wanderung (1996).

Gaoxiong [-çi-] (Kaohsiung), Stadt an der SW-Küste Taiwans, mit 1,43 Mio. Ew. zweitgrößte Stadt des Landes; techn., medizin. Fachhochschule; wichtigster Hafen der Insel (Ausbau zum internat. Großhafen), Freihandelszone; Schiff- und Maschinenbau, Stahl-, Aluminium-, petrochem. Ind.; größte Schiffsverschrottungsanlage der Erde; Fischfang und -verarbeitung.

Gap, Hptst. des frz. Dép. Hautes-Alpes, 740 m ü. M., an der Luye, 33 400 Ew.; Bischofssitz; vielseitige Ind.; Luftkurort. - 471 burgund., 534 fränk., 834 zum Königreich Burgund.

GAP [gæp, Abk. für engl. generic access profile, »allgemeines Anschlussprofil«], Datenübertragungsstandard, der bei schnurlosen Telefonen eine Interoperabilität zw. Handgeräten und DECT-Basisstationen unterschiedl. Hersteller gewährleistet. Derzeit schreibt GAP nur die Kompatibilität in der Sprachübertragung einschließlich einiger dazugehörender Grundfunktionen (z. B. Identifizierung) vor, zusätzl. Leistungen sind als Optionen definiert.

GAP [Abk. für türk. Güneydogu Anadolu Projesi, »Südostanatolien-Projekt«], seit 1976 größtes Entwicklungsprojekt der Türkei (↑Südostanatolien-Projekt).

Gar (Gartok), Handelsplatz im südwestl. Tibet, China, 4470 m ü. M., am Karawanenweg Lhasa-Kaschgar, eine der höchstgelegenen Dauersiedlungen der Erde.

Garage [gaˈraːʒə, frz.] *die,* Raum zum Abstellen von Kfz, z. B. **Tief-G. Parkhäuser** sind Groß-G. mit mehreren Geschossen und einer Nutzfläche von 1 000 m² und mehr.

Garamba-Nationalpark, Nationalpark im NO der Demokrat. Rep. Kongo, in einer Savanne mit Inselbergen, Galeriewäldern und Papyrussümpfen, 4 900 km²; Schutzgebiet von Wildtieren (UNESCO-Weltnaturerbe).

Garamond [-ˈmɔ̃] (Garamont), Claude, frz. Stempelschneider und Schriftgießer, *Paris um 1480, †ebd. Nov. 1561, schnitt vorzügl. Antiquaschriften und neue grch. Typen (»Grecs du roi«).

Garant [frz.] *der,* Person, Institution o. Ä., die (durch ihr Ansehen) Gewähr für die Sicherung, Erhaltung o. Ä. von etwas bietet.

Garantie [frz.] *die,* **1)** *Kaufrecht:* eine Vereinbarung, in der der Verkäufer, der Hersteller oder ein Dritter die Gewähr für die Beschaffenheit einer Sache **(Beschaffenheits-G.)** oder dafür, dass die Sache für eine bestimmte Dauer eine bestimmte Beschaffenheit behält **(Haltbarkeits-G.),** übernimmt (§ 443 BGB). Die G. begründet zusätzlich zur gesetzl. Mängelhaftung (Gewährleistung) einen Anspruch des Käufers gegen den G.-Geber. Unterschieden wird zw. der **unselbstständigen G.,** die die gesetzl. Sachmängelhaftung erweitert (z. B. Verkäufer-G.), und der **selbstständigen G.** (z. B. die Hersteller-G.), bei der der G.-Geber für einen Erfolg haftet, der über die Freiheit von Sachmängeln hinausgeht (z. B. für einen unverschuldeten, zufälligen Schaden). Art und Umfang des G.-Anspruchs richten sich nach dem Inhalt der G.-Erklärung. Bei der Übernahme einer Beschaffenheits-G. hat der Verkäufer verschuldensunabhängig für den Mangel einzustehen. Beim Verbrauchsgüterkauf gelten Sonderbestimmungen für die G. (§ 477 BGB).
2) *Völkerrecht:* die von einem oder mehreren Staaten übernommene Verpflichtung, für die Wahrung bestimmter Rechte eines anderen Staates oder für die Erfüllung vertragl. Abreden einzustehen, bes. den Bestand, die territoriale Integrität oder die Neutralität eines Staates zu achten und gegen dritte Staaten zu schützen.

Garantiegesetz, Kurzbez. für das schweizer. Bundesgesetz über die polit. und polizeil. Garantien der Eidgenossenschaft vom 26. 3. 1934, das 2003 aufgehoben wurde. Es regelte den Umfang der Immunität der Mitgl. der Bundesversammlung, der Mitgl. des Bundesrates, des Bundeskanzlers und der eidgenöss. Repräsentanten und Kommissäre und befreite die Eidgenossenschaft und ihre Einrichtungen von kantonalen und gemeindl. Steuern. Entsprechende Regelungen finden sich jetzt tlw. in anderen Gesetzen.

Garantielohn, ↑Lohn.

Garaudy [garoˈdi], Roger, frz. Philosoph und Politiker, *Marseille 17. 7. 1913; marxist. Theoretiker, führendes Mitgl. der frz. KP; als Chefideologe der KPF entwickelte er reformkommunist. Ideen. Aufgrund seiner scharfen Kritik am Einmarsch von Truppen des Warschauer Pakts in die ČSSR (1968) wurde er aus der KPF ausgeschlossen. 1982 konvertierte G. zum Islam. Mit antisemit. Äußerungen erregte er scharfen öffentl. Protest.

Weitere Werke: Marxismus im 20. Jh. (1966); Die große Wende des Sozialismus (1969); Aufruf an die Lebenden (1979); Das schwache Geschlecht ist unsere Stärke (1981).

Garbenschiefer, ↑Kontaktschiefer.

Greta Garbo

Garbo, Greta, eigtl. Gustafsson, schwed. Filmschauspielerin, *Stockholm 18. 9. 1905, †New York 15. 4. 1990; von dem Regisseur M. Stiller entdeckt (»Gösta Berling«, 1924); berühmt schon in der Stummfilmzeit; spielte in dt. (»Die freudlose Gasse«, 1925) und amerikan. Filmen (»Mata Hari«, 1931; »Menschen im Hotel«, 1932; »Königin Christine«, 1934; »Anna Karenina«, 1927, 1935 als Tonfilm; »Die Kameliendame«, 1936; »Ninotschka«, 1939; »Die Frau mit den zwei Gesichtern«, 1941). Seit 1941 stand sie nicht mehr vor der Kamera.

📖 *Paris, B.:* G. Die Biographie. A. d. Amerikan. Neuausg. Wien u. a. 1995.

Garbrecht-Enfeldt, Monique, Eisschnellläuferin, *Potsdam 11. 12. 1968; u. a. Weltmeisterin im Sprintvierkampf 1991, 1999, 2000, 2001 und 2003 sowie auf Einzelstrecken 2000 (500 m, 1 000 m), 2001 (1 000 m) und 2003 (500 m).

Garbsen, Stadt im Landkreis Hannover, Ndsachs., am Mittellandkanal, 63 300 Ew.

Garching b. München, Stadt im Landkreis München, Oberbayern, 15 100 Ew.; Standort des von 1957–2000 betriebenen Forschungsreaktors, 2004 durch den Forschungsreaktor München II (↑FRM) er-

setzt; Forschungsinstitute der TU München und der Ludwig-Maximilians-Univ., Max-Planck-Institute für Astrophysik, extraterrestr. Physik, Plasmaphysik und Quantenoptik.

Garcia [gar'sia], Andy, eigtl. Andres Arturo Garcia-Menendez, amerikan. Filmschauspieler kuban. Herkunft, *Havanna 12. 4. 1956; spielte u. a. in »Die Unbestechlichen« (1987), »Internal Affairs« (1990), »Der Pate« (1990, Teil 3), »When a Man loves a Woman« (1994), »Ocean's Eleven« (2001).

García Calderón [gar'sia -], Ventura, peruan. Schriftsteller und Diplomat, *Paris 23. 2. 1886, †ebd. 28. 10. 1959; modernist. Erzähler und Lyriker, schrieb u. a. »Peruanische Novellen« (1924), »Traum in der Sierra« (Erzn., 1931).

García Lorca [gar'θia -], Federico, span. Schriftsteller, *Fuente Vaqueros (Prov. Granada) 15. 6. 1899, †(erschossen im Bürgerkrieg von Franco-Anhängern) Viznar (Prov. Granada) 19. 8. 1936; war befreundet mit R. Alberti, S. Dalí, M. de Falla, wurde 1931 Leiter des Studententheaters »La Barraca«. Für seine Lyrik voller Musikalität und kühner farbiger Bilder war neben span. Kunstdichtung die volkstüml. span. Romanzenüberlieferung bedeutsam (»Zigeunerromanzen«, 1928; »Dichtung vom Cante Jondo«, 1931); seine lyrisch-balladesken Dramen – häufig Stücke um Frauengestalten – sind Exempel

Federico García Lorca

poet. Theaters, im Spätwerk mit schärferen sozialkrit. Akzenten (»In seinem Garten liebt Don Perlimplin Belisa«, 1933; »Bluthochzeit«, 1933; »Yerma«, hg. 1937; »Doña Rosita bleibt ledig oder Die Sprache der Blumen«, hg. 1938; »Bernarda Albas Haus«, entstanden 1933–36, hg. 1945); auch Prosa, Zeichnungen, Kompositionen.

📖 *Rogmann, H.: G. L.* Darmstadt 1981. – *F. G. L., Bilder u. Texte,* hg. v. Herbert Meier. Frankfurt am Main 1986. – *Gibson, I.: F. G. L. Eine Biographie.* A. d. Engl. Frankfurt am Main 1994. – *Rogmann, H. u. Kallmeyer, W.: Essays über Lorcas Theaterwerk.* Rheinfelden 1998.

Gabriel García Márquez

García Márquez [garˈsia ˈmarkɛs], Gabriel, kolumbian. Schriftsteller, *Aracataca (Dep. Magdalena) 6. 3. 1927; Journalist; lebt in Mexiko; wurde weltberühmt mit dem fantasievollen, teils magischrealist., im Kern sozialkrit. Roman »Hundert Jahre Einsamkeit« (1967); schrieb neben weiteren Romanen (u. a. »Kein Brief für den Obersten«, 1961; »Der Herbst des Patriarchen«, 1975; »Chronik eines angekündigten Todes«, 1981; »Die Liebe in den Zeiten der Cholera«, 1985; »Der General in seinem Labyrinth«, 1989; »Von der Liebe und anderen Dämonen«, 1994) Erzählungen (»Zwölf Geschichten aus der Fremde«, 1992), Drehbücher und Reportagen (»Das Abenteuer des Miguel Littín«, 1986; »Nachricht von einer Entführung«, 1996) sowie die Memoiren »Leben, um davon zu erzählen« (2002). 1982 erhielt er den Nobelpreis für Literatur.
📖 *Ploetz, D.: G. G. M. mit Selbstzeugnissen u. Bilddokumenten.* Reinbek 1992. – *Saldivar, D.: Reise zum Ursprung. Eine Biographie über G. G. M.* Köln 1998.

García Robles [garˈsia ˈrɔβlɛs], Alfonso, mexikan. Diplomat, *Zamora (Michoacán) 20. 3. 1911, †Mexiko 2. 9. 1991; war 1975–76 Außenmin., ab 1977 ständiger Vertreter seines Landes beim Abrüstungsausschuss der UNO. Für seine Bemühungen um Abrüstung erhielt er zus. mit der Schwedin Alva Myrdal 1982 den Friedensnobelpreis.

Garcilaso de la Vega [garθiˈlaso -], span. Dichter, *Toledo 1503, †Nizza 14. 10. 1536; schrieb sprachlich vollendete Sonette, Kanzonen, Eklogen in maßvollem petrarkist. Stil.

Garcinie [nach dem Engländer L. Garcin, *1683, †1752] *die* (Garcinia), Gattung der Hartheugewächse; Bäume in den Tropen und Monsungebieten. Die in Malaysia heim. **Mangostane** (Garcinia mangostana) besitzt kugelige Früchte, Samen mit wohlschmeckendem Samenmantel.

Gard [gaːr], **1)** *der,* rechter Nebenfluss der Rhône, S-Frankreich, 133 km lang, kommt aus den Cevennen und mündet bei Beaucaire. Er wird zw. Nîmes und Avignon vom dreigeschossigen **Pont du Gard,** einem der besterhaltenen röm. Aquädukte, überquert (aus der Zeit des Augustus, 275 m lang, 49 m hoch; zählt zum UNESCO-Weltkulturerbe).

Gard 1): Pont du Gard

GAR Gardasee

2) Dép. in S-Frankreich, 5 853 km², 623 000 Ew.; Hptst.: Nîmes.

Gạrdasee (italien. Lago di Garda, auch Benaco), größter See Italiens (370 km²), 65 m ü. M., 52 km lang, bis 346 m tief. Der schmalere N-Teil ist tief in die Voralpenberge eingeschnitten; im S ist der G. bis 18 km breit, von den Endmoränen eines eiszeitl. Gletschers umgeben (Zungenbeckensee); Hauptzufluss ist die Sarca, Abfluss nach S zum Po der Mincio. Mildes Klima, ganzjähriger Fremdenverkehr mit den Zentren: Riva, Limone, Gardone Riviera, Garda, Malcesine, Torbole. Uferstraßen am W- und O-Ufer des Sees (Gardesana Occidentale und Orientale).

Gardasee: Blick auf Campione und Monte Baldo

Garde [frz. »Wache«], urspr. Leibwache der Fürsten **(Leib-G., Hof-G.)**, mit oft prunkvoller Uniform. Später entwickelten sich daraus Elitetruppen und Teile der regulären Landstreitkräfte. Eine noch bestehende G. ist die päpstl. ↑Schweizergarde.

Gạrdelegen, Stadt im Altmarkkreis Salzwedel, Sa.-Anh., 12 700 Ew.; Konserven-, Metall-, Kunststoff verarbeitende Ind., Möbelbau. – Marienkirche (urspr. um 1200, umgebaut 13.–15. Jh.), Rathaus (15./16. Jh.), Salzwedeler Tor (um 1550). – Anfang des 13. Jh. Stadtrecht; im 14. Jh. Mitgl. der Hanse; bis 1994 Kreisstadt.

Gardemanger [-mã'ʒe:, frz.] *der,* urspr. Schrank für Lebensmittel, dann auch Koch, der kalte Speisen herstellt oder vorbereitet.

Garden Grove [ˈgɑːdn ˈgrəʊv], Stadt in Kalifornien, USA, im südöstl. Vorortbereich von Los Angeles, 154 400 Einwohner.

Gardẹni|e [nach dem schott. Botaniker A. Garden, * 1730 (?), † 1792] *die* (Gardenia), Gattung der Rötegewächse mit rd. 100, meist trop. Arten; viele Ziersträucher mit lederartigen Blättern und großen gelben oder weißen, wohlriechenden Blüten.

Garden of the Gods [ˈgɑːdn ɔv ðə ˈgɔdz; engl. »Göttergarten«], Naturpark in Colorado, USA, in den Rocky Mountains bei Colorado Springs; 312 ha; bizarre Felsformen aus rotem Sandstein.

Garderọbe [frz.] *die,* 1) der gesamte Kleiderbestand einer Person; 2) (Vorraum mit) Kleiderablage; 3) Umkleideraum (für Bühnendarsteller).

Garde- und Schautanzsport, eine im Unterschied zum i. d. R. nur während der Fastnachtszeit veranstalteten »Karnevalsgardetanz« ganzjährig ausgeübte tanzsportl. Diszipin, die u. a. Solo-, Paartanz, Marschgruppen, Polka und Schautanz umfasst.

Gardiner [ˈgɑːdnə], John Eliot, brit. Dirigent, * Fontmell Magna (bei Shaftesbury, Cty. Dorset) 20. 4. 1943; gründete 1964 den »Monteverdi Choir«, 1968 das »Monteverdi Orchestra« und 1978 die »English Baroque Soloists«; 1991–94 Chefdirigent des Sinfonieorchesters des Norddt. Rundfunks, seitdem als Gastdirigent tätig.

Gardner [ˈgɑːdnə], Earle Stanley, amerikan. Schriftsteller, * Malden (Mass.) 17. 7. 1889, † Temecula (Calif.) 11. 3. 1970; im Mittelpunkt seiner populären Kriminalromane steht zumeist der Anwalt Perry Mason.

Gardọne Riviẹra, Kurort am Westufer des Gardasees, Prov. Brescia, Italien, 2 500 Einwohner. – Im Ortsteil **Gardone Sopra** liegt der von G. D'Annunzio geschaffene Gebäude- und Gartenkomplex des Vittoriale degli Italiani, mit der Villa D'Annunzio (mit Museum und Bibliothek), Mausoleum, Freilichttheater.

Gare, ↑Bodengare.

garen, Lebensmittel durch Wärmebe-

Garmisch-Partenkirchen GAR

handlung genießbar (verdaulich) machen, z. B. durch Kochen, Braten, Backen.
Garfield [ˈgɑːfiːld], 1978 von Jim Davis (*1945) geschaffener Antiheld einer Comicserie (auch verfilmt). G. ist ein gelbschwarz getigerter, tyrann. Hauskater. Mit seiner Vorliebe für Fertiggerichte, Tiefkühlkost und Fernsehen verkörpert er den amerikan. Lebensstil. Er ist ein scharfsinniger, bissig kommentierender Beobachter seiner Umgebung, seiner selbst und seines Herrchens.

Gardenie: Gardenia jasminoides (Höhe 90–120 cm)

Gärfutter (Silage), durch Einsäuerung (Milchsäuregärung, ↑Gärung) konserviertes, in Silos eingelagertes Futter (Grünfutter, Hackfrüchte u. a.) für Nutztiere.
Gargallo [garˈγaʎo], Pablo, span. Bildhauer, *Maella (Prov. Saragossa) 5. 12. 1881, †Reus 28. 12. 1934; schuf ab 1923 (nach seiner Übersiedelung nach Paris) vollplast. Eisenarbeiten; Wegbereiter der modernen Eisenplastik.
Gargano, Monte, Gebirgsmassiv an der Ostküste Italiens, 1 056 m ü. M., der »Sporn« der Apenninenhalbinsel; Weideland und Heideflächen, ab etwa 800 m Höhe Buchenwald; in den Buchten Badetourismus.
Gargantua [frz. gargãty'a], ein Riese der frz. Volkssage und eines 1532 erschienenen Volksbuchs; zeichnet sich durch große Kraft und ungeheuren Appetit aus. Dem Volksbuch entnahm F. Rabelais den Namen für einen Roman.
Garibaldi, Giuseppe, italien. Freiheitskämpfer, *Nizza 4. 7. 1807, †Caprera 2. 6. 1882; einer der Führer des Risorgimento; schloss sich 1833 G. Mazzini an, nach einem gescheiterten Aufstand 1834 zum Tode verurteilt, Flucht und Exil in Südamerika; kämpfte 1848/49 gegen die Österreicher in der Lombardei und leitete die Verteidigung der im Febr. 1849 ausgerufenen Röm. Republik, nach der Niederlage wieder im Exil; setzte sich nach seiner Rückkehr (1854) für die italien. Einigung unter Viktor Emanuel II. ein. 1860 führte er den »Zug der Tausend« (zuletzt etwa 30 000 Mann) und stürzte die Bourbonenherrschaft in Sizilien und Unteritalien.
📖 *Hausmann, F.: G. Die Geschichte eines Abenteurers, der Italien zur Einheit verhalf. Neuausg. Berlin 1999.*
Garide [frz.] *die,* Sammelbez. für mediterrane Felsheiden, ↑Garrigue.
Garigliano [gariʎˈʎaːno] *der,* Fluss in Italien, 158 km, entspringt als **Liri** in den Abruzzen und mündet in den Golf von Gaeta.
Garizim, Berg im Westjordanland, ↑Gerizim.
Garland [ˈgɑːlənd], Stadt in Texas, USA, nahe Dallas, 187 400 Ew.; Maschinen-, Flugzeugbau.
Garland [ˈgɑːlənd], **1)** Hamlin, amerikan. Schriftsteller, *West Salem (Wis.) 14. 9. 1860, †Los Angeles 4. 3. 1940; schilderte in naturalist. Romanen und Erzählungen das Leben im Mittelwesten.
2) Judy, eigtl. Frances Gumm, amerikan. Filmschauspielerin und Sängerin, *Grand Rapids (Minn.) 10. 6. 1922, †London 22. 6. 1969; Mutter von Liza Minnelli; zahlr. Filme (»Ein neuer Stern am Himmel«, 1954), trat auch in Revuen und Fernsehshows auf.

Giuseppe Garibaldi

Garmisch-Partenkirchen, 1) Landkreis in Oberbayern, 1 012 km², 86 600 Einwohner.
2) Kreishauptort (Markt) von 1), Oberbayern, 720 m ü. M., am Zusammenfluss von Partnach und Loisach, am Fuß des Wettersteingebirges, 26 400 Ew.; heilklimat. Kur-

GAR Garmond

Garmisch-Partenkirchen 2):
Ramsauer Ache

ort; Fraunhofer-Institut für Atmosphärische Umweltforschung, Fachschulen für Schreiner, Holzbildhauer, Hotelfach; einer der bedeutendsten Fremdenverkehrsorte der Bayer. Alpen (Bergbahnen u. a. auf Zugspitze, Kreuzeck und Wank); Wintersportstätten (Olymp. Winterspiele 1936; Alpine Skiweltmeisterschaft 1978). – Im Ortsteil Garmisch die Alte Pfarrkirche St. Martin (13.–16. Jh.) mit Wandmalereien (13. und 15. Jh.) und die Neue Pfarrkirche St. Martin (1729–33); in Partenkirchen die Wallfahrtskirche St. Anton (1. Hälfte 18. Jh.) mit bed. Deckengemälde. – Garmisch ist 802 erstmals genannt. Partenkirchen geht auf das röm. Kastell Parthanum zurück. Beide gehörten bis 1803 zur Grafschaft Werdenfels; wurden 1935 vereinigt.

Garmond [-'mɔ̃; nach C. Garamond] *die, graf. Technik:* die ↑Korpus.

Garn, meist durch Drehung gefertigter Faden aus Fasern, der auch aus mehreren Vorgarnen oder Faserbändern hergestellt sein kann.

Garnelen [niederländ.] (Natantia), Unterordnung überwiegend meerbewohnender Zehnfußkrebse mit etwa 2 000 Arten; bis über 30 cm groß, Körper schlank, fast stets seitlich zusammengedrückt, häufig glasartig durchsichtig. Die bekanntesten Arten sind: **Felsen-G. (Krevette,** Palaemon serratus), etwa 5–7 cm lang, an der südeurop. Atlantikküste und im Mittelmeer; **Nordsee-G. (Gemeine G.,** Crangon crangon), etwa 4,5–7 cm lang; **Ostsee-G.** (Palaemon squilla), etwa 6 cm lang, werden zu Konserven (Krabben) verarbeitet; **Pistolenkrebs (Knallkrebschen,** Alpheus californiensis), bis etwa 5 cm lang, an der kaliforn. Küste Nordamerikas; **Stein-G.** (Palaemon elegans), etwa 3–6 cm lang, in der Nordsee sowie im Mittelmeer.

Garner [ˈgɑːnə], Erroll, amerikan. Jazzpianist, * Pittsburgh (Pa.) 15. 6. 1921, † Los Angeles 2. 1. 1977; bes. charakteristisch ist seine die Rhythmik des ↑Beat verschleiernde Spielweise.

Garnett [ˈgɑːnɪt], David, engl. Schriftsteller und Verleger, * Brighton 9. 3. 1892, † Montcuq (Dép. Lot) 17. 2. 1981; schrieb groteske, satir. Novellen und Romane, u. a. »Meine Frau, die Füchsin« (1922) und »Die Heuschrecken kommen« (1931).

Garnfeinheit, Quotient aus Masse und Länge eines Garnes (Nummerierung). Man unterscheidet zwei Systeme: das **Tex-System** als längenbezogene Masse (als nicht gesetzl. Einheit ↑Denier) in Gramm, Bezugslänge = 1 000 m, z. B. 20 Tex = 20 g/1 000 m; das **metr. System** (Nummer metrisch, Abk. Nm) als massebezogene Länge, Bezugsmasse = 1 Gramm, z. B. Nm 20 = 20 m/1 g.

Garnier [garˈnje], **1)** Charles, frz. Baumeister und Kunstschriftsteller, * Paris 6. 11. 1825, † ebd. 3. 8. 1898; Erbauer der Grand Opéra (1861–75) in Paris.

2) Katja von, Filmregisseurin, * Wiesbaden 15. 12. 1966; drehte 1992 die Beziehungskomödie »Abgeschminkt«, 1997 das Roadmovie »Bandits«, in dem ebenfalls Frauen die Protagonistinnen des Films sind.

3) Tony, frz. Architekt, * Lyon 13. 8. 1869,

† Roquefort-la-Bédoule (bei Marseille) 19. 1. 1948; entwarf 1900-04 das Projekt für eine »Cité industrielle« mit revolutionären städtebaul. Ideen (kub. Häuser; Grünflächen, Fußgängerwege u. a.).
Garnierit [nach dem frz. Geologen J. Garnier, * 1839, † 1904] *der*, grünes monoklines Mineral (Ni, Mg)$_3$[(OH)$_4$|Si$_2$O$_5$], bildet gelartige und erdige Massen; wichtiges Nickelerz, Verwitterungsprodukt ultrabas. Gesteine (Dunite, Serpentinite).
Garnison [frz.] *die*, Bez. für die militär. Besatzung eines Ortes, auch für den Ort; heute durch ↑Standort ersetzt.
Garonne [ga'rɔn] *die*, längster Fluss des südwestl. Frankreich, 650 km lang, entspringt in den span. Pyrenäen und bildet unterhalb von Bordeaux mit der Dordogne die Gironde.
Garoua [ga'rwa, frz.] (Garua), Prov.-Hptst. in N-Kamerun, 160 000 Ew.; Erzbischofssitz; Flusshafen am Benue, internat. Flughafen.
Garrafeira, Bez. für portugies. Weine von hoher Qualität, die lange im Fass gelagert haben.
Garrett, João Baptista da Silva Leitão de Almeida, portugies. Dichter und Politiker, * Porto 4. 2. 1799, † Lissabon 9. 12. 1854; Liberaler, zeitweise im Exil in Großbritannien und Frankreich; 1852 Außenminister. G. gründete 1836 das portugies. Nationaltheater, war Hauptvertreter der portugies. romant. Schule (»Manuel de Sousa«, 1844, histor. Dr.); er schrieb außerdem u. a. das Epos »Camões« (1825) und Gedichte.
Garrick ['gærɪk], David, engl. Schauspieler, * Hereford 19. 2. 1716, † London 20. 1. 1779; leitete 1747-76 das Drury-Lane-Theater in London; berühmt für seine ungekünstelt-natürl. Darstellung von Shakespeare-Charakteren; Verfasser bühnenwirksamer Stücke mit Liedeinlagen.
Garrigue [ga'ri:g, provenzal. *garric* »Kermeseiche«] *die* (Garigue), niedrige Gebüschformation, Strauchheide im Mittelmeergebiet, meist auf Kalk siedelnd (z. B. in der frz. Landschaft **Garrigues** am Fuß der Cevennen); ähnlich der Macchie; v. a. Kermeseiche neben Zistrosen, Lavendel, Rosmarin, Zwergpalme, Euphorbien; durch Überweidung und Bodenerosion entstanden. Ähnlich sind die Tomillares in Spanien, die Phrygana in Griechenland, die Trachiotis auf Zypern und die Bartha in der Levante; sie alle werden unter dem Namen **Gariden** zusammengefasst.
Garrotte [span.] *die*, Halseisen zur Vollstreckung von Todesurteilen durch Erdrosseln.
Garschin, Wsewolod Michailowitsch, russ. Schriftsteller, * Gut Prijatnaja Dolina (Gebiet Donezk) 14. 2. 1855, † (Selbstmord) Sankt Petersburg 5. 4. 1888, schildert in der Novelle »Die rote Blume« (1883) den Seelenzustand eines Wahnsinnigen.
Garten, ursprünglich mit Gerten eingefriedetes Gelände zum Anbau von Nutzpflanzen (**Nutz-G.**) oder von Zierpflanzen (**Zier-G.**); auch **Haus-** und **Klein-G.** genannt. **Botanische G.** dienen u. a. wiss. Zwecken, **Schul-G.** dem Unterricht.
Gartenaere, Wernher der, mhd. Dichter, ↑Wernher der Gartenaere.
Gartenbau (Hortikultur), der Anbau gärtner. Kulturpflanzen mit den Bereichen Gemüsebau, Obstbau, Zierpflanzenbau, Baumschulen und gärtner. Samenbau.
Gartenbauausstellungen (Gartenschauen), öffentl. Leistungsschauen des Gartenbaus. In Dtl. die Bundesgartenschau (BUGA) und alle zehn Jahre die Internat. Gartenbauausstellung (IGA).
Gartenkresse (Lepidium sativum), einjähriger Kreuzblütler mit weißen Blüten; die vitaminreichen Blätter werden als Salat bzw. Küchenkraut verwendet.
Gartenkunst (Gartengestaltung), die künstler. Formung begrenzter Freiräume durch Pflanzen, Wege, Anschüttungen, Planierungen, Architekturelemente, Wasser, Bildwerke. G. gab es in den altmesopotam., den ägypt., den altamerikan. Hochkulturen sowie im alten China und Japan. Als eines der sieben Weltwunder der Antike galten die Hängenden Gärten (Terrassenanlage) der Semiramis in Babylon (9./8. Jh. v. Chr.). Die Anlage pers. Gärten (Vorbild für die G. der islam. Welt), ein Erbe altoriental. G., bestand in einem Achsenkreuz, die vier Himmelsrichtungen symbolisierend, mit einem Wasserbecken in der Mitte sowie Schatten spendendem Baumbestand. Diese Konzeption wurde in der hellenist. G. übernommen, die Römer fügten v. a. die Skulptur hinzu, auch architekton. Elemente (Hadriansvilla in Tivoli). In Mitteleuropa gab es im MA. neben Nutzgärten bei Burgen und Klöstern auch kleine Ziergärten. Die G. der Renaissance

GAR Gartenlaube, Die

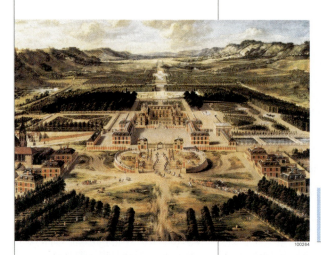

Gartenkunst: Schloss und Parkanlage in Versailles (Ausschnitt aus einem Gemälde von Pierre Patel, 1668)

griff antike Traditionen auf. Der Garten, als Kunstwerk begriffen, wird ausgestattet mit Wasserspielen, Terrassen und Treppenanlagen, beschnittenen Hecken und gestutzten Bäumen (Boskett) sowie Skulpturen, deren Anzahl im Manierismus und Barock erheblich zunimmt. Beim **frz. Garten** sind Garten und Schloss Teile einer Gesamtkonzeption, die Natur wird in streng symmetr. Achsensystem einer architekton. Gestaltung unterworfen; Rabatten, Boskettgärten, Bildwerke und Steinvasen, Bassins mit Wasserspielen, Irrgarten, Orangerie u. a. sind wichtige Elemente. Das Vorbild von Versailles (A. Le Nôtre) prägte die barocken Gartenanlagen in ganz Europa (England: Hampton Court, Dtl.: Ludwigsburg, Würzburg, Schleißheim, Nymphenburg u. a., Österreich: Belvedere und Schönbrunn in Wien). Um 1730 entstand der **engl. Garten** als malerisch geprägter »Landschaftsgarten« mit geschwungenen Wegen, weiten Rasenflächen und natürl. Baumgruppen, auch mit künstl. Ruinen, Einsiedeleien, Tempeln, exot. Bauten (Stourhead in Wiltshire, Stowe in Buckinghamshire). Der engl. Garten bzw. der Park wurde v. a. in Dtl. übernommen (Wörlitz bei Dessau, Engl. Garten in München, die Parks des Fürsten Pückler in Muskau [heute Bad Muskau], z. T. in Sanssouci) und verbreitete sich im 19. Jh. in ganz Europa und in den USA (Bois de Boulogne in Paris, 1853; Central Park in New York, ab 1858). – Moderne Aufgaben der G. sind Stadtdurchgrünung und die Anlegung von Erholungszonen (Landschaftsbau, -gestaltung).

Gothein, M. L.: Gesch. der G., 2 Bde. Jena ²1926, Nachdr. München 1997. – Die G. des Abendlandes. Von der Renaissance bis zur Gegenwart, Beiträge v. M. Mosser u. G. Teyssot, bearb. v. A. Ponte. A. d. Italien. Stuttgart 1993. – 100 engl. Gärten. Die schönsten Anlagen des »English Heritage Parks and Gardens Register«, bearb. v. P. Taylor. A. d. Engl. Niederhausen im Taunus 1996. – DeBay, P. u. Bolton, J.: G. im Spiegel der Jahrhunderte. München 2002.

Gartenlaube, Die, illustrierte Wochenzeitschrift, 1853 von dem Publizisten Ernst Keil (* 1816, † 1878) in Leipzig als liberales Unterhaltungsblatt gegründet; seit 1938 als »Die neue G.« (bis 1944, zuletzt monatlich).

Gartenschädlinge, Organismen, die Gartenpflanzen schädigen. **Pflanzl. G.** sind Pilze wie Mehltau, Rostpilze, Brandpilze, **tier. G.** sind bes. Insekten und deren Larven; ferner: Milben, Älchen, Nagetiere, Vögel, Schnecken, Tausendfüßer. Bekämpfung: chem. Bekämpfungsmittel, Leimringe, Fallen, richtige Wahl der Saat- und Pflanzzeit, des Standorts und widerstandsfähiger Sorten, geeignete Düngung, Erhaltung und Förderung natürl. Feinde der Gartenschädlinge.

Gartenschauen, ↑Gartenbauausstellungen.

Gartenschläfer, Nagetier, ↑Schlafmäuse.

Gartenschnecke (Gartenschnirkelschnecke), Art der ↑Schnirkelschnecken.

Gartenspötter (Gelbspötter, Hippolais icterina), Singvogel in Gärten und Auwäldern, oberseits graugrün, unterseits blassgelb. Sein Nest, in Astgabeln, verkleidet er außen mit Birkenrinde.

Gartenstadt, 1898 von dem Briten Sir Ebenezer Howard (*1850, †1928) konzipierter Stadttypus (»garden city«) mit sozialreformer. Zielsetzungen: eine eigenständige, von Grünanlagen durchsetzte Siedlung in der Nähe übervölkerter Großstädte. Durch die g. sollte das übermäßige Wachstum der Städte einerseits und die Landflucht andererseits verhindert werden. Nach dem G.-Prinzip entstanden in Großbritannien nördlich von London Letchworth (1903 ff.) und Welwyn Garden City (1920 ff.), in Deutschland Hellerau (1907/08 ff.; heute zu Dresden) von R. Riemerschmied. An der Wiener Siedler- und G.-Bewegung der 20er-Jahre beteiligten sich A. Loos und Franz Schuster (*1892, †1972).
  Schollmeier, A.: *Gartenstädte in Dtl. Ihre Gesch., städtebaul. Entwicklung u. Architektur zu Beginn des 20. Jh. Münster u. a. 1990.*

Gartenzwerg, für den Garten bestimmte, buntfarbige Zwergenfigur aus Keramik, heute auch aus Kunststoff; Ende des 18. Jh. in Thüringen aufgekommen; v. a. in Dtl. üblich, auch beliebter Exportartikel. Als mögl. Vorgänger werden die steinernen Zwergenfiguren der Barockgärten angesehen.

Gärtner, 1) Eduard, Maler und Lithograph, *Berlin 2. 6. 1801, †Flecken Zechlin (Landkreis Ostprignitz-Ruppin) 22. 2. 1877; v. a. Architekturveduten, bes. von Berlin, von zarter atmosphär. Stimmung.
2) Friedrich Ritter von (seit 1837), Baumeister, *Koblenz 10. 12. 1791, †München 21. 4. 1847; Schüler von F. Weinbrenner; ab 1828 Hofarchitekt König Ludwigs I. von Bayern, gestaltete in München die Ludwigstraße (Ludwigskirche, Staatsbibliothek, Feldherrnhalle, Siegestor).
  F. v. G. Ein Architektenleben, 1791 bis 1847. Beiträge v. H. van Bergeijk u. a., hg. v. W. Nerdinger. Ausst.-Kat. Architekturmuseum der Techn. Universität München. München 1992.

Gärtnerei (Gartenbaubetrieb), Betrieb, der gärtner. Kulturpflanzen zum Erwerb anbaut (Erwerbsgartenbau): Obst-, Gemüse-, Zierpflanzenbau, Baumschule, Samenbau, G. des Garten-, Landschafts- und Sportplatzbaus, Friedhofsgärtnerei.

Gartok, Handelsplatz in China, ↑Gar.

Garúa [span.] *die,* Nebel mit Nieselregen an der W-Küste Südamerikas, zw. etwa 2° und 20° s. Br., verursacht vom kalten Wasser des Humboldtstroms, ermöglicht Pflanzenwuchs in der Küstenwüste (Lomavegetation).

Garuda, mytholog. Mischwesen des ind. Kulturkreises; Fürst der Vögel und Feind der Schlangen, Reittier des Gottes Vishnu; meist mit Menschenleib dargestellt, zwei- oder vierarmig, mit ausgebreiteten Vogelschwingen und adlerartiger Physiognomie.

Gärung, der anaerobe (ohne Sauerstoff verlaufende) enzymat. Abbau von organ. Verbindungen, bes. von Kohlenhydraten, wobei die beteiligten Enzyme (G.-Enzyme) von lebenden Mikroorganismen (Hefezellen, Bakterien, Schimmelpilze u. a.) oder von Zellen höherer Organismen gebildet werden. Die G. beginnt mit der Reaktionskette der Glykolyse (Abbau von Glucose zu Brenztraubensäure). Bei der **Milchsäure-G.** wird die Brenztraubensäure zu Milchsäure hydriert (bed. für die Energiegewinnung bei der Muskelarbeit). Bei der insbesondere durch Hefen bewirkten **alkohol. G.** entsteht aus Traubenzucker oder anderen Hexosen Alkohol (Äthanol) und Kohlendioxid (CO_2). Die **Propionsäure-G.** spielt v. a. bei der Käsereifung eine Rolle (die Löcher im Schweizer Käse entstehen durch dabei freigesetztes CO_2).

Gärungsdyspepsie, ↑Verdauungsstörung.

Garvey [ˈgɑːvɪ], Marcus Moziah, amerikan. Politiker jamaikan. Herkunft, *Saint Ann's Bay (Jamaika) 17. 8. 1887, †London 10. 6. 1940; Vertreter des Panafrikanismus, gründete 1914 die Universal Negro Improvement Association (UNIA) in Jamaika, ging 1916 in die USA und begann in New York unter den Schwarzen eine »Zurück-nach-Afrika«-Kampagne. Wegen Betrugs 1925–27 inhaftiert; lebte zuletzt in Großbritannien.

Gary [ˈgɛrɪ], Ind.stadt am Michigansee in Indiana, USA, (1994) 114 300 Ew. (1970: 175 400 Ew.); kath. Bischofssitz; Univ.institute. – 1905 durch die United States Steel Corporation als Stahlind.zentrum gegründet.

Gary [gaˈri], Romain, eigtl. Roman Kassew, frz. Schriftsteller und Diplomat, *Vil-

GAR Garzweiler

nius (Litauen) 8. 5. 1914, †(Selbstmord) Paris 2. 12. 1980; lebte seit 1928 in Frankreich, Verfasser zeitkrit. Romane, in denen er die menschl. Werte verteidigte, u. a. »Die Wurzeln des Himmels« (1956), »Gedächtnis mit Flügeln« (1980); seit 1974 schrieb er auch unter dem Pseud. **Émile Ajar** versch. Werke, u. a. »Du hast das Leben noch vor dir« (1975).

Garzweiler, Ortsteil von Jüchen, NRW; bed. Braunkohlentagebau (Förderung 2002: 37,6 Mio. t Rohbraunkohle zur Stromerzeugung). Nach Erschöpfung des Gebiets G. I soll G. II ab 2006 aufgeschlossen werden. Das geplante Braunkohlenabbaugebiet G. II südlich von Mönchengladbach ist dann mit 48 km² eines der größten Tagebauprojekte in Europa. Bei einer Abbauteufe von etwa 210 m können 1,6 Mrd. t Braunkohle gewonnen werden. Das Projekt war heftig umstritten. Betreiber und Landesregierung sowie Naturschützer und Anwohner (7 600 Menschen in elf Gemeinden) vertraten unterschiedl. Auffassungen in Bezug auf die energiewirtsch. Erfordernis der Braunkohlengewinnung, die Sozialverträglichkeit der notwendigen Umsiedlungen, die ökolog. Verträglichkeit der erforderl. weiträumigen Grundwasserabsenkung (Naturpark Schwalm-Nette) und den Strukturwandel im Rheinischen Braunkohlenrevier (Sicherung von rd. 9 000 Arbeitsplätzen).

Gas [zu grch. cháos »leerer Raum«], Materie im gasförmigen ↑Aggregatzustand, bei dem die Kräfte zw. den Molekülen so klein sind, dass er weder eine bestimmte Form (wie ein Festkörper) noch ein konstantes Volumen (wie Festkörper und Flüssigkeit) besitzt. Die Moleküle eines G. verteilen sich auf den gesamten zur Verfügung stehenden Raum, wenn der Einfluss äußerer Kräfte in diesem Raum konstant ist. Volumen und Dichte sind nur durch die äußeren Bedingungen bestimmt. Ein in einem Raum (Gefäß) eingeschlossenes G. übt auf jedes im Raum vorhandene Flächenelement denselben Druck p aus. Bei gegebener G.-Menge ist der Druck umso größer, je kleiner das Volumen V und je höher die Temperatur T des G. ist. Der thermodynam. Zustand eines G. wird durch diese drei Zustandsgrößen festgelegt, die in den **G.-Gesetzen,** insbesondere den ↑Zustandsgleichungen, miteinander verknüpft sind. Für ein **ideales G.** nimmt man an,

dass die G.-Moleküle punktförmig sind und (außer bei Stößen) zw. ihnen keine Kräfte wirken. Bei beliebigen Drücken und Temperaturen gilt die therm. Zustandsgleichung $pV = nRT$ (n Molzahl, R allgemeine ↑Gaskonstante); in dieser **allgemeinen Gasgleichung** sind das ↑Boyle-Mariotte-Gesetz und das 1. ↑Gay-Lussac-Gesetz enthalten. Die meisten **realen G.** verhalten sich unter genügend hohen Temperaturen und genügend geringen Dichten i. d. R. nahezu wie ideale Gase. Die Abweichungen sind umso geringer, je niedriger der Druck und je höher die Temperatur ist. Die einfachste Zustandsgleichung zur Beschreibung realer G. ist die ↑Van-der-Waals-Gleichung.

Die ↑kinetische Gastheorie erklärt das Verhalten der G. mithilfe statist. Methoden aus den Gesetzen der Mechanik sowie unter Berücksichtigung quantenmechan. Erkenntnisse. Die einzelnen G.-Teilchen, i. w. S. die Fermionen in einem ↑Fermi-Gas und die Bosonen in einem Bose-G., bewegen sich entsprechend den statist. Gesetzmäßigkeiten, denen sie unterliegen (↑Boltzmann-Statistik, bei Auftreten von Quanteneffekten ↑Fermi-Dirac-Statistik oder ↑Bose-Einstein-Statistik) vollkommen ungeordnet auf geradlinigen Bahnen, die nur durch Zusammenstöße mit anderen Molekülen oder Stöße auf die Gefäßwand gestört werden. Der G.-Druck entspricht dem durch Stöße auf die Gefäßwand übertragenen Impuls, die Temperatur der kinet. Energie der bewegten Moleküle. Berücksichtigt man den Raumbedarf der Moleküle und intermolekulare Kräfte, so lassen sich auch die Abweichungen realer G. vom idealen Verhalten bei tieferen Temperaturen und größeren Dichten, insbes. auch die Erscheinungen der ↑Verflüssigung bei Temperaturen unterhalb der für jedes G. charakteristischen krit. Temperatur verstehen. Das G. kondensiert, wenn die gegenseitige Anziehung der Moleküle größer wird als die Wirkung der Bewegung. Als **permanente G.** bezeichnete man früher G. (Sauerstoff, Helium u. a.), die mit den damals erreichbaren Tieftemperaturen nicht verflüssigt werden konnten. **Techn. G.** sind z. B. Acetylen, Propan, ↑Erdgas, ↑Stadtgas.

Gasa, Stadt in S-Palästina, ↑Gaza.

Gas|anzünder, Gerät zum Zünden eines Gas-Luft-Gemisches: Beim **Reibzünder**

werden durch Reiben einer pyrophoren Legierung (z. B. Cereisen) Funken erzeugt. **Elektr. G.** benutzen einen zum Glühen gebrachten elektr. Leiter oder elektr. Öffnungsfunken. Bei piezoelektr. Zündern wird dieser Funken durch einen kräftigen Schlag auf einen Kristall erzeugt (↑Piezoelektrizität). Die **katalyt. G.** (mit Platinpulver) erwärmen sich im Gas-Luft-Gemisch bis zum Glühen.
Gasautomat (Münzgaszähler), ↑Gaszähler.
Gasbehälter, Speicher- und Druckregulierungsbehälter für verdichtete, flüssige oder unter Druck gelöste Gase. Ortsbewegl. G. (Druck-G.) sind Flaschen, Fässer und Fahrzeugbehälter. **Gasflaschen** haben einen Rauminhalt bis zu 150 Liter. Sie sind zur schnellen Unterscheidung mit einem Farbanstrich versehen (z. B. blau = Sauerstoff, grün = Stickstoff, gelb = Acetylen, rot = Wasserstoff). Ortsfeste Niederdruck-G. sind z. B. **Glocken-G.,** in denen das Gas unter einer Glocke gespeichert wird, die in ein Wasserbecken eintaucht. **Scheiben-G.** sind zylindr. Behälter, die durch eine bewegl. Scheibenkonstruktion in zwei Räume unterteilt sind. Unterhalb der Scheibe, die zur Behälterwand hin mit einer ölgefüllten Abdichteinrichtung ausgestattet ist, befindet sich das Gas. Ortsfeste Druck-G. sind z. B. oberird. **Kugelbehälter** (z. B. für Flüssiggas, Äthylen) oder unterird. **Röhrenspeicher** (z. B. für Erdgas), die aus Röhren von etwa 1 km Länge bestehen können. Viele Gase (z. B. Stickstoff, Ammoniak, Erdgas) werden heute auch bei tiefen Temperaturen verflüssigt und drucklos in isolierten Behältern gelagert. Zur Speicherung großer Erdgasvorräte dienen unterird. Gaskavernen in Salzstöcken.
Gasbeleuchtung, die Lichterzeugung mit brennbaren Gasen; heute nur noch von geringer Bedeutung. Heute wird fast nur noch das **Gasglühlicht** (**Auerlicht,** nach ↑Auer von Welsbach) verwendet: Ein Glühkörper (Glühstrumpf, mineral. Bestandteile Thorium- und Ceroxid) wird durch eine Gasflamme erhitzt und dadurch zum Leuchten gebracht. Hauptanwendungsgebiet der G. war zunächst die Innenraumbeleuchtung, später die Straßenbeleuchtung.
Gasbrand (malignes Ödem, Gasödem, Gasphlegmone), lebensgefährl. Infektion durch G.-Bakterien (v. a. Clostridium perfringens); G.-Erreger vermögen nur unter Sauerstoffabschluss zu leben und gelangen bes. mit Erde in Wunden. Bei tiefen luftabgeschlossenen Verletzungen breiten sich die Erreger schrankenlos aus und produzieren ein Gift, das das Gewebe unter Gasbildung zerstört und zu schwerer Allgemeinvergiftung, Schock und Tod führen kann (Sterblichkeit liegt bei 30–50%). – *Behandlung:* rasche chirurg. Versorgung durch intensive Wundreinigung mit breiter Öffnung des Gewebes zur Beseitigung der Luftabgeschlossenheit; außerdem frühzeitige Sauerstoffüberdrucktherapie, Chemotherapie v. a. Cephalosporine, Penicillin G sowie Antitoxin-Gaben (Serum).
Gascar, Pierre, eigtl. P. Fournier, frz. Schriftsteller, *Paris 13. 3. 1916, †Lons-le-Saunier 20. 2. 1997; reflektiert in seinen Romanen eigenes Erleben aus der Jugend und dem Krieg, erweist sich auch in seinen Berichten und Essays als illusionsloser Beobachter der fragwürdig-aggressiven Beziehungen zw. den Menschen sowie zw. Mensch und Natur (u. a. Romane »Garten der Toten«, 1953; »Der Flüchtling«, 1961; Erzn. »Das Pflanzenreich«, 1981; histor. Berichte »Der Teufel in Paris«, 1984).
Gas|chromatographie, chromatograph. Verfahren zur Trennung und quantitativen Bestimmung verdampfbarer Stoffgemische. Die gasförmige oder verdampfbare Substanz wird von einem inerten Trägergas (z. B. Helium) über die in einem längeren, dünnen Rohr (Trennsäule) befindl. stationäre Phase (z. B. Kieselgur-Präparate) geleitet. Aufgrund von Adsorptions- und Löslichkeits-Verteilungsvorgängen wandern die Einzelsubstanzen mit versch. Geschwindigkeit durch die Trennsäule, an deren Ende sich geeignete Detektoren (Wärmeleitfähigkeitszelle, Flammenionisationsdetektor u. a.) befinden. Zur qualitativen Identifizierung dienen die unterschiedl. Verweilzeiten in der Säule **(Retentionszeiten),** zur Bestimmung der Stoffe die Stärke des Detektorsignals. – Die G. gestattet die Bestimmung und Trennung chemisch sehr ähnl. Substanzen mit kleinsten Mengen. – Abb. S. 266
Gaschurn, Gem. im Montafon, Vorarlberg, Österreich, 1052 m ü. M., 1700 Ew.; Luftkurort und Wintersportplatz; in **Partenen** Beginn der Silvretta-Hochalpenstraße.

GAS Gascogne

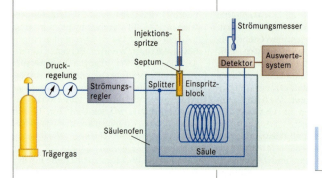

Gaschromatographie: schematischer Aufbau eines Gaschromatographen

Gascogne [gasˈkɔŋ] *die,* histor. Landschaft in SW-Frankreich, umfasst das westl. Pyrenäenvorland bis fast zur Garonne mit der Stadt Auch. – Die G. ist nach den Basken (Vascones) benannt, die sich Ende des 6. Jh. hier niederließen. Im frühen MA. war die G. ein eigenes Herzogtum, kam aber schon 1058 an Aquitanien. Die heutigen Bewohner sprechen **Gascognisch,** einen Dialekt der provenzal. Sprache.

Gasdiffusionsverfahren, Diffusionstrennverfahren zur Isotopentrennung, bei dem die Tatsache ausgenutzt wird, dass die Geschwindigkeit der Diffusion durch eine poröse Wand von der Masse der Gasteilchen abhängt. Das G. wird bes. zur industriellen Anreicherung des spaltbaren ^{235}U-Isotops aus natürl. Uran eingesetzt. Dazu wird gasförmiges Uranhexafluorid (UF_6) durch Diffusionsbarrieren (Membrane) gedrückt, wobei das leichtere Gas ($^{235}UF_6$) eine etwas höhere Diffusionsgeschwindigkeit aufweist und sich hinter den Barrieren anreichert.

Gasdruckregler, Einrichtungen, die den Gasdruck im Rohrnetz (Vordruck) so regeln, dass das Gas auch bei stark schwankender Entnahme an den Verbrauchsstellen (Hinterdruck) mit möglichst gleich bleibendem Druck zur Verfügung steht.

Gasdynamik, Teilgebiet der ↑Strömungslehre, beschreibt die Mechanik der Gase unter besonderer Berücksichtigung ihrer Kompressibilität (Zusammendrückbarkeit). Diese macht sich bemerkbar, wenn die Geschwindigkeit der in dem Gas bewegten Körper ansteigt und mit der Schallgeschwindigkeit vergleichbar wird. Die für die G. wichtige Kennzahl ist die ↑Mach-Zahl *(Ma).* Man unterscheidet stationäre Strömungen mit $Ma < 1$ (**Unterschallströmungen**) und mit $Ma > 1$ (**Überschallströmungen**). Bei **transson.** (Ma zw. 0,8 und 1,2) und bei **superson. Geschwindigkeiten** ($Ma > 1,2$) ändern sich Strömungsgesetz und Strömungsbild, weil Kopfwellen u. a. Verdichtungsstöße (d. h. unstetige Änderungen von Gasdruck und -dichte) auftreten. Bei Erreichen der Schallgeschwindigkeit steigt der ↑Strömungswiderstand stark an (↑Schallmauer). **Hypersonische** oder **Hyperschallströmungen** ($Ma > 5$) sind außerdem mit starken Temperaturerhöhungen in der Grenzschicht und bei hohen Temperaturen mit Ionisation und Dissoziation der Gasmoleküle verbunden.

Gase̱l *das,* oriental. Gedichtform, ↑Ghasel.

Gas|entartung, von klass. Gesetzmäßigkeiten abweichendes Verhalten eines Gases bei tiefen Temperaturen und/oder hohen Teilchendichten infolge von Quanteneffekten. Dabei sind die Voraussetzungen der klass. Statistik nicht mehr gegeben und das Gas muss durch eine ↑Quantenstatistik beschrieben werden. Die G. ein- oder mehratomiger Gase ist bei gewöhnl. Temperaturen unmerklich; Extremfall: die ↑Suprafluidität beim Helium. Ein weiteres stark entartetes Gas ist das ↑Elektronengas. Die G. von Elektronen- bzw. Neutronengasen ist für die Bildung und den Aufbau von Weißen Zwergen und Neutronensternen wesentlich.

Gas|entladung, der Durchgang eines elektr. Stroms durch ein unter Normalbedingungen nicht leitendes Gas, oft verbunden mit Leuchterscheinungen, akust. Effekten oder chem. Prozessen (z. B. Ozonbildung). Bei der **unselbstständigen**

Gaskochgeräte GAS

Entladung werden die Ladungsträger ständig von außen (z. B. durch Photoeffekt oder Glühemission), bei der **selbstständigen Entladung** durch die Entladung selbst erzeugt. Nach der Stromstärke unterscheidet man **Dunkel-, Glimm- und Bogenentladung.** Dicht an der Kathode einer G. fällt die Spannung stark ab **(Kathodenfall)**, der Abfall an der Anode **(Anodenfall)** ist etwas geringer; dazwischen erstreckt sich der **Entladungsrumpf**, ein hochionisiertes Gemisch aus Gasmolekülen, Ionen, Elektronen und Lichtquanten (Plasma) mit nur geringem Spannungsabfall. Besondere Formen der G. sind ↑Koronaentladung, ↑Büschelentladung und ↑Funkenentladung.

Gas|entladungslampe (Entladungslampe), elektr. Lichtquelle, in der das Licht durch elektr. Entladung in Gasen, Metalldämpfen oder Mischungen davon erzeugt wird. Der Stromdurchgang erfolgt in einem meist rohrförmigen, lichtdurchlässigen Entladungsgefäß, das mit Elektroden versehen und mit Edelgasen gefüllt ist. Die Strahlung hängt von der Art des Gases bzw. Metalldampfes, dem Druck und der Temperatur ab. Je nach dem Druck, der beim Stromdurchgang im Gefäß auftritt, werden Niederdruck- (z. B. Leuchtstoffröhre), Hochdruck- und Höchstdrucklampen unterschieden. Zu den G. zählen z. B. ↑Natriumdampflampen, ↑Quecksilberdampflampen und ↑Metalldampflampen.

Gasgenerator, techn. Anlage (meist geschlossener Schachtofen) zum Vergasen fester Brennstoffe (Steinkohle, Braunkohle, Koks), in der durch Einleiten von Luft oder Sauerstoff, evtl. im Gemisch oder im Wechsel mit Wasserdampf, eine Umsetzung des Brennstoffes hauptsächlich zu Generatorgas (hoher Kohlenmonoxidanteil) oder Wassergas (hoher Wasserstoffanteil) erfolgt. (↑Kohlevergasung, ↑Winklergenerator)

Gasgesetze, ↑Gas.

Gasherbrum-Gruppe ['gæʃəbrʊm-], Berggruppe im Karakorum, in dem unter pakistan. Verwaltung stehenden Teil Kaschmirs, mit zwei Achttausendern: **Gasherbrum I (Hidden Peak;** 8068 m ü. M.) und **Gasherbrum II** (8035 m ü. M.).

Gasherd, ↑Gaskochgeräte.

Gasieren (Sengen), *Textiltechnik:* Entfernen der aus Garnen, textilen Geweben oder Maschenwaren herausragenden Faserenden durch Hitzeeinwirkung (Gasflammen), um ein glattes, klares Warenbild zu erhalten; wird mit **Gasier-** oder **Sengmaschinen** durchgeführt.

gasisolierte Übertragungsleitung, Abk. **GIL,** *Elektroenergietechnik:* Leitungssystem für die Übertragung hoher Nennleistungen (bis 2000 MW) über weite Entfernungen. Die Funktion der Kabelisolierung wird von einem Gasgemisch aus Stickstoff und Schwefelhexafluorid übernommen.

Gaskammer, 1) in den USA in einigen Bundesstaaten verwendete Einrichtung zur Vollstreckung der Todesstrafe, Raum, in den Giftgase eingeleitet werden; 2) im nat.-soz. Dtl. Tötungsanlage in den Vernichtungslagern Auschwitz-Birkenau, Bełżec, Chełmno, Majdanek, Sobibór und Treblinka.

Gaskochgeräte, Geräte, bei denen die durch Verbrennung eines Brenngases erzeugte Wärmeenergie zum Garen von Speisen verwendet wird. **Gaskocher** sind G. mit zwei bis vier Kochstellen, **Gasherde** eine Kombination aus Kochstellen und Backofen. G. sind überwiegend mit

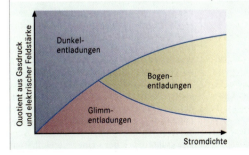

Gasentladung: Existenzbereiche von Dunkel-, Glimm- und Bogenentladungen in Abhängigkeit von Stromdichte und Gasdruck oder elektrischer Feldstärke

GAS Gaskonstante

Allgasbrennern ausgestattet, bei denen aus kreisförmig angeordneten Düsen das Brenngas ausströmt und gezündet wird.
Gaskonstante (universelle G., allgemeine G.), in der thermischen Zustandsgleichung idealer Gase auftretende, von der Gasart unabhängige Konstante: $R \approx 8{,}3145\,\text{J}/(\text{K}\cdot\text{mol})$.
Gaslagerung, Lagerung sauerstoffempfindl. Lebensmittel in abgeschlossenen Räumen, in denen der Sauerstoff weitgehend durch ↑Inertgase ersetzt ist, um die Haltbarkeit zu verbessern.
Gasleitung, eine spezielle ↑Rohrleitung für den Transport von Gasen.
Gasmaske, ein leichtes Atemschutzgerät (↑Filtergeräte) zum Schutz der Atmungsorgane und Augen gegen die Einwirkung giftiger Gase und Schwebstoffe; heute durch die ABC-Schutzmaske bzw. durch die Atemschutzmaske ersetzt.
Gasmotor, Verbrennungsmotor, der mit gasförmigen Kraftstoffen betrieben wird. Das Luft-Gas-Gemisch kann entweder durch einen elektr. Funken gezündet werden oder dadurch, dass Zündöl in das durch die Verdichtung erhitzte Gemisch gespritzt wird. G. werden bes. dort eingesetzt, wo brennbare Gase als Ind.abgase anfallen. Als Fahrzeugantriebe sind G. eine interessante Alternative, da eine Verwendung von Alternativkraftstoffen (bes. Wasserstoff), eine Verbesserung der Abgasqualität und eine Geräuschminderung möglich sind. Nachteilig ist, dass das Gas bei Umgebungstemperatur flüssig oder gasförmig in Druckbehältern oder bei Umgebungsdruck tiefgekühlt flüssig in ↑Kryogentanks mitgeführt werden muss.
Gasnebel, *Astronomie:* eine im sichtbaren Spektralbereich leuchtende interstellare Wolke gasförmiger Materie (Emissionsnebel), die sowohl unregelmäßig begrenzt als auch mehr oder weniger kugelförmig erscheinen kann (↑Nebel).
Gas|ödem, der ↑Gasbrand.
Gas|ofen, mit Gas beheizter Einzelofen für die Raumheizung.
Gas|öle, zw. etwa 250 und 400 °C siedende Erdölfraktionen. Vakuum-G. wird durch Vakuumdestillation gewonnen. G. dienen heute zur Herstellung von extra leichtflüssigem Heizöl und Dieselkraftstoff.
Gasoline [ˈgæsəliːn] *das,* engl. Bez. für Benzin.

Gasometer *der,* Behälter für Leuchtgas.
GASP, Abk. für ↑Gemeinsame Außen- und Sicherheitspolitik der Europäischen Union.
Gasperi, Alcide De, italien. Politiker, ↑De Gasperi.
Gasphlegmone, der ↑Gasbrand.
Gaspistole, Schusswaffe in der Bauart einer Pistole zum Verschießen von gasförmigen, in einer Hülse untergebrachten und beim Schuss freigesetzten Reizstoffen. G. sind Reizstoffwaffen im Sinne des § 22 Waffen-Ges.; sie bedürfen der PTB-Zulassung.
Gasprüfer, die ↑Gasspürgeräte.
Gasreinigung, die Entfernung von Staub oder störenden, schädl. oder giftigen Stoffen aus Gasen durch physikal. oder chem. Prozesse, z. B. durch Absorption, Kondensation oder Entstaubung.
Gassendi [gasɛ̃ˈdi], Pierre, eigtl. P. Gassend, frz. Naturforscher und Philosoph, *Champtercier (bei Digne-les-Bains) 22. 1. 1592, † Paris 24. 10. 1655; wandte sich gegen die aristotel. Naturphilosophie der Scholastik, indem er Formen und Zwecke als Wirkkräfte in der Natur verwarf. Im Widerspruch zu R. Descartes, der die Existenz eines leeren Raums leugnen musste, da er Körper und Ausdehnung gleichsetzte, beharrte er, den antiken Atomismus Demokrits erneuernd, auf der Realität eines leeren Raums, innerhalb dessen sich die Atome bewegen und gruppieren. In der Philosophie versuchte G., den antiken Atomismus, die neuzeitliche mechanist. Physik und den christl. Glauben miteinander in Einklang zu bringen. Erkenntnistheoretisch vertrat er eine skept. Position.
Gasser [ˈgæsə], Herbert Spencer, amerikan. Pharmakologe und Neurophysiologe, *Platteville (Wis.) 5. 7. 1888, † New York 11. 5. 1963; entdeckte 1924 mit J. Erlanger mithilfe des Kathodenstrahloszillographen das Vorhandensein dreier versch. Nervenfasertypen in den Nervensträngen. 1944 erhielten beide den Nobelpreis für Physiologie und Medizin.
Gassicherung, Sicherheitsvorrichtung an Gasbrennern, die das unbeabsichtigte Ausströmen von Gas verhindert. Bei **Gasmangelsicherungen** schließt eine vom übl. Gasdruck angehobene Membran das mit ihr verbundene Sicherheitsventil, sobald der Gasdruck einen bestimmten Wert unterschreitet. Bei einer schadhaften

Zündeinrichtung, bei fehlendem oder unzureichendem Wasserstrom (z. B. bei Heißwasserbereitern) wird durch eine entweder optisch (UV-Zelle), thermoelektrisch oder durch die ionisierende Wirkung der Flamme ausgelöste **Zündsicherung** die Schließung des Gasventils bewirkt.
Gasspürgeräte (Gasprüfer), tragbare Geräte zur Feststellung giftiger und/oder explosionsgefährl. Gas- und Dampfkonzentrationen an Einsatz- und Arbeitsstellen (↑MAK-Wert). G. bestehen aus einer durch Handdruck betätigten Saugpumpe (Balg oder Ball) und aufsteckbaren speziellen Glasprüfröhrchen. Die **Prüfröhrchen** zur Bestimmung der Gaskonzentration sind mit Chemikalien gefüllt, die mit dem zu messenden Gas weitgehend spezifisch reagieren, wobei eine Farbänderung entsteht. Die Intensität der Färbung oder die Fläche der gefärbten Zone ist ein Maß für die Gaskonzentration. Beispiel ist der Alkoholtest, bei dem die zu untersuchende Atemluft durch das Messröhrchen gedrückt wird. Bei dem **Orsatgerät** wird zur Bestimmung von z. B. Sauerstoff, Kohlendioxid und Kohlenmonoxid eine spezif. Absorptionsflüssigkeit verwendet (z. B. Kalilauge bei der Bestimmung von Kohlendioxid). Mit dem **Explosimeter** werden brennbare Gase in Luft bestimmt. Die Gase werden katalytisch verbrannt; die durch die Erwärmung hervorgerufene Widerstandsänderung wird zur Anzeige gebracht.
Gasspurkammern, gasgefüllte Teilchendetektoren (Spurkammern), in denen die ↑Gasverstärkung zum Registrieren und Sichtbarmachen der Bahnspuren hochenerget. Teilchen ausgenutzt wird; z. B. die Funkenkammer.
Gasstrahler (Gasglühstrahler), Raumheizgerät, bei dem ein Brenngasstrahl mit angesaugter Verbrennungsluft durch eine mit vielen kleinen Bohrungen versehene Katalytplatte gedrückt wird und an deren Oberfläche verbrennt.
Gast, Schifffahrt: seemänn. Bez. für Geselle; mit bestimmten Aufgaben betrauter Matrose, z. B. Funk-, Signalgast.
Gast, Peter, eigtl. Heinrich Köselitz, Komponist, *Annaberg (heute zu Annaberg-Buchholz) 10. 1. 1854, †ebd. 15. 8. 1918; Schüler und Freund F. Nietzsches; schrieb u. a. die kom. Oper »Der Löwe von Venedig« (1891).

Gastein *die* (Gasteiner Tal), Tal der **Gasteiner Ache,** eines rechten Nebenflusses der Salzach in den Hohen Tauern, Salzburg, Österreich; bed. Fremdenverkehrsgebiet: Badekurort **Badgastein,** 1012 m ü. M., beiderseits von zwei Wasserfällen (85 und 63 m hoch) der Gasteiner Ache, 5600 Ew.; internat. Wintersportplatz; 21 radioaktive Thermalquellen (Radonquellen); Seilbahn auf den Stubnerkogel (2245 m ü. M.). Talaufwärts liegt der Ortsteil **Böckstein,** 1149 m ü. M., Ausgangspunkt des 8,5 km langen Tunnels der Tauernbahn. Eine Straße führt zum Skizentrum **Sportgastein** (1589 m ü. M.). Talabwärts liegen **Bad Hofgastein,** 850 m ü. M., 6800 Ew., und **Dorfgastein,** 836 m ü. M., 1700 Ew. – Anfang des 11. Jh. ist der Name G. erwähnt; schon im 15. Jh. Badebetrieb; im 15./16. Jh. bed. Goldbergbau.
Gasteiner Konvention, am 14. 8. 1865 in Badgastein zw. Österreich und Preußen geschlossener Vertrag, regelte das Kondominium über die im Dt.-Dän. Krieg 1864 erworbenen Herzogtümer Schleswig (preußisch verwaltet) und Holstein (österr. verwaltet); Österreich verzichtete (gegen Entschädigung) zugunsten Preußens auf das Herzogtum Lauenburg.
Gasteiz, bask. Name der Stadt ↑Vitoria.
Gaster [grch.] *die,* der ↑Magen.
Gastfreundschaft, die Sitte, Fremde aufzunehmen, zu beherbergen und ihnen Schutz zu gewähren (↑Asylrecht). Bei der in früheren Zeiten herrschenden Rechtlosigkeit des Fremden war die G. ein heilig gehaltener Brauch (↑Fremdenrecht). Bei Griechen und Römern beschützte Zeus Xenios bzw. Jupiter hospitalis den Gast. Symbol. Handlungen, z. B. der Austausch von Gastgeschenken, »Symbolea«, spielten dabei eine große Rolle; ähnlich noch bei vielen Naturvölkern. Das christl. MA. übte die G. als religiöse Pflicht; selbst dem Feind wurden drei Tage Gastrecht gewährt.
Gastgewerbe, zusammenfassende Bez. für Beherbergungsgewerbe (Hotels, Gasthöfe, Pensionen), Gaststättengewerbe (Restaurants, Cafés, Eisdielen, Imbisshallen) sowie Kantinen.
Gasthaus, ↑Gaststätte.
Gasthausschilder (Wirtshausschilder), an Gasthäusern zur Werbung und Kennzeichnung angebrachte Schilder; seit dem MA. i. d. R. ein markantes Symbol als Hin-

GAS Gastherme

weis (»Blickfang«) tragend. Beispiele: grüner Kranz, Kanne (Hinweis auf den Ausschank von Wein und Bier); Adler, Ross, Posthorn (Hinweis auf Poststationen). Geschichtlich sind G. bereits im Röm. Reich belegt (erhalten u. a. in Pompeji) und heute (oft künstlerisch gestaltet) in einer großen Vielfalt anzutreffen.

Gasthausschilder: Gasthaus »Zum Riesen«, Miltenberg am Main

Gas|therme, gasbeheizter Durchlauf- oder Umlaufwasserheizer zur Erwärmung von Wasser.

Gasthörer, Hörer an einer Hochschule, der kein ordentl. Studium durchführt, sondern nur einzelne Vorlesungen und Seminare besucht.

Gastmahl, geselliges Einnehmen eines Festmahls mit Gästen, zu allen Zeiten und bei allen Völkern der Ausdruck gesteigerter Lebensfreude, oft auch eine kult. Handlung. Das G. (Trinkgelage) wurde bei den Griechen ↑Symposion genannt. Im Totenkult wurde das G. zum Leichenschmaus. Im frühen Christentum war das G. als abendl. Liebesmahl (↑Agape) üblich. – Früh waren G. auch Themen der Kunst (Ägypter, Griechen und Römer). In der christl. Kunst wird seit dem 5./6. Jh. das ↑Abendmahl dargestellt, daneben auch die »Hochzeit von Kana« als Festmahl. Die religiöse Thematik wurde im Laufe der Zeit zunehmend verweltlicht. Das profane G. erlangte jedoch erst im 16. Jh. bei den prot. Niederländern in Genrebildern größere Bedeutung (P. Bruegel d. Ä., A. Brouwer, J. Jordaens).

gastr..., Wortbildungselement, ↑gastro...

Gastraeatheorie, von E. Haeckel begründete Hypothese, nach der alle mehrzelligen Tiere (Metazoa) auf eine gemeinsame, einer Gastrula (↑Gastrulation) ähnl. Stammform (Gastraea) zurückzuführen sind.

Gastrecht, 1) *Recht:* der dem Fremdling durch Aufnahme in das Haus des Gastgebers gewährte Schutz. (↑Fremdenrecht) **2)** *Völkerrecht:* die Erlaubnis zum Aufenthalt von Kriegsschiffen in neutralen Häfen auf beschränkte Zeit.

Gastrektomie [grch.] *die,* ↑Magenoperationen.

Gastrin *das,* im Magen gebildetes Peptidhormon, das bei eiweißreicher Nahrung ausgeschüttet wird und die Sekretion der Magensalzsäure erhöht.

Gastrinom [grch.] *das,* das Gewebehormon Gastrin produzierender Tumor im Magen-Darm-Kanal; Lokalisation überwiegend in der Bauchspeicheldrüse.

gastrisch [grch.], den Magen betreffend.

gastrische Krisen, kolikartige Magenschmerzen, Symptom bei ↑Tabes dorsalis.

Gastritis [grch.] *die,* ↑Magenschleimhautentzündung.

gastro... [grch. gastér, gastrós »Magen«], vor Vokalen meist verkürzt zu **gastr...,** Wortbildungselement mit der Bedeutung Magen..., Bauch...

Gastro|enteritis [grch.] *die,* der Magen-Darm-Katarrh (↑Darmentzündung, ↑Magenschleimhautentzündung).

Gastro|enterologie [grch.] *die,* Spezialgebiet der inneren Medizin; befasst sich mit den Erkrankungen des Magen-Darm-Kanals und angrenzender Organe.

gastro|intestinal [grch.-lat.], Magen und Darm betreffend.

Gastronomie [grch.-frz.] *die,* 1) feine Kochkunst; 2) Gaststättengewerbe.

Gastropoden [grch. »Bauchfüßer«], die ↑Schnecken.

Gastroskopie [grch.] *die* (Magenspiegelung), Untersuchung des Magens mithilfe eines flexiblen Spezialendoskops **(Gastroskop),** das nach Anästhesie des Rachens

Gasturbine GAS

durch die Speiseröhre in den Magen eingeführt wird; ermöglicht v. a. Gewebeentnahmen, die Durchführung kleiner operativer Eingriffe (z. B. Polypenabtragungen) und direktes Betrachten; Letzteres dient zur Diagnose von Schleimhautveränderungen, Magengeschwüren und -polypen. Die G. hat besondere Bedeutung für die Früherkennung des Magenkrebses.
Gastrotrichen [grch.] (Gastrotricha, Bauchhaarlinge), bis 1,5 mm lange, wurmförmige Wassertiere mit bauchseitigen Wimperbändern zur Fortbewegung.
Gastrulation [grch.-nlat.] *die,* frühembryonaler Entwicklungsvorgang bei Tieren, der von der einschichtigen Blastula durch Einstülpung, Umwachsung, Zelleinwanderung oder Abspaltung zur zweischichtigen, aus Ekto- und Entoderm bestehenden **Gastrula** (Becherkeim) führt.
Gaststätte (Gasthaus), Unternehmen zur gewerbsmäßigen Bewirtung oder Beherbergung von Personen. Nach dem G.-Gesetz i. d. F. v. 20. 11. 1998 gehört zum G.-Gewerbe, wer 1) Getränke zum Verzehr an Ort und Stelle verabreicht (Schankwirtschaft), 2) zubereitete Speisen zum Verzehr an Ort und Stelle verabreicht (Speisewirtschaft), 3) Gäste beherbergt (Beherbergungsbetrieb). Unter 1) und 2) fallen Betriebe wie G., Gastwirtschaft, Restaurant, Wirts-, Kaffee-, Speisehäuser, Taverne, aber auch Bars, Kabaretts und Speisewagen; unter 3) Betriebe wie Hotel, Rasthaus, Motel, Fremdenheim, Gasthaus u. Ä. bis zur Herberge und zur Berghütte. Die behördlich für den Betrieb einer G. notwendige Erlaubnis wird von der erforderl. Zuverlässigkeit, lebensmittelrechtl. Kenntnissen, Eignung der Räume u. a. abhängig gemacht und kann in bestimmten Fällen widerrufen werden. Der Gastwirt, der gewerbsmäßig Fremde beherbergt, haftet auch ohne Verschulden für Schäden an eingebrachten Sachen des Gastes (ausgenommen Fahrzeuge). – Ähnl. Vorschriften enthalten die *österr.* Gewerbeordnung (§§ 142 ff.) und die kantonalen Gastwirtschaftsgesetze der *Schweiz.* – Im MA. wurden Gasthäuser zuerst von den Klöstern und in Städten durch den Rat (Ratskeller) errichtet. Größere G. entwickelten sich durch den zunehmenden Reiseverkehr, der im 19./20. Jh. zum Bau von Großbetrieben und zu Hotelketten führte.
Gas|turbine, als hochtourige Strömungsmaschine gebaute Wärmekraftmaschine, die mechan. Leistung in Form von Wellenleistung abgibt oder Schubleistung (wie beim Strahltriebwerk) liefert. Bei der **G. mit offenem Kreislauf** wird Luft aus der Atmosphäre angesaugt, verdichtet und in einer Brennkammer mit einem ununterbrochen zugeführten Brennstoff verbrannt oder in einem Wärmetauscher erhitzt und anschließend der Turbine zugeführt. Die heißen Gase treten nach Arbeitsleistung in einer Turbine, die den Verdichter und eine Arbeitsmaschine (z. B. einen Generator) antreibt, in die Atmosphäre aus. Die Nutzleistung ist die Differenz zw. der Turbinenleistung und der Leistung des Verdichters. Der Wirkungsgrad ist umso höher, je tiefer die Temperatur der angesaugten Luft und je höher die Gastemperatur am Turbineneintritt ist. Das obere Temperaturniveau ist durch die Dauerstandfestigkeit des zur Konstruktion der G. verwendeten hitzebeständigen Materials begrenzt.
Bei der **G. mit geschlossenem Kreislauf** wird das Arbeitsmedium im Kreislauf geführt, d. h. verdichtet, erhitzt, entspannt und rückgekühlt. Die Wärmeübertragung findet dabei in einem Wärmetauscher statt. Der geschlossene Kreisprozess, von J. Ackeret und C. Keller in der Schweiz eingeführt, ist wegen der hohen Anlagekosten bisher noch wenig angewendet worden.
Die schuberzeugende Flug-G. dient als Antriebsaggregat für über 90 % der Transportkapazität der Weltluftfahrt, sie ist in den meisten Militärflugzeugen der Gegenwart eingebaut. Als Wellentriebwerk findet die G. vornehmlich in Hubschraubern, im Schiffbau, bei Pumpstationen (z. B. für Pipelines), G.-Kraftwerken, kombinierten G.-Dampfturbinen-Kraftwerken, Notstrom-, Spitzenstrom- und transportablen Kraftwerken (Gasturbosatz) Anwendung. Als Lokomotivantrieb bewährt sich die G. vielerorts, für Straßenfahrzeuge kommt sie in gewissen Grenzen infrage.
Geschichte: G. mit offenem Kreislauf liefen als ortsfeste Anlage erstmals erfolgreich in den 1930er-Jahren (4000 kW, Brown, Boveri & Cie.). Mitte bis Ende der 30er-Jahre setzte unabhängig voneinander in Großbritannien (F. Whittle) und in Dtl. die Strahltriebwerksentwicklung ein, hier durch H.-J. Pabst von Ohain (Ernst-Heinkel-Flugzeugwerke), A. Franz (Junkers

Flugzeug- und Motorenwerke AG) und H. Oestrich (Bayer. Motorenwerke AG). 📖 *Walzer, P.: Die Fahrzeug-G.* Düsseldorf 1991. – *Urlaub, A.: Flugtriebwerke. Grundlagen, Systeme, Komponenten.* Berlin u. a. ²1995. – *Menny, K.: Strömungsmaschinen.* Stuttgart ³2000.

Gas|uhr, ↑Gaszähler.

Gasverflüssigung, die Überführung von unter Normalbedingungen gasförmigen Stoffen in den flüssigen Zustand (↑kryogene Gase). Bei vielen Gasen (z. B. Chlor, Ammoniak, Kohlendioxid) ist die Verflüssigung durch isotherme Kompression möglich. Andere Gase, v. a. tief siedende Edelgase und Luft (Stickstoff und Sauerstoff), lassen sich nur unterhalb ihrer krit. Temperatur verflüssigen. Die anzuwendenden Verfahren beruhen v. a. auf der Verwendung des ↑Joule-Thomson-Effektes oder der adiabat. Entspannung (↑Luftverflüssigung). Die G. wird großtechnisch zur Trennung von Gasgemischen (z. B. Luft in Sauerstoff und Stickstoff) genutzt sowie für wiss. Untersuchungen bes. in der Tieftemperaturforschung (flüssige Gase als Kältereservoir).

Gasvergiftung, Vergiftung durch Einwirken gasförmiger Stoffe; i. e. S. die ↑Kohlenmonoxidvergiftung.

Gasverstärkung, Vervielfachung von elektr. Ladungsträgern in Gasen durch Stoßionisation bei Gasentladungen (z. B. in Zählrohren).

Gaswechsel, *Technik:* der ↑Ladungswechsel.

Gaszähler (Gasuhr), Einrichtung zur Gasvolumenmessung. Als Haushalts-G. werden meist **trockene G.** mit zwei Lederbälgen verwendet, die sich abwechselnd füllen und leeren und jede Entleerung auf ein Zählwerk übertragen. **Nasse G.** enthalten als Messelement ein aus einzelnen Kammern bestehendes Schaufelrad, das in eine Sperrflüssigkeit (Wasser, Öl) eintaucht. Die beim Durchgang des Gases einsetzende Drehbewegung wird auf ein Zählwerk übertragen. – **Münz-G. (Gasautomaten)** sind mit einem Sperrwerk versehen, das nach Einwurf einer Münze die Entnahme eines vorgegebenen Gasvolumens gestattet.

Gaszentrifuge, Gerät zur ↑Isotopentrennung, in dem die unterschiedl. Zentrifugalkräfte ausgenutzt werden, die in einer Ultrazentrifuge auf die versch. schweren Isotope eines chem. Elements ausgeübt werden. Der Trennfaktor ist hier der Massendifferenz der Isotope proportional. Das Verfahren eignet sich bes. zur Trennung schwerer Isotope, es wird v. a. zur Urananreicherung eingesetzt. Bei der **Gegenstromzentrifuge** wird die Entmischung in einer vertikalen Ultrazentrifuge dadurch stark gesteigert, dass der Rotordeckel (oberes Rotorende) schwach geheizt und damit eine vertikale Konvektion erzielt wird.

Gatchina [-tʃ-], Stadt in Russland, ↑Gattschina.

Gate [geɪt, engl. »Tor«] *das, Elektronik:* Steuerelektrode beim ↑Feldeffekttransistor und beim ↑Thyristor.

Gatefold [ˈgeɪtfoʊld, engl.] *das, graf. Technik:* Seite in einem Buch, einer Ztschr. o. Ä., die größer ist als die anderen und daher in die passende Form gefaltet ist.

Gatersleben, Gemeinde im Landkreis Aschersleben-Staßfurt, Sa.-Anh., 2 800 Ew.; Inst. für Pflanzengenetik und Kulturpflanzenforschung; Baumaschinenherstellung.

Gaterslebener Gruppe, nach einem Gräberfeld bei Gatersleben benannte neolith. Kulturgruppe (4. Jt. v. Chr.) des mittleren Elbe- und Saalegebietes; u. a. unverzierte, profilierte Keramik, in N-S-Richtung angelegte Hockergräber, Brandbestattungen. Die G. G. ist durch südeurop. Kulturen beeinflusst.

Gates [geɪts], Bill, eigtl. William Henry G., amerikan. Computerfachmann und Unternehmer, *Seattle (Wash.) 28. 10. 1955; gründete 1975 mit Paul Allen

Bill Gates und seine Frau 1999 bei der Bekanntgabe eines von ihm geförderten Stipendienprogramms zugunsten ethnischer Minderheiten

(* 1953) die Microsoft Corp., die er zu einem weltweit führenden Softwareunternehmen ausbaute; 1975 bis 2000 Vorstandsvors. des Unternehmens.
Gateshead ['geɪtʃhed], Stadt in der engl. Cty. Tyne and Wear, am Tyne, 83 200 Ew.; Werften, Eisen- und Stahlind., Maschinenbau.
Gates of the Arctic National Park ['geɪts ɔf ðɪ 'ɑːktɪk 'næʃnl 'pɑːk], Nationalpark in Alaska, USA, nördlich des Polarkreises im Zentrum der Brookskette, 30 350 km^2; eingerichtet 1978 und 1980.
Gateway ['geɪtweɪ, engl.], Einrichtung zur Kopplung von Daten- und/oder Rechnernetzen mit versch. Kommunikationsarchitektur.
Gạthas [awest. »Gesänge«], ältester Teil des ↑Awesta; 16 stroph. Gesänge, wohl auf Zarathustra selbst zurückgehend.
Gatineau [frz. gati'no, engl. 'gætnəʊ], Stadt in der Prov. Quebec, Kanada, am Ottawa River unweit von Ottawa, 92 300 Ew.; Papierindustrie.
Gatling-Kanone ['gætlɪŋ-, nach dem amerikan. Erfinder R. J. Gatling, * 1818, † 1903] (engl. Gatling gun), 1862 patentierte Schnellfeuerwaffe; automat. Maschinenkanone, bei der ein Bündel von Rohren um eine Achse rotiert; jedes Rohr wird, sobald es in Schussposition ist, einzeln abgefeuert.
Gatow [-to], Ortsteil des Stadtbezirkes Spandau von Berlin; Luftwaffenmuseum; 1994 wurde der brit. Militärflughafen geschlossen.
GATS, Abk. für engl. General Agreement on Trade in Services (Allgemeines Abkommen über den Dienstleistungsverkehr), am 15. 4. 1994 geschlossenes multilaterales Abkommen zur Liberalisierung des internat. Dienstleistungsaustauschs, gehört neben ↑GATT und ↑TRIPS zum Regelsystem der WTO. Während das Rahmenabkommen allg. Grundprinzipien (Meistbegünstigung, Transparenz, Nichtdiskriminierung, freier Marktzugang) fixiert, sind in Anhängen sektorspezif. (z. B. für die Bereiche Finanzdienstleistungen, Telekommunikation, Zivilluftfahrt) und länderspezif. Besonderheiten geregelt.
Gatsch, Bez. für das Gemisch höherer Kohlenwasserstoffe (Kettenlänge etwa C_{18} bis C_{30}), das bei der Entparaffinierung von Schmierölen anfällt.
Gatt (Gat), *Schifffahrt:* 1) Heckform eines

Bootes, z. B. Spitzgattkutter. 2) enge Durchfahrt in Gewässern. 3) Loch in der Bordwand zum Wasserablauf, z. B. Speigatt. 4) umsäumtes Loch im Segeltuch.
GATT, Abk. für engl. General Agreement on Tariffs and Trade (Allgemeines Zoll- und Handelsabkommen), in Genf am 30. 10. 1947 von 23 Staaten abgeschlossenes Abkommen zur Erleichterung des gegenseitigen Handels auf der Grundlage der ↑Meistbegünstigung und zur Neuordnung der internat. Wirtschaftsbeziehungen, seit 1. 1. 1948 in Kraft. Das GATT, das zu den Sonderorganisationen der UN gehörte, wurde zum 1. 1. 1996 durch die ↑Welthandelsorganisation (WTO) abgelöst; zuletzt gehörten ihm 124 Voll-Mitgl. und 16 Defacto-Mitgl. an. Die vertragl. Regelungen des GATT einschl. sämtl. Unterabkommen und Vereinbarungen gingen in die WTO ein.
Hauptziel des GATT war, durch Senkung der Zölle und Abbau sonstiger Handelshemmnisse Welthandel und -wirtschaft zu fördern. Demnach müssen Zollvergünstigungen allen Handelspartnern eines Landes gleichermaßen gewährt werden (Meistbegünstigung) und erlaubte Ausnahmen vom Verbot mengenmäßiger Beschränkungen auf alle Partner Anwendung finden (Nichtdiskriminierung). – Im Rahmen des GATT wurden acht große Verhandlungsrunden zum Abbau von Zöllen u. a. Handelshemmnissen durchgeführt (Zollrunden, GATT-Runden). Am bekanntesten wurden die »Dillon-Runde« (1960–61 in Genf), die »Kennedy-Runde« (1964–67 in Genf, die zu einer Zollsenkung für Ind.erzeugnisse um etwa 35 % führte, und die »Tokio-Runde« (1973–79 in Genf). Die letzte GATT-Runde, die »Uruguay-Runde« (1986–93), erreichte die Verpflichtung zum weiteren Abbau von Zöllen (Ind.länder auf durchschnittlich 3,1 % bis 1999; Entwicklungsländer auf höchstens 35–40 %), die Einbeziehung des Agrar- und Textilhandels sowie die erstmalige Integration des Dienstleistungshandels (↑GATS) und des Schutzes geistiger Eigentumsrechte (↑TRIPS) in ein Welthandelsabkommen und führte schließlich zur Gründung der WTO als Rechtsnachfolgerin des GATT.
📖 *Hilpold, P.: Die EU im GATT-WTO-System. Frankfurt am Main u. a. ^{2}2000. – Mauderer, S.: Der Wandel vom GATT zur WTO u. die Auswirkungen auf die Europ. Ge-*

meinschaft. Osnabrück 2001. – *Wiemer, F.:* *Produktsicherheit u. freier Warenverkehr in GATT, WTO.* Frankfurt am Main u. a. 2001.
Gattamelata [italien. »gescheckte Katze«], eigtl. Erasmo da Narni, italien. Condottiere, *Narni (Prov. Terni) um 1370, †Padua 16. 1. 1443; führte 1434–41 die Truppen Venedigs gegen Mailand. Das bronzene Reiterstandbild des G. (1447–53) von Donatello in Padua ist das erste monumentale Reiterstandbild der Renaissance.
Gatter, 1) *Elektronik:* (Logikgatter), ein Schaltkreis für elementare log. Verknüpfungen im Sinne der ↑Schaltalgebra mit mindestens je einem Ein- und Ausgang.
2) *Holzbearbeitung:* Sägemaschine zum Einschnitt von Rundholz, bei der die in einem Rahmen eingespannten Sägeblätter durch Kurbeltrieb geradlinig in horizontaler (Horizontal-G.) oder vertikaler Richtung (Vertikal-G.) hin- und herbewegt werden.
Gatti [ga'ti], Armand, frz. Schriftsteller und Regisseur, *Monaco 26. 1. 1924; führender Vertreter des politisch-dokumentar. frz. Theaters (u. a.» Öffentl. Gesang vor zwei elektr. Stühlen«, 1964; »V wie Vietnam«, 1967; »Rosa Kollektiv«, 1973); auch Essays, Reportagen, Filme und Fernsehstücke.
Gattierung, *Gießerei und Textiltechnik:* Zusammenstellung versch. Ausgangsstoffe im richtigen Mengenverhältnis, z. B. in der Gießerei.
Gattschina (Gatchina, 1929–44 Krasnogwardeisk), Stadt im Gebiet Leningrad, Russland, 81 000 Ew.; St. Petersburger Inst. für Kernphysik; Landmaschinenbau. – Klassizist. ehem. Zarenschloss (1766–81, später mehrmals umgebaut).
Gattung [zu mhd. gaten »zusammenfügen«], **1)** *bildende Kunst:* Man unterscheidet die G. Baukunst, Plastik, Malerei und Grafik. Im Barock begann man, in der Malerei zw. einzelnen **Bild-G.** zu differenzieren: Altarbild (Retabel), Andachtsbild, Architekturbild, Blumenmalerei, Genremalerei, Gruppenbild, Historienmalerei, Interieur, Landschaftsmalerei, Marinemalerei, Porträt, Stillleben, Tierdarstellung, Vedute. **2)** *Biologie:* (Genus), systemat. Kategorie, in der verwandtschaftlich einander sehr nahe stehende ↑Arten zusammengefasst werden, die dann dieselbe G.-Bez. tragen (z. B. bei Löwe und Leopard: Panthera). **3)** *Literaturwissenschaft:* Bez. für die drei literar. Grundformen ↑Epik, ↑Lyrik, ↑Drama (Goethe: »Naturformen der Poesie«), auch die einzelnen (Unter-)Formen der jeweiligen Grundformen (z. B. Roman, Ballade). Mit den Gesetzlichkeiten der G. befasst sich die Poetik.
4) *Logik:* (Genus), in der Definitionslehre der aristotel. Logik wie auch Ontologie der dem Artbegriff übergeordnete Allgemeinbegriff. Beide gemeinsam bestimmen das Wesen eines Dinges.
5) *Musik:* zusammenfassende Bez. für Musikwerke, für die übergeordnete gemeinsame Kennzeichen zutreffen, z. B. Oper, Oratorium, Kantate, Sinfonie.
Gattungskauf, ein Kauf, bei dem der gekaufte Gegenstand nur der Gattung nach bestimmt ist (z. B. 1 000 l leichtes Heizöl), im Unterschied zum ↑Spezieskauf. Jeder Kauf an einer Warenbörse ist ein G. Wer eine nur der Gattung nach bestimmte Sache schuldet, hat eine Ware mittlerer Art und Güte zu liefern (§ 243 BGB, § 360 HGB). Bei Lieferung schlechter Qualität kann der Käufer die Sache zurückweisen, er kann aber auch die Mängelansprüche aus § 437 BGB (↑Gewährleistung) in Anspruch nehmen.
Gattungsname (Appellativ), Bez. für eine Gattung gleich gearteter Lebewesen oder Dinge, zugleich für jedes einzelne Wesen oder Ding dieser Gattung (z. B. »Baum«).
Gatunsee, Stausee am ↑Panamakanal.
Gau [mhd. gou, göu »Land(schaft)«], **1)** fruchtbares Siedlungsland, ↑Gäu.
2) (mlat. Pagus), als Siedlungsgebiet die räuml. Untergliederung bes. der kelt. Stämme, gewöhnlich mehrere Hundertschaften umfassend und von den Römern als »civitates« bezeichnet. Die fränk. Grafschaftsverfassung überdeckte diese Gliederung, indem sie die Gaugrenzen nur z. T. beachtete und oft eigene G. zusammenfasste. Zahlr. Gaunamen haben sich in Landschaftsnamen erhalten (Breisgau, Sundgau, Rheingau, Allgäu u. a.). – Auch die im alten Ägypten seit dem 2. Jt. v. Chr. bestehenden 42 Verwaltungseinheiten bezeichnet man als G. (ägypt. Sepat, grch. Nomos), an deren Spitze »Gaufürsten« standen.
3) Organisationseinheit der NSDAP (↑Nationalsozialismus). Die Partei war regional in Gaue eingeteilt, an deren Spitze der **Gauleiter** stand.

4) ↑Reichsgau.

GAU, Abk. für größter anzunehmender Unfall, schwerster ↑Störfall in einer kerntechn. Anlage (amerikan. **m**aximum **c**redible **a**ccident, Abk. **MCA**), für den die Sicherheitssysteme so ausgelegt sein müssen, dass er noch beherrschbar ist, d. h. keine über den zulässigen Grenzwerten liegende radioaktive Strahlenbelastung der Umgebung eintritt. Der GAU eines Schwer- bzw. Leichtwasserreaktors ist der Bruch einer Hauptkühlleitung, der die Kühlung des Reaktorkerns unterbricht und somit dessen Durchschmelzen (Coreschmelzen) und die Freisetzung eines Großteils seiner Radioaktivität zur Folge haben kann. Dies soll v. a. durch Abschaltstäbe, Sicherheitsbehälter und das Notkühlsystem verhindert werden. 1979 kam es in Three Mile Island bei Harrisburg (Pa., USA) zu einem schweren Störfall; ein nicht mehr beherrschbarer Unfall ereignete sich 1986 im Kernkraftwerk ↑Tschernobyl.

Gäu, urspr. eine wasserreiche, waldfreie Auenlandschaft. Als **G.-Landschaften** werden im Schwäbisch-Fränk. Schichtstufenland die waldarmen Landterrassen und fruchtbares Ackerland bezeichnet.

Gaube (Gaupe), ↑Dachgaube.

Gäuboden, Landschaft in Bayern, ↑Dungau.

Gauchheil *der* (Anagallis), Gattung der Primelgewächse; zarte Kräuter, z. B. der 5–25 cm hohe **Acker-G.** (Anagallis arvensis) mit meist mennigroten radförmigen Blüten; in Unkrautgesellschaften.

Gauchismus [go'ʃɪs-, zu frz. gauche »links; Linke«], (links von der Kommunist. Partei Frankreichs stehende) linksradikale polit. Bewegung, Ideologie in Frankreich.

Gauchos [-tʃ-, span.], berittene Viehhirten in Südamerika, v. a. in den argentin. Pampas; i. Allg. Mestizen, hervorgegangen aus Indianerstämmen, die sehr früh von den Spaniern das Pferd zur Jagd übernommen hatten; Fanggeräte: Lasso und Bola.

Gauck, Joachim, evang. Theologe und Politiker, * Rostock 24. 1. 1940; Pfarrer; 1989 Mitbegründer des »Neuen Forums«, März–Okt. 1990 Mitgl. der Volkskammer; 1990–2000 Bundesbeauftragter für die Unterlagen des Staatssicherheitsdienstes der DDR (d. h. Leiter einer Bundesbehörde, »G.-Behörde«).

Gaudeamus igitur [lat. »Lasst uns also fröhlich sein«], Anfangszeile eines bekannten Studentenliedes.

Gaudí, Antonio, eigtl. Gaudí y Cornet, katalan. Architekt, * Reus 25. 6. 1852, † Barcelona 10. 6. 1926; fand eine persönl. Form des Jugendstils von höchster Originalität, für die vegetabile ornamentale Durchgestaltung und von der Plastik abgeleitete Formerfindungen charakteristisch sind. Sein Hauptwerk, die 1883 begonnene Kathedrale Sagrada Familia in Barcelona, blieb unvollendet. In Barcelona entstanden u. a. das Palais Güell (1885–89) und die Casa Milá (1905–10) sowie 1900–14 nach seinen Plänen der Park Güell.

📖 *G. 1852–1926. Antoni Gaudí i Cornet – ein Leben in der Architektur,* bearb. v. R. Zerbst. Neuausg. Köln 1993. – Montes, C. u. Cuito, A.: *G.* Köln 2002.

Antonio Gaudí: Kathedrale Sagrada Familia in Barcelona (1883 begonnen, unvollendet)

Gaudier-Brzeska [godjebʒɛsˈka], Henri, frz. Bildhauer, * Saint-Jean-de-Braye (Dép. Loiret) 4. 10. 1891, ⚔ Neuville-Saint-Vaast (Dép. Pas-de-Calais) 5. 6. 1915; lebte seit 1911 in London, Vertreter des ↑Vortizismus. Mit seinen stark abstrahierten Skulpturen in bewegten massiven

Formen gab er der modernen engl. Plastik wichtige Impulse.

Gaudig, Hugo, Pädagoge, *Stöckey (Landkreis Eichsfeld) 5. 12. 1860, † Leipzig 2. 8. 1923; Seminardirektor in Halle (Saale) und Leipzig, suchte zur selbstständigen Persönlichkeit zu erziehen und entwickelte einen am Prinzip der freien geistigen Tätigkeit orientierten Unterricht, bei dem die Schüler selbst Ziel, Mittel und Arbeitsstufen bestimmen.

Gaudium [lat.] *das,* großer Spaß, Belustigung, Vergnügen.

Gaufrieren [go-, frz.], *Papier-* und *Textiltechnik:* Einprägen von Mustern oder Narben in Papier, Karton, Pappe, Textilien, Kunstleder oder Kunststofffolien bei erhöhtem Druck und erhöhter Temperatur auf Prägewalzen.

Gaugamela (heute Tell Gomel), antike Ortschaft bei ↑Erbil.

Gauge [geɪdʒ, frz.-engl.] *das,* Abk. **gg.,** *Textiltechnik:* in der Strumpffabrikation Maß zur Angabe der Maschenzahl und damit zur Feinheit des Erzeugnisses.

Gauguin [goˈgɛ̃], Paul, frz. Maler und Grafiker, *Paris 7. 6. 1848, † Atuona auf Hiva Oa (Marquesasinseln) 8. 5. 1903; bis 1871 bei der Handels- und Kriegsmarine, danach Bankangestellter. G. schloss sich den Impressionisten an und widmete sich seit 1883 ganz der Kunst. Er begann ein Wanderleben, das ihn in die Bretagne, nach Martinique, zu V. van Gogh nach Arles (1888) und 1891–93 sowie 1895–1901 nach Tahiti und anschließend auf die Marquesasinseln führte. G. suchte, ähnlich wie P. Cézanne und van Gogh, die formauflösende Malerei des Impressionismus zu überwinden und erreichte neue Ausdruckswirkungen durch zeichnerisch gefestigte Flächengliederung und reine, in ihrer Leuchtkraft aufs Äußerste gesteigerte Farben. Er übte großen Einfluss auf die Nabis, auf Symbolismus und Expressionismus aus. Nach 1893 schrieb er das autobiograf. Werk »Noa Noa« und illustrierte es mit Farbholzschnitten (1897 veröffentlicht).

📖 *Lewandowski, H.:* P. G. Die Flucht vor der Zivilisation. Neuausg. Frankfurt am Main u. a. 1991. – *Perruchot, H.:* G. Eine Biographie. A. d. Frz. Neuausg. Frankfurt am Main 1994.

Gauhati (Guwahati), Stadt im Bundesstaat Assam, Indien, am Brahmaputra, 584 300 Ew.; Univ., zoolog. Garten; Erdölraffinerie, Nahrungsmittelind.; Fluss- und internat. Flughafen.

Gaukler (Terathopius ecaudatus), bis 60 cm langer, vorwiegend Schlangen und Amphibien fressender Greifvogel Mittel- und S-Afrikas.

Gauklerblume (Affenblume, Mimulus), Gattung der Rachenblütler mit rd. 150, meist amerikan. Arten; staudige Kräuter mit zweilippigen Blüten. Zahlr. Arten werden wegen ihrer orange oder gelb gefärbten, häufig rot gefleckten Blüten kultiviert.

Gaul, August, Bildhauer und Grafiker, *Großauheim (heute zu Hanau) 22. 10. 1869, † Berlin 18. 10. 1921; seine Tierplastiken überzeugen durch gestalter. Konzentration und Vereinfachung, von klarem Umriss sind seine graf. Tierdarstellungen.

Charles de Gaulle bei einer Pressekonferenz in Paris am 12. November 1947

Gaulle [goːl], Charles de, frz. General und Politiker, *Lille 22. 11. 1890, † Colombey-les-deux-Églises 9. 11. 1970; 1921 wurde er Dozent für Militärgesch. in Saint-Cyr; erhielt 1937 den Rang eines Obersten. Zum Brigadegeneral ernannt, wurde er im Juni 1940 Unterstaatssekr. für nat. Verteidigung. Angesichts der militär. Niederlage seines Landes rief er die Franzosen in einer Rundfunkrede am 18. 6. 1940 von London aus dazu auf, den Krieg von den Kolonien aus fortzusetzen. Er lehnte den von der Reg. Pétain Ende Juni 1940 mit Dtl. geschlossenen Waffenstillstand ab und organisierte an der Spitze des ↑Freien Frankreich den Widerstand gegen die dt. Besatzungsmacht (↑Résistance). Seit 1943 an der Spitze des Frz. Komitees für Nat. Befreiung, bildete er dieses am 15. 5. 1944 zur Provisor. Reg. um. Im Verband der Alliierten nahm G. mit frz. Truppen an der Befreiung Frankreichs teil. Im Nov. 1945 wurde er von der verfassunggebenden Nationalversammlung zum MinPräs. und provisor. Staatsoberhaupt gewählt. Mit dem polit. Wiederaufbau seines Landes verband er eine Säuberung des öffentl. Lebens von Repräsentanten und Anhängern des Vichy-Regimes. Auf außenpolit. Gebiet strebte er die Gleichberechtigung Frankreichs mit den Siegermächten des Zweiten Weltkriegs an. Im Jan. 1946 trat de G. als MinPräs. zurück, da seiner Forderung nach einem mit großen Machtkompetenzen ausgestatteten Präs.amt nicht entsprochen wurde. Auch der Versuch, mithilfe einer Partei eine polit. Plattform zu schaffen, war nicht erfolgreich (↑Gaullismus). 1953 zog er sich aus dem öffentl. Leben zurück.

Nach dem Zusammenbruch der Vierten Rep. in der Staatskrise vom Mai 1958 wurde de G. von der Nationalversammlung zum MinPräs. und Verteidigungsmin. gewählt. Er erhielt Sondervollmachten und setzte eine Verf.änderung durch, die dem Staatspräs. eine starke Stellung gab. Am 21. 12. 1958 wurde de G. zum Staatspräs. der Fünften Rep. gewählt. Unter seiner Präsidentschaft entließ Frankreich 1958–60 seine afrikan. Kolonien in die Unabhängigkeit, beendete den Algerienkrieg und stimmte 1962 dessen Unabhängigkeit zu. Sein außenpolit. Ziel war die uneingeschränkte Unabhängigkeit Frankreichs (Aufbau der frz. Atomstreitmacht »Force de Frappe« und Lösung aus der militär. Integration der NATO). In der Europapolitik strebte er ein »Europa der Vaterländer« ohne Verzicht auf nat. Souveränität an. Die Unterzeichnung des Dt.-Frz. Vertrages 1963 vollendete die frz.-dt. Aussöhnung. Trotz seines hohen Ansehens in der Bevölkerung geriet de G. unter innenpolit. Druck. Nach den Maiunruhen von 1968 suchte er durch eine Hochschul- und Betriebsverfassungsreform der innenpolit. Kritik entgegenzuwirken. Als er bei der Abstimmung über eine Verf.- und Verwaltungsreform eine Niederlage erlitt, trat er am 28. 4. 1969 als Staatspräs. zurück. – »Memoiren«, 3 Bde. (1954–59); »Memoiren der Hoffnung«, 2 Bde. (1970–71).

✣ siehe ZEIT Aspekte

📖 *Kapferer, R.:* C. de G. Umrisse einer polit. Biographie. Stuttgart 1985. – *De G., Dtl. u. Europa,* hg. v. W. Loth u. R. Picht. Opladen 1991.

Gaullismus [goːl-] *der,* zusammenfassende Bez. für das polit. Programm von C. de Gaulle und die ideolog. Basis der gaullist. Parteien in Frankreich, tritt für eine starke Staatsgewalt und einen dem Volk direkt verantwortl. Staatspräs. ein, betont die Kooperation aller gesellschaftl. Kräfte und die nat. Unabhängigkeit. Die **Gaullisten** organisierten sich in der Vierten Rep. im Rassemblement du Peuple Français (RPF; 1953 aufgelöst). In der Fünften Rep. traten sie zunächst in der Union pour la Nouvelle République (UNR) und in der (stärker linksgerichteten) Union Démocratique du Travail (UDT) hervor. Nach den Maiunruhen (1968) vereinigten sie sich in der Union des Démocrates pour la République (UDR). Unter der Führung von J. Chirac vollzog sich 1976 mit der Gründung des ↑Rassemblement pour la République (RPR) die Umstrukturierung von der Präsidial- zur Mitgliederpartei (**Neogaullismus**).

Gaultheria *die,* Gattung asiat. und amerikan. Heidekrautgewächse; niedrige Sträucher mit gesägten Blättern und glockenförmigen Blüten; die Frucht ist eine beerenähnl. Kapsel. Aus den Blättern der Art Gaultheria procumbens wird das u. a. für Parfüme verwendete G.-Öl (Wintergrünöl) gewonnen.

Gaultier [goˈtje], Jean-Paul, frz. Modeschöpfer, * Arcueil (Dép. Val-de-Marne) 24. 4. 1952; stellte 1976 seine erste eigene Kollektion vor; seit 1985 Studio in Paris, seit 1997 auch Haute Couture; ausgefallene Ideen (Korsetts und Büstenhalter auch als Oberbekleidung) prägen seine stilistisch sehr variationsfreudigen Kreationen; auch Kostüme für Film und Videoclips; Parfüm.

Gaumen (Palatum), Mundhöhlendach; besteht aus vorderem **hartem G.** (knöcherne Grundlage) und hinterem **weichem G.** (muskulös-bindegewebige Grundlage; **G.-Segel**) mit dem Zäpfchen. Hier laufen auch die sich beiderseits des weichen G. hinziehenden je zwei **G.-Bögen** zusammen, die zw. sich die paarigen **G.-Mandeln** (↑Mandeln) einschließen.

Gaumenlaut, mit Zungenrücken und Gaumen gebildeter Laut, z. B. im Deutschen g, k, ng.

Gaumenmandeln, *Anatomie:* ↑Mandeln.

Gaumenspalte, ↑Spaltbildung.

Gaunersprachen, die Sondersprachen von Teilen der unteren sozialen Schichten; sind zugleich Geheim- und Standessprachen; seit dem Ausgang des MA. in fast allen europ. Ländern nachweisbar. Während die frz. G. unter den allg. Begriff des ↑Argot fällt, haben die G. in anderen Ländern besondere Namen, z. B. in Spanien »Germania«, in Portugal »Calão«, in Italien »Gergo«, in Dtl. ↑Rotwelsch. Die Eigentümlichkeit der G. besteht bes. in einem eigenen Wortschatz, der (u. a. aus der jidd. Sprache und dem Romani hervorgegangen) auch in die Umgangssprache des betreffenden Landes einfließt. (↑Zinke)

📖 *Wolf, S. A.: Wörterbuch des Rotwelschen. Hamburg ²1985. – Günther, L.: Die dt. Gaunersprache u. verwandte Geheim- u. Berufssprachen. Leipzig 1919, Nachdr. Vaduz 1992.*

Gaur

Gaur [ˈgauər] *der* (Bos gaurus), kräftig gebautes Wildrind Indiens, Körperlänge bis 3,3 m, Schulterhöhe 1,7–2,2 m, Höchstgewicht 1 t; das Männchen besitzt besonders stark entwickelte, nach hinten und oben gebogene Hörner.

Gaur [ˈgauər], Ruinenstadt in Bengalen (Indien), unter dem Namen **Lakhnauti** Residenz der Hindukönige von Bengalen; um 1200 von Muslimen aus Delhi erobert; in den folgenden Jh. (bis 1575) mehrfach Hptst. des Sultanats von Bengalen (zeitweise **Jannatabad** gen.).

Gaurisankar *der*, ein Gipfel des Himalaja, an der Grenze zw. Nepal und Tibet, 7 145 m ü. M. In Mitteleuropa galt G. bis 1904 als einheim. Name für den Mount Everest.

Gaus, Günter, Publizist und Politiker, *Braunschweig 23. 11. 1929, †Hamburg 14. 5. 2004; 1969–73 Chefredakteur des »Spiegel«, leitete 1974–80 die Ständige Vertretung der Bundesrep. Dtl. in der DDR. 1991 war er Mitgl. im Rundfunkbeirat der neuen Bundesländer. Er schrieb u. a. »Zur Person. Von Adenauer bis Wehner« (1987, mit anderen), »Kein einig Vaterland. Texte von 1991 bis 1998. Analyse und Kritik« (1998).

Gauß [nach C. F. Gauß], Einheitenzeichen **G,** nicht gesetzl. Einheit der magnet. Flussdichte (magnet. Induktion) im elektromagnet. CGS-System: $1 G = 10^{-4} T$ (Tesla).

Gauß, Carl Friedrich, Mathematiker und Astronom, *Braunschweig 30. 4. 1777, †Göttingen 23. 2. 1855; ab 1807 Direktor der Sternwarte in Göttingen, Prof. für Mathematik und Mitgl. der Göttinger Akademie der Wiss., einer der bedeutendsten Mathematiker. G. begründete mit den 1801 erschienenen »Disquisitiones arithmeticae« die moderne Zahlentheorie. In seiner 1809 veröffentlichten Theorie der Bewegungen der Himmelskörper behandelte er die Probleme der Himmelsmechanik. Seine Arbeiten über die Methode der kleinsten Quadrate (Ausgleichsrechnung) haben die Entwicklung der Himmelsmechanik, die Theorie der unendl. Reihen und die numer. Methoden der angewandten Mathematik sehr gefördert. 1816 wurde ihm die Vermessung des Königreichs Hannover übertragen, an der er 25 Jahre arbeitete und dabei zu bahnbrechenden Untersuchungen zur Geodäsie und zur Differenzialgeometrie angeregt wurde. Von großer Bedeutung sind auch seine Abhandlungen zur Physik, zur Potenzialtheorie und zur Optik sowie die Erfindung des Magnetometers. Zus. mit dem Physiker W. E. Weber untersuchte er den Erdmagnetismus

Carl Friedrich Gauß

und stellte dabei sein absolutes physikal. Maßsystem (1832) auf. Der von beiden konstruierte elektromagnet. Telegraf (1833) wurde damals technisch nicht weiterentwickelt. Große Teile seines math. Schaffens, so die Theorie der ellipt. Funktionen und die Arbeiten zur nichteuklid. Geometrie, wurden erst durch die Veröffentlichung seines Nachlasses bekannt.

📖 *Bühler, W. K.:* G. Eine biograph. Studie. A. d. Engl. Berlin u. a. 1987. – *Wußing, H.:* C. F. G. Leipzig ⁵1989. – *C. F. G. Ein Leben für die Wiss.,* hg. v. Landkreis Helmstedt. Helmstedt 2000.

gaußsche Abbildung [nach C. F. Gauß], ältere Bez.: gaußsche Dioptrik, die Lehre von der idealen, d. h. fehlerfreien opt. ↑Abbildung im paraxialen Gebiet. Sie ist die Grundlage der Theorie der opt. Instrumente.

gaußsche Fehlerkurve (gaußsche Glockenkurve), ↑Normalverteilung.

gaußsche Koordinaten [nach C. F. Gauß], rechtwinklige Koordinaten einer konformen Abbildung des Erdellipsoids in die Ebene, wobei ein Hauptmeridian als i. Allg. längentreue Abszissenachse abgebildet wird. Die Abbildung wurde von C. F. Gauß zur Berechnung für die hannoversche Landesvermessung entwickelt und zusammenhängend 1866 von Oskar Schreiber (* 1829, † 1905) und 1912 von Johannes Heinrich Louis Krüger (* 1857, † 1923) veröffentlicht; sie heißt in Dtl. **Gauß-Krüger-Abbildung.**

gaußsches CGS-System, ein ↑Maßsystem.

gaußsche Verteilung [nach C. F. Gauß], die ↑Normalverteilung.

gaußsche Zahlen|ebene [nach C. F. Gauß] (gaußsche Ebene), Ebene, in der jeder Punkt mit den kartesischen Koordinaten x, y durch die eindeutige Zuordnung $(x, y) \leftrightarrow x + iy = z$ mit einer ↑komplexen Zahl z identifiziert werden kann.

Gautama [Sanskrit] (Gotama), Geschlechtsname des ↑Buddha.

Gauten (schwed. Götar), neben den ↑Svear die zweite große Bev.gruppe Schwedens in der Frühzeit. Im 6. Jh. als **Gauthigoth** erwähnt, gerieten sie um 600 unter die Herrschaft der Svearkönige. Die schwed. Landschaft Götaland leitet wahrscheinlich ihren Namen von den G. her.

Gauteng [x-; »Ort des Goldes«] (bis 1994 Pretoria-Witwatersrand-Vereeniging), Provinz in der Rep. Südafrika, 17 010 km², 7,873 Mio. Ew., Verw.sitz ist Johannesburg.

Gautier [go'tje], Théophile, frz. Schriftsteller und Kritiker, * Tarbes 30. 8. 1811, † Neuilly-sur-Seine 23. 10. 1872; schrieb formstrenge Gedichte (»Emaillen und Kameen«, 1852), die zum Vorbild der ↑Parnassiens wurden. Sein Roman »Mademoiselle de Maupin« (1835) verficht die Unabhängigkeit des Künstlers von Moral und Gesellschaft; das Vorwort dazu ist die erste Programmschrift des ↑L'art pour l'art.

Gautschen, 1) *Brauchtum:* alter Buchdruckerbrauch zum Zünftigmachen nach der Ausbildung; der Setzer, Drucker, Stereotypeur wird in ein Fass mit Wasser gesetzt, erhält den **Gautschbrief** und muss einen Freitrunk geben.

2) *Papierherstellung:* das Zusammenpressen der nassen Papierbahn auf der Langsiebpapiermaschine und das Absaugen des Wassers mit der Gautschpresse; auch das Vereinigen versch. nasser Papierbahnen zu Duplex- oder Triplexpapier bzw. -karton.

Gavarni [gavarˈni], Paul, eigtl. Hippolyte Guillaume Sulpice Chevalier, frz. Zeichner, * Paris 13. 1. 1804, † Auteuil 24. 11. 1866; satir. Zeichner u. a. der Ztschr. »Charivari«; schilderte geistreich-ironisch und grafisch nuanciert das Leben der Pariser Gesellschaft, auch der Londoner Armenviertel; bed. Meister der Lithographie des 19. Jahrhunderts.

Gavarnie, Talschaft im Dép. Hautes-Pyrénées, Frankreich, 1 360 m ü. M., 170 Ew.; nahebei der Gebirgskessel **Cirque de Gavarnie.**

Gaviale: Gangesgavial

Gaviale [Hindi] (Gavialidae), Familie der Krokodile mit nur einer Art. Der bis 7 m lange ind. **Ganges-G.** (Gavialis gangeticus) hat eine sehr schmale und lang gestreckte Schnauze; ernährt sich von Fischen.

Gaviría Trujillo [- truˈxijo], César, kolumbian. Politiker, * Pereira 31. 3. 1947; seit 1974 Abg. der Liberalen, zw. 1986 und 1990 zunächst Finanz-, später Innenmin., 1990 zum Staatspräs. gewählt, bekämpfte in seiner Amtszeit (bis 1994) bes. den Dro-

genhandel und bemühte sich um die Eingliederung früherer Guerillakämpfer. Seit 1994 ist er Gen.-Sekr. der OAS.
Gävle [ˈjɛːvlə] (früher Gefle), Hptst. des VerwBez. Gävleborg, N-Schweden, am Bottn. Meerbusen, 90 700 Ew.; Seehafen (Eisenerz-, Holzverschiffung), Metall-, Textil-, Papierind., Fischerei. – Schloss Gävleborg (Ende 16. Jh., 1741–60 umgebaut). – 1446 erhielt G. Stadtrecht.
Gävleborg [ˈjɛːvləbɔrj], VerwBez. (Län) in N-Schweden, waldreich, 18 192 km^2, 286 800 Ew.; Hptst. ist Gävle.
Gavotte [gaˈvɔt(ə), frz.] *die,* alter frz. Volkstanz in geradem Takt; kam im 17. Jh. in das frz. Hofballett und war bis ins 19. Jh. beliebter Gesellschaftstanz. Die Bez. G. leitet sich von den Gavots, den Bewohnern der provenzal. Alpen, ab. – Seit dem 17. Jh. auch Satz der ↑Suite bzw. Partita.
Gawain [engl. ˈgɑːweɪn] (Gawan, Gawein, frz. Gauvain), ein der mittelalterl. Epik (z. B. bei Wolfram von Eschenbach) Held und Repräsentant der höf. Gesellschaft; Neffe von ↑Artus.
Gawrilow, Andrei, russ. Pianist, *Moskau 21. 9. 1955; v. a. Interpret der Werke von J. S. Bach, F. Chopin und S. Prokofjew.
gay [geɪ; engl., eigtl. »fröhlich«, »farbenfroh«, »freizügig«], *umgangssprachlich:* (selbstbewusst-emanzipatorisch) homosexuell. (↑Gay-Liberation-Bewegung)
Gay [geɪ], **1)** John, engl. Dichter, *Barnstaple (Cty. Devon) 30. 6. 1685, †London 4. 12. 1732; schrieb Pastoralgedichte und Fabeln. Sein parodist. Singspiel »The beggar's opera« (dt. »Die Bettleroper«, Musik von J. Pepusch) wurde von B. Brecht in der »Dreigroschenoper« (Musik von K. Weill) erneuert.
2) (bis 1943 Fröhlich), Peter, amerikan. Kulturhistoriker dt.-jüd. Herkunft, *Berlin 20. 6. 1923; emigrierte 1939 (seit 1941 in den USA, Staatsbürgerschaft 1946); seit 1962 Prof.; forschte zur Aufklärung (»Aufklärung. Eine Interpretation«, 2 Bde., 1966–69), zu Bürgertum und Kulturgeschichte des 19. Jh. (»The Bourgeois Experience«, 5 Bde., 1984–98). – G. erhielt 1999 den Geschwister-Scholl-Preis.
Gaya [ˈgaɪə], Stadt im Bundesstaat Bihar, Indien, 292 000 Ew.; Lackfabriken, Seiden- und Teppichweberei. – 10 km südlich liegt der buddhist. Wallfahrtsort **Bodh G.,** wo Buddha unter einem Feigenbaum (Bodhibaum) die Erleuchtung erlangte.

Gay-Liberation-Bewegung [geɪlɪbəˈreɪʃn-, engl.] (Gay-Rights-Bewegung), in den 1960er-Jahren in den USA entstandene Emanzipationsbewegung, die sich gegen die Diskriminierung von Homosexuellen im beruflichen und öffentl. Leben wendet und sich für eine Liberalisierung der die Homosexuellen betreffenden Gesetze einsetzt. In den 1980er- und 1990er-Jahren erzielte die G.-L.-B. zunehmend polit. Erfolge. Die skandinav. Länder, Frankreich, die Niederlande, Irland und einige Bundesstaaten der USA erließen Antidiskriminierungsgesetze; in Dtl. bestimmen die Landesverfassungen Berlins, Brandenburgs und Thüringens, dass niemand aufgrund seiner sexuellen Orientierung benachteiligt werden darf. Dänemark, Schweden und Norwegen z. B. führten für gleichgeschlechtl. Paare die Möglichkeit der standesamtl. Registrierung als »Eingetragene Partnerschaft« ein, die die Partner hinsichtlich ihrer gegenseitigen Rechte und Pflichten Eheleuten weitgehend gleichstellt. Eine vergleichbare gesetzl. Regelung gilt seit Ende 1999 in Frankreich. In Dtl. trat am 1. 8. 2001 das Lebenspartnerschafts-Ges. in Kraft (bestätigt durch das Bundesverfassungsgericht am 17. 7. 2002), welches es zwei volljährigen Personen des gleichen Geschlechts ermöglicht, eine Eingetragene Lebenspartnerschaft zu begründen (↑gleichgeschlechtliche Lebensgemeinschaft). In den Niederlanden können gleichgeschlechtl. Paare seit 2001, in Belgien seit 2003 die Ehe schließen; möglich ist in den Niederlanden auch die Adoption von Kindern. (↑Homosexualität)
Gay-Lussac [gelyˈsak], Joseph Louis, frz. Physiker und Chemiker, *Saint-Léonard-de-Noblat (bei Limoges) 6. 12. 1778, †Paris 9. 5. 1850; Prof. in Paris; verfasste wichtige Arbeiten zur Ausdehnung der Gase (↑Gay-Lussac-Gesetz); unternahm wiss. Ballonfahrten bis in 7 000 m Höhe und untersuchte Luftproben aus versch. Höhen; bestimmte die Abhängigkeit der Löslichkeit von Salzen in Wasser von der Temperatur; stellte die Alkalimetalle sowie Jod dar.
Gay-Lussac-Gesetz [gelyˈsak-; nach J. L. Gay-Lussac], Gesetzmäßigkeit im Verhalten von idealen Gasen. **1. G.-L.-G.** (1802): Das Volumen (bei konstantem Druck) oder der Druck (bei konstantem Volumen) idealer Gase ist direkt propor-

tional zur absoluten Temperatur. **2. G.-L.-G.** (1807): Die innere Energie eines idealen Gases hängt nur von der Temperatur ab, nicht aber von Druck und Volumen.
Gayomart [awest.], in der altiran. Religion der prototyp. ↑Urmensch.
Gáyor, Tibor, ungar. Künstler, *Budapest 14. 4. 1929; entwickelte nach einem Architekturstudium eine eigene Gestaltungsmethodik mittels Faltungen, die er als wesentl. Formelement seiner konstruktivist. Arbeiten (Bilder, Reliefs) einsetzt; Vermittler zw. der ost- und westeurop. Kunstszene.
Gaza [-z-] (Gasa, Ghazza), Stadt an der SO-Küste des Mittelmeeres, 424 500 Ew., zentraler Ort des G.-Streifens (378 km², 1,197 Mio. Ew.; davon ²/₃ palästinens. Flüchtlinge, rd. 6000 jüd. Siedler; zu 90% in Städten: G., Rafah, Khan Yunis; erstreckt sich von G. bis zur ägypt. Grenze); islam. Universität; bei Rafah internat. Flughafen. – Im A. T. als Stadt der Kanaanäer und Philister erwähnt; 332 v. Chr. von Alexander d. Gr. erobert; 635 arabisch, 1100–70 Kreuzfahrerfestung; 1516 osmanisch; nach 1918 Teil des brit. Mandatsgebiets Palästina. Während des Palästinakrieges 1948/49 flüchtete die arab. Bev. aus S-Palästina in das von ägypt. Truppen kontrollierte Gebiet um G. (G.-Streifen), das nach dem ägyptisch-israel. Waffenstillstand 1949 unter ägypt. Verwaltung gestellt wurde; 1956 sowie, nach Räumung 1957, seit 1967 erneut von israel. Truppen besetzt. 1994 wurde der G.-Streifen mit dem Gebiet von Jericho erstes palästinensisches Autonomiegebiet sowie G. Reg.sitz (↑Nahostkonflikt).
Gaza-Jericho-Abkommen [-z-], Bez. für die am 13. 9. 1993 in Washington unterzeichnete Rahmenvereinbarung über eine Teilautonomie der Palästinenser im Gazastreifen und in der Stadt Jericho zw. Israel und der PLO, die mit einer Phase zäher Verhandlungen einen vorübergehenden Friedensprozess im ↑Nahostkonflikt einleitete.
Gazankulu [-z-], ehem. Homeland (drei Teilgebiete) der Tsonga im N und O der Prov. Transvaal, Rep. Südafrika; ging 1994 in der Nordprovinz (zunächst Nord-Transvaal) auf.
Gaze [ˈgaːzə; urspr. wohl von arab. qazz »Rohseide«] *die,* schleierartig licht- und luftdurchlässiges Gewebe für Gardinen, techn. und medizin. Zwecke.

Gazellehalbinsel, nordöstl. Teil der Insel New Britain, Bismarckarchipel, Papua-Neuguinea, rd. 760 km²; an der NO-Küste liegt Rabaul.
Gazellen [italien., von arab. ġazālaʰ] (Gazella), Gattung 0,9–1,7 m langer (Körperhöhe 0,5–1,1 m) Paarhufer aus der Unterfamilie **Springantilopen** (Antilopinae) mit 12 Arten; meist leicht gebaut mit langen, schlanken Beinen, wodurch hohe Laufgeschwindigkeiten erreicht werden. Bekannte Arten: **Dama-G.** (Gazella dama) in den Wüstengebieten S-Marokkos und der Sahara; **Grant-G.** (Gazella granti) in O-Afrika; **Kropf-G.** (Gazella subgutturosa) in SW- und Zentralasien; **Rotstirn-G.** (Gazella rufifrons) in W-Afrika; **Sömmering-G.** (Gazella soemmeringi) in NO-Afrika; **Thomson-G.** (Gazella thomson) in O-Afrika.

Gazellen: Thomsongazelle (Körperlänge bis 110 cm)

Gazellenfluss (arab. Bahr el-Ghasal), Nebenfluss des Nils im S der Rep. Sudan, bildet an der Mündung den 10 km langen Nosee.
Gazette [frz. gaˈzɛt] *die,* veraltet, heute meist abwertend für Zeitung.
Gaziantep [-z-] (bis 1923 Aintab), Hptst. der Provinz G., Türkei, im Vorland des östl. Taurus, 730 400 Ew.; Zweig der TU von Ankara; aufstrebendes Ind.zentrum inmitten eines Agrargebietes mit Obstbau,

Weizen-, Pistazienanbau, Schaf-, Ziegenzucht.
Gazzelloni, Severino, italien. Flötist, * Rom 5. 1. 1919, † ebd. 22. 11. 1992; wurde bes. durch seine Interpretationen zeitgenöss. Musik (u. a. von L. Berio, P. Boulez) bekannt.
GB/BHE, Abk. für ↑**G**esamtdeutscher **B**lock/**B**und der **H**eimatvertriebenen und **E**ntrechteten.
GCA [dʒi:si:ˈeɪ, engl.], Abk. für engl. **g**round **c**ontrolled **a**pproach (»bodengesteuerter Anflug«), ↑Landeführungssysteme.
GCC [dʒi:si:ˈsi:], Abk. für engl. **G**ulf **C**ooperation **C**ouncil, ↑Golfrat.
Gd, chem. Symbol für ↑Gadolinium.
Gdańsk [gdaɪ̃sk], Stadt in Polen, ↑Danzig.
GDI [dʒi: di:ˈaɪ], Abk. für engl. **G**ender-related **D**evelopment **I**ndex, der geschlechtsbezogene Entwicklungsindex (↑Human Development Index).
Gdynia [ˈgdinja] (dt. Gdingen, 1933–45 Gotenhafen), Stadtkreis in der Wwschaft Pommern, Polen, Handels-, Fischerei- und Passagierhafen an der W-Seite der Danziger Bucht, 255 400 Ew.; Meeresaquarium, Akademien (für Seefahrt und Kriegsmarine). G. bildet mit Danzig und Zoppot als »Dreistadt« eine Wirtschaftseinheit; poln. Flottenstützpunkt; Schiffbau u. a. Industrie. – 1253 erstmals erwähnt; gehörte 1309–1466 dem Dt. Orden, danach bis 1772 zum Königreich Polen, fiel 1772 an Preußen, kam 1920 wieder zu Polen und wurde ab 1924 zu einem Kriegs- und Handelshafen ausgebaut; 1926 Stadtrecht; war 1939–45 dem Dt. Reich eingegliedert.
Ge, chem. Symbol für ↑Germanium.
Gę, grch. Göttin, ↑Gaia.
Gê [ʒe], indian. Sprachfamilie in Südamerika, v. a. im Brasilian. Bergland. Zu ihr gehören das Kaingang, das Xavante und die Kayapó-Sprachen.
Geantiklinale die (Geantikline), großräumige Aufwölbung der Erdkruste (durch Epirogenese), die bei starker Heraushebung zum Abtragungsgebiet werden kann; auch Aufwölbung innerhalb einer ↑Geosynklinale.
Geb, ägypt. Erdgott; gilt als Vater von Isis und Osiris und als göttl. Richter.
Gebälk, Balkenlage einer Holzdecke zw. zwei Geschossen; Gesamtheit der Balken einer Dachkonstruktion.
Gebände (Gebende), aus einem langen Leinenschleier um Haare und Kinn gebundene Kopfbedeckung für Frauen und Mädchen im späten 12. und im 13. Jahrhundert.
Gebärde, Verhaltensausdruck für eine bestimmte psych. Verfassung bei Tieren und Menschen. Sie übermittelt Informationen, die von den Artgenossen verstanden werden. Allgemein bekannt sind Demuts-G. und ↑Imponierverhalten. G. können angeboren sein oder bewusst und durch Lernprozesse vervollkommnet verwendet werden. In der menschl. Kommunikation spielen G. eine erhebl. Rolle. – In der Schauspielkunst ist die G. neben der Sprache wichtigstes Kunstmittel (Mimik, Pantomime, Tanz). Künstl. (vereinbarte) G. bilden die ↑Gebärdensprache (Gestik). Als mag. oder meist sinnbildl. kult. Handlungen sind G. in allen Religionen verbreitet.

📖 *Morris, D.:* Bodytalk. Körpersprache, Gesten u. G. n. A. d. Engl. München 1995.
Gebärdensprache (Gestik), Verständigungsmittel mit in einer Gemeinschaft allgemein verständl. konventionalisierten Gesten und Ausdrucksgebärden. In der Gehörlosenforschung wurden nat. spezielle G. als vereinbarten künstl. Gebärden (Zeichen) als Kommunikationssysteme entwickelt. Jede G. ist ein visuelles Zeichensystem, das sich der Körperhaltung, der Mimik und bes. der Gebärden (Handzeichen) bedient. In der dt. G. (Abk. DGS) wird auf rd. 30 Handformen zurückgegriffen, daneben auf versch. Bewegungsrichtungen, -formen und -qualitäten. In der G. ist auch das Fingeralphabet zur Umsetzung von Lautsprache integriert. Die **Fingersprache** wurde um 1550 von dem Spanier Pedro Ponce de León (* 1520, † 1584) in den Taubstummenunterricht eingeführt. Für jeden Buchstaben wurde eine Handbzw. Fingerstellung festgelegt (Einhandsystem).
Gebärmutter (Uterus), muskulöses, in die Scheide mündendes Hohlorgan der Frau und der weibl. Säugetiere, in dem sich die Entwicklung des Keimlings vollzieht. Die G. der Frau ist ein sehr dehnbares, 6–9 cm langes, birnenförmiges Organ in der Mitte des kleinen Beckens zw. Blase und Mastdarm, das von den Mutterbändern in seiner Lage gehalten wird. Man unterscheidet den **G.-Körper** und den **G.-Hals,** der etwas nach vorne abgeknickt ist und mit der zapfenförmigen **Portio** in die

Gebet GEB

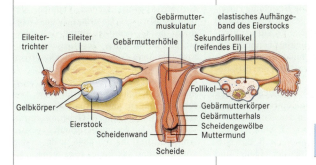

Gebärmutter: innere Geschlechtsorgane der Frau

Scheide hineinragt. An seinem unteren Ende besitzt er eine Öffnung, den **Muttermund;** dieser verbindet die Scheide über den G.-Halskanal mit der G.-Höhle, in deren oberen Teil die beiden Eileiter münden. Im Innern ist die G. von der **G.-Schleimhaut** (Endometrium) ausgekleidet, die zw. zwei Menstruationen und bei der Schwangerschaft charakterist. Veränderungen durchmacht, bei der Menstruation z. T. abgestoßen wird oder nach erfolgter Befruchtung die Einnistung des Keimlings ermöglicht. Zw. dem äußeren **Bauchfellüberzug** (Perimetrium) und der G.-Schleimhaut liegt die etwa 1 cm breite **Muskelschicht** (Myometrium), die die Vergrößerung der G. während der Schwangerschaft ermöglicht und in der Lage ist, bei der Geburt das Kind auszutreiben.
Gebärmutterabknickung (Retroflexio uteri), nach hinten gerichtete winklige Abknickung des Gebärmutterkörpers gegenüber dem Gebärmutterhals; dabei können auch örtl. Verwachsungen bestehen. Die G. kann in sehr seltenen Fällen zu Unterleibsbeschwerden, auch zu Sterilität führen.
Gebärmutterkrebs, häufigste Krebserkrankung der weibl. Geschlechtsorgane; befallen werden der Gebärmutterkörper und der Gebärmutterhals. Das **Korpuskarzinom** (Gebärmutterkörperkrebs, Endometriumkarzinom) tritt zumeist erst nach den Wechseljahren auf (Häufigkeitsgipfel um das 60. Lebensjahr) und befällt zunächst nur die Gebärmutterschleimhaut, wächst dann aber schnell auch in die Muskulatur ein und greift schließlich auf Eileiter, Eierstöcke, Harnblase und Mastdarm über. Das **Zervixkarzinom** (Gebärmutterhalskrebs, Kollumkarzinom) tritt am häufigsten zw. dem 50. und 60. Lebensjahr auf. Es entwickelt sich ohne warnende Anzeichen. Die frühesten Symptome sind Ausfluss und Blutungen. – *Behandlung:* Entscheidend ist die möglichst frühzeitige Erkennung im symptomlosen Stadium, was eine Heilung durch Operation und/ oder Bestrahlung (auch Hormongabe) ermöglicht. Hauptvoraussetzung hierfür ist die regelmäßige gynäkolog. Vorsorgeuntersuchung (einmal jährlich).
Gebärmuttermyom, ↑Myom.
Gebärmutterpolyp, ↑Polyp.
Gebärmuttersenkung, Senkung der Gebärmutter bis in den Scheideneingang durch Erschlaffung der Beckenbodenmuskulatur und des Halteapparates der Gebärmutter; kann u. a. zu Kreuzschmerzen und Blasenbeschwerden führen.
Gebärmuttervorfall (Prolapsus uteri), starke Gebärmuttersenkung mit teilweiser oder vollständiger Verlagerung der Gebärmutter vor den Scheideneingang.
Gebende, Kopfbedeckung im MA., ↑Gebände.
Geber (arab. Djabir Ibn Hajjan), einer der Hauptvertreter der frühen arab. Alchimie, lebte in der 2. Hälfte des 8. Jh.; die G. zugeschriebenen Werke behandeln auch Medizin, Astrologie, Mathematik, Musik und Magie.
Gebet [ahd. gibet »Bitte«], in den *Religionen* die den ganzen Menschen fordernde Weise, mit der Gottheit in Verbindung zu treten. Die Struktur der Gottesbeziehung bestimmt die G.-Arten: 1) Auf einem personalen Verhältnis zu Gott beruht das von Worten und oft Gebärden begleitete äußere G. (Lobpreisung, Bitt-, Buß-, Dank-, aber auch Fluch-G.). Es schließt einerseits den als Person vorgestellten Gott, andererseits das Ich des Betenden, sein Wollen, seinen Verstand, seine Vorstellungen und Bil-

der von Gott ein. 2) Die Beziehung zur eigenen Mitte (und auf diesem Wege zu Gott) sucht dagegen das innere G. auf meditativer Grundlage, das religionsphänomenologisch (in seiner Form, nicht in seinen Inhalten) eine große Nähe zu der in den östl. Religionen geübten ↑Meditation aufweist, z. B. das kontemplative Beten bei den ↑Wüstenvätern, bei Johannes vom Kreuz oder das ↑Jesusgebet in den Ostkirchen. Äußerer Ausdruck des G. sind vielfach eine bestimmte G.-Haltung (z. B. das Niederknien und das Falten der Hände) und der Blick des Betenden in eine bestimmte G.-Richtung (Mekka für die Muslime; Jerusalem für die Juden). Das G. unterstützende bzw. begleitende Gegenstände sind im Islam der G.-Teppich, im Judentum die aus G.-Mantel und G.-Riemen bestehende G.-Kleidung, in der kath. Kirche der Rosenkranz.

📖 Schroeder, H.-W.: Das G. Übung u. Erfahrung. Neuausg., Frankfurt am Main 6.–7. Tsd. 1990.

Gebetbuch, Sammlung von Gebetstexten für den individuellen oder gottesdienstl. Gebrauch. In der alten Kirche war der Psalter bis in die karoling. Zeit das bevorzugte G., ab dem 9. Jh. auch die Stundenbücher.

Gebetsmantel (hebr. Tallit), weißfarbiger, viereckiger Überwurf (meist mit einigen blauen Streifen), den die Juden beim Gebet über der Kleidung tragen.

Gebetsmühle, im tibet. Buddhismus (Lamaismus) gebräuchl. sakrales Gerät, das die mündl. Rezitation hl. Sprüche mechanisch ersetzen soll (Drehen gilt als Beten); zylinderförmiger, um eine Achse drehbarer Behälter, der im Inneren Papierstreifen mit kurzen hl. Texten (meist die Gebetsformel ↑Om mani padme hum) enthält.

Gebetsnische, Teil der Moschee, ↑Mihrab.

Gebetsrichtung, *Islam:* ↑Kibla.

Gebetsriemen (hebr. Tefillin), jüd. Gebetsutensilien: Riemen mit Kapseln, in denen Pergamentstreifen mit Abschnitten aus den Büchern Mose (2. Mos. 13, 1–10; 13, 11–16; 2. Mos. 6, 4–9; 11, 13–21) liegen. Sie werden von den kultfähigen Männern (ab 13 Jahren) vor der Rezitation von Pflichtgebeten in fest vorgeschriebener Weise an Stirn und Armen angelegt.

Gebetsschnur, *Religionsgeschichte:* ↑Rosenkranz.

Gebetsteppich, kleiner Teppich, der dem Muslim als Unterlage beim Gebet dient; als G. kenntlich durch das eingeknüpfte Motiv einer Gebetsnische (Mihrab), die beim Gebet nach Mekka zeigen muss.

Gebetswochen, von einzelnen oder mehreren Kirchen gemeinsam bzw. von Kirchenbünden und christl. Zusammenschlüssen durchgeführte Gebetsveranstaltungen zur Förderung bestimmter (geistl.) Anliegen; bes. die seit 1846 in der ersten vollen Woche des Jahres begangene »Gebetswoche der Evang. Allianz« und die seit 1966 von den Mitgliedskirchen des Ökumen. Rates der Kirchen gemeinsam mit der kath. Kirche alljährlich vom 18.–25. 1. begangene »Gebetswoche für die Einheit der Christen«.

Gębhardt, Bruno, Historiker, * Krotoszyn (Wwschaft Großpolen) 9. 10. 1858, † Berlin 13. 2. 1905. Sein »Hb. der dt. Geschichte« (2 Bde., 1891–92) wurde oft neu bearbeitet; zuletzt erschien die »10., völlig neu bearbeitete Auflage« (ab 2000; auf 24 Bde. konzipiert).

Gebhard Truchsess von Waldburg, Kurfürst und Erzbischof von Köln (1577–83), * Heiligenberg (Bodenseekreis) 10. 11. 1547, † Straßburg 31. 5. 1601; trat 1582 zum Luthertum über; verkündete die Gleichberechtigung der Konfessionen, versuchte, das Erzbistum zu säkularisieren, 1583 durch Gregor XIII. abgesetzt, exkommuniziert und im Köln. Krieg (bis 1584) von seinem Nachfolger Herzog Ernst von Bayern vertrieben.

Gebiet, 1) *allg.:* räuml. oder sachl. Bereich, Fach.

2) *Mathematik:* offene und zusammenhängende Teilmenge *G* eines topolog. Raumes, d. h., sie besteht nur aus inneren Punkten, und je zwei Punkte aus *G* lassen sich durch eine ganz in *G* verlaufende Kurve verbinden.

3) *Recht:* ein abgegrenzter Teil der Erdoberfläche, Territorium.

Gebietserwerb, *Völkerrecht:* Wechsel der Gebietshoheit über ein Territorium im Weg der Vereinigung zw. den beteiligten Staaten oder aber Vergrößerung des Staatsgebietes. Arten des G. sind Akkretion (Anwachsung) aufgrund natürl. Vorgänge (z. B. Entstehung einer Insel innerhalb der Küstengewässer), Zession (Abtretung) eines Gebietes durch Kauf (z. B.

Alaska von Russland 1867), Tausch (z. B. Sansibar gegen Helgoland 1890) oder Friedensvertrag, die Adjudikation (Zuweisung) eines Gebietes durch internat. Gerichte oder sonstige Organe (Ålandinseln 1921) sowie die Präskription (Ersitzung) aufgrund fakt. Besitzes eines Territoriums.
Gebietshoheit, die Befugnis eines Staates zur Ausübung von Staatsgewalt durch Hoheitsakte gegenüber den im Staatsgebiet befindl. Personen. Die G. steht in beschränktem Umfang auch öffentlichrechtl. Gebietskörperschaften zu.
Gebietskörperschaft, Körperschaft des öffentl. Rechts, deren Gebietshoheit einen räumlich abgegrenzten Teil des Staatsgebiets sowie dessen Bewohner erfasst (v. a. Gemeinden und Landkreise); i. w. S. auch Bund und Länder.
Gebietsreform, ↑Verwaltungsreform.
Gebildbrote, geformte Backwaren in Gestalt von Menschen, Tieren, Gestirnen, geometr. Figuren u. Ä.; werden häufig zu Neujahr, Fastnacht, Ostern oder Nikolaus gebacken.
Gebinde, *Bautechnik:* zusammengefügtes Tragwerk aus bearbeiteten Hölzern.
Gebirge, 1) *Bergbau:* Gesteinsverband, der eine Lagerstätte oder einen Grubenbau umgibt.
2) *Geomorphologie:* räumlich geschlossene, höhere Teile der Erdoberfläche, die sich durch einen oft deutlich ausgeprägten Gebirgsfuß von ihrer flacher ausgebildeten Umgebung absetzen und in Berge, Täler und Hochflächen gegliedert sind. Eine exakte Abgrenzung gegen das niedrigere **Hügelland** oder das weniger geschlossene **Bergland** ist nicht möglich. Nach den relativen Höhenunterschieden unterscheidet man ↑Mittelgebirge und ↑Hochgebirge, nach der Gestaltung der Gipfelregion **Kamm-** (Riesen-G.), **Kuppen-** (Rhön) und **Plateau-G.** (Schwäb. Alb). G. ohne deutl. Gipfelbildung bezeichnet man als **Massive** (Harz). **Ketten-G.** orientieren sich am Gesamtfaltenbau (G. vom alpinen Typ). – G. entstehen durch das Zusammenspiel endogener und exogener Kräfte, und zwar erst nach der oft bis in große Tiefen reichenden geologisch-tekton. Gebirgsbildung (↑Orogenese) durch die nachfolgende Hebung; ihre geomorpholog. Ausgestaltung erfahren die G. durch die Abtragung. Eine Besonderheit stellen die aus magmat. Material um versch. Eruptionspunkte aufgebauten **vulkan. G.** dar. Nach dem tekton. Bau unterteilt man G. in: a) die geologisch jungen **Falten-G.** (einschl. der durch Bildung von Decken entstandenen **Decken-G.**), die durch seitl. Druck zusammengepresste und in Falten gelegte Teile der Erdkruste darstellen und deren Faltenbau z. T. mit dem geomorpholog. Erscheinungsbild übereinstimmt (zum Beispiel Alpen), b) die **Bruchfalten-** oder **Faltenschollen-G.,** an deren Ausgestaltung Bruchbildung und Faltung gleichermaßen beteiligt sind, und c) die **Block-, Bruch-** und **Schollen-G.,** bei denen die abgefalteten Massen, die zu Rumpfflächen abgetragen und eingeebnet worden waren (**Rumpf-G.,** z. B. Rhein. Schiefer-G.), in einer jüngeren Faltungsära wegen zu großer Starrheit nicht nochmals gefaltet, sondern in einzelne, gegeneinander horizontal und vertikal verschobene Schollen zerlegt und gehoben wurden (Rumpfschollen-, Pultschollen-, Horst-G. u. a.); zu Letzteren gehören viele dt. Mittelgebirge.
📖 *Hochgebirge der Erde u. ihre Pflanzen- u. Tierwelt,* hg. v. G. Klotz. Leipzig u. a. ²*1990.*
Gebirgsjäger, ↑Gebirgstruppen.
Gebirgsklima, unter dem Einfluss des Gebirgsreliefs geprägtes Klima. Typ. Merkmale des G.: Abnahme des Luftdrucks mit der Höhe; Absinken der Lufttemperatur mit größerer Tagesschwankung; Zunahme der Niederschläge mit starker Beregnung der Luvseiten der Gebirge; lang anhaltende Schneedecke; im Winter geringere, im Sommer stärkere Bewölkung als in der Ebene und größerer Häufigkeit von Nebeltagen, bes. Nebeldecken in den Tälern; vielfältige Lokalwinde (z. B. Berg- und Talwind, Föhn).
Gebirgsmechanik, ↑Felsmechanik.
Gebirgsschlag, schlagartig auftretende Bewegungen und Verstürzungen in bergmännisch geschaffenen Hohlräumen als Folge von Entspannungsvorgängen.
Gebirgstruppen, für den Einsatz im Gebirge sowie für den Winterkampf speziell ausgebildete und ausgerüstete Truppen; in der Bundeswehr die **Gebirgsjäger.** Eine Besonderheit ihrer Ausrüstung ist die Zerlegbarkeit der schweren Waffen, die dadurch mit Hubschraubern transportiert werden können.
Gebiss, Gesamtheit der Zähne des Ober- und Unterkiefers. Beim Zusammenbiss

(Okklusion) übergreifen im Normalfall die Zähne des Oberkiefers (oberer Zahnbogen) die Zähne des Unterkiefers (unterer Zahnbogen). Das G. des erwachsenen Menschen (**permanentes G., Dauer-G.**) hat 32 Zähne (Dentes permanentes), das G. des Kindes (**Milch-G.**) nur 20 (Dentes decidui). Das urspr. G. der Säugetiere hatte 44 Zähne. Die mehrmalige Erneuerung des G. (Fische, Amphibien, Reptilien) wird als **Polyphyodontie**, der einmalige Zahnwechsel beim Menschen als **Diphyodontie** bezeichnet. Er erfolgt etwa zw. dem 6. und 13. Lebensjahr. G. mit versch. Zahntypen (alle Säugetiere) sind **heterodont**, wenig spezialisierte G. der Wirbeltiere weisen nur einen Zahntyp (z. B. Kegelzähne der Krokodile) auf, sie sind **homodont**. (↑Zähne, ↑Zahnersatz)

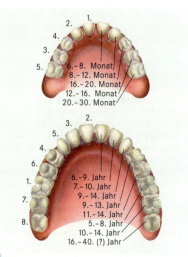

Gebiss: Durchbruchzeiten der Milchzähne (oben) und der bleibenden Zähne; die außen stehenden Zahlen geben jeweils die Reihenfolge des Durchbruchs an

Gebiss|anomali|en, ↑Kieferanomalien.
Gebissformel (Zahnformel), Darstellungsweise der Anordnung und Zahl der versch. Zähne. Der erwachsene Mensch hat in jeder Hälfte der Zahnreihen des Ober- und Unterkiefers (Dauergebiss) zwei Schneidezähne (Incisivi, I), einen Eckzahn (Caninus, C), zwei Backenzähne (Prämolaren, P) und drei Mahlzähne (Molaren, M); durch

$$\frac{I2\,C1\,P2\,M3}{I2\,C1\,P2\,M3} \text{ oder } \frac{2123}{2123}$$

angegeben. Beim Milchgebiss werden zur Abkürzung kleine Buchstaben verwendet. An der Stelle der Backenzähne befinden sich zwei Milchmolaren, die Mahlzähne fehlen.
Gebläse, ein ↑Verdichter mit niedrigem Druckverhältnis (Enddruck zu Ansaugdruck wie 1,1 : 1 bis 3 : 1); dient zur Erzeugung eines Gasstromes, z. B. für pneumat. Förderanlagen, zur Aufladung von Verbrennungsmotoren (Gebläsemotoren), zur Luftlieferung bei Kupol- und Hochöfen.
geblümter Stil, Stilform mit Überbetonung des formal Kunstvollen, Gekünstelten (Wortspiele, rhetor. Figuren); im 13. Jh. bes. in der nachhöf. Lyrik bis zum Meistersang gepflegt.
Geblütsrecht, im MA. der Vorrang der Geburt, der den Angehörigen von Königsfamilien und verwandten Geschlechtern Anwartschaften auf die Thronfolge gab, also die freie Wahl ausschloss.
Gebot, allg. die auf göttl., staatl., elterl. u. a. Autorität zurückzuführende bzw. von ihr erlassene oder hergeleitete religiöse, polit., soziale oder eth. Norm für eine bestimmte Handlung. In den christl. Kirchen wird der Begriff G. im Sinn von G. Gottes (↑Zehn Gebote) und daraus abgeleiteten G. der Kirche (↑Kirchenrecht) gebraucht.
Gebrauchsanmaßung (Gebrauchsdiebstahl), die unberechtigte Benutzung fremder Sachen ohne Zueignungsabsicht. Die G. ist i. Allg. nicht strafbar; eine Ausnahme ist die G. eines öffentl. Pfandleihers an Gegenständen, die er in Pfand genommen hat (§ 290 StGB). Auf Antrag wird die G. an Kfz und Fahrrädern verfolgt (§ 248 b StGB). – In *Österreich* ist die G. bei dauernder Sachentziehung und beim unbefugten Gebrauch von Maschinenfahrzeugen strafbar (§§ 135, 136 StGB); in der *Schweiz* wird sie als »Sachentziehung« auf Antrag bestraft, wenn sie zu einer Schädigung geführt hat (Art. 141 StGB).
Gebrauchsgrafik, ↑Grafikdesign.
Gebrauchsgüter, langlebige Konsumgüter (z. B. Waschmaschinen, Kühlschränke), die nicht wie die Verbrauchsgüter (z. B. Nahrungsmittel) nach einmaliger Verwendung aufgebraucht sind.
Gebrauchshunde, ↑Diensthunde.

Gebrauchsmusik, zweckgebundene Musik (↑funktionale Musik).

Gebrauchsmuster, gewerbl. Schutzrecht für techn. Erfindungen (ausgenommen Verfahrenserfindungen), die neu sind, auf einem erfinder. Schritt beruhen und gewerblich anwendbar sind (G.-Ges. i. d. F. v. 28. 8. 1986, mit Änderungen). Im Vergleich zum Patent genügt eine geringere erfinder. Leistung. Das G.-Recht ist dem Patentrecht ähnlich: Anmeldung beim Dt. Patent- und Markenamt in München (Antrag auf Eintragung in die G.-Rolle, Bez. des Schutzanspruchs, Beifügung einer Beschreibung und einer Zeichnung). Die Eintragung bewirkt, dass allein der Inhaber des G. befugt ist, den Gegenstand des G. gewerblich zu benutzen. Das Recht am G. ist vererblich und übertragbar (Lizenz). Die Schutzdauer des G. beträgt drei Jahre und kann auf zehn Jahre verlängert werden. Streitigkeiten entscheidet das Patentgericht. Ästhet. Formschöpfungen werden durch das ↑Geschmacksmuster geschützt, Pflanzensorten durch den ↑Sortenschutz, Tierarten sind nicht schutzfähig. Das Erstreckungs-Ges. vom 23. 4. 1992 bestimmt, dass sich die am 1. 5. 1992 in den alten Bundesländern bestehenden gewerbl. Schutzrechte und Schutzrechtsanmeldungen auf die neuen Bundesländer erstrecken. Die gleiche Regelung besteht für die neuen Bundesländer mit Auswirkung auf die alten. – In *Österreich* gilt das Musterschutz-Ges. von 1990, das als Muster das Vorbild für das Aussehen eines gewerbl. Erzeugnisses definiert. Das *schweizer. Recht* schützt die »äußere Formgebung, die bei der gewerbl. Herstellung eines Gegenstandes als Vorbild dienen soll«, nicht aber »Herstellungsweise, Nützlichkeitszweck und techn. Wirkung des nach dem Muster hergestellten Gegenstandes« (Ges. über das Muster- und Modellschutz vom 30. 3. 1900/21. 12. 1928). Internat. wird das G. v. a. durch die ↑Pariser Verbandsübereinkunft und den Patentzusammenarbeitsvertrag von 1970 geschützt.

Gebrauchstexte (Gebrauchsliteratur), ungenauer Sammelbegriff für Textsorten (↑Text), die eine Zweck- und Gebrauchsfunktion haben, z. B. wiss., didakt., publizist. Texte, Werbetexte, Andachtsbücher; die Abgrenzung von dichter. Texten ist nicht immer eindeutig.

Gebrauchswert, Begriff der Wirtschaftstheorie für den subjektiv geschätzten Nutzen oder die objektiv gegebene Eignung eines Gutes zur Befriedigung von Bedürfnissen und zur Erfüllung bestimmter Zwecke. Ggs.: Tauschwert. (↑Werttheorie)

Gebrauchtwarenhandel, gewerbsmäßiger An- und Verkauf von gebrauchten, aber noch verwendbaren und funktionsfähigen Konsumgütern (z. B. Einrichtungsgegenstände, Kraftfahrzeuge). Für den G. ist keine besondere Genehmigung erforderlich. Allerdings können die Länder durch Rechts-VO besondere Buchführungs-, Auskunfts- und Duldungspflichten begründen, um die Überwachung zu erleichtern. (↑Secondhandshop)

Gebrselassie, Haile (Haile Guebre Selassie), äthiop. Leichtathlet (Langstreckenläufer), * Addis Abeba 18. 4. 1973; über 10 000 m Olympiasieger 1996 und 2000, Weltmeister 1993, 1995 und 1997, Hallenweltmeister 1997 (3 000 m) und 1999 (1 500 m, 3 000 m).

Gebsattel, Victor Emil Freiherr von, Psychotherapeut, * München 4. 2. 1883, † Bamberg 22. 3. 1976; Vertreter der daseinsanalytisch orientierten Psychotherapie auf christl. Grundlage. – »Prolegomena einer medizin. Anthropologie« (1954); Hg.: »Hb. der Neurosenlehre und Psychotherapie«, 5 Bde. (1959–61, mit V. E. Frankl und J. H. Schultz).

Gebser, Jean, schweizer. Kulturphilosoph, * Posen 20. 8. 1905, † Bern 14. 5. 1973; lehrte am Inst. für angewandte Psychologie in Zürich; versuchte in »Ursprung und Gegenwart« (2 Bde., 1949–53) die »neue Wirklichkeit« der »aperspektivischen« Welt »transparent« werden zu lassen: Die Überwindung des alten Zeit- und Raumbegriffs, die Erkenntnis der Relativität und der sprunghaften Entwicklung und die Auflösung der Dualismen, wie sie sich v. a. im Zusammenhang mit den modernen Naturwiss. vollziehe, führe zur Entgrenzung der Wirklichkeit und zur Öffnung für neue »a-rationale« (nicht: irrationale) Bewusstseinszusammenhänge.

Gebühr, Otto, Schauspieler, * Kettwig (heute zu Essen) 29. 5. 1877, † Wiesbaden 13. 3. 1954; wirkte u. a. am Dt. Theater in Berlin, ab 1922 v. a. als Darsteller Friedrichs d. Gr. in mehreren Filmen bekannt.

Gebühren, 1) *allg.:* Entgelt für geleistete Dienste von Ärzten, Rechtsanwälten, Notaren u. a.; die Höhe ist in G.-Ordnungen festgelegt.

2) *Finanzwissenschaft:* von einer öffentl. Gebietskörperschaft festgesetzte ↑Abgaben, die als Gegenleistungen für eine individuell zurechenbare öffentl. Leistung zu entrichten sind. Im Ggs. zu ↑Beiträgen und ↑Steuern entsteht die G.-Pflicht erst durch die tatsächl. individuelle Inanspruchnahme einer besonderen Amtshandlung (Verwaltungs-G.) oder Benutzung einer besonderen Einrichtung (Benutzungs-G.). Dabei kommt es nicht darauf an, ob die Inanspruchnahme freiwillig oder zwangsweise (z. B. Anschluss- und Benutzungszwang bei Wasserleitungen und Kanalisation) erfolgt. Rechtsgrundlage sind die Kommunalabgaben-Ges. der Länder sowie G.-Satzungen der Gemeinden.

Gebührenordnung, vom Staat oder von Selbstverwaltungsorganisationen durch Rechtsvorschrift festgelegte Berechnungsgrundlage für die Inanspruchnahme der in der G. erfassten Leistungen, z. B. Gebührenordnung für Ärzte oder Zahnärzte, G. für Rechtsanwälte oder Steuerberater, Kostenordnung für Notare.

Gebührenordnung für Ärzte, Abk. **GOÄ, Gebührenordnung für Zahnärzte,** Abk. **GOZ,** vom Staat 1965 erlassene Normen für das ärztl. (zahnärztl.) Honorar; sie enthalten neben allg. Vorschriften ein Verzeichnis abgrenzbarer ärztl. (zahnärztl.) Leistungen mit Honorarsätzen, die je nach Schwierigkeit der Leistung, Zeitaufwand u. a. bis zu einer bestimmten Höchstgrenze überschritten werden dürfen. Durch die GOÄ (GOZ) von 1996 wurden die Gebührensätze i. d. R. erhöht.

gebührenpflichtige Verwarnung, ↑Verwarnung.

gebundene Rede, sprachl. Darstellungsform, die durch die Verwendung metr. und rhythm. Mittel gekennzeichnet ist.

gebundenes System, *romanische Baukunst:* Grundrissanordnung unter Zugrundelegung des Quadrats als Maßeinheit für alle Bauteile. Ausgangspunkt ist das Vierungsquadrat, an das sich nach O die Chorquadrate, nach N und S die beiden Querhaus- und nach W die Langhausquadrate anschließen. Einem Langhausquadrat entsprechen je zwei kleinere Seitenschiffsquadrate. Jedes Grundrissquadrat bildet eine Wölbeeinheit. Die Höhe der Seitenschiffe beträgt ein, die des Mittelschiffs zwei Quadrate.

Geburt (Partus), Vorgang des Ausstoßens der Nachkommen aus dem mütterl. Körper bei lebend gebärenden (viviparen) Tieren und beim Menschen (bei Letzterem auch als **Entbindung** oder **Niederkunft** bezeichnet).

Unipare Lebewesen gebären meist nur ein Junges (z. B. Pferd, Rind, Affe, Mensch), multipare bringen mehrere Junge in einem G.-Vorgang zur Welt (z. B. Nagetiere, Katzen, Hunde, Schweine).

Beim Menschen tritt die G. als Abschluss der Schwangerschaft um den 280. Tag nach dem ersten Tag der letzten Menstruation ein (äußerste Grenzen: 236 und 334 Tage). Der G.-Beginn wird durch Hormonwirkung (v. a. Verschiebung des Follikelhormon-Progesteron-Verhältnisses) ausgelöst. Die normale G. wird unterteilt in **Eröffnungsperiode:** Zeit vom Einsetzen der ↑Wehen bis zur vollständigen Eröffnung des Muttermundes (spätestens dann erfolgt der Blasensprung, das Zerreißen der Eihäute mit Abgang von Fruchtwasser); die durchschnittl. Dauer bei Erstgebärenden beträgt 9 bis 15 Stunden, bei Mehrgebärenden 6 bis 9 Stunden; **Austreibungsperiode:** beginnt mit dem Einsetzen der Presswehen und endet mit der G. des Kindes; Dauer bei Erstgebärenden 1 bis 2 Stunden, bei Mehrgebärenden $1/2$ bis 1 Stunde und weniger; in dieser Periode wird die Gebärmuttertätigkeit durch Mitpressen der Frau (**Presswehen**) unterstützt; die Dauer der beiden G.-Perioden ist abhängig von der Kraft der Wehen, der Dehnbarkeit der mütterl. Weichteile sowie der Größe und Lage des Kindes; das Neugeborene wird durch Abnabeln von der noch in der Gebärmutter befindl. Plazenta (Mutterkuchen) getrennt; **Nachgeburtsperiode:** umfasst die Zeit von der G. des Kindes bis zum Ausstoßen der **Nach-G.** (Plazenta) durch die Nachgeburtswehen und dauert im Durchschnitt 10 bis 20 Minuten.

Rechtliches: Mit der vollendeten G., d. h. mit dem völligen Austritt aus dem Mutterleib und dem Einsetzen der Atmung, beginnt die Rechtsfähigkeit des Menschen. Nur in einzelnen Beziehungen gehen seine Rechte schon auf die Zeit zurück, als er noch Leibesfrucht war, z. B. im Erbrecht. Der strafrechtl. Schutz gegen Tötung und

Geburtenstatistik GEB

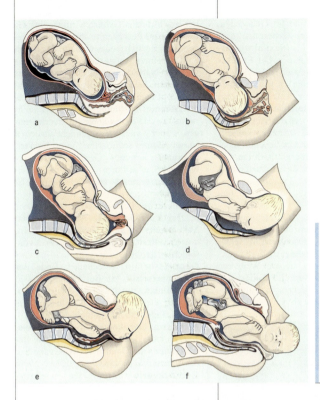

Geburt: Austreibungsperiode; a Beginn der Austreibung (Muttermund vollständig erweitert, Fruchtblase kurz vor dem Springen), b nach dem Blasensprung, c Kopf drückt durch die Scheidenöffnung, d der vorangehende Teil des Kopfes ist sichtbar, e Austritt des Kopfes, f der Kopf ist geboren

Verletzung beginnt mit dem Anfang der G. (vorher ↑Schwangerschaftsabbruch). Die G. ist binnen einer Woche dem Standesbeamten anzuzeigen, sie wird in das ↑Geburtenbuch eingetragen.

📖 *Hilsberg, R.:* Schwangerschaft, G. u. erstes Lebensjahr. Ein Begleiter für werdende Eltern. Reinbek 2002. – *Schönfeldt, S.:* Knaurs großes Babybuch. Augsburg 2002.

Geburtenbuch, das zur Beurkundung der Geburten dienende Personenstandsbuch, es wird beim Standesamt geführt. Eingetragen werden: persönl. Verhältnisse der Eltern, Tag, Ort und Zeit der Geburt, Geschlecht und Name des Kindes.

Geburtenkreislauf, *indische Religionen:* ↑Samsara.

Geburtenregelung, die Beeinflussung der Geburtenhäufigkeit v. a. durch staatl. (↑Bevölkerungspolitik), kirchl. und private Normen und Maßnahmen. I. e. S. wird unter G. die **Familienplanung** verstanden, bei der bes. mithilfe der ↑Empfängnisverhütung Kinderzahl, wirtsch. und soziale Bedingungen und individuelle Wünsche aufeinander abgestimmt werden. – Die Auffassung der kath. Kirche zur G. ist in der Enzyklika ↑Humanae vitae (1968) niedergelegt; die evang. Ethik überlässt die G. der verantwortl. Entscheidung der Partner.

Geburtenrückgang, das Absinken der Geburtenziffer (↑Geburtenstatistik) bzw. der durchschnittl. Zahl von Geburten je Frau in einer Bevölkerung. Besondere Beachtung fand der G., der gegen Ende des 19. Jh. in vielen Ländern N- und W-Europas einsetzte. Mitte der 1960er-Jahre begann in W- und N-Europa ein erneuter G., der mittlerweile alle Ind.länder betrifft. Ein deutl. G. ist seit den 90er-Jahren in den neuen Bundesländern zu verzeichnen.

✣ **siehe ZEIT Aspekte**

Geburtenstatistik, der Teil der Bevölkerungsstatistik, der das natürl. Wachstum einer Bevölkerung untersucht. Die **Geburtenziffer (Geborenenziffer)** gibt die Zahl der Geborenen eines bestimmten Zeitraums auf 1 000 Ew. bezogen an, gegliedert nach lebend und tot Geborenen, ehelich und nichtehelich Geborenen, dem **Geschlechterverhältnis (Sexualproportion)**, nach Stadt, Land, u.a. Die **Fruchtbarkeitsziffer** gibt an, wie viel lebend Geborene auf 1 000 Frauen im gebärfähigen Alter entfallen. Weitere Aufgliederungen: Ziffern für verheiratete/nicht verheiratete Frauen, nach Altersjahren der Mütter und/oder Ehedauer (spezif. Fruchtbarkeitsziffern). Aus der Differenz zw. lebend Geborenen und Sterbefällen ergibt sich der Geburtenüberschuss oder das Geburtendefizit.

Geburtsgeschwulst, die ↑Kopfgeschwulst.

Geburtshelferkröte (Alytes obstetricans), zu den Scheibenzünglern gehörender, bis 5 cm langer Froschlurch Mitteleuropas. Die Paarung erfolgt an Land; das Männchen wickelt sich die vom Weibchen abgelegten Eischnüre um die Hinterbeine und setzt nach drei Wochen die schlüpfenden Larven im Wasser ab.

Geburtshelferkröte: Männchen mit Eischnüren

Geburtshilfe (Obstetrik), Teilgebiet der ↑Gynäkologie, das sich mit der prakt. ärztl. Hilfe bei allen mit Schwangerschaft, Geburt, Wochenbett und Pflege des Neugeborenen zusammenhängenden normalen und krankhaften Vorgängen und deren wiss. Erforschung befasst.

Geburtshoroskop (Radixhoroskop), ↑Horoskop.

Geburtsschäden (Geburtsverletzungen, Geburtstraumen), die durch den Geburtsvorgang hervorgerufenen Verletzungen des Neugeborenen oder der Mutter, die v.a. bei erschwerten Geburten auftreten. **G. des Kindes** betreffen in ihrer schwerwiegendsten Form bes. das Gehirn, das durch Sauerstoffmangel (starke Verzögerung der Geburt, Nabelschnurumschlingung) oder Blutungen bei übermäßigem Druck auf den Kopf geschädigt werden kann. Außerdem kann es zu Blutungen in den Bauchraum, zu Haut- und Weichteilverletzungen, aber auch zu Knochenbrüchen (Arme, Beine, Schlüsselbein) und Nervenlähmungen kommen. **G. der Mutter** treten vor allem in Form von Damm-, Scheiden-, Muttermund- und Gebärmutterrissen auf.

Geburtstag, Feier der jährl. Wiederkehr des Tages der Geburt; im Altertum und im MA. bereits bekannt, aber bis ins 19. Jh. nur vereinzelt in höheren Gesellschaftsschichten gefeiert.

Geburtstermin, errechnetes Ende der Schwangerschaft; zur Bestimmung des G. rechnet man vom 1. Tag der letzten Regel drei Monate zurück und zählt ein Jahr plus sieben Tage hinzu (**Naegele-Regel,** ben. nach dem Gynäkologen F. K. Naegele, *1778, †1851). Inzwischen erfolgen Berechnungen des G. auch auf der Grundlage von Ultraschalluntersuchungen.

Geburtsverletzungen, die ↑Geburtsschäden.

Geburtszange (Forzeps), aus zwei gefensterten Löffeln bestehendes zangenartiges Instrument zum Fassen des kindl. Kopfes bei der Zangengeburt. Die ↑Vakuumextraktion hat die G. weitgehend abgelöst.

Gebweiler (frz. Guebwiller), Stadt im Oberelsass, Dép. Haut-Rhin, Frankreich, am Fuß der Vogesen, 11 300 Ew.; Textil- und Holzind., Textilmaschinenbau; Steinbrüche; Weinbau. – Romanisch-got. Kirche Saint-Léger (erbaut 1182 bis um 1200, erweitert 1580), ehem. Dominikanerkirche (1306 begonnen), spätbarocke Liebfrauenkirche, spätgot. Rathaus (1514).

Gecekondusiedlung [ˈɡɛdʒeˈkondu-; türkisch »über Nacht gebaut«], als Folge der Landflucht seit etwa 1950 meist in größeren Ind.städten der Türkei von ländl. Zuwanderern wild gebaute Stadtrandsiedlung; in G. leben z.B. in Ankara über 60 % der gesamten Stadtbevölkerung.

Geckos (Haftzeher, Gekkonidae), Familie weltweit in warmen Gebieten verbreiteter, meist kleiner, 4 bis max. 40 cm langer, nacht- (teils auch tag-)aktiver Echsen; Finger und Zehen tragen auf der Unterseite Haftlamellen mit mikroskopisch kleinen Haaren, mit deren Hilfe eine Fortbewegung auf glatten Oberflächen (Zimmerdecken, senkrechten Glasscheiben) möglich ist. Die Haftung erfolgt durch Adhäsionskräfte (Van-der-Waals-Wechselwirkung). Einige Arten haben zusätzlich (oder ausschließlich) Krallen, so aus der Unterfamilie der **Eigentl. Geckos** der **Scheibenfinger** (Hemidactylus turcicus) und der **Mauergecko** (Tarentola mauritanica). Ein beliebtes Terrarientier ist der grüne **Madagassische Taggecko** (Phelsuma madagascariensis).

Gedächtnis, Fähigkeit, Informationen abrufbar zu speichern und zu reproduzieren. Körperl. Grundlage für das G. ist bei Mensch und Tier die Gesamtheit der Nervenzellen. Wie diese die Informationen aufbewahren, d. h., durch welche Vorgänge Erregungen zurückbleiben bzw. Spuren hinterlassen, ist noch weitgehend ungeklärt. – Das menschl. G. arbeitet in drei Stufen: Im **Ultrakurzzeit-G.** werden für 6–10 Sekunden Eindrücke bewahrt. Das **Kurzzeit-G.** hält Eindrücke für max. 1–2 Stunden fest, i. Allg. jedoch nur für Sekunden bis Minuten. Inhalte des Kurzzeit-G. (z. B. eine bestimmte Zahlenfolge), die man sich eingeprägt hat, geraten rasch wieder in Vergessenheit **(Extinktion),** wenn sie nicht durch häufiges Wiederholen (Üben) ins **Langzeit-G.** überführt werden. Dort werden die Informationen relativ dauerhaft (Tage bis Jahre) gespeichert und die von ihnen gebildeten G.-Spuren **(Engramme)** verfestigen sich mit jeder Ablesung. Die Erhärtung von Engrammen durch ihre wiederholte Benutzung bildet die Grundlage für eine dauerhafte Speicherung und Wiedergabe der zugehörigen Informationen. Dieser Vorgang wird auch als **Konsolidierung** bezeichnet. – Die meisten Informationen werden in dem am stärksten differenzierten Teil der Großhirnrinde, dem Neokortex, gespeichert. – Ungelöst ist das Problem des **Vergessens.** I. Allg. gilt: 1) Es wird umso mehr vergessen, je größer der zeitl. Abstand zw. Einspeicherung und Erinnerung ist; 2) sinnarmes, unwichtiges, umfangreiches Material wird eher vergessen; 3) Art und Anzahl der auf einen Lernvorgang folgenden Eindrücke beeinflussen das Ausmaß des Vergessens. – Von den Tieren haben (Mesozoen und Schwämme ausgenommen) alle Vielzeller ein Gedächtnis.

✤ **siehe ZEIT Aspekte**

📖 Markowitsch, H. J.: *Neuropsychologie des G.* Göttingen u. a. 1992. – Schumann-Hengsteler, R.: *Die Entwicklung des visuellräuml. G.* Göttingen u. a. 1995. – Vester, F.: *Denken, Lernen, Vergessen. Was geht in unserem Kopf vor, wie lernt das Gehirn u. wann läßt es uns im Stich?* München ²⁹2002.

Gebweiler: Kirche Saint-Léger (Ansicht von Nordwesten; 1182 bis um 1200, erweitert 1580)

Gedächtnismetalle, die ↑Formgedächtnislegierungen.

Gedächtnisstörungen (Dysmnesien), Beeinträchtigungen der Gedächtnisleistung, verursacht durch zentrale Verletzungen oder Blutungen, seel. Schock, durch Giftwirkung oder altersbedingte Abbauprozesse. Als **Erinnerungsschwäche** bezeichnet man die Abnahme der Erinnerungsfähigkeit in Bezug auf frühere Erlebnisse und Geschehnisse, als **Merkschwäche** die Abnahme der Fähigkeit, neue Eindrücke dem Altbesitz des Gedächtnisses einzugliedern. Der vorübergehende oder dauernde, partielle oder völlige Gedächtnisverlust heißt **Amnesie.**

Gedächtniszellen, *Physiologie:* die ↑Memory-Zellen.

gedackt, *Orgelbau:* Bez. für die am oberen Ende verschlossenen Labialpfeifen, deren eingeschlossene Luftsäule beim Anblasen Schallwellen von doppelter Wellenlänge gegenüber gleich langen offenen Pfeifen erzeugt; klingen deshalb eine Oktave tiefer.

Gedanke, in der *Psychologie* ein psych. Akt bzw. ein Teilvorgang des Denkens. In der *Logik* das Ergebnis des Denkens; der Denkinhalt, der in einem Satz ausdrückbar ist. Die These des Psychologismus, dass Gedanken als logisch-begriffl. Denkinhalte auf G. als psychisch-physiolog. Denkvorgänge zurückführbar seien, suchten G. Frege, E. Husserl und K. R. Popper zu widerlegen.

Gedankenlyrik, ↑Lyrik.

Gedankenstrich, Satzzeichen, das eine Pause oder eine Einschaltung im Satz kennzeichnet (↑Satzzeichen, Übersicht).

Gedda, Nicolai, eigtl. N. Ustinow, schwed. Sänger (Tenor) russ. Herkunft, *Stockholm 11.7.1925; wurde bes. als Interpret lyr. Opernpartien bekannt; auch Konzert- und Liedsänger.

Gedeck, Martina, Bühnen- und Filmschauspielerin, *München 14.9.1961; spielt seit den 1980er-Jahren Bühnenrollen, Fernseh- (»Die Beute«, 1988; »Höllensengretl«, 1994) und Filmrollen (»Rossini«, 1997; »Bella Martha«, 2001).

Gedenkminute, Schweigeminute als Ausdruck des Gedenkens; 1919 in Großbritannien erstmals praktiziert.

Gedenkmünze, ↑Denkmünze.

Gedenktag, Jahrestag zum Gedenken an eine Person, ein Ereignis u. Ä. – In Dtl. wird seit 1996 am 27.1. (Befreiung von Auschwitz 1945) ein **nat. G.** für die Opfer des Nationalsozialismus begangen (auch **Holocaust-Tag** gen.; für Israel: ↑Jom ha-Schoah). (↑Nationalfeiertag)

Gedi, Ruinenstadt in Kenia, an der Küste südwestlich von Malindi; vermutlich um 1100 von Arabern gegr., im 15./16. Jh. blühende arabisch-pers. Handels- und Residenzstadt, dann aufgegeben; seit 1948 ausgegraben; von Mauer umgeben, mit Moscheen, Villen und Palast.

Gedicht, i. w. S. jede Dichtung in gebundener Rede, i. e. S. das lyr. Dichtwerk (↑Lyrik).

gediegen, rein, als Element vorkommend, v. a. Metalle (z. B. Gold, Silber, Platin).

Gedimin (litauisch Gediminas), Großfürst von Litauen (seit 1316), *um 1275, †1341; dehnte sein Herrschaftsgebiet weit nach Osten aus und gründete Vilnius. Den Übertritt zum Christentum lehnte er ab.

Gedinge, 1) *Bergbau:* zw. Unternehmensleitung und Untertagearbeitern vor Ort ausgehandelter Akkordlohn.
2) *Recht:* im MA. die unter der Bedingung des ↑Heimfalls vorgenommene Belehnung; der Belehnte hieß **Gedingsmann,** der Lehnsherr **Gedingsherr.**

GEDOK, Abk. für Gemeinschaft Deutscher und Oesterr. Künstlerinnenvereine aller Kunstgattungen, eine 1926/27 in Hamburg von Ida Dehmel (*1870, †1942) gegründete Vereinigung, seit 1948 **Verband der Gemeinschaften der Künstlerinnen und Kunstfreunde e. V.,** Sitz: Hamburg.

Gedrosien (grch. Gadrosia), antike Landschaft im südöstl. Iran (heute etwa Belutschistan).

gedruckte Schaltung, in Miniaturbauweise ausgeführte elektron. Schaltung. Das Leiterbild wird bei der **Subtraktivtechnik** durch chem. Entfernen (Ätzen), bei der **Additivtechnik** durch Metallabscheidung auf eine Isolierstoffplatte aufgebracht. Zur Herstellung mit der Subtraktivtechnik wird i. Allg. eine kupferkaschierte, dünne Isolierstoffplatte entsprechend den Leiterzügen mit einem säurefesten Lack bedruckt (Siebdruck); die nicht durch den Lack abgedeckte Kupferschicht wird weggeätzt. Häufig wird auch der Fotodruck angewandt. Die flachen Leiterzüge bilden mit der Isolierstoffplatte eine **Leiterplatte (Platine),** die mit Bauelementen (Widerstände, Kondensatoren, Spulen, Transistoren, integrierte Schaltkreise) bestückt wird. Neben einseitigen g. S. gibt es mit beidseitigem Leiterbild versehene g. S. sowie mehrschichtige **(Multilayer)** und durchkontaktierte Schaltungen. Als Weiterentwicklung der g. S. wird der ↑integrierte Schaltkreis angesehen.

Gedser ['gesər], südlichster Ort Dänemarks, auf der Insel Falster, 1 200 Ew.; Autofähre nach Lübeck-Travemünde, Eisenbahnfähre nach Rostock-Warnemünde.

Geel [xe:l], Gemeinde in der Prov. Antwerpen, Belgien, 33 600 Ew.; Elektro- u. a. Ind., Zigarrenfabriken; bekannt durch Betreuung geistig Behinderter, die z. T. in Familien gegen staatl. Entgelt untergebracht sind. – Kirche Sint-Dimphnakerk (15. Jh.) im spätgot. Flamboyantstil, mit reicher Barockausstattung.

Geelong [dʒiːˈlɔŋ], Stadt in Victoria, Australien, an der Port Phillip Bay, 152 400 Ew.; Ausfuhrhafen für Weizen und Wolle; Erdölraffinerie, Maschinen-, chem., Textil- u. a. Ind.; auf der Halbinsel Point Henry Aluminiumschmelze.

Geertgen tot Sint Jans [ˈxeːrtxə-], niederländ. Maler, *Leiden(?) zw. 1460 und 1465, † Haarlem um 1495; malte religiöse Bilder, die durch spröde Verhaltenheit der Darstellung, Betonung landschaftl. Motive und Detailbeobachtung gekennzeichnet sind (z. B. »Johannes der Täufer in der Einöde«; Berlin, Gemäldegalerie). Für die Kirche der Johanniter malte er einen Hochaltar (nach 1484); erhalten sind u. a. die beiden Altarflügel »Beweinung Christi« und »Das Schicksal der ird. Überreste des hl. Johannes des Täufers« (nach 1484; Wien, Kunsthistor. Museum).

Geest *die*, sandiges, trockenes, wenig fruchtbares Gebiet in NW-Dtl., höher als die vorgelagerten fruchtbaren Marschen, eiszeitlich aufgeschüttet (Altmoränen), infolge Bodenverarmung z. T. Heide und Kiefernwald (urspr. Laubmischwälder); Bodenverbesserung früher durch Plaggenwirtschaft (Plaggen sind Narben von Heide- oder Grasflächen).

Geesthacht, Stadt im Kr. Herzogtum Lauenburg, Schlesw.-Holst., am rechten Elbufer, 28 200 Ew.; Teppich-, Maschinenfabrik, Quarzschmelze, Papierverarbeitung, Werft für Flussschiffe; Hafen; Kernforschungsreaktor, Pumpspeicherkraftwerk, Staustufe mit Großschleuse, Kernkraftwerk im Ortsteil Krümmel. – Erstmals 1216 als **Hachade** erwähnt, 1401 in G. umbenannt, seit 1924 Stadt, 1937 an Preußen (früher zu Lübeck und Hamburg).

Geez [-z], eine südsemit. Sprache, Schriftsprache im alten Reich von ↑Aksum. Das G. ist bis heute die liturg. Sprache der äthiop. Kirche geblieben. Als Umgangssprache starb es Ende des 13. Jh. aus. An seine Stelle traten im N das Tigre und das Tigrinja, im S das Amharische.

Gefahr [mhd. gevāre »Hinterhalt«], *Recht:* im Zivilrecht das Risiko eines zufälligen (unverschuldeten) Schadens; bes. bei gegenseitigen Verträgen (Kauf- und Werkverträgen). Man unterscheidet: die **Sach-G.** (wer trägt den Schaden, der den Vertragsgegenstand zw. Vertragsschluss und Erfüllung trifft?) und die **Leistungs-G.** (muss bei Untergang oder Beschädigung der Schuldner die Leistung trotz Untergangs des Leistungsgegenstandes erbringen?). Hiervon ist die **Preis-G.** (auch Gegenleistungs- oder Vergütungs-G.) zu unterscheiden (muss der Gläubiger die Leistung bezahlen, auch wenn sie dem Schuldner schuldlos unmöglich geworden ist?). Die Sach-G. trägt i. d. R. der Eigentümer der Sache, die Leistungs-G. der Gläubiger der Leistung (§ 275 BGB). Die Preis-G. trifft grundsätzlich den Gläubiger der Gegenleistung, doch sind bei bestimmten Verträgen besondere Regelungen zu beachten: Beim Kauf geht mit der Übergabe der Sache an den Käufer die G. über, beim Versendungskauf bereits mit der Auslieferung der Sache an den Transporteur (§§ 446, 447 BGB). – Im Verwaltungsrecht meint G. eine Sachlage, die bei ungehindertem Ablauf erkennbar zu einem Schaden führen könnte. – Im Strafrecht ist »gemeine G.« die tatsächl. G. der Schädigung geschützter Rechtsgüter einer unbestimmten Zahl von Personen.

Gefährdetenhilfe, die ↑Hilfe zur Überwindung besonderer sozialer Schwierigkeiten.

Geesthacht: Wasserkraftwerk

gefährdete Pflanzen und Tiere, Pflanzen- und Tierarten der Gegenwart, deren Bestand unterschiedlich stark gefährdet ist. Für Dtl. sind etwa 45 000 Tierarten (weltweit etwa 1,4 Mio.) beschrieben, wobei die tatsächl. Zahl höher geschätzt wird (weltweit etwa 10–15 Mio.). Mehr als 1 000 Arten sind in Dtl. zurzeit gefährdet oder sogar vom Aussterben bedroht (↑Rote Liste). – Von den insgesamt etwa 400 000 bis 500 000 (weltweit) beschriebenen Pflanzenarten sind gegenwärtig allein bei

GEF Gefährdungsdelikt

T giftig
T+ sehr giftig

Xn gesundheits-
schädlich
Xi reizend

C ätzend

E explosions-
gefährlich

O brandfördernd

F leicht entzündlich
F+ hochentzündlich

N umweltgefährlich

Gefahrensymbole und Bezeichnungen

den höheren Pflanzen rd. 10% gefährdet oder vom Aussterben bedroht (und mit jeder Pflanzenart verschwinden etwa 10–30 auf diese Pflanzenart angewiesene Tierarten, v. a. Insekten). – Statistiken belegen, dass zurzeit fast 50 Arten (Pflanzen und Tiere) pro Tag v. a. durch Lebensraumverlust (↑Regenwald) und -belastung, in geringerem Umfang auch durch Nachstellung und Handel (↑Washingtoner Artenschutzabkommen) verschwinden, d. h. rd. 17 500 Arten pro Jahr, wenn nicht einschneidende Schutzmaßnahmen getroffen werden.

Gefährdungsdelikt, strafrechtlich im Unterschied zum Verletzungsdelikt ein Delikt, dessen Verwirklichung nur die bloße Gefährdung des geschützten Rechtsguts voraussetzt. Beim **konkreten G.** (z. B. bei der Straßenverkehrsgefährdung) muss im konkreten Einzelfall eine tatsächl. Gefährdung eingetreten sein. Beim **abstrakten G.** genügt die Schaffung der Gefahrenlage, z. B. bei Trunkenheit im Verkehr (§ 316 StGB).

Gefährdungshaftung, Haftung für Schäden, die ohne Verschulden des Haftpflichtigen eingetreten sind. Grundsätzlich besteht eine Schadensersatzpflicht nur für verschuldete Schäden. In bestimmten Fällen knüpft das Gesetz jedoch an die von der bloßen Inbetriebnahme einer erlaubten Sache oder Einrichtung ausgehende Gefährdung eine Haftung (z. B. Haftung des Kfz-Halters, der Eisenbahn oder des Tierhalters). Der Halter ist für bei dem Betrieb der Sache oder Einrichtung entstehende Schäden verantwortlich, ohne dass ihm der Geschädigte ein Verschulden nachweisen muss. Die oft durch summenmäßige Höchstbeträge begrenzte Haftung ist i. d. R. ausgeschlossen, wenn der Schaden auf höhere Gewalt zurückzuführen ist. Bei schädigenden Ereignissen, die seit 1. 8. 2002 eingetreten sind, kann im Rahmen der Höchstbeträge auch ein Schmerzensgeld (§ 253 Abs. 2 BGB) als Ausgleich für immaterielle Schäden gefordert werden. (↑Produkthaftung)

Gefahrenmeldeanlagen, Alarmanlagen für unterschiedl. Gefahrenarten; z. B. Brandmeldeanlagen, Einbruchmeldeanlagen, Überfallmeldeanlagen.

Gefahrensymbole, internat. festgelegte bildhafte Symbole zur Kennzeichnung von ↑Gefahrstoffen.

gefahrgeneigte Arbeit, von einem Arbeitnehmer zu leistende Arbeit, bei deren Verrichtung aufgrund ihrer Natur bes. leicht ein Schaden entstehen kann (z. B. Lkw fahren, Kran führen; ↑Arbeitnehmerhaftung).

Gefahr im Verzug, *Recht:* Möglichkeit eines Schadenseintritts infolge Verzögerung eines Handelns. Bei G. i. V. dürfen, bes. im Rahmen polizeil. Ermittlungen, grundrechtsrelevante Maßnahmen (z. B. Durchsuchung) seitens der Verfolgungsbe-

Gefälligkeitsverhältnis GEF

hörden ergriffen werden, noch bevor die hierfür an sich erforderliche richterl. Anordnung vorliegt.
gefährliche Güter, nach dem Bundes-Ges. über die Beförderung g. G. i. d. F. v. 29. 9. 1998 solche Stoffe und Gegenstände, von denen aufgrund ihrer Natur, Eigenschaften und ihres Zustandes im Zusammenhang mit der Beförderung (durch Eisenbahn, Straßen-, Wasser- und Luftfahrzeuge) Gefahren für die öffentl. Sicherheit und Ordnung, für Leben und Gesundheit von Mensch und Tier ausgehen können. Durch RVO sind v. a. die Zulassung der in **Gefahrklassen** eingeteilten Güter zur Beförderung, die Art der Beförderung, die techn. Ausstattung und die Kennzeichnung der entsprechenden Fahrzeuge geregelt.
📖 *Europ. Übereinkommen über die internat. Beförderung g. G. auf der Straße (ADR), hg. v. H. Grundtner. Wien ²1995. – Rodewald, G. u. Heuschen, R.: Gefährl. Stoffe u. Güter. Stuttgart u. a. ²2000.*

	gefährliche Güter: Gefahrklassen
1	explosive Stoffe und Gegenstände mit Explosivstoff
2	verdichtete, verflüssigte oder unter Druck gelöste Gase
3	entzündbare flüssige Stoffe
4.1	entzündbare feste Stoffe
4.2	selbstentzündliche Stoffe
4.3	Stoffe, die in Berührung mit Wasser entzündliche Gase entwickeln
5.1	entzündend (oxidierend) wirkende Stoffe
5.2	organische Peroxide
6.1	giftige Stoffe
6.2	ansteckende Stoffe
7	radioaktive Stoffe
8	ätzende Stoffe
9	verschiedene gefährliche Stoffe und Gegenstände

Gefahrstoffe, Bez. für Stoffe und Zubereitungen, die explosionsgefährlich, explosionsfähig, brandfördernd, hoch oder leicht entzündlich, entzündlich, sehr giftig, giftig, gesundheitsschädlich, ätzend, reizend, sensibilisierend, Krebs erzeugend, fortpflanzungsgefährdend, erbgutverändernd oder auf sonstige Weise chronisch schädigend bzw. umweltgefährlich sind. Die wichtigsten Rechtsvorschriften zum Umgang mit G. sind in Dtl. das Chemikalien-Ges. i. d. F. vom 20. 6. 2002 und die Gefahrstoff-VO i. d. F. vom 15. 11. 1999. – Die Gefahrstoff-VO ordnet auch Herstellungs- und Verwendungsverbote (z. B. für Asbest) an und schreibt arbeitsmedizin. Vorsorgeuntersuchungen vor. In den Handel gebrachte G. müssen außer durch die Bez. des Stoffes und den Namen des Vertreibers durch das ↑Gefahrensymbol, die Gefahrenbez. und Sicherheitsratschläge gekennzeichnet sein.
📖 *Bender, H. F.: Das Gefahrstoffbuch. Sicherer Umgang mit G. in der Praxis. Weinheim u. a. ²2002. – Neustadt, T.: G. – Kennzeichnung kein Problem!? Dortmund ⁴2002.*
Gefahrtarif, in der gesetzl. Unfallversicherung die Bemessungsgrundlage für die Aufbringung der in voller Höhe vom Arbeitgeber getragenen Versicherungsbeiträge nach dem Grad der Unfallgefahr des Betriebs.
Gefälle, der Höhenunterschied zw. zwei Punkten in bestimmtem waagerechtem Abstand, ausgedrückt durch den Höhenunterschied auf eine bestimmte Entfernung (z. B. 2 m auf 100 m = 2%) oder durch den Höhenunterschied von 1 m auf die zugehörige Entfernung (z. B. 1 m auf 50 m = 1 : 50). Zum Messen von G. verwendet man z. B. das Nivellierinstrument.
Gefälligkeitsakzept, *Recht:* vom Bezogenen aus Gefälligkeit gegen den Aussteller unterzeichneter (»akzeptierter«) Wechsel, dem keine Schuldverbindlichkeit zugrunde liegt. Der Akzeptant haftet voll für den Wechsel (nicht gegenüber dem Aussteller).
Gefälligkeitsfahrt, die unentgeltl. Beförderung von Personen mit einem Kfz aus Gefälligkeit. Erleidet der mitfahrende Insasse bei einem Unfall einen Schaden, entfallen wegen der Unentgeltlichkeit Ansprüche gegen den Halter oder Fahrer aus Gefährdungshaftung (§ 8 a StVG). Ansprüche können sich aber aus Beförderungsvertrag oder unerlaubter Handlung ergeben, bei denen der Geschädigte das Verschulden nachweisen muss. Ein Haftungsausschluss ist ausdrücklich zu vereinbaren, kann aber auch als stillschweigend vereinbart gelten, wenn die Umstände des Einzelfalles einen solchen Schluss zulassen, z. B. bei offensichtl. Mängeln des Kfz oder der Fahrtauglichkeit des Fahrers.
Gefälligkeitsverhältnis, die unentgeltl.

GEF Gefangenenbefreiung

Erbringung einer Leistung, ohne dass der Leistende eine rechtl. Verpflichtung dazu hat (z. B. Blumengießen für den abwesenden Nachbarn). Der Leistende haftet nur nach dem Recht der ↑unerlaubten Handlung, also bereits bei Fahrlässigkeit. Vom G. ist der **Gefälligkeitsvertrag** zu unterscheiden, bei dem ein Vertragspartner sich zur Erbringung einer unentgeltl. Leistung verpflichtet, z. B. Leihe, Schenkung.

Gefangenenbefreiung, Straftatbestand nach § 120 StGB. Wer einen Gefangenen befreit, ihn zum Entweichen verleitet oder dabei fördert, wird mit Freiheitsstrafe bis zu drei Jahren oder Geldstrafe bestraft; ist der Täter ein Amtsträger, so kann die Freiheitsstrafe auf fünf Jahre erhöht werden. Die **Selbstbefreiung** eines Gefangenen ist nicht strafbar, aber nach § 121 StGB die Zusammenrottung von Gefangenen zu einem gewaltsamen Ausbruch (↑Meuterei). – Ähnl. Regelungen enthalten Art. 310, 311 des *schweizer.* StGB und § 300 des *österr.* StGB.

Gefangener, Verurteilter, an dem eine Freiheitsstrafe vollzogen wird **(Straf-G.),** ein in Untersuchungshaft befindlicher Beschuldigter **(Untersuchungs-G.)** oder jeder, dem in Ausübung der Polizei- und Strafgewalt die Freiheit in gesetzl. Form entzogen ist. (↑Kriegsgefangene)

Gefängnis, in Dtl. bis zur Strafrechtsreform 1969 eine Art der ↑Freiheitsstrafe; umgangssprachliche Bez. für Justizvollzugsanstalt.

Gefängnisseelsorge, spezif., rechtlich geregelte Form der religiösen Betreuung von Gefangenen im Strafvollzug. Religiöse Schriften und Gegenstände des religiösen Gebrauchs sind dem Gefangenen zu belassen. Er hat das Recht zur Teilnahme an religiösen Veranstaltungen.

Gefäß, 1) *Anatomie:* bei Mensch und Tier röhrenförmige Leitungsbahn (Blut-G., Lymph-G.), in der Körperflüssigkeit fließt.
2) *Botanik:* pflanzl. Saft leitendes Hohlorgan (↑Leitgewebe).
3) *Waffenkunde:* Handschutz am Griff von Degen, Florett, Säbel, Schwert.

Gefäßbündel, ↑Leitgewebe.

gefäßerweiternde Mittel (Vasodilatantia), zur Behandlung von Bluthochdruck dienende Arzneimittel (z. B. ACE-Hemmer), die durch Erschlaffung der glatten Gefäßmuskulatur die Blutgefäße erweitern und dabei auf bestimmte Arteriengebiete (Herz, Gehirn, Haut, Gliedmaßen) einwirken oder allg. den peripheren Gesamtwiderstand herabsetzen und den Blutdruck senken.

Gefäßnaht, operative Technik, die den Verschluss größerer Gefäßverletzungen, das Vereinigen von Gefäßen miteinander oder von Gefäßen mit Prothesen ermöglicht.

gefäßverengende Mittel (Angiotonika), Arzneimittel, die eine Verengung der Blutgefäße hervorrufen; sie erregen entweder die Kreislaufregulationszentren im Gehirn oder wirken unmittelbar auf die Gefäßmuskulatur. Die g. M. werden u. a. eingesetzt zur Kreislaufstabilisierung bei niedrigem Blutdruck, zur Schleimhautabschwellung und als Zusatz zu Lokalanästhetika.

Gefecht, zeitlich und örtlich begrenzte Kampfhandlungen zw. bewaffneten Kräften jeder Art und Größe. Beim **G. der verbundenen Waffen** werden Verbände und Einheiten versch. Truppengattungen unter einheitl. Führung im Zusammenwirken aufeinander abgestimmt.

Gefechtskopf, Vorderteil eines Torpedos, einer Granate oder Rakete mit Sprengladung und Zünder.

Gefieder, Federkleid der Vögel. Das G. umfasst die **Deckfedern** und die vom Skelett der Vordergliedmaßen oder von den Schwanzwirbeln gestützten **Schwung- und Steuerfedern,** die dem Flug dienen (↑Federn).

Geflecht, aus zwei Gruppen sich diagonal kreuzender Fäden hergestelltes textiles Erzeugnis. Unterschieden werden flaches G. (↑Litze), rundes G. (↑Kordel), durchbrochenes G. (↑Spitzen), abgepasstes G. (↑Gimpe).

Geflügel, Sammelbegriff für die Vogelarten, die als Nutz- und Haustiere gehalten werden; z. B. Hühner, Gänse, Enten, Truthühner, Tauben.

Geflügelkrankheiten. Die wichtigsten seuchenhaft auftretenden G. sind: **ansteckender Schnupfen (Pips),** bes. bei Hühnern, Puten und Tauben vorkommender, meist chron. Katarrh der Nase, Nebenhöhlen und Bindehäute; bakteriell bedingt; bei schlecht gehaltenen Jungtieren bis zu 95% Todesfälle. **Geflügelcholera,** befällt alle Geflügelarten. Erreger: Bakterium Pasteurella multocida; Anzeichen: Fieber,

Atemnot, Durchfall; Tod nach 1 bis 4 Tagen. **Geflügelpest** (Vogelpest) ist sehr ansteckend insbesondere für Hühner und Truthähne; verursacht durch das Geflügelpestvirus; Anzeichen sind in Abhängigkeit von der Verlaufsform unterschiedlich: hohes Fieber, Schwarzfärbung von Kamm und Kehllappen, Mattigkeit, Fressunlust, Durchfall; hohe Sterblichkeit. Anzeigepflichtig, staatl. Bekämpfung. Bei Nachweis der Erkrankung erfolgt Schlachtung des gesamten Bestandes. Neben dieser klass. Geflügelpest gibt es die atyp. Geflügelpest, **Newcastle Disease;** Anzeichen: bei Küken und Jungtieren Mattigkeit, Husten, Krächzen, Durchfall, Appetitlosigkeit, z. T. auch nervöse Erscheinungen wie Kreisbewegungen, Krämpfe, Lähmungen; bei erwachsenen Tieren plötzl. Legen der Eier in die Streu, Erlöschen der Legetätigkeit für etwa 4 Wochen. Anzeigepflichtig, staatl. Bekämpfung. **Geflügelpocken** sind eine durch ein Virus hervorgerufene, sehr ansteckende Krankheit der Hühner und Tauben mit versch. Erscheinungsformen (Haut-, Lungen-, Schleimhautform). Bekämpfung durch Schutzimpfung. **Geflügeltuberkulose,** durch das Mycobacterium avium hervorgerufen, befällt v. a. Hühner; Anzeichen: Rückgang der Legeleistung, Abmagerung, Blutarmut; auf Säugetiere und den Menschen übertragbar. Bekämpfung: Ausmerzen des gesamten Bestandes, Desinfektion. **Rote Kükenruhr,** durch Schleimhautparasiten (Eimerien) verursachte, seuchenhafte Darmentzündung; Hauptanzeichen: blutiger Durchfall; Sterblichkeit bei Küken bis zu 100%. **Weiße Kükenruhr** (bei erwachsenem Geflügel **Hühnertyphus**), durch Salmonella pullorum (gallinarum) hervorgerufene, seuchenhafte Erkrankung der Hühner; sie wird durch das Ei auf die Küken übertragen. Krankheitserscheinungen bei Küken: grünlich oder bräunlich weißer Durchfall. Bekämpfung durch Ausmerzen der Dauerausscheider und der kranken Tiere sowie hygien. Maßnahmen. Auch ↑Mangelkrankheiten und Befall durch Hautungeziefer und Würmer sind häufige Geflügelkrankheiten.
Geflügelpest, ↑Geflügelkrankheiten, ↑Vogelgrippe.
Geflügelzucht, gezielte Paarung von Geflügel mit anschließender Selektion zur Erzielung bestimmter Merkmale (Sportzucht) oder Leistungseigenschaften (z. B. Lege-, Fleischleistung).
Gefolgschaft (Gefolge, lat. comitatus), bei den Germanen eine auf Treueid beruhende Vereinigung jüngerer Männer freien Standes **(Gefolgsmänner)** um einen Führer **(Gefolgsherrn,** meist König oder Fürst), bes. zu gemeinsamen Kriegs- und Beutezügen. Der Gefolgsherr schuldete der G. Unterhalt, Ausrüstung, Schutz und Beuteanteil.
Gefrees, Stadt im Landkreis Bayreuth, Bayern, am NW-Rand des Fichtelgebirges, 4900 Ew.; Maschinenbau, Bekleidungsindustrie. – G. wurde seit 1403 als Stadt bezeichnet; seit 1880 Stadtrecht.
Gefreiter [urspr. »der vom Schildwachestehen Befreite«], militär. Mannschaftsdienstgrad.
Gefrier|anlagen (Gefrierapparate), Geräte zum schnellen Gefrieren und Lagern von Lebensmitteln bei tiefen Temperaturen ($-18\,°C$ und tiefer). Die erforderl. Temperaturen werden mithilfe von ↑Kältemaschinen erzeugt. Bauformen sind Gefrierschrank, Gefriertruhe oder Kombinationen aus Kühl- und Gefrierschrank.
Gefrier|ätzung, Verfahren zur Präparierung biolog. Objekte für die Elektronenmikroskopie.
Gefrierbrand, weiße oder bräunlich rote Verfärbungen und Wasserverluste an der Oberfläche von Tiefkühlkost, die bei ungleichmäßigen Lagertemperaturen durch die Temperaturdifferenz zw. Produkt und Umgebung entstehen.
Gefrierchirurgie, die ↑Kryochirurgie.
Gefrieren, 1) *Chemie, Physik:* der Übergang von Wasser, einer wässrigen Lösung oder einer anderen Flüssigkeit in den festen Aggregatzustand am ↑Gefrierpunkt.
2) *Lebensmitteltechnologie:* (Tiefgefrieren, Tiefkühlen), Verfahren zur Konservierung von Lebensmitteln durch Temperaturabsenkung deutlich unter ihren Gefrierpunkt, wobei Nährstoffe, Vitamine, Farbe, Geruch und Geschmack erhalten bleiben und physikal., chem., enzymat. Reaktionen und Mikroorganismenwachstum verlangsamt oder unterbrochen werden. Beim **Luft-G.** dient rasch bewegte Luft von -30 bis $-45\,°C$ als Kälteträger. Beim **Kontakt-G.** werden quaderförmige Lebensmittel zw. gekühlten Metallplatten gefroren. In Schrumpffolien verpackte, unregelmäßig geformte Lebensmittel lassen

sich durch **Tauch-G.** in Kühlsolen gefrieren. Das **G. mit verdampfenden Kältemitteln** (z. B. Stickstoff) eignet sich für verpackte und unverpackte Lebensmittel.

Gefriergut (Gefrierkost), die ↑Tiefkühlkost.

Gefrierpunkt, stoffspezif. Temperatur, bei der eine Flüssigkeit in den festen Aggregatzustand übergeht. Bei Reinsubstanzen bleibt die Temperatur bei weiterer Wärmeabfuhr durch Freisetzung von Schmelzwärme konstant, bis die gesamte Flüssigkeit gefroren ist. Alle Stoffe, die sich beim Schmelzen ausdehnen, beim Erstarren zusammenziehen, zeigen bei Erhöhung des Druckes eine Erhöhung der Gefrier- oder Schmelztemperatur. Im Unterschied zum Erstarrungspunkt (↑Erstarrung) wird die Bez. G. v. a. bei Stoffen verwendet, die bei Normdruck und Raumtemperatur flüssig sind. – Die Herabsetzung des G. eines Lösungsmittels durch in ihm gelöste Stoffe (**G.-Erniedrigung**) wird zur Bestimmung der molaren Masse (↑Kryoskopie) herangezogen und z. B. bei der Herstellung von Gefrierschutzmitteln ausgenutzt.

Gefrierschutzmittel (Frostschutzmittel), Stoffe, die den Gefrierpunkt von Wasser herabsetzen. Techn. Bedeutung haben v. a. Alkohole, z. B. Glykole. G. werden u. a. verwendet bei Kühlkreisläufen von Verbrennungsmotoren, für Warmwasserheizungen und in Scheibenwaschanlagen.

Gefriertrocknung (Lyophilisation), schonende Vakuumtrocknung von tiefgefrorenem, wasserhaltigem Gut, bei der Vitamine weitgehend erhalten bleiben. Das Ausgangsprodukt wird zunächst auf Temperaturen bis −70 °C tiefgefroren, anschließend werden ihm während des Trocknungsprozesses im Hochvakuum 95–98 % des Wassergehalts durch Sublimation entzogen.

Gefriertruhe, eine ↑Gefrieranlage.

Gefrornis, ewige, *Geowissenschaften:* ↑Dauerfrostboden.

Gefüge, 1) *Bodenkunde:* ↑Bodengefüge. **2)** *Metallkunde:* durch metallograph. Untersuchungen feststellbarer kristalliner Aufbau eines Metalls oder einer Legierung, der von der chem. Zusammensetzung, Form, Größe und Anordnung der einzelnen Kristallkörner (Kristallite) abhängt, die an den Korngrenzen miteinander verbunden sind.

3) *Petrologie:* die Gestalt, Größe, Größenverteilung und Bindung der einzelnen Mineralkörner in einem Gestein (Struktur) sowie die räuml. Anordnung der Gesteinsbestandteile (Textur).

Gefühl, subjektiver, seel. Zustand des Ichs; die sich unmittelbarer Erfassung entziehende Befindlichkeit der erlebenden Person; seit den psycholog. Ansätzen der Aufklärungszeit (J. N. Tetens) oft als seel. Grundvermögen neben Denken und Wollen betrachtet. Die Abgrenzung zw. G., ↑Stimmung und ↑Affekt ist fließend; im Unterschied zur Stimmung könnte das G. als schärfer umrissene, gerichtete und aktualisierte Erlebnisqualität, die auch mit Wahrnehmungen, Erinnerungen und Wertungen verbunden ist, im Unterschied zum Affekt als länger anhaltende Regung bezeichnet werden. Oft werden auch Sinnesempfindungen oder Ahnungen als G. bezeichnet.

Von Philosophie, Physiologie und Psychologie wurden mannigfaltige Theorien über Einteilung und Entstehung der G. entwickelt. Grundtendenz ist dabei die Rückführung der Mannigfaltigkeit der G. auf wenige Grundqualitäten, bes. auf die **Grund-G.** von Lust und Unlust oder auf niedere (leibl.) und höhere (geistige) G.; nach W. Wundt werden drei Qualitätspaare unterschieden: Lust-Unlust, Erregung-Beruhigung, Spannung–Lösung; M. Scheler und H. Rohracher teilten nach Funktionsbereichen in empfindungsbedingte (sinnlich-leibl. wie Hunger oder Schmerz), triebbedingte (z. B. Furcht) und persönlichkeitsbedingte (z. B. Sympathie) G. ein. Die Theorien über Entstehung und Wesen der G. lassen sich grundsätzlich unterteilen in solche, die G. a) als unableitbar und ursprünglich gegeben, b) als auf andere psych. Vorgänge rückführbar (J. F. Herbart, C. Stumpf, O. Külpe) oder c) als auf phys. Prozesse (bes. des vegetativen Nervensystems) rückführbar auffassen (W. James, C. G. Lange). Neuere Theorien befassten sich bes. mit den zentralnervösen Grundlagen (z. B. W. B. Cannon, P. Bard), wobei jedoch G. eher unter dem Aspekt der psychophys. Einheit betrachtet wird. Experimentell wurde nachgewiesen, dass gleiche physiolog. Erregungen verschieden benannt und erlebt werden können, je nach Situation und verfügbaren Wahrnehmungen.

📖 Ulich, D.: *Das G. Eine Einf. in die Emotionspsychologie.* Neuausg. Weinheim 1999.

Gegard, altes armen. Kloster, ↑Geghard.
Gegen, eine Hauptgruppe der ↑Albaner.
Gegenanzeige (Kontraindikation), *Medizin:* Umstand, der in einem Krankheitsfall die Anwendung einer sonst zweckmäßigen Behandlungsweise verbietet.
Gegenbewegung, *Musik:* die Führung zweier gleichzeitig erklingender Stimmen aufeinander zu oder voneinander weg.
Gegenbeweis, *Zivilprozess:* Beweis, der vom Gegner der beweisbelasteten Partei geführt wird, um die durch den Hauptbeweis dieser Partei angestrebte Überzeugung des Gerichts zu verhindern oder zu erschüttern.
Gegendarstellung, das grundrechtlich gestützte, mit dem Persönlichkeitsrecht verbundene, u. a. in den Presse-Ges. der Länder verankerte Recht zur kostenlosen Gegenäußerung, das dem zusteht, der durch eine in einem periodisch erscheinenden Druckwerk enthaltene Tatsachenbehauptung (»Erstmitteilung«) persönlich und individuell getroffen ist (namentl. Erwähnung nicht erforderlich). Der Anspruch kann auch Rundfunksendungen (ARD- bzw. ZDF-Staatsvertrag, Landesmedien-Ges.) und Mediendienste im Internet (§ 14 Mediendienstestaatsvertrag 2003) betreffen. Der Umfang der G. muss im Verhältnis zum beanstandeten Text angemessen sein. Die G. muss sich auf tatsächl. Angaben beschränken, darf also nicht kommentieren oder werten. – Das *österr.* Medien-Ges. begründet unter im Wesentlichen ähnl. Voraussetzungen einen Anspruch auf G. In der *Schweiz* ist das Recht auf G. im Rahmen der allgemeinen zivilrechtl. Normen zum Schutze der Persönlichkeit gegen Verletzung durch Dritte in den Art. 28 g–l ZGB erfasst.
Gegenfarbe, eine Farbe größter Gegensätzlichkeit zu einer gegebenen Farbe. Man unterscheidet die physiologisch bedingten Arten der G. (wie Kompensations- und Komplementärfarben) und die psycholog. G., rein empfindungsgemäß miteinander unvereinbare Farbempfindungen (dies sind die Farbenpaare Rot–Grün und Gelb–Blau).
Gegenfeuer, bei einem Waldbrand das an einer Ansatzlinie (Straße, Graben) angelegte Feuer, das den brennbaren Bodenüberzug vernichtet, um so die vorrückende Feuerfront aufzuhalten.
Gegengewicht, Gewicht zum Massenausgleich einseitiger stat. Belastungen (z. B. bei Kränen, Aufzügen) oder zum Ausgleich von Fliehkräften (z. B. an Kurbelwellen).
Gegenkathete, im rechtwinkligen Dreieck eine ↑Kathete, die einem spitzen Winkel gegenüberliegt.
Gegenkolbenmotor, seltene Bauform des ↑Doppelkolbenmotors, bei dem zwei gegenläufige Kolben in einem beidseitig offenen Zylinder arbeiten.
Gegenkonditionierung, Verhaltensänderung durch wiederholte Kopplung eines angenehmen Reizes mit einer vom Klienten als unangenehm empfundenen Situation; als verhaltenstherapeut. Verfahren wird die G. bei der ↑systematischen Desensibilisierung angewendet.
Gegenkönig, von einer Gruppe von Fürsten gewählter König, der dem herrschenden König entgegengestellt wurde; in der dt. Geschichte des MA. ist die Aufstellung von G. verbunden mit dem Übergang vom Geblütsrecht zur freien Königswahl (↑deutsche Geschichte, Übersicht, Kaiser und Könige).
Gegenkopplung, *Elektrotechnik:* ↑Rückkopplung.
Gegenkultur, *Soziologie:* Bez. für Ausprägungen der ↑Subkultur mit eigenen Wert- und Normensystemen, z. B. als **Alternativkultur** (↑alternative Bewegung).
Gegenlichtaufnahme, fotograf. Aufnahme, bei der die Lichtrichtung der Aufnahmerichtung entgegengesetzt ist. Gegenlicht erzeugt überstrahlte Konturen und stimmungsvolle Lichtgegensätze, aber auch tiefe Schatten, die ggf. aufgehellt werden müssen. – Abb. S. 300
Gegenpapst, Kleriker, der die päpstl. Gewalt beansprucht oder ausübt, obwohl ein Papst bereits nach kanon. Recht gewählt ist. Kirchengeschichtlich ist es in Einzelfällen schwierig, zu entscheiden, wer rechtmäßiger Papst und wer G. war, z. B. während des Abendländ. ↑Schismas. (↑Papst, Übersicht)
Gegenprobe, bei einer Abstimmung die Zählung der Gegenstimmen zur Sicherstellung des Ergebnisses. (↑Hammelsprung)
Gegenreformation, in der histor. Forschung übl. Bez. für die nach 1519 (Bruch M. Luthers mit dem Papsttum auf der ↑Leipziger Disputation) mithilfe staatl. Machtmittel unternommenen Versuche der Rekatholisierung der protestantisch

GEG Gegenrevolution

gewordenen Gebiete und Territorien. Der Begriff »G.« geht auf den Staatsrechtslehrer Johann Stephan Pütter (*1725, †1807) zurück (erstmals 1776 gebraucht), als Epochenbegriff für den Zeitraum 1555–1648 der dt. Geschichte (später ausgeweitet auf die europ. Geschichte) wurde im 1889 von dem Historiker Moritz Ritter (*1840, †1923) eingeführt. Die heutige Geschichtsschreibung verwendet als Periodisierungsbegriff auch den Begriff »Konfessionelles Zeitalter«, zu dessen Charakterisierung die kath. Kirchengeschichtsschreibung bes. die Korrelation zw. der G. und der ↑katholischen Reform (als deren innerer Voraussetzung) herausstellt. – Die zunächst im Hl. Röm. Reich (zuerst in Bayern) einsetzende G. stützte sich seit dem ↑Augsburger Religionsfrieden (1555) auf das Ius Reformandi aller weltl. Landesherren (↑cuius regio, eius religio) bzw. auf den ↑Geistlichen Vorbehalt. Sie führte als Teil der allgemeinen polit. Konfessionalisierung in den Dreißigjährigen Krieg und wurde durch den Westfäl. Frieden beendet (Besitzstandsgarantie des Normaljahres 1624). – Entscheidend für den Erfolg der G. in Teilen Dtl.s und Europas (Spanien, Niederlande, Frankreich, Polen) waren die Beschlüsse des Konzils von Trient (1545–63) und die Wirksamkeit der ↑Jesuiten. Die G. scheiterte in England und Schweden.

📖 Droysen, G.: Geschichte der G. Neuausg. Essen 1983. – Lutz, H.: Reformation u. G. München ⁵2002.

Gegenrevolution, ↑Konterrevolution.

Gegensatz, 1) *Logik:* das Verhältnis sich ausschließender Begriffe oder Aussagen zueinander. Unterschieden werden bes. **kontradiktor. G.:** Einer Aussage wird die verneinte Aussage, einem Begriff der komplementäre Begriff entgegengestellt (Widerspruch im strengen Sinn, z. B. »A« – »Nicht-A«; nur in Aussagen und Urteilen möglich, nicht zw. Wirklichkeitsphänomenen), **konträre G.:** Innerhalb von Gleichartigem wird einem Begriff ein anderer entgegengesetzt (z. B. »Schwarz« – »Weiß«), **polare G.:** Verhältnis zweier entgegengesetzter, aber zusammengehöriger Momente (Teile, Aspekte) eines Ganzen (z. B. die Pole der Erde). Kontradiktor. und konträre G. unterliegen dem Satz vom ↑Widerspruch (Principium Contradictionis), insofern die einander gegenüber-

gestellten Aussagen nicht zugleich wahr sein können.
2) *Musik:* der Kontrapunkt zum Thema einer Fuge.
3) *Philosophie:* im Unterschied zum log. G. Bez. für den **realen G.,** der kein feststehendes, sondern ein aufhebbares Verhältnis darstellt, z. B. der **dialekt. G.** bei G. W. F. Hegel und K. Marx. Hier bezeichnet er objektive Sachverhalte, die, einander entgegengesetzt (z. B. Arbeit und Kapital), sich zugleich gegenseitig bedingen, und deren Beziehung durch geschichtl. Entwicklungsprozesse aufhebbar ist.

Gegenlichtaufnahme eines Getreidefeldes

Gegenschein, *Astronomie:* 1) die Opposition (↑Konstellation); 2)↑Zodiakallicht.
Gegenseitigkeit, 1) *allg.* und *Philosophie:* wechselseitiges Verhältnis, eine Grundbedingung menschl. Beziehungen, unter deren Erwartung fast alles menschl. Handeln steht.
2) *Recht:* die Gleichstellung fremder Staatsangehöriger oder Rechtsakte mit inländ. bei entsprechender Handhabung seitens des fremden Staates **(Reziprozität).** Die G. wird vielfach in völkerrechtl. Verträgen zugesichert. Sie ist ein Grundprin-

Gehalt GEH

zip beim Zustandekommen von Regeln des Völkerrechts, das auf der souveränen Gleichheit der Staaten beruht.

Gegensonne, ein Lichtfleck in gleicher Höhe wie die Sonne, aber in entgegengesetzter Richtung, eine atmosphärisch-opt. Erscheinung (↑ Halo).

Gegensprechanlage, Telefon- oder Funksprechanlage mit gleichzeitiger Übertragung in beiden oder allen Richtungen zw. zwei oder mehreren Teilnehmern. (↑ Wechselsprechanlage)

Gegenstand, *Philosophie:* allg. das, was als abgeschlossenes (reales oder ideales) Gebilde dem Subjekt als dem Betrachter oder dem Vorstellenden gegenübersteht. (↑ Subjekt-Objekt-Problem)

gegenständig, *Botanik:* an denselben Stängelknoten einander gegenüberstehend (Blatt).

Gegenstandsweite (Objektweite, Dingweite), bei einer opt. Abbildung der Abstand eines Gegenstandspunktes des abgebildeten Objektes von der gegenstandsseitigen Hauptebene des abbildenden opt. Systems.

Gegenstandswert, *Recht:* ↑ Streitwert.

Gegenstrahlung (atmosphärische G.), ↑ Strahlung.

Gegenstromverfahren, Wärme- oder Stoffaustausch zweier Stoffe, bes. Gase oder Flüssigkeiten, bei dem die beiden Stoffströme in entgegengesetzter Richtung aneinander vorbeigeführt werden. G. werden z. B. bei Wärmeaustauschern und bei der Destillation angewendet.

Gegenvorstellung (Remonstration), formloser, nicht fristgebundener, jedermann zustehender Rechtsbehelf, bes. gegen Verwaltungsmaßnahmen aller Art. Adressat ist die Behörde, die die Maßnahme getroffen hat, Ziel die nochmalige Überprüfung der Entscheidung. G. haben den Charakter von Petitionen; statthaft als gesetzlich nicht geregelte Eingabe auch in Gerichtsverfahren.

Gegenwart, 1) *allg.:* Jetztzeit im Unterschied zu Vergangenheit und Zukunft.
2) *Grammatik:* eine Zeitform des Verbs, Präsens (↑ Verb, Übersicht).
3) *Psychologie:* ↑ Präsenz.

Gegenwartswert, 1) *Finanzwesen:* der auf die Gegenwart ab- oder aufgezinste Wert künftiger oder vergangener Zahlungen (Barwert). (↑ Zinseszins)
2) *Rechnungswesen:* Preis für ein Wirtschaftsgut zum Zeitpunkt der Bewertung (↑ Zeitwert).

Gegenwertfonds [-fɔ̃], ↑ ERP.

Gegenzeichnung (Kontrasignatur), die Mitunterschrift einer zweiten Person; erforderlich, wenn nur mehrere Personen gemeinsam rechtsverbindl. Erklärungen abgeben können; staatsrechtlich die Mitunterzeichnung einer Urkunde des Staatsoberhaupts durch den Reg.chef oder einen Min., der damit die polit. Verantwortung gegenüber dem Staatsoberhaupt und dem Parlament übernimmt. In Dtl. ist die G. für die meisten Akte des Bundespräs. erforderlich (Art. 58 GG); ausgenommen sind Akte, bei denen eine G. durch den Bundeskanzler als sinnwidrig erscheint (z. B. Ernennung des Bundeskanzlers).

gegenständig: gegenständige Blattstellung bei der Goldnessel

Geghard (Gegard, Ajriwank), ummauerter, teils in Fels gehöhlter Klosterkomplex in Armenien, 40 km südöstlich von Jerewan, UNESCO-Weltkulturerbe; nach der Legende bereits im 4. Jh. gegr.; Kreuzkuppelkirche (Marienkirche) von 1215 mit Vorkirche (Gawit; 1225–30), ein Hauptwerk armen. Kunst mit Reliefdekor und Stalaktitenwerk; ferner zwei Höhlenkirchen (zw. 1283 und 1288) mit Grabkammern sowie zahlr. Mönchszellen. Im 17. Jh. erfolgten Restaurierungs- und Erweiterungsmaßnahmen. Um 1770 wurde das Kloster aufgegeben. Außerhalb der Mauern die Gregoriuskirche (12. Jh.).

Gehalt, 1) *Ästhetik:* ein Leitbegriff der neueren Literaturwiss. und Kunstanalyse, unterschieden von »Inhalt« und »Form« oder »Gestalt«; der »Sinn« (die zum Ausdruck kommende spezif. Auffassung von Gegenstandsbereichen wie Welt, Leben, Mensch, Gesellschaft) eines Werkes.
2) *Wirtschaft:* das i. d. R. monatsweise berechnete und gezahlte Arbeitsentgelt der Angestellten in der Privatwirtschaft; im öffentl. Dienst spricht man offiziell von

Vergütung, bei Beamten, Soldaten u. Ä. von Dienstbezügen.
Gehaltsgrößen, *Chemie:* die Zusammensetzungsgrößen (↑Konzentration).
Gehaltspfändung, ↑Lohnpfändung.
Geh<u>ee</u>b, Paul, Pädagoge, *Geisa (Wartburgkreis) 10. 10. 1870, †Hasliberg (Kt. Bern) 1. 5. 1961; gründete 1906 mit G. Wyneken die Freie Schulgemeinde Wickersdorf (heute zu Saalfelder Höhe, Landkreis Saalfeld-Rudolstadt), 1910 die Odenwaldschule, 1934 als Emigrant in der Schweiz die École d'Humanité (seit 1946 in Hasliberg-Goldern); suchte v. a. Selbstständigkeit, Verantwortlichkeit, Toleranz und Humanität zu fördern.
Gehege, Bez. für ein weidgerecht betreutes, meist eingegattertes Revier. Man unterscheidet **Frei-G.** (größere Reviere, zur Wildhaltung, Jagd oder Forschung) und **Schau-G.** (kleinere Reviere, in denen Wild in seiner natürl. Umgebung gezeigt wird).
Geheimbuchführung, Teil der Buchführung, der vom Geschäftsinhaber oder einer Vertrauensperson geführt wird und einer besonderen Geheimhaltung unterliegt (z. B. Eigenkapital, Darlehen, Entnahmen, Ertragslage, Verzinsziffern). Die G. ist Abschlussprüfern bzw. Außenprüfern des Finanzamtes vorzulegen.
Geheimbünde, Vereinigungen, deren Struktur, Absichten und Ziele der sozialen Umwelt geheim bleiben sollen. Allen G. gemeinsam ist der Besitz eines geheimen Wissens (Geheimlehre), Glaubens und einer geheimen Zwecksetzung, einer oft geheimen hierarch. Gliederung, bestimmter Aufnahmerituale und einer zumeist symbol. Geheimsprache (Arkandisziplin). Die Mitgl. sind zur absoluten Verschwiegenheit über Zweck, Rituale, Symbole und Lehraussagen ihres G. verpflichtet. Als soziologisch-religiöses Phänomen sind G. in allen Epochen der Zivilisationsgeschichte nachweisbar (z. B. antike ↑Mysterien, ↑Rosenkreuzer). Es handelt sich i. d. R. um Männerbünde, doch sind auch geheime Frauenvereinigungen bes. in W-Afrika (Senegal, Gabun, Nigeria) bekannt. Polit. G. verschiedenster Zielrichtung mit bis zu Terror und Mord reichenden Methoden und Formen (Untergrund- und Partisanenbewegungen) entstanden seit dem 19. Jh.: u. a. die Carboneria, Camorra, Mafia (in Italien), Comuneros (in Spanien), Fenier,

IRA (in Irland), Boxer (in China), Ku-Klux-Klan (in den USA).
Geheimbündelei, Teilnahme an einer vor der Reg. geheim zu haltenden Verbindung, bis 1968 nach § 128 StGB alter Fassung strafbar.
Geheimdienst, ↑Nachrichtendienst.
Geheimdiplomatie, Gepflogenheit, die Öffentlichkeit über diplomat. Kontakte und Verhandlungen, auch völkerrechtl. Verträge (↑Geheimverträge) nicht zu unterrichten. Die G. ist bes. in demokratisch regierten Staaten umstritten.
Geheime Offenbarung, dt. Bez. für die ↑Apokalypse des Johannes.
Geheimer Rat, 1) (Geheimes Ratskollegium, Hofrat, Staatsrat), in den dt. Einzelstaaten seit dem 16./17. Jh., bes. in der Zeit des Absolutismus, die oberste Reg.behörde, Anfang des 19. Jh. durch die Staatsministerien ersetzt.
2) Mitgl. der unter 1) gen. Behörde; später bis 1918 als Titel **(Geheimrat)** häufig mit Zusatz der Amtsbez. (z. B. Geheimer Reg.rat), Wirkl. G. R. als Auszeichnungstitel verwendet.
geheimer Vorbehalt (Mentalreservation, lat. Reservatio mentalis), bei Abgabe einer Willenserklärung der geheime Vorbehalt des Erklärenden, das Erklärte nicht zu wollen (§ 116 BGB). Ist der g. V. nicht erkennbar, so ist er rechtlich unwirksam und sittlich als Lüge zu beurteilen.
Geheime Staatspolizei, Kw. **Gestapo,** in der Zeit der nat.-soz. Herrschaft in Dtl. die polit. Polizei; seit 1933 Instrument der nat.-soz. Diktatur und darüber hinaus ihrer Besatzungspolitik während des Zweiten Weltkrieges.
Im Juni 1933 durch H. Göring nach Umformung der polit. Polizeiorgane der Weimarer Republik eingerichtet und (ab 1934) H. Himmler unterstellt, seit 1936 reichseinheitl. organisiert, wurde die Gestapo 1939 in das Reichssicherheitshauptamt (RSHA) als dessen wichtigste Abteilung (Amt IV) eingegliedert. Ihre Aufgabe war es, alle »staatsgefährl. Bestrebungen« zu erforschen und zu bekämpfen, gegen Verdächtige »Schutzhaftbefehle« zu erstellen und die Betroffenen in die KZ einzuweisen. Ihr unterstand zugleich auch der Inspekteur der Konzentrationslager. Im Zweiten Weltkrieg steigerte sich der Terror der Gestapo; sie richtete eigene Arbeitserziehungslager ein, war für die Bewachung

Geheimwissenschaften — GEH

der ausländ. Zivilarbeiter (Zwangsarbeiter und Kriegsgefangene) zuständig, beteiligte sich an Deportationen sowie an der Einweisung von Juden, Zigeunern (Sinti und Roma), Homosexuellen, Widerstandskämpfern u. a. in die KZ und nahm Hinrichtungen ohne Gerichtsverfahren vor. Im Prozess vor dem Internat. Militärtribunal in Nürnberg (1945/46) wurde die Gestapo zur »verbrecher. Organisation« erklärt.

📖 *Gellately, R.: Die Gestapo u. die dt. Gesellschaft. Die Durchsetzung der Rassenpolitik 1933–1945. A. d. Engl. Paderborn u. a. ²1994. – Die Gestapo. Mythos u. Realität, hg. v. G. Paul u. K.-M. Mallmann. Darmstadt 1996.*

Geheimlehre: Der Ouroboros, der Schwanzesser, ist in der Gnosis ein Symbol für den Kreislauf der Stoffe und den Dualismus zwischen Materie und Geist.

Geheimlehre, Bez. für eine nur Eingeweihten zugängliche und von diesen streng geheim zu haltende Lehre. Als G. galten z. B. die grch. Mysterien, die jüd. Kabbala, die Lehren der Gnostiker (↑Gnosis) und der Freimaurer. (↑Esoterik, ↑Geheimbünde)

Geheimnis, 1) *allg.:* das mit den Mitteln der menschl. Vernunft (Ratio) allein nicht Erklärbare; im N.T. der Ratschluss und Heilsplan Gottes, durch Jesus Christus das Heil zu wirken (↑Mysterium).
2) *Recht:* Kenntnis, die auf einen bestimmten Personenkreis beschränkt ist. Die Bewahrung von G. im Sinne eines Sachverhalts, dessen Geheimhaltung durch Ges., dienstl. Anordnung oder aus der Natur der Sache geboten ist (z. B. Amts-, Bank-, Beicht-, Berufs-, Betriebs-, Brief-, Post- und Fernmelde-G., Staats-G.), ist in vielen Fällen Rechtspflicht. Ihre Verletzung (**G.-Verrat**) kann straf-, disziplinar- oder haftungsrechtl. Folgen haben.

Geheimpolizei, ↑politische Polizei.
Geheimrat, ↑Geheimer Rat.
Geheimschrift, schriftl. Darstellung von Informationen in verschlüsselter (chiffrierter) Form, auch unsichtbare, nur durch bestimmte Prozeduren sichtbar werdende Schriften. Mit den G. befasst sich die Kryptologie.

Geheimsprachen, verschlüsselte oder formalisierte Sprachen, die nur Eingeweihten verständlich sind; entstehen u. a. aus Veränderung der Wortformen bestehender Sprachen (z. B. Wortkürzung).

Geheimverträge, völkerrechtl. Vereinbarungen, bei deren Abschluss die Vertragschließenden übereinkommen, ihr Vorhandensein und ihren Inhalt gegenüber der Öffentlichkeit geheim zu halten (z. B. dt.-russ. »Rückversicherungsvertrag« von 1887). Die Geheimhaltung kann sich auch auf Teile eines Vertrages beziehen wie beim geheimen Zusatzprotokoll zum Dt.-Sowjet. Nichtangriffspakt vom 23. 8. 1939. Der Anwendungsbereich der G. ist dadurch eingeschränkt, dass in demokrat. Verfassungen die parlamentar. Zustimmung für die Ratifikation polit. Verträge vorausgesetzt ist.

Geheimwissenschaften, nur einem eingeweihten Personenkreis zugängl. Wissenssysteme; in der Geistesgesch. Bestandteil der »nicht offiziellen« Wiss.entwicklung. – Die G. wurzeln in der Naturphilosophie des Neuplatonismus, dem naturphilosoph. und alchimist. Schrifttum der arab. Kultur und der Kabbala des mittelalterl. Judentums. In der Renaissance wurden die spätantiken G. wieder belebt. Die erste umfassende Darstellung gab Agrippa von Nettesheim (1510). Die weltanschaul. Bewegung der von Helena P. Blavatsky 1875 begründeten ↑Theosophie versteht sich als Erneuerung »uralter« esoter. Lehren. Die ↑Anthroposophie versteht unter G. den Inhalt einer »übersinnl. Erkenntnisart«, die im Ggs. zur Naturwiss. steht.

Gehen (sportl. G.), *Leichtathletik:* Wettbewerbe über versch. Strecken zw. 3 000 m (Hallenbahn-G. für Frauen) und 50 km (Straßen-G. für Männer). Beim G. wird verlangt, dass die ununterbrochene Berührung mit dem Boden (im Ggs. zum Laufen) erhalten bleibt. Das nach vorn schwingende Bein setzt mit der Ferse auf, bevor der hintere Fuß den Boden verlässt. (↑Leichtathletik, Übersicht)

Gehenna [hebr.], Tal südlich von Jerusalem (Wadi er-Rababe) mit kanaanäischer Kultstätte, wo dem Gott Moloch Kinder geopfert wurden (2. Kön. 23, 10); im N.T. Bez. der Hölle (u. a. Mt. 5, 29 f.).

Gehgips, der ↑Gehverband.

Gehirn (Hirn, Cerebrum, Encephalon), Abschnitt des Zentralnervensystems mit den wichtigsten Schalt- und Steuerungszentren des Körpers.

Im **Tierreich** tritt ein einfach gebautes G. bereits bei Strudelwürmern als lokale Verdickung des Nervengeflechts auf. Bei Fadenwürmern umgibt das G. als Nervenring den Schlund. Im Strickleiternervensystem der Gliedertiere bilden die über dem Schlund befindl. paarigen **Oberschlundganglien** (Cerebralganglien) das G.; es handelt sich um knotenförmige Anhäufungen von Nervenzellen. Bei Tintenfischen entsteht durch Verschmelzung mehrerer Ganglien eine zentrale Nervenmasse. Bei Wirbeltieren ist das G. bes. stark ausgeprägt; es bildet mit dem Rückenmark das Zentralnervensystem und besteht aus fünf Abschnitten: Das **Endhirn** (Telencephalon) ist bei niederen Wirbeltieren v. a. ein Riechhirn. Bei den höheren Wirbeltieren wird es zu dem aus zwei Hälften (Hemisphären) bestehenden **Großhirn,** das bei Zahnwalen, Elefanten, Menschenaffen und Menschen bes. hoch entwickelt ist. Das **Zwischenhirn** (Diencephalon) entsendet die Sehnerven. Dorsale Anhangsgebilde sind die Zirbeldrüse (Epiphyse) sowie das Parietalorgan (Scheitelauge mancher Reptilien). An einem ventralen Fortsatz liegt die Hypophyse (Hirnanhangdrüse), eine wichtige Hormondrüse. Vom **Mittelhirn** (Mesencephalon), einer wichtigen Schaltstation für Sinnesnerven aus Auge und Innenohr, gehen zwei Hirnnerven ab. Das **Hinterhirn** (Metencephalon) entsendet keine Hirnnerven. Es steuert bes. den Muskeltonus und die Bewegungskoordination; bei Fischen, Vögeln und Säugetieren ist es daher stark entwickelt (**Kleinhirn**, Cerebellum). Die restl. Hirnnerven entspringen dem **Nachhirn** (Myelencephalon; verlängertes Mark, Medulla oblongata), das u. a. die Atmung und den Kreislauf reguliert; es geht ohne scharfe Grenze in das Rückenmark über. Das G. enthält vier zusammenhängende Hohlräume (Ventrikel), die mit dem Rückenmarkkanal verbunden und mit der G.-Rückenmark-Flüssigkeit (Liquor cerebrospinalis) gefüllt sind. Größe und Gewicht des G. stehen mit seiner Leistungsfähigkeit in keinem direkten Verhältnis.

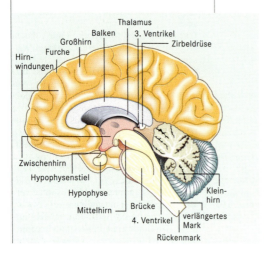

Gehirn: Medianschnitt durch das Gehirn des Menschen

Gehirn GEH

Das **G. des Menschen** ist ein hoch empfindl. Organ mit einem mittleren Gewicht von 1245 g (Frauen) bzw. 1375 g (Männer); es bildet zus. mit dem Rückenmark das Zentralnervensystem. Das G. ist Zentrum aller Sinnesempfindungen und Willkürhandlungen, Sitz des Bewusstseins, Gedächtnisses und aller geistigen und seel. Leistungen. Es liegt geschützt in der Schädelhöhle und wird von dem äußeren Liquorraum umgeben, der sich zw. weicher Hirnhaut (Pia mater) mit Spinnwebenhaut (Arachnoidea) und harter Hirnhaut (Dura mater) ausbreitet. Die Blutversorgung erfolgt aus zwei getrennten Schlagadern (innere Halsschlagader und Wirbelsäulenschlagader), die sich an der G.-Basis vereinigen.

breite Nervenfaserplatte, den Balken (Corpus callosum), miteinander verbunden. Außerdem wird das Großhirn in mehrere Abschnitte unterteilt: Stirnlappen (Lobus frontalis), Scheitellappen (Lobus parietalis), Hinterhauptlappen (Lobus occipitalis), Schläfenlappen (Lobus temporalis) und Stamm- oder Insellappen (Lobus insularis).

Die **Großhirnrinde** (Cortex cerebri) ist das höchste Integrationsorgan des Zentralnervensystems. Sie weist in ihrem Feinbau sechs versch. Schichten auf, die sich durch die Form der in ihnen enthaltenen Nervenzellen unterscheiden. Als Ganzes bezeichnet man diese Schichten als **graue Substanz.** Funktionell lassen sich in bestimmten Rindenfeldern bestimmte Leistungen

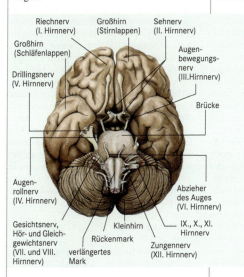

Gehirn: Grundfläche des menschlichen Gehirns mit den 12 Hirnnervenpaaren

Das **Großhirn** hat sich erst beim Menschen zu solcher Größe und Leistungsfähigkeit entwickelt. Wie ein Mantel bedeckt die aus Nervenzellen bestehende graue Substanz der Großhirnrinde zus. mit den darunter gelegenen Nervenfasern (weiße Substanz) die übrigen Hirnteile. Durch die Vergrößerung der Oberfläche des Hirnmantels (Pallium) entstanden im Lauf der Entwicklung immer mehr Faltungen mit Windungen (Gyri) und Furchen (Sulci). In die Marksubstanz des Großhirns sind graue Kerngebiete, die Stammganglien, eingelagert. Die beiden Großhirnhemisphären (Hirnhälften) sind durch eine

lokalisieren. Der Stirnlappen der Großhirnrinde steht in enger Beziehung zur Persönlichkeitsstruktur. Der Hinterhauptlappen enthält Sehzentren, der Schläfenlappen Hörzentren. An der Grenze zw. Stirn- und Scheitellappen liegen zwei Gebiete mit den motor. Zentren für die einzelnen Körperabschnitte und einem Zentrum für Sinneseindrücke aus der Körperfühlsphäre. Das Großhirn ist Sitz von Bewusstsein, Wille, Intelligenz, Gedächtnis und Lernfähigkeit. Zum Großhirn gehört auch das **limbische System,** das »gefühlsmäßige« Reaktionen (z. B. das Sexualverhalten) als Antwort auf bestimmte Umwelt-

Gehirnabszess

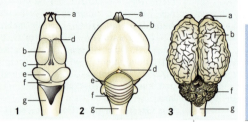

Gehirn eines Frosches (1), einer Gans (2) und eines Pferdes (3) von oben gesehen; a Riechnerv, b Endhirn (bei vielen Säugetieren und beim Menschen stark gefurchte Großhirnoberfläche), c Zwischenhirn, d Zirbeldrüse, e Mittelhirn, f Kleinhirn, g Nachhirn (verlängertes Mark)

situationen beeinflusst oder bestimmt. Das **Kleinhirn**, das wie das Großhirn aus zwei Hemisphären besteht, ist durch unbewusste (reflektor.) Steuerung der Muskelspannung, des Zusammenspiels der Muskeln sowie der Körperstellungen v. a. für den richtigen Ablauf aller Körperbewegungen verantwortlich; außerdem ermöglicht es die Orientierung im Raum. Das Kleinhirn erhält Informationen aus allen Bereichen, die für die Motorik wichtig sind, v. a. von der Muskulatur und vom Gleichgewichtssystem; über die **Brücke** (Pons) empfängt es außerdem die motor. (willkürl.) Bewegungsimpulse aus der Großhirnrinde. Zum **Zwischenhirn** gehören der paarig angelegte Thalamus (Sehhügel) und der Hypothalamus. Der Thalamus ist z. T. einfach venöse Schaltstation zw. Peripherie und Großhirn, z. T. Bestandteil des extrapyramidal-motor. Systems. Im Hypothalamus befinden sich versch. übergeordnete Zentren des autonomen Nervensystems, von denen lebenswichtige vegetative Funktionen gesteuert werden, so z. B. der Wärme-, Wasser- und Energiehaushalt des Körpers. Das **Stammhirn** (Hirnstamm) bilden die tieferen, stammesgeschichtlich ältesten Teile des G., er umfasst Rauten-, Mittel- und Zwischenhirn sowie die Basalganglien des Endhirns. Im Stammhirn liegen bes. wichtige Zell- und Fasersysteme als Steuerungszentren für Atmung und Blutkreislauf. Als **Formatio reticularis** bezeichnet man ein dichtes Netzwerk von Schaltneuronen mit einigen Kerngebieten, die sich längs über das ganze Stammhirn erstrecken; sie kann u. a. die Aufmerksamkeit ein- und ausschalten und den Schlafwach-Rhythmus steuern. Im **verlängerten Mark** (Medulla oblongata) kreuzen sich v. a. die Nervenbahnen des Pyramidenstrangs. Es beherbergt die Zentren für die automatisch ablaufenden Vorgänge wie Herzschlag, Atmung, Stoffwechsel. Außerdem werden von ihm auch versch. Reflexe gesteuert, z. B. Speichelfluss, Schlucken, Tränensekretion, Niesen, Husten, Lidschluss, Erbrechen. Das verlängerte Mark geht in das Rückenmark über. Die direkt am G. (in ihrer Mehrzahl im Stammhirn) entspringenden 12 Hauptnervenpaare werden als **Hirnnerven** bezeichnet: I Riechnerv; II Sehnerv; III Augenbewegungsnerv; IV Augenrollnerv; V Drillingsnerv (Trigeminus) mit Augennerv, Oberkiefernerv und Unterkiefernerv; VI seitl. Augenabzieher; VII Gesichtsnerv (Fazialis); VIII Hör- und Gleichgewichtsnerv; IX Zungen-Schlund-Nerv; X Eingeweidenerv (Vagus); XI Beinnerv (Akzessorius); XII Zungenmuskelnerv. Klivington, K. A.: G. u. Geist. A. d. Amerikan. Heidelberg u. a. 1992. – G. u. Bewußtsein, Einf. v. W. Singer. Heidelberg u. a. 1994. – Popper, K. R. u. Eccles, J. C.: Das Ich u. sein G. A. d. Engl. München u. a. ^{5}1996. – Herschkowitz, N.: Das vernetzte G. Bern u. a. ^{2}2002.

Gehirnabszess (Hirnabszess), akute oder abgekapselte chron. Eiteransammlung im Gehirn; entsteht als Folge einer offenen Hirnverletzung oder geht von chron. Eiterungen des Mittel- oder Innenohrs oder von Eiterungen der Nasennebenhöhlen aus, auch durch Verschleppung von Eitererregern auf dem Blutweg. Symptome sind u. a. Kopfschmerzen, Bewusstseinstrübung und Hirndrucksteigerung. – *Behandlung:* hoch dosierte Antibiotikagaben und neurochirurg. Drainage.

Gehirnanhangdrüse, die ↑Hypophyse.
Gehirnatrophie, die ↑Hirnatrophie.
Gehirnblutung, Blutaustritt ins Gehirn (↑Schlaganfall).
Gehirnchirurgie (Hirnchirurgie), operative Behandlungsverfahren am Gehirn, Teil der ↑Neurochirurgie; angewandt z. B. bei Tumoren, Abszessen, Verletzungen

oder Blutungen im Schädelinneren nach Unfällen. Neuere Entwicklungen in der G. ermöglichen in Kombination mit einer verfeinerten Diagnostik (durch Ultraschall, Kernspintomographie u. a.) gezielte Eingriffe im Gehirn, z. B. durch ↑stereotaktische Operation.
Gehirndruck, der ↑Hirndruck.
Gehirnentzündung (Hirnentzündung, Enzephalitis), versch., durch Viren, Rickettsien, Bakterien hervorgerufene Erkrankungen des Gehirns, die auch auf das Rückenmark **(Enzephalomyelitis)** und die Gehirnhäute **(Meningoenzephalitis)** übergreifen können. Die erregerbedingten G. sind meldepflichtig. Allg. Symptome sind meist Kopfschmerzen, oft in der Stirn- und Augengegend, Benommenheit, Störungen des Schlaf-wach-Rhythmus, Erbrechen, Lichtscheu, Gliederschmerzen sowie manchmal Lähmungen einzelner Hirnnerven, epilept. Anfälle und erhöhter Hirndruck. Die vermutlich durch ein Virus hervorgerufene **epidem. G.** (Kopfgrippe) kommt nur noch vereinzelt vor; sie äußert sich in Augenmuskellähmungen und Schlafsucht. (↑Zeckenenzephalitis)
Gehirnerschütterung (Commotio cerebri), durch Gewalteinwirkung verursachte akute, funktionelle, reversible Schädigung des Gehirns mit vorübergehenden Funktionsstörungen (Benommenheit oder Bewusstlosigkeit, Erbrechen, Erinnerungslücken, Schwindel), aber ohne nachweisbare Gewebeveränderungen. Nach einer G. ist v. a. strenge Bettruhe erforderlich.
Gehirnerweichung (Enzephalomalazie), herdförmige Erweichung von Gehirnbereichen infolge mangelhafter Durchblutung mit entsprechendem Funktionsausfall, bes. nach Embolie, Thrombose (auf arteriosklerot. Grundlage) bzw. Massenblutung durch Gefäßzerreißung bei Bluthochdruck.
Gehirngeschwulst, der ↑Hirntumor.
Gehirnhautentzündung (Hirnhautentzündung, Meningitis), Entzündung der Gehirnhäute durch versch. Erreger (Bakterien, Viren oder Pilze). Krankheitszeichen sind Kopfschmerzen, Nackensteifigkeit, hohes Fieber, Krämpfe, Lähmungen, meist auch Delirien. Die Diagnose wird durch Lumbalpunktion gesichert. – *Behandlung:* Antibiotika oder andere Chemotherapeutika und intensivmedizin. Überwachung. Zur epidem. Form ↑Genickstarre.

Gehirnquetschung (Hirnprellung, Contusio cerebri), zusammenfassende Bez. für die schweren Folgen eines stumpfen Schädeltraumas mit Verletzungs- und Blutungsherden in der Großhirnrinde und im Stammhirn. Symptome sind tiefe Bewusstlosigkeit, Unruhe, Schock, Fieber, ungleiche Pupillengröße, Verlust von Sprache und Geruchssinn, Hirnödem. – *Behandlung:* intensivmedizin. Überwachung.
Gehirn-Rückenmark-Flüssigkeit (Zerebrospinalflüssigkeit, Liquor cerebrospinalis), Flüssigkeit, die die Hirnkammern und die ↑Gehirn und ↑Rückenmark umgebenden Hohlräume erfüllt; sie bietet einen Schutz gegen Schäden durch Druck von außen und regelt u. a. den Stoffwechsel von Gehirn und Rückenmark. Die G.-R.-F. besteht zu 98 % aus Wasser, mit wenigen weißen Blutkörperchen und Spuren von Eiweiß, Zucker u. a. Sie kann zur Feststellung von Krankheiten durch Punktion (z. B. Lumbalpunktion) entnommen werden.
Gehirnschlag, der ↑Schlaganfall.
Gehirntrauma, das ↑Schädelhirntrauma.
Gehirntumor, der ↑Hirntumor.
Gehirnwäsche (Mentizid, engl. Brainwashing), Art der Folterung von meist polit. Häftlingen oder Kriegsgefangenen, die durch psychophys. Druckmittel ein häufig fiktives Geständnis oder eine völlige Umwandlung des polit. Denkens und Wollens bewirken soll. Methoden sind u. a. pausenloses Verhör, Schlafentzug, lang andauernde psych. Reizung, Drohungen, Versprechungen, auch Verabreichung von Drogen, um den Gefangenen in den Zustand verminderten Bewusstseins, erhöhter Suggestibilität oder Willenlosigkeit zu versetzen.

Arnold Gehlen

Gehlen, 1) Arnold, Philosoph und Soziologe, * Leipzig 29. 1. 1904, † Hamburg 30. 1. 1976; einer der Hauptvertreter der moder-

nen philosoph. Anthropologie; sah den Menschen als ein biologisch nicht durch Instinkte geleitetes und deshalb auf stabile Institutionen angewiesenes »Mängelwesen«; schrieb auch Werke zur Analyse der Industriegesellschaft, des modernen Bewusstseins und der gegenwärtigen Kunst sowie zur Ethik.
Werke: Der Mensch, seine Natur und seine Stellung in der Welt (1940); Urmensch und Spätkultur (1956); Theorie der Willensfreiheit (1965); Moral und Hypermoral (1969).
2) Reinhard, Generalmajor (1944), *Erfurt 3. 4. 1902, †Berg (Landkreis Starnberg) 8. 6. 1979; leitete 1942–45 im Generalstab des Heeres die Abteilung »Fremde Heere Ost«, baute nach 1945 in Zusammenarbeit mit den USA einen Auslandsnachrichtendienst (**Organisation G.**) auf, der 1955 (seit 1956 als Bundesnachrichtendienst) von der Bundesreg. übernommen wurde und dessen Präs. er bis 1968 war.
Gehöft, die zu einem landwirtschaftl. Betrieb gehörenden Wohn- und Wirtschaftsgebäude.
Gehölzkunde, die ↑Dendrologie.
Gehör (Gehörsinn, Hörsinn), Vermögen zum Wahrnehmen von Schallreizen bzw. Gesamtheit aller anatom. Strukturen und physiolog. Prozesse, auf denen es beruht. Schallwellen werden über das äußere Ohr und das Mittelohr (Luftleitung) bzw. über Schwingungen der Schädelknochen (Knochenleitung, bes. hohe Frequenzen) zum Innenohr (Schnecke) transportiert, wo die Schwingungen auf der das Corti-Organ tragenden Basilarmembran eine Wanderwelle auslösen. Diese erreicht in Abhängigkeit von der Schallfrequenz (Tonhöhe) in bestimmter Entfernung von der Schneckenbasis ein Amplitudenmaximum, wobei die Haarzellen (Rezeptoren) erregt werden. Diese Reizverteilung (Frequenzdispersion) ermöglicht eine Tonhöhenunterscheidung, deren volle Leistungsfähigkeit durch weitere Mechanismen der zentralen Informationsverarbeitung erreicht wird. Mit zunehmender Lautstärke nimmt die Erregung der Haarzellen zu, und in den nachgeschalteten hinführenden Hörnervenfasern steigt die Impulsdichte. Über die Hörbahn wird so die Information über Tonhöhen und Lautstärken räumlich und zeitlich codiert dem Gehirn übermittelt, wo die Analyse der komplexen Muster zur Verarbeitung und Wahrnehmung einschl. der Bewertung der Schallereignisse zum Sprachverständnis führt. Das menschl. G. kann Schallfrequenzen von 20–20 000 Hz aufnehmen. Im Sprachbereich ist die Unterschiedempfindlichkeit am größten (bis etwa 0,3 %), d. h., bereits ein Frequenzunterschied von 3 Hz kann vom menschl. Ohr wahrgenommen werden. Die Schwingungsamplitude im Innenohr ist bei normalem Hören außerordentlich klein und wird auf Werte unter 0,1 nm geschätzt. Hohe Schalldruckpegel führen zu meist bleibender Haarzellschädigung (Lärmschäden).
📖 *Hellbrück, J.:* Hören. Physiologie, Psychologie u. Pathologie. Göttingen u. a. Neuaufl. 2002. – *Ising, H.:* Lärmwirkungen. G., Gesundheit, Leistung. Dortmund ⁹2002.
Gehörgang, Teil des ↑Ohrs.
Gehörknöchelchen, Teile des ↑Ohrs.
Gehörlosensport, von gehörlosen und hochgradig schwerhörigen, in eigenen Sportverbänden und -vereinen zusammengeschlossenen Sportlern betriebener (Behinderten-)Sport, wobei zahlr. Disziplinen unter Berücksichtigung ihrer Sinnesbehinderung grundsätzlich nach den gleichen Regeln wie für Hörende ausgetragen werden. – G. wird in Dtl. vom Dt. Gehörlosen-Sportverband (↑Deutscher Sportbund, Übersicht) organisiert. Bedeutendster internat. Wettbewerb sind die vierjährlich ausgetragenen **Weltspiele der Gehörlosen** (Sommerspiele seit 1924, Winterspiele seit 1949).
Gehörlosigkeit, ↑Taubheit.
Gehörn, 1) die Hörner der Hornträger (Rinder, Schafe, Ziegen, Antilopen).
2) *Jägersprache:* Bez. für das Geweih des Rehbocks.
Gehörorgane, dem Gehörsinn (↑Gehör) dienende Organe (↑Hörhaare, ↑Johnston-Organ, ↑Ohr, ↑Tympanalorgane).
Gehorsam, Befolgen von Geboten oder Verboten durch entsprechende Handlungen oder Unterlassungen; die Unterordnung des eigenen Willens unter fremde Anordnungen, die durch Zwang herbeigeführt, aber auch freiwillig (Einfügung in eine religiöse oder gesellschaftl. Ordnung) sein kann. – In der *Pädagogik* haben moderne Vorstellungen von G. (bewusstes Annehmen von Ratschlägen von Vertrauenspersonen) bis hin zur völligen Infragestellung des Autoritätsgedankens (antiau-

toritäre Erziehung) das traditionelle Leitbild der Erziehung zum unbedingten G. abgelöst. – In den *Religionen* spielt der G. als kult. G. (Befolgung der kult. Vorschriften) und als Unterwerfung unter den Willen Gottes eine nicht unbedeutende Rolle. Für den Christen ist G. die Bereitschaft, den Willen Gottes in seinem konkreten Lebensumfeld zu erfüllen, wobei er sich vom Gebot der Liebe zu Gott und dem Nächsten (Matth. 22, 35–40) leiten lässt. – In den Orden ist die Verpflichtung zum G. eines der Ordensgelübde.

Gehorsamspflicht, die Pflicht von Beamten und Soldaten, dienstl. Anordnungen des Vorgesetzten bzw. Befehle auszuführen. Bedenken gegen die Rechtmäßigkeit einer Anordnung hat der Beamte geltend zu machen. Der Soldat hat Befehle nach besten Kräften vollständig, gewissenhaft und unverzüglich auszuführen. Befehle dürfen nur zu dienstl. Zwecken, unter Beachtung der Regeln des Völkerrechts, der Gesetze und Dienstvorschriften erteilt werden. Bei Soldaten und Beamten stellt ein Verstoß gegen die G. grundsätzlich ein Dienstvergehen dar. Eine Straftat begeht ein Soldat, wenn er einen Befehl nicht befolgt und dadurch eine schwerwiegende Folge, z. B. eine Gefahr für die Sicherheit Dtl.s, herbeiführt (militär. **Ungehorsam,** § 19 WStG); dies gilt auch für die demonstrative Form der **Gehorsamsverweigerung** (aktive Befehlsverweigerung durch Wort oder Tat oder Nichtbefolgen eines wiederholten Befehls; § 20 WStG). Der Soldat hat das Recht zur Befehlsverweigerung, wenn ein Befehl nicht zu dienstl. Zwecken erteilt wird oder seine Ausführung die eigene oder die Würde eines anderen verletzen würde; er hat die Pflicht zur Befehlsverweigerung, wenn durch Ausführung des Befehls eine Straftat begangen würde. Begeht der Untergebene auf Befehl eine Straftat, so macht er sich dann schuldig, wenn er den Charakter der Straftat erkennt oder diese nach den ihm bekannten Umständen offensichtlich ist (§ 5 WStG).

Gehrden, Stadt im Landkreis Hannover, Ndsachs., am Fuß des Gehrdener Berges (mit vorgeschichtl. Wallanlagen), 14 700 Ew.; Teppich-, Maschinenfabrik. – Seit 1929 Stadt.

Gehrock, zu Beginn des 19. Jh. aus der Redingote hervorgegangener knielanger Männerrock, meist aus dunklem Tuch, ein- oder zweireihig mit gerade oder glockig geschnittenen Schößen.

Gehrung, Eckfuge oder Eckverbindung zweier im Winkel aufeinander stoßender längl. Teile, die meist in der Winkelhalbierenden **(echte G.,** in allen anderen Fällen **unechte G.)** liegt, z. B. die Eckverbindung von Holzrahmen.

Gehry, Frank Owen, amerikan. Architekt und Designer, *Toronto 28. 2. 1929; ein führender Vertreter des Dekonstruktivismus, errichtete nach dem California Aerospace Museum, Santa Monica, Calif. (1982–84) u. a. in Weil am Rhein das Vitra-Design-Museum (1989), in Paris das American Center (1991–94), in Marne-la-Vallée den Komplex »Festival Disney« (1992), in Minneapolis das Weisman Art Museum der University of Minnesota (1993), in Bad Oeynhausen das Zentrum für Kommunikation und Technologie (1991–95), in Bilbao das Guggenheim-Museum (1991–97),

Frank O. Gehry: »Neuer Zollhof« (1997–99), Teil des Medienzentrums am alten Rheinhafen in Düsseldorf

in Düsseldorf den »Neuen Zollhof« (1997–99), in Berlin das Gebäude der DG-Bank (2001 vollendet), in Annandale-on-Hudson (N. Y.) das Fisher Center für das Bard College (2003), in Los Angeles (Calif.) die »Disney Concert Hall« (2003). G. schuf auch Inneneinrichtungen und Möbelentwürfe. 1989 erhielt er den Pritzker-Preis.

Gehverband, Stützverband zur Behandlung von Knochenbrüchen, Verrenkungen und Verstauchungen im Bereich der Beine, der eine Belastung des Beins (Stehen, Gehen) vor Ausheilung der Verletzung ermöglicht; meist als Gipsverband **(Gehgips),** auch unter Verwendung von Kunststoffen ausgeführt, die für Röntgenstrahlen durchlässig sind. Der G. wird meist mit einem Gehstollen (Fußstück aus Gummi, Kunststoff, Holz) oder mit einem integrierten Gehbügel versehen.

Geibel, Emanuel, Schriftsteller, * Lübeck 17. 10. 1815, † ebd. 6. 4. 1884; gefeierter Lyriker der dt. Einigungsbestrebungen unter preuß. Führung; 1852–68 Haupt des Münchner Dichterkreises. Seine Lyrik (z. T. zum Volksgut geworden wie »Der Mai ist gekommen«) erweist ihn formal als virtuosen Epigonen des Klassizismus; verdienstvoll als Übersetzer frz., span., grch. und lat. Lyrik.

Geier [ahd. gîr, eigtl. »der Gierige«] (Altweltgeier, Aegypiinae), Greifvögel aus der Familie der Habichtartigen, die sich vorwiegend von Aas ernähren, mit höchstens flaumbedecktem Kopf und Hals, nur an

Geier: Gänsegeier (Flügelspannweite bis 2,4 m)

der Spitze hakigem Schnabel, starken Füßen; vorzügl. Flieger; bes. in den Trockengebieten Afrikas und S-Asiens. In S-Europa sind heimisch: der **Aas-** oder **Schmutz-G.** (Neophron percnopterus), schneeweiß mit schwarzen Schwingen; der

Gänse-G. (Gyps fulvus), fahlbraun mit weißer Krause an der Halswurzel, und der seltene **Mönchs-G.** (Aegypius monachus) mit dunkelbraunem Gefieder und sehr starkem Schnabel sowie der ↑Bartgeier. Die ↑Neuweltgeier gehören zu den Storchenvögeln.

Geierhaube, Kopftracht versch. ägypt. Göttinnen (Nut, Mut) bei ihrer menschengestaltigen Darstellung, auch die durch Abbildungen bezeugte Haube ägypt. Königinnen (seit dem Alten Reich), bei der der Kopf eines Geierbalgs über der Stirn der Trägerin hervorragt und die Flügel an der Seite herabgezogen sind.

Geiersberg, höchste Erhebung des Spessarts, 585 m ü. M., Bayern.

Geige, volkstüml. Bez. für ↑Violine; i. w. S. Bez. für alle Arten der bogengestrichenen Saiteninstrumente, auch die entsprechenden Instrumente außereurop. Kulturkreise.

Geigenbau, ein Bereich des Instrumentenbaus, der sich mit der Herstellung und Instandhaltung von Violinen, Bratschen, Violoncelli, Kontrabässen (seltener auch von Zupfinstrumenten) befasst. Der G. entwickelte sich in der 2. Hälfte des 16. Jh. v. a. in N-Italien. Bed. Geigenbauer waren dort Gasparo da Salò und G. P. Maggini in Brescia sowie u. a. die Familien Amati, Stradivari und Guarneri in Cremona, in Dtl. die Familien Tieffenbrucker aus der Nähe von Füssen und Klotz aus Mittenwald, ferner die Tiroler Stainer und Alban(us). Dt. G.-Zentren sind Mittenwald und Markneukirchen.

📖 *Meister italien. Geigenbaukunst,* Beiträge v. W. Hamma, bearb. v. J.-S. Blum. Wilhelmshaven ⁸1993.

Geiger, 1) Abraham, Rabbiner und Judaist, * Frankfurt am Main 24. 5. 1810, † Berlin 23. 10. 1874; wurde durch seine wiss. Arbeit und die Gründungen der »Wiss. Zeitschrift für jüd. Theologie« (1835–47) und der »Jüd. Zeitschrift für Wiss. und Leben« (1862–75) der führende Vertreter des ↑Reformjudentums in Deutschland.

2) Hans, eigtl. Johannes, Physiker, * Neustadt an der Weinstraße 30. 9. 1882, † Potsdam 24. 9. 1945; 1912–25 Leiter des Laboratoriums für Radioaktivität an der Physikalisch-Techn. Reichsanstalt in Berlin, danach Prof. in Kiel, Tübingen und Berlin; erkannte bei seinen Experimenten

über die Ablenkung von Alphastrahlen in Materie u. a., dass die Ordnungszahl eines chem. Elements gleich der Kernladungszahl seiner Atomkerne ist (1913). G. entwickelte seinen Spitzenzähler 1928 zus. mit W. M. Müller zum ↑Geiger-Müller-Zählrohr weiter.
3) Moritz, Philosoph, * Frankfurt am Main 26. 6. 1880, † Seal Harbor (Me.) 9. 9. 1937; führte seine phänomenolog. Methode in die Ästhetik ein (»Beiträge zur Phänomenologie des ästhet. Genusses«, 1913).

Rupprecht Geiger: 284a/58 (1958; Ludwigshafen am Rhein, Wilhelm-Hack-Museum)

4) Rupprecht, Maler und Grafiker, * München 26. 1. 1908, Sohn von 6); 1949 Mitbegründer der Gruppe ↑Zen; arbeitet mit geometr. Elementen. Seine Farbmodulationen suggerieren Räumlichkeit und Bewegung.
5) Theodor, Soziologe, * München 9. 11. 1891, † (auf der Überfahrt von Kanada nach Dänemark) 16. 6. 1952; war 1922–29 Leiter der Berliner Arbeiterhochschule, 1928–33 Prof. in Braunschweig (Entlassung aus polit. Gründen); emigrierte 1933 nach Dänemark, war 1938–40 Prof. in Århus, 1943 (Flucht nach Schweden) in Uppsala, 1945–52 wieder in Århus. Zunächst stark vom Marxismus beeinflusst, galt G.s wiss. Hauptinteresse den Theorien über soziale Klassen, später Problemen sozialer Schichtung in der modernen Industriegesellschaft.
6) Willi, Maler und Grafiker, * Schönbrunn (heute zu Landshut) 27. 8. 1878, † München 1. 2. 1971, Vater von 4); Schüler von F. von Stuck, wurde 1928 Prof. der Akademie für Grafik und Buchkunst in Leipzig, 1933 entlassen. 1945 Prof. an der Akademie in München. Sein Frühwerk ist geprägt von der ornamentalen Linienführung des Jugendstils, seit den 20er-Jahren von expressionist., verist. und visionären Zügen. Er illustrierte u. a. Werke von Goethe, H. von Kleist, F. Wedekind, F. M. Dostojewski und L. N. Tolstoi.
Geiger-Müller-Zählrohr [nach H. Geiger und W. M. Müller, * 1905, † 1979] (Geigerzähler), ein Auslösezähler zum Nachweis und zur Zählung ionisierender Teilchen und Strahlungsquanten (↑Zählrohr). Das G.-M.-Z. ist ein im Auslösebereich betriebener Gasionisationsdetektor in Form einer Gasentladungsröhre mit axialem Kathodendraht. Er findet im Strahlenschutz und bei der Untersuchung kosm. Strahlung Anwendung. Von Nachteil ist seine geringe Auslesegeschwindigkeit. – Der Vorläufer des 1928 entwickelten G.-M.-Z. ist der **Geiger-Spitzenzähler** (↑Spitzenzähler).
Geijer [ˈjɛjər], Erik Gustaf, schwed. Dichter, Geschichtsforscher und Komponist, * Ransäter (Värmland) 12. 1. 1783, † Stockholm 23. 4. 1847; Mitbegründer (1811) des nationalromant. »Göt. Bundes«; gab zus. mit A. A. Afzelius eine Sammlung altschwed. Volkslieder heraus (3 Bde., 1814–16); 1817–46 Prof. für Gesch. in Uppsala; verfasste eine »Gesch. des schwed. Volkes« (3 Tle., 1832–36), schrieb Gedichte und komponierte (Lieder, Kammermusik).
Geilenkirchen, Stadt im Kr. Heinsberg, NRW, an der Wurm, 27 200 Ew.; Tonröhren- und Falzziegelwerke. – 1484 zum Herzogtum Jülich und Stadtrecht, 1815 zu Preußen.
Geiler von Kaysersberg, Johann, Prediger und Schriftsteller, * Schaffhausen 16. 3. 1445, † Straßburg 10. 3. 1510; in Kaysersberg (Elsass) erzogen, seit 1478 Domprediger in Straßburg; gehört durch die volkstüml. und anschaulich-drast. Art der Darstellung zu den größten Sittenpredigern des Mittelalters. Seine Predigten, in denen er weltl. wie kirchl. Missstände geißelte, wurden im 16. Jh. (meist nach lat. Nach-

schriften) häufig gedruckt und bieten reiches kulturgeschichtl. Material.
Geirangerfjord [ˈgɛjraŋərfjuːr], der südlichste, tief eingeschnittene Seitenzweig des Storfjords in Westnorwegen; mit Wasserfällen (u. a. »Sieben Schwestern«).

Johann Geiler von Kaysersberg

Geisel [ahd. gīsal, eigtl. »Pfand«], *allg.:* eine gewaltsam und widerrechtlich ergriffene und festgehaltene Person, durch deren Festhaltung und Bedrohung der Geiselnehmer Forderungen gegen Dritte durchsetzen will. *Rechtsgeschichtlich* ist G. eine Person, die mit Leib oder Leben für die Erfüllung der Verbindlichkeit eines anderen haftet (»Menschenpfand«). Bei G.-Verfall haftete die G. zunächst grundsätzlich mit ihrem Leben, seit dem MA. wohl nur noch mit Kerkerhaft und evtl. Lösegeldbestimmung. Von dieser Form der Geiselnahme ist die Schuldknechtschaft getrennt zu betrachten.
Herausragende Bedeutung hatten G. im *Völkerrecht,* z. B. zur Sicherung von Friedensschlüssen (in Europa letztmalig vollzogen im Aachener Frieden von 1748 zw. Großbritannien und Frankreich). Entsprechend dem Zweck dieser Abkommen waren die G. regelmäßig von hohem Rang. Hiervon zu unterscheiden ist die einseitige Geiselnahme als Druckmittel im Krieg zur Abwendung feindseligen Verhaltens der besiegten Bevölkerung. Bis ins 20. Jh. hinein mangelte es an einer allgemeinen grundsätzl. Regelung; lediglich die Geiselnahme von Kriegsgefangenen verbot das Genfer Abkommen von 1929. Noch im Zweiten Weltkrieg wurde die Geiselnahme als erlaubter Kriegsbrauch betrachtet, sowohl zur Vorbeugung als auch als Repressalie. Obwohl das Statut für den Internat. Militärgerichtshof vom 8. 8. 1945 G.-Tötungen grundsätzlich als Kriegsverbrechen qualifiziert hatte, entschied das amerikan. Militärtribunal Nr. V. im »G.-Prozess«, dass die Tötung von G. unter sehr engen Voraussetzungen zulässig gewesen sei. Die Erfahrung barbar. G.-Erschießungen im Zweiten Weltkrieg führte zum uneingeschränkten Verbot der Geiselnahme in Art. 34 des Genfer Abkommens zum Schutz von Zivilpersonen in Kriegszeiten vom 12. 8. 1949.
In der jüngsten Geschichte sind Geiselnahmen zu einem immer wieder praktizierten Mittel geworden, polit. Ziele auf terrorist. Weise durchzusetzen (Geiselaffäre von Teheran 1979/80, Libanonkonflikt, Luftpiraterie). Bes. die ↑Luftpiraterie veranlasste die Vereinten Nationen 1979, das Internat. Übereinkommen gegen Geiselnahme zu verabschieden, das den Staat, in dem die Tat begangen wird oder in dem sich ein Tatverdächtiger aufhält, für die Strafverfolgung des Geiselnehmers verantwortlich macht.
Geiselgasteig, Villenvorort südlich von München, in der Gem. Grünwald, bekannt durch sein ausgedehntes Filmgelände.
Geiselnahme, Straftat gegen die persönl. Freiheit, die begeht, wer einen anderen entführt, um mit einem Dritten durch die Drohung mit dem Tod oder einer schweren Körperverletzung des Opfers zu einer Handlung, Duldung oder Unterlassung zu nötigen; mit Freiheitsstrafe nicht unter fünf Jahren bedroht (§ 239 b StGB). (↑Luftpiraterie)
Geiseltal, ehem. Braunkohlenrevier in Sa.-Anh., im Tal der Geisel, einem linken Nebenfluss der Saale, die bei Merseburg (Saale) mündet; die Kohlenvorkommen wurden bis 1993 fast vollständig abgebaut und dabei die Umwelt total zerstört (umfassende Rekultivierung). – In der Braunkohle und ihren Begleitschichten fand man zahlr. Pflanzen- und Tierreste des Mittelozeäns, z. B. von Nadelhölzern, Palmen, Edelkastanien, Feigen, Magnolien- und Lorbeergewächsen sowie von Halbaffen, Urpferden, Raubtieren, Nagetieren, Vögeln, Knochenfischen, Beuteltieren, Krokodilen, Schildkröten, Krebsen. Die Funde sind in Halle (Saale) im G.-Museum aufbewahrt.
Geisenheim, Stadt im Rheingau-Taunus-Kr., Hessen, am Rhein, 11 800 Ew.; FH und Forschungsanstalt für Wein- und Gartenbau, Getränketechnologie und Landschaftspflege; Weinbau und -han-

Geißblatt GEI

Geisenheim: Blick auf die Stadt, in der Bildmitte der Rheingauer Dom

del. – Zu G. gehören der Weinbauort **Johannisberg** (Schloss, Anfang 18. Jh., 1826–35 umgebaut, heute Weingut; nahebei ehem. Klosterkirche, Anfang 12. Jh., 1950–52 neu errichtet) und der Wallfahrtsort **Marienthal** (Klosterkirche, 1330 geweiht, 1857/58 im got. Stil wieder aufgebaut). – Spätgot. Pfarrkirche (»Rheingauer Dom«) mit neugot. Doppelturmfassade, Adelshöfe, Fachwerkhäuser. – 772 erstmals erwähnt, Anfang 11. Jh. zum Erzbistum Mainz, 1803 an Nassau. G. erhielt 1864 Stadtrecht.

Geiser, eine heiße Springquelle, ↑Geysir.

Geiserich, König der Wandalen (seit 428), * um 390, † 25. 1. 477; führte sein Volk in einem Zug von etwa 80 000 Menschen aus Spanien über die Meerenge von Gibraltar nach N-Afrika, wo er ein Reich mit der Hptst. Karthago gründete; seine Flotte beherrschte das westl. Mittelmeer, er eroberte Korsika, Sardinien, die Balearen und Teile Siziliens; 455 plünderte er Rom.

Geisha ['geːʃa] *die*, in Japan eine in Tanz, Gesang, Musik und gesellschaftl. Formen berufsmäßig ausgebildete Frau zur Unterhaltung und Bedienung in Teehäusern, Hotels u. a.

Geising, Stadt im Weißeritzkreis, Sachsen, am Fuße des G.-Berges (824 m ü. M.) im Osterzgebirge, mit mehreren Ortsteilen (u. a. ↑Lauenstein), 3 500 Ew.; feinmechan. Ind.; Erholungsort und Wintersportplatz. – Durch den Zinnerzbergbau entwickelte sich in der 2. Hälfte des 15. Jh. die Bergstadt Neu-G. neben dem 1446 erwähnten Alt-G.; 1857 wurden beide zur Stadt G. vereinigt.

Geisir, ↑Geysir.

Geislingen an der Steige, Stadt (Große Krst.) im Landkreis Göppingen, Bad.-Württ., am N-Rand der Schwäb. Alb, am Fuß der **Geislinger Steige**, 28 100 Ew.; elektrotechn., Metall verarbeitende Ind., Maschinenbau. – Spätgot. evang. Stadtpfarrkirche (1424–28), Fachwerkbauten des 15. und 16. Jh., u. a. das Rathaus (1422). – Über der Stadt die Burgruine der Grafen von Helfenstein, die Geislingen im 13. Jh. gründeten. 1396–1802 gehörte es zum Gebiet der Reichsstadt Ulm und kam 1810 an Württemberg.

Geison [grch.] *das*, Kranzgesims des antiken Tempels.

Geiß, das Weibchen von Ziegen, Gazellen, Gämsen, Stein- und Rehwild.

Geißbart (Aruncus), Rosengewächsgattung in der nördl. gemäßigten Zone; Stauden mit kleinen weißen Blüten in Ähren. In Mitteleuropa kommt der bis 2 m hohe **Wald-G.** (Aruncus dioicus) vor.

Geißblatt (Heckenkirsche, Lonicera), strauchige Gattung der Geißblattgewächse mit rd. 150 Arten; in vielen Formen als Ziersträucher in Kultur. Zu den rechtswindenden Kletttersträuchern gehören: **Echtes G.** oder **Jelängerjelieber** (Lonicera caprifolium) mit teils verwachsenen, stängeldurchwachsenen Blättern und **Dt. G.** oder **Wald-G.** (Lonicera periclymenum) mit unverwachsenen Blättern. Aufrechte Sträucher sind z. B. **Rote Heckenkirsche** (Lonicera xylosteum) mit scharlachroten Früchten, **Schwarze Heckenkirsche** (Lonicera nigra) mit schwarzen Früchten. – Abb. S. 314

Geißel, 1) *allg.:* Stab mit Riemen oder Schnur zur Züchtigung oder Kasteiung (↑Geißler).
2) *Biologie:* ↑Flagellum.
Geißeltierchen, ↑Flagellaten.
Geißendörfer, Hans Werner, Filmregisseur, *Augsburg 6. 4. 1941; verfilmt literar. Vorlagen, u. a. »Die Wildente« (1975, nach H. Ibsen), »Der Zauberberg« (1981, nach T. Mann); Produzent und zeitweise Regisseur der Fernsehserie »Lindenstraße« (seit 1985).

Geißblatt: Waldgeißblatt

Geißfuß, 1) gabelförmiges Werkzeug zum Ausziehen von Nägeln; **2)** für die Holzbearbeitung und Bildhauerei ein Meißel oder Stechwerkzeug mit winkliger Schneide zum Ausarbeiten innerer Ecken und Furchen.
Geißfuß, ein Doldengewächs, ↑Giersch.
Geißklee (Bohnenstrauch, Cytisus), Gattung der Schmetterlingsblütler mit rd. 60 Arten; in Mitteleuropa auf steinigen Hängen; häufig mit gelben Blüten.
Geißler (Geißelbrüder, Flagellanten, Flegler), Angehörige schwärmerischfrommer Laienbewegungen des 13. bis 15. Jh., die unter Gebet und Bußliedern öffentlich Selbstgeißelung übten. Seit 1260, bes. während der Pest 1348/49, breiteten sich die G. über nahezu ganz W-Europa aus; 1349 wurden sie von Papst Klemens VI. und 1417 vom Konstanzer Konzil verboten.
Geißler, Heinrich (Heiner), Politiker (CDU), *Oberndorf am Neckar 3. 3. 1930; Richter, 1967–77 Sozialmin. in Rheinl.-Pf., 1977–89 Gen.-Sekr. der CDU, 1982–85 zugleich Bundesmin. für Jugend, Familie und Gesundheit. G. sucht v. a. das sozialpolit. Profil seiner Partei zu schärfen.
Geißlerlieder, die von den ↑Geißlern bei ihren Prozessionen und Bußübungen gesungenen Lieder (Flagellantendichtung); seit dem 13. Jh. bezeugt.
Geißler-Röhre, von dem Mechaniker H. Geißler (*1814, †1879) zuerst hergestellte Gasentladungsröhre, älteste Form einer ↑Gasentladungslampe.
Geist, 1) *allg.:* Sinn, Bedeutung, Gehalt; auch Scharfsinn, Witz, Esprit; die Gesinnung einer Person oder Gruppe.
2) *Philosophie:* allg. das dem Bewusstsein, dem Fühlen, Wollen und Denken zugrunde liegende Prinzip und dessen Organisationsformen. – Das Verhältnis des G. zu anderen Seinsarten wie Materie und Körper unterlag vielfältigen Deutungen, die sich zw. den Extrempositionen des Idealismus und Materialismus bewegten. Ersterem ist allein der G. wirklich, die Materie lediglich abgeleitete Erscheinungsform; Letzterem ist die Materie das Reale, der G. bloßer Schein (radikaler Materialismus, Behaviorismus). Verschiedenste Dualismen liegen zw. diesen Extremen: Bereits in der »Odyssee« (10, 239 ff.) begegnen neben den materiell gedachten Seelenteilen Verstand und Einsicht (Nus), die Selbstbewusstsein einschließen. Nus und Körper stehen in – nicht mechanist. – Wechselwirkung. Während Anaximenes und Heraklit sich den G. noch materiell vorstellen – luft- bzw. feuerartig –, nimmt er bei Anaxagoras als Denk- und Willensmacht, Ursprung der Bewegung des Alls und Unendliches deutlich nicht materielle Züge an. Auf diesem G.-Begriff bauen Platon und Aristoteles auf. Für Aristoteles ist Gott reiner G., leidens- und zeitlos, sich selbst denkend; als menschl. G. Inbegriff des diskursiven Denkens und Urteilens, Verstand, als Schauen der Grundsätze die Vernunft.
Mit Descartes gewinnt das G.-Materie-Verhältnis eine neue Form. Dem G. als denkender Substanz setzt er die Materie als wesentlich ausgedehnte Körper entgegen. So bleibt der G. den Naturprozessen gegenüber grundsätzlich äußerlich; die Natur wird als geist- und seelenlos gesehen.
An Platon und Aristoteles knüpft der dt. Idealismus an. Nach G. W. F. Hegel ist der G. das wahrhaft Wirkliche, das sich in der Natur eine äußere Gestalt gibt, als **subjek-**

tiver G. das menschl. Denk- und Reflexionsvermögen darstellt, als **objektiver G.** den Inbegriff aller Bedeutungsgehalte in Sprache, Wiss., Staat und Gesellschaft bildet und im **absoluten G.** als Kunst, Religion und Philosophie zum Begreifen seiner selbst kommt. In anderen philosoph. Systemen wird der G. metaphysisch abgewertet (A. Schopenhauer, F. Nietzsche). L. Klages sah im G. schließlich ein lebensfeindl. Prinzip, das der Seele entgegentritt. Die heutige Philosophie des G. befasst sich – unter Einbeziehung kognitions- und neurowiss. Erkenntnisse – bes. mit den Beziehungen zw. Körper bzw. Gehirn und Bewusstsein. (↑Idealismus, ↑Materialismus, ↑Spiritualismus) 📖 *Ryle, G.: Der Begriff des G. A. d. Engl. Neuausg. Stuttgart 1992. – Weier, W.: Das Phänomen G. Auseinandersetzung mit Psychoanalyse, Logistik, Verhaltensforschung. Darmstadt 1995. – McGinn, C.: Wie kommt der G. in die Materie? A. d. Engl. München 2001.*

Geistchen (Orneodidae), Schmetterlingsfamilie mit rd. 100 Arten mit tief geschlitzten Flügeln.

Geister, selbstständige numinose Wesen im Glauben vieler Religionen, den Zwischenbereich zw. Göttern und Menschen bildend (↑Dämonen, ↑Engel). Sie werden als immateriell vorgestellt, können jedoch im *Volksglauben* als Hauchwesen, in menschl. oder tier. Gestalt (z. B. Alb), als Fabelwesen (z. B. Riese, Zwerg, Nixe) oder als Gegenstand sichtbar werden. Die Macht der G. ist auf einen speziellen Bereich beschränkt, sie bewohnen z. B. ein Gebäude (Haus-G., z. B. Kobolde, Trolle), Gewässer (z. B. Nixen, Quellnymphen), Moore, Berge, Wälder oder können Elemente (Feuer-G., Wasser-G., Erd-G., z. B. Gnomen, Wind-G.) oder Naturerscheinungen (Wolken-G.) repräsentieren. Toten- oder Ahnen-G. gelten als der Teil des Menschen, der den Tod überdauern, mit den Hinterbliebenen in Verbindung stehen und Einfluss auf deren Wohlergehen oder Unglück nehmen kann. Die G. erscheinen meist in einsamen, schwer zugängl. Gebieten (z. B. Rübezahl im Gebirge, die Djinn in der Wüste) und treten den Menschen als Schutz- oder Plage-G. gegenüber. In der *Religionswissenschaft* wird der G.-Glaube (Dämonismus, ↑Animismus) als eine primitive Stufe religiöser Verehrung angesehen, die dem Aufkommen einer (personalen) Gottesverehrung vorausgeht. Die *kath. Dogmatik* behandelt das Problem der G. (Zwischenwesen) in der Dämonenlehre; Ausgangspunkt ist die Lehre von den gefallenen Engeln (2. Petr. 2, 4).

Geisterbeschwörung, ↑Spiritismus.

Geisterbild (Doppelbild, Echobild), *Fernsehtechnik:* durch Mehrfachempfang von Fernsehsignalen (Reflexion des Sendesignals, z. B. an hohen Bauwerken) bewirkter Bildfehler, bei dem Bildkonturen mehrfach erscheinen; durch Richtantennen, Satellitenempfang oder Verkabelung vermeidbar.

Geisterfahrer (Falschfahrer), Kraftfahrer, der auf Straßen mit durch Mittelstreifen getrennten Richtungsfahrbahnen (v. a. Autobahnen) der vorgeschriebenen Fahrtrichtung entgegengesetzt fährt.

Geisterhaus, Versammlungshaus des Dorfes bei Naturvölkern, in dem Ahnenbilder, Masken und Kultgeräte, die als beseelt oder als Behausung von Geistern gelten, aufbewahrt werden.

Geisterstadt (engl. Ghosttown), verlassene (Bergbau-)Siedlung, v. a. in den USA, heute manchmal Touristenattraktion, z. B. die beiden Virginia City (Montana und Nevada).

Geistertanzbewegung (engl. Ghostdance), messian. Bewegung unter nordamerikan. Indianern, die 1890 von Nevada aus die Indianer des Großen Beckens und die Plains- und Präriestämme erfasste; urspr. pazifistisch, führte sie schließlich zum letzten Kampf der Plainsstämme gegen die Weißen, der im Massaker von Wounded Knee endete.

Geistesgeschichte, Forschungsrichtung, bei der das jeweilige polit., philosoph., künstler. und literar. Geschehen einer Epoche als Manifestation einer einheitl. geistigen Grundhaltung, als »Auswirkung des Gesamtgeistes« (R. Unger) zu verstehen versucht wird. Der Begriff G. (belegt 1812 bei F. Schlegel) wurzelt in der dt. Klassik und Romantik; die geistesgeschichtl. Methode wurde v. a. mit den Arbeiten von W. Dilthey systematisiert.

Geisteskrankheit, veraltete Bez. für eine krankhafte Störung der psych. Funktion, i. e. S. für Psychose oder Schizophrenie. – Zum *Recht:* ↑Betreuung, ↑Schuldunfähigkeit.

Geisteswissenschaften, diejenigen

Wissenschaften, die die Ordnungen des Lebens in Staat, Gesellschaft, Recht, Sitte, Erziehung, Wirtschaft, Technik und die Deutungen der Welt in Sprache, Mythos, Religion, Kunst, Philosophie und Wiss. zum Gegenstand haben (E. Rothacker). In Dtl. wurde der Begriff von W. Dilthey (»Einleitung in die G.«, 1883) durchgesetzt. Er sah in den G. »das Ganze der Wiss.en, welche die geschichtlich-gesellschaftl. Wirklichkeit zu ihrem Gegenstand haben«. Ihre Aufgabe bestehe im »Nacherleben« und »Verstehen« der geistig-kulturellen Betätigungen der Menschen. W. Windelband betonte den Unterschied zw. der Naturwiss. als »nomothetischer« Wiss., die auf allg. Gesetzmäßigkeiten gerichtet ist, und den G. als den »idiographischen«, auf das einmalige Ereignis gerichteten Wiss.en. Es werden heute jedoch auch andere Möglichkeiten einer Klassifikation der Wiss. entwickelt (↑Wissenschaft). Im marxist. Denken wurde der Begriff der G. z. T. durch den der Sozial- oder Gesellschaftswiss.en ersetzt, z. T. wird er als Verbindung von Kultur- und Sozialwiss. neu definiert. Durch das starke Vordringen naturwiss.-empir. Methoden hat bes. in der Sozialwiss. die Trennung von Naturwiss.en und G. für bestimmte Forschungsbereiche ihre alte Bedeutung verloren.

📖 *Natur- u. G. – zwei Kulturen?*, hg. v. H. Reinalter. Innsbruck u. a. 1999. – Kjørup, S.: *G. Eine Einführung.* Stuttgart u. a. 2001.

Geistheilung, allgemein verbreitete Bez. für eine Heilung, die auf religiösen oder abergläub. Vorstellungen und Erfahrungen beruht. Ihre äußere Form kann im Handauflegen, im Gebet und in mag. Praktiken (Heilmagie) bestehen. Erfolge können sich in bestimmten Fällen auf suggestivem Wege durch die gläubige Erwartungshaltung des Patienten einstellen; medizin. Gefahren und jurist. Konsequenzen ergeben sich, wenn wegen unerfüllbarer Heilungsversprechen notwendige ärztl. Maßnahmen versäumt werden.

geistige Behinderung (Intelligenzminderung, Minderbegabung, veraltete Bezeichnungen Geistesschwäche, Oligophrenie, Schwachsinn), Verminderung der intellektuellen Fähigkeiten, der sprachl. Entwicklung und der motor. Fertigkeiten unterschiedl. Grades mit der Einschränkung bzw. Unfähigkeit zur selbstständigen, zweckmäßigen Lebensführung. Damit verbunden sind die Begrenzung der Lebensbewältigungstechniken, der sozialen Fertigkeiten und die Beeinträchtigung des schul. Bildungsgangs.

geistiges Eigentum, ↑Urheberrecht.

geistlich, bezeichnet im Ggs. zu »weltlich« das, was zum religiösen Bereich gehört.

geistliche Dichtung, die auf dem Christentum beruhende religiöse Dichtung; im Unterschied zur ↑christlichen Dichtung (i. w. S.) strenger an Glaubensinhalte gebunden und auf deren Ausdruck konzentriert; so Erbauungsbücher, ↑Evangelienharmonien, ↑geistliches Spiel, ↑Kirchenlied.

geistliche Fürsten, im Hl. Röm. Reich bis 1803 Bez. für die dem Reichsfürstenstand angehörenden hohen Geistlichen (Zepterlehen). Zu den g. F. zählten neben den geistl. Kurfürsten die Fürsterzbischöfe und Fürstbischöfe, die Fürstäbte und Fürstäbtissinnen, die Fürstpröpste sowie der Hoch- und Deutschmeister und der Johannitermeister.

Geistlicher Rat, 1) Gesamtheit der wirklichen Räte eines Bischofs (Ordinariats-, Generalvikariatsräte). **2)** Titel der Mitgl. dieses Rates. **3)** Ehrentitel für verdiente kath. Geistliche.

Geistlicher Vorbehalt (lat. Reservatum ecclesiasticum), Bestimmung des Augsburger Religionsfriedens von 1555, dass geistl. Fürsten bei Übertritt zum Protestantismus ihre weltl. Herrschaftsrechte verlieren.

geistliches Drama, ↑geistl. Spiel.

geistliches Konzert, im 17. Jh. im evang. Gottesdienst gepflegte ein- oder mehrstimmige solist. Gesangsform mit Generalbass-, später auch Orchesterbegleitung. Bed. Vertreter des g. K. waren u. a. H. Schütz und J. H. Schein. In der 2. Hälfte des 17. Jh. ging das g. K. in der Kantate auf; im 20. Jh. im Rückgriff auf die ältere Tradition neu belebt.

geistliches Recht, das religiös begründete, das innere (geistliche) Leben der Religionsgemeinschaften regelnde Recht; i. e. S. das kath. ↑Kirchenrecht. (↑weltliches Recht)

geistliches Spiel (geistl. Drama), aus der kirchl. Liturgie entstandene Form des ernsten Dramas im europ. MA. Seit dem 10. Jh. führten Geistliche in den Kirchen – zunächst in Form szen. Ausweitung lat.

Wechselgesänge – Teile der Passion auf, woraus sich die älteste Form des g. S., das ↑Osterspiel, entwickelte, das seine Blüte im 13. Jh. hatte. Es war Vorbild für das ↑Passionsspiel, das die gesamte Leidensgeschichte Christi in die Darstellung des österl. Heilsgeschehens einbezieht, und auch für das ↑Weihnachtsspiel mit der zentralen Hirtenszene. Ab dem 14. Jh. wurde das g. S. nicht mehr in Kirchen, sondern auf Marktplätzen aufgeführt. Gleichzeitig setzte sich die Volkssprache an Stelle des Lateins durch, und die Trägerschaft ging mehr und mehr vom Klerus auf das Bürgertum über. In der letzten Entwicklungsphase im 15./16. Jh. weiteten sich die Aufführungen oft zu mehrtägigen Volksfesten aus. Als nat. Sonderentwicklungen gelten Antichristspiel (Deutschland), ↑Moralität und Fronleichnamsspiel (v. a. England), ↑Mysterienspiel (v. a. Frankreich), ↑Mirakelspiel (v. a. Niederlande) und ↑Auto sacramental (Spanien).

📖 *Borcherdt, H. H.: Das europ. Theater im MA. u. in der Renaissance.* Neuausg. Reinbek 1969. – *Michael, W. F.: Das dt. Drama des MA.* Berlin 1971.

Geistlichkeit, der ↑Klerus.

Geitel, Hans Friedrich, Physiker, *Braunschweig 16. 7. 1855, †Wolfenbüttel 15. 8. 1923; führte mit J. Elster (*1854, †1920) bedeutende Untersuchungen über Elektrizitätsleitung in Gasen, atmosphär. Elektrizität, Photoeffekt und Radioaktivität durch.

Geithain, Stadt im Landkreis Leipziger Land, Sachsen, im S der Leipziger Tieflandsbucht, 7200 Ew.; Emailwerk, Herstellung von Musikelektronik, Ziegelwerke. – Spätgot. Stadtkirche St. Nikolai, eine dreischiffige Halle (begonnen 1504) mit spätroman. Westbau und got. Chor (14. Jh.), Pfarrhaus (Anfang 16. Jh.). – Um 1180 gegr., um 1209 Stadtrecht; bis 1994 Kreisstadt.

Gekröse, *Anatomie:* bei Wirbeltieren Falten des ↑Bauchfells, in denen der Darm aufgehängt ist.

Gel [Kw. von **Gelatine**] *das,* formbeständiges, leicht deformierbares disperses System (↑Dispersion, ↑Kolloide). Man unterscheidet feste **Aerogele** (z. B. Kiesel-G.) und zähelast. **Lyogele** (Gallerten) mit Luft bzw. Flüssigkeit als Dispersionsmittel sowie feste, hornartige **Xerogele**, die durch Trocknung aus Lyogelen entstehen.

Gela [ˈdʒɛːla], Stadt in der Prov. Caltanissetta, Italien, an der Südküste Siziliens, 79 100 Ew.; Erdölhafen; petrochem. Großindustrie. – Ruinen von zwei dor. Tempeln (6. und 5. Jh. v. Chr.) und Reste der Stadtmauer. – Gegr. um 690 v. Chr. von dor. Kolonisten, 405 von den Karthagern zerstört; Neugründung 1233 als **Terranova di Sicilia** (Name bis 1927) durch Kaiser Friedrich II.

Geläger (Trub), Bodensatz, der sich nach alkohol. Gärung im Gärgefäß ablagert, enthält v. a. Hefe sowie Trüb- und Feststoffe.

Geländedarstellung, Übertragung der (dreidimensionalen) Oberflächenformen der Erde in die (zweidimensionale) Ebene (d. h. die Karte) durch ↑Höhenlinien, Schummerung, farbige Höhenschichten, Schraffen, Felssignaturen und einzelne Formzeichen (für Kleinformen).

Geländefahrzeug

Geländefahrzeug, Kraftfahrzeug mit großer Bodenfreiheit, vielen Gangstufen, Allradantrieb, hoher Antriebsübersetzung, oft auch Allradlenkung, ermöglicht das Fahren im wegelosen Gelände (**Geländegängigkeit).**

Geländelauf, 1) (Crosslauf, Querfeldeinlauf), Laufwettbewerb im offenen Gelände, dessen Streckenlänge zw. 2000 m und 10 engl. Meilen (16093 m) beträgt.

2) fünfte Disziplin des ↑modernen Fünfkampfes.

Gelasius I., Papst (492–496), †Rom 21. 11. 496; nach Leo I. der bedeutendste Papst des 5. Jh.; verteidigte in der Auseinandersetzung mit Ostrom den röm. Primat und formulierte die im MA. maßgebl. Lehre von den zwei gleichberechtigten,

selbstständigen Gewalten (↑Zweischwerterlehre); Heiliger, Tag: 21. 11.
Gelati, Klosterkomplex bei Kutaissi in Georgien, gegr. 1106, mit Kreuzkuppelkirche und den Ruinen der Akademie von G. vom Anfang des 12. Jh.; ferner Kuppelkirche St. Georg, doppelgeschossige St.-Nikolaus-Kirche und Glockenturm (alle 13. Jh.); in den Kirchen Wandmalereien (12.–18. Jh.). Die gesamte Anlage wurde von der UNESCO zum Weltkulturerbe erklärt und ist heute Zweigstelle des historisch-ethnograph. Museums von Kutaissi.
Gelatine [ʒe-, lat.] *die,* leimähnl. Eiweißsubstanz aus Knochen und Hautabfällen in reiner, geschmackloser Form mit der Fähigkeit, in kaltem Wasser zu quellen, sich in warmem Wasser zu lösen und beim Wiederabkühlen ein reversibles Gel zu bilden. – Speise-G. (für Sülzen, Süßspeisen) ist geschmacksneutral, keimfrei und hat eine hohe Gelierfähigkeit. G. verwendet man u. a. auch in der Bakteriologie, Fotografie und für Kapseln von Arzneimitteln.
Geläuf, 1) *Jägersprache:* ↑Fährte.
2) *Sport:* der Rasen- oder Sandbelag von Galopprennbahnen und Parcours; auch die Spielfeldfläche im Freien.
Gelb, eine Farbe im Spektrum zw. Orange und Grün, Wellenlänge 560–590 nm; Komplementärfarbe zu Blau und eine der drei ↑Grundfarben; entsteht auch durch additive Farbmischung von Rot und Grün.
Gelbbeeren, zum Gelbfärben verwendete Pflanzenteile: 1) **echte G.,** unreife, getrocknete Früchte von Kreuzdornarten. 2) **chines. G., Gelbschoten,** getrocknete Früchte südostasiat. Gardenienarten. 3) **Natalkörner,** getrocknete Blütenknospen des Schnurbaums.
Gelbbleierz (Wulfenit), tetragonales Mineral, Pb[MoO₄], meist gelbe, auch orangerote, seltener farblose Kristalle, Mineral der Oxidationszone von Bleierzlagerstätten, örtlich als Molybdänerz abgebaut.
Gelbbuch, eines der ↑Farbbücher.
gelbe Gefahr, polit. Schlagwort, aufgekommen um die Wende vom 19. zum 20. Jh., artikulierte sich nach dem Boxeraufstand in China (1900) und dem Sieg Japans über Russland (1904/05) v. a. in Europa entstandene Furcht vor der polit. Emanzipation und dem erwarteten Bevölkerungsdruck der Asiaten (»gelbe Rasse«). Das Schlagwort verwies zeitweise auch auf die Konkurrenz der wirtsch. aufsteigenden asiat. Staaten.
gelbe Karte, *Sport:* ↑Verwarnung.
Gelber, 1) [xɛl'βɛr], Bruno Leonardo, argentin. Pianist, * Buenos Aires 19. 3. 1941; bes. bekannt als Interpret der Klavierwerke des 19. Jahrhunderts.
2) [ˈgelbə], Jack, amerikan. Dramatiker, * Chicago (Ill.) 12. 4. 1932, † New York 9. 5. 2003; verband Elemente des absurden Theaters mit denen des Naturalismus (»Konnex«, 1960; »Der Apfel«, 1961; u. a.).
gelber Fleck, Bezirk der Netzhaut, ↑Auge.
Gelber Fluss, Fluss in China, ↑Hwangho.
gelber Galt (Galt, Streptokokkenmastitis), durch Infektion mit Streptokokken hervorgerufene Euterentzündung bes. bei Hausrindern; äußerlich gekennzeichnet durch Schwellungen am Euter, Knötchenbildungen an den Zitzen, nachlassende Milchproduktion und (durch Ausscheidung von eitrigem Sekret) Veränderungen in der Milch; weltweit verbreitet. Die Behandlung erfolgt mit Antibiotika.
Gelbe Rübe, ↑Möhre.
Gelbes Meer (chines. Huang Hai), flaches Randmeer des Pazifiks (zw. der NO-Küste Chinas und der Halbinsel Korea), ben. nach den gelben Sinkstoffen (Löss), die der Hwangho in die Bucht von ↑Bo Hai ergießt.
gelbes Trikot, ↑Straßenradsport (Übersicht).
Gelbfieber (Ochropyra), gefährl., im trop. Afrika und in Amerika endemisch vorkommende, in Dtl. meldepflichtige Infektionskrankheit; Erreger ist das G.-Virus (Charon evagatus), Überträger sind Mücken der Gattung Aedes. 3–6 Tage nach dem Insektenstich kommt es zu hohem Fieber, Schüttelfrost, Kopfschmerzen. Bei ungünstigem Verlauf folgt nach einer kurzen Besserung unter erneutem Temperaturanstieg das tox. Stadium des G. u. a. mit schweren Leber- und Nierenschäden. Die Sterblichkeit liegt bei etwa 10 %. – *Behandlung:* symptomatisch; vorbeugend ist eine Schutzimpfung möglich.
Gelbfilter, bes. in der Schwarz-Weiß-Fotografie verwendetes Farbfilter (↑Lichtfilter), das eine dunklere Wiedergabe von Blau bei praktisch unverändert heller Wiedergabe von Gelb und Weiß bewirkt.
Gelbholz, das ↑Fisetholz.

Gelbkörper (lat. Corpus luteum), nach dem Follikelsprung im ↑Eierstock entstehende Drüse mit innerer Sekretion; bildet die für den Aufbau der Gebärmutterschleimhaut wichtigen G.-Hormone (↑Geschlechtshormone).
Gelbkreuz, im Ersten Weltkrieg eingesetzter chem. Kampfstoff; svw. Lost (↑Dichlordiäthylsulfid).
Gelblinge (Kleefalter, Colias), Gattung mittelgroßer Tagschmetterlinge in Eurasien, Afrika und Amerika; die Flügel sind gelb, orangefarben oder weiß, oft mit dunklem Saum und dunklem Fleck auf den Vorderflügeln.
Gelbrandkäfer, ein ↑Schwimmkäfer.
Gelbschoten, chines. ↑Gelbbeeren.
Gelbschwämmchen, Speisepilz, ↑Pfifferling.
Gelbspötter, *Zoologie:* ↑Gartenspötter.
Gelbstern, Pflanzengattung, ↑Goldstern.
Gelbsucht (Ikterus, Icterus), gelbl. Verfärbung von Haut und Schleimhäuten sowie der meisten inneren Organe, Gewebe und Flüssigkeiten durch erhöhten Gehalt des Blutes an Gallenbestandteilen, v. a. Bilirubin und Gallensäuren (auch fälschlich für ↑Hepatitis). Die G. ist keine eigenständige Krankheit, sondern ein vieldeutiges Symptom, das bei versch. Grundkrankheiten, z. B. bei erheblich gesteigertem Zerfall roter Blutkörperchen (Hämolyse) und bei Abflussbehinderungen durch Steine (**Verschlussikterus**) auftreten kann. Erstes Anzeichen einer mit G. verbundenen Erkrankung ist die Gelbfärbung der Lederhaut der Augen (so genannter **Sklerenikterus**). Auf Haut und Schleimhäute greift die G. erst über, wenn die Serumkonzentration von Bilirubin auf 34 µmol/l (2,0 mg/100 ml) oder höher ansteigt. Die **physiolog. G. der Neugeborenen** beruht auf einer vorübergehenden Anpassungsstörung der Leber. Das Neugeborene kann nach der Geburt das Bilirubin nicht mehr über die Plazenta an die Mutter abgeben. Die Fähigkeit, in der Leber Bilirubin an Glukuronsäure zu koppeln und dadurch ausscheidungsfähig zu machen, bildet sich erst nach wenigen Tagen aus.
Gelbwurzel (Gelbwurz, Kurkuma, Curcuma domestica), südasiat. Ingwergewächs mit verzweigtem und verdicktem Wurzelstock; Gewürzpflanze, enthält gelben Farbstoff, äther. Öl und Harz; Hauptanteil im Curry.

Gelchromatographie (Gelfiltration, Molekularsiebchromatographie), zur Flüssigkeitschromatographie gehörendes Verfahren zur Trennung und Reinigung von Stoffen versch. Molekülmassen und zur Molmassebestimmung, v. a. in der Polymer- und Biochemie.

Geld 1): chinesische Münzen der Zhan-guo-Zeit (481–221 v. Chr.): zwei Stücke »Messergeld« (unten), darüber (von links) ein Stück »Ameisennasengeld«, eine Goldmünze, ein Stück »Spatengeld«, darüber (von links) eine runde Münze mit viereckigem Loch, zwei weitere Stücke »Spatengeld«

Geld [ahd. gelt »Vergütung«, »Wert«; heutige Bedeutung seit dem 14. Jh.], **1)** allgemeines, meist staatlich anerkanntes oder eingeführtes Mittel des Zahlungsverkehrs. Das lat. Wort pecunia (Geld) wird i. d. R. auf pecus (Vieh) zurückgeführt; es weist auf den sakralen Ursprung des G. als den Ersatz für das Opfertier hin, das auf der Münze abgebildet wurde. Die neuere Theorie betrachtet das G. als wirtsch. Gut (Tauschgut), dessen Nutzen darin liegt, das Bedürfnis nach Tauschmöglichkeit (Liquidität) zu befriedigen. Sie definiert das Wesen des G. nach seinen Funktionen, wobei die G.-Eigenschaft nicht von Stoff, Herkunft und Bez. des G. abhängt. Eine abstrakte Funktion des G. ist die der Recheneinheit; damit ist es zugleich Wertmaßstab (der in G.-Einheiten ausgedrückte Wert ist der Preis) für alle Sachgüter und Leistungen. Die konkreten Funktionen des G. sind 1) die eines allgemeinen Tauschmittels, die das G. auch erfüllen kann, wenn es nur durch Verkehrssitte anerkannt und in Geltung ist; 2) die

eines Wertaufbewahrungsmittels (Wertspeicherungsmittels), wodurch auch seine Tauglichkeit zur Wertübertragung gegeben ist; 3) die eines gesetzl. Zahlungsmittels. **Geldarten:** Nach dem Verhältnis zw. Materialwert des G. und dem staatlich festgelegten Nennwert unterscheidet man **vollwertiges G.** (G.-Stoff und G.-Wert sind unmittelbar miteinander verbunden, z. B. Waren-G.; in Sonderfällen können Münzen zu überwertigem G. werden), **unterwertiges G.** (der Eigenwert des Materials bleibt hinter dem Nennwert zurück) und **stoffwertloses G.** (der G.-Stoff besitzt überhaupt keinen Eigenwert). Weitere G.-Arten sind: 1) **Hart-** oder **Münz-G.**, das aus Metall geprägt ist, 2) **Zeichen-** oder **Papier-G.**, das aus von der Zentralnotenbank ausgegebenen G.-Scheinen (Banknoten) besteht, und 3) **Buch-, Giral-** oder **Geschäftsbanken-G.**, das durch Sichtguthaben von Nichtbanken bei Kreditinstituten durch Geldschöpfung gebildet wird. Dabei ist die Buchgeldmenge wesentlich höher als die von der Summe des Münz-G. und des Zeichen-G. gebildete Menge an Bargeld. **Elektronisches G.** existiert in zwei Varianten: zum einen als gespeicherte Werteinheiten auf vorausbezahlten Karten (↑elektronische Geldbörse), zum anderen in »softwaregestützten Formen«, die für Zahlungen mittels elektronisch gespeicherter Werteinheiten über Telekommunikationsnetze (z. B. Internet) dienen **(Netzgeld).** Neben G. im eigentl. Sinn stehen **G.-Surrogate,** d.h. Zahlungsmittel, die ergänzend zu den gesetzl. Zahlungsmitteln treten, aber keinem Annahmezwang unterliegen (z. B. nichtstaatl. ↑Notgeld), und gesetzlich zulässige **Behelfszahlungsmittel,** die als Zahlungsverpflichtung (z. B. Wechsel) oder als Zahlungsanweisung (z. B. Scheck) auftreten können. **Geschichte:** Das G. ist entstanden aus dem Bedürfnis nach einem Wertmaßstab, der quantitative Bewertungen und Vergleiche ermöglichte. Das **Schmuck-G.** (Amerika, Afrika, S- und SO-Asien: Ring- und Zahn-G.; Feder-G., Stein-G.) wurde vom **Nutz-G.** abgelöst (Kleider-G.: Pelze, Stoffe; Nahrungs- und Genussmittel), das Nutz-G. vom **Metall-G.** (Gold- und Silberringe). Rationalisierungsgründe veranlassten schon im Lyder- und Perserreich die Prägung von Münzen. Das **Papier-G.** entwickelte sich seit dem MA. aus dem Wechsel und war zunächst lediglich Ersatz für hinterlegtes Metall-G. Als Währungsmetall standen Gold und Silber lange Zeit gleichberechtigt nebeneinander. Um die Wende zum 19. Jh. ging zuerst Großbritannien zur Goldwährung über, die im Lauf des 19. Jh. als Goldumlaufwährung zur internat. anerkannten Währungsform der freien Weltwirtschaft wurde. Schon im 19. Jh. wurden die Deckungsvorschriften gelockert. Mit dem Zusammenbruch der Goldwährungen nach dem Ersten Weltkrieg wurden die Bindungen des Papier-G. an das Gold aufgegeben und Papierwährungen geschaffen. Als Metall-G. sind nur noch Scheidemünzen im Umlauf.
📖 *Gesch. des G. Eine Chronik mit Texten u. Bildern,* hg. v. W. Weimer. Frankfurt am Main 1994. – Jarchow, H.-J.: *Theorie u. Politik des G.,* 2 Bde. Göttingen [7–10]1995–98. – Issing, O.: *Einführung in die Geldpolitik.* München [6]1996. – *Geldtheorie u. Geldpolitik in Europa. Eine problemorientierte Einführung mit einem Kompendium monetärer Fachbegriffe,* bearbeitet v. D. Duwendag u. a. Berlin u. a. [5]1999. – Borchert, M.: *G. u. Kredit. Einführung in die Geldtheorie u. Geldpolitik.* München u. a. [7]2001. – Issing, O.: *Einführung in die Geldtheorie.* München [12]2001. – Peto, R.: *Geldtheorie u. Geldpolitik.* München [2]2002. – Sprenger, B.: *Das G. der Deutschen. Geldgesch. Dtl.s von den Anfängen bis zur Gegenwart.* Paderborn [3]2002.
2) *Börsenwesen:* auf Kurszetteln Bez. für einen G.-Kurs, Abk. **G** (↑Kurs).

Geldautomat (Geldausgabeautomat, in *Österreich* und der *Schweiz:* Bankomat), techn. Anlage, über die Bankkunden mittels einer maschinell lesbaren Identitätskarte (z. B. ec-Karte) und ↑persönlicher Identifikationsnummer rund um die Uhr Bargeld von ihrem Konto abheben können.

Geldbuße, ↑Buße, ↑Ordnungswidrigkeiten.

Geldentwertung, ↑Inflation.

Gelderland ['xɛldərlant] (dt. Geldern), größte Prov. der ↑Niederlande zw. dem IJsselmeer und der Maas, 4983 km² (Landfläche), 1,934 Mio. Ew.; Hauptort: Arnheim.

Geldern, 1) Stadt im Kr. Kleve, NRW, 32 200 Ew.; Maschinen-, Metall- u. a. Industrie. – Erhielt um 1230 Stadtrecht; bis Mitte des 14. Jh. Sitz der Grafen von G. (seit 1339 Herzogtum); 1713 zu Preußen. **2)** ehem. Herzogtum (seit 1339); entstanden aus der im 11. Jh. bezeugten Grafschaft G. an der Maas **(Obergeldern)** im Herzogtum Niederlothringen, an die 1120 die Grafschaft Zutphen, die Herrschaft Arnheim, die Veluwe, die Betuwe und 1247 die Reichsstadt Nimwegen **(Niedergeldern)** fielen. 1543 kam G. an die Niederlande, die unter der Herrschaft der span. Habsburger standen. Niedergeldern mit den Niederquartieren Nimwegen, Zutphen und Arnheim schloss sich 1579 der Utrechter Union (nördl. Niederlande) an. In Obergeldern (Oberquartier G.) konnten sich die Spanier behaupten. Durch den Frieden von Utrecht kam der südl. Teil 1713 an Preußen, 1815 das Land an der Maas an die Prov. Limburg des Königreichs der Vereinigten Niederlande.

Geldfälschung, ↑Geld- und Wertzeichenfälschung.

Geld|illusion, mangelnde Berücksichtigung zukünftiger Geldwertveränderungen (Preisniveausteigerungen) bei Sparentscheidungen und der Bewertung von Zinszahlungen, aber auch bei Lohnforderungen und bei der Bewertung von Finanz- und Realvermögen.

Geldkapital, i. w. S. die Gesamtheit der finanziellen Aktiva (Bargeld, Einlagen bei Banken und Wertpapiere) einzelner Wirtschaftseinheiten oder der Gesamtwirtschaft; i. e. S. nur die langfristigen Forderungen der Nichtbanken gegenüber Kreditinstituten (z. B. Termineinlagen mit Laufzeiten über vier Jahren, Spareinlagen mit vereinbarter Kündigungsfrist, Sparbriefe).

Geldkurs, Nachfragekurs für Devisen und Wertpapiere.

Geldmarkt, i. w. S. der Markt für alle kurzfristigen Kredite im Ggs. zum ↑Kapitalmarkt; i. e. S. der Markt, auf dem zw. Kreditinstituten **(Interbanken-G.)** oder zw. Kreditinst. und der Zentralbank **(Regulierungs-G.)** Finanzmittel kurzer Fristigkeiten gehandelt werden. Am nat. G. werden Zentralbankguthaben in Form von **G.-Krediten** (Tagesgeld, tägl. Geld, Termingeld) sowie **G.-Papieren** (Bankakzepte, unverzinsl. Schatzanweisungen u. a.) gehandelt. Am internat. G. treten Kreditinst. versch. Währungsgebiete auf und handeln Giroguthaben bei Geschäftsbanken und G.-Papiere ausländ. Aussteller. Die G.-Sätze liegen normalerweise unter den Kapitalmarktsätzen. Man spricht von einer Verknappung (Anspannung) des G., wenn die Zinssätze steigen, und umgekehrt von einer Verflüssigung (Entspannung), wenn die Zinssätze aufgrund veränderter Angebots-Nachfrage-Bedingungen sinken. Die Situation am G. wird maßgeblich durch die Geldpolitik der Zentralbank beeinflusst.

Geldmarktfonds [-fɔ], ein ↑Investmentfonds.

Geldmenge (Geldvolumen), Bestand der in einer Volkswirtschaft zum Geld zählenden Aktiva, v. a. die in Umlauf befindl. Banknoten und Münzen (Bargeld) sowie die Sichteinlagen bei Banken (Buchgeld) ohne die Kassenbestände der Kreditinstitute und deren Guthaben bei der Notenbank (Barreserve). Die G. spielt eine zentrale Rolle in der Geldtheorie, in der u. a. Änderungen der Zinsen, des Wechselkurses, des Preisniveaus und der Produktion durch Änderungen der G. erklärt werden.

Geldmenge im Euro-Währungsgebiet
(in Mrd. €; jeweils Jahresende)[1]

	2000[2]	2003
Bargeldumlauf	348,4	388,7
+ täglich fällige Einlagen	1 728,8	2 285,0
= **Geldmenge M 1**	2 077,2	2 673,7
+ Einlagen mit vereinbarter Laufzeit von bis zu zwei Jahren	991,8	1 042,5
+ Einlagen mit vereinbarter Kündigungsfrist von bis zu drei Monaten	1 221,1	1 509,1
= **Geldmenge M 2**	4 290,1	5 225,3
+ Repogeschäfte	174,9	219,8
+ Geldmarktfondsanteile	300,1	601,8
+ Geldmarktpapiere und Schuldverschreibungen mit einer Laufzeit von bis zu zwei Jahren	135,7	89,9
= **Geldmenge M 3**	4 900,8	6 136,9

1) Die Geldmengenaggregate umfassen die monetären Verbindlichkeiten der Monetären Finanzinstitute (MFIs) und der Zentralstaaten (Post, Schatzämter) gegenüber im Euro-Währungsgebiet ansässigen Nicht-MFIs (ohne Zentralstaaten). – 2) Euro-Währungsgebiet vor Beitritt Griechenlands (1. 1. 2001).

Daher ist die Beeinflussung der G. eine wichtige Aufgabe der Geldpolitik. Da der Übergang zw. Geld und Geldsubstituten fließend ist, gibt es keine allg. akzeptierte einheitl. Abgrenzung der G. Die EZB un-

GEL Geldpolitik

terscheidet ähnlich wie vorher die Dt. Bundesbank die G. M 1, M 2 und M 3, die sich aus einem unterschiedl. Spektrum an kurzfristigen bzw. liquiden Forderungen der im Euro-Währungsgebiet ansässigen Nichtbanken gegenüber dem Sektor der Monetären Finanzinstitute (MFIs) in der Euro-Zone zusammensetzen. Zu den MFIs zählen die Banken (einschl. Bausparkassen), Geldmarktfonds sowie die EZB und die nat. Zentralbanken (ESZB). Die Bedeutung der G. ergibt sich auch daraus, dass Notenbanken einen jährl. Zielwert für die angestrebte Ausweitung der von ihnen als relevant erachteten G. bekannt gegeben haben **(Geldmengenziel).** Die EZB folgt dieser Tradition insofern, als sie einen **quantifizierten Referenzwert** für das Wachstum der G. M 3 (z. B. 4,5 % für die Jahre 1999–2002) öffentlich verkündet.

Geldpolitik, die Gesamtheit der Maßnahmen zur Steuerung des Geldumlaufs und der Kreditversorgung in einer Volkswirtschaft. Wichtigster Träger der G. ist die Notenbank (in Dtl. die Dt. Bundesbank, in der Europ. Währungsunion die EZB), allerdings gehen auch vom Staat und ausländ. Notenbanken monetäre Impulse aus. Ansatzpunkt für die Notenbank ist der Bedarf der Wirtschaft an Zentralbankgeld. Im Zuge der Geldschöpfung benötigen die Banken Zentralbankgeld, um Bargeldforderungen ihrer Kunden und die auf Bankeinlagen zu haltenden ↑Mindestreserven finanzieren zu können. Zentralbankgeld kann nur durch die Notenbank bereitgestellt werden, da sie das Monopol der Zentralbankgeldschaffung hat. Indem die Notenbank den Zugang der Banken zum Zentralbankgeld erleichtert oder erschwert, wirkt sie expansiv oder kontraktiv auf die Geldversorgung.

Instrumente: Im Mittelpunkt der G. steht die Festlegung derjenigen Zinssätze, zu denen die Notenbank den Banken das Zentralbankgeld bereitstellt. Technisch geschieht diese Refinanzierung der Banken bei der EZB über Offenmarktgeschäfte und über die ständigen Fazilitäten. Zu den **Offenmarktgeschäften** zählen im Wesentlichen die ↑Hauptrefinanzierungsgeschäfte, die längerfristigen Refinanzierungsgeschäfte (dreimonatige Laufzeit), Feinsteuerungs- und strukturelle Operationen. Durch Hinterlegung versch. Wertpapiere als Sicherheiten erhalten die Banken auf diesen Wegen regelmäßig (wöchentlich bzw. monatlich) oder unregelmäßig Zentralbankgeld unterschiedl. Fristigkeit (i. d. R. von wenigen Tagen bis zu drei Monaten) zu den jeweils zugrunde gelegten Refinanzierungszinssätzen. Der Zinssatz für die Hauptrefinanzierungsgeschäfte (Hauptrefinanzierungszinssatz) übernimmt dabei die Funktion eines Leitzinses der G. Die genannten Instrumente lassen sich z. T. auch zur Abschöpfung von Zentralbankgeld einsetzen. Die Zinssätze der **ständigen Fazilitäten** (↑Spitzenrefinanzierungsfazilität und ↑Einlagefazilität) markieren die Zinsober- und Zinsuntergrenze am Geldmarkt, da die Banken zu diesen Sätzen über Nacht Zentralbankgeld in unbegrenzter Höhe erhalten oder aber verzinslich anlegen können. Ein weiteres Instrument ist die **Mindestreservepolitik,** über die die EZB die Kreditinstitute verpflichtet, Guthaben in Höhe eines von der G. bestimmbaren Prozentsatzes ihrer monetären Verbindlichkeiten bei der Zentralbank zu unterhalten. So beeinflusst sie den Umfang der Liquiditätsnachfrage (Bedarf an Zentralbankgeld).

Geldschöpfung, der zur Ausweitung der Geldmenge führende Prozess der Gewährung von Krediten sowie der Bildung von Sicht- und sonstigen zur Geldmenge zählenden Einlagen. Die G. der Notenbank ist mit geldpolit. Zielen verknüpft und erfolgt durch Ankauf von Aktiva der Geschäftsbanken (z. B. von Devisen oder Wertpapieren) und die Einräumung von Sichtguthaben, die im Verrechnungsverkehr zw. Banken genutzt oder als Bargeld abgehoben werden können. Geschäftsbanken schaffen Geld, indem sie z. B. Termin- und Spareinlagen in Sichteinlagen umwandeln, von Nichtbanken Gold, Devisen, Wechsel, Wertpapiere erwerben und ihnen den Gegenwert als Einlage gutschreiben sowie Nichtbanken Kredite gewähren und in deren Höhe Einlagen einräumen **(Kreditschöpfung).** Den Nichtbanken fließen dadurch Finanzmittel zu, die von ihnen grundsätzlich auf Bankkonten gehalten werden, v. a. als Sichteinlagen (Buchgeld) auf Girokonten (daher auch **Buch-G.** und **Giral-G.**). **Geldvernichtung** ist der Schrumpfungsprozess ausstehender Kredite und Einlagen. – Auf internat. Ebene findet G. v. a. an den internat. Geldmärkten statt. Da hier i. d. R. kein Bargeld abge-

fordert wird und keine Mindestreservepflicht gilt, ist die G.-Kapazität hoch.
Geldschuld, die Verpflichtung zur Zahlung eines bestimmten Geldbetrages (**Geldsummenschuld**). Eine in einer anderen Währung als Euro ausgedrückte G. kann, wenn sie im Inland zu begleichen ist, in Euro bezahlt werden, es sei denn, dass Zahlung in einer anderen Währung ausdrücklich vereinbart wurde (§ 244 BGB). Die Höhe der G. bestimmt sich nach ihrem Nennwert (Nominalprinzip), nicht nach der Kaufkraft, sodass sich bei langfristigen Austauschverhältnissen ↑Wertsicherungsklauseln empfehlen. Eine **Geldsortenschuld** liegt vor, wenn die Zahlung in einer bestimmten Münzsorte vereinbart ist.
Geldstrafe, im dt. Strafrecht neben der oder zusätzlich zur Freiheitsstrafe eine der Hauptstrafen, die bei ↑Vergehen in Betracht kommt. Sie wird in Tagessätzen von mindestens 1 € und höchstens 5 000 € verhängt; die Höhe der Tagessätze richtet sich nach den persönl. und wirtsch. Verhältnissen des Täters. Die Zahl der Tagessätze beträgt mindestens fünf und höchstens 360 (§ 40 StGB). Ist die G. uneinbringlich, so tritt die Ersatzfreiheitsstrafe an ihre Stelle; dabei entspricht ein Tagessatz einem Tag Freiheitsstrafe (§ 43 StGB). Anstelle einer Freiheitsstrafe von weniger als sechs Monaten ist grundsätzlich eine G. zu verhängen (§ 47 StGB), sofern nicht die Verhängung einer Freiheitsstrafe zur Einwirkung auf den Täter oder zur Verteidigung der Rechtsordnung unerlässlich ist. – Auch im *österr.* Strafrecht wird die G. nach Tagessätzen verhängt. Sie beträgt mindestens zwei Tagessätze; das Höchstmaß ist bei den einzelnen Delikten unterschiedlich. Der Tagessatz ist mindestens mit 2 € und höchstens 327 € festzusetzen (§ 19 StGB). Das *schweizer.* StGB sieht für die als Buße bezeichnete G. einen Höchstbetrag von 40 000 Franken vor, den der Richter jedoch bei Gewinnsucht des Täters überschreiten darf (Art. 48 StGB).
Geldsubstitute (engl. Near Money, Quasigeld), geldnahe Aktiva (z. B. Termingelder mit Laufzeiten bis zu zwei Jahren und Spareinlagen mit dreimonatiger Kündigungsfrist), die zwar die Geldfunktion (allg. Tausch- und Wertaufbewahrungsmittel) nicht voll erfüllen, aber relativ schnell in Bargeld oder in täglich fällige Sichtguthaben umgewandelt werden können und

insoweit die Liquidität in der Wirtschaft mitbestimmen. (↑Geldmenge)
Geldsurrogate (Geldersatzmittel), ergänzen gesetzl. Zahlungsmittel, ↑Geld.
Geldtheorie, Disziplin der Wirtschaftswiss., die Wesen und Funktionen, Wert sowie Wirkungen des Geldes untersucht. 1) Theorien zur Definition des Begriffs Geld: Das Wesen des Geldes wurde in der geschichtl. Entwicklung versch. interpretiert, je nachdem, welche Funktionen für seine Geltung als bestimmend angesehen wurden. Die Vertreter des **Metallismus** (A. Smith, D. Ricardo, K. Marx u. a.) betrachteten Geld als ein Gut, das seinen Wert aus der Stoffqualität ableitet, die es auch für andere außerzirkulator. Zwecke geeignet macht. Die **Konventionstheorie** (J. Locke u. a.) sah im Geld das Instrument, das nur für zirkulator. Zwecke Verwendung findet und seine Geltung aus Vereinbarung oder rechtl. Satzung herleitet (Nominalismus). In den **Funktionswerttheorien** wurde der Wert des Geldes aus der Kaufkraft, d. h. der Wertschätzung der zu erwerbenden Güter, abgeleitet. In der **Liquiditätstheorie** wird die Geldqualität in der Eigenschaft gesehen, Tauschbereitschaft zu sichern. 2) Theorien über den Wert des Geldes: Nach der **Produktionstheorie** (W. Petty, N. W. Senior, Ricardo, Marx) hängt der Wert des Geldes von dem Aufwand an Arbeit ab, der zur Erzeugung des Geldes erforderlich ist. Nach der **subjektiven Wertlehre** (F. von Wieser) ergibt sich der Wert des Geldes aus dem Grenznutzen, den es dem stiftet, der darüber verfügen kann. Der Grenznutzen des Geldes wird aus dem Gebrauchswert der für das Geld anschaffbaren Güter abgeleitet. Die **makroökonom. Markttheorie** (Quantitätstheorie) bestimmt den Geldwert aus dem Verhältnis von gesamtwirtsch. Geldnachfrage und gesamtwirtsch. Geldangebot (R. Cantillon, D. Hume). Nach der **mikroökonom. Markttheorie** bestimmt sich der Geldwert aus der auf individueller Entscheidung der Wirtschaftssubjekte basierenden Kassenhaltung (A. Marshall, A. C. Pigou). Die Monetaristen (bes. M. Friedman) sehen, in modifizierter Wiederbelebung quantitätstheoret. Vorstellungen, Veränderungen der Geldmenge als wichtigsten Bestimmungsgrund des Geldwertes an. Die Keynesianer (modifizierte Liquiditätstheorie) knüpfen an einkom-

menstheoret. Vorstellungen an und halten autonome Bestimmungsgründe der Einzelpreise wie Lohnsetzung, Gewinnaufschläge, Produktivitätsfortschritte, Höhe der indirekten Steuern und Veränderungen von Import- und Exportpreisen für die entscheidenden Bestimmungsgründe des Geldwertes. Nach der **Einkommenstheorie** ergibt sich der Wert des Geldes aus dem Prozess der Entstehung und Verwendung des Einkommens. 3) Theorien über die Wirkung des Geldes versuchen u. a., Zusammenhänge zw. Geldmenge und bestimmten gesamtwirtsch. Größen (Preisniveau, Zins, Produktion und Beschäftigung, Wechselkurs) zu erklären. Von den Vertretern der modernen G., die einen aktiven Einfluss des Geldes auch auf die realen Vorgänge der Wirtschaft unterstellt, ist v. a. J. M. Keynes zu nennen, der eine Verbindung zw. Geld- und Güterbereich allein durch den Zinssatz hergestellt sieht. Nach der G. M. Friedmans führt eine Zunahme der Geldmenge zu steigenden Ausgaben.

Geld- und Wertzeichenfälschung, Verstöße gegen die Sicherheit und Zuverlässigkeit des staatl. und internat. Geldverkehrs (§§ 146–152 a StGB). Geschützt werden Metall- und Papiergeld aus dem In- und Ausland, amtl. Wertzeichen (z. B. Briefmarken) sowie Inhaber- und Orderschuldverschreibungen, Aktien, Investmentzertifikate, Reiseschecks, Schecks und Zahlungskarten. Bestraft wird das Nachmachen von Geld (Falschmünzerei) oder Wertpapieren in der Absicht, das Nachgemachte als echt in den Verkehr zu bringen, ferner das Verfälschen in der Absicht, den Anschein eines höheren Wertes hervorzurufen, sowie das Sichverschaffen von Falsifikaten in der Absicht, sie in Verkehr zu bringen. Die G.- u. W. wird mit Freiheitsstrafe nicht unter einem Jahr, bei gewerbs- oder bandenmäßiger Begehung nicht unter zwei Jahren, in minder schweren Fällen von drei Monaten bis zu fünf bzw. zehn Jahren bedroht. Das Anfertigen und Beschaffen von Platten u. a. zur G.- u. W. ist ebenfalls strafbar. – Für das *österr.* (§§ 232 ff.) und *schweizer.* (Art. 240 ff.) StGB gilt Entsprechendes.

Geldvermögen, i. e. S. der Bestand eines Wirtschaftssubjektes an Bar- und sofort verfügbarem Buchgeld (↑Vermögensbildung), in der *Betriebswirtschaftslehre* i. w. S. auch Wechsel und kurzfristige Forderungen eines Unternehmens. In der *volkswirtsch. Gesamtrechnung* bezeichnet G. (Finanzvermögen) die Differenz zw. Forderungen und Verbindlichkeiten eines Wirtschaftssubjekts oder Sektors. Die Dt. Bundesbank verwendet den Begriff G. für die Summe aller Forderungen.

Geldwäsche, das Verheimlichen und Verschleiern von Vermögenswerten illegaler Herkunft (v. a. aus Raub, Erpressung, Drogen-, Waffen- und Menschenhandel) durch komplizierte Finanztransaktionen mit dem Ziel, den Eindruck zu erwecken, diese Vermögenswerte seien legal erworben worden. Das urspr. »schmutzige« Geld wird dadurch »gewaschen« und dann in den legalen wirtsch. Kreislauf wieder eingeschleust. Allein das G.-Volumen aus dem Drogenhandel wird auf 85 Mrd. US-$ pro Jahr geschätzt. Der Tatbestand der Geldwäscherei ist seit dem 1. 8. 1990 in der Schweiz unter Strafe gestellt (Art. 305bis f. StGB). In Dtl. ist G. seit 1992 gemäß § 261 StGB mit Freiheitsstrafe von drei Monaten bis zu fünf Jahren (in bes. schweren Fällen sechs Monate bis zu zehn Jahren) bedroht. Um G. zu erschweren bzw. Gelder aus illegalen Machenschaften aufzuspüren, werden in Dtl. durch Ges. vom 25. 10. 1993 Kreditinstitute u. a. Finanzunternehmen bei Annahme oder Abgabe von Bargeld, Wertpapieren oder Edelmetallen ab 15 000 € zur Identitätsfeststellung des Kunden, Datensicherung und im Verdachtsfall zur Anzeige verpflichtet. Der angestrebte Erfolg des Ges. wird jedoch von Sachverständigen angezweifelt. Das österr. StGB stellt Geldwäscherei durch §§ 165, 278 a Abs. 2 unter Strafe.

Geldwert, die ↑Kaufkraft des Geldes. Man unterscheidet den **inneren G.** (abhängig von der Entwicklung des inländ. Preisniveaus) und den **äußeren G.** (Kaufkraft der inländ. Geldeinheit im Ausland; dieser Außenwert ist von der Entwicklung des Preisniveaus im Ausland und den Wechselkursen abhängig). **G.-Stabilität** (Preisniveaustabilität) ist ein gesamtwirtsch. Ziel der Konjunktur-, Geld- und Stabilitätspolitik. Eine anhaltende Verminderung des G. heißt Inflation, eine anhaltende Erhöhung Deflation.

geldwerte Vorteile, ↑Sachbezüge.

Gelee [ʒəˈleː, frz.] *das,* auch *der,* i. e. S. Fruchtsäfte, i. w. S. Fleischsäfte oder verdünnter, gewürzter Essig, die durch eigene oder zugesetzte Gelierstoffe in halbfesten (gallertigen) Zustand versetzt werden. Fruchtsäfte werden durch Einkochen mit Zucker und ihren Gehalt an Pektin gallertartig, Fleisch- und Knochenbrühen durch eigene oder zugesetzte Gelatine oder Pektin (Aspik), ebenso essighaltige G. der Fischkonservenindustrie.

Geleen [xəˈleːn], Ind.stadt in der niederländ. Prov. Limburg, 34 000 Ew.; chem. und Metallind.; 1926–67 Steinkohlenbergbau.

Gelée royale [ʒəˈleː rwaˈjal; frz. »königl. Saft«] *das* (Weiselfuttersaft), Futtersaft für Bienenköniginnenlarven (↑Biene); enthält u. a. Eiweiß, Kohlenhydrate, B-Vitamine, Spurenelemente. Seine stärkende und regenerierende Wirkung ist umstritten; enthalten in kosmet. Mitteln und Geriatrika.

Gelege, an einem Platz abgelegte Eier von Vögeln, Reptilien, Insekten u. a. Tieren.

Gelege: Straußenhenne mit Gelege

Gelegenheitsdichtung, Dichtung zu bestimmten Anlässen (Geburtstag, Hochzeit, Tod usw.), die z. T. auf Bestellung verfasst wird. Sie wurde in lat. Sprache von den Humanisten gepflegt und stand seit der Renaissance in reicher Blüte, bes. im Barock.

Gelegenheitsgesellschaft, ↑Konsortium.

Gelegenheitsgrafik, ein Anwendungsbereich im ↑Grafikdesign.

Geleit, 1) im MA. bewaffnete Begleiter, die Reisende zur Sicherheit gegen Entgelt (G.-Geld) begleiteten. Der **G.-Brief** war eine Urkunde, durch die der König oder andere G.-Herren Schutz zusicherten. Der G.-Herr haftete für eintretenden Schaden. **2) freies** oder **sicheres G.,** die einem abwesenden Beschuldigten vom Gericht erteilte Zusicherung, ihn wegen einer bestimmten Straftat nicht in Untersuchungshaft zu nehmen, solange keine Verurteilung erfolgt ist (§ 295 StPO, ähnlich auch in *Österreich* und in der *Schweiz*); im Völkerrecht der auf allg. Regeln beruhende oder im Einzelfall zugesicherte Schutz einzelner Personen, z. B. Diplomaten, gegen Angriffe oder den Zugriff staatl. Gewalt beim Passieren fremden oder feindl. Gebiets (**freies Geleit**). **3)** im Seekrieg die Sicherungsstreitkräfte für zu einem Verband zusammengestellte Handelsschiffe; Verband und G. bilden den **G.-Zug** (↑Konvoi).

Gelenk, 1) *Anatomie:* (Junctura synovialis, Articulatio, Diarthrosis), bei Tieren und beim Menschen bewegl. Knochenverbindung zweier oder mehrerer Knochen, deren Enden (meist als G.-Kopf und G.-Pfanne) von G.-Knorpel überzogen sind und durch die G.-Kapsel und die G.-Bänder zusammengehalten werden. Die **G.-Kapsel** ist eine sackartige, straff gespannte oder schlaffe Hülle, die die beiden G.-Enden gemeinsam einschließt. Sie besitzt eine äußere fibröse und eine innere Schicht, die **G.-Innenhaut** (Synovialhaut). Letztere sondert die **G.-Schmiere,** eine klare, fadenziehende, muzinhaltige Flüssigkeit ab, die das Gleiten der G.-Flächen ermöglicht. Der **G.-Spalt** besteht beim intakten G. nur in Form der Berührungsfläche beider G.-Enden, da äußerer Luftdruck und Muskelzug diese aneinander pressen. Einige G. besitzen als Puffer wirkende **G.-Zwischenscheiben.** Je nach G.-Form und Freiheitsgraden der Bewegung unterscheidet man versch. G.-Typen: **Kugel-G.** (freie Bewegung in allen Richtungen möglich, z. B. Schulter-G.); eine Sonderform des Kugel-G. mit etwas eingeschränkter Bewegungsfreiheit ist das **Nuss-G.** (Hüft-G.); **Scharnier-G.** (Bewegungen nur in einer Ebene möglich, z. B. Ellbogen- und Knie-G.); **Ei-G.** (Bewegun-

GEL Gelenkerguss

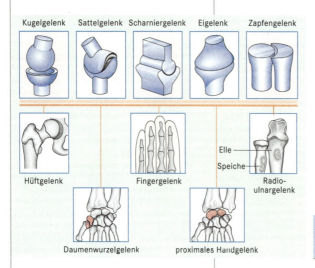

Gelenk 1): verschiedene Gelenktypen und ihr Vorkommen beim Menschen

gen in 2 Richtungen möglich, Drehung ausgeschlossen, z. B. Handwurzelknochen); **Sattel-G.** (Bewegungen in 2 Ebenen möglich, z. B. Daumen-G.); **Dreh-G.** oder **Zapfen-G.** (z. B. bei Elle und Speiche). – Außer bei den Wirbeltieren kommen G. v. a. auch bei Gliederfüßern vor, bei denen sie die über eine membranartige Haut (G.-Haut) gegeneinander bewegl. Teile des Außenskeletts miteinander verbinden.
📖 *Kaltwasser, B. u. a.: Chirurgie der Knochen u. G.e. Berlin 1981. – Biomechanik des menschlichen Bewegungsapparates, hg. v. E. Schneider. Berlin u. a. 1997. – Kapandji, I. A.: Funktionelle Anatomie der G.e. A. d. Frz. Stuttgart ³2001.*
2) *Bautechnik:* bewegl. Verbindung von Bauteilen, die Druck- und Zugkräfte, nicht jedoch Drehmomente übertragen kann. Es gibt verschiebl. und unverschiebl. (feste) G. Sie werden u. a. angewendet bei Zwei- und Dreigelenkbögen sowie bei G.-Trägern.
3) *Botanik:* (Gelenkpolster), bei Pflanzen ein Zellgewebewulst um den Blattstielgrund (so beim **Blattpolster, Blattkissen, Blatt-G.**) oder an den Stängelknoten (G.-Knoten), worin Winkelbewegungen des Blattes oder eines Stängelteils durch ungleichmäßiges Wachstum **(Wachstums-G.)** oder durch Änderung des osmot. Drucks im Zellsaft des G.-Wulstes **(Spannungs-G.)** entstehen; G. bewirken

z. B. das Aufstehen umgelegter Grashalme, die Berührungsreize der Mimosenblätter.
4) *Maschinenbau:* Verbindung zweier Maschinenteile derart, dass eine gegenseitige ebene oder räuml. Bewegung möglich ist. Beim **Dreh-G.** (z. B. Achsen-G. und Gabel-G.) ist die Verbindung durch Bohrung und Welle (z. B. zylindr. Bolzen) vollzogen, die nur eine ebene Bewegung beider Teile zulässt. Das **Schub-G.** aus Voll- und Hohlprisma ermöglicht eine Schiebung, das **Schraub-G.** aus Schraube und Mutter eine Schraubung der Elemententeile gegeneinander. Beim **Kugel-G.** greift das kugelige Ende des einen Teils in die hohlkugelförmige Pfanne des anderen Teils ein, wodurch ein Schwingen nach allen Seiten möglich wird. Das **Kreuz-** oder **Kardan-G.** gestattet eine Bewegung in zwei aufeinander senkrecht stehenden Ebenen.
Gelenk|erguss (Hydarthros, Hydrops articularis), krankhaft vermehrte Flüssigkeitsansammlung im Gelenkinneren infolge Verletzung oder als Begleiterscheinung bei Gelenkentzündung (↑Gelenkkrankheiten). Der G. kann blutig, serös, fibrinös oder eitrig sein. Er dehnt die Gelenkkapsel aus, wodurch das Gelenk anschwillt und bei Bewegung schmerzt. – *Behandlung:* je nach Grundkrankheit; örtl. Eisanwendungen, Ruhigstellung, Schienung, ggf. Druckentlastung durch Punktion.

Gelenkkrankheiten GEL

Gelenkfahrzeug, Straßen- oder Schienenfahrzeug, das aus zwei oder mehreren betriebsmäßig untrennbaren Teilfahrzeugen besteht, die durch Gelenkkonstruktionen, Drehgestelle oder Aufsattelung miteinander verbunden sind, z. B. Gelenkomnibus.

Gelenkgetriebe (Koppelgetriebe), *Maschinenbau:* mechan. Getriebe, bei denen alle Glieder in Gelenken miteinander verbunden sind. Die einfachsten G. sind Kurbel-, Doppelschwinge, Doppelkurbel.

Gelenkkrankheiten, Gesamtheit der auf degenerativen oder entzündl. Prozessen beruhenden krankhaften Veränderungen der Gelenke, zusammenfassend auch als **Arthropathien** bezeichnet (i. e. S. nur auf die degenerativen G. bezogen). Die **degenerativen G. (Arthrosen)** gehen auf chron. Abnutzungsprozesse zurück (v. a. durch Alter, Krankheit oder Überbeanspruchung). Symptome sind anfangs vielleicht Gelenkgeräusche, reflektor. Verspannung der Gelenkgegend bei Belastungsreiz, später sekundäres Knochenwachstum der Gelenkränder, gefolgt von Knochenabsprengungen; führt zu schmerzhaften Bewegungseinschränkungen mit Muskelschwund, schließlich kann Gelenkversteifung mit Bewegungsunfähigkeit eintreten. Die **primäre Arthrose** wird möglicherweise durch ein Missverhältnis zw. Belastung und Belastbarkeit des Gelenkknorpels, z. B. durch Übergewicht oder übermäßige körperl. Anforderungen, hervorgerufen; die **sekundäre Arthrose** geht auf unfallbedingte Gelenkfehlstellungen, Entzündungen (z. B. rheumat. Erkrankungen) und angeborene Gewebeminderwertigkeit (v. a. des Knorpelgewebes) zurück. Eine typ. Abnutzungskrankheit ist die Arthrosis deformans des höheren Lebensalters (Alterskrankheit), die meist nach dem 50. Lebensjahr in Schüben einsetzt und zunächst symptomlos, später mit z. T. starken Schmerzzuständen verläuft. Von der Arthrose sind meist die Kniegelenke **(Gonarthrose)** und Hüftgelenke **(Koxarthrose)** befallen. Ähnl. Veränderungen an den kleinen Gelenken der Wirbelsäule bewirkt die **Spondylosis deformans (Spondylose),** die v. a. die Hals- und Brustwirbelsäule befällt und bei mehr als der Hälfte aller Menschen zw. dem 40. und 50. Lebensjahr auftritt. Sie kann bei chron. Verlauf zur Versteifung der Wirbelsäule führen. Die *Behandlung* der degenerativen G. besteht v. a. in aktiven und passiven Bewegungsübungen, Unterwassermassagen, Wärmeanwendungen (Bestrahlung, Fango-, Moorpackungen), Heilbadkuren und Schmerzbekämpfung durch schmerzlindernde Mittel; bei schweren Arthropathien kann eine Gelenkprothese die Gelenkfunktion wiederherstellen.

Die **entzündl. G.** treten in akuter oder chron. Form auf. Die **akut-entzündl. Gelenkerkrankung** wird inzwischen als Ersterkrankung fast nur noch im Kindesalter beobachtet. Meist schließt sie sich an eine durch hämolysierende Streptokokken hervorgerufene Mandelentzündung an. Diese Keime bewirken i. d. R. eine individuelle Überempfindlichkeit und spielen eine krankheitsauslösende Rolle. Symptome sind schmerzhafte Gelenkschwellungen, v. a. der großen Gelenke an Armen und Beinen, sowie hohes Fieber mit Schweißausbrüchen. Die *Behandlung* besteht in einer Bekämpfung des Streptokokkenherdes durch Antibiotika, zusätzl. Gabe von Antirheumatika und Cortisonpräparaten sowie in Wärmeanwendungen. Hartnäckige Entzündung eines einzelnen Gelenks kann durch Gonokokken u. a. Keime, auch durch Syphilis und Tuberkulose, hervorgerufen werden **(Infektarthritis).** Die **primär-chronisch-entzündl. Arthritis,** früher als primär-chron. Gelenkrheumatismus bezeichnet, ist mit krankhaften Vorgängen im Gesamtorganismus verbunden. Sie beruhen auf Serumeiweißstörungen (Autoimmunreaktionen). Die primärchron. Polyarthritis ist eine zu den Kollagenosen zählende Systemerkrankung des Bindegewebes, bei der in 80 % der Fälle Rheumafaktoren nachweisbar sind **(rheumatoide Arthritis).** Sie tritt meistens zw. dem dritten und fünften Lebensjahrzehnt auf, daneben besteht eine juvenile Form des frühen Kindesalters. Der Beginn ist schleichend. Befallen sind anfangs meist nur die kleinen Gelenke an Fingern und Zehen, die schmerzhaft geschwollen sind. Nach jahrzehntelangem Bestehen kommt es zur Gelenkzerstörung an Händen und Füßen, schließlich auch der großen Gelenke. Zu den primär-chron. G. gehört auch die ↑Bechterew-Krankheit. Mit einer symptomat. chron. Gelenkentzündung sind die Schuppenflechte und die Gicht verbunden. Die *Behandlung* erfolgt v. a.

GEL Gelenkmaus

medikamentös mit Antibiotika sowie entzündungshemmenden und schmerzlindernden Mitteln.

📖 *Bäker, B. A.: Alles über Gelenkerkrankungen.* München ³1991. – *Cotta, H.: Der Mensch ist so jung wie seine Gelenke.* München u. a. 2001.

Gelenkmaus (freier Gelenkkörper, Arthrolith), aus Knochen, Knorpel- oder Bindegewebe bestehender, frei im Gelenk bewegl. Körper; entsteht durch Knochen- oder Knorpelabsprengung bei Unfall oder bei Gelenkkrankheiten. Bei Einklemmung treten starke Schmerzen und Einschränkung der Beweglichkeit auf; betroffen ist am häufigsten das Kniegelenk. Die Behandlung erfolgt operativ.

Gelenkprothese, ein künstl. Gelenk (↑Prothese).

Gelenkquetschung (Gelenkkontusion), Gelenkverletzung, die bes. durch Schlag, Stoß oder Fall entsteht; führt häufig zu blutigem Gelenkerguss mit schmerzhafter Bewegungseinschränkung. *Behandlung:* Ruhigstellung, kalte Umschläge, Wundversorgung.

Gelenkrheumatismus, ↑Gelenkkrankheiten.

Gelenkversteifung, 1) (Arthrodese), die künstl. (operative) Versteifung eines Gelenks, z. B. zur Bekämpfung unerträgl. Schmerzen infolge degenerativer Gelenkkrankheiten oder zur Ausheilung entzündl. Vorgänge.
2) (Ankylose), Folge von Gelenkkrankheiten mit vollständigem Bewegungsverlust.

Gelenkwelle, Maschinenelement mit allseitig bewegl. Gelenken an einem oder beiden Enden der Welle zum Übertragen von Drehmomenten zw. versetzten Wellen. Als G. werden u. a. **Kurven-G.,** bei denen die Elementteile aufeinander abrollen, sowie Kreuz- bzw. Kardangelenke **(Kardanwelle),** die eine Bewegung in zwei senkrecht aufeinander stehenden Ebenen gestattet, verwendet.

Geleucht (Grubenlampe), *Bergbau:* unter Tage verwendete, in der Hand oder am Schutzhelm tragbare Leuchte. Die Entwicklung ging vom Kienspan über offene Öllampe, Acetylenlampe (Acetylengas, aus Calciumcarbid und Wasser in der Lampe erzeugt), Benzinlampe (↑Wetterlampe) zu elektr. Lampen mit Akkubetrieb.

Gelfiltration, die ↑Gelchromatographie.

Gelibolu (früher Gallipoli, in der Antike Thrakischer Chersones), Halbinsel zw. den Dardanellen und dem Golf von Saros, im europ. Teil der Türkei, 90 km lang, bis 19 km breit; eine kahle, zerfurchte Tafellandschaft mit der Hafenstadt G. (15 000 Ew.; Fischereihafen, Marinestützpunkt). Die Halbinsel wurde im 8.–7. Jh. von Griechen kolonisiert, 133 v. Chr. römisch, im 14. Jh. osmanisch.

Gelimer (eigtl. Geilamir), der letzte Wandalenkönig in Nordafrika (530–34), 534 vom byzantin. Feldherrn Belisar gefangen genommen.

Gellert, Christian Fürchtegott, Schriftsteller, *Hainichen 4. 7. 1715, †Leipzig 13. 12. 1769; studierte seit 1734 in Leipzig Theologie, hielt ebd. seit 1751 Vorlesungen über Moral, Poesie und Beredsamkeit. G., bed. Vertreter der Leipziger Aufklärung zw. Gottsched und Lessing, war v. a. mit seinen dem aufklärer. Tugendideal verpflichteten »Fabeln und Erzählungen« (1746–48) einer der meistgelesenen dt. Autoren des 18. Jh. Der Briefroman »Das Leben der schwed. Gräfin von G.« (1747/48), der engl. und frz. Vorbildern (S. Richardson, A. F. Prévost d'Exiles) folgt, begründete den bürgerl. Roman in Dtl. Seine Lustspiele führten das »Rührstück« (Comédie larmoyante) aus dem Französischen in die dt. Literatur ein. Die rationale Frömmigkeit seiner »Geistl. Oden und Lieder« (1757) entsprach dem Zeitgeschmack.

Gelli [ˈdʒɛlli], Giambattista, italien. Schriftsteller, *Florenz 12. 8. 1498, †ebd. 24. 7. 1563; Mitbegründer der Florentiner Akademie; schrieb moralist. Dialoge (»I capricci del bottaio«, 1546, erweitert 1549; »La Circe«, 1549) und Komödien.

Gellius, Aulus, röm. Schriftsteller des 2. Jh. n. Chr., Vertreter des Archaismus; verfasste die »Noctes Atticae« in 20 Büchern mit Auszügen aus Schriften antiker Autoren über sehr viele Wissensgebiete und erhielt so wertvolle Zeugnisse der älteren röm. Literatur.

Gell-Mann [ˈgelˈmæn], Murray, amerikan. Physiker, *New York 15. 9. 1929; entwickelte 1961 gleichzeitig mit Y. Neeman das Achtfach-Weg-Modell (↑Oktettmodell) der Baryonen, Mesonen und ihrer Resonanzen und führte 1964 (unabhängig von G. Zweig) die ↑Quarks ein. Für seine Beiträge und Entdeckungen zur Klassifikation der Elementarteilchen und ihrer

Gelsenkirchen GEL

Gelnhausen: Ruine der Kaiserpfalz, im Hintergrund die Türme der Peterskirche

Wechselwirkungen erhielt G.-M. 1969 den Nobelpreis für Physik.
Gelmetti [dʒel'metti], Gianluigi, italien. Dirigent, *Rom 11. 9. 1945; leitete 1980–84 das Orchestra Sinfonica della RAI, war 1984/85 Musikdirektor des Teatro dell'Opera in Rom und 1989–94 Chefdirigent des Radio-Sinfonieorchesters in Stuttgart; 1990 wurde er musikal. Leiter des Orchestre Philharmonique de Monte Carlo.
Gelnhausen, Stadt im Main-Kinzig-Kr., Hessen, an der Kinzig, 21 700 Ew.; Gummi und Holz verarbeitende Ind., Herstellung von Sportartikeln, Musikinstrumenten, Nukleartechnik; Fremdenverkehr. – Kaiserpfalz (1180; Verfall ab dem 14. Jh.), reizvolle Altstadt mit zahlr. alten Stein- und Fachwerkbauten, Marienkirche (Ende des 12. Jh.) mit Wand- und Glasmalereien sowie Lettner (alle Mitte des 13. Jh.), Peterskirche (13. Jh., erst 1932–38 ausgebaut), ehem. Synagoge (1736), Roman. Haus (um 1185), Rathaus (14. Jh.), gut erhaltene Stadtbefestigung. – 1123 erstmals erwähnt, von Kaiser Friedrich I. Barbarossa um 1170 als Reichsstadt neu gegr.; Stätte der Reichstage von 1180, 1186 und 1195; 1736/46 an Hessen-Kassel; 1803, endgültig 1816 Kurhessen eingegliedert.
Gelöbnis, *Recht:* eidesgleiche Beteuerung, die z. B. ehrenamtl. Richter und Beamte leisten, welche aus Glaubens- und Gewissensgründen keinen Eid ablegen wollen. (↑Fahneneid)
Gelobtes Land, in der jüd. und christl. Tradition Bez. für das Abraham und seinen Nachkommen nach 1. Mose 12, 6 f. von Gott verheißene Land Kanaan, in das die israelit. Stämme seit der zweiten Hälfte des 14. Jh. v. Chr. eingewandert und im nachfolgenden Jh. sesshaft geworden waren (Volk ↑Israel); seit Herodot als »Palästina« bezeichnet; später als Ort der Offenbarung Gottes theologisch überhöht »Hl. Land« (Sach. 2, 16) bzw. »Land der Verheißung« (Hebr. 11, 9) genannt.
Gelon, Tyrann von Gela (seit 491 v. Chr.) und von Syrakus (seit 485), *Gela um 540 v. Chr., †Syrakus 478 v. Chr.; Reiterführer des Tyrannen Hippokrates von Gela; brachte nach dessen Tod die Macht in seine Hand. Durch den Sieg über die Karthager bei Himera (480) sicherte er für lange Zeit die friedl. Entwicklung Siziliens.
Gelsenkirchen, kreisfreie Stadt im Reg.-Bez. Münster, NRW, im Ruhrgebiet, an der Emscher und am Rhein-Herne-Kanal, 276 700 Ew.; FH für öffentl. Verw., FH G., Wissenschaftspark, Hygiene-Inst. des Ruhrgebiets, Bergamt; Rennbahnen, Arena AufSchalke (2001 eröffnet), Safaripark, zoolog. Garten; Solarzellenfabrik, Eisen- und Stahlerzeugung, Mineralölverarbeitung, chem. Ind., Flachglaswerk; Hä-

GEL Geltung

Gelsenkirchen: Sichtbares Überbleibsel des Strukturwandels im Ruhrgebiet sind zahlreiche Industriedenkmäler der Stahlindustrie und des Bergbaus: Hochöfen, Schornsteine, Kokereien, Gasometer und Fördertürme wie die Zeche Nordstern in Gelsenkirchen, auf deren Gelände 1997 die Bundesgartenschau ausgerichtet wurde.

fen am Rhein-Herne-Kanal. – Reste des Wasserschlosses Horst (16. Jh.); Technologiezentrum im »Wissenschaftspark Rheinelbe« (von U. Kiessler u. a., 1992–95). – 1928 Zusammenlegung von G. (Stadt 1875), **Buer** (1003 erstmals erwähnt) und **Horst** (1223 erstmals erwähnt) zu G.-Buer; seit 1930 heutiger Name.

Geltung, die objektive Grundlage des Anerkanntseins von Urteilen, Gesetzen, Normen. G.-Voraussetzungen: Verständlichkeit, Wahrheit, Richtigkeit. In der Erfahrungswiss. gilt ein empir. Gesetz, insofern es nicht falsifiziert und in hohem Maße bestätigt ist. In der Logik ist ein Schluss gültig, wenn aus wahren Prämissen wahre Folgerungen entspringen.

Gelübde (lat. Votum), in den Religionen ein feierlich Gott oder bei Gott gegebenes Versprechen, in dem sich der Gelobende zu etwas verpflichtet. In der *kath. Kirche* ist ein G. (zeitlich begrenzt oder lebenslänglich bindend) ein Gott gegebenes Versprechen, ein Leben in besonderer Verantwortung vor Gott bzw. in authentischer christl. Existenz zu führen, v. a. realisiert im Mönchtum und Ordensleben, wo seit dem MA. Gehorsam, Armut und Ehelosigkeit als die verbindl. Kern-G. des Ordenslebens (Evang. Räte) gelten. Die *evang. Kirchen* betonen die Erfüllung der allgemeinen christl. Pflichten als Grundlage für das Leben eines jeden Christen, kennen in den Kommunitäten auch besondere geistl. Versprechen, jedoch keine G. im kirchenrechtl. Sinn.

Gelzer, Matthias, schweizer. Althistoriker, *Liestal 19. 12. 1886, †Frankfurt am Main 23. 7. 1974; war 1915–18 Prof. in Greifswald, 1918/19 in Straßburg und 1919–55 in Frankfurt am Main. – Sein Hauptwerk »Die Nobilität der röm. Rep.« (1912), eine Strukturanalyse der röm. Oberschicht, hat die Forschung stark beeinflusst.

Weitere Werke: Caesar, der Politiker und Staatsmann (1921); Pompeius (1949); Cicero, ein biograph. Versuch (1969).

GEM, Abk. für **G**ender **E**mpowerment **M**easure, das Maß für die Ermächtigung der Geschlechter (↑Human Development Index).

GEMA, Abk. für **G**esellschaft für **m**usikalische **A**ufführungs- und mechan. Vervielfältigungsrechte, eine Urheberrechte wahrnehmende Verwertungsgesellschaft in der Rechtsform eines wirtsch. Vereins (Sitz: Berlin), die mit Komponisten, Textdichtern und Musikverlegern Berechtigungsverträge abschließt, durch die ihr Aufführungs-, Sende- und Vervielfältigungsrechte an Musikwerken übertragen werden. Die GEMA erteilt den Herstellern und Musikveranstaltern Genehmigungen zur Nutzung und zieht Tantiemen ein, die nach einem Schlüssel an Komponisten, Textdichter und Verleger verteilt werden.

Gemara [aramäisch »Vervollständigung«] *die,* aramäische Kommentierung der ↑Mischna; entstanden im 3.–5. Jh.; Mischna und G. bilden den ↑Talmud.

Gemarkung [von ahd. marcha »Grenze«], Gesamtfläche einer Gemeinde ohne die ausmärk. Besitzungen; vermessen und im Liegenschaftskataster verzeichnet, in einem Grundbuch besitzrechtlich fixiert.

gemäßigte Zonen, Gebiete zw. den Wende- und Polarkreisen, in denen die Sonne täglich den ebenen Horizont quert, jedoch nie im Zenit steht. Von einem gemäßigten Klima kann nur bedingt gesprochen werden, denn es herrschen in den g. Z. unterschiedl. Klimabedingungen und z. T. extreme Temperaturgegensätze.

Gemeinde, 1) (Kirchen-G.), die kleinste Einheit der kirchl. Verwaltungsstruktur, i.d.R. auf regionaler Ebene (Pfarrei, Pfarr-G.), seltener auf personaler Ebene (z.B. Studentengemeinde).
2) (Kommune), Körperschaft des öffentl. Rechts auf gebietl. Grundlage (Gebietskörperschaft), unabhängig von ihrer äußeren Bez. als »G.« oder »Stadt«. Im Rahmen des staatl. Verw.aufbaus in Dtl. ist sie im Verhältnis zum Bund und zu den Ländern mit eigenen Rechten ausgestattet. Art. 28 GG garantiert den G. ihre Befugnis, alle Angelegenheiten der örtl. Gemeinschaft im Rahmen der Gesetze eigenverantwortlich zu regeln (»Selbstverwaltungsgarantie«). Zu diesen Ges. gehören die von den Parlamenten der einzelnen Bundesländer beschlossenen G.-Ordnungen, die die Grundzüge der G.-Organisation regeln. In diesen Grenzen legt die G. die Einzelheiten ihrer Verf. und Organisation in einer Hauptsatzung fest. In den neuen Ländern galt zunächst die Kommunalverf. vom 17. 5. 1990 gemäß Einigungsvertrag als Landesrecht fort, wurde in der Zwischenzeit aber durch die G.-Ordnungen der einzelnen Länder ersetzt bzw. grundlegend novelliert. I.d.R. ist die G. **Einwohner-G.**, wobei Einwohner ist, wer in der G. wohnt. Er ist berechtigt, die Einrichtungen der G. zu benutzen, und verpflichtet, ihre Lasten zu tragen. Demgegenüber ist G.-Bürger, wer besondere Voraussetzungen (z.B. Mindestaufenthaltsdauer) erfüllt. An den Bürgerstatus ist u.a. das Wahlrecht, auch die Pflicht zur Übernahme von Ehrenämtern geknüpft.
Die Grundform der G. ist die **Einheits-G.**, die in Ortsteile, Ortschaften oder Stadtbezirke untergliedert sein kann. Von ihr sind die in einigen alten Ländern bestehenden, aus einzelnen Mitglieds-G. gebildeten **Samt-G.** sowie die **Verbands-G.** zu unterscheiden; sie verfügen über direkt gewählte Vertretungskörperschaften (Samtgemeinderat, Verbandsgemeinderat), wodurch eine zweite Mandatsebene geschaffen wurde. In den anderen Ländern vollzieht sich die kommunale Zusammenarbeit dagegen auf der gleichen Stufe in »Ämtern«, »Verw.verbänden« und »Verw.gemeinschaften«, deren Organe die »Gemeinschaftsversammlungen« oder »Amtsausschüsse« sind, denen die Bürgermeister der zugehörigen G. und weitere Angehörige der G.-Vertretungen angehören.
Die Verf. der G. ist in den einzelnen Ländern unterschiedlich, wobei sich bestimmte Typen herausgebildet haben. Überall ist die **G.-Vertretung** (G.- oder Stadtrat, Stadtverordnetenversammlung, Rat) das oberste und allg. zuständige Organ. Die G.-Vertreter werden nach den Kommunalwahlgesetzen aufgrund eines reinen oder qualifizierten Verhältniswahlrechts meist auf vier, in den neuen Ländern durchweg auf fünf Jahre gewählt, üben ihre Tätigkeit ehrenamtlich aus und sind an Weisungen nicht gebunden. Die G.-Vertretung beschließt über die G.-Angelegenheiten, kontrolliert die Verw. (Kommunalverw.) und stellt Richtlinien für sie auf. I.d.R. tritt neben die G.-Vertretung der von dieser oder den Bürgern (Bad.-Württ., Bayern) gewählte **G.-Vorstand (dualist. Verfassungsform)**. Seine Stellung kann sich auf die eines ausführenden Organs beschränken oder eine stärkere Selbstständigkeit neben der G.-Vertretung besitzen. Der G.-Vorstand kann dabei kollegial oder monokratisch organisiert sein, Ersteres in der **Magistratsverfassung**. Der Magistrat als ausführendes Verw.organ baut aus dem Bürgermeister als Vors. und ehrenamtl. oder hauptamtl. Beigeordneten für besondere Arbeitsgebiete (so in Hessen). Bei der **Bürgermeisterverf.** (seit jeher üblich in Bayern, Bad.-Württ.; gilt auch in Rheinl.-Pf., Saarland, Sachsen, Sachs.-Anh., Thüringen, Brandenburg, Meckl.-Vorp., Schlesw.-Holst., mit Modifikationen in NRW und spätestens ab 2002 in Ndsachs.) ist der Bürgermeister als Einzelperson G.-Vorstand und leitet mit Unterstützung der Beigeordneten die Verw.geschäfte. Ab 1993 wurde bzw. wird die urspr. in NRW und Ndsachs. geltende **Direktorialverf.** mit einem Gemeindebzw. Stadtdirektor als Verw.chef abgeschafft.
Die dt. Vereinigung hat in Ost-Dtl. zu einer tief greifenden Umwandlung der Kommunalverf. geführt und auch Anstöße zu Reformen in den westdt. Ländern gegeben. In den neuen Bundesländern wurde entsprechend dem Vorbild der Länder Bad.-Württ. und Bayern die Direktwahl der Bürgermeister eingeführt, in Meckl.-Vorp. erst ab 1999. Ihre Amtsperioden betragen in Sachsen und Sachs.-Anh. sieben, in

GEM **Gemeinde**

Bürgermeisterverfassung

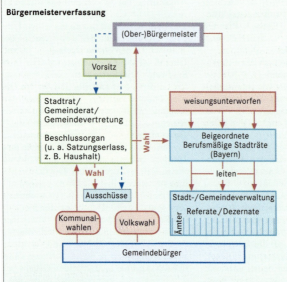

Magistratsverfassung

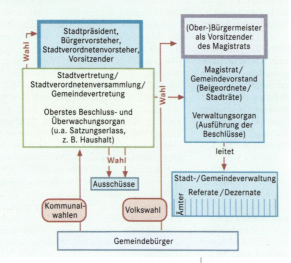

Gemeinde 2): Grundtypen der Gemeindeverfassungen in Deutschland

Thüringen sechs und in Brandenburg acht Jahre. In Sachsen und Thüringen ist der Bürgermeister kraft Amtes auch Vors. des Rates.
Während es im Westen bis 1992 die Direktwahl der (Ober-)Bürgermeister nur in Bad.-Württ. und Bayern gab, wurde sie 1993/94 auch in Hessen, Rheinl.-Pf. und dem Saarland mit achtjähriger Amtszeit eingeführt; 1996 folgte Ndsachs. (Amtszeit: fünf Jahre, gleichlaufend mit dem Rat). In NRW ist die Direktwahl ebenfalls ab 1999 beschlossen, wobei die G. das Recht haben zu entscheiden, ob sie bis dahin die bisherige Verw.praxis mit der Doppelspitze von Bürgermeister und G.-(Stadt-)Direktor beibehalten oder bereits die Bürgermeisterverf. anwenden. Ele-

Gemeinde GEM

mente der direkten Demokratie wurden in den Kommunalordnungen der neuen Länder stärker berücksichtigt, als dies in den G.-Ordnungen der alten der Fall war. Doch haben sich auch im alten Bundesgebiet die Kommunalordnungen diesem Anliegen z. T. geöffnet. Stufen der direkten Beteiligung sind Bürgerantrag (mit dem Ziel, dass sich die G.-Vertretung mit wichtigen G.-Angelegenheiten befasst), Bürgerbegehren (wichtige Entscheidungen sollen dem Bürgerentscheid unterworfen werden) und Bürgerentscheid.

Aufbauend auf der Selbstverwaltungsgarantie umfasst das Selbstverwaltungsrecht der G. ein begrenztes Recht zum Erlass von Rechtsnormen (Satzungsautonomie) sowie die Personal- und die Finanzhoheit. Im eigenen Interesse wie im übergeordneten Interesse des Gesamtstaates haben die G. versch. Aufgaben zu erfüllen. In eigenen Angelegenheiten (»Selbstverwaltungsangelegenheiten«) unterscheidet man die freiwilligen Aufgaben (z. B. Betrieb eines Schwimmbads, eines Tierparks) und die gesetzlich vorgeschriebenen Pflichtaufgaben (z. B. Schulträgerschaft, öffentl. Ordnung). Den anderen Bereich bilden die Auftragsangelegenheiten, d. h. Aufgaben des Staates, die den G. nach dessen Weisung zur Erledigung übertragen werden (z. B. Sozialhilfe). Während die Selbstverwaltungsangelegenheiten nur der Rechtmäßigkeitskontrolle durch die Kommunalaufsichtsbehörden (je nach Bundesland und Status der G.: Landrat, RegPräs., Innenmin.) unterliegen, besteht bei Auftragsangelegenheiten eine Fachaufsicht mit Zweckmäßigkeitskontrolle.

In Dtl. gibt es (31. 12. 2000) 13 811 G. (8 487 in West-, 5 324 in Ost-Dtl., ↑Verwaltungsreform).

In *Österreich* genießen die G. in den ihnen von der Verf. zugewiesenen Aufgaben eine beschränkte Autonomie. Die wichtigsten G.-Organe sind der Bürgermeister, der G.-Rat und der G.-Vorstand. Städte mit eigenem Statut (mindestens 20 000 Ew.) besorgen i. d. R. gleichzeitig die Aufgaben der Bezirksverw. (Art. 115–120 Bundes-Verfassungs-Ges.).

In der *Schweiz* wird die Organisation der G. vom kantonalen Recht geordnet. Oberstes Organ ist i. d. R. die Gesamtheit der Stimmberechtigten. Exekutivorgan ist in den meisten G. der G.-Rat, dem ein G.-Präsident vorsteht. Die G.-Autonomie wird von Bundes wegen verfassungsrechtlich geschützt.

Geschichte: Die moderne kommunale Selbstverw. beginnt in Dtl. mit der preuß. Städteordnung des Freiherrn H. F. K. vom und zum Stein vom 19. 11. 1808, durch die die Stadt-G. Selbstverw. erlangten (Magistratsverf.). Das preuß. Vorbild veranlasste die meisten anderen dt. Staaten, ihre G.-Ordnung nach ähnl. Grundsätzen neu zu errichten. Durch die Weimarer Reichsverf. von 1919 (Art. 127) erhielten die G. und G.-Verbände allg. das Recht der Selbstverw. Das GG erneuerte die Garantie der kommunalen Selbstverw. in Art. 28 Abs. 2. Seit 1950 wurden in den einzelnen Ländern gesonderte G.-Ordnungen verabschiedet.

📖 *Die Gemeindeordnungen u. die Kreisordnungen in der Bundesrep. Dtl.*, bearb. v. G. Schmidt-Eichstaedt u. a., Loseblatt-Ausg.

Gemeindefinanzen: Einnahmen und Ausgaben der Gemeinden[1] (2002)

	alte Bundesländer		neue Bundesländer	
	Mrd. €	%	Mrd. €	%
bereinigte Ausgaben	124,0	100	25,2	100
davon:				
Personalausgaben	32,7	26,4	7,3	29,0
laufender Sachaufwand	24,5	19,8	4,8	19,0
soziale Leistungen	24,3	19,6	3,8	15,1
Sachinvestitionen	18,7	15,1	4,9	20,2
Zinsausgaben	4,3	3,5	0,8	3,2
bereinigte Einnahmen	119,6	100	25,0	100
davon:				
Steuern	43,4	36,3	4,0	16,0
Verwaltungs- und Benutzungsgebühren	14,1	11,8	2,0	7,9
Schlüsselzuweisungen[2]	16,3	13,6	7,3	29,0
Zuweisungen für Investitionen vom Land	4,6	3,8	3,2	12,8
Finanzierungssaldo	−4,4	−	−0,2	−
Nettokreditaufnahme	1,0	−	−0,1	−

1) Gemeinden und Gemeindeverbände, ohne Stadtstaaten. –
2) Brandenburg und Sachsen einschl. Familienleistungsausgleich.

GEM Gemeindebeamte

Stuttgart 1975ff., früher u.a.T. – Reiners, T.: Kommunalverfassungsrecht in den neuen Bundesländern. München 1991. – Schöber, P.: Kommunale Selbstverwaltung. Die Idee der modernen G. Stuttgart u.a. 1991. – Gisevius, W.: Leitfaden durch die Kommunalpolitik. (Neuausg.) Bonn 1997. – Gern, A.: Kommunalrecht einschließlich kommunales Abgabenrecht. Baden-Baden ⁸2001.

Gemeindebeamte (Kommunalbeamte), die Beamten der Gemeinden oder Gemeindeverbände. Sie gelten als mittelbare Staatsbeamte. Ihre Rechtsverhältnisse sind durch landesrechtl. Regelungen im Wesentlichen denen der Staatsbeamten angeglichen. (↑Beamte)

Gemeindediakon, *evang. Kirchen:* Beruf mit Fachhochschul- bzw. höherer Fachschulausbildung und den Tätigkeitsprofilen Katechet (in der Schule und in der Kirchengemeinde) oder kirchl. Sozialarbeiter. – *Frauen:* **Gemeindediakonin.**

Gemeindefinanzen, Gesamtheit der Einnahmen und Ausgaben der Gem. und Gemeindeverbände. In Dtl. ist das Selbstverwaltungsrecht und damit die finanzpolit. Autonomie in Art. 28 GG verankert. In der Praxis ist die Ausgabenhoheit jedoch durch eine zunehmende Zahl von (weisungsfreien und -gebundenen) Pflichtaufgaben und Auftragsangelegenheiten eingeschränkt. Eine solche Einschränkung ist unvermeidlich, wenn der Zentralstaat innerhalb seines Gebietes möglichst gleiche Lebensverhältnisse gewährleisten will. – *Ausgaben:* Auf die Gem. entfallen in Dtl. (2002) 21,8 % der Gesamtausgaben der Gebietskörperschaften (Bund mit Sondervermögen, Länder, Gem.). Beachtenswert ist v.a., dass fast zwei Drittel (63 %) der Sachinvestitionen aller Gebietskörperschaften von den Gem. getätigt werden. – Bei den *Einnahmen* (ohne Kreditaufnahme) der Gem. entfielen (2002) 32,9 % auf Steuern (↑Gemeindesteuern), 12,7 % auf Gebühren, 4,7 % auf Erlöse aus Veräußerung von Vermögen und 33,5 % auf Zuweisungen des Bundes und der Länder. Die Zusammensetzung der Ausgaben und Einnahmen sowie die Pro-Kopf-Zahlen weisen immer noch große Unterschiede für die Gem. in den alten und den neuen Bundesländern auf. Die ostdt. Gem. haben überdurchschnittlich hohe Ausgaben für Sachinvestitionen und deutlich niedrigere Steuereinnahmen, sodass sie in hohem Maße von Zuweisungen des Bundes und der Länder abhängig sind.

Die *Verschuldungs*möglichkeit der Gem. ist im Vergleich zu Bund und Ländern beschränkt. Kredite dürfen nur für Investitionen und Investitionsfördermaßnahmen aufgenommen werden; die jährl. Neuverschuldung muss von kommunalen Aufsichtsbehörden genehmigt werden. Das nach der dt. Vereinigung zunächst stark angestiegene Finanzierungsdefizit der Gem. war seit 1993 rückläufig, für die Jahre 1998–2000 konnten die Gem. insgesamt sogar einen Finanzierungsüberschuss ausweisen; erst seit 2001 sind erneut Defizite zu verzeichnen.

📖 *Napp, H.-G.: Kommunale Finanzautonomie und ihre Bedeutung für eine effiziente lokale Finanzwirtschaft. Frankfurt am Main 1994. – Fuchs, K.: Kommunale Finanzwirtschaft. Hamburg 1999. – Staender, K.: Lexikon der öffentl. Finanzwirtschaft. Heidelberg ⁵2002.*

Gemeindekirchenrat (Presbyterium), in den evang. Kirchen Organ der Selbstverw. der Kirchengemeinde (↑Kirchenvorstand).

Gemeindeordnung, ↑Gemeinde.

Gemeinderat, ↑Gemeinde.

Gemeindereferentin, *kath. Kirche:* Beruf mit Fachhochschul- oder (ein berufseinführendes Jahr einschließender) Fachschulausbildung und dem Tätigkeitsprofil der qualifizierten Unterstützung des kirchl. Amtes auf Pfarreiebene (Bereiche Glaubensverkündigung und Gemeindediakonie). – *Männer:* **Gemeindereferent.**

Gemeindesteuern, die den Gem. und Gemeindeverbänden zufließenden Steuern. Nach Art. 106 GG steht den Gem. das Aufkommen aus den Realsteuern (Grund- und Gewerbesteuer) sowie kleineren Verbrauch- und Aufwandsteuern (Vergnügung-, Hunde-, Zweitwohnung-, Getränkesteuer) zu. Außerdem erhalten sie einen Anteil am Aufkommen der Lohn- und veranlagten Einkommensteuer, des Zinsabschlags und (seit 1998) der Umsatzsteuer (2,2 %); im Gegenzug werden Bund und Länder am Aufkommen der Gewerbesteuer beteiligt. Insgesamt flossen den Gem. (2002) 11,9 % des Gesamtsteueraufkommens zu. (↑Gemeindefinanzen)

Gemeindetag, ↑Deutscher Gemeindetag.

Gemeindeverbände (Kommunalver-

Gemeineigentum GEM

bände), öffentlich-rechtl. Körperschaften oberhalb der Ortsgemeinde. Die wichtigsten G. sind die Kreise. Zw. Gemeinden und Kreisen gibt es als Zwischenstufe der kommunalen Zusammenarbeit die Ämter (Schlesw.-Holstein, Brandenburg und Meckl.-Vorp.), Samtgemeinden (Ndsachs.), Verbandsgemeinden (Rheinl.-Pf.), Verwaltungsgemeinschaften (Bayern, Sa.-Anh., Thür.), Gemeindeverwaltungsverbände (Bad.-Württ.), Verwaltungsgemeinschaften und -verbände (Sachsen). In Ländern mit dreistufigem Verwaltungsaufbau bestehen als so genannte höhere G. die Bezirke (Bayern), die Landschaftsverbände (NRW) und die Landeswohlfahrtsverbände (Bad.-Württ.). Die G. haben im Rahmen der Gesetze das Recht zur Selbstverwaltung (Art. 28 Abs. 2 GG). Sie haben eigene – direkt oder indirekt gewählte – Willensbildungs- sowie Exekutivorgane (z. B. Amtsvorsteher, Landrat, Landschaftsverbandsdirektor). Von den G. sind die ↑kommunalen Spitzenverbände und die ↑Zweckverbände zu unterscheiden.

Gemeindewirtschaftsrecht, die v. a. in den Gemeindeordnungen enthaltenen Bestimmungen über die Wirtschafts- und Haushaltsführung der Gemeinden. Dazu gehört die Verw. des **Gemeindevermögens** (Verw.-, Betriebs-, Finanz-, Sonder-, Treuhandvermögen) nach den Grundsätzen der Bestands- und Werterhaltung. Vermögensgegenstände sollen nur erworben und veräußert werden, soweit die Erfüllung der gemeindl. Aufgaben es erfordert oder zulässt. Das G. regelt ferner die kommunale Finanzwirtschaft. Grundlage dafür ist die jährl. Haushaltssatzung, die die Festsetzung des Haushaltsplans, der Steuersätze und der Darlehensermächtigung nach näheren Vorschriften, z. B. einer Gemeindehaushalts-VO, enthält. Der Haushalt wird durch Erträgnisse des Vermögens, durch Steuern, Gebühren und Abgaben, Finanzzuweisungen des Landes, durch Darlehen u. a. finanziert. Schließlich umfasst das G. die wirtsch. Betätigung der Gemeinden, die Wirtschaftsunternehmen nur errichten dürfen, wenn der öffentl. Zweck es erfordert, sie der Leistungsfähigkeit der Gemeinde entsprechen und der Zweck nicht ebenso gut durch ein privates Wirtschaftsunternehmen erfüllt werden kann (Subsidiaritätsprinzip).

gemeine Figuren, *Heraldik:* im Unterschied zu den Heroldsbildern alle anderen in Wappen vorkommenden wirkl. oder fiktiven Figuren und Gegenstände, z. B. Adler, Greif, Rose.

gemeine Figuren: Bär und Baum als gemeine Figuren (Plastik des Stadtwappens von Madrid)

Gemeineigentum, urspr. das einer Gesamtheit zur gemeinsamen Nutzung zustehende Eigentum (»gemeine Mark«, ↑Allmende); heute das zum Zweck der ↑Sozialisierung auf den Staat oder andere gemeinwirtsch. Rechtsträger übergeführte Eigentum an Wirtschaftsunternehmen oder anderen Wirtschaftsgütern. Gemäß Art. 15 GG ist die Überführung von Grund und Boden, Naturschätzen und Produktionsmitteln in G. oder andere Formen der Gemeinwirtschaft gegen Entschädigung erlaubt. Von dieser Ermächtigung ist noch nie Gebrauch gemacht worden. – In *Österreich* wurden aufgrund der Verstaatlichungs-Ges. von 1946/47 große Teile der Schwerind. und der Elektrizitätswirtschaft

GEM Gemeiner Pfennig

in G. überführt. Im Staatsvertrag von 1955 wurden die von der sowjet. Besatzungsmacht requirierten USIA-Betriebe wieder in G. übernommen. Zahlr. Kapitalgesellschaften sind zudem in der Hand der versch. Gebietskörperschaften. In der *Schweiz* sind Enteignungen, die im öffentl. oder im Interesse der Eidgenossenschaft oder großer Teile derselben liegen, möglich.

Gemeiner Pfennig [zu gemein »allgemein«], im Hl. Röm. Reich eine allg. Besteuerung aller Reichsbewohner, die vom 15. bis zum 17. Jh. wiederholt auf Reichstagen (z. B. Worms 1495) beraten bzw. beschlossen wurde; sollte v. a. zur Finanzierung von Söldnerheeren für den Kampf zunächst gegen die Hussiten, später v. a. gegen die Türken (»Türkensteuer«) dienen; scheiterte letztlich am Fehlen einer Reichsfinanzverw. und am Widerstand der Territorialgewalten gegen eine unmittelbare Besteuerung ihrer Untertanen durch das Reich. – Die Türkensteuerregister sind bed. histor. Quellen.

gemeiner Wert, *Steuerrecht:* Verkehrswert eines Wirtschaftsgutes, wird durch den Preis bestimmt, der im gewöhnl. Geschäftsverkehr erzielbar ist. Er ist bei der steuerl. Bewertung nach dem Bewertungs-Ges. grundsätzlich (mit zahlr. Ausnahmen) zugrunde zu legen.

gemeines Recht, das allg. geltende Recht eines Staates im Ggs. zum partikularen Recht. In Dtl. versteht man darunter meist das im 14. und 15. Jh. in Italien von den Postglossatoren bearbeitete röm. sowie das von der Kirche ausgebildete kanon. Recht. Durch die ↑Rezeption erlangte es in Dtl. ergänzend neben den Landesrechten Geltung (z. T. bis 1900). ↑Common Law

gemeinfreies Werk, *Urheberrecht:* persönl. geistige Schöpfung, an der das Urheberrecht erloschen ist oder nie bestanden hat.

Gemeingebrauch, das subjektiv-öffentl. Recht, das jedermann ohne besondere Erlaubnis und unentgeltlich gestattet, öffentl. Sachen entsprechend ihrer Zweckbestimmung (Straßen, Plätze, Anlagen, Wasserwege) zu benutzen (↑Anlieger).

gemeingefährliche Straftaten, strafbare Handlungen, die eine Gefahr für Leib und Leben einer Vielzahl von Menschen oder für hochwertige Sachgüter herbeiführen, z. B. Brandstiftung, Herbeiführen einer Überschwemmung, Herbeiführen einer Explosion durch Kernenergie, Gefährdung des Straßenverkehrs, gemeingefährl. Vergiftung von Brunnen und Gebrauchsmitteln, Unterlassung der Hilfeleistung bei Unglücksfällen und bei Fällen gemeiner Gefahr oder Not (§§ 306–323 c StGB; ähnlich §§ 169 ff. österr., Art. 221 ff. *schweizer*. StGB).

Gemeinheit, *Rechtsgeschichte:* im Gemeineigentum, später auch unter der Herrschaft eines Grundherrn den Mitgl. eines Dorfverbandes zu gemeinsamer Nutzung zur Verfügung stehende ländl. Grundstücke (Gemeindeland, ↑Allmende). Die G. wurden im 18. und im 19. Jh. in weitem Umfang durch die **G.-Teilung** beseitigt, bes. in Verbindung mit Agrarreformen, durch die gemeindl. in privates Eigentum überführt wurde.

Gemeinjahr, im Ggs. zum ↑Schaltjahr ein Jahr mit einer normalen Anzahl von Tagen bzw. Monaten.

Gemeinkosten (indirekte Kosten), Kosten, die im Ggs. zu den Einzelkosten einer Bezugsgröße (z. B. Erzeugniseinheit, Kostenstelle) nicht direkt zurechenbar sind, weil der entsprechende Faktoreinsatz nicht von dieser Bezugsgröße allein veranlasst worden ist. Sie werden in der ↑Kostenrechnung mithilfe eines Verrechnungsschlüssels auf die einzelnen Erzeugnisse umgerechnet (**G.-Zuschlag**).

gemeinnützig, *Steuerrecht:* eine auf die selbstlose Förderung der Allgemeinheit auf materiellem, geistigem oder sittl. Gebiet gerichtete Tätigkeit. Körperschaften, die ausschl. gemeinnützigen, mildtätigen oder kirchl. Zwecken dienen, sind von der Körperschaft-, Vermögen- und Gewerbesteuer befreit. Spenden für diese Zwecke werden bei der Einkommensteuer als Sonderausgaben berücksichtigt. Im dt. Strafrecht können die Strafaussetzung zur Bewährung, die Verwarnung mit Strafvorbehalt und die Verfahrenseinstellung mit der Auflage verbunden werden, gemeinnützige Arbeit zu verrichten; Letztere ist auch im Jugendstrafrecht möglich, u. a. anstelle einer Ersatzfreiheitsstrafe.

gemeinnützige Wohnungsunternehmen, ehemals eine bed. Gruppe der unternehmerisch organisierten Bauherrenschaft in der Wohnungswirtschaft der Bundesrep. Dtl., die nach den Grundsätzen der Ge-

Gemeinschaft GEM

meinnützigkeit wohnungswirtsch. tätig war. 1990 entfielen für die g. W. die Steuerbefreiungen (Körperschaft-, Vermögen-, Gewerbesteuer), aber auch die damit verbundenen Bindungen. Die g. W. sind heute – ebenso wie die kommunalen Wohnungsunternehmen und Wohnungsbaugesellschaften in den neuen Ländern – im »GdW Bundesverband dt. Wohnungsunternehmen e.V.« zusammengeschlossen.
Gemeinsame Außen- und Sicherheitspolitik, Abk. **GASP,** ↑europäische Integration, ↑Europäische Union, ↑Sicherheitspolitik.
Gemeinsame Erklärung zur Rechtfertigungslehre, luth.-kath. Dokument über ein gemeinsames Verständnis der Rechtfertigungslehre. Die »Gemeinsame Erklärung zur Rechtfertigungslehre« (GE) wurde im Frühjahr 1997 gemeinsam durch den Luth. Weltbund und den Päpstl. Rat für die Förderung der Einheit der Christen der Öffentlichkeit vorgestellt und bildet eines der wichtigsten Ergebnisse des seit 1967 geführten offiziellen luth.-kath. theolog. Dialogs. Die feierl. Unterzeichnung erfolgte am 31. 10. (Reformationstag) 1999 im Rahmen eines Festgottesdienstes durch hohe Kirchenvertreter in Augsburg, dem Ort, an dem 1530 die Augsburg. Konfession an Kaiser Karl V. übergeben worden war. Der Luth. Weltbund und der Päpstl. Rat für die Förderung der Einheit der Christen sehen in der GE einen weit reichenden »Konsens in Grundwahrheiten der Rechtfertigungslehre« erreicht und einen qualitativ neuen Schritt in den Beziehungen zw. den luth. Kirchen und der kath. Kirche eröffnet. Von beiden Seiten wird dabei ausdrücklich hervorgehoben, dass die in der Reformationszeit ausgesprochenenen gegenseitigen Lehrverurteilungen das in der GE dargelegte Verständnis der Rechtfertigungslehre nicht mehr träfen. Die offizielle Annahme der GE erfolgte im Juli 1999; seitens des Luth. Weltbundes durch einstimmigen Beschluss seines Rates aufgrund des mehrheitl. Votums seiner Mitgliedskirchen. In Dtl. von evang. Theologen gegen die GE erhobene krit. Einwände sehen in der Erklärung Grundaussagen reformator. Theologie (↑Rechtfertigung; ↑simul iustus et peccator; ↑sola fide) durch theologisch nicht eindeutige Formulierungen im Sinne des Tridentin. Konzils (um)interpretiert und fanden ihren besonderen Ausdruck in zwei öffentl. Erklärungen von über 160 (Jan. 1998) bzw. über 240 (Okt. 1999) evang. Hochschullehrern. Aufnahme in den offiziellen kirchl. Diskussionsprozess fanden krit. Einwände in Gestalt der am 11. 6. 1999 veröffentlichten »Gemeinsamen offiziellen Feststellung« zur GE. Geteilt in eine Feststellung (»Ein Konsens in Grundwahrheiten«) und einen Anhang (»Sünder und gerecht zugleich«) und integraler Bestandteil der GE, will sie strittige (Auslegungs-)Fragen ausräumen und den erreichten Konsens näher erläutern.
Gemeinsamer Ausschuss (Notparlament, Notstandsausschuss), i.e.S. das 1968 durch die Notstandsgesetzgebung grundgesetzlich eingeführte Verf.organ (Art. 53a GG), das zu zwei Dritteln aus Abg. des Bundestages (Sitzverteilung entsprechend der Stärkeverhältnissen) und zu einem Drittel aus von den Landesreg. bestellten und im G. A. weisungsfreien Mitgl. des Bundesrates besteht. Im Verteidigungsfall übernimmt er die Befugnisse von Bundestag und Bundesrat, soweit diese ihre Aufgaben nicht erfüllen können. – I. w. S. ein von an sich selbstständigen Organen gemeinsam beschicktes und gebildetes Gremium zur Koordinierung, Verständigung u.Ä., z.B. der geplante G.A. des Dt. Bundestages und der frz. Nationalversammlung.
gemeinsamer Markt, über eine Zollunion hinausgehende regionale Integrationsform, bei der die Volkswirtschaften der Mitgl.staaten zu einem Binnenmarkt verschmelzen (↑Europäischer Binnenmarkt, ↑Europäischer Wirtschaftsraum).
Gemeinsamer Senat der obersten Gerichtshöfe des Bundes, Spruchkörper zur Wahrung der Einheitlichkeit der Rechtsprechung der obersten Gerichtshöfe des Bundes (Art. 95 Abs. 3 GG), Sitz: Karlsruhe. Er besteht aus den Präs. der obersten Gerichtshöfe des Bundes, den Vorsitzenden Richtern und je einem weiteren Richter der an der einzelnen Sache beteiligten Senate. Er entscheidet bindend über die Rechtsfrage, welche von einem obersten Gerichtshof vorgelegt wird, wenn dieser von der Entscheidung eines anderen obersten Gerichtshofes oder des Gemeinsamen Senats abweichen will.
Gemeinschaft, 1) *allg.:* vielschichtiger Begriff, bezeichnet das gegenseitige Ver-

GEM Gemeinschaft der Heiligen

hältnis von Menschen, die auf einer historisch gewachsenen, religiös-weltanschaul., politisch-ideolog., ideellen oder einen eng begrenzten Sachzweck verfolgenden Grundlage verbunden sind: Volk, Nation, Staat, Kirche, (religiöse oder polit.) Gemeinde, Ehe, Familie, Freundschaft, Interessenorganisation, Verein u. a.
2) Die *Soziologie* stellt seit F. Tönnies den Begriff der G. dem Begriff der ↑Gesellschaft gegenüber. Im Einzelnen unterscheidet Tönnies die Gesellschaft – den rational konstituierten Zweckverband auf der Grundlage gemeinsamer Interessen – von der G., die eine auf naturhafter Grundlage beruhende Gruppe sein kann (Familie, Sippe), eine in Geistes-G. verbundene Gruppe (Freundschaft, Meister-Jünger-Verhältnis), aber auch ein (kleiner) geschichtlich gewachsener Sozialverband (Dorf, alte Stadt). Die Soziologie hat die tönniessche Gegenüberstellung von »G.« und »Gesellschaft« seither immer wieder aufgegriffen und zum Gegenstand unterschiedl. Typologien bzw. »wesensmäßiger« Erfassungen des Sozialen gemacht. Zu den G. zählen heute z. B. Minoritäten in den Städten (z. B. Ausländergruppen) sowie alternative Lebens-G., die sich seit den 1960er-Jahren in den Industriegesellschaften herausgebildet haben. Diese G. führen ein relativ geschlossenes Eigenleben und versuchen z. T., durch ihre Lebensform der traditionellen Gesellschaft neue Impulse zu vermitteln.
3) *Zivilrecht:* i. w. S. jede privatrechtl. Verbindung von Personen mit gemeinsamen vermögensrechtl. Interessen, bes. die Erben-, die Güter-, die Zugewinn-G.; i. e. S. die Bruchteils-G. als Beteiligung mehrerer an einem Recht, ↑Eigentum.
Gemeinschaft der Heiligen (lat. Communio Sanctorum), *christl. Theologie:* im Apostol. Glaubensbekenntnis Bez. der Kirche als Gemeinschaft der Menschen, die aufgrund ihres Glaubens und eines dem Evangelium gemäßen Lebens (auch als von der Evangeliumsverkündigung unerreichte, aber ihrem Gewissen folgende Menschen) in Vergangenheit, Gegenwart und Zukunft der vollen Gnade Christi teilhaftig geworden sind bzw. werden.
Gemeinschaften Christlichen Lebens, Abk. **GCL,** seit 1967 unter diesem Namen erneuerte Fortführung der 1563 gegr. kath. ↑Marianischen Kongregatio-

nen; weltweit 60 Nationalgemeinschaften, Sitz der Weltgemeinschaft der GCL: Rom.
gemeinschaftliches Testament, ↑Testament.
Gemeinschaftsanschluss, *Telekommunikation:* gemeinsame Anschlussleitung für mehrere Telefone, von denen zeitgleich nur jeweils eines den G. benutzen kann.
Gemeinschaft Sant'Egidio [- santɛˈdʒidio] (italien. Comunità di Sant'Egidio), kath. Laienbewegung, benannt nach ihrem Zentrum, der röm. Kirche Sant'Egidio, und zurückgehend auf eine Gruppe von Gymnasiasten, die sich 1968 zu einem bes. dem Dienst an armen, sozial ausgegrenzten und der Kirche fern stehenden Menschen ihrer Heimatstadt Rom gewidmeten Laienapostolat verpflichteten. Mit der Ausbreitung über Rom hinaus trat das Anliegen der gelebten Ökumene – des interkonfessionellen und interreligiösen Dialogs – als weiteres prägendes Anliegen hinzu. Heute (2003) zählt die Gemeinschaft rd. 40 000 Mitgl. in rd. 60 Ländern. – Seit 1987 lädt die Gemeinschaft jährlich Vertreter der Religionen zu internat. **Friedenstreffen** ein (Veranstaltungsort 2003: Aachen).
Gemeinschaftsantennenanlage, Antennenanlage zur gemeinsamen Versorgung mehrerer Teilnehmer (z. B. in einem Mehrfamilienhaus) mit einer ausreichenden Eingangsspannung für den Betrieb von Hör- und Fernsehrundfunkempfängern. G. bestehen im Wesentlichen aus Antennen, Verstärker und Verteilernetz mit Frequenzweichen. Heute erfolgt meist Satellitendirektempfang über Empfangsanlagen mit Parabolantenne (»Schüssel«); der Übergang zum Kabelfernsehen ist fließend.
Gemeinschaftsaufgaben, bestimmte Aufgaben, die urspr. Länderangelegenheiten waren, für deren Planung und Finanzierung seit 1969/70 Bund und Länder gemeinsam zuständig sind (Art. 91a, b GG): 1) Aus- und Neubau von Hochschulen, einschl. der Kliniken, 2) Verbesserung der regionalen Wirtschaftsstruktur, 3) Verbesserung der Agrarstruktur und des Küstenschutzes. Der Bund trägt grundsätzlich die Hälfte der Ausgaben. I. w. S. werden auch die Bereiche, für die der Bund Finanzhilfen gemäß Art. 104a Abs. 4 GG an die Länder gibt, zu den G. gezählt.
Gemeinschaftsbewegung, Bez. für

Gemeinwirtschaft GEM

eine innerprotestant. Erneuerungsbewegung des 19. Jh.; hervorgegangen aus Traditionen des südwestdt. und rheinländ. Pietismus und der angelsächs. »Heiligungsbewegung«. Die G. versteht sich als Sammlungsbewegung von evang. Christen in den evang. Landeskirchen, die ihren Glauben bewusst im Alltag leben. Organisatorisch 1888 zur »Gnadauer Konferenz« zusammengeschlossen, ging daraus 1897 der »Dt. Verband für Gemeinschaftspflege und Evangelisation« (Gnadauer Verband) hervor. Er vereinigt die Landeskirchl. Gemeinschaften in Dtl. Die Betonung charismat. Laienarbeit und persönl. Heilssicherheit begünstigte nach 1907 ekstat. Einflüsse und Einflüsse der Pfingstbewegung, die sich jedoch nicht in der G.durchsetzen konnten. Der »Evang. Gnadauer Gemeinschaftsverband« (Sitz: Dillenburg) zählt (2003) rd. 300 000 Mitglieder.
Gemeinschaftserziehung, 1) Erziehung, die die Gemeinschaft als Erziehungsmittel und die Gemeinschaftsfähigkeit als Erziehungsziel betont (↑Gruppenpädagogik).
2) die ↑Koedukation.
Gemeinschaftsgeschmacksmuster, ↑Geschmacksmuster.
Gemeinschaftskunde, die Zusammenfassung des Geschichts-, Erdkunde- und Sozialkundeunterrichts in der Oberstufe der Gymnasien; pädagogisch umstritten. Wird als Fachbez. heute unterschiedlich verwendet.
Gemeinschaftsmarke, *Recht:* ↑Marken.
Gemeinschaftspatent, Patent mit Wirkung für den Bereich der Europ. Gemeinschaft; wird neben dem nat. und dem Europ. Patent bestehen.
Gemeinschaftsrecht, ↑Europarecht.
Gemeinschaftsschule (früher Simultanschule), Schulform, die Schüler versch. Bekenntnisse vereinigt (im Unterschied zur ↑Konfessionsschule), in Dtl. im ehem. Bundesgebiet seit den 1960er-Jahren die Regelschule; meist als christl. G., deren allgemeinchristl. Grundlage jedoch andere weltanschaulich-religiöse Inhalte nicht beeinträchtigen darf (Neutralitätsgebot der Gemeinschaftsschule).
Gemeinschaftssteuern, Steuern, deren Aufkommen dem Bund und den Ländern gemeinsam zustehen: Einkommen-, Körperschaft- und Umsatzsteuer. Die Gemeinden erhalten von den Ländern einen Anteil am Aufkommen der Einkommensteuer zugewiesen. Die Anteile von Bund und Ländern an der Umsatzsteuer werden entsprechend der Finanzentwicklung durch ein Bundes-Ges. geregelt.
Gemeinschaftswerk Aufschwung Ost, von der Bundesreg. verabschiedetes Programm zur Förderung der Wirtschaftsentwicklung in den neuen Bundesländern. Das für zwei Jahre konzipierte Programm hatte ein finanzielles Volumen von insgesamt 24,4 Mrd. DM für 1991 und 1992. Die Mittel waren u. a. zur Stimulation bes. beschäftigungsintensiver kommunaler und privater Unternehmensinvestitionen, für Arbeitsbeschaffungsmaßnahmen, zur regionalen Wirtschaftsförderung, für Umweltschutzmaßnahmen, Wohnungs- und Städtebau, als Werfthilfen sowie für Investitionen im Bereich Verkehr und Hochschulen vorgesehen.
Gemeinschaft Unabhängiger Staaten, ↑GUS.
Gemeinschaft zur gesamten Hand, ↑Gesamthandsgemeinschaft.
Gemeinschuldner (Konkursschuldner), nach bisherigem Recht derjenige, über dessen Vermögen der ↑Konkurs eröffnet wurde; in der ab 1. 1. 1999 gültigen Insolvenzordnung als Schuldner bezeichnet.
Gemeinsinn, urspr. eine dt. Übersetzung des lat. Begriffs Sensus communis (engl. Common Sense); heute Bez. für das Zusammengehörigkeitsgefühl einer größeren Gruppe (z. B. »Bürgersinn«).
Gemeinwille, ↑Volonté générale.
Gemeinwirtschaft, uneinheitlich abgegrenzter Begriff, der eine besondere Zielsetzung wirtsch. Aktivität bezeichnet oder für eine besondere organisatorisch-rechtl. Struktur des Wirtschaftens (Trägerschaft) steht. Ersteres wird auch als **Gemeinwirtschaftlichkeit** bezeichnet, womit ausgedrückt werden soll, dass der Ertrag wirtsch. Tätigkeit einer übergeordneten Gesamtheit (dem »Gemeinwohl«) zugute kommen soll, z. B. in Form niedrigerer Preise oder dadurch, dass Güter (z. B. öffentl. Nahverkehr) bereitgestellt werden, die auf dem freien Markt allenfalls zu unerschwingl. Preis angeboten werden (z. B. Infrastruktureinrichtungen). Insofern ist Gemeinwirtschaftlichkeit der Ggs. zum Gewinnstreben der Privatwirtschaft. Anders als in der Einzelwirtschaft, wo ein Einzelner oder wenige Unternehmer Eigentümer und Lei-

GEM Gemeinwirtschaftsbanken

ter der Unternehmen sind, werden diese Funktionen in der G. von einer konkreten (Gewerkschaften, Kirchen, Parteien, Verbände) oder abstrakten Gemeinschaft (Staat) wahrgenommen, die nicht eigennützige, sondern gemeinnützige Ziele verfolgt.
Gemeinwirtschaftsbanken, i. d. R. von Gewerkschaften zur Verw. ihres Vermögens gegründete Kreditinstitute, die Bankgeschäfte nach privatwirtsch. Grundsätzen betreiben. Vorläufer waren die Bankeinrichtungen der Konsumgenossenschaften und die Gewerkschafts- oder Arbeiterbanken. Die älteste Arbeiterbank entstand 1913 in Belgien; bed. Institut in Dtl. war die 1924 vom Allg. Dt. Gewerkschaftsbund gegründete und 1933 entschädigungslos enteignete Bank der Arbeiter, Angestellten und Beamten AG. Bis zum weitgehenden Rückzug der Gewerkschaften aus der Gemeinwirtschaft war die Bank für Gemeinwirtschaft AG (seit 1991 BfG Bank AG, seit 2001 SEB AG) eine Gemeinwirtschaftsbank.
Gemeinwohl, Begriff der Staats- und Sozialphilosophie, bezeichnet die Gesamtinteressen in einem Gemeinwesen, wobei problematisch ist, wie diese jeweils inhaltlich zu bestimmen sind. In pluralist. Gesellschaften findet darum eine ständige Auseinandersetzung der versch. Interessen statt. – Darüber hinaus ist G. ein unbestimmter Rechtsbegriff, dessen Bedeutung für den konkreten Anwendungsbereich (Rechtsfall) die Gesetzgebung und die Rechtsprechung ermitteln und festlegen.
Gemenge, *Chemie:* heterogenes ↑Gemisch.

Gemengelage, innerhalb einer Feldmark verstreute Lage des zu einem Hof gehörenden Grundeigentums; wird durch Flurbereinigung aufgehoben.
Gemengsaat (Gemenge), gemeinsame Aussaat mehrerer Pflanzenarten auf demselben Ackerstück.
Geminaten [von lat. geminare »verdoppeln«], Doppelkonsonanten, die beim Sprechen durch eine Silbengrenze getrennt sind, z. B. im Italienischen (fatto [fat-to] »gemacht« gegenüber fato [fa-to] »Schicksal«).
Gemination [lat.] *die,* Doppelung von Konsonanten.
Gemini [lat.], **1)** *Astronomie:* lat. Name des Sternbilds ↑Zwillinge.
2) *Medizin:* die ↑Zwillinge.
3) *Raumfahrt:* ↑Gemini-Programm.
Geminiani [dʒe-], Francesco Saverio, italien. Violinist und Komponist, getauft Lucca 5. 12. 1687, † Dublin 17. 9. 1762; verfasste eine grundlegende Violinschule; Violin-, Cellosonaten, Concerti grossi.
Geminiden [lat.], *Astronomie:* aus dem Sternbild Zwillinge (lat. Gemini) kommender Meteorschauer, der zw. dem 8. und 16. 12. sichtbar ist.
Gemini-Programm, im Anschluss an das ↑Mercury-Programm und als Vorstufe zum ↑Apollo-Programm 1964–66 durchgeführte amerikan. Raumfahrtunternehmen. Die **Gemini-Kapsel** für zwei Mann Besatzung wog rd. 3,2 t. Nach drei unbemannten Vorversuchen (Gemini 1, 2, 2A; Gemini 2: Fehlstart) wurden zehn bemannte Raumflüge (Gemini 3 bis 12) durchgeführt. Das G.-P. demonstrierte er-

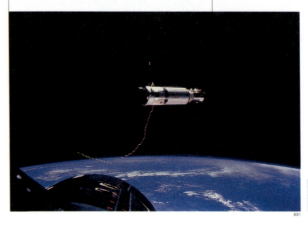

Gemini-Programm: Gemini-8-Andockmanöver am 16. 3. 1966

folgreich die Möglichkeit längerer bemannter Raumflüge, es erprobte Maßnahmen für Rendezvous- und Koppelungsmanöver in der Umlaufbahn (u. a. Andocken an unbemannte Agena-Zielraketen) sowie für Arbeiten außerhalb der Kapsel und wies die Fähigkeit zum exakt gesteuerten Wiedereintritt in die Atmosphäre mit Punktlandung nach.

Gemisch (Mischung), Aggregat aus zwei oder mehreren chemisch versch. Substanzen, die chem. nicht miteinander reagieren; ein G. lässt sich physikalisch (z. B. durch Sedimentation, Filtration, Destillation) in einzelne Bestandteile zerlegen. **Homogene G.** bestehen aus nur einer Phase (z. B. Flüssigkeits-G., Lösungen, Legierungen), **heterogene G. (Gemenge)** aus mehreren Phasen (z. B. Suspensionen, Emulsionen, Aerosole).

Gemischbildung (Gemischaufbereitung), beim Verbrennungsmotor die Herstellung eines brennbaren Gemisches aus Kraftstoff und Luft. Bei der **äußeren G.** saugt der Motor (Ottomotor) ein schon fertiges brennbares Gemisch an, das mittels Vergasers oder durch Benzineinspritzung gebildet wird. Bei der **inneren G.** saugt der Motor (Dieselmotor) nur Luft an, der Kraftstoff wird in den Brennraum gespritzt und dort aufbereitet.

Gemischschmierung, einfache Motorschmierung, verwendet v. a. bei Zweitakt-Ottomotoren mit Kurbelkastenspülung. Das Schmieröl wird dem Kraftstoff im Verhältnis 1:25 bis 1:50 zugesetzt und gelangt mit ihm in den Kurbelraum, wo es die Wälzlager von Kurbelwelle und Pleuelstange schmiert.

gemischtwirtschaftliches Unternehmen, Unternehmen (in privatrechtl. Form), an dem öffentl. Träger (Bund, Länder, Gemeinden) und private Anteilseigner beteiligt sind. In Betracht kommen nach dem Haushalts- und dem Gemeindewirtschaftsrecht nur Rechtsformen, bei denen die Haftung der öffentl. Hand auf eine bestimmte Einlage beschränkt ist: v. a. AG, GmbH. G. U. können durch Teilprivatisierung öffentl. Unternehmen oder durch Zusammenwirken von privatem und öffentl. Kapital bei der Unternehmensgründung entstehen.

Gemma [lat. »Edelstein«], Stern 2. Größe im Sternbild Nördliche ↑Krone.

Gemme [lat.], i. e. S. die Bez. für einen vertieft geschnittenen Stein **(Intaglio)**, i. w. S. Oberbegriff für Intaglio und ↑Kamee; bei den Römern alle Edelsteine einschl. der geschnittenen Edelsteine, die als Ringsteine (Siegel) weit verbreitet waren. Die Einschränkung der Bez. G. auf vertieft geschnittene Steine stammt aus nachantiker Zeit, ebenso die Bez. Kamee für Steine mit erhabenem Relief.

Gemme: Onyxgemme mit den Porträts Kaiser Claudius', seiner Gemahlin Agrippina der Jüngeren, des Feldherrn Gajus Julius Caesar Germanicus und seiner Gattin Agrippina der Älteren (um 49; Wien, Kunsthistorisches Museum)

Gemmi *die,* Pass im Berner Oberland, Schweiz, 2 314 m ü. M., zw. Kander- (Kandersteg) und Dalatal (Leukerbad; Seilbahn); ohne ausgebaute Straße.

Gemmingen-Hornberg, Otto Heinrich Freiherr von, Dramatiker, *Heilbronn 5. 11. 1755, †Heidelberg 15. 3. 1836; sein erfolgreiches Drama »Der teutsche Hausvater« (1780) eröffnete die neue Gattung des sentimentalen und zugleich moralisierenden Familiendramas, das u. a. von A. W. Iffland gepflegt wurde.

Gemse, veraltete Schreibweise für ↑Gämse.

Gemünden a. Main, Stadt im Landkreis Main-Spessart, Bayern, am Ostrand des Spessarts, an der Mündung von Sinn und Fränk. Saale in den Main, 11 400 Ew.; Unterfränk. Verkehrsmuseum; Maschinen- und Fahrzeugbau, Elektro-, Bekleidungs-, Holzind. – Über der Stadt die Ruine der **Scherenburg** (13.–14. Jh.). – 1243 erstmals erwähnt; kam 1469 endgültig an das Hochstift Würzburg.

Gemündener Maar, von einem See erfülltes Maar in der Eifel, bei Daun,

GEM Gemüse

Rheinl.-Pf., 7,2 ha, 407 m ü. M., bis 38 m tief.

Gemüse, Sammelbegriff für frische krautige Pflanzen bzw. Teile von ihnen, die als Nahrungs- und Würzmittel zur Ergänzung der Energie liefernden Nahrung dienen. Auf der Erde werden etwa 1 200 Pflanzenarten als G. genutzt. Der Wert des G. besteht v. a. im Gehalt an Vitaminen (bes. Vitamin C und Provitamin A), Mineral-, Geschmacksstoffen und Rohfaser sowie dem geringen Energiegehalt. Für eine hochwertige Ernährung ist ein G.-Verbrauch von 90 bis 100 kg pro Person im Jahr erforderlich, bes. wertvoll ist der Rohverzehr. Es werden unterschieden: **Kohl-G.** (Blumenkohl, Kopfkohl, Rosenkohl u. a.), **Wurzel-G.** (Möhre, Sellerie, Radieschen u. a.), **Zwiebel-G.** (Zwiebel, Porree, Knoblauch), **Blatt-G.** (Kopfsalat, Spinat u. a.), **Stiel-G.** (Spargel, Rhabarber), **Frucht-G.** (Erbse, Gurke, Tomate u. a.). **Freiland-G.** wird in landwirtsch. und gärtner. Betrieben angebaut. Landwirtsch. angebautes Feld-G. wie Gartenbohnen, Erbsen, Spinat, Möhren und Weißkohl ist häufig für die Nahrungsmittelind. bestimmt. **G. unter Glas** wird angebaut, um den Markt außerhalb der natürl. Erntezeiten mit Frisch-G. zu versorgen.

📖 *Larcom, J.: Der Gemüsegarten. Salatgemüse von Artischocke bis Zwiebel. Kräuter, Keime, Sprossen. Anzucht u. Pflege. A. d. Engl. München 1995.*

Gemüse|eule, Schmetterling, ↑Eulenschmetterlinge.

Gemüsekohl (Brassica oleracea), zweijähriger bis ausdauernder (als Kulturform auch einjähriger) Kreuzblütler; wild wachsend an Strandfelsen; bis 3 m hohe Pflanze. – Der G. ist eine alte Kulturpflanze mit zahlr. Kulturformen, die sich in folgende morpholog. Gruppen unterteilen lassen: **Stammkohl** (z. B. Kohlrabi), **Blätterkohl** (z. B. Grünkohl), **Kopfkohl** (z. B. Weißkohl), **Infloreszenzkohl** (z. B. Blumenkohl, Brokkoli).

Gemüt, unscharfer Begriff für die emotionale Seite des Seelenlebens (Gefühl, Leidenschaft, Stimmung, Affekt) im Ggs. zu den intellektuellen Funktionen.

Gen *das,* ↑Gene.

Genanalyse, die ↑DNA-Analyse.

Genauigkeit, Grad der Annäherung an den wahren Wert, an ein gewünschtes oder erforderl. Ergebnis. – In der Messtechnik wird die G. eines Messergebnisses durch die Auswirkung aller zufälligen und systemat. ↑Fehler beeinträchtigt. Sie wird quantitativ bestimmt durch die **Fehlergrenze** und die **Messunsicherheit,** die sich durch den »Schwankungsbereich« eines Mittelwertes aus mehreren Einzelmessungen charakterisieren lässt. Bei elektr. Messgeräten ist die Messunsicherheit nach bestimmten Fehlergrenzen durch **G.-Klassen** festgelegt.

Genazino, Wilhelm, Schriftsteller, *Mannheim 22. 1. 1943; schreibt v. a. Romane, die in Montagetechnik Alltagsschicksale gestalten (»Der Fleck, die Jacke, die Zimmer, der Schmerz«, 1989; »Die Kassiererinnen«, 1998); 2004 Georg-Büchner-Preis.

Genbank (Genbibliothek), Einrichtung zur Sammlung, Erhaltung und Nutzung des Genmaterials von Organismen in Form von klonierten DNA-Fragmenten und kompletten Organismen, insbesondere von Pflanzenarten (v. a. der für die menschl. Ernährung und sonstige Nutzung wichtigen).

Genchip, der ↑DNA-Chip.

Gendarmerie [ʒã-; aus frz. gens d'armes »Waffenleute«] *die,* urspr. im MA. in der Leibgarde der frz. Könige dienende Edelleute, 1445–1789 eine schwere Reitertruppe, seit 1809 in Dtl. eine militärisch organisierte Polizei auf dem Lande (Land-G.). In Preußen unterstanden die **Gendarmen** bis 1919 hinsichtlich der polizeil. Aufgaben dem Min. des Innern, 1919–34 als Landjäger den Polizeibehörden; in den anderen dt. Ländern war die Entwicklung ähnlich. 1934–45 war die G. Angelegenheit des Reichs. Neben der allgemeinen gab es die motorisierte G., die kaserniert war und den Verkehr auf den Autobahnen und Landstraßen überwachte. In Dtl. wird die Bez. G. nicht mehr geführt, in der frz.sprachigen *Schweiz* nur inoffiziell. In *Österreich* gibt es die Bundes-G., in den Ländern die Landesgendarmeriekommandos (in jeder Gemeinde ein G.-Postenkommando), die nur auf Verlangen der Gerichte und Staatsanwaltschaften tätig werden und außerhalb des Bereiches der Polizei für öffentl. Ordnung und Sicherheit sorgen.

Gendarm Europas [ʒã-], Beiname des russ. Kaisers Nikolaus I. wegen seines militär. Vorgehens gegen revolutionäre Bewegungen in Europa (u. a. Hilfe für Österreich bei der Unterdrückung des Aufstands in Ungarn 1849).

Gendatei, beim Bundeskriminalamt errichtete zentrale Datei, in der zur Bekämpfung schwerer Straftaten (bes. von Wiederholungstätern) ↑genetische Fingerabdrücke gespeichert werden.

Gender ['dʒendə; engl. »Geschlecht«], nach der Differenztheorie der Geschlechterforschung Bez. für ↑Geschlecht als gesellschaftlich bedingter sozialer Sachverhalt (gegenüber »Sex« als natürlich gegebenes biolog. Faktum); umschließt als Begriff u. a. die Selbstwahrnehmung von Männern und Frauen und, davon abgeleitet, ihr gesellschaftl. (Rollen-)Verhalten. (↑Geschlechterforschung)

Gender-Mainstreaming ['dʒendə 'meɪnstriːmɪŋ, engl.] (Mainstreaming), Konzept zur Herstellung von Geschlechterdemokratie (Gleichstellung von Frauen als durchgesetzte gesellschaftl. Norm), nach dem in alle Entscheidungsprozesse, auf allen Ebenen und in sämtl. Bereichen die Geschlechterperspektive einzubeziehen ist. Nach diesem Konzept sind *alle* (polit. und gesellschaftl.) Akteure für Geschlechterfragen und Frauenpolitik, sind *beide* Geschlechter, nicht nur Frauen, für Veränderungen in den Geschlechterverhältnissen (v. a. Überwindung der Ausschließung und Diskriminierung von Frauen) zuständig. – Das Konzept des G.-M. wurde als Begriff auf der Weltfrauenkonferenz in Peking (1995) entwickelt und u. a. von der EU im Vertrag von Amsterdam (1997) verankert. (↑Gleichberechtigung)

Gender-Studies ['dʒendə'stʌdɪz, engl.], ↑Geschlechterforschung.

Gendrift (genetische Drift), Zufallsfaktor in der Zusammensetzung der genet. Information in realen Populationen, oft maßgebl. Faktor der Evolution.

Gene [grch.] (Erbfaktoren, Erbanlagen), urspr. rein formale genet. Einheit der Vererbung eines Merkmals von einer Generation auf die nächste; später molekular definiert. Die Gesamtheit aller G. wird als ↑Genom bezeichnet. Ein G. bestimmt (neben Umwelteinflüssen) die Ausbildung eines bestimmten Merkmals (Phän) im Erscheinungsbild (Phänotyp) und wird erkennbar durch das Vorkommen alternativer Formen (↑Allele) für dieses Merkmal. Die G. liegen in linearer Anordnung auf den Chromosomen.

Während früher ein G. mit dem Chromosomenabschnitt gleichgesetzt wurde, der die Information für ein Protein enthält (Ein-Gen-ein-Enzym-Hypothese), versteht man heute unter einem G. eine Nucleotidsequenz innerhalb der Desoxyribonucleinsäure (DNA; bei RNA-Viren innerhalb der Ribonucleinsäure), die die Information für mindestens ein G.-Produkt (Polypeptid, RNA) enthält. Den für ein Polypeptid kodierenden Nucleotidsequenzen (**Struktur-G.**) sind regulator. Sequenzen (**Regulator-G.**) vor- oder nachgeschaltet, die als Signalstrukturen für einen korrekten Ablauf der ↑Transkription sorgen. – Alle Zellen eines Individuums haben, von Ausnahmen abgesehen, denselben Genotyp. Die Veränderung eines G. durch Mutation führt zu unterschiedl. Allelen, die sich zueinander dominant oder rezessiv verhalten. – Die Veröffentlichung einer Arbeitsversion der fast vollständigen Sequenz des menschl. Genoms im Febr. 2001 zeigte, dass der Mensch statt der bislang vermuteten bis zu 100 000 G. nur etwa 40 000 bis 60 000 G. in einem Zellkern besitzt, also nur etwa doppelt so viele wie die Taufliege oder ein Fadenwurm. Trotzdem ist die Gesamtheit der menschl. Proteine (das Proteom) wesentlich komplexer als bei niederen Tieren, da viele G. des Menschen in mehrere RNA- und Eiweißvarianten übersetzt werden.

📖 *Strachan, T.: Das menschl. Genom. A. d. Engl. Heidelberg u. a. 1994. – Winnacker, E.-L.: Das Genom. Möglichkeiten u. Grenzen der Genforschung. Frankfurt am Main ³2002.*

Genealogie [grch.] *die* (Ahnenkunde, Geschlechterkunde, seltener Familienforschung), Lehre von der Herkunft (Abstammung) und den Verwandtschaftsverhältnissen von Personen oder Familien in der Abfolge der Generationen, im MA. v. a. für den Adel von Bedeutung (Erbrecht, Heiratsbeschränkungen; Adels- und Filiationsprobe, ↑Ahnenprobe). Im 16. Jh. setzte im Umfeld der Fürsten- und Grafenhäuser die wiss. Beschäftigung mit der G. ein, die sich seit der Aufklärung, v. a. durch J. C. Gatterer (* 1727, † 1799) und später durch O. Lorenz (* 1832, † 1904), zu einer histor. Hilfswiss. entwickelte. Im 19. Jh. entstanden viele genealog. Vereine. Die allgemeine (theoret.) G. erforscht Gesetzmäßigkeiten genealog. Zusammenhänge u. a.;

die angewandte (prakt.) G. wertet v. a. genealog. Quellen (Chroniken, Urkunden, Kirchenbücher, seit 1876 Personenstandsregister [↑Familienbücher] usw.) aus. – Genealog. Sachverhalte werden meist in tabellar. Übersichten dargestellt. Die Darstellung ist möglich in aufsteigender

Genealogie: aufwendig gestaltetes Beispiel eines Stammbaumes aus der Renaissancezeit

(Aszendenz) oder absteigender Linie (Deszendenz). In der **Aszendenztafel** wird ein Proband an die Spitze seiner Vorfahrenreihe gesetzt (Ahnentafel), in der **Deszendenztafel** an die Spitze seiner Nachkommenschaft, die die männl. und weibl. Deszendenz vollständig **(Enkeltafel)** oder nur die Linien der männl. Nachkommenschaft **(Stammtafel)** verzeichnet. Die Verbindung von Aszendenz- und Deszendenztafeln ergibt **Konsanguinitätstafeln** (Verwandtschaftstafeln). **Abstammungsreihen** zeigen die unmittelbare Abstammung (Filiation) des Probanden von einer Person.
Genealog. Taschenbücher bringen den Personalstand bestimmter Geschlechter und Familiengruppen. Die **Gothaischen Genealog. Taschenbücher** (Verlag J. Perthes in Gotha) erschienen bis 1942 in 5 Abteilungen: Hofkalender (seit 1763), Ta-

schenbuch der gräfl. Häuser (seit 1825), der freiherrl. Häuser (seit 1848), der adeligen (uradeligen) Häuser (seit 1900), der briefadeligen Häuser (seit 1907). Seit 1951 erscheint das **Genealog. Hb. des Adels** (Verlag C. A. Starke, Limburg a.d. Lahn) in ähnl. Aufgliederung. Ferner gibt es das **Dt. Geschlechterbuch** (1889–1943 Genealog. Hb. bürgerl. Familien, 119 Bde., seit 1955 mit Bd. 120 ff. hg. von E. Strutz und F. W. Euler).

📖 *Fischer, H.: Lehrbuch der genealog. Methode. Berlin 1996. – Ribbe, W. u. Henning, E.: Taschenbuch für Familiengeschichtsforschung. Neustadt a. d. Aisch ^{12}2001. – Powell Crowe, E.: Genealogy online. Berkeley ^{6}2002. – G. u. Genetik. Schnittstellen zwischen Biologie u. Kulturgeschichte. hg. v. S. Weigel. Berlin 2002.*

genealogische Zeichen, ↑Zeichen.
Genée [ʒəˈneː], Richard, Librettist und Komponist, *Danzig 7. 2. 1823, †Baden bei Wien 15. 6. 1895; schrieb Operettenlibretti u. a. für J. Strauß Sohn (»Die Fledermaus«, mit C. Haffner) und F. von Suppé (»Boccaccio«) und komponierte Operetten (»Nanon«, 1877).
Gene-Farming [ˈdʒiːnfɑːmɪŋ, engl.], Bez. für die Produktion von Wirkstoffen für Arzneimittel mithilfe gentechnisch veränderter Organismen. So können z.B. Schafe, denen man zuvor ein Gen des Menschen übertragen hat, in ihrer Milch das menschl. Protein Alpha-1-Antitrypsin liefern. (↑transgene Organismen)
Genehmigung, *Recht:* ↑Erlaubnis.
genehmigungsbedürftige Anlage, ↑Bundesimmissionsschutzgesetz.
geneigte Ebene (früher unexakt schiefe Ebene), *Mechanik:* eine um den Winkel α

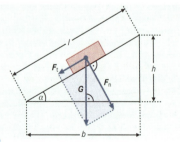

geneigte Ebene: l Länge, b Basis, h Höhe, α Neigungswinkel, G Gewichtskraft, F_t Hangabtriebskraft, F_n Normalkraft

(Neigungswinkel) gegen die Horizontale geneigte Ebene; gehört zu den einfachen ↑Maschinen. Ein auf ihr befindl. Körper mit der Gewichtskraft vom Betrag G erfährt eine Normalkraft senkrecht zur g. E. und eine parallel zur g. E. nach unten gerichtete Tangentialkraft (Hangabtriebskraft) vom Betrag $F_t = G \cdot \sin\alpha$. Diese Kraft muss überwunden werden, um den Körper reibungsfrei auf der g. E. hochzuziehen; F_t ist um das Verhältnis der Höhe h zur Länge l der g. E. kleiner als die Gewichtskraft G, die (bei unveränderter Arbeit) zum senkrechten Hochheben des Körpers erforderlich ist.

Genelli [dʒeˈnɛlli], Bonaventura, Maler und Zeichner, * Berlin 28. 9. 1798, † Weimar 13. 11. 1868; zeichnete Bildfolgen von klassizistisch klarer Linienführung (u. a. Umrisszeichnungen zu Dante Alighieri, 1840–46, und zu Homer, 1844 ff.).

General [von lat. generalis »allgemein«], **1)** *kath. Ordenswesen:* ↑Generaloberer.
2) *Militärwesen:* Angehöriger der höchsten Offiziersrangklasse; in der Bundeswehr vier Dienstgrade (Brigade-G., G.-Major, G.-Leutnant, G.); bei den Seestreitkräften werden die G. als Admirale bezeichnet.

Generalabsolution, *kath. Kirchenrecht:* 1) die sakramentale Lossprechung von Sünden ohne vorhergehende ↑Beichte (z. B. in Todesgefahr); 2) der mit vollkommenem Ablass verbundene päpstl. Segen in Todesgefahr.

Generalanzeiger, Titelbestandteil dt. Tageszeitungen seit Mitte des 19. Jh., der Blätter ohne parteipolit. oder richtungsbestimmte Bindung als »allgemeine« (General-)Zeitungen mit ausgedehntem Anzeigenteil (Anzeiger) bezeichnete.

Generalbass (italien. Basso continuo, Abk. B. c.), die fortlaufende Instrumentalbassstimme als harmon. Grundlage eines Musikstücks der Barockzeit. Die **G.-Schrift**, der **bezifferte Bass**, ist eine abgekürzte Bez. für einen vollstimmigen Tonsatz; sie bringt die Bassstimme in Noten und darüber oder darunter Zahlen, die die Tonstufen des zu spielenden Akkords angeben. Oktavversetzungen sind dabei üblich. Der Basston ohne Ziffer fordert den Dreiklang; eine Null oder die Vorschrift t. s. (tasto solo) besagt, dass der Basston allein gespielt werden soll; eine 2 bedeutet den Sekundakkord usw. Die Ausführung des G. richtet sich nach dem betreffenden Tonstück und wurde früher vom Begleiter (G.-Spieler) improvisiert; sie kann vom schlichten akkord. Satz bis zu freier, kunstvoll gearbeiteter Stimmenführung gehen. Die Ausarbeitung eines G. ist eine wichtige Aufgabe der Harmonielehre, mit der der G. früher oft gleichgesetzt wurde. G.-Instrumente sind Cembalo, Orgel, Laute, die Bassstimme selbst wird außerdem von einem Melodieinstrument (z. B. Violoncello) mitgespielt. – Der G. kam Ende des 16. Jh. in Italien auf als Hilfsmittel der Organisten für die Begleitung vielstimmiger Vokal- und Instrumentalwerke auf der Orgel; er wurde ein bezeichnendes Kunstmittel der Barockmusik des 17./18. Jh. (**G.-Zeitalter**).

Generalbevollmächtigter, kaufmänn. Handlungsbevollmächtigter mit einer den Betrieb eines Handelsunternehmens im Ganzen betreffenden ↑Handlungsvollmacht.

Generalbundesanwalt, ↑Bundesanwaltschaft.

Generaldirektor, ↑Direktor.

Generaldirektorium, die oberste Verw.behörde in Preußen 1723–1808; bestand aus fünf, später aus neun Ministern.

Générale de Banque S. A. [ʒeneˈraldəbãk -], seit 1999 ↑Fortis Bank.

General Electric Company [ˈdʒenərəl ɪˈlektrɪk ˈkʌmpəni], Abk. **GE**, einer der weltgrößten Mischkonzerne, Sitz: Fairfield (Conn.); 1892 durch Fusion der Edison General Electric Co. und der Thomson-Houston Co. entstanden. GE ist in den Bereichen Industrie- und Telekommunikationsanlagen, Kunst- und Farbstoffe, Heimelektronik, Finanzdienstleistungen und Versicherungen tätig und an der Fernsehgesellschaft National Broadcasting Company (NBC) beteiligt.

General Electric Company PLC [ˈdʒenərəl ɪˈlektrɪk ˈkʌmpəni ˈpiːelˈsiː], Abk. **GEC**, brit. Elektrokonzern, Sitz: London; entstanden 1967/68 durch die Fusion von Associated Electric Industries (AEI), English Electric (EE) und General Electric Co. (GEC); seit 1999 firmiert das Unternehmen als **Marconi Corporation plc** und konzentriert sich auf die Geschäftsbereiche Telekommunikation, Elektronik und Informationstechnologie. Der Bereich Luft- und Raumfahrt sowie elektron. Verteidigungssysteme (Marconi Electronic Systems plc) fusionierte mit der British Aerospace PLC zur BAe Systems PLC.

Generalgouvernement [-guvɛrnəmã], im Zweiten Weltkrieg das von dt. Truppen 1939 besetzte Gebiet Polens, das dem Dt. Reich nicht eingegliedert wurde; umfasste die Distrikte Warschau, Krakau, Radom und Lublin; nach dem dt. Überfall auf die UdSSR (1941) kam Ostgalizien (mit Lemberg) dazu. Die Verw. unterstand dem von A. Hitler eingesetzten Generalgouv. H. Frank (1939–44, Sitz: Krakau). Das G. war von einer brutalen Besatzungspolitik betroffen (Verschleppung vieler Polen zur Zwangsarbeit nach Dtl., gewaltsame Umsiedlungen, Einrichtung jüd. Gettos in den Städten, Ermordung von Millionen Juden in den von der SS errichteten Vernichtungslagern); es entwickelte sich zum Zentrum der poln. Widerstandsbewegung (z. B. Warschauer Aufstand 1944).

Generalgouverneur [-guvɛrnøːr], Amtsbezeichnung, der oberste Verw.beamte in größeren Territorien, dem mehrere **Gouverneure** untergeordnet sein können. In den frz. Kolonien war der G. der Leiter der Verw. einer Gebietsgruppe (z. B. Französisch-Äquatorialafrika, Französisch-Westafrika). Im zarist. Russland war er der Chef einer Gruppe von Gouvernements (z. B. 1863–1915 in Polen). In einigen Staaten des Commonwealth führt der mit nur repräsentativen Aufgaben ausgestattete Vertreter der brit. Krone diese Amtsbezeichnung (z. B. in Kanada oder im Austral. Bund). Im Ersten Weltkrieg hießen die obersten Verw.beamten der von Dtl. besetzten Gebiete G. (z. B. 1914–17/18 in Belgien, 1915–18 in Polen); 1939–44 auch der Inhaber des höchsten Verw.amtes im ↑Generalgouvernement.

Generalić [-litɕ], Ivan, kroat. Laienmaler, *Hlebine (bei Koprivnica) 21. 12. 1914, †Sigitec (bei Koprivnica) 27. 11. 1992; malte in flächiger Manier und klaren Farben naiv-realist. Öl- und Hinterglasbilder aus dem bäuerl. Leben; Hauptvertreter der Schule von ↑Hlebine.

Generalinspekteur der Bundeswehr [-tøːr -], Abk. **GI**, die Dienststellungsbez. für den höchsten militär. Repräsentanten der Gesamtstreitkräfte der ↑Bundeswehr; ministerielle Instanz für die Entwicklung und Realisierung einer Gesamtkonzeption der militär. Verteidigung sowie der Bundeswehrplanung. Im Zuge der Reform der Bundeswehr ist der GI seit dem 1. 9. 2002 auch verantwortlich für die Ausstattung der Streitkräfte und trägt bei Bundeswehreinsätzen die Kommandogewalt (vorher nur militär. Berater des Bundesmin. der Verteidigung und der Bundesreg.). Daneben ist der GI Vors. des Militär. Führungsrates und Vertreter der Bundeswehr in höchsten internat. militär. Gremien (v. a. in der NATO).

Generalintendant, Leiter eines staatl. oder städt. Theaters mit mehreren Sparten (Oper, Schauspiel, Ballett) und Häusern.

Generalisierung, 1) *Kartographie:* die vereinfachte Wiedergabe der Wirklichkeit in Karten, bes. alle Vorgänge, durch die der Inhalt einer Ausgangskarte beim Übergang in einen kleineren Maßstab oder themenbedingt grafisch umgestaltet wird. Dabei entfällt Unwesentliches (z. B. durch Konturenvereinfachung), Wesentliches bleibt, wird vergrößert oder zusammengefasst (z. B. mehrere Häuser zum Gebäudeblock) oder geht in höheren Einheiten auf (z. B. Laub- und Nadelwald in Wald).

2) *Logik:* ein Verfahren der Verallgemeinerung (↑Induktion), indem aus einer Allaussage durch Wahl eines allgemeineren Subjektbegriffs eine neue Allaussage gewonnen wird.

3) *Medizin:* Ausbreitung einer zunächst örtlich begrenzten Erkrankung auf den gesamten Organismus oder auf ein Organsystem.

4) *Psychologie:* (Generalisation), in der Lerntheorie und Reflexologie das Phänomen, dass bestimmte Reflexe nicht nur als Antwort auf den die Reaktion auslösenden (bedingten) Reiz entstehen, sondern auch durch Auslöser, die diesem ähnlich sind.

Generalissimus [italien.] *der,* früher in versch. europ. Ländern übl. Bezeichnung für den militär. Höchstkommandierenden; Titel Stalins und Francos.

Generalkapitän, seit dem späten MA häufig Titel hoher Offiziere, v. a. von militär. Oberbefehlshabern (z. B. in der Rep. Venedig im Kriegsfall). In den span. Kolonien von Amerika seit dem 16. Jh. der mit militär. Befehlsgewalt ausgestattete oberste Verw.beamte (Capitán general) eines größeren Gebietes (**Generalkapitanat**). In Frankreich im 17. Jh. ein militär. Rang zw. Marschall und Generalleutnant. Als G. wurden auch Statthalter bezeichnet, z. B. während des 15. Jh. in den burgund. Niederlanden.

Generalkapitel, *kath. Ordenswesen:* die

regelmäßige Zusammenkunft der Oberen und Vertreter der einzelnen Prov. oder Klöster einer Ordensgemeinschaft zur Beratung der Gesamtangelegenheiten und zur Wahl des ↑Generaloberen.

Generalklausel, Gesetzesvorschrift, die nur einen allg. Rechtsgrundsatz aufstellt und die sachgerechte Anwendung der Rechtsregel im Einzelfall dem Rechtsanwender, bes. den Gerichten, überlässt. Beispiele für G.: Treu und Glauben, allgemeine Verkehrsauffassung, gute Sitten, Billigkeit. – Im Polizei- und Ordnungsrecht gibt die **polizeil. G.** den Behörden neben speziellen Einzelermächtigungen die allg. Befugnis zur Gefahrenabwehr.

Generalkommando *das,* oberste Kommandostelle und Verwaltungsbehörde eines Armeekorps.

Generalkonferenz für Maß und Gewicht, die Vollversammlung der bevollmächtigten Vertreter der Signatarstaaten der ↑Meterkonvention. Sie tritt mindestens alle sechs Jahre in Paris zusammen. Ihre Beschlüsse sind Empfehlungen für die Gesetzgebung der Mitgliedsstaaten. Aufgabe ist es, Einheiten zu definieren und deren Realisierung (beliebig oft wiederholbar) mit der geringstmögl. Messunsicherheit sicherzustellen.

Generalkongregation, *kath. Kirchenrecht:* 1) die Versammlung aller stimmberechtigten Mitgl. einer kirchl. Behörde oder einer Ordensgemeinschaft (↑Generalkapitel); 2) beim 2. Vatikan. Konzil die Arbeitssitzungen des Gesamtkonzils.

Generally Accepted Accounting Principles [ˈdʒenərəli əkˈseptɪd əˈkauntɪŋ ˈprɪnsəpəlz, engl.], Abk. **US-GAAP**, in den USA für die Börsenzulassung von Unternehmen notwendige Rechnungslegung, die die Interessen der Aktionäre stärker berücksichtigt als den Gläubigerschutz und möglichst marktnahe Bewertungen vornimmt. Das US-GAAP verlangt umfangreiche Publizität, z. B. Segmentberichterstattung.

General Motors Corporation [ˈdʒenərəl ˈməutəz kɔːpəˈreɪʃn], Abk. **GM**, amerikan. Automobil- und Industriekonzern, zählt zu den weltgrößten Konzernen; gegr. 1908, Sitz: Detroit (Mich.). Das Produktionsprogramm umfasst neben Pkw und Lkw (Marken: Buick, Cadillac, Chevrolet, Holden, Isuzu, Oldsmobile, Opel, Pontiac, Saab und Vauxhall) auch Motoren, Antriebssysteme, Lokomotiven und elektron. Bauteile. Darüber hinaus ist der Konzern auch in den Bereichen Telekommunikation, Raumfahrt und Rüstung (v. a. über die Hughes Electronics Corp.) sowie Energie, Transport, Versicherungswesen und Finanzdienstleistungen tätig. Bed. Tochtergesellschaften und Beteiligungen in Europa: Adam ↑Opel AG; Vauxhall Motors Ltd. und Group Lotus (beide Großbritannien); Saab Automobile AB (Schweden).

Generalmusikdirektor, Abk. **GMD**, ↑Musikdirektor.

Generaloberer, *kath. Ordenswesen:* der oberste Vorsteher einer Ordensgemeinschaft. Die genaue Bez. des G. ist in den einzelnen Orden verschieden: Generalabt bei den alten Orden (regulierte Chorherren, einzelne Benediktinerzweige, Zisterzienser u. a.), Generalmagister (Dominikaner), Generalminister (Franziskaner), Generalpraepositus (Jesuiten), Generalprior (Augustiner), Generalsuperior (sehr häufig). – Bei den weibl. Ordensgemeinschaften heißt die oberste Vorsteherin i. d. R. **Generaloberin**.

Generalpause, *Musik:* gleichzeitige Pause aller Instrumente.

Generalplan Ost, Titel einer im Auftrag H. Himmlers (1941) verfassten und 1942 von ihm gezeichneten Denkschrift, die vorsah, in den ersten 25 Jahren nach dem Krieg etwa 31 Mio. Menschen (Polen, Angehörige der balt. Völker, Ukrainer, Krim-Bewohner) nach Sibirien auszusiedeln. Der – nach Vernichtung der jüd. Bev. (↑Holocaust) – verbleibende Rest der Bev. sollte »eingedeutscht« bzw. es sollten Volksdeutsche angesiedelt werden. Im Dez. 1942 wurden auch Oberschlesien, Böhmen und Mähren, Oberkrain, Südsteiermark und Elsass-Lothringen in das zum **Generalsiedlungsplan** erweiterte nat.-soz. Konzept einer »Germanisierung« Europas einbezogen.

 Aly, G. u. Heim S.: Vordenker der Vernichtung. Auschwitz u. die dt. Pläne für eine neue europ. Ordnung. Frankfurt am Main ⁴2001.

Generalprävention, ↑Prävention.

Generalprobe, im Theater die letzte Spielprobe vor der Premiere.

Generalprokurator, *Recht:* in *Österreich* der beim Obersten Gerichtshof bestellte höchste staatsanwalt. Beamte. In *Frankreich* (frz. **procureur général**) der Generalstaatsanwalt beim Kassationshof, der Oberstaatsanwalt beim Appellationsgericht.

Generalquartiermeister, seit der zweiten Hälfte des 17. Jh. Bez. für die Führungsgehilfen von Oberkommandierenden; in Preußen seit 1809 vorübergehende Dienststellenbez. für den Chef des im Entstehen begriffenen Generalstabs; 1881–89 und 1896–1945 Stelle des stellv. Generalstabschefs.

Generalrat (frz. Conseil général), in Frankreich das in den Départements gewählte Selbstverwaltungsorgan.

General Release ['dʒenərəl rɪ'liːs, engl.], *Film:* der (meist mit einer Werbekampagne) verbundene gleichzeitige Einsatz einer großen Anzahl (bis 2000) von Kopien eines Spielfilms.

General San Martín [xene'ral-], Stadt in Argentinien, im Bereich von Groß-Buenos-Aires, 407 500 Ew.; kath. Bischofssitz; Industriestandort.

General Sarmiento [xene'ral-], Stadt in Argentinien, im Bereich von Groß-Buenos-Aires, 647 000 Ew., Verwaltungszentrum, Industriestandort.

Generalsekretär, der Hauptgeschäftsführer polit. Parteien, gewerkschaftl., genossenschaftl., wiss., industrieller Verbände sowie internat. Organisationen (z. B. UNO, NATO, OAS, OAU).

Generalstaaten (niederländ. Staten-Generaal), urspr. eine gemeinsame Vertretung der Stände mehrerer Territorien eines Landesherrn (in den Niederlanden erstmals 1464). 1588 Bez. für die von Spanien abgefallenen niederländ. Provinzen, seit 1814 für das niederländ. Parlament.

Generalstaatsanwalt, der oberste Beamte der Staatsanwaltschaft bei den Oberlandesgerichten. Er ist weisungsbefugt gegenüber allen Staatsanwaltschaften seines Bezirks.

Generalstab, als Führungsorganisation zur Unterstützung eines Feldherrn sowie von höheren Truppenführern Anfang des 19. Jh. in Preußen entstanden; erlangte unter H. von Moltke seine volle Bedeutung; heute bei allen modernen Streitkräften eingeführt. Hauptaufgaben: Bearbeitung der Fragen aller Führungsgrundgebiete; Vorbereitungen von Führungsentscheidungen werden unter Leitung des **Chefs des Stabes** (ab Divisionsebene) durch **G.-Abteilungen** wahrgenommen, die in der NATO einheitlich gegliedert sind. – Einen G. als zentrale Führungsorganisation gibt es bei der Bundeswehr nicht. Führungsaufgaben werden im Frieden durch die Führungsstäbe der Bundeswehr und der Teilstreitkräfte, im Verteidigungsfall v. a. durch NATO-Hauptquartiere wahrgenommen, in denen anteilmäßig **G.-Offiziere** der beteiligten nat. Kontingente tätig sind. Gleichwohl werden in der Bundeswehr **Offiziere im G.-Dienst** an der Führungsakademie der Bundeswehr in Hamburg ausgebildet. – Das *österr.* Bundesheer hat keinen G., verfügt jedoch über bes. ausgebildete G.-Offiziere. In der *Schweiz* existiert eine »Gruppe für G.-Dienste«, an deren Spitze ein »Chef des G.« steht.

Generalstabsdienst, bei der Bundeswehr (Heer, Luftwaffe) Bez. für die Gesamtheit der Dienststellungen, in denen bes. ausgewählte und ausgebildete Offiziere Dienst tun. Die im G. Tätigen, v. a. eingesetzt im Verteidigungsministerium sowie in nat. und NATO-Stäben, tragen karmesinrote Kragenspiegel und führen die Bez. »i. G.« (im G.) als Zusatz hinter ihrer Dienstgrad-Bez. Bei der Marine wird der G. als »Admiralstabsdienst« bezeichnet.

Generalstabskarte, früher die amtl. topograph. Karte im Maßstab 1:100 000, ↑Karte.

General Standard ['dʒenərəl -], Marktsegment der Dt. Börse AG (↑Neuer Markt).

Generalstände (frz. États généraux), die frz. Stände 1302–1789, bestehend aus den Vertretern der Geistlichkeit, des Adels und des Bürgertums; nach 1614 vom König erstmals wieder 1789 einberufen, eröffneten sie den Weg zur Frz. Revolution. (↑Frankreich, Geschichte).

Generalstreik, ↑Streik.

Generalsuperintendent, in den evang. Kirchen Dtl.s seit der Reformation eingeführter Titel leitender geistl. Amtsträger (zw. Konsistorium und Superintendent); heute in der Evang. Kirche in Berlin-Brandenburg-schles. Oberlausitz Amtsbez. für den geistl. Leiter der Pfarrer mehrerer Superintendenturen.

Generalsynode, das oberste gesetzgebende Organ der ↑Vereinigten Evangelisch-Lutherischen Kirche Deutschlands (VELKD).

Generalunternehmer, von einem Auftraggeber mit der Ausführung eines Auftrages (z. B. Hausbau) betrauter Unternehmer, der befugt ist, einen Teil der Leistung in eigenem Namen und auf eigene Rechnung an Unter- oder Subunternehmer zu vergeben.

Generalversammlung, 1) die Versammlung der Mitgl. einer Genossenschaft, die u. a. den Jahresabschluss feststellt; entspricht der Hauptversammlung einer AG. – Das *österr.* Recht verwendet den Begriff G. bei der GmbH und den Genossenschaften, das *schweizer.* Recht bei der AG und der Genossenschaft.
2) Hauptorgan der Vereinten Nationen, die Vollversammlung aller Mitgliedsstaaten. (↑UN)

Generalversicherung (Generalpolice), Form der laufenden Versicherung, v. a. in der Transportversicherung. Der Versicherer verpflichtet sich im Vorhinein, die vom Versicherungsnehmer in ein »Beibuch« eingetragenen Risiken gegen die festgelegten Gefahren zu versichern, ohne dass jeweils eine Einzelanmeldung beim Versicherer erfolgen muss.

Generalvertrag, ↑Deutschlandvertrag.

Generalvikar, *kath. Kirchenrecht:* der Stellvertreter des Diözesanbischofs in der Verw. der Diözese; wird von diesem frei ernannt und abberufen.

Generatianismus [lat.], ↑Traduzianismus.

Generation [lat.] *die,* **1)** *allg.:* die einzelnen Glieder einer Geschlechterfolge bei Menschen (Eltern, Kinder, Enkel), Tieren und Pflanzen.
2) *Bevölkerungswissenschaft:* alle in einem bestimmten Jahr (Jahrfünft, -zehnt) Geborenen; der durchschnittl. Abstand zw. den Geburtsjahren der Eltern und ihrer Kinder (G.-Abstand).
3) *Physik:* allg. die Erzeugung von Paaren von ↑Ladungsträgern mit entgegengesetzter Ladung, speziell die Bildung von Elektron-Loch-Paaren in Halbleitern; Ggs. ↑Rekombination.
4) *Soziologie:* die Gesamtheit der innerhalb eines bestimmten Zeitabschnitts geborenen Gesellschaftsmitgl., die aufgrund gleichartiger histor. Erfahrungen ähnl. kulturelle Orientierungen, soziale Einstellungen und Verhaltensmuster ausgebildet haben. Während in traditionalen Gesellschaften die Altersdifferenz zw. Eltern und Kindern den »natürl.« Abstand zw. junger und alter G. markiert, schrumpfen in Zeiten des beschleunigten Wandels die Zeitabstände, sodass wenige Jahre einen G.-Unterschied bedeuten.

Generationengerechtigkeit, sozialwiss. Begriff, der die Probleme der gerechten Lasten- und Nutzenverteilung zw. den Generationen in der Gesellschaft thematisiert. Er nimmt Bezug auf den die sozialpolit. und finanziellen Regelungen und Verpflichtungen in Deutschland und anderen europ. Staaten maßgeblich bestimmenden Grundsatz der Solidarität zw. den Generationen (Generationenvertrag; ↑Rentenversicherung) und stellt das Lasten-Nutzen-Verhältnis der Generationen neu zur Debatte. Politisch steht er für Konzepte, die angesichts von in der Gesellschaft zw. den Generationen (zunehmend) feststellbaren sozialpolit. Ungleichgewichten Möglichkeiten eines neuen, »gerechten« Ausgleichs suchen. In die »**Generationenbilanz**« einbezogen werden dabei auch die Nutzung der Umwelt und die Belastungen der öffentl. Haushalte, verbunden mit gesellschaftspolit. Überlegungen, wo die Grenzen zu ziehen sind, über die hinaus es weder staatlich legitim noch gesellschaftlich »gerecht« ist, heute verursachte Schäden, Kosten und Schulden künftigen Generationen aufzubürden.

📖 Hebeler, T.: G. als verfassungsrechtl. Gebot in der sozialen Rentenversicherung. Baden-Baden 2001.

Generationenkonflikt, sozialer Konflikt zw. älteren und jüngeren Generationen. Der G. lässt sich für alle Kulturen belegen und äußert sich je nach Dominanz der diese prägenden Werte, Sitten und altersspezif. Rechte und Pflichten in unterschiedl. Formen. In traditionalen Gesellschaften, aber auch in der bürgerl. Gesellschaft bis nach dem Zweiten Weltkrieg, war die Auseinandersetzung um ein Erbe (das zugleich Standes- und Berufschancen umfasste) eine Hauptursache des G.; wesentl. Elemente des die westl. Gesellschaften in Zukunft prägenden G. werden heute v. a. in dem gesellschaftlich nach wie vor weithin dominierenden ↑Senioritätsprinzip gesehen, in prognostizierten wachsenden Verteilungskämpfen zw. den Generationen auf dem Arbeitsmarkt und in kommenden Auseinandersetzungen um eine »generationengerechte« Gestaltung und Finanzierung der Rentenversicherung.

Generationenvertrag, ↑Rentenversicherung.

Generationswechsel, häufig mit äußerem Gestaltwandel und Kernphasenwechsel (diploid, haploid) verbundener Wechsel zw. unterschiedl. Fortpflanzungstypen bei Pflanzen und Tieren. **Primärer G.** ist regelmäßiger Wechsel zw. geschlechtl. und ungeschlechtl. Generation (z. B. bei Moosen und bei Farnen), **sekundärer G.** Wechsel zw. einer sich geschlechtlich fortpflanzenden Generation und fakultativ einer oder mehreren sich ungeschlechtlich vermehrenden Generationen (**Metagenese**, z. B. Wechsel zw. Meduse und Polyp). Als **Heterogonie** wird der Wechsel zw. sich eingeschlechtlich (parthenogenetisch) und zweigeschlechtlich fortpflanzenden Generationen bezeichnet (z. B. bei Wasserflöhen).

Generation von 1968, ↑Achtundsechziger.

Generation von 98, ↑spanische Literatur.

Generation X [dʒenə'reɪʃn eks, engl.], auf den Titel des Debütromans (1991) des kanad. Autors Douglas Coupland (*1961) zurückgehender (Mode-)Begriff, der in den 1990er-Jahren auf (große) Teile der Generation der 25- bis 30-Jährigen in den westl. Ind.ländern bezogen wurde und deren Gefühlslage als tief gehende Desillusionierung gegenüber persönl. Glückserwartungen (Karriere, Wohlstand) und gesellschaftsverändernden Visionen ihrer Eltern- und Großelterngeneration beschrieb. – In Analogie hierzu wurde in den USA Ende der 1990er-Jahre der Begriff **Generation Y** geprägt, zur Beschreibung der auf die Generation X folgenden Generation der Mitte der 1970er-Jahre bis Mitte der 1980er-Jahre Geborenen.

generativ [lat.], geschlechtlich, die geschlechtl. Fortpflanzung betreffend.

generative Grammatik (Erzeugungsgrammatik), auf A. N. Chomsky zurückgehendes Grammatikmodell, das auf der Grundlage eines »Alphabets« (d. h. von Symbolen wie S für »Satz«, NP für »Nominalphrase«, N für »Nomen«) und bestimmter Strukturregeln Sätze einer Sprache »generiert«, d. h. sprachl. Formen in Übereinstimmung mit einem grammat. Regelsystem »erzeugt«. (↑Transformationsgrammatik)

📖 *Fanselow, G. u. Felix, S. W.: Sprachtheorie. Eine Einführung in die g. G.*, 2 Bde. Tübingen u. a. ³1993. – *Chomsky, N.: Thesen zur Theorie der g. G. A. d. Engl.* Weinheim ²1995.

generatives Verhalten, *Bevölkerungswissenschaft:* das auf kulturellen Normen beruhende Handlungsmuster, das neben den biolog. Ursachen die für eine Bev. (Bev.gruppe) typ. Kinderzahl bewirkt.

Generator der, **1)** *elektr. Energietechnik:* eine rotierende elektr. Maschine, in der mithilfe der elektromagnet. Induktion mechan. in elektr. Energie umgewandelt wird. G. arbeiten nach dem Prinzip, das dem des ↑Elektromotors entgegengesetzt ist, und bestehen ebenso wie dieser aus Ständer (Stator) und Läufer. Nach der erzeugten Stromart unterscheidet man Gleichstrom-G. sowie Wechselstrom-G. für einphasigen und dreiphasigen Wechselstrom (Drehstrom-G.).

Zur Erzeugung sehr hoher Spannungen werden ↑Hochspannungsgeneratoren eingesetzt. G. zur Umwandlung anderer Energiearten sind z. B. ↑thermoelektrische Generatoren, ↑magnetohydrodynamische Generatoren sowie Solar-G. (↑Sonnenbatterie).

Generator 1): Blick in den wassergekühlten Ständer eines Kraftwerkgenerators bei der Montage der Ständerwicklung

G.-Typen: Die häufigste Bauform der **Wechselstrom-G.** sind die **Drehstromsynchron-G.,** die für die Elektrizitätsversorgung (Europa 50 Hz, USA 60 Hz) eingesetzt werden. Die Drehzahl ist von der Frequenz und der Polpaarzahl abhängig.

Genesis GEN

Man unterscheidet **Außenpolmaschinen** mit der gleichstromgespeisten Erregerwicklung (Feldwicklung) im Ständer und **Innenpolmaschinen** mit der Erregerwicklung im Läufer. Drehstromsynchron-G. von etwa 50 kVA Leistung an werden ausschl. als Innenpolmaschinen ausgeführt, bei denen der erregte und angetriebene Läufer ein umlaufendes Drehfeld erzeugt, das in den Ständerwicklungen eine dreiphasige Wechselspannung induziert. Bei Innenpolmaschinen ist in den meist aus einer Stahlschweißkonstruktion bestehenden Ständer ein aus gestanzten Segmenten geschichtetes Blechpaket eingepresst, in dessen Nuten die am Netz angeschlossene Drehstromwicklung eingelegt ist. Ihre konstruktive Gestaltung hängt von Art und Drehzahl der Antriebsmaschine ab. Antriebsmaschinen für G. sind u. a. Wasserkraft-, Dampf-, Gas-, Windturbinen, Dieselmotoren. **Wasserkraft- und Diesel-G.** haben wegen ihrer Drehzahlen von max. 1 500 U/min mindestens zwei Polpaare und eine Erregerwicklung auf dem Polkern. Maschinen mit hohen Umfangsgeschwindigkeiten, die von Dampfturbinen angetrieben werden, haben zylindr. Läufer (**Turbo-G.**), die Erregerwicklung liegt in eingefrästen, durch Metallkeile verschlossenen Nuten. Der Gleichstrom für die Erregerwicklung wird vorwiegend von einer angekuppelten Erregermaschine geliefert, nur bei sehr kleinen G. gibt es Permanenterregung. Der Gleichstrom baut ein Magnetfeld auf, das beim Drehen des Läufers als Drehfeld auftritt und in der Ankerwicklung Spannungen induziert. **Wechselstrom-G. für einphasigen Wechselstrom** entsprechen in Wirkungsweise und grundsätzl. Aufbau Drehstrom-G., wobei der Ständer nur einphasig ausgelegt ist (nur $2/3$ der Nuten sind bewickelt). Bei beiden wird der Strom über Schleifringe oder direkt an den Ständer abgegeben.
Gleichstrom-G. sind im Prinzip Wechselstrom-G., deren Spannung im G. selbst durch einen Stromwender (Kommutator) gleichgerichtet wird. Sie sind stets Außenpolmaschinen; die Magnetpole sind im Ständerumfang verteilt und tragen die Erregerwicklung.
📖 *Schaefer, H.: G., Blocktransformatoren, Eigenbedarfsanlagen, Schutzeinrichtungen. Gräfelfing ²1991. – Seinsch, H. O.: Grundlagen elektr. Maschinen u. Antriebe. Stuttgart ³1993. – Kronjäger, J.: Experimente mit Hochspannung. Poing 2002.*
2) *Elektronik:* Gerät oder Schaltung zum Erzeugen elektr. Wechselspannungen oder -ströme bestimmter Form und meist veränderbarer Frequenz, z. B. für Mess- und Kontrollzwecke, wobei die Ausgangsleistung sehr klein ist. Im Prinzip besteht ein G. aus einem Verstärker(element) mit Rückkopplung zw. Aus- und Eingang. Nach der Kurvenform der erzeugten Spannung lassen sich **Sinus-G.**, (auch häufig als Oszillator bezeichnet), **Rechteck-, Sägezahn-, Dreieck-** und ↑Impulsgenerator unterscheiden. G. werden in vielen Bereichen der Elektronik (bes. in der Mess-, Sende-, Empfangs-, Computertechnik) eingesetzt.
Generatorgas, Heizgas, das durch Überleiten von Luft über glühenden Koks oder Kohlen erzeugt wird (↑Gasgenerator). Der Heizwert ist mit 3 500–6 300 kJ/m³ relativ gering. G. wurde für chemisch-techn. Prozesse verwendet (in Dtl. nicht mehr hergestellt).
generieren [lat. »erzeugen«, »produzieren«], *Sprachwissenschaft:* sprachl. Äußerungen in Übereinstimmung mit einem grammat. Regelsystem erzeugen, bilden.
Generika [lat.] *Pl.,* Bez. für Arzneimittel, die unter dem internat. ↑Freinamen des enthaltenen Wirkstoffs nach Ablauf des Patentschutzes in den Handel gebracht werden (sog. Nachahmerpräparate).
Género chico ['xenero 'tʃiko; span. »kleine Gattung«] *der,* span. volkstüml., musikal. Komödie in einem Akt, die in der Tradition der ↑Sainete steht; war bes. zw. 1870 und 1910 beliebt.
Gen|erosion, der durch das Aussterben von Arten bedingte Verlust genet. Information; steht im Zusammenhang mit einem Zurückdrängen oder Verschwinden von Biotopen wie dem trop. Regenwald oder europ. Moorlandschaften.
Genesis [grch. »Schöpfung«] *die,* **1)** (Genese), Entstehung, Entwicklung.
2) (Schöpfungsgeschichte), in der Vulgata Bez. für das 1. Buch Mose.
3) (Altsächsische Genesis), im 9. Jh. verfasstes Epos in Stabreimversen; in Fragmenten erhaltene Bearbeitung des 1. Buches Mose; neben dem »Heliand« ein bedeutendes Denkmal in altsächs. (altniederdt.) Sprache.

GEN Genet

Genet [ʒəˈnɛ], Jean, frz. Schriftsteller, *Paris 19. 12. 1910, †ebd. 15. 4. 1986; begann im Gefängnis zu schreiben (»Notre-Dame-des-Fleurs«, R., 1948); als Gewohnheitsverbrecher zu lebensläng. Haft verurteilt, wurde er nach Intervention von J.-P. Sartre, J. Cocteau u. a. 1948 entlassen. G.s Werke, die durch eine lyr., bilderreiche, oft obszöne Sprache gekennzeichnet sind, verherrlichen das Leben außerhalb der gesellschaftl. Norm, so die Autobiografie »Tagebuch eines Diebes« (1949) und der Roman »Querelle« (1947; verfilmt von R. W. Fassbinder); seine Dramen (»Die Zofen«, 1948; »Der Balkon«, 1956; »Die Neger«, 1958) gestalten irreale, extreme Konflikte.

📖 *White, E.: J. G. Biographie. A. d. Amerikan. München 1993.*

Genetic Engineering [dʒɪˈnetɪk endʒɪˈnɪərɪŋ, engl.], die ↑Gentechnik.

Genetik [grch.] *die* (Vererbungslehre, Erbbiologie, Erblehre), Teilgebiet der allgemeinen Biologie mit den Zweigen klass. oder allgemeine G., molekulare G. (Molekular-G.) und angewandte G.: Die **klass. G.** befasst sich u. a. mit den formalen Gesetzmäßigkeiten (z. B. mendelschen Regeln) der Vererbungsgänge von Merkmalen, v. a. bei den höheren Organismen, weiterhin z. B. mit zytolog. Untersuchungen in Bezug auf die Chromosomen und deren Anomalien (bes. in der Humangenetik) und mit der Bedeutung einzelner Populationen und der Evolutionsfaktoren für die Evolution der Organismen (↑Populationsgenetik). Die **Molekular-G.** (entstanden aus der Bakterien- und Phagen-G.) erforscht die grundlegenden Phänomene der Vererbung im Bereich der Moleküle (Nucleinsäuren), die die Träger der genet. Information sind. Schwerpunkte dieser molekularen Forschung sind z. B. die Feinstrukturanalyse von Genen einschl. der Genomanalyse und die Untersuchung der Regulation der Genaktivität. Die **angewandte G.** beschäftigt sich u. a. mit der Züchtung bes. ertragreicher, wirtsch. vorteilhafter Pflanzen und Tiere, mit erbbiolog. Untersuchungen, Chromosomendiagnostik, Abstammungsprüfungen und genet. Beratungen. (↑Gentechnik, ↑Genomprojekt)

📖 *Brown, T. A.: Moderne G. Eine Einführung. A. d. Engl. Heidelberg ²1999. – Eberhard-Metzger, C.: Das Molekül des Lebens. Einführung in die G. München 1999.*

genetisch [grch.], die Entstehung und Entwicklung der Lebewesen (im Sinne der Genetik) betreffend; erblich bedingt.

genetische Beratung, Beratung über die Wahrscheinlichkeit des Auftretens einer genet. (erbl.) Krankheit, v. a. bei den Nachkommen. Grundlage für die g. B. kann die humangenet. Analyse der Familienvorgeschichte hinsichtlich angeborener Fehlbildungen und genet. wie nicht genet. Krankheiten sowie die Diagnose eventueller Erkrankungen oder Dispositionen der Betroffenen sein. Die Abschätzung des Risikos stützt sich auf die Vererbungsregeln (↑Vererbung, ↑Humangenetik) oder auf Erfahrungsdaten. Die Beratung kann durch spezielle Untersuchungen ergänzt werden, z. B. durch molekulargenet. und biochemische; außerdem bezieht sie auch die Möglichkeit der Früherkennung (↑Pränataldiagnostik) und ggf. der Behandlung von genet. Krankheiten ein.

genetische Drift, ↑Gendrift.

genetische Information (Erbinformation), die als Basensequenz der DNA (bei einigen Viren RNA) vorliegende materielle Grundlage für die (in Wechselwirkung mit äußeren Faktoren) Ausprägung des ↑Phänotyps eines Organismus.

genetische Krankheiten (Erbkrankheiten, Heredopathien), durch Mutationen hervorgerufene Änderungen der Erbanlagen, die sich als Erkrankungen des Organismus auswirken. Die mutierten Gene werden nach den ↑mendelschen Gesetzen auf die Nachkommen vererbt. Rezessive krankhafte Anlagen werden erst offenbar, wenn sie, von beiden Eltern übernommen, homozygot, d. h. in beiden einander entsprechenden Chromosomen gleichermaßen vorhanden sind. Daher kann eine rezessive krankhafte Erbanlage auch mehrere Generationen überspringen, bevor sie sich wieder als Krankheit offenbart. Dominant vererbte krankhafte Anlagen dagegen führen bei den Betroffenen mit einer Wahrscheinlichkeit von 50 % zur Erkrankung ihrer Kinder. Es gibt auch genet. Krankheiten, die geschlechtsspezifisch über das X-Chromosom vererbt werden (z. B. Bluterkrankheit).

📖 *Spiegel, R. u. Schmid, W.: Erbkrankheiten rechtzeitig erkennen. Genet. Beratung u. ihre Untersuchungsmethoden. Leipzig 1998. – Neumann, H.-J.: Erbkrankheiten in europäischen Fürstenhäusern. Habsburg,*

Hohenzollern, Romanow, Welfen, Wettiner, Bourbonen. Augsburg 2002.

genetischer Algorithmus, *Informatik:* heurist. Verfahren, das zum Auffinden möglichst effizienter Lösungen für gegebene Problemstellungen Strategien der biolog. Evolution verwendet, d. h. aus der Genetik bekannte Mechanismen wie Replikation, Mutation und Selektion; durch diese werden Eigenschaften einer Eltern- auf eine Nachkommenpopulation vererbt.

genetischer Code [- ko:t], *Molekulargenetik:* Schlüssel zur Übersetzung der genet. Information in die Aminosäuresequenz der Proteine. Der g. C. ist universell, d. h., die Nucleotidsequenzen, die für eine bestimmte Aminosäure codieren, sind für alle Organismen prinzipiell gleich. Dies deutet auf einen gemeinsamen Ursprung aller Lebensformen hin. Da ein Codon sich aus jeweils drei (auch gleichen) Nucleinsäurebasen von vier möglichen zusammensetzt, sind $4 \cdot 4 \cdot 4 = 64$ solcher Tripletts möglich; daher existiert für fast alle der 20 übl. Aminosäuren mehr als ein Codon. Für die Aminosäure Valin stehen z. B. die Tripletts GUU, GUC, GUA und GUG. Einige Tripletts codieren für Anfang (AUG) oder Ende (UAA, UAG, UGA) der Polypeptidkette.

genetischer Fingerabdruck (DNA-Fingerprinting), gentechn. Verfahren, das der Identifizierung von Personen anhand von Körpersekreten, Blut, Haaren oder Gewebeteilen dient. Der g. F. ist eine anerkannte Methode zur Feststellung von Verwandtschaftsverhältnissen (z. B. für Vaterschaftsnachweise). Die Wahrscheinlichkeit, dass zwei Personen den gleichen g. F. aufweisen, wird auf 1:30 Mrd. geschätzt. In Großbritannien, wo das Verfahren entwickelt wurde, und in den USA ist es seit 1987 in Strafprozessen zugelassen. In Dtl. ist der g. F. nach den Vorschriften der StPO über die körperl. Untersuchung des Beschuldigten seit 1990 zulässig. Die strafprozessualen Voraussetzungen zu Gewinnung und Verwendung des g. F. sind durch Ges. von 1997 und 1998 präzisiert worden (§§ 81 e-g StPO). Eine Verurteilung kann jedoch nicht allein auf den g. F., sondern muss auf weitere Beweise gestützt werden.

Genève [ʒəˈnɛːv], frz. Name von ↑Genf.

Genever [auch ʒe-; niederländ. »Wacholder«] *der,* Getreidebranntwein mit Wacholderaroma.

Geneviève de Paris [ʒənəˈvjɛːv dəpaˈri, frz.], ↑Genoveva.

Genèvre, Mont [mɔ̃ ʒəˈnɛːvr], Alpenpass an der frz.-italien. Grenze, 1 854 m ü. M.; mit dem frz. Fremdenverkehrsort **Montgenèvre;** Wintersport. (↑Alpenstraßen, Übersicht)

Genezareth, See (Galiläisches Meer, See von Tiberias, hebr. Yam Kinnereth, arab. Bahr et-Tabarije), fischreicher Süßwassersee in N-Israel, im nördl. Jordangraben zw. dem Bergland von Galiläa und den Golanhöhen, 209 m u. M., 21 km lang, 12 km breit, etwa 170 km², bis 44 m tief, wird vom Jordan durchflossen. Der S. G. speist mittels Pumpanlagen das Wasser-

		U		C		A		G	
U		UUU UUC	Phenylalanin	UCU UCC	Serin	UAU UAC	Tyrosin	UGU UGC	Cystein
		UUA UUG	Leucin	UCA UCG		UAA UAG	Stopcodon Stopcodon	UGA UGG	Stopcodon Tryptophan
C		CUU CUC CUA CUG	Leucin	CCU CCC CCA CCG	Prolin	CAU CAC CAA CAG	Histidin Glutamin	CGU CGC CGA CGG	Arginin
A		AUU AUC AUA	Isoleucin	ACU ACC ACA	Threonin	AAU AAC AAA	Asparagin Lysin	AGU AGC AGA	Serin Arginin
		AUG	Methionin Startcodon	ACG		AAG		AGG	
G		GUU GUC GUA GUG	Valin	GCU GCC GCA GCG	Alanin	GAU GAC GAA GAG	Asparaginsäure Glutaminsäure	GGU GGC GGA GGG	Glycin

genetischer Code: ein Basentriplett (= Codon) besteht aus 3 Nucleinsäurebasen (A = Adenin, C = Cytosin, G = Guanin, T = Thymin oder U = Uracil), das jeweils für eine Aminosäure in einer Polypeptidkette steht; die dargestellten Codons entsprechen den Basen in der RNA, deshalb erscheint U (= Uracil) anstelle von T (= Thymin, nur in der DNA)

GEN Genf

See Genezareth im Licht der untergehenden Sonne

Verbundsystem Israels. – Im N.T. Stätte des öffentl. Wirkens Jesu (z. B. Mt. 4, 12 ff. und 14, 22 ff.).

Genf (frz. Genève), **1)** Kanton der Schweiz, 282 km²; ein im W vom Jura, im S und O von den Savoyer Alpen eingerahmtes Hügelland aus eiszeitl. Ablagerungen um das südwestl. Ende des Genfer Sees. Von der Bev. (2000: 408 800 Ew.) sind 32% Reformierte, 51% Katholiken, 1% Juden. Wirtsch. Mittelpunkt ist die Stadt G. Trotz z. T. ungünstiger Bodenbeschaffenheit intensive Nutzung durch Gemüse-, Obst- und Weinbau. Uhrenherstellung, Maschinenbau, Nahrungsmittel- u. a. Ind.; an der Rhone Wasserkraftwerke (Verbois u. a.). **Verfassung:** Nach der Verf. vom 24. 5. 1847 (mehrfach geändert) liegt die Legislative beim Volk und beim Großen Rat (100 Abg.), die Exekutive beim Staatsrat (7 Mitgl.). Beide Gremien werden für 4 Jahre gewählt (Frauenstimmrecht seit 1960). Verf.änderungen und Gesetze unterliegen einem Referendum.
Geschichte: Seit 1814 22. Kanton der schweizer. Eidgenossenschaft; 1907 Trennung von Kirche und Staat.
2) Hptst. von 1), beiderseits des Ausflusses der Rhone aus dem Genfer See, 176 000 Ew. Als geistiger Mittelpunkt der frz. Schweiz hat G. eine Univ. (1873 aus der 1559 von J. Calvin gegr. Akademie hervorgegangen), Institut Batelle für angewandte Forschung, höhere Fachschulen, Bibliotheken (u. a. der UNO), Museen (u. a. Kunst- und Histor. Museum, völkerkundl. Museum Barbier-Muller, Uhrmacher-, Naturhistor. Museum), Theater. G. ist Sitz vieler wiss. Gesellschaften, internat. Vereinigungen und Organisationen (europ. Sitz der UNO, Internat. Arbeitsorganisation, Weltgesundheitsorganisation, Internat. Fernmeldeunion, Welthandelsorganisation, Internat. Umwelt-Akademie, Rotes Kreuz, Ökumen. Rat der Kirchen, Luther. Weltbund, Reformierter Weltbund); nordwestlich von G. in Meyrin das Forschungszentrum von CERN und der Flughafen Cointrin (zweitgrößter der Schweiz). G. ist bed. Bank-, Handels-, Verkehrs- und Fremdenverkehrszentrum, Tagungsort von Kongressen und Messen.

Genf 2): Blick auf den Genfer See

Genfer Konferenzen GEN

Die Ind. umfasst bes. Maschinenbau, Uhrenfabrikation (seit dem 16. Jh.; im 17. Jh. durch Hugenotten gefördert und über den Jura verbreitet), chem. und graf. Betriebe, Bekleidungs-, Nahrungs-, Genussmittelindustrie.
Stadtbild: In der Altstadt auf dem südl. Rhoneufer sind v. a. die Kathedrale St.-Pierre (12./13. Jh.), der Temple de la Fusterie (1713–15, die älteste prot. Kirche), der Temple d'Auditoire (15. Jh.; hier predigte Calvin), das Rathaus (15. Jh. und spätere Bauperioden), das Collège Saint Antoine (1558–62, die alte Akademie Calvins) sowie zahlr. Bürgerhäuser v. a. des 15.–18. Jh. Zeugen älterer Zeit. Auf der Promenade des Bastions die Univ. (1869–72) und das Reformationsdenkmal (1909–17). Am nördl. Seeufer der Quai du Montblanc, u. a. mit dem Palais des Nations (1929–37; europ. Sitz der UNO). In der Rhone (nahe dem See) Rousseau-Insel mit Standbild.
Geschichte: Ehem. Hptst. der kelt. Allobroger **Genava**; um 400 als Bischofssitz erwähnt. 443–461 Hptst. des Königreichs Burgund; 534 durch die Franken erobert; kam 887 zum neuen Königreich Burgund (Hochburgund). 1124 setzten sich die Bischöfe gegen die Grafen von Genevois durch (bis 1534). Durch Calvin nach 1536 reformierte Hochburg (»prot. Rom«); 1791 revolutionäre Reg. nach frz. Muster; 1798–1814 von Frankreich annektiert und Hptst. des Dép. Léman, seither zur Schweiz; 1864 Sitz des IKRK, 1920–46 des Völkerbundes.
📖 *Encyclopédie de Genève, hg. v. C. Santschi u. a., auf mehrere Bde. ber. Genf 1982 ff.*

Gẹnfer Katechịsmus, Bez. für zwei Schriften J. Calvins: 1) Katechismus von 1537 (**Genfer Bekenntnis**); 2) Katalog von 373 Fragen und Antworten, in der für die ref. Kirchen richtungweisenden Reihenfolge: Glaube–Gesetz (lat. Fassung 1545); gilt in den ref. Kirchen als Bekenntnisschrift.

Gẹnfer Konferẹnzen, internat. Verhandlungen in Genf, u. a.: **1) Genfer Abrüstungskonferenz,** vom Völkerbund einberufen am 2. 2. 1932, Verhandlungsplattform von 61 Staaten über Rüstungsabbau und Sicherheit, behandelte u. a. die Frage der militär. Gleichberechtigung Dtl.s (anerkannt in der Viermächteerklärung vom 11. 12. 1932). Die zögernde Haltung Frankreichs bot Hitler den Anlass, am 14. 10. 1933 die dt. Vertreter von der Konferenz abzuziehen und den Austritt Dtl.s aus dem Völkerbund zu erklären. 1935 wurde die Konferenz ergebnislos abgebrochen. **2) Genfer Indochinakonferenz** (26. 4. bis 21. 7. 1954); Teilnehmer: Frankreich und die mit ihm im Rahmen der Frz. Union assoziierten Staaten Kambodscha, Laos und Vietnam, Vertreter der ↑ Vietminh, die VR China, Großbritannien, die USA und die UdSSR. Die Konferenzteilnehmer vereinbarten einen Waffenstillstand in Indochina, lösten Kambodscha, Laos und Vietnam aus den staatl. Bindungen an Frankreich, legten den Rückzug der Vietminh-Verbände in eine nördl. Zone, den Rückzug der frz. Truppen und ihrer vietnames. Verbündeten in eine südl. Zone fest und richteten dazwischen eine entmilitarisierte Zone ein. In der polit. Konsequenz führten diese Beschlüsse zur Teilung Vietnams. **3) Genfer Gipfelkonferenz** (18.–23. 7. 1955) der Reg.chefs Frankreichs, Großbritanniens, der USA und der UdSSR über die Wiedervereinigung Dtl.s, europ. Sicherheit, Abrüstung und Entspannung. Hier vertrat die UdSSR in der Deutschlandfrage zum ersten Male offen die Zweistaatentheorie. **4) Genfer Außenministerkonferenz** (11. 5.–5. 8. 1959); Teilnehmer: Frankreich, Großbritannien, die USA und die UdSSR; Verhandlungsthemen: die Dtl.- und Abrüstungsfrage. Die Westmächte und die UdSSR lehnten die Vorschläge der jeweils anderen Seite ab. **5) Genfer Laoskonferenz** (16. 5. 1961 bis 23. 7. 1962), beschloss die Beendigung des Laoskonflikts und der ausländ. Einmischung (bes. der USA, der UdSSR und Nord-Vietnams) in Laos. Im Schlussprotokoll erklärte Laos seine Neutralität. **6) Genfer Abrüstungskonferenz,** ein formell von den Vereinten Nationen unabhängiges, jedoch eng mit ihnen verbundenes Forum zur Abrüstung und Rüstungskontrolle mit (1999) 66 Staaten; nahm seine Arbeit 1978 auf und setzt die Bemühungen des Abrüstungsausschusses der 18 Mächte (je fünf Staaten der NATO und des Warschauer Paktes und acht blockfreie Länder; 1962–68) und der Konferenz des Abrüstungsausschusses (26 Mitgl.; 1969 bis 78) fort; verabschiedete u. a. 1967 den

GEN Genfer Konventionen

Genfer See: der Hafen von Ouchy in Lausanne am Genfer See

Weltraumvertrag, 1968 den ↑Kernwaffensperrvertrag, 1971 den Meeresbodenvertrag, 1972 das B-Waffen-Übereinkommen, 1993 das C-Waffen-Abkommen.

7) Genfer Nahostkonferenz, am 21. 12. 1973 eröffnet, suchte durch Verhandlungen zw. Israel und seinen Nachbarstaaten eine Lösung des Nahostkonflikts. Im Jan. 1974 unterzeichneten Israel und Ägypten, im Mai 1974 Israel und Syrien ein Truppenentflechtungsabkommen. Die Wiedereinberufung der 1974 vertagten Konferenz scheiterte.

8) Genfer Jugoslawienkonferenz, Genfer Bosnienkonferenz, unter dem Vorsitz von UNO und EU seit dem 3. 9. 1992 tagende Konferenz zur Lösung des Konflikts in Bosnien und Herzegowina; der am 5. 7. 1994 von der am 25./26. 4. 1994 gebildeten »(Internat. Bosnien-)Kontaktgruppe« unterbreitete Vorschlag zur Aufteilung des Territoriums von Bosnien und Herzegowina führte zum Friedensvertrag von Dayton bzw. Paris (14. 12. 1995). Die G. K. übernahm die Überwachung seiner Verwirklichung.

Genfer Konventionen, ↑Genfer Vereinbarungen.

Genfer Nomenklatur, ↑chemische Nomenklatur.

Genfer Schule, Bez. für eine Reihe von Forschern, die seit Beginn des 20. Jh. in Genf wirkten und sich der experimentellen Untersuchung v. a. der Kinder- und Entwicklungspsychologie zuwandten (bes. É. Claparède, T. Flournoy, J. Piaget).

Genfer See (frz. Lac Léman), der größte Alpensee, 372 m ü. M., am S-Ende des schweizer. Mittellandes, zw. Alpen und Jura an der Grenze Schweiz/Frankreich gelegen, 580 km² (davon 345 km² in der Schweiz), 72 km lang, bis 14 km breit, bis 310 m tief. Hauptzufluss ist von O die Rhone, die den See bei Genf wieder verlässt. Der See friert nie ganz zu. Der Fischfang liefert den »Fera« (Weißfelchen). Das schweizer. Ufer, westlich von Lausanne »La Côte«, östlich davon »Lavaux« genannt, ist intensiv genutzt (Weinbau) und dicht besiedelt; im Rhonedelta Villeneuve, nördlich Schloss Chillon. Um den G. S. bed. Fremdenverkehr mit Montreux und Vevey, Lausanne, Morges, Rolle, Nyon und am S-Ende Genf; am frz. Ufer Meillerie, Évian-les-Bains, Thonon-les-Bains.

Genfer Vereinbarungen, multilaterale, in Genf geschlossene völkerrechtl. Verträge: **1) Genfer Konventionen** (Genfer Rotkreuz-Konventionen), die internat. Abkommen zum Schutz der Verwundeten, Kriegsgefangenen und der Zivilbev. Die auf Anregung H. Dunants geschlossene Konvention vom 22. 8. 1864, neu gefasst am 6. 7. 1906, wurde auf den Seekrieg ausgedehnt durch die Haager Abkommen vom 29. 7. 1899 und 18. 10. 1907 und ersetzt durch die Genfer Konvention vom 27. 7. 1929; sie verbesserte das Los der verwundeten Soldaten und sicherte die völkerrechtl. Stellung des Roten Kreuzes. Der Verbesserung des Loses der Kriegsgefangenen diente ein zweites Abkommen vom 27. 7. 1929. An die Stelle dieser Vereinbarungen traten nach dem Zweiten Weltkrieg die vier Genfer Abkommen vom 12. 8. 1949 zum Schutz der Kriegsopfer einschl. der Zivilbev.; zwei Zusatzprotokolle vom 10. 6. 1977 zielen auf eine Anpassung des ↑humanitären Völkerrechts an die Veränderungen von Kriegstechnik und Kriegführung, auch bei nicht internat. Konflikten.

2) Genfer Protokolle vom 4. 10. 1922, Staatsvertrag Großbritanniens, Frankreichs, Italiens und der Tschechoslowakei mit Österreich, das sich gegen Gewährung einer Anleihe verpflichtete, seine Unabhängigkeit nicht aufzugeben.

3) Genfer Protokoll vom 2. 10. 1924, von der Völkerbundversammlung angenommener Vorschlag, den Angriffskrieg zu ächten und die Unterzeichner zu gegenseitigem Beistand zu verpflichten; blieb Entwurf, da Großbritannien die Ratifizierung ablehnte.

4) Genfer Protokoll vom 17. 6. 1925, Abkommen über das Verbot von erstickenden, giftigen oder ähnl. Gasen sowie von bakteriolog. Mitteln in der Kriegführung.

5) Genfer Flüchtlingsabkommen vom 28. 7. 1951, definiert den Begriff Flüchtling und regelt dessen Status, der sich nach dem Recht des Landes seines Wohnsitzes richtet. Bezüglich Erwerbstätigkeit und Vermögenserwerbs sind ↑Flüchtlinge im Aufenthaltsstaat den am günstigsten behandelten Ausländern gleichzustellen. Flüchtlinge haben Anspruch auf einen Reise- bzw. Personalausweis des Aufenthaltsstaates und dürfen nicht in ein Land, in dem ihr Leben oder ihre polit. Freiheitsrechte gefährdet wären, ausgewiesen werden.

6) Genfer Seerechtskonvention vom 29. 4. 1958, Übereinkommen über das Küstenmeer und die Anschlusszone, die Fischerei und die lebenden Schätze des hohen Meeres sowie über den Festlandsockel. Diese Konvention wurde durch die Seerechtskonvention vom 10. 12. 1982 überholt, bindet aber die Signatarstaaten, die der Konvention von 1982 nicht beigetreten sind (↑Seerecht).

Gengenbach, Stadt im Ortenaukreis, Bad.-Württ., im Kinzigtal, 10 600 Ew.; Außenstelle der FH Offenburg, Heimatmuseum mit reichsstädt. Sammlungen; Polstermöbel-, Holz-, Papier- u. a. Ind., Fremdenverkehr. – Mittelalterl. Stadtbild; ehem. Benediktinerabtei, um 727 gegr. – 1230 Stadtrecht, 1360–1803 Reichsstadt, 1803 zu Baden.

Gengenbach, Pamphilus, schweizer. Buchdrucker und Dichter, * Basel um 1480, † ebd. 1525/26; bekannte sich zur Reformation, schrieb moraldidakt. und zeitkrit. Fastnachtsspiele (»Disz ist die Gouchmat«, 1516; »Der Nollhart«, 1517).

Genickbruch, meist unmittelbar tödl. Verletzung, bei der es durch Bruch des Zahns des zweiten Halswirbels zu einer Abquetschung des Rückenmarks sowie des verlängerten Marks und somit der Nervenzentren für Atmung und Blutkreislauf kommt.

Genickstarre (epidemische Gehirnhautentzündung, Meningitis cerebrospinalis epidemica), eine bes. bei Kindern und Jugendlichen epidemieartig auftretende Infektionskrankheit, verursacht durch Meningokokken. Krankheitszeichen sind Nackensteifigkeit, starke Kopfschmerzen, Fieber (Schüttelfrost), Erbrechen, Bewusstseinsstörungen u. a. – *Behandlung:* Chemotherapeutika, Antibiotika; Isolierung der Kranken.

Genie [ʒeˈniː; frz., zu lat. genius] *das,* Mensch von schöpfer. Begabung, der im Unterschied zum Talent nicht nur im Rahmen des Überkommenen Vollendetes leistet, sondern neue Bereiche erschließt und in ihnen Höchstleistungen hervorbringt. Geniale Persönlichkeiten weisen häufig hervorragende Intelligenz, aber beträchtl. individuelle Verschiedenheiten hinsichtlich Begabungs- und Charakterstruktur, Bildung, Interessen und Zielsetzungen, Arbeitsweisen u. a. auf. Die Beurteilung genialer Leistungen ist von zeitbedingten Maßstäben abhängig. Seit der Antike wurde immer wieder der Zusammenhang von G. und Wahnsinn erörtert; die Versuche, das G. psychopathologisch zu erfassen, sind jedoch ebenso umstritten wie Versuche, Genialität mithilfe von psycholog. Tests zu bestimmen. In der psychologisch-pädagog. Diskussion spielt der G.-Begriff heute fast keine Rolle mehr. – Geschichtlich wurde der Begriff G. im heutigen Sinn im 18. Jh. durch A. A. Shaftesbury, I. Kant und den Sturm und

Drang (»Geniezeit«) geprägt. Hier wurde außer der Originalität des G. bes. die Spontaneität betont. Der neue Irrationalismus und Subjektivismus des Gefühls fand auch Eingang in die Philosophie und ästhet. Theorie (A. G. Baumgarten, Kant u. a.). Im 19. Jh. wurde er von A. Schopenhauer, T. Carlyle, R. W. Emerson und bes. in F. Nietzsches Philosophie zu der Lehre übersteigert, dass im Hervorbringen von G. der Sinn der menschl. Geschichte liege.

Genil [xe'nil] *der,* wasserreicher linker Nebenfluss des Guadalquivir im Andalus. Bergland, S-Spanien, 337 km lang, entspringt in der Sierra Nevada, bewässert u. a. die Vega von Granada; Stauseen Iznájar und Canales.

Genisa [hebr. »Versteck«, »Aufbewahrungsort«], Raum in der Synagoge, in dem beschädigte und durch Gebrauch abgenutzte Buchrollen der Hl. Schrift (hebr. Bibel) sowie außer Dienst gestellte Kultgegenstände aufbewahrt werden, bevor sie im Rahmen einer eigenen Zeremonie auf dem Friedhof bestattet werden. Buchrollen dürfen, da sie den Gottesnamen enthalten, nicht vernichtet werden.

Genista [lat.] *die,* die Pflanzengattung ↑Ginster.

genitale Phase, nach der psychoanalyt. Theorie S. Freuds die mit der Pubertät beginnende letzte Stufe der menschl. Sexualentwicklung. Sie folgt auf die ↑Latenzphase.

Genitali|en [lat.], *die,* ↑Geschlechtsorgane.

Genitiv [lat.] *der* (Genetiv, Wesfall), zweiter Fall der ↑Deklination. Der G. bezeichnet in attributiver Stellung meist die Zugehörigkeit (**Genitivus possessivus:** die Malerei *des Mittelalters*), das Ziel einer Handlung (**Genitivus obiectivus:** die Befreiung *der Gefangenen*), den Handlungsträger (**Genitivus subiectivus:** die Rede *des Politikers*), auch eine Eigenschaft (**Genitivus Qualitatis:** die Menschen *guten Willens*) oder den Teil eines Ganzen (**Genitivus partitivus:** eine große Zahl *Neugieriger*). Objekte im G. sind im Deutschen an die Rektion entsprechender Verben oder an feste Wendungen gebunden: Ich erinnere mich *des Vorgangs.*

Genius [lat.] *der,* **1)** *allg.:* das ↑Genie; auch das den Menschen leitende Wesen. **2)** *röm. Mythos:* die göttl. Verkörperung der im Manne wirksamen zeugenden Kraft; dem entsprach die Juno der Frau; auch allg. Bez. für: Schutzgeist, z. B. **Genius Loci,** Schutzgeist eines Ortes.

Genk [xɛŋk], Stadt in der Prov. Limburg, Belgien, 62 500 Ew.; ehem. bed. Steinkohlenabbau, Stahlwerk, Metall-, Elektro-, Autoind.; Hafen am Albertkanal.

Genklonierung, *Molekularbiologie:* Methode zur Isolierung eines bestimmten DNA-Abschnittes (z. B. eines Gens) durch dessen selektive ident. Vervielfältigung. Die G. kann in lebenden Zellen erfolgen, indem das Gen mit so genannter Vektor-DNA (Plasmide, Viren) unter Verwendung von ↑Restriktionsenzymen und Ligasen rekombiniert wird und, in Zellen eingeführt, dort wie zelleigene DNA vervielfältigt wird. Eine alternative Möglichkeit zur zellfreien G. stellt die ↑Polymerase-Kettenreaktion dar.

Genkopplung, die Lage von Genen auf ein und demselben Chromosom, wodurch sich diese bei der Meiose nicht unabhängig voneinander auf die Gameten verteilen.

Genlebensmittel, durch einen gentechn. Eingriff veränderte Lebensmittel, ↑Novelfood.

Genmutation, Mutationsform, bei der die spezif. Basensequenz eines Gens verändert ist. Resultat sind die versch. Allele eines Gens. (↑Mutation)

Gennargentu [dʒennar'dʒentu], höchste Berggruppe von Sardinien, gipfelt in der Punta La Marmora (1 834 m ü. M.).

Gennes [ʒɛn], Pierre-Gilles de, frz. Physiker, * Paris 24. 10. 1932; seit 1971 Prof. am Collège de France, seit 1976 Leiter der École Supérieure de Physique et Chimie Industrielles in Paris; erhielt für fundamentale Arbeiten zur Erforschung von Ordnungszuständen in komplexen Formen der Materie (bes. Flüssigkristalle und Polymere) 1991 den Nobelpreis für Physik.

Gennevilliers [ʒɛnvil'je], Gem. in dép. Hauts-de-Seine, Frankreich, an der Seine, nordwestlich von Paris, 45 100 Ew.; Hafen; Großkraftwerk; chem., Zement-, Elektronik-, Automobil- und Flugzeug-, Lebensmittelindustrie.

Genokopie, die Ausprägung des gleichen Merkmals durch versch. Gene bzw. versch. Mutationen desselben Gens.

Genom [grch.] *das,* die Summe aller Erbinformationen in Form der Gene und genet. Signalstrukturen eines Virus, Einzellers oder der Zellen eines vielzelligen Or-

Genomprojekt GEN

ganismus. Außer bei RNA-Viren ist das G. somit deckungsgleich mit der Gesamtheit der DNA einer Zelle oder eines Virus, einschließlich der DNA-Bereiche, denen bisher keine Funktion zugeschrieben werden kann. Im April 2003 waren die Sequenzen der G. von mehr als 100 Organismen (u. a. des Menschen, der Maus, von Reis und zahlreichen Mikroorganismen) bereits bekannt. (↑Genomprojekt, ↑Gene, ↑Nucleinsäuren)

Genom|analyse, Untersuchungen mit dem Ziel der Struktur- und Funktionsaufklärung der Genome von Viren und Organismen. Diese Bemühungen sind für einige Organismen in Genomprojekten gebündelt. In einem engeren Sinn ist die G. eine Bez. für Verfahren der Analyse genetisch bedingter Eigenschaften des Menschen, die u. a. zur Feststellung von Erbanlagen für Krankheiten, bes. genetisch bedingten Empfindlichkeiten gegen Umwelteinflüsse (z. B. Schadstoffe, Arzneimittel, Nahrungsmittel), außerdem zur Feststellung familiärer Abstammung sowie zur Identifizierung von Personen (↑genetischer Fingerabdruck) angewendet werden. Bei der **direkten G.** ist die genaue Kenntnis des Gens und der zu diagnostizierenden Mutation erforderlich. Bei der **indirekten G.** hingegen macht man sich die Tatsache zunutze, dass der gesuchte Gendefekt oft mit einer anderen Mutation zufällig gemeinsam auftritt, die auf dem Chromosom eng benachbart ist (↑Genkopplung) und als genet. Marker dient. Außer der reinen DNA-Analyse ist zur G. in begrenztem Ausmaß auch eine lichtmikroskop. **Chromosomenanalyse** geeignet, bei der mittels Vergleichs versch. Karyogramme Abweichungen von der normalen Größe, Form und Anzahl der Chromosomen sowie das Geschlecht des Chromosomenträgers festgestellt werden können. Auch eine Analyse des äußeren Erscheinungsbildes (**Phänotypanalyse**) kann Hinweise auf Besonderheiten im Genom geben.

📖 *Die G. im Strafverfahren,* hg. v. J. Taschke u. F. Breidenstein. Baden-Baden 1995. – Primrose, S. B.: *G. A. d. Engl.* Heidelberg u. a. 1996.

genomisches Imprinting [zu engl. to imprint »prägen«], Prägung der mütterl. oder väterl. Allele bestimmter Gene, sodass sich die Expression beider Allele trotz gleicher DNA-Sequenz unterscheiden kann. Diese funktionelle Programmierung ist ein wichtiger Regulationsprozess in der Embryonalentwicklung.

Genommutation, Veränderung der Anzahl der Chromosomen durch Hinzukommen oder Wegfallen einzelner Chromosomen (**Aneuploidie**) oder durch Vervielfachung des gesamten Chromosomensatzes (**Polyploidie**).

Genomprojekt, Bestreben, das Genom eines Organismus umfassend aufzuklären. Seit Mitte der 1980er-Jahre gibt es mit dem ↑Human-Genom-Projekt das Ziel der kompletten Sequenzierung des menschl. Genoms, das durch eine internat. Organisation (HUGO, Human Genome Organization) koordiniert wird. In Verbindung mit dem Human-Genom-Projekt wurde sehr schnell deutlich, dass lediglich die Aufklärung der Nucleotidsequenzen des Chromosomensatzes des Menschen von nur geringem wiss. Nutzen ist. Solche Sequenzdaten können nur im Vergleich mit anderen Genomen von Tieren, Pflanzen und Mikroorganismen sowie im Vergleich mit biochem. Befunden zu nutzbaren Aussagen über die im Genom kodierten genet. Informationen ausgewertet werden. In der Folge wurden daher das Human-Genom-Projekt erweitert und weitere Genomprojekte begonnen. Für das menschl. und das Maus-Genom werden auch Datenbanken zu Punktmutationen und Polymorphismen angelegt. Außerdem werden angesichts der erwarteten betrachtl. Auswirkungen seiner Ergebnisse auf die Gesellschaft im Human-Genom-Projekt neben den naturwiss. Aspekten auch damit in Zusammenhang stehende ethische, rechtliche und soziale Fragen in einem Subprojekt (ELSI, Kurzwort aus engl. Ethical, Legal and Social Implications) bearbeitet. Bereits zu Beginn der 1980er-Jahre lagen einzelne vollständige Sequenzen von kleinen viralen und von den in Zellorganellen (Mitochondrien, Plastiden) lokalisierten Genomen vor. Heute ist diese Zahl auf einige Hundert angestiegen und durch vollständig sequenzierte Genome höherer Organismen erweitert worden. Im Juli 2002 waren die kompletten Sequenzen von 16 Archae- und 88 eubakteriellen Genomen (dabei v. a. von humanpathogenen Erregern wie Mycoplasmen, Vibrio cholerae, Helicobacter und Pseudomonas) bekannt. Zur gleichen Zeit galten neun eukaryontische Genome als vollstän-

GEN Genosse

dig sequenziert (u. a. die Bäckerhefe Saccharomyces cerevisiae, der Fadenwurm Caenorhabditis elegans und die Taufliege Drosophila melanogaster). Das erste pflanzl. Genom (von der Ackerschmalwand Arabidopsis thaliana) wurde im Dez. 2000 entschlüsselt, Mitte 2002 das der wichtigen Kulturpflanze Reis. Weitere Genome mit wiss. (Schimpanse, Maus, der Kofferfisch Fugu, der Zebrafisch) oder wirtsch. Bedeutung (u. a. Schwein, Rind, Mais) werden in naher Zukunft analysiert sein. Eine »Rohfassung« der Entzifferung des menschl. G. wurde im Juni 2000 vorgestellt, im Febr. 2001 folgte die Veröffentlichung eines Entwurfs der »Arbeitsversion« der Sequenz des Humangenoms. Im April 2003 erklärten die Wissenschaftler des internat. Human-Genom-Projekts, dass die Abfolge der menschl. Genomsequenz nahezu vollständig entziffert ist. Es gelten 99,5–99,8 % der Sequenz der etwa 3 Mrd. Bausteine des Genoms als bekannt. – Der Fortschritt in der Genomsequenzierung wurde wesentlich durch techn. und method. Verbesserungen, v. a. durch die Entwicklung von computergestützten automat. Sequenziermaschinen, ermöglicht. Etwa 90 % der vorhandenen Daten sind zw. 1997 und 2000 erhoben worden. Die Nucleotidsequenzen werden in umfangreichen Datenbanken gesammelt. In der Folge dieser zunehmenden Datenfülle hat sich die Bioinformatik als Wiss.disziplin entwickelt, die als Ziel die Auswertung der vielfältigen Sequenzdaten zur Assemblierung (Zusammenfügen) und zu Vorhersagen von Genmodellen und Genfunktionen hat.

Die G. waren anfänglich auf öffentl. Einrichtungen beschränkt. Die zunehmenden Möglichkeiten, Sequenzdaten einer kommerziellen Nutzung zuzuführen, hatten in den letzten Jahren den Einstieg privatwirtsch. Unternehmen in die Genomforschung zur Folge. Diese beabsichtigen die Verwertung der Ergebnisse der G. v. a. für die Entwicklung neuer Medikamente und Diagnostika sowie in der Landwirtschaft. (↑Gene)

Genosse, urspr. der Mitgenießer, Teilhaber an bestimmten Sachen oder Rechten, so im dt. Recht des MA. der an derselben Allmende beteiligte Bauer; später das Mitgl. einer Genossenschaft; seit 1879 Anrede der Sozialisten und Kommunisten untereinander.

Genossenschaft, 1) *Rechtsgeschichte:* im mittelalterl. dt. Recht eine Vereinigung von Stammes- oder Berufsgenossen zur gemeinsamen Wahrnehmung bestimmter Aufgaben. Als wirtsch. G. entstanden Mark-, Weide-, Wasser-, Deich-G. u. a. Auch die Verfassungen der Städte waren genossenschaftlich.
2) *Wirtschaft:* Gesellschaft mit unbegrenzter Mitgl.zahl, die die Förderung des Erwerbes oder der Wirtschaft ihrer Mitgl. mittels gemeinschaftl. Geschäftsbetriebs bezweckt (§ 1 G.-Gesetz i. d. F. v. 19. 8. 1994). Entsprechend der Zielsetzung werden u. a. Bezugs-, Absatz-, Produktions-, Waren- und Dienstleistungs-G. unterschieden. Bedeutsam sind in Dtl. die ↑Kreditgenossenschaften sowie die ländl. und gewerbl. Waren- und Dienstleistungsgenossenschaften.
Die G. ist jurist. Person und körperschaftlich organisiert (d. h., sie ist auf der Mitgliedschaft der zugehörigen Personen aufgebaut). Sie wird den Handelsgesellschaften gleichgestellt. – Die G. entsteht durch Eintragung in das beim Amtsgericht geführte **G.-Register.** Die Firma (der Handelsname) der G. muss den Zusatz »eingetragene G.« (Abk. eG, e. G.) enthalten. Die G. muss mindestens sieben Mitgl. haben. Das Statut bedarf der Schriftform; Änderungen des Statuts können von der Generalversammlung (Vertreterversammlung) mit $^3/_4$-Mehrheit beschlossen werden. Für Verbindlichkeiten der G. haftet den Gläubigern das Vermögen der G., jedoch muss das Statut eine Bestimmung enthalten, ob im Insolvenzfall eine Nachschusspflicht der Mitgl. besteht und ob diese beschränkt oder unbeschränkt ist. Organe der G. sind: a) die Generalversammlung (bei mehr als 1 500 Mitgl. »Vertreterversammlung«), in der jedes Mitgl. eine Stimme hat (seit 1974 auch Mehrstimmrecht von bis zu drei Stimmen möglich); b) der von der Generalversammlung bestellte, der G. gegenüber verantwortliche hauptberufl. oder ehrenamtl. Vorstand (mindestens zwei Mitgl.), dem Geschäftsführung und Vertretung der G. obliegen; c) der zur Überwachung der Geschäftsführung von der Generalversammlung gewählte Aufsichtsrat (mindestens drei Mitgl.); bei mehr als 500 Beschäftigten muss er zu einem Drittel aus Arbeitnehmervertretern bestehen.
Die Mitgliedschaft ist vererblich, aber

nicht übertragbar. Übertragbar auf andere Genossen sind die Geschäftsanteile. Die Mitgliedschaft endet durch Tod, Austritt (Kündigung, hier sind oft längere Fristen einzuhalten), Ausschluss oder Abtretung des Geschäftsguthabens. –In Dtl. existiert seit 1972 eine einheitl. G.-Organisation mit einem Dachverband (↑Deutscher Genossenschafts- und Raiffeisenverband e. V.) und drei Bundesverbänden (Dt. Raiffeisenverband e. V., Bundesverband der Dt. Volksbanken und Raiffeisenbanken e. V. und Zentralverband Gewerbl. Verbundgruppen e. V.).

In *Österreich* gilt das mehrfach novellierte G.-Ges. vom 9. 4. 1873 mit ähnl. Bestimmungen und gleich lautenden Organen. Die Kaufmannseigenschaft der G. erfordert hier den Betrieb eines Handelsgewerbes. Zur G.-Gründung genügen zwei Personen. In der *Schweiz* enthalten die Art. 828 ff. Obligationenrecht ähnl. Grundsätze wie in Deutschland.

Geschichte: Die neuzeitl. G. entstanden 1830–40 in W-Europa im Zusammenhang mit der Industrialisierung als wirtsch. Selbsthilfeeinrichtungen (»Kinder der Not«). H. de Saint-Simon und C. Fourier entwickelten in Frankreich den Gedanken der Produktiv-G. Die Verbraucher-G. haben ihren Ursprung in Großbritannien, wo die Ideen von William King (*1786, †1865) und R. Owen 1844 zur Gründung eines Konsumvereins in Rochdale führten (»Die redl. Pioniere von Rochdale«). Das gewerbl. G.-Wesen in Dtl. geht auf H. Schulze-Delitzsch, das ländl. auf F. W. Raiffeisen zurück. Zur besseren Durchführung ihrer Aufgaben und zur Vermeidung der Einführung einer staatl. Aufsicht schlossen sich einzelne G. schon früh zu **G.-Verbänden** zusammen, deren Aufgabe u. a. die Prüfung der wirtsch. Verhältnisse und der Ordnungsmäßigkeit der Geschäftsführung ihrer Mitgl. ist.

📖 *Die G. Recht und Praxis,* hg. v. *H. Bauer.* Wiesbaden 1999. – *Metz, E.: Die Generalversammlung und die Vertreterversammlung der G.* Wiesbaden⁶ 2001. – *Die Zukunft der G. in der Europ. Union an der Schwelle zum 21. Jahrhundert,* hg. v. *W. Harbrecht.* Nürnberg 2001.

Genossenschaft Deutscher Bühnen-Angehöriger, Abk. **GDBA,** gegr. 1871 von dem »Ersten allg. dt. Bühnenkongreß« in Weimar; Sitz seit 1951 in Hamburg;

Fachblatt: »bühnengenossenschaft« (seit 1949). Die GDBA ist Tarifpartner beim Abschluss von Tarifverträgen.

genossenschaftliche Zentralbanken, Sammelbez. für die zwei regionalen Zentralinstitute der Kreditgenossenschaften (DZ-Bank AG Deutsche Zentralgenossenschaftsbank und WGZ-Bank Westdt. Genossenschafts-Zentralbank eG). Die g. Z. betreuen die ihnen angeschlossenen Kreditgenossenschaften (Zahlungsverkehr, Geldversorgung usw.) und betreiben das Wertpapier- und Auslandsgeschäft.

Genossenschaftswald, Wald im Einzel-, Bruchteils- oder Gesamthandseigentum mehrerer Privatpersonen **(Waldgenossenschaft).** Zum G. werden Körperschaftsforsten (außer Gemeinde- und Stiftungswald) und Gemeinschaftswaldungen öffentlich-rechtl. Art gerechnet.

Genotyp [auch -'ty:p] (Genotypus), Gesamtheit der chromosomengebundenen Erbanlagen einer Zelle oder eines Organismus. Der G. ist das Erbbild des Lebewesens. (↑Phänotyp)

Genova ['dʒɛ:-], italien. Name von ↑Genua.

Genovés [span. x-], Juan, span. Maler und Grafiker, *Valencia 1. 6. 1930; Vertreter eines krit. Realismus, der in seinen Werken den Missbrauch polit. Gewalt und Folter anprangert.

Genoveva (Genovefa), **1) G. von Brabant,** nach der Legende die Gemahlin eines Pfalzgrafen Siegfried (um 750); sie verbarg sich, vom Haushofmeister Golo fälschlich des Ehebruchs beschuldigt, sechs Jahre mit ihrem Söhnchen Schmerzensreich im Ardenner Wald, bis ihr Gemahl sie entdeckte und heimführte. Ihr Schicksal schildert ein dt. Volksbuch. Dramat. Bearbeitungen von Maler Müller (gedr. 1811), L. Tieck (1800), F. Hebbel (1843); Oper von R. Schumann (1850).

2) G. von Paris (Geneviève de Paris), Schutzpatronin von Paris, *Nanterre um 422, †Paris 3. 1. um 502; schützte nach der Legende Paris 451 vor dem Hunneneinfall; Heilige, Tag: 3. 1.

Genozid [grch.-lat.] *der,* auch *das,* ↑Völkermord.

Genpatent, Schutzrecht für Nucleotidsequenzen als Teile des Erbgutes vom Menschen, aber auch von Nutz- und Zierpflanzen, von Tieren und von Mikroorganismen. G. zählen daher zu den ↑Biopatenten.

Die Erteilung von G. ist aus jurist. und eth. Gründen heftig umstritten. Juristisch schwierig ist die Abgrenzung der G. von nicht patentierbaren Entdeckungen, die nichts Erfinderisches aufweisen. Patente werden gegenwärtig daher nur für solche Nucleotidsequenzen erteilt, für die eine wirtsch. Nutzung z. B. für Gentests oder für Gentherapien ausgewiesen ist oder mit deren Hilfe pharmazeut. Produkte (Proteine, Impfstoffe) hergestellt werden können. Weltweit wurden trotz dieser Einschränkungen ca. 4000 G. allein für die Aufschlüsselung von Teilen des menschl. Genoms erteilt.

Im Zusammenhang mit dem Human-Genom-Projekt richten sich eth. Bedenken gegen den durch G. eingeschränkten Zugang zu Informationen über das menschl. Erbgut und deren kommerzielle Nutzung sowie gegen die Patentierung von Genen aus endem. Organismen aus Entwicklungsländern (↑Biopiraterie, ↑Patent).

Genpool [-pu:l, engl.] *der,* Gesamtheit der Gene in einer Population (↑Populationsgenetik).

Genre [ˈʒãːr(ə), frz.] *das,* **1)** *allg.:* Art; Gattung.
2) *bildende Kunst:* Darstellungsbereich, der das alltägl. Leben zum Gegenstand hat. **Genremalerei** ist seit dem späten MA. durch alle Jahrhunderte hindurch zu finden, insbesondere in der niederländ. Malerei des 16. und 17. Jh. sowie im 19. Jahrhundert.

Genregulation, die Steuerung der Informationsabgabe (Transkription) von Genen und damit der Synthese der zugehörigen Genprodukte (z. B. Enzyme). Der Prozess der G. wird beeinflusst vom biochem. und biophysikal. Zustand der Zelle oder des Organismus sowie von Umwelteinflüssen. G. spielt eine wichtige Rolle sowohl bei Anpassungsleistungen der Zelle des Organismus an veränderte Bedingungen als auch bei der Merkmalsausprägung im Verlauf der Embryonalentwicklung.

Genreservoir [-rezɛrvˈwaːr], in natürl. Biotopen lebende Organismen (Wildpflanzen u. a.), die mit ihrer genet. Vielfalt für die Züchtung neuer Nutzpflanzensorten unersetzlich sind.

Gens [lat. »Geschlecht«] *die,* im antiken Rom die durch gemeinsame Abstammung und Kult zusammengehörigen Familien, deren Mitgl. den gleichen ↑Gentilnamen trugen. Urspr. gab es nur patriz., erst später auch plebej. Gentes.

Gensan, Stadt in Korea, ↑Wŏnsan.

Genscher, Hans-Dietrich, Politiker, * Reideburg, heute zu Halle (Saale), 21. 3. 1927; Rechtsanwalt, Mitgl. der LDPD; 1952 ging er in die Bundesrep. Dtl. und wurde dort Mitgl. der FDP. Seit 1965 MdB, war er 1968–74 stellv. Bundesvors., 1974–85 Bundesvors. und seit 1992 Ehrenvors. der FDP. Nach Bildung der sozialliberalen Koalition gehörte er der Reg. 1969–74 als Bundesinnenmin., dann 1974 bis 1992 als Vizekanzler und Bundesaußenmin. an. Auf der Grundlage der Einbindung der Bundesrep. Dtl. in das westl. Bündnissystem und in die Europ. Gemeinschaft entwickelte er als Außenmin. gegen-

Genre 2): Pieter Bruegel d. J., »Raufende Bauern beim Kartenspiel« (1620; Moskau, Puschkin-Museum)

über den Staaten des Ostblocks eine Linie der Entspannung im Ost-West-Konflikt. Gegen starke innerparteiliche Widerstände setzte er 1982 den Koalitionswechsel seiner Partei (von SPD zu CDU/CSU) durch. G. hatte 1989–90 maßgeblichen Anteil an der Herstellung der dt. Einheit und deren europ. Einbindung. 1990–92 trat er als Förderer der nationalen Selbstfindungsprozesse im Baltikum und in Südosteuropa in Erscheinung.

📖 *In der Verantwortung. H.-D. G. zum Siebzigsten, hg. v. K. Kinkel. Berlin 1997.*

Hans-Dietrich Genscher

Gent [niederländ. xɛnt] (frz. Gand), Hptst. der Prov. Ostflandern, Belgien, am Zusammenfluss von Schelde und Leie, 224 500 meist fläm. Ew.; kath. Bischofssitz; fläm. Univ. (1817 gegr.), Hochschule für Übersetzer und Dolmetscher, Königl. Akademie für niederländ. Sprache und Literatur, Bibliotheken und Museen (u. a. Museum voor Schone Kunsten). – Die urspr. von der Textilind. beherrschte Ind.- und Handelsstadt hat heute viele neue Ind.zweige, u. a. elektrotechn., Papier-, Hütten-, Stahl-, chem. Ind., Erdölraffinerie, Fahrzeug- und Maschinenbau; Blumenzucht. G. ist Knotenpunkt eines Netzes von Flüssen und Kanälen; eine Kanalverbindung besteht nach Brügge und Ostende, der Kanal G.-Terneuzen (32,6 km) verbindet den Hafen mit der Westerschelde.

Stadtbild: Auf der Halbinsel zw. beiden Flüssen liegt die Altstadt, die »Kuip van G.«, mit der got. Kathedrale Sint-Baafs (Saint-Bavo) mit dem Genter Altar der Brüder van Eyck, der Tuchhalle (1426–41), dem Belfried (1. Hälfte 14. Jh., früher berühmt durch die Rolandglocke, die Sturmglocke für Flandern), dem roman. Stapelhuis (13. Jh.), dem got. Schipperhuis (1531), der Sint-Michielskerk (15.–17. Jh.);

Rathaus (15.–16. Jh.) mit N-Fassade im Flamboyantstil; zahlr. Giebelhäuser des 16. und 17. Jh. v. a. in den Kaistraßen. Bedeutende mittelalterl. Befestigung ist die Wasserburg 's-Gravensteen (1180–1200), eine Residenz der Grafen von Flandern; im S die Sint-Pieterskerk (1629–45).

Geschichte: G., im 8. Jh. erwähnt, war im MA. durch seine blühende Tuchind. die neben Brügge bedeutendste Handelsstadt Flanderns; im 14. Jh. führend bei flandr. Freiheitskämpfen gegen die Franzosen. Mit Flandern kam es 1384 an die Herzöge von Burgund und im 15. Jh. an die Habsburger. Der niederländ. Aufstand des 16. Jh. vernichtete den früheren Wohlstand G.s; es wurde 1584 von den Spaniern zurückerobert und teilte fortan die Gesch. der südl. Niederlande.

Gentechnik (Gentechnologie), Teilgebiet der Molekularbiologie und Biotechnologie, das sowohl die theoret. Aspekte als auch die prakt. Methoden umfasst, durch die Gene und deren Regulatoren isoliert, analysiert, verändert und wieder in Organismen eingebaut werden. Erst seit Entdeckung der ↑Restriktionsenzyme, die aus einem DNA-Faden definierte Abschnitte herausschneiden können, lassen sich solche Operationen mit Erfolg durchführen. Durch die Übertragung von Genen zw. versch. Arten, bes. den Einbau in die ↑Plasmide von Bakterien, ist die Massenproduktion von sonst nur sehr schwer zugängl. Genprodukten (Proteine, Hormone, ↑monoklonale Antikörper) möglich geworden. Da die gentechn. Forschung sich primär auf Bakterien konzentriert hat, liegt zurzeit auch der wirtsch. Schwerpunkt der G. noch in der biolog. Stoffsynthese, d. h. in der Herstellung pharmakolog. Produkte mithilfe transformierter Mikroorganismen. Durch Übertragung entsprechender Säugergene produzieren diese Bakterien medizinisch oder technisch wichtige Substanzen, die durch normale chem. Synthese nur unter hohem materiellem, zeitl. und finanziellem Aufwand zugänglich sind, z. B. Interferone, Interleukine, Impfstoffe wie Hepatitis-B-Vakzine, Humaninsulin. Die »grüne« bzw. »rote« G. befasst sich mit der Manipulation von Genen aus grünen Pflanzen bzw. höher entwickelten Tieren. – Der Einsatz von gentechnisch veränderten Organismen ist nicht unproblematisch, da bei einer unkontrollierten

GEN Gentechnikgesetz

Freisetzung die Folgen für Mensch und Umwelt und auch die weitere evolutive Entwicklung des Organismus kaum absehbar sind. Dies zeigt die Notwendigkeit sorgfältigen Abwägens zw. Nutz- und Risikofaktoren. (↑Freisetzungsversuch, ↑Gentechnikgesetz, ↑Novelfood, ↑transgene Organismen, ↑Markergene)

📖 *Prowald, K.: G. Abenteuer Zukunft.* München 1994. – *Nagl, W.: Gentechnologie u. Grenzen der Biologie.* Sonderausg. Darmstadt 1995. – *Bickel, W. u. Schulte, W.: Gentechnologie u. Reproduktionsmedizin.* Kevelaer 1998. – *Welternährung u. Gentechnologie,* hg. v. *C. Gestrich.* Berlin 1998. – *Schmid, R. D.: Taschenatlas der Biotechnologie u. G.* Weinheim 2002.

Gentechnikgesetz, Bundesgesetz zur Regelung der Gentechnik vom 20. 6. 1990. Das G. dient dem Zweck, Leben und Gesundheit von Menschen, Tieren, Pflanzen sowie die sonstige Umwelt in ihrem Wirkungsgefüge und Sachgüter vor mögl. Gefahren gentechn. Verfahren und Produkte zu schützen sowie den rechtl. Rahmen für die Erforschung, Entwicklung, Nutzung und Förderung der wiss. und techn. Möglichkeiten der Gentechnik zu schaffen. Die Errichtung und der Betrieb von gentechn. Anlagen bedürfen der Genehmigung. Eine Novellierung des G. vom 16. 12. 1993 betraf v. a. die Anmelde- und Genehmigungsverfahren: So bedürfen gentechn. Anlagen zu gewerbl. Zwecken, in denen gentechn. Arbeiten der Sicherheitsstufe 1 durchgeführt werden, nunmehr lediglich einer Anmeldung statt – wie bisher – einer Genehmigung. Weiterhin sind die Fristen im Anmelde- und Genehmigungsverfahren verkürzt worden.

gentechnisches Freilandexperiment, ein ↑Freisetzungsversuch.

Genter Altar, Hauptwerk der niederländ. Malerei, J. van ↑Eyck.

Gentherapie, Verfahren zur gezielten Korrektur von Veränderungen der genet. Strukturen bei Menschen mit genet. bedingten Erkrankungen. Die hierfür notwendige Maßnahme besteht in der Einführung eines definierten DNA-Stücks in das menschl. Genom mit dem Ziel, die durch eine Veränderung des genet. Materials bedingte funktionelle Störung zu beheben. Grundsätzl. Voraussetzung ist die techn. Möglichkeit, das Gen in die Zelle einzuschleusen, seine ausreichende Synthese zu garantieren und schädl. Nebenwirkungen zu verhindern. Bei der so genannten **Keimbahntherapie** handelt es sich um einen Gentransfer in die Keimzellen, die Zygote bzw. in embryonale Stammzellen des Menschen und damit nachfolgend um die Beeinflussung von Körper- und Geschlechtszellen eines Individuums bzw. seiner Nachkommen. Die Keimbahntherapie wird – unabhängig von techn. Problemen – aus eth. und sachl. Gründen (Existenz von Alternativmethoden) abgelehnt und ist in Dtl. gesetzl. verboten (Embryonenschutzgesetz). Aussichtsreich und wünschenswert für die Zukunft ist die **somat. G.** zur Veränderung der gestörten Funktion in bestimmten Zielorganen oder -geweben im Sinne eines Heileffektes. Zurzeit ist sie noch kein Routineverfahren in der medizin. Praxis. Erste erfolgreiche Therapieversuche liegen bei dem angeborenen Defekt der Immunabwehr durch Mangel des Enzyms Adenosin-Desaminase (ADA) vor. Hierbei erfolgt der Gentransfer in die Lymphozyten oder Knochenmarkstammzellen des Patienten. In der Entwicklung befinden sich zurzeit gentherapeut. Methoden zur Behandlung der Bluterkrankheit und Sichelzellenanämie sowie versch. Krebsformen u. a. – Über die Wirksamkeit der G. sind bisher keine zuverlässigen Aussagen möglich.

📖 *Somat. G. Medizin., eth. u. jurist. Aspekte des Gentransfers in menschl. Körperzellen,* hg. v. *K. Bayertz u. a.* Stuttgart u. a. 1995. – *Graumann, S.: Die somat. G. Entwicklung u. Anwendung aus eth. Sicht.* Tübingen u. a. 2000. – *Schmidtke, J.: Vererbung u. Ererbtes. Ein humangenet. Ratgeber.* Chemnitz 2002.

Genthin, Stadt im Landkreis Jerichower Land, Sa.-Anh., am Elbe-Havel-Kanal, 14 600 Ew.; Waschmittelfabrik, Stahl-, Anlagen-, Bootsbau; Hafen. – Barocke Pfarrkirche (1707–22). – Im 12. Jh. gegr. und 1459 als Stadt bezeugt; war bis 1994 Kreisstadt.

Gentiana [illyr.-lat.] *die,* die Pflanzengattung ↑Enzian.

Gentile [dʒenˈtiːle], Giovanni, italien. Philosoph, *Castelvetrano (Prov. Trapani) 30. 5. 1875, † (ermordet) Florenz 15. 4. 1944; 1922–24 Unterrichtsmin. in der Reg. Mussolini, führte eine grundlegende Schulreform durch. G. ist neben B. Croce ein Hauptvertreter des neueren italien.

Idealismus. Er suchte Gedanken von J. G. Fichte und G. W. F. Hegel kritisch weiterzubilden; sah das Bewusstsein als reinen Akt an (**Aktualismus**). – »Der aktuelle Idealismus« (1912).

Gentile da Fabriano [dʒenˈtiːle-], eigtl. Gentile di Niccolò di Giovanni Massi, italien. Maler, * Fabriano (Prov. Ancona) um 1370, † Rom 1427; tätig in Venedig, Brescia, Florenz, Siena, Orvieto und Rom. Seine Werke bleiben dem dekorativen Linienfluss der europ. Gotik verhaftet; in der realist. Beobachtung, der Fabulierfreude und der plast. Gestaltung zeigen sich wegweisende Ansätze der Frührenaissance. Sein Hauptwerk ist der für die Strozzi-Kapelle in Santa Trinità in Florenz geschaffene Altar mit der »Anbetung der Könige« (1423; Florenz, Uffizien). Daneben entstanden auch Fresken, von denen nur eine Madonna (1425) im Dom von Orvieto erhalten ist.

Gentileschi [dʒentiˈlɛski], Orazio, eigtl. O. Lomi, italien. Maler, * Pisa 1563, † London 7. 2. 1639; arbeitete in der Nachfolge Caravaggios, dessen naturalist. Helldunkelmalerei er durch transparente Farben und eine lyr. Stimmung milderte; seit 1626 Hofmaler Karls I. in England.

Gentilname, im alten Rom der den Namen des Geschlechtes (Gens) bezeichnende Bestandteil des Namens, steht zw. dem Vornamen (Praenomen) und dem oder den Beinamen (Cognomen), z. B. Marcus *Tullius* Cicero.

Gentleman [ˈdʒentlmən; engl., zu frz. gentilhomme »Edelmann«] *der,* in Großbritannien urspr. der wappenberechtigte Mann aus dem niederen Adel (Gentry); später der gebildete, wohlhabende Mann; heute: Mann von Anstand und Takt.

gentlemanlike [ˈdʒentlmənlaɪk], nach Art eines Gentlemans, höflich, höchst anständig.

Gentlemen's Agreement [ˈdʒentlmənz əˈɡriːmənt, engl.] *das,* Vereinbarung auf Treu und Glauben ohne formellen Vertrag, bes. in der Diplomatie und zw. Unternehmen.

Gentner, Wolfgang, Physiker, * Frankfurt am Main 23. 7. 1906, † Heidelberg 4. 9. 1980; Prof. in Freiburg im Breisgau und Heidelberg, 1955–59 Direktor beim CERN; zahlr. Arbeiten zur Biophysik, Radioaktivität und Kernphysik (bes. über Gammastrahlung); entwickelte mit seinen Mitarbeitern die **Kalium-Argon-Methode** zur absoluten Altersbestimmung von Mineralen und erstellte den »Atlas typ. Nebelkammerbilder«. (Kernphotoeffekt, Gammastrahlung) und Altersbestimmung (Entwicklung der Kalium-Argon-Methode).

Gentofte [ˈɡɛntɔfdə], nördl. Nachbarstadt von ↑Kopenhagen, Dänemark.

Gentransfer, als natürl. Vorgang die Übertragung genet. Information von einer Generation auf die folgende (vertikaler G.) oder zw. Zellen (horizontaler G.). Für die ↑Gentechnik ist der G. von in vitro veränderter DNA in Zellen eine wichtige method. Voraussetzung.

Gentry [ˈdʒentrɪ, engl.] *die,* der niedere ↑Adel Großbritanniens.

Gentz, 1) Friedrich von (seit 1804), Publizist und Politiker, * Breslau 2. 5. 1764, † Wien 9. 6. 1832, Bruder von 2); stand 1785–1802 im preuß. Staatsdienst. Zunächst Anhänger der Frz. Revolution, änderte G. seine Haltung unter dem Eindruck von E. Burkes Schrift »Reflections on the revolution in France« (1790), die G. 1793/94 übersetzte und kommentierte. Als Gegner revolutionärer Ideen und in Verbindung mit seinem Widerstand gegen die napoleon. Machtpolitik wurde er zum führenden konservativen Staatsdenker des 19. Jh. Seit 1803 polit. Publizist in Wien, wurde er seit 1810 zu einem engen Mitarbeiter Metternichs und mit diesem zum Exponenten der vormärzl. Reaktion.

📖 *Mann, G.: F. v. G. Gegenspieler Napoleons. Vordenker Europas. Neuausg. Frankfurt am Main 1995.*

2) Heinrich, Architekt, * Breslau 5. 2. 1766, † Berlin 3. 10. 1811, Bruder von 1); Schüler von K. von Gontard, Vertreter des strengen Klassizismus; langjähriger Romaufenthalt; seit 1795 Oberhofbauinspektor in Berlin.

Genua (italien. Genova), **1)** Prov. in Ligurien, Italien, 1 838 km², 903 300 Einwohner.

2) Hptst. der Region Ligurien und von 1), 632 400 Ew.; einer der bedeutendsten Häfen des Mittelmeeres. G. ist Erzbischofssitz; es hat Univ. (gegr. 1471), Musikhochschule, Kunstakademie, Museen (Nationalgalerie) und versch. mit der Seeschifffahrt verbundene Einrichtungen; Reedereien; Maschinen-, Schiffbau, Stahlwerke, Erdölraffinerien, Nahrungsmittel-,

GEN Genugtuung

Genua 2): Blick auf den Hafen

Textil-, Papier-, Kunststoff- und chem. Ind.; Ausgangspunkt von Erdölleitungen in die Poebene, in die Schweiz und nach Ingolstadt; internat. Flughafen.
Stadtbild: Wahrzeichen der Stadt ist der 85 m hohe Leuchtturm (Torre della Lanterna) von 1544. Der mittelalterl. Stadtkern erstreckt sich um die Kathedrale San Lorenzo (1118 geweiht, später mehrfach erneuert), Palazzo Ducale (ehem. Dogenpalast, 1291 begonnen) und die Piazza San Matteo mit den Palästen der Familie Doria und der Kirche San Matteo (gegr. 1125, im 13. Jh. umgebaut). Im 16. und 17. Jh., der künstler. Blütezeit der Stadt, entstanden zahlr. Paläste, z. B. die Palazzi an der seit 1550 von G. Alessi angelegten Prachtstraße, der heutigen Via Garibaldi, sowie an der Via Balbi. Im Palazzo Spinola (um 1580 erbaut, im Rokokostil umgestaltet) befindet sich heute die Nationalgalerie. Weitere bed. Kirchen: Santa Maria di Carignano (1552), Sant' Annunziata (16. Jh., Barockausstattung), Sant' Ambrogio (16./17. Jh.), San Giovanni di Prè (Ende 12. Jh.), San Donato (12./13. Jh.). Im N der Stadt der Camposanto di Staglieno (mit Mausoleen genues. Familien). Das Opernhaus »Carlo Felice« (urspr. 1828 erbaut, 1943 zerstört) wurde 1983–90 von A. Rossi und I. Gardella wieder aufgebaut (1991 eröffnet); Um- und Neugestaltung des alten Hafens durch R. Piano (1990–92).
Geschichte: Ligur. Gründung, röm., später byzantin. Flottenstützpunkt, unter Karl d. Gr. Teil einer fränk. Mark, kommunale Selbstverw. etwa seit dem 11. Jh.; Konkurrent der reichen Handelsstadt war Pisa, gegen das sich G. im 13. Jh. durchsetzte (Herrschaft über Korsika und Elba); gegen Venedig unterlag es 1380. Seit den Kreuzzügen besaß G. die Inseln Chios, Lesbos und Samos sowie einige Plätze an der N-Küste des Schwarzen Meeres, die nach 1453 verloren gingen. An die Spitze des Freistaats trat 1339 ein Doge. Seit 1396 stand G. unter der Herrschaft Mailands, Neapels, Frankreichs und Montferrats, bis es 1528 durch Andrea Doria befreit wurde, der eine aristokrat. Verf. durchsetzte. 1768 verkaufte es Korsika an Frankreich. 1797 wurde es von den Franzosen in die »Ligur. Republik« umgewandelt und 1805 dem napoleon. Kaiserreich einverleibt; 1815 kam es an Piemont-Sardinien, mit diesem 1860 zum Königreich Italien. – Während der **Konferenz von G.** (10. 4.–19. 5. 1922) schlossen die Vertreter des Dt. Reichs und Sowjetrusslands den ↑Rapallovertrag.
Genugtuung, 1) *allg.:* Wiedergutmachung eines Unrechts.
2) *christl. Theologie:* zentraler Begriff (satisfactio) der Scholastik, von Anselm von Canterbury in seiner Schrift »Cur Deus homo« (»Warum Gott Mensch geworden« (1094/98) entfaltet: Der Kreuzestod Christi ist stellvertretend G. für die Sün-

den der Menschen und stellt die durch Sünden zerstörte Brücke zu Gott wieder her. **3)** *Recht:* das Recht sieht eine G.-Funktion im Schmerzensgeld (§ 253 BGB) sowie im Strafrecht in der öffentl. Bekanntmachung des Urteils gegen den schuldigen Beleidiger auf Antrag des Verletzten (§ 200 StGB).
Genus [lat.] *das,* **1)** *Biologie:* ↑Gattung. **2)** *Sprachwiss.:* das grammat. Geschlecht, im Dt. durch den jeweiligen Artikel *der* (Maskulinum), *die* (Femininum), *das* (Neutrum) gekennzeichnet.
Genuss, der Lust verwandte angenehme Empfindung. In der Ethik proklamiert der ↑Hedonismus das Streben nach G. als Lebensziel; die Ästhetik thematisiert den G. als Reaktion auf die Begegnung mit dem Schönen.
Genussmittel, Lebensmittel oder ähnl. Stoffe, deren Nährwert ohne Bedeutung ist, die aber eine anregende Wirkung auf das Nervensystem haben; z. B. Kaffee, Tee, Betel, Tabak, alkohol. Getränke. Sie können in Überdosen als Genussgifte oder Rauschmittel wirken.
Genussschein, börsennotiertes Wertpapier, das versch. vermögensrechtl. Ansprüche **(Genussrechte)** gegenüber einem Unternehmen verbrieft, z. B. Anspruch auf Anteil am Reingewinn und Liquidationserlös oder auf den Bezug neuer G. und ggf. ein Wandlungsrecht in Aktien. G. zählen zum Fremdkapital, sofern dem G.-Inhaber ein Kündigungsrecht eingeräumt wird und er nicht am Verlust beteiligt ist, sonst zum Eigenkapital.
Genzentren (Mannigfaltigkeitszentren), *Biologie:* geograph. Gebiete, in denen bestimmte Kulturpflanzenarten in großer Formenfülle auftreten.
Genzken, Isa, Bildhauerin, Fotokünstlerin und Malerin, *Bad Oldesloe 27. 11. 1948; auf klare Formen reduzierte plast. Arbeiten, die eine bewusste Rückbesinnung auf die konstruktivist. Tendenzen der 1920er-Jahre zeigen.
Genzmer, Harald, Komponist, *Blumenthal (heute zu Bremen) 9. 2. 1909; Schüler von P. Hindemith, von dem seine Werke stark beeinflusst sind; schrieb Orchesterwerke, Konzerte, Kammermusik, Klavier- und Orgelwerke, Chöre, Lieder.
GEO 600, ein ↑Gravitationswellendetektor, der als dt.-brit. Gemeinschaftsprojekt dem Nachweis von Gravitationswellen dienen soll. GEO 600 befindet sich rd. 30 km südlich von Hannover. Ende 2002 wurde der auf dem Prinzip des Michelson-Interferometers arbeitende Detektor (Baubeginn war 1995) in Betrieb genommen. **Experimentaufbau:** Vom Zentralraum des Experiments werden Laserstrahlen durch zwei 1,5 m unterhalb der Erdoberfläche verlegte evakuierte Rohre (Durchmesser 60 cm) geschickt, die jeweils 600 m weit nach Norden bzw. Osten führen. An ihren Enden sind Vakuumtanks, in denen sich Spiegel befinden, die die Laserstrahlen zum Zentralraum zurückwerfen, wo sich beide Strahlen interferometrisch überlagern. Dadurch entsteht ein Helldunkelmuster, das sich verändert, wenn einer der Strahlen einen weiteren Weg zurücklegen muss. Als Ursache einer veränderten Lauflänge der Laserstrahlen gelten Gravitationswellen.

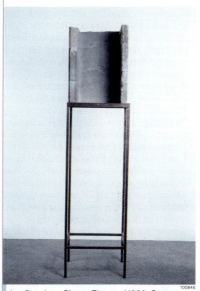

Isa Genzken: Blaues Zimmer (1989; Stuttgart, Sammlung Landesbank Baden-Württemberg)

geo... [von grch. gḗ »Erde«], erd..., land...
Geobotanik, die ↑Pflanzengeographie.
Geochemie, die Wiss. von der chem. Zusammensetzung und den chem. Veränderungen der ↑Erde. Zu den Aufgaben der G. gehören u. a. die chem. Analyse von Gesteinen und Mineralen, die Bestimmung des Vorkommens und der Häufigkeit der

chem. Elemente und ihrer Isotope sowie ihrer Verteilung und Wanderung in den versch. Bereichen der Erde (einschl. Hydrosphäre und Atmosphäre) und die Erforschung der Gesetzmäßigkeiten, nach denen sich diese Vorgänge abspielen und Minerale, Gesteine und Lagerstätten gebildet oder verändert werden.

Geochronologie, Teilgebiet der Geologie, das sich mit relativer und numer. (»absoluter«) Altersbestimmung befasst. Bei Sedimenten gilt bei ungestörter Lagerung das Grundgesetz der Stratigraphie, dass obere Schichten **(Hangendes)** jünger sind als darunter liegende **(Liegendes).** Mithilfe der Petrographie werden v. a. (präkambr.) Schichten, in denen kaum oder keine Versteinerungen vorkommen, in eine Reihenfolge gebracht. Vom Kambrium ab erleichtern Makro- und Mikroleitfossilien als Zeitmarken (biostratigraph. Prinzip) die relative zeitl. Einordnung der Sedimente. Magmat. und metamorphe Gesteine werden v. a. mithilfe physikal. Methoden chronologisiert, die absolute Werte, d. h. Angaben in Jahren, ergeben. Zu absoluten Werten (Kalendern) führen auch Jahresringchronologie, Auszählung von Bändertonen und Pollenanalyse.

Geodäsie [grch.] *die* (Vermessungskunde), die Wiss. von der Ausmessung und Abbildung der Erdoberfläche, die 1) der Feststellung der Erdgröße und -gestalt durch astronom., geodät. und physikal. Messungen dient, 2) für die Landes- und Landmessung durch Triangulation, Nivellement und Photogrammmetrie die Unterlagen für Karten (Kataster, topograph. Karten u. a.) liefert. Sie wird in die Erdmessung und die Landesvermessung sowie die Einzelvermessungen unterteilt. In der Erdmessung und der Landesvermessung müssen die Krümmungsverhältnisse und das Schwerefeld der Erde berücksichtigt werden, bei den Einzelvermessungen reicht i. Allg. eine Horizontalebene als Bezugsfläche für die Lagemessungen aus. – Das Wort G., schon bei Aristoteles erwähnt, hat seine heutige Bedeutung durch C. F. Gauß, F. W. Bessel u. a. gewonnen. Eine klare Eigenständigkeit erhielt die G. durch F. R. Helmert.

📖 Kahmen, H.: *Vermessungskunde.* Berlin u. a. [19]1997. – *Geodesy on the move,* hg. v. R. Forsberg u. a. Berlin 1998. – *GPS on geodesy,* hg. v. P. J. G. Teunissen u. A. Kleusberg. Berlin [2]1998.

Geodät *der,* der ↑Vermessungsingenieur.

geodätische Linie (Geodätische), kürzeste Verbindungslinie zweier Punkte auf einer Fläche; in der Ebene sind die g. L. Geraden, auf der Kugel Großkreisbögen.

Geode [grch.] *die,* in Sedimentgesteinen die ↑Konkretion, in vulkan. Gesteinen sekundäre Ausfüllung von Blasenhohlräumen durch mineral. Stoffe (↑Mandelstein).

Geodimeter *das* (Tellurimeter), Gerät zur elektroopt. Entfernungsmessung, arbeitet mit modulierten Lichtstrahlen und Spiegeln nach dem Phasenvergleichsprinzip. Die Messgenauigkeit beträgt bei einigen Kilometern einige tausendstel Prozent.

Geodynamik, die Lehre von den Bewegungen im Erdinnern und den sie verursachenden Kräften (Erdrotation, Gezeitenkräfte, Konvektionsströmungen u. a.), die z. B. Erdbeben verursachen.

Geoelektrik, Teilgebiet der angewandten Geophysik; nutzt für die Bestimmung der physikal. Eigenschaften der obersten Erdkruste, für die Erkundung von Lagerstätten und Grundwasservorkommen sowie für die Untersuchung des Baugrundes künstlich erzeugte oder natürl. elektr. Felder und Ströme.

Geofaktoren, die raumerfüllenden und -gliedernden Einzelerscheinungen und Wirkkräfte der Erdoberfläche und Erdhülle; **abiot. G.:** Oberflächenformen, Boden, Atmosphäre, Gewässer; **biot., nicht geistbestimmte G.:** Pflanzendecke, Tierwelt; **geistbestimmte G.:** Menschheit, Gesellschaft, Einzelpersonen.

Geoffrey of Monmouth [ˈdʒefrɪ əv ˈmɒnməθ] (Galfred of Monmouth), engl. Bischof und Geschichtsschreiber, *Monmouth (Monmouthshire) um 1100, †Llandaff (bei Cardiff) 1154; verfasste 1136–38, unter Benutzung der Werke von Beda und Nennius sowie walis. Quellen, eine Gesch. der Könige Britanniens (»Historia regum Britanniae«), die Historisch-Faktisches mit Legendenhaftem verbindet; Hauptquelle für die Artusdichtung.

Geoffroy Saint-Hilaire [ʒɔˈfrwa sɛ̃tiˈlɛːr], Etienne, frz. Naturforscher, *Étampes (Dép. Essonne) 15. 4. 1772, †Paris 19. 6. 1844; Anhänger der Abstammungslehre J. B. Lamarcks, über die er 1830 eine Auseinandersetzung mit

geographische Herkunftsangaben GEO

G. Cuvier hatte (»Akademiestreit«); vertrat die Ansicht, dass die Entwicklung der Lebewesen (Artenbildung) von einem einzigen Bauplan hergeleitet werden könne. **GeoForschungsZentrum Potsdam,** Abk. **GFZ,** 1992 gegr. Forschungszentrum für multidisziplinäre Grundlagenforschung (Geodäsie, Geologie, Geophysik, Mineralogie, Geochemie, Klimatologie) über globale geowiss. Themen.
Geofraktur, bis zum Erdmantel reichender Tiefenbruch, ↑Lineament.
Geographie [grch. »Erdbeschreibung«] *die* (Erdkunde), die Wiss., deren Forschungsgegenstand v. a. Länder und Landschaften sind; im Mittelpunkt ihres Interesses stehen die Elemente, Strukturen, Beziehungsgefüge und Prozesse des weltweiten Geosystems Mensch–Erde. Die G. gliedert sich in **Länderkunde** (befasst sich mit der Erforschung und Darstellung bestimmter Teilräume der Erdoberfläche, von Staaten, Ländern oder größeren Räumen, Kulturerdteilen, auch mit Meeresgebieten) und **allgemeine Geographie** (analysiert v. a. die geographisch wichtigen Gegebenheiten der Erdoberfläche und/oder die raumwirksamen Prozesse nach ihrer Verbreitung, ihren räuml. Strukturen, ihren Entstehungs- und Entwicklungsbedingungen sowie ihren Funktionen). Die Vielfalt der Erscheinungen und Vorgänge auf der Erdoberfläche hat zur Aufgliederung der allgemeinen G. in Teilgebiete geführt: phys. G. oder Physio-G. mit den Disziplinen Geomorphologie, Meereskunde (Ozeanographie), Gewässerkunde (Hydrographie), Klima-G., Bio-G. mit Pflanzen- und Tier-G. Die G. des Menschen (Anthropo-G., Sozial-G.) umfasst Bev.-, Siedlungs-, Wirtschafts-, Verkehrs- und polit. G. sowie die histor. G. Die aktuelle theoret. G. arbeitet oft mit mathemat. oder quantitativen Ansätzen. Die angewandte G. stellt die Beziehungen zw. Wiss. und Praxis her. Besondere Bedeutung kommt heute der Landschaftsökologie zu.
Pflegestätten der G. sind v. a. die geograph. Institute der Hochschulen, ferner amtl. Stellen wie die Bundesforschungsanstalt für ↑Landeskunde und Raumordnung. Erste **Geograph. Gesellschaften** (Vorläufer in Venedig 1684, Nürnberg 1740) entstanden in Paris 1821, Berlin 1828, London 1830, Frankfurt am Main 1836, Darmstadt und Sankt Petersburg 1845, Wien 1856; sie unterstützen die Forschung durch Expeditionen, Veröffentlichungen, Verbreitung geograph. Kenntnisse. Der **Internat. Geographentag** findet seit 1871 alle vier Jahre, der **Dt. Geographentag** seit 1881 alle zwei Jahre statt.
Geschichte: Die grch. Kultur bildete den stärksten geograph. Ansatz aus, der den führenden Rang der europ. G. ermöglichte. Hekataios und bes. Herodot beschrieben und erklärten bereits erdräuml. Phänomene, z. B. in Ägypten. Eratosthenes und Ptolemäus betonten die kartograph. Grundlegung der G., während Strabo die Länderkunde ausbaute. Die Araber wahrten die grch. Tradition durch ihre Geographen und Reisenden (u. a. Ibn Battuta). In Europa weitete sich das Weltbild erst ab 12./13. Jh. (z. B. Marco Polo) und bes. mit dem von Kolumbus eröffneten 1. Zeitalter der großen Entdeckungen. Kosmo-, Topo- und Kartographie erweiterten laufend das Weltbild. B. Varenius und E. Kaempfer im 17. Jh., A. F. Büsching, J. R. und G. Forster im 18. Jh. steigerten den Anspruch der G. als Wissenschaft. A. von Humboldt (Natur und Mensch in ihren räuml. Verhältnissen) und C. Ritter (Wandlungen menschl. Kultur in histor. Folge auf dem ird. Relief [Histor. G. des Menschen]) erhoben die klass. G. Dtl.s zur führenden Wissenschaft. Dieses Erbe wahrten in Dtl. bes. F. von Richthofen, A. Penck, A. Hettner, O. Schlüter, H. Lautensach und C. Troll. Seit 1968/69 sucht die G. in traditionellen und in Ansätzen moderner pluralist. Vielfalt nach neuer Verwirklichung.
📖 *Hard, G.: Die G. Eine wissenschaftstheoret. Einführung. Berlin u. a. 1973. – Boesch, M.: Engagierte G. Zur Rekonstruktion der Raumwissenschaft als politikorientierte G. Stuttgart 1989. – Haggett, P.: G. Eine moderne Synthese. A. d. Engl. Stuttgart ²1991. – Kommentierte Bibliographie zur G., bearb. v. H. H. Blotevogel u. H. Heineberg, 3 Tle. Paderborn u. a. ²1992–95. – Rohr, H.-G. von: Angewandte G. Braunschweig ²1994. – Beaumont, A. u. a.: World geography. Cambridge 1997.*
geographische Herkunftsangaben, Namen von Orten, Gegenden, Gebieten, Ländern und sonstige Angaben oder Zeichen, die im geschäftl. Verkehr zur Kennzeichnung der geograph. Herkunft von Waren oder Dienstleistungen benutzt wer-

GEO geographische Koordinaten

den; genießen rechtl. Schutz nach §§ 1, 126 ff. Marken-Ges. (↑Marken, ↑Herkunftsangabe).

geographische Ko|ordinaten sind die geograph. ↑Breite und die geograph. ↑Länge. Beide zus. bestimmen die geograph. Lage eines Orts auf der Erdoberfläche.

geographische Lage, bei Siedlungsplätzen die großräuml. Verkehrslage, z. B. Küsten-, Ufer-, Passlage. Die **topograph. Lage** wird dagegen von kleinräuml. Eigenschaften bestimmt, z. B. Berg-, Tal-, Insellage.

Geohydrologie, ↑Hydrogeologie.

Geoid [grch.] *das,* aus dem Schwerefeld der Erde abgeleitete math. vereinfachte Erdfigur, deren Oberfläche überall senkrecht zu den Feldlinien verläuft; Bezugsfläche der geodät. Höhenmessungen.

Geologenkompass: 1 Libelle, 2 Millimeterskala, 3 Kompassnadel, 4 Arretierung, 5 Klinometer zur Bestimmung des Fallwinkels, 6 linksläufige Gradeinteilung des Kompasses, 7 Gradeinteilung des Klinometers

Geoinformationssystem (Geographisches Informationssystem), *Geodäsie, Kartographie:* ein rechnergestütztes System zur Erfassung, Speicherung, Analyse, Transformation und Präsentation von georäuml. Informationen (Daten) auf der Basis eines einheitl. räuml. Bezugsystems. Es dient der Lösung versch. Aufgaben v. a. im Bereich der Geowiss.en, des Vermessungswesens, der Kartographie, der Raumordnung und -planung, des Umweltschutzes und der Navigation.

Geokarpie [grch.] *die* (Erdfrüchtigkeit), die Erscheinung, dass bei manchen Pflanzen der Fruchtknoten nach der Bestäubung durch Krümmungsbewegungen der ihn tragenden Achse in den Erdboden dringt und dort heranreift (z. B. Erdnuss).

Geokorona, äußere, v. a. aus Wasserstoff bestehende Gashülle der Erde in 2 000 km) liegt; sie ist auf der der Sonne abgewandten Seite schweifartig verlängert. Die G. strahlt im Sichtbaren nicht selbst, sondern streut nur die Lyman-α-Strahlung (Wellenlänge 121,5 nm) der Sonne. Da die Protonen (Wasserstoffatomkerne) überwiegen, spricht man auch von der Protonosphäre.

Geokratie [grch., lat.] *die, Geologie:* Erdperiode, in der die Festländer größerer Ausdehnung hatten als die Meere.

Geologenkompass, Spezialkompass zur Messung von ↑Streichen und Fallen von geolog. Flächen, Klüften, Störungen usw. mit 360°-Teilung oder 400-Gon-Teilung, Neigungsmesser (Klinometer), Libelle und Visiereinrichtung. Die Bez. für Osten (E) und Westen (W) sind vertauscht.

Geologie [grch. »Erdlehre«] *die,* Wiss. von Aufbau, Zusammensetzung und Entwicklung der Erde, bes. der Erdkruste, und der sie bewohnenden Lebewesen in erdgeschichtl. Zeit. Die **allgemeine, physikal.** oder **dynam. G.** befasst sich mit den endogenen und exogenen Kräften und Vorgängen, die die Erdkruste gestalten, die **Tektonik** mit dem Bau der Erdkruste. Die Veränderungen der Erdkruste in geolog. Zeiten untersucht die **histor. G.,** die der Erdoberfläche die **Paläogeographie.** Die **Paläoklimatologie** ist die Wiss. von vorzeitl. Klimaverhältnissen. Eng verbunden mit der G. sind die ↑Paläontologie und die ↑Petrologie. In der **regionalen G.** werden die geolog. Verhältnisse bestimmter geograph. Räume dargestellt. Die **angewandte G.** macht die Erkenntnisse der G. für Wirtschaft und Technik nutzbar, z. B. im Bauwesen (**Ingenieur-G.**), für die Wasserwirtschaft (**Hydro-G.**) oder für die Erkundung von Rohstoffen (**Lagerstättenkunde**). Der anhaltende wiss. Fortschritt bringt auch ständig weitere Spezialrichtungen hervor, so z. B. **lunare G.,** Pla-

Geometrie GEO

neten-G., kosm. G., Satelliten-G. und math. Geologie.
Geschichte: Bereits im 6. Jh. v. Chr. wurden Fossilien als Überreste von Organismen erkannt (Xenophanes). Die mittelalterl. Erklärung geolog. Phänomene durch die Sintflut wandelte sich erst in der Renaissance. Bes. der Bergbau förderte geologisch-mineralog. Beobachtungen (v. a. G. Agricola). Leonardo da Vinci deutete erstmals wieder Versteinerungen als Überreste von Organismen. Mitte des 18. Jh. kam der Übergang von der beschreibenden zur erklärenden Naturwissenschaft. Dabei standen sich Neptunismus und Plutonismus gegenüber: A. G. Werner, der Begründer des Neptunismus, sah alle Gesteine als Ablagerungen eines Urmeeres an. J. Hutton, der erste Vertreter des Plutonismus, erklärte sie durch vulkan. Ursprung. G. de Cuvier entwickelte die Kataklysmentheorie, die weltweite Katastrophen und nachfolgende Neuschöpfungen von Tier- und Pflanzenwelt annahm. Im 19. Jh. begründete W. Smith, der das Prinzip der Leitfossilien erkannte, die Stratigraphie. Mit K. E. A. von Hoff und C. Lyell setzte sich der Aktualismus durch: Aus der Beobachtung gegenwärtiger Vorgänge werden Rückschlüsse auf die geolog. Vergangenheit gezogen. Völlig neue Erkenntnisse brachte die Theorie der ↑Plattentektonik.
📖 *Abriß der histor. G., hg. v. K.-A. Tröger, unter Mitwirkung v. H. Kozur, 2 Bde. Berlin 1984. – Brinkmann, R.: Brinkmanns Abriß der G., neu bearb. v. W. Zeil u. K. Krömmelbein, 2 Bde. Stuttgart ^{14}1990–91. – Richter, D.: Allgemeine G. Berlin u. a. ^{4}1992. – Press, F. u. Siever, R.: Allgemeine G. Eine Einführung. A. d. Engl. Heidelberg u. a. 1995. – Walter, R.: G. von Mitteleuropa, begr. v. P. Dorn, Beiträge v. P. Giese u. a. Stuttgart ^{6}1995.*

geologische Ämter, staatl. Dienststellen zur allseitigen geolog. Erforschung des Landes. In Dtl.: Bundesanstalt für Geowiss. und Rohstoffe in Hannover für Gemeinschaftsaufgaben der Länder und zur Wahrnehmung internat. geolog. Aufgaben, bis 1975 Bundesanstalt für Bodenforschung; in den Bundesländern eigene g. Ä. (z. B. Sächs. Landesamt für Umwelt und Geologie, Bayer. Geolog. Landesamt). In Österreich: Geolog. Bundesanstalt (Wien), in der Schweiz: Geolog. Kommission (Basel).

geologische Formation, ↑geologisches System.

geologische Karten, themat. Karten in Form von Messtischblättern oder topograph. Übersichtskarten versch. Maßstäbe mit beigefügter Erläuterung, auf denen Gesteinsarten, deren Lagerungsverhältnisse und Altersstellung, tekton. Strukturen u. a. durch Farben, Signaturen, Symbole eingetragen sind.

geologisches System (früher geologische Formation), internat. Bez. für die innerhalb einer Periode durch Ablagerung entstandene Schichtenfolge. Ein g. S. ist durch Leitfossilien gekennzeichnet. Mehrere g. s. werden zu einer Gruppe (Ära) zusammengefasst und in Abteilungen (Serien/Epochen) gegliedert, diese in Stufen, die Stufen in Zonen. – Abb. S. 372

geologische Thermometer, Minerale mit festliegenden Schmelz-, Umwandlungs- oder Entmischungstemperaturen, aus denen sich die Bildungs- und/oder Umwandlungstemperaturen von Gesteinen erschließen lassen. Auch Eigenheiten der Struktur von Kristallen oder von Gas- und Flüssigkeitseinschlüssen sowie das Auftreten bestimmter Mineralparagenesen dienen als geolog. Thermometer.

Geomagnetik, Verfahren der angewandten Geophysik zur Erforschung der obersten Erdkruste (z. B. zur Lagerstättenexploration) durch Vermessung des erdmagnet. Feldes. Die **Aeromagnetik** arbeitet vom Flugzeug aus. Als Messgeräte dienen ↑Magnetometer.

Geomagnetismus, der ↑Erdmagnetismus.

Geomantie [grch. »Erdweissagung«] *die,* alte Form des Orakels (v. a. bei Chinesen und Arabern), bei der aus in den Sand gezeichneten Figuren oder aus geograph. Gegebenheiten die Zukunft gedeutet wird; in der modernen Esoterik Lehre von verborgenen Energien (»Kraftströme« oder »Kraftlinien«) in der Erde. – Abb. S. 374

Geomedizin, Zweig der Medizin, der Krankheiten und ihre Verbreitung zu geograph. Bedingungen in Beziehung setzt.

Geomer [zu grch. *méros* »Teil«] *das,* beliebig begrenzter Ausschnitt der Erdoberfläche, gelegentlich gleichgesetzt mit der Landschaft.

Geometer *der,* ↑Vermessungsingenieur.

Geometrie [grch. »Landmessung«] *die,* Teilgebiet der Mathematik, das aus der

GEO geologisches System

geologisches System

Zeitalter	System	Abteilung	Beginn vor Mio. Jahren	Entwicklung des Lebens
Erdneuzeit (Neozoikum, Känozoikum)	Quartär	Holozän		Veränderung der Umwelt durch den Menschen; Pflanzen- und Tierwelt der Gegenwart
		Pleistozän		den Eiszeiten und Zwischeneiszeiten angepasste Tier- und Pflanzenwelt
			2,5	Menschwerdung
	Tertiär	Pliozän		
		Miozän		Entwicklung der Vögel und Säugetiere, insbesondere der Primaten
		Oligozän		
		Eozän		Höhepunkt in der Entwicklung der Schnecken
		Paläozän		
			65	
Erdmittelalter (Mesozoikum)	Kreide	Oberkreide		Aussterben der Dinosaurier und Flugsaurier; zahlreiche Foraminiferen und Muscheln (zum Teil Leitfossilien); Entwicklung der Bedecktsamer
		Unterkreide		
			144	
	Jura	Malm		reiche marine Fauna mit Ichthyosauriern, Plesiosauriern, Ammoniten (Leitfossilien), Belemniten, riffbildenden Schwämmen; Auftreten des Urvogels Archäopteryx
		Dogger		
		Lias		
			213	
	Trias (germanisch Trias)	Keuper		im Keuper Auftreten der ersten Säugetiere, im Muschelkalk reiche marine Fauna (unter anderem Seelilien, Muscheln, Brachiopoden, Kopffüßer), im Buntsandstein Fährten von Chirotherium (ein Saurier)
		Muschelkalk		
		Buntsandstein		
			248	
Erdaltertum (Paläozoikum)	Perm	Zechstein		Entwicklung und Differenzierung der Reptilien; daneben Großforaminiferen, Bryozoen; Glossopteris-Flora in Gondwanaland
		Rotliegendes		
			286	
	Karbon	Oberkarbon		zahlreiche Amphibien; erste Reptilien; baumförmige Farne, Schachtelhalme, Bärlappgewächse (erhalten in Steinkohlenlagern)
		Unterkarbon		
			360	
	Devon	Oberdevon		Leitfossilien sind Brachiopoden, Kopffüßer und Fische; im Mitteldevon erste Farne, Schachtelhalme und Bärlappgewächse; im Unterdevon erste Insekten
		Mitteldevon		
		Unterdevon		
			408	
	Silur			erstes Auftreten der Fische, im obersten Silur der ersten Gefäßpflanzen (Landbewohner); reiche marine Fauna, unter anderem riffbildende Korallen, Graptolithen (Leitfossilien)
			438	
	Ordovizium			erstes Auftreten der Graptolithen und Korallen; daneben Brachiopoden, Echinodermen, Kopffüßer, Trilobiten

geologisches System GEO

geologisches System (Fortsetzung)

Zeitalter	System	Abteilung	Beginn vor Mio. Jahren	Entwicklung des Lebens
			438	
	Ordovizium			erstes Auftreten der Graptolithen und Korallen; daneben Brachiopoden, Echinodermen, Kopffüßer, Trilobiten
			505	
	Kambrium			erstes Auftreten der Trilobiten (Leitfossilien), Brachiopoden, Echinodermen, Kopffüßer
			590	
Erdfrühzeit (Präkambrium)	Proterozoikum (Algonkium)			Abdrücke von Spiculä, Quallen, Seefedern, Arthropoden
		Archaikum	etwa 2500	Stromatolithen (Kalkausscheidungen von Cyanobakterien), Algenreste
			etwa 4000	Entstehung des Lebens

Beschäftigung mit den Eigenschaften und Formen des Raumes, wie der Gestalt ebener und räuml. Figuren, Berechnung von Längen, Flächen, Inhalten u. a. entstand. Die G. im heutigen Sinn beginnt mit dem von ↑Euklid von Alexandria verfassten Werk »Die Elemente«; erst von da an wurde sie aus einigen wenigen, anschaulich einleuchtenden Sätzen (Axiomen und Postulaten) deduktiv entwickelt. Diese als ↑euklidische Geometrie bezeichnete »klass. G.« basiert auf dem Parallelenaxiom von Euklid. Erst im 19. Jh. entdeckte man, dass es von den übrigen Axiomen unabhängig ist, sodass von der euklid. G. die ↑nichteuklidische Geometrie unterschieden wird. Eine weitere Verallgemeinerung bildet die ↑riemannsche Geometrie. Das Gebiet der G. wird nach den unterschiedlichsten Gesichtspunkten eingeteilt. Während die **synthet. G.** auf Axiomensystemen aufbaut, werden in der **analyt. G.** (R. Descartes 1637) die Punkte der Ebene und des Raumes durch Koordinaten festgelegt und damit die geometr. Fragen in Probleme der Algebra oder der Analysis (**Differenzial-G.** und **Integral-G.**) umgewandelt. In der **Elementar-G.** unterscheidet man zw. **Planimetrie** (ebene G.) und **Stereometrie** (räuml. G.). Gegenstand der ↑Trigonometrie ist die Berechnung von Längen und Winkeln geometr. Figuren. Ein Bindeglied zw. Planimetrie und Stereometrie ist die ↑darstellende Geometrie. – Größen, die Invarianten bei Abbildungen, Kongruenz- oder Ähnlichkeitsabbildungen sind, untersuchen die **Abbildungs-, Kongruenz-** bzw. **Ähnlichkeitsgeometrie.** Entsprechend beschäftigt sich die **affine G.** mit Größen, die bei ↑affinen Abbildungen invariant sind, d. h., bei denen sich das Verhältnis der Abstände je zweier Punktepaare auf einer Geraden nicht ändert (z. B. Parallelität zweier Geraden). Die **projektive G.** untersucht diejenigen Eigenschaften geometr. Elemente, die sich bei Projektionen nicht ändern. Eine Systematisierung der G. mithilfe der Gruppentheorie und des Invariantenbegriffs entwarf 1872 F. Klein.

Geschichte: Einfache geometr. Tatsachen waren schon in vorgeschichtl. Zeit bekannt. Zu einer durch Beweise aufgebauten systemat. G. gelangten erst die Griechen, u. a. durch Thales, Pythagoras, Hippokrates, Platon, Euklid, Archimedes, Apollonios von Perge. Weitere Fortschritte erzielten im MA. die Araber, während das Abendland sich erst durch die Wiederbegegnung mit der Antike in der Renaissance für geometr. Fragen zu interessieren begann. Von besonderer Bedeutung auf dem Gebiet der G. waren: G. von Peurbach, Regiomontanus im 15. Jh., J. Kepler und P. Guldin im 16. Jh., B. Cavalieri, G. Galilei, G. Desargues, R. Descartes, B. Pascal, C. Huygens, I. Newton, G. W. Leibniz im 17. Jh., C. MacLaurin,

L. Euler, J. L. Lagrange, G. Monge im 18. Jh., J. V. Poncelet, J. Steiner, A. F. Möbius, J. Plücker, L. O. Hesse, F. Bolyai, N. Lobatschewski, C. F. Gauß im 19. Jh., D. Hilbert, F. Klein, B. Riemann u. a. im 20. Jh.
📖 *Colerus, E.: Vom Punkt zur vierten Dimension. G. für jedermann. Lizenzausg. Augsburg 1990. – Scriba, C. J.: 5 000 Jahre G. Geschichte, Kulturen, Menschen. Berlin 2002.*

Geomantie: Fürst Zhao aus der frühen Zhouzeit sondiert mithilfe eines Geomantenkompasses, unterstützt von Vermessungsgehilfen, den Standort für die neue Hauptstadt Chengdu, Holzschnitt (Qingzeit, 1644–1911/12).

geometrische Kunst, frühe Epoche der ↑griechischen Kunst, etwa 900–700 v. Chr., benannt nach den Schmuckmotiven der bemalten Vasen.

geometrischer Ort, Gesamtheit aller Punkte mit einer bestimmten geometr. Eigenschaft; z. B. ist der g. O. aller Punkte, die von zwei Punkten A und B gleich weit entfernt sind, die Mittelsenkrechte der Strecke $\overline{AB}$.

geometrisches Mittel, *Statistik:* ↑Mittelwert.

Geomorphologie, die Wiss. von den Oberflächenformen der Erde, Teilgebiet der phys. Geographie und der dynam. Geologie, untersucht nicht nur das Relief der Natur- und Kulturlandschaft, sondern auch die Kräfte und gesetzmäßigen Abläufe, durch die die versch. Formen gestaltet werden. Bes. Aufmerksamkeit finden heute die Einflüsse des Klimas.

Geonym [grch.] *das,* Deckname, der aus einem geograph. Namen oder Hinweis besteht, z. B. der Schriftstellername Stendhal nach J. J. Winckelmanns Geburtsort Stendal.

Geoökologie, die ↑Landschaftsökologie.

Geophagie [grch.] *die, Völkerkunde:* das ↑Erdeessen.

Geophon [grch.] *das* (Seismophon), mikrofonähnl. Wandler, der die bei sprengseism. Untersuchungen ausgelösten Bodenerschütterungen in elektr. Signale umwandelt; auf See werden entsprechende, in Bojen untergebrachte Hydrophone verwendet.

Geophysik, Teilgebiet der Physik, das sich mit der Erforschung der natürlichen physikal. Erscheinungen auf und in der Erde sowie in ihrer näheren Umgebung (Teil des interplanetaren Raumes) befasst, d. h. mit dem Erdkörper (G. i. e. S.), der Hydrosphäre (Ozeanographie, Hydrologie), der Atmosphäre (Meteorologie, Klimatologie, Aeronomie/Ionosphärenforschung) und den Einflüssen anderer Himmelskörper auf die Erde (z. B. Gezeiten). Zur Physik des Erdkörpers gehören u. a. Gravimetrie, Seismologie, Erdmagnetismus, Erdwärme, Geodynamik, Gesteinsphysik; neben instrumentellen Messungen werden heute auch Laboruntersuchungen vorgenommen. In der **angewandten G.** werden die Erkenntnisse für die Suche nach Lagerstätten und Wasser führenden Schichten sowie bei Baugrunduntersuchungen nutzbar gemacht; angewendet werden dabei bes. die Methoden der Geoelektrik, Geomagnetik, Gravimetrie und Sprengseismik.
📖 *Berckhemer, H.: Grundlagen der G. Darmstadt 1990. – Cara, M.: G. A. d. Frz. Berlin u. a. 1994. – G., Beiträge v. K. Knödel u. a. Berlin 1997. – Reynolds, J. M.: An introduction to applied and environmental geophysics. Chichester 1997.*

Geophysikalisches Jahr, ↑Internationales Geophysikalisches Jahr.

Geopolitik, Grenzwiss. zw. Geographie, Staatenkunde, Gesch. und Gesellschaftswiss.en, begründet und zu einer Staatswiss. erhoben von R. Kjellén, in Dtl. u. a. von K. Haushofer vertreten; sucht die Beziehungen zw. polit. Gegebenheiten und geograph. Raum zu erforschen. Nach dem Ersten Weltkrieg wurden in Dtl. geopolit. Theorien (z. B. ↑Lebensraum) von Gruppen der extremen polit. Rechten vertreten. Geopolit. Auffassungen sind seit 1945 Ausdruck einer prakt. polit. Geographie.

Geopotenzial (Schwerepotenzial), SI-Einheit ist Joule/Kilogramm (J/kg), ungültige Einheiten sind das geopotenzielle Meter (gpm) bzw. das geodynam. Meter (gdm), 1 gpm = $9,80665 \text{ m}^2/\text{s}^2$, 1 gdm = $10 \text{ m}^2/\text{s}^2$; Maß für die Arbeit bzw. Energie, die aufzuwenden ist, um auf der Erde eine Masseneinheit (z. B. 1 kg) von einem Höhenniveau Z_1 (z. B. dem Meeresniveau) entgegen der Schwerebeschleunigung auf ein Höhenniveau Z_2 zu heben. Flächen gleichen G. werden **Äquipotenzial-** oder **Niveauflächen** genannt; sie liegen über dem Pol enger als über dem Äquator.

Georg, röm. Offizier, Märtyrer, dessen histor. Existenz umstritten ist; er soll im frühen 4. Jh. getötet worden sein. Die byzantin. Kirche verehrte ihn als Märtyrer; im MA. kam sein Kult v. a. durch die Kreuzfahrer nach Europa, wo er unter die 14 Nothelfer aufgenommen wurde; Schutzherr von Königshäusern, Ländern (u. a. England, Georgien) und Ritterorden. – In der bildenden Kunst gehört er – als jugendl. Krieger – zu den beliebtesten Motiven byzantin. und russ. Ikonenmaler. Seit dem 12. Jh. erscheint er meist als Ritter, der den Drachen tötet (Grafiken von M. Schongauer, A. Dürer, Raffael; Gemälde u. a. von P. Uccello und P. P. Rubens, Statue von Donatello). – Heiliger; Tag: 23. 4.

Georg, Herrscher:
Bayern: **1)** **G. der Reiche,** Herzog von Bayern-Landshut (1479–1503), *Landshut vor dem 15. 8. 1455, †Ingolstadt 1. 12. 1503; feierte 1475 die »Landshuter Hochzeit« (seit 1903 histor. Spiel, heute alle vier Jahre) mit der poln. Königstochter Jadwiga (Hedwig); vererbte sein Land an die Pfalz (Anlass zum Landshuter Erbfolgekrieg 1504/05).
Böhmen: **2)** **G. von Podiebrad** (tschech. Jiří z Poděbrad), König (1458–71), *Poděbrady (bei Kolín) 6. 4. 1420, †Prag 22. 3. 1471, Großvater von 16); wurde als Führer der utraquist. Hussiten 1452 Gubernator (Reichsverweser), 1458 zum König (»Hussitenkönig«) gewählt. Obwohl heimlich zum Katholizismus konvertiert, wurde er vom Papst 1466 als Ketzer gebannt und abgesetzt, behauptete sich jedoch gegen seinen Schwiegersohn Matthias I. Corvinus, den eine kath. Minderheit 1469 zum böhm. Gegenkönig erklärt hatte.
Griechenland: **3)** **G. I.,** König (1863 bis 1913), als dän. Prinz **Wilhelm,** *Kopenhagen 24. 12. 1845, †Saloniki 18. 3. 1913, Großvater von 4); Sohn König Christians IX. von Dänemark, aus dem Haus Glücksburg; wurde 1863 auf Empfehlung Großbritanniens zum König als Nachfolger des gestürzten Otto I. gewählt; erreichte den Anschluss der Ion. Inseln (1864), Thessaliens sowie des südl. Epirus (1881); wurde nach seinem Sieg im 1. Balkankrieg (1912/13) ermordet.
4) **G. II.,** König (1922–24 und 1935–47), *Schloss Tatoi (bei Athen) 19. 7. 1890, †Athen 1. 4. 1947, Enkel von 3); wurde nach Absetzung seines Vaters Konstantin I. 1922 König. Nach Ausrufung der Rep. war er 1924–35 im Exil. 1936 ermächtigte er General I. Metaxas zur Errichtung eines diktator. Reg.systems. Während der dt. Besetzung im Zweiten Weltkrieg war er 1941–44 erneut im Exil (London). Nach einem Plebiszit kehrte G. II. 1946 nach Griechenland zurück.
Großbritannien: **5)** **G. I.,** König (1714–27), als **G. Ludwig** Kurfürst von Hannover (1698–1727), *Hannover 7. 6. 1660, †Osnabrück 22. 6. 1727, Vater von 6); gewann das Fürstentum Lüneburg (1705) sowie die Herzogtümer Bremen (1720) und Verden (1712/19) für Hannover. Auf den brit. Thron gelangte er 1714 durch seine Mutter Sophie von der Pfalz, Enkelin Jakobs I. von England; des Englischen nicht mächtig, überließ er die Reg. v. a. dem Leiter des Kabinetts (seit 1721 Sir R. Walpole). – Abb. S. 376
6) **G. II.,** König (1727–60), zugleich als **G. II. August** Kurfürst von Hannover, *Herrenhausen (heute zu Hannover) 10. 11. 1683, †London 25. 10. 1760, Sohn von 5), Großvater von 7); besiegte im Österr. Erbfolgekrieg 1743 bei Dettingen die Franzosen. Für die überseeische Politik Pitts d. Ä. hatte G. kein Verständnis. Er

GEO Georg-Büchner-Preis

stiftete 1734/37 die Univ. Göttingen und ließ 1753 das Brit. Museum erbauen.

7) G. III., König von Großbritannien (seit 1760, von Großbritannien und Irland seit 1801), zugleich Kurfürst, seit 1814 König von Hannover, *London 4. 6. 1738, †Windsor 29. 1. 1820, Enkel von 6), Vater von 8); im Unterschied zu seinen beiden Vorgängern in England erzogen. Er verdrängte 1761 Pitt d. Ä. aus der Reg. und beendete den Siebenjährigen Krieg durch einen Sonderfrieden ohne Preußen (Pariser Frieden von 1763). Im Innern suchte er die Herrschaft des Parlaments mithilfe der »Königsfreunde« zurückzudrängen. Durch seine starre Haltung bewirkte er den Abfall der nordamerikan. Kolonien. Darauf überließ er Pitt d. J. die Leitung der Politik, bis dieser 1801 zurücktrat. Da G. seit 1810 schwer krank war, übernahm der Prinz von Wales, der spätere G. IV., 1811 die Regentschaft.

8) G. IV., König von Großbritannien und Irland (1820–30), zugleich König von Hannover, *London 12. 8. 1762, †Windsor 26. 6. 1830, Sohn von 7); als Lebemann Mittelpunkt vieler Skandale, führte einen erfolglosen Scheidungsprozess (1820) gegen seine zweite Gattin, die braunschweig. Prinzessin Karoline. Für seinen Vater übernahm er 1811 die Regentschaft. 1819 gab er Hannover eine Verfassung.

9) G. V., König von Großbritannien und Irland (seit 1910, seit 1921 von Großbritannien und Nordirland), *London 3. 6. 1865, †Sandringham 20. 1. 1936, zweiter Sohn Eduards VII., Vater von 10); ∞ seit 1893 mit Mary von Teck. In seine Reg.zeit fielen der Erste Weltkrieg und der Aufstieg der Dominions zur vollen Gleichberechtigung. 1911 wurde er in Delhi zum Kaiser von Indien gekrönt.

10) G. VI., König von Großbritannien und Nordirland (1936–52), *Sandringham 14. 12. 1895, †ebd. 6. 2. 1952, zweiter Sohn von 9); seit 1923 ∞ mit Lady Elizabeth Bowes-Lyon; widmete sich als Herzog von York (1920) bes. der Jugendfürsorge. Nach der Abdankung seines Bruders Eduard VIII. bestieg er den Thron. 1948 verzichtete er auf den Titel eines Kaisers von Indien.

Hannover: **11) G. Ludwig,** ↑Georg 5).

12) G. II. August, ↑Georg 6).

13) G. III., ↑Georg 7).

14) G. IV., ↑Georg 8).

15) G. V., König (1851–66), *Berlin 27. 5. 1819, †Paris 12. 6. 1878; Sohn von König Ernst August, regierte im Sinn der Reaktion. Im Dt. Krieg von 1866 kämpfte er mit Österreich gegen Preußen, dessen Sieg zur (von G. nie anerkannten) Annexion Hannovers und zur Beschlagnahmung seines Privatvermögens (↑Welfenfonds) führte.

Sachsen: **16) G. der Bärtige,** Herzog (1500–39), *Meißen 27. 8. 1471, †Dresden 17. 4. 1539; Sohn Albrechts des Beherzten, Enkel von 2); humanistisch gebildet, erstrebte eine kath. Reform, war jedoch nach 1519 energ. Gegner M. Luthers und der Reformation. Er besiegte 1525 die aufständ. Bauern bei Frankenhausen. G. betrieb eine umsichtige Politik zum Ausbau des albertin. Staates.

Sachsen-Meiningen: **17) G. II.,** Herzog (1866 bis 1914), *Meiningen 2. 4. 1826, †Bad Wildungen 25. 6. 1914; führte liberale Reformen durch; förderte das Meininger Hoftheater (»Theaterherzog«), das unter seiner künstler. Leitung europ. Geltung erlangte, und das Konzertwesen (Hofkapelle unter H. v. Bülow, M. Reger u. a.).

Waldeck: **18) G. Friedrich,** Graf, seit 1682 Fürst, Feldherr und Staatsmann, *Arolsen (heute Bad Arolsen) 31. 1. 1620, †ebd. 19. 11. 1692; stand seit 1642 und nach 1672 in niederländ. Militärdienst. In brandenburg. Dienst (1651–58) betrieb er eine kaiserfeindl. Politik. Später entfaltete er eine lebhafte polit. Tätigkeit gegen Ludwig XIV. von Frankreich und nahm 1683–85 als Reichsfeldmarschall am Türkenkrieg teil.

Georg I., König von Großbritannien

Georg-Büchner-Preis, 1923 gestifteter Preis für hess. Künstler, seit 1951 allg. Literaturpreis, von der Dt. Akademie für Sprache und Dichtung verliehen. Preisträger dieses (heute mit 40 000 € dotierten) bedeutendsten dt. Literaturpreises sind:

G. Benn (1951), (1952 nicht verliehen), E. Kreuder (1953), M. Kessel (1954), Marie Luise Kaschnitz (1955), K. Krolow (1956), E. Kästner (1957), M. Frisch (1958), G. Eich (1959), P. Celan (1960), H. E. Nossack (1961), W. Koeppen (1962), H. M. Enzensberger (1963), Ingeborg Bachmann (1964), G. Grass (1965), W. Hildesheimer (1966), H. Böll (1967), G. Mann (1968), H. Heißenbüttel (1969), T. Bernhard (1970), U. Johnson (1971), E. Canetti (1972), P. Handke (1973), H. Kesten (1974), M. Sperber (1975), H. Piontek (1976), R. Kunze (1977), H. Lenz (1978), E. Meister (1979; posthum), Christa Wolf (1980), M. Walser (1981), P. Weiss (1982), W. Schnurre (1983), E. Jandl (1984), Heiner Müller (1985), F. Dürrenmatt (1986), E. Fried (1987), A. Drach (1988), B. Strauß (1989), T. Dorst (1990), W. Biermann (1991), G. Tabori (1992), P. Rühmkorf (1993), A. Muschg (1994), D. Grünbein (1995), Sarah Kirsch (1996), H. C. Artmann (1997), Elfriede Jelinek (1998), A. Stadler (1999), V. Braun (2000), Friederike Mayröcker (2001), W. Hilbig (2002), A. Kluge (2003), W. Genazino (2004).

George [dʒɔːdʒ], Stadt in der Prov. West-Kap, Rep. Südafrika, an der »Gartenroute«, 226 m ü. M., 94 100 Ew.; Flugplatz.

George, 1) Götz, Schauspieler, *Berlin 23. 7. 1938, Sohn von 2) und der Schauspielerin Berta Drews (*1905, †1987); prägte 1981-91 (erneut ab 1997) mit unkonventioneller Darstellungsweise die Gestalt des Kommissars Schimanski in der TV-Serie »Tatort«; weitere Spielfilme u. a. »Abwärts« (1984), »Der Bruch« (1988), »Blauäugig« (1989), »Schtonk« (1992), »Der Sandmann« (1995, Fernsehfilm), »Der Totmacher« (1995), »Rossini« (1997), »Solo für Klarinette« (1998), »Racheengel« (1999, Fernsehfilm), »Viktor Vogel – Commercial Man« (2001).

2) Heinrich, eigtl. Heinz Georg Schulz, Schauspieler, *Stettin 9. 10. 1893, †Internierungslager Sachsenhausen 25. 9. 1946, Vater von 1); ab 1922 in Berlin, 1936-45 als Intendant des Schillertheaters; vitaler Helden- und Charakterdarsteller (Götz, Richter von Zalamea), auch im Film (»Der Postmeister«, 1940).

3) [dʒɔːdʒ], Henry, amerikan. Volkswirtschaftler, *Philadelphia (Pa.) 2. 9. 1839, †New York 29. 10. 1897; forderte in seinem Hauptwerk »Fortschritt und Armut« (1879) zur Beseitigung der sozialen Not eine grundlegende Bodenreform. Mithilfe einer Einheitssteuer (»single tax«) wollte er die Vergesellschaftung des Bodens erreichen.

4) Stefan, Dichter, *Büdesheim (heute zu Bingen am Rhein) 12. 7. 1868, †Minusio (bei Locarno) 4. 12. 1933; führte zunächst ein Wanderleben; 1892 erschien das erste Heft der »Blätter für die Kunst« (bis 1919), ein Organ für den sich um ihn sammelnden exklusiven Kreis von Künstlern und Gelehrten, dem u. a. K. Wolfskehl, M. Dauthendey, H. von Hofmannsthal, M. Lechter, E. H. Kantorowicz, L. Klages, F. Gundolf, M. Kommerell angehörten **(George-Kreis)**. Seine gegen Naturalismus und Epigonendichtung gerichtete Kunstauffassung des L'art pour l'art, sein am frz. Symbolismus geschulter Schönheits- und Formsinn fanden ihren Niederschlag zunächst in Gedichtzyklen (»Hymnen«, 1890; »Pilgerfahrten«, 1891; »Algabal«, 1892; »Das Jahr der Seele«, 1897). Mit dem Zyklus »Der Teppich des Lebens und die Lieder von Traum und Tod« (1900) wandte sich G. vom Ästhetizismus ab und begann eine myth. Wertewelt aufzubauen, in der der Dichter als Seher im Gefolgschaftskreis seiner Jünger wirkt (»Der siebente Ring«, 1907; »Der Stern des Bundes«, 1914). Der in der Nachfolge F. Nietzsches unternommene Versuch, die Krise der europ. Kultur durch die Stiftung eines »Neuen Bundes« zu überwinden, führte wegen seiner inhaltl. Vagheit zur Umdeutung und Reklamierung seines Werkes durch den Nationalsozialismus; aus Protest dagegen ging G. 1933 in die Schweiz.
📖 *Schonauer, F.: S. G. mit Selbstzeugnissen u. Bilddokumenten. Reinbek 44. bis 45. Tsd. 2000.*

George-Soros-Stiftung, ↑Soros, George.

Georgetown [ˈdʒɔːdʒtaʊn], Hptst. von Guyana, an der Mündung des Demerara in den Atlantik, 254 000 Ew.; Univ.; kath. und anglikan. Bischofssitz; Handelszentrum; Hafen, internat. Flughafen. – 1781 von Briten gegr., seit 1784 in niederländ., seit 1812 endgültig in brit. Besitz, nach den Bränden von 1945 und 1951 neu aufgebaut.

George Town [ˈdʒɔːdʒtaʊn] (Pinang), Hptst. des Bundesstaates Pinang, Malaysia, auf der Insel Pinang, 219 600 meist chines. Ew.; naturwiss. Univ.; Exportindus-

GEO Georgette

triezone; Überseehafen, Straßenbrücke (13,5 km) zum Festland, internat. Flughafen. – Gegr. 1786 von der britischen Ostind. Kompanie.

Georgette [ʒɔrˈʒɛt, frz.] der (Crêpe Georgette), schleieriartig dünnes, leinwandbindiges Seidengewebe mit feinen Kreppfäden in Kette und Schuss. **Woll-G.** hat einen guten Fall und ist knitterarm.

Georgi, Yvonne, Tänzerin, Choreographin, Ballettdirektorin, *Leipzig 29. 10. 1903, †Hannover 25. 1. 1975; Schülerin von M. Wigman, Partnerin von H. Kreutzberg; zählt zu den bed. Vertreterinnen des dt. Ausdruckstanzes.

Georgia [ˈdʒɔːdʒə], Abk. **Ga.,** Bundesstaat der USA, 153 952 km², (2000) 8,19 Mio. Ew., davon 27% Schwarze; Hptst.: Atlanta. G. reicht von der atlant. Küstenebene über das Piedmontplateau (landwirtsch. Hauptanbaugebiet) bis in die Appalachen. Anbau von Baumwolle, Tabak, Erdnüssen, Mais, Obst; Rinder-, Schweine- und Geflügelhaltung. Holz-, Textil-, Luftfahrtind. und Fahrzeugbau. Wichtigster Hafen ist Savannah. Staatsuniv. in Athens. – G. wurde seit 1733 durch eine engl. Gesellschaft besiedelt und nach Georg II. benannt. Es erklärte 1776 seine Unabhängigkeit und trat 1788 der Union bei. Im ↑Sezessionskrieg gehörte es zu den Südstaaten. 1870 wurde es wieder in die Union aufgenommen.

Georgian Bay [ˈdʒɔːdʒjən ˈbeɪ], rd. 200 km lange Bucht des Huronsees, Kanada, mit mehr als 30 000 Inseln.

Georgian Style [ˈdʒɔːdʒjən ˈstaɪl] (georgianischer Stil), Stilrichtung in Architektur (W. Kent, R. Adam, J. Nash), Innendekoration und Kunsthandwerk (T. Chippendale, G. Hepplewhite) in England und seinen Kolonien unter den Königen Georg I. bis Georg IV. (1714–1830). Der G. S. bediente sich weitgehend der Formensprache A. Palladios, griff aber auch Motive des frz. Rokoko auf.

Georgiastraße [ˈdʒɔːdʒə-] (engl. Strait of Georgia), Meeresstraße zw. der kanad. Insel Vancouver und der Festlandküste Kanadas, rd. 240 km lang, 20–60 km breit, bis 380 m tief.

Georgi|en (georg. Sakartwelo, russ. Grusinien, amtl. Sakartwelos Respublika; dt. Rep. G.), Staat im W Transkaukasiens (SW-Asien), grenzt im W ans Schwarze Meer, im N an Russland, im O und SO an Aserbaidschan, im S an Armenien und im SW an die Türkei. Zu G. gehören die Rep. Abchasien (im NW) und Adscharien (im SW) sowie das ehem. autonome Gebiet Südossetien (im N).

Georgien	
Fläche	69 700 km²
Einwohner	(2003) 5,126 Mio.
Hauptstadt	Tiflis (Tbilissi)
Verwaltungsgliederung	9 Distrikte, 65 Regionen, 5 unmittelbare Städte, 2 autonome Rep.
Amtssprache	Georgisch
Nationalfeiertag	26. 5.
Währung	Lari (GEL) = 100 Tetri
Zeitzone	MEZ + 3 Std.

Staat und Recht: Nach der Verf. vom 17. 10. 1995 (am 7. 2. 2004 revidiert) ist G. eine präsidiale Rep. Staatsoberhaupt, Oberbefehlshaber der Streitkräfte und Reg.chef ist der mit weitgehenden Vollmachten ausgestattete Staatspräs. (auf 5 Jahre direkt gewählt). Die jüngste Verf.reform sieht eine Erweiterung der Vollmachten des Präs. vor, z. B. das Recht auf Ernennung des Ministerpräsidenten und die Parlamentsauflösung. Die Legislative liegt beim Einkammerparlament (235 Abg., für 4 Jahre gewählt); die Einrichtung einer zweiten Kammer als Vertretungsorgan der territorialen Einheiten ist vorgesehen. Einflussreichste Parteien: Bürgerunion G.s, Union für die Wiedergeburt, Nationaldemokrat. Partei.

Landesnatur: G. ist ein Gebirgsland, etwa 50% des Landes liegen über 1 000 m ü. M., ein knappes Viertel in bis zu 500 m Höhe. Im N erstrecken sich der vergletscherte Hauptgebirgskamm des Großen Kaukasus (Schchara, 5 068 m ü. M.; Kasbek, 5 047 m ü. M.) und seine Südabdachung, im S brei-

Georgien GEO

ten sich die westl. Rücken des Kleinen Kaukasus (Mepiszkaro, 2 850 m ü. M.) und Randteile des vulkanisch geprägten Ararathochlandes (Großer Abul, 3 301 m ü. M.) aus. Dazwischen befinden sich im W die zum Schwarzen Meer geöffnete Kolchis und weiter östlich die transkaukas. Senke mit Innerkarteli-, Unterkarteli- und Alasan-Hochebene. – Das Klima ist im Bereich der Kolchis feucht-subtropisch (300–800 mm/Jahr), nach O nimmt die Kontinentalität und somit die Trockenheit rasch zu. Im Großen und Kleinen Kaukasus variieren die Werte je nach Höhenlage (Wintertemperatur bis −40 °C) stark. Die dem Schwarzen Meer zugeneigten Hänge empfangen die höchsten Niederschlagsmengen in G. (2 400–3 000 mm/Jahr). – Etwa 25 % der Landesfläche sind waldbedeckt (Mischwälder in den unteren, Buchen-, Fichten- und Kiefernwälder in den höheren Lagen). Über der Waldgrenze (im Großen Kaukasus bei 2 800 m, im Kleinen Kaukasus bei 3 500 m ü. M.) liegen subalpine und alpine Wiesen. Steppe, heute weitgehend in Kulturland verwandelt, bedeckt weite Teile der Becken- und Senkungszone sowie das Gebirgsland im Süden.

Bevölkerung: Sie setzte sich 1995 zu 70 % aus Georgiern (Eigenbez. Kartweli), 8 % Armeniern, 6 % Russen, 6 % Aserbaidschanern (Aseri), 3,0 % Osseten, 2 % Abchasen sowie 5,0 % Angehörigen anderer Nationalitäten (Griechen, Ukrainer, Kurden, Juden, Weißrussen, Assyrer, Tataren u. a.) zusammen. Untergruppen der Georgier sind die Adscharen, Mingrelier, Swanen, Mescheten u. a. Völkerschaften. Zw. den Georgiern einerseits und den Abchasen und Osseten andererseits bestehen große ethn. Spannungen, die immer wieder zu bewaffneten Konflikten führen. Am dichtesten sind der S und O der Kolchis und der Küstenstreifen am Schwarzen Meer besiedelt. 61 % der Bewohner leben in Städten, deren größte Tiflis, Kutaissi, Rustawi und Batumi sind. – Die Georgier sind traditionell der ↑georgischen Kirche verbunden, die ihrerseits als orth. Nationalkirche alle Georgier als Kirchen-Mitgl. betrachtet; die Armenier, Russen und Ukrainer wissen sich mehrheitlich ihren orth. Nationalkirchen verbunden. Rd. 19 % der Bev. sind Muslime: Sunniten (Adscharen, Mingrelier, Abchasen, Osseten) oder Schiiten (Aserbaidschaner). – Es besteht eine neunjährige allg. Schulpflicht. Seit 1995 gibt es neben den öffentl. Schulen, deren Besuch kostenfrei ist, Schulgeld erhebende Privatschulen. Univ. bestehen in Tiflis (gegr. 1918) und Suchumi (gegr. 1979).

Georgien: Landschaft im Kaukasus in der Nähe des Rizzasees nordwestlich von Suchumi

GEO Georgien

Wirtschaft und Verkehr: Der nach der polit. Unabhängigkeit einsetzende Reformprozess zu einer privaten Marktwirtschaft wurde durch Bürgerkrieg und Krieg zw. G. und Abchasien stark behindert. Dazu wirkten sich der anhaltende Energiemangel sowie die starke Zerrüttung des Verkehrswesens und des Dienstleistungsgewerbes negativ auf die ökonom. Entwicklung, bes. der Industrie, und die Umwelt aus. Einsetzend mit den Jahren 1994/95 festigte sich die Wirtschaft, einhergehend mit einer zunehmenden Öffnung nach Westen, deutlich. Die Landwirtschaft ist der wichtigste Wirtschaftszweig. Wegen des Gebirgsreliefs sind nur 43% der Landesfläche landwirtsch. nutzbar. Von alters her spielen Weinbau sowie Zitrusfrucht-, Obst- und Teekulturen eine besondere Rolle. Weitere Anbauprodukte sind u. a. Gemüse, Tabak, Mais, Weizen, Baumwolle, Sonnenblumen sowie als Sonderkulturen äther. Öle enthaltende Pflanzen. Maulbeerbaumkulturen sind Grundlage einer Seidenraupenzucht. Rinderhaltung wird v. a. in den westl., Schafhaltung in den gebirgigen Landesteilen betrieben. Nahrungsmittel- und Genussmittelind. (Spirituosen-, Tabakwaren-, Obstkonservenherstellung) sowie die Textilind. sind die wichtigsten Ind.zweige, aber auch der Bergbau (Steinkohle, Mangan-, Zink- und Eisenerze, Erdöl und -gas) sowie die Eisenerzverhüttung (Rustawi, Sestafoni), chem. Ind. und der Bau von Elektrolokomotiven, Lkw und Werkzeugmaschinen haben Bedeutung. Wichtigste Ind.standorte sind Tiflis, Kutaissi, Rustawi, Batumi, Poti und Suchumi. Die wichtigsten Handelsländer sind Russland, Türkei, Aserbaidschan und Armenien, die Hauptausfuhrgüter Agrarerzeugnisse, Maschinen, Metalle, Textilien und Chemieprodukte. – Eisenbahn und Schifffahrt bewältigen den Hauptteil des Gütertransports. Das 1 583 km lange Eisenbahnnetz ist vollständig elektrifiziert. Das Straßennetz umfasst 20 700 km, davon 19 400 km befestigt (darunter die ↑Georgische Heerstraße). Seit 1999 führt eine Erdöltransitleitung von Baku nach Supsa. Haupthäfen sind Batumi, Poti, Suchumi und der neue Erdölhafen Supsa; internat. Flughafen bei Tiflis. Heilbäder (Mineralquellen) und Badeorte an der Schwarzmeerküste (Suchumi, Gagra, Pizunda u. a.) sowie Wintersportgebiete führten zu einem bed., jedoch durch Bürgerkrieg teilweise beeinträchtigten Fremdenverkehr.

Geschichte: Im Altertum stand der westl. Teil des heutigen G.s (**Kolchis**) unter grch., der östl. (**Iberien**) unter pers. Einfluss. 65 v. Chr. wurde es von Rom abhängig; bereits im 4. Jh. fand das Christentum Eingang. Im frühen MA. war G. zunächst von Byzanz, von den Sassaniden, später auch von den Arabern bedroht, die es im 7. Jh. eroberten. Nach dem Verfall der arab. Macht erlebte G. unter der Dynastie der Bagratiden im 12. und 13. Jh. seine Blütezeit: Es reichte vom Schwarzen bis zum Kasp. Meer und umfasste Teile Armeniens und Persiens. Kultur und Dichtung blühten auf. Im 14. Jh. wurde es durch die Mongolen und ihre Nachfolger, bes. 1386 durch Timur, verwüstet und zerfiel Ende des 15. Jh. in drei Königreiche (Imeretien, Kachetien, Kartli) sowie ein Fürstentum, die im 16. Jh. in pers. bzw. türk. Abhängigkeit gerieten. Weitere eigenständige Fürstentümer entstanden im 16. Jh. Zu Beginn des 18. Jh. setzte ein Zentralisierungsprozess ein. Das durch Vereinigung von Kartli (mit Tiflis) und Kachetien 1762 gebildete ostgeorg. Königreich stellte sich 1783 unter den Schutz Russlands, 1801 wurde es russ. Provinz; in den folgenden Jahren gliederte sich das Zarenreich auch die westgeorg. Gebiete an (u. a. 1803 Mingrelien, 1804 Imeretien, 1810 Abchasien). Mehrere Aufstände gegen die Russifizierungspolitik (1804, 1812, 1819) scheiterten. Am 26. 5. 1918 erklärte G. seine Unabhängigkeit als Demokrat. Republik unter einer menschewist. Reg., die zunächst von dt. und türk., später brit. Truppen geschützt und 1920 auch von der Reg. in Moskau anerkannt wurde. Trotzdem besetzten Anfang Febr. 1921 auf Betreiben Stalins Truppen der Roten Armee G. Sie erzwangen am 25. 2. 1921 die Proklamation einer Sowjetrepublik, die 1922–36 mit Armenien und Aserbaidschan die Transkaukas. Sozialist. Föderative Sowjetrep. bildete. Seit 1936 war G. eine Unionsrepublik der Sowjetunion (1936/37 bes. stark von den stalinschen Säuberungen unter der Führung von L. Berija, der 1931 Erster Sekr. der georg. KP geworden war, betroffen). Ihr Territorium umfasste 1945–57 auch das Gebiet der ausgesiedelten Balkaren und Karatschaier. Nach Stalins Tod stand 1953–72 W. Mschawanadse an der Spitze des georg.

Parteiapparates; unter seiner Reg. verbreiteten sich Korruption und Schattenwirtschaft, während Probleme der nat. Minderheiten und die wirtschaftl. Entwicklung vernachlässigt wurden. Mit dem Machtantritt von E. Schewardnadse (1972) wurde eine Säuberung des Partei- und Staatsapparates eingeleitet; eine kontrollierte Öffnung des Landes unterstützte im Zusammenhang mit dem KSZE-Prozess die Formierung einer politisch und national motivierten Dissidentenbewegung, welche die Losung »Vaterland, Sprache, Glaube« erneut aufgriff, um Russifizierungsversuchen (Abschaffung der Staatssprache Georgisch 1978) Widerstand entgegenzusetzen. Der seit 1985 von M. S. Gorbatschow und Schewardnadse als sowjet. Außen-Min. getragene Reformkurs der UdSSR ermutigte die nat. Bewegung, die Sowjetisierung von 1921 und damit die Zugehörigkeit G.s zur Union infrage zu stellen. Die blutige Niederschlagung einer friedl. Demonstration in Tiflis am 9. 4. 1989 führte nicht nur die versch. polit. Kräfte zusammen, sondern auch zum endgültigen Bruch mit der Moskauer Zentralmacht. Zugleich kam es seit dem Ende der 1980er-Jahre wiederholt zu heftigen, z. T. bürgerkriegsähnl. Auseinandersetzungen zw. Georgiern und den um ihre Eigenständigkeit ringenden nat. Minderheiten: seit 1989 mit den Abchasen, seit 1990 mit den Südosseten.

Bei den Wahlen zum Obersten Sowjet im Nov. 1990 errang das oppositionelle Parteienbündnis »Runder Tisch – Freies G.« eine Mehrheit, sein Führer S. Gamsachurdia wurde Parlamentspräs., im Mai 1991 gewählter Staatspräs. Am 9. 4. 1991 proklamierte G. seine Unabhängigkeit. Gamsachurdias autoritäre Herrschaft wurde nach zahlr. Protesten (seit Sept. 1991) und bewaffneten Aktionen der Opposition im Jan. 1992 gestürzt. Der militär. Versuch Gamsachurdias, in G. wieder Fuß zu fassen (Aug. bis Nov. 1993), scheiterte; im Dez. 1993 kam er ums Leben. Mit der Annahme einer neuen Verf. durch die Bev. bei gleichzeitigem Präsidentschafts- und Parlamentswahlen am 5. 11. 1995 wurde der seit März 1992 als Staatsoberhaupt tätige E. Schewardnadse zum Staatspräs. gewählt (im April 2000 bestätigt); stärkste polit. Gruppe im Parlament wurde die ihn unterstützende »Union der Bürger Georgiens«.

Zur Beilegung des blutigen Konflikts in ↑Südossetien, das seinen Zusammenschluss mit dem zur Russ. Föderation gehörenden Nordossetien anstrebte, vereinbarten die georg. Führung und südosset. Politiker Ende Juni 1992 einen Waffenstillstand (Stationierung einer gemischten Friedenstruppe aus russ., georg., süd- und nordosset. Einheiten).
Im Aug. 1992 marschierten Einheiten der georg. Nationalgarde in ↑Abchasien ein, das im Juli 1992 einseitig seine Unabhängigkeit erklärt hatte. Zur Beendigung der Kämpfe, in denen die abchas. Freischärler Unterstützung von Freiwilligeneinheiten der »Konföderation Kaukas. Bergvölker« (v. a. Tschetschenen) erhielten, wurde im Sept. 1992 unter Vermittlung Russlands ein Waffenstillstand geschlossen. Bald darauf kam es erneut zu schweren Gefechten, in denen es den abchas. Milizen gelang, die georg. Truppen wieder aus Abchasien zu verdrängen (Rückeroberung Suchumis am 27. 9. 1993, Flucht von ca. 250 000 Georgiern aus der Region). Am 14. 5. 1994 einigten sich Vertreter G.s und Abchasiens in Moskau über ein Waffenstillstandsabkommen (Überwachung durch eine GUS-Friedenstruppe und UN-Militärbeobachter). Ungeachtet der abchasisch-georg. Gespräche mit dem Ziel einer polit. Beilegung des Konflikts blieb die Situation angespannt; insbesondere die Rückführung der georg. Flüchtlinge und der rechtl. Status Abchasiens, das sich Ende 1994, erneut 1999 in einer eigenen Verf. als »souveräner Staat« definierte, harrten einer Lösung. Russland gelang es, seinen Einfluss in der Region auszubauen.
Unter dem Druck der inneren Konflikte trat G. 1993 der GUS bei (Vertragsratifizierung am 1. 3. 1994) und schloss mit Russland am 3. 2. 1994 einen Vertrag über Freundschaft, Zusammenarbeit und gute Nachbarschaft. 1995 wurde ein Abkommen über die Stationierung russ. Truppen in georg. Stützpunkten paraphiert (im Nov. 1999 russisch-georg. Einigung über die Schließung von zunächst zwei Stützpunkten bis 2001 und die Aufnahme von Gesprächen über die Räumung der beiden anderen). Umbesetzungen militär. Führungspositionen gingen einher mit der Entwaffnung jener nat. Milizen, die beim Sturz Gamsachurdias und bei den Abchasien-Ereignissen eine führende Rolle ge-

GEO Georgier

spielt hatten. Im Okt. 1999 zogen die letzten für die Bewachung der georg. Außengrenzen eingesetzten russ. Soldaten ab. Trotz russ. Vorwürfe, islam. Kämpfer und Waffentransporte passierten den georgisch-tschetschen. Grenzabschnitt, lehnte G. eine Stationierung russ. Truppen auf georg. Seite ab. Ab April 2002 entsandten die USA im Rahmen ihrer Antiterrorstrategie auch nach G. amerikan. Militärberater. Als sich im Aug. 2002 ein russ. Luftangriff gegen vorgeblich tschetschen. Rückzugsbasen im georg. Pankisital richtete, kam es erneut zu Spannungen zw. Russland und G., die sich schließlich auf ein abgestimmtes Vorgehen gegen bewaffnete Rebellen im georg. Grenzgebiet einigten (im Okt. 2002 Vereinbarung über gemeinsame Grenzkontrollen).

Im März 1994 trat G. dem NATO-Programm »Partnerschaft für den Frieden« bei; im April 1996 schloss es ein Kooperations- und Partnerschaftsabkommen mit der EU (seit Juli 1999 in Kraft). Im April 1999 wurde G. Mitgl. des Europarates, im Juni 2000 der WTO. Im Nov. 2002 stellte es einen Antrag auf Aufnahme in die NATO.

Die von massiven Fälschungen und Manipulationen begleiteten Parlamentswahlen im Nov. 2003 führten zu wochenlangen Protesten und Demonstrationen der von M. Saakaschwili angeführten Opposition (u. a. Stürmung des Parlaments). Am 23. 11. 2003 erklärte E. Schewardnadse seinen Rücktritt und machte damit den Weg für Neuwahlen frei; Interimspräsidentin wurde die Parlamentsvorsitzende Nino Burdschanadse. Mit dem überragenden Anteil von rd. 96% der Stimmen wurde Saakaschwili am 4. 1. 2004 zum Staatspräs. gewählt (Amtseinsetzung am 25. 1. 2004); im selben Monat bestimmte das Parlament das bisherige Banner der »Nat. Bewegung« (auf weißem Grund ein großes rotes Kreuz, um das sich vier kleine rote Kreuze gruppieren) zur neuen Nationalflagge G.s. Bei den Parlamentswahlen am 28. 3. 2004 erreichte das von Saakaschwili geführte Parteienbündnis aus »Nat. Bewegung« und »Vereinten Demokraten« die absolute Mehrheit.

Die neue georg. Führung sieht sich bes. mit der wirtsch. Misere des Landes und den ungelösten Problemen mit den abtrünnigen Gebieten Abchasien, Adscharien und Südossetien konfrontiert; Präs. Saakaschwili kündigte u. a. eine entschiedene Bekämpfung der Korruption an und strebt an, G. in die euro-atlant. Strukturen zu integrieren (Unterstützung durch die USA) sowie die Beziehungen zu Russland zu erneuern (verbunden mit der Forderung nach baldigem Abzug der russ. Truppen aus den verbliebenen zwei georg. Stützpunkten).

📖 *Das Leben Kartlis. Eine Chronik aus G., 300–1200*, hg. v. G. Pätsch. A. d. Georg. Leipzig 1985. – *Pietzonka, B.: Ethnisch-territoriale Konflikte in Kaukasien.* Baden-Baden 1995. – *Unterwegs zum Goldenen Vlies. Archäolog. Funde aus G.*, hg. v. A. Miron u. W. Orthmann, Beiträge v. M. Abramischwili u. a. Stuttgart 1995. – *Götz, R. u. Halbach, U.: Polit. Lexikon GUS.* München ³1996. – *Lebens- u. Konfliktraum Kaukasien. Gemeinsame Lebenswelten u. polit. Visionen der kaukas. Völker in Geschichte u. Gegenwart*, hg. v. E.-M. Auch. Großbarkau 1996. – *Gerber, J.: G.: nat. Opposition u. kommunist. Herrschaft seit 1956.* Baden-Baden 1997. – *Nielsen, F.: Wind, der weht. G. im Wandel.* Frankfurt am Main 2000. – *Kvastiani, T. u. a.: G. entdecken.* Berlin 2000.

Georgier (Eigenbez. Kartwelier, von den Russen Grusinier gen.), Sammelname für eine Vielzahl kulturell wie sprachlich eng verwandter Gruppen im SW-Kaukasus (etwa 4 Mio.), bes. in Georgien, in Russland, vereinzelt auch in Aserbaidschan, der Ukraine, in Kasachstan, der NO-Türkei und in Iran. Die ↑georgische Sprache gehört zu den ↑kaukasischen Sprachen. Im 12./13. Jh. bildeten die G. ein Großreich (↑Georgien). Der Islam gewann keinen entscheidenden Einfluss.

Georgine [nach dem Botaniker J. G. Georgi, *1729, †1802] *die,* Zierpflanze, ↑Dahlie.

Georgische Heerstraße (Grusinische Heerstraße), Straße über den Zentralkaukasus von Wladikawkas (Russ. Föderation) über den Kreuzpass (2379 m ü. M.) nach Tiflis (Georgien), 208 km lang; wurde 1799 dem ständigen Verkehr übergeben.

georgische Kirche, die orth. Nationalkirche Georgiens; Sitz des Kirchenoberhauptes, des »Erzbischofs von Mzcheta, Metropoliten von Tiflis und Katholikos-Patriarchen von ganz Georgien«, ist Tiflis; liturg. Sprache ist Altgeorgisch. Die g. K.

georgische Literatur GEO

georgische Kunst: Kloster Alawerdi mit der monumentalen Kathedrale (Anfang 11. Jh., Restaurierungen im 15. und 18. Jh.)

ist eine der ältesten christl. Kirchen, führt ihren Ursprung auf die hl. ↑Nino zurück und wurde bereits vor 350 Staatskirche. Die kirchl. Unabhängigkeit (Autokephalie) der g. K. ging nach Eingliederung Georgiens in das Russ. Reich 1801 verloren, wurde 1917 durch einseitige Proklamation wiederhergestellt, die seitens des Moskauer Patriarchats 1943, seitens des ökumen. Patriarchats 1990 anerkannt wurde. Heute nimmt die g. K. wieder eine herausgehobene Stellung im öffentl. Leben Georgiens ein.

 Heiser, L.: Die georg. orthodoxe Kirche u. ihr Glaubenszeugnis. Trier 1989.

georgische Kunst. Erste Zeugnisse auf georg. Territorium gibt es seit dem 5./4. Jt. v. Chr. (altsteinzeitl. Siedlungen); aus dem 2./1. Jh. v. Chr. Megalithbauten und Kurgan-Gräber. Die mittelalterl. Architektur entwickelte sich in der 1. Hälfte des 4. Jh. (Festungsanlagen, Stadtensembles, Palast- und Brückenbauten) und wurde von der frühchristlich-byzantin. Kunst geprägt. Im Sakralbau setzte sich die Basilika durch, meist mit reichem ornamentalem Bauschmuck (Basilika von Bolnisi, 478/93). Im 6./7. Jh. dominierten Zentralkuppelbauten und die Form des Tetrakonchos (Dschwarikirche bei Mzcheta, Kirchen in Ateni, Martwili, Zromi u. a.). Im 9./10. Jh. gewann die Anlage von Städten (Tiflis, Kutaissi), Festungen (Chertwisi, Tmogwi), großen Klosterensembles (Wardsia, Ikalto, David Garedscha, Bethania), Kirchen (Kumurdo, Chachuli, Oschki) und Palästen (Geguti) an Bedeutung. Im 11. Jh. entstanden die drei Hauptbauten georg. Architektur: die Sweti-Zchoweli-Kathedrale in Mzcheta (1010/29), die Bagratkirche in Kutaissi (1003) und die Kathedrale in Alawerdi (Anfang 11. Jh.). Mit dem Mongoleneinfall im 13. Jh. endete die Blüte georg. Baukunst. Im 19. Jh. wirkte der russ. Klassizismus, gefolgt vom Eklektizismus sowie westeurop. Einflüssen auf die Architektur. In der bildenden und angewandten Kunst entwickelten sich seit dem 5. Jh. architekturgebundene Reliefplastik, Mosaikkunst, Wandmalerei und Toreutik. Älteste überlieferte Werke der Miniaturmalerei stammen aus dem 9./10. Jh. (Evangeliare von Adische und Dschrutscha). Im 16./18. Jh. kamen illustrierte weltl. Handschriften auf. Im 17. Jh. entwickelte sich im Zusammenhang mit der Wandmalerei das Porträt. Im 18. Jh. begann mit Einführung des Buchdruckes die georg. Kunst der Neuzeit, z. T. stark geprägt von der russ. Kunst. Unter zahlr. Künstlern des 19./Anfang 20. Jh. wurde bes. der Autodidakt N. ↑Pirosmanaschwili bekannt. Innerhalb der Gegenwartskunst nimmt traditionell das Kunsthandwerk eine führende Position ein.

 Mep'isašvili, R. u. Zinzadse, W.: Die Kunst des alten Georgien, Aufnahmen v. R. Schrade u. a. A. d. Russ. Freiburg im Breisgau 1977. – Reißner, I.: Georgien. Geschichte, Kunst, Kultur. Freiburg im Breisgau 1989.

georgische Literatur. Die altgeorg. geistl. Literatur (5.–11. Jh.) umfaßt u. a. Übersetzungen aus dem Armenischen, Sy-

rischen und Griechischen (Byzanz) durch Mönche in Klöstern innerhalb und außerhalb Georgiens sowie einige Neuschöpfungen (Märtyrerviten). Die vom 11. bis 13. Jh. an den Fürstenhöfen gepflegte mittelalterl. Dichtung und Prosa steht unter pers. Einfluss. Als Werk der Weltlit. ragt aus einer Reihe von Ritterromanen das georg. Nationalepos »Der Mann im Tigerfell« von S. Rustaweli (um 1200) heraus. In der vorneugeorg. Periode (Mitte des 13. bis 19. Jh.) konnte sich erst im 18. Jh. literar. Leben breiter entfalten, gefördert von König Wachtang VI. (* 1675, † 1737), dessen Onkel S. S. Orbeliani (* 1658, † 1725) eine Sammlung von Fabeln, Parabeln, Märchen (»Die Weisheit der Lüge«) und ein georg. Wörterbuch verfasste. Als Lyriker trat W. Gabaschwili (* 1750, † 1791) hervor. Im 19. Jh. begann unter russ. und westeurop. Einfluss ein neuer Abschnitt in der g. L.; die Volkssprache wurde zur Literatursprache erhoben. A. Tschawtschawadse (* 1786, † 1846), G. Orbeliani (* 1804, † 1883) und N. Barataschwili (* 1817, † 1845) traten in der Lyrik hervor. Der Schöpfer des georg. Dramas, G. Eristawi (* 1811, † 1864), vollzog die Wendung zum Realismus. – Die Sprache der neugeorg. Lit. wurde vornehmlich durch I. Tschawtschawadse und A. Zereteli geschaffen. Zu den Realisten zählen E. Ninoschwili (* 1859, † 1894) und D. Kldiaschwili (* 1862, † 1931). Prominente Vertreter der georg.-sowjet. Lit. seit 1921, so die Dichter G. Tabidse (* 1891, † 1959) und G. Leonidse (* 1897, † 1966), begannen als Symbolisten. Bekannte Autoren der g. L. der Gegenwart sind u. a. K. Gamsachurdia (* 1891, † 1975), S. Tschikowani (* 1902, † 1966), N. Dumbadse (* 1928, † 1984) und G. Abaschidse (* 1914). Mit dem Zusammenbruch der Sowjetunion und der Unabhängigkeit Georgiens ist auch die g. L. in eine neue Phase eingetreten.
📖 *Georg. Poesie aus acht Jh.en, nachgedichtet v. A. Endler u. R. Kirsch. Berlin ²1974. – Georg. Erzähler der neueren Zeit, ausgew. u. übers. v. R. Neukomm. Zürich ³1991. – Fähnrich, H.: G. L. Als Manuskript gedr. Aachen 1993. – Fähnrich, H.: Georg. Schriftsteller A–Z. Aachen 1993.*

georgische Schrift. Die g. S. entstand vermutlich zu Beginn des 5. Jh. unter Einfluss der grch. Schrift aus einer Variante des aramäischen Alphabets. Aus der Priesterschrift (»Chutsuri«; nach ihrer Verwendung für kirchl. Schrifttum) entwickelte sich seit Mitte des 11. Jh. die Kriegerschrift (»Mchedruli«; nach ihrer Verwendung für weltl. Schrifttum), auf die die heutige g. S. zurückgeht. Diese besteht aus 33 Zeichen, die auch andere kaukas. Sprachen verwenden.

georgische Sprache, die wichtigste der südkaukas. oder Kartwelsprachen, die einzige alte Literatursprache unter den ↑kaukasischen Sprachen; die älteste erhaltene Inschrift stammt aus dem 5. Jh. Die Regeln des **Altgeorgischen** (5.–12. Jh.), der Sprache der klass. Literatur des 9.–12. Jh., wurden in der Schriftsprache z. T. bis ins 18. Jh. befolgt. Das **Neugeorgische** zeigt vereinfachten Formenbau. Sein Wortschatz ist stark von neupers., türk. und russ. Elementen durchsetzt. Die g. S. ist Amtssprache in Georgien.
📖 *Dsidsiguri, S. V.: Die g. S. Kurzer Abriß. A. d. Russ. Halle (Saale) 1973.*

Georgiu-Desch [nach G. Gheorghiu-Dej], 1965–91 Name der russ. Stadt ↑Liski.

Georgskreuz, *Heraldik:* durchgehendes rotes Kreuz auf weißem Grund, bes. in der alten Nationalflagge Englands und als Grundlage der Flaggen Großbritanniens und Nordirlands.

Georgsmarienhütte, Stadt im Landkreis Osnabrück, Ndsachs., am Nordfuß des Teutoburger Waldes, 32 900 Ew.; Stahlerzeugung, Maschinenbau, Möbelindustrie. – Entstand 1856 als Hüttenwerk, seit 1970 Stadt.

Geosphäre (Erdhülle), der Raum, in dem sich Litho-, Hydro- und Atmosphäre (Erdkruste, Wasser-, Lufthülle) berühren und durchdringen. Teil der G. ist die ↑Biosphäre.

geostationärer Satellit (Synchronsatellit), ein Satellit, dessen Umlaufbahn sich in etwa 35 800 km Höhe über dem Äquator befindet und dessen Umlaufzeit mit der Rotationsperiode der Erde übereinstimmt, sodass er im Idealfall immer über demselben Punkt der Erdoberfläche bleibt (geostationäre Umlaufbahn, Synchronbahn).

Geosutur die, *Geologie:* das ↑Lineament.

Geosynklinale die, relativ schmale, oft sehr lang gestreckte (bis weit über 1 000 m) benachbarter Festländer, der **Geantiklinalen.** Durch seitl. Einengung werden die G.-Sedimente gefaltet, sodass G. die Ursprungsstätten von Faltengebirgen sind (↑Orogenese).

Geotektonik, Lehre vom Bau und den Bewegungen der Erdkruste (↑Tektonik).

Geothermik (Geothermie), Lehre von der Temperaturverteilung und den Wärmeströmen innerhalb des Erdkörpers. Die G. befasst sich neben der Bestimmung der Wärmeleitfähigkeit der Gesteine bes. mit dem Nachweis technisch nutzbarer geotherm. Energie und der von der Temperatur abhängigen Beweglichkeit des Erdöls im Speichergestein. (↑Erdwärme)

geothermische Energie, in der Erdkruste gespeicherte Wärmeenergie, die in Gebieten mit ausgeprägter geotherm. Anomalie zur Raumheizung, als Prozesswärme und zur Stromerzeugung in **geothermischen Kraftwerken** (Dampfkraftwerken) genutzt werden kann. Beim **Trockendampfprinzip** wird der überhitzte Dampf direkt aus dem Reservoir auf die Turbinenschaufeln der Generatoren geleitet. Zur Nutzung von Heißwasserquellen wird das überhitzte Wasser in einen unter geringerem Druck stehenden Flashkessel **(Flashverfahren)** zugeführt, wobei ein Teil verdampft. Der Dampf wird auf die Turbinenschaufeln geleitet. Das **Binärverfahren** ähnelt einem herkömml. Dampferzeugungsverfahren, wobei ein sich in einem geschlossenen Kreislauf befindendes, niedrig siedendes Arbeitsmedium verwendet wird, das durch das Heißwasser der geotherm. Lagerstätte erhitzt wird. Beim **Hot-dry-Rock-Verfahren,** wird zunächst eine Bohrung in rd. 5 000 m Tiefe vorgetrieben und unter hohem Druck (etwa 200 bar) Wasser in das Gestein eingepresst, das dadurch porös gemacht wird. In der eigentl. Betriebsphase wird eine zweite Bohrung niedergebracht. Durch die erste Bohrung wird dabei weiterhin Wasser unter Druck eingepresst, während aus der zweiten Bohrung der durch die Erdwärme gebildete Dampf entnommen und zur Durchführung eines Kraftwerksprozesses genutzt werden kann.

📖 *Geothermie. Wärme aus der Erde. Technologie – Konzepte – Projekte,* hg. v. W. Bussmann u. a. Karlsruhe 1991.

geothermische Tiefenstufe, Bez. für die Strecke, bei der die Temperatur der Erdkruste um 1 °C in Richtung Erdmittelpunkt ansteigt, im Durchschnitt 33 m (Faustregel: 3 °C/100 m). Starke Abweichungen von diesem Mittelwert sind bedingt durch die unterschiedl. Wärmeleitfähigkeit der Gesteine und den geolog. Bau des Gebiets. (↑Erdwärme)

Geotraverse (Europäische G.), 1983–90 laufendes internationales Projekt zur Erforschung der Erdkruste und des oberen Erdmantels (bis in 400–600 km Tiefe) in einem vom Nordkap über Schweden (Balt. Schild), Dänemark, Norddt. Tiefland, östl. Rhein. Schiefergebirge, Bodensee, Schweizer Alpen, Korsika, Sardinien bis Tunesien reichenden, etwa 4 000 km langen und 30–50 km breiten Profil. Neben geolog. wurden v. a. geophysikal. (seism., geoelektr., geomagnet., geotherm. und geochem.) Untersuchungen vorgenommen.

Geotropismus, die Fähigkeit der Pflanzenorgane, unter dem Einfluss der Schwerkraft eine bestimmte Wuchsrichtung oder Lage anzunehmen; Wurzeln z. B. reagieren positiv geotrop (zum Erdmittelpunkt hin).

Geowissenschaften (Erdwissenschaften), die sich mit der Erforschung der Erde befassenden Disziplinen Geophysik, Mineralogie und Petrographie, Geologie und Paläontologie, Hydrologie, Klimatologie und Meteorologie, Ozeanographie, Geodäsie und Geographie.

geozentrisch, die Erde als Mittelpunkt betrachtend; auf den Erdmittelpunkt bezogen. – **Geozentr. Weltsysteme** heißen Vorstellungen, in denen die Erde den Mittelpunkt des Weltalls, bes. des Planetensystems bildet, z. B. das Weltbild von ↑Ptolemäus (ptolemäisches Weltsystem) und T. Brahe (tychonisches Weltsystem). (↑Astronomie)

GEPA, Kurz-Bez. für **Ge**sellschaft zur Förderung der **Pa**rtnerschaft mit der Dritten Welt mbH, entwicklungspolit. Unternehmen des fairen Handels, gegr. 1975, Sitz: Wuppertal. Die GEPA unterstützt gemeinnützige, kirchl., sozial-karitative oder genossenschaftl. Institutionen und Betriebe in Entwicklungsländern, indem sie diese berät, deren Erzeugnisse (z. B. Lebensmittel, kunstgewerbl. Artikel) zu über den Marktpreisen liegenden Preisen kauft und importiert. Sie ist das größte Unternehmen ihrer Art in Europa (Umsatz 2001/2002: 33,4 Mio. €) und vertreibt Produkte v. a. in Dritte-Welt-Läden, per Katalog sowie in Supermärkten.

Gepard [frz.] *der* (Jagdleopard, Acinonyx jubatus), katzenartiges Raubtier in den Steppen und Savannen Afrikas und Vorderasiens; Körperlänge 1,5 m, Fell gelblich

GEP Gepard

Gepard: spielende Geparden

weiß mit dunkler Fleckung; schnellstes Landsäugetier mit Geschwindigkeiten von bis zu 120 km/h auf kurzen Strecken; schon im Altertum zur Gazellenjagd abgerichtet.

Gepard, dt. Flugabwehrkanonenpanzer, Ende der 1970er-Jahre eingeführtes Tieffliegerabwehrsystem mit einer Zwillingsmaschinenkanone Kaliber 35 mm (550 Schuss pro Minute und Rohr, Reichweite 3 500 m), einem Rundsuchradar zur Zielerfassung sowie einem 16 km weit reichenden Zielfolgeradar für die Feuerleitung.

Gepatschferner *der,* Gletscher der Ostalpen, Österreich, 18 km² groß, 8 km lang, im obersten Kaunertal, Tirol.

Gepiden, ostgerman., den Goten verwandtes Volk, das im 3. Jh. aus dem Weichselmündungsgebiet in die röm. Provinz Dakien (Siebenbürgen) auswanderte und seit etwa 400 verlässl. Vasall der Hunnen war. Nach Attilas Tod (453) erhob sich der G.-König Ardarich und befreite SO-Europa von der Hunnenherrschaft. Die G. besiedelten dann das Land zw. Theiß und Donau und waren, seit dem späten 4. Jh. Arianer, bis 567 (Niederlage gegen die Langobarden) bestimmend im Karpatenbecken.

gepunktetes Trikot, ↑Straßenradsport (Übersicht).

Gera, kreisfreie Stadt im östl. Thüringen, an der Weißen Elster, 109 900 Ew.; Museen, Theater, Otto-Dix-Haus (im Geburtshaus des Malers O. Dix), botan. Garten; Biennale Kinderfilm-Festival »Goldener Spatz«; Maschinen-, Kleinbusbau, Textilind., Betriebe der Medizin-, Laser- und Umwelttechnik; östlich von G. das ehem. Uranerzbergbaugebiet ↑Ronneburg. – Infolge zahlr. Brände im 15., 17. und 18. Jh. weist G. nur wenige alte Bauten auf: Trinitatiskirche (Kern 14. Jh., Anfang 17. Jh. verändert), barocke Salvatorkirche (1717–20), Renaissancerathaus (1573–76, nach 1780 umgestaltet) und Stadtapotheke (1606) am Markt mit Simsonbrunnen (1685/86); im Stadtteil **Untermhaus** barocke Orangerie (1729–32; Museum) und Theater (1902). – Der Gau G., 995 erwähnt, kam 999 an das Stift Quedlinburg. Die Siedlung G. erhielt vor 1237 (Magdeburger) Stadtrecht; seit 1358 unter wettin. Oberhoheit, kam 1547 an die Burggrafen von Meißen aus dem Hause Plauen und 1562 an das Haus Reuß, dessen jüngere Linie (1572–1918) in G. residierte. 1952–90 Hptst. des gleichnamigen DDR-Bezirks.

Gerade, 1) *Boxen:* Angriffsstoß, der mit gestrecktem Arm auftrifft **(linke** oder **rechte G.).**

2) *Mathematik:* Grundbegriff der euklid. Geometrie, eine nicht gekrümmte, nach beiden Seiten unbegrenzte Kurve (im Ggs. zu Strahl und Strecke), die durch zwei nicht aufeinander liegende Punkte eindeutig bestimmt ist. Die kürzeste Verbindung zweier Punkte A und B liegt auf der G. durch A und B. Bei einem gegebenen Koordinatensystem werden G. durch **G.-Gleichungen** beschrieben, z. B. in der (x, y)-Ebene durch die **allgemeine Form:**

$Ax + By + C = 0$ (A, B, C Konstanten) oder durch die explizite **Normalform:** $y = mx + b$, wobei m der Tangens des Anstiegswinkels α ist.

gerade Aufsteigung, die ↑Rektaszension.

gerade Zahl, eine durch 2 ohne Rest teilbare ganze Zahl.

Geradflügler (Orthopteroidea), Insektenüberordnung (↑Gespenstheuschrecken und ↑Heuschrecken) mit derben Vorderflügeln und zarten, längs faltbaren Hinterflügeln.

Geradführung, Mechanismus zur Führung von Maschinenteilen auf einer Geraden, man unterscheidet u. a. Flach-, Zylinder-, Prismen-, Schwalbenschwanzführung.

Geragogik [zu griech. gérōn »Greis«, in Analogie zu ↑Pädagogik] *die,* pädagog. Disziplin, die sich mit Bildungsfragen und -hilfen für den älteren Menschen befasst. (↑Erwachsenenbildung)

Geranile, die ↑Pelargonie.

Geranium [grch.-lat. »Kranichkraut«] *das,* die Pflanzengattung ↑Storchschnabel.

Gérard [ʒe'ra:r], François, frz. Maler, * Rom 4. 5. 1770, † Paris 11. 1. 1837; Hofmaler Napoleons I.; erlangte erste Erfolge mit klassizist. Historienbildern, bed. sind v. a. seine Porträts.

Gérardmer [ʒerar'me], Gemeinde in den Vogesen, Dép. Vosges, Frankreich, an einem durch Moränenstau entstandenen See (**Lac de G.,** 1,2 km^2), 665 m ü. M., 8900 Ew.; Käsehandel; Leinen-, Glas-, Papier-, Möbel-, Spielwarenindustrie.

Gerasa, antike Stadt in Jordanien, westlich von **Djerash;** bed. Ruinen: Artemis-, Zeustempel, Nymphäum, Säulenstraße, Forum, Triumphbogen, Theater (mit etwa 5000 Plätzen) u. a. aus dem 2. Jh. n. Chr., Reste frühchristl. Kirchen und Synagoge aus dem 5./6. Jh.; ursprünglich gegr. zur Zeit Alexanders d. Gr., Blütezeit unter Hadrian und den Antoninen (117–192); vom 4.–6. Jh. bed. Bischofssitz; Niedergang nach pers. (614) und arab. Eroberung (635).

Geräteabgabe, urheberrechtl. Vergütung, die dem Urheber eines Werkes zusteht, welches erwarten lässt, dass es durch Aufnahme von Funksendungen auf Bild- und Tonträger oder durch Übertragungen von einem Bild- oder Tonträger auf einen anderen vervielfältigt wird; durch Hersteller/Importeure der entsprechenden Geräte zu leisten (§§ 54, 54a Urheberrechts-Ges.). Ebenso bestehen Vergütungsansprüche gegen die Hersteller/Importeure von Ton- und Videokassetten (sog. **Leerkassettenabgabe**) sowie Betreiber von Kopiergeräten (zur Herstellung von Kopien gegen Entgelt). Die Rechtmäßigkeit des Vergütungsanspruchs für neue Technik (z. B. Telefaxgeräte, Scanner, Minidisc) wurde in Gerichtsverfahren geklärt.

Geräteglas, ein Glas, das aufgrund seiner hohen therm. und chem. Widerstandsfähigkeit für techn. und wiss. Geräte (z. B. Thermometer) bes. geeignet ist. (↑Jenaer Glas)

Gera: Renaissancerathaus am Markt (1573–76, nach 1780 umgestaltet), davor der Simsonbrunnen (1685/86)

Geräteträger, Traktorbauart mit kompaktem Antriebssatz (an Hinterachse konzentrierter Block aus Motor und Getriebe) und davor liegenden Holmen zur wechselweisen Anbringung der Arbeitswerkzeuge (Pflug, Streuer u. a.).

Gerätetreiber, *Datenverarbeitung:* ↑Treiber.

Gerätturnen, Übungen an Turngeräten, bes. an den im Wettkampf eingesetzten Geräten Barren, Boden, Sprungpferd,

Reck, Ringe, Pauschenpferd (für Männer) sowie Boden, Sprungpferd, Schwebebalken und Stufenbarren (für Frauen). Zum Leistungs-G. ↑Kunstturnen.

Geräusch, als unbestimmt empfundener Schall im Unterschied zu ↑Ton, ↑Klang oder Laut; in der physikal. Akustik nichtperiod. Schallereignisse, die durch Überlagerung vieler akust. Schwingungen unterschiedl. Frequenz mit rasch wechselnder Amplitude und Phase entstehen (↑Lärm).

Gerber, Heinrich, Bauingenieur, *Hof 18. 11. 1832, †München 3. 1. 1912; wirkte auf dem Gebiet der Eisen- und Stahlbrückenkonstruktionen, erfand 1866 den **G.-Träger** (Gelenkträger).

Gerbera [nach dem Arzt T. Gerber, †1743] *die,* Korbblütlergattung in Afrika und Asien; Schnittblume mit häufig pastellfarbenen Zungenblüten.

Gerberei, *Lederherstellung:* ↑Gerbung.

Gerbert, Martin, Fürstabt von Sankt Blasien (seit 1764), *Horb am Neckar 12. 8. 1720, †Sankt Blasien 13. 5. 1793; bed. kath. Theologe im Zeitalter der Aufklärung; ließ die Kuppelkirche von Sankt Blasien erbauen.

Gerbsäuren, ↑Tannine.

Gerbstoff, wasserlösl. Anteil eines Gerbmittels, das wegen der eiweißfällenden Wirkung bei der Herstellung von ↑Leder zur ↑Gerbung benutzt wird. Grundstoffe bei G. aus Pflanzenteilen sind phenol. Substanzen. In anorgan. Gerbmitteln, z. B. Chrom(III)-salz, bilden vorwiegend assoziierte Hydroxokomplexe als bas. Salze den G.-Anteil. Auch bestimmte Aldehyde, z. B. Formaldehyd, wirken gerbend.

Gerbung, Gesamtheit der sich bei der Lederherstellung vollziehenden physikalischchem. Vorgänge. Die G. wandelt die Haut, die im unbehandelten Zustand u. a. leicht in Fäulnis übergeht oder hornartig auftrocknet, in Leder, das diese nachteiligen Veränderungen nicht mehr aufweist, um. Nach verwendeten Gerbmitteln unterscheidet man a) pflanzlich-synthet. G., b) mineral. G., c) Sämisch-G., Tran- oder Fett-G., d) Kombinations-G. Die G. ist mit Gerbstoffen geringer Adstringenz (Neigung der Gerbstoffe, sich mit Hautsubstanz zu Leder zu verbinden) zu beginnen, da nur dann die Gewähr besteht, dass der gesamte Feinbau des Fasergeflechts der Haut von gerbenden Stoffen durchdrungen wird. Die gegerbte Haut muss noch gefettet, gefärbt und zugerichtet werden. Den Betrieb bzw. Betriebsteil, in dem Häute und Felle mithilfe von Gerbstoffen zu Leder umgewandelt werden, bezeichnet man als **Gerberei.**

📖 *Faber, K.:* Gerbmittel, G., Nachgerbung. *Frankfurt am Main* ²*1990.*

Gere [ˈgiːə], Richard, amerikan. Filmschauspieler, *Philadelphia (Pa.) 31. 8. 1949; spielt seit den 1970er-Jahren Filmrollen, z. B. »American Gigolo – Ein Mann für gewisse Stunden« (1980), »Pretty Woman« (1990), »Sommersby« (1992), »Zwielicht« (1996).

Weitere Filme: In der Glut des Südens (1978); Ein Offizier und Gentleman (1982); Der Schakal (1997); Red Corner – Labyrinth ohne Ausweg (1997); Dr. T. & the Women (2000); Untreu (2002).

gerechter Lohn, in der *christl. Soziallehre* der Lohn, der den Lebensbedarf des Arbeiters und seiner Familie deckt und zugleich die Leistungsfähigkeit des Unternehmens und die gesamte Wirtschaftslage berücksichtigt. – Die *Gewerkschaftsbewegung* versteht unter g. L. den Lohn, der dem Arbeitnehmer bei durchschnittl. tarifl. Arbeitszeit die Teilnahme am jeweiligen histor. Lebensstandard garantiert. I. w. S. ist Lohngerechtigkeit gegeben, wenn gleicher Lohn für gleiche Qualifikation und Leistung gezahlt wird.

gerechter Preis (lat. iustum pretium), Grundbegriff der Preislehre der Scholastiker, wonach der Angebotspreis für ein Sachgut dessen Produktionskosten decken soll. Die Produktionskosten müssen zugleich auf der Grundlage des »standesgemäßen Unterhalts« der Produzenten kalkuliert sein. Die normative Lehre vom g. P. ist eine Kostentheorie des Preises ohne Berücksichtigung der Nachfrageseite. – Von der gegenwärtigen christl. Soziallehre wird diese Theorie durch Preisbildungsfaktoren ergänzt, die eine Übervorteilung des Anbieters wie des Nachfragers ausschließen.

Gerechter unter den Völkern, die höchste Auszeichnung, die der Staat Israel an Nichtjuden vergibt. Mit dem Ehrentitel »G. u. d. V.« werden Nichtjuden geehrt, die während der Zeit der nat.-soz. Diktatur in Europa – unter Einsatz ihres eigenen Lebens – das Leben verfolgter Juden gerettet haben.

Gerechtigkeit, im subjektiven Sinne eine Tugend, d. h. eine eth. Haltung oder Gesinnung; im objektiven Sinne das Prinzip zur Beurteilung von Rechtsnormen; nicht abschließend definierter Grundbegriff der Ethik, der Rechts- und Sozialphilosophie sowie des polit., sozialen, religiösen und jurist. Lebens. – Nach Platons Schichtenlehre ist G. für den Einzelnen wie für den Staat das richtige Verhältnis der Schichten zueinander; seit Aristoteles dann jener Grundwert des menschl. Zusammenlebens, der an das Verhalten des Einzelnen wie der Gemeinschaft in ihren versch. Formen die Forderung stellt, jedem zukommen zu lassen, was ihm gebührt, und Gleiches gleich zu behandeln. In der christl. Ethik ist die G. eine der Kardinaltugenden. Für die europ. Staats- und Rechtsphilosophie wurde seit dem MA. die grch. und röm. Rechtsdenken tradierende Formel, dass »G. die Grundlage von Herrschaft« sei, zu einem zentralen Leitsatz. Der Pflicht der Herrschenden zur G. entspricht das ↑Widerstandsrecht gegen ungerechte Obrigkeit. Gegen die neuzeitl. Maxime der Staatsräson hat v. a. Kant die G. als höchstes polit. Prinzip gesetzt. In der heutigen polit. Philosophie wird u. a. das Verhältnis zw. den Grundwerten G., Gleichheit und Freiheit thematisiert. Im Bereich des positiven Rechts, bes. des öffentlichen, gilt es als eine Hauptaufgabe des Staates, die G. durch Gesetzgebung, Verwaltung und Rechtsprechung zu verwirklichen und zu wahren.

📖 *Rawls, J.: Eine Theorie der G. A. d. Engl. Frankfurt am Main ⁹1996. – Walzer, M.: Sphären der G. Ein Plädoyer für Pluralität u. Gleichheit. A. d. Amerikan. Tb.-Ausg. Frankfurt am Main 1998. – Höffe, O.: G. Eine philosoph. Einführung. München 2001.*

Gerechtsame (Gerechtigkeit), hergebrachte Bez. für vererbl. und veräußerl. Nutzungsrechte an Grundstücken, z. B. Bergbaugerechtsame.

Geremek, Bronisław, poln. Historiker und Politiker, *Warschau 6. 3. 1932; 1950–68 Mitgl. der kommunist. Poln. Vereinigten Arbeiterpartei; unterstützte ab 1980 die Gewerkschaft Solidarność, deshalb 1981–82 und 1983 interniert; 1989/90 Fraktions-Vors. der Solidarność im poln. Parlament (Sejm), als Mitgl. der Freiheitsunion 1997–2000 Außen-Min. 1998 erhielt er den Internat. Karlspreis der Stadt Aachen.

Geretsried, Stadt im Landkr. Bad Tölz-Wolfratshausen, Bayern, im Tal der oberen Isar, 22800 Ew.; Maschinen-, Musikinstrumentenbau, chem. Ind. – 1950 durch Heimatvertriebene gegr., seit 1970 Stadt.

Gerg, Hilde, alpine Skiläuferin, *Bad Tölz 19. 10. 1975; u. a. Slalom-Olympiasiegerin 1998 sowie Super-G-Weltcupgewinnerin 1996/97 und 2001/02.

Gergijew, Waleri Abesalomowitsch, russ. Dirigent, *Moskau 2. 5. 1953; war u. a. 1981–85 Chefdirigent des Armen. Staatsorchesters, seit 1988 ist er künstler. Leiter des Kirow-Theaters in Leningrad (seit 1992 Marien-Theater St. Petersburg), daneben Tätigkeit als Gastdirigent (u. a. an der Metropolitan Opera New York).

Gergovia (frz. Gergovie), Festung der kelt. Arverner, in der Auvergne, 6 km südlich von Clermont-Ferrand. – Bei G. Niederlage Caesars 52 v. Chr. im Gallischen Krieg. Ausgrabungen wiesen gall. Mauerringe und röm. Lager sowie eine galloröm. Siedlung des 1. Jh. n. Chr. nach.

Nicolaus Gerhaert von Leyden: Dangolsheimer Madonna (um 1460/65; Berlin, Skulpturensammlung)

Gerhaert von Leyden [ˈxɛrhaːrt -], Nicolaus, niederländ. Bildhauer, *Leiden zw. 1420 und 1430, †Wiener Neustadt 1473 (?); tätig in Trier, Straßburg, Konstanz, Wien und Wiener Neustadt. Sein durch scharfe Faltenbrüche der Gewandung gekennzeichneter Stil und die lebensnahe Gestaltung der Figuren unter Einbeziehung des Räumlichen durch ausgreifende Bewegungen waren von großem Einfluss auf die südd. Plastik.

Werke: Grabmal des Erzbischofs J. von Sierck (1462, Trier, Diözesanmuseum);

Büsten eines Propheten (»Graf von Hanau-Lichtenberg«) und einer Sibylle (»Bärbel von Ottenheim«) für das Straßburger Kanzleiportal (1463/64, der weibl. Kopf in Frankfurt am Main, Liebieghaus, der männl. in Straßburg, Frauenhaus); Busang-Epitaph (1464, Straßburg, Münster); Büste, die vermutlich ein Selbstporträt darstellt (um 1467; Straßburg, Musée de l'Œuvre Notre-Dame); Grabmal Kaiser Friedrichs III. (1467 ff., Wien, Stephansdom).
Gerhard, 1) Hubert, niederländ. Bildhauer, *Amsterdam (?) um 1550, †München um 1622/23; einer der führenden Bronzebildner des südlt. Frühbarocks. **Werke:** Hl. Michael an der Fassade von St. Michael in München (1588–92), Augustusbrunnen in Augsburg (1589–94).
2) Johann, luth. Theologe, *Quedlinburg 17. 10. 1582, †Jena 17. 8. 1637. Sein Hauptwerk »Loci theologici« (9 Bde., 1610–22) gehört zu den bedeutendsten Werken der luth. Orthodoxie.

Paul Gerhardt

Gerhardt, 1) Paul, luth. Theologe und Kirchenlieddichter, *Gräfenhainichen 12. 3. 1607, †Lübben (Spreewald) 27. 5. 1676. Seine Lieder von tiefer Frömmigkeit spiegeln das starke Gottvertrauen wider, mit dem er persönl. Leid sowie die Schrecknisse des Dreißigjährigen Krieges überwand. Lieder u. a.: »Geh aus, mein Herz und suche Freud«, »Nun ruhen alle Wälder«, »O Haupt voll Blut und Wunden«, »Befiehl du deine Wege«.
2) Wolfgang, Politiker (FDP), *Ulrichstein-Helpershain 31. 12. 1943; 1987–91 Min. für Wiss. und Kunst in Hessen; seit 1994 MdB, war 1995–2001 Vors. der FDP, wurde Okt. 1998 Vors. der Bundestagsfraktion.
Geriatrie [grch.] *die* (Altersheilkunde), die Lehre von den Krankheiten des alten Menschen, ihrer Vorbeugung und Behandlung (↑Altersbeschwerden) sowie der Rehabilitation.
Geriatrika [grch.], Mittel zur Vorbeugung und Behandlung von Alters- und vorzeitigen Abnutzungserscheinungen, die eine stärkende oder stimulierende Wirkung ausüben und dadurch die körperl. und geistige Leistungsfähigkeit steigern sollen; z. B. Vitamine, Spurenelemente, gefäßaktive Stoffe.
Géricault [ʒeriˈko], Théodore, frz. Maler und Grafiker, *Rouen 26. 9. 1791, †Paris 26. 1. 1824; orientierte sich v. a. an P. P. Rubens, Caravaggio und D. Velázquez, die er kopierte; überwand den Klassizismus durch einen malerisch bewegten, realist. Stil von romantisch gesteigertem Ausdruck, z. B. in dem durch eine Schiffskatastrophe 1816 angeregten »Floß der Medusa« (1818/19, Paris, Louvre). Daneben entstanden Darstellungen von Kampfepisoden aus dem napoleon. Kriegen und Pferdebilder. Die 1921–24 entstandenen Bildnisse von Geisteskranken (»Neid. Monomane«, um 1822, Lyon, Musée des Beaux-Arts) gehören zu seinen besten Porträts.
Gericht, unabhängiges Organ der Rechtspflege mit der Aufgabe, darüber zu entscheiden, was im konkreten Falle rechtens ist. Neben diesen prozessualen Aufgaben nehmen G. auch rechtspfleger. Aufgaben wahr, bes. das Amtsgericht, z. B. als Grundbuch führende Behörde, als Insolvenz- oder als Vollstreckungsgericht. Die ↑Gerichtsverfassung ist nur in ihren elementarsten Zügen im GG, ansonsten im Gerichtsverfassungsges. und den Verfahrensordnungen der einzelnen ↑Gerichtsbarkeiten niedergelegt. Soweit die G. die Recht sprechende Gewalt verkörpern, ist diese gemäß Art. 92 GG den Richtern anvertraut. Die G. sind so zu besetzen, dass mindestens einer der Richter die Befähigung zum Richteramt haben muss. Die G. sind, ebenso wie Exekutive und Legislative, an Gesetz und Recht, v. a. an die Grundrechte, gebunden (Art. 1 Abs. 3, 20 Abs. 3 GG). Die Richter sind unabhängig (Art. 97 GG). Jedermann hat vor G. Anspruch auf rechtl. Gehör (Art. 103 Abs. 1 GG). Die G. sind ganz überwiegend staatlich; Träger der G. sind in erster Linie die Länder, daneben, bes. für die obersten G., der Bund. Ein Teil der Berufs-G. wird von Selbstverwaltungskörperschaften (berufs-

Gerichtsbarkeit GER

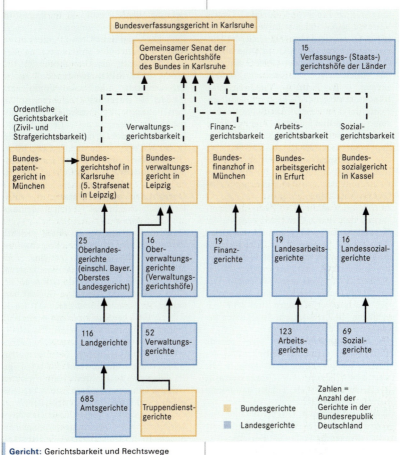

Gericht: Gerichtsbarkeit und Rechtswege

ständ. Kammern) unterhalten. Ihre Verf. und ihr Verfahren werden durch staatl. Gesetze geregelt. Außer diesen staatl. G. gibt es kirchl., Verbands- und Schieds-G. Von zunehmender Bedeutung auch für den innerstaatl. Bereich sind supra- und internat. G., v. a. der Europ. Gerichtshof und der Europ. Gerichtshof für Menschenrechte. In Grundzügen sehr ähnl. Regelungen gibt es auch in *Österreich* und in der *Schweiz*.
Gericht erster Instanz, ↑Europäischer Gerichtshof.
Gericht Gottes (Totengericht), in den meisten großen Religionen der Vollzug der göttl. Gerechtigkeit gegenüber dem einzelnen Menschen oder der ganzen Menschheit, entweder im Moment des Todes oder am Ende der Zeiten (Weltgericht). Der Auffassung vom G. G. liegt der Gedanke zugrunde, dass der Mensch im Tod an seinen Taten im Diesseits gemessen wird und im Jenseits oder in einem künftigen Leben nach einer Wiedergeburt (Hinduismus und Dschainismus) ein gerechter Ausgleich im Sinne von Bestrafung oder Belohnung erfolgt. Stets führt das G. G. die Trennung der Guten von den Bösen herbei.
Gerichtsarzt, ↑Rechtsmedizin.
Gerichtsbarkeit, die den Gerichten zugewiesene Tätigkeit der Rechtsprechung und der Rechtspflege sowie die Gerichtsgewalt (Gerichts- oder Justizhoheit). Organisatorisch gliedern sich Rechtsprechung und Rechtspflege in ordentl. G. (Straf- und Zivilgerichte einschl. Patent-G. und freiwillige G.), Arbeits-G., allg. Verwal-

tungs-G., Finanz- und Sozial-G. sowie Verfassungs-G. Neben diesen allg. zugängl. G. existieren besondere G., die Disziplinar-G., die Berufs-G. und die kirchl. G. Die Gerichte, die derselben G. angehören, bilden meist einen Rechtszug (Instanzenzug, z.B. Arbeits-, Landesarbeits-, Bundesarbeitsgericht); die Verfassungsgerichte der Länder und das Bundesverfassungsgericht sind jedoch nicht durch einen Rechtszug verknüpft. Die Gerichtsgewalt liegt beim Staat, der durch seine Gerichte das Rechtsprechungsmonopol ausübt; hiervon lässt es zugunsten der kirchl. Gerichte und der privaten Schiedsgerichtsbarkeit Ausnahmen zu.

In *Österreich* ist die G. in Zivil- und Strafsachen den staatl. Gerichten zugewiesen. Besondere Aufgaben haben die Handels-, Arbeits- und Sozialgerichte. Nichtstreitige Angelegenheiten werden fast ausnahmslos durch die staatl. Gerichte erledigt. In der *Schweiz* ist die Gerichtsverfassung im Wesentlichen Sache der Kantone. Die einzelnen Gerichtsverfassungen sind sehr verschieden. In Zivil- und in Strafsachen bestehen meist zwei Instanzen.

Gerichtsbescheid, eine ohne mündl. Verhandlung ergangene Entscheidung des Verw.-, Finanz- oder Sozialgerichts, das über eine Klage befindet. Voraussetzung: geklärter Sachverhalt, Fehlen besonderer Schwierigkeiten.

Gerichtsferi|en, in Dtl. bis 1996 die Zeit vom 15. 7. bis 15. 9., in der nur bestimmte oder dringende Fälle als **Feriensachen** von den ordentl. Gerichten bearbeitet wurden. Durch Ges. vom 28. 10. 1996 sind die Bestimmungen über die G. aufgehoben worden; allerdings können Gerichtstermine, die zw. dem 1. 7. und dem 31. 8. anberaumt werden, auf Antrag verlegt werden (§ 227 ZPO).

gerichtsfreier Hoheitsakt (justizfreier Hoheitsakt), Staatsakt, bes. Regierungsakt (z.B. Ernennung oder Entlassung eines Bundesmin.), der wegen seines hochpolit. Charakters als der gerichtl. Rechtmäßigkeitskontrolle entzogen (nicht justiziabel) gilt.

Gerichtsherr, frühere Bez. für den Inhaber der Gerichtsbarkeit. In der Militärgerichtsbarkeit war der Kommandant einer militär. Einheit der G., er nahm etwa die Stellung der Staatsanwaltschaft ein.

Gerichtshilfe (Ermittlungshilfe), Einrichtung, die Gericht und Staatsanwaltschaft bei den Ermittlungen zur Täterpersönlichkeit und ihrer Umwelt unterstützen soll, z.b. hinsichtlich Strafzumessung oder Strafaussetzung zur Bewährung (§§ 160 Abs. 3, 463d StPO). Institutionell ist sie der Justiz oder einer Sozialbehörde angegliedert. In Jugendstrafverfahren ist die Einschaltung der Jugend-G. obligatorisch. – In *Österreich* besteht eine dem dt. Recht verwandte G. nur in Jugendsachen. In der *Schweiz* ist sie nicht gebräuchlich.

Gerichtshof der Europäischen Gemeinschaften, ↑Europäischer Gerichtshof.

Gerichtshof erster Instanz, im österr. Rechtsprachgebrauch gleichbedeutend mit Landesgericht.

Gerichtskosten, die in einem gerichtl. Verfahren anfallenden **Gerichtsgebühren** sowie die Auslagen des Gerichts (z.B. Schreib-, Porto-, Sachverständigenkosten); geregelt im G.-Ges. (GKG) i. d. F. v. 15. 12. 1975 sowie für die freiwillige Gerichtsbarkeit in der Kostenordnung (KostO) i.d.F. v. 26. 7. 1957, beide mit späterer Änderung. Gerichtsgebühren werden als Pauschale, ohne Rücksicht auf den tatsächl. Aufwand, erhoben. Die einzelnen Gebührentatbestände sind als Anlage dem GKG beigefügt. In bürgerl. Rechtsstreitigkeiten richten sich die Gerichtsgebühren (meist Prozessgebühr und Urteilsgebühr) nach dem Wert des Streitgegenstandes. Diese Gebühren werden für jeden Rechtszug nur einmal erhoben. In der freiwilligen Gerichtsbarkeit bestimmen sich die Gebühren nach dem Geschäftswert. In Strafsachen richtet sich die Gebühr nach der Höhe der erkannten Strafe. Für die Verwaltungs-, Arbeits- und Finanzgerichtsbarkeit gelten die Vorschriften des GKG sinngemäß. In der Sozialgerichtsbarkeit ist das Verfahren für natürl. Personen bis auf rechtlich geregelte Ausnahmen kostenfrei. Im Verfahren vor dem Bundesverfassungsgericht entstehen i.d. R. keine G. – Außergerichtl. Kosten sind die Rechtsanwaltskosten sowie sonstige Aufwendungen zur Rechtsverfolgung oder Rechtsverteidigung; zus. mit den G. bilden sie die **Prozesskosten.** Kostenpflichtig ist zunächst die beantragende, letztlich aber grundsätzlich die unterliegende Partei, und zwar für die Prozesskosten insgesamt. (↑Kostenpflicht, ↑Prozesskostenhilfe)

Ähnl. Regelungen gelten im *österr.* (Gerichtsgebühren-Ges., GGG) und *schweizer.* (Erlasse des Bundes und der Kantone) Recht.

Gerichtsmedizin, die ↑Rechtsmedizin.

Gerichtspsychologie, ↑forensische Psychologie.

Gerichtssprache, ↑Amtssprache.

Gerichtsstand, das örtlich zuständige Gericht. Im Zivilprozess (§§ 12 ff. ZPO) wird zw. dem allgemeinen, dem besonderen und dem ausschließl. G. unterschieden. Der allgemeine G. wird durch den Wohnsitz des Beklagten bzw. den Sitz der beklagten jurist. Person bestimmt. Besondere G. sind: der G. der Niederlassung, des Erfüllungsorts, bei Wohnungseigentum, der unerlaubten Handlung, der Mess- und Marktsachen, der Erbschaft, der Vermögensverwaltung u. a. Für dingl. Klagen, Miet-, Pacht- und Umweltsachen besteht ein ausschließl. G., d. h. diese G. sind zwingend und nicht abdingbar. Eine von der gesetzl. Regelung abweichende G.-Vereinbarung ist nur eingeschränkt zulässig. Im Strafprozess (§§ 7 ff. StPO) ist der G. bei dem Gericht begründet, in dessen Bezirk die strafbare Handlung begangen (G. des Tatorts) oder der Beschuldigte ergriffen wurde oder wo der Angeschuldigte seinen Wohnsitz oder gewöhnl. Aufenthalt hat. – Ähnl. Bestimmungen enthalten in *Österreich* die Jurisdiktionsnorm von 1895 und §§ 51 ff. StPO sowie in der *Schweiz* die kantonalen Prozessrechte und die Art. 346 ff. StGB.

Gerichtsverfassung, die Normen, die die Stellung der Rechtspflege i. w. S. und ihrer Organe im Aufbau des Staates, ihr Verhältnis zur gesetzgebenden und vollziehenden Gewalt, ferner Aufgaben, Organisation und Besetzung der Gerichte und ihrer Geschäftsstellen sowie der anderen Rechtspflegebehörden wie der Staatsanwaltschaft und der staatl. Notariate, die verfassungs- und dienstrechtl. Stellung der Richter sowie die aller anderen Rechtspflegeorgane regeln. In Dtl. ist Grundlage des G.-Rechts das GG, für die ordentl. Gerichtsbarkeit v. a. aber das G.-Ges. i. d. F. v. 9. 5. 1975, ansonsten die Verfahrens-(Prozess-)Ordnungen der jeweiligen Gerichtsbarkeiten.

Gerichtsvollzieher, Beamter des mittleren Dienstes, der in einem festen Bezirk beim Amtsgericht v. a. mit der Durchführung der Zwangsvollstreckung betraut ist und u. a. Zustellungen und Ladungen (der Prozessparteien; meist mithilfe der Post) bewirkt; er nimmt ferner Scheck- und Wechselproteste auf. Die Dienstverhältnisse der G. sind landesrechtlich geregelt; i. d. R. sind G. selbstständige Beamte mit festen Grundbezügen und Gebühreneinnahmen. G. sind der Staatshaftung unterworfen. – In *Österreich* werden entsprechende Aufgaben von Vollstreckungsbeamten, Gerichtsbediensteten und berufenen Organen wahrgenommen. In der *Schweiz* bestehen in den Kantonen Betreibungsämter für die Durchführung von Schuldbetreibungen.

geringfügige Beschäftigung, auch als Minijobs bezeichnet, *Sozialversicherung:* eine Beschäftigung, deren Arbeitsentgelt regelmäßig 400 € im Monat (bis 31. 3. 2003: 325 €) nicht übersteigt oder die auf längstens zwei Monate oder 50 Arbeitstage im Kalenderjahr begrenzt ist (§ 8 SGB IV). Der Arbeitgeber muss nach der ab 1. 4. 2003 geltenden Neuregelung bei einer g. B. pauschal 25 % Abgaben vom Arbeitsentgelt zahlen (12 % Renten-, 10 % Krankenversicherung, 2 % Steuern), bei haushaltsnahen Dienstleistungen (Haushaltshilfe) 12 % (5 % Renten-, 5 % Krankenversicherung, 2 % Steuern). Arbeitnehmer mit einem Arbeitsverdienst bis zu 400 €, sog. Grundzone, sind von Steuern und Sozialabgaben befreit. An die Grundzone (eigentliche g. B.) schließt sich eine sog. Gleitzone bei einem Arbeitsverdienst von 400,01 bis 800 € an (§ 20 SGB IV). In diesem Bereich steigen die Sozialabgaben der Arbeitnehmer von 4 % bis rd. 21 % an, während der Arbeitgeber die normalen Sozialbeiträge zu zahlen hat. Mehrere Beschäftigungsverhältnisse werden zusammengerechnet und begründen Beitragspflicht zur Sozialversicherung, wenn das Entgelt 400 € monatlich überschreitet. Wird neben einer sozialversicherungspflichtigen Hauptbeschäftigung jedoch nur eine g. B. mit einem monatl. Entgelt bis 400 € ausgeübt, bleibt die g. B. abgabenfrei.

geringstes Gebot, ↑Zwangsversteigerung.

Gerinnung, Vorgang, der durch Ausflockung von Eiweißstoffen (unter Einwirkung z. B. von Wärme, Enzymen oder Elektrolyten) aus einer kolloidalen Lösung gekennzeichnet ist (Übergang eines Sols in

Gerizim

ein Gel), z. B. bei der Blut- und Milchgerinnung.

Gerizim (Garizim, arab. Djebel et-Tur), Berg (881 m ü. M.) im Westjordanland, südl. von Nablus; im A. T. »Berg des Segens« (5. Mos. 11, 29); Ort des Tempels der ↑Samaritaner (129 v. Chr. zerstört); Reste einer byzantin. Muttergotteskirche (nach 484) und Festung des Kaisers Justinian I. (529). Noch heute feiern hier die Samaritaner ihr jährl. Passahfest.

Gerkan, Armin von, Bauforscher und Archäologe, * Subate (bei Daugavpils, Lettland) 30. 11. 1884, † Garstedt (heute zu Norderstedt) 22. 12. 1969; war 1938–45 Direktor des Dt. Archäolog. Inst. in Rom, 1948–53 Prof. in Bonn; Arbeiten zur Architektur und Topographie der Antike.

Gerkan, Marg & Partner, Architekturbüro mit Niederlassungen in Hamburg, Berlin, Leipzig, Aachen und Braunschweig; 1965 von Meinhard von Gerkan (* 1935) und Volkwin Marg (* 1936) gegr., 1974 durch vier Partner erweitert. Das Architekturbüro wurde internat. bekannt mit dem Flughafen Berlin-Tegel (erbaut 1967–74).

Weitere Werke: Erweiterungsbauten des Flughafens in Hamburg (1986–93); Abfertigungsgebäude des Flughafens Stuttgart (1987–90); Musik- und Kongresshalle in Lübeck (1992–94); Neue Messe in Leipzig (1993–96); Lehrter Zentralbahnhof in Berlin (1998 ff.; Fertigstellung 2006 geplant).

Gerlach, 1) Ernst Ludwig von, preuß. Jurist und Politiker, * Berlin 7. 3. 1795, † ebd. 18. 2. 1877, Bruder von 3); forderte einen theokrat. Staat, 1848 Mitgründer der preuß. Konservativen Partei und Gründer ihres Organs, der »Neuen Preuß. Zeitung« (»Kreuzzeitung«); MdR (seit 1873).

2) Helmut von, pazifistischer Politiker und Publizist, * Mönchmotschelnitz (heute Moczydlnica Klasztorna, bei Wolów) 2. 2. 1866, † Paris 1. 8. 1935; gründete 1896 mit F. Naumann den »Nationalsozialen Verein«, 1908 mit R. Breitscheid die »Demokrat. Vereinigung«. 1903–06 MdR (Freisinnige Vereinigung); emigrierte 1933 nach Österreich und Frankreich.

3) Leopold von, preuß. General, * Berlin 17. 9. 1790, † Potsdam 10. 1. 1861, Bruder von 1); war als Generaladjutant Friedrich Wilhelms IV. seit 1848 einflussreichstes Mitgl. der reaktionären »Kamarilla« um den preuß. König.

4) Walther, Physiker, * Biebrich (heute zu Wiesbaden) 1. 8. 1889, † München 10. 8. 1979; wies mit O. Stern 1921 die Richtungsquantelung des Gesamtdrehimpulses eines Atoms im Magnetfeld nach, indem er Atomstrahlen im inhomogenen Magnetfeld ablenkte und die Aufspaltung der Strahlen untersuchte **(Stern-Gerlach-Versuch).**

Gerlachovský štít [-xɔfski: ˈʃtjiːt], slowak. Name der ↑Gerlsdorfer Spitze.

Gerlingen, Stadt im Landkreis Ludwigsburg, Bad.-Württ., 18 300 Ew.; opt. Ind., Werkzeug-, Maschinen-, Apparatebau;

Gerkan, Marg & Partner: zentrale Glashalle auf der Neuen Messe in Leipzig (1996 fertig gestellt)

Germanen GER

Hauptverwaltung und Forschungszentrum der Robert Bosch GmbH; Heimatmuseum und Museum der Ungarndeutschen (mit Archiv). – Stadt seit 1958.
Gerling-Konzern, Zusammenschluss von Versicherungsges. unter der Holdingges. **G.-K. Versicherungs-Beteiligungs-AG,** gegr. 1904, Sitz: Köln, weltweit tätig in fast allen Versicherungssparten, bes. Ind.versicherungen. Anteilseigner ist die »Gruppe Dr. Rolf Gerling«. Die Mehrheit an einem der weltweit größten Kreditversicherer, der Gerling NCM Credit Finance AG (entstanden 2001 durch Fusion der Gerling Konzern Speziale Versicherungs-AG mit der niederländ. NCM Holding N. V.), wurde 2003 an die Swiss Re AG und die Deutsche Bank AG abgetreten. Im Zuge der Entflechtung aus dem G.-K. wird die Gerling NCM in **Atradius** umbenannt.
Gerlostal, östl. Seitental des Zillertales, in Tirol, Österreich. Der **Gerlosbach** (Oberlauf in Salzburg) wird zum Speichersee **Durlaßboden** (unterhalb Kraftwerk) gestaut. Das Dorf **Gerlos** (1 245 m ü. M.) ist Wintersportzentrum. Über den **Gerlospass** (1 507 m ü. M.) verbinden die alte und die neue (seit 1962) Gerlosstraße Ziller- und Salzachtal (Pinzgau). Die neue Straße (10,5 km, mautpflichtig) führt über die **Gerlosplatte** (1 628 m ü. M.; Wintersportplatz) und Krimml (Wasserfälle).
Gerlsdorfer Spitze (slowak. Gerlachovský štít), höchster Gipfel der Hohen Tatra, Slowakei, 2 655 m ü. M., höchster Berg der Karpaten.
Germain [ʒɛrˈmɛ̃], **1)** Sophie (Pseudonym Leblanc), frz. Mathematikerin, * Paris 1. 4. 1776, † ebd. 27. 6. 1831; arbeitete über Akustik, Elastizität und Zahlentheorie und legte einen (unvollständigen) Beweis der fermatschen Vermutung vor.
2) Sylvie, frz. Schriftstellerin, * Châteauroux 8. 1. 1954; schreibt metaphernreiche Erzählungen und Romane, meist über Außenseiter der Gesellschaft (»Das Medusenkind«, 1991; »Der König ist nackt«, 1993; »Sara in der Nacht«, 1998).
Germanate, Salze, die Germanium als Anion enthalten.
Germanen, Sammelname für Völker und Stämme in N- und Mitteleuropa, die der indogerman. Sprachfamilie angehören, untereinander sprachverwandt sind (↑ germanische Sprachen), sich jedoch von den benachbarten Kultur- und Sprachgruppen der Kelten, Illyrer, Balten, Slawen und Finnen durch Sprache, Religion, Sitte, Brauch und materielle Kultur unterscheiden. Die Bez. wurde zuerst von Poseidonios als Name kleinerer Stämme im heutigen Belgien überliefert. Gallier und Römer seit Caesar übertrugen den Namen ohne Unterschied auf sämtl. rechtsrhein. Völkerschaften. Die G. selbst kannten keinen einheim. Begriff für ihre Gesamtheit.
Tacitus unterschied drei german. Stammesgruppen: **Ingwäonen, Herminonen** und **Istwäonen.** Die Archäologie hingegen wies für die ersten Jahrhunderte n. Chr. mehrere german. Fundgruppen nach, denen bestimmte, von den Römern erstmals genannte Stämme zugeordnet werden können: **Nordsee-G.** (Friesen, Chauken, Sachsen), **Rhein-Weser-G.** (Tenkterer, Sugambrer, Brukterer, Cherusker, Chatten), **Elb-G.** oder **Elbsweben** (Langobarden, Semnonen, Hermunduren, Markomannen, Quaden), **Oder- und Weichselmündungs-G.** (Rugier, Burgunder, Goten), **Oder-Warthe-G.** (Lugier, Wandalen), **Ostsee-G.** (auch Nord-G.; kleinere südskandinav. Stämme). Erst im 3. Jh. kam es zum Zusammenschluss der historisch bekannten Großstämme (Alemannen, Franken, Sachsen, Goten).
Geschichte: Die neuere archäologisch-histor. Forschung lehnt die Vorstellung von einer Urheimat der G. zw. S-Skandinavien und Mittelelbegebiet, die angeblich seit der Bronzezeit (2. Jt. v. Chr.) nachzuweisen sei, sowie von aus diesen Gebieten erfolgten, stetig fortschreitenden »Germanisierung« südlich und westlich anschließender Landschaften weitgehend ab. Vielmehr gilt die Entstehung (Ethnogenese) und Ausbreitung der G. als ein außerordentlich vielschichtiger, bislang nicht völlig geklärter Vorgang. Einigkeit herrscht lediglich darüber, dass offenbar eine Vielzahl eisenzeitlicher Bev.gruppen unterschiedl. Ursprungs und Kulturniveaus im Gebiet zw. norddt. Flachland und der Mittelgebirgszone an der Entstehung der german. Stämme beteiligt waren. In jenem Raum, der annähernd vom Verlauf von Nieder- und Mittelrhein, Main, Sudeten und Weichsel umschrieben wird, lassen sich in den letzten Jahrhunderten v. Chr. mehrere regionale eisenzeitl. Kulturgruppen nachweisen, die sich aus bronzezeitl. Wurzeln gebildet hatten. Diese waren einer Beein-

395

GER Germanen

Germanen – Siedlungsräume im 1. Jh. n. Chr.

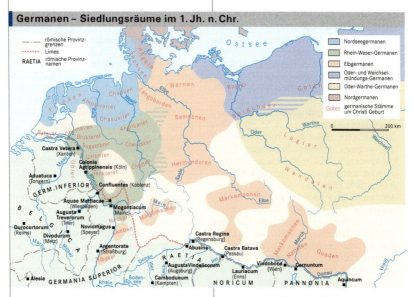

flussung seitens der höher entwickelten Zivilisation kelt. Stämme ausgesetzt, deren Siedlungsgebiete sich von Gallien über S-Dtl. und Böhmen bis nach S-Polen erstreckten. Bei allen regionalen Unterschieden war die Zugehörigkeit zur Randzone der kelt. La-Tène-Kultur das verbindende Element. So darf die Ethnogenese der G. verstanden werden als ein Ausgleichsprozess verschiedenartiger ethn. Gruppen, die jeweils starkem kelt. Einfluss unterlagen, ohne selbst Kelten zu werden.

Dieser Prozess setzte in einigen Gebieten wohl schon im 3. Jh. v. Chr. ein und dauerte in der Zeit um Christi Geburt teilweise noch an. Die Ausbildung einer sich vom Keltischen immer weiter unterscheidenden Sprachgruppe dürfte wesentlich zur Entstehung des Germanentums beigetragen haben. Einen wichtigen Anteil an diesem Vorgang hatten die Träger der sich kontinuierlich aus der jüngeren Bronzezeit entwickelnden ↑Jastorfkultur, die von der jüt. Halbinsel über Mecklenburg und Brandenburg bis nach N-Böhmen verbreitet waren. Sie gelten als der Vorläufer der späteren Elbgermanen. Einzelne Vorstöße im 2./1. Jh. v. Chr. nach S und W könnten den genannten Ausgleichsprozess gefördert haben. Zur gleichen Zeit bildete sich im stark keltisch geprägten Raum zw. Oder und Warthe die german. Przeworsker Kultur heraus (u. a. Übernahme kelt. Waffen). Schon bald einsetzende Vorstöße aus diesem Raum ins Elbe-Saale-Gebiet vermittelten dem südl. Jastorfkreis die Sitte des Waffenbeigebens als Ausdruck eines neu entstehenden, wohl gefolgschaftlich organisierten Kriegertums. So hat spätestens im letzten Jh. v. Chr. der schon seit längerem wirkende kelt. Einfluss nicht nur die materielle Kultur, sondern offenbar auch die Gesellschaftsstruktur der weiter nördlich siedelnden Bev.gruppen entscheidend verändert und damit zur Ethnogenese der G. beigetragen.

Im 3. Jh. v. Chr. drangen die Bastarnen aus Mitteleuropa an die Schwarzmeerküste vor. Im 2. Jh. zogen die Langobarden zur unteren Elbe (z. T. weiter nach S-Mähren und Oberösterreich). Die um 120 v. Chr. möglicherweise durch eine Sturmflut zum Abzug aus NW-Jütland gezwungenen Kimbern und Teutonen konnten weit in röm. Gebiet eindringen; 102 v. Chr. wurden jedoch die Teutonen bei Aquae Sextiae (heute Aix-en-Provence), 101 v. Chr. die Kimbern bei Vercellae (heute Vercelli) vernichtend geschlagen. Ab 100 v. Chr. dehnten sich die elbgerman. Sweben nach S aus, wobei die Markomannen kurz vor Christi Geburt nach Böhmen, die Quaden an den Unterlauf des Mains und bis 21 n. Chr. nach Mähren, die Triboker in die Gegend von Stuttgart, die Hermunduren nach Thüringen, die Semnonen in das Havelland und die Angeln nach SO-Schleswig gelangten. In das von den Sweben geräumte Gebiet an Elbe und Unstrut rückten die Wandalen nach, während sich die Burgunder ostwärts bis an die Weichsel ausdehnten. Um 71 v. Chr. überschritt Ariovist mit etwa 120 000 Haruden, Tribokern, Nemetern und Wangionen den Rhein, wurde aber 58 v. Chr. in der Nähe von Mülhausen von Caesar geschlagen; eine allg. rückläufige Bewegung der G. (bes. Markomannen, Quaden, Burgunder und Wandalen) nach O setzte ein; 38 v. Chr. wurden die Ubier auf dem linken Rheinufer angesiedelt. Die Niederlage des röm. Statthalters Marcus Lollius gegen die Sugambrer (16 v. Chr.) führte zu den röm. Offensivkriegen des Drusus und des Tiberius gegen die G. (12 v. Chr. bis 5 n. Chr.). Der Sieg des Cheruskers Arminius über den röm. Statthalter Varus (Schlacht im ↑Teutoburger Wald; 9 n. Chr.) bewirkte die Aufgabe der röm. Expansionspolitik rechts des Rheins. Während dieser Zeit zogen die Goten aus Skandinavien an die Weichselmündung. Um 6 v. Chr. kam es unter Marbod zur Gründung des Markomannenreiches in Böhmen, das um 25 n. Chr. mit dem Quadenreich des Vannius (19–50) verschmolz. Die Niederwerfung des Bataveraufstandes (69/70) verhinderte die Schaffung eines german. Staatengebildes beiderseits des Niederrheins.

Die Romanisierung der besetzten german. Gebiete erfolgte seit 50 v. a. durch die Gründung der röm. Bürgerkolonie Colonia Claudia Ara Agrippinensium (heute Köln), die Anlage der Kastelle Abusina (heute Eining), Regina Castra (heute Regensburg-Kumpfmühl) und Sorviodurum (heute Straubing), durch die Anlage des obergerman. und rät. Limes (etwa 83–145) und die Einrichtung der beiden Grenzprovinzen Obergermanien (Germania superior) und Untergermanien (Germania inferior). Im freien oder großen Germanien (Germania libera oder magna) wurde die 1. german. Völkerwanderung (um 150 bis 295) durch die Abwanderung der Goten von der Weichselmündung zum Schwarzen Meer (um 150 bis um 180) ausgelöst: Abdrängung der Burgunder nach W, der Wandalen nach S, der Chatten um 162 über den Limes und der Markomannen über die Donau (166/167). Folge waren die Markomannenkriege Mark Aurels (166 bis 175 und 177–180). 213 erschienen Teile der Alemannen am Limes, den sie 259/60 durchbrachen, an der unteren Donau standen 236 die Goten, die 249 bis nach Make-

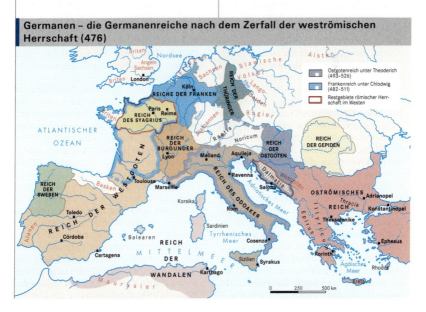

Germanen – die Germanenreiche nach dem Zerfall der weströmischen Herrschaft (476)

GER Germanen

donien vorstießen, Kaiser Decius 251 bei Abritus (heute Rasgrad) schlugen, 267 bis nach Kappadokien vordrangen und 268 zur See zus. mit den Herulern und Bastarnen bis Sparta gelangten. Zwischen 257 und 260 wurden erstmals die Franken fassbar, die immer wieder Vorstöße ins Innere Galliens unternahmen. 269 begannen die Goten (jetzt erstmals in Ost- und Westgoten geschieden) ihre Wanderung auf den Balkan. Im 3. Jh., bes. seit Konstantin d. Gr., verstärkte sich das G. Element im röm. Heer; G. stiegen zu den höchsten Befehlshaber- und Verwaltungsstellen des Röm. Reiches auf, z. B. Stilicho, Ricimer, Childerich I. Die Westgoten öffneten sich seit 341 dem arian. Christentum. In den Donauländern siedelten sich Goten, Heruler, Rugier, Skiren und Wandalen an. Die Unruhen begannen erst wieder mit der Durchbrechung der Rheinbefestigungen durch die Alemannen und Franken (nach 350; Aufgabe der Rheingrenze durch Rom 401), den Donauüberschreitungen durch Quaden und Markomannen (seit 357) sowie dem Wiederausbruch der Kämpfe mit den Westgoten (367). Durch den Vorstoß der Hunnen (375) wurde die 2. german. Völkerwanderung ausgelöst, in deren Verlauf auf dem Boden des Imperium Romanum german. Reiche entstanden, die im europ. Raum den antiken Zustand der Mittelmeerwelt beendeten. 413 entstand das Föderatenreich der Burgunder um Worms, von wo sie 443 in die Landschaft Sapaudia um den Genfer See umgesiedelt wurden. 418/419 bis 507 bestand das Westgotenreich von Tolosa (heute Toulouse), 429–533/534 das Wandalenreich in N-Afrika. Schließlich beseitigte 476 der Skire Odoaker das weström. Kaisertum. 486 zerschlug der Franke Chlodwig die letzten Reste röm. Herrschaft zw. Somme und Loire (↑Fränkisches Reich). 473 waren die seit 456 in Pannonien als Föderaten ansässigen Ostgoten unter der Führung Theoderichs nach Moesien aufgebrochen; 493 fielen sie in Italien ein, wo ihr Reich bis 553 bestand. Ebenfalls aus Pannonien kommend, besetzten die Langobarden 568 N-Italien, wo sie ein bis 774 bestehendes Reich errichteten.
Siedlung und Hausbau: Die G. wohnten meist in flussnahen Dörfern, Weilern oder Einzelhöfen, die teilweise befestigt waren. Besiedelt wurden sowohl Sand- und Lehm- als auch Marschböden. Im Nordseeküstengebiet und in Westfalen waren langrechteckige, dreischiffige, mit einem Giebel versehene Wohn-Stall-Häuser aus lehmverstrichenen Holzflecht- oder Grassodenwänden üblich, z. B. ↑Feddersen Wierde. In den anderen Regionen herrschten meist kleinere zwei- oder einschiffige Bauten vor; im Elbe-Oder-Gebiet wurden Wohnhäuser mit ovalem Abschluss an einer Schmalseite nachgewiesen. – Befestigungen lassen sich erst seit dem 3. Jh. v. Chr., wohl unter kelt. Einfluss, belegen. Häufiger werden sie im 4./5. Jh. bes. bei den Alemannen (Glauberg, Runder Berg).
Wirtschaft: Die Wirtschaft war agrarisch strukturiert. Angebaut wurden Weizen und Gerste, später auch Hafer, Roggen, Flachs, Hirse und Gemüse; von den Römern wurde der Weinbau übernommen. Von Bedeutung war die Zucht von Rind, Schaf und Schwein. Erzgewinnung und Metallverarbeitung lagen frühzeitig in der Hand von berufsmäßigen Handwerkern. Der Fernhandel mit dem Mittelmeergebiet (bes. mit Bernstein, Fellen, Wolle) geht bis in die Bronzezeit zurück; Kupfer und Zinn als Rohmaterialien für die Bronzeherstellung, Metallgeräte und Glasgefäße wurden nach Germanien eingeführt. Die Schifffahrt, die mit verhältnismäßig großen und seetüchtigen Schiffen betrieben wurde, erreichte im 4. Jh. n. Chr. (Nydamboot) ihren ersten Höhepunkt. Segelboote sind seit der Wikingerzeit (8. Jh.) bezeugt.
Gesellschaft und Recht: Anhand der Grab- und Siedlungsfunde kann man bereits für das 1. Jh. v. Chr. eine stärkere soziale Gliederung feststellen, doch erst der direkte Kontakt mit der röm. Welt seit Christi Geburt, der röm. Militärdienst und vermehrter Grundbesitz begünstigten größere Differenzierungen im Gesellschaftsaufbau und die Entwicklung einer aristokrat. Führungsschicht (Anlage von Fürstengräbern im 3.–7. Jh.). Eine stabile Adelsschicht, die sich durch ihre rechtl. Sonderstellung abhob, gab es aber erst in merowing. Zeit. Die auf gemeinsamer Abstammung beruhende Sippe stellte das wichtigste soziale Gebilde dar. – Das Kriegswesen, urspr. auf Einzelkampf mit Lanze und Schild gerichtet, wandelte sich unter röm. Einfluss. Geschlossene Kampfesweise und Reiterei sind erst in der röm. Kaiserzeit festzustellen.

Die Rechtsprechung beruhte auf mündlich tradiertem Recht. Verhandelt wurde auf dem Thing (↑Ding). Private Rechtsstreite wurden häufig durch Fehden zwischen den Sippen ausgetragen, die durch das »Wergeld« genannte Bußgeld gesteuert wurden. (↑germanische Volksrechte)

📖 *Wolfram, H.:* Die G. München ⁴1999. – *Döbler, H.:* Die G. Legende u. Wirklichkeit von A-Z. München 2000. – *Pohl, W.:* Die G. München 2000. – *Krause, A.:* Die Gesch. der G. Frankfurt am Main u. a. 2002. – *Maier, B.:* Die Religion der G. Götter, Mythen, Weltbild. München 2003.

Germania [lat.], Personifikation Germaniens bzw. Dtl.s; in der röm. Antike als trauernde Gefangene, im Hoch-MA. als gekrönte Frau, im 19. Jh. als Walküre dargestellt; nach 1850 volkstüml. Symbolfigur.

Germanicum (Collegium G. et Hungaricum), deutschsprachiges Priesterseminar in Rom; 1552 von Papst Julius III. als »Collegium G.« gegründet, 1580 von Gregor XIII. mit dem 1578 errichteten ungar. Kolleg vereinigt.

Germanicus, Siegertitel des ↑Drusus, seitdem Beiname seiner Nachkommen, darunter: Gaius **Iulius Caesar G.**, röm. Feldherr, * Rom 24. 5. 15 v. Chr., † Daphne (bei Antiochia am Orontes) 10. 10. 19 n. Chr.; Sohn des Drusus, Adoptivsohn des Tiberius (4 n. Chr.), ∞ mit ↑Agrippina d. Ä.; unternahm 14–16 n. Chr. als Oberbefehlshaber der acht Legionen am Rhein versch. letztlich erfolglose Feldzüge in das freie Germanien, wurde 17 n. Chr. von Tiberius zurückberufen; er erhielt ein außerordentl. Kommando im Orient. Von seinen Schriften sind Epigramme und ein astronom. Lehrgedicht erhalten.

Germanien (lat. Germania), **1)** das von den Römern so benannte Siedlungsgebiet der Germanen. Nach der Eroberung des linksrhein. Gebiets durch Caesar und Augustus unterschied man das **freie** oder **große G.** (**Germania libera** oder **magna**) nördlich der Donau, vom Rhein bis zur Weichsel, von den röm. Grenzprovinzen **Ober-G.** (**Germania superior**) mit Mainz und **Nieder-G.** (**Germania inferior**) mit Köln als Hauptort. Nieder-G. blieb auf das linke Rheinufer beschränkt, Ober-G. erstreckte sich über das rechte Ufergebiet hinaus und wurde durch den Limes gegen das freie G. abgegrenzt. Diese Gebiete wurden rasch romanisiert; die Standlager der Legionen entwickelten sich zu blühenden städt. Siedlungen. Dagegen galt das freie G. als rau und unwirtlich. Hauptquellen für die Kenntnis von G. sind die Werke von Caesar und Tacitus (»Germania«).

2) im MA. (in lat. Form) Bez. für Deutschland.

Germanin® *das* (Bayer 205, Suramin), stark wirksames Arzneimittel (Diphenylharnstoffabkömmling), das schon 1920 in die Therapie eingeführt wurde und bes. zur Verhütung und Behandlung der afrikan. Schlafkrankheit dient; zahlr. Nebenwirkungen (z. B. Nierenschäden) sind möglich.

germanische Kunst, das kunsthandwerkliche Schaffen im germanisch besiedelten Europa von der späten röm. Kaiserzeit bis zum Ende der Wikingerzeit, soweit es sich nach Darstellungsweisen und -inhalten vom mediterranen Kunstkreis abhebt. Die g. K. ist im Wesentlichen mit den Tierstilen identisch, die bis um 800 n. Chr. in Mitteleuropa und bis kurz nach 1100 in Skandinavien und auf den Brit. Inseln verbreitet waren. Bereits seit etwa 250 n. Chr. wurden röm. Vorbilder aus dem Darstellungsbereich der Tierwelt zunächst v. a. in Südskandinavien nachgeahmt (Bild- und Schriftzeugnisse [Runen] setzten etwa gleichzeitig ein); stilbildend wirkte sich die Tierornamentik jedoch erst ab dem 5. Jh. n. Chr. aus. – Abgesehen von Keramik mit oft reichem Dekor sind v. a. Arbeiten aus Bronze sowie Eisen (Fibeln, Beschläge, Verzierungen an Waffen u. a.) und auch Stein überliefert. Für die meisten Metallarbeiten sind Vorbilder aus Holz vorauszusetzen, nachweisbar bes. beim **Kerbschnittdekor** an Werken des 4.–6. Jh. Übliche Schmucktechniken bei Metall waren die Pressblechformung über Modeln, Tauschierung und Punzierung, dazu kamen im **farbigen Stil** (400–700) Niello und Glasschmelz (Cloisonné) sowie im Osten die Verarbeitung vielfarbiger Edelsteine, v. a. des blutroten Almandins. Beim Bronzeguss war anschließende Feuervergoldung häufig. – Die g. K. wird zw. dem späten 5. Jh. und der Wikingerzeit in drei **Tierstile** gegliedert, der erste (mit Vorstufen) war nur in Skandinavien verbreitet, der zweite entstand vor 600 n. Chr. in der germanisch-roman. Kontaktzone. Neben ihm

399

GER germanische Religion und Mythologie

germanische Kunst: Goldbrakteaten und eine der kostbarsten Goldfibeln Skandinaviens aus dem Schatzfund von Skodborg (Dänemark) im vielfarbigen Edelsteinstil, der sich mit der Völkerwanderung in West- und Nordeuropa verbreitete (6. Jh.; Kopenhagen, Nationalmuseet)

gibt es die Vendelstile B und C (in Skandinavien). Der Tierstil III wird auch als Vendelstil E bezeichnet, daneben bestand noch ein Vendelstil D. Beide gehen in die **Wikingerkunst** über (Mitte 9.–11. Jh.), bekannt durch das Schiffsgrab von Oseberg. Man unterscheidet den Borrestil, im 10. Jh. den Jellingstil und den Mammenstil sowie den Ringerikestil (spätes 10. bis spätes 11. Jh.) und ab 1050 den Urnesstil. Die g. K. stellt offenbar exemplarisch-sakrales Geschehen dar (»Heilsbilder«).

📖 *Kunst der Völkerwanderungszeit*, hg. v. H. Roth. Berlin u. a. 1979.

germanische Religion und Mythologie. Zeugnisse für die Religion und Mythologie im vorgeschichtl. Mittel- und Nordeuropa erstrecken sich im weitesten Sinne über einen Zeitraum von mehr als 2 000 Jahren: Zu den ältesten sind bronzezeitlichen Felsritzungen in der schwedischen Landschaft Bohuslän und der Sonnenwagen von Trundholm, ein Kultwagen (etwa 14./13. Jh. v. Chr.). Zu den spärlichen Zeugnissen german. Kultübungen gehören die nord. Moorpfer der jüngeren Kaiserzeit und der Völkerwanderungszeit. – Älteste schriftl. Quellen über die german. Götterverehrung lieferte Tacitus, allerdings unter röm. Namen; so nennt er statt Tyr Mars, statt Donar Herkules. Die frühe Christianisierung im röm. Einflussbereich (bis 400) verschüttete die alte Religion, ausführl. Zeugnisse gibt es dagegen aus dem Bereich der nordgerman. Sprachen, der erst Jahrhunderte später christianisiert wurde, sie sind in den versch. Fassungen der ↑Edda und der ↑Sagas überliefert. Die nordgerman. Mythologie kennt zwei Göttergeschlechter, die Vanen und die jüngeren Asen. Zu den Vanen gehören Freyr und Freyja, die der Fruchtbarkeit verbunden sind, zu den Asen der Herr des Kampfes Wotan (altnord. Odin), der Kämpfer gegen das Böse Donar (altnord. Thor), die Muttergöttin Frija (altnord. Frigg) und ihr Sohn Baldr, der Lichtgott; dämon. Züge trägt Loki. Neben dieser Götterwelt kannte die german. Mythologie viele Naturgeister und Dämonen (↑Elfen). – Nach der german. Kosmologie der Edda entstanden zuerst die Götter aus den Gegensätzen Licht – Dunkelheit, Wärme – Kälte. Sie erschufen den Urriesen Ymir, aus dessen Körperteilen die geordnete Welt entsteht und deren Zentrum die Weltesche Yggdrasil ist. Die Welt ist dreigeteilt: Im Himmel (Asgard) wohnen die Götter, in der Mitte (Midgard) die Menschen (ihr Reich ist von der Midgardschlange umgeben), unter der Erde bei der Göttin Hel die Toten (ausgenommen die Gefallenen, die nach Walhall kommen). Diese Welt wird einst in einem totalen Zusammenbruch (Ragnarök) untergehen. Schon christlich geprägt ist die in der jüngeren Edda folgende Vision einer neuen konfliktlosen Welt. – Der Kult (Tier-, gelegentlich auch Menschenopfer) wurde innerhalb der Familie vom Hausvater, in größerem Kreis von polit. Führern vollzogen. Tempel gab es erst in nachröm. Zeit, in der Frühzeit waren heilige Haine kult. Mittelpunkt.

📖 *Hasenfratz, H.-P.: Die religiöse Welt der Germanen. Freiburg im Breisgau u. a. ²1994. – Herrmann, P.: Dt. Mythologie, neu hg. v. T. Jung. Berlin ³1994. – Simek, R.: Lexikon der german. Mythologie. Stuttgart ²1995. – Maier, Bernhard: Die Religion der Germanen. Götter, Mythen, Weltbild. München 2003.*

Germanischer Lloyd [-lɔɪd], weltweit tä-

Supol Tankstelle
Grolandstr. 65
90408 Nuernberg
Paechter: T.,S.,C.Aydogmus

QUITTUNG

Verkauf v. Kraftstoff erfolgt im Namen Supol, auf Rechnung Treibstofflieferant. Sonstiges im eigenen Namen u. auf Rechnung des Paechters.

Steuer-Nr.: 13266334

TN 443738	1:01	26.07.2011 09:32
EUR/Liter 1,579	S:01/2	SUPER 1
* 29.30 Liter		46,26 EUR *

TOTAL inkl. MWSt	46,26 EUR
19.00 % MWSt	7,39 EUR 1
NETTO (19.00 % MWSt)	38,87 EUR 1
BAR	50,00 EUR
ZURUECK	3,74 EUR

Kassierer: Supol

Daten aus geeichten Anlageteilen sind zur besonderen Kennzeichnung durch Sterne eingeschlossen.

Vielen Dank und gute Fahrt.

Verkauf von Kraftstoffen erfolgt im Namen von Firma
Supol Tank, Dipl. Kfm. Paul Böhm e.K.
und auf Rechnung des Treibstofflieferanten

Verkauf der Shop-Waren und Dienstleistungen erfolgt im
Namen und auf Rechnung des Pächters

Im Gesamtbetrag ist der gesetzliche Bevorratungsbeitrag
enthalten

Verkauf von Kraftstoffen erfolgt im Namen von Firma
Supol Tank, Dipl. Kfm. Paul Böhm e.K.
und auf Rechnung des Treibstofflieferanten

Verkauf der Shop-Waren und Dienstleistungen erfolgt im
Namen und auf Rechnung des Pächters

Im Gesamtbetrag ist der gesetzliche Bevorratungsbeitrag
enthalten

Verkauf von Kraftstoffen erfolgt im Namen von Firma
Supol Tank, Dipl. Kfm. Paul Böhm e.K.
und auf Rechnung des Treibstofflieferanten

Verkauf der Shop-Waren und Dienstleistungen erfolgt im
Namen und auf Rechnung des Pächters

Im Gesamtbetrag ist der gesetzliche Bevorratungsbeitrag
enthalten

tige neutrale techn. Sachverständigenorganisation, gegr. 1867 in Hamburg als Überwachungsorganisation für den Bau und die sicherheitstechn. Ausrüstung von Schiffen, seit 1889 AG mit gemeinnützigem Charakter; Sitz: Hamburg. Aufgaben sind die Besichtigung und Zertifizierung der Sicherheit und Qualität von See- und Binnenschiffen, Seebauwerken u. a. industriellen Einrichtungen wie auch von Qualitätsmanagementsystemen. Der G. L. veröffentlicht Schiffsregister und erlässt Vorschriften für Schiffsneubauten und -reparaturen.

Germanisches Nationalmuseum, Nürnberg, 1852 durch Freiherr H. von und zu Aufseß gegr., dessen Sammlungen den Grundstock des Museums bilden (heute nat. Stiftung). – Die Sammlungen des größten Museums dt. Kunst und Kultur umfassen alle Gebiete der dt. Kunst- und Kulturgeschichte von der Frühzeit bis zum 20. Jh. Sie werden ergänzt durch eine Forschungsbibliothek mit etwa 500 000 Bänden zur dt. Kunst- und Kulturgeschichte, eine etwa 300 000 Blätter umfassende Graf. Sammlung, ein Münzkabinett, ein histor. Archiv, ein Archiv für bildende Kunst und das dt. Glockenarchiv. Das Institut für Kunsttechnik und Konservierung ist das größte Restaurierungszentrum eines dt. Museums.

germanische Sprachen, Gruppe der ↑indogermanischen Sprachen. Ihr heutiger Bestand umfasst einschl. der jeweiligen früheren Ausprägung die »nordgerman.« Sprachen« (Schwedisch, Dänisch, Norwegisch, Isländisch, Färöisch) und die »westgerman. Sprachen« (Englisch, Deutsch, Niederländisch, Friesisch sowie die Neusprachen Jiddisch und Afrikaans). Zu den g. S. gehören außerdem weitere fragmentarisch überlieferte, inzwischen untergegangene Sprachen, u. a. Gotisch, Burgundisch, Langobardisch und Wandalisch. Von der indogerman. Grundsprache heben sich die g. S. bes. durch folgende Charakteristika ab: a) die durch die german. (erste) ↑Lautverschiebung bewirkten Veränderungen; b) die Betonung der Stammsilbe gegenüber dem im Indogermanischen freien (auf allen Wortsilben mögl.) Wortakzent; c) Vereinfachung des grammat. Systems und Beschränkung auf zwei Tempora (Präsens, Präteritum) und das Entstehen von schwachen Verbformen.

Die historisch hervortretenden Stämme und Gruppierungen (↑Germanen) lassen sich einem sprachl. Stammbaum nicht ohne weiteres zuordnen. Die früher vorgenommene Einteilung in Nord-, Ost- und Westgermanen wird fraglich, wenn man sie als eine früh vollzogene Teilung ansieht. Tatsächlich sind jedoch Germanen einerseits süd- und ostwärts gewandert (so im 3. Jh. v. Chr. die Bastarnen, seit dem 2. Jh. n. Chr. die Goten ans Schwarze Meer), andererseits die Burgunder und Wandalen süd- und weiterhin westwärts. Im 5. Jh. zogen auch die Goten nach Westen, ein Teil von ihnen hielt sich jedoch auf der Krim bis ins 16. Jh. Der Zusammenhang des »westgerman.« Bereichs ist durch Wanderungen und Bildung von neuen Stämmen durch Überschichtung entstanden. Die »ostgerman.« Sprachen (v. a. Gotisch) sind mit den Krimgoten und der Romanisierung der Ost- und Westgoten ausgestorben.

📖 *Hutterer, C. J.: Die g. S. Ihre Geschichte in Grundzügen. Budapest ³1990. – Schweikle, G.: Germanisch-deutsche Sprachgeschichte im Überblick. Stuttgart ³1990.*

germanische Volksrechte, die im 5.–9. Jh. entstandenen ältesten Rechtsaufzeichnungen der german. Stämme, im Unterschied zu den für die röm. Bevölkerung einzelner german. Staaten bestimmten Rechtsbüchern (Leges Romanorum), veraltet auch **Leges Barbarorum** genannt. Sie sind in Vulgärlatein abgefasst, aber von german. Ausdrücken stark durchsetzt; nur Angelsachsen und Nordgermanen haben schon ihr ältestes Recht in der Volkssprache aufgezeichnet. Die g. V. sind keine Gesetze im neuzeitl. Sinn, sondern Aufzeichnungen geltender Gewohnheit, vom König mit dem Ziel der Rechtsbesserung veranlasst. Den größten Raum nehmen straf- und prozessrechtl. Bestimmungen ein; v. a. enthalten sie umfangreiche Bußkataloge. Die g. V. hatten personale Geltung für die Stammesgenossen, gleichviel, wo sie sich aufhielten, nicht territoriale Geltung für ein Stammesgebiet (Personalitätsgrundsatz). Sie sind vom röm. oder kanon. Recht beeinflusst (↑deutsches Recht).

Es lassen sich drei Gruppen g. V. bestimmen: Die frühesten g. V. treten bei den auf ehem. röm. Boden siedelnden Germanenstämmen auf, voran die Gesetze der Westgoten **(Edictum Theoderici,** neuerdings wieder dem Ostgotenkönig Theoderich

d. Gr. zugeschrieben, um 458; **Codex Euricianus,** das »Pariser Fragment«, um 475, sowie die auf seiner Grundlage geschaffene **Lex Visigothorum,** um 654). Davon beeinflusst entstanden das Recht der Burgunder **(Lex Burgundionum,** um 500) und das älteste fränk. Gesetz, die **Lex Salica,** um 510. Später folgten für die ripuar. Franken (um Köln) die **Lex Ribuaria** und für die dem fränk. Herrschaftsbereich eingegliederten Alemannen der **Pactus Alemannorum** (erste Hälfte des 7. Jh.). Den Abschluss bildet das später als einziges der g. V. wissenschaftlich bearbeitete langobard. Recht **(Edictum Rothari,** um 643).

Als zweite Gruppe folgen im 7./8. Jh. die beiden süddt. Leges, das alemann. und das bayer. Volksrecht **(Lex Alemannorum, Lex Baiuvariorum).** Am Ende der Entwicklung stehen die Rechte der Sachsen **(Lex Saxonum),** der Friesen **(Lex Frisionum)** und der Thüringer **(Lex Thuringorum),** die auf Initiative Karls d. Gr. anlässlich des Reichstages zu Aachen 802/803 aufgezeichnet wurden.

Für die dem Personalitätsprinzip nicht unterworfenen Bevölkerungsteile entstanden z. T. eigene Gesetze **(Lex Romana Visigothorum,** auch **Breviarum Alarici,** 506; **Lex Romana Burgundionum,** vor 506; **Lex Romana Raetica Curienis,** vor 765). Weil erst später unter christl. Einfluss stehend, ist das **nordische Recht** ursprünglicher überliefert. Die Aufzeichnungen des 12. und 13. Jh. geben den Rechtszustand des Früh-MA. wieder, so für Norwegen die Rechte der vier Dingbezirke, für Island die Grágás (»Graugans«). Das vom christl. Gedankengut stark geprägte älteste **angelsächsische Recht** geht auf die Könige von Kent und Wessex zurück.

Germanismus [lat.] *der,* 1) sprachl. Besonderheit des Deutschen; 2) Entlehnung aus dem Deutschen (in eine andere Sprache).

Germanistik *die,* Wiss. von der Entwicklung der dt. Literatur und Sprache; sie schließt die Skandinavistik sowie vielfach auch die Volkskunde ein. Unterteilt wird die G. in **dt. Philologie,** die Wiss. von der dt. Sprache **(dt. Sprachwiss.)** und Lit. **(dt. Literaturwiss.);** seit Ende des 19. Jh. mit den Teilfächern **Alt-G.** (Sprache und Lit. der Frühzeit und des MA.) und **Neu-G.** (Lit. der Neuzeit); seit Ende der 1960er-Jahre entwickelte sich als 3. Teilgebiet die **(germanist.) Linguistik.**

Geschichte: Nach ersten Ansätzen im Humanismus waren es v. a. die dt. Sprachgesellschaften, die die Sprachkunde (J. G. Schottel) und Textforschung (ahd. Textausgaben) förderten. Im letzten Drittel des 18. Jh. richtete sich das Augenmerk auf die Lit. des Hoch-MA. (J. G. Herder). Um Grammatik und Wortschatz bemühte sich u. a. J. C. Adelung. Die Romantik griff v. a. die Ansätze Herders auf, die literar. Zeugnisse des MA. wurden als Zeugnisse des Wirkens eines Volksgeistes gesammelt (A. von Arnim, C. Brentano), übersetzt (L. Tieck), aufbereitet (A. W. und F. Schlegel, L. Uhland) und ediert. Bedeutung erlangte v. a. die »Dt. Grammatik« (1819–37, 4 Tle.) von J. Grimm, die Entdeckung der Ablautgesetze der dt. Sprache und die Konzeption des »Dt. Wörterbuches« (1854 ff.). K. ↑Lachmann begründete die germanist. Textkritik. W. Wackernagel edierte, wie später K. Bartsch, auch altfrz. Texte. W. H. Riehl begr. die germanist. Volkskunde. Bedeutung erlangte der literaturhistor. Ansatz von G. G. ↑Gervinus. – Die ↑Junggrammatiker machten Sprache zum Gegenstand naturwiss. Analyse (O. Behagel, W. Scherer, H. Paul, W. Streitberg u. a.). Der Positivismus betrieb v. a. weitere Quellenerschließung. W. Scherers Anstoß zur Erforschung der neueren Lit.geschichte führten Erich Schmidt, A. Sauer, F. Muncker u. a. fort; Lit.- und Sprachwiss. nahmen seit Ende des 19. Jh. eigenständige Entwicklungen. Der geisteswiss. Methode folgten v. a. R. Unger, H. Korff, F. Strich, F. Schultz, F. Gundolf, O. Walzel. Die »Alt-G.« wurde durch A. Heusler, G. Ehrismann, C. von Kraus, H. Schneider, J. Schwietering getragen, Mundartforschung und Sprachgeographie vorangetrieben (G. Wenker, F. Wrede, »Dt. Sprachatlas«, 1927 ff.; W. Mitzka). Unter dem Eindruck der Vereinnahmung der G. durch den Nationalsozialismus orientierte sich die Sprachwiss. nach 1945 zunächst an W. von Humboldt und den Romantikern, während die Literaturwiss. sich auf werkimmanente Textinterpretationen konzentrierte und an Strömungen u. a. im angloamerikan. Bereich anknüpfte. Profilbestimmend für die nächsten Jahrzehnte waren Strukturalismus, Marxismus, Psychoanalyse, soziolog., empirisch-analyt., rezeptionsästhet. und systemtheoret. Fragestellungen. Trotz unterschiedl. Ansätze und Einflüsse germanist. Forschung in der Bundesrep. Dtl. und der DDR wurden in der Zeit der dt. Teilung bestimmte Arbeiten gemeinsam betrieben (u. a. Goethe-Wörterbuch, Berliner und Frankfurter Brecht-Ausgabe). (↑Literaturwissenschaft, ↑Sprachwissenschaft)

📖 *Hermand, J.: Geschichte der G. Reinbek 1994. – Rompeltien, B.: G. als Wissenschaft. Zur Ausdifferenzierung u. Integration einer Fachdisziplin. Opladen 1994. – Wissenschaftsgeschichte der G. im 19. Jh., hg. v. J. Fohrmann u. W. Vosskamp. Stuttgart u. a. 1994. – Zeitenwechsel. Germanist. Literaturwissenschaft vor u. nach 1945, hg. v. W. Barner u. C. König. Frankfurt am Main 1996.*

Germanit *der,* rosaviolettes, metallisch glänzendes kub. Mineral der chem. Zusammensetzung $Cu_3(Fe,Ge)S_4$ mit 8–10% Germanium; ein Fahlerz.

Germanium *das,* chem. Symbol **Ge,** metall. Element aus der 4. Hauptgruppe des Periodensystems, Ordnungszahl 32, relative Atommasse 72,61, Dichte $5,323 g/cm^3$ (bei 20°C), Schmelzpunkt 938,25°C. Siedepunkt 2833°C. – G. ist ein graues, sehr sprödes, metallisch glänzendes Halbmetall, das in seinen chem. Eigenschaften zw. Silicium und Zinn steht. Aufgrund seiner besonderen Kristallstruktur (die G.-Atome bilden ein Diamantgitter) ist G. in seinen durch Dotierung stark beeinflussbaren elektr. Eigenschaften dem Silicium ähnl. ↑Halbleiter. G. kommt in den seltenen Mineralen Argyrodit und Germanit vor und fällt als Nebenprodukt bei der Kupfer- und Zinkgewinnung an; Reinstdarstellung von G.-Einkristallen, z. B. für die Halbleitertechnik, durch Zonenschmelzverfahren (↑Kristallzüchtung). Verwendung zur Herstellung spezieller Dioden, Transistoren sowie für opt. Spezialgeräte. G.-Legierungen dienen zum Bau elektron. Mess- und Schaltgeräte.

Germantown [ˈdʒəːməntaʊn], Stadtteil von Philadelphia, SO-Pennsylvania, USA; Hauptort der Pennsylvaniadeutschen. – 1683 von dt. Einwanderern (Mennoniten) unter Führung von Franz Daniel Pastorius gegründet.

Germer (Veratrum), Gattung der Liliengewächse; Stauden mit breiten, längsfaltig genervten Blättern und endständiger Blü-

tenrispe. Der **Weiße G.** (Veratrum album), bis 1,4 m hoch, mit grünl. Blüten, wächst häufig in den Alpen auf Viehweiden; er ist wegen seines Gehalts an Alkaloiden in allen Teilen (bes. im Wurzelstock) sehr giftig.

Germer [ˈgəːmə], Lester Halbert, amerikan. Physiker, *Chicago (Ill.) 10. 10. 1896, †Gardiner (N. Y.) 3. 10. 1971; entdeckte 1927 mit C. J. Davisson die Elektronenbeugung an Kristallgittern und bewies die Wellennatur von Elektronen durch Beobachtung von Interferenzen ihrer Materiewellen **(Davisson-G.-Versuch).**

Germering, Stadt im Landkreis Fürstenfeldbruck, Oberbayern, 36 000 Ew.; Wohngemeinde und Ind.standort am westl. Stadtrand von München; Metall verarbeitende, chem. Ind., Maschinenbau. – Seit 1991 Stadt.

Germersheim, 1) Landkreis in Rheinl.-Pfalz, 463 km², 124 400 Einwohner. **2)** Krst. von 1) in Rheinl.-Pf., an der Mündung der Queich in den Oberrhein, 20 200 Ew.; Fachbereich Angewandte Sprachwiss. der Univ. Mainz; Möbel-, Glas-, Textil- u. a. Ind.; Rheinhafen. – Kath. Pfarrkirche (2. Hälfte 14. Jh., wurde 1682–97 nach Zerstörung wieder aufgebaut). – G., vermutlich auf dem Boden eines ehem. Römerkastells angelegt, wird 1090 erstmals erwähnt, erhielt 1276 Stadtrecht (Reichsstadt), kam 1330 an Kurpfalz, 1792–1814 frz. besetzt, 1814–16 unter österr.-bayer. Verw., 1816 an Bayern, seit 1834 Festung (1922/23 geschleift).

Germigny-des-Prés [ʒɛrmiɲideˈpre], Gemeinde im Dép. Loiret, Frankreich, im Loiretal, 400 Ew. – Die Kirche des Bischofs Theodulf von Orléans (806 geweiht, 1869 verändernd restauriert) ist ein Hauptwerk karoling. Baukunst in Frankreich.

Germinal [ʒɛrmiˈnal; frz. »Keimmonat«] *der,* siebter Monat des frz. Revolutionskalenders (21. bzw. 22. 3. bis 19. bzw. 20. 4.).

Germinom *das,* bösartige Gewebeneubildung (Tumor) des Keimgewebes; Vorkommen in Hoden, Eierstock und Gehirn.

Germiston [ˈdʒəːmɪstən], Stadt in der Prov. Gauteng, Rep. Südafrika, 1 670 m ü. M., 134 000 Ew.; Goldbergbau und -raffinerie, vielseitige Ind.; Eisenbahnknotenpunkt und -werkstätten.

Gernhardt, Robert, Schriftsteller und Zeichner, *Tallinn 13. 12. 1937; war ab 1962 Cartoonist und Texter der satir. Zeitschrift »Pardon«, 1979 Mitbegründer der Zeitschrift »Titanic«; sein vielseitiges Werk umfasst Lyrik (gesammelt in »Gedichte 1954–94«, 1996), darunter auch Text und Zeichnung eng verbindende Bildgedichte, größere Satiren wie die fiktive Künstlerbiografie »Die Wahrheit über Arnold Hau« (1966), essayist. Prosa (»Gedanken zum Gedicht«, 1990; »Wege zum Ruhm«, 1995; »Der letzte Zeichner«, 1999) und Kinderbücher, z. T. zus. mit seiner Frau, der Malerin Almut G. (* 1941, † 1989).

Gernika-Lumo (span. Guernica y Luno), Stadt im span. Baskenland, Prov. Vizcaya, 17 800 Ew.; war bis 1877 der Tagungsort des Landtags von Vizcaya, der sich hier unter einer alten Eiche versammelte; das bask. Nationallied »Gernikako Arbola« spielt darauf an. Im Span. Bürgerkrieg zerstörte die dt. ↑Legion Condor am 26. 4. 1937 durch Bomben die Stadt (Gemälde »Guernica«, 1937, von P. Picasso).

Gernrode: Stiftskirche Sankt Cyriakus (begonnen 961)

Gernrode, Stadt im Landkreis Quedlinburg, Sa.-Anh., am NO-Rand des Harzes, 3 900 Ew.; Luftkurort; Uhrenfabrik; Schmalspurbahn (»Selketalbahn«) als Teil der Harzer Querbahn nach Harzgerode bzw. nach Hasselfelde. – Von dem 961 gegr. Frauenstift ist die roman. doppelchörige Stiftskirche St. Cyriakus (Basilika, begonnen 961), ein bed. Bauwerk otton. Zeit, erhalten; im südl. Seitenschiff Hl. Grab mit hervorragendem figürl. Schmuck (um 1060). – Entstand als Weiler des Stiftes; Ende des 12. Jh. Markt-, 1539 Stadtrecht.

Gernsbach, Stadt und Luftkurort im Landkreis Rastatt, Bad.-Württ., im nördl. Schwarzwald, 14 600 Ew.; Papiermacher-Fachschule; Pappe- und Papierindustrie. – Spätgotisch sind die Liebfrauenkirche (14. Jh.) und die Jakobskirche (15. Jh.); frühbarockes ehem. Rathaus (1617/18); Schloss Eberstein (13., 16. und 19. Jh.). – Seit 1243 Stadt.

Gernsheim, Stadt im Landkreis Groß-Gerau, Hessen, am Rhein, im Hess. Ried, 9 800 Ew.; chem. u. a. Ind., Erdgasspeicheranlage; Hafen; 1356 Stadtrecht; kam 1803 an Hessen-Darmstadt.

Gero, Markgraf der Elbmark (937–65), † 20. 5. 965; erhielt von König Otto I. den Oberbefehl in den Grenzgebieten beiderseits der Elbe; eroberte 939 Brandenburg, zerschlug 940 den Bund der Wenden und besiegte 955 mit Otto I. die Elbslawen; gründete 948 die Bistümer Havelberg und Brandenburg.

Geröll, durch fließendes Wasser oder Brandung gerundete Gesteinsstücke. G.-Anhäufungen werden **Schotter,** verfestigte **Konglomerat** genannt.

Geröllsnowboarding [-snəʊbɔːdɪŋ], Trendsport: ↑Sandboarding.

Gerolstein, Stadt im Landkreis Daun, Rheinl.-Pf., in der Eifel, an der Kyll, 7 400 Ew.; Altertumsmuseum; Abfüllung kohlensäurehaltiger Mineralwässer; Metall verarbeitende Ind.; Luftkurort. – G. entstand um die 1115 gegr. Burg Gerhardstein (heute Löwenburg) und erhielt 1336, erneut 1952 Stadtrecht.

Gerolzhofen, Stadt im Landkreis Schweinfurt, Bayern, am Steigerwald, 7 000 Ew. – Stadt- und Heimatmuseum; spätgot. Pfarrkirche und Rathaus, ehem. fürstbischöfliche Amtshäuser, Reste der Stadtbefestigung (15./16. Jh.), Fachwerkhäuser (16./17. Jh.). – Erstmals 1327 als Stadt erwähnt.

Gerona [xeˈrona], Stadt und Provinz in Spanien, ↑Girona.

Geronimo [xɛ-, engl. dʒɪˈrɒnɪməʊ], indian.

Gerson GER

Name Goyathlay, Häuptling der Chiricahua-Apachen, *Juni 1829, †Fort Sill (Okla.) 17. 2. 1909; führte 1882–86 in S-Arizona die letzten erbitterten Kämpfe gegen die übermächtigen amerikan. Truppen unter General George Crook; lebte später als Farmer in Oklahoma.

Geronten [grch. »Greise«], im alten Griechenland die Ältesten, die dem König als Adelsrat zur Seite standen und Recht sprachen; später auch in manchen oligarch. Staaten die Mitgl. des Rates, der **Gerusia**. In Sparta, wo dieser aus 28 (mit den Königen 30) auf Lebenszeit gewählten, über 60-jährigen Männern bestand, bildeten die G. als eine Art Staatsrat ein wichtiges Organ der Verfassung.

Gerontokratie *die*, ↑Altenherrschaft.

Gerontologie *die* (Altersforschung), Wiss. vom Altern des Menschen und den damit verbundenen phys. (↑Geriatrie), psych. und sozialen Auswirkungen.

Gerresheim, seit 1909 Stadtteil von ↑Düsseldorf.

Gers [ʒɛːr], **1)** *der*, linker Nebenfluss der Garonne in der Gascogne, SW-Frankreich, 178 km lang.
2) frz. Dép. in der Gascogne, umfasst das Armagnac, 6 257 km^2, 172 000 Ew., Hptst. Auch.

Gersau, Kurort im Kt. Schwyz, Schweiz, am N-Ufer des Vierwaldstätter Sees, 440 m ü. M., 2 000 Ew.; Seiden-, Holzindustrie. – Klassizist. Kirche (1807–12). – G. gehörte 1390 bis 1798 als selbstständige Rep. zur Eidgenossenschaft und kam 1817 zum Kt. Schwyz.

Gerschom Ben Jehuda, gen. Meor ha-Gola (»Leuchte des Exils«), jüd. Talmudgelehrter, *um 960, †Mainz 1028; Rektor der Mainzer Talmudakademie, prägte das mittelalterl. Judentum in Dtl., Frankreich und Italien.

Gersfeld (Rhön), Stadt im Landkreis Fulda, Hessen, 482 m ü. M., in der Hohen Rhön, an der Fulda, 6 400 Ew.; Textil-, Holzind., Gelenkwellenbau, Basaltgewinnung; Wintersport-, Luft- und Kneippkurort, Segelsportzentrum (Wasserkuppe). – Barockes Schloss (1740; Rokokofestsaal), ev. spätbarocke Pfarrkirche (1780 bis 1788). – Seit 1359 Stadt, 1816 kam G. an Bayern, 1866 an Preußen.

Gershwin [ˈɡəːʃwɪn], George, amerikan. Komponist und Pianist, *New York 26. 9. 1898, †Beverly Hills (Calif.) 11. 7. 1937;

Geröll: Geröllfeld aus Quarzsandstein (Kanada, Rocky Mountains)

verband Elemente der von Europa beeinflussten amerikan. Musik mit Jazzelementen.
Werke: Konzerte: Rhapsody in blue (1924), Ein Amerikaner in Paris (1928). – Oper: Porgy und Bess (1935).
📖 *Ewen, D.: G. G. Vom Erfolg zur Größe. A. d. Amerikan. Sankt Andrä-Wördern* ^{2}*1998.*

George Gershwin

Gerson [ʒɛrˈsɔ̃], Jean de, eigtl. Jean Charlier de G., gen. Doctor Christianissimus, frz. Theologe, *Gerson (bei Rethel, Dép. Ardennes) 14. 12. 1363, †Lyon 12. 7. 1429; war ein führender Theologe auf dem Kon-

stanzer Konzil (1414-18); verteidigte den ↑Konziliarismus; Gegner der Ansicht, der Tyrannenmord sei erlaubt.
Gersonides, latinisierter Name des jüd. Philosophen ↑Levi ben Gerson.
Gerstäcker, Friedrich, Schriftsteller, *Hamburg 10. 5. 1816, † Braunschweig 31. 5. 1872; durchreiste 1837-43 Amerika und unternahm später noch vier große Weltreisen; schrieb Abenteuerromane (»Die Flußpiraten des Mississippi«, 3 Bde., 1848); auch Erzählungen und Reiseberichte (»Hell und Dunkel«, 2 Bde., 1859; »In Mexico«, 4 Bde., 1871). Seine Berichte über Amerika bilden eine zuverlässige, durch ethnograph. Studien angereicherte Geschichtsquelle.
Gerste (Hordeum), Grasgattung mit großem Formenreichtum, eine der ältesten europ. und asiat. Kulturpflanzen. – Die Urkulturformen der G. in Ostasien gingen aus der sechszeiligen (Zahl der Körnerzeilen an den Ähren) Wildform hervor; aus Kreuzung mit der zweizeiligen Wildform entstanden zweizeilige Kulturformen. Beide umfassen je drei Gruppen. Durch Kreuzungen können alle Zwischentypen erreicht werden. Die angebauten, fast durchweg einjährigen Formen der **Saat-G.** (Hordeum vulgare) haben häufig begrannte Ähren und sind Sommer- **(Sommer-G.)** oder Winterfrucht **(Winter-G.).** Ferner gibt es unbegrannte Formen, die **Nackt-G.** Wildformen der G. sind z.B. **Mäuse-G.** (Hordeum murinum) an Wegrändern und **Strand-G.** (Hordeum marinum) an Küsten.
G. eignet sich aufgrund kurzer Vegetationszeit und geringen Feuchtigkeitsbedarfs auch für Gebirgs- und nördl. Lagen. G. wird meist zur Schweinefütterung (geschrotet) und zur Bierherstellung (verarbeitet zu Malz) verwendet. Während die **Futter-G.** einen möglichst hohen Eiweißgehalt haben soll, wird bei der **Brau-G.** ein hoher Stärke- und niedriger Eiweißgehalt gefordert. – In der Weltgetreideproduktion steht die G. nach Reis, Mais und Weizen an 4. Stelle; im Jahr 2000 wurden weltweit 132,3 Mio.t G. produziert, davon in Russland 14,0 Mio.t, in Kanada 13,4 Mio.t, in Dtl. 12,1 Mio.t und in Frankreich 9,9 Mio.t.
Gerstenberg, Heinrich Wilhelm von, Schriftsteller, *Tondern (Sønderjylland) 3. 1. 1737, † Altona (heute zu Hamburg) 1. 11. 1823; Sohn eines dän. Offiziers, 1775-84 dän. Konsul in Lübeck. Seine »Briefe über Merkwürdigkeiten der Litteratur« (3 Bde., 1766-70) mit ihrer Verherrlichung Shakespeares und sein Trauerspiel »Ugolino« (1768) eröffneten die Bewegung des ↑Sturm und Drang. Das »Gedicht eines Skalden« (1766) steht am Anfang der Begeisterung für die Bardendichtung (↑Barde).
📖 *Wagner, A. M.:* H. W. v. G. und der Sturm u. Drang, 2 Bde. Heidelberg 1920 bis 1924.
Gerstenkorn (Hordeolum), akut-eitrige Entzündung der Wimperntalgdrüsen des Augenlidrandes **(äußeres G.)** oder akute Entzündung der Meibom-Drüsen im Lidknorpel **(inneres G.).** – *Behandlung:* feuchtwarme Umschläge oder Wärme (Rotlicht), antibiot. Salben.
Gerstenmaier, Eugen, Theologe und Politiker (CDU), *Kirchheim unter Teck 25. 8. 1906, † Remagen 13. 3. 1986; in nat.-soz. Zeit Mitgl. der Bekennenden Kirche und des ↑Kreisauer Kreises; nach dem ↑Zwanzigsten Juli 1944 verhaftet und zu sieben Jahren Zuchthaus verurteilt. 1945 bis 1951 leitete er das Hilfswerk der EKD. 1949-69 MdB, 1956-69 stellv. Vors. der CDU, 1954-69 Bundestagspräs. (Rücktritt aufgrund öffentl. Kritik an seinen Wiedergutmachungsansprüchen aus nat.-soz. Zeit).
📖 *E. G. im Dritten Reich. Eine Dokumentation,* hg. v. *F. von Schlabrendorff.* Stuttgart 1965.
Gerster, 1) Florian, Politiker, *Worms 7. 5. 1949; Diplompsychologe; wurde 1966 Mitgl. der SPD; war 1987-91 MdB, in Rheinl.-Pf. 1977-87 MdL, 1991-94 Staatsmin. für Bundesangelegenheiten und Europa, 1994-2002 Min. für Arbeit, Soziales und Gesundheit; 2002-04 Vors. des Vorstands der Bundesagentur (bis 31. 12. 2003: Bundesanstalt) für Arbeit. In dieser Funktion betrieb er bis zu seiner vorfristigen Abberufung am 24. 1. 2004 maßgeblich den Umbau dieser Einrichtung
2) Georg, schweizer. Fotograf, *Winterthur 30. 4. 1928; Verfasser wiss. Bildreportagen; 1953 drehte er den Film »Die Wüste lebt«.
3) Ottmar, Komponist, *Braunfels 29. 6. 1897, † Leipzig 31. 8. 1969; schrieb Opern, u. a. »Enoch Arden« (1936), »Die Hexe von Passau« (1941), »Der fröhliche Sün-

Geruchsverschluss GER

der« (1963), Kammermusik, Orchester- und Vokalwerke.
📖 *Malth, R.: O. G. Leben u. Werk.* Leipzig 1988.

Gersthofen, Stadt im Landkreis Augsburg, Bayern, am Lech, 19 600 Ew.; Ballonmuseum; chem. Industrie. – Seit 1969 Stadt.

Gerstner, Karl, schweizer. Grafiker und Maler, *Basel 2. 7. 1930; seine Bilder, Reliefs, Objekte und Plastiken befassen sich mit kinet. Strukturen unter Einbeziehung serieller Elemente; auch kunsttheoret. Untersuchungen.

Gert, Valeska, eigtl. V. Gertrud Samosch, Tänzerin, Pantomimin und Kabarettistin, *Berlin 11. 1. 1892, †Kampen (Sylt) 15. 3. 1978; wirkte bes. in Berlin; seit 1925 auch Filmrollen; schrieb u. a. »Katze von Kampen« (1973; autobiogr.).

Gertrud, Tochter und Erbin Kaiser Lothars III., Mutter Heinrichs des Löwen, *18. 4. 1115, †Klosterneuburg 18. (20.?) 4. 1143; ihre Heirat (1127) mit dem Welfen Herzog Heinrich dem Stolzen von Bayern (†1139) führte zum Streit zw. Welfen und Staufern. In zweiter Ehe heiratete sie 1142 Heinrich Jasomirgott.

Gertrud von Helfta, gen. die Große, Zisterzienserin und Mystikerin, *in Thüringen (?) 1256, †Helfta (heute zu Eisleben) 13. 11. 1302; kam im Alter von fünf Jahren ins Zisterzienserinnenkloster Helfta (1229 gegr., nach 1525 untergegangen, 1999 wieder gegründet); erlebte mehrmals Christusvisionen, die sie in lat. Sprache niederschrieb; gilt als eine der größten dt. Mystikerinnen; Heilige, Tag: 17. 11.

Gertsch, Franz, schweizer. Maler, *Mörigen (bei Biel) 8. 3. 1930; malt seine großformatigen Bilder in altmeisterl. Technik nach fotograf. Vorlagen, Vertreter des ↑Fotorealismus.

Geruchsorgane (Riechorgane, olfaktorische Organe), der Wahrnehmung von Geruchsstoffen dienende chem. Sinnesorgane (↑Geruchssinn) bei tier. Organismen und beim Menschen. Die Geruchssinneszellen (Osmorezeptoren) liegen bei Wirbellosen über den ganzen Körper verstreut oder treten gehäuft an bestimmten Stellen auf. Spinnen und Krebse tragen sie an den Gliedmaßen, Insekten überwiegend an den Antennen. Bei Luft atmenden Wirbeltieren und beim Menschen ist das G. als Riechschleimhaut im oberen Teil der Nasenhöhle (Riechfeld, Regio olfactoria) ausgebildet. Sie hat bei Wirbeltieren mit stark ausgeprägtem Geruchssinn (Makrosmaten, z. B. Nagetiere, viele Huftiere, Raubtiere) eine durch Faltenbildung stark vergrößerte Oberfläche. Sehr viel einfacher strukturiert ist die Riechschleimhaut bei Tieren mit geringem Riechvermögen (Mikrosmaten), zu denen u. a. der Mensch gehört. Reptilien, Amphibien und viele Säugetiere besitzen als besonderes G. das Jacobson-Organ, das von der Nasenhöhle weitgehend abgesetzt ist.

Geruchssinn (Geruch), durch niedrige Reizschwellen gekennzeichneter, bei höheren Tieren und beim Menschen in Nasenorganen lokalisierter Fernsinn, der mithilfe besonderer Geruchsorgane als chem. Sinn die Wahrnehmung von Geruchsstoffen ermöglicht. Die Geruchsreize werden bei Wirbeltieren (einschl. des Menschen) über paarige Geruchsnerven dem Gehirn zugeleitet. – Zur Unterscheidung versch. Düfte sind mehrere Typen von Rezeptoren notwendig. – Viele Gerüche haben ausgesprochen angenehme, andere unangenehme Affektkomponenten; daher können sie das emotionale Verhalten beeinflussen. Auch haben Düfte häufig einen hohen Gedächtniswert und können als Schlüsselreize wirken. Bei Dauerreizung durch einen bestimmten Geruchsstoff unterliegt der G. einer ausgeprägten Adaptation, d. h., die Geruchsempfindung erlischt (ohne jedoch die Empfindlichkeit für andere Stoffe zu beeinflussen). Je nach Konzentration kann derselbe Stoff ganz versch. Geruchsempfindungen hervorrufen.
📖 *Plattig, K.-H.: Spürnasen u. Feinschmecker. Die chem. Sinne des Menschen.* Berlin u. a. 1995. – *Corbin, A.: Pesthauch u. Blütenduft. Eine Geschichte des Geruchs.* A. d. Frz. Berlin 1996.

Geruchsstoffe (Riechstoffe), gas- oder dampfförmige bzw. gelöste chem. Stoffe, auf die die Geruchssinneszellen ansprechen; z. B. äther. Öle, Schwefelverbindungen, Chlor.

Geruchsverschluss, Einrichtung bei Grundstücksentwässerung und Sanitärtechnik, die das Austreten von Abwassergasen in das Gebäude verhindert. Beim Rohr-G. **(Traps)** bildet ein s- oder u-förmig gebogenes Rohr, in dem Wasser steht, den Verschluss. Beim Flaschen-G. **(Si-**

phon) taucht das Ablaufrohr in die in einem flaschenförmigen Behälter befindl. Sperrflüssigkeit.

Gerundium [lat.] *das, lat. Grammatik:* die Flexionsform des Infinitivs, z. B. *ars scribendi,* die Kunst des Schreibens.

Gerundivum [lat.] *das, lat. Grammatik:* vom Infinitiv abgeleitetes Adjektiv mit passiver Bedeutung, z. B. *facinus laudandum,* eine zu lobende Tat.

Gerusia [grch.] *die,* der Rat der ↑Geronten.

Gerüst, Hilfskonstruktion aus Holz, Stahl u. a. für Maurer-, Stuck-, Schalungsarbeiten u. a. Man unterscheidet das abgebundene G. zum Einrüsten hoher Bauwerke und zur Aufnahme hoher Lasten; das Bock-G. aus Stahl- oder Holzschragen und Bohlen für Rüstungen im Gebäude; für Reparaturen das Ausleger-G., aus dem Bauwerk auskragend als Schutz- und Arbeitsrüstung sowie das Hänge-G., an der Gebäudefront mit Haken und Hängeeisen befestigt; das Lehr-G., ein ingenieurmäßig berechnetes und abgebundenes G. zur Unterstützung und Formgebung von Gewölben, z. B. im Brückenbau.

Gerüst: abgebundenes Bambusgerüst an einem Gebäude in Victoria (Hongkong)

Gervinus, Georg Gottfried, Historiker, Literarhistoriker und Politiker, *Darmstadt 20. 5. 1805, †Heidelberg 18. 3. 1871; 1835 Prof. in Heidelberg, 1836 in Göttingen, 1837 als einer der ↑Göttinger Sieben amtsenthoben; ab 1844 wieder Prof. in Heidelberg. 1848 vorübergehend Mitgl. der Frankfurter Nationalversammlung; 1853 wegen seiner demokrat. Ideen erneut entlassen, lebte er fortan als Privatgelehrter in Opposition auch zu der späteren polit. Entwicklung in Deutschland. – In seiner »Gesch. der poet. Nationalliteratur der Deutschen« (5 Bde., 1835–42) legte er die Grundlage für die Analyse der geschichtl. (bes. polit.) Bezüge von Literatur.

📖 *Hübinger, G.: G. G. G. Histor. Urteil u. polit. Kritik.* Göttingen 1984. – *Wagner, J. F.: Germany's 19th century Cassandra. The liberal federalist G. G. G.* New York u. a. 1995.

Geryon, grch. *Mythos:* ein Riese mit drei Leibern und drei Köpfen, dessen Rinderherde Herakles gewinnen muss (zehnte Arbeit).

Gerz, Jochen, bildender Künstler und Schriftsteller, *Berlin 4. 4. 1940; kam über die konkrete Dichtung zur bildenden Kunst; wichtiger Vertreter der ↑Prozesskunst. Mit seiner Frau, der Bildhauerin Esther Shalev-G. (*1948), entwarf er ein 12 m hohes »Mahnmal gegen Faschismus, Krieg, Gewalt – für Frieden und Menschenrechte«, das 1986 in Hamburg-Harburg errichtet und – mit den Unterschriften der Besucher versehen – bis 1993 nach und nach in den Boden abgesenkt wurde. Weitere Denkmale u. a. in Saarbrücken und im frz. Ort Biron (Dép. Dordogne).

ges, *Musik:* Halbton unter g.

Gesamtarbeitsvertrag, in der Schweiz Bez. für ↑Tarifvertrag.

Gesamtdeutsche Partei Deutschlands, Abk. **GPD,** seit 1965 Name der 1961 aus dem Gesamtdt. Block/Bund der Heimatvertriebenen und Entrechteten und der Dt. Partei gebildeten Partei; 1972 aufgelöst.

Gesamtdeutscher Block/Bund der Heimatvertriebenen und Entrechteten, Abk. **GB/BHE,** polit. Partei, gegr. 1950/51 als **Bund der Heimatvertriebenen und Entrechteten,** der 1952 seinem Namen die Bez. »Gesamtdt. Block« voranstellte. Der GB/BHE (Vors.: 1950/51–54 W. Kraft, 1954/55 T. Oberländer, 1955–58

F. von Kessel) trat bes. für die Interessen der durch Kriegs- und Nachkriegsereignisse geschädigten Gruppen ein; 1953–55 gehörte er der Bundesreg. an. Unter seinem Vors. F. Seiboth schloss sich der GB/BHE 1961 mit der Dt. Partei zusammen (↑Gesamtdeutsche Partei Deutschlands).

Gesamtdeutsche Volkspartei, Abk. **GVP,** polit. Partei, gegr. 1953 von G. Heinemann und Helene Wessel, strebte die Wiedervereinigung Dtl.s durch Neutralisierung an, lehnte die Wiederbewaffnung Dtl.s und die westorientierte Außenpolitik Adenauers ab; löste sich 1957 auf.

Gesamtgläubigerschaft, die Gläubigermehrheit, bei der jeder Gläubiger die ganze Leistung fordern kann, der Schuldner aber nur einmal (an einen beliebigen Gläubiger) zu leisten braucht (§ 428 BGB). Erfüllung, Erlass und Verzug eines Gläubigers wirken allen Gläubigern gegenüber. Der Gläubiger, der die Leistung empfangen hat, ist den anderen regelmäßig ausgleichungspflichtig, § 430 BGB. (↑Gesamtschuld) – Im *österr.* und im *schweizer.* Recht gilt eine im Wesentlichen entsprechende Regelung.

Gesamtgut, ↑eheliches Güterrecht.

Gesamthandsgemeinschaft (Gemeinschaft zur gesamten Hand), Form der gemeinschaftl. Berechtigung an einem Sondervermögen, über das die Gemeinschafter nur zus. verfügen können; Ggs. Bruchteilsgemeinschaft (↑Eigentum). Arten: Gesellschaften (Gesellschaft des bürgerl. Rechts, OHG, KG), nichtrechtsfähiger Verein, ehel. Gütergemeinschaft, Erbengemeinschaft. – Die G. hat keine eigene Rechtsfähigkeit. Dem Gesamthänder steht kein verfügbarer Anteil am einzelnen Vermögensgegenstand, sondern lediglich ein Anteil am gesamten gemeinschaftl. Vermögen zu. Dieser Anteil ist i. d. R. unübertragbar. Für die Verbindlichkeiten der G. haftet das gemeinschaftl. Vermögen, daneben oft jeder Gesamthänder als Gesamtschuldner.

Gesamtheit, 1) *Statistik:* ↑Grundgesamtheit.
2) *statist. Physik:* (Ensemble, Schar), eine (theoretisch unendlich) große Anzahl physikalisch gleichartiger realer oder gedachter Systeme, die sich i. Allg. in versch. Zuständen befinden, z. B. ein Gas aus schwach wechselwirkenden, sich völlig ungeordnet bewegenden Molekülen.

Gesamthochschule (Universität-Gesamthochschule, Abk. U-GH), Hochschulart im dt. Bildungswesen, in der Institutionen des tertiären Bildungswesens (Univ., spezialisierte Hochschulen, PH, FH) organisatorisch zusammengefasst sind und bei der innerhalb der einzelnen Fachrichtungen nach Inhalt, Dauer und Abschluss unterschiedl. Studiengänge angeboten werden. Die G. war im Hochschulrahmen-Ges. des Bundes (seit 1976 in Kraft) als Ziel der Neuordnung des akadem. Bildungswesens vorgesehen, konnte sich aber als Regelinstitution nicht durchsetzen. G. gibt es (2003) in Duisburg, Essen, Kassel, Paderborn, Siegen, Wuppertal und Hagen (Fernuniv.). Auch die ↑Universitäten der Bundeswehr sind als G. eingerichtet.

Gesamtkunstwerk, Vereinigung von mehreren Kunstarten (Dichtung, Musik, bildende Kunst, Schauspiel, Tanz) zu einem einheitl. Kunstwerk. Die Festspiele der Barockzeit kamen dem Gedanken des G. nahe; R. Wagner versuchte, in seinen Musikdramen G. zu schaffen. Im 20. Jh. hat die Idee des G. v. a. die Theaterkunst (z. B. E. Piscator), die Architektur (Bauhaus) und dadaist. Strömungen (K. Schwitters) beeinflusst. Sie liegt auch audiovisuellen Experimenten der Farbenmusik (z. B. A. N. Skrjabin) zugrunde sowie neueren musiktheatral. Konzeptionen (z. B. K. Stockhausen) und Multimediaveranstaltungen.

📖 *Der Hang zum G. Europ. Utopien seit 1800,* bearb. v. S. Häni u. a., Ausst.-Kat. Kunsthaus Zürich u. a. Aarau u. a. ²1983. – *G. Zwischen Synästhesie u. Mythos,* hg. v. H. Günther. Bielefeld 1994.

Gesamtprokura, ↑Prokura, die mehreren Personen derart erteilt ist, dass sie nur gemeinsam ausgeübt werden kann (§ 48 HGB).

Gesamtschuld, das zw. Gläubiger(n) und mehreren Schuldnern bestehende Schuldverhältnis, aufgrund dessen jeder Schuldner zur ganzen Leistung verpflichtet ist, der Gläubiger aber die Leistung nur einmal fordern kann. Erfüllung durch einen Gesamtschuldner befreit auch die Übrigen; ebenso hat Gesamtwirkung i. d. R. der zw. Gläubiger und einem Gesamtschuldner vereinbarte Erlass (§ 421 ff. BGB). Die G. kann durch Vertrag oder Gesetz entstehen (z. B. Haftung der Miterben für Nachlassverbindlichkeiten). Untereinander sind die Gesamtschuldner kraft Gesetzes verpflichtet, zur Befriedigung des Gläubigers mitzuwirken und, wenn einer den Gläubiger befriedigt hat, ihm Ausgleich zu leisten. – In *Österreich* (§§ 891–896 ABGB) gelten ähnl. Bestimmungen, auch in der *Schweiz* (»Schuldnersolidarität«, Art. 143 bis 150 OR).

Gesamtschule, eine Schulform, die mehrere Bildungsgänge traditioneller Schularten (Haupt-, Realschule, Gymnasium) zusammenfasst. Nach dem Grad des Zusammenschlusses wird zw. der **additiven** oder **kooperativen** G. (die herkömml. Schularten bleiben inhaltlich im Wesentlichen erhalten) und der **integrierten** G. (weitgehend schulartübergreifend) unterschieden. In Dtl. bestehen G. in unterschiedl. Form mit Ausnahme von Sachsen und Thüringen in allen Bundesländern, teils als Regelschulen neben dem gegliederten Schulsystem, auch anstelle desselben (bis zur gymnasialen Oberstufe). Bildungspolitisch sind die G. seit ihrer Einführung Anfang der 1970er-Jahre bis heute umstritten geblieben.

📖 *Hanisch, G.: Integrierte G. Eine Bilanz. Wien u. a. 1988. – Hensel, H.: Die neuen Kinder u. die Erosion der alten Schule. Lichtenau u. a. ⁷1995. – 25 Jahre G. in der Bundesrep. Dtl., hg. v. H. Gudjons u. A. Köpke. Bad Heilbrunn 1996.*

Gesamtstimme, die ↑Kuriatstimme.

Gesamtstrafe, Strafmaß, das zu verhängen ist, wenn ein Täter wegen mehrerer strafbarer Handlungen, die in ↑Realkonkurrenz zueinander stehen, verurteilt wird. Die G. wird durch Erhöhung der für die Einzeltaten verwirkten schwersten Strafe gebildet. Dabei darf die G. die Summe der Einzelstrafen nicht erreichen und bei zeitigen Freiheitsstrafen 15 Jahre, bei Geldstrafen 720 Tagessätze nicht übersteigen (§ 54 StGB).

Gesamtunterricht, auf die Erhaltung der Einheit und des Zusammenhangs kindl. Erlebens und Lernens zielender (nicht in Sachfächer aufgespaltener) Unterricht; erste Ansätze in der Reformpädagogik; bestimmt heute den Anfangsunterricht in der Grundschule.

Gesamtvereinbarung (Kollektivvereinbarung), *Recht:* Oberbegriff für Betriebsvereinbarung und Tarifvertrag.

Gesandter (lat. Legatus), diplomat. Vertreter eines Staates bei einem anderen Staat oder einer inter- oder supranat. Organisation. Seit der Wiener Diplomatenrechtskonvention von 1961 gibt es drei protokollar. Rangklassen: a) Botschafter und Nuntien; b) G. i. e. S., Minister und Internuntien; c) Geschäftsträger (↑Diplomat). Der G. leitet die einer Botschaft entsprechende **Gesandtschaft.**

Das völkerrechtl. **Gesandtschaftsrecht** gibt allen Völkerrechtssubjekten das Recht, G. zu entsenden und zu empfangen, und gewährt den G. Schutz und Stellung der Diplomaten. Es gehört zu den ältesten völkerrechtl. Normen, dessen erste umfassende Kodifizierung durch das Wiener Reglement (1815) bzw. das Aachener Protokoll (1818) erfolgte. Eine umfassende Neuordnung stellt die »Wiener Konvention über diplomat. Beziehungen« vom 18. 4. 1961 dar.

Gesang, die Ausübung von Musik mit der menschl. Stimme, sowohl von einem einzelnen Sänger (Solo-G.) als auch von mehreren Sängern zugleich (Chor-G.); auch Bez. für eine abgeschlossene musikal. Einheit (G.-Stück, Lied). I. d. R. ist G. an Worte oder Texte mit deutlich geprägtem Sinnzusammenhang gebunden; für bestimmte G.-Stile, wie Jodeln, Vokalise und Scat, werden Laute oder Silben verwendet. – G. ist eine der ältesten kulturellen Leistungen des Menschen. Der Kunst-G. der abendländ. Musiktradition geht auf den christl. Kult-G. (gregorian. Choral) und auf den Vortrag volkssprachl. Dichtung (häufiger Lyrik als Epik), u. a. durch ↑Troubadoure, Trouvères und Minnesänger (↑Minnesang), in Spät-MA und Frührenaissance mit Zentrum an Höfen in der Provence und Italien (Trecento-Madrigal), zurück. In dieser Zeit wurde ein wesentl. Moment des G.-Vortrags die freie Hinzufügung von Ausschmückungen zum Notentext. Seit Anfang des 17. Jh. (G. Caccini) wird im Kunst-G. (Belcanto) der in der Dichtung vorgegebene und musikalisch gestaltete dramat. Affekt ausgedrückt. Im Lied seit Ende des 18. Jh. dient die gesangl. Gestaltung überwiegend lyr. Ausdruck. In der Neuen Musik des 20. Jh. wird G. auch (ohne Wiedergabe sprachl. Texte) als Variante des Instrumentalen eingesetzt.

📖 *Göpfert, B.: Handbuch der Gesangskunst. Wilhelmshaven ²1991. – Brünner, R.: Gesangstechnik. Regensburg ²1993.*

Gesangbuch, für den gottesdienstl. Ge-

Geschäftsbedingungen, allgemeine GES

brauch bestimmte Sammlung kirchl. oder geistl. Lieder. Die Geschichte des G. beginnt 1501 mit einem tschech. G. der Böhm. Brüder. M. Luther, der dem Gesang der Gemeinde im Gottesdienst hohen Wert beimaß, beteiligte sich an der Herausgabe des Erfurter »Enchiridion« und des »Geystl. gesangk Buchleyns« (beide 1524) sowie des Klugschen (1529) und des Babstschen G. (1545). Ältestes kath. G. ist das »New Gesangbüchlin Geystl. Lieder« von Michael Vehe (1537). Gesangbücher neuerer Zeit sind das »**Evang. Kirchen-G.**« (1950) und das »**Gottesolb – Kath. Gebet- und G.**« (1975). Ab 1993 wurde in den dt. evang. Landeskirchen das neue »**Evang. G.**« eingeführt.

📖 *Komponisten u. Liederdichter des evang. G.*, hg. v. W. Herbst. Göttingen 1999.

Gesangverein, Vereinigung zur Pflege vorwiegend volkstüml. A-cappella-Chorliteratur. Die Geschichte der G. beginnt mit der 1809 von C. F. Zelter gegr. Berliner ↑Liedertafel. Im Dt. Sängerbund e. V. sind heute etwa 21 000 G. zusammengefasst.

Gesäß (Gesäßbacken, Nates, Clunes), aus Muskulatur (drei unterschiedlich große Muskeln) und einem dicken Fettpolster bestehender Körperteil, dessen knöcherne Grundlage das Becken ist.

Gesäßschwielen, unbehaarte, oft lebhaft gefärbte Hornhautstellen am Gesäß mancher Affen (Mandrille, Paviane).

gesättigte Kohlenwasserstoffe, ↑Kohlenstoffverbindungen.

Gesäuse das, 16 km langes Durchbruchstal der Enns durch die Ennstaler Alpen zw. Admont und Hieflau, Steiermark (Österreich); bei Hieflau Staudamm mit Kraftwerk.

geschäftliche Bezeichnungen, Unternehmenskennzeichen und Werktitel, die gemäß §§ 1 Nr. 2, 5 und 15 Marken-Ges. vom 25. 10. 1994 rechtl. Schutz genießen. **Unternehmenskennzeichen** sind Zeichen, die im geschäftl. Verkehr als Name, Firma oder als besondere Bez. eines Geschäftsbetriebs oder eines Unternehmens benutzt werden. **Werktitel** sind die Namen oder besonderen Bez. von Druckschriften, Film-, Ton-, Bühnen- oder vergleichbaren Werken. (↑Marken)

Geschäftsanteil, *Recht:* 1) bei der Genossenschaft der Betrag, bis zu dem sich der einzelne Genosse mit Einlagen an der Genossenschaft beteiligt; 2) bei der GmbH der Anteil eines Gesellschafters am Gesellschaftsvermögen; er bestimmt sich nach dem Betrag der von ihm übernommenen Stammeinlage im Verhältnis zum Stammkapital. Der G. ist vererblich und veräußerbar, doch kann die Veräußerung satzungsgemäß an die Zustimmung der GmbH gebunden sein (»vinkulierter G.«).

Geschäftsbedingungen, allgemeine, Abk. **AGB**, für eine Vielzahl von Verträgen vorformulierte Vertragsbedingungen, die eine Vertragspartei (Verwender) der anderen bei Abschluss des Vertrages auferlegt, z. B. als Liefer- oder Zahlungsbedingungen. Die AGB werden i. d. R. von Verbänden einzelner Wirtschaftszweige oder Unternehmen aufgestellt. Sie dienen der Vereinfachung des Geschäftsverkehrs, benachteiligen aber oft den schwächeren Teil. Im Sinne des Verbraucherschutzes und der Vertragsgerechtigkeit wurde daher das AGB-Ges. vom 9. 12. 1976 erlassen, dessen Bestimmungen im Wesentlichen im Zuge der Schuldrechtsmodernisierung in das BGB (§§ 305 ff., in Kraft ab 1. 1. 2002) übernommen wurden. Danach werden AGB nur Vertragsbestandteil, wenn der Verwender ausdrücklich auf sie hingewiesen oder die Möglichkeit zur Kenntnisnahme geboten hat sowie die andere Vertragspartei mit der Geltung einverstanden ist. Bestimmungen, die so ungewöhnlich sind, dass mit ihnen nicht zu rechnen war, werden nicht Vertragsbestandteil, solche, die den Partner unangemessen benachteiligen oder sonst gegen Treu und Glauben verstoßen, sind unwirksam. Sind AGB nicht Vertragsbestandteil geworden oder unwirksam, bleibt der Vertrag im Übrigen gültig. Nichtigkeit des gesamten Vertrages tritt nur ein, wenn ein Festhalten an dem entsprechend der Gesetzeslage geänderten Vertrag für eine der Vertragsparteien eine unzumutbare Härte darstellen würde (§ 306 BGB). Um Störungen des Rechtsverkehrs zu vermeiden, können Verbraucherverbände, Verbände zur Förderung gewerbl. Interessen und IHK nach dem Unterlassungsklagen-Ges. i. d. F. v. 27. 8. 2002 Verwender unwirksamer Klauseln unabhängig vom Einzelfall auf Unterlassung (bei bloßer Empfehlung von AGB: auf Widerruf) in Anspruch nehmen. – Zielgleiche Schutzbestimmungen enthält auch das *österr.* ABGB (§§ 864 a, 879) und das Konsumentenschutz-Ges. In der *Schweiz* unterliegt die gerichtl. Prüfung von G. den allgemeinen Grundsätzen von Recht, Billigkeit und Verkehrssitte.

📖 *Schlünder, B.*: AGB, Prüfung u. Gestaltung. München 1994. – *Eberstein, H. H.*: Die zweckmäßige Ausgestaltung von allgemeinen G. im kaufmänn. Geschäftsverkehr. Heidelberg ⁴1997. – *Niebling, J.*: G. von A–Z. Neues Schuldrecht, neue AGB. München ⁵2002.

Geschäftsbericht, Bericht eines Unternehmens oder Konzerns zur Erläuterung des Jahresabschlusses und zur Darstellung der wirtsch. Lage. Seit In-Kraft-Treten des Bilanzrichtlinien-Ges. vom 19. 12. 1985 ist der Erläuterungsteil Bestandteil des Jahresabschlusses; die wirtsch. Situation ist im Lagebericht darzustellen. Eine Zusammenfassung von Jahresabschluss (d. h. Bilanz, Gewinn- und Verlust-Rechnung, Anhang) und Lagebericht zu einem G. ist möglich.

Geschäftsbesorgungsvertrag, ein Dienst- oder Werkvertrag, der auf selbstständiges Wahrnehmen fremder Rechts- oder Wirtschaftsinteressen gerichtet ist (z. B. Anwalts- oder Bankberatungsvertrag, Baubetreuungsvertrag). Auf ihn finden die Vorschriften über den Auftrag mit Ausnahme der jederzeitigen Kündigungsmöglichkeit analoge Anwendung (§§ 675 ff. BGB). Ein eigenständiger Typ des G. ist der Überweisungsvertrag (§§ 676 a–676 c BGB).

Geschäftsfähigkeit, die Fähigkeit, durch eigenes Handeln Rechtsgeschäfte rechtswirksam vornehmen zu können. Sie wird mit Eintritt der Volljährigkeit erlangt. Bis zum Erreichen der G. sind für den nicht (voll) Geschäftsfähigen der oder die gesetzl. Vertreter handlungsbefugt. **Geschäftsunfähig** sind Minderjährige bis zur Vollendung des 7. Lebensjahrs und Personen, die sich in einem die freie Willensbestimmung ausschließenden (nicht nur vorübergehenden) Zustand krankhafter Störung der Geistestätigkeit befinden. Die Willenserklärung eines Geschäftsunfähigen ist nichtig (§§ 104, 105 BGB). Nimmt ein volljähriger Geschäftsunfähiger Geschäfte des tägl. Lebens vor, die mit geringwertigen Mitteln bewirkt werden können, so sind diese wirksam, sobald Leistung und Gegenleistung erbracht sind (§ 105 a BGB). **Beschränkt Geschäftsfähige** (Minderjährige ab vollendetem 7. bis zum 18. Lebensjahr) können ohne Zustimmung ihres gesetzl. Vertreters rechtlich wirksam vornehmen: Rechtsgeschäfte, die ihnen lediglich einen rechtl. Vorteil bringen (z. B. Schenkung einer Sache, mit der keine Rechtspflichten verbunden sind; die wirtsch. Vorteilhaftigkeit ist ohne Belang); Geschäfte, die sie mit ihrem Taschengeld abwickeln (§ 110, »Taschengeldparagraph«); bei Ermächtigung zum Betrieb eines selbstständigen Erwerbsgeschäfts Geschäfte, die sie in diesem Rahmen abschließen; Geschäfte zur Eingehung oder Aufhebung vom gesetzl. Vertreter generell erlaubter Arbeitsverhältnisse. Zustimmungspflichtige Rechtsgeschäfte, die der beschränkt Geschäftsfähige ohne Einwilligung des gesetzl. Vertreters schließt, sind schwebend unwirksam, d. h., im Falle der Nichtgenehmigung kommen sie nicht zustande und der andere Vertragspartner trägt das volle Risiko. – Die Entmündigung, die früher zur Geschäftsunfähigkeit oder beschränkten G. führte, wurde mit Wirkung vom 1. 1. 1992 durch das Betreuungs-Ges. vom 12. 9. 1990 abgeschafft. Die ↑Betreuung hat keine Auswirkungen auf die Geschäftsfähigkeit. Hat das Vormundschaftsgericht jedoch angeordnet, dass der Betreute zu einer Willenserklärung, die den Aufgabenbereich des Betreuers betrifft, dessen Zustimmung bedarf, finden die Vorschriften über beschränkte G. Anwendung (§ 1903 BGB). – Ähnl. Regelungen gibt es in *Österreich* (die volle G. beginnt seit 1. 7. 2001 ebenfalls mit dem 18. Lebensjahr) und in der *Schweiz* (das ZGB spricht von »Handlungsfähigkeit«).

Geschäftsführer, i. w. S. derjenige, der für einen anderen Geschäfte führt; i. e. S. (gesetzl. Vertretungs-)Organ der GmbH.

Geschäftsführung, die in der Leitung eines Unternehmens oder Verbandes ausgeübte Tätigkeit, im Gesellschaftsrecht die leitende Tätigkeit für die Gesellschaft. Sie umfasst die tatsächl. und rechtl. Maßnahmen, die die Gesellschaftszwecke fördern sollen, ausgenommen Fragen, die die Grundlagen der Ges. selbst betreffen. Die G. besitzt im Innenverhältnis zu den Gesellschaftern die **Geschäftsführungsbefugnis.**

Geschäftsführung ohne Auftrag, Geschäftsbesorgung, Vornahme von Rechtsgeschäften und rechtlich bedeutsamen Handlungen für einen anderen, die weder aus Auftrag noch aus einem anderen rechtsgeschäftl. oder gesetzl. Grund herleitbar ist (§§ 677–687 BGB; Beispiel: Löschen eines Brandes auf dem Grundstück des abwesenden Nachbarn). Das Geschäft ist so zu führen, wie es dem Interesse des Geschäftsherrn und seinem mutmaßl. oder wirkl. Willen entspricht, andernfalls, d. h., wenn der Geschäftsführer den gegenteiligen Willen des Geschäftsherrn kannte oder erkennen musste, hat er entstandene Schäden zu ersetzen. Bei der berechtigten G. o. A. kann der Geschäftsführer vom Geschäftsherrn gleich einem Beauftragten Ersatz seiner Aufwendungen verlangen.

Geschäftsgeheimnis (Betriebsgeheimnis), jede betriebl. Tatsache, die nur einem begrenzten Personenkreis bekannt ist und an deren vertraul. Behandlung der Unternehmer erkennbar ein berechtigtes Interesse hat. Die bloße Deklaration einer beliebigen innerbetriebl. Tatsache zum G. lässt ein G. im Rechtssinne nicht entstehen. G. sind straf-, delikts- und wettbewerbsrechtlich geschützt.

Geschäftsgrundlage, *Recht:* die Umstände, die von den Parteien eines Vertrages bei dessen Abschluss als wesentlich und als vorhanden oder bestehen bleibend vorausgesetzt, aber nicht in den Vertrag aufgenommen wurden. Bes. bedeutsam sind G. bei Dauerschuldverhältnissen (z. B. bei Miet- oder Darlehensverträgen). Bei Fehlen, Störung bzw. Wegfall der G. (grundlegende Änderung der Verhältnisse) kann Anpassung des Vertrages an die veränderten Umstände verlangt werden. Ist dies nicht möglich oder unzumutbar, kann auch ein Rücktritts- oder bei Dauerschuldverhältnissen ein Kündigungsrecht für den benachteiligten Teil entstehen (§ 313 BGB).
📖 *Brockmeyer, G.: Das Rechtsinstitut der G. aus der Sicht der ökonom. Analyse des Rechts. Frankfurt am Main u. a. 1993. – Baier, K.-G.: Die Lehre vom Wegfall der G. im Recht der Personengesellschaften. Frankfurt am Main u. a. 2001.*

Geschäftsjahr (Wirtschaftsjahr), *Betriebswirtschaft:* Zeitabschnitt von höchstens 12 Monaten, für den der Jahresabschluss aufzustellen ist (§ 242 HGB). Das G. muss nicht mit dem Kalenderjahr übereinstimmen.

geschäftsmäßiges Handeln, *Recht:* Tatbestandsmerkmal einzelner Straftaten oder Ordnungswidrigkeiten, das vorliegt, wenn der Täter beabsichtigt, eine Straftat oder Ordnungswidrigkeit in gleicher Art zu wiederholen, um sie zum Gegenstand seiner wirtsch. oder berufl. Betätigung zu machen (z. B. unerlaubte Rechtsberatung, § 8 Rechtsberatungsgesetz).

Geschäftsordnung, die rechtl. Ordnung der Organisation und des Geschäftsganges einer Einrichtung des privaten, des Verwaltungs-, des Verfassungsrechts oder des Gerichtswesens. Die Verf.organe erlassen ihre G. aufgrund des ihnen zustehenden Selbstorganisationsrechts selbst.

Geschäftssprache, die ↑Amtssprache.

Geschäftsstelle, *Justiz:* bei jedem Gericht und jeder Staatsanwaltschaft eingerichtete, mit Urkundsbeamten besetzte Stelle, durch die u. a. Beurkundungen, Ausfertigungen von Urteilen, Zustellungen und sonstige nicht richterl. Handlungen vorgenommen werden, soweit diese nicht dem Rechtspfleger übertragen sind.

Geschäftsträger (frz. Chargé d'Affaires), Angehöriger der untersten Rangklasse der ↑Gesandten, der nur beim Außenministerium des Empfangsstaates akkreditiert ist. Der **ständige G.** gehört zur 3. Rangklasse der Missionschefs. Der **G. ad interim** vertritt den landesabwesenden Missionschef.

Geschäftsübernahme, der vertragl. Übergang eines Handelsgeschäfts von dem bisherigen Inhaber auf einen Erwerber. Führt dieser die Firma fort, haftet er ohne Rücksicht auf die Abmachungen mit dem Veräußerer für die alten Geschäftsverbindlichkeiten und ist Gläubiger der Außenstände. Abweichende Vereinbarungen mit dem Veräußerer haben Wirkung gegenüber Dritten nur bei Mitteilung an sie oder Eintragung ins Handelsregister.

Geschäftsverteilung, im *Gerichtswesen* die durch das Gerichtspräsidium jährlich im Voraus bestimmte Besetzung der Spruchkörper (Einzelrichter, Kammer, Senate) und Verteilung der Geschäfte auf sie nach allg. Merkmalen (z. B. Anfangsbuchstaben von Namen, örtl. Bez.), festgehalten im G.-Plan. Im laufenden Geschäftsjahr ist eine Änderung der G. nur aus zwingenden Gründen statthaft. Die G. ist wesentlich zur Erfüllung des Gebots des gesetzl. Richters (Art. 101 GG).

Geschäftswert, ↑Firmenwert.

Gescher, Stadt im Kr. Borken, NRW, im westl. Münsterland, 16 400 Ew.; Heimat-

und Glockenmuseum; Textilind., Glockengießerei. – Seit 1969 Stadt.

Geschichte [ahd. gisciht »Geschehnis, Ereignis«], urspr. das augenblickl., zufällige Ereignis; heute i. w. S. der Ablauf allen Geschehens in Raum und Zeit (Erd-, Natur-G.), i. e. S. der Entwicklungsprozess der menschl. Gesellschaft als Ganzes oder ihrer Individuen (Menschheits-G.), ihrer ökonom., polit., ideolog., sozialen und kulturellen Ausformung (u. a. Wirtschafts-, Sozial-, Geistes-, Kultur-G.), also das politisch-soziale Beziehungsgeflecht zw. den Menschen in allen seinen zeitl. Bezügen (d. h. in Vergangenheit, Gegenwart und Zukunft). G. ist ihrem Wesen nach zugleich der Prozess ihrer bewussten Aneignung durch den Menschen und somit ein politisch-sozialer Grundbegriff, der die (kalendermäßige) Gleichzeitigkeit des (strukturell) Ungleichzeitigen begrifflich erfassen und wiss. erforschen will. (↑Geschichtsbild, ↑Geschichtsphilosophie, ↑Geschichtsschreibung, ↑Geschichtswissenschaft)

📖 *Schreiner, K.:* Bewegende Kräfte. Ursache u. Wirkung in der G. Münster 1990. – *Über das Studium der G.,* hg. v. *W. Hardtwig.* München 1990. – *Koselleck, R.:* »Zeitschichten«. Studien zur Historik. Frankfurt am Main 2000. – *Gautschi, W.:* Mythos u. Macht der G. Über histor. Grundfragen. Zürich 2001.

Geschichtsbewusstsein, das erst im 19. Jh. terminologisch formulierte Bewusstsein von der geschichtl. Bedingtheit menschl. Existenz und von einem sinnvollen Geschichtsverlauf, das im Entwurf handlungsleitender Zukunftsperspektiven mündet. Typologisch lassen sich vier Grundmuster der histor. Sinnbildung herausarbeiten: die exemplar. (menschl. Vergangenheit als Fülle von Beispielen), die traditionale (Erinnerung an die Ursprünge gegenwärtiger Lebensformen), die genet. (Betonung des Veränderungsaspektes) und die krit. Form (Ersatz vorherrschender durch neue Deutungsmuster). Das moderne Geschichtsdenken ist durch die genet. Form des G. gekennzeichnet, die sich in der Zeit der Aufklärung in Europa durchgesetzt hat. Im öffentl. Leben manifestiert sich G. als **Geschichtskultur**, bestimmt von Wiss., Politik und Kunst. Diese entwickeln aus den ihnen eigenen Elementen Vernunftpotenziale zur Bewältigung der Gegenwartsprobleme und ermöglichen den Blick auf die zeitl. Prozesse, die von der Vergangenheit in die Gegenwart führten. ✦ **siehe ZEIT Aspekte**

📖 *Rüsen, J.:* Histor. Orientierung. Köln u. a. 1994. – *Hesse, H.:* Auseinandersetzen mit Geschichte. Heinsberg 1996. – *Rüsen, J.:* G. Psycholog. Grundlagen, Entwicklungskonzepte, empir. Befunde. Köln u. a. 2001. – *Ders.:* Geschichte im Kulturprozess. Köln u. a. 2002.

Geschichtsbild, die Gesamtheit vorwiss. oder wiss. begründeter Vorstellungen, die das Geschichtsbewusstsein eines Menschen, einer Gruppe, eines Volkes oder einer Nation bestimmen; im Wechselspiel mit dem Gegenwartsbewusstsein entstanden, ist es selbst Ergebnis eines geschichtl. Prozesses. Das G. des Einzelnen bezeugt den histor. Standort seines Urteilens und Handelns, das G. von Gruppen, Völkern oder Nationen die Motivation ihrer Zielsetzungen.

📖 *Schulz-Hageleit, P.:* Grundzüge geschichtl. u. geschichtsdidakt. Denkens. Frankfurt am Main u. a. 2002.

Geschichtsklitterung [zu klittern »klecksen, schmieren«], nach J. ↑Fischart Bez. für einen nicht auf Reflexion und Erkenntnis, sondern auf sinnentstellende und parteil. Beweisführung gerichteten Umgang mit geschichtl. Stoffen.

Geschichtsphilosophie, der Teil der Philosophie, der sich zum einen mit der Deutung der Geschichte, d. h. mit der Frage nach einem hinter den ermittelten Fakten verborgenen Sinn und nach histor. Gesetzmäßigkeiten und Strukturen beschäftigt, zum anderen die Möglichkeiten und Grenzen geschichtswiss. Erkennens aufzeigt sowie die Methodologie der Geschichtsschreibung erforscht. Der Begriff G. wurde von Voltaire eingeführt. Eine systemat. G., nicht vorwiss. geschichtl. Betrachtungen in der Antike (Herodot, Thukydides), setzt erst mit dem christl. Begriff der ↑Heilsgeschichte ein. Geschichte wurde hier als zielgerichtetes Geschehen verstanden, das vom Anfang der Weltschöpfung über Sündenfall, Erlösung bis zu Weltende und Jüngstem Gericht reicht und die ganze Menschheit umfasst (lineares Geschichtsbild). Diese G. (eigtl. Geschichtstheologie) des Augustinus war für die mittelalterl. Chroniken verbindlich. Die Annahme einer stufenförmigen Ent-

wicklung fand einen Höhepunkt bei Joachim von Floris (↑Chiliasmus).
Die G. bis zu Hegel und Marx ist weithin eine Verweltlichung dieser teleolog. Geschichtsbetrachtung. G. B. Vico sah Geschichte als Abfolge von Epochen kulturellen Wachstums und Verfalls, zwar noch durch die göttl. Vorsehung bestimmt, die tatsächlich jedoch mit dem Gesetz des Prozesses gleichgesetzt wird. Für die Aufklärung wurde die Weltgeschichte zum stetigen Fortschritt aus dem Dunkel der Unvernunft und Barbarei zum Sieg der Vernunft. Diesem Aufbauschema folgten alle Geschichtsschreiber der Zeit, auch noch I. Kant und J. G. Fichte. Für J. G. Herder, den Schöpfer der dt. G., der Vicos und Montesquieus geschichtsphilosoph. Ansätze aufnahm und an die Romantik weitergab, bedeutete geschichtl. Fortschritt die Entwicklung zur Humanität. Der Höhepunkt der idealist. G. wird durch G. W. F. Hegel bezeichnet: Die von der Weltvernunft beherrschte Weltgeschichte ist »der Fortschritt des Geistes im Bewusstsein der Freiheit«. Mit der materialist. Umkehrung der hegelschen Dialektik begründeten K. Marx und F. Engels ihre Geschichtsauffassung des histor. Materialismus (↑Marxismus).
Mit Hegel und Marx enden die Versuche, mit einem geschlossenen philosoph. System eine umfassende Geschichts- und Seinsdeutung zu geben. Die Kritik S. Kierkegaards und F. Nietzsches an Hegel und seiner Geschichtsauslegung führte dann bei beiden zu einer Besinnung auf den Menschen, der sich durch seine Individualität den gedachten Systemen entziehe. Weiterhin jedoch werden geschichtsphilosoph. Betrachtungen von unterschiedl. Ansatzpunkten aus angestellt. Die positivist. Geschichtsphilosophen der frühen frz. und engl. Soziologie (A. Comte, H. Spencer) versuchten auf naturwiss. Wege die Entwicklungsgesetze der Gesellschaft aufzudecken; sie sahen in der Entwicklung der Technik und der durch sie bedingten Zivilisation den Hauptantrieb der geschichtl. Bewegung und den Maßstab des Fortschritts. Gegenüber diesem naturwiss. Ansatz betonten bes. die Historiker des 19. Jh. die Einmaligkeit, den Freiheitsgehalt und die Irrationalität der Geschichte. Die Relativierung aller Werte als Folge des Historismus, A. Schopenhauers und Nietzsches radikale Kulturkritik sowie ein zunehmender Geschichtspessimismus führten im 20. Jh. dazu – soweit nicht aus dem Erbe Vicos und der Romantik wieder Kulturzyklentheorien mit organ. Gesetzen von Wachstum und Verfall der Kultur formuliert wurden (O. Spengler) –, dass die G. von der »Universalhistorie« abrückte. Auf gesamtphilosoph. Deutungen der Weltgeschichte wurde verzichtet oder gar die Möglichkeit einer solchen prinzipiell verneint (T. Lessing, später auch die krit. G.). Wird heute noch von einer Einheit der Weltgeschichte gesprochen, dann nur im Sinn eines Wirkungszusammenhangs, der sich aus einer Mehrzahl selbstständig gewachsener Kulturen ergibt (A. J. Toynbee, H. Freyer u. a.). Ab 1900 wurde G. vielfach als Lehre von den Formen und Möglichkeiten geschichtsphilosoph. Denkens, Erkennens und Begreifens betrieben (H. Rickert, W. Dilthey, M. Weber). Gegenwärtig wird immer wieder von einer Posthistoire, einer nachhistor. Zeit gesprochen. Vieles spricht für die Erkenntnis, dass es nicht *die* Geschichte, sondern eine Vielfalt von Geschichten gibt. In dieser Hinsicht erscheint Webers – aber auch F. Braudels – Frage nach dem spezif. Charakter der okzidentalen Welt nicht überholt. Dank der Arbeiten von J. Le Goff u. a. ist einsehbar geworden, wie zeit- und kulturbedingt unser Begriff einer linearen, fortschreitenden Zeit ist. Für das hermeneut. Verfahren wurde von H.-G. Gadamer und P. Ricœur die Möglichkeit des Verstehens (von Texten), von R. Barthes, A. White und J. Derrida der qualitative Unterschied zw. Geschichte als Wiss. und als Fiktion infrage gestellt. Aber auch die an den Sozialwiss.en orientierte Geschichtsschreibung ist sich jetzt bewusst, dass ihre Vorstellungen auf Konstruktionen beruhen. Insgesamt tritt Ende des 20. Jh. das Subjekt in der Geschichtsschreibung wieder stärker hervor, und Historiker haben begonnen, die Menschen nicht nur innerhalb sozialer, kultureller und sprachl. Strukturen zu sehen, die menschl. Verhaltensweisen bestimmen, sondern auch die Frage zu stellen, wie Menschen an der Formierung und dem Wandel dieser Strukturen mitgewirkt haben.

📖 Schaeffler, R.: *Einf. in die G.* Darmstadt ⁴1991. – Marquard, O.: *Schwierigkeiten mit der G.* Frankfurt am Main ⁵2002.

GES Geschichtsschreibung

Geschichtsschreibung (Historiographie), der Versuch, anhand der Darstellung von Vorgängen, Zuständen und Personen Geschichte bewusst werden zu lassen. Grundlegend für alle G. ist bis heute das vielschichtige Wechselverhältnis von ↑Geschichtsbild und Gegenwartsbewusstsein geblieben. Als Disziplin der ↑Geschichtswissenschaft steht die G. wegen ihres prinzipiell empir. Charakters in einem Spannungsverhältnis zur ↑Geschichtsphilosophie.

Altertum: Bei Ägyptern, Babyloniern, Assyrern u. a. wurden die Taten der Herrscher in Inschriften, gelegentlich auch in Annalen, gerühmt. Ansätze zu einer G. mit histor. Kritik und der Frage nach geschichtl. Wahrheit finden sich bei den Hethitern, ähnlich bei den Israeliten, die zudem ihre eigene Vergangenheit als Heilsgeschichte verstanden. Um Erfahrung weiterzugeben, wollten die Griechen das Traditionsgut mit einem unbedingten Wahrheitsanspruch überliefern und Gründe und Zusammenhänge histor. Vorgänge aufzeigen (v. a. Herodot, später als »Vater der Geschichte« bezeichnet); Thukydides gilt mit der Darstellung des Peloponnes. Krieges als Schöpfer der histor. Monographie. Ab dem 4. Jh. v. Chr. entstanden v. a. nach rhetor. Regeln verfasste Geschichtswerke. Diese G. erreichte in der röm. Kaiserzeit zu Beginn des 2. Jh. mit Tacitus ihren Höhepunkt. – Neben die G. trat ab etwa dem 4. Jh. v. Chr. die Biografie bzw. biograf. Behandlung histor. Stoffe (Plutarch, Sueton).

Die außereuropäische G. seit der Antike: Eine bedeutende, kontinuierl. Tradition der G. entwickelte sich schon früh in Ostasien aus der Annalistik (Aufzeichnungen über Taten und Maßnahmen der Herrscher). Die auch stilistisch einflussreichen »Shiji« (»Histor. Aufzeichnungen«) von Sima Qian (um 100 v. Chr.) wurden zum Modell der bis 1912 weitergeführten offiziellen 25 Dynastiegeschichten (ab 629 durch ein Kollektiv von Literatenbeamten verfasst). Für die traditionelle chin. G. war neben dem moral. Werturteil die Orientierung an der Poetik sowie der Literatur- und Textkritik charakteristisch. Im alten Indien gab es keine eigentl. G.; Genealogien der Königsgeschlechter sind enthalten in den »Puranas«, einer Gruppe von anonymen Sanskrittexten der religiösen hinduist. Literatur (bis zum 2. Jh. n. Chr.). Chronikartig angelegt sind später Geschichten buddhist. Klöster, die v. a. auf Ceylon (Sri Lanka) entstanden. Eine umfassende Regionalgeschichte ist die einzigartig gebliebene Chronik von Kalhana über Kaschmir (»Rajatarangini«, 12. Jh.). Mit der Errichtung der islam. Mogul-Dynastie im frühen 16. Jh. wurden pers. Formen der Historiographie übernommen. Erst jetzt bildete sich eine reiche polit. und biograf. G. von hoher erzähler. Kunstfertigkeit heraus.

Die vom Islam geprägten Kulturen, insbes. die arab., verfügen seit dem 8./9. Jh. über eine reiche und vielseitige Historiographie. Neben Prophetenbiografien, einer ersten Weltgeschichte bis 872 (al-Jaqubi; †897), annalist. »Weltchroniken« (z. B. at-Tabari; *839, †923) sowie Dynastien- und Lokalgeschichten entstanden v. a. umfangreiche Gelehrtenprosopographien. Ansätze landeskundl. wie sozialhistor. Betrachtung erreichen im 14. Jh. einen Höhepunkt bei Ibn Chaldun. Zahlr. Kulturen pflegten reichhaltige Traditionen oraler Geschichte (v. a. im subsahar. Afrika bis zum Kontakt mit der arab. Welt). In Äthiopien bestand eine ältere kopt. Tradition der G., die bis in die Antike zurückging.

Europäisches Mittelalter: Der allg. Rückgang der Schriftlichkeit zu Beginn des MA. betraf auch die G.; sie begann nur zögernd im Zuge der Rezeption antiker Kulturformen, getragen fast nur von Geistlichen, daher in lat. Sprache. Es entwickelten sich die für längere Zeit deutlich unterschiedenen Gattungen Biografie (Vita), Annalen, Chronik und Gesta. Die geistigen Auseinandersetzungen des 11. Jh. bewirkten u. a. eine verstärkte Hinwendung zur Weltchronik (Höhepunkt im geschichtstheolog. Werk Ottos von Freising). Vom italien. Frühhumanismus des 14. Jh. an wechselte die G. zw. Quellenkritik (Konstantin. Schenkung) und Geschichtsklitterung, zw. zeitgeschichtl. Interesse und Memoirenliteratur (P. de Commynes). Mit der polit. G. seit dem Ende des 15. Jh. entwickelte sich die moderne Staatengeschichte.

16. und 17. Jahrhundert: Unter dem Einfluss der Glaubenskämpfe wurde die von den Humanisten vernachlässigte Kirchengeschichte wieder entdeckt. Die Mauriner entwickelten die philolog. Quellenkritik und begründeten die histor. Hilfswissenschaften wie z. B. die Urkundenlehre.

18. Jahrhundert: Die G. der Aufklärung überwand die heils- und territorialgeschichtl. Verengung durch eine an der Entwicklung der Menschheit orientierte Universalgeschichte. Neue Sachgebiete wurden erschlossen oder entstanden: Gesellschafts-, Kultur-, Rechts-, Verfassungs-, Wirtschafts-, Kolonialgeschichte. Von besonderer Bedeutung für die Entwicklung der dt. G. war die frz. Aufklärungshistoriographie (Voltaire, Montesquieu); sie wurde wesentlich gefördert durch die Göttinger histor. Schule (J. C. Gatterer, A. Heeren, A. L. von Schlözer, L. T. von Spittler), die Geschichtsvereine und die wiss. Akademien.

19. Jahrhundert: Bahnbrechend für die moderne Geschichtswiss. und G. wirkte die Vollendung der histor. Methode durch den dt. Historismus, der die Kategorien Entwicklung und Individualität zu Leitprinzipien der G. machte und die Vergangenheit in ihrer Eigentümlichkeit zu verstehen suchte (L. von Ranke und B. G. Niebuhr; in Frankreich A. Thierry). Die philologisch-histor. Methode (Quellenedition) wurde zur Grundlage aller Geschichtsforschung. Befruchtend wirkten die histor. Schulen der Rechtswissenschaft und der Nationalökonomie. In enger Verbindung zu den polit. Tendenzen der Zeit standen die liberale (K. W. von Rotteck, K. T. Welcker, G. G. Gervinus, F. C. Dahlmann) sowie die preußisch-kleindt. (J. G. Droysen, H. von Treitschke, H. von Sybel) und die österr.-großdt. Richtung der G. (J. von Ficker, A. Ritter von Arneth, O. Klopp). In bewusstem Gegensatz zu dieser polit. G. wurde von W. H. von Riehl, G. Freytag und J. Burckhardt die Kulturgeschichte zum vornehml. Gegenstand histor. Darstellung gemacht. K. Lamprecht, L. von Stein und der Marxismus begründeten die Sozialgeschichte, W. Dilthey und F. Meinecke die Ideengeschichte.

20. Jahrhundert: Die G. als Erzeugnis und Erbteil der bürgerl. Epoche erlebte am Ende des 19. Jh. mit der »Krise des Historismus« (F. Meinecke) eine Erschütterung, die vom modernen naturwiss. Weltbild (Positivismus) ihren Ausgang nahm. Der Übergang zu einer sich auch als Sozialwissenschaft verstehenden G. (M. Weber, É. Durkheim) setzte sich, getragen v. a. von den Impulsen durch M. Weber, erst in der Folge der polit. Katastrophen und sozialen Krisen des 20. Jh. durch; in den Mittelpunkt der »nouvelle histoire« rückte die Darstellung einer umfassenden Sozialgeschichte (innovativ: die ↑Annales). Die starke Orientierung auf die Geschichte und Analyse sozialer Strukturen wurde aber in den letzten Jahrzehnten des 20. Jh. ergänzt durch eine stärkere Betonung der

Geschichtsschreibung: In der Geschichtsschreibung des Mittelalters spielten Geistliche (hier: schreibender Mönch) eine herausragende Rolle.

subjektiven, kulturellen Aspekte des geschichtl. Lebens (u. a. Historische Anthropologie, »neue« Kulturgeschichte). Mit dem Zweifel an Fortschritt und Entwicklung in der Geschichte (Abkehr von der grand narrative, der Geschichte in der Form einer kontinuierl. Erzählung) setzte sich im späten 20. Jh. zunehmend das Bewusstsein durch, dass es nicht eine, sondern viele Geschichten gibt (z. B. Mikrogeschichte) und die Lebenszusammenhänge zunehmender Globalisierung unterliegen.

📖 *Certeau, M. de: Das Schreiben der Geschichte. A. d. Frz. Frankfurt am Main u. a. 1991. – Gundolf, F.: Anfänge deutscher G. von Tschudi bis Winckelmann, hg. v. E. Wind. Neuausg. Frankfurt am Main 1993. – Rothermund, D.: Geschichte als Prozeß u. Aussage. München 1995. – Simon, C.: Historiographie. Eine Einführung. Stuttgart 1996.*

Geschichtstheologie, Bez. für das theolog. Verständnis der Geschichte. Die G. geht davon aus, dass Gott in der Geschichte der Menschen wirksam ist und diese seinem (verborgenen) »Heilsplan« unterliegt, der in ihrem Verlauf immer mehr enthüllt wird und dessen Ziel die Vollendung der Geschichte im Reich Gottes ist. Den ersten groß angelegten Entwurf einer **christl. G.** legte Augustinus mit seinem Hauptwerk »De civitate Dei« vor (↑Civitas Dei).

Geschichtswissenschaft, die method. Erforschung der Geschichte des Menschen als soziales Wesen, betrieben auf der Grundlage der kritisch gesicherten Überlieferung (»Quellen«); Voraussetzung für eine wiss. begründete ↑Geschichtsschreibung. Die G. stellt sich die Aufgabe, alle bezeugten geschichtl. Tatbestände möglichst genau und vollständig festzustellen sowie ihre Zusammenhänge, Bedingtheiten und Wirkungen verständlich zu machen. Ideologiekritisch in ihrem method. Ansatz, sucht sie die Wurzeln der Gegenwart freizulegen (oft in dialekt. Vermittlung) und deren geschichtl. Struktur erkennbar zu machen. Ihrem Wesen nach kann die G. dem politisch Handelnden keine Anweisungen bereitstellen, aber die Bedingungen erhellen, unter denen sich polit. Handeln vollzieht. Demzufolge ist die Frage nach dem Sinn der Geschichte allenfalls negativ einzugrenzen.

Einteilung und Organisation von Forschung und Lehre folgen im Wesentlichen entsprechend der Tradierung bis heute der klass. Periodisierung in Alte, Mittlere und Neuere Geschichte; innerhalb der Letzteren wird noch zw. Neuester Geschichte (seit der Frz. Revolution bzw. der Industrialisierung) und Zeitgeschichte (»zeitgenöss. Geschichte«) unterschieden; hinzu kommen die Vor- und Frühgeschichte. Die histor. Hilfswiss. stellen die Mittel zur krit. Erforschung der Quellen bereit (u. a. Paläographie, Urkundenlehre, Chronologie, Genealogie, Heraldik). Kleinere landschaftl. und staatlich-polit. Einheiten erforscht die Landesgeschichte; besondere Aspekte der Geschichte behandeln Kultur-, Rechts-, Religions-, Wirtschaftsgeschichte u. a. Die Verfassungsgeschichte, urspr. stark an Institutionen und staatl. Normen orientiert, nähert sich heute der Sozialgeschichte. Die Grenze ist die von sozialwiss. Methodologie bestimmten Nachbardisziplinen ist heute oft fließend. Die durch Pluralismus der Forschungsperspektiven und Methoden gekennzeichnete moderne G. ist zunehmend darauf gerichtet, das histor. Geschehen in seiner Komplexität und Vielschichtigkeit zu erfassen. In ihrem Streben nach neuer Gesamtschau bemüht sich diese »histoire totale« (L. Febvre) u. a. um das Erschließen neuer oder bisher weniger beachteter Quellen (z. B. ↑Mentalitätsgeschichte, ↑Oral History) sowie Themen und Objekte (u. a. Alltagsgeschichte und Mikrogeschichte, Frauen-, später Geschlechtergeschichte [histor. Geschlechterforschung], Geschichte der Umwelt). Während die G. in ihrer Frühphase im 19. Jh. enge Verbindungen zur Philologie besaß, dann die quellenkrit. Methode (↑historische Methode) hervorbrachte, war sie im Historismus vom Begriff des Verstehens, der Individualität als bestimmender Kategorie histor. Erkenntnis sowie vom Standpunkt der Unvergleichbarkeit histor. Prozesse und Strukturen geprägt. Nachdem die Sozialgeschichte und Strukturgeschichte, ausgehend von Frankreich (Schule der »Annales«), in der Mitte des 20. Jh. starke Impulse von der Soziologie, der Ökonomie und der histor. Demographie aufgenommen hatte, auch zulasten der Geschichte der handelnden Menschen, erlangten in der neuen Kulturgeschichte des späten 20. Jh. auch Anthropologie (↑Historische Anthropologie), Hermeneutik, Linguistik und Semiotik Bedeutung (Sprach- und Diskursanalyse, jüngst auch die Bildanalyse, sowie der Einfluss von Sprache und Kultur auf die G.). Zu zentralen Begriffen neuer Theoriekonzepte wurden bis ausgangs des 20. Jh., in Ablösung von »Ereignis« und »Struktur«, u. a. die Kategorien »Gedächtnis« und »Erinnerung«, v. a. hinsichtlich kollektiver Ausbildung von Identität und Umgang mit Geschichte (↑Erinnerungskultur). Der ebenso im Poststrukturalismus wie im Dekonstruktivismus fußende methodische Zweifel am traditionellen Wahrheitsbegriff in der G. führte vielfach zu neuen (In-)Fragestellungen. Gegen die Verabsolutierung radikalen postmodernen Erkenntnisrelativismus richtete sich eine neue Selbstvergewisserung des Fachs. Mit einer zunehmenden Einsicht in die Fragmentarität und Pluralität der Geschichte muss jedoch immer wieder auch die Unmöglichkeit abschließender Erkenntnis und Rekonstruktion konstatiert werden.

📖 *Geschichtl. Grundbegriffe. Histor. Lexikon zur politisch-sozialen Sprache in Dtl.,* hg. v. O. Brunner u. a., 7 Bde. u. 2 Register-

Geschlecht GES

Bde. Stuttgart $^{1-4}$1972–97, teilw. Nachdr. – Borowsky, P. u. a.: Einführung in die G., 2 Bde. Opladen $^{2-5}$1980–89. – Sellin, V.: Einführung in die G. Göttingen 1995. – Iggers, G. G.: G. im 20. Jh. Ein krit. Überblick im internat. Zusammenhang. Göttingen ^{2}1996. – Lorenz, C.: Konstruktion der Vergangenheit. Eine Einführung in die Geschichtstheorie. Wien u. a. 1997. – Kompass der G. Ein Handbuch, hg. v. J. Eibach u. G. Lottes. Göttingen 2002. – Jordan, S.: Lexikon G. Hundert Grundbegriffe. Stuttgart 2002.

Geschiebe, 1) *Geomorphologie:* von Gletschern oder Inlandeis transportierte, eisfreien Landesteilen oder dem Eisuntergrund entstammende und beim Transport mehr oder weniger aufgearbeitete Gesteinstrümmer, die in den Moränen abgelagert werden. G. sind oft durch mechan. Beanspruchung kantengerundet abgeschliffen (z. B. **Facetten-G.**) oder durch parallele Schrammen **(gekritztes G.)** gezeichnet. Sehr große G. heißen **Findlinge** oder **errat. Blöcke.**
2) *Gewässerkunde:* alles feste, an der Sohle eines Wasserlaufs transportierte Material: Geröll, Sand u. a.

Geschiebemergel, von Geschiebe durchsetzter Mergel, das Material der Grundmoräne; durch Auslaugung des Kalkgehalts (Verwitterung) wird er zu **Geschiebelehm (Blocklehm).**

Geschirr, 1) *allg.:* zur Zubereitung und Einnahme von Mahlzeiten dienende Gefäße.
2) *Landwirtschaft:* (Beschirrung, Anspannung) Riemen- und Lederzeug, das die Verbindung der Zugtiere mit einem Fahrzeug herstellt. Man unterscheidet das **Sielen-G.** (Brustblatt-G.), das aus einem die Brust umfassenden, von Halsriemen und Kammdeckel gehaltenen breiten Brustblatt besteht, und das **Kummet-G.** (gepolsterter Leder- oder Stoffbalg um die Halsbasis) für schweren Zug bei Pferden sowie das **Joch** (Nacken- oder Stirnjoch), eine hölzerne oder eiserne, schwach gebogene Platte, bei Ochsen.
3) *Textiltechnik:* die Schäfte an der Webmaschine mit dem gesamten Bewegungsantrieb.

Geschirrspüler (Geschirrspülmaschine), vollautomatisch arbeitendes elektr. Haushaltsgerät zum Reinigen und Trocknen von Essgeschirr mit Heißwasser (55–65 °C) unter Zugabe von chem. Reinigungsmitteln. Zum Reinigen wird die Aufprallwirkung des in Bewegung gesetzten Wassers genutzt.

Geschlecht, 1) *Biologie:* (Sexus) Bez. für die unterschiedl. Ausprägung der Gameten und auch für die entsprechende phänotyp. Ausprägung der die Gameten erzeugenden Lebewesen im Hinblick auf ihre Aufgabe bei der Fortpflanzung. Liegen begeißelte Gameten unterschiedl. Gestalt vor (Anisogamie), werden die Mikrogameten oder Spermien als **männlich,** die Makrogameten oder Eizellen als **weiblich** bezeichnet, ebenso die sie erzeugenden Individuen. Bei Beweglichkeit nur des einen Gametentyps wird der beweglichere Gamet i. d. R. als männlich eingestuft, liegen keinerlei Unterschiede vor, werden die Gameten willkürlich als + und − bezeichnet. **Zwitter (Hermaphroditen)** sind in der Lage, Gameten beiderlei G. gleichzeitig oder nacheinander zu erzeugen. Bei den Metazoen unterscheiden sich i. d. R. auch die die Gameten erzeugenden Individuen in ihrer geschlechtl. Ausprägung. Hiervon sind entweder nur die Fortpflanzungsorgane, Keimdrüsen und ihre Ausführgänge betroffen (primäre G.-Merkmale) oder auch körperl. Merkmale, die nicht unbedingt mit der Fortpflanzung in direktem Zusammenhang stehen (sekundäre G.-Merkmale). Das biolog. Zeichen für männl. Individuen ist ♂ (Speer und Schild des Mars), für weibl. Individuen ♀ (Spiegel der Venus), für Zwitter ⚥.
2) *Genealogie:* auf einen gemeinsamen Ahnen zurückgehende Gruppe von Menschen, die aufgrund ihrer Blutsverwandtschaft erblich näher miteinander verbunden sind (oft auch synonym gebraucht: ↑Stamm).
3) *Grammatik:* ↑Genus.
4) *Recht:* im german. und mittelalterl. Recht die durch agnat. Abkunft gekennzeichnete Verwandtschaftsgemeinschaft. Das G. bildete den ältesten und engsten Rechts- und Friedensverband innerhalb des Stammes und trat im Kampf als militär. Einheit auf. Im Spät-MA. auch Bez. für die wirtsch. und politisch einflussreichen Patrizierfamilien größerer Städte.
5) *Soziologie:* das »Männliche« und das »Weibliche« als soziale Kategorie, die für die sozialen Beziehungen von Männern und Frauen in unterschiedlichen gesell-

schaftl. Zusammenhängen steht, diese analysierend beschreibt (z. B. als Herrschafts- und Unterwerfungsverhältnisse) und die **Geschlechterdichotomie** (die Unterschiede hinsichtlich Status, Rolle und Selbstverständnis von Männern und Frauen) in den verschiedenen gesellschaftl. (Patriarchat, Matriarchat) und sozialen Ordnungen (z. B. Ehe, Familie, Arbeitswelt) herausarbeitet. (↑Geschlechterforschung)

Geschlechterbuch, Deutsches, ↑Genealogie.

Geschlechterforschung (engl. Gender Studies), interdisziplinäre Forschungsrichtung, die das Verhältnis zw. Männern und Frauen als soziale, geschlechtsspezif. Beziehung untersucht, wie es sich historisch herausgebildet hat und sich als Geschlechterverhältnis in den versch. Kulturen darstellt.
Zentrale Bedeutung in der G. hat die – nicht unumstrittene – Auffassung erlangt, dass Rolle, Status und soziale Beziehungen des Menschen in der Gesellschaft wesentlich durch die Geschlechtszugehörigkeit (Geschlechtsidentität) definiert sind und geschichtlich in den Formen fest gefügter Männer- und Frauenbilder (»Geschlechterrollen«) sowie mit ihnen verbundener gesellschaftlich-geschlechtsspezif. Spaltungsmechanismen tradiert werden. Die sog. Differenztheorie geht dabei von einem angenommenen Doppelcharakter von ↑Geschlecht aus und beschreibt die Geschlechtsidentität sowohl als gesellschaftlich bedingten sozialen Sachverhalt (engl. ↑Gender) wie auch als natürlich gegebenes biolog. Faktum (engl. »Sex«). Andere Geschlechtertheorien gehen von einem monokausalen Denkansatz aus, der die Unterschiede hinsichtlich Rolle, Status und Selbstverständnis von Männern und Frauen als grundsätzlich gesellschaftlich bedingt und historisch geworden beschreibt und die Annahme quasi natürlich vorgegebener männl. und weibl. Geschlechtsidentitäten als nicht haltbar zurückweist. – Die G. ist aus der ↑Frauenforschung hervorgegangen und interdisziplinär angelegt (Geschichtswiss., Histor. Anthropologie, Kulturwiss.en, Ethnologie, Philosophie, Psychologie, Religionswiss., Soziologie u. a.).

📖 *Differenzen in der Geschlechterdifferenz. Aktuelle Perspektiven der G.*, hg. v. *K. Röttger u. H. Paul.* Berlin 1999. – *Gender Studies. Eine Einf.*, hg. v. *C. von Braun u. I. Stephan.* Stuttgart 2000. – *Bührmann, A.: Arbeit, Sozialisation, Sexualität. Zentrale Felder der Frauen- und G.* Opladen 2000. – *Gender studies in den Sozial- und Kulturwissenschaften. Einführung und neuere Erkenntnisse aus Forschung und Praxis*, hg. v. *S. Wesely.* Bielefeld 2000.

Geschlechterkunde, die ↑Genealogie.

Geschlechterturm, befestigter Wohnturm des Stadtadels im MA., bes. in der Toskana; sollte neben seiner verteidigungstechn. Funktion bei Auseinandersetzungen innerhalb der Stadt auch den Machtanspruch der jeweiligen Familie symbolisieren.

Geschlechterverhältnis (Sexualproportion), zahlenmäßiges Verhältnis von Männern und Frauen. Das G. wird bestimmt durch das Verhältnis von Knaben- zu Mädchengeburten (i. d. R. 105–106 Knaben zu 100 Mädchen). Infolge der höheren Sterblichkeit der Männer ist i. Allg. das G. um das 5. Lebensjahrzehnt ausgeglichen; danach setzt ein wachsender Frauenüberschuss ein.

Geschlechtlichkeit, die ↑Sexualität.

Geschlechtsbestimmung, 1) *Entwicklungsphysiologie:* (Geschlechtsdeterminierung), die Festlegung des jeweiligen Geschlechts eines Organismus (oder bestimmter Bezirke) durch Faktoren, die die urspr. allen Zellen zugrunde liegende bisexuelle Potenz in entsprechender Weise, d. h. zum männl. oder weibl. Geschlecht hin, beeinflussen. Man unterscheidet zw. **phänotyp. G.,** bei der Umweltfaktoren das Geschlecht bestimmen (z. B. ändert es sich bei Napfschnecken mit dem Alter, junge Tiere sind männlich, alte Tiere sind weiblich), und **genotyp. G.,** bei der v. a. in den Geschlechtschromosomen liegende geschlechtsdeterminierende Gene das Geschlecht bestimmen.
2) *Medizin:* (Geschlechtsdiagnose), die Feststellung des Geschlechts. Beim Menschen kann das Geschlecht eines Kindes bereits in der Frühschwangerschaft (etwa ab der 16. Schwangerschaftswoche) mittels Chromosomenanalyse aus den Zellen des Fruchtwassers, das durch Amniozentese (↑Schwangerschaftsuntersuchungen) entnommen wird, sicher bestimmt werden. Besondere Bedeutung hat die Geschlechtsdiagnose bei Patienten mit gestörter Ge-

Geschlechtshormone GES

Geschlechterturm: Geschlechtertürme in San Gimignano (Provinz Siena, Italien)

schlechtsentwicklung und unsicherer Zuordnung zu einem Geschlecht (↑Intersexualität). Neben der Chromosomenanalyse kann die einfachere Darstellung des X- oder Y-Chromatins eingesetzt werden. Bei weibl. Individuen (Vorhandensein von zwei oder mehr X-Chromosomen) findet sich im Zellkern nicht in Teilung begriffener Zellen (z. B. aus einem Abstrich der Mundschleimhaut) ein (oder mehrere) Chromatinkörperchen (**Geschlechtschromatin,** ↑Barr-Körperchen) und an den Kernen eines Teils der Leukozyten ein trommelschlegelförmiges Anhängsel (**Drumstick**).
Geschlechtsdrüsen (Keimdrüsen, Gonaden), drüsenähnlich aufgebaute Organe bei den meisten mehrzelligen Tieren und beim Menschen, in denen sich die Keimzellen (Ei- oder Samenzellen) und Geschlechtshormone bilden. Die G. (beim Mann ↑Hoden, bei der Frau ↑Eierstock) gehören zu den inneren ↑Geschlechtsorganen.
geschlechtsgebundenes Merkmal, Merkmal, dessen Erbsubstanz (Gen) in den Geschlechtschromosomen (X- und Y-Chromosom) lokalisiert ist und sich daher geschlechtsgebunden weitervererbt (geschlechtsgebundene Vererbung, z. B. die Bluterkrankheit).
Geschlechtshormone (Sexualhormone), alle Hormone, die die Entwicklung und Funktion der Geschlechtsdrüsen und Geschlechtsorgane bestimmen und steuern und für die Ausbildung der Geschlechtsmerkmale beim Menschen und den Wirbeltieren verantwortlich sind. I. e. S. versteht man unter den G. nur die **Keimdrüsenhormone;** diese gehören chemisch zu den Steroiden und werden in männl. (Androgene) und weibl. (Östrogene und Gestagene) unterteilt. I. w. S. werden auch die aus Glykoproteinen bestehenden **gonadotropen Hormone** (↑Gonadotropine) zu den G. gezählt. – **Androgene** sind Hormone, die v. a. im Hoden, weiterhin in der Nebennierenrinde und in geringen Mengen im Eierstock gebildet werden; Hauptvertreter sind **Testosteron** und **Androstendion,** weitere Vertreter das **Androsteron,** ein typ. Metabolit der Androgene mit noch erhebl. androgener Wirksamkeit, und das nur schwach wirksame **Adrenosteron.** Die Androgene werden bereits in der frühen Embryonalperiode gebildet; ihr Vorhandensein bewirkt die Entwicklung der männl. Geschlechtsorgane und sekundären Geschlechtsmerkmale des Mannes, den typisch männl. Körperbau, die Reifung der Samenzellen, den Geschlechtstrieb u. a. Neben der sexualspezif. Wirkung haben sie einen Eiweiß aufbauenden (anabolen) Effekt, beeinflussen das Knochenwachstum u. a. – **Östrogene** werden v. a. in den Graaf-Follikeln und im Gelbkörper, in der Plazenta und in geringerem Umfang auch in der Nebennierenrinde und im Hoden gebildet; Hauptvertreter sind **Östron, Östradiol** und **Östriol.** Sie beeinflussen das Wachstum der weibl. Geschlechtsorgane und sind für die Ausbildung sekundärer Geschlechtsmerkmale der Frau und den weibl. Körperbau (Fetteinlagerung)

GES Geschlechtskrankheiten

verantwortlich. Zusammen mit den Gestagenen bewirken sie die zykl. Veränderungen an den weibl. Geschlechtsorganen, den Aufbau und die Abstoßung der Gebärmutterschleimhaut (↑Menstruation) und die Vorbereitung der Gebärmutter auf die Einnistung des befruchteten Eies. Daneben wirken sie auf den Stoffwechsel, den Knochenbau, die Blutgerinnung u. a. – Die **Gestagene** werden v. a. im jeweiligen Gelbkörper des Eierstocks **(Gelbkörperhormone, Corpus-luteum-Hormone)** und in der Plazenta, in geringerem Umfang auch in der Nebenniere gebildet; Hauptvertreter ist das **Progesteron**. Sie beeinflussen die weibl. Geschlechtsorgane durch Zusammenwirken mit den Östrogenen und haben spezielle Funktionen bei der Einnistung des befruchteten Eies sowie bei der Erhaltung der Schwangerschaft.
Die Sekretion der G. unterliegt dem übergeordneten Einfluss der Hypophyse. Deren Tätigkeit wird durch einen Teil des Zwischenhirns, den Hypothalamus, gesteuert, der Neurohormone produziert, die als Freisetzungsfaktoren (Releasinghormone) auf die Hypophyse wirken, sodass diese die Gonadotropine ausschüttet. Die Gonadotropine wirken ihrerseits auf die Geschlechtsdrüsen und veranlassen sie zur Ausschüttung der Keimdrüsenhormone. Ebenfalls stimulierend auf die Produktion der G. wirkt das v. a. in den ersten Wochen einer Schwangerschaft in der Plazenta gebildete, den Hypophysenhormonen FSH und LH ähnelnde Choriongonadotropin. Es hat große Bedeutung für den Nachweis einer Schwangerschaft.

Geschlechtskrankheiten (venerische Krankheiten), Infektionskrankheiten, die überwiegend durch Geschlechtsverkehr übertragen werden und deren Erscheinungen v. a. an der Haut und an den Schleimhäuten der Geschlechtsorgane auftreten. Zu den G. des Menschen gehören ↑Tripper, ↑Syphilis, weicher ↑Schanker und ↑Lymphogranuloma venereum. – *Behandlung* und Bekämpfung der G. waren im Ges. zur Bekämpfung der G. vom 23. 7. 1953 (mit späteren Änderungen) geregelt. Das G.-Gesetz wurde mit Wirkung vom 1. 1. 2001 durch die Bestimmungen des ↑Infektionsschutzgesetzes vom 20. 7. 2000 ersetzt. In dem neuen Ges. werden Prävention, Beratung und Eigenverantwortung bei der Infektionsverhütung betont. Die Meldepflicht der Ärzte u. a. Personen wird auf die wesentl. übertragbaren Krankheiten konzentriert (§ 6 Infektionsschutz-Ges.). Meldepflichtig sind auch Nachweise von bestimmten Krankheitserregern (§ 7 Infektionsschutz-Ges.), z. B. von HIV.
Die G. stellen jedoch nur eine Gruppe innerhalb der »sexuell übertragbaren Krankheiten« (engl. sexually transmitted diseases; Abk. STD) dar. Die STD schließen weitere Erreger wie Hefepilze, Trichomonaden, Bakterien und versch. Viren mit ein. – Über *G. der Tiere* ↑Beschälseuche, ↑Scheidenkatarrh.
📖 *Raab, W.:* Sexualfibel. Sexualität – Kontrazeption – G. – AIDS. Stuttgart u. a. ²1995. – *Christophers, E. u. Ständer, M.:* Haut- u. G. München u. a. ⁶1997.

Geschlechtsmerkmale, kennzeichnende Merkmale des männl. und weibl. Geschlechts, deren Bildung bereits während der Embryonalentwicklung beginnt. **Primäre G.** sind die Gesamtheit der Geschlechtsorgane; **sekundäre G.** können an allen Körperteilen auftreten (beim Mann Bart, Körperbehaarung, Adamsapfel, bei der Frau Brüste, breiteres Becken, höhere Stimme); **tertiäre G.** betreffen den gesamten Körperbau sowie funktionelle und psych. Unterschiede. Die volle Herausbildung der sekundären und tertiären G. erfolgt in der Reifephase (Pubertät) unter hormonellem Einfluss.

Geschlechtsorgane (Genitalien, Genitalorgane, Fortpflanzungsorgane, Geschlechtsteile), die unmittelbar der geschlechtl. Fortpflanzung dienenden Organe der Lebewesen. Bei den Tieren und beim Menschen stellen sie gleichzeitig die primären Geschlechtsmerkmale dar. Die G. lassen sich in äußere und innere G. gliedern. Die **äußeren G.** des Mannes umfassen Penis und Hodensack, die der Frau große und kleine Schamlippen, Kitzler und Bartholin-Drüsen. Zu den **inneren G.** gehören beim Mann Hoden, Nebenhoden, Samenleiter, Bläschendrüse und Vorsteherdrüse, bei der Frau Eierstock, Eileiter, Gebärmutter und Scheide. Die G. der Wirbellosen bestehen oft nur aus (meist paarig angelegten) Eierstöcken bzw. Hoden. Bei allen Wirbeltieren (Ausnahme Rundmäuler) besteht eine enge Verbindung zw. Geschlechts- und Exkretionsorganen, die daher als Urogenitalsystem zusammengefasst werden.

Geschlechtsumwandlung GES

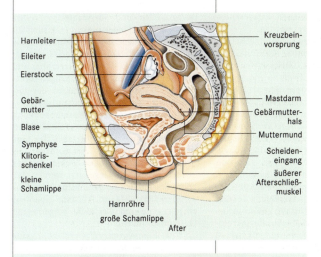

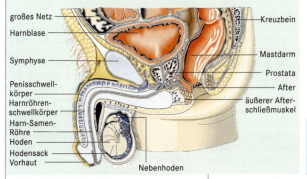

Geschlechtsorgane des Menschen: oben weibliche, unten männliche Beckenorgane (Längsschnitt)

Bei vielen Sporenpflanzen werden die männl. G. Antheridien, die weibl. G. Oogonien, die G. der Moose und Farnpflanzen Archegonien genannt. Bei den Samenpflanzen sind die Staubblätter die männl., die Fruchtblätter die weibl. Geschlechtsorgane.
Geschlechtsreife, Lebensalter, in dem die Fortpflanzungsfähigkeit eines Lebewesens eintritt; hängt von klimat., physiolog. (z. B. Ernährung, Krankheiten), soziolog. und individuellen (z. B. Erbanlage) Bedingungen ab. Beim Menschen erfolgt die G. gegen Ende der ↑Pubertät.
Geschlechtstrieb, ↑Sexualität.
Geschlechtsumwandlung, ärztl. Maßnahmen zur Änderung der Geschlechtsmerkmale. Eine G. wird vorgenommen, wenn keine eindeutige Geschlechtszugehörigkeit besteht (Intersexualität) oder wenn eine starke Identifikation mit dem anderen Geschlecht mit hierdurch verursachten psych. Konflikten vorliegt (Transsexualität). Nach einer Vorbehandlung mit Sexualhormonen des angestrebten Geschlechts, die zu Bartwuchs (Androgene) oder Wachstum der Brüste (Östrogene) führt, werden durch plastisch-chirurg. Eingriffe die geschlechtsbestimmenden Merkmale geschaffen. – Die rechtl. Folgen einer medizinisch mögl. G. sind im Transsexuellen-Ges. vom 10. 9. 1980 geregelt. Danach besteht unter gewissen Voraussetzungen die Möglichkeit, durch Entscheidung des Amtsgerichts Vornamen zu ändern und im Personenstandsregister eintragen zu lassen. Nach einer operativen G. kann von unverheirateten und fortpflanzungsunfähigen Antragstellern eine gerichtl. Feststellung der Geschlechtszugehörigkeit zum

anderen Geschlecht in einem entsprechenden Verfahren beantragt werden.
Geschlechtsverkehr (Geschlechtsakt, Beischlaf, Coitus, Koitus, Kohabitation), genitale Vereinigung, beim Menschen durch Einführen des Penis in die Vagina (entsprechend der ↑Kopulation bei Tieren) und rhythm. Hin- und Herbewegen des Penis in der Vagina. Beim ersten G. kommt es bei der Frau meist zur ↑Defloration. Die biolog. oder Zeugungsfunktion (Begattung) liegt in der Übertragung männl. Keimzellen in den weibl. Organismus mit der mögl. Folge einer Befruchtung und Schwangerschaft. Die psych. Funktion des G. besteht v. a. in der Befriedigung des Geschlechtstriebs. Die soziale Funktion betrifft die sexuelle und seel. Partnerbindung, die beim Menschen (im Unterschied zum Tier) an kein Brunstzyklen gebunden ist. Über die »Normalität« des G. gibt es keine verbindl. Kriterien. Dies gilt sowohl für die Form, die vielfach durch zahlr. Koituspositionen und Sexualtechniken (wie Fellatio und Cunnilingus) variiert wird, als auch für die Häufigkeit des G. – *Strafrecht:* G. zw. nahen Verwandten (↑Inzest), mit abhängigen Personen, Widerstandsunfähigen, ↑Vergewaltigung und ↑sexueller Missbrauch von Kindern und Jugendlichen sind strafbar (§§ 173 ff. StGB). – *Zivilrecht:* sog. Deflorationsanspruch (↑Verlöbnis).
Geschlechtswort, *Sprache:* der ↑Artikel.
Geschlechtszelle, die Keimzelle, ↑Gameten.
geschlossener Fonds [-fɔ̃], ↑Investmentfonds.
geschlossenes Universum, ↑Kosmologie.
Geschmack, allg. das Vermögen, Schönes und Hässliches zu unterscheiden und zu beurteilen. – Wichtiger Begriff der philosoph. Ästhetik des 18. Jahrhunderts.
Geschmacksmuster, flächige Muster (z. B. Stoff- oder Tapetenmuster, Modeschnitte) oder räumlich-plast. Modelle (z. B. Lampen), die ästhetisch wirken und nach dem G.-Ges. vom 11. 1. 1876 (mehrfach geändert) für den Urheber schutzfähig sind, vorausgesetzt, sie sind als neues und eigentüml. Erzeugnis anzusehen. Durch das Merkmal des ästhetischen Gehalts unterscheiden sich G., die das Design schützen, wesentlich vom ↑Gebrauchsmuster. Der G.-Schutz, d. h. die dem Urheber vorbehaltene ausschließl. Befugnis, das G.

nachzubilden und zu verbreiten, währt fünf Jahre (Verlängerung auf höchstens 20 Jahre) ab Anmeldung zum **Musterregister,** das beim Patent- und Markenamt geführt wird. Das G.-Recht ist vererbbar und übertragbar und gegen Verletzungen rechtlich geschützt. International ist der G.-Schutz in der Pariser Verbandsübereinkunft sowie im Haager Musterabkommen geregelt. Aufgrund der am 6. 3. 2002 in Kraft getretenen VO (EG) über das **Gemeinschafts-G.** kann ein einheitl. G.-Schutz auf dem gesamten Gebiet der EG erworben werden. Geschützt werden das beim Harmonisierungsamt für den Binnenmarkt (HABM) in Alicante (Spanien) eingetragene und das nicht eingetragene Geschmacksmuster.
📖 *Nirk, R. u. Kurtze, H.: Geschmacksmustergesetz. Kommentar. Köln u. a. ²1997. – Maier, P. u. Schlötelburg, M.: Leitfaden Gemeinschafts-G. Köln u. a. 2003.*
Geschmacksorgane, mit besonderen Rezeptoren (z. B. Geschmacksknospen) ausgestattete Organe, die der Geschmackswahrnehmung dienen, z. B. bei den Wirbeltieren die ↑Zunge, bei Wirbellosen Geschmacksrezeptoren im Mundbereich oder an den Tarsen. (↑Geschmackssinn)
Geschmackssinn (Geschmack), chem. Sinn zur Wahrnehmung von Nahrungsstoffen und zum Abweisen ungenießbarer bzw. schädl. Substanzen beim Menschen und bei Tieren. Der G. ist ein Nahsinn mit relativ hohen Reizschwellen. Neben der Kontrolle der Nahrung ist er auch stark beteiligt an der Steuerung der Speichel- und Magensaftsekretion. Die Zellen des G. (**Geschmacksrezeptoren**) sprechen auf gelöste Substanzen (Geschmacksstoffe) an. Sie liegen bei den Wirbeltieren fast ausschl. im Bereich der Mundhöhle. Bei Säugetieren und beim Menschen stehen die sekundären Geschmacksrezeptoren mit dazwischen liegenden Stützzellen in sog. **Geschmacksknospen** zusammen; deren spindelförmige Sinneszellen stehen mit einem Fortsatz, durch einen feinen Kanal, der sich in eine nach der Mundhöhle öffnenden Grube (**Geschmacksporus**) erweitert, mit der Mundhöhle in Verbindung. An ihrer Basis treten Nervenfasern aus, die Geschmacksimpulse zu den betreffenden Gehirnzentren weiterleiten. Der erwachsene Mensch hat etwa 2 000 Geschmacksknospen, die v. a. auf den vorderen und

Geschütze GES

seitl. Zungenteilen und am Zungenrand liegen. Die vielfältigen Sinnesempfindungen, die z. B. beim Abschmecken von Speisen und beim Kosten von Getränken auftreten, beruhen v. a. auf dem Zusammenwirken von Geschmacks- und Geruchsempfindungen. Die vier **Grundqualitäten des G.** sind süß, sauer, salzig und bitter. Süß schmeckt man mit der Zungenspitze, sauer an den Zungenrändern, salzig an Rändern und Spitze, bitter erst am Zungengrund.
 Plattig, K.-H.: Spürnasen u. Feinschmecker. Die chem. Sinne des Menschen. Berlin u. a. 1995.
Geschmacksstoffe, nicht flüchtige Verbindungen mit saurem, süßem, salzigem oder bitterem Geschmack, die auf die Geschmacksrezeptoren der Zunge in wässriger Lösung einwirken.
Geschonneck, Erwin, Schauspieler, * Bartenstein 27. 12. 1906; begann 1930 in Laientheatern und Agitproptruppen; 1939 bis 1945 in KZ-Haft; spielte u. a. 1949–55 am Berliner Ensemble sowie in zahlr. Filmen: u. a. in »Das kalte Herz« (1950), »Das Beil von Wandsbek« (1950–51), »Karbid und Sauerampfer« (1963); »Nackt unter Wölfen« (1963), »Jakob der Lügner« (1974), »Matulla & Busch« (1995, Fernsehfilm).
Geschoss, 1) *Bautechnik:* (Etage, Stockwerk), Teil eines Gebäudes, der die auf einer Ebene liegenden Räume umfasst.
2) *Waffentechnik:* Bez. für einen festen Körper, der aus einer Schusswaffe abgefeuert wird und sich auf einer ballist. Flugbahn ohne Eigenantrieb oder Steuerung fortbewegt; auch als **Projektil** bezeichnet. Maßgebend für die Größenordnung eines G. ist das ↑Kaliber der Schusswaffe. Nach der Verwendung unterscheidet man G. für Handfeuerwaffen und Maschinengewehre, Spreng-G., Panzer brechende G., Leuchtspur-G., Träger-G. (»Mutter-G.«) u. a., nach der Art der Stabilisierung im Flug zw. drallstabilisierten G., die aus gezogenen Rohren verschossen werden, und flügelstabilisierten G., die aus glatten Rohren verfeuert und im Flug durch ein Leitwerk oder einen Flügel stabilisiert werden.
Geschütze, Feuerwaffen, die aufgrund ihrer Größe und ihres Gewichts im Unterschied zu den Handfeuerwaffen keine freihändige Handhabung erlauben. Hauptteile eines G. sind das G.-Rohr, die Lafette, die (teil- oder vollautomat.) Ladeeinrichtung und die Zieleinrichtung. Das G.-Rohr besteht aus dem eigtl. Rohr (bei modernen G. mit Mündungsbremse oder Rauchabsauger), dem das Rohr nach hinten gasdicht abschließenden Verschluss, dem Bodenstück (gasdichte Verbindung zw. Rohr und Verschluss) und der mechan. oder elektr. Abfeuerungseinrichtung. Im Rohr wird das zu verschießende Geschoss durch den Gasdruck beschleunigt, der im Ladungsraum (hinterer Teil des Rohres) durch Verbrennen der Treibladung entsteht. Die Lafette dient als Schieß- und (gegebenenfalls) Fahrgestell, sie nimmt die beim Schuss auftretenden Kräfte auf und leitet sie in den Erdboden bzw. die Fundamentierung ab. Bestandteile der Lafette sind Rohrwiege, Rohrrücklaufeinrichtung (Rohrbremse und -vorholer), Ausgleicher und Richtmaschinen, die die vertikale und horizontale Bewegung des Rohres ermöglichen.
Geschützarten: Grundsätzlich werden G. nach den Kriterien Kaliberlänge (Länge des Rohres, angegeben als Vielfaches des jeweiligen Kalibers), Anfangsgeschwindigkeit des Geschosses, Schussweite, Art der Flugbahnkrümmung und Rohrerhöhungswinkel in Kanonen, Haubitzen und Mörser unterteilt, jede dieser Arten nach Kalibergröße und G.-Gewicht als schwer, mittel oder leicht klassifiziert. Kanonen sind G. mit hoher Kaliberlänge (d. h. einem im Verhältnis zur Kalibergröße relativ langen Rohr), hoher Anfangsgeschwindigkeit des Geschosses, relativ gestreckter, rasanter Geschossflugbahn und geringem Rohrerhöhungswinkel. Früher v. a. zur Erreichung hoher Schussweiten eingesetzt (im Ersten und Zweiten Weltkrieg als **Fern-G.**), werden Kanonen heute als ausgesprochene **Flachfeuer-G.** für die Bekämpfung direkt sichtbarer Ziele verwendet. **Haubitzen** sind G. mit mittlerer Kaliberlänge, mittlerer Anfangsgeschwindigkeit des Geschosses, gekrümmter Geschossflugbahn (die durch Variierung der Treibladungsstärke den Erfordernissen angepasst werden kann) und mittlerem Rohrerhöhungswinkel. Aufgrund ihrer vielseitigen Einsatzmöglichkeit ist die Haubitze die heute verbreitetste Artilleriewaffe. **Mörser** sind G. für sog. Steilfeuer; sie sind gekennzeichnet durch geringe Kaliberlänge, geringe Anfangsgeschwindigkeit des Geschosses, stark gekrümmte Geschossflugbahn und großen Rohrerhöhungswinkel. Seit dem

Geschütze

Zweiten Weltkrieg spielen sie aufgrund ihrer geringen Reichweite keine Rolle mehr, ihr Wirkungsprinzip lebt jedoch im Granatwerfer der Infanterie (vielfach ebenfalls als Mörser bezeichnet) weiter.

Geschichte: Die G. stehen am Anfang der Entwicklung der Feuerwaffen überhaupt. Im 14. Jh. verwendete man zunächst verhältnismäßig kleinformatige, aus Eisen geschmiedete oder aus Bronze gegossene Rohre. Größere Rohre bestanden aus schmiedeeisernen, über einem Holzdorn längs zusammengefügten Stäben, über die in erhitztem Zustand – ähnlich wie bei der Fassherstellung – Eisenreifen gezogen wurden. Als Geschosse dienten anfänglich Steinkugeln, seit der 2. Hälfte des 15. Jh. auch gusseiserne Kugeln. Als Auflage für die G.-Rohre wurden zu Beginn Holzgerüste benutzt, seit Ende des 15. Jh. zweirädrige (Kasten-)Lafetten, bei denen die Rohre mittels Schildzapfen in der Senkrechten schwenkbar waren. Ende des 14. Jh. setzte sich für die Herstellung der Rohre der Bronzeguss durch, Mitte des 16. Jh. der Eisenguss. Bekannte G.-Typen des späten MA. und der frühen Neuzeit waren die großkalibrigen **Metzen** und **Kanonen**, die **Mörser, Tümmler** und **Böller**; speziell zum Breschschießen dienten Bombarden, Mauerbrecher und Hauptbüchsen. Kartaunen (kleine Hauptbüchsen), Falkone und Schlangen waren für den Krieg im Feld vorgesehen. Im 16./17. Jh. setzte sich für Flachfeuer-G. die Bez. Kanone durch, bis zum Ende des 17. Jh. hatte sich die Haubitze als dritte allg. G.-Art neben Mörser und Kanone herausgebildet.

Um die Mitte des 19. Jh. lösten die **Hinterlade-G.** mit gezogenem Rohr die bis dahin üblichen **Vorderlade-G.** ab, hierdurch konnten Treffgenauigkeit, Reichweite und Feuergeschwindigkeit erheblich gesteigert werden. Gegen Ende des 19. Jh. wurde das mit Rohrrücklauf, Verschluss mit selbsttätigem Auswerfer und Gussstahlmantelrohr versehene **Schnellfeuer-G.** entwickelt, die Einführung hochexplosiver Brisanzgeschosse ließ die herkömml. Festungsanlagen wertlos werden. Bis zum Anfang des 20. Jh. unterschied man nach dem Verwendungszweck im Wesentlichen nur zw. den auf Kriegsschiffen eingebauten **Schiffs-G.** (seit Ende des 19. Jh. in drehbaren G.-Türmen untergebracht) und den bei den Heeren eingesetzten (eigentl.) **Artillerie-G.** Zu diesen gehörten die mittels Pferde- oder Kraftzug relativ beweglich gemachten Feld-G. der Feldartillerie (leichte und mittlere Kanonen und Haubitzen) und die schweren Belagerungs-G. der Fußartillerie (vorwiegend großkalibrige Mörser, zum Transport meist in Teillasten zerlegt), daneben fest eingebaute Festungs-G. (für den Seezielbeschuss in der speziellen Form der Küsten-G.). Im Ersten Weltkrieg wurden **Flugabwehr-** und **Panzerabwehr-G.** eingeführt, Kanonen als Bord-G. in Panzerfahrzeuge und Flugzeuge eingebaut. Im Zweiten Weltkrieg begann man die Möglichkeiten der Motorisierung durch Einführung von Selbstfahrlafetten auszunutzen. Für spezielle Einsätze gegen weit entfernte Ziele und Festungsanlagen wurden in beiden Weltkriegen G. auf schienengestützten Lafetten verwendet (Eisen-

Geschütze: eine 155-mm-Haubitze im Einsatz

bahn-G.), für den Einsatz im Hochgebirge zerlegbare Gebirgs-G., nach deren Vorbild später auch für den Fallschirmeinsatz geeignete Luftlande-G. Als unmittelbare Unterstützungswaffen erhielt die Infanterie rückstoßfreie Leicht-G. und spezielle Infanterie-G. Nach 1945 entwickelte man die **Panzerhaubitze**, ein in einem gepanzerten Turm untergebrachtes G. auf Vollkettenfahrgestell.

geschützte Biotope, Biotope, die wegen ihrer Gefährdung einen generellen naturschutzrechtl. Schutz genießen, unabhängig von ihrer besonderen Ausweisung im Rahmen einer der im Bundesnaturschutzgesetz vorgesehenen Schutzgebietskategorien, z. B. Sümpfe, Felsbiotope, Streuobstwiesen.

geschützte Pflanzen und Tiere, wild wachsende Pflanzen, deren Beschädigung oder Entfernung vom Standort wegen ihrer Seltenheit verboten oder nur beschränkt zulässig ist, sowie wild lebende Tiere, deren mutwillige Tötung, missbräuchl. Aneignung und Verwertung ständig oder zeitweise verboten ist. Eingeschlossen in diesen Schutz sind Entwicklungsformen, Lebensstätten, Lebensräume und Lebensgemeinschaften. Der gesetzl. Schutz ist im Wesentlichen im Rahmen des Bundesnaturschutz-Ges. (v. 25. 3. 2002) und der Bundesartenschutzverordnung (v. 14. 10. 1999) vorgesehen (↑Rote Liste, ↑Washingtoner Artenschutzabkommen). Hiervon unberührt bleiben die Vorschriften von Pflanzenschutzrecht, Tierseuchenrecht, Tierschutzrecht sowie Forst-, Jagd- und Fischereirecht.

Geschwader [von italien. squadra »(quadrat. angeordnete) Truppe«], in der Marine ein organisator. und takt. Verband gleichartiger Kriegsschiffe, von einem **G.-Kommandeur** geführt; in der Luftwaffe ein fliegender Verband, auf Regimentsebene von einem **G.-Kommodore** geführt.

Geschwindigkeit, *Physik:* Formelzeichen v, SI-Einheit ist Meter durch Sekunde (m/s), in der Seefahrt wird Knoten (kn) verwendet; eine als Maß für die Schnelligkeit einer Bewegung dienende physikal. Größe; in der *Mechanik* bei einer gleichförmigen Bewegung (Betrag und Richtung der G. bleiben konstant) der Quotient aus dem im Zeitintervall Δt zurückgelegten Weg Δs und der Zeit, $v = \Delta s/\Delta t$. Bei ungleichförmiger Bewegung bezeichnet die so definierte G. die **Durchschnitts-G. (mittlere G.)** in der Zeitspanne Δt. Die **Momentan-G.** ergibt sich als Differenzialquotient zu $v = ds/dt$. Die G. ist eine vektorielle physikal. Größ, d. h. sie ist durch Betrag und Richtung charakterisiert. Bezeichnet man mit s die gerichtete Wegstrecke, so gilt $v = ds/dt$ oder, für den von einem festen Bezugspunkt zum jeweiligen Ort des Körpers (Massenpunktes) weisenden, von der Zeit abhängigen Ortsvektor $r(t)$, $v = dr/dt$. Die Richtung des G.-Vektors entspricht der Bewegungsrichtung und fällt mit der Richtung der Bahntangente zusammen; der Betrag dieses Vektors heißt auch **Bahngeschwindigkeit**. Die auf ein festes Koordinatensystem bezogene G. ist die **Absolut-G.**, im Ggs. zur **Relativ-G.**, mit der sich zwei Körper gegeneinander bewegen. Bei krummlinigen Bewegungen wird oft die ↑Winkelgeschwindigkeit angegeben.

In der *Wellenlehre* unterscheidet man bei der Ausbreitung von Wellen die Phasen- und Gruppen-G.; mit der **Phasen-G.** pflanzt sich eine Wellenfläche konstanter Erregung fort, während die **Gruppen-G.** die G. ist, mit der sich der Schwerpunkt einer endlich ausgedehnten Wellengruppe und damit die im Wellenfeld enthaltene Energie fortbewegt. Spezielle Ausbreitungs-G. sind die ↑Lichtgeschwindigkeit bei elektromagnet. Wellen und die ↑Schallgeschwindigkeit bei Schallwellen. Die Licht-G. $c_0 \approx 300\,000$ km/s im Vakuum bildet nach der ↑Relativitätstheorie die natürl. obere Grenze aller überhaupt mögl. G., mit denen sich Materie oder Energie bewegen können. Die Gruppen-G. einer Welle muss daher stets kleiner, Phasen-G. dagegen können größer als die Licht-G. sein. Gruppen-G., die klein sind im Vergleich zur Licht-G., addieren sich vektoriell, **relativist. G.** (d. h. solche die mit der Licht-G. vergleichbar sind) nach dem relativist. Additionstheorem der Geschwindigkeit.

Die wichtigsten G. in der *Raumfahrt* sind die ↑kosmischen Geschwindigkeiten. In der *Luftfahrt* wird zw. versch. ↑Fluggeschwindigkeiten differenziert. Als Einheit in der Luftfahrt dient auch die ↑Machzahl *(Ma)*. Die *G.-Messung* kann elementar als Längen- und Zeitmessung erfolgen, z. B. bei Fahrzeugen mit Geschwindigkeitsmes-

Geschwindigkeitsmesser

sern, bei Teilchen mit Flugzeitspektrometern (↑Flugzeitmethode). Strömungs-G. werden z. B. aus dem Durchfluss durch einen Querschnitt oder mithilfe von Anemometern (↑Windmessung) gemessen. Sehr hohe G., z. B. von Sternen, Flugzeugen, auch von Molekularstrahlen, lassen sich indirekt mithilfe des ↑Doppler-Effekts (z. B. über Radarverfahren) bestimmen.

Geschwindigkeitsmesser, 1) bei Landfahrzeugen ↑Tachometer.

2) (Fahrtmesser), bei Luftfahrzeugen ein Bordinstrument, das die Fluggeschwindigkeit misst. Zur Eigengeschwindigkeits- oder Fahrtmessung dienen Messfühler, die einen geschwindigkeitsabhängigen Überdruck oder Unterdruck messen und an einem in Geschwindigkeitseinheiten geeichten Druckmessgerät anzeigen. Wird das als Machzahl bezeichnete Verhältnis der Eigengeschwindigkeit zur Schallgeschwindigkeit angezeigt, so heißt das Gerät **Machmeter**. Die Geschwindigkeit über Grund kann bei Bodensicht mit opt. Geräten und ohne Bodensicht mit Doppler-Radar oder mit Trägheitsnavigationsgeräten gemessen werden.

3) bei Schiffen die ↑Fahrtmessanlage.

Geschwindigkeitsverteilung, *statist. Mechanik:* die ↑maxwellsche Geschwindigkeitsverteilung; i. w. S. auch die Bose-Einstein- und die Fermi-Dirac-Verteilung, wenn die Teilchenenergien eine Funktion der Geschwindigkeit sind.

Geschwister, von denselben Eltern abstammende Kinder. Man unterscheidet vollbürtige (leibl.) G. und, wenn sie nur einen Elternteil gemeinsam haben, halbbürtige G. (Stief-G., Halb-G.); G. sind auch minderjährig Adoptierte.

Geschworener, in Dtl. frühere Bez. für ↑Schöffe. In *Österreich* (»Geschworner«) und der *Schweiz* Laienrichter an einem Geschworenengericht (↑Schwurgericht).

Geschwulst, der ↑Tumor.

Geschwür (Ulkus), örtl. Substanzdefekt der Haut oder Schleimhaut mit schlechter Heilungstendenz, z. B. ↑Beingeschwür, ↑Magengeschwür, ↑Zwölffingerdarmgeschwür; G. können krebsig entarten.

Geseke, Stadt im Kr. Soest, NRW, am Hellweg, 19 600 Ew.; Elektro-, Möbel-, Zementind., Eisengießerei, Maschinenbau. – Im Ortsteil Eringerfeld Wasserschloss (Hauptbauzeit 1676–79). – 833 erstmals erwähnt, erhielt um 1217 Stadtrecht.

Geselchtes, süddt. und österr. Bez. für geräucherte gekochte Fleischwaren.

Gesell, 1) Arnold Lucius, amerikan. Kinderpsychologe, *Alma (Wisc.) 21. 6. 1880, †New Haven (Conn.) 29. 5. 1961; Prof. an der Yale University, erforschte und dokumentierte die kindl. psychophys. Entwicklung bis zur Pubertät.
Werke: Das Kind von 5 bis 10 (1949); Jugend. Die Jahre von 10 bis 16 (1956).

2) Jean Silvio, Finanztheoretiker, *Sankt-Vith (Belgien) 17. 3. 1862, †Eden (heute zu Oranienburg) 11. 3. 1930; 1919 Finanzmin. der bayer. Räterep., Begründer der »Freiwirtschaftslehre«, mit der er eine »freisoziale Ordnung« schaffen wollte. Prämissen seiner Theorie: Abschaffung des Bodenmonopols und Abführung von Pacht an den Staat, Einführung von Freigeld (Geldart, deren Nominalwert sich ständig nach festem Plan verringert, um vom Horten ausgehende Störungen der Wirtschaft zu verhindern).

Geselle, Handwerker, der eine ordnungsgemäße Ausbildungszeit (meist drei Jahre) durchlaufen und vor der Handwerkskammer oder Innung die **G.-Prüfung** bestanden hat. Als Zeugnis wird der **G.-Brief** ausgestellt. – Im MA. lebte der G. in Arbeits- und Wohngemeinschaft im Haushalt des Meisters. Im Spät-MA. bildeten sich das G.-Wandern und G.-Bruderschaften heraus.

Gesellenbruderschaften, seit dem 14. Jh. übl., häufig nach Art der Zünfte organisierte Standesvertretung der Handwerksgesellen; formten sich in der frühen Neuzeit allmählich zu Verbänden mit sozialpolit. Zielsetzung um, die auch Arbeitskämpfe führten. Mit der Abschaffung der Zünfte im 19. Jh. lösten sich die meisten G. auf, andere gingen in ↑Gesellenvereine (Arbeitervereine) und später in Gewerkschaften über.

Gesellenvereine, im Übergang zur Ind.gesellschaft (19. Jh.) entstandene freie Zusammenschlüsse von unselbstständigen Handwerkern auf fachl. oder konfessioneller Grundlage mit dem Ziel, Fortbildung und Geselligkeit zu pflegen bzw. soziale Unterstützung zu geben. Bes. kath. G. gewannen große Bedeutung (vgl. ↑Kolping).

Gesellenwandern (Walz), Gesellentradition, einige Jahre in der Fremde (mindestens 50 km) zu arbeiten, um die eigenen Kenntnisse und Fertigkeiten zu erweitern.

Gesellschaft Deutscher Chemiker e. V.   GES

Das G. wurde im 14. Jh. allmählich üblich; vom 16. bis zum 19. Jh. bestand Wanderpflicht als Vorbedingung für die Zulassung als Handwerksmeister.

Gesellschaft, 1) *allg.:* vieldeutig gebrauchter Begriff, der im weitesten Sinne die Verbundenheit von Lebewesen (Pflanzen, Tiere, Menschen) mit anderen ihrer Art und ihr Eingebundensein in den gleichen Lebenszusammenhang bezeichnet; allein auf den Menschen bezogen meint G. die Menschheit schlechthin oder bestimmte begrenzte Teile davon (z. B. die Menschen einer Nation) und weist auf deren Gliederung, (Rang-)Ordnung und bes. strukturiertes Beziehungssystem hin. Der Begriff G. wurde urspr. auch in vielerlei besonderen Zusammenhängen verwendet, z. B. für gelehrte Vereinigung, Geheim-G. und Handelsgesellschaft.
2) *Recht:* Vereinigung mehrerer Personen zur Erreichung eines gemeinsamen Zwecks, z. B. als ↑Handelsgesellschaft oder ↑Gesellschaft des bürgerlichen Rechts.
3) *Soziologie:* Die menschl. G. bildet auf jeder ihrer Entwicklungsstufen sowie in ihren unterschiedl. Formen und Ordnungen versch. **G.-Systeme.** Alle höher entwickelten G.-Ordnungen zeigen eine Stufung nach Ständen oder Klassen. In neuerer Zeit deutet der Begriff »pluralist. G.« darauf hin, dass sich die herkömml. Strukturen zugunsten eines vielschichtigen Gruppen- und Wertesystems auflösen.
Während im MA. die **ständ. G.** als Ausdruck der göttl. Weltordnung verstanden und im Zeitalter des Absolutismus dem Herrscher untergeordnet wurde, entfaltete die in den bürgerl. Revolutionen seit dem 18. Jh. entstehende **bürgerl. G.** eine Gegenbewegung, deren Dynamik (wirtsch.-techn. Entwicklung mit Industrialisierung, Verstädterung u. a.) langfristig zur Auflösung patriarchal. Ordnungen führte. Es entstanden dabei G.-Theorien von sehr unterschiedl. Ansätzen (↑Soziologie). Von besonderer histor. Bedeutung war die These des Marxismus, die soziale Revolution werde, unter Aufhebung des Staates, naturnotwendig die **klassenlose G.** verwirklichen. Dieser steht in den heutigen Sozialwiss. bes. das maßgeblich auf K. R. Popper zurückgehende Konzept der ↑offenen Gesellschaft gegenüber.

📖 *Tönnies, F.: Gemeinschaft u. G. Leipzig* ^{8}*1935. Nachdr. Darmstadt* ^{3}*1991. – Popper,*
K. R.: Die offene G. u. ihre Feinde, 2 Bde. A. d. Engl. Tübingen ^{7}*1992. – Elias, N.: Die G. der Individuen, hg. v. M. Schröter. Frankfurt am Main 2001.*

Gesellschaft der Freunde, ↑Quäker.
Gesellschaft des bürgerlichen Rechts, Abk. **GbR,** (BGB-Gesellschaft), die auf Vertrag beruhende Vereinigung mehrerer Personen zur Erreichung eines gemeinsamen Zwecks (§§ 705 ff. BGB). Der BGH entschied (Urteil vom 29. 1. 2001) in Abkehr von seiner bisherigen Rechtsprechung, dass sie Rechts- und Parteifähigkeit besitzt, soweit sie als Teilnehmer am Rechtsverkehr eigene (vertragl.) Rechte und Pflichten begründet. Zwangsvollstreckungen in das Gesellschaftsvermögen bedürfen deshalb keines Titels gegen alle Gesellschafter mehr, sondern es genügt ein Titel gegen die Gesellschaft. Die Gründung einer GbR erfordert einen (i. d. R. formfreien) Gesellschaftsvertrag. Die Geschäftsführung steht in Ermangelung einer Vereinbarung allen Gesellschaftern gemeinsam zu; das Gesellschaftsvermögen (Beiträge, erworbene Gegenstände u. a.) ist stets gemeinschaftl. Vermögen der Gesellschafter, es gehört ihnen zur gesamten Hand (↑Gesamthandsgemeinschaft). Für die Gesellschaftsschulden haften die Gesellschafter meist als Gesamtschuldner (↑Gesamtschuld). Der einzelne Gesellschafter kann weder über seinen Anteil alleine noch über einzelne Gegenstände des Gesellschaftsvermögens verfügen; möglich ist aber, im Einvernehmen mit den anderen Gesellschaftern, Mitgliedschaft und Vermögensanteil an andere zu übertragen. Die GbR wird u. a. aufgelöst bei Erreichen des Zwecks, Tod eines Gesellschafters, Eröffnung des Insolvenzverfahrens über das Vermögen der Gesellschaft oder durch Kündigung. – In *Österreich* (§§ 1175 ff. ABGB) und der *Schweiz* (Art. 530 ff. OR, »einfache Gesellschaft«) gelten ähnl. Bestimmungen.

Gesellschaft Deutscher Chemiker e. V., Abk. **GDCh,** Fachorganisation der Chemiker in Dtl., Sitz: Frankfurt am Main; gegr. 1949 in der Tradition der Dt. Chem. Gesellschaft (1867) und des Vereins Dt. Chemiker (1887) aus Vorläufervereinigungen in den Besatzungszonen; Aufgabe: Förderung der Chemie und der Chemiker auf gemeinnütziger Grundlage, u. a. durch Tagungen und die Herausgabe von Fachlit.

429

GES Gesellschaft Deutscher Naturforscher und Ärzte e. V.

Die Chem. Gesellschaft der DDR wurde 1990 mit der GDCh zusammengeführt.
Gesellschaft Deutscher Naturforscher und Ärzte e.V., Vereinigung zur Förderung der Naturwiss.en und der Medizin. 1822 in Leipzig gegr.; neu gegr. 1950 in Göttingen.
Gesellschaften für christlich-jüdische Zusammenarbeit, Vereinigungen von Christen und Juden in Dtl., die sich bei gegenseitiger Achtung aller Unterschiede in besonderer Weise den Anliegen der Verständigung und Zusammenarbeit zw. Christen und Juden verpflichtet wissen. Die in Dtl. bestehenden Gesellschaften (2003: 79 mit etwa 20 000 Mitgl.) sind im Dt. Koordinierungsrat der G.f.c.-j. Z. (gegr. 1949, Sekretariat: Bad Nauheim) zusammengeschlossen, der dem International Council of Christians and Jews (Sekretariat: Heppenheim/Bergstraße) angehört. Im März jedes Jahres veranstalten die G.f.c.-j. Z. die **Woche der Brüderlichkeit**, in deren Rahmen die **Buber-Rosenzweig-Medaille** verliehen wird.
Gesellschafter, Mitgl. einer Personenges. oder Anteilsinhaber einer GmbH.
Gesellschafterversammlung, ↑Gesellschaft mit beschränkter Haftung.
Gesellschaft für Anlagen- und Reaktorsicherheit mbH, Abk. **GRS**, 1977 gegründete, unabhängige, technisch-wiss. Expertenorganisation, die sich mit Fragen der kerntechn. Sicherheit und nuklearen Entsorgung befasst; Sitz: Köln. Zu den Arbeitsschwerpunkten der GRS gehören Forschungs- und Entwicklungsarbeiten, sicherheitstechn. Untersuchungen und Erstellung von Gutachten. Hauptgesellschafter sind die Bundesrep. Dtl. (46 %) sowie TÜV und German. Lloyd (zus. 46 %). Hauptauftraggeber sind die Bundesministerien für Umwelt, Naturschutz und Reaktorsicherheit (BMU), für Wirtschaft und Technologie (BMWi), für Bildung und Forschung (BMBF), das Bundesamt für Strahlenschutz (BfS) sowie internat. die Europ. Kommission.
Gesellschaft für bedrohte Völker, Menschenrechtsorganisation, in der Bundesrep. Dtl. 1970, in der Schweiz 1987 gegr., heute mit Schwestergesellschaften in Österreich, Italien, Luxemburg sowie Bosnien und Herzegowina; bekämpft Völkermord, Vertreibung und Unterdrückung nat. Minderheiten und setzt sich für deren Rechte ein. Publizist. Organ ist die Zeitschrift »Pogrom«.
Gesellschaft für Biotechnologische Forschung mbH, Abk. **GBF**, eines der Forschungszentren der ↑Hermann von Helmholtz-Gemeinschaft Dt. Forschungszentren, gegr. 1976; Träger: Bundesrep. Dtl. und das Land Ndsachs.; Sitz: Braunschweig.
Gesellschaft für Chemische Technik und Biotechnologie e.V., seit Dez. 1999 Name der ↑DECHEMA.
Gesellschaft für deutsche Sprache, Vereinigung zur Pflege der dt. Sprache, gegr. 1947 in Lüneburg; Nachfolgeorganisation des dt. Sprachvereins; Sitz (seit 1965): Wiesbaden. Ztschr.: »Muttersprache« (seit 1949) und »Sprachdienst« (seit 1957).
Gesellschaft für Deutsch-Sowjetische Freundschaft, Abk. **DSF**, Massenorganisation in der DDR; 1947 als »Gesellschaft zum Studium der Kultur der Sowjetunion« gegr., 1949 umben.; nach der Wiedervereinigung Dtl.s umorganisiert; heißt seit 1992 »Brücken nach Osten – Föderation von Gesellschaften zur Völkerverständigung«.
Gesellschaft für Informatik e.V., Abk. **GI**, gemeinnützige Ges. mit dem Ziel, die Informatik in Forschung, Weiterbildung und Anwendung zu fördern; Sitz: Bonn, etwa (2003) 24 000 Mitgl., gegr. 1969. Die GI arbeitet u.a. in Normenausschüssen und vertritt Dtl. in der internat. Vereinigung IFIP. Alle zwei Jahre verleiht die GI die »Konrad-Zuse-Medaille« für Verdienste um die Informatik«.
Gesellschaft für Schwerionenforschung mbH, Abk. **GSI**, 1969 gegr., von der Bundesrep. Dtl. und dem Land Hessen getragene Ges., Sitz: Darmstadt; Mitgl. der ↑Hermann von Helmholtz-Gemeinschaft Deutscher Forschungszentren. Hauptarbeitsgebiet ist die ↑Schwerionenforschung, v. a. auf den Gebieten Kernchemie, Kern- und Atomphysik, mit Anwendungen für Materialforschung, Mikrostrukturierung, Plasma-, Biophysik, Strahlentherapie.
Gesellschaft für Sport und Technik, Abk. **GST**, 1956–90 Massenorganisation in der DDR zur vormilitär./wehrsportl. Ausbildung v. a. Jugendlicher.
Gesellschaft für Technische Überwachung mbH, ↑GTÜ.

Gesellschaft für Wirtschafts- und Sozialwissenschaften – Verein für Socialpolitik, Vereinigung von Wirtschaftswissenschaftlern und Praktikern des Wirtschaftslebens zur Erörterung wirtsch. und sozialer Fragen sowie für die Klärung von Fach- und Studienfragen der Wirtschafts- und Sozialwissenschaften; Sitz: Köln. Sie verleiht den Gossen-Preis (seit 1997) und gibt u. a. die »Ztschr. f. Wirtschafts- und Sozialwiss.« heraus. Sie wurde 1872 u. a. von G. Schmoller, L. Brentano und A. H. G. Wagner als **Verein für Socialpolitik** (Eintragung 1873; jetziger Name seit 1955) gegründet (1936 Selbstauflösung, 1948 neu gegr.) und orientierte sich an den Lehren der histor. Schule der Nationalökonomie. Der Verein war gegen den strikten Freihandel, befürwortete eine den nat. Interessen entsprechende Wirtschaftspolitik sowie eine reformerisch orientierte Sozialpolitik.

Gesellschaft Jesu, die ↑Jesuiten.

Gesellschaft mit beschränkter Haftung, Abk. **GmbH,** eine Handelsgesellschaft mit eigener Rechtspersönlichkeit und mit einem bestimmten Kapital (**Stammkapital;** mindestens 25 000 €), das von den Gesellschaftern durch Einlagen (**Stammeinlagen;** mindestens 100 € pro Gesellschafter) aufgebracht wird (GmbH-Ges. vom 20. 4. 1892, mit Änderungen). Die Gründung erfolgt durch eine oder mehrere Personen, die in notarieller Urkunde einen Gesellschaftsvertrag (Satzung) abschließen und die Stammeinlagen übernehmen. Die GmbH erlangt Rechtsfähigkeit durch Eintragung ins Handelsregister. Sie ist stets Handelsgesellschaft und Kaufmann im Sinne des HGB und muss in ihrem Firmennamen immer den Zusatz »mit beschränkter Haftung« (oder die entsprechende Abk.) führen.

Organe der GmbH sind die Geschäftsführung und die Gesellschafterversammlung. Bei GmbH mit mehr als 500 Arbeitnehmern ist ein Aufsichtsrat zur Überwachung der Geschäftsführung vorgeschrieben. Der oder die Geschäftsführer werden im Gesellschaftsvertrag oder durch Beschluss der Gesellschafterversammlung bestellt. Ihre Bestellung kann jederzeit, meist jedoch nur aus wichtigem Grund, widerrufen werden. Hiervon ist die Kündigung des der Bestellung zugrunde liegenden Dienstvertrages zu unterscheiden. Die Geschäftsführung hat nach außen unbeschränkte Vertretungsmacht. Sie ist der Gesellschafterversammlung als der Versammlung der an der Gesellschaft beteiligten Gesellschafter rechenschaftspflichtig. Für Verbindlichkeiten haftet nur das Gesellschaftsvermögen. Allerdings kann eine persönl. Haftung der Geschäftsführer entstehen, wenn diese bei Zahlungsunfähigkeit der GmbH nicht rechtzeitig die Eröffnung des Insolvenzverfahrens beantragen. Im Innenverhältnis der Gesellschafter besteht ferner eine Ausfallhaftung für nicht erbrachte Stammeinlagen sowie evtl. eine Nachschusspflicht.

Auflösungsgründe sind Verfehlen des Gesellschaftszwecks, gesetzwidrige Handlungen der Gesellschaft, Eröffnung des Insolvenzverfahrens u. a. – Im Ausland wurde die dt. Gesellschaftsform vielfach übernommen; in *Österreich* durch das GmbH-Gesetz vom 6. 3. 1906, in der *Schweiz* durch Ges. vom 18. 12. 1936 (Art. 772 ff. OR). Das Stammkapital beträgt in Österreich mindestens 35 000 € (Stammeinlage pro Gesellschafter mindestens 70 €), in der Schweiz mindestens 20 000 sfr (Stammeinlage mindestens 1 000 sfr).

📖 *Gründung, Gestaltung u. Betreuung der GmbH. Handelsrecht – Steuerrecht,* bearb. v. *R. Schwedhelm u. a.* Bonn 1995. – *Höhn, R.:* Die Geschäftsleitung der GmbH. Organisation, Führung u. Verantwortung, Kontrolle durch Aufsichtsrat u. Beirat. Köln ²1995. – *Raiser, T.:* Recht der Kapitalgesellschaften. München ³2001.

Gesellschaftsinseln (frz. Îles de la Société), zu Französisch-Polynesien gehörende Inselgruppe im Pazif. Ozean, vulkan. Ursprungs, von Korallenriffen umgeben. Die südöstl. »Inseln über dem Winde« (mit ↑Tahiti) und die nordwestl. »Inseln unter dem Winde« (mit Raiatéa und Bora Bora) sowie ganz im W die drei Atolle Mahipaa, Sciully und Bellinghausen umfassen zus. 1 647 km² mit 214 400 Ew.; Hauptstadt Frz.-Polynesiens und der Inseln über dem Winde ist Papeete (auf Tahiti), der Inseln unter dem Winde Uturoa (auf Raiatéa); Kokospalm-, Zitrus-, Brotfruchtbaumkulturen, Anbau von Bananen, Taro, Vanille; Ausfuhr von Kopra, Vanille, Phosphaten. – 1767 entdeckt, erhielten sie 1769 durch J. Cook zu Ehren der Königl. Geograph. Gesellschaft in London ihren Namen; wurden 1842 frz. Protektorat, 1880–88 frz. Kolonie.

Gesellschaftskleidung, auf Festen und bei offiziellen Gelegenheiten getragene Kleidung; für den Herrn: je nach Anlass dunkler Anzug, Smoking, Cutaway, Frack; für die Dame: klass. Kostüm, eleganter Hosenanzug, festl. Kleid, großes Abendkleid.

Gesellschaftskritik, die krit. Reflexion über Mängel der Rechts- und Sozialordnung, des öffentl. Lebens überhaupt. Einerseits wiss. Analyse der Gesellschaft, andererseits publizist., literar. oder künstler. Protestäußerung, richtet sich die G. gegen kulturelle, soziale oder polit. Missstände. Zugrunde liegen ihr Vorstellungen von einer besseren, gerechteren Gesellschaftsordnung (↑Utopie). – Die moderne G. geht auf die Aufklärung zurück. Im Zuge der polit. und wirtsch. Umwälzungen der bürgerl. Revolutionen und der Industrialisierung wurde die bestehende Gesellschaftsordnung radikal infrage gestellt (↑Revolution, ↑Marxismus). Daneben entwickelten sich evolutionäre Strömungen, die Veränderungen durch eine allmähliche gesellschaftl. Reformpolitik anstrebten. Bedeutend nach dem Zweiten Weltkrieg waren v. a. eine kulturkonservative G., die an den Erscheinungen der modernen Massengesellschaft Anstoß nahm, die ↑kritische Theorie und die G. vonseiten der alternativen Bewegung.

📖 *Walzer, M.: Kritik u. Gemeinsinn. Drei Wege der G. A. d. Amerikan. Tb.-Ausg. Frankfurt am Main 1993. – Walzer, M.: Zweifel u. Einmischung. G. im 20. Jh. A. d. Amerikan. Tb.-Ausg. Frankfurt am Main 1997.*

Gesellschaftslied, im Ggs. zum Volks- und Kunstlied das Lied einer bestimmten Gesellschaftsschicht, z. B. Trink-, Festlieder der Studenten. Blütezeit: 1600–1800.

Gesellschaftsordnung (Gesellschaftssystem), die Gesamtheit der wirtsch., rechtl., sozialen und polit. Beziehungen innerhalb einer Gesellschaft, eines Staates oder einer Staatengruppe; verstanden als Ordnung nach bestimmten Prinzipien oder wirksamen Faktoren (leitende Ideen, Wirtschaftsordnung).

Gesellschaftsstück, 1) *Kunst:* Darstellung von Menschen im geselligem Beisammensein, eine Art des Genrebildes; bes. in der niederländ. Malerei des 17. Jh. (G. Terborch, J. Steen, P. de Hooch, Vermeer van Delft). Eine eigene Gattung des G. sind die Fêtes galantes (»galante Feste«) der frz. Malerei des 18. Jh. (u. a. A. Watteau). **2)** *Literatur:* ↑Konversationsstück.

Gesellschaftstanz, Bez. für lehrbare, nicht oder wenig improvisierte Tanzformen, die im Ggs. zum Bühnen-, Sakral- und Volkstanz v. a. der Geselligkeit dienen. Aufgekommen als Paartanz an italien. Fürstenhöfen des 15. Jh., waren seine Zentren im 16./17. Jh. der frz. und span. Hof, seine Formen Branle, Bourrée, Gavotte, Allemande, Chaconne, Gigue, Sarabande, Courante, Gaillarde und Menuett. Bes. beliebt waren im 19. Jh. Walzer, Polka, Mazurka, Galopp und Polonaise, Anfang des 20. Jh. nord- und südamerikan. Tanzformen, wie Boston, Tango, Charleston oder Rumba, und nach 1945, neben den in das Programm der Tanzsportvereinigungen eingegangenen Standard- und latein-

Gesellschaftstanz: Paar beim Menuett, seit Ludwig XIV. beliebter Hof- und Gesellschaftstanz (Stich aus der Zeit um 1730)

Gesetz GES

amerikan. Tänzen, bes. Blues, Rock 'n' Roll, Boogie-Woogie und Beat.
📖 *Günther, H. u. Schäfer, H.: Vom Schamanentanz zur Rumba. Die Gesch. des G.* Stuttgart ³1993. – *Fink, M.: Der Ball. Eine Kulturgesch. des G. im 18. u. 19. Jh.* Innsbruck u. a. 1996.

Gesellschaftsvertrag, ↑Vertragslehre.
Gesellschaftswissenschaften, die ↑Sozialwissenschaften.

Gesenk, 1) *Bergbau:* Blindschacht (↑Schacht), der von oben nach unten zur Verbindung zweier Sohlen niedergebracht (abgeteuft) wurde.
2) *Metallbearbeitung:* Werkzeug mit zwei- oder mehrteiliger Hohlform zum Warm- oder Kaltumformen unter Hämmern und Pressen. Oberteil (**Ober-G., Stempel**) und Unterteil (**Unter-G.**), die unter Druck gegeneinander bewegt werden, umschließen das Werkstück ganz oder zu wesentl. Teilen und geben ihm dadurch ihre Form (**G.-Formen**), z. B. beim G.-Schmieden.

Gesenke (tschech. Jeseník), der östl. Teil der ↑Sudeten, gegliedert in das Hohe G. oder ↑Altvatergebirge und das Niedere G. oder Mährische G. im Südosten.

Geserichsee (poln. Jeziero Jeziorak), See in Polen, im W des ehem. Ostpreußens, 34,6 km² groß, bis 12 m tief; 1860 durch den Oberländ. Kanal mit Elbing verbunden.

Gesetz, 1) *Recht:* In einem allg. Sinne die von einem Organ des Gemeinwesens gesetzte Regel, die rechtsverbindlich und für die Zukunft das Zusammenleben ordnet. Typisch ist die Allgemeinheit des G., d. h. die abstrakte Formulierung der Regel für unbestimmt viele Sachverhalte und Personen, worin auch die Vorstellung zum Ausdruck kommt, G. müssten vernünftig und für alle gleich sein.
In Dtl. unterscheidet man: **G. im formellen Sinn:** der in einem verfassungsmäßig vorgesehenen, förml. Gesetzgebungsverfahren unter Beteiligung der Volksvertretung zustande gekommene Rechtssatz. –
G. im materiellen Sinn: jede Rechtsnorm, die die Rechtsbeziehungen zw. Bürgern, Bürgern und Hoheitsträgern oder Hoheitsträgern untereinander regelt, d. h. jede hoheitl., generelle und abstrakte Regelung mit allgemein verbindl. Wirkung. Dazu zählen neben den formellen G. die Satzungen, das Gewohnheitsrecht und das EG-Recht, das unmittelbar für den Bürger gilt. In einigen Fällen haben die Entscheidungen des Bundesverfassungsgerichts G.-Kraft. Vom Verwaltungsakt und Richterspruch unterscheidet sich das G. dadurch, dass es nicht einen oder mehrere Einzelfälle, sondern eine unbestimmte Vielzahl von Fällen regelt. An das G. sind alle drei Staatsgewalten gebunden. Zw. den versch. G. im materiellen Sinn besteht eine Rangordnung; das höherrangige G. geht dem niedrigerrangigen G. vor. An der Spitze der Normenpyramide steht die Verf., darunter das förml. G., unter diesem die Rechtsverordnung und die Satzung. Im Bundesstaat hat das Bundesrecht Vorrang vor dem Landesrecht.
2) *Religion:* die auf göttl. ↑Offenbarung, Verordnungen der ↑Religionsstifter und ↑Tradition zurückgeführten Normen und Vorschriften zur Regelung des religiösen und alltägl. Lebens. Die G. gelten als Ausdruck des göttl. Willens; ihre Befolgung ist für die Mitgl. der Religionsgemeinschaften verbindlich, im Rahmen eines bestimmten (»fundamentalistischen«) Frömmigkeitsverständnisses auch heilsnotwendig. Als die klass. **Gesetzesreligionen** (bes. stark durch Gesetze geprägt) gelten das Judentum und der Islam.
3) *Wissenschaft:* sprachl. oder math. Formulierung regelhafter Zusammenhänge zw. Phänomenen aller Art in Logik, Mathematik, Natur und Gesellschaft. Log. **Denk-G.** beschreiben die allgemeinsten Verfahrensweisen des Denkens bei der Bildung von Begriffen, Urteilen und Schlüssen oder drücken Folgerungen aus, die sich durch Anwendungen der log. G. ergeben. Die sich auf die reale Welt beziehenden **Natur-G.** erhält man durch generalisierende (unvollständige) Induktion aus beobachteten Einzelfällen. Von den **Seins-G.,** den Regeln, wie etwas notwendig ist oder geschieht, werden die **normativen G. (Sollens-G.)** unterschieden. Zu diesen zählen die Rechts-G. und die moral. Gesetze. Die Wissenschaftstheorie unterscheidet zwischen empir. und theoret. bzw. beschreibenden und begründenden Gesetzen. Die **empir. G.** (z. B. das Fall-G.) stellen die Regelmäßigkeiten im Gegenstandsbereich einer Wiss. fest, erklären die beobachtete Verknüpfung von Beobachtungsgrößen als allgemein gültig und ermöglichen so Voraussagen über den Ausgang von Experimenten. **Theoret. G.**

(z. B. das newtonsche Gravitations-G.) beschreiben und erklären den Zusammenhang einzelner empir. G., wobei Erklärung hier die Möglichkeit der Ableitung der empir. G. aus dem übergeordneten theoret. G. bedeutet. Die theoret. **Grund-G.** lassen sich nur noch durch Invarianzeigenschaften und Kausalprinzipien weiter begründen. Daneben spielen Wahrscheinlichkeitsaussagen **(statist. G.)** eine bed. Rolle. – In der Mathematik werden als G. strukturelle Eigenschaften bezeichnet, die innerhalb eines Objektbereiches (z. B. dem der ganzen Zahlen) beweisbar sind oder aber abstrakt als definierende Eigenschaften **(Axiome, Theoreme)** gefordert werden.
Auch die Sozial-, Sprach- und (z. T.) Geisteswiss.en einschl. der Psychologie arbeiten empirisch, suchen also analog zu den Natur-G. allg. Gesetzlichkeiten. In der Geschichtsphilosophie gibt es versch. Versuche, die geschichtl. Entwicklung unter Entwicklungs- oder Bewegungs-G. **(histor. G.)** zu fassen (im 20. Jh. bei O. Spengler und im Marxismus), während z. B. W. Dilthey die erkenntnistheoret. und method. Selbstständigkeit der Geisteswiss.en zu sichern suchte.

Gesetzblatt, zentrales Amtsblatt für die Veröffentlichung von Gesetzen, in Dtl. auf Länder- und auf Bundesebene (↑Bundesgesetzblatt).

Gesetzbuch, ein großes, ein ganzes Sachgebiet regelndes Gesetzeswerk, z. B. BGB, HGB, SGB.

Gesetz der großen Zahlen, *Stochastik:* Bez. für die empir. Erfahrungstatsache, dass die Wahrscheinlichkeit dafür, dass bei einer genügend großen Anzahl von Versuchen die Häufigkeit eines Ereignisses ungefähr gleich der Wahrscheinlichkeit seines Eintreffens ist, beliebig nahe eins liegt.

Gesetz der multiplen Proportionen, *Chemie:* von J. ↑Dalton gefundenes stöchiometr. Grundgesetz.

Gesetzes|initiative, ↑Gesetzgebungsverfahren.

Gesetzeskonkurrenz, im Strafrecht die Verletzung mehrerer Strafnormen durch dieselbe strafbare Handlung, wobei die eine Strafnorm die andere ausschließt. So schließt z. B. der Raub (§ 249 StGB) den Diebstahl (§ 242 StGB) aus.

Gesetzeskraft, Verbindlichkeit eines Gesetzes (↑Gesetzgebungsverfahren, In-Kraft-Treten).

Gesetzesrolle (Thorarolle), ↑Thora.

Gesetzesvorbehalt, dem Gesetzgeber von der Verf. ausdrücklich eingeräumte Befugnis, ein Grundrecht unmittelbar durch Ges. einzuschränken oder die Verw. gesetzlich zur Einschränkung zu ermächtigen. Der **einfache G.** ermächtigt den Gesetzgeber allg. zu Begrenzungen, der **qualifizierte G.** erlaubt die Einschränkung nur zu bestimmten Zwecken oder unter bestimmten Voraussetzungen.

gesetzgebende Gewalt (Legislative), die dem Staat zustehende Befugnis, Gesetze zu erlassen (↑Gewaltenteilung). Im Ständestaat des späten MA. lag die g. G. beim Landesherrn unter Zustimmung der Stände, im absolutist. Staat beim Landesherrn allein. In der konstitutionellen Monarchie übt sie der Monarch zus. mit dem Parlament, in den parlamentarisch-demokrat. Staaten die **gesetzgebende Versammlung** (Parlament) oft zus. mit dem Staatspräs. (USA) und einer zweiten Kammer (z. B. Bundesrat) aus.

Gesetzgebung, die staatl. Rechtsetzung, soweit sie im Erlass von formellen Gesetzen besteht, durch die gesetzgebende Gewalt (↑Gesetzgebungsverfahren).

Gesetzgebungsnotstand, in Dtl. ein verfassungsmäßiger Zustand zur vorübergehenden Beseitigung der Handlungsunfähigkeit der Reg. aufgrund fehlender Mehrheiten im Bundestag (Art. 81 GG). Hat ein Antrag des Bundeskanzlers, ihm das Vertrauen auszusprechen, keine Mehrheit gefunden und wird das Parlament nicht aufgelöst und kein anderer Kanzler gewählt, so kann der Bundespräs. auf Antrag der Bundesreg. mit Zustimmung des Bundesrates für eine Gesetzesvorlage den G. erklären, wenn der Bundestag die Vorlage ablehnt, obwohl die Bundesreg. sie als dringlich bezeichnet hat. Das Gleiche gilt für die Ablehnung einer mit der Vertrauensfrage des Bundeskanzlers verbundenen Gesetzesvorlage. Lehnt der Bundestag nach Erklärung des G. die Vorlage erneut ab, so gilt das Ges. als zustande gekommen, wenn der Bundesrat ihm zustimmt. Ist der G. erklärt, kann während der Amtszeit eines Bundeskanzlers innerhalb einer Frist von sechs Monaten jedes weitere vom Bundestag abgelehnte Ges. erlassen werden. Der G. ist nicht dazu bestimmt, auf äußeren Einflüssen beruhende Gefahren für den Bestand des Staats oder die öffentl.

Gesetzgebungsverfahren GES

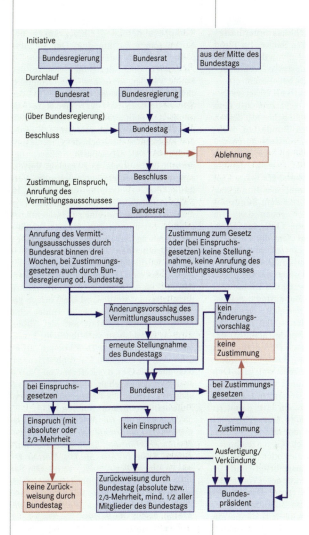

Gesetzgebungsverfahren in Deutschland

Sicherheit zu überwinden (↑Notstandsverfassung); er dient lediglich der Überwindung einer Regierungskrise.
Gesetzgebungsverfahren, in der Verf. festgelegtes Verfahren, in dem Ges. (im formellen Sinn) zustande kommen. In Dtl. können Bundesgesetze nur erlassen werden, soweit dem Bund die ausschließl. oder konkurrierende Gesetzgebungskompetenz zusteht oder der Bund Rahmenvorschriften erlassen kann; sonst verbleibt die Gesetzgebungskompetenz bei den Ländern. Zur **ausschließl. Gesetzgebungskompetenz** (Art. 73 GG) gehören u. a. Außen- und Verteidigungsangelegenheiten, Staatsangehörigkeit, Freizügigkeit, Post und Telekommunikation. **Rahmenkompetenz** (Art. 75 GG) besitzt der Bund u. a. für die allgemeinen Grundsätze des Hochschulwesens, der Presse oder der Raumordnung. Im großen Bereich der **konkurrierenden Gesetzgebung** (Art. 74 GG) haben die Länder die Befugnis zur Gesetzgebung, soweit und solange der Bund von seinem Gesetzgebungsrecht keinen Gebrauch macht. Eine Gesetzgebungskompetenz eigener Art ist das verfassungsrechtlich nicht ausdrücklich geregelte Recht zur Ge-

GES gesetzliche Erbfolge

setzgebung kraft Sachzusammenhangs oder aus der **Natur der Sache**. Im Bund werden Gesetzesvorlagen von der Bundesreg., durch den Bundesrat oder aus der Mitte des Bundestages bei diesem eingebracht (**Gesetzesinitiative**). Gesetzesvorlagen der Bundesreg. sind zunächst dem Bundesrat zuzuleiten und gehen mit dessen Stellungnahme an den Bundestag, während Vorlagen des Bundesrats durch die Bundesreg. mit Stellungnahme an den Bundestag zu leiten sind. Dort werden die Bundesgesetze in dreimaliger »Lesung« beraten. Nach Annahme im Bundestag werden die Bundesgesetze dem Bundesrat vorgelegt. Dieser kann gegen das vom Bundestag beschlossene Ges. den ↑Vermittlungsausschuss anrufen, der eine Änderung des Bundesgesetzes vorschlagen kann, worauf der Bundestag erneut beraten muss. Bei ↑Zustimmungsgesetzen, d. h. Ges., die der Zustimmung des Bundesrats bedürfen, ist das vom Bundestag beschlossene Bundesgesetz abgelehnt, wenn der Bundesrat nicht zustimmt. Bei Ges., die der Zustimmung des Bundesrats nicht bedürfen, kann dieser nach Beendigung des Vermittlungsverfahrens Einspruch (deshalb »Einspruchsgesetze«) einlegen. Den Einspruch kann der Bundestag mit derselben Mehrheit zurückweisen, mit der der Bundesrat ihn beschlossen hat; damit ist der Bundesrat überstimmt. Die rechtswirksam beschlossenen Bundesgesetze werden vom Bundespräs. nach Gegenzeichnung durch den Bundeskanzler oder die zuständigen Bundesmin. ausgefertigt und im Bundesgesetzblatt verkündet (Voraussetzungen des In-Kraft-Tretens). Der Tag des In-Kraft-Tretens soll im Bundesgesetz bestimmt sein; wenn nicht, tritt dieses mit dem 14. Tag nach Ausgabe des entsprechenden Bundesgesetzblatts in Kraft. Über die Vereinbarkeit der Bundesgesetze mit dem GG entscheidet das Bundesverfassungsgericht. (↑Normenkontrolle)

In *Österreich* werden Gesetzesvorlagen von der Bundesreg., von Abg. des Nationalrates, vom Bundesrat oder als Volksbegehren beim Nationalrat eingebracht und beraten. Gegen Gesetzesbeschlüsse kann der Bundesrat ein suspensives Veto einlegen, wenn nicht der Nationalrat einen Beharrungsbeschluss fasst. Ges., die Vermögen und Finanzen des Bundes betreffen, kann der Bundesrat nicht blockieren; Ges., die die Kompetenz der Länder beschränken, bedürfen seiner Zustimmung. Der Bundespräs. beurkundet das verfassungsgemäße Zustandekommen der Bundesgesetze, der Bundeskanzler veranlasst die Kundmachung im Bundesgesetzblatt. – In der *Schweiz* besitzen jeder der beiden Räte (National- und Ständerat), jedes Ratsmitglied, der Gesamtbundesrat und jeder Kanton und Halbkanton das Recht der Gesetzesinitiative; seit 1891 haben die Stimmberechtigten zudem das Recht, in Bezug auf Verfassungsänderungen ein entsprechendes Verfahren durch Volksinitiative in Gang zu bringen. Hat die Gesetzesinitiative Erfolg, muss der Bundesrat einen Gesetzentwurf (»Vorlage«) ausarbeiten, der der Bundesversammlung zugeleitet und in beiden Kammern beraten und über den Beschluss gefasst wird. Bei unterschiedl. Voten der Räte findet ein »Differenzbereinigungsverfahren« statt. Können die Differenzen nicht bereinigt werden, ist die Vorlage gescheitert, im anderen Falle findet eine Schlussabstimmung statt und der Erlass wird im Bundesblatt veröffentlicht. Innerhalb der folgenden 90 Tage können 50 000 Stimmbürger oder acht Kantone verlangen, dass über das Ges. das Referendum (Volksabstimmung) abgehalten wird. Bei Verfassungsges. findet das Referendum in jedem Falle statt (»obligator. Referendum«).

📖 *Sannwald, R.: Die Neuordnung der Gesetzgebungskompetenzen u. des G. im Bundesstaat. Einführung, Erläuterungen, Materialien. Köln 1995. – Müller, Martha D.: Auswirkungen der Grundgesetzrevision von 1994 auf die Verteilung der Gesetzgebungskompetenzen zw. Bund u. Ländern. Münster 1996. – Ullrich, N.: G. u. Reichstag in der Bismarck-Zeit. Berlin 1996.*

gesetzliche Erbfolge, ↑Erbfolge.

gesetzlicher Richter, der gerichtl. Spruchkörper (Einzelrichter, Kammer, Senat) der für eine konkrete richterl. Entscheidung sachlich, örtlich und instanziell sowie hinsichtlich der tatsächl. Besetzung nach dem Geschäftsverteilungsplan (↑Geschäftsverteilung) zuständig ist. In Art. 101 GG ist grundrechtsartig geboten, dass niemand seinem g. R. entzogen werden darf.

gesetzlicher Vertreter, ↑Stellvertretung.

Gesetzmäßigkeit der Verwaltung, der in Art. 20 Abs. 3 GG niedergelegte Grundsatz, dass die Verw., d. h. die Exekutive, an die Gesetze (Verf., Ges., Verordnung, Satzung) gebunden ist, ihr Handeln also hierin Grundlage und Grenze findet. Diese Bindung an höherrangiges Recht bezeichnet man als **Vorrang des Gesetzes**. Zur G. d. V. wird auch der **Vorbehalt des Gesetzes** gerechnet, wonach die Verw. für belastende Eingriffe in die Rechte des Bürgers einer gesetzl. Ermächtigung bedarf.

Gesicht (Facies), vorderer Abschnitt des Kopfes der Säugetiere (einschl. des Menschen), der vom unteren Rand des Unterkiefers bis zur Haargrenze reicht. Man unterscheidet am G. eine Stirn-, Augen-, Nasen-, Mund-, Kinn- und Wangenpartie.

Gesichtsfeld, 1) *Optik:* (Sichtfeld), bei opt. Instrumenten der durch die Feldblende (G.-Blende) begrenzte sichtbare Bildausschnitt. Der **G.-Winkel** ist der doppelte Wert des Winkels, den ein zum Rand des G. gehörender Strahl mit der opt. Achse bildet. **2)** *Sinnesphysiologie:* Gesamtheit aller Objekte der Umgebung, die bei ruhendem Auge wahrgenommen werden (im Unterschied zum Blickfeld). Die Ausdehnung des G. ist durch die Pupillenweite, die Tiefe der Lage des Auges in der Augenhöhle, den Öffnungsgrad der Lider und durch die Gesichtsknochen bestimmt. **G.-Störungen** sind Sehstörungen, die in einer Einengung der Außengrenzen des G. oder im Auftreten von Ausfallbezirken (Skotomen) bestehen.

Gesichtslini|e (Sichtlinie, Visionsradius), *Astronomie:* Verbindungslinie zw. Beobachter und Gestirn.

Gesichtsmuskellähmung, die ↑Fazialislähmung.

Gesichtsmuskeln (mimische Muskulatur), um Auge, Mund, Nase und Ohr angeordnete Muskeln die keine Gelenke bewegen; verursachen Furchen, Falten und Grübchen und können damit psych. Vorgänge (Freude, Traurigkeit u. a.) ausdrücken; die G. werden vom Gesichtsnerv (VII. Hirnnerv) versorgt.

Gesichtsnerv, der ↑Fazialis.

Gesichtsplastik, Maßnahmen der ↑plastischen Chirurgie zur Wiederherstellung oder Änderung der Gesichtsformen (z. B. als Lippen-, Nasenplastik) und der Bewegungsfunktionen, wenn diese durch Verletzungen, Erkrankungen (z. B. Hauttuberkulose, -krebs) oder angeborene Fehlbildungen beeinträchtigt sind. Auch kosmet. Gründe können bestimmend sein (z. B. beim ↑Facelifting).

Gesichtssinn, die Fähigkeit von Tier und Mensch, sich mithilfe der Augen als Lichtsinnesorganen in der Umwelt zu orientieren.

Gesichts|urnen, Tongefäße mit schemat. Gesichtsdarstellungen, bes. bekannt als Leitform der »Pommerellischen G.-Kul-

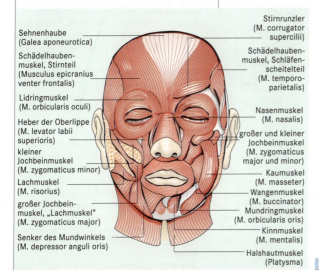

Gesichtsmuskeln

tur« der frühen Eisenzeit (750–400 v. Chr.). Die oft bildnisartig wirkenden Gesichtsformen auf dem Oberteil der Gefäße sind durch Hinzufügung von Schmuck- und Waffendarstellungen als männlich oder weiblich gekennzeichnet. (↑Kanopen)

Gesichtswinkel, Winkel zw. den Hauptstrahlen, die vom Knotenpunkt der Augenlinse zu zwei Begrenzungspunkten des betrachteten Objekts verlaufen. Der G. bestimmt die Größe des Netzhautbildes. (↑Sehwinkel)

Gesims (Sims), der horizontalen Gliederung von Mauern dienendes Bauglied, mit schrägen Abdeckflächen (Schräg-G.) an Außenwänden dient es dem Regenschutz. Es ist z. T. unterschnitten (Kaff-G.) und liegt vielfach auf Konsolen auf. Man unterscheidet Fuß- und Sockel-G. am Unterbau, Gurt-G. zw. den einzelnen Geschossen und Kranz-G. am Dachansatz. Ferner kommen G. an Fenstern und Türen vor.

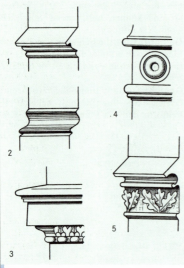

Gesims: 1 gotisches Kaffgesims, 2 gotisches Sockelgesims, 3 und 4 antike Gurtgesimse, 5 gotisches Kranzgesims

Gesinde, persönlich abhängige Arbeitskräfte, die (als Mägde, Knechte) in Hausgemeinschaft mit der (bäuerl.) Familie lebten. Landesrechtl. G.-Ordnungen regelten die Rechtsbeziehungen (in Dtl. bis 1918, in Österreich und in der Schweiz bis 1926).

Gesinnung, die durch Werte bestimmte sittl. Grundhaltung eines Menschen, die als Motivation und Zielorientierung in den Urteilen und Handlungen erscheint.

Gesinnungsethik, Richtung der ↑Ethik, die den sittl. Wert einer Handlung an deren Intention und Inhalt bemisst, nicht hingegen (wie die **Erfolgsethik**) an der Wirkung dieser Handlung.

Gesira [arab. »Insel«] *die* (Gasira, Gezira, Al-Djazira), Ebene zw. Weißem und Blauem Nil, wichtigstes und am dichtesten bevölkertes Agrargebiet der Rep. Sudan, südlich von Khartoum, ein Bewässerungsgebiet (8 820 km^2), entstanden durch die Errichtung der Staudämme bei Sennar (1925) und Er-Roseires (1974) im Blauen Nil sowie zahlr. Kanäle. G. ist weltweit der größte Agrarbetrieb unter einheitl. Leitung (gemeinsam durch Pächter, G.-Gesellschaft und Staat); Anbau v. a. von Baumwolle; für Eigenbedarf u. a. Mais, Hirse, Weizen.

Gesner, 1) Conrad, schweizer. Polyhistor und Naturforscher, *Zürich 26. 3. 1516, †ebd. 13. 12. 1565; war u. a. Arzt in Zürich, seit 1558 Chorherr am Großmünster; legte für die Literaturgeschichte ein Verzeichnis altsprachl. Autoren an (»Bibliotheca universalis«); sein »Mithridates« (1555) ist ein erster Versuch sprachvergleichender Darstellung. Als Naturforscher beschäftigte er sich mit medizin., chem., geolog. Themen, verfasste Werke über Tiere und Pflanzen. In Zürich gründete er eine Naturaliensamml. und einen botan. Garten.

2) Johann Matthias, Philologe, *Roth 9. 4. 1691, †Göttingen 3. 8. 1761; reformierte den klass. Unterricht an den gelehrten Schulen.

Gesneri|engewächse [nach C. Gesner] (Gesneriazeen, Gesneriaceae), trop. und subtrop. Familie mit 1 800 Arten; kleine Bäume, Sträucher oder Kräuter, z. T. Epiphyten. Warmhauspflanzen, z. B. Gloxinie.

gespalten, *Heraldik:* ein durch einen senkrechten Schnitt in zwei verschiedenfarbige Hälften zerlegter Wappenschild oder ein so zerlegtes Wappenbild; die rechts stehende Farbe wird bei der Wappenbeschreibung zuerst genannt.

Gespan [ungar.] *der,* in Ungarn der Graf (Comes); als Leiter eines Verwaltungsbezirks (Komitat) Vertreter des Königs. Seit 1867 war der Ober-G. Vertreter der Regierung.

Gespenst, *Volksglauben:* Unheil verkün-

dende, Grauen erregende Erscheinung (meist in Menschengestalt).
Gespenstheuschrecken (Gespenstschrecken, Phasmatodea, Phasmida), artenreiche Ordnung der Geradflügler, 5–35 cm lange träge Pflanzenfresser, geflügelt oder ungeflügelt, die z. T. Blättern (**Wandelndes Blatt**) oder dürren Ästen (**Stabheuschrecke**) täuschend ähneln. Einige Arten sind bei Massenauftreten schädlich (Kahlfraß).
Gesperre, ↑Sperrgetriebe.
Gespinst, 1) *Textiltechnik:* in mechan. Spinnverfahren hergestellter, praktisch endloser Faden (Garn).
2) *Zoologie:* netzartiges oder kokonförmiges Fadengebilde von manchen Spinnentieren, Tausendfüßern und Insekten.
Gespinstmotten (Yponomeutidae, Hyponomeutidae), Familie der Schmetterlinge, als Raupen gesellig in Gespinstnestern an Zweigen; schädlich bes. an Obstbäumen, so z. B. die **Apfelbaumgespinstmotte** (Agyresthia conjugella).
Gesprächstherapie (klientenzentrierte Psychotherapie, nichtdirektive Psychotherapie), von C. R. Rogers entwickelte Therapieform, die durch Schaffung einer helfenden Therapiebeziehung zw. Therapeut und Klient dem Klienten ermöglichen soll, seine Probleme selbst zu lösen und sich angstfrei mit (bisher abgewehrten) Erfahrungen auseinander zu setzen.
Gesprenge, feingliedriger Aufbau aus Fialen und Tabernakeln, meist mit Figuren besetzt, über dem Mittelschrein spätgot. Altäre.
Gespritzter, v. a. in Österreich Bez. für ein Mischgetränk aus Wein und Mineralwasser.
Gessenay [ʒesˈnɛ], frz. Name von ↑Saanen (Schweiz).
Geßler, in der Sage von W. ↑Tell der tyrann. Landvogt; als geschichtl. Figur umstritten, um 1470 im »Weißen Buch« von Sarnen gen. (in anderen Chroniken **Grysler**).
Geßler, Otto, Politiker (DDP), *Ludwigsburg 6. 2. 1875, †Lindenberg i. Allgäu 24. 3. 1955; Jurist, war 1913–19 Oberbürgermeister von Nürnberg, 1920–28 Reichswehrmin.; leitete mit Generaloberst H. von Seeckt den Aufbau der Reichswehr. 1944/45 war er (in der Folge des Attentats vom 20. 7. 1944) im KZ Ravensbrück inhaftiert.

Geßner, Salomon, schweizer. Dichter und Maler, *Zürich 1. 4. 1730, †ebd. 2. 3. 1788; urspr. Buchhändler, dann Zürcher Ratsherr und Kantonalbeamter, verkehrte mit K. W. Ramler, F. von Hagedorn, C. M. Wieland. Als Maler und Zeichner wie als Dichter zielte G., von der klassizist. Vorstellung der Antike ausgehend, auf pastellartig zarte Schilderungen eines paradies. Naturzeitalters. Seine in anmutig rhythm. Prosa verfassten »Idyllen« (1756), die er selbst illustrierte, bilden einen formvollendeten Abschluss der Schäferdichtung des Rokoko.
Gessopainting [ˈdʒɛsoʊpeɪntɪŋ, engl.] *das,* von engl. Malern des 19. Jh. aufgenommene Maltechnik des Mittelalters, die eine Verbindung von Malerei und Flachrelief darstellt.
Gesta [lat. Kurzform für res gestae »Taten«], Titel lat. Geschichtsquellen des MA. (bes. vom 9. bis 12. Jh.) in Prosa oder in Versen; »erzählen« wie die Annalen und Chroniken Geschichte zwar ebenfalls chronologisch, im Unterschied zu diesen aber nach übergeordneten inhaltl. Zusammenhängen und häufig in kausaler Verknüpfung. Dabei steht das exemplar. Tun von lokalen oder regionalen Funktionsträgern, z. B. Äbten (G. abbatum), Bischöfen (G. episcoporum) und Königen (G. regum) sowie von einzelnen Persönlichkeiten (z. B. das Barbarossaepos »Carmen de gestis Friderici I«) und Völkern (so die Sachsengeschichte »Res gestae Saxonum« von Widukind von Corvey) im Mittelpunkt.
Gestagene, weibl. ↑Geschlechtshormone.
Gestalt, 1) *allg.:* äußere Erscheinung (eines Menschen), Form (eines Stoffes); auch: Person, Persönlichkeit.
2) *Ästhetik:* die äußere, wahrnehmbare Erscheinungsform eines Kunstwerks, oft synonym mit Form gebraucht. Als Begriffskorrelat zu Gehalt meint G. die ästhet., stilist., strukturale Bearbeitung eines literar. Stoffes.
3) *Psychologie:* Wahrnehmungseinheit, die sich als geschlossene Ganzheit von ihrer Umgebung (»Grund«) abhebt und durch ihr inneres Ordnungsgefüge **G.-Qualitäten** aufweist, etwa transponierbar ist (z. B. Melodie aus einer Tonart in eine andere). Wie die Ganzheit ist die G. durch die weitere G.-Qualität der »Übersummativität«, d. h. die über die quantitative Zusammen-

setzung der in ihr umschlossenen Teile hinausgehende, qualitativ neue Einheit charakterisiert. Zur Erklärung für das Zustandekommen von G. aus bestimmten Elementen kennen die **G.-Gesetze** eine Reihe von G.-Faktoren (z. B. Nähe, Ähnlichkeit, Stabilität, gute Form). In der ↑Gestaltpsychologie wird der Begriff G. auch auf Handlungen, Gedächtnisinhalte und Denkvorgänge angewandt.

Gestaltkreis, von V. von ↑Weizsäcker in die Psychosomatik eingeführte Bez. für die funktional geschlossene Wechselbeziehung von Umwelt und Organismus

Gestaltpsychologie, eine 1912 von M. Wertheimer begründete psycholog. Richtung, die den Begriff der ↑Gestalt in der Psychologie zum allg. Prinzip erhob und v. a. im Bereich der Wahrnehmung, später auch in der Persönlichkeits- und Sozialpsychologie anwandte. Ihre Ansätze waren gegen eine zergliedernde Elementenpsychologie und die Assoziationspsychologie gerichtet. Die bedeutendsten Vertreter der G. waren W. Köhler, K. Koffka, K. Lewin (Berliner Schule), fortgeführt wurde sie u. a. durch W. Metzger. Ähnl. Konzepte hatte die ↑Ganzheitspsychologie.
📖 *Fitzek, H.: G. Gesch. u. Praxis.* Darmstadt 1996.

Gestalttherapie, von dem Psychologen Fritz Perls (*1893, †1970) entwickelte ganzheitl. Psychotherapie, die mit bestimmten Techniken auf die Wiederherstellung der gestörten Selbstregulierung physiolog. und psych. Vorgänge zielt.

Gestaltungsklage, *Zivilprozess:* Klage, die eine Umgestaltung der Rechtslage unter den Parteien anstrebt (z. B. bei Ehescheidung). G. sind nur in den gesetzlich bestimmten Fällen zulässig.

Gestaltungsrecht, ein subjektives Recht, dessen Ausübung eine Veränderung der bestehenden Rechtslage herbeiführt. Man unterscheidet **selbstständige G.** (z. B. Aneignung) und **unselbstständige G.,** die im Rahmen eines bestehenden Rechtsverhältnisses ausgeübt werden (z. B. Kündigung).

Gestaltungstests, Gruppe v. a. persönlichkeitsdiagnost. Tests, die auf der Deutung der vom Probanden zu gestaltenden zeichner. oder sonstigen bildner. Aufgaben beruht.

geständert, *Heraldik:* Fläche, die durch Spaltung, Teilung, eine rechte und eine linke Schrägteilung in acht gleichmäßige, in der Mitte zusammenlaufende Dreieckplätze (»Ständer«) geteilt ist.

Geständnis, 1) *Strafprozess:* das Eingestehen eines Sachverhalts. Es unterliegt dem Grundsatz freier Beweiswürdigung, das Gericht braucht ihm nicht zu folgen. Die Erzwingung eines G. ist verboten; bei der Vernehmung eines Beschuldigten darf die Freiheit der Willensentschließung und -betätigung nicht beeinträchtigt werden durch Misshandlung, Ermüdung, körperl. Eingriff, Verabreichung von Mitteln, Quälerei, Täuschung oder Hypnose (§ 136a StPO). Das Verbot gilt ohne Rücksicht auf die Einwilligung des Beschuldigten. Entsprechend sind die Narkoseanalyse oder die Verwendung eines Lügendetektors nicht statthaft. Ein unter Verstoß hiergegen gewonnenes G. ist vor Gericht nicht verwertbar. – Die *österr.* StPO verbietet das »Verlocken« zum G. Auch das *schweizer.* Gesetz verbietet die freie Willensbetätigung ausschließende Vernehmungsmethoden.

2) *Zivilprozess:* die Erklärung einer Partei, dass eine vom Gegner behauptete Tatsache wahr sei. Die zugestandene Tatsache bedarf keines Beweises (§§ 288 ff. ZPO).

Gestänge, mehrere durch Gelenke verbundene Stangen und Hebel zum Übertragen von Bewegungen und Kräften, z. B. Schalt-G. für Kupplungen und Getriebe, Bohr- und Förder-G. im Bergbau und bei der Erdölgewinnung (Bohrturm).

Gestapo, Abk. für ↑Geheime Staatspolizei.

Gesta Romanorum [lat.»die Taten der Römer«], Titel einer mlat. Novellensammlung des 13./14. Jh. mit moralisierender Tendenz; bed. Quellenwerk, dem viele Dichter Stoffe entnommen haben.

Gestation [lat. »das Tragen«] *die,* ↑Schwangerschaft.

Geste, Chansons de [ʃãˈsɔ̃dʒɛst, frz.], Heldenepen des frz. MA. von unbekannten Verfassern, über Ereignisse aus der nat. Geschichte, bes. aus der Karolingerzeit. Insgesamt sind etwa 80 Epen erhalten. In der überlieferten Form sind die ältesten am Ende des 11. Jh. entstanden (»Chanson de Roland«). Im 13. Jh. wurden sie vom höf. Roman abgelöst, der seine Stoffe meist aus dem breton. Artuskreis schöpfte (Chrétien de Troyes).
📖 *Altfrz. Epik,* hg. v. *H. Krauß.* Darmstadt

Gestein GES

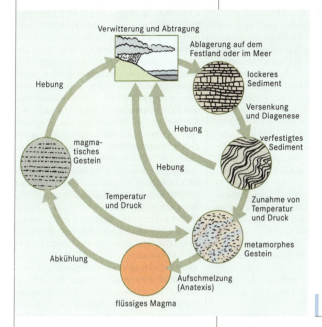

Gestein: Kreislauf der Gesteine

1978. – Europ. Heldendichtung, hg. v. K. von See. Darmstadt 1978.

Gestein, in sich homogene Mineralgemenge, die räumlich ausgedehnte, selbstständige geolog. Körper bilden und die Erdkruste und den oberen Erdmantel aufbauen. In überwiegender Mehrzahl bestehen die G., zu denen auch Lockermassen (u. a. Kies, Sand) und besondere Bildungen (z. B. Erdöl) gerechnet werden, aus kristallinen Mineralen einer oder mehrerer Arten (mono- oder polymineral. G.). Von den etwa 3 500 bekannten Mineralarten sind nur etwa 400 für die Gesteinsbildung wesentlich (so v. a. die Gruppe der Silikate). Daneben können natürl. Gläser, organ. Festsubstanzen, Flüssigkeiten und auch Gase am Aufbau beteiligt sein. Außer durch die mineral. Zusammensetzung werden G. durch ihr Gefüge und durch ihre

Gestein: Zu den magmatischen Gesteinen gehört der Basalt; hier Basaltsäulen (Schottland)

GES Gesteinsglas

geolog. Lagebeziehungen charakterisiert. Das Alter eines G. kann aus der Lagerung und eingeschlossenen Fossilien (relatives Alter) oder durch physikalisch-chem. Untersuchung bestimmt werden (↑Altersbestimmung). Nach den Bildungsbedingungen werden unterschieden: ↑magmatische Gesteine, ↑Sedimentgesteine, ↑metamorphe Gesteine.

📖 *Gesteine*, bearb. v. W. Maresch u. O. Medenbach. München 1996. – *Lexikon der Geowissenschaften*, Bd. 1–6, bearb. v. der Redaktion Landscape Ges. für Geo-Kommunikation mbH, Heidelberg. Berlin 2000–02.

Gesteinsglas, amorphes Erstarrungsprodukt von vulkan. Schmelze, entstanden durch rasches Abkühlen der Lava, z. B. Obsidian, Bims- und Pechstein.

Gesteinskunde, die ↑Petrologie.

Gestik, Gesamtheit der Gesten (↑Gebärdensprache).

Gestirne, selbstleuchtende oder Licht reflektierende Himmelskörper, z. B. Sonne, Mond, Planeten, Sterne.

Gestose [Kurzwort aus **Ges**tationstoxikose] *die*, ein schwangerschaftsinduzierter Hochdruck (früher **Schwangerschaftstoxikose**), Sammelname für ursächlich durch eine Schwangerschaft (Gestation) ausgelöste oder begünstigte Erkrankung. Man unterscheidet im Wesentlichen die in den ersten 3 bis 4 Monaten auftretende **Früh-G.** (z. B. Schwangerschaftserbrechen) und die ab dem 7. Monat nachzuweisende **Spät-G.** (↑Eklampsie). Ursachen können neben Gefäßveränderungen und Stoffwechselstörungen auch ein höheres Lebensalter der Schwangeren oder eine familiäre Bluthochdruckdisposition sein.

gestückt, *Heraldik:* lang gestreckte Fläche, die aus Stücken versch. Färbung zusammengesetzt ist, bes. bei Schildrändern.

gestürzt, *Heraldik:* auf den Kopf gestellt.

Gestüt [mhd., zu Stute], staatl. oder private Einrichtung zur Pferdezucht.

Gestütsbrand, geschütztes Brandzeichen der Pferde aus den staatl. Hauptgestüten.

Gesualdo [dʒezuˈaldo], Don Carlo, Fürst von Venosa (seit 1586), italien. Komponist, *Neapel um 1560, †ebd. 8. 9. 1613; herausragender Madrigalist; komponierte u. a. 6 Bücher fünfstimmiger Madrigale (1594–1611).

Gesundbeten, volkstüml. Ausdruck für eine Krankenbehandlung mittels Gebeten, Handauflegung und ähnl. Praktiken, denen heilende Wirkungen zugeschrieben werden; z. B. das ↑Besprechen; auch abwertend gebraucht (**Gesundbeterei**).

Gesundheit, das »normale« (bzw. nicht »krankhafte«) Befinden, Aussehen und Verhalten sowie das Fehlen von der Norm abweichender ärztl. Befunde. Nach der Definition der WHO ist G. ein »Zustand vollkommenen körperl., geistigen und sozialen Wohlbefindens und nicht allein das Fehlen von Krankheiten und Gebrechen«.

Gesundheitsamt, eine in jedem Stadt- und Landkreis zur einheitl. Gestaltung des öffentl. Gesundheitsdienstes eingerichtete Behörde. Aufgaben sind z. B. die Durchführung der ärztl. Aufgaben der Gesundheitspolizei, der gesundheitl. Volksbelehrung, der Schulgesundheitspflege, der Familienberatung.

Gesundheitspass, ↑Notfallausweis.

Gesundheitsreform, urspr. Bez. für die im G.-Gesetz vom 20. 12. 1988 geregelte erste grundlegende Reform der gesetzl. Krankenversicherung, mit der v. a. die Voraussetzungen für eine Senkung und Stabilisierung der Beiträge geschaffen werden sollten. Seitdem wird die Bez. G. für weitere Neuregelungen verwendet, die einerseits die steigenden Gesundheitsausgaben bremsen und andererseits die Qualität und Effizienz des ↑Gesundheitswesens stärken sollen. Betroffen von den Maßnahmen sind alle Beteiligten am Gesundheitswesen, neben den Versicherten auch Ärzte, Krankenhäuser und Pharmaind. Die letzte, überwiegend zum 1. 1. 2004 in Kraft getretene G. bringt u. a. Leistungsausgrenzungen (z. B. bei Sehhilfen, Fahrten zur ambulanten Behandlung), stärkere Belastungen durch Zuzahlungen (z. B. Einführung der Praxisgebühr), die Möglichkeit für die Krankenkassen, in ihrer Satzung Bonusmodelle anzubieten (z. B. für die Teilnahme von Versicherten am Hausarztmodell), die Förderung der Zusammenarbeit von versch. Leistungserbringern in medizin. Versorgungszentren (↑Krankenversicherung).

Gesundheitsschutz, betrieblicher, die zum Arbeitsschutz gehörende Verhütung arbeitsbedingter Gesundheitsgefahren. Der von den Berufsgenossenschaften auf seine Einhaltung zu überwachende G. verpflichtet die Arbeitgeber u. a., den Arbeit-

Gesundheitswesen GES

nehmer über Risiken zu unterrichten, seinen Gesundheitszustand überprüfen zu lassen und Arbeitsmittel sowie Arbeitsverfahren den Bedürfnissen des Menschen anzupassen. Arbeitnehmer haben u. a. von ihnen festgestellte potenzielle Gefahren zu melden.

Gesundheitsvorsorge, die Gesamtheit der Maßnahmen zur Verhütung und Früherkennung von Krankheiten sowie zur Vermeidung von Rückfällen (↑Präventivmedizin, ↑Früherkennungsuntersuchungen, ↑Vorsorgeuntersuchungen).

Gesundheitswesen, System von Einrichtungen und Beschäftigten zur Erhaltung, Förderung oder Wiederherstellung der Gesundheit. Das G. gliedert sich im Wesentlichen in den ambulanten und stationären Sektor, den öffentl. Gesundheitsdienst und in weitere Dienstleistungsbereiche (u. a. Rettungsdienste) sowie in die Hersteller medizinisch wichtiger Produkte (pharmazeut. Industrie, Gerätehersteller). Der stationären Versorgung dienen die Krankenhäuser, Rehabilitationseinrichtungen (einschließlich Kurkliniken) und Hochschulkliniken (auch für Ausbildung, Forschung und Lehre zuständig), die in Dtl. im Jahr 2000 insgesamt 754 867 Betten zur Verfügung stellten. Bei den Akutkrankenhäusern sind die öffentlichen Körperschaften (Kommunen, Länder, Bund) und die frei-gemeinnützigen Institutionen die größten Träger. Neben den Forschungseinrichtungen (Max-Planck-Institute, Dt. Krebsforschungszentrum u. a.) sind wesentliche Elemente des G. die Krankenkassen und Krankenversicherer (Träger der gesetzlichen bzw. privaten Krankenversicherung), die Berufsgenossenschaften (Unfallversicherung) sowie die Landesversicherungsanstalten und die Bundesversicherungsanstalt für Angestellte (Rentenversicherung und Rehabilitation). Die gesetzliche Krankenversicherung (GKV) stellt ein grundlegendes Ordnungsprinzip für das G. dar.

Andere Modelle sind das staatl. G., das durch Steuermittel finanziert wird und in dem i. d. R. staatl. Instanzen die Leistungen erbringen (z. B. in Großbritannien eingeführt von W. Beveridge of Tuggal) und das marktwirtsch. orientierte G. der USA, wo Selbstzahler oder privat versicherte Personen private Dienstleistungen in Anspruch nehmen.

Mit 2,3 Mio. Beschäftigten (2000) und finanziellen Aufwendungen von 218 Mrd. € in Dtl. besitzt das G. eine große volkswirtsch. Bedeutung. Für die Aufgaben des ambulanten und stationären Sektors kommt (mit Ausnahme der Krankenhausinvestitionen, die derzeit von den Ländern finanziert werden) die GKV auf. Für den ambulanten Sektor werden Leistungsspektrum und Vergütungsniveau zw. den Spitzenverbänden der niedergelassenen Ärzte, Zahnärzte und denen der Kassenverbände ausgehandelt. Die Vergütung erfolgt nicht unmittelbar durch die Patienten, sondern durch die Krankenkassen (Sachleistungsprinzip) und ist weitgehend leistungsbezogen (Einzelleistungsvergütung). Die Summe aller Leistungen ist durch ein Budget begrenzt (Gesamtvergütung). Im stationären Sektor wurde die bisherige Finanzierung durch Pflegesätze (ausgehandelt zw. den Kassenverbänden und den einzelnen Krankenhäusern) 1996 abgelöst von der Finanzierung durch Fallpauschalen und pauschalierte Sonderentgelte, Abteilungs- und Basispflegesätze. Dadurch soll die Vergütung stärker mit einzelwirtsch. Anreizen versehen werden.

Die Gesamtverantwortung für das G. in Dtl. liegt bei Bund und Ländern, den Trägern der **Gesundheitspolitik.** Diese übertragen staatl. Aufgaben z. T. auf Körperschaften des öffentl. Rechts (Kassen, Rentenversicherer, Berufsgenossenschaften und kassenärztl. Vereinigungen) und räumen privaten Anbietern erhebl. Anteile an der Leistungserbringung und Produktion ein (Arztpraxen, pharmazeut. Ind., Apotheken, private oder privat-gemeinnützige Krankenhäuser, Hersteller medizin. Geräte). Die Struktur des G., dessen Grundlagen ab 1883 mit Einführung der einzelnen Zweige der Sozialversicherung geschaffen wurden, hat durch die Gesundheitsreformen der letzten Jahre wesentl. Änderungen erfahren. Die bis Anfang der 70er-Jahre dauernde Phase der Expansion des G. wurde 1977 mit dem Krankenversicherungs-Kostendämpfungs-Ges. der sozialliberalen Reg. und 1982 mit der Kostendämpfungspolitik durch die christlichliberale Reg. fortgesetzt. Die damit angestrebte Begrenzung der Ausgaben in der Krankenversicherung wurde jedoch auch mit dem 1989 in Kraft getretenen Gesundheitsreform-Ges. nicht erreicht. Mit dem

Gesundheitsstruktur-Ges. von 1993 wurde deshalb eine Organisationsreform des Kassenwesens durchgesetzt und die Vergütung im ambulanten und stationären Sektor umgestellt. Mit dem Beitragsentlastung-Ges. sowie mit dem 1. und 2. GKV-Neuordnungs-Ges. wurden 1997 weitere Kürzungen eingeführt (u. a. durch höhere Zuzahlungen bei Leistungen der GKV) und die Krankenkassen zu weiteren Sparmaßnahmen verpflichtet. Die 1998 gewählte Reg.koalition (SPD und Bündnis 90/Die Grünen) kehrte mit dem 1999 in Kraft getretenen Solidaritätsstärkungs-Ges. diesen Trend um. Zuzahlung und Leistungsausgrenzung wurden teilweise zurückgeführt. Im Dez. 1999 wurde die GKV-Gesundheitsreform 2000 verabschiedet. Das Gesetzespaket beinhaltet Maßnahmen zur Integrationsversorgung, zur Stärkung von Patientenrechten, Prävention und Selbsthilfe sowie eine verbesserte Qualitätssicherung. Einer Verbesserung der Prävention dient auch das Infektionsschutz-Ges. vom 20. 7. 2000 (durch dieses Ges. wurde das Bundes-Seuchen-Ges. zum 1. 1. 2001 aufgehoben).

Der große Leistungsumfang und die Reaktionsschnelligkeit, kombiniert mit den für alle sozialen Schichten relativ guten Zugangschancen zu den Einrichtungen des G., sind im internat. Vergleich herausragende Merkmale des G. in Dtl. Gleichzeitig wird aber häufig eine mangelnde Patienten- und Bevölkerungsorientierung kritisiert. Während die Krankenhausausgaben und z. T. die Arzneimittelpreise überdurchschnittlich gestiegen sind (»Kostenexplosion«), ist andererseits der Anteil der Ausgaben der GKV am Bruttoinlandsprodukt relativ stabil geblieben. Die gestiegenen GKV-Beitragssätze sind sowohl Reaktion auf den Ausgabenanstieg als auch Folge von Beitragsverlusten aufgrund der Arbeitslosigkeit.

Seit Anfang der 1990er-Jahre etabliert sich in der Gesundheitspolitik die »Public-Health-Forschung«, bei der Verfahren, Technologien und Arzneimittel auf Qualität, Wirksamkeit, Wirtschaftlichkeit, Patientenorientierung und soziale Verträglichkeit systematisch überprüft und bewertet werden. Wachsendes Interesse findet u. a. die **Gesundheitsökonomie;** sie beschäftigt sich mit klassischen volkswirtsch. Problemstellungen, z. B. mit der Frage, wie Produktionsfaktoren kombiniert werden müssen (Faktorallokation), um einen optimalen Nutzen im G. zu erreichen.

📖 *Beske, F.: Neubestimmung u. Finanzierung des Leistungskatalogs der gesetzlichen Krankenversicherung. Kieler Konzept; Paradigmenwechsel im G. Berlin u. a. 2001. – Management in G. u. Gesundheitspolitik. Kontext – Normen – Perspektiven, hg. v. C. A. Zenger u. a. Bern u. a. 2002. – Beske, F.: Reformen im G. Aktuelle Vorschläge aus Politik, Wirtschaft u. Gesellschaft. Köln 2002.*

Gesundheitszeugnis, Bez. für eine amtsärztl. oder ärztl. Bescheinigung über den Gesundheitszustand einer Person zum Gebrauch bei einer Behörde oder zur Vorlage bei einer Versicherung; auch amtstierärztl. Bescheinigung z. B. bei Auslandsreisen mit einem Tier. Das Infektionsschutz-Ges. (§ 43) schreibt für Personen, die erstmalig im Lebensmittelgewerbe arbeiten wollen, die Teilnahme an einer amtsärztl./ärztl. Belehrung über gesundheitl. Anforderungen beim Umgang mit Lebensmitteln vor. Soweit Anhaltspunkte für ein Tätigkeitsverbot (z. B. wegen Verdachts einer Infektionskrankheit) bestehen, darf die notwendige Bescheinigung über die Belehrung erst ausgestellt werden, wenn durch ärztl. Zeugnis die gesundheitl. Eignung nachgewiesen ist.

Geszty [ˈgesti], Sylvia, Sängerin (Koloratursopran) ungar. Herkunft, *Budapest 28. 2. 1934; wurde bes. bekannt in Opernpartien von W. A. Mozart und R. Strauss.

geteilt, *Heraldik:* ein durch einen waagerechten Schnitt in zwei verschiedenfarbige Hälften zerlegter Wappenschild oder ein so zerlegtes Wappenbild.

Geten, im Altertum ein zu den Thrakern gehöriges Reitervolk an der unteren Donau, von Herodot erstmals erwähnt (5. Jh. v. Chr.).

Gethsemane [hebr. »Ölkelter«], Gartengebiet am Fuß des Ölbergs bei Jerusalem; Stätte des Gebets und der Gefangennahme Jesu (Mk. 14, 32 ff.).

Getränkesteuer, kommunale Verbrauch- und Aufwandsteuer, die auf die Abgabe von Getränken zum Verzehr an Ort und Stelle erhoben wird. Die G., dem Aufkommen nach eine Bagatellsteuer, wurde in Dtl. von den Ländern (außer z. T. in Hessen) beseitigt.

Getreide [mhd. getregede »was der Erdboden trägt«] (Zerealien), Kulturpflanzen, die wegen ihrer stärkemehlreichen, trockenen Kornfrüchte oder Samen in vielen Sorten feldmäßig angebaut werden. Hauptbrotfrüchte **(Korn, Körner-, Mehlfrüchte)** stammen in Europa am häufigsten aus der Fam. Gräser, aus der Fam. Knöterichgewächse der Buchweizen. Für Mitteleuropa sind Haupt-G.: Weizen, Roggen, Gerste, Hafer, für Asien Reis, für Zentralafrika Hirse, für Lateinamerika Mais. Die Frucht der grasartigen G.-Pflanzen ist von saftarmen Blättchen (Spelzen) umschlossen (bespelzt) oder unbespelzt. Der Kornkörper besteht aus der Frucht- und Samenschale, dem Keimling und dem Mehlkörper. Dieser enthält in den Zellschichten unter der Schale viel Eiweiß (Kleber), weiter innen bes. Stärke. – Welterzeugung (2000, in Mio. t): Reis 594; Mais 593; Weizen 583; Gerste 132; Hafer 25,9; Roggen 19,8.

Geschichte: Die archäolog. Funde sprechen für die Entstehung des G.-Anbaus im 9. Jt. v. Chr. in Vorderasien, bes. in den Randgebieten von Mesopotamien. Die aus Vorderasien stammenden (ältesten) G.-Sorten Gerste und Weizen erreichten über Thessalien im 5. Jt. Mitteleuropa. In bandkeram. Siedlungen des 5. und 4. Jt. kommen Emmer, Einkorn, Gerste und Hirse vor. Im westl. und nördl. Alpenvorland, in dem zahlr. Seerandsiedlungen von der Jungsteinzeit an gute Erhaltungsbedingungen boten, trat neben Brotweizen und Gerste schon früh der Hafer auf. Roggen ist als sekundäre Kulturpflanze erst zu Beginn des letzten vorchristl. Jahrtausends angebaut und durch die um 800 v. Chr. einsetzende Klimaverschlechterung in Mitteleuropa entscheidend verbreitet worden.

📖 *Aufhammer, W.: G.- u. a. Körnerfruchtarten.* Stuttgart 1998. – *Renzenbrink, U.: Die sieben G. Nahrung für den Menschen.* Dornach ⁴2000.

Getreidehalmwespe (Cephus pygmaeus), nicht stechende Blattwespe, gelb geringelter Hinterleib; Getreideschädling.

Getreidelaubkäfer, mehrere Arten der Blatthornkäfergattung **Anisoplia;** befressen Blüten und Körner.

Getreideaufkäfer (Zabrus tenebrioides), ein schwarzer Laufkäfer, der die Körner in der Ähre ausfrisst; die Larve frisst an den Blättern der jungen Getreidepflanzen.

Gethsemane: am Fuß des Ölbergs bei Jerusalem die »Kirche der Nationen« (1924; unten), oberhalb davon die russisch-orthodoxe Magdalenenkirche (1888)

Getreidemotte (Sitotroga cerealella), Falter aus der Familie Tastermotten; in Nord- und Mitteleuropa Vorratsschädling.

Getreidereinigungsmaschine (Saatgutbereiter), in der Landwirtschaft oder in der Müllerei verwendete Maschine, die die Getreidekörner von Unkrautsamen, Bruchkörnern, Fremdkörnern, Stroh, Spreu u. a. trennt. Die wichtigsten Trennverfahren: a) Trennen nach Dicke und Breite der Körner mittels Langloch- (Dicke) oder Rundlochsieben (Breite); b) Trennen nach langen (Getreidekörner) und runden Körnern (Unkrautsamen, Fremdkörner, Bruchkörner) mittels Zellenausleser (Trieur) oder Schrägbandausleser (schräg geneigtes, langsam umlaufendes Band, das lange Körner oben abwirft, runde herunterrollen lässt); c) Trennen nach aerodynam. Eigenschaften durch ↑Windsichter. – Meist ist mit der Getreidereinigung auch eine Sortierung verbunden.

Getrenntleben der Ehegatten, ↑Ehescheidung.

Getriebe, mechan. Maschinenelement zur Übertragung und Wandlung von Drehzahlen, Bewegungsrichtungen und Dreh-

GET Getriebeöle

momenten (z. B. Schalt-G. bei ↑Kraftwagengetriebe). Ein G. besteht aus mindestens zwei G.-Gliedern (einem Antriebs- und einem Abtriebsglied), die gegeneinander beweglich und in einem gemeinsamen Gestell beweglich gelagert sind. Die Verwendung zusätzl. Glieder sowie die Erhöhung der Anzahl der Antriebe und/oder Abtriebe führt zu einer Vielzahl von G.-Formen. Diese lassen sich jedoch auf eine begrenzte Zahl von Grund-G. zurückführen. Nach ihren Merkmalen unterscheidet man: ↑Rädergetriebe, ↑Zugmittelgetriebe, ↑Schraubengetriebe, ↑Kurbelgetriebe, ↑Kurvengetriebe, ↑Planetengetriebe, ↑Sperrgetriebe und ↑Druckmittelgetriebe.

⌑ *Getriebetechnik*. Grundlagen, hg. v. *J. Volmer*. Berlin ²1995.

Getriebeöle, Schmieröl für Getriebe. Der geforderte Schmierfilm ausreichender Druckaufnahmefähigkeit wird durch geeignete Viskositäten (für Kfz-G. in SAE-Viskositätsklassen von 70W bis 250W festgelegt; ↑SAE) und Hochdruckzusätze erreicht. G. müssen gegen Korrosion schützen, dürfen nicht schäumen oder Dichtungsmaterialien angreifen.

Getter [engl., »Fangstoff«] *der,* Substanz (z. B. Barium, Calcium, Cäsium, Magnesium), die dazu dient, letzte Spuren von störenden oder schädl. Gasen aus Hochvakuumräumen (z. B. Elektronenröhren, Glühlampen) durch Sorption oder direkte chem. Reaktion zu binden.

Getter|ionenpumpe, zu den ↑Ionenpumpen zählende Vakuumpumpe.

Getto [italien.] *das* (Ghetto), behördlich erzwungenes und räumlich beschränktes jüd. Wohnviertel, zuerst (1531) für Venedig belegt. Das Gemeindeleben innerhalb der G. folgte den Regelungen der jüd. Selbstverw. mit eigener Gerichtsbarkeit und Kulturhoheit, die seit der Spätantike in jüd. Städten und freiwilligen Wohngemeinschaften (Judenviertel, Judengassen; seit etwa 1000 Verbot des Zusammenlebens von Juden und Christen, verschärft seit dem 16. Jh.) gebräuchlich waren. Mit der Verleihung der nominellen Bürgerrechte an die Juden im 18. und 19. Jh. wurden die Zwangs-G. allmählich abgeschafft, zuletzt (1870) in Rom. – Während des Zweiten Weltkriegs wurde die jüd. Bev. im Baltikum und in Polen von den nat.-soz. Besatzungsbehörden erneut in G. gezwungen; im Warschauer G. kam es 1943 zum Aufstand (↑Warschau). – Im übertragenen Sinn werden als G. heute städt. Bezirke bezeichnet, in denen eine rass., soziale oder religiöse Minderheit (z. T. aufgezwungen) lebt. – Die *Soziologie* benutzt den Begriff nicht mehr allein zur Kennzeichnung räuml. Beschränkung, sondern beschreibt mit ihm auch die Lage von Bev.gruppen, denen aufgrund ihrer (persönlich, aber auch gesellschaftlich bedingten) Lebenssituation eine Teilnahme am geistigen, kulturellen und polit. Leben der Gesamtges. nicht möglich ist oder die als ↑Minderheiten diskriminiert sind.

⌑ *Bartoszewski, W.:* Das Warschauer Ghetto – wie es wirklich war. Zeugenbericht eines Christen. Neuausg. Frankfurt am Main 1986. – *Schwarberg, G.:* Das G. Göttingen ³1994.

Getty [ˈgetɪ], Jean Paul, amerikan. Industrieller, * Minneapolis (Minn.) 15. 12. 1892, † Sutton Place (bei Guildford) 6. 6. 1976; durch das von seinem Vater übernommene Unternehmen Getty Oil Co. (seit 1984 zur Texaco Inc.; heute Chevron Texaco Corp.) erwirtschaftete G. ein großes Vermögen und betätigte sich als Kunstmäzen. Er gründete 1953 in Malibu (Calif.) das **J. Paul Getty Museum** (u. a. Antikenkollektion, Samml. illuminierter Handschriften, Gemälde des 15.–19. Jh., Kunsthandwerk, Fotografiensammlung). Das **Getty Center for the History of Art and the Humanities,** ein Forschungsinst. für Kunst- und Geistesgeschichte, gibt die wichtigste kunstwiss. Bibliografie heraus (RILA). G. Center und G. Museum (mit Ausnahme der archäolog. Abteilung) wurden 1997 in einem Neubau (Architekt: R. A. Meier) in Los Angeles zusammengeführt. ❖ siehe ZEIT Aspekte

Gettysburg [ˈgetɪsbəːg], Stadt in Pennsylvania, USA, 7000 Ew. – Die Niederlage der Konföderierten in der Schlacht bei G. (1.–3. 7. 1863) war der Wendepunkt im ↑Sezessionskrieg. Auf dem Schlachtfeld, das 1895 zur nat. Gedenkstätte erklärt wurde, verkündete am 19. 11. 1863 A. Lincoln die freiheitl. Grundsätze seiner Politik **(G. Address).**

Getz, Stan (Stanley), amerikan. Jazzmusiker (Tenorsaxophonist), * Philadelphia (Pa.) 2. 2. 1927, † Malibu (Calif.) 6. 6. 1991; einer der stilbildenden Vertreter des Cool Jazz.

Geulincx [ˈxøːlɪŋks], Arnold, niederländ.

Philosoph, *Antwerpen 31. 1. 1624, †Leiden Nov. 1669; war 1646-58 Prof. in Löwen, trat nach seiner Entlassung zum Kalvinismus über und lehrte ab 1665 in Leiden kartesian. Philosophie. G. löste das kartesian. Problem der Wechselwirkung zw. ausgedehntem Körper und nicht ausgedehnter, nicht materieller Seele mithilfe des ↑Okkasionalismus. Bed. waren auch seine Ausführungen zu einer an Augustinus und Franz von Sales orientierten Demuts- und Pflichtethik.

Geusen (niederländ. Geuzen), zunächst die Unterzeichner der 1566 abgefassten Bittschrift, mit der die Niederlande polit. und religiöse Freiheiten von König PhilippII. von Spanien forderten, dann alle niederländ. Aufständischen; sie trugen als Abzeichen den **G.-Pfennig. Die Meer-** oder **Wasser-G.** bekämpften die Spanier zur See. – Die **G.-Lieder** besingen die polit. Ereignisse z. Z. des G.-Bundes.

GeV, Einheitenzeichen für Gigaelektronvolt, bes. in der Elementarteilchenphysik benutzte Energieeinheit; 1 GeV = 10^9 eV.

Gevelsberg [-f-], Stadt im Ennepe-Ruhr-Kreis, NRW, am N-Rand des Sauerlands, 33 900 Ew.; Herstellung von Kleineisenteilen, Elektroartikeln, Maschinen und Kunststofffabrikaten. – Entstand im 13. Jh.; seit 1886 Stadt.

Geviertschein, *Astronomie:* ↑Konstellation.

Gewächshaus, künstlich erwärmtes Glashaus, um Pflanzen (Blumen, Zierpflanzen, Gemüse) unabhängig von den klimat. Verhältnissen an- und aufzuziehen; meist mit Lüftung und gelegentlich mit Zusatzbeleuchtung und Beregnungsanlagen ausgestattet. Nach den mittleren Temperaturen in der kalten Jahreszeit unterscheidet man zw. dem **Kalthaus** (bis 12°C), dem **temperierten Haus** (12-18°C) und dem **Warmhaus** (**Treibhaus;** ab 18°C).

Gewaff, *Jägersprache:* die vorstehenden Eckzähne beim männl. Schwarzwild (Keiler); die Eckzähne des Oberkiefers nennt man »Haderer«, die des Unterkiefers »Gewehre« oder »Hauer«.

Gewährleistung, gesetzlich nicht mehr verwendete Bez. für die Verpflichtung eines Schuldners, für die Mängelfreiheit einer Sache oder eines Rechts einzustehen. G.-Vorschriften gibt es beim ↑Kauf, beim Mietvertrag und beim ↑Werkvertrag. Rechte, die der Gläubiger aus der G. hat, sind ↑Nacherfüllung, ↑Rücktritt vom Vertrag oder ↑Minderung und ↑Schadensersatz.

Gewahrsam, 1) *Polizei-* und *Ordnungsrecht:* in den Polizeigesetzen der Länder geregelter Freiheitsentzug, der ohne richterl. Entscheidung längstens bis zum Ende des folgenden Tages währen darf. Er ist zulässig zur Abwehr einer unmittelbar bevorstehenden erhebl. Störung der öffentl. Sicherheit und Ordnung, zum Schutz gegen eine Gefahr für Leib und Leben oder zur Identitätsfeststellung.
2) *Strafrecht:* das tatsächl., von einem Herrschaftswillen getragene Herrschaftsverhältnis einer Person über eine Sache, das nach den Auffassungen des tägl. Lebens bestimmt wird (↑Unterschlagung). G. ist nicht gleichbedeutend mit dem ↑Besitz im bürgerl. Recht.
3) *Zivilrecht:* die tatsächl. Herrschaft einer Person über eine Sache, im Wesentlichen identisch mit dem unmittelbaren ↑Besitz des bürgerl. Rechts (Ausnahme: Erbenbesitz des § 857 BGB). G. ist Voraussetzung der ↑Pfändung bewegl. Sachen. Der Gerichtsvollzieher braucht die Eigentumsverhältnisse an der gepfändeten Sache nicht zu prüfen, sondern darf grundsätzlich die Sache pfänden, die er im G. des Schuldners vorfindet (§ 808 ZPO).

Gewalt, die Anwendung von phys. oder psych. Zwang gegenüber Menschen. G. umfasst 1) die rohe, gegen Sitte und Recht verstoßende Einwirkung auf Personen (lat. violentia), 2) das Durchsetzungsvermögen in Macht- und Herrschaftsbeziehungen (lat. potestas). Während z.B. das Englische und das Französische dieser sprachl. Unterscheidung des Lateinischen folgen, vereinigt das Deutsche beide Aspekte und verwischt hierdurch die grundlegenden Unterschiede zw. staatl. Machtbefugnis einerseits und über sie hinausgehender G.-Herrschaft und individueller Gewalttätigkeit andererseits. Moderne Staatsverf. weisen dem Staat die ausschließl. Befugnis zu, auf seinem Staatsgebiet phys. G. (lat. vis) einzusetzen oder ihren Einsatz zuzulassen. Dieses staatl. **G.-Monopol** ist wesentl. Teil der inneren Souveränität eines Staates; es wurde in einem jahrhundertelangen Prozess den versch. gesellschaftl. Kräften entzogen und soll im Verhältnis der Bürger zueinander freiheits-, rechts- und wohlfahrtssichernd wirken.

GEW Gewaltenteilung

Die *Psychologie* befasst sich mit G. im Sinne individuellen oder kollektiven Angriffsverhaltens unter dem Begriff ↑Aggression.

Im *Strafrecht* ist G. vielfach Tatbestandsmerkmal einer Straftat (z. B. bei Raub) und meint zunächst den Einsatz phys. oder psych. Mittel, die auf das Opfer einen Zwang (im Sinne einer lat. »vis absoluta«) ausüben, der seinen Willen ausschaltet und einen tatsächl. oder nur vermuteten Widerstand beseitigt (hierzu zählen auch narkot. Mittel oder Hypnose ohne Wissen und Wollen der Betroffenen). Sie kann auch eine nur mittelbare Beeinflussung sein, die dem Opfer einen Entscheidungsspielraum lässt (lat. »vis compulsiva«), so z. B. bei Nötigung oder Erpressung.

Im *Zivilrecht* ist der Begriff der »elterl. G.« durch den der ↑elterlichen Sorge ersetzt worden. (↑Schlüsselgewalt) – Neben den genannten Aspekten wird das Wort G. auch im Sinne von Kraft (»Natur-G.«) und als Metapher (»Rede-G.«) gebraucht.

📖 *G. – Faszination u. Furcht*, hg. v. F. Meyer-Gosau u. W. Emmerich. Leipzig 1994. – Arendt, H.: *Macht u. G.* A. d. Engl. München u. a. [14]2000.

Gewaltenteilung (Gewaltentrennung), die Unterscheidung der drei Hauptfunktionen des Staates Legislative (Gesetzgebung), Exekutive (Vollziehung) und Judikative (Rechtsprechung) sowie deren Zuweisung an unterschiedl., voneinander unabhängige Staatsorgane (Parlament, Reg., Gerichte) zur Verhinderung von Machtmissbrauch und zur rechtsstaatl. Sicherung bürgerl. Freiheiten. Die G. wurde in der Neuzeit als eine der Ideen der Aufklärung zuerst von J. Locke (1690) aufgegriffen und, beschränkt auf die Trennung von Exekutive und Legislative, als Strukturprinzip moderner Verfassungen gefordert. Montesquieu (»Vom Geist der Gesetze«, 1748) wies der richterl. Gewalt ihre eigene Rolle zu und wurde durch seine Vorstellungen von gegenseitiger Verschränkung und Mitbeteiligung der drei Gewalten in einem System kontrollierenden Gleichgewichts zum Urheber der neuzeitl. liberalen G.-Lehre. Sie ist das Kernprinzip parlamentarisch-demokrat. Verfassungen. Die G. wurde zum bestimmenden Faktor der amerikan. Unionsverf. von 1787 und der frz. Verf. von 1791. In Dtl. setzte sich das Prinzip der G. erstmals in der Weimarer Reichsverf. (1919) durch. Das GG verankert es in Art. 20 als unantastbaren Kernbestand. Allerdings wird im parlamentar. System die G. nicht in ihrer ursprüngl. Ausprägung praktiziert. Durch das Angewiesensein der Reg. auf eine Mandatsmehrheit im Parlament, die Vereinbarkeit von Reg.amt und Mandat (Kompatibilität) und die große Bedeutung der von der Reg. erarbeiteten Gesetzesvorschläge, die die Reg. mit der ihr nahe stehenden Mandatsmehrheit abstimmt, ist die eigentl. Kontrollfunktion der Opposition und, im polit. Sinne, der Öffentlichkeit, bes. den Medien, zugefallen. Allerdings darf nach weit verbreiteter Ansicht nicht

Gewaltenteilung: schematische Darstellung von Gewaltenteilung und Gewaltenbalance (Verschränkung und wechselseitige Kontrolle der Gewalten)

übersehen werden, dass die Medien (oft die »Vierte Gewalt« gen.) in ihrer Gesamtheit keine dem Gemeinwohl verpflichtete Kontrollfunktion wahrnehmen, sondern selbst versuchen, zum Nutzen eigendefinierter Interessen Einfluss zu nehmen. – Auch das *schweizer.* Verf.recht wird vom Grundsatz der G. durchdrungen. Das *österr.* Verf.recht spricht den Grundsatz der G. lediglich für den Bereich von Justiz und Verw. aus (Art. 94 Bundes-Verf.-Gesetz).
gewaltfreier Widerstand, Bez. für Aktionen von Einzelnen oder Gruppen gegen Inhaber der Staatsgewalt, die ohne Gewaltmittel, aber unter Hinnahme von Gesetzesverletzungen durchgeführt werden. Aktionsformen des oft von basisdemokrat. Vorstellungen (↑Demokratie) geprägten und von Bürgerinitiativen getragenen g. W. sind Protestveranstaltungen, passiver Widerstand (Steuerboykott, Sitzstreik), ziviler Ungehorsam (Übertretung oder Nichtbeachtung von Gesetzen), Besetzungen, Blockaden, Hungerstreik. Bed. Vertreter des g. W.: M. Gandhi, M. L. King.
Gewaltverhältnis, das zw. dem Staat und dem Einzelnen bestehende Pflichten- und Rechteverhältnis. Als allg. G. bezeichnet es die aus der Unterworfenheit unter die Staatsgewalt folgende allg. Rechtsstellung des Staatsbürgers und des Ausländers, die sich z. B. in Steuerpflicht, Wehrpflicht, Grundrechten, Wahlrecht, Rechtsschutzanspruch äußert. Das herkömmlich sog. **besondere G.** (heute auch Sonder-, Sonderstatus-, Einordnungsverhältnis gen.) ist gekennzeichnet durch ein bes. enges Verhältnis des Gewaltunterworfenen zu einem bestimmten Träger staatl. Gewalt. Es kann auf freiwilliger Grundlage (z. B. Beamte, Richter) oder auf gesetzl. Zwang beruhen (z. B. Soldaten, schulpflichtige Kinder). Durch das besondere G. wird der sich aus dem allg. G. ergebende Status zwar nicht aufgehoben, jedoch zweckbestimmt weiteren Beschränkungen unterworfen. Absolute Grenzen für Grundrechtseinschränkungen im besonderen G. ergeben sich aus der Menschenwürde, dem Gleichheitsgebot und der Wesensgehaltsgarantie der Grundrechte.
Gewaltverzicht, *Völkerrecht:* der Verzicht eines Staates auf Androhung oder Anwendung von Gewalt zur Lösung strittiger Fragen, entweder als einseitig verpflichtende Erklärung oder im Rahmen mehrseitiger Abkommen. Das **Gewaltverbot** ist Bestandteil des allgemeinen Völkerrechts. Bereits in den Haager Abkommen (1907) postuliert, wurden Gewaltverbote mit der Satzung des Völkerbundes (1919) und dem Briand-Kellogg-Pakt (1928) wirksam. Nach dem Zweiten Weltkrieg fand die Pflicht zum G. Eingang in die Charta der Vereinten Nationen (UN), die ihren Mitgl. verbietet, Gewaltmaßnahmen gegen die Unabhängigkeit und Integrität anderer Staaten zu ergreifen. Gewaltanwendung zur Landesverteidigung oder vom UN-Sicherheitsrat beschlossene militär. Sanktionen stehen dem G. nicht entgegen. Auch die »Schlussakte« der Konferenz über Sicherheit und Zusammenarbeit in Europa (KSZE) von 1975 enthält eine umfassende G.-Erklärung. Dtl. hat den Grundsatz des G. in das GG aufgenommen (Art. 26).
Gewände, durch schrägen Einschnitt in die Mauer entstehende Fläche an Fenstern und Portalen; in der roman. und got. Baukunst profiliert oder abgestuft, reich ornamental ausgeschmückt sowie u. a. mit Figuren ausgestattet.
Gewandhaus (Tuchhalle), im späten MA. errichtetes Haus der Tuchmacherzunft. Außer Lager- und Verkaufsräumen besaß das G. auch Räume für gesellige Veranstaltungen und war damit oft kultureller Mittelpunkt einer Stadt. Berühmt sind die Tuchhallen der flandr. Städte (z. B. Brügge, 13.–15. Jh.); das Braunschweiger G. (1591) wurde 1948–50 wiederhergestellt, das Zwickauer G. (1522–25) fungiert seit 1823 als Stadttheater, das Leipziger G. (nach 1477; Neubau 1882–84) wurde 1943 zerstört, 1964 abgerissen (als »Neues G.« entstand 1977–81 an anderer Stelle ein Konzerthaus). – Abb. S. 450
Gewandhausorchester, eines der ältesten dt. Konzertorchester, ben. nach dem Leipziger Gewandhaus, in dessen Saal ab 1781 die zuerst von J. A. Hiller geleiteten Gewandhauskonzerte stattfanden. 1884 bezog das G. ein eigenes Konzertgebäude (1943 zerstört). Seit 1981 spielt das G. im »Neuen Gewandhaus«. Bed. Dirigenten: F. Mendelssohn Bartholdy, A. Nikisch, W. Furtwängler, B. Walter, H. Abendroth, F. Konwitschny, V. Neumann, K. Masur; seit 1998 H. Blomstedt.
Gewann, urspr. Ackergrenze, an der der Pflug gewendet wird, später Bez. für die

GEW Gewässer

Gewandhaus: Neues Gewandhaus in Leipzig (1977–81)

Gesamtheit der Felder, die an einen gemeinsamen Grenzstreifen reichen.

Gewässer, alle Ansammlungen von Wasser auf und unter der festen Erdoberfläche, als **stehendes** (Tümpel, Teich, See u. a.) und **fließendes** G. (Quelle, Bach, Fluss, Strom), als unterird. G. (Grund-, Höhlenwasser), als natürl. und künstl. G., als Süß-, Salz- und Brackwasser. Die G. werden von der ↑Hydrologie, der ↑Meereskunde und der Gletscherkunde (↑Gletscher) erforscht.

Gewässerausbau, Baumaßnahmen zur wesentl. Umgestaltung eines Gewässers mit dem Ziel, das Bett festzulegen und zu sichern, benachbarte Flächen vor Hochwasser zu schützen, eine günstige Vorflut sicherzustellen und Nutzungen (z. B. Schifffahrt, Energiegewinnung, Wasserentnahme, Fischerei, Erholung, Sport) zu ermöglichen.

Gewässer|erwärmung, Temperaturerhöhung der Gewässer durch Einleiten von ↑Abwärme. Dadurch können tief greifende negative ökolog. Veränderungen eintreten: Verringerung der Selbstreinigungskraft des Gewässers und Gefährdung der Gewässerfauna durch die Wassererwärmung sowie klimat. Veränderungen des Umlandes.

Gewässergüteklassen, Einteilung der Fließgewässer in Klassen je nach dem Verschmutzungsgrad. Nach der Belastung v. a. mit organ. Substanzen, die mikrobiell abbaubar sind, den dabei entstehenden anorgan. Abbauprodukten und dem auftretenden Sauerstoffverbrauch unterscheidet man vier Haupt- und drei Zwischenstufen.

Gewässerkunde, ↑Hydrologie.

Gewässerschutz, alle Maßnahmen zum Schutz der Gewässer (oberird. Gewässer, Küstengewässer und Grundwasser) vor Verunreinigungen bes. durch Abwässer, Abfälle u. a. wassergefährdende Stoffe, um das Wasser optimal nutzen zu können und gesundheitl. Gefahren und Beeinträchtigungen abzuwenden. Der Reinheitsgrad der Gewässer (Gewässergüte) ist wichtig für die Trink- und Brauchwasserversorgung, außerdem für die Fischerei und die Bewässerung.

Der Reinheitszustand der Gewässer ist abhängig von den natürl. Verhältnissen im Einzugsgebiet (u. a. Größe, Oberflächenbeschaffenheit, Niederschlagshöhe, Untergrundschichten, Besiedlungsdichte, Flächennutzung), von den zugeführten Verunreinigungen insbes. der Abwässer, vom Sauerstoffgehalt und der Selbstreinigungskraft des Gewässers. Bei Gewässerverunreinigungen sind von Bedeutung die Sink- und Schwimmstoffe, die Krankheitserreger aus Fäkalien, zersetzungsfähige Stoffe, chemisch-physikalisch bedenkl. Stoffe, die aufgrund ihrer giftigen Wirkung, wegen ionisierender Strahlung oder infolge hoher Konzentration gesundheitsschädlich sind oder die Selbstreinigungskraft schädigen, und solche Stoffe, die von der Selbstreinigung nicht erfasst werden (z. B. Salze, Mineralöle, Pflanzenschutzmittel, radioaktive Substanzen), die die

Gewässerschutz GEW

Nutzung des Wassers beeinträchtigen oder die das Wasser oder die in ihm lebenden Tiere durch Geruch und Geschmack ungenießbar machen, ferner die ↑Eutrophierung fördernde Nährstoffe. Techn. Möglichkeiten zum G. sind bei oberird. Gewässern die Reinigung und Desinfektion oder die mengenmäßige Beschränkung der eingeleiteten Abwässer und die Verbesserung der Selbstreinigungskraft z. B. durch künstl. Belüftung. Der Schutz des unterird. Wassers ist durch techn. Sicherungen gegen das Übertreten von Schadstoffen in den Untergrund möglich (↑Wasserschutzgebiet). Jede Nutzung bedeutet einen Eingriff in das natürl. Gewässerökosystem

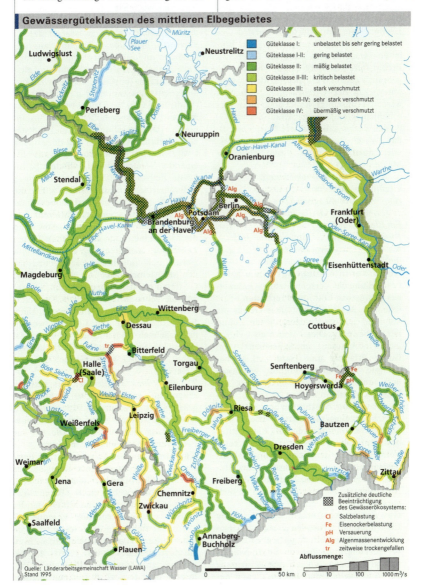

und wirkt sich i. d. R. negativ auf das Gewässer und seinen Umkreis aus. Wasserbau wurde jahrzehntelang als techn. ↑Gewässerausbau betrieben, was eine starke Schwächung der Stabilität und damit der natürl. Funktionstüchtigkeit der Gewässerökosysteme zur Folge hatte. **Recht:** Schutzbestimmungen zum G. enthalten bes. das Wasserhaushalts-Ges. des Bundes und die entsprechenden Ges. der Länder. Feste Stoffe dürfen in oberird. Gewässer nicht eingeleitet werden. Das Einleiten verschmutzter Abwässer oder von Fremdstoffen ist nicht durch den Gemeingebrauch gedeckt, entsprechende Anlagen unterliegen der Überwachung. Wer Gewässer verunreinigt, haftet auch ohne Verschulden (Gefährdungshaftung). Dem G. dienen zudem zahlr. andere Normen, z. B. das Wasch- und Reinigungsmittel-Ges. oder internat. Abkommen zum Schutz der Meere.

📖 *Klapper, H.: Eutrophierung u. G. Wassergütebewirtschaftung, Schutz u. Sanierung von Binnengewässern. Jena u. a. 1992. – Wasser – der bedrohte Lebensstoff. Ein Element in der Krise, hg. v. D. Beste u. a. Düsseldorf 1996. – Görner, K. u. Hübner, K.: G. u. Abwasserbehandlung. Berlin u. a. 2002.*

Gewässeruntersuchung, dient u. a. zur Feststellung des Verschmutzungsgrades eines Gewässers. **Ökolog. Methoden** beurteilen die Beschaffenheit eines Gewässers aufgrund der vorhandenen pflanzl. und tier. Lebewesen. Diese dienen als Leitformen (Indikatoren) im Saprobiensystem. Einige Pflanzen und Tiere sind an bestimmte Verschmutzungsgrade gebunden und von der chem. Beschaffenheit des Wassers innerhalb enger Grenzen abhängig. **Physiolog. Methoden** beurteilen den Verschmutzungsgrad anhand chem. und physikal. Kenngrößen. Der Biomassentiter bestimmt die Wassergüte durch photoelektr. Messung der Trübung von Organismensuspensionen bestimmter Testkulturen. Die Trübungsmesswerte werden als Äquivalentwerte einer bekannten Kieselgursuspension angegeben.

Gewässerversauerung, Versauerung fließender und stehender Gewässer; Ursache ist die beträchtlich gestiegene Bodenversauerung, ausgelöst von sauren Niederschlägen. Folgen sind u. a. eine Verarmung der Artenvielfalt und der Rückgang der Fischfauna. Inwieweit für die Wasserversorgung wichtige Grundwasservorkommen durch saure Depositionen beeinträchtigt werden, lässt sich bisher nur schwer beurteilen.

Gewässerverschmutzung, über die Selbstreinigungskraft hinausgehende Belastung der Gewässer mit Schadstoffen; führt zu einer erhebl. Gefährdung von Tieren und Pflanzen in den Gewässern und in den Uferbereichen. (↑Gewässerschutz)

Gewebe, 1) *Anatomie:* Verbände aus miteinander in Zusammenhang stehenden Zellen annähernd gleicher Bauart und gleicher Funktion **(einfache G.)** oder zusammengesetzt aus zwei oder mehr Zelltypen **(komplexe G.).** Durch Zusammenschluss mehrerer G. können höhere Funktionseinheiten (Organe, Organsysteme) entstehen. – **Pflanzl. G.:** Algen und Pilze haben i. Allg. Schein-G. (Plektenchyme; aus miteinander verflochtenen Zellfäden bestehende Zellverbände). Moose (auch hoch differenzierte Algen) haben z. T., die Sprosspflanzen (Farne und Samenpflanzen) stets unterschiedlich differenzierte echte Gewebe. Ihr Entstehungsort sind die Meristeme (↑Bildungsgewebe). Durch Zellteilung, Zellstreckung und Differenzierung zur endgültigen Form gehen aus den Meristemen Dauer-G. hervor. – **Tier. G.** treten bei den Eumetazoen (G.-Tiere) auf. Sie gehen aus den versch. Keimblättern bzw. einem ↑Blastem hervor. Nach Entwicklung, Bau und Leistung werden hauptsächlich unterschieden: Deck-G. (↑Epithel), Stütz- und Füll-G. (↑Bindegewebe), Muskel-G. (↑Muskeln), Nerven-G. (↑Nerven).

2) *Textiltechnik:* flächenförmiges Textilerzeugnis aus mindestens zwei rechtwinklig gesetzmäßig gekreuzten Fadensystemen. Die **Kette** verläuft in der Längsrichtung, der **Schuss** senkrecht dazu. Die Art der Fadenverschlingung heißt ↑Bindung.

Gewebefilter, zur Abtrennung von Feststoffen aus Gasen dienende filternde Abscheider. Als Filtermaterial werden versch. Textilien in gewebter (z. B. Baumwolle) und nicht gewebter Form (z. B. Nadelfilz, Vliese) verwendet. Auf der Filteroberfläche bildet sich ein Filterkuchen, der die Filterwirkung stark erhöht, aber auch zu einem Anstieg des Druckes führt. Die G. müssen daher durch Rütteln, Klopfen, Vibrieren oder Druckluft gereinigt werden.

Gewehr GEW

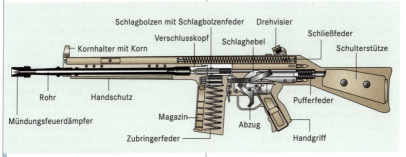

Gewehr: Schema des vollautomatischen Selbstladegewehrs G 3; Rückstoßlader, Kaliber 7,62 mm, Länge 102 cm, Gewicht ohne Magazin 4,1 kg

G. werden meist als Schlauch- oder Taschenfilter gebaut.
Gewebehormone, die ↑ Gewebshormone.
Gewebekultur, ↑Zellkultur.
Gewebelehre, die ↑Histologie.
Gewebetypisierung (HLA-Typisierung), immunolog. Feststellen der Verträglichkeit von Geweben unterschiedl. Organismen, das v. a. bei der Organtransplantation zur Ermittlung einer optimalen Spender-Empfänger-Kombination dient. Die G. beruht auf einer Bestimmung der Gewebeantigene des ↑HLA-Systems von Spender und Empfänger.
Gewebeverpflanzung, *Medizin:* ↑Transplantation.
Gewebeverträglichkeit (Histokompatibilität), Verträglichkeit zw. Empfänger- und Spendergewebe bei einer Transplantation. Sie ist von der Identität der Blutgruppen und der möglichst weitgehenden Übereinstimmung der Histokompatibilitätsantigene des ↑HLA-Systems abhängig, die durch eine Gewebetypisierung vorab geklärt wird. Da die molekulare Struktur dieser Antigene genetisch verankert ist, findet sich vollständige G. nur bei eineiigen und damit erbgleichen Zwillingen. In jedem anderen Fall setzen immunbiolog. Reaktionen ein, die ohne immunsuppressive Therapie (↑Immunsuppression) zur Abstoßung des Transplantats führen.
Gewebezüchtung, die Gewebekultur (↑Zellkultur).
Gewebshormone (Gewebehormone), in versch., nicht speziell als Drüsen ausgebildeten Geweben erzeugte Hormone bzw. hormonähnl. Stoffe, z. B. Gastrin, Sekretin, Angiotensin, Melatonin.
Gewehr, langläufige, mit beiden Händen zu bedienende Handfeuerwaffe, die i. d. R. an der Schulter in Anschlag gebracht wird. Je nach Verwendung unterscheidet man ↑Jagdgewehre, Sport-G. (v. a. Kleinkaliber- und Luft-G.) und **Militär-G.** Als Militär-G. werden heute fast nur vollautomat. Hochleistungswaffen verwendet. Sie sind als Vollautomat für Dauerfeuer (Feuerstöße) mit einer theoret. Feuergeschwindigkeit zw. 600 und 1 000 Schuss je Minute oder als Halbautomat (Selbstlader) für gezieltes Einzelfeuer verwendbar. Scharfschützen-G. sind mit einem Zielfernrohr ausgestattet. Mit den meisten G. können auch G.-Granaten verfeuert werden. Die Munition wird aus Magazinen zugeführt, die 20–30 Schuss (bei Trommelmagazinen etwa 100 Schuss) fassen. Moderne G. sind vielfach in Blechprägetechnik gefertigt; häufig werden auch Kunststoffe verwendet.
Geschichte: Die Entwicklung des G. zeigt zwei Haupttypen: **Vorderlader** (14. Jh. bis zur Mitte des 19. Jh.) und **Hinterlader.** – Die ältesten, im ersten Drittel des 14. Jh. aufgetretenen G. waren **Handbüchsen.** Wegen ihres großen Gewichts mussten sie beim Schießen durch G.-Gabeln oder Hakenstangen gestützt werden **(Hakenbüchsen, Arkebusen).** Die Pulverladung wurde durch eine Lunte mit der Hand gezündet. Im 15. Jh. wurde das **Luntenschloss** erfunden, bei dem die Zündung durch einen niederschlagenden Hahn mit einem Zündschwamm erfolgte. Die nun als **Muskete** bezeichneten G. wurden allmählich leichter, sodass sie freihändig gebraucht werden konnten. Seit dem 17. Jh. wurde der Feuerstein für die Zündung ver-

wendet. Das **Radschloss** besaß ein stählernes Rad, auf dem ein durch den Hahn gehaltenes Stück Schwefelkies auflag. Beim **Schnappschloss** wurde der Funke nicht gerissen, sondern geschlagen. Daraus entwickelten sich das **Batterie-, Stein-** oder **Flintschloss** unter Verwendung von Flint- oder Feuersteinen (Feuerstein-G.). All diese Waffen hatten i. Allg. glatte Rohre und waren Vorderlader, wodurch die Feuergeschwindigkeit äußerst beschränkt war. Bereits im 18. Jh. entwickelte man verstärkt gezogene Büchsen (v. a. Jagdwaffen). Den Abschluss der Vorderladerentwicklung bildete das **Perkussionssystem** mit einem Zündhütchen. Mitte des 19. Jh. ging man zu Hinterladern über (preuß. Zündnadel-G.), wodurch v. a. die Feuergeschwindigkeit wesentlich gesteigert wurde. Eine weitere Verbesserung brachten die Metallpatrone und die Senkung des Kalibers mit sich. In der 2. Hälfte des 19. Jh. setzte die Entwicklung des **Mehrlader-G.** ein (Repetier-G.), das mit seinem Magazin (3–10 Patronen) die Ladezeiten verkürzte. Mit solchen Waffen, deren Kaliber zw. 6,5 und 8 mm lag, war die Masse der Streitkräfte in beiden Weltkriegen ausgestattet. **Selbstlade-G.** wurden vereinzelt bereits im Ersten Weltkrieg verwendet. Die weitere Entwicklung, die im Zweiten Weltkrieg einsetzte, führte zu **vollautomat. G.,** bei denen die Patrone durch den Gasdruck oder den Rückstoß in die Kammer eingeführt wird.

📖 *Hartink, A. E.: Gewehre. Enzyklopädie. Erlangen 2003.*

Geweih: 1–3 Entwicklung des Rehgehörns; 1 Spießer, 2 Gabler, 3 Sechser, 4 und 5 Geweih des Damhirsches, 4 Löffler, 5 Kapitalschaufler; 6 Geweih des Edelhirsches, Vierzehnender

Gewehrgranate, Granate, die mit oder ohne besonderen Vorrichtungen (Schießbecher) mit einem Gewehr verschossen wird, v. a. mit Hohlladung zur Panzerabwehr; Reichweite bis 100 m.

Geweih, paarige, knöcherne Stirnwaffe beim männl. Geschlecht der meisten Hirscharten (beim Rentier auch beim weibl. Geschlecht). Das G. besteht aus zwei Stangen, die auf Stirnbeinfortsätzen, den **Rosenstöcken,** stehen. Die kranzförmige Verdickung der Stangenbasis heißt **Rose,** die Erhabenheiten auf der Stangenoberfläche heißen **Perlen,** zw. ihnen verlaufen Längsfurchen, die **Riefen.** Durch Abzweigung von der Stange entstehen **Enden** oder **Sprossen.** Drei oder mehr Enden an der Stangenspitze bilden die **Krone.** Stark verbreiterte Abflachung der Stange führt zur Bildung der **Schaufel.**
Das G. wird alljährlich abgeworfen und neu gebildet, wobei Jugendformen durchlaufen werden, bis die Reifeform erreicht und einige Jahre wiederholt wird. Im hohen Alter wird das G. wieder geringer (zurückgesetzt). Das fertige G. besteht aus totem Knochen mit einer dichten äußeren Rindenschicht und einer inneren porösen Knochensubstanz. Das Abwerfen der Stangen wird durch die Auflösung der Knochenschicht zw. Rosenstock und Stange ermöglicht. Die Knochenwunde der Abwurfstelle verschorft und wird von der Haut des Rosenstockrandes überwachsen. Aus dieser Narbenhaut geht der **Bast** hervor, eine Haut mit plüschähnl. Haaren, die das wachsende G. bedeckt und ernährt. Das neue G. ist zunächst knorpelig weich (**Kolben**); während des Wachsens wird es durch Verknöcherung von der Basis zur Spitze hin allmählich hart. Nach beendetem Wachstum stirbt der Bast ab und wird durch Reiben (**Fegen**) an Baumstämmen abgestreift; dabei wird der weiße Knochen braun. Das Wachstum des G. wird durch Hormone gesteuert.
In der *Jägersprache* heißt das G. beim Rothirsch auch **Gefänge, Gewicht,** beim Rehbock **Gehörn, Gewicht(e)l, Krone,** beim Dam- und Elchhirsch **Schaufeln.** Die weiteste innere Entfernung der Stan-

gen voneinander ist die **Auslage.** Die Enden an den Stangen des Rothirsches heißen von unten nach oben **Aug(en)sprosse, Eissprosse** (fehlt oft), **Mittelsprosse, Kronenenden.** Am Rehgehörn werden **Vorder-, Mittel-** und **Hintersproß** unterschieden. Nach der Zahl der Enden an beiden Stangen spricht man von **Spießer, Gabler, Sechs(end)er** (Endstufe beim Rehbock), **Acht(end)er.** Ein Hirsch mit bes. kräftig entwickeltem G. wird **Kapitalhirsch,** ein Damhirsch oder Elch **Kapitalschaufler** genannt. Unregelmäßigkeiten am G. entstehen durch Beschädigungen in der Bastzeit, Verletzung oder Bruch des Rosenstocks, Ernährungsstörungen und Verlust oder Verkümmerung der Hoden **(Perückengeweih).**

Geweihfarn: Platycerium bifurcatum

Geweihfarn (Platycerium), Gattung der Tüpfelfarngewächse in den trop. Regenwäldern, wächst in den Astgabeln der Bäume als Epiphyt; mit bis 70 cm langen, aufrechten, lederigen, gabelig verzweigten, geweihähnl. Blättern; als Zimmerpflanze wird häufig Platycerium bifurcatum kultiviert.

Gewerbe, auf Dauer angelegte Wirtschaftstätigkeit, erfolgend auf eigene Rechnung, eigene Verantwortung und eigenes Risiko, zur Erzielung von Gewinn, unter Beteiligung am allg. wirtsch. Verkehr. Kein G. bilden Tätigkeiten im Rahmen der Land- und Forstwirtschaft oder eines freien Berufs. Das G. setzt sich aus Ind., Handwerk, Haus-G. und Verlagswesen zusammen. Die Gesamtheit der G.-Betriebe wird als **gewerbl. Wirtschaft** bezeichnet.

Gewerbearzt, im öffentl. Gesundheitswesen an den staatl. Arbeitsschutzbehörden der Länder tätiger Arzt. Zu seinen Aufgaben gehören Beratung und Unterstützung der Gewerbeaufsichtsämter in Fragen der Arbeitshygiene und -medizin, v. a. die Prüfung der Einhaltung von Arbeitsschutzvorschriften einschl. der Diagnose und Anzeige von Berufskrankheiten.

Gewerbeaufsicht, die staatl. Überwachung der Einhaltung von Arbeitsschutzbestimmungen durch die Gewerbebetriebe (in der GewO und in landesrechtl. Vorschriften geregelt). Die Durchführung der G. obliegt in den Ländern den **G.-Ämtern** (früher »Gewerbepolizei« genannt) bzw. in einigen Bereichen Sonderaufsichtsbehörden, z. B. Bergämtern. – In *Österreich* ist die G. den Bezirksverwaltungsbehörden und den Arbeitsinspektoraten zugewiesen. In der *Schweiz* ist die Ordnung der G. kantonal verschieden.

Gewerbebetrieb, Betrieb, der die Voraussetzungen eines ↑Gewerbes erfüllt; unterliegt der Gewerbesteuer.

Gewerbeförderung, Gesamtheit der wirtschaftspolit. Maßnahmen von Staat, Wirtschaftsverbänden, Ind.- und Handels- sowie Handwerkskammern zur Förderung der gewerbl. Wirtschaft. Die G. umfasst v. a. Maßnahmen zur Stärkung der Wettbewerbsfähigkeit von gewerbl. Klein- und Mittelbetrieben (z. B. Rationalisierung von Produktion und Organisation, betriebswirtsch. und techn. Beratung, Nachwuchsausbildung und Unternehmerweiterbildung, Förderung der Marktbeziehungen durch Ausstellungen und Messen, Finanzhilfen und Steuervergünstigungen, Förderung von Existenzgründungen).

Gewerbefreiheit, das dem Einzelnen zustehende Recht, ein Gewerbe im Rahmen der gesetzl. Bestimmungen zu betreiben. In Dtl. ist die G. durch Art. 12 GG verfassungsrechtlich geschützt und Deutschen vorbehalten, während der Grundsatz der G. in seiner einfachgesetzl. Normierung im § 1 GewO für jedermann, also auch für Ausländer, gilt. – Die G. entwickelte sich unter Beseitigung des früheren Zunftzwangs aufgrund der Wirtschaftslehre des Liberalismus und wurde zuerst während der Frz. Revolution (1791) in Frankreich, seit Mitte des 19. Jh. auch in anderen Staaten eingeführt, so in Dtl. durch die GewO von 1869 (↑Gewerberecht). – In *Österreich* gewährleistet die G. Art. 6 des Staatsgrund-Ges. von 1867, in der *Schweiz* Art. 27 der Bundesverf. (Wirtschaftsfreiheit).

Gewerberecht, gesetzl. Bestimmungen zur Regelung der Gewerbe. Das G. hat sich in Dtl. aus dem Polizeirecht zu einem selbstständigen Gebiet innerhalb des Wirt-

GEW Gewerbeschein

schaftsverwaltungsrechts entwickelt und unterliegt der konkurrierenden Gesetzgebung des Bundes (Art. 74 Ziff. 11 GG). – Grundlage des dt. G. ist die **Gewerbeordnung (GewO)** i. d. F. v. 22. 2. 1999, wobei wichtige Materien in Sonder-Ges. geordnet sind. Die GewO geht vom Grundsatz der Gewerbefreiheit aus und fixiert deren Beschränkungen zur Gewährleistung der öffentl. Sicherheit unter Berücksichtigung des Arbeitsschutzes. Sie enthält Regelungen über die Einteilung der Gewerbe (stehendes Gewerbe; Reisegewerbe; Messen, Ausstellungen, Märkte), die Gewerbeüberwachung, die Gewerbezulassung, das Gewerbezentralregister, arbeitsrechtl. Vorschriften. – In *Österreich* gilt die GewO von 1994. In der *Schweiz* ist das G. zum größten Teil noch kantonal geregelt.
Gewerbeschein, Bez. für die Bescheinigung der zuständigen Behörde, die den Empfang der gesetzlich vorgeschriebenen Anmeldung des Beginns eines stehenden Gewerbes bestätigt. (↑Reisegewerbe)
Gewerbesteuer, Ertragsteuer, der alle Gewerbebetriebe unterliegen. Die G. ist durch das G.-Gesetz i. d. F. v. 15. 10. 2002 bundeseinheitlich geregelt. Ihr Aufkommen (2001: 24,53 Mrd. €) steht zum größten Teil den Gemeinden zu (↑Gemeindesteuern). Steuerbemessungsgrundlage ist der Gewerbeertrag **(Gewerbeertragsteuer)**. Bis 1997 war auch das Gewerbekapital Bemessungsgrundlage. Diese **Gewerbekapitalsteuer** wurde zum 1. 1. 1998 abgeschafft, die Gemeinden erhielten zum Ausgleich 2,2 % des Umsatzsteueraufkommens. Die G. wird berechnet, indem der Gewerbeertrag (korrigierter steuerl. Gewinn) mit einer G.-Messzahl (bundeseinheitlich grundsätzlich 5%) multipliziert wird. Das Ergebnis, der G.-Messbetrag, wird vom Finanzamt durch den G.-Messbescheid festgesetzt. Die G.-Schuld ergibt sich durch Multiplikation des Steuermessbetrages mit einem Prozentsatz, dem G.-Hebesatz, dessen Höhe die hebeberechtigte Gemeinde bestimmt.
Gewerbezentralregister, beim Bundeszentralregister in Bonn geführtes Register, in dem die gewerbebezogenen Verwaltungsentscheidungen und rechtskräftige Bußgeldentscheidungen wegen Ordnungswidrigkeiten (mit Geldbuße über 200 €) seit 1976 erfasst werden; es soll gegenüber gewerberechtlich unzuverlässigen oder un-

geeigneten Personen eine einheitl. Untersagungs- und Genehmigungspraxis ermöglichen. Die Eintragungen unterliegen gewissen Tilgungsfristen.
gewerbliche Arbeitnehmer, gruppenspezif. Bez. für unselbstständig Beschäftigte in der gewerbl. Wirtschaft (Ind., Handel, Handwerk, Dienstleistungsgewerbe) im Unterschied zu Angestellten, Arbeitern und Beamten im Staatsdienst.
gewerblicher Rechtsschutz, Inbegriff der zum Schutz der geistig-gewerbl. Betätigung im wirtsch. Wettbewerb erlassenen Vorschriften des Patent-, Gebrauchsmuster-, Geschmacksmuster-, Marken- und Wettbewerbsrechts. Das Urheber- und Verlagsrecht wird meist nicht zum g. R. gezählt, wenngleich es auch ähnl. Zielsetzungen dient.
gewerbsmäßiges Handeln, *Strafrecht:* eine Handlungsweise des Täters in der Absicht, sich durch die wiederholte Begehung einer Straftat eine nicht nur vorübergehende Einnahmequelle zu verschaffen; wirkt teils strafbegründend (z. B. § 180 a Abs. 1 StGB, Ausbeutung von Prostituierten), teils strafverschärfend (z. B. § 260 StGB, gewerbsmäßige Hehlerei).
Gewerk *das, regional:* Zweig des Bauhandwerks; *veraltet:* Gewerbe, Zunft.
Gewerkschaften, Organisationen lohn- oder gehaltsabhängiger Arbeitnehmer, um bestimmte, v. a. wirtsch. und soziale Interessen durchzusetzen. In Wirtschaftssystemen, die demokratisch verfasst und marktwirtsch. strukturiert sind, treten die G. als unabhängige Arbeitnehmerorganisationen in Erscheinung; dabei bedeutet Unabhängigkeit v. a. die freie Wahl der zur Erreichung der Ziele für angemessen erkannten Mittel auf der Grundlage rechtsstaatlich und verfassungsrechtlich garantierter Formen polit. Entscheidungsbildung; Unabhängigkeit bedeutet dabei nicht polit. Neutralität. Um wirksam agieren zu können, bedürfen unabhängige G. i. Allg. eines Mindestmaßes an polit. Bewegungsfreiheit, die bes. auf Versammlungs-, Vereins- und Koalitionsfreiheit beruht. Unabhängige G. bejahen den Streik als das letztlich entscheidende Kampfmittel.
Nach Gesetzgebung und Rechtsprechung gelten G. ebenso wie Arbeitgeberzusammenschlüsse in Dtl. als Koalitionen, die vom Mitgl.wechsel unabhängig sind, die freiwillig gebildet, von Parteien, Kirchen

Gewerkschaften GEW

sowie vom Staat unabhängig und auf überbetriebl. Grundlage organisiert sind, deren wichtigste Aufgabe der Abschluss von Tarifverträgen ist, die zu diesem Zweck Druck ausüben können, dabei aber die geltenden Schlichtungsregelungen anerkennen. Über diese rechtswiss. Definition hinaus gilt und galt v. a. in der Geschichte der Arbeiterbewegung als wichtigstes Ziel gewerkschaftlicher Zusammenschlüsse die Selbsthilfe Lohnabhängiger (v. a. zu Beginn der industriellen Revolution) gegen Armut sowie Kinderarbeit, unzumutbare Arbeitsbedingungen (12- bis 17-Stunden-Tag, zu niedrige Löhne usw.) und fehlende soziale Sicherung (v. a. gegen Arbeitslosigkeit, Krankheit und Alter). Der gewerkschaftl. Kampf um die Verbesserung der Lebens- und Arbeitsbedingungen richtete sich nicht allein gegen Arbeitgeber, sondern auch gegen den Staat, der die notwendigen gesetzl. Rahmenbedingungen schaffen sollte (Normalarbeitstag, Arbeitsschutzgesetzgebung, staatl. Sozialversicherung, Betriebsverfassung sowie als notwendige Voraussetzung gewerkschaftl. Zusammenschlüsse eine gesetzlich abgesicherte ↑Koalitionsfreiheit). Heute gelten als wichtigste, auch gesetzlich abzusichernde Ziele betriebl. und überbetribl. Mitbestimmung, Vermögensbildung in Arbeitnehmerhand, Wiederherstellung der Vollbeschäftigung durch versch. Maßnahmen der Arbeitszeitverkürzung, Verbesserung des Bildungs- und Ausbildungswesens sowie der Schutzgesetze für Jugendliche, Frauen und Behinderte.
Organisationsformen: G. bildeten sich zunächst nach dem **Berufsverbandsprinzip,** bei dem sich Arbeitnehmer getrennt nach Berufsgruppen organisieren. Dieses Prinzip ist heute noch z. B. bei den Trade Unions in Großbritannien und den USA vorherrschend; in W-Europa entwickelte sich um 1900 das **Industrieverbandsprinzip** (ein Betrieb – eine G.), nach dem sowohl die Einzel-G. des ↑Deutschen Gewerkschaftsbunds (DGB) als auch die Arbeitgeberverbände in Dtl. gegliedert sind. Sind G. auf bestimmte Weltanschauungen festgelegt bzw. die G.-Bewegung eines Landes nach Weltanschauungszugehörigkeit gegliedert, spricht man von **Richtungsgewerkschaften.** Die G.-Geschichte kennt v. a. folgende: 1) **freie** bzw. **sozialist. G.** als Teil der sozialist. Arbeiterbewegung; in Dtl. schlossen sich nach Aufhebung des Sozialistengesetzes (1890) die (der SPD nahe stehenden) Freien G.-Gruppen 1892 in Halberstadt zur Generalkommission der G. Dtl.s zusammen. Die SPD hatte ideologisch und personell auf diese G. großen Einfluss. Entgegen den Absichten A. Bebels u. a., die dafür eintraten, dass die Partei die Richtlinien ihrer Arbeiterorganisationen bestimmte, blieben diese jedoch unabhängig (Mannheimer Abkommen zw. den freien G. und der SPD, 1906); 1919 bildeten die freien G. in Dtl. den Allg. Dt. Gewerkschaftsbund (ADGB), dem der Allg. freie Angestelltenbund (Afa-Bund), gegr. 1920, und der Allg. Dt. Beamtenbund (ADB), gegr. 1921, angeschlossen waren. Wichtigstes polit. Konzept in den 1920er-Jahren war die Forderung nach Wirtschaftsdemokratie (sozialpolit. Maßnahmen gegen wirtsch. Macht, Ausbau betriebl. Mitbestimmung, Einführung regionaler und überbetribl. Selbstverwaltungsorgane, Förderung der öffentl. Unternehmen sowie der Genossenschaften). 2) **Kommunist. G.** entstanden in Russland bzw. der Sowjetunion, in der ČSR, in Großbritannien, Frankreich, Österreich und Polen und bildeten 1921 die Rote Gewerkschaftsinternationale (RGI), der sich auch revolutionäre Gruppen innerhalb der dt. freien G. anschlossen, die sich 1928 als Revolutionäre Gewerkschaftsopposition (RGO) unter der Führung der KPD vom ADGB abspaltete. 3) **Syndikalist. G.** bestanden v. a. in den letzten anderthalb Jahrzehnten des 19. Jh.; sie haben den Gedanken des Ind.verbandsprinzips am stärksten propagiert; Ziel der syndikalist. G. ist ein Wirtschaftssystem der Arbeiterselbstverwaltung. Syndikalist. G. entstanden zuerst in Frankreich (1892 Gründung der Fédération des Bourses du Travail) und hatten v. a. in Südamerika und Spanien (1910 Gründung der Confederación Nacional del Trabajo [CNT]) größeren Einfluss. 4) **Christl. G.** bildeten sich innerhalb der christlich-sozialen Bewegung zuerst Ende des 19. Jh. in Dtl.; sie gründeten 1901 den Gesamtverband christl. G., der nach dem Prinzip der Interkonfessionalität arbeitete. 1919 kam es zur Gründung des Dt. Gewerkschaftsbundes (DGB), der sich an der Zentrumspartei orientierte. In der Bundesrep. Dtl. sind die christl. (kath. orientierten) G. im 1959 ge-

GEW Gewerkschaftsbanken

gründeten Christl. Gewerkschaftsbund Dtl.s (CGB) zusammengefasst. 5) Gegen die klassenkämpfer. G.-Auffassung der freien, kommunist. und syndikalist. G. bildeten sich 1868 neben den christl. G. die dem Linksliberalismus nahe stehenden **Hirsch-Dunckerschen Gewerkvereine**, die nach dem Selbsthilfeprinzip schon früh Hilfskassen für ihre Mitgl. einrichteten; 1868 erfolgte die Gründung des Verbandes der Dt. Gewerkvereine, der 1919 mit Angestellten- und Beamtenorganisationen den Gewerkschaftsring dt. Arbeiter-, Angestellten- und Beamtenverbände gründete. 6) Die wirtschaftsfriedl. G. (so genannte **gelbe G.**) lehnten den Arbeitskampf ab und proklamierten die Arbeitgeber und -nehmer zusammenfassende Werkgemeinschaft. 1899 in Frankreich entstanden, entwickelten sie sich meist mit Arbeitgeberunterstützung ab 1905 auch in Deutschland. **Mitgliederstruktur:** Die G. entwickelten sich zuerst als Berufsgruppen-G. getrennt für Arbeiter, Angestellte (↑Angestelltengewerkschaften) und Beamte. In Dtl. ist der Dt. Beamtenbund (DBB) nach diesem Berufsgruppenprinzip organisiert. – Dem Prinzip der Richtungs-G., dem Berufsverbands- sowie dem Berufsgruppenprinzip steht das Prinzip der **Einheits-G.** gegenüber, die alle Berufsgruppen umfasst und nach dem Ind.verbandsprinzip in Einzel-G. gegliedert ist. 1949 wurde in der Bundesrep. Dtl. der DGB nach diesem Prinzip aufgebaut. Der DGB ist mit seinen Einzel-G. (nach Zusammenschlüssen 8 [2001]) sowohl in der Tarifpolitik als auch als Dachorganisation in der Wirtschafts- und Sozialpolitik eine einflussreiche Kraft. Obwohl Mitgl. bzw. Wähler aller Parteien im DGB organisiert sind, besteht – auch in den Führungsgremien – eine starke SPD-Mehrheit. – In der Sowjet. Besatzungszone wurde 1945 der ↑Freie Deutsche Gewerkschaftsbund (FDGB) als Dachorganisation von 15 Einzel-G. gegründet.
Internat. Organisationen: Die freien G. gründeten 1913 den Internat. Gewerkschaftsbund (IGB), der 1919 als internat. Dachorganisation der reformist. G. Europas und zeitweilig der USA neu konstituiert wurde (1919: 32 Mio. Mitgl.; zu Beginn des Zweiten Weltkriegs faktisch aufgelöst). 1921 gründeten die kommunist. G. die Rote Gewerkschaftsinternationale (RGI). 1945 kam es zur Gründung des Weltgewerkschaftsbundes (WGB), in dem auch amerikan. und sowjet. G. vertreten waren. Die einsetzenden Spannungen des Kalten Krieges führten 1949 zur Gründung des ↑Internationalen Bundes Freier Gewerkschaften (IBFG) durch nicht kommunist. G. Als christl. G.-Internationale ging 1968 aus dem 1920 gegründeten Internat. Bund Christl. Gewerkschaften (IBCG) der Weltverband der Arbeitnehmer (WVA) hervor. 📖 *Quellen zur Gesch. der dt. Gewerkschaftsbewegung im 20. Jh.*, begr. v. *E. Matthias*, hg. v. *K. Schönhoven* u. *H. Weber*, auf zahlr. Bde. ber. Köln 1985 ff. – *Gesch. der dt. G. von den Anfängen bis 1945*, hg. v. *U. Borsdorf.* Köln 1987. – *Schönhoven, K.: Die dt. G.* Frankfurt am Main ²1988. – *Schneider, M.: Kleine Gesch. der G.* Bonn 1989. – *Nickel, W.: Tb. der dt. G. Aufgaben – Organisation – Praxis.* Köln 1995.
Gewerkschaftsbanken, die ↑Gemeinwirtschaftsbanken.

Gewichtheben: Ausgangsstellung

Gewicht, 1) *Maß- und Eichwesen:* Kurzbez. für Gewichtsstück oder Wägestück. **2)** *Mathematik:* Faktor, der die Bedeutung einer Größe im Vergleich zu anderen ausdrückt. Den so bei der Bildung (Gewich-

Gewichtsprozent GEW

Gewichtsklassen (Auswahl, kg-Grenzen)

Bezeichnung[1]	Boxen[2]		Gewichtheben		Judo		Ringen	
	Männer	Frauen	Männer	Frauen	Männer	Frauen	Männer	Frauen[3]
Papiergewicht	–	46						
Halbfliegengewicht	48	48						
Fliegengewicht	51	50						
Bantamgewicht	54	52	56	48			55	48
Federgewicht	57	54	62	53			60	51
Extraleichtgewicht	–	–			60	48		
Halbleichtgewicht	–	–			66	52		
Leichtgewicht	60	57	69	58	73	57	66	55
Halbweltergewicht	64	60						
Weltergewicht	69	63					74	59
Halbmittelgewicht	–	66			81	63		
Mittelgewicht	75	70	77	63	90	70	84	63
Leichtschwergewicht	–	–	85	69				
Halbschwergewicht	81	75			100	78	96	67
Mittelschwergewicht	–	–	94	75				
Schwergewicht	91	80	105	>75	>100	>78	120	72
Superschwergewicht	>91	86	>105					

1) Die Bezeichnungen gelten nur für den Boxsport. In den anderen Sportarten wird lediglich nach Körpergewicht in Kilogramm klassifiziert. – 2) Amateure. – 3) Olympisch sind nur die Gewichtsklassen 48 kg, 55 kg, 63 kg und 72 kg.

tung) von Mittelwerten erhaltenen Wert nennt man auch **gewogenes (gewichtetes) Mittel**.
3) *Physik:* die ↑Gewichtskraft; oft auch umgangssprachl. (und nicht exakte) Bez. für die Masse eines Körpers.
Gewichtheben, das wettkampfgerechte ↑Reißen und ↑Stoßen möglichst großer Massen in Form einer Scheibenhantel auf einem 4 m × 4 m großen Heberboden. Wettkämpfe werden in ↑Gewichtsklassen (Übersicht) in den beiden genannten Einzeldisziplinen in der angegebenen Reihenfolge und außerdem durch Addition der Bestleistungen jedes Wettkämpfers als »olymp. Zweikampf« ausgetragen. Die Scheibenhantel muss möglichst geradlinig und auf kürzestem Weg regelgerecht vom Boden zur Hochstrecke (Halten über dem Kopf) gebracht werden. Jedem Wettkämpfer stehen je Disziplin drei Versuche zu, die beste Leistung wird gewertet. Bei gleicher Leistung ist derjenige besser platziert, der sie früher als der andere schaffte (zeitl. Reihenfolge im Wettkampf). (↑Sportarten, Übersicht)

Gewichts|analyse, die ↑Gravimetrie.
Gewichtsklassen, für Boxer, Ringer, Gewichtheber, Judoka u. a. verbindl. Klassifikation nach der Körpermasse (Körpergewicht), um notwendige Voraussetzungen für einen objektiven sportl. Leistungsvergleich zu schaffen. Im Boxen gibt es noch besondere G.-Bezeichnungen. (↑Profiboxen, Übersicht)
Gewichtskraft (Gewicht), Formelzeichen G oder F_G, SI-Einheit ist das Newton (N); die Kraft, mit der ein Körper vom Schwerefeld eines Himmelskörpers (z. B. der Erde) angezogen wird (↑Schwerkraft). Ihr Betrag ergibt sich aus dem Produkt aus der Masse (m) des Körpers und der am Ort des Körpers herrschenden ↑Fallbeschleunigung (Betrag g), $G = m \cdot g$. Die G. ist im Ggs. zur Masse eine ortsabhängige physikal. Größe. Da die Fallbeschleunigung infolge der Abplattung und Rotation der Erde z. B. von den Polen zum Äquator hin abnimmt, hat ein Körper bei unveränderter Masse am Äquator eine geringere G. als an den Polen, er wiegt dort weniger.
Gewichtsprozent, Abk. **Gew.-%,** früher

GEW Gewichtszoll

verwendete, nicht korrekte Gehaltsangabe für den Massenanteil (↑Konzentration).
Gewichtszoll (spezifischer Zoll), nach dem Gewicht des Zollguts bemessener ↑Zoll.
Gewichtung, *Mathematik:* ↑Gewicht.
Gewinde, schraubenlinienförmige regelmäßige Profilierung auf einem zylindr. oder schwach kon. Schaft **(Außen-G.)** oder auf der Innenfläche eines zylindr. Hohlkörpers **(Innen-G.).** Dieses mechan. Formelement ermöglicht eine jederzeit lösbare Verbindung zw. zwei mit korrespondierenden G. versehenen Teilen, z.B. Schraubenmutter und Schraubenbolzen, sowie die Umwandlung einer Dreh- in eine Längsbewegung. Einen vollen Umlauf der Schraubenlinie bezeichnet man als **Gang.** Der Weg, um den sich die Schraubenmutter bei einer vollen Umdrehung auf dem Schraubenbolzen verschoben hat, ist die **Ganghöhe** oder **Steigung.** Steigt die Schraubenlinie nach rechts an, so handelt es sich um das normalerweise verwendete **Rechts-G.,** bei Anstieg nach links um ein **Linksgewinde.**
Je nach Verwendungszweck werden G. mit unterschiedl. G.-Profil (Schnittbild eines G.-Ganges) eingesetzt. **Spitz-G.** (Dreieckprofil) werden für Befestigungszwecke verwendet, **Trapez-G.** zur Kraft- und Bewegungsübertragung in beiden Richtungen, **Sägen-G.** zur Kraftübertragung in einer Richtung, **Rund-G.** zur Kraft- und Bewegungsübertragung, wenn Kerbwirkung infolge scharfer Ecken zu vermeiden ist. Bei den für Schrauben genormten G. unterscheidet man Normal-, Grob- und Fein-G. Die Angabe von G.-Außendurchmesser und Steigung erfolgt bei **metr. ISO-G.** in dezimalen Teilen oder Vielfachen von Millimetern, bei **Zoll-G.** bzw. **Withworth-G.** in Zoll bzw. Inch (v.a. in angelsächs. Ländern). G. können von Hand (z.B. mit Schneideisen, -kluppe) oder maschinell (z.B. Drehmaschine, durch Fräsen, Pressen u.a.) hergestellt werden.
Gewinn, *Betriebswirtschaftslehre:* Differenz zw. Einnahmen und Ausgaben, Ertrag und Aufwand bzw. Erlösen und Kosten. Die Differenz zw. allen Einnahmen und allen Ausgaben während der Lebensdauer eines Unternehmens wird als **Total-G.** bezeichnet. Aus der Notwendigkeit der Ermittlung von G.-Größen für Teilperioden (meist ein Geschäftsjahr) ergibt sich der **Perioden-G. (Buch-G., pagator. G.);** er erscheint in der Geschäftsbuchführung unter Beachtung der handels- und steuerrechtl. Vorschriften doppelt: in der ↑Gewinn-und-Verlust-Rechnung als Saldo sowohl des leistungsbedingten als auch des nicht mit dem eigentl. Betriebszweck zusammenhängenden (neutralen) Ertrags und Aufwands, in der ↑Bilanz als Überschuss des Eigenkapitals am Ende der Periode gegenüber dem Stand zu Beginn, abzüglich der Eigenkapitaleinlagen und zuzüglich der Eigenkapitalentnahmen. Der **Bilanz-G.** ist der von den Kapitalgesellschaften ausgewiesene Erfolg unter Berücksichtigung der G.-Verwendung. In der Kosten- und Leistungsrechnung wird der G. je Periode **(Betriebs-G., kalkulator. G.)** als Differenz der Leistung (Erlös) und des dafür aufgewandten Verbrauchs (Kosten) und der **Stück-G.** als Differenz von Preis (Erlös) je Produktmengeneinheit und Stückkosten ermittelt.
In der *Volkswirtschaftslehre* ist der **Unternehmer-G.** kein Preis für einen besonderen Produktionsfaktor, sondern eine Restgröße, die sich ergibt, wenn von den Erlösen zunächst die Kosten für fremde Produktionsfaktoren (einschl. Abschreibungen) abgezogen werden. Von dem dadurch entstehenden Unternehmereinkommen gelangt man zum Unternehmer-G., wenn man die Kosten für eigene Produktionsfaktoren berücksichtigt. Das ist neben kalkulator. Pacht und kalkulator. Zins auch der kalkulator. Unternehmerlohn (Entgelt für die geleistete Arbeit des Unternehmers einschl. Risikoprämie). In der klass. Nationalökonomie wurden Unternehmer-G. und kalkulator. Unternehmerlohn zu **Profit** i.e.S. zusammengefasst; Profit i.w.S. bezeichnet den Kapitalertrag

Gewinde: verschiedene Gewindeformen:
1 Spitzgewinde,
2 Trapezgewinde,
3 Sägegewinde,
4 Rundgewinde

als Verzinsung des eingesetzten Eigen- und Fremdkapitals (Kapitalgewinn).
Dem G. kommt unter marktwirtsch. Bedingungen eine wichtige Steuerungs- und Anreizfunktion zu. Hohe G. veranlassen z. B. potenzielle Anbieter, neu in den Markt einzutreten (Imitationswirkung), und bisherige Anbieter, die Produktion auszudehnen (Kapazitätswirkung) sowie verbesserte Verfahren anzuwenden (Innovationswirkung).
Gewinnabführungsvertrag (Ergebnisabführungsvertrag), Unternehmensvertrag, durch den eine AG oder eine Kommanditgesellschaft auf Aktien sich verpflichtet, ihren Gewinn an ein anderes Unternehmen abzuführen; auch die Verpflichtung, das Unternehmen für Rechnung eines anderen zu führen (§ 291 Aktien-Ges.). (↑Organschaft)
Gewinnbeteiligung, 1) *Betriebswirtschaft* und *Sozialpolitik:* vom Arbeitgeber freiwillig oder aufgrund tarifvertragl. Regelungen über die Entlohnung hinaus gewährte Beteiligung der Arbeitnehmer am Geschäftsergebnis. Die G. soll die Bindung an den Betrieb fördern, die Arbeitsmoral verbessern, zu sparsamem Materialverbrauch anregen und Gelegenheit zur Vermögensbildung bieten. Die Gewerkschaften stehen den vorhandenen Formen der G. kritisch gegenüber, da sie von ihr eine Stärkung des Betriebsegoismus und eine Schwächung des Solidaritätsgedankens der Arbeitnehmer befürchten. – Bemessungsgrundlage ist als Variante der Erfolgsbeteiligung ist i. d. R. der Bilanzgewinn. Denkbar ist eine jährl. Auszahlung eines Gewinnanteils an die einzelnen Arbeitnehmer oder an die Gesamtbelegschaft, Gutschrift auf ein Sonderkonto, von dem Auszahlungen nur in Sonderfällen vorgenommen werden, z. B. bei Ausscheiden aus dem Betrieb (hierbei bleibt das Kapital dem Betrieb für Investitionen erhalten), oder die Ausgabe von Anteilscheinen, z. B. **Belegschaftsaktien.** Bei Letzterem hat die G. die Form der Kapitalbeteiligung angenommen. Bereits im 19. Jh. führten einzelne Unternehmer wie z. B. Heinrich Freese (* 1853, † 1944) und E. Abbe die G. ein. Nach 1945 fand die G. nach versch. Verfahren weitere Verbreitung. In Frankreich wurde sie 1968 für Betriebe mit mehr als 100 Arbeitnehmern gesetzlich eingeführt.

📖 *Wagner, K.-R.: Kapitalbeteiligung von Mitarbeitern u. Führungskräften.* Heidelberg 1999. – *Schneider, H. J. u. Zander, E.: Erfolgs- u. Kapitalbeteiligung der Mitarbeiter.* Stuttgart ⁵2001.

2) *Versicherungswesen:* gesetzlich geregelte Verteilung der erwirtschafteten Überschüsse an die Versicherten. Formen der G. in der Lebensversicherung: Auszahlung der Überschüsse, Verrechnung mit den Prämienzahlungen, Verwendung der Überschüsse zur Erhöhung der Versicherungssumme. G. sind in geringerem Umfang auch in der Kranken-, Unfall- und Kfz-Versicherung üblich.
Gewinnmaximierung, Unternehmensstrategie, die darauf gerichtet ist, die Differenz zw. Erlös und Kosten für einen bestimmten Zeitraum so groß wie möglich zu gestalten.
Gewinn|**obligation** (Gewinnschuldverschreibung), Wertpapier, dessen Inhaber (Gläubiger einer AG) einen festen Zins erhält und am Reingewinn des Unternehmens beteiligt ist oder eine – meist nach oben begrenzte – gewinnabhängige Zusatzverzinsung erhält.
Gewinnquote, Anteil der Unternehmens- und Vermögenseinkommen am Volkseinkommen (↑Einkommensverteilung).
Gewinnsätze, *Sport:* ↑Satz.
Gewinn-und-Verlust-Rechnung, Abk. **GuV** (Erfolgsbilanz), nach § 242 HGB neben der Bilanz Bestandteil des zum Ende einer Rechnungsperiode aufzustellenden Abschlusses der doppelten ↑Buchführung. In ihr werden die Salden der Erfolgskonten, getrennt nach Aufwendungen und Erträgen, einander gegenübergestellt. Die Differenz ist der Erfolg der Periode (Gewinn oder Verlust). Als Teil des Jahresabschlusses hat die GuV die Aufgabe, das Zustandekommen des Erfolgs aus den einzelnen Erfolgsquellen nach Art und Höhe erkennbar zu machen, dadurch einen Einblick in das Zustandekommen des Ergebnisses zu vermitteln und so die Bilanz zu ergänzen. Das Aktien-Ges. schreibt eine Mindestgliederung in Staffelform vor. Für andere Gesellschaftsformen ist auch die Kontenform zulässig.
Gewinnvortrag, Teil des Gewinns einer Kapitalges., der nicht an die Gesellschafter verteilt und nicht in die Gewinnrücklagen eingestellt, sondern auf das nächste Jahr übertragen wird.

Gewirke (Gewirk), flächenförmiges Textilerzeugnis, das durch Bilden von Maschen aus einem oder mehreren Fadensystemen hergestellt wird. (↑Wirkerei)

Gewissen, das persönl. Bewusstsein vom sittl. Wert oder Unwert des eigenen Verhaltens, die Fähigkeit der moral. Selbstbeurteilung.

Psychologie: Das G. entwickelt sich im Sozialisierungsprozess (↑Sozialisation) durch die Auseinandersetzung mit der Umwelt, deren Normen und Verhaltensregeln. Bis zum 7. oder 8. Lebensjahr werden (elterl.) Vorschriften als Normen aufgenommen. Dann wird diese »heteronome Moral« (J. Piaget) von einer autonomen abgelöst; eigene Entscheidungsfähigkeit aufgrund selbstständiger Orientierung und erster Wertschemata (z. B. freiwillig angenommener Spielregeln) werden ausgebildet. In der Reifezeit vollzieht sich die eigentl. Distanzierung von bisher eingenommenen Verhaltensregulationen zugunsten eines normierenden personalen Bezugssystems. – Die Psychoanalyse bezeichnet das Über-Ich als Repräsentanten des Gewissens.

Theologie: Das Verständnis des G. in der christl. *Theologie* wurde als systemat. Lehre von der objektiven Richtschnur für das Handeln des Menschen und seiner subjektiven Entscheidung dazu von der Scholastik entwickelt. Die Bibel kennt keine Lehre vom G., beschreibt aber an vielen Stellen den Sachverhalt. Gott spricht den Menschen an und gibt ihm damit das Bewusstsein seiner Gebote und seiner Gnade. Im A. T. und im Sprachgebrauch Jesu steht für G. »das Herz des Menschen« (das sowohl gut als auch böse sein kann). Paulus führt aus der spätantiken Popularphilosophie den Begriff Syneidesis ein, der dort die innere (göttl.) Stimme des Menschen beschreibt (Röm. 2, 15). Die späten Schriften des N. T. verbinden das gute G. mit dem Glauben und beschreiben damit das Wesen christl. Existenz (1. Tim. 1, 5). Nach der Lehre der Scholastiker, an die die *kath. Theologie* auch heute weithin anschließt, verfügt der Mensch über sittl. Urgewissheiten und ist frei, sein konkretes Handeln im Einzelfall daran auszurichten. Luther, und im Anschluss an ihn die *prot. Theologie,* lehnten die Annahme sittl. Urgewissheiten und freier menschlicher Entscheidungsmöglichkeiten ab. Das menschl. G. ist in ihrer Sicht »Gefangener der Sünde« und gelangt allein durch seine Gebundenheit im Glauben zu Entscheidungsfreiheit.

📖 *Schockenhoff, E.: Das umstrittene G. Eine theolog. Grundlegung. Mainz 1990. – Kittsteiner, H. D.: Die Entstehung des modernen G. Tb.-Ausg. Frankfurt am Main 1995. – Foerster, H. von: Wissen u. G. Versuch einer Brücke. A. d. Amerikan. Frankfurt am Main ³1996. – Zimmer, A.: Das Verständnis des G. in der neueren Psychologie. Frankfurt am Main u. a. 1999.*

Gewissensehe, bis 1983 im kath. Eherecht Bez. für eine mit ausdrückl. bischöfl. Erlaubnis ohne Aufgebot in kanon. Form (↑Eherecht) geschlossene, aber auf Bitten der Eheleute von allen Beteiligten geheim zu haltende Ehe.

Gewissensfreiheit, ↑Glaubens-, Gewissens- und Bekenntnisfreiheit.

Gewitter, bei hoch reichender feuchtlabiler Schichtung der Atmosphäre und relativ hohem Wasserdampfgehalt der Luft auftretende Wettererscheinung mit einer oder mehreren plötzl. luftelektr. Entladungen, die sich durch ein kurzes Aufleuchten (↑Blitz) und ein krachendes oder rollendes Geräusch (↑Donner) äußern und mit starken, meist schauerartigen Niederschlägen und heftigen Windböen einhergehen. G.

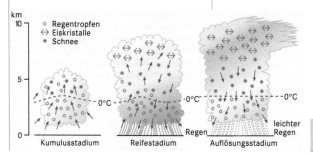

Gewitter: Schema der Entwicklungsstadien einer Gewitterzelle

entstehen bes. an Luftmassengrenzen (Kaltfront) als **Front-G.** oder durch lokale Überhitzung am Boden (im Sommer) als **Wärmegewitter.** In der **G.-Wolke (Cumulonimbus),** meist über 10 km hoch und im oberen Teil als amboßförmige Eiswolke ausgebildet, herrscht eine starke Konvektion mit Bildung von festem Niederschlag (bisweilen Hagel). Blitzentladungen erfolgen zw. Wolken (Wolkenblitz) oder zw. Wolke und Erde (Erdblitz). Die Druckwelle im Blitzkanal erzeugt den Donner. Jedes G. besteht aus mehreren etwa gleich großen Zellen, wobei jede G.-Zelle eine eigene, typ. Entwicklung durchläuft: Jugend- oder Cumulusstadium, Reife- oder Cumulonimbusstadium und Auflösungs- oder Altersstadium. Jeweils mehrere Zellen sind in einem G. gleichzeitig wirksam; alte, absterbende Zellen werden durch neue ersetzt. Wenn keine Zellen mehr gebildet werden, endet das G. Eine G.-Wolke im Reifestadium ist in den oberen Teilen positiv, in den unteren negativ geladen, wobei in der Nähe der Wolkenuntergrenze oft ein kleines Gebiet mit positiver Ladung eingelagert ist, das mit der Hauptniederschlagszone zusammenfällt. In der Regel beginnt die Elektrisierung in den Quellwolken mit der Bildung und Bewegung von Niederschlag. Da sich der Prozess bei Temperaturen unter 0 °C vollzieht, müssen auch feste Niederschlagsteilchen beteiligt sein.

Im Allg. nimmt die Zahl der G. von den Tropen nach den höheren Breiten zu ab. In der Äquatorialzone ist im Mittel mit 100–160 G.-Tagen pro Jahr zu rechnen, in mittleren Breiten mit 15–50. Die G.-Häufigkeit nimmt zum Landesinnern zu und erreicht meist mit Annäherung an die Gebirge ihr Maximum.

📖 *Baatz, H.: Mechanismus der G. u. Blitze.* Berlin u. a. ^{2}1985.

GewO, Abk. für **Gew**erbeordnung.

gewohnheitsmäßiges Handeln, strafbegründendes oder straferhöhendes Merkmal einer Straftat, die auf dem durch wiederholte Begehung hervorgerufenen Hang des Täters zu dem betreffenden Delikt beruht. Der Begriff des »Gewohnheitsverbrechers«, 1933 in das StGB eingeführt, wurde 1969 beseitigt.

Gewohnheitsrecht, das Recht, das durch stetige, von Rechtsüberzeugung getragene Übung innerhalb einer Rechtsgemeinschaft entstanden ist, im Unterschied zum gesetzten, in einem förml. Gesetzgebungsverfahren erlassenen Recht. G. spielte bes. in älteren Kulturstufen eine Rolle, als staatl. Rechtsetzung nicht oder nicht genügend wirksam wurde. Das Privatrecht des angelsächs. und des röm. Rechts sind Beispiele für große Rechtssysteme, die auf gewohnheitsrechtl. Grundlage entstanden, wie überhaupt G. im Privatrecht seinen Platz fand, im Ggs. zum öffentl. Recht, wo es nur ganz untergeordnete Bedeutung gewann. **Observanzen** (im Verwaltungsrecht) sind nur örtlich geltende Regeln des Gewohnheitsrechts.

Gewöhnung, *Pharmakologie* und *Medizin:* fortschreitende Anpassung des menschl. Körpers (Toleranzentwicklung) an ein Genuss- oder Suchtmittel (↑Sucht), in deren Folge zur Erreichung der gleichen Wirkung die Dosis laufend erhöht werden muss.

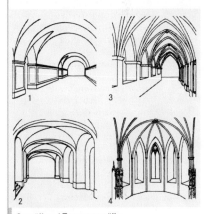

Gewölbe: 1 Tonnengewölbe, 2 Kreuzgratgewölbe, 3 Kreuzrippengewölbe, 4 Klostergewölbe

Gewölbe, gekrümmte Raumdecke aus Steinen, Beton oder Stahlbeton, die ihre Eigen- und Nutzlast als G.-Schub über Widerlager auf Wände, Stützen oder Fundamente überträgt: beim **geschlossenen G.** auf alle Umfassungswände, beim **halb offenen G.** auf zwei einander gegenüberliegende Wände und beim **offenen G.** auf Pfeiler oder Stützen. Das **Tonnen-G.,** ein halb offenes G., ist ein liegender Teilzylinder, dessen zwei offene Seiten als Kappen und die zwei geschlossenen Seiten als Wangen bezeichnet werden. Die rechtwinklige Durchdringung von zwei Tonnen-G. gleicher Größe führt zum **Kreuz-G.** Das **Kloster-G.**, ein geschlossenes G., besteht aus vier Wangen, das davon abgeleitete **Kuppel-G.** ist bei rechteckigem Grundriss als Hänge- oder Zwickelkuppel, bei kreisförmigem Grundriss mit halbkugelförmiger Überdeckung ausgebildet. Andere G.-Formen entstehen als Durchdringung mehrerer Tonnengewölbe. Beim **Rippen-G.** leiten die vier Kappen den Schub nach den vier Jochecken ab, die Grate sind als Rippen ausgebildet, im Scheitelpunkt liegt der Schlussstein.

Geysir: Strokkor auf Island

Gewölle, Speiballen aus unverdauten Haaren, Federn, Knochen u. a., etwa bei Greifvögeln, Eulen und Krähen.

Gewürze, Stoffe, mit denen Lebensmittel schmackhafter gemacht werden, v. a. gedörrte **Gewürzpflanzen.** Geschmack und Geruch der G. gehen meist auf äther. Öle zurück. Man verwendet Früchte und Samen (Paprika, Pfeffer, Piment, Vanille, Muskat, Zitrone, Senf u. a.), Blüten und Knospen (Nelken, Kapern), Rinde (Zimt), Wurzeln und Rhizome (Ingwer, Gelbwurzel, Sellerie u. a.), Zwiebeln (Zwiebel, Knoblauch u. a.), Blätter und Kraut (Borretsch, Dill, Bohnenkraut, Petersilie, Majoran, Lorbeerblätter u. a.). – Die G. regen über Geruchs- und Geschmacksorgane den Appetit an, fördern Speichel- und Magensaftsekretion und wirken z. T. bakterienfeindlich.

Geschichte: Pfeffer, Zimt, Ingwer u. a. G. erhielten die Römer aus Indien, bes. durch Vermittlung der Araber. Im späten MA. lag der G.-Handel (bes. Pfeffer) fast ausschl. bei Arabern und Venezianern. Mit der Entdeckung des direkten Seewegs nach Indien übernahmen die Portugiesen das Monopol, die Hanse vermittelte die importierten G. nach Mittel- und N-Europa. Nach der Eroberung der Molukken (1607) behaupteten die Niederländer das G.-Monopol, später die Briten.

Küster, H.: *Wo der Pfeffer wächst. Ein Lexikon der Kulturgeschichte der G.* München 1987. – Norman, J.: *Das große Buch der G.* A. d. Engl. Aarau 1991. – Pahlow, M.: *Gesunde G. Tipps, Rezepte u. Informationen.* Stuttgart; Leipzig 2000.

Gewürz|inseln, die ↑Molukken.

Gewürznelke (Nelke, Näglein, Nägelein), getrocknete, 12–17 mm lange Blütenknospe des auf den Molukken beheimateten **Gewürznelkenbaums** (Syzygium aromaticum). Der Geruch stammt vom **Nelkenöl.**

Gewürzstrauch (Calycanthus), artenarme Gattung der G.-Gewächse in Nordamerika und Japan; z. B. der bis 3 m hohe **Erdbeergewürzstrauch** (Calycanthus floridus) mit stark nach Erdbeeren duftenden dunkelrotbraunen Blüten; auch Zierstrauch.

Gewürztraminer, Rebsorte, ↑Traminer.

Geyer, Stadt im Landkreis Annaberg, Sachsen, im mittleren Erzgebirge, 4 500 Ew.; Posamenten-, Strumpf-, elektrotechn. und Holzwarenind.; Erholungs- und Wintersportort. – Mitte des 14. Jh. gegr., entwickelte sich mit dem Aufblühen des Zinn- und Silbererzbergbaus zur Stadt (1467 Stadtrecht).

Geyer, Florian, fränk. Reichsritter, *Giebelstadt (bei Würzburg) um 1490, †bei Rimpar (bei Würzburg) 9. 6. 1525; war

Gezeiten GEZ

1519–23 Truppenführer im Dienst des Deutschordenshochmeisters Albrecht d. Ä. (↑Albrecht); trat zum Luthertum über und übernahm im Bauernkrieg 1525 die Führung des Tauber(taler)haufens. Sein Ziel war ein auf das Bauern- und Bürgertum gegründetes Reich ohne adlige und geistl. Vorrechte. Nach der Entscheidungsschlacht bei Ingolstadt (nahe Würzburg) am 4. 6. 1525, an der er nicht teilgenommen hatte, wurde er auf der Flucht erschlagen. – Drama von G. Hauptmann (1896).

Geysir [altisländ., zu geysa »wild strömen«] *der* (neuisländ. Geisir, dt. auch Geiser), heiße Quelle in jungvulkan. Gebieten, die in meist regelmäßigen Zeitabständen eine Wasserfontäne ausstößt. Ihr Wasser stammt größtenteils aus dem bodennahen Grundwasser; es gelangt in die Tiefe, wo es durch vulkan. Wärme erhitzt wird. Wegen des Drucks der darüber stehenden Wassersäule kann es bei 100 °C nicht sieden. Erst bei Erreichen der diesem Druck entsprechenden Siedetemperatur wird ein Teil des Wassers ausgeworfen. Diese geringe Druckentlastung genügt, um einen Teil des Wassers in Dampf zu verwandeln, der beim Aufstieg das überlagernde Wasser explosionsartig mitreißt. Nach dem Ausbruch fließt kühleres Wasser aus dem Grundwasserbereich nach und der Vorgang wiederholt sich. Viele G. setzen Sinterkrusten **(Geyserit, Kieselsinter)** in oft bizarren und farbenprächtigen (Eisenlösungen) Formen ab, z. T. terrassenförmig. G. sind verbreitet in SW-Island, auf der Nordinsel von Neuseeland, im Yellowstone National Park (USA), vereinzelt in Japan, Mexiko, im Bismarckarchipel und auf Kamtschatka.

Géza [ˈgeːzɔ] (dt. Geisa), ungar. Herrscher aus der Dynastie der Arpaden (↑Árpád), ↑Ungarn, Geschichte.

gezahnt, *Heraldik:* eine Teilungslinie, die in vielfachem Zickzack verläuft.

gezeichnetes Kapital, das in der Bilanz auszuweisende Nominalkapital von Kapitalgesellschaften (Grundkapital der AG; Stammkapital der GmbH); Teil des Eigenkapitals.

Gezeiten (Tiden), period. Niveauschwankungen der festen Erdkruste, des Meeres und der Atmosphäre, die durch das Zusammenwirken der Anziehungskräfte zw. Erde, Mond und Sonne und der mit den Bewegungen dieser Himmelskörper verbundenen Fliehkräfte erzeugt werden.

1) **G. des Meeres** sind rhythm. Schwankungen des Meeresspiegels, auf dem größten Teil der Meere mit etwa 12- bis 13-stündiger Periode. Das Steigen des Wassers von Niedrigwasser zu Hochwasser heißt **Flut**, das Fallen **Ebbe**, die Dauer des Steigens **Flut-** oder **Steigdauer,** des Fallens **Ebb-** oder **Falldauer;** beide sind nicht gleich lang und ergeben zus. eine **Tide**. Der Höhenunterschied von Hoch- und Niedrigwasser heißt **Tidenhub**.
Bei der Bildung der G. überwiegt der Einfluss des Mondes; der Einfluss der Sonne macht sich v. a. in dem wechselnden G.-Hub bemerkbar. Stehen Mond und Sonne mit der Erde in einer Linie (bei Neu- und Vollmond), so bewirken ihre sich verstärkenden Kräfte hohe Hochwasser und niedrige Niedrigwasser, also einen großen G.-Hub **(Springflut, Springtide);** im ersten und letzten Mondviertel schwächen sich ihre Kräfte **(Nipp-G., Nipptide)**. Hierzu kommen noch Einflüsse der Erdoberfläche (Winde, Wassertiefe usw.), sodass die G. örtlich unterschiedlich ausgeprägt sind. Die G. verschieben sich von Tag zu Tag annähernd entsprechend der Kulmination des Mondes um etwa 50 Minuten.
Die mittleren Springtidenhübe betragen 11 cm in der Ostsee, bis zu 4 m an der dt. Nordseeküste, bis zu 11,5 m im Ärmelkanal (Bucht von Saint-Malo) und erreichen mit 10–14 m, maximal bis zu 21 m im Golf von Maine (Fundybai) die höchsten Werte im gesamten Weltmeer. Die Umkehr des G.-Stromes (das **Kentern,** mit **Still-** oder **Stauwasser**) tritt nur an der Küste ein; auf offener See wirkt sich die Richtungsänderung in einer Drehung der Stromrichtung (bei steigendem Wasser **Flutstrom,** bei fallendem **Ebbstrom**) aus. Die **G.-Ströme** erreichen in der Nordsee (Dt. Bucht) über 1 m/s, im Skjerstadfjord bei Bodø (N-Norwegen) 8 m/s (Höchstwert); bekannt ist der ↑Malstrom. In ↑Gezeitenkraftwerken wird die Energie der G. genutzt. Die große Bedeutung der G. für Schifffahrt, Wasserbauwesen u. a. macht eine **G.-Vorhersage** wichtig. Sie wird von hydrograph. Ämtern durchgeführt und in jährlich erscheinenden **G.-Tafeln** veröffentlicht.

2) **Die G. der Atmosphäre** sind v. a. sonnen-, aber auch mondbedingte Druckwellen. Unter ihnen ist die zwölfstündige Peri-

GEZ Gezeitenkraftwerk

Gezeitenkraftwerk

ode mit Minimum um 4 und 16, Maximum um 10 und 22 Uhr Ortszeit mit 1,5 hPa Amplitude in den Tropen stets, in Mitteleuropa mit 0,5 hPa nur bei stationärem Hochdruckwetter gut beobachtbar.
3) **G. der festen Erde (Erd-G.):** Auch der feste Erdkörper erfährt durch die Gravitationswirkung von Mond und Sonne eine Deformation, die in Äquatornähe 0,5 m in einer zwölfstündigen Periode erreichen kann. Überlagert wird dieser primäre Effekt durch Schollenverbiegungen, verursacht durch die Wassermassenverlagerung der Meeres-G., durch atmosphär. Druckschwankungen und thermisch bedingte Bodendeformationen.
📖 *Sager, G.: Mensch u. G. Wechselwirkungen in 2 Jahrtausenden. Köln 1988.*
Gezeitenkraftwerk (Flutkraftwerk), Wasserkraftwerk, bei dem Ebbe und Flut zur Energiegewinnung genutzt werden. Aus bei Flut gefüllten Speicherbecken fließt das Wasser bei Ebbe zurück und treibt dabei Turbinen an, beim doppelt wirkenden G. wird auch das einströmende Wasser genutzt. Der mittlere Tidenhub sollte mindestens 5 m betragen. Das erste G. mit 24 Rohrturbinen, die je 10 MW leisten, wurde 1966/67 in Frankreich im Golf von Saint-Malo in Betrieb genommen. Sein 750 m langer Damm sperrt die Trichtermündung des Flusses Rance ab. Ein zweites, kleines G. steht an der Bucht Kislaja Guba bei Murmansk (Russland), eine 20-MW-Anlage in der Fundybai im südöstl. Kanada. (↑Meeresströmungskraftwerk)

Gezeitenreibung, Summe der durch die Gezeitenbewegungen hervorgerufenen Reibungskräfte; umfasst die Reibung der ozean. Gezeitenströme am Meeresboden und die innere Reibung der an der Gezeitenbewegung teilnehmenden festen und flüssigen Teile der Erde. Die G. verzögert die Erddrehung, sodass in 100 Jahren die Tageslänge um rund 1/600 s zunimmt. Aus ihrem Einfluss wird auch eine relative Westdrift der Kontinente abgeleitet.
Gezelle [xəˈzɛlə], Guido, fläm. Dichter, *Brügge 1. 5. 1830, †ebd. 27. 11. 1899; Priester, Lehrer, Publizist und Mundartforscher; gilt als größter fläm. Lyriker. Seine von der engl. Romantik beeinflussten Gedichte sind voller Naturgefühl, Religiosität und Liebe zu Volk und Heimat (»Im Kranz der Gezeiten«, 1893).
Gezira [-z-], Gebiet in der Rep. Sudan, ↑Gesira.
g-Faktor, *Physik:* der ↑Landé-Faktor.
GFK, Abk. für ↑glasfaserverstärkte Kunststoffe.
GfK-Gruppe [Abk. für Gesellschaft für Konsum-, Markt- und Absatzforschung], weltweit tätiges Marktforschungsinstitut, gegr. 1934, seit 1990 AG; Sitz: Nürnberg. Die GfK-G., zu der 13 operative Einheiten und zwei Beteiligungen in Dtl. sowie 110 Tochter- und Beteiligungsunternehmen in 51 Ländern gehören, betreibt u. a. Werbe-, Konjunktur-, Handelsmarkt- und Medienforschung und erstellt Verbraucher- und Handelspanels für unterschiedl. Bereiche.
GG, Abk. für ↑Grundgesetz.

Ghana GHA

g. g. T., Abk. für ↑größter gemeinsamer Teiler.
Ghadamis (Gadames, Ghudamis), Oasenstadt in NW-Libyen, Handelsplatz an der Grenze zu Tunesien und Algerien, 30 000 Ew. – Die Altstadt von G. gehört wegen ihrer typ. Lehmbauarchitektur zum UNESCO-Weltkulturerbe. – G. hieß in der Antike **Cydamus** (Ruinen aus röm. Zeit), war in byzantin. Zeit Bischofssitz, im 19. Jh. ein Zentrum arab. Sklavenhändler.
Ghaghara *die* (Gogra), linker Nebenfluss des Ganges, etwa 1 000 km lang, entspringt im westl. Himalaja in Tibet, China, durchfließt Nepal und mündet oberhalb Patna in Indien.
Ghali, ägypt. Politiker, ↑Boutros-Ghali.
Ghana, früheres afrikan. Reich, ↑Gana.
Ghana (amtlich engl. Republic of Ghana; dt. Republik Ghana), Staat in W-Afrika, grenzt im W an die Rep. Elfenbeinküste, im N an Burkina Faso, im O an Togo und im S an den Golf von Guinea (Atlantik).

Ghana	
Fläche	238 537 km²
Einwohner	(2003) 20,922 Mio.
Hauptstadt	Accra
Verwaltungsgliederung	10 Regionen
Amtssprache	Englisch
Nationalfeiertage	6. 3. und 1. 7.
Währung	1 Cedi (₵) = 100 Pesewas (p)
Zeitzone	WEZ

Staat und Recht: Nach der neuen Verf. (am 28. 4. 1992 durch Referendum gebilligt) ist G. eine präsidiale Rep. mit Mehrparteiensystem. Staatsoberhaupt und oberster Inhaber der Exekutive (Reg.chef) ist der auf 4 Jahre direkt gewählte Präs. Die Legislative liegt beim Einkammerparlament (200 Abg., für 4 Jahre gewählt). – Einflussreichste Parteien: Nationaldemokrat. Kongress (NDC), Neue Patriot. Partei (NPP).
Landesnatur: An die 535 km lange, wenig gegliederte Küste (im O mit Lagunen) schließt sich nach einer 30–60 km breiten Küstenebene ein stark zertaltes Hochland an, das in der Ashantischwelle bis 788 m ü. M. ansteigt und nach N zum Becken des mittleren Volta (150–300 m ü. M.) übergeht. Der Volta, Hauptstrom von G., ist im Unterlauf durch den Akosombodamm zum Voltasee aufgestaut (mit 8 482 km² größter Stausee der Erde). Der S hat feuchtheißes Klima (zwei Regenzeiten) mit Küstensavanne, trop. Regenwald und regengrünem Feuchtwald; im N überwiegt Trockensavanne (eine Regenzeit).
Bevölkerung: Sie besteht aus zahlreichen Stammesgruppen, größte sind die Akan (Ashanti, Fanti u. a., insgesamt 52 % der Ew.), Ewe (im SO, 12 %), Mosi und Dagomba (im N, 16 %), außerdem Hausa, Fulbe, Mande u. a. Etwa 2 Mio. Ghanaer leben im Ausland. 38 % der Bev. leben in Städten. Großstädte: Accra, Kumasi, Tema, Sekondi-Takoradi, Cape Coast. – Über 60 % der Bev. sind Christen (v. a. im S), etwa 20 % werden traditionellen afrikan. Religionen zugerechnet, rd. 19 % sind sunnit. Muslime (bes. im N). – Es besteht eine neunjährige allg. Schulpflicht. Die Analphabetenquote beträgt 28 %. Univ. bestehen in Legon bei Accra (Univ. seit 1961), Kumasi (Univ. seit 1961) und Cape Coast (gegr. 1962).
Wirtschaft und Verkehr: Wirtschaftliche Grundlage ist die Landwirtschaft, sie erbringt mit Forstwirtschaft und Fischerei fast 50 % des Bruttoinlandsprodukts und bis zu 80 % der Exporterlöse. Zur Selbstversorgung werden Mais, Hirse, Maniok, Jamswurzeln, Zuckerrohr, Reis, Erdnüsse, Gemüse und Bananen angebaut, für den Export Kakao. Viehhaltung v. a. im N; zwei Drittel des benötigten Fleisches müssen importiert werden. Wald bedeckt etwa 35 % der Gesamtfläche; er liefert Mahagoni u. a. Harthölzer (der Export ist rückläufig). Fischerei an der Küste und im Voltasee. Von den reichen Bodenschätzen werden Gold, Diamanten, Mangan und Bauxit abgebaut. Die Ind. umfasst v. a. Holzverarbeitung, Textil- und Nahrungsmittelind., wichtigster Standort ist Tema (Erdölraffinerie, Aluminiumhütte). Elektr.

GHA Gharapuri

Ghana: Justizpalast in Accra

Energie liefert v. a. das Kraftwerk am Akosombodamm (auch Energieexport). Haupthandelspartner sind Dtl., Großbritannien, die USA und die Niederlande. – Das Verkehrsnetz ist im S und SW gut, im N kaum ausgebaut; 953 km Eisenbahnstrecken, 39 409 km Straßen (davon 11 665 km befestigt). Der Export geht über den Hafen von Takoradi (von den Kakao-, Holz- und Bergbauzentren gut erreichbar), die Einfuhr über Tema (gute Verbindungen zu den Ind.zentren). Auf dem Voltasee Binnenschifffahrt. Internat. Flughafen ist Kotoka bei Accra.

Geschichte: 1471 erreichten portugies. Seefahrer die Oberguineaküste im Bereich des heutigen G. Seitdem trieben Portugiesen (bis 1624), Engländer (seit 1553), Niederländer (1612–1871), Dänen (1658 bis 1850) und Brandenburger (1683–1717) einen durch Stützpunkte gesicherten Goldhandel (daher der frühere Name **Goldküste**) und beteiligten sich an dem umfangreichen Sklavenhandel (bis zu seinem Verbot 1807). 1821 übernahm die brit. Regierung die privaten brit. Handelsgesellschaften und errichtete 1874 die Kronkolonie Gold Coast; um die Jahrhundertwende wurden das Reich der Ashanti und das nördl. Hinterland angeschlossen, 1922 verwaltungsmäßig auch das Mandatsgebiet West-Togo (Togoland). 1957 erhielt die Goldküste unter dem Namen G. die Unabhängigkeit. Nach Ausrufung der Republik (1960; Präsidialverf.) wurde MinPräs.

(1951–60) K. Nkrumah Staatspräs. (1960–66; durch Militärputsch gestürzt). 1969 löste ein parlamentar. Reg.system (MinPräs. A. Busia) das 1966 errichtete Militärregime ab. 1972–79 stand G. wieder unter der Herrschaft von Militärregierungen. Der aufgrund der Verf. von 1979 amtierende Präs. H. Limann (seit Sept. 1979) wurde um die Jahreswende 1981/82 durch einen Militärputsch unter J. Rawlings gestürzt. Nach diktator. Herrschaft leitete dieser Anfang der 1990er-Jahre ein wirtsch. Sanierungsprogramm und eine allmähl. Demokratisierung ein. 1992 wurden nach einem Verf.referendum polit. Parteien legalisiert und grundlegende Menschenrechte garantiert. Die ersten Präsidentschaftswahlen seit dem Militärputsch 1981/82 bestätigten 1992 Rawlings im Amt des Staats- und Reg.chefs (Wiederwahl 1996). Da er bei den Wahlen im Dez. 2000 nicht mehr kandidieren konnte, wurde der Oppositionspolitiker John Kufuor (NPP) zu seinem Nachfolger gewählt.
📖 Gnielinski, S. von: G. Trop. Entwicklungsland an der Oberguineaküste. Darmstadt 1986. – Schmidt-Kallert, E.: G. Gotha 1994.

Gharapuri [Hindi], Insel in der Bucht von Bombay, ↑Elephanta.

Gharb [arab. r-] (El-Gharb, Al-Rharb), Küstenebene in Marokko, ↑Rharb.

Ghardaïa, Hauptort des ↑Mzab.

Ghasali (Al-Ghasali, Algazel), Abu Hamid Muhammad, islam. Theologe, Philosoph und Mystiker, *Tus (bei Meschhed) 1059, †ebd. 1111; lehrte in Bagdad; wandte sich gegen Versuche, die islam. Lehre auf die grch. Philosophie zu gründen; versöhnte die Frömmigkeit der Mystik (↑Sufismus) mit der orth. islam. Theologie; lebte 1095-1106 zurückgezogen als Sufi.

Ghasel [arab. »Gespinst«] *das* (Gasel), oriental. Gedichtform aus reimenden Langversen zum Preis des Lebensgenusses (von den Arabern ausgebildet, ab dem 8. Jh. in der islam. Welt verbreitet, Höhepunkt im 14. Jh. im Werk des pers. Dichters Hafis). Dt. G. teilen die Lang- in Halbverse (Reimschema: aa [»Königshaus«] ba ca da ...), u. a. bei F. Schlegel, F. Rückert, A. von Platen, Goethe.

Ghasi [arab.] (Gasi), Ehrentitel für Muslime im Kampf gegen Ungläubige; später der osman. Sultane.

Ghasnawiden (Gasnawiden, Ghaznawiden), islam. Herrschergeschlecht türk. Herkunft, regierte vom 10. bis 12. Jh. im heutigen Afghanistan und im Pandschab sowie zeitweise in O-Persien; ben. nach der Residenzstadt Ghasna (↑Ghazni), in der die Samaniden von Buchara um 977 den türk. Heerführer Sebüktigin († 997) als Statthalter einsetzten; sein Sohn Mahmud (997/998-1030) erlangte die Unabhängigkeit von den Samaniden und eroberte große Gebiete. Sein Sohn Masud I. (1030-41) verlor Persien an die Seldschuken (1040). 1150 wurden die G. von den iran. Ghoriden aus Ghasna verdrängt, 1187 auch aus Lahore.

Ghassaniden, arab. Fürstengeschlecht, das unter byzantin. Oberhoheit bis 636 über Teile Syriens, Palästinas und des Ostjordanlandes herrschte, benannt nach dem arab. Stamm Ghassan, der sich 490 n. Chr. auf byzantin. Gebiet ansiedelte. Die G. waren monophysit. Christen.

Ghats, die Küstengebirge der Halbinsel Vorderindien. Die stärker beregneten und landwirtsch. genutzten **Westghats,** 1500 km lang, bis 2695 m ü. M., fallen steil zur Westküste ab. Die **Ostghats,** nur bis 1628 m ü. M., dachen sich sanfter nach O ab und laufen an den Nilgiribergen mit den Westghats zusammen.

Ghaur [go:r] (Al-Ghaur), Teil des Jordangrabens, ↑Ghor.

Ghaziabad [-z-], Stadt im Bundesstaat Uttar Pradesh, N-Indien, östlich von Delhi am Gangeskanal, 454000 Ew.; Konserven-, Metallind., Elektronikfabrik.

Ghazni [-z-] (Ghasni, Gazni, Ghasna), Prov.-Hptst. in SO-Afghanistan, 2138 m ü. M., 32000 Ew.; Handelszentrum mit großem Basar; Metall- und Lederhandwerk. - Aus der Zeit der Ghasnawiden stammen zwei reich ornamentierte Ziegeltürme (11./12. Jh.) und ein 1957 ff. ausgegrabener Ziegelpalast (1112 vollendet). - G. war Residenz der ↑Ghasnawiden, 1150 zerstört, 1221 von den Mongolen, 1504 von den Mogul erobert.

Ghelderode [niederländ. 'xɛldəro:də, frz. gɛldə'rɔd], Michel de, eigtl. Adhémar Martens, belg. Schriftsteller frz. Sprache, *Ixelles 3. 4. 1898, † Brüssel 1. 4. 1962; schrieb über 50 expressionistisch-visionäre Dramen, häufig mit christl. Thematik; meist in grotesker Derbheit und antibürgerl. Haltung (»Barabbas«, 1931; »Pantagleize«, 1934; »Ein Abend des Erbarmens«, 1955).

Gheorghe Gheorghiu-Dej [ge'orge geor'giu-'deʒ], 1965-91 Name der rumän. Stadt ↑Onești.

Gheorghiu-Dej [geor'giu'deʒ], Gheorghe, rumän. Politiker, *Bârlad (Moldau) 8. 11. 1901, † Bukarest 19. 3. 1965; 1933 in Haft, betrieb als KP-Chef (1945-65) die kommunist. Umwandlung Rumäniens; 1952-55 auch MinPräs., 1961-65 Vors. des Staatsrats.

Gherardesca [ge-], Ugolino della, italien. Adliger, *um 1220, † Pisa 1289; Anhänger der ghibellin., dann der guelf. Partei, versuchte als »Capitano del popolo« (seit 1285) in Pisa ein persönl. Regiment aufzurichten, wurde 1288 gestürzt, in einem Turm gefangen gesetzt, wo er mit mehreren Söhnen und Enkeln verhungerte. - Literarisch gestaltet u. a. von Dante in der »Göttl. Komödie«, G. Chaucer in den »Canterbury Tales« und H. W. Gerstenberg in »Ugolino«.

Ghetto, das ↑Getto.

Ghiaurov ['gjaʊrɔf], Nicolai, bulgar. Opernsänger (Bass), *Welingrad (Region Plowdiw) 13. 9. 1929, † Modena 2. 6. 2004; v. a. mit den großen Basspartien russ., italien. und frz. Opern bekannt.

Ghibellinen, ↑Guelfen und Ghibellinen.

Ghiberti [gi-], Lorenzo, italien. Bildhauer, *Florenz 1378, † ebd. 1. 12. 1455; neben Donatello der bedeutendste Bildhauer der Frührenaissance in Florenz, siegte im

Wettbewerb für die zweite Bronzetür (Nordtür) des Baptisteriums in Florenz, die er 1403–24 ausführte; schuf 1412–28 drei Bronzestandbilder für Or San Michele in Florenz und 1425–52 die dritte Tür (Osttür, die »Paradiestür«) des Baptisteriums. Seine in der Gotik wurzelnde Kunst entwickelte sich im Ggs. zum Realismus Donatellos zu einem rhythmisch ausgewogenen, harmon. Stil, der bis in die Hochrenaissance fortwirkte. Seine »Commentarii« gehören zu den wichtigsten Quellenschriften der italien. Kunstgeschichte.

📖 *Nagel, B.: L. G. u. die Malerei der Renaissance. Frankfurt am Main u. a. 1987. – Rauterberg, H.: Die Konkurrenzreliefs. Brunelleschi u. G. im Wettbewerb um die Baptisteriumstür in Florenz. Münster 1996.*

Lorenzo Ghiberti: »Paradiestür« vom Baptisterium in Florenz (1425–52)

Ghica [ˈgi-] (Ghika, Ghyka), rumän. Bojarenfamilie alban. Abstammung, die im 17. Jh. in die Donaufürstentümer einwanderte, wo sie bis zum 19. Jh. zahlr. Hospodare stellte.

Ghiorso [gɪˈɔːsəʊ], Albert, amerikan. Physiker, * Vallejo (Calif.) 15. 7. 1915; seit 1969 Leiter der Schwerionenbeschleunigeranlage des Lawrence Radiation Laboratory an der University of California in Berkeley; Arbeiten über Radioaktivität, Neutronen und die Eigenschaften der Atomkerne schwerer Elemente. G. war zus. mit G. T. Seaborg Mitentdecker zahlr. ↑Transurane.

Ghirlandaio [gi-], Domenico, eigtl. Domenico di Tommaso Bigordi, italien. Maler, * Florenz 1449, † ebd. 11. 1. 1494; schuf Tafelbilder und monumentale Freskomalereien (Sixtin. Kapelle, Vatikan, 1481/82; Santa Trinità, Florenz, 1482/83–85; Kapelle Tornabuoni in Santa Maria Novella, ebd., 1486–90). In seinen religiösen Darstellungen, die er meist in zeitgenöss. Umgebung malte, spiegelt sich das weltl. Leben der Renaissance. Zu den schönsten Porträts des florentin. Quattrocento zählt das Bildnis der »Giovanna Tornabuoni« (1488). Zu seinen Schülern gehörte Michelangelo.

Ghislandi [gi-], Giuseppe, Ordensnamen Fra Vittore, Fra Galgario, Fra Paolotto, italien. Bildnismaler, * Bergamo 4. 3. 1655, † ebd. 3. 12. 1743; gehörte zu den gesuchtesten Porträtisten seiner Zeit; schuf ausdrucksstarke Bilder mit kräftigen Farbakzenten und Helldunkelwirkungen.

Ghislanzoni [gi-], Antonio, italien. Schriftsteller, * Lecco 25. 4. 1824, † Caprino Bergamasco (Prov. Bergamo) 16. 7. 1893; Opernsänger, später Verfasser u. a. der Libretti zu G. Verdis Opern »Die Macht des Schicksals« (1869) und »Aida« (1871).

Ghom, Stadt in Iran, ↑Kum.

Ghor (Al-Ghaur), der Jordangraben zw. dem See Genezareth und dem Toten Meer.

Ghostdance [ˈgəʊstˈdæːns, engl.] *der,* die ↑Geistertanzbewegung.

Ghosttown [ˈgəʊstˈtaʊn, engl.] *die,* ↑Geisterstadt.

Ghostword [ˈgoʊstwəːd; engl.] *das,* Wort, das seine Entstehung einem Schreib-, Druck- oder Aussprachefehler verdankt.

Ghostwriter [ˈgəʊstraɪtə, engl.] *der,* anonymer Autor, der im Auftrag und unter dem Namen einer anderen Person (des öffentl. Lebens) u. a. Reden oder Bücher schreibt.

Ghusl [arab.] *der,* Islam: Ganzkörperwaschung zur Herstellung der rituellen Reinheit; obligatorisch nach dem Geschlechtsverkehr, bei der Frau auch nach der Menstruation; vor dem Freitagsgebet und den Gottesdiensten der Feiertage vorgeschrieben.

GHz, Einheitenzeichen für **Gigahertz**, $1\,\text{GHz} = 10^9\,\text{Hz}$.

Domenico Ghirlandaio: Die Jungfrau mit dem Kind (1470; Washington, D. C., National Gallery)

G. I. [dʒiːˈaɪ; amerikan., Abk. für government issue »Staatseigentum«] *der,* in den USA früher Aufdruck auf der Ausrüstung der Soldaten; daher übertragen für: amerikan. Soldat.

Giacconi [dʒaˈkoːni], Riccardo, amerikan. Astrophysiker italien. Herkunft, * Genua 1931; u.a. als Prof. an der Univ. Mailand und der Johns Hopkins University (Baltimore, Md.) tätig, seit 1999 Präs. der Associated Universities, Inc. (Washington, D. C.). G. begründete maßgeblich die Röntgenastrophysik und entdeckte mithilfe von künstl. Satelliten zahlr. kosm. Röntgenquellen. Er entwickelte das Röntgenobservatorium ↑Uhuru, leitete die Entwicklung und den Bau des Einstein-Röntgenobservatoriums (HEAO-2), war Mitinitiator des 1999 gestarteten Röntgensatelliten ↑Chandra und u. a. an opt. Weiterentwicklungen beim Hubble-Weltraumteleskop und am VLT beteiligt. G. entdeckte die erste Röntgenquelle außerhalb unseres Sonnensystems und wies als Erster nach, dass das Universum von einer Röntgenhintergrundstrahlung erfüllt wird. Für seine bahnbrechenden Arbeiten, die zur Entdeckung von kosm. Röntgenquellen geführt haben, erhielt G. 2002 (zu 50 %) den Nobelpreis für Physik; mit der anderen Hälfte wurden R. Davis und M. Koshiba geehrt.

Giacometti [dʒa-], **1)** Alberto, schweizer. Bildhauer, * Stampa (Bergell) 10. 10. 1901, † Chur 11. 1. 1966, Sohn von 3); lebte seit 1923 mit Unterbrechungen (1942–45) in Paris. Seine Arbeiten stellen einen bed. Beitrag zur Plastik des Surrealismus dar. Nach 1945 entstanden die für ihn typ., dünnen, überlängten Figuren, Figurengruppen, Köpfe und Büsten mit rissigen Oberflächen. Daneben steht sein graf. Hauptwerk »Paris sans fin«, eine Serie von 150 Lithographien (1969).

📖 *A. G.,* hg. v. R. Hohl. Ostfildern-Ruit 1998. – Lord, J.: *A. G. Ein Portrait.* A. d. Amerikan. München 2001.

2) Augusto, schweizer. Maler, * Stampa (Bergell) 16. 8. 1877, † Zürich 9. 6. 1947, Vetter von 3); vom Jugendstil ausgehend, gelangte er nach 1910 als einer der ersten Maler zur abstrakten Malerei. G. entwarf auch Glasfenster, Mosaiken und Plakate.

3) Giovanni, schweizer. Maler, * Stampa (Bergell) 7. 3. 1868, † Glion (Kt. Waadt) 25. 6. 1933, Vater von 1), Vetter von 2); war einer der führenden schweizerischen Nachimpressionisten.

Alberto Giacometti: Vision einer »Waldecke, ... wo die Bäume mit ihren nackten, schlanken Stämmen ... mir immer als auf ihrem Weg erstarrte Personen vorkamen, die miteinander sprachen« (1950; Zürich, Kunsthaus)

Giaever [ˈjeːvər], Ivar, amerikan. Physiker norweg. Herkunft, * Bergen 5. 4. 1929; Forschungen zur Supraleitung, Halbleiter- und Biophysik. Für die experimentelle

Entdeckung von Tunnelerscheinungen in Halbleitern bzw. Supraleitern (↑Tunneleffekt) erhielt er 1973 (mit L. Esaki und B. D. Josephson) den Nobelpreis für Physik.

Giambologna [dʒamboˈloɲa] (Giovanni da Bologna, Jean de Boulogne), italien. Bildhauer fläm. Herkunft, *Douai 1529, †Florenz 13. 8. 1608; seit 1556 in Florenz tätig, gehörte zu den führenden Meistern des Manierismus. Er schuf Monumentalwerke in Marmor und Bronze sowie Kleinbronzen. – Zu seinen Hauptwerken gehören der Neptunbrunnen in Bologna (1563–67) und der »Merkur« (1580, Florenz, Bargello) sowie der 25 m hohe »Apennin« (1580–81) im Garten der Medici-Villa in Pratolino bei Prato; mit dem »Raub der Sabinerin« (1579–82, Florenz, Loggia dei Lanzi) gelang ihm eine der schönsten Lösungen einer Figura serpentinata (einer um die Mittelachse geschlängelten Figur).

Giannone [dʒa-], Pietro, italien. Jurist und Rechtshistoriker, *Ischitella (Prov. Foggia) 7. 5. 1676, †Turin 17. 3. 1748; einer der ersten Vertreter der Rechts- und Verf.geschichte, forderte die Säkularisierung des kirchl. Besitzes und die Unterwerfung des Klerus unter die weltl. Gerichtsbarkeit; 1736 inhaftiert.

Giannotti [dʒa-], Donato, italien. Humanist, *Florenz 27. 11. 1492, †Rom 27. 12. 1573; war Sekretär der »Kanzlei des Rats der Zehn« in Florenz (1527–30); nach Rückkehr der Medici verbannt, ging er nach Rom. G. verfasste als überzeugter Republikaner mehrere Schriften über die Staatsform Venedigs und entwarf eine ideale demokrat. Regierungsform für Florenz; schrieb auch zwei Lustspiele mit feiner psycholog. Beobachtung.

Giant's Causeway [ˈdʒaɪənts ˈkɔːzweɪ; engl. »Riesendamm«], Kliffküstenabschnitt im N Nordirlands, fast 5 km lang, mit regelmäßigen, von der Brandung abgeschliffenen Basaltsäulen.

Giap, Vo Nguyen [vɔ ŋuiən ʒap], vietnames. General, ↑Vo Nguyen Giap.

Giauque [dʒɪˈəʊk], William Francis, amerikan. Physikochemiker, *Niagara Falls (Kanada) 12. 5. 1895, †Oakland (Calif.) 28. 3. 1982; Prof. in Berkeley (Calif.), arbeitete über chem. Thermodynamik und Tieftemperaturphysik, entdeckte die Sauerstoffisotope ^{17}O und ^{18}O in der Erdatmosphäre und wandte 1933 erstmals die adiabatische Entmagnetisierung paramagnet. Stoffe zur Erreichung von Temperaturen unter 1 K an; erhielt 1949 den Nobelpreis für Chemie für seine Beiträge zur Tieftemperaturphysik.

Giaur [pers.-türk.] der, türk. Schimpfwort für Nichtmuslim, Ungläubigen (bes. Christen).

Gibberelline [nlat.], Pflanzenhormone, natürl. Wuchsstoffe in einigen niederen Pilzen (z. B. Gibberella fujikuroi als parasit. Pilz an Reispflanzen) und höheren Pflanzen. Sie beeinflussen u. a. die Regulierung des Streckungswachstums und die Blütenbildung.

Gibbon [ˈgɪbən], Edward, brit. Historiker, *Putney (heute zu London) 8. 5. 1737, †London 16. 1. 1794; schrieb eine die Zeit vom Tod Mark Aurels (180) bis zum Fall Konstantinopels (1453) umfassende »Gesch. des Verfalls und Untergangs des Röm. Reiches« (6 Bde., 1776–88); vertrat die These von der Schuld des Christentums am Untergang Roms.

Gibbons: Weißhandgibbon (Körperlänge bis 64 cm)

Gibbons [frz.] (Langarmaffen, Hylobatidae), Familie schwanzloser, in Familienverbänden lebender Affen mit sehr langen Armen. G. sind Baumbewohner südostasiat. Dschungel und Bergwälder, sie hangeln und klettern ausgezeichnet. Die größte Art, der glänzend schwarze **Siamang** (Symphalangus syndactylus), mit einer Sitzhöhe bis zu 90 cm, lebt auf Sumatra und der Malaiischen Halbinsel. Der **Silber-G. (Wau-Wau,** Hylobates moloch), mit weißl. Haarkranz um sein schwarzes Gesicht, ist auf Java und Borneo heimisch, der meist schwarze **Hulock** (Hylobates hoolock) und der hellere **Weißhand-G.** oder **Lar** (Hylobates lar) leben in Indien.

Gibbons ['gɪbənz], Orlando, engl. Komponist, getauft Oxford 25. 12. 1583, † Canterbury 5. 6. 1625; wurde 1619 Hofvirginalist und 1623 daneben Organist von Westminster Abbey in London; führender Vertreter der engl. ↑Virginalisten.

Gibbs [gɪbz], Josiah Willard, amerikan. Mathematiker und Physikochemiker, *New Haven (Conn.) 11. 2. 1839, † ebd. 28. 4. 1903; wirkte seit 1871 als Prof. für math. Physik am Yale College in New Haven; gehört zu den Begründern der modernen Thermodynamik, schuf den Begriff der thermodynam. Phase, stellte die ↑gibbssche Phasenregel auf, führte versch. thermodynam. Funktionen ein.

Gibbs-Funktion ['gɪbz-; nach J. W. Gibbs], die ↑freie Enthalpie.

Gibbsit *der,* Mineral, ↑Hydrargillit.

gibbssche Phasenregel ['gɪbz-], von J. W. Gibbs formulierte Aussage über die Anzahl *f* der thermodynam. Freiheitsgrade (d. h. der frei wählbaren intensiven Zustandsgrößen) eines thermodynam. Systems, dessen *p* koexistierende Phasen und *k* chem. Komponenten sich im Gleichgewicht befinden: $f = k - p + 2$. Beispiel: Für die drei Aggregatzustände von Wasser gibt es $1 - 3 + 2 = 0$ Freiheitsgrade, d. h., sie können gemeinsam nur an einem einzigen Punkt (dem Tripelpunkt) existieren.

Gibbus [lat. »Buckel«] *der,* ↑Kyphose.

Gibeon (in der Vulgata Gabaon), Ort im alten Israel; von der Mehrheit der Forscher mit dem heutigen El-Djib, 9 km nordwestlich von Jerusalem, identifiziert; berühmte alttestamentl. Kultstätte (mit Traumorakel) der israel. Könige (1. Kön. 3, 4 ff.).

Gibich (mhd. Gibeche, lat. Gibica), Name eines burgund. Königs, der wahrscheinlich Ende des 4. Jh. die Burgunder in Mainfranken beherrschte; gilt als Vater ↑Gundahars. Dem Nibelungenlied ist er unbekannt, erscheint aber in den mittelhochd. Heldenepen.

Gibli [arab.] *der,* Name des ↑Schirokko in Libyen.

Gibraltar, Straße von (Meerenge von Gibraltar, span. Estrecho de Gibraltar), Meerenge zw. der Iber. Halbinsel (Spanien) und Nordafrika (Marokko), an der engsten Stelle (zw. Kap Cires und östlich von Punta Marroqui) 14,2 km breit, etwa 60 km lang; der Sattel der untermeer. Schwelle erreicht 286 m u. M. Die Meerenge ist von großer verkehrsgeograph. (und damit strateg.) Bedeutung, da durch sie der gesamte Verkehr zw. Mittelmeer und Atlant. Ozean verläuft und damit auch ein Großteil der Schiffsrouten zw. dem westl. und nördl. Europa und Asien. Eine starke Oberflächenströmung transportiert salzarmes Wasser vom Atlantik ins Mittelmeer, während salzreicheres Mittelmeerwasser in einem schwächeren Unterstrom abfließt.

Gibraltar

Gibraltar [auch -'taːr, span. xiβral'tar, engl. dʒɪ'brɔːltə], Halbinsel an der S-Spitze der Iber. Halbinsel, am O-Eingang der Straße von G.; brit. Kronkolonie, 6,5 km², 27 200 Ew.; besteht aus einem Jurakalkfelsen (425 m ü. M.), der durch eine flache, sandige, 800 m breite Landenge (Nehrung) mit dem Festland verbunden ist. Auf der Westseite liegt die Stadt Gibraltar mit Kriegs- und Handelshafen, Erdöl- und Verbrauchsgüterind. (Tabakwaren, Kaffee); Fremdenverkehr. Über 50% der Erwerbstätigen stehen in zivilen und militär. Diensten der brit. und NATO-Marine- und Luftstreitkräfte. Die Umgangssprache (Giannito) ist eine span. Mundart mit brit. Lehnwörtern, Amtssprache Englisch. An den Felshängen von G. lebt als einzige wilde Affenart Europas der Magot **(G.-Affe).**

GIB Gibran Khalil

Gibraltar: Felsen von Gibraltar

Geschichte: Der Felsen von G. und das gegenüberliegende Massiv Djebel Musa an der afrikan. Küste wurden im Altertum die »Säulen des Herakles« gen. Der heutige Name geht auf den arab. Feldherrn Tarik zurück, der hier 711 ein Kastell anlegte. 1462 wurde G. von den Spaniern erobert, 1704 von den Engländern eingenommen (im Utrechter Frieden 1713 Bestätigung des Besitzes, seit 1830 brit. Kronkolonie). Nach dem Zweiten Weltkrieg lebte der Konflikt zw. Spanien (das G. beansprucht) und Großbritannien wieder auf. 1964 erlangte das Gebiet weitgehende innere Autonomie, 1967 sprachen sich etwa 95% der stimmberechtigten Bev. für den Verbleib bei Großbritannien aus. 1969 erhielt G. eine eigene Verf. Im selben Jahr verfügte Spanien eine Grenzsperrung, die nach Verhandlungen erst 1985 vollständig aufgehoben wurde. Im April 2000 regelte ein brit.-span. Übereinkommen die Beziehungen G.s zu den EU-Ländern. Den Plan Großbritanniens und Spaniens, die Souveränität über das Gebiet zu teilen (grundsätzl. Einigung im Juli 2002), lehnte der Bev. G.s in einem Referendum am 7. 11. 2002 mit fast 99% der abgegebenen Stimmen ab.

Gibran Khalil [dʒiˈbraːn x-], christlich-libanes. Schriftsteller, ↑Djubran.

Gibson [ˈgɪbsn], Mel, amerikan.-austral. Schauspieler, * Peekskill (N. Y.) 3. 1. 1956; zunächst an austral. Theatern, dann Darsteller v. a. in Actionfilmen (»Mad Max«, 3 Tle., 1979–85; »Brennpunkt L. A.«, 1989 und 1992; »Braveheart«, 1994/95; »Fletchers Visionen«, 1997; »Lethal Weapon«, I–IV, 1987–98; »Payback«, 1999; »The Million Dollar Hotel«, 2000; »The Passion of the Christ« 2004); seit 1993 auch Regisseur und Produzent.

Gibsonwüste [ˈgɪbsn-], Steinwüste (Hammada) in Westaustralien, zw. der Großen Sandwüste im N und der Großen Victoriawüste im S, rd. 330 000 km².

Gicht [ahd. gigiht(e), urspr. »Behexung«, zu jehan »sagen«] (Urikopathie, früher volkstümlich Zipperlein), krankhafte Störung des Purinstoffwechsels beim Menschen, bei der es durch Anstieg des Harnsäurespiegels im Blut (Hyperurikämie) zur Ablagerung harnsaurer Salze bes. in Gelenken (Arthritis urica) und ihrer Umgebung sowie in inneren Organen kommt. Die **primäre G.** ist eine angeborene Stoffwechselstörung, die vorwiegend (zu 95%) bei Männern auftritt. Sie kann lange Zeit ohne Beschwerden verlaufen; Kälteeinwirkung, purinreiche Nahrung, Infektionskrankheiten, erhöhter Alkoholgenuss u. a. können einen **akuten G.-Anfall** auslösen, der bes. nachts oder frühmorgens auftritt und mitunter einige Tage anhalten kann. Meist ist hiervon ein einzelnes Gelenk betroffen, überwiegend ein Großzehengrundgelenk (**Podagra**), auch das Sprunggelenk, ein Finger- oder Handgelenk (**Chiragra**) oder Kniegelenk (**Gonagra**), aber auch Sehnenscheiden und Faszien. Kennzeichen sind starke Schmerzen und Berührungsempfindlichkeit, Entzündung mit Schwellung, Rötung und Überwärmung sowie Allgemeinreaktionen wie Fieber, Krankheitsgefühl, Herzjagen. Die **chron. G.** führt zu **G.-Knoten** (**Tophi**) in Gelenknähe und am Ohrknorpel, zu Nierensteinen und Nierenschädigung (**G.-Niere**) mit fortschreitender Nierenfunktionsstörung. Ursache der **sekundären G.** sind v. a. verminderte Harnsäureausscheidung sowie Blutkrankheiten. – *Behandlung:* Im akuten Anfall v. a. Colchicin (Phagozytosehemmstoff), entzündungshemmende Mittel (auch Corticosteroide) sowie Ruhigstellung der befallenen Gelenke und Anwendung kühlender feuchter Umschläge; allg. wird eine Normalisierung des Harnsäurespiegels durch medikamentöse Senkung der Harnsäurebildung und Steigerung der Harnsäureausscheidung sowie durch Einschränkung der Purinzufuhr (fleischarme Ernährung, Verzicht auf Innereien) und des Alkoholkonsums angestrebt. – Bei **Haustieren** kommt G. hauptsächlich bei Vögeln (Hühnern, Enten, Tauben) vor, oft infolge eines Vitamin-A-Mangels.

📖 *Lützner, H.:* Rheuma u. G. Selbstbehandlung durch Ernährung. München u. a. ⁶2001. – *Kircher, N.:* Purinarm leben. Prakt. Ernährungsratgeber bei G. Zürich ⁶2002.

Gicht, *Hüttentechnik:* das Oberteil eines Schachtofens einschl. Beschickungsöffnung und Arbeitsplattform (**G.-Bühne**); auch Bez. für die bei intermittierender Beschickung nach Masse und Zusammensetzung festgelegte Menge von Möller und Koks.

Gichtel, Johann Georg, Rechtsanwalt, Theosoph, * Regensburg 4. 5. 1638, † Amsterdam 21. 1. 1710; urspr. Lutheraner; wollte das in theolog. Orthodoxie erstarrte luth. Kirchenwesen aus dem Geist der Mystik heraus erneuern; Verehrer J. Böhmes, dessen Schriften er nach seiner Ausweisung aus Dtl. in Amsterdam, wo er seit 1668 lebte, als Erster herausgab. – Seine Anhänger wurden **Gichtelianer** oder wegen ihrer Ehelosigkeit **Engelsbrüder** (nach Mt. 22, 30) genannt.

Gichtgas, das aus Schachtöfen (Hochöfen) an der Gicht austretende gut brennbare Gasgemisch (↑**Eisen**, Verhüttung), das vor der weiteren Verwendung gereinigt werden muss.

Gidada, Negasso, äthiop. Politiker, * Dembi Dolo (Prov. West-Welega) 1944; Dozent für Gesch. in Addis Abeba; ging 1973 ins Exil in die Bundesrep. Dtl., 1991 Rückkehr nach Äthiopien und bis 1992 Min. für Arbeit und Soziales, danach Min. für Information; war 1995–2001 Staatspräsident.

Giddens [ˈgɪdənz], Anthony, brit. Soziologe, * Edmonton (heute zu London) 18. 1. 1938; versucht in seiner Theorie der Strukturierung den Ggs. zw. den Annahmen individuell handelnder Subjekte und »objektiver« gesellschaftl. Gegebenheiten und Systeme zu überwinden.

❖ siehe **ZEIT Aspekte**

Werke: Die Konstitution der Gesellschaft. Grundzüge einer Theorie der Strukturierung (1984); Konsequenzen der Moderne (1990); Der Dritte Weg. Die Erneuerung der sozialen Demokratie (1998).

Giddings [ˈgɪdɪŋz], Franklin Henry, amerikan. Soziologe, * Sherman (Conn.) 23. 3. 1855, † Scarsdale (N. Y.) 11. 6. 1931; seit 1894 Prof. an der Columbia University New York; einer der Begründer der amerikan. Soziologie (neben W. G. Sumner und L. F. Ward); vertrat eine evolutionist., psycholog. Theorie der Gesellschaft. Seine spätere behavioristisch-quantitative Theorie des »pluralist. Verhaltens« sozialer Gruppen beeinflusste die empir. Sozialforschung.

Gide [ʒid], André, frz. Schriftsteller, * Paris 22. 11. 1869, † ebd. 19. 2. 1951; streng prot. erzogen; reiste 1893/94 nach Algerien und Tunesien; gehörte zunächst zum Kreis um P. Valéry und S. Mallarmé, auch die ersten Werke waren symbolistisch geprägt (u. a. das fiktive Reisetagebuch »Die Reise Urians«, 1893); beeinflusste – auch als Mitbegründer der Ztschr. »La Nouvelle Revue Française« (1909) – das geistige Leben in Frankreich bis zum Zweiten Weltkrieg. Sein eigenes Werk ist sehr vielseitig und wird bestimmt durch Revolte gegen Gesellschaft und Moral, auch durch Reflexion über die Problematik bedingungsloser Selbstverwirklichung (»Der Immoralist«, Erz., 1902; »Die enge Pforte«, Erz., 1907; »Die Pastoral-Symphonie«, Nov., 1919). Zu seinen literar. Mitteln gehören Ironie und das Aufbrechen traditioneller Erzählstrukturen (»Die Verliese des Vatikan«, R., 1914; »Die Falschmünzer«, R., 1925, sein erzähler. Hauptwerk). Zeugnisse seines ständigen Strebens nach geistiger Emanzipation sind die autobiograf. Schriften, u. a. »Stirb und werde« (1923) und »Tagebuch« (3 Bde., 1939–50), der umfangreiche Briefwechsel und die Essays. G. schrieb auch zahlr. Reiseberichte sowie Dramen und Gedichte; er übersetzte u. a. Goethe und Shakespeare. 1947 erhielt er den Nobelpreis für Literatur.

Thierry, J.-J.: A. G. Paris 1986. – A. G. u. Deutschland, hg. v. H. T. Siepe u. a. Düsseldorf 1992. – Martin, C.: A. G. mit Selbstzeugnissen u. Bilddokumenten. A. d. Frz. Reinbek 41.–42. Tsd. 1995. – Stirb und werde. A. G., hg. v. R. Theis. A. d. Frz. München 2001.

Gideon (in der Vulgata Gedeon), charismat. Führergestalt des A. T., einer der großen Richter Israels; bekämpfte den Baalskult; Anführer und Sieger im Kampf gegen die Midianiter (Ri. 6–8).

Giebel, senkrechter, meist dreieckiger Dachabschluss zw. den geneigten Flächen des Satteldachs. – Der G. des grch. Tempels ist ein von Gesimsen umrahmtes, mit plast. Bildwerken geschmücktes flaches Dreieck (**G.-Feld, Tympanon**), zuweilen mit einem ↑Akroterion verziert. Die Baukunst des MA. bildete den G. als gedeckten oder freien G. aus. Die Gotik besetzte die Schrägen mit Krabben, bekrönte die Spitze mit einer Kreuzblume und schmückte das spitzwinklige G.-Feld mit Statuen und Maßwerk. Im Profanbau war neben dem einfachen Steil-G. der gestufte, das Dach überragende **Treppen-G. (Staffel-G.)** beliebt, der mit Zinnen, mit Maßwerk und Friesen, mit Blendbogen u. a. geschmückt werden konnte (bes. im norddt. Backsteinbau). Renaissance und Barock belebten die G.-Linie durch Volutenübergänge und gliederten die Fläche mit Pilastern und Säulen. Der Klassizismus wandte sich wieder dem flach geneigten antiken G. zu (↑Frontispiz). Seit der italien. Renaissance wurde der G. auch als dekoratives Motiv, z. B. als Fensterbedachung, verwendet. An der Barockfassade wechseln **Dreiecks-G.** und **Segment-G.** häufig in rhythm. Folge. Wird das rahmende Gesims im Mittelteil des G. unterbrochen, entsteht der **gesprengte G.,** wird das Gesims vor-

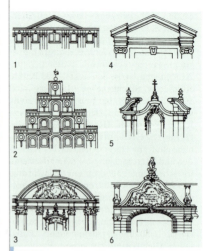

Giebel: 1 Dreiecksgiebel, 2 Treppengiebel, 3 Segmentgiebel, 4 gekröpfter Giebel, 5 gesprengter Giebel, 6 geschweifter Giebel

oder zurückgestuft, der **gekröpfte Giebel.**

Giebichenstein, seit 1900 Stadtteil von Halle (Saale); auf einem Porphyrfelsen über der Saale **Burg G.,** die 968 an die Erzbischöfe von Magdeburg kam, ist heute Sitz der Hochschule für Kunst und Design.

Therese Giehse

Giehse, Therese, Schauspielerin, *München 6. 3. 1898, †ebd. 3. 3. 1975; 1925–33 und ab 1953 an den Münchner Kammerspielen; 1933 gründete sie in München mit Erika und Klaus Mann das literar. Kabarett »Die Pfeffermühle«, mit dem sie noch im selben Jahr nach Zürich emigrierte; schrieb »Ich hab nichts zum Sagen« (Erinnerungen, 1973). Sie wirkte auch in Filmen mit.

Gielen, Michael, österr. Dirigent und Komponist dt. Herkunft, *Dresden 20. 7.

1927; war 1986–99 Chefdirigent des Sinfonieorchesters des Südwestfunks Baden-Baden/Freiburg, setzt sich bes. für zeitgenöss. Musik ein; als Komponist von der seriellen Musik beeinflusst.

Gielgud [ˈgɪlgʊd], Sir (seit 1953) Arthur John, brit. Schauspieler, *London 14. 4. 1904, † Aylesbury (bei London) 21. 5. 2000; war bed. Shakespeare-Darsteller (Hamlet); ab 1933 auch Regisseur; zeitweilig Direktor des Queen's Theatre und des Haymarket Theatre in London.

Giemsa, Gustav, Apotheker und Chemiker, *Blechhammer (heute Blachownia Śląska, bei Kędzierzyn-Koźle) 20. 11. 1867, † Biberwier (Bez. Reutte) 10. 6. 1948; entwickelte eine Färbemethode **(G.-Färbung)**, bei der bestimmte Krankheitserreger durch Färbung mit Azur-Eosin-Lösung nachgewiesen werden können.

Giengen an der Brenz [ˈgiŋən-], Stadt im Landkr. Heidenheim, Bad.-Württ., in einem Talkessel der Brenz am Rand der Schwäb. Alb, 20 200 Ew.; Herstellung von Kühlgeräten, Armaturen, Feuerlöschgeräten, Metallind. und Spielwarenfabrik. – Im 12. Jh. Stadt.

Gierek [ˈgjɛrɛk], Edward, poln. Politiker, *Porąbka (Wwschaft Schlesien) 6. 1. 1913, † Teschen 29. 07. 2001; Bergarbeiter, lebte 1924–34 in Frankreich und nach kurzem Aufenthalt in Polen 1937–48 in Belgien. Während des Zweiten Weltkrieges war er ein führendes Mitgl. der belg. Widerstandsbewegung. 1948 nach Polen zurückgekehrt, schloss er sich der kommunist. Poln. Vereinigten Arbeiterpartei (PZPR) an. Als Nachfolger W. Gomułkas bemühte er sich als Erster Sekr. des ZK der PZPR (1970–80) um Reformen in der Wirtschaftsverwaltung. Im Zusammenhang mit der Streikbewegung 1980 musste er zurücktreten. 1981 wurde G. aus der Partei ausgeschlossen, war 1981/82 in Haft.

Gieren [niederländ. eigtl. »schief stehen«], Drehbewegung eines Fahrzeugs in der waagerechten Ebene um eine lotrechte Achse, bewirkt durch ein **Giermoment:** Lenkvorgang, Einfluss von Wind, Seegang, Steuerungsungenauigkeit, Spurspiel im Gleis.

Gierke, Otto von, Jurist (Rechtshistoriker), *Stettin 11. 1. 1841, † Berlin 10. 10. 1921; ein führender Germanist der ↑historischen Schule; bemühte sich, dem Genossenschaftsgedanken im BGB Geltung zu verschaffen. Dem die Rechtsstellung des Einzelnen betonenden, dem wiss. Rechtspositivismus entwachsenden Entwurf zum BGB stellte G. die Forderung nach einem »Tropfen sozialen Öls« gegenüber, die er in seinem Werk »Die soziale Aufgabe des Privatrechts« (1889) bekräftigte.

Weitere Werke: Das dt. Genossenschaftsrecht, 4 Bde. (1868–1913); Das Wesen der menschl. Verbände (1902).

Giers (Girs), Nikolai Karlowitsch, russ. Politiker, *bei Radziwiłłów (heute Tscherwonoarmejsk, Gebiet Rowno) 21. 5. 1820, † Sankt Petersburg 26. 1. 1895; war 1882–95 Außenmin. Alexanders III.; schloss 1887 den Rückversicherungsvertrag mit Dtl., nach Verschlechterung der dt.-russ. Beziehungen 1893 eine Militärkonvention mit Frankreich.

Giersch (Geißfuß, Aegopodium podagraria), häufiges, weiß blühendes Doldengewächs mit dreizähligen, oft unvollständig geteilten Blättern, in Laubwäldern, Gebüschen und an Zäunen; lästiges Gartenunkraut.

Giersch, Herbert, Volkswirtschaftler, *Reichenbach im Eulengebirge (heute Dzierżoniów) 11. 5. 1921; Prof. in Saarbrücken (1955–69) und Kiel sowie ebd. Präs. des Inst. für Weltwirtschaft (1969–89), Mitgl. des Sachverständigenrats zur Begutachtung der gesamtwirtsch. Entwicklung (1964–70); gilt als Vertreter einer angebotsorientierten Wirtschaftspolitik.

Werke: Allg. Wirtschaftspolitik, 2 Bde. (1960–77); Marktwirtsch. Perspektiven für Europa (1993).

Giese, Hans, Psychiater und Sexualwissenschaftler, *Frankfurt am Main 26. 6. 1920, † Saint-Paul (bei Nizza) 22. 7. 1970; trat u. a. durch sexualwiss. Untersuchungen an Studenten hervor. Mit H. Bürger-Prinz gab er seit 1952 die »Beiträge zur Sexualforschung« heraus; schrieb u. a.: »Der homosexuelle Mann in der Welt« (1958), »Psychopathologie der Sexualität«, 3 Bde. (1959–62, mit V.-E. von Gebsattel u. a.).

Gieseking, Walter, Pianist, *Lyon 5. 11. 1895, † London 26. 10. 1956; genoss bes. als Interpret der impressionist. Klaviermusik Weltruf.

Gießen, ↑Gießverfahren.

Gießen, 1) RegBez. in Hessen, 5 381 km², 1,065 Mio. Ew.; umfasst die Landkreise G., Lahn-Dill-Kreis, Limburg-Weilburg, Marburg-Biedenkopf, Vogelsbergkreis.

| GIE | Gießerei |

Gießen 3): das Neue Schloss (links) und das Zeughaus

2) Landkreis in Hessen, 855 km², 254 300 Einwohner.
3) Krst. von 2) und Verw.sitz von 1), Hessen, an der Lahn im Gießener Becken, 72 700 Ew.; Justus-Liebig-Univ. (gegr. 1607 als Ludwigs-Univ.), FH G.-Friedberg, Oberhess. und Liebig-Museum, Mathematikum (Museum), Theater; botan. Garten; Werkzeugmaschinenbau, feinmechan., elektrotechn., opt., pharmazeut., Nahrungsmittelind., Gummierzeugung. – Aufgrund der Kriegszerstörungen (rd. 70 %) hat G. sein histor. Stadtbild weitgehend eingebüßt. Das »Alte Schloss« (14./16./17. Jh.; Umbau 1893–1905) wurde nach Kriegszerstörung wiederhergestellt; das »Neue Schloss« (ein Fachwerkbau, 1533 bis 1539) und das benachbarte Zeughaus (1586–90) wurden zu Inst. der Univ. umgestaltet. – G. entstand um eine nach 1150 durch die Grafen von Gleiberg erbaute Wasserburg; 1248 erstmals als Stadt gen.; fiel 1265 an Hessen (1567 Hessen-Marburg, seit 1604 Hessen-Darmstadt und Sitz der Reg. von Oberhessen). 1977–79 war G. Teil der Stadt Lahn.
Gießerei, Betrieb, in dem mithilfe von ↑Gießverfahren Formstücke aus Metallen oder Kunststoffen erzeugt werden.
Gießharze, Reaktionsharze, die in Formen gegossen werden und durch Polyaddition (Epoxid- und Polyurethan-G.) oder Polymerisation (ungesättigte Polyester-, Polybutadien- und Silicon-G.) zu vernetzten **Gießharzformstoffen** aushärten.
Gießkannenschwamm (Venusblumenkorb, Euplectella aspergillum), Art der Glasschwämme im westl. Pazifik. Der 30–60 cm hohe, leicht gebogene, rohrartige Körper ist von vielen Öffnungen durchbrochen.
Gießverfahren, Verfahren zur Erzeugung von Gussstücken aus Metallen und Kunststoffen. Für das Gießen in verlorenen Formen (je Gussstück eine Form) werden die **Gussformen** aus Formsand (mit der Grundsubstanz Quarz), gebunden jeweils durch Ton oder Zement mit Wasser oder Kunstharz, Öl oder Wasserglas als Binder, hergestellt. Beim **Nassguss** werden kleine Gussstücke in ungetrockneten Gussformen hergestellt, beim **Trockenguss** werden die Formen vorher gebrannt. Unter **Feinguss** oder **Präzisionsguss** werden G. verstanden, die außer mit verlorenen Formen auch mit verlorenen Modellen arbeiten (große Maßgenauigkeit und Oberflächengüte). Ebenfalls mit verlorenen Modellen arbeitet das **Vollform-G.,** bei dem das Modell aus Polystyrolschaumstoff beim Eingießen der Schmelze vergast und den Hohlraum freigibt. Während beim Sandguss die Form nach jedem Guss zerstört werden muss, lassen sich beim Gießen in Dauerformen **(Kokillenguss)** zahlr. Abgüsse mit immer derselben Form erzielen. Die Kokillen bestehen aus Stahl, Gusseisen oder warmfesten, legierten Stählen. Beim **Blockguss** werden Blöcke, die für die Warmverformung bestimmt sind, in Kokillen gegossen. Das Metall wird entweder von oben in die Form (fallender Guss) oder durch einen Einguss von unten eingegossen (steigender Guss). Beim **Verbundguss** wird an ein festes Metallteil ein weiteres aus einem anderen Metall an-

gegossen. Beim ↑Druckguss wird mit metall. Dauerformen gearbeitet. Weitere wichtige Verfahren sind ↑Strangguss und ↑Schleuderguss.

Eisenguss wird aus **Gusseisen** hergestellt, das entweder unmittelbar dem Hochofen entnommen oder aus Gießereiroheisen (meist unter Zusatz von Schrott) in Kupol- oder elektr. Öfen umgeschmolzen wird. Im **Gusseisen mit Lamellengraphit (GG)** liegt der Kohlenstoff als Graphit in lamellarer Form vor; er verleiht dem Eisen ein graues Bruchaussehen (früher Grauguss gen.). Im **Hartguss** ist der Kohlenstoff als Eisencarbid gebunden unter Bildung eines ledeburit. Gefüges (↑Ledeburit), das dem Eisen eine hohe Härte verleiht. Bei ↑Temperguss liegt der Kohlenstoff als Graphit vor, wodurch er schweißbar wird. Der **Stahlguss** (Stahlformguss) wird in der Hauptmenge aus einem Stahl mit 0,1–0,5 % Kohlenstoff hergestellt.

Beim **Nichteisenmetallguss** werden Schwer- und Leichtmetallguss unterschieden. Die wichtigsten Werkstoffe für den **Schwermetallguss** sind Zinnbronze, Rotguss und Gussmessing, wobei sämtl. Form- und Gussverfahren Anwendung finden. Der **Leichtmetallguss** umfasst Aluminium- und Magnesiumlegierungen; diese werden vorzugsweise im Druckguss- oder Kokillengussverfahren verarbeitet.

Gießen von Kunststoffen: Kunststoff-Formteile oder -Halbzeug werden hergestellt, indem man flüssige, pastöse oder aufgeschmolzene Vorprodukte in Gießformen durch chem. Umwandlung oder durch Erkalten zu harten bis gummiartig weichen Körpern erstarren lässt. Im Rotationsguss fertigt man Hohlkörper aus PVC-Pasten oder Polyäthylenpulver; dabei lässt man die Formen im Heißluftofen mäßig schnell um zwei Achsen rotieren.

Geschichte: Der Eisenkunstguss war in China seit dem 6. Jh. v. Chr., im Abendland seit dem 14. Jh. bekannt; der direkte Guss aus dem Hochofen kam erst im 15. Jh. auf. 1851 stellte J. Mayer in Bochum Stahlformguss her. Das Gusseisen als Werkstoff begann seit dem 18. Jh. in Maschinenbau und Bauwesen eine wesentl. Rolle zu spielen. Auch in der bildenden Kunst wurde der Eisenguss verwendet, bes. im Barock und Klassizismus und bei den Denkmälern des 19. Jh. Noch heute werden Plaketten und Kleinplastiken in Eisenguss hergestellt.

📖 *5000 Jahre Gießen von Metallen*, hg. v. G. Engels u. H. Wübbenhorst. Düsseldorf ³1994. – *Gießerei-Lexikon*, begr. v. E. Brunhuber, hg. v. S. Haase. Berlin ¹⁷1997.

Giffard [ʒiˈfaːr], Henry Jacques, frz. Luftschiffkonstrukteur, * Paris 8. 1. 1825, † ebd. 14. 4. 1882; baute 1852 das erste halbstarre Luftschiff (mit einer Dampfmaschine von 3 PS) sowie Fesselballons für Weltausstellungen; erfand 1858 die Dampfstrahlpumpe.

Gifhorn, 1) Landkreis im RegBez. Braunschweig, Ndsachs., 1 563 km², 172 200 Einwohner.

2) Krst. von 1), Ndsachs., an der Aller, 43 200 Ew.; Mühlenmuseum; Metall-, Nahrungsmittelind., Bremsenherstellung. – Schloss (1525–81), barocke Pfarrkirche. – Seit dem 14. Jh. Stadt.

Gift, ↑Gifte.

Gifhorn 2): Mühlenmuseum, im Vordergrund eine koreanische Wassermühle, im Hintergrund links der originalgetreue Nachbau der Galerieholländermühle des Schlosses Sanssouci

GIF Giftdrüse

Giftdrüse, Drüse, deren Sekret zum Betäuben oder Töten der Beute bzw. zur Abwehr dient (z. B. bei Schlangen und Insekten).

Gifte [ahd. gift »Gabe«], **1)** (Toxika, Venena), in der Natur vorkommende oder künstlich hergestellte organ. und anorgan. Stoffe, die nach Eindringen in den menschl. oder tier. Organismus zu einer spezif. Erkrankung (Vergiftung) mit vorübergehender Funktionsstörung, bleibendem Gesundheitsschaden oder zum Tod führen; auch für Pflanzen schädl. Stoffe (Herbizide) werden oft G. genannt. Zahlr. Tiere, Pflanzen und Mikroorganismen bilden G., die als **Toxine** bezeichnet werden. Nach Herkunft und Verwendung kann man G. einteilen in **pflanzl. G.** (z. B. Atropin), **tier. G.** (z. B. Bufotenin, Melittin, Tetrodotoxin), **Bakterien-G.** (z. B. Botulinustoxin), **Umwelt-G.** (z. B. Quecksilber, Pestizide), **gewerbl. G.** (z. B. Benzol, Blei, Cadmium), **Genuss-G.** (z. B. Alkohol, Nikotin) u. a. Um die **Toxizität** (Giftigkeit) zu charakterisieren, legt man die Höhe der geringsten schädl. Dosis zugrunde. Starke G. sind Substanzen, die bereits in kleinsten Mengen schwerwiegende Folgen hervorrufen. Die Giftwirkung kann innerhalb kurzer Zeit nach einmaliger Gabe (akute Toxizität) oder erst nach längerer (Wochen und Monate) Anwendung (chron. Toxizität) eintreten. G. können äußerlich wirken **(lokale Giftwirkung)** oder erst nach Aufnahme in das Blut und Gewebe **(resorptive Giftwirkung).**
Recht: Die Verwendung von G. und der Umgang mit G. ist durch Gesetze und VO geregelt. Dazu gehören v. a. die Gefahrstoff-VO (↑Gefahrstoffe) und das ↑Chemikaliengesetz. Bestimmungen über die Handhabung und den Schutz vor G. enthalten auch das Pflanzenschutz-Ges. und die VO über Anwendungsverbote für Pflanzenschutzmittel.
📖 *Strubelt, O.: G. in Natur u. Umwelt. Pestizide u. Schwermetalle, Arzneimittel u. Drogen. Heidelberg u. a. 1996. – Daunderer, M.: G. im Alltag. Wo sie vorkommen, wie sie wirken, wie man sich dagegen schützt. München 1999.*
2) Stoffe, die ein bestimmtes Material zerstören oder einen techn., physikal. oder chem. Vorgang hemmen oder zum Stillstand bringen.

Giftmüll, Abfall, der giftige oder die Umwelt schädigende Stoffe enthält. (↑Sonderabfall)

Giftnattern (Elapidae), Familie der Schlangen mit vorn gefurchten Giftzähnen im Vorderteil des Oberkiefers. Das beim Biss ausgestoßene Gift wirkt bes. auf das Nervensystem des Opfers; der Tod erfolgt durch Lähmung des Atemzentrums. Gefürchtet sind in Afrika die baumbewohnenden über 2 m langen **Mambas** (Dendroaspis), die dort und v. a. in Asien heim. **Kobras** (Hutschlangen, Naja), in S- und SO-Asien die **Kraits** (Bungarus). In Australien gehören die meisten Schlangen zu den Giftnattern.

Giftpflanzen, Pflanzen, die Substanzen enthalten, die durch Berührung oder Aufnahme in den Körper beim Menschen und bei Tieren Vergiftungserscheinungen mit zuweilen tödl. Ausgang hervorrufen. Manche Gifte werden durch Trocknen oder Kochen unwirksam, z. B. bei den Samen der Gartenbohne.

Giftschlangen, Schlangen mit einem oder zwei Paar Giftzähnen, die mit Giftdrüsen verbunden sind. Bes. gefährliche G. sind u. a. ↑Giftnattern, ↑Seeschlangen und ↑Vipern.

Gifttiere, Tiere mit Gift in Blut, Gewebe oder Drüsen, das dem Beuteerwerb und/oder der Verteidigung dient. **Giftdrüsen** können an der Körperoberfläche verstreut liegen (so Nesselzellen der Quallen und Korallen, Hautdrüsen der Kröten) oder mit zahn- oder dornförmigen Körperfortsätzen verbunden sein, z. B. Giftstacheln der Skorpione, Bienen, giftige Flossenstrahlen mancher Fische, Giftzähne der Giftschlangen.

Giftzähne, für den Beutefang modifizierte, mit einer Giftdrüse in Verbindung stehende Zähne im Oberkiefer der Giftschlangen und im Unterkiefer der Krustenechsen. Die G. der Giftschlangen besitzen einen geschlossenen Kanal **(Röhrenzähne)** oder eine offene Rinne **(Furchenzähne).**

Gifu, Hptst. der japan. Präfektur G., auf Honshū, 407 100 Ew.; Univ.; Textil-, Kunststoff-, Papier-, Porzellanindustrie. – Ehem. Burgstadt; Zen-Tempel (17. Jahrhundert).

Gig [engl.] **1)** *der,* bezahlter Auftritt einer Band oder eines Einzelmusikers in einem Konzert, (Nacht-)Lokal oder Plattenstudio.

Giftpflanzen GIF

Giftpflanzen (Auswahl)

Pflanzenarten	giftige Pflanzenteile	Gefährlich-keitsgrad
Aronstab, Gefleckter (Arum maculatum)	alle Pflanzenteile einschließlich der Beeren	++
Bärenklauarten, vor allem Riesenbärenklau (Heracleum mantegazzianum)	alle Pflanzenteile, besonders der Saft	++
Bilsenkraut, Schwarzes (Hyoscyamus niger)	alle Pflanzenteile, besonders die Samen	+++
Christrose (Helleborus niger)	alle Pflanzenteile	++
Dieffenbachiaarten	alle Pflanzenteile	+++
Eibe, Gemeine (Taxus baccata)	alle Pflanzenteile, ausgenommen der rote Samenmantel	++
Eisenhutarten, vor allem Blauer Eisenhut (Aconitum napellus)	alle Pflanzenteile, besonders die Wurzelknollen und Samen	+++
Engelstrompete (Datura suaveolens)	alle Pflanzenteile	+++
Fingerhutarten, vor allem Roter Fingerhut (Digitalis purpurea)	alle Pflanzenteile	+++
Gartenbohne (Phaseolus vulgaris)	rohe Hülsen, rohe Samen	++
Germerarten, vor allem Weißer Germer (Veratrum album)	alle Pflanzenteile, besonders der Wurzelstock	+++
Gloriosaarten	alle Pflanzenteile	++
Goldregenarten, vor allem Laburnum anagyroides	alle Pflanzenteile, besonders die reifen Samen	++
Hahnenfußarten, unter anderem Scharfer Hahnenfuß (Ranunculus acris) und Gifthahnenfuß (Ranunculus sceleratus)	alle Pflanzenteile	+
Herbstzeitlose (Colchicum autumnale)	alle Pflanzenteile	+++
Hundspetersilie (Aethusa cynapium)	alle Pflanzenteile	+++
Kartoffel (Solanum tuberosum)	Keime, unreife, grün gewordene Knollen und alle oberirdischen Pflanzenteile	++
Lebensbaumarten, vor allem Thuja occidentalis	Blätter, Zapfen, Holz	+++
Maiglöckchen (Convallaria majalis)	alle Pflanzenteile, besonders die Blüten und Samen	++
Oleander (Nerium oleander)	alle Pflanzenteile	++
Pfaffenhütchen (Euonymus europaeus)	alle Pflanzenteile, besonders die Früchte	++
Rhododendronarten, unter anderem Rhododendron mollis	Blüten einschließlich Nektar	++
Sadebaum (Juniperus sabina)	alle Pflanzenteile, besonders die Zweigspitzen	+++
Schierling, Gefleckter (Conium maculatum)	alle Pflanzenteile	+++
Seidelbast (Daphne mezereum)	alle Pflanzenteile außer Fruchtfleisch, besonders die Samen	+++
Stechapfel (Datura stramonium)	alle Pflanzenteile, besonders die Blüten und Früchte	+++
Tabak (Nicotina tabacum)	alle Pflanzenteile	+++
Tollkirsche (Atropa belladonna)	alle Pflanzenteile	+++
Wasserschierling (Cicuta virosa)	alle Pflanzenteile, besonders der Wurzelstock	+++
Wunderbaum (Ricinus communis)	Samen	+++
Zaunrübenarten (Bryonia alba und Bryonia dioica)	alle Pflanzenteile, besonders die Beeren und Wurzeln	++

+ Giftig. ++ Stark giftig, kann zu schweren Vergiftungserscheinungen führen. +++ Sehr stark giftig, schon geringe Mengen lebensgefährlich.

GIG Giga...

2) *die,* auch *das,* Ruderboot zum Training und für Wanderfahrten, meist als Vierer mit Rollensitzen und durchgehendem Dollbord (↑Dolle) gebaut.
Giga... [von grch. gígas »Riese«], Vorsatzzeichen **G,** Vorsatz vor Einheiten für den Faktor 10^9; z.B. 1 Gigawattstunde (GWh) = 1 Mrd. Wattstunden (Wh); in der *Informatik* Vorsatz für Bit (Gbit) oder Byte (GByte) mit der Bedeutung $2^{30} = 1024^3 = 1073741824$.
Giganten, *grch. Mythos:* Riesengeschlecht mit schlangenartigen Beinen, von Gaia aus dem Blut des Kronos geboren. Die G. erhoben sich gegen die olymp. Götter (↑Gigantomachie), wurden aber von Zeus mithilfe des Herakles besiegt.
Gigantija, Tempelkomplex (UNESCO-Weltkulturerbe) auf Gozo, Malta. Der monumentale, aus zwei Tempeln bestehende und von einer gemeinsamen Mauer umfasste Baukomplex stammt aus der 2. Hälfte des 4. Jt. v.Chr. Der südl. Kultbau markiert den Beginn der vorgeschichtl. Monumentalarchitektur Maltas.
Gigantismus *der, Medizin:* der ↑Riesenwuchs.
Gigantomachie *die, grch. Mythos:* Kampf der Giganten gegen Zeus; als Darstellung in der grch. Kunst seit etwa 570 v.Chr. nachweisbar (Vasen, Kleinkunst), wurde ein wichtiges Thema der Architekturplastik, z.B. Metopen am Parthenon; in der hellenist. Kunst: Sockelfries des Pergamonaltars (Berlin).
Gigli ['dʒiʎi], Beniamino, italien. Sänger (Tenor), * Recanati (Prov. Macerata) 20. 3. 1890, † Rom 30. 11. 1957; wurde seit 1914 bekannt als lyr. Bühnentenor; Konzertsänger; gestaltete auch Filmrollen.
Gigolo ['ʒigolo, frz.] *der,* 1) früher Bez. für Eintänzer, ein in Tanzlokalen als Tanzpartner angestellter Mann; 2) abwertend: meist von Frauen ausgehaltener jüngerer Mann.
Gigon [ʒi'gɔ̃], Olof, schweizer. klass. Philologe, * Basel 28. 1. 1912, † Athen 18. 6. 1998; Übersetzungen und Interpretationen zur antiken Philosophie.
Gigots [ʒi'go:; frz.] (Keulenärmel, Schinkenärmel), keulenförmig nach oben erweiterte Ärmel der weibl. Biedermeiermode.
Gigue [ʒig, frz.] *die* (Jig), aus dem irischschott. Jig hervorgegangener lebhafter Tanz des 17./18. Jh., Grundbestandteil der ↑Suite. Formen: die frz. G. im punktierten $^4/_4$- oder $^3/_4$-Takt mit imitierender Stimmführung und die nicht fugierte italien. Giga im schnellen $^{12}/_8$- oder $^6/_8$-Takt.
Gijón [xi'xɔn], Hafen- und Ind.stadt an der N-Küste Spaniens, größte Stadt Asturiens, 264 400 Ew.; Museen; Eisen- und Stahlind., Schiff- und Maschinenbau, chem. u.a. Ind. Im Hafen Ausfuhr von Kohle, Erz und Schwerind.produkten; Seebad. – Paläste (15. und 16.Jh.). – G., 715 von den Arabern gegr., war nach 722 Residenz der astur. Könige; im Bürgerkrieg 1936 fast völlig zerstört.
Gilan, Landschaft und Prov. in N-Iran, am SW-Rand des Kasp. Meeres, mit feuchtwarmem Klima; Reisanbau, Tee-, Zitruskulturen; Hauptort: Rescht.
Gilatier, Art der ↑Krustenechsen.
Gilawüste ['dʒi:lə-] (engl. Gila Desert), Trockengebiet in SW-Arizona, USA, Teil der Sonorawüste; wird durchflossen vom **Gila River,** einem linken Nebenfluss des Colorado River, 1 014 km lang, der in New Mexico entspringt.
Gilbert, 1) [ʒil'bɛ:r], Jean, eigtl. Max Winterfeld, Komponist, * Hamburg 11. 2. 1879, † Buenos Aires 20. 12. 1942, Vater von 2); typ. Vertreter der Berliner Operettentradition (u.a. »Die keusche Susanne«, 1910); schrieb auch Tonfilmmusik.
2) [ʒil'bɛ:r], Robert, Librettist und Textdichter, * Berlin 29. 9. 1899, † Muralto (bei Locarno) 20. 3. 1978, Sohn von 1); verfasste Gesangstexte zu über 60 Operetten (z.B. »Im weißen Rößl«, »Feuerwerk«) und Liedertexte zu über 100 Tonfilmen (u.a. »Die Drei von der Tankstelle«).
3) ['gɪlbət], Walter, amerikan. Molekularbiologe, * Boston (Mass.) 21. 3. 1932; Prof. an der Harvard University. Mit F. Sanger entwickelte er versch. Methoden zur Bestimmung der Reihenfolge der DNA-Bausteine. Dafür erhielten beide die Hälfte des Nobelpreises für Chemie 1980 (die andere Hälfte ging an P. Berg).
4) ['gɪlbət], William, engl. Naturforscher und Arzt, * Colchester 24. 5. 1544, † London 30. 11. 1603; Leibarzt Elisabeths I. und König Jakobs I., fasste die Erkenntnisse älterer Autoren zu einer Lehre vom Magnetismus und Erdmagnetismus zusammen (1600) und beschrieb elektr. Erscheinungen, für die er den Begriff »Elektrizität« prägte.
Gilbert & George ['gɪlbət ænd 'dʒɔ:dʒ], Künstlernamen der brit. Performance- und Objektkünstler Gilbert Proersch

(*Sankt Martin in Thurn [Südtirol] 17. 9. 1943, italienisch-ladin. Abkunft) und George Passmore (*Totnes, Cty. Devon, 8. 1. 1942). Sie arbeiten seit 1967 zusammen und machten durch zahlr. Aktionen, bei denen sie sich selbst als Kunstwerk präsentierten, auf sich aufmerksam. In bewusster Negation von Zeichen individueller künstler. Handarbeit entstanden »Kohle-auf-Papier-Skulpturen«, Gemäldetriptychen sowie entsprechend arrangierte und weiterbearbeitete Fotos und Fotoserien.

Gilbertinseln [ˈgɪlbət-], Inselgruppe (16 Atolle) im mittleren Pazifik, 286 km², 67 500 Ew.; gehören zu ↑Kiribati.

Gilbweiderich (Gelbweiderich, Felberich, Lysimachia), Gattung der Primelgewächse mit etwa 150 Arten in gemäßigten Gebieten, v. a. in Europa und O-Asien; in Europa u. a. der **Gemeine G.** (Lysimachia vulgaris), bis 1,2 m hoch, mit gelben Blüten.

Gilbweiderich: Gemeiner Gilbweiderich

Gilde [mnd. »Innung«, »Trinkgelage«, urspr. »gemeinsamer Trunk anlässlich eines abgeschlossenen Rechtsgeschäfts«], urspr. Bez. für »Opfergelage«, womit zugleich die kultisch-religiöse wie die gesellige Seite dieses genossenschaftl. Gebildes zum Ausdruck gebracht wurde, später Bez. v. a. für die freie Vereinigung von Berufsgenossen zur Förderung gemeinsamer Interessen, Pflege der Gesellheit und zur gegenseitigen Hilfeleistung. In manchen Gegenden Dtl.s wurden auch Innungen und Zünfte als G. bezeichnet. Die Anfänge reichen im Fränk. Reich ins 8., in England ins 10., in Skandinavien ins 11. Jh. zurück. Im MA. gab es hauptsächlich Schutz-G. (gewährten dem Einzelnen Rechtsschutz),

Gewerbe-G. (Handwerks- und Kaufmanns-G. mit gemeinsamen wirtsch. Interessen; Beispiel: die Hanse), religiös-kultisch bestimmte G. (religiöse Bruderschaften) sowie bes. in Nord-Dtl. Bauern-G. Mit der Herausbildung der modernen, marktwirtsch. orientierten Ind.gesellschaft gingen die G. unter. An ihre Stelle traten z. T. Handwerksinnungen, Berufs- und Interessenverbände.

Gilded Age [ˈgɪldɪd ˈeɪdʒ; engl. »vergoldetes Zeitalter«], in der Geschichte der USA die nach dem Sezessionskrieg einsetzende, von Spekulation, Korruption und rücksichtsloser Ausnutzung wirtsch. Vorteile geprägte Periode (1865–73, i. w. S. bis 1893); ben. nach dem Roman »The gilded age« (1873) von Mark Twain und C. D. Warner.

Gildenschaft (Gilde), in der Jugendbewegung wurzelnde student. Korporation; der Verband der G. entstand 1920 als Dt.-Akadem. G. (Dt. Akadem. G., Abk. DAG), seit 1923 Großdt. G.; 1958 erneuert als Dt. G. (Abk. DG). – 1959 wurde die »Akadem. G. in Österreich« (AGÖ) gegründet.

Gildensozialismus, in Großbritannien entstandene, dem Syndikalismus nahe stehende sozialist. Bewegung, suchte über die Gewerkschaftsorganisationen nach Art der mittelalterl. Gilden eine Selbstverw. auf die moderne Wirtschaft zu übertragen. Das »Guilds Restoration Movement« (gegr. 1906) und die »National Guilds League« (gegr. 1915) suchten die Ideen des G. zu verwirklichen. Nach dem Scheitern des G. 1925 lebte sein Gedankengut in der Labour Party fort.

Gilead (in der Vulgata Galaad), bibl. Landschaft im Ostjordanland; Siedlungsgebiet der israelit. Stämme Gad, Manasse und Ruben (4. Mose 32).

Gilels, Emil Grigorjewitsch, russ. Pianist, *Odessa 19. 10. 1916, †Moskau 14. 10. 1985; trat bes. als Interpret der Klavierwerke W. A. Mozarts und der Klaviermusik des 19. Jh. hervor.

Gilet [ʒiˈleː, frz.] *das*, schoß- und ärmellose Weste, im Rücken nur aus Seidenfutterstoff; um 1780 aufgekommen.

Gilgal (in der Vulgata Galgala), Heiligtum im alten Israel (bei Jericho), an dem Sauls Erhebung zum König feierlich bestätigt wurde (1. Sam. 11, 14 f.); Stätte der Rechtsprechung (1. Sam. 7, 16) und Mittelpunkt

GIL Gilgamesch

des israelit. Stämmebundes unter Josua (Jos. 4, 19 ff.).

Gilgamesch, sumer. König der 1. Dynastie von Uruk, der um 2600 v. Chr. lebte und in einem Zyklus sumer. Kurzepen (nach 2000 v. Chr. verfasst) verherrlicht wird. In akkad. Sprache wurde nach dem 12. Jh. v. Chr. die zwölf Tafeln umfassende »ninevit. Fassung« geschaffen (**G.-Epos**), die auch die urspr. selbstständige Sintflutsage mit in eine Gesamtkomposition einbezieht; ältestes überliefertes Großepos der Weltliteratur.

Gilgit, Hochgebirgslandschaft in dem unter pakistan. Verwaltung stehenden Teil Kaschmirs, mit Gipfeln über 6000 m ü. M. und ausgedehnter Vergletscherung; in den Tälern Anbau von Getreide und Obst; durch G. führt die Karakorumstraße von Islamabad nach China (Pass Kunjirap Daban, 4890 m ü. M.). Hauptort ist G. (5000 Ew.) im Tal des G. (Nebenfluss des Indus).

Giljaken (Eigenbez. Niwchen), ein am unteren Amur und auf der nördl. Sachalin wohnhaftes altsibir. Fischervolk, etwa 4600 Menschen; seit dem 19. Jh. orth. Christen; Elemente eigener Religion (Bärenkult, Schamanismus) sind noch lebendig.

Gill [dʒɪl] *das,* in Großbritannien gebräuchl. Volumeneinheit für Flüssigkeiten und feste Stoffe: 1 gi = $^1/_{32}$ gallon = 142,065 cm³; in den USA für Flüssigkeiten, auch im Apothekengebrauch: 1 gi (US) = 118,295 cm³.

Gill [gɪl], Arthur Eric Routon, brit. Bildhauer, Grafiker und Typograph, * Brighton 22. 2. 1882, † Uxbridge (heute zu London) 17. 11. 1940; schuf neben Plastiken und Reliefs mit religiösen Themen u. a. Schriften für die Golden Cockerell Press und Titelblätter für die Cranach-Presse.

Gille, 1) Christian Friedrich, Maler und Lithograph, * Ballenstedt 20. 3. 1805, † Wahnsdorf (heute zu Radebeul) 9. 7. 1899; Schüler J. C. C. Dahls, widmete sich ab 1850 der Landschaftsmalerei; schuf Ölskizzen, die bereits Elemente des Impressionismus vorwegnehmen.

2) Sighard, Maler und Grafiker, * Eilenburg 25. 2. 1941; wendet sich in einer expressiven, malerisch-vitalen Auffassung, z. T. sinnbildhaft, v. a. Porträts, Alltags- und Landschaftsmotiven zu (Deckengemälde »Lied von der Erde«, 1979–81, Leipzig, Neues Gewandhaus).

Gilles, 1) Barthel, Maler, * Rendsburg 31. 8. 1891, † Wees (bei Flensburg) 19. 11. 1977; Vertreter der Neuen Sachlichkeit; zeichnete ein exakt beobachtetes Porträt der Menschen und der Lebenssituation der 20er-Jahre, ab 1929 auch mit sozialkrit. und antimilitarist. Tendenzen.

2) Werner, Maler, * Rheydt (heute zu Mönchengladbach) 29. 8. 1894, † Essen 23. 6. 1961; gestaltete in leuchtenden Farben Mythisches in visionärer Symbolsprache mit abstrakten und surrealist. Elementen.

Gillespie [gɪˈlespɪ], Dizzy, eigtl. John Birks, amerikan. Jazzmusiker (Trompeter, Bandleader, Komponist), * Cheraw (S. C.) 21. 10. 1917, † Englewood (N. J.) 6. 1. 1993; war neben C. Parker und T. Monk führender Vertreter des Bebop; beeinflusste zahlr. Trompeter des Modern Jazz.

Gillette [ʒɪˈlet], King Camp, amerikan. Industrieller, * Fond du Lac (Wis.) 5. 1. 1855, † bei Los Angeles (Calif.) 10. 7. 1932; erfand die Rasierklinge und den Rasierapparat, gründete 1901 in Boston die heutige **The G. Company.**

Gillingham [ˈdʒɪlɪŋəm], Stadt in der Cty. Kent, SO-England, Nachbarstadt von Chatham, 94 200 Ew.; Leichtind., Marinehafen, Werft.

Gillray [ˈgɪlreɪ], James, brit. Karikaturist, * Chelsea (heute zu London) 13. 8. 1757, † London 1. 6. 1815; erwies sich in seinen Grafiken (etwa 700, meist Radierungen) als dynam. und scharfer Kritiker seiner Zeit sowie allg. menschlicher Schwächen.

Gilly, Friedrich, Architekt, * Altdamm (heute als Dąbie zu Stettin) 16. 2. 1772, † Karlsbad 3. 8. 1800; Sohn des Baumeisters David G. (* 1748, † 1808); Schüler von F. W. von Erdmannsdorff und C. G. Langhans, Prof. an der Berliner Bauakademie; lieferte Entwürfe für ein Denkmal Friedrichs d. Gr. (1796, nicht ausgeführt) und für das Berliner Schauspielhaus (ab 1797), die ihn als einen bed. Planer des dt. Klassizismus auszeichnen. Zu seinen Schülern gehörte K. F. Schinkel.

Gilman [ˈgɪlmən], Alfred Goodman, amerikan. Pharmakologe und Biochemiker, * New Haven (Conn.) 1. 7. 1941; seit 1981 an der University of Texas in Dallas; erhielt gemeinsam mit M. Rodbell 1994 den Nobelpreis für Physiologie oder Medizin für die Entdeckung der G-Proteine und deren Bedeutung für die Signalübertragung in Zellen.

Gil-Robles [xil'rrɔβles xil-], José-María, span. Politiker, *Madrid 17. 6. 1935; Jurist; wurde 1989 als Mitgl. des neu gegr. »Partido Popular« Abg. des Europ. Parlaments (EP), 1994–97 Vizepräs. und 1997-99 Präs. des EP, seit 1999 Präs. der Europ. Bewegung.

Gilson [ʒil'sɔ̃], Étienne Henry, frz. Philosoph, *Paris 13. 6. 1884, †Cravant (Dép. Yonne) 19. 9. 1978; war 1932–51 Prof. am Collège de France; bed. Vertreter des Neuthomismus; Historiker v. a. der Philosophie des MA.; arbeitete eine grundsätzl. Differenz im Seinsverständnis des abendländ. Denkens heraus: wahre Wirklichkeit als Sein (Thomas von Aquin) gegen wahre Wirklichkeit als Wesen (Platon, Aristoteles).

Gimmick [engl.] *der* auch *das,* überraschender, Aufmerksamkeit erregender, witziger Effekt, Gag (bes. in der Werbung).

Gimpe, mit Garn eng umwickelter Faden für Knopflöcher und Besatz; auch mit Metallfäden umsponnenes Garn.

Gimpel [zu mhd. gumpen »hüpfen«] (Dompfaff, Blutfink, Pyrrhula pyrrhula), europäisch-asiat., Nadelwälder bewohnender Finkenvogel mit dickem Schnabel; unterseits ist das Männchen rot, das Weibchen grau, am Kopf beide schwarz; Bürzel weiß.

Gin [dʒɪn, engl.] *der,* Branntwein mit Wacholdergeschmack, etwa 40 Vol.-% Alkohol; oft als Mixgetränk **Ginfizz** mit Sodawasser, Zitronensaft, Zucker u. a. zubereitet.

Ginastera [xinas'tera], Alberto Evaristo, argentin. Komponist, *Buenos Aires 11. 4. 1916, †Genf 25. 6. 1983. Seine Musik basiert auf argentin. und indian. Folklore und modernen Kompositionstechniken; schrieb u. a. Opern, Ballette, Orchester- und Kammermusik.

Gingan ['gɪŋgan, malaisch] *der,* gemustertes Baumwollgewebe in Leinenbindung.

Gingellisamen, die Ölfrucht vom ↑Ramtill.

Ginger ['dʒɪndʒə], engl. Bez. für ↑Ingwer.

Gingerale ['dʒɪndʒəreɪl, engl.], Erfrischungsgetränk aus Mineralwasser, das mit Ingweressenz oder span. Pfefferextrakt und Zucker versetzt ist.

Gingerbeer ['dʒɪndʒəbɪə, engl.] *das,* Ingwerbier, ein mit Ingwerwurzelauszügen gewürztes Bier.

Gingiva [lat.] *die,* das ↑Zahnfleisch.

Gingivektomie [lat.-grch.] *die,* Zahnfleischabtragung; chirurg. Verfahren zur Behandlung fortgeschrittener Zahnfleischerkrankungen, z. B. Zahnfleischtaschen oder Zahnfleischwucherungen (Hyperplasie).

Gingivitis *die,* die ↑Zahnfleischentzündung.

Gini-Index ['dʒi:ni-; nach dem italien. Statistiker C. Gini, *1884, †1965], Kennziffer, mit deren Hilfe ermittelt wird, in welchem Maße die Verteilung des Einkommens auf Personen oder Haushalte einer Volkswirtschaft von einer vollkommen gleichmäßigen Verteilung abweicht. Der G.-I. knüpft direkt an die ↑Lorenz-Kurve an, die die kumulierten Prozentwerte des Gesamteinkommens im Vergleich zum kumulierten Prozentwert an Empfängern (beginnend mit der ärmsten Person bzw. dem ärmsten Haushalt) darstellt. Er misst den Bereich zw. Lorenz-Kurve und einer hypothet. Linie absoluter Gleichverteilung, ausgedrückt als Prozentsatz der maximalen Fläche unterhalb dieser Linie. Ein G.-I. von Null bedeutet somit absolute Gleichverteilung, ein Index von 100 hingegen vollkommene Ungleichverteilung.

Ginkgo [japan.] *der* (Ginkgo biloba), urtüml., zu den Nacktsamern gehörender zweihäusiger Baum Ostasiens, mit fächerförmigen Blättern und gelben essbaren Samen; beliebter Parkzierbaum.

Ginsberg ['gɪnzbə:g], Allen, amerikan. Schriftsteller, *Paterson (N. J.) 3. 6. 1926, †New York 5. 4. 1997; Dichter der ↑Beatgeneration; schrieb in der Tradition W. Whitmans Dichtungen in rhythm. Prosa, vielfach brutal-realistisch (»Das Geheul«, 1956; »Kaddisch«, 1961; »Planet news«, 1968; »Der Untergang Amerikas«, 1972; »Überlegungen zur Poesie«, 3 Bde., 1988).

Ginsburg, Witali Lasarewitsch, russ. Physiker, *Moskau 4. 10. 1916; entwickelte 1950 zus. mit L. D. Landau eine phänomenolog. Theorie der Supraleitung **(G.-Landau-Theorie);** arbeitete u. a. zur Kristalloptik und zur Theorie der Ferroelektrizität. Für seinen entscheidenden Beitrag zum Verständnis der Supraleitung erhielt G. 2003 (mit A. A. Abrikossow und A. J. Leggett) den Nobelpreis für Physik.

Ginseng [chines.] *der* (Panax ginseng), in der Mandschurei und in Korea wild wachsende, u. a. in Japan auch kultivierte Art der Araliengewächse mit goldgelber, rübenartiger Wurzel. Sie gilt seit alters als Allheilmittel **(Kraftwurz)**, als Aphrodisiakum und als lebensverlängernd; sie enthält u. a. Saponine und Glykoside.

Ginster (Genista), Gattung der Schmetterlingsblütler, mit gelben Blüten und rutenförmigen Zweigen; Sträucher und Halbsträucher meist trockener Standorte, z. B. **Deutscher G.** (Genista germanica), **Färber-G.** (Genista tinctoria). Zu einer anderen Gattung gehören Besen- und Stechginster.

Ginsterkatzen, Gattung der ↑Schleichkatzen.

Ginza [-za], ein als Einkaufs- und Vergnügungsviertel bekannter Stadtteil von Tokio; früher eine Silbermünzstätte.

Ginzberg, Zwi Ascher, Schriftsteller, ↑Achad Haam.

Ginzburg, Natalia, geb. Levi, italien. Schriftstellerin, *Palermo 14. 7. 1916, †Rom 8. 10. 1991; verfasste Romane in knappem und unsentimentalem Stil, u. a. »Die Stimmen des Abends« (1961), »Caro Michele« (1973), »Die Stadt und das Haus« (1984), auch Erzählungen, biograf. Aufzeichnungen »Mein Familien-Lexikon« (1963), Essays, Dramen.

📖 *Pflug, M.: N. G. Eine Biographie. Berlin 4.-6. Tsd. 1996.*

Gioconda, La [- dʒoˈkonda, italien.], Gemälde von Leonardo da Vinci, ↑Mona Lisa.

giocoso [dʒoˈkozo, italien.], musikal. Vortragsbezeichnung: heiter, scherzhaft.

Giolitti [dʒoˈlitti], Giovanni, italien. Politiker, *Mondovi (Prov. Cuneo) 27. 10. 1842, †Cavour (Prov. Turin) 17. 7. 1928; war bis 1921 mehrmals MinPräs.; zwang 1920 G. D'Annunzio zur Räumung von Fiume (Rijeka). Er förderte die Sozial- und Arbeitsgesetzgebung und erweiterte das Wahlrecht; 1914/15 war er Gegner des Kriegseintritts Italiens; später suchte er zunächst ein Bündnis mit den aufsteigenden Faschisten, stellte sich aber 1926 gegen die Ausnahmegesetze.

Giono [ʒjoˈno], Jean, frz. Schriftsteller, *Manosque (Dép. Alpes-de-Haute-Provence) 30. 3. 1895, †ebd. 8. 10. 1970; konsequenter Pazifist; blieb in seinem Schaffen seiner Heimat eng verbunden. Seine zahlr. Romane schildern einfache Menschen in fast myst. Kontakt mit der Natur (Pan-Trilogie: »Der Hügel«, 1929; »Der Berg der Stummen«, 1929; »Ernte«, 1930), später behandeln sie histor. Themen (»Der Husar auf dem Dach«, 1951; »Das unbändige Glück«, 1957).

Giordano [dʒorˈdaːno], **1)** Luca, gen. Luca fa presto, italien. Maler und Radierer, *Neapel 18. 10. 1634, †ebd. 3. 1. 1705; tätig in Neapel, Rom, Florenz, Venedig und 1692–1702 in Madrid als Hofmaler Karls II.; einer der markantesten italien. Barockmeister, schuf dekorative Fresken und Ölgemälde mit kräftigen Helldunkelwirkungen und leuchtender Farbgebung.
2) Ralph, Publizist und Schriftsteller, *Hamburg 20. 3. 1923; arbeitete zunächst als Fernsehdokumentarist (Samml. »Die Spur – Reportagen aus einer gefährdeten Welt«, 1984); bemüht sich v. a. um Aufhellung der nat.-soz. Judenverfolgung (Familienroman »Die Bertinis«, 1982, verfilmt 1988; »Die zweite Schuld oder Von der Last ein Deutscher zu sein«, 1987) und der Nahost-Problematik (»Israel. Um Himmels willen Israel«, 1991); auch zahlr. Arbeiten zu tagespolit. Themen (u. a. »Wir sind die Stärkeren«, 1998).
3) Umberto, italien. Komponist, *Foggia 28. 8. 1867, †Mailand 12. 11. 1948; bed. Vertreter des Verismus, schrieb u. a. die Opern »Andrea Chénier« (1896), »Fedora« (1898), »Madame Sans-Gêne« (1915), »Il Re« (1929).

Giorgio [ˈdʒordʒo], Francesco di, ↑Francesco di Giorgio Martini.

Giorgione [dʒorˈdʒoːne], eigtl. Giorgio da Castelfranco, italien. Maler, *Castelfranco Veneto (bei Treviso) 1478, †Venedig vor dem 25. 10. 1510; einer der bedeutendsten Vertreter der venezian. Hochrenaissance. Mit dem Hochaltarbild für San Liberale in Castelfranco Veneto (»Thronende Madonna mit dem Heiligen Franziskus und Liberale«, um 1504) prägte G. einen neuen Typus der ↑Sacra conversazione, für den das Vorherrschen der Landschaft gegenüber der Architektur bezeichnend ist. Seine Behandlung von Farbe und Licht wurde zur Grundlage der venezian. Malerei des 16. Jh. (Tizian u. a.).
Weitere Werke: Judith (1504; Sankt Petersburg, Eremitage); Bildnis einer jungen Frau (auch »Laura«, 1506; Wien, Kunsthistor. Museum); Die drei Philosophen (um 1507/08; ebd.); Das Gewitter (um 1506/08; Venedig, Galleria dell'Accademia).

Giorgi-System [ˈdʒordʒi-; nach dem ita-

Gipsbauplatte GIP

lien. Physiker G. Giorgi * 1871, † 1950], ein ↑Maßsystem.
Giotto [ˈdʒotto], von der ESA entwickelte Raumsonde zur Erforschung des Halleyschen Kometen. Die 1985 gestartete Sonde flog 1986 (als erste Mission) in nur etwa 600 km Abstand an der Koma des Kometen vorbei und übertrug dabei wertvolle Aufnahmen und Messdaten. 1992 passierte G. den Kometen Grigg-Skjellerup, dessen Staubschweif sie durchquerte, 1999 erneut die Erde (in ca. 220 000 km Entfernung).
Giotto di Bondone [ˈdʒotto -], italien. Maler und Baumeister, *Colle di Vespignano (bei Florenz) 1266 (?), †Florenz 8. 1. 1337; Schüler von Cimabue (nach neuerer Forschung von P. Cavallini), tätig in Florenz, Assisi, Rom, Padua, Neapel, Mailand, seit 1334 Dombaumeister in Florenz; überwand den strengen Schematismus der byzantin. Schule (Maniera greca) durch den neuen Wirklichkeitsgehalt seiner Kunst, die lebensnahe Gestalten von plast. Körperlichkeit in einem klar überschaubaren Bildraum darstellte. G. malte v. a. monumentale Freskenfolgen von dramat. Eindringlichkeit. Er gilt als Wegbereiter einer auf Naturbeobachtung und Psychologie gestützten Gestaltungsweise.
Werke: Kruzifix für die Kirche Santa Maria Novella, Florenz (zw. 1290/1300); Fresken in der Oberkirche von San Francesco zu Assisi (ab 1290, 1997 durch Erdbeben stark zerstört); Freskenzyklus in der Arenakapelle in Padua (zw. 1304/13); Kruzifix (1317, ebd.); Madonna für den Hochaltar von Ognissanti (um 1310, Florenz, Uffizien); Fresken in Santa Croce in Florenz (zw. 1317/20).
📖 *Battisti, E.: G. A. d. Italien. Neuausg. Genf 1990. – Bellosi, L.: G. A. d. Italien. Neuausg. Florenz 1992.*
Giovanni da Bologna [dʒoˈvanni da boˈloɲa], italien. Bildhauer fläm. Herkunft, ↑Giambologna.
Giovanni di Paolo [dʒoˈvanni -], italien. Maler, *Siena um 1403 (?), †ebd. 1482; malte Altar- und kleinere Andachtsbilder in einem sehr persönl. Stil mit bewegten Figuren in fantast. Landschaften (Szenen aus dem Leben des hl. Johannes des Täufers, um 1453/54).
Giovo [ˈdʒo:vo], Alpenpass, ↑Jaufen.
Gipfel, der oberste Teil eines Berges oder Gebirgskammes. Die in fast allen Gebirgen anzutreffende Erscheinung, dass die höchsten G. auf größere Erstreckung hin ungefähr gleiche Höhe zeigen, nennt man **Gipfelflur**.
Gipfeldürre, die ↑Wipfeldürre.
Gipfelkonferenz (Gipfeltreffen), Treffen leitender Staatsmänner, urspr. die Konferenzen der 4 Hauptsiegermächte des Zweiten Weltkriegs (USA, UdSSR, Großbritannien, Frankreich) seit 1945.
Gippsland [ˈgɪpslænd], Landschaft in Victoria, Australien, reicht östlich von Melbourne bis in die Great Dividing Range; an der Küste Fremdenverkehr.
Gips (Selenit), monoklin-prismatisches Mineral, $CaSO_4 \cdot 2H_2O$, farblos oder weiß, bisweilen gefärbt; Härte 1,5 bis 2, Dichte 2,3 g/cm³; Kristalle oft sehr groß, plastisch biegsam, vollkommen spaltbar (**Marienglas**), dicktafelig, oft krummflächig, zuweilen rosettenartig verwachsen (G.-Rose, ↑Wüstenrose), häufig Zwillingsbildung (Schwalbenschwanz- und Montmartrezwillinge); weiterhin treten feinfaserige (**Faser-G., Atlasspat**) und feinkörnige (↑Alabaster) Aggregate auf. **Stink-G.** ist durch Bitumen verunreinigt. G. kommt vor als konkretionäre Ausscheidung in Tonen und Mergeln, als Verwitterungsprodukt sulfid. Erze, als Verdunstungsrest sulfathaltiger Wasser in Wüsten (Wüstenrose) und v. a. als selbstständiges Gestein im Bildungsbereich von Salzlagerstätten neben Anhydrit (oder entsteht durch dessen Umwandlung). – Technisch nutzt man das Vermögen des G., das durch Erhitzen (Brennen) teilweise oder ganz verlorene Kristallwasser beim Anrühren mit Wasser wieder aufzunehmen und dabei zu erhärten. Bei Erhitzen des Dihydrats auf etwa 110 °C entsteht **gebrannter G.** (Halbhydrat, $CaSO_4 \cdot \frac{1}{2} H_2O$), bei 130–160 °C **Stuck-G.** (Gemisch aus viel Halbhydrat und wenig Anhydrit). Technisch wichtig ist v. a. grobkristalliner G. (**G.-Gestein**), der in großem Umfang für die Baustoffind. abgebaut wird (**Bau-G.**). Zunehmend fällt heute G. bei der Rauchgasentschwefelung der Verbrennungsgase von Kraftwerken an (**Rauchgas-G., REA-Gips**).
Gipsbauplatte, leichte Platte aus Baugips mit oder ohne Zuschlag- oder Füllstoffe, z. T. mit Poren bildenden Zusätzen; dient zum Bau von Zwischenwänden (**Gipswände**), als Einschub für Verkleidungen sowie als Wand- und Deckenverkleidung.

GIP Gipshut

Giraffen: Netzgiraffen

Gipshut, ↑Salzstock.
Gipskraut (Gypsophila), artenreiche Gattung der Nelkengewächse. Gartenzierpflanze ist z. B. das buschige, graugrüne, zierlich verästelte **Rispige G. (Schleierkraut,** Gypsophila paniculata).
Gipsverband, fester Stützverband aus Gipsbinden. Diese werden einige Sekunden in lauwarmes Wasser getaucht und erhärten nach dem Anlegen innerhalb weniger Minuten. Der G. dient zum Ruhigstellen von Gliedmaßen bes. bei Knochenbrüchen. – Das **Gipsbett** ist eine dem Körper angepasste Gipsschale zur Behandlung von Wirbelsäulenverkrümmungen, zur Ruhigstellung von Wirbelkörpersegmenten u. a. Das **Gipskorsett** um den Rumpf wird z. B. bei Wirbelbrüchen, die **Gipskrawatte** bei Verletzungen der Halswirbelsäule verwendet. – Anstelle des G. werden inzwischen auch Kunststoffverbände aus thermoplast. Polyestermaterial und Hartschaumverbände aus Polyurethan verwendet, die sich durch geringes Gewicht, gute Durchlässigkeit für Röntgenstrahlen, hohe Festigkeit, Wasserunempfindlichkeit und schnelle Belastbarkeit auszeichnen.
Giraffe (lat. Camelopardalis), *Astronomie:* Sternbild in der Nähe des Polarsterns.
Giraffen [italien.-arab.] (Giraffidae), afrikan. Paarhuferfamilie mit zwei fellbedeckten Knochenzapfen auf dem Schädel. Die zu den Langhals-G. gehörende **Giraffe** (Giraffa camelopardalis) mit bes. langem Hals, hohen Vordergliedmaßen, kurzem, steilem Rücken, von 5 bis 6 m Scheitelhöhe, lebt in kleineren Rudeln, meist in offener Savanne, wo Baumlaub mit der Greifzunge gepflückt wird. Nach der Fellzeichnung unterscheidet man acht Unterarten, u. a. **Netz-G.** mit weißem Netz auf braunem Grund und **Stern-G.** mit breiten, ausgefransten hellen Bereichen. Zu den Kurzhals-G. gehört das im äquatorialen Waldgebiet Afrikas lebende, 150–170 cm hohe **Okapi** (Okapia johnstoni), dessen Vorderbeine kaum länger sind als die Hinterbeine; es hat einen kürzeren Hals als die Giraffe und ist rotbraun mit zebraartiger Schwarz-Weiß-Streifung der Schenkel und Beine.
Giraldi [dʒiˈraldi], Giambattista, gen. Cintio oder Cinzio, italien. Dichter, * Ferrara 1504, † ebd. 30. 12. 1573; schrieb die erste klass. italien. Tragödie »Orbecche« (1541). Seine Novellen knüpfen an G. Boccaccio an und dienten u. a. Shakespeare (»Othello«) als Vorlage.
Giralgeld [ʒiˈraːl-], ↑Buchgeld.
Girard [ʒiˈraːr], Jean-Baptiste, schweizer. Pädagoge, Franziskaner, gen. Père Grégoire, * Freiburg 17. 12. 1765, † ebd. 6. 3. 1850; führte die gegenseitige Unterrichtung der Schüler nach A. ↑Bell und J. ↑Lancaster (Monitorsystem) ein, was ihm 1823 als »unmoralisch und irreligiös« untersagt wurde.
Girardi [ʒiˈrardi], Alexander, österr. Schauspieler und Sänger, * Graz 5. 12. 1850, † Wien 20. 4. 1918; ab 1871 an Wiener Bühnen als Charakterkomiker und in Operetten, ab 1918 am Burgtheater; berühmt in Rollen von F. Raimund. Nach

ihm benannt ist der Girardihut (Strohhut), den er mit Vorliebe trug.

Girardon [ʒirarˈdɔ̃], François, frz. Bildhauer, *Troyes 17. 3. 1628, †Paris 1. 9. 1715; führender Bildhauer unter Ludwig XIV., schuf in kühl akadem. Stil Bildwerke für die königl. Schlösser und Gärten, Bildnisbüsten und Grabdenkmäler, z. B. für Kardinal Richelieu in der Kirche der Sorbonne (1694).

Giraud, 1) [ʒiˈro], Albert, eigtl. A. Kayenbergh, belg. Schriftsteller, *Löwen 23. 6. 1860, †Brüssel 26. 12. 1929; in seiner Lyrik v. a. den frz. Parnassiens verpflichtet; Mitgründer der Bewegung »Jeune Belgique«. **2)** [dʒiˈraːud], Giovanni Graf, italien. Lustspieldichter, *Rom 28. 10. 1776, †Neapel 31. 10. 1834; schrieb von C. Goldoni beeinflusste Komödien.

Giraudoux [ʒiroˈdu], Jean, frz. Diplomat und Schriftsteller, *Bellac (Dép. Haute-Vienne) 29. 10. 1882, †Paris 31. 1. 1944; war seit 1910 im diplomat. Dienst, 1939/40 Leiter des Informationsdienstes; bed. v. a. als Dramatiker, gestaltete in geistvoll-iron. Sprache sein humanist. Grundanliegen in antiken, bibl., auch fantast. Stoffen, u. a. »Amphitryon 38« (1929), »Der Trojan. Krieg findet nicht statt« (1935), »Sodom und Gomorrha« (1943). Die Figuren agieren als Typen in einer Welt, die jenseits der Wirklichkeit steht (»Die Irre von Chaillot«, hg. 1945). Schon früh setzte G. sich für die frz.-dt. Verständigung ein (»Siegfried oder Die zwei Leben des Jacques Forestier«, R., 1922, dramatisiert »Siegfried«, 1928).

📖 *Body, J.: G. et l'Allemagne. Paris 1975.* – *Robichez, J.: Le théâtre de G. Paris 1976.* – *Dufay, P.: J. G. Biographie. Paris 1993.*

Giresun, Hptst. der Prov. G., Türkei, am Schwarzen Meer, 67 500 Ew.; Haselnussverarbeitung und -export, Holzind.; Hafen; bei G. Haselnusskulturen und Maisanbau. – G. ist das antike Kerasus.

Girke, Raimund, Maler, *Heinzendorf (heute Jasienica, Wwschaft Niederschlesien) 28. 10. 1930, †Köln 12. 6. 2002; gelangte, ausgehend vom Tachismus, zu monochromen, durch den Farbauftrag strukturierten Kompositionen, die er in den 1960er-Jahren durch geometr. Formen zu gliedern begann.

Girl [gœrl, engl.] *das,* 1) junges Mädchen; 2) einer Tanzgruppe, einem Ballett angehörende Tänzerin.

Girlande [italien.-frz.] *die,* langes, meist in durchhängenden Bogen angeordnetes Gebinde aus Blumen, Blättern, Tannengrün o. Ä. oder aus buntem Papier zur Dekoration an Gebäuden, in Räumen usw.

Girlie [ˈgœrliː, engl.] *das,* junge Frau, die unkonventionelle, mädchenhafte, aber körperbetonte Kleidung mit selbstbewusstem, manchmal frechem Auftreten verbindet.

Girlitz (Serinus serinus), etwa 12 cm langer, dem Kanarienvogel nahe verwandter Finkenvogel Europas, Kleinasiens und NW-Afrikas; mit leuchtend gelbem Bürzel und (Männchen) leuchtend gelber Stirn und Brust; Weibchen stärker gestreift, mit mehr Grautönen.

Giro [ˈʒiːro; italien. »Kreislauf«] *das, Bankwesen:* 1) das ↑Indossament; 2) Überweisung einer Zahlung (↑Giroverkehr).

GiroCredit Bank AG der Sparkassen [ˈʒiːro-], ↑Erste Bank der österreichischen Sparkassen AG.

Giro d'Italia [ˈdʒiːro -] (Italien-Rundfahrt), *Straßenradsport:* seit 1909 alljährlich ausgetragenes Etappenrennen (außer 1915–18 und 1941–45) für Elitefahrer (↑Elite).

François Girardon: Grabdenkmal für Kardinal Richelieu (1694; Paris, Kirche der Sorbonne)

Girona [ʒ-] (span. Gerona), **1)** Prov. in NO-Spanien, Katalonien, 5910 km², 565 300 Einwohner.
2) Hptst. von 1), an der Mündung des Oñar (katalan. Onyar) in den Ter, 71 900 Ew.; Bischofssitz (seit etwa 247); Textil-, Kork- u. a. Industrie. – Ummauerte Altstadt, got.

GIR Gironde

Kathedrale (14./15. Jh.) mit roman. Kreuzgang, arab. Bäder (1295 im Mudéjarstil verändert). – Gründung der Iberer, röm. **Gerunda,** 713–1015 unter maur. Herrschaft.

Gironde [ʒiˈrɔ̃d] *die,* **1)** der gemeinsame Mündungstrichter von Garonne und Dordogne, SW-Frankreich.
2) frz. Dép. beiderseits von 1), 10 000 km², 1,287 Mio. Ew.; Hptst.: Bordeaux.

Girondisten [ʒirɔ̃-], die gemäßigten Republikaner der Frz. Revolution, ben. nach den Abg. aus dem Dép. Gironde; zu ihren Führern gehörten J.-M. Roland und A. Condorcet; sie vertraten das wohlhabende, nationalist. Bürgertum der Provinz. Die G. setzten 1792 die Kriegserklärung an Österreich und zus. mit den Jakobinern den Sturz der Monarchie durch. Im Nationalkonvent verloren sie die Macht an die jakobin. Bergpartei; am 2. 6. 1793 wurde im Konvent die Ächtung der G. durchgesetzt, die meisten ihrer Abg. wurden hingerichtet. (↑Frankreich, Geschichte)

Gironella [xiroˈnɛʎa], José María, span. Schriftsteller, *Darnius (Prov. Girona) 31. 12. 1917, †Arenys de Mar (Prov. Barcelona) 3. 1. 2003; schrieb u. a. eine Romantrilogie über die Zeit des Span. Bürgerkriegs und die Nachkriegsjahre (»Die Zypressen glauben an Gott«, 1953; »Reif auf Olivenblüten«, 1961; »Ha estallado la paz«, 1966) aus der Sicht der nationalkonservativen Partei.

Giroverkehr [ˈʒiːro-], der bargeldlose Zahlungsverkehr; aufgrund eines Überweisungsvertrags werden Beträge auf den Konten der Bankkunden ab- und zugeschrieben (Belastung und Gutschrift). Die für buchungsmäßige Übertragungen verfügbaren Beträge heißen ↑Buchgeld. Neben dem Überweisungsvertrag kann auch mit Einzugsermächtigung, Abbuchungsauftrag oder Scheck über das Buchgeld verfügt werden. Träger des G. sind: 1) die **Bundesbank** als zentrale Abrechnungsstelle für den gesamten bankmäßigen Überweisungsverkehr zw. den Kreditinstituten; 2) die **Sparkassen-** und **Giroverbände** sowie **Girozentralen (Spar-G.)** (jede Sparkasse gehört einer Girozentrale an, die den Geldausgleich der angeschlossenen Sparkassen vermittelt); 3) das Gironetz der **Kreditgenossenschaften** (Volksbanken, Spar- und Darlehnskassen); 4) die **Kreditbanken** (Groß-, Regionalbanken, Privatbankiers). – Der G. setzt voraus, dass der Zahlende und der Zahlungsempfänger **Girokonten** unterhalten (im Unterschied zu Sparkonten ohne Überweisungsverkehr). Den Girokonten liegt jeweils ein **Girovertrag** zw. dem Kreditinst. und dem Kunden zugrunde (§§ 676 f, g BGB). Die Girokonten werden nicht oder nur gering verzinst. Die wirtsch. Bedeutung der G. liegt in Beschleunigung und Rationalisierung des Zahlungsverkehrs. (↑Abrechnungsverkehr, ↑Clearing)

Girozentralen [ˈʒiːro-], Zentralbanken der Sparkassen. Die G. pflegen den bargeldlosen Zahlungsverkehr, fungieren für die ihnen angeschlossenen Sparkassen als Liquiditätssammelbecken und unterstützen diese im Kredit-, Wertpapier- und Auslandsgeschäft. Gewährträger (Haftungsträger) der öffentlich-rechtlich orga-

Girona 2): Blick über den Onyà auf die Altstadt, in der Mitte die Kathedrale, links der Turm der Kirche San Feliu

Giselher GIS

Giseh: die Pyramiden der Könige Cheops, Chephren und Mykerinos (von links), im Altertum zu den sieben Weltwundern gezählt (um 2500 v. Chr.)

nisierten G., die i. d. R. gleichzeitig Landesbankfunktionen ausüben, sind zumeist die regionalen Sparkassen- und Giroverbände und die betreffenden Bundesländer. Spitzeninstitut der G. ist die ↑DGZ-Deka-Bank.

gis, *Musik:* 1) das um einen Halbton erhöhte g; 2) Zeichen für gis-Moll.

Gisborne [ˈgɪzbɔːn], Hafenstadt im O der Nordinsel Neuseelands, 32 700 Ew.; Ausfuhr von Gefrierfleisch und Obst; Konservenfabrik u. a. Industrie.

Giscard d'Estaing [ʒiskardɛsˈtɛ̃], Valéry, frz. Politiker, *Koblenz 2. 2. 1926; 1962–66 und 1969–74 Finanz- und Wirtschaftsmin., gründete 1966 die den Gaullisten nahe stehende Unabhängige Republikan. Partei (bis 1973 deren Vors.). 1974–81 Staatspräs., begann G. d'E. seine Amtszeit mit einem Reformprogramm (u. a. Liberalisierung der Abtreibungs- und Scheidungsgesetzgebung) und leitete ein umfangreiches Programm zur friedl. Nutzung der Kernenergie ein. In seiner Europapolitik förderte er die integrativen Ziele der EG. Mit militär. Interventionen hielt er Frankreichs Präsenz in Afrika aufrecht. 1988–96 war er Präs. der Union pour la Démocratie Française (UDF). Im Dez. 2001 wurde G. d'E. auf dem EU-Gipfel in Laeken (Belgien) zum Vors. des Europ. Konvents berufen. Auszeichnung mit dem Internat. Karlspreis zu Aachen 2003 und Aufnahme in die Académie française. G. d'E. schrieb u. a. »Macht und Leben« (1988, Erinnerungen).

Gischt, Wassertröpfchen, die durch starken Wind von Wellenkämmen fortgerissen und über eine kurze Strecke hinweg verweht werden.

Giseh (Gizeh, Giza, Gise, Gize, arab. El-Giseh), ägypt. Governorats-Hptst. am Nil, gegenüber von Kairo, 2,14 Mio. Ew.; Univ.; kopt. Bischofssitz; Zigaretten-, elektrotechn. u. a. Ind. – Westlich von G. am Rand der Libyschen Wüste befinden sich die Pyramiden der Pharaonen Cheops, Chephren und Mykerinos und der älteste erhaltene ägypt. Sphinx (um 2500 v. Chr.; UNESCO-Weltkulturerbe); Fremdenverkehr.

Gisel, Ernst, schweizer. Architekt, *Adliswil 8. 6. 1922; gilt als einer der Pioniere der neuen schweizer. Architektur, u. a. Mitgestalter des Märk. Viertels in Berlin (1964–69); Rathaus in Fellbach (1982–86).

Gisela, Kaiserin, *um 990, †Goslar 15. 2. 1043, Tochter Herzog Hermanns II. von Schwaben, Enkelin König Konrads von Burgund, ∞in 3. Ehe (1017?) mit dem späteren König und Kaiser (seit 1027) Konrad II., auf dessen Politik sie großen Einfluss nahm. Sie war die Mutter Herzog Ernsts II. von Schwaben und Kaiser Heinrichs III. Ihre burgund. Verwandtschaft trug dazu bei, dass Konrad zum Erben Burgunds eingesetzt wurde.

Giselher (Gislahar, lat. Gislaharius), burgund. König des 5. Jh.; im »Nibelungenlied« Bruder Gunthers.

Gislebertus (Gillebert), frz. Bildhauer des 12. Jh., namentlich bekannt nur durch seine Signatur im Tympanon der Westfassade der Kathedrale Saint-Lazare in Autun. Sein sehr persönl. Stil erlaubt es, ihm fast den gesamten Skulpturenschmuck dieser Kirche zuzuschreiben (um 1125–35).

Gissargebirge, Hochgebirge in Mittelasien, ↑Hissargebirge.

gissen, *Seefahrt:* den Standort eines Schiffes auf der Karte nach Kurs und Geschwindigkeit schätzen (ohne exakte Ortsbestimmung).

Gitagovinda *das,* Sanskrit-Kunstgedicht, in dem der ind. Gott Govinda (d. i. Krishna) in Liedern gefeiert wird, in 12 Gesängen von Jayadeva (12. Jh.). Die Handlung stellt die eifersüchtige Entzweiung, die Sehnsucht und Wiedervereinigung Krishnas mit seiner Geliebten, der Hirtin Radha, dar.

Gitana [xi'ta:na, span.] *die,* Zigeunertanz mit Kastagnettenbegleitung.

Gitarre

Gitarre [span., von arab. qītārah, zu grch. kithára »Zither«] *die* (Guitarre), Zupfinstrument mit achtförmigem Korpus, Zargen, flachem Boden und flacher Decke, in die ein Schalloch eingelassen ist. Die sechs an einem Querriegel befestigten Saiten der heutigen G. laufen über den Hals mit Bünden zum leicht abgeknickten Wirbelkasten und sind auf E–A–d–g–h–e¹ gestimmt. – In Europa ist die G. seit dem 13. Jh. in Spanien belegt. Sie hatte zunächst nur vier Saiten. Im 17. Jh. gelangte die G., nun mit 4–5 doppelchörigen Saiten bezogen, nach Italien und Frankreich, wo sie sowohl in der Kunstmusik als auch in der Volksmusik beliebt war. Im 18. Jh. erhielt die G. die heute übl. Bespannung mit sechs Einzelsaiten. Mit der Erneuerung der Spieltechnik durch F. Tárrega und A. Segovia erfuhr die G. im 20. Jh. eine künstler. Wiederbelebung, die sich in anspruchsvoller G.-Literatur niederschlug (u. a. M. de Falla, H. Villa-Lobos, H. W. Henze, C. Halffter). Durch die dt. Jugendbewegung um 1900 wurde die G. (Klampfe, Zupfgeige) ein beliebtes Laieninstrument. – In der modernen Unterhaltungs-, Jazz- und Popmusik findet als Melodie- und Begleitinstrument bes. die ↑Elektrogitarre Verwendung. (↑Hawaiigitarre)

 Schmitz, A.: Die G. Hamburg 1988.

Gitega (früher Kitega), Pro.-Hptst. in Burundi, 1 725 m ü. M., 101 800 Ew.; Erzbischofssitz; landwirtsch. Handelszentrum; Flugplatz.

Gitter, 1) *Bautechnik:* Bauteile aus miteinander gekreuzten Holz- oder Metallstäben, aus Drahtgeflecht oder gelochten Blechen.

2) *Elektrotechnik:* gitterförmige Elektrode einer ↑Elektronenröhre zur Steuerung oder Beschleunigung von Elektronen.

3) *Kristallographie:* ↑Kristallgitter.

4) *Optik:* (Beugungsgitter, optisches Gitter), period. Anordnung vieler gleichartiger beugender Objekte, die v. a. zur Erzeugung von Beugungsspektren (↑Beugung) dienen. **Amplituden-G.** ändern die Intensität (d. h. den Betrag der komplexen Amplitude) des Lichtes, **Phasen-G.** dessen Phase örtlich periodisch. Opt. Strich-G. werden für durchgehendes Licht auf ebenen Glasplatten **(Transmissions-G.)** oder für reflektiertes Licht auf spiegelnden Oberflächen **(Reflexions-G.)** mit eng nebeneinander eingeritzten Linien versehen, die mechanisch (bis etwa 2 000 Linien/mm) oder durch holograph. Interferenzverfahren (bis etwa 6 000 Linien/mm) erzeugt werden. Der Abstand zweier benachbarter G.-Elemente heißt **G.-Konstante.** Hohlspiegel als konkave Beugungs-G. bilden gleichzeitig ab und sind auch im Ultravioletten und im Infraroten brauchbar. Das Auflösungsvermögen hängt von der Beugungsordnung und der Anzahl der Linien auf der G.-Fläche ab.

Gitternord, ↑Nordrichtung.

Gitterpilz (Gitterschwamm, Clathrus ruber), südeurop. Art der Bauchpilze. Dem Fruchtkörper entspringt eine etwa apfelgroße, leuchtend rote, übel riechende Gitterkugel; die Gitterleisten tragen auf der Innenseite eine dunkle, zerfließende Sporenmasse.

Gitterschlange, Art der ↑Pythonschlangen.

Gitterschwingungen, die kollektiven Schwingungen der Gitterbausteine (Atome, Ionen oder Moleküle) in einem Kristall um ihre Gleichgewichtslage, deren Amplitude mit der Temperatur zunimmt. Am absoluten Nullpunkt sind lediglich die nur quantenmechanisch erklärbaren Nullpunktschwingungen angeregt. Die G. bestimmen u.a. die Wärmeleitung in Festkörpern; die Wechselwirkung der G. mit den Elektronen sind Ursache des elektr. Widerstands. Die Energiequanten der G. nach den Gesetzmäßigkeiten der Quantenmechanik sind die ↑Phononen.

Gitterstoff, der ↑Canevas.

Giuliani [dʒuˈliani], Giovanni, italien. Bildhauer, * Venedig 1663, † Heiligenkreuz (Bez. Baden, NÖ) 5. 9. 1744; arbeitete zw. 1680 und 1690 bei Andreas Faistenberger in München, trat 1711 in das Zisterzienserstift Heiligenkreuz ein, wo seine Hauptwerke entstanden; viele seiner Werke befinden sich heute im Stiftsmuseum.

Giuliano da Maiano [dʒuˈliaːno-], italien. Baumeister und Bildhauer, * Maiano (heute zu Fiesole) 1432, † Neapel 17. 10. 1490; baute 1473 ff. den Palazzo Spannocchi in Siena; 1477 zum Dombaumeister in Florenz berufen; 1474–86 schuf er mit dem Dom von Faenza sein bedeutendstes Werk; 1485 von König Alfons II. nach Neapel berufen.

Giulini [dʒuˈliːni], Carlo Maria, italien. Dirigent, * Barletta 9. 5. 1914; war 1953–56 ständiger Dirigent an der Mailänder Scala, 1973–76 Chefdirigent der Wiener Symphoniker, 1978–84 des Los Angeles Philharmonic Orchestra.

Giulio Romano [ˈdʒuːlio-] (Giulio Pippi), eigtl. Giulio di Pietro Gianuzzi, italien. Maler und Baumeister, * Rom 1499, † Mantua 1. 11. 1546; Schüler und Mitarbeiter Raffaels (Loggien des Vatikans), führte 1520–24 dessen Arbeiten in der röm. Villa Madama und im Vatikan (Sala di Constantino) zu Ende; 1525–35 schuf er mit dem Palazzo del Te in Mantua ein Hauptwerk des Manierismus; entwarf auch Bildteppiche und Goldschmiedearbeiten.

Giunta [ˈdʒunta] (span. Junta), italien. Drucker- und Verlegerfamilie aus Florenz. Lucantonio G. (* 1457, † 1538) siedelte 1490 nach Venedig über, verlegte gut illustrierte Bücher und stellte seit etwa 1503 in eigener Druckerei kostbare liturg. Werke her. Sein Bruder Filippo G. (* 1450, † 1517) druckte in seiner 1497 in Florenz gegr. Druckerei grch. und lat. Klassiker. Ihre Druckwerke heißen **Giuntinen.**

Giurgiu [ˈdʒurdʒu], Hptst. des Bezirks G. in Rumänien, am linken Ufer der Donau, gegenüber der bulgar. Stadt Russe (Eisenbahn- und Straßenbrücke), 69 600 Ew.; Werft, Zucker-, Konservenfabrik, chem. Ind.; Hafen (Freihandelszone; Erdölumschlag).

giusto [ˈdʒusto, italien.], **tempo g.,** musikal. Vortragsbez.: in angemessenem, normalem Zeitmaß; auch im Sinne von ↑a tempo.

Givrine [ʒivˈriːn, Kw. aus frz. givre »Raureif«] *der,* kreppartiges Ripsgewebe für Damenmäntel.

Giza [-z-] (Gizeh), Stadt in Ägypten, ↑Giseh.

Gjakovë [-və], Stadt in der Prov. Kosovo, Serbien, ↑Đakovica.

Gjandscha, Stadt in Aserbaidschan, ↑Gäncä.

Gjellerup [ˈgɛlərob], Karl, dän. Schriftsteller, * Roholte (auf Seeland) 2. 6. 1857, † Dresden 11. 10. 1919; Pfarrerssohn und Theologe, lebte seit 1892 in Dresden; wandte sich vom Christentum ab und fand im Buddhismus seine geistige und dichter. Welt (u. a. Romane: »Die Hügelmühle«, 1896; »Der Pilger Kamanita«, 1906; »Die Weltwanderer«, 1910). 1917 erhielt er (zus. mit H. Pontoppidan) den Nobelpreis für Literatur.

Gjirokastër [gjiroˈkastər] (grch. Argyrokastron), Bez.-Hptst. im südl. Albanien, am W-Rand des Dhrinotales, 24 900 Ew.; Waffenmuseum. – Terrassenförmige Stadtanlage (unter Denkmalschutz) mit Moscheen (18. Jh.), orth. Kathedrale (1774), türk. Festung (19. Jh., auf Fundamenten einer venezian. Anlage des 14. Jahrhunderts).

GKS GKSS-Forschungszentrum Geesthacht GmbH

Glacier National Park 2): Die Hochgebirgslandschaft in Montana gehört zum UNESCO-Weltnaturerbe.

GKSS-Forschungszentrum Geesthacht GmbH, Abk. **GKSS,** gegr. 1956 als Gesellschaft für Kernenergieverwertung in Schiffbau und Schifffahrt, eine Forschungseinrichtung der ↑Hermann von Helmholtz-Gemeinschaft Deutscher Forschungszentren; Träger sind die Bundesrep. Dtl. und die Länder Bremen, Hamburg, Brandenburg, Ndsachs., Schlesw.-Holst. Schwerpunkte des aktuellen Forschungsprogramms: Leichtbau für Verkehrs- und Energietechnik (Institut für Werkstoffforschung), Membranen in der Prozess- und Biomedizintechnik (Institut für Chemie), Lebensraum Küste (Institut für Küstenforschung).
Glabẹlla [lat.] *die,* knöcherne Erhebung am Stirnbein über der Nasenwurzel (zw. den Brauenbögen). Wichtiger anthropolog. Messpunkt (Kopflänge).
Glace [glas; frz. »Eis«] *die, Kochkunst:* 1) Zuckerguss (Glasur); 2) sirupartig eingekochte Fleischbrühe.
Glacé [glaˈse; frz. »Glanz«] *der* (Glacee), ein glänzendes, schillerndes Gewebe aus verschiedenfarbigen Kett- und Schussfäden.
Glacéleder [glaˈse-], sehr weiches, dehnbares Leder aus Lamm- oder Zickelfellen.
Glacier Bay [ˈgleɪʃə ˈbeɪ], weit verzweigte Pazifikbucht (Fjord) in SO-Alaska, USA; Zentrum des **G. B. National Parks** (15 707 km²; eingerichtet 1925 und 1980), der als Teil des ↑Kluane National Parks UNESCO-Weltnaturerbe ist.
Glacier National Park [ˈgleɪʃə ˈnæʃnl ˈpɑːk], **1)** Nationalpark (seit 1930) in der Prov. British Columbia, Kanada, in den Selkirk Mountains der Rocky Mountains, 1 350 km²; bis 3 390 m ü. M.
2) Nationalpark (seit 1910) in NW-Montana, USA, in der Lewis Range der Rocky Mountains, 4 100 km²; bis 3 190 m ü. M.; Gletscher, Seen und reiche Tierwelt (u. a. Puma, Grizzly, Amerikan. Schwarzbär); Teil des ↑Waterton-Glacier International Peace Park.
Glacis [glaˈsi, frz.] *das, Militärwesen:* Vorfeld einer Festung, eine flach abfallende Böschung.
Glạdbeck, Stadt im Kr. Recklinghausen, im nördl. Ruhrgebiet, NRW, 78 700 Ew.; chem., Metall-, Textil- und elektrotechn. Ind. – 1873–1971 Steinkohlenbergbau; seit 1919 Stadt.
Glạdenbach, Stadt im Landkreis Marburg-Biedenkopf, im Lahn-Dill-Bergland (Gladenbacher Bergland), Hessen, 12 500 Ew.; Kneippheilbad; industrielle Kleinbetriebe; Fremdenverkehr. 1937 Stadtrecht.
Gladiatọren [lat., zu gladius »Schwert«], im antiken Rom berufsmäßige Fechter, die in öffentl. Schaustellungen auf Leben und Tod miteinander oder gegen wilde Tiere kämpften. Diese Kämpfe, wohl etrusk. Ursprungs, sind in Rom zum ersten Mal 264 v. Chr. nachgewiesen. Sie wurden urspr. bei Totenfeiern veranstaltet, seit Beginn des 1. Jh. v. Chr. auch bei von den Behörden veranstalteten Spielen. Die G. waren Sklaven und verurteilte Verbrecher, seit dem 1. Jh. v. Chr. auch Freie. Sie wurden in besonderen Schulen (»ludi«) ausgebildet (z. B. in Capua und Pompeji) und kämpften in unterschiedl. Bewaffnung (Schwert und Schild, Netz und Dreizack). Anfang des 5. Jh. n. Chr. wurden die G.-Spiele von Kaiser Honorius endgültig verboten.
Gladiọle [lat. »kleines Schwert«] *die* (Gladiolus, Siegwurz), Gattung der Schwertliliengewächse mit etwa 150 Arten, in Eu-

ropa, Asien, Afrika. Die purpur blühende **Sumpfsiegwurz** (Gladiolus palustris) steht unter Naturschutz. Durch Kreuzungen südafrikan. Arten wurden Zierpflanzen gezüchtet.

Gladkow, Fjodor Wassiljewitsch, russ. Schriftsteller, *Tschernawka (Gebiet Saratow) 21. 6. 1883, †Moskau 20. 12. 1958; 1906-09 nach Sibirien verbannt; schildert in seinen Industrieromanen »Zement« (1926) und »Energie« (1933) die menschl., wirtsch. und polit. Schwierigkeiten beim Aufbau nach Revolution und Bürgerkrieg.

Gladsakse ['glaðsagsə], Gemeinde im NW der Agglomeration Kopenhagen, Dänemark, 61 000 Ew.; vielseitige Ind.; Fernsehsender.

Gladstone ['glædstəʊn], Hafenstadt an der O-Küste Australiens, Queensland, 36 900 Ew.; anglikan. Bischofssitz; Tonerdefabrik, Aluminiumhütte, Exporthafen, Flugplatz.

Gladstone ['glædstən], William Ewart, brit. Politiker, *Liverpool 29. 12. 1809, †Hawarden (Flintshire, Wales) 19. 5. 1898; wurde 1832 konservatives Mitgl. des Unterhauses und war 1843-45 Handels-, 1845/46 Kolonialmin., 1852-55 und 1859 bis 1866 Schatzkanzler. Als Anhänger des Freihandels wechselte er 1859 zur Liberalen Partei und war 1867-74 deren Führer. Als Premiermin. (1868-74, 1880-85, 1886 und 1892-94) setzte er innenpolit. Reformen durch (u. a. Wahlrechtsreform, Einführung der allg. Schulpflicht) und bemühte sich vergeblich, Irland die Autonomie (Homerule) zu gewähren; er war ein polit. Gegenspieler B. Disraelis.

Glagoliza [altkirchenslaw. glagol »Wort«] *die* (glagolitische Schrift), die älteste, wohl von ↑Kyrillos und Methodios um 862 geschaffene kirchenslaw. Schrift; in ihr ist die Mehrzahl der ältesten altkirchenslaw. Sprachdenkmäler geschrieben. Die ältere bulgarisch-makedon. oder **runde** G. wurde seit dem 10. Jh. von der offizielleren Kyrilliza zurückgedrängt, blieb aber als kroat. oder **eckige** G. in Küstenkroatien und auf der Insel Krk bis ins 20. Jh. für liturg. Zwecke in Gebrauch. (↑Kirchenslawisch)

Glaise von Horstenau [glɛːz -], Edmund, österr. General, Militärhistoriker und Politiker, *Braunau am Inn 27. 2. 1882, †(Selbstmord) Lager Langwasser 20. 7. 1946; verfasste als Pressereferent des österr. Armeeoberkommandos (1914-18) dessen Heeresberichte. 1925-38 war er Direktor des Kriegsarchivs. Er leitete die Herausgabe der Dokumentation »Österreich-Ungarns letzter Krieg 1914-18« (7 Bde., 1930-38). 1936-38 war er Min. ohne Geschäftsbereich, 1938 Vizekanzler. Nach Errichtung des »Unabhängigen Staates Kroatien« war er 1941-44 »Dt. Bevollmächtigter General« in Agram (Zagreb).

Glåma ['gloːma] *die,* Fluss in Norwegen, ↑Glomma.

Glamour ['glæmə; engl. »Blendwerk«, »Zauber«] *der* oder *das,* blendender Glanz; auffällige, betörende Aufmachung.

Glans [lat.] *die, Anatomie:* die ↑Eichel.

Glanz, als physikal. Größe der Quotient aus dem gerichtet und dem diffus reflektierten Anteil des auf eine Fläche fallenden Lichtstroms; i. w. S. die Eigenschaft einer Licht reflektierenden Fläche, insbesondere von Mineralen, je nach Beleuchtungs- und Beobachtungsrichtung versch. Helligkeitseindrücke hervorzurufen.

Glanze, metallisch glänzende, meist graue Sulfidminerale, z. B. Blei-, Silber-G., die sich von Blenden und Kiesen durch ihre Undurchsichtigkeit bzw. andere Farben unterscheiden.

Glanzfische (Lampridae), Fischfamilie mit der einzigen Art ↑Königsfisch.

Glanzgras (Phalaris), Gattung der Süßgräser. Das **Rohr-**G. (Phalaris arundinacea), eine europ. Uferpflanze, ist 0,80 bis 2,50 m hoch. Das **Kanariengras** (Phalaris canariensis), 15-40 cm hoch, liefert den Glanz-, Spitz- oder Kanariensamen für Stubenvögel.

Glanzkäfer, Käferfamilie mit rd. 2 000 Arten. Der 2-2,5 mm lange erzgrüne **Raps-**G. (Meligethes aeneus) kann an Raps- und Rübsenpflanzen schädlich werden.

Glanzkohle, ↑Steinkohle.

Glarner, Fritz, amerikan. Maler schweizer. Herkunft, *Zürich 20. 7. 1899, †Locarno 18. 9. 1972; lebte in Paris und New York; wurde unter dem Einfluss von P. Mondrian ein entschiedener Vertreter des Konstruktivismus (Wandbild in der Hammarskjöld-Bibliothek des UNO-Gebäudes, 1961).

Glarner Alpen, Alpengruppe in der Schweiz, zw. Rhein- und Reusstal, im dreigipfligen Tödi 3 614 m ü. M. (Piz Russein).

Glärnisch *der,* Bergstock der Glarner Alpen, Schweiz; höchster Gipfel: Bächistock (2914 m ü. M.).

Glarus, 1) Kanton im deutschsprachigen Gebiet der Schweiz, 685 km², (2000) 38 500 Ew.; umfasst das Einzugsgebiet der Linth vom Walensee bis zum Hauptkamm der Glarner Alpen; Almwirtschaft, Textil-, elektron. Ind., Maschinenbau; Fremdenverkehr.

Verfassung: Nach der Verf. vom 1. 5. 1988 (mit Änderungen) liegt die gesetzgebende Gewalt bei der Landsgemeinde und dem Landrat. Der jährlich einmal tagenden Landsgemeinde obliegt u. a. die Verabschiedung von Verf.änderungen, Gesetzen und bestimmten Ausgabenbeschlüssen sowie die Wahl des Landammanns. Der Landrat (80 Abg., auf 4 Jahre gewählt) ist oberste Aufsichtsbehörde, bereitet Gesetze vor und erlässt Verordnungen. Vollzugsorgan ist der Reg.rat (7 Mitgl. einschließlich Landammann als Präsident).

Geschichte: Im Tal G., seit dem 7. Jh. von Alemannen besiedelt, hatte das Kloster Säckingen Besitz (1395 Loskauf); seit dem Sieg bei Näfels (1388) von den Habsburgern unabhängig. Seit 1352 Verbindung mit der schweizer. Eidgenossenschaft, seit 1473 Vollmitglied. Die Mehrheit der Bev. schloss sich 1528 der Reformation an; 1623–1837 bestanden getrennte Verwaltungen für beide Konfessionen. 1803 als Kanton G. anerkannt.

2) Hauptort von 1) im breiten Linthtal am Fuß des Glärnisch, 472 m ü. M., 5 500 Ew.; Kunsthaus (Schweizer Kunst des 19./20.Jh.), Haus Brunner mit Glasmalerei- u. a. Sammlungen. – Seit 1419 Hauptort des Kt.; nach dem Großbrand von 1861 auf schachbrettartigem Grundriss wieder aufgebaut.

Glas [ahd., urspr. »Bernstein«], ein fester, in seiner überwiegenden Masse nicht kristalliner (amorpher), spröder anorganischer Werkstoff, der keinen definierten Schmelzpunkt besitzt, sondern mit steigender Erwärmung stetig (d. h. ohne sprunghafte Änderung seiner Eigenschaften) in einen weichen und schließlich flüssigen Zustand übergeht. Strukturell gesehen besteht G. aus einem unregelmäßig räumlich verketteten Netzwerk bestimmter molekularer Bauelemente (z. B. SiO_4-Tetraeder), in das große Kationen eingelagert sind. G. besitzt eine geringe Wärmeleitfähigkeit und einen hohen elektr. Widerstand. Es kann durch Gießen, Blasen, Pressen und Walzen verformt werden. Die Hauptbestandteile des G. sind die eigtl. G.-Bildner, Flussmittel und Stabilisatoren. Die wesentlichsten **G.-Bildner** sind Siliciumdioxid (SiO_2), Bortrioxid (B_2O_3) und Phosphorpentoxid (P_2O_5), z. B. in Form von Quarzsand, Bergkristall (v. a. für Quarz-G.), Borsäure u. a. Das **Flussmittel** erniedrigt den Schmelzpunkt und bewirkt, dass die G.-Schmelze bereits bei Temperaturen unterhalb 1 500 °C durchgeführt werden kann; als Flussmittel dienen v. a. Carbonate, Nitrate und Sulfate von Alkalimetallen. **Stabilisatoren** sollen das G. chemisch beständig machen; es werden hierzu v. a. Erdalkalimetalle sowie Blei und Zink, meist in Form ihrer Carbonate oder Oxide, verwendet. Die gemahlenen, nach genau berechneten Anteilen eingewogenen, meist mit G.-Scherben versetzten Rohstoffe (Quarzsand, Soda, Natriumsulfat, Kalkstein, Dolomit, Feldspat, Pottasche, Borax, Salpeter, alkalihaltige Gesteine, Mennige, Baryt, Zinkoxid, Arsenik und Natriumchlorid) werden gemischt, und das Gemenge wird in einen Tiegel, einen Hafen oder in eine Wanne eingelegt. Die niedrig schmelzenden Gemengebestandteile greifen den höher schmelzenden Sand an, wobei sich Alkali- und Erdalkalisilikate bilden. Zugleich entweichen die aus den Rohstoffen freigesetzten Gase, z. B. Kohlendioxid aus den Carbonaten. Am Ende dieser Rauschmelze liegt eine inhomogene, stark schlierige und blasenreiche Schmelze vor. Im Verlauf des anschließenden Läutervorganges, der Blankschmelze, wird die Schmelze von allen sichtbaren Einschlüssen, bes. den Gasblasen, befreit. Dies geschieht z. B. durch Zugabe von Läuterungsmitteln (Glaubersalz, Salpeter); sie führen zur Bildung großer Sauerstoffblasen, die die kleinen Blasen in sich aufnehmen, aufsteigen und aus der Schmelze austragen. Die Gasblasen setzen die Schmelzmasse in Bewegung und dienen der Homogenisierung der Schmelze. Der Blasenauftrieb erfordert eine hinreichend niedrige Viskosität der G.-Schmelze, d. h. Temperaturen zw. 1 400 und 1 600 °C; bei etwa 1 250 °C ist das G. bereits zu zäh, um noch Blasen entlassen zu können. Die Verarbeitung des G. ist jedoch erst bei 900 bis 1 200 °C möglich.

Formgebung: Zur manuellen Formge-

Glas GLA

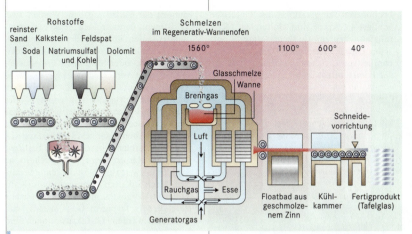

Glas: Herstellung von Tafelglas nach dem Floatverfahren

bung durch Blasen dient die Glasmacherpfeife, ein 1–1½ m langes Eisenrohr mit Mundstück. Massenware, bes. Flaschen, Verpackungsgläser, Glühlampen- und Röhrenkolben, wird auf halb- oder vollautomat. Maschinen geblasen, z. T. auch durch Schleudern geformt. Press-G. (z. B. Wirtschafts-G., G.-Bausteine, Profil-G.) entsteht durch Einpressen oder Einblasen einer abgemessenen Schmelzmenge in Stahlformen. G.-Röhren und -Stäbe werden meist durch einen Ziehprozess hergestellt. Die Massenfabrikation von Flach-G. geschieht nach unterschiedl. Verfahren: a) Maschinen-G., das im Bauwesen und für zahlreiche techn. Zwecke am meisten verwendete **Tafel-G.,** wird in Dicken von etwa 0,4 bis 20 mm (Dünn-, Fenster-, Dick-G.) mit Maschinen gezogen. Die Schmelze wird als breites, endloses Band unmittelbar aus der Wanne gehoben und so weit spannungsfrei gekühlt und verfestigt, dass das Band von Förderwalzen oder -rollen durch einen Kühltunnel bewegt werden kann, an dessen Ende es in beliebiger Länge abgeschnitten wird. b) **Guss-G.** stellt man ebenfalls in großen Mengen durch Gießen und Walzen auf großen Stahltischen her. Dabei können Muster (Ornament-G.) oder Drahtgeflechte (↑Drahtglas) mit eingewalzt werden. Durch anschließendes Schleifen und Polieren lässt es sich zu planparallelem **Spiegel-G.** verarbeiten. G.-Fliesen werden hauptsächlich aus gefärbtem Guss-G. gefertigt. c) **Float-G.** führt man während der Abkühlung in der gewünschten Enddicke über eine Zinnschmelze, wobei ohne weitere Nachbearbeitung ein Spiegelglasband mit blanken Oberflächen entsteht. G. für opt. Zwecke, das völlig homogen und frei von Fremdeinschlüssen (Blasen, Schlieren) sein muss, wird entweder in Stahlformen zu Blöcken gegossen und dann mechanisch weiterverarbeitet oder auch aus dem Speiser (mechan. Dosiervorrichtung) einer Platinwanne zu Barren oder Stangen gegossen. Nach der Formgebung durchläuft das G. einen Kühlungsprozess, der umso längere Zeit beansprucht, je größer das G.-Volumen und die Wärmedehnung sind und je homogener und spannungsärmer das G. sein muss.

Besondere Glasarten: Brillengläser sind meist gepresste, farblose Krongläser, die zur Korrektur ungenügender Sehschärfe konvex oder konkav gekrümmte Flächen erhalten. **Einschmelzgläser** sind in ihrer Wärmeausdehnung bestimmten Metallen angepasst und werden zur Herstellung vakuumdichter Verbindungen von G. mit Metallen verwendet. **G.-Lote** erweichen bei. niedriger Temperatur (300–500 °C); sie eignen sich daher für eine innige Verbindung von Gläsern untereinander, mit Metallen oder anderen Werkstoffen, ohne Anwendung unzulässig hoher Temperaturen. **Thermometergläser** zeichnen sich durch bes. geringe therm. Nachwirkung (Volumenänderung) auch bei höheren Temperaturen aus. Weitere besondere G.-Arten sind ↑Filterglas, ↑Kristallglas, ↑lichtempfindliche Gläser, ↑optisches Glas, ↑Panzerglas, ↑Quarzglas, ↑Sicherheitsglas, ↑Goldglas. Einen Teil der *Glaskunst* bildet künstlerisch gestaltetes

Glas: Glaskrug und Vase mit Fadendekor, Römisches Reich, Provinz Gallien (3./4. Jh.; Straßburg, Archäologisches Museum)

G., früher **Kunstgläser** genannt. In der Masse gefärbtes G. kann einfarbig (z. B. Rubin-G.) oder mehrfarbig sein. Durch Zusammenschmelzen von verschiedenfarbigem G. entsteht das marmorierte Schmelz- oder Achat-G. (Onyx-G.), das die Maserung geschliffener Edelsteine nachahmen sollte. Beim Faden-G. (Filigran-G.) werden von farbloser G.-Masse umhüllte, meist aus weißem Milch-G. bestehende Fäden zu einem stabartigen Bündel zusammengeschmolzen; dieses wird dann beim Blasen gedreht oder geschwungen, sodass sich mannigfache Spiralwin-

Glas: gefußter Kristallglasbecher aus Murano, mit Emailfarben bemalt (16. Jh.; Florenz, Bargello)

dungen der Fäden ergeben. Werden zwei G.-Blasen, deren Fäden senkrecht zueinander laufen, übereinander geschmolzen, so entsteht das Netz-G. oder gestrickte G. Um Mosaik- oder Millefiori-G. herzustellen, werden verschiedenfarbige G.-Stäbe zu Bündeln zusammengeschmolzen, die, in dünne Scheiben geschnitten, geometr. oder Blumenmuster ergeben. Bei Überfanggläsern wird eine dünne Schicht von farbigem oder getrübtem G. (Milchüberfang-G.) über ein farbloses geschmolzen, bei Zwischengoldgläsern eine ausgeschnittene Goldfolie zw. zwei G.-Schichten eingelassen. Nach Erkalten kann G. bemalt (Kaltmalerei), vergoldet, mit Emailfarben aus zerstoßenem farbigem G. (Email-G.) geschmückt werden. G.-Inkrustationen sind in G. eingelassene, weiße, keram. Reliefs. Die Oberfläche kann durch G.-Schliff, ähnlich dem Edelsteinschliff, verziert werden, auch durch Ätzung und Ritzen oder Stippen mit der Diamantnadel.

Geschichte: In Mittel- und N-Europa sind importierte G.-Perlen aus der frühen und mittleren Bronzezeit gefunden worden. Die ersten G.-Gefäße waren Behälter aus meist blauem G. mit bunter Fadenmusterung, die um einen Sandkern geformt wurden (Sandkerngefäße); sie traten um 1500 v. Chr. in Ägypten und Mesopotamien auf. Aus Assyrien sind Keilschrifttexte von etwa 1700 bis 700 v. Chr. bekannt, die über Öfen, Schmelzen und G.-Rezepte unterrichten. Kurz vor der Zeitenwende wurde in Syrien die Glasmacherpfeife erfunden, die eine weitgehende Industrialisierung des Glasmachergewerbes ermöglichte. Diese Technik wurde von den Römern nach Italien gebracht. Die Römer riefen in Gallien und um Köln eine bed. G.-Ind. ins Leben. So stellte man im Rheinland, bes. in Köln, neben dem Gebrauchs-G. reich geschnittene Gefäße und Schlangenfadengläser her. Die Römer entwickelten versch. Arten des Luxus-G., z. B. das mehrschichtige, geschnittene Überfang- oder Kameo-G. und die unterschnittenen Netzgläser. Sie haben G. auch zuerst als Fensterfüllung verwendet. Im Abendland folgte auf das röm. G. das auf wenige Formen beschränkte merowingisch-fränk. G. Auf der Insel Murano bei Venedig befanden sich seit dem Ende des 13. Jh. die meisten G.-Hütten des alten Europa, sie wurde Hauptsitz der Brillenher-

Glasbau GLA

stellung. Ebenfalls Ende des 13. Jh. wurde in Venedig das Aventurin-G. erfunden. Hier begann unter dem Einfluss islam. G.-Künstler im 14./15. Jh. die eigentl. Entwicklung des europ. Kunst-G. Nach Erfindung des klaren Kreide-G. und des Bleikristalls (1674) wurden gegen Ende des 17. Jh. G.-Schliff und G.-Schnitt beliebt. Diese in Prag zur Vollendung gebrachte Technik breitete sich im 18. Jh. v. a. in Nürnberg, Böhmen, Schlesien, Thüringen, Hessen und den Niederlanden aus. Am Ende des 19. Jh. begann man mit der Massenfertigung im Pressglasverfahren. Um 1900 versuchte der Jugendstil die alten handwerkl. Techniken zu beleben. Das Bauhaus führte die Ansätze einer neuen G.-Kunst weiter. In der modernen G.-Kunst kamen neue Impulse bes. von skandinav. und italien. Künstlern. – Bis in die 2. Hälfte des 19. Jh. gab es im Wesentlichen zwei Gruppen von G.: Alkali-Kalk-Silikate und Alkali-Blei-Silikate. O. Schott führte systematisch neue Oxide ein, von denen bes. Borsäure zur Herstellung von Gerätegläsern und opt. Gläsern wichtig wurde. Die seltenen Erden wurden in den 1930er-Jahren als G.-Bestandteile eingeführt. Maschinelle Herstellungsmethoden und kontinuierl. Schmelzverfahren wurden, beginnend im 19. Jh., insbes. in den USA entwickelt.

📖 *Paturi, F. R.: Die Gesch. vom G. Aarau u. a. 1986. – Sotheby's großer Antiquitäten-Führer G. Von den Ursprüngen bis zur Kunst des 20. Jh., hg. v. D. Battie u. a. München 1992. – Renno, D.: G.-Werkstoffkunde. Stuttgart ²2000.*

Glas: venezianische Ziergläser aus Bergkristall (16./17. Jh.; Murano, Museo Vetrario)

Glas|aal, 6–8 cm lange Jugendform des Aals (↑Aale).

Glasbau (Glasarchitektur), zu Beginn des 19. Jh. entwickelte Bauform, bei der die Fassaden weitgehend durch Glasflächen gebildet werden. Die techn. Voraussetzung war die beginnende Massenproduktion von Glas, gestaltbildend wurde das Glas jedoch erst in Verbindung mit der Eisenarchitektur. In England wurden Gewächshäuser mit sphärisch gewölbter Glashaut zur Aufzucht exot. Pflanzen entwickelt. Nach dem Vorbild barocker Orangerien entstanden Palmenhäuser sowie Ausstellungsbauten, z. B. 1851 der Kristallpalast in London. Das durchlaufende Oberlicht prägte neue Bautypen: Bahnhofs- und

Glasbau: Gerkan, Marg & Partner, Stahl-Glas-Konstruktion des Lehrter Zentralbahnhofs in Berlin, Computersimulation (1996 ff., Fertigstellung 2006 geplant)

GLA Glasbausteine

Markthallen, Museen, Passagen, Fabrikhallen. Die Vervollkommnung der Skelettkonstruktion aus Gusseisen, später aus Stahl, führte dazu, dass die urspr. skelettfüllende Scheibe zum konstruktionsumhüllenden Vorhang (Curtainwall) wurde. Die Trennung in tragende und raumbildende Elemente führte zum fließenden Raum (Dt. Pavillon auf der Weltausstellung in Barcelona, 1929) und zum allseitig verglasten Innenraum (Farnsworth House, Fox River, Ill., USA, 1951), beide Bauten errichtete L. Mies van der Rohe. Das Turmhochhaus aus Glas und Stahl wurde seit den 50er-Jahren zum Wahrzeichen vieler Wirtschaftsunternehmen (Seagram Building in New York, 1954–58; Mannesmann-Hochhaus, Düsseldorf, 1956–58; Bürohochhaus der Commerzbank in Frankfurt am Main, 1992–97; Bürohochhaus des Sony Centers in Berlin, 1995–2000). Weitere Beispiele für das Zusammenspiel von Skelettbau und Glas sind die 1996 fertig gestellten Hallen der Neuen Leipziger Messe sowie der Lehrter Zentralbahnhof in Berlin (1996 ff., Fertigstellung 2006).
📖 *Glasfassaden – Konstruktion u. Gestaltung,* bearb. v. D. Hezel. Stuttgart ⁴1995. – Krewinkel, H. W.: *Glasarchitektur.* Basel 1998. – Schneebart, P.: *Glasarchitektur.* Neuausg. Berlin 2001.
Glasbausteine, durchscheinende, auch farbige, volle oder hohle Glaskörper, die v. a. als nicht tragende Bauelemente für Licht gebende Außen- und Innenöffnungsabschlüsse dienen; entsprechend **Glasdachsteine** oder **Glasdachziegel.**
Glasenapp, Otto Max Helmuth von, Indologe und Religionswissenschaftler, *Berlin 8. 9. 1891, †Tübingen 25. 6. 1963; war Prof. in Königsberg (1928–45) und Tübingen (1946–59); erforschte die Religionen und die Philosophie Indiens.
Werke: Die Religionen Indiens (1943); Die Philosophie der Inder (1949).
Glaser, handwerkl. Ausbildungsberuf (drei Jahre). G. verglasen Fenster, Türen und Zwischenwände mit Glasscheiben.
Glaser [ˈgleɪzə], Donald Arthur, amerikan. Physiker, *Cleveland (Ohio) 21. 9. 1926; entwickelte die ↑Blasenkammer **(G.-Kammer)** zum Nachweis von Elementarteilchen und erhielt dafür 1960 den Nobelpreis für Physik.
Gläserne Kette, von B. Taut im Nov. 1919 angeregter, bis Dez. 1920 geführter Briefwechsel avantgardist. Architekten (u. a. M. Taut, H. Scharoun, W. Gropius, H. und W. Luckhardt), der dem Austausch von Ideen zu Architekturprojekten dienen sollte.
Glasfasern, aus geschmolzenem Glas nach versch. Verfahren (z. B. Düsenziehen, -blasen) hergestellte anorgan. Fasern (Durchmesser unter 0,03 mm) mit hoher Zugfestigkeit, chem. und therm. Beständigkeit, Lichtdurchlässigkeit sowie gutem Isoliervermögen. **Isolierfasern** mit geringen Reinheitsanforderungen werden für den Schall-, Wärme- sowie Brandschutz verwendet und **Textil-G.** aus Aluminiumborosilikatglas mit weniger als 0,8 % Alkali dienen zur Kunststoffverstärkung; **Lichtleitfasern** mit bes. hohen Reinheitsanforderungen werden in der Glasfaseroptik eingesetzt (↑Lichtleiter). Dabei werden die stabförmigen Vorformen am Ende aufgeschmolzen und zu einer Faser ausgezogen. Zum Schutz gegen Feuchtigkeit und mechan. Beschädigung werden G. mit Kunststoffen oder Keramik beschichtet.
Glasfaseroptik, Teilgebiet der Optik, das sich mit den Eigenschaften von Licht in Glasfasern beschäftigt. (↑Faseroptik)
glasfaserverstärkte Kunststoffe, Abk. **GFK,** Sammelbez. für Kunststoffe, die zur Erhöhung der Druck-, Biege-, Zug- und Schlagfestigkeit mit Textilglasfasern in Form von Matten, Geweben und Strängen aus parallelen Spinnfäden **(Rovings)** verstärkt sind. Als Kunststoffe kommen sowohl Duroplaste als auch Thermoplaste zur Anwendung. Verwendet werden GFK u. a. für Wellplatten, Glasfaserputz, Behälter, Karosserieteile, Boote, Sportgeräte sowie schlagfeste, wärmeformbeständige Formteile.
Glasflügler (Aegeriidae), Schmetterlingsfamilie mit etwa 1 000 Arten mit schmalen, meist unbeschuppten Flügeln. Einige G. sind schädlich, bes. an Obstgehölzen, z. B. der Johannisbeer-G. (Synanthedon tipuliformis).
Glasgow [ˈglɑːsgəʊ], größte Stadt Schottlands, am Clyde, als Local Authority 175 km² mit 577 900 Ew.; Sitz eines kath. Erzbischofs und eines anglikan. Bischofs; zwei Univ., Kunst- u. a. Hochschulen, Museum mit Gemäldesammlung, Sitz der Schott. Oper, des Schott. Balletts, des Schott. Nationaltheaters und des Schott. Kammerorchesters. G. ist der größte Hafen Schott-

lands und hat Werften, Maschinenbau, elektron., chem., Textil-, Lebensmittelind.; internat. Flughafen. – Kathedrale (13. bis 15. Jh.). – Um 550 gründete der hl. Kentigern hier eine christl. Gemeinde (Bau einer Kirche). G. besaß seit dem MA. eine Burg und Marktrecht (1189); erhielt 1450 das königl. Stadtprivileg; seit dem 17. Jh. bed. Handelsstadt (bes. im 18. Jh. durch den Amerikahandel); seit dem 19. Jh. Entwicklung zur Ind.stadt.

Glasgow ['glæsgəʊ], Ellen, amerikan. Schriftstellerin, *Richmond (Va.) 22. 4. 1873 (nach anderen Angaben 1874), †ebd. 21. 11. 1945; schilderte mit an H. James geschultem psycholog. Realismus soziale Probleme der Südstaaten (»So ist das Leben«, R., 1941).

Glashalbleiter, amorphe anorgan. Halbleiter, die aus speziellen Gläsern (z. B. Chalkogenid-, Silikat- und Boratgläsern) bestehen, denen in der Schmelze Germanium, Arsen, Tellur, Jod u. a. Elemente als Dotierungsstoffe zugefügt werden.

Glasharfe, ↑Glasspiel.

Glasharmonika, ↑Glasspiel.

Glashow ['glæʃəʊ], Sheldon Lee, amerikan. Physiker, *New York 5. 12. 1932; Prof. in Berkeley (1962–66) und an der Harvard University; postulierte 1961 die Existenz des (1983 am CERN entdeckten) Vektorbosons Z^0 und sagte 1970 die Existenz des vierten Quarks (Charm-Quark) voraus, die 1974 durch die Entdeckung des Psiteilchens bestätigt wurde. Für seine Beiträge zur ↑Glashow-Salam-Weinberg-Theorie erhielt er zus. mit A. Salam und S. Weinberg 1979 den Nobelpreis für Physik. Mit H. Georgi (*1947) entwickelte G. die **Georgi-G.-Theorie** zur Vereinheitlichung von elektroschwacher und starker Wechselwirkung.

Glashow-Salam-Weinberg-Theorie ['glæʃəʊ-, -baːg-], Abk. **GSW-Theorie**, von S. L. Glashow, A. Salam und S. Weinberg entwickelte Theorie, die die elektromagnet. und schwache ↑Wechselwirkung in einer einheitl. Eichfeldtheorie zusammenfasst (**elektroschwache Wechselwirkung**). Die Wechselwirkung lässt sich in beiden Fällen durch ein Vektorfeld beschreiben, die Kraftwirkungen können auf einen gleichartigen Austauschmechanismus von als Bindeteilchen wirkenden Vektorbosonen (↑Eichbosonen) zurückgeführt werden. Der Unterschied liegt in der Masse der Feldquanten. Bei der elektromagnet. Kraft sind das die masselosen Photonen, bei der schwachen Kraft im Fall der Prozesse ohne Ladungsänderung das intermediäre Z^0-Boson, das eine Masse von etwa 100 Protonmassen besitzt. Für die vielen schwachen Wechselwirkungsprozesse, bei denen auch Ladung ausgetauscht wird, sind die intermediären W^+- und W^--Bosonen verantwortlich. Unterscheidbar sind schwache und elektromagnet. Wechselwirkung nur bei Energien, die klein gegen die der Masse der intermediären Bosonen entsprechende Energie von etwa 100 GeV sind. Eine Unterstützung der Vorstellungen der GSW-Theorie lieferte die Entdeckung der ↑neutralen Ströme (1973) bei der schwachen Wechselwirkung. Die endgültige Bestätigung brachte der Nachweis der intermediären Bosonen W^+, W^- und Z^0 1983 am CERN.

Glashütte, Ind.anlage zur Glasherstellung.

Glashütte, Stadt im Weißeritzkreis, Sachsen, im Müglitztal des Osterzgebirges, 4 900 Ew.; Uhrenmuseum; Uhrmacherschule; Fertigung mechan. Uhren u. a. feinwerktechn. Ind.; Kartonagenherstellung. – Nach Eisen- und Silbererzfunden um 1400 entstanden, seit 1506 Stadtrecht. 1845 Gründung der ersten Uhrenfabrik.

Glasigkeit, Pflanzenkrankheit, die wässrig durchscheinendes Gewebe bewirkt, z. B. bei Kartoffeln durch Stoffwechselstörung, bei Steckrüben durch Bormangel, bei Kakteen infolge überhöhter Luftfeuchtigkeit.

Glaskeramik, Werkstoffgruppe, in deren Vertretern amorphe Glas- und kristalline Keramikstrukturen nebeneinander existieren. – Zunächst wird ein Glas mit kristallkeimbildenden Zusätzen nach glastechn. Verfahren hergestellt, anschließend geformt (z. B. Ziehen, Pressen, Gießen) und durch nachträgliche Wärmebehandlung (↑Tempern) teilweise feinkörnig keramisiert. Die Glasphase besitzt einen positiven, die keramische Phase einen negativen Wärmeausdehnungskoeffizienten. Die beiden Phasen sind so aufeinander abgestimmt, dass G. über einen weiten Temperaturbereich keine Wärmeausdehnung (sog. **Nulldehnung**) zeigen und somit bis ca. 800 °C unbegrenzte Temperaturwechselbeständigkeit besitzen. G. werden z. B. als Teleskopspiegelträger, Längenstandards und Herdplatten (Ceran®-Kochfeld) verwendet.

Glasknochenkrankheit, die ↑Osteogenesis imperfecta.

Glaskopf, radialstrahliges Mineralaggregat mit meist glänzender, nierig-kugeliger Oberfläche; Brauner G. (Brauneisen), Roter G. (Eisenglanz), Schwarzer G. (Psilomelan), Grüner G. (Malachit).

Glaskörper, ↑Auge.

Glasmalerei, die Kunst, Glasfenster meist aus bemalten, zusammengesetzten und schließlich verbleiten Glasstücken herzustellen. Aus verschiedenfarbigen Glasplatten wurden nach einer Vorzeichnung einzelne Stücke geschnitten und durch Bleiruten miteinander verbunden, die zugleich die Umrisse und die stärksten Linien der Binnenzeichnung ergaben **(musiv. G.).** Als Malfarbe diente Schwarzlot, ein leichtflüssiges Bleiglas, das den Scheiben vorm Verbleien im Ofen aufgeschmolzen wurde. Daraus konnten Linien, Muster oder Schriftzeichen herausgekratzt werden. Nach 1300 benutzte man als Glasmalfarbe auch Silbergelb oder Silberlot, im 15./16. Jh. kamen weitere Farben hinzu (u. a. Eisenrot). Allmählich breitete sich auch die Verwendung von Überfangglas aus. – Im Unterschied zur musiv. G. arbeitete die **Kabinettmalerei** nur mit Schmelzfarben auf farblosem Glas. Von völlig anderer Art ist die ↑Hinterglasmalerei.

Geschichte: Bed. frühe Zeugnisse stammen aus karoling. Zeit (aus dem Kloster Lorsch, wohl 9. Jh.; heute Hess. Landesmuseum in Darmstadt). Die frühesten vollständig erhaltenen Zeugnisse monumentaler G. sind die Prophetenfenster des Augsburger Doms (um 1100). Mit der Gotik setzte die eigentl. Blütezeit der G. ein, v. a. in Frankreich (Chartres, Bourges, Reims, Paris), dessen G. einwirkte auf England (Canterbury, Lincoln, York), Spanien (León), Italien (Assisi, Orvieto) und Dtl. (Straßburg, Marburg, Regensburg, Köln, Freiburg im Breisgau, Erfurt), das im 14. Jh. führend wurde. – Im Profanbau kam Ende des 15. Jh. die mit Emailfarben bemalte **Kabinettscheibe** auf; der Hausbuchmeister, H. Suess von Kulmbach, H. Baldung, A. Dürer, J. Breu d. Ä. u. a. lieferten Entwürfe und Skizzen. – Wieder aufgenommen wurde die G. im 19. Jh. Eine künstler. Erneuerung, bes. auch der kirchl. G., setzte im 20. Jh. ein, wobei die Künstler von den handwerkl. Voraussetzungen der mittelalterl. Technik ausgingen (J. Thorn Prikker, F. Léger, M. Chagall, G. Meistermann, J. Schreiter u. a.).

Brisac, C.: Glasfenster. 1000 Jahre europ. G., Fotos v. Y. Watabe. A. d. Frz. Freiburg im Breisgau u. a. 1985. – Dt. G. des MA., hg. v. R. Becksmann, 2 Bde. Berlin 1992–95. – Die Welt der Glasfenster. Zwölf Jahrhunderte abendländ. G. in über 500 Farbbildern, Beiträge v. L. Lee u. a., Fotos v. S. Halliday u. L. Lushington. A. d. Engl. Sonderausg. München 1992. – G. en aus acht Jahrhunderten, hg. v. Berlin-Brandenburg. Akad. der Wiss. Leipzig ²1999.

Glasmalerei: Marc Chagall, Glasfenster (1968; Washington, D. C., Institute of Art)

Glasstahlbeton GLA

Glasmalerei: Pfingstbild (um 1430/31; Ulm, Chörleinverglasung der Besserer-Kapelle im Münster)

Glasmetalle, die ↑metallischen Gläser.
Glasmeteorite, ↑Tektite.
Glasnost [russ. »Öffentlichkeit«] *die,* polit. Schlagwort, geprägt von M. S. Gorbatschow im Zusammenhang mit seiner Politik der ↑Perestroika in der 2. Hälfte der 1980er-Jahre, benannte als ein grundlegendes Prinzip der von ihm eingeleiteten Reformpolitik in der UdSSR die öffentl. Information und Diskussion über alle wichtigen gesellschaftl. Belange. Insbes. mithilfe der Medien sollten die Transparenz der Entscheidungsfindung in Partei- und Staatsorganen sowie eine breite Meinungsbildung garantiert werden. G. stellte eine Abkehr von der restriktiven und selektiven Informationspolitik der KPdSU gegenüber der Bev. dar und ermöglichte u. a. den Beginn einer krit. Aufarbeitung der sowjet. Geschichte (z. B. des Stalinismus) sowie das öffentl. Ansprechen von innergesellschaftl. Defiziten und Konflikten (Nationalitätenfragen, wirtsch. Probleme, Kriminalität, Bürokratismus, Korruption).
Glas|opal (Hyalit), ↑Opal.
Glasperlen, kugelige Körper aus Glas mit meist durchgehender Öffnung. **Venezian. G.** oder **Stickperlen** wurden aus Glasrohrabschnitten durch Rollen in erhitzten Eisentrommeln hergestellt. **Röm. Perlen** wurden aus Röhren vor der Lampe geblasen und mit einer irisierenden Schicht überzogen. Seit dem frühen 3. Jt. v. Chr. sind G. in Ägypten und Mesopotamien, seit dem 2. Jt. v. Chr. in Europa und den Mittelmeerkulturen als Bestandteil von Schmuck nachzuweisen. Im 13. Jh. begann in Venedig eine eigene G.-Ind., später wurden G. auch in Dtl. hergestellt, u. a. in Nürnberg. Farbige G. wurden für Stickereien auf Gewändern, Behängen, Möbelbezügen u. a. verwendet und waren bes. beliebt in der Biedermeierzeit.
Glass [glɑ:s], Philip, amerikan. Komponist, *Baltimore (Md.) 31. 1. 1937. Seine zur ↑Minimalmusic gehörenden Werke entfalten ihren Klang aus der Aufreihung, Wiederholung und Überlagerung kürzester, durch Akkordzerlegung gewonnener Tonfolgen.
Werke: Opern: Einstein on the beach (1976), Satyagraha (1980), Echnaton (1984), The making of the representative for planet 8 (1986), 1000 airplanes on the roof (1988), The fall of the house of Usher (1989), Orphée (1993), The marriages between zones three, four and five (nach D. Lessing, 1997). – Ferner Itaipu für Chor und Orchester (1988), Sinfonien, Streichquartette, Filmmusiken.
Glaßbrenner, Adolf, Schriftsteller, Pseud. Adolf Brennglas, *Berlin 27. 3. 1810, † ebd. 25. 9. 1876; bed. Berliner Journalist des Vormärz; Schöpfer der humoristisch-satir. Berliner Volksliteratur im 19. Jh. (»Berlin, wie es ist – und trinkt«, 33 Hefte, 1832–50; »Neuer Reineke Fuchs«, kom. Epos, 1846).
Glasschwämme (Hexactinellida), becher- oder trichterförmige Kieselschwämme in großen Meerestiefen.
Glasspiel (frz. Verrillon, engl. Musical glasses), Musikinstrument versch. Bauart aus Gläsern, seit dem 15. Jh. bekannt, im 18. und 19. Jh. bes. beliebt. Ein einfaches G. besteht aus einer Anzahl durch Wassereinfüllung abgestimmter Trinkgläser, die mit umwickelten Holzstäbchen geschlagen oder mit angefeuchteten Fingern am oberen Rand gerieben werden. Bei der von B. Franklin 1761 aus dem G. entwickelten **Glasharmonika** sind unterschiedlich große Glasglocken auf einer waagerechten Achse befestigt, die durch Pedalantrieb in Umdrehung versetzt werden. 1929 baute B. Hoffmann eine **Glasharfe,** die aus auf einem Resonanzboden angebrachten Glasglocken versch. Größe und Wandstärke besteht.
Glasstahlbeton [-betɔŋ, auch -betɔ̃],

503

Stahlbetonelement aus kreuzweise angeordneten Rippen und eingesetzten Glasvollkörpern; für lichtdurchlässige, belastbare Abdeckungen u. a.

Glastemperatur, die ↑Einfriertemperatur.

Glasunow, Alexander Konstantinowitsch, russ. Komponist, *Sankt Petersburg 10. 8. 1865, †Neuilly-sur-Seine 21. 3. 1936; Schüler von N. Rimski-Korsakow, ging 1928 nach Paris; Komponist konservativ-klassizist. Haltung. Schrieb u. a. neun Sinfonien, sinfon. Dichtungen, Instrumentalkonzerte, Kammermusik, Lieder und Ballette.

Glasur *die,* 1) *Keramik:* glasartiger Überzug auf keram. Gegenständen, der ihnen Glanz verleiht und sie wasserdicht macht. Die Rohmischung besteht aus einer Aufschlämmung von Ton, Quarzmehl und einem wasserunlösl. Flussmittel in Wasser. Dieser G.-Schlicker wird auf den rohen oder vorgebrannten Scherben durch Tauchen oder Spritzen aufgetragen **(Glasieren)** und mit diesem gebrannt. Flussmittel für hochschmelzende G. (Porzellan) sind Alkalifeldspate und Kalkspat; für niedrigschmelzende G. dienen Bleioxid, Zinkoxid sowie blei- und bortrioxidhaltige Fritten als Flussmittel. Die für Steinzeug typ. Anflug- oder Salz-G. entsteht, wenn Kochsalz im Ofen zum Verdampfen gebracht wird.
2) *Kochkunst:* Zuckerguss auf Gebäck.

Glaswolle, aus kurzfädigen, leicht gekräuselten Glasfasern (Stapelfasern) bestehendes Material zur Schall- und Wärmedämmung.

Glatt *die,* linker Nebenfluss des Rheins im Kt. Zürich, Schweiz, Abfluss des Greifensees, durchfließt das 36 km lange, stark industrialisierte Glatttal.

Glattbutt, Art der ↑Plattfische.

Glatt|eis, homogene Eisablagerung, entsteht durch das Gefrieren unterkühlter (um oder unter 0°C) Niesel- oder Regentropfen auf Oberflächen.

Glatthafer (Arrhenatherum), Gattung mehrjähriger Gräser mit lockerer Rispe; ein wichtiges Futtergras ist der **Hohe G. (Franzosengras,** Arrhenatherum elatius).

Glattnasen, Familie der ↑Fledermäuse.

Glattnatter, ↑Schlingnattern.

Glattrohrkanone, eine moderne Hochleistungskanone bei Kampfpanzern (z. B. Leopard 2) mit einem innen glatten, verchromten Rohr, das eine größere Mündungsgeschwindigkeit als gezogene Rohre ermöglicht.

Glattstellung, *Börse:* Ausgleich in einem Spekulationsgeschäft durch An- und Verkauf von Wertpapieren oder Devisen.

Glättung, 1) *Elektronik:* Verringerung oder Beseitigung der Wechselspannungs- oder Wechselstromanteile einer gleichgerichteten Spannung bzw. eines gleichgerichteten Stromes. Hierzu dienen Energie speichernde Bauelemente (Kondensatoren, Drosselspulen), die die ↑Welligkeit in Form von ↑Siebschaltungen (mit parallel geschaltetem G.-Kondensator) je nach Schaltungsaufwand und verwendeter Gleichrichtung verkleinern. Da die Kapazität von Kondensatoren begrenzt ist, verbleibt auch nach der G. eine Restwelligkeit. Die weitere **Siebung** wird i. Allg. durch RC- oder LC-Glieder mit Tiefpassverhalten erreicht.
2) *Statistik:* Bereinigung von Schwankungen innerhalb statist. Reihen durch rechner. oder graf. Methoden (↑Trend).

Glattwale (Balaenidae), Familie der Bartenwale, 5–20 m lang, Kopf ein Drittel der Körperlänge; Kleintierfresser. Zu den G. zählt der **Grönlandwal** (Balaena mysticetus), bis 20 m lang, war im 17. Jh. in den Gewässern Grönlands wichtigstes Jagdtier, ist fast ausgerottet wie auch die Arten **Nordkaper** (Eubalaena glacialis) und **Südkaper** (Eubalaena australis).

Glatz, 1) Stadt in Polen, ↑Kłodzko.
2) ehem. Grafschaft in Niederschlesien, im Gebirgskessel des ↑Glatzer Berglands. – Urspr. zu Böhmen gehörend, seit 1278 wiederholt mit schles. Fürstentümern verbunden; wurde 1526, endgültig 1561, Besitz der böhm. Krone und kam 1742 an Preußen.

Glatzeder, Winfried, Schauspieler, *Zoppot (heute Sopot) 26. 4. 1945; spielte an Theatern in Potsdam, Berlin, Düsseldorf; rege Film- und Fernsehtätigkeit: »Der Mann, der nach der Oma kam« (1971), »Die Legende von Paul und Paula« (1972), »Till Eulenspiegel« (1973), »Bali« (1983–84) u. a., 1996–98 Rolle eines »Tatort«-Kommissars.

Glatzer Bergland, das den Glatzer Kessel umfassende, zu den Sudeten gehörende waldreiche Hügelland beiderseits der polnisch-tschech. Grenze, mit dem **Glatzer Schneegebirge** (mit dem Großen oder Glatzer Schneeberg 1 425 m ü. M.), dem

Reichensteiner, Habelschwerdter, Heuscheuer- und Eulengebirge; reich an Mineralquellen (mehrere Kur- und Badeorte).
Glatzer Neiße (poln. Nysa Kłodzka), linker Nebenfluss der Oder, in Schlesien, Polen, 182 km lang, entspringt im W des Glatzer Schneegebirges, mündet zw. Oppeln und Brzeg; mehrfach gestaut.
Glatzflechte (Borkenflechte, Kälberflechte, Rindertrichophytie), ansteckende Hautkrankheit (Trichophytie) bei Haustieren, v. a. bei Jungrindern, durch Pilze der Gattung Trichophyton (Deuteromyzeten) verursacht; mit Haarausfall und Ausbildung runder, kahler Flecke v. a. an Kopf und Hals, bei Saugkälbern bes. am Maul **(Teigmaul, Maulgrind).**
Glaube, 1) *Philosophie:* neben »Meinung« und »Wissen« eine der Weisen des Fürwahr-Haltens; im Ggs. zum »Wissen« das nicht methodisch begründete, im Ggs. zum »Meinen« dennoch zweifelsfreie Fürwahr-Halten, Ausdruck vollkommener Überzeugung; beruht auf interpersoneller Gewissheit.
2) *Religionsgeschichte* und *Theologie:* auf Gott gerichtetes, festes und überzeugtes Vertrauen; Ausdruck der Beziehung des Menschen zu Gott oder dem Göttlichen, die als Grundelement des religiösen Lebens für die Existenz des religiösen Menschen schlechthin entscheidend ist. – Wurzel des *christl. G.* ist das Überzeugtsein von der Heilsoffenbarung Gottes in Jesus Christus. Für den einzelnen Christen ist der G. seine gelebte Beziehung zu Gott, geprägt durch das vorbehaltlose Vertrauen auf die ↑Gnade Gottes, das bewusste Annehmen der Gaben (Fähigkeiten), die Gott ihm gegeben hat und deren Einsatz in einem dem Evangelium gemäßen Leben. – Die kath. Theologie betont den G. schwerpunktmäßig als Akt der Zustimmung des menschl. Verstandes, der sich Gott unterwirft und die göttl. Offenbarungstatsachen annimmt. Die evang. Theologie hebt den G. als Geschenk Gottes hervor, um das der Mensch bitten kann und soll, das aus eigener Kraft zu erwerben ihm jedoch nicht möglich ist (↑Rechtfertigung). – Im *Islam* hat das für G. verwendete Wort »iman« die Bedeutung »Vertrauen schenken« und bezeichnet sowohl den Akt als auch den Inhalt des G. – Unter den drei im *Hinduismus* anerkannten Heilswegen des Handelns, des Erkennens und der Liebeshingabe an einen monotheistisch verehrten Gott kann der dritte als der Weg des G. angesehen werden (↑Bhakti). – Bemerkenswert ist die Einstellung des *Buddhismus* zum G. Obwohl der Buddhismus jede Metaphysik ablehnt und sich als rational völlig durchschaubar versteht, fordert er den G. (Pali »Saddha«) an Buddha und seine Verkündigung als ersten Schritt auf dem Weg zur Erlösung.

📖 Fohrer, G.: *G. u. Leben im Judentum.* Heidelberg u. a. ³1991. – Ebeling, G.: *Das Wesen des christl. G.* Freiburg im Breisgau u. a. 1993. – Seils, M.: *G.* Gütersloh 1996.

Glaubensartikel (lat. Articuli fidei), *christl. Theologie:* Bez. für einzelne Abschnitte des Glaubensbekenntnisses.
Glaubensbekenntnis, formelhafte Zusammenfassung der wesentl. Aussagen der christl. Glaubenslehre; Urformen der G. sind die frühchristl. Taufbekenntnisse; besondere Bedeutung haben das ↑Apostolische Glaubensbekenntnis in den westl. Kirchen und das im Ergebnis der dogmat. Auseinandersetzungen des 4. und 5. Jh. entstandene Nicänisch-Konstantinopolitanische G. (↑Nicänisches Glaubensbekenntnis) in der östl. (orth.) Kirche erlangt.
Glaubensdelikte, *kath. Kirchenrecht:* Vergehen gegen den christl. Glauben und die Einheit der Kirche, die Exkommunikation nach sich ziehen: Apostasie, Häresie, Schisma.
Glaubens-, Gewissens- und Bekenntnisfreiheit, die Freiheit und das Recht des Einzelnen, religiöse, weltanschaul. und moral. Überzeugungen zu bilden, zu äußern und zu befolgen und sich in Religions- und Weltanschauungsgemeinschaften zusammenzuschließen. Es handelt sich um eines der ältesten, bereits in den Religionskriegen des 16. Jh. geforderten Grundrechte. In Dtl. ist die G.-, G.- und B. durch Art. 4 sowie Art. 140 GG in Verbindung mit Art. 136–139, 141 der insoweit fortgeltenden Weimarer Reichsverf. gewährleistet, die auch das Recht auf ungestörte Religionsausübung (Kultusfreiheit, Art. 4 Abs. 2 GG) umschließen. Das Grundrecht verwehrt dem Staat Einmischungen in diesen höchst persönl. Bereich, gebietet ihm aber auch, Raum für seine Verwirklichung zu gewähren. Es bindet den Staat an das »Gebot der weltanschaulich-religiösen Neutralität«, das u. a. auch die Bevorzu-

GLA Glaubenskongregation

gung einzelner Kirchen verbietet. – Die Glaubens- und Weltanschauungsfreiheit schützt religiöse und nichtreligiöse Weltanschauungen gleichermaßen, ebenso die Freiheit, nichts zu glauben (**negative Glaubens- und Weltanschauungsfreiheit**). Das in Art. 7 Abs. 2 GG verankerte Recht, dass in Ausübung des religiösen Selbstbestimmungsrechts niemand zum Religionsunterricht gezwungen werden kann, ergänzt dieses Freiheitsrecht. Die Gewissensfreiheit bezieht sich auf die sittl., an den Vorstellungen von Gut und Böse orientierte, als innerlich verpflichtend erfahrene Gewissensentscheidung. In diesen Zusammenhang ist das Recht zur ↑Kriegsdienstverweigerung (Art. 4 Abs. 3 GG) gestellt.

In *Österreich* ist die Glaubens- und Gewissensfreiheit u. a. durch Art. 14 Staatsgrundgesetz 1867 gewährleistet, darf aber nicht zur Vernachlässigung staatsbürgerl. Pflichten dienen. In der *Schweiz* ist sie in Art. 15 Bundesverf. verankert.

Glaubenskongregation, *kath. Kirche:* inoffizielle Bez. für die seit 1965 unter dem Namen »Kongregation für die Glaubenslehre« bestehende Kurienkongregation.

Glaubenskriege, ↑heilige Kriege, ↑Religionskriege.

Glauber, Johann Rudolf, Chemiker und Apotheker, * Karlstadt 1604, † Amsterdam 10. 3. 1670; synthetisierte neue Substanzen, entwickelte zahlr. chemisch-techn. Prozesse.

Glauberg, Basaltkuppe in der Wetterau, Hessen, 270 m ü. M.; seit der Jungsteinzeit befestigt (Ringwallanlage), seit kelt. Zeit Herrschersitz. Am Südhang des G. nahe Büdingen wurde 1987 mithilfe von Luftbildaufnahmen ein frühkelt. Grabhügel entdeckt. 1994 und 1995 legten Archäologen hier zwei Fürstengräber (eine Körper- und eine Brandbestattung) aus dem 5. Jh. v. Chr. frei, die kostbare Beigaben enthielten; 1996 wurde die lebensgroße Sandsteinstele eines Herrschers (mit »Blattkrone«, Panzer, Schwert und Schild; ↑Ausgrabung) geborgen. Bei erneuten Grabungen wurden u. a. Fragmente dreier weiterer Krieger sowie in einem benachbarten Tumulus ein drittes reich ausgestattetes Fürstengrab gefunden.

📖 *Das Rätsel der Kelten vom G. Glaube, Mythos, Wirklichkeit.* Ausst.-Kat., Frankfurt am Main 2002.

Glauberit [nach J. R. Glauber] *der,* graues, gelbes oder rotes, glas- bis fettglänzendes, monoklines Mineral der chem. Zusammensetzung $CaNa_2 [SO_4]_2$; v. a. in ozean. Salzlagerstätten.

Glaubersalz [nach J. R. Glauber] (Mirabilit), farbloses, monoklines Mineral, $Na_2[SO_4] \cdot 10 H_2O$; Vorkommen in alpinen Salzlagerstätten und -seen.

Glaubhaftmachung, *Prozessrecht:* Form des Beweises, die einen geringeren Grad der Wahrscheinlichkeit fordert als der volle Beweis; zugelassen nur in einzelnen Fällen, v. a. in Verfahren des vorläufigen Rechtsschutzes und der Wiedereinsetzung in den vorigen Stand. Mittel der G. sind präsente Beweismittel und eidesstattl. Versicherung (§ 294 ZPO).

Gläubiger, jemand, der kraft eines Schuldverhältnisses berechtigt ist, von einem anderen (dem **Schuldner**) eine Leistung zu fordern (§ 241 BGB).

Gläubigeranfechtung, Anfechtung von Rechtshandlungen des Schuldners durch den Gläubiger, der mit seinem vollstreckbaren Titel keine Erfüllung der fälligen Forderung gefunden hat. Durch die G. soll die Zwangsvollstreckung auf Werte ausgedehnt werden, die der Schuldner verschenkt oder absichtlich weggegeben hat, um die Zwangsvollstreckung zu vereiteln.

Gläubigerbegünstigung, ↑Insolvenzstraftaten.

Gläubigerversammlung, die vom Insolvenzgericht berufene und geleitete Versammlung der Insolvenzgläubiger. Ein Stimmrecht gewähren die Forderungen, die angemeldet und weder vom Insolvenzverwalter noch von einem stimmberechtigten Gläubiger bestritten worden sind. Die G. ist u. a. zuständig für die Wahl eines anderen vom Gericht eingesetzten Insolvenzverwalters, die Wahl eines Gläubigerausschusses zur Überwachung der Geschäftsführung des Insolvenzverwalters, die Prüfung der Schlussrechnung des Verwalters, die Entscheidung über Stilllegung oder vorläufige Fortführung des Unternehmens.

Gläubigerverzug (Annahmeverzug), Rechtstatbestand, der entsteht, wenn der Gläubiger die ihm von seinem Schuldner ordnungsgemäß angebotene Leistung nicht annimmt (§§ 293 ff. BGB). Während des G. haftet der Schuldner im Hinblick auf die geschuldete Leistung nur für Vorsatz und grobe Fahrlässigkeit (bei einem Gattungskauf geht die Gefahr mit der Nichtannahme auf den Gläubiger über). – In *Österreich* ist der Rechtstatbestand in § 1419 ABGB, in der *Schweiz* in Art. 91–96 OR geregelt.

Glauchau, Krst. des Landkreises Chemnitzer Land, Sachsen, an der Zwickauer Mulde, Große Krst., 27 800 Ew.; Textilind., Autozulieferbetrieb, Maschinenbau. – Barocke Stadtkirche (1726–28), Schloss Hinterglauchau (1460–70, 1525 ff.), Schloss Forderglauchau (1527–34). – Seit dem 13. Jh. Stadt.

Glaucium, der ↑ Hornmohn.

Glauke, *grch. Mythologie:* ↑ Kreusa.

Glaukom [grch.] *das* (grüner Star), Sammelbegriff für Krankheiten des Auges, die zu einer Schädigung des Sehnervs an der Sehnervenpapille des Auges führen und i. d. R. einen **erhöhten Augeninnendruck** infolge einer Abflussbehinderung des Kammerwassers aufweisen **(primäres G.)**. Der Augeninnendruck kann durch eine bestehende oder vorausgegangene Augenerkrankung ausgelöst sein **(sekundäres G.)**. Das G. gehört zu den drei häufigsten Erblindungsursachen (0,5–2 % der Bev.) in den Industrienationen.

Zu den Ursachen des primären G. gehören die Abflussbehinderung durch degenerative Prozesse im Bälkchenbereich des Kammerwinkels (Trabekelwerk), der als Vorschaltfilter des Abflusskanals den Abflusswiderstand bestimmt **(Offenwinkel-G.)**, außerdem die Verlegung des Kammerwinkels und des Trabekelmaschenwerks durch die Regenbogenhaut, wodurch ein plötzl. Augeninnendruckanstieg entsteht **(Winkelblock-G., »G.-Anfall«)**, sowie die Entwicklungsstörung des Trabekelmaschenwerks, die das angeborene (kongenitale) G. bewirkt. – Die Ursachen des sekundären G. sind sehr unterschiedlich (durch Gefäßüberwachung des Trabekelwerks bei Diabetes mellitus und zentralem Venenverschluss, durch Narbenbildung bei Verletzungen oder durch Einschwemmung von Pigment und extrazellulärem Material).

Als Folge der Sehnervenschädigung beim G. entstehen **Gesichtsfeldausfälle**, die der Patient i. d. R. nicht selbst bemerkt, da sie außerhalb des Fixierpunktes liegen und die Sehschärfe anfangs nicht beeinträchtigen. Das Offenwinkel-G. ist schmerzlos und kann deshalb nur durch Untersuchung des Augeninnendrucks und des Sehnervs rechtzeitig erkannt werden. Das Winkelblock-G. führt zu akutem Augeninnendruckanstieg, Augenschmerzen und Sehverschlechterung.

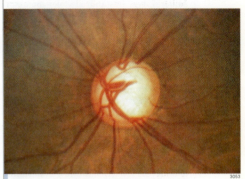

Glaukom: fortgeschrittene Sehnervenatrophie durch ein Glaukom

Beim **kindl. G. (Hydrophthalmie)** entsteht eine Vergrößerung der Hornhaut mit Rissen der Hornhautinnenschicht, weil die weiche kindl. Augenhöhle durch den erhöhten Augeninnendruck gedehnt wird.

Die *Behandlung* des G. erfolgt durch Senkung des Augeninnendrucks. Medikamente können als Augentropfen lokal angewendet werden (Betarezeptoren- und Alpharezeptorenblocker, Karboanhydrasehemmer, Prostaglandine, Parasympathomimetika). Die **Argonlaserbehandlung** des Trabekelwerks ist nur bei einem Teil der Patienten wirksam. Beim Winkelblock-G. kann mit einem Nd-YAG-Laser eine Regenbogenhautlücke angelegt und dadurch ein G.-Anfall verhindert werden. Die **Filtrationsoperation** senkt den Augeninnendruck am stärksten, hierzu muss der Augapfel chirurgisch eröffnet werden. Bei rechtzeitiger Diagnose und konsequenter Augeninnendrucksenkung lässt sich in den meisten Fällen eine Verschlechterung beim primären G. verhindern und die noch vorhandene Sehfunktion erhalten.

📖 *Schneider T.: Medikamentöse Therapie des G. Heidelberg 2000. – Müller V.: Laser-G.-Chirurgie. Landsberg 2001. – Pfeiffer N.: G. Grundlagen, Diagnostik, Therapie, Compliance. Stuttgart 2001.*

Glaukonit [grch.] *der,* dunkelgrüner, feinkörniger, magnesium- und eisenhaltiger

GLA Glaukophan

Glimmer, der am Meeresboden durch Verwitterung (Halmyrolyse) von Biotit gebildet wird; Bestandteil von Grünsand.

Glaukophan [grch.] *der,* zu den Hornblenden (↑Amphibole) zählendes, blaugraues bis schwärzlich blaues, monoklines Mineral, typ. Bestandteil vieler metamorpher Schiefer.

Glaukos, *grch. Mythos:* 1) ein bei Schiffern und Fischern wegen seiner Weissagungen beliebter Meeresgott, halb Fisch, halb Mensch; 2) ein Enkel des Bellerophon, Verbündeter der Trojaner, der mit Diomedes um der Gastfreundschaft willen die Rüstung (Gold gegen Erz) tauschte; getötet von Aias dem Großen.

Glauser, Friedrich, schweizer. Schriftsteller, *Wien 4. 2. 1896, †Nervi (Prov. Genua) 8. 12. 1938; 1921–23 Fremdenlegionär, war drogenabhängig und verbrachte die letzten Jahre in Heilanstalten und Gefängnissen; schrieb u.a. die psychologisch überzeugenden Kriminalromane um die Figur des Wachtmeisters Studer; sein Fremdenlegionärsroman »Gourrama« erschien 1940, ungekürzt 1974.

Glaux [grch.] *der,* Eule, hl. Vogel der Athene, Münzbild des athen. Geldes; auch Bez. der Münzen selbst, bes. der Tetradrachmen.

Glaxo Wellcome plc [ˈglæksəʊ ˈwelkəm piːelˈsiː], brit. Pharmakonzern, entstanden 1995 durch Zusammenschluss von Glaxo Co. (gegr. 1873) und Wellcome plc (gegr. 1880); Sitz: London; Ende 2000 wurde die Fusion mit der Smithkline Beecham plc (gegr. 1830; Sitz: London und Philadelphia) zur **Glaxo Smithkline plc** vollzogen. Das neue Unternehmen (Sitz: London) gehört mit über 107 500 Beschäftigten und einem Umsatz (2001) von 29,5 Mrd. US-$ zu den führenden Arzneimittelkonzernen der Welt.

glazial [lat.], i.w.S. das Eis betreffend, vom Eis geschaffen; i.e.S. eiszeitlich, in einer Eiszeit entstanden. Im Unterschied zu den Begriffen ↑glaziär und ↑glazigen bezieht sich g. auf Zeitalter und Klima.

Glazial|erosion, die abtragende Tätigkeit der Gletscher und des Inlandeises. Das anstehende Gestein wird durch mitgeführte Geschiebe abgeschliffen (↑Gletscherschliff, Gletscherschrammen und Kritzen); die vom Eis überwanderten Berge werden abgerundet, es entstehen Rundhöcker; Becken, Mulden und Talböden werden erweitert und tiefer gelegt (glaziale Übertiefung), dadurch bilden sich Trogtäler, Zungenbecken und Kare; Schwellen werden stärker herausmodelliert. Das Wegschieben des Lockermaterials durch die Stirn eines Gletschers oder durch vorrückende Inlandeismassen heißt **Exaration.**

glaziale Serie, die vom Inlandeis oder von Gletschern nach ihrem Abschmelzen hinterlassenen, stets regelhaft in gleicher Weise aufeinander folgenden Relieffor-

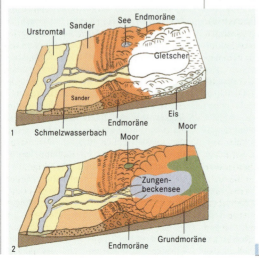

glaziale Serie

Gleichberechtigung GLE

men. Vom ehem. Eiszentrum her betrachtet, besteht die g. S. im N Mitteleuropas aus flachwelligen oder kuppigen Grundmoränen, hügeligen Endmoränen, Sanderebenen und Urstromtal; im Alpenrandgebiet sind es Zungenbecken, Endmoränen und Schotterfelder.

Glazial|isostasie, ↑Isostasie.

glaziär [lat.], in Gletschernähe oder im Umkreis eines Gletschers oder des Inlandeises entstanden; z. B. Schmelzwasserablagerungen oder Löss. Im Unterschied zu den Begriffen ↑glazigen und ↑glazial bezieht sich g. auf den Entstehungsraum.

glazigen [lat.], unmittelbar durch die Wirkung des Eises entstanden; gesagt von Ablagerungen und Abtragungsformen, z. B. Moränen, Drumlins, Oser, Trogtäler. Im Unterschied zu den Begriffen ↑glazial und ↑glaziär bezieht sich g. auf die Entstehungsursache.

glaziofluviatil, ↑fluvioglazial.

Glaziologie [lat.-grch.] *die,* die Gletscherkunde, ↑Gletscher.

GLCM [dʒiːelsiːˈem], Abk. für engl. ground-launched cruise missile, landgestützter Marschflugkörper, ↑Cruise-Missile.

Gleditschi|e [nach dem Botaniker J. G. Gleditsch, *1714, †1786] *die* (Gleditsia), Gattung der Hülsenfrüchtler, dornig mit Fiederlaub. Parkbaum ist z. B. die **Amerikan. G.** (Gleditsia triacanthos) aus Nordamerika, mit scharfen, oft mehrspitzigen Dornen, bis 45 cm langen, sichelförmigen Fruchthülsen.

Glee [gliː] *der,* in der engl. Gesellschaft des 17. bis 19. Jh. beliebtes einfaches A-cappella-Lied für drei und mehr Solostimmen (meist Männerstimmen) ohne instrumentale Begleitung. Hauptmeister war S. Webbe (*1740, †1816). Das G. wurde bes. in Männerclubs (Londoner **G.-Club,** 1783–1857) gepflegt.

Glei, ↑Gley.

Gleichbehandlungsgrundsatz, allgemein der Rechtsgrundsatz, dass Personen, die sich in gleicher Rechtslage befinden, gleich zu behandeln sind; von besonderer Bedeutung im Arbeitsrecht, wo er die sachfremde Differenzierung von Arbeitnehmergruppen innerhalb eines Betriebes, bes. bei der Ausgestaltung der Arbeitsbedingungen, verbietet. Kein Verstoß gegen den G. ist aber die individuelle Besserstellung Einzelner. Der Geltungsumfang des G. für die Lohnfestsetzung ist umstritten; er zwingt aber als Verbot willkürl. Differenzierungen zur Anwendung objektiver Leistungsbewertungsgrundsätze. Auch im Verw.-, Gesellschafts- und Steuerrecht ist der G. zu beachten.

Gleichberechtigung, die rechtl. Gleichstellung von Mann und Frau, garantiert in Art. 3 Abs. 2 und 3 GG als Ausprägung des allg. Gleichheitssatzes. Der Staat darf den Unterschied der Geschlechter nicht als Anknüpfungspunkt für Ungleichbehandlung wählen. Eine Ausnahme ist nur zulässig, wenn biolog. Unterschiede der Verschiedenbehandlung erfordern (z. B. Mutterschutz); problematisch ist die Zulassung von Ausnahmen aus »funktionalen« Gründen, die meist auf der traditionellen gesellschaftl. Rollenverteilung beruhen. Nach der Rechtsprechung des Bundesverfassungsgerichts ist die Arbeit der Frau in Haushalt und Familie als gleichwertig mit dem Beitrag des erwerbstätigen Ehemannes anzusehen. Die gesetzl. Bevorzugung eines männl. Erben, z. B. bei der Hoferbfolge, ist verfassungswidrig. Das Gleichberechtigungs-Ges. vom 18. 6. 1957 hat Bestimmungen des BGB zum Eherecht, elterl. Güterrecht und der elterl. Sorge an den Verfassungsgrundsatz angepasst. Das Eherechts-Ges. vom 14. 6. 1976 hat durch Regelungen über Versorgungsanwartschaften nach der Scheidung, über die Berechtigung beider Ehegatten zur Erwerbstätigkeit und über die Möglichkeit der Wahl des Geburtsnamens der Frau zum Familiennamen die G. im Familienrecht fortgeführt. Das Ges. über die Gleichbehandlung von Männern und Frauen am Arbeitsplatz vom 13. 8. 1980 fügte u. a. ein allg. Benachteiligungsverbot aufgrund des Geschlechts und das Gebot der geschlechtsneutralen Ausschreibung von Arbeitsplätzen das BGB ein (§§ 611 a und b BGB). Auch im Sozialversicherungsrecht hat der Gesetzgeber die G. weitgehend festgeschrieben. Durch GG-Änderung vom 27. 10. 1994 ist der Staat zur tatsächl. Durchsetzung der G. und zum Hinwirken auf die Beseitigung bestehender Nachteile verpflichtet worden. Zunehmende Bedeutung für die G. erlangt das Europarecht, v. a. Art. 141 (gleiches Arbeitsentgelt bei gleicher Arbeit) und Art. 12, 13 EG-Vertrag (Diskriminierungsverbot wegen des Geschlechts). – Als unbedenkl. bes. wegen des Schutzes der Frau

aufgrund der biolog. Besonderheiten wurden bisher die Regelungen des Art. 12a GG angesehen. Art. 12a Abs.1 GG schränkt die G. ein, indem er nur für Männer die Wehrpflicht statuiert. Art. 12a Abs.4 GG alter Fassung verbot Frauen den Dienst mit der Waffe. Nach einem Urteil des Europ. Gerichtshofs vom 11. 1. 2000 verstößt jedoch der vollständige Ausschluss der Frauen vom Dienst mit der Waffe gegen die EG-Richtlinie zur Verwirklichung der Gleichbehandlung von Männern und Frauen im Arbeitsleben. Daraufhin wurde durch Ges. vom 19. 12. 2000 das Verbot aufgehoben und in Art. 12a Abs.4 GG festgeschrieben, dass Frauen auf keinen Fall zum Dienst mit der Waffe verpflichtet werden dürfen.
In *Österreich* lässt der verfassungsrechtl. Gleichheitssatz (Art. 7 Bundes-Verfassungs-Ges.) nur gesetzl. Differenzierungen zu, die in der Natur des Geschlechts begründet sind. In der *Schweiz* wird die G. seit 1981 verfassungsmäßig gesichert (Art. 8 Abs. 3 Bundesverfassung).

📖 *Frauengleichstellungsgesetze des Bundes u. der Länder. Kommentar für die Praxis ...,* hg. v. D. Schiek u. a. Köln 1996. – Nishihara, H.: *Das Recht auf geschlechtsneutrale Behandlung nach dem EGV und GG.* Berlin 2002.

Gleichberge, Basaltmassiv östlich von Römhild, Thür., mit Großem Gleichberg (679 m ü. M.) und Kleinem Gleichberg (642 m ü. M.) als Reste eines tertiären Vulkanismus.

Gleichdruckturbine (Aktionsturbine), im Ggs. zur Reaktionsturbine mit gleicher Druckhöhe vor und hinter jedem Laufrad arbeitende Dampf- oder Gasturbine; bei Wasserturbinen veraltet für Freistrahlturbine (Pelton-Turbine).

gleiche Höhe, *Fußball:* auf einer zur Torlinie parallelen (gedachten) Linie befindlich; sind der vorletzte Gegner und ein Angreifer bei Ballabgabe auf g. H., liegt kein ↑Abseits vor.

Gleichen, Drei, Burgen in Thüringen, ↑Drei Gleichen.

Gleichenberg, Bad, ↑Bad Gleichenberg.

Gleichen-Rußwurm, 1) Emilie Freifrau von, *Weimar 25. 7. 1804, † Schloss Greifenstein (Unterfranken) 25. 11. 1872, jüngste Tochter Schillers; veröffentlichte Beiträge zur Biografie Schillers und seiner Familie.

2) Karl Alexander Freiherr von, Schriftsteller, *Schloss Greifenstein (Unterfranken) 6. 11. 1865, † Baden-Baden 25. 10. 1947, Enkel von 1), Urenkel Schillers; schrieb »Schiller« (1913), »Kultur- und Sittengeschichte aller Zeiten und Völker« (1929–31; mit F. Wencker).

Gleichflügler (Pflanzensauger, Homoptera), weltweit verbreitete Ordnung pflanzensaugender Landinsekten mit etwa 30000 Arten. Man unterscheidet die Unterordnungen Blattläuse, Blattflöhe, Schildläuse, Zikaden, Mottenschildläuse.

gleichgeschlechtliche Lebensgemeinschaft, auf Dauer angelegtes Zusammenleben von gleichgeschlechtl. Partnern. G. L. stehen nicht unter dem besonderen Schutz des GG (Art. 6, Schutz von Ehe und Familie). Durch eine Entschließung der EU zur Gleichberechtigung aller Bürger ungeachtet ihrer sexuellen Veranlagung von 1994 wurde auch in Dtl. die Diskussion über eine Regelung der Rechtsverhältnisse von g. L. gefördert. Zur Beendigung der Diskriminierung gleichgeschlechtl. Gemeinschaften dient das Ges. vom 16. 2. 2001, in Kraft ab 1. 8. 2001, das es zwei volljährigen Personen gleichen Geschlechts ermöglicht, eine **Eingetragene Lebenspartnerschaft** zu begründen. Erforderlich ist die Eintragung der Lebenspartnerschaft durch die nach Landesrecht zuständige Behörde. Die Lebenspartner sind zu gegenseitiger Fürsorge und Unterstützung verpflichtet, sie können einen gemeinsamen Lebenspartnerschaftsnamen bestimmen und sind einander zu angemessenem Unterhalt verpflichtet. Ihre vermögensrechtl. Verhältnisse können sie durch notariellen Vertrag regeln. Der überlebende Lebenspartner hat ein gesetzl. Erbrecht. Ein Anspruch auf Hinterbliebenenrente besteht nicht. Die Lebenspartnerschaft wird auf Antrag durch gerichtl. Urteil aufgehoben. Regelungen für g. L. existieren z. B. in Dänemark, Norwegen, Schweden, den Niederlanden, Belgien und Frankreich.

Gleichgeschlechtlichkeit, ↑Homosexualität.

Gleichgewicht, 1) *Biologie:* ↑biologisches Gleichgewicht, ↑ökologisches Gleichgewicht.

2) *Chemie:* (chemisches G.), Zustand innerhalb einer umkehrbaren chem. Reaktion, bei dem Hin- und Rückreaktion die

Gleichheit GLE

gleiche Reaktionsgeschwindigkeit haben. Dabei stehen die Konzentrationen oder Drücke der Ausgangs- und Endprodukte in einem bestimmten Verhältnis zueinander, das durch die **G.-Konstante (Massenwirkungskonstante)** angegeben wird (↑Massenwirkungsgesetz).
3) *Physik, Technik:* der Zustand eines Körpers oder Systems, bei dem maßgebende Zustandsgrößen zeitlich konstant sind und/oder sich Wirkungen und Gegenwirkungen aufheben. Man spricht von **dynam. G.**, wenn sich zwei entgegengesetzt verlaufende Prozesse in ihrer Wirkung aufheben.

5) *Volkswirtschaftslehre:* Zustand eines Systems, das keine systemimmanenten Änderungstendenzen aufweist. Zentrale Bedeutung hat das **Markt-G.**, bei dem die geplanten Nachfrage- und Angebotsmengen mit dem G.-Preis übereinstimmen. Die Erreichung des **gesamtwirtsch. G.** (totales G.), gekennzeichnet durch Preisniveaustabilität, hohe Beschäftigungsrate, außenwirtsch. G. sowie stetiges und angemessenes Wirtschaftswachstum, ist ein wesentl. wirtschafts- und konjunkturpolit. Ziel jeder Volkswirtschaft.
Gleichgewichtskonstante, *Chemie:* ↑Massenwirkungsgesetz.

Gleichgewicht 3): 1 stabiles, 2 labiles, 3 indifferentes Gleichgewicht

Mechanik: Zustand eines starren Körpers oder eines Systems von starren Körpern, bei dem sich die Wirkungen aller angreifenden Kräfte gegenseitig aufheben, sodass weder eine resultierende Kraft noch ein resultierendes Drehmoment existiert (**stat. G.**). Je nachdem, ob sich ein System bei geringer Verschiebung aus der G.-Lage von selbst in Richtung auf das G. zurückbewegt, weiter davon entfernt oder auch in der neuen Lage im G. ist, heißt das G. **stabil, labil** oder **indifferent (metastabil)**.
Thermodynamik: Ein abgeschlossenes System befindet sich im **thermodynam. G.**, wenn die Entropie ihren größtmögl. Wert erreicht hat. In einem offenen System kann ein stationärer Zustand (↑Fließgleichgewicht) auftreten.
Kernphysik: Beim radioaktiven Zerfall herrscht **radioaktives G.**, wenn von einer bestimmten Atomart in der Zeiteinheit ebenso viele Atome zerfallen wie aus einer anderen Art durch Zerfall gebildet werden.
4) *Politikwissenschaft:* (polit. G.), innenpolitisch: Bestrebungen, durch wechselseitige Kontrolle der Kräfte im Staat Macht zu begrenzen und versch. gesellschaftl. Kräften Möglichkeiten zu ihrer Entfaltung zu geben, z. B. durch das Prinzip der Gewaltenteilung. Außenpolitisch: ausgewogenes Machtverhältnis zw. souveränen Staaten, v. a. im Hinblick auf ihre polit., wirtsch. und militär. Potenzen (z. B. das ↑europäische Gleichgewicht).

Gleichgewichtsorgane (statische Organe), Organe des Gleichgewichtssinns bei Tieren und beim Menschen; dienen der Wahrnehmung der Lage des Körpers im Raum, meist mithilfe der Schwerkraftwirkung. Im Allg. liegen ein größerer Körper (**Statolith**) oder mehrere kleine Körnchen beweglich einer bestimmten Gruppe von Sinneshärchen eines Sinnesepithels (**Schwererezeptoren, Gravirezeptoren**) auf, das meist in einer Grube oder in einer flüssigkeitserfüllten Blase (**Statozyste**) liegt. Die Sinneshärchen werden durch den Statolithen bei einer Lageveränderung des Körpers in Richtung Schwerkraft verschoben, wodurch sich der Reiz auf die Sinneshärchen der betreffenden Seite verlagert. Diese einseitige Reizung löst reflektorisch Kompensationsbewegungen aus, die den Körper wieder in die normale Gleichgewichtslage zurückzubringen versuchen. Das G. der Wirbeltiere (einschl. des Menschen) befindet sich im Labyrinth (Innenohr), die Sinneszellen liegen in den Sinnesfeldern des Utriculus, des Sacculus und der drei Bogengänge.
Gleichgewichtssinn (statischer Sinn, Schwerkraftsinn, Schweresinn), mechan. Sinn zur Wahrnehmung der Lage des Körpers bzw. der einzelnen Körperteile; im Hinter- bzw. Kleinhirn lokalisiert; wichtig für die aufrechte Körperhaltung.
Gleichheit, 1) *Logik:* die Übereinstimmung zweier oder mehrerer Gegenstände,

GLE Gleichheitssatz

Gegenstandsmerkmale oder Sachverhalte hinsichtlich einer bestimmten, vieler oder aller Eigenschaften. Im letzteren Fall spricht man auch von Identität.
2) Im *Recht* meint G. heute v. a. die **G. vor dem Gesetz**, die sowohl die G. der Rechtsanwendung (»ohne Ansehen der Person«) als auch die Rechtsetzungs-G. (die den Gesetzgeber bindet) umschließt und in dieser Ausprägung verfassungsrechtlich gewährleistet ist. Das G.-Recht ist aus der naturrechtl. Idee von der angeborenen und unveräußerlichen G. des Menschen hervorgegangen. Nach dem (nord)amerikan. und frz. Vorbild wurde es auch in die dt. Verf. des 19. Jh. übernommen. Der allgemeine G.-Satz (»Alle Menschen sind vor dem Gesetz gleich«) ist in Art. 3 Abs. 1 GG niedergelegt, spezielle Diskriminierungsverbote aufgrund des Geschlechts (↑Gleichberechtigung), der Abstammung, Rasse, Sprache, Heimat, Herkunft, der religiösen oder polit. Überzeugung, einer Behinderung enthalten die Abs. 2 und 3, sowie zugunsten nicht ehel. Kinder Art. 6 Abs. 5 und hinsichtlich staatsbürgerl. Rechte Art. 33 und 38 GG. G.-Verbürgungen enthalten auch Art. 7 und 26 des *österr.* Bundes-Verfassungs-Ges. sowie Art. 8 der *schweizer.* Bundesverfassung.
Gleichheitssatz (allgemeiner Gleichheitssatz), in Art. 3 Abs. 1 GG verankertes Grund- und Menschenrecht, wonach vor dem Ges. alle Menschen gleich sind. Nur gleichartige Lebenssachverhalte sollen gleich, ungleichartige entsprechend ungleich behandelt werden.
Gleichheitszeichen, ↑Gleichung.
Gleichlauf, 1) *Maschinenbau:* bei Maschinen übereinstimmende Drehungsrichtung einzelner Teile (Wellen, Zahnräder u. a.); Ggs. Gegenlauf.
2) *Rundfunk-* und *Fernsehtechnik:* in Hörrundfunkempfängern (Überlagerungsempfängern) die Übereinstimmung der Eigenfrequenzen mehrerer Schwingkreise im ganzen Abstimmbereich (sie ist für die Einknopfbedienung erforderlich); beim Fernsehen die Übereinstimmung der Ablenkung des Kathodenstrahls der Empfängerbildröhre mit der Abtastung des Bildes in der Aufnahmeeinrichtung, sie wird durch **G.-Signale** (Synchronisierungsimpulse) bewirkt. G.-Fehler bewirken »durchlaufende« Bilder.

Gleichlaufschwankungen, *Elektroakustik:* kurzzeitige Änderungen der mittleren Bandgeschwindigkeit bei Bandgeräten oder der Drehzahl bei Plattenspielern, die sich als nieder- (»wow«) oder höherfrequente (»flutter«) Tonhöhenschwankungen bemerkbar machen (zus. als **wow and flutter** bezeichnet). G. können verringert werden durch Schwungmassen (z. B. schwerer Plattenteller), Direktantrieb, elektronisch geregelte Antriebsmotoren. – Bei der Wiedergabe von Videosignalen sind dies Schwankungen der Horizontal- und Farbträgerfrequenz und damit Verzerrungen und Farbverfälschungen.
gleichmächtig, *Mathematik:* ↑Mächtigkeit.
Gleichnis, in der Literatur Form des Vergleichs in literar. Sprache, bei dem ein Vorgang, eine Vorstellung oder ein Zustand durch einen entsprechenden Sachverhalt aus einem anderen sinnlich-gegenständl. Bereich veranschaulicht wird, wobei beiden Seiten ein drittes Moment (Tertium comparationis) gemeinsam ist. Anders als bei der ↑Metapher stellt das G. das Bild nicht an die Stelle der Sache (»Frühling des Lebens« für »Jugendzeit«), sondern es stellt beides, durch eine Vergleichspartikel verbunden, nebeneinander. (↑Parabel)
Gleichrichter, elektron. Gerät, Bauelement oder Schaltung zur Umwandlung (Gleichrichtung) von Wechselstrom in (pulsierenden) Gleichstrom unter Benutzung von Schaltelementen, die aufgrund ihrer elektr. Ventilwirkung (↑Ventil) den elektr. Strom nur (oder vorwiegend) in einer Richtung hindurchlassen, in der anderen Richtung hingegen sperren (↑Stromrichter). Die elektromechan., Elektrolyt- und Röhren-G. wurden inzwischen fast völlig von **Halbleiter-G.** verdrängt, die auf der Sperrschichtwirkung elektr. Halbleiter beruhen. Heute werden v. a. Germanium- und Siliciumdioden (**G.-Dioden**), bei denen die G.-Wirkung durch den ↑pn-Übergang zw. einer p- und einer n-leitenden Halbleiterschicht bewirkt wird, wegen ihrer geringen Größe, kleiner Spannungsverluste und mechan. Unempfindlichkeit in fast allen G.-Schaltungen und Stromrichtern der Leistungselektronik verwendet (↑Diode).
G.-Schaltungen: G. unterteilt man in **ungesteuerte G.,** bei denen die Ausgangsspannung durch die Art der Schaltung be-

Gleichung GLE

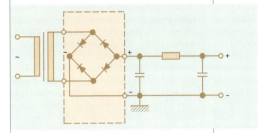

Gleichrichter: Schaltbild eines Brückengleichrichters

stimmt wird (Verwendung von Leistungsdioden als Ventile) und in **gesteuerte G.**, bei denen die Ausgangsspannung eingestellt werden kann (Verwendung von Thyristoren als Ventile). Nach der Pulszahl der erzeugten Gleichspannung unterscheidet man **Einpuls-, Zweipuls-G.** usw. Nach Art der Schaltungsanordnung unterscheidet man zw. **Einweg-G.**, die nur eine der beiden Halbschwingungen einer Periode ausnutzen, und **Zweiweg-G.**, bei der beide Halbschwingungen verarbeitet werden. Zu den Zweiweg-G. gehören die **Mittelpunktschaltung**, die einen Transformator mit sekundärseitiger Mittelanzapfung und zwei Dioden benötigt, und der **Brücken-G.** (↑Graetz-Schaltung), der aus vier Dioden besteht. Jede G.-Schaltung liefert einen Gleichstrom, dem ein Wechselanteil überlagert ist. Er ist beim Einweg-G. am größten und bei den Brücken-G. am geringsten. Zur Verringerung der Welligkeit des pulsierenden Gleichstroms sind eine ↑Glättung bzw. auch Siebung nötig. – G.-Schaltungen (bes. in Form von Brückenschaltungen) befinden sich in Netzgeräten, die der Stromversorgung elektron. Geräte (z. B. Verstärker, Rundfunkempfänger, Ladegeräte für Akkumulatoren u. a.) dienen. In der Hochfrequenz-, Sende- und Empfangstechnik werden G.-Schaltungen zur Demodulation eingesetzt, in der elektr. Energietechnik sind sie als Stromrichter wichtig.

Gleichrichter|effekt (Sperrschichteffekt), starke Behinderung des Stromdurchgangs in einer Richtung (Sperrrichtung), bei Metall-Halbleiter-Übergängen und zw. p- und n-leitenden Halbleiterbereichen (↑Halbleiter). Der G. wird u. a. bei Halbleiterdioden zur Gleichrichtung ausgenutzt. Er wurde 1875 von K. F. Braun entdeckt und von W. Schottky 1939 gedeutet (daher **Schottky-Effekt**).

Gleichrichtwert, *Elektrotechnik:* Mittelwert einer periodisch veränderl. Größe (z. B. Strom, Spannung), der durch Gleichrichtung der Wechselgröße entsteht.

Gleichschaltung, polit. Schlagwort aus der Zeit der nat.-soz. Machtergreifung, bezeichnet die Aufhebung des Pluralismus auf allen Ebenen des öffentl. Lebens zugunsten der nat.-soz. Politik und Ideologie. Der Begriff wird analog auf ähnl. Praktiken totalitärer Regierungen angewandt.

Gleichschein, *Astronomie:* ↑Konjunktion.

Gleichspannung, zeitlich konstante elektr. Spannung, die einen stets in die gleiche Richtung fließenden elektr. Gleichstrom verursacht; Ggs. Wechselspannung.

Gleichstrom (engl. direct current, Abk. DC), elektr. Strom, der stets in gleicher Richtung fließt, im Ggs. zum ↑Wechselstrom. Ein G. konstanter Stärke (reiner G.) entsteht bei elektrochem. Vorgängen, z. B. in galvan. Elementen. Bei pulsierendem (techn.) G. ändert sich der Betrag der Stromstärke periodisch; er wird mit ↑Generatoren aus Wechselstrom mittels Gleichrichtern erzeugt. Ist dem G. ein Wechselstromanteil überlagert, spricht man von **Mischstrom**.

Gleichstrommaschine, elektr. Maschine, aufgebaut als Gleichstrommotor (↑Elektromotor) oder als Gleichstromgenerator (↑Generator).

Gleichung, 1) (chem. G.), ↑chemische Zeichensprache.

2) *Mathematik:* Ausdruck für eine Gleichheit von Größen (Zahlen, Funktionen), dargestellt durch das Gleichheitszeichen (=), die durch das Gleichsetzen zweier Terme entsteht. Die Menge der Lösungen einer G. ist deren **Lösungsmenge**. Man unterscheidet **ident. G.**, die nur bekannte Größen enthalten oder für alle Werte der in ihnen enthaltenen Variablen gelten, z. B.

$3 + 5 = 8$ oder $(a + b)(a - b) = a^2 - b^2$, und **Bestimmungs-G.**, die nur für bestimmte Werte ihrer Variablen erfüllt sind, z. B. $3x + 2 = 11$ für $x = 3$. Spezielle erfüllbare G. sind Funktional-G. (z. B. Differenzial- und Integral-G.), deren Lösungen Funktionen sind. **Funktions-G.** wie $y = x^2 + 1$ beschreiben eine funktionale Abhängigkeit. – Nach der Art der Terme unterscheidet man **algebraische** und **nichtalgebraische (transzendente) Gleichungen.** Eine algebraische G. entsteht durch Nullsetzen eines ↑Polynoms, dessen Grad auch der Grad der G. ist; G. 1., 2. bzw. 3. Grades heißen **lineare, quadrat.** bzw. **kub. Gleichungen.** Für die transzendenten G. gibt es keine allgemeine Klassifizierung; wichtige Typen sind **Exponential-, logarithm.** und **goniometr. G.**, bei denen die Variablen im Exponenten, im Argument eines Logarithmus bzw. einer trigonometr. Funktion vorkommen.

Gleichverteilungssatz der Energie (Äquipartitionstheorem), Satz der mechan. Wärmetheorie. Auf jeden ↑Freiheitsgrad eines Teilchens (Translation, Rotation, Schwingung), das der Wärmebewegung unterworfen ist, entfällt bei der absoluten Temperatur T im statist. Mittel die gleiche Energie, nämlich $kT/2$ (k Boltzmann-Konstante). Der G. d. E. gilt nur bei genügend hohen Temperaturen; auf Festkörper angewandt, führt er auf die ↑Dulong-Petit-Regel.

Gleichwellenfunk, gleichzeitiger Betrieb mehrerer Rundfunksender auf derselben Frequenz mit demselben Programm; kann durch Interferenzen zu Störungen führen.

Gleichzeitigkeit, *Physik:* die durch zwei an verschied. Orten u. in versch. Bewegungszuständen befindl. Beobachter an ihren Uhren festgestellte zeitl. Übereinstimmung des Eintretens eines physikal. Ereignisses. Der Begriff der G., der auf der Annahme des gleichen Ablaufs der Zeit (absolute Zeit) an allen Punkten des Raumes beruht, wurde in der speziellen ↑Relativitätstheorie neu gefasst.

Gleim, Johann Wilhelm Ludwig, Dichter, *Ermsleben (Kr. Aschersleben-Staßfurt) 2. 4. 1719, †Halberstadt 18. 2. 1803; Mitbegründer des Halleschen Freundeskreises, wurde der führende Vertreter der ↑Anakreontiker. Im »Versuch in scherzhaften Liedern« (2 Tle., 1744–45) besang er die Freuden der Liebe und des Weines; schrieb ferner »Preußische Kriegslieder in den Feldzügen 1756 und 1757 von einem Grenadier« (1758), Epigramme, Oden, Fabeln, Romanzen und Balladen.

Gleis, die Fahrbahn von Schienenfahrzeugen (beim Eisenbahn-G. Teil des Eisenbahnoberbaus), aus zwei in gleich bleibendem Abstand (Spurweite) verlaufenden Stahlschienen, Schwellen und Schienenverbindungs- und Schienenbefestigungsmitteln.

Gleisbau, alle Arbeiten zur Herstellung und Erhaltung des Oberbaus von Schienenbahnen. Bei der Dt. Bahn AG werden die Oberbauarbeiten unterteilt in Erneuerung, Auswechslung, Durcharbeitung und kleine Instandhaltung. Dazu stehen spezielle G.-Maschinen zur Verfügung. Zur Reinigung des Schotters dienen **Bettungsreinigungsmaschinen,** die den Schotter aufnehmen, über Siebe führen und nach Entfernen des Feinanteils wieder abwerfen. **Stopf-** und **Richtmaschinen** verdichten den Schotter unter dem Gleisrost und stellen die genaue Gleislage her. Mit **Umbauzügen** wird im Fließbandverfahren das alte Gleis ab- und das neue eingebaut.

Gleiskettenfahrzeug (Kettenfahrzeug, Raupenfahrzeug), Fahrzeug, dessen Räder zur Verringerung der Bodenpressung auf Gleisketten laufen; Lenkung durch einseitiges Bremsen der Ketten. **Halbkettenfahrzeuge** haben zusätzlich Lenkräder. Verwendet werden G. als Geländefahrzeuge bei der Bau-, Land- und Forstwirtschaft und beim Militär (Panzer).

Gleitbauweise (Gleitschalungsfertigung), Bauweise bei turmartigen Betonbauten unter Verwendung einer Schalung, die dem Baufortgang entsprechend am Bauwerk hochgezogen wird und sich jeweils auf dem bereits betonierten Teil abstützt; die G. wird auch beim Betonstraßenbau eingesetzt.

Gleitboot, schnelles Motorboot, das sich infolge seines flachen Bodens, der oft eine Stufe aufweist **(Stufenboot),** bei höherer Geschwindigkeit durch Strömungsauftrieb teilweise aus dem Wasser hebt, sodass sich der Wasserwiderstand beträchtlich vermindert. G. »reiten« auf ihrer eigenen Bugwelle.

gleitender Lohn, ↑Indexlohn.

gleitender Zoll (Gleitzoll), protektionistisch wirkender Einfuhrzoll, der mit steigendem (sinkendem) Preis einer Ware fällt (steigt). Der g. Z. dient der flexiblen Abschirmung des Binnenmarktes vor Preisschwankungen auf dem Weltmarkt und vor ausländ. Konkurrenz.

Gleiter (Gleitflugzeug), einfaches, motorloses Flugzeug mit geringer aerodynam. Güte zur Anfangsschulung von Segelfliegern.

Gleitflug, ohne zusätzl. Antrieb auf einer geneigten Bahn (Gleitbahn) erfolgender Flugzeugflug, wobei die in Flugrichtung liegende Komponente des Eigengewichts mit dem Luftwiderstand im Gleichgewicht steht. Der Winkel, den dabei die Flugbahn mit der Horizontalen bildet, heißt Gleitwinkel; sein Tangens entspricht dem Verhältnis von Widerstand zu Auftrieb **(Gleitzahl);** der Kotangens heißt **aerodynam. Qualität.**

Gleithang, *Geomorphologie:* der dem steilen Prallhang gegenüberliegende, sanft geneigte Talhang an der Innenseite einer Talkrümmung (↑Mäander). Wegen geringer Fließgeschwindigkeit (der Stromstrich befindet sich nahe dem Prallhang) ist der G. Ablagerungsgebiet für das vom Fluss mitgeführte Material. In flachem Gelände **Gleitufer** genannt.

Gleitkommadarstellung (Gleitpunktdarstellung), bes. in der Informatik verwendete halblogarithm. Darstellung von Zahlen z der Form $z = m \cdot b^y$ durch Mantisse m und Exponent y; die Basis b hat einen festen ganzzahligen Wert (meist 2, 10 oder 16). Vorteil der G. gegenüber der ↑Festpunktdarstellung: einfache Erweiterung des Zahlenbereichs.

Gleitmodul, der ↑Schubmodul.

Gleitreibung, Form der ↑Reibung.

Gleitschirmfliegen, das ↑Paragliding.

Gleitung, *Kristallographie:* plast. Deformationen, die an vielen Kristallen bei gerichteten mechan. Schubbeanspruchungen zu beobachten sind. Dabei werden Kristallschichten parallel zu einer Kristallgitterebene, der **Gleitebene,** in einer festgelegten Richtung **(Gleitrichtung)** verschoben, ohne dass Trennungen durch Spaltbarkeiten oder Brüche auftreten.

Gleitwegsender, Teil des Instrumentenlandesystems (↑Landeführungssysteme) für die Vertikalführung eines landenden Flugzeugs.

Gleit|zeit, ↑Arbeitszeit.

Gleiwitz, Stadt in Polen, ↑Gliwice.

Gleizes [glɛːz], Albert, frz. Maler, Grafiker und Kunstschriftsteller, *Paris 8. 12. 1881, †Avignon 23. 6. 1953; wandte sich 1909 dem Kubismus zu. 1914 entstanden seine ersten abstrakten Bilder. In Auseinandersetzung mit dem Orphismus R. Delaunays entwickelte er einen eigenen, Farbe und Rhythmus betonenden Stil. Ab Mitte der 1930er-Jahre weisen seine Bilder lyr. Züge auf. G. verfasste auch kunstwiss. Schriften, u. a. zum Kubismus.

Glemp, Józef, poln. katholischer Theologe, *Inowrocław 18. 12. 1928; 1981–92 Erzbischof von Gnesen und Warschau, seit März 1992 (Bistumsneugliederung) von Warschau; Primas von Polen; seit 1983 Kardinal.

Glen Canyon Dam [ˈglen ˈkænjən ˈdæm], Staudamm im Colorado River in N-Arizona, USA, 216 m hoch, 475 m lang, fertig gestellt 1966; Stausee **Lake Powell** (653 km²), Kraftwerk (1 042 MW).

Glencheck [-tʃek, engl.] *der,* Musterungsart für Oberbekleidung, bei der durch den Wechsel farbiger Fäden in Kette und Schuss Karomuster Ton in Ton, teilweise auch größere »Überkaros« erzeugt werden.

Glendonite, sternförmige, walnuss- bis faustgroße Kristallaggregate, bestehend aus Pseudomorphosen überwiegend von Kalkspat nach Thenardit, die sich im unterkühlten Meerwasser in oder auf der oberen Lage des Meeresbodens bilden; als fossile Klimazeugen seit dem Perm bekannt.

Glenn, John Herschel, amerikan. Astronaut, *Cambridge (Ohio) 18. 7. 1921; umrundete am 20. 2. 1962 als erster Amerikaner die Erde in einer Mercury-Kapsel (↑Mercury-Programm) bei einer Flugdauer von 4 Std. 55 min (3 Umläufe). Im Jahr 1998 nahm G. nochmals an einem Weltraumflug mit einem amerikan. Raumtransporter teil.

Glenrothes [glenˈrɔθɪs], Stadt in O-Schottland, Verw.sitz der Local Authority Fife, 36 650 Ew.; mehrere Gewerbeparks mit Elektronik- und Leichtindustrie. – 1948 als New Town gegründet.

Gletscher [von lat. glacies »Eis«] (österr. Kees oder Ferner, in Graubünden Woder, im Wallis Biegno, frz. Glacier, engl. Glacier, italien. Ghiacciaio, norweg. Brae, island. Jökull), Eisströme oder -felder, deren **Nährgebiet** (Eiszuwachs) in Firnfel-

GLE Gletscher

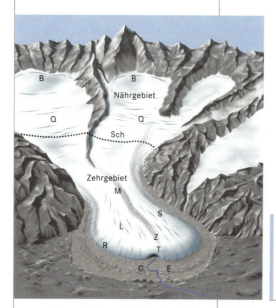

Gletscher: Aufbau eines Gletschers; B Bergschrund, Sch Schneegrenze, Q Querspalten, R Randspalten, L Längsspalten, M Mittelmoränen, E Endmoränen, S Seitenmoränen, Z Gletscherzunge, T Gletschertor, G Gletscherbach

dern oder -mulden der Hochgebirge und Polarländer oberhalb der ↑Schneegrenze liegt, wo jährlich mehr Niederschlag in fester Form fällt als abschmilzt (↑Firn); der unteren Grenze dieser Zone folgt das **Zehrgebiet** des G. (Eisabnahme). Das in vielen Sommer- und Winterschichten übereinander gelagerte, sich unter Druck plastisch verhaltende (»fließende«) Eis bewegt sich durch die Schwerkraft zw. den Talhängen bergabwärts. Die Geschwindigkeit schwankt (in den Alpen jährlich 40–200 m, in O-Grönland bis mehrere km jährlich). Bei der Bewegung bilden sich die **G.-Spalten** mit einer Tiefe bis 40 m. Bis 100 m tief kann der **Bergschrund** werden, die bis über 30 m breite, das Firnfeld umziehende Spalte an der Grenze zw. bewegtem und am Fels festgefrorenem Eis. Die Abschmelzfuge zw. Fels und Firn heißt **Randkluft.** Über einem jäh abfallenden Untergrund entsteht der **G.-Bruch,** eine Eiskaskade von Blöcken, Zacken, Nadeln (Séracs), deren Trümmer wieder zusammenfrieren. Schützen Felsblöcke das darunter liegende Eis vor dem Abschmelzen, so entstehen **G.-Tische.** Die G. schmelzen oft erst weit unterhalb der Schneegrenze durch Abtauen von oben und durch zirkulierendes Schmelzwasser von unten. Dieses entströmt als **G.-Bach (G.-Milch)** der **G.-Zunge,** meist aus einer torähnl. Öffnung, dem **G.-Tor** (bis 40 m hoch). Man unterscheidet zwei Hauptarten der Vergletscherung: **Inlandeis** (Antarktis, Grönland), mit Vereisung ganzer Länder und Konti-

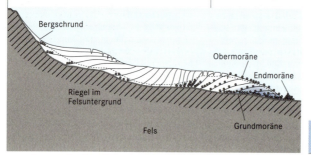

Gletscher: Längsschnitt durch einen Gletscher

nente. Diesem ähnlich sind die Eiskappen oder Eisschilde (Spitzbergen, Island) sowie die Plateau-G. (Norwegen, Island). Bei den **Gebirgs-G.** ist das Eis dem Relief untergeordnet; daher finden sich hier Sonderformen, wie Hang- oder Gehänge-G., Kar-G. und Tal-G. – Der Anteil der G. an der Formung der Erdoberfläche ist beträchtlich, bes. haben die Glazialbildungen des ↑Eiszeitalters weitere Glaziallandschaften

Kommission der Schweizer. Akad. der Naturwiss.en u. a. Luzern 1993.
Gletscherbrand, ↑Lichtschäden.
Gletscherfloh, 2 mm lange, schwarze Art der ↑Springschwänze.
Gletschergarten, bes. gutes Beispiel ehem. Gletschertätigkeit in der Landschaft, mit Gletscherschliffen, -mühlen u. a. Glazialformen (Luzern, Inzell); häufig unter Naturschutz.

Gletscher: Angel Glacier im Jasper National Park, Kanada

geschaffen. Größere, langfristige **G.-Schwankungen** sind meist Folge von Klimaschwankungen. Seit Mitte der 1980er-Jahre sind starke G.-Rückgänge (G.-Schwund) erkennbar, bes. auch in den Polargebieten, die teilweise auf den zunehmenden Treibhauseffekt zurückgeführt werden. – Die **G.-Kunde (Glaziologie)** ist die Lehre von der Entstehung, den Formen, der Wirkung und Verbreitung des Eises auf der Erde. Durch ihre Untersuchungen ermöglicht sie Rückschlüsse auf die Verhältnisse während der Eiszeiten und die Entstehung der Glaziallandschaft (↑Moränen).
📖 *Marcinek, J.: G. der Erde. Thun u. a. 1985. – Röthlisberger, F. u. Geyh, M. A.: 10 000 Jahre G.-Gesch. der Erde, 2 Tle. Aarau u. a. 1986. – G., Schnee u. Eis. Das Lexikon zur Glaziologie, Schnee- u. Lawinenforschung in der Schweiz, hg. v. der G.-*

Gletschermühle, spiralwandige Röhre im Gletschereis, durch in Gletscherspalten herabstürzendes Wasser geschaffen. Auf dem Grund der G. entstehen oft im anstehenden Fels durch das unter hohem Druck stehende Schmelzwasser und die Erosionsleistung der mitgeführten Gesteinstrümmer Strudellöcher, die **Gletschertöpfe.**
Gletscherschliff (Eisschliff), durch Bewegung eines Gletschers vom Eis geschliffene Gesteinsfläche, oft mit eingeritzten Gletscherschrammen.
Gletscherwein (Vin de Glacier), trockner Weißwein aus dem Val d'Anniviers im schweizer. Kt. Wallis; lange in großer Höhe in Lärchenfässern gelagert.
Gleukom<u>e</u>ter [zu grch. gleukos »süßer Wein«] *das,* die ↑Mostwaage.
Gl<u>e</u>ve [frz.] *die* (Glefe, Gläve), **1)** *Heraldik:* die obere Hälfte einer Lilie.

2) *Militärwesen:* im MA. Hieb- und Stoßwaffe, eine Stange mit schwertartiger Klinge.

Gley *der* (Glei), unter Stau- oder Grundwassereinfluss stehender Bodentyp bes. in Niederungen.

Glia [grch.] *die,* die ↑Neuroglia.

Glied, *Anatomie:* 1) ↑Gliedmaßen; 2) ↑Penis.

Gliederfüßer (Arthropoden, Arthropoda), seit dem Kambrium bekannter Stamm der Gliedertiere, der mit über 850000 Arten fast 70% aller Tierarten umfasst; Körperlänge von unter 0,1 mm bis etwa 60 cm; Außenskelett aus Chitin. Da die Chitinkutikula nicht dehnbar ist, sind beim Wachstum der G. regelmäßige Häutungen und Neubildungen der Kutikula nötig. – Die G. stammen von Ringelwürmern ab (ihr Körper ist segmentiert). Urspr. trägt jedes Segment ein Paar Gliedmaßen, die sehr unterschiedlich ausgebildet sein können (z. B. als Laufbeine, Flügel, Saugrüssel, Fühler). Die Sinnesorgane (v. a. chem. und opt. Sinn) sind meist hoch entwickelt, ebenso das Zentralnervensystem. Zu den G. zählen v. a. Spinnentiere, Asselspinnen, Krebstiere, Tausendfüßer, Hundertfüßer und Insekten.

Gliedermaßstab, früher in Zoll geteilter und deshalb noch häufig als **Zollstock** bezeichneter zusammenklappbarer Längenmaßstab aus Holz, Metall oder Kunststoff mit einer Teilung von 1 mm.

Gliedertiere (Artikulaten, Articulata), Gruppe von Stämmen wirbelloser Tiere, die durch echte Gliederung des Rumpfes gekennzeichnet sind. Die G. umfassen die Ringelwürmer, Stummelfüßer, Bärtierchen, Zungenwürmer, Gliederfüßer.

Gliederungszahl, *beschreibende Statistik:* Verhältniszahl (Quote oder Anteilsziffer), die die Bedeutung einer Teilmasse an der Gesamtmasse misst, meist in Prozent, z. B. die Anzahl der Knabengeburten pro Gesamtzahl der Geburten.

Gliedmaßen (Extremitäten), v. a. der Fortbewegung (Bein, Flossen, Flügel), aber auch dem Nahrungserwerb (z. B. Mund-G.), der Fortpflanzung (z. B. Gonopoden), der Atmung oder als Tastorgane dienende, in gelenkig miteinander verbundene Teile gegliederte, paarige Körperanhänge bei Gliederfüßern und Wirbeltieren; beim Menschen unterscheidet man obere G. (Arme) und untere G. (Beine).

Gliedsatz, *Grammatik:* der ↑Nebensatz.
Gliedstaat, Mitgl. eines ↑Bundesstaates.
Glièr, Reingold Morizewitsch, eigtl. Reinhold Glière, russ. Komponist deutschpoln. Herkunft, *Kiew 11. 1. 1875, †Moskau 23. 6. 1956; vereinte in seinen Werken folklorist. Elemente v. a. Russlands und der Ukraine und impressionist. Einflüsse; schrieb Sinfonien, Opern, Streichquartette, Konzerte, Lieder, Ballettmusiken.

Gligorov, Kiro, makedon. Politiker, *Štip 3. 5. 1917; schloss sich im Zweiten Weltkrieg der Partisanenbewegung Titos an; war maßgeblich an der Ausarbeitung der Verf. der jugoslaw. Teilrep. Makedonien (1945) sowie als Finanzmin. (1962–69) und Vizeministerpräsident Jugoslawiens (1967 bis 1969) an der Durchführung der Wirtschaftsreformen von 1964/65 beteiligt. Am 27. 1. 1991 wählte ihn das makedon. Parlament zum Staatspräs. Makedoniens (am 16. 10. 1994 von der Bev. im Amt bestätigt). Am 3. 10. 1995 wurde G., der als »Vater der Unabhängigkeit« gilt, durch ein Attentat schwer verletzt. Zu seinem Nachfolger wurde am 5. 12. 1999 (im dritten Wahlgang und nach Annullierung der vorigen Wahlergebnisses) Boris Trajkovski gewählt.

Glima [isländ.] *die* (Gürtelringen), ringkampfähnl. Sportart, im 14. Jh. in Island aufgekommen, verwandt mit den in der Schweiz (↑Schwingen), in Österreich, Japan, Polynesien und Iran bekannten Formen des Kleiderringens. Beim G., in Island Nationalsport, trägt man kurze Hosen mit Gürtel; nur an diesem darf man den Gegner fassen, um ihn zu Boden zu werfen.

Glimmentladung, stromschwache, selbstständige ↑Gasentladung mit kalten Elektroden und charakterist. Leuchtschichten. Anwendung findet die Lichtemission der positiven Säule in Hochspannungsleuchtröhren und die des negativen Glimmlichts in ↑Glimmlampen.

Glimmer, artenreiche Gruppe gesteinsbildender Minerale der allgemeinen Zusammensetzung $M^I M_3^{II} [(OH)_2|AlSi_3 O_{10}]$ oder $M^I M_2^{III}[(OH)_2|AlSi_{3}O_{10}]$, dabei bedeuten M^I meist K, M^{II} Mg, Fe und M^{III} Al; ein Teil der OH kann durch F ersetzt sein. Als Schichtsilikate sind alle G. parallel den Schichtebenen sehr gut spaltbar (Härte nach Mohs in Schichtebenenrichtung 2,5, sonst 4; Dichte 2,7–3,2 g/cm³). Kristalle blättrig bis tafelig, auch kurzsäulig; Aggregate dicht, plattig oder schuppig-körnig. G.-Blättchen sind elastisch biegsam, gut wärmeleitend und von hoher Isolierfähigkeit (Elektrotechnik). G. sind in großen Mengen in den meisten Magmatiten und Metamorphiten sowie in manchen Sedimenten enthalten. Wichtige G. sind der dunkle **Biotit** mit der Formel $K(Mg,Fe)_3[(OH,F)_2|AlSi_3O_{10}]$ und der helle **Muskovit** mit der Formel $KAl_2[(OH,F)_2|AlSi_3O_{10}]$, ferner die Lithium-G. (Lepidolith, Zinnwaldit) und Spröd-G. (Margarit).

Glimmer: Der Biotit gehört zu den dunklen Glimmer-Mineralen.

Glimmerschiefer, metamorphe Gesteine, bestehen vorwiegend aus Quarz und Glimmer; gehören zu den kristallinen Schiefern.

Glimmlampe, eine ↑Gasentladungslampe, bei der die Glimmlichtbildung an der Kathode genutzt wird. Die Gasfüllung besteht meist aus Neon und Helium, sodass die G. ein rötl. Licht gibt. Leistung und Lichtausbeute sind gering (≈ 1 W bzw. 0,5 lm/W).

Glimmrelaisröhre [-rəlɛ:-, frz.] (Kaltkathodenröhre), gasgefüllte Glimmentladungsröhre mit einer kalten Kathode, einer Anode und einer oder mehreren Zündelektroden. Durch eine dauernd brennende, stromschwache Hilfsentladung wird eine Vorionisierung der Zünd- bzw. Hauptentladungsstrecke erreicht, die Röhre ist somit immer betriebsbereit; Anwendung daher bes. Alarmanlagen.

Glimmstarter (Glimmzünder), Gerät zum Zünden einer ↑Leuchtstofflampe. Im G. befinden sich ein oder zwei Bimetallelektroden, die sich bei anliegender Netzspannung infolge der Glimmentladung erhitzen, dabei krümmen und einen Vorheizkreis schließen, wodurch die Elektroden der Lampe auf Emissionstemperatur erhitzt werden. Nach Erlöschen der Entladung (nach 1 bis 2 s) kühlen die Bimetallelektroden wieder ab, wobei der Stromkreis plötzlich geöffnet und über das induktive Vorschaltgerät ein Spannungsimpuls hervorgerufen wird, der in der vorgeheizten Lampe die Entladung einleitet.

Glinka, Michail Iwanowitsch, russ. Komponist, *Nowospasskoje (Gouv. Smolensk) 1. 6. 1804, †Berlin 15. 2. 1857; Begründer einer nationalruss. Schule; schrieb Opern (»Ein Leben für den Zaren«, 1836; »Ruslan und Ljudmila«, 1842), die Sinfonie »Taras Bulba« (1834), Ouvertüren, Kammermusik, Klavierstücke und Lieder.

Glint (schwed. Klint), aus silur. Kalken aufgebaute Schichtstufe, die an der N-Küste von Estland eine bis 56 m hohe Steilküste bildet; auch auf den schwed. Inseln Öland und Gotland vorhanden.

Gliom [von Glia] *das,* Sammelbez. für alle vom Nervenstützgewebe (Neuroglia) ausgehenden Gewebeneubildungen des Zentralnervensystems; Vorkommen v. a. im Gehirn, aber auch im Rückenmark und Auge. Zu den bösartigen G. gehören das **Glioblastom** und das **Retinoblastom.**

Glissade [frz.] *die, Ballett:* dicht über dem Boden ausgeführter Gleitschritt.

glissando [italien.], Abk. **gliss.,** *Musik:* die gleitende Ausfüllung eines größeren Tonraumes; bei Streichinstrumenten das Gleiten eines Fingers zw. zwei Tönen; beim Klavier das schnelle Gleiten über die Tasten mit der Nagelseite eines Fingers; bei Blasinstrumenten (bes. in der Jazzmusik) das Hinüberschleifen von einem Ton zum nächsten.

Glisson-Schlinge [ˈglɪsn-; nach dem engl. Mediziner Francis Glisson, *1597, †1677], Zugvorrichtung, die an Kinn und Hinterhaupt angreift; zur Streckung und damit Entlastung bes. der Halswirbelsäule (z. B. bei Verrenkung der Wirbelkörper).

Glittertind [-tin], mit seiner Firnhaube der höchste Berg Skandinaviens, 2472 m ü. M., im Jotunheim, Norwegen.

Gliwice [-tsɛ] (dt. Gleiwitz), Stadtkreis und Krst. in der Wwschaft Schlesien, Polen, am W-Rand des Oberschles. Ind.gebietes, 209 400 Ew.; kath. Bischofssitz; TH; Steinkohlenbergbau, Hütten- und Walzwerke, Kohlechemie, Maschinenbau, Automobilwerk; Endhafen des 41 km langen G.-Kanals von der Oder. – Vor 1276 als dt. Stadt neben einer slaw. Siedlung (Alt-G.) gegr., gehörte zu versch. schles. Herzogtümern, kam 1492 an das Herzogtum Oppeln, fiel 1742 an Preußen. Durch Bergbau und Eisenind. (1795 erster Koks-

GLO global

hochofen auf dem Kontinent) rasche wirtsch. Entwicklung. – Am Abend des 31. 8. 1939 führten SS-Angehörige, als poln. »Insurgenten« getarnt, im Auftrag R. Heydrichs einen fingierten Überfall auf den Sender Gleiwitz durch, der der nat.-soz. Führung als Rechtfertigung (»poln. Grenzverletzung«) für den dt. Angriff auf Polen am 1. 9. 1939 diente.

global [lat.], weltumfassend; gesamt, allgemein.

Globalaktie, (Gesamtaktie, Gesamttitel), Sammelurkunde für mehrere Einzelaktien einer AG; vorübergehend zur Verbriefung neuer Aktien bis zum endgültigen Stückedruck verwendet, auch zur Verbriefung des Dauerbesitzes von Großaktionären.

Globalanleihe, überwiegend von staatl. oder supranat. Institutionen herausgegebene Anleihe mit hohem Emissionsvolumen. Bei G. kann entweder der weltumspannende Handel (über Zeitzonen hinweg), der weltumspannende Verkauf (Verkauf erfolgt sowohl im Primärmarkt des Heimatlandes als auch in mindestens einem wichtigen ausländ. Kapitalmarkt ohne zeitl. Verkaufsbeschränkung) oder das marktüberschreitende Clearing (Anleihe mit besonderen Abwicklungs- und Verwahrmodalitäten, die Wertpapiergeschäfte zw. versch. Märkten erleichtert) im Vordergrund stehen.

Globalbudgetierung [-bydʒ-], neues Verfahren der Haushaltsplanung, bei dem die Legislative im öffentl. Haushaltsplan für bestimmte Organisationseinheiten des öffentl. Sektors lediglich einen globalen Betrag ansetzt und die weitere Mittelverwendung der betreffenden Organisationseinheit überlässt. Traditionelle Regeln der Kameralistik und der Nichtübertragbarkeit von Haushaltsmitteln (z. B. zw. Personal- und Sachausgaben) werden dabei aufgehoben.

globale Probleme (globale Problemkreise, Weltprobleme), Schlagwort für die Vielzahl miteinander verbundener Herausforderungen, die die Menschheit und ihren Lebensraum Erde als Ganzes betreffen: u. a. die Folgen ungebremsten und ungleichen Wachstums, die Auswirkungen von Bev.entwicklung, internat. Migration und Verstädterung (zunehmender Rohstoff-, Wasser- und Energiebedarf sowie Nahrungsmittelknappheit), die vielfältigen Umweltprobleme (»Ökokrise«), neuerdings auch die Folgen weltwirtsch. Dynamik und der technolog. Entwicklung (u. a. Nord-Süd-Konflikt, Globalisierung) sowie ethn. Konflikte und Terrorismus (bes. seit der Zuspitzung der internationalen Situation nach dem 11. 9. 2001; ↑Antiterrorkrieg), bis 1989/91 vorrangig auch die atomare Bedrohung. – Die UNO-Weltkonferenzen von 1992 (Rio-Konferenz) bis 2002/03 (u. a. Weltsozialgipfel, ↑Weltklimakonferenz) konnten bisher lediglich erste Ansätze zur Schaffung verbindl. Standards im Sinne weltumfassender Lösungsstrategien bewirken.

globale Probleme – Problem der Verstädterung

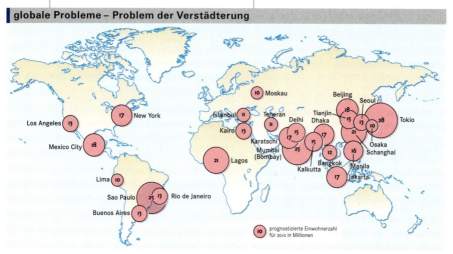

prognostizierte Einwohnerzahl für 2010 in Millionen

Globalisierung GLO

globale Probleme – Zivilisationen der Welt

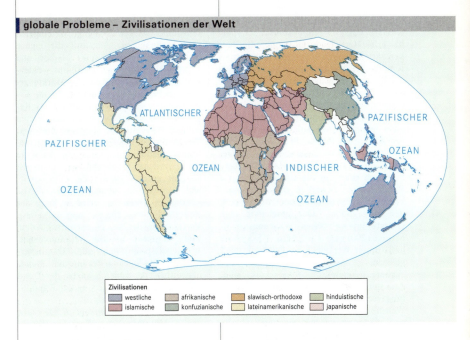

Globale Umweltfazilität (engl. Global Environment Facility, Abk. GEF), von Weltbank, Weltentwicklungsprogramm (UNDP) und Umweltprogramm der Vereinten Nationen (UNEP) 1994 als dauerhafte Institution eingerichteter Fonds zur finanziellen Unterstützung der Entwicklungsländer bei Umweltschutzmaßnahmen von globalem Interesse, an dem über 80 Ind.- und Entwicklungsländer beteiligt sind. Die G. U. vergibt v. a. Investitionszuschüsse in den Bereichen Klimaschutz, Erhaltung der biolog. Artenvielfalt, Schutz internat. Gewässer und der Ozonschicht.

Globalisierung, Bez. für die zunehmende Internationalisierung des Handels, der Kapital- sowie der Produkt- und Dienstleistungsmärkte und die internat. Verflechtung der Volkswirtschaften. Der G.-Prozess der Märkte wird v. a. durch neue Technologien im Kommunikations-, Informations- und Transportwesen sowie neue Organisationsformen der betriebl. Produktionsprozesse vorangetrieben. Weltweite Datennetze, Satellitenkommunikation, computergestützte Logistik und hoch entwickelte Verkehrsmittel lösen Arbeit und Produktion, Produkte und Dienstleistungen, Medien und Wiss. von den nat. Standorten und ermöglichen es den Unternehmen, die für sie günstigsten Produktions- bzw. Lieferstandorte auszuwählen und ihre Aktivitäten weltweit zu koordinieren. In immer stärkerem Maße werden dadurch Angebot und Nachfrage aus der ganzen Welt zusammengefasst und die Preisbildung vereinheitlicht. Hauptakteure der G. sind multinat. Unternehmen, die mit ihren Investitions-, Produktions- und Produktstrategien zunehmend Charakter und Formen des internat. Handels und der Investitionen bestimmen.

Am weitesten fortgeschritten ist die G. der Finanzmärkte für Wertpapiere, Geld- und Devisengeschäfte sowie Kredite. Durch Liberalisierungs- und Deregulierungsmaßnahmen in einer Vielzahl von Ländern und den damit verbundenen Übergang zu einem weitgehend freien Geld- und Kapitalverkehr wurden die Grenzen der einzelnen nat. und internat. Marktbereiche aufgehoben. Forciert wurde dieser G.-Prozess der Finanzmärkte v. a. durch zwei Aspekte. Zum einen wird durch die internat. Ausrichtung der Großbanken die weltweite Verbreitung von Finanzinnovationen gefördert. Zum anderen hat der Trend zur Verbriefung (Securitization) im Kreditgeschäft die Handelbarkeit und internat. Übertragung von Finanzkontrakten spürbar erleichtert. Dadurch können die Banken national wie international nicht nur als Kreditgeber, sondern auch als Kreditvermittler agieren. Musterbeispiel für globale Märkte sind die Devisenmärkte für Währungen der führenden Industrienationen. Hier treffen Angebot und Nachfrage aus allen Teilen der Welt aufeinander und führen zu einem einheitl. Preis für eine bestimmte Währung. Gehandelt werden Devisen an den einzelnen Handelsplätzen praktisch rund um die Uhr, geringfügige Preisdifferenzen werden durch Devisenkursarbitragegeschäfte innerhalb Sekunden ausgeglichen. Der geschätzte tägl. Umsatz im weltweiten Währungshandel beträgt (2001) rd. 1 100 Mrd. US-$; 1989 hatte dieser Wert noch bei 590 Mrd. US-$ gelegen.

Weitere Indizien für die verstärkte G. sind, dass der internat. Waren- und Dienstleistungsverkehr stärker expandiert als die Weltproduktion, dass die Direktinvestitionen wiederum rascher zunehmen als die Handelsströme und dass das international ausgetauschte Finanzkapital einen noch stärkeren Zuwachs verzeichnet als die Direktinvestitionen. So hat der Welthandel zw. 1990 und 2001 mit durchschnittlich 5,5 % mehr als doppelt so stark zugenommen wie die Weltproduktion, die um durchschnittlich 2,0 % gewachsen ist. Der »World Investment Report 2002« der UNCTAD verzeichnet für die Jahre 1990–2000 einen weltweiten Anstieg der Auslandsinvestitionen von 235 Mrd. US-$ auf 1 492 Mrd. US-$; dies entspricht einer jährl. Zuwachsrate von 17 %. Für 2001 werden nur 735 Mrd. US-$ ausgewiesen. Zwar wird der Großteil der Direktinvestitionen weiterhin zw. Industriestaaten abgewickelt, jedoch fließen zunehmend auch Mittel in Entwicklungsländer (2001 etwa 205 Mrd. US-$), weil sie aufgrund von Kostenvorteilen in das globale Produktionssystem der Konzerne integriert werden. Der Investitionsboom beschränkt sich jedoch im Wesentlichen auf bestimmte Ländergruppen; während sich ganz Afrika (2001) mit 17,2 Mrd. US-$ begnügen musste, haben z. B. Süd- und Südostasien 94,4 Mrd. US-$ an Direktinvestitionen erhalten.

Durch die G. der Märkte wird der wirtschafts-, beschäftigungs-, sozial- und umweltpolit. Spielraum nat. Volkswirtschaften immer stärker eingeengt, da eingeleitete Maßnahmen nicht auf die eigene Volkswirtschaft beschränkt bleiben und nicht allein von dieser bestimmt werden. Die erhöhte Anfälligkeit der Märkte gegenüber ökonom. bzw. außerökonom. Ereignissen in einzelnen Ländern oder Regionen zeigte sich während der letzten Jahre v. a. in stark angestiegenen Zins- und Wechselkursschwankungen, die Preise und Standortbedingungen verzerren. Auch die Autonomie nat. Geld- und Fiskalpolitik ist spürbar geringer geworden. Wie bereits jetzt weltweit an regionalen Wirtschaftsbündnissen erkennbar, wird im Zuge der weiteren Entwicklung die Integration bzw. Verflechtung der Volkswirtschaften in dem Maße angeregt, wie die Autonomie nat. Wirtschaftspolitik schwindet. Damit verschärft sich wiederum der internat. Standortwettbewerb; zugleich wächst der Trend zur weiteren Liberalisierung der Kapital-, Güter- und Arbeitsmärkte.

📖 *Altvater, E. u. Mahnkopf, B.: Grenzen der G. Münster 1996. – Beck, U.: Was ist G.? Frankfurt am Main* ⁵*1998. – Martin, H.-P. u. Schumann, H.: Die G.-Falle: Der Angriff auf Demokratie u. Wohlstand. Reinbek 1998. – Krugman, P. R.: Der Mythos vom globalen Wirtschaftskrieg. Frankfurt am Main 1999. – Benhabib, S.: Kulturelle Vielfalt u. demokrat. Gleichheit. Polit. Partizipation im Zeitalter der G. Frankfurt am Main 1999. – Rodemer, H. u. Dicke, H.: G., europ. Integration u. Standortwettbewerb. Baden-Baden 2000. – Müller, Stefan u. Kornmeier, M.: Streitfall G. München u. a. 2001. – Roloff, R.: Europa, Amerika u. Asien zw. G. u. Regionalisierung. Paderborn u. a. 2001. – Globale Trends 2002. Fakten, Analysen, Prognosen, hg. v. der Stiftung Entwicklung u. Frieden. Frankfurt am Main 2001. – Global denken: Die Rolle des Staates in der internat. Politik zw. Kontinuität u. Wandel, hg. v. H. Oberreuter u. M. Piazolo. München 2001. – Atlas der G.., hg. v. G. Achcar.A. d. Frz. Berlin 2003.*

Global Players ['gləʊbl 'pleɪəz, engl.], Bez. für internat. agierende Konzerne (↑multinationale Unternehmen, ↑Globalisierung).

Global Positioning System ['gləʊbl pə-'zɪʃnɪŋ 'sɪstəm, engl.], ↑GPS.

Globalsourcing ['gləʊbl'sɔːsɪŋ, engl.] *das*, Beschaffungsstrategie von Unternehmen, die zunehmend auf weltweite Märkte ausgerichtet ist. Beim G. geht es darum, unter Ausnutzung von Kosten- und Standortvorteilen die weltweit günstigsten Bezugsquellen zu erschließen und zu nutzen.

Globalsteuerung, die Beeinflussung makroökonom. Größen (Geldmenge, Investitionsvolumen, Konsum, Volkseinkommen) durch den Einsatz wirtschafts- und finanzpolit. Instrumente zur Erreichung eines gesamtwirtsch. Gleichgewichts mit stabilem Preisniveau, hohem Beschäftigungsstand und außenwirtschaftl. Gleichgewicht bei stetigem und angemessenem Wirtschaftswachstum. Die G. ist als staatl. Nachfragesteuerung zentrales Element der kurzfristig orientierten, antizyklischen keynesian. Stabilitätspolitik, mit der einer Über- bzw. Unterauslastung des Produktionspotenzials entgegengewirkt werden soll. In Dtl. wurde die G. im ↑Stabilitätsgesetz verankert.

Global Village [ˈgləʊbəl ˈvɪlɪdʒ; engl. »globales Dorf«] *das,* von H. M. McLuhan geprägter Begriff für die Folgen der weltweiten medialen Vernetzung.

Globalzession, die Abtretung einer Vielzahl von bestimmten oder genau bestimmbaren Forderungen eines Schuldners aus seinem Geschäftsbetrieb, gleichgültig, ob die Forderungen gegenwärtig oder zukünftig sind; G. dienen meist zur Sicherung eines Bankkredits. G. sind sittenwidrig, wenn sie den Schuldner zu stark einengen.

Globe Theatre [ˈgləʊb ˈθɪətə], Londoner Theater am Ufer der Themse, erbaut (1599) und geleitet von Richard Burbage (*1567, †1619), dem Leiter der Truppe, der auch Shakespeare angehörte; wichtiges Zentrum des elisabethan. Theaters; 1644 abgerissen; eine Originalrekonstruktion, ab 1970 vom amerikan. Schauspieler Sam Wanamaker und dem »Shakespeare Globe Playhouse Trust« befördert, wurde 1989 bis 1995 nahe dem alten Standort erbaut und im Aug. 1996 eröffnet.

Globetrotter [auch: ˈgloːp-, engl.] *der,* Weltenbummler.

Globigerinenschlamm, kalkreiche (40 bis 90% Kalkgehalt) Ablagerung in der Tiefsee, v. a. aus Schalen von Foraminiferen der Gattung Globigerina; bedeckt etwa 37% des Meeresbodens.

Globin [lat.] *das,* die Eiweißkomponente des Blutfarbstoffs ↑Hämoglobin.

Globule [lat. »Kügelchen«] *die,* Astronomie: kleine, annähernd kugelförmige ↑Dunkelwolke hoher Dichte, die vor hellen Nebeln sichtbar wird. G. gelten als Sterne im frühesten Stadium ihrer Entstehung.

Globuline, Gruppe weit verbreiteter Proteine im Zell- und Blutplasma, in Milch und Eiern; Träger wichtiger physiolog. Funktionen.

Globus [lat. »Kugel«] *der,* verkleinerte Nachbildung der Erde, eines anderen Weltkörpers oder der scheinbaren Himmelskugel durch eine Kugel (Durchmesser meist 20–50 cm). Der G. bietet die einzige Möglichkeit, Winkeltreue, Längentreue und Flächentreue gleichzeitig zu verwirklichen. **Erdgloben** sind entweder physikalisch, also topographisch (darunter auch Reliefgloben), oder thematisch (politisch, klimatisch, geologisch u. a.); ↑Himmelsgloben bilden – entsprechend einer scheinbaren Betrachtung von außen – den Sternenhimmel spiegelbildlich ab. – Die Achse des drehbaren G. ist meist wie die Erdachse geneigt; der Roll-G. ist dagegen eine frei bewegl. Kugel. Der älteste erhaltene Erd-G. (»Erdapfel« von M. Behaim, fertig gestellt 1492) befindet sich im German. Nationalmuseum in Nürnberg. Wertvolle Globen schufen u. a. Gerhard Mercator, Willem Janszoon Blaeu (*1571, †1638), Vincenzo Maria Coronelli (*1650, †1718) und Matthäus Seutter (*1678, †1757).

Glocke: alte gegossene Bronzeglocke aus Brasilien

Glocke, hohler, meist konkav gewölbter, fast kegelstumpfförmiger Klangkörper aus Metall, der von innen mit einem frei beweglich aufgehängten, metall. Klöppel oder von außen mit einem Hammer ange-

GLO Glocke

schlagen und zu Eigenschwingungen angeregt wird. Der G.-Klang ist gekennzeichnet durch vorwiegend nichtharmon. Teilschwingungen, die im unteren Frequenzbereich von großer Intensität und geringer Dämpfung sind, während sie im dichten oberen Bereich schnell abfallen. Die Kunst des G.-Gießers besteht darin, im unteren, tiefen Bereich möglichst harmon. Frequenzen zu erhalten. Der am längsten anhaltende, tiefste Ton (1. Teilton) ist die Unteroktave, der nächste, etwa eine Oktave höhere Ton (2. Teilton) bestimmt die Klangfarbe der G., darüber sollten in annähernd exakten Intervallabständen die weiteren Teiltöne liegen.

Das G.-Gießen ist bis heute ein Kunsthandwerk. Zunächst wird mit dem Entwurf der »Rippe« (halber G.-Querschnitt) Profil, Größe, Gewicht, Tonhöhe und Innenharmonie der G. festgelegt. Ein aus luftdurchlässigen, ungebrannten Lehmsteinen aufgemauerter Kern, der dem inneren Hohlraum der G. entspricht, wird mittels einer zentriert aufgehängten Holzschablone mit Lehm glatt abgedreht, sodass der innere Kurvenzug der Rippe exakt abgeformt erscheint. Auf diesen Kern wird, isoliert durch Asche, Papier oder Rindertalg, eine Modell-G. aus Lehm geformt **(falsche G.)**, auf die nach dem Abtrocknen der G.-Mantel in mehreren Schichten aufgetragen wird. Die Form der G.-Krone wird nach dem Wachsausschmelzverfahren gesondert vorbereitet und mit dem Mantel fest verbunden. Nachdem der Mantel getrocknet ist, wird er nach oben abgezogen, die Modell-G. wird vom Kern entfernt und der G.-Mantel wieder maßgerecht auf den Kern aufgesetzt. In den so entstandenen Hohlraum wird das flüssige Metall, die **G.-Speise,** eingefüllt. Die klass. Legierung für den G.-Guss ist die **G.-Bronze,** eine Gussbronze mit rd. 20–25 % Zinn.

Kulturgeschichte: Die G. entwickelte sich wahrscheinlich aus tönenden Fruchtschalen oder Holzgefäßen, wurde dann aus Stein und v. a. aus Metall gefertigt. Eiserne, geschmiedete G. finden sich heute als Musikinstrumente in Afrika. Am verbreitetsten ist jedoch die gegossene G. Obwohl die G. als Signal- und Rhythmusinstrument auch profanen Aufgaben dient, nutzt man sie v. a. für mag. und kult. Zwecke. So soll ihr Klang z. B. Unheil abwenden oder auf die Gottheit einwirken. Oft dient die G. aber auch der Markierung bestimmter Abschnitte der Liturgie. – Von Vorderasien aus, wo man zuerst G. zu gießen verstand (das älteste erhaltene Exemplar stammt aus dem 9. Jh. v. Chr.), verbreitete sich die G. im 6. bis 8. Jh. n. Chr. nach Europa. Der G.-Guss wurde hier zunächst von Mönchen, seit dem 13./14. Jh. auch von Handwerkern betrieben. Bis zum 17. Jh. wurden G. ausschl. aus Bronze gegossen, seither wird auch Eisen, seit 1852 Stahl verwendet. G. in den heutigen großen Formen wurden erstmals im 14. Jh. hergestellt.

📖 *G. n. Gestalt, Klang u. Zier,* hg. v. M. Schilling. München 1988.

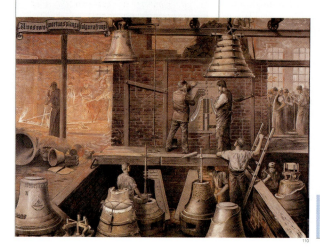

Glocke: Herstellung in der Glockengießerei (historische Darstellung)

Głogów GLO

Glockenbecherkultur, endneolith. Kulturgruppe (Ende des 3. Jt. v. Chr.; Kupferzeit), gekennzeichnet u.a. durch stich- oder stempelverzierte, rötlich gefärbte Tonbecher in Glockenform. Ihr Verbreitungsgebiet umfasst v.a. Mittel-, NW-, W- und SW-Europa.

Glockenblume (Campanula), Gattung krautiger Pflanzen mit glockigen, meist blauen Blüten, z.B. die 20-60 cm hohe **Wiesen-G.** (Campanula patula) und die bis 80 cm hohe **Pfirsichblättrige G.** (Campanula persicifolia).

Glockenkurve, i.e.S. die **gaußsche G.** (↑Normalverteilung); allg. jede durch $y = c \exp(-x^2)$ festgelegte »glockenförmige« ebene Kurve (c konstant).

Glockenrebe (Cobaea), tropisch-amerikan. Kletterpflanze mit lang gestielten, meist glockigen weißen, grünen oder violetten Blüten.

Glockenspiel, Musikinstrument, bestehend aus verschieden gestimmten, in einem Rahmen aufgehängten Einzelglocken, die vom Spieler mit Hammer oder Stäbchen angeschlagen wurden (Cymbal). Das Instrument ist in Frankreich bereits im 7.Jh. nachweisbar. Seit dem 12.Jh. gab es G. in Kirch- und Stadttürmen, später in eigenen Glockentürmen zum Stundenschlag der Uhren. Im 14.Jh. kam das mechan. Turm-G. auf, das mit einer Stiftwalze arbeitete und dessen Glocken von außen mit Klöppeln angeschlagen wurden. Die vergrößerte Zahl von Glocken (oft 2–4 Oktaven, chromatisch gestimmt) und die Einführung einer mit den Fäusten geschlagenen Klaviatur (ab 1510) erlaubten ein selbstständiges Musizieren, wobei hier der Glockenschlag von innen erfolgte. Vom 16. bis 18.Jh. waren G. im Gebiet des heutigen Niederlande, Belgiens und N-Frankreichs weit verbreitet, später gelangten sie nach Dtl., England, Russland und in die USA. Eine Wiederbelebung wurde im frühen 20.Jh. von Belgien aus versucht. (↑Carillon)

Glockenstuhl, Traggerüst aus Holz oder Stahl, an dem die Glocke beweglich aufgehängt ist.

Glockentierchen, ↑Wimpertierchen.

Glockenturm, neben der Kirche stehender oder in den Baukörper integrierter Turm, der die Glockenstube mit den Glocken aufnimmt. Der frei stehende G. kommt zuerst bei frühchristl. Basiliken Italiens vor (Campanile) und erscheint wieder häufiger im modernen Kirchenbau des 20. Jh.; nördlich der Alpen wurden Turm und Kirchengebäude seit karoling. Zeit i.d.R. miteinander verbunden. G. sind beim Kirchenbau allg. üblich. Eine Ausnahme bilden die Kirchen der Zisterzienser und der Bettelorden, deren Regeln nur einen Dachreiter erlauben.

Glockenblume: Wiesenglockenblume

Glöckner, Hermann, Maler, Grafiker und Plastiker, *Dresden 21. 1. 1889, †Berlin (West) 10. 5. 1987; leistete v.a. mit Collagen, Monotypien und architekturbezogener Kunst einen eigenständigen Beitrag zum europ. Konstruktivismus.

Glocknergruppe, Bergmassiv in den Hohen Tauern, Österreich, an der Grenze von Osttirol/Kärnten; höchster Gipfel ist der ↑Großglockner (3 798 m ü. M.); er besteht aus zwei durch eine Scharte getrennten Spitzen, dem eigentl. Großglockner und dem Kleinglockner (3 770 m ü. M.), und fällt nach N zur ↑Pasterze ab. Erstbesteigung: 28. 7. 1800. In der G. zw. Felber Tauern und Hochtor erheben sich u. a. die Glocknerwand (3 730 m ü. M.), das Große Wiesbachhorn (3 564 m ü. M.) und der Johannisberg (3 467 m ü. M.). Durch die Großglockner-Hochalpenstraße ist die G. für den Tourismus erschlossen.

Głogów [ˈguɔguf] (dt. Glogau), Krst. in der Wwschaft Niederschlesien, Polen,

74 300 Ew.; Oderhafen im Liegnitz-Glogauer-Kupferrevier; Leicht-, Nahrungsmittelind., Maschinenbau; westlich von G. in Żukowice (Herrndorf) Kupferhütte. – G. wurde im Zweiten Weltkrieg zu 90% zerstört, u.a. der Dom (13.Jh.), Barockschloss (17.Jh., seit 1964 Wiederaufbau), Jesuitenkirche (1694-1724). – Um 1010 gegr., 1251-1481 Hptst. des Herzogtums Glogau, kam mit diesem 1331 unter böhm. Oberhoheit, fiel 1526 an Habsburg, 1742 an Preußen, 1945 an Polen.

Glogowski, Gerhard, Politiker (SPD), *Hannover 11. 2. 1943; Volkswirt. Seit 1968 war G. als Kommunalpolitiker tätig (u.a. Oberbürgermeister in Braunschweig 1976-81 und 1986-90); wurde in Ndsachs. 1978 MdL und war dort 1990-98 Landesinnenmin. sowie 1998-99 MinPräs. (am 26. 11. 1999 Rücktritt wegen Vorwürfen der finanziellen Begünstigung).

Glomerulonephritis [lat.-grch.], ↑Nierenentzündung.

Glomerulopathie [lat.-grch.] *die,* Sammelbegriff für eine Reihe von entzündl. und nicht entzündl. Nierenstörungen mit krankhaften Veränderungen des Nierengewebes, v.a. der Glomeruli (Haargefäßknäule der Nierenkörperchen).

Glomma *die* (Glåma), längster und wasserreichster Fluss Norwegens, kommt aus dem See Rien (748 m ü. M.), durchfließt den **Aursundsee** (684 m ü. M., 44 km², bis 52 m tief; Wasserfälle mit Kraftwerken unterhalb des Ausflusses), das Østerdal bis Kongsvinger, den See Øyeren und mündet bei Fredrikstad in den Oslofjord, 598 km lang.

Glomus [lat.] *das,* Gefäßknäuel, Nervenknäuel (↑Paraganglien).

Gloria [lat. »Ruhm«, »Ehre«] *das,* liturg. Lobpreisung der Herrlichkeit Gottes; 1) **kleines G.:** G. patri et filio et spiritui sancto (»Ehre sei dem Vater und dem Sohn und dem Hl. Geist«); 2) **großes G.,** Lobgesang der Engel (Lk. 2, 14): G. in excelsis Deo (»Ehre sei Gott in der Höhe«); Bestandteil der kath. Messe und der luther. Gottesdienstes.

Glorile [lat.] *die,* **1)** *allg.:* Ruhm, Glanz; Heiligenschein.
2) *atmosphär. Optik:* Erscheinung von aufeinander folgenden, farbigen Ringen, die um den Schatten eines Objektes an einer Wolke oder an Nebel gesehen werden; entsteht durch Beugung des vom Nebel oder den Wolken reflektierten Lichts. Ein Schatten (manchmal von farbigen Ringen umgeben), der sehr groß erscheint, weil Wolken oder Nebel nicht weit vom Beobachter entfernt sind, wird **Brockengespenst** genannt.

Gloriette [lat.-frz.] *die,* meist offener Pavillon oder Rundtempel auf einer Anhöhe als Bekrönung oder Endpunkt einer Achse in barocken und klassizist. Parkanlagen.

Gloriole [lat.] *die,* ↑Heiligenschein.

Glorreiche Revolution, der ohne Blutvergießen (daher »glorreich«) erfolgte Sturz des engl. Königs Jakob II. und die Thronbesteigung durch dessen Tochter Maria und deren Ehemann Wilhelm (III.) von Oranien 1688/89.

Glossa [grch.-lat.] *die, Anatomie:* die ↑Zunge.

Glossatoren, Vertreter der Rechtsschule von Bologna, um 1100 von Irnerius gegr. Die G. machten das »Corpus Iuris Civilis« durch Randbemerkungen **(Glossen),** philolog. und sachl. Erläuterungen, verständlich, schieden Unbrauchbares aus und schufen so die Grundlage des gemeinen Rechts. Die bekanntesten G. des 13. Jh. waren Azo und Accursius. Abgelöst wurden die G. durch die **Post-G.** (Kommentatoren).

Glosse [grch. glõssa »Zunge«, »Sprache«] *die,* **1)** *allg.:* Randbemerkung, (spött.) Bemerkung.
2) *Literaturwissenschaft:* fremdes oder ungebräuchl. Wort, dann die Übersetzung oder Erklärung eines solchen Wortes (nicht der Sache). Verbreitet waren die G. von der Mitte des 8. bis zum 15. Jh., Hauptpflegestätten u.a. der Bischofssitz Freising, die Klöster Fulda, St. Gallen und Reichenau. G. erscheinen in Handschriften entweder zw. den Zeilen des Textes **(Interlinear-G.)** oder an den Rand geschrieben **(Marginal-** oder **Rand-G.).** Sie wurden entweder gemeinsam mit diesem Text wieder abgeschrieben und so tradiert oder zu **Glossaren** gesammelt. Neben den lat. G. zu kirchl. Texten (Bibel, Kanones, Texte von Kirchenvätern) entstanden volkssprachl. G. zu lateinisch abgefassten Rechtstexten, bibl. Schriften oder Schullektüren sowie selbstständige Glossare. Ein alphabet. Glossar weltl. Gehalts ist der ↑Abrogans. Die urspr. nur als Übersetzungshilfe dienenden G. waren für die volkssprachl. Prosa von Bedeutung und

sind wichtige Sprachdenkmäler im Althochdeutschen, Altfranzösischen und Altenglischen. (↑Glossatoren)
3) *Publizistik:* kurzer (polem.) Kommentar zu aktuellen Ereignissen.
Glossematik *die* (Kopenhagener Schule), von L. Hjelmslev u. a. in Dänemark begründete sprachwiss. Theorie; in der Annahme eines Parallelismus zw. Form und Inhalt der Sprachzeichen wird ein Text mittels mathematisch-deduktiver Methoden in kleinste Elemente der Ausdrucks- und Inhaltsebene zerlegt, deren Beziehungen untersucht werden, um eine universelle formale Grammatik zu erstellen. Das **Glossem** gilt als Oberbegriff für das so genannte **Kenem** (Ausdrucksebene; entspricht den phonolog. Merkmalen) und das so genannte **Plerem** (Inhaltsebene; entspricht den semant. Merkmalen). Die G. wurde als eine Fortsetzung der strukturalist. Theorie F. de Saussures entwickelt.
Glossodynie [grch.] *die* (Glossalgie), Zungenschmerzen an der Zungenoberfläche (Zungenbrennen), z. B. bei perniziöser Anämie oder Diabetes mellitus; häufig auch psychisch bedingt.
Glossolalie [grch.] *die* (Zungenreden), ekstat., unverständl. Sprechen, das der Deutung bedarf; im N. T. als besondere Gnadengabe des Hl. Geistes (Charisma) beschrieben (z. B. 1. Kor. 14, 2 ff.), zuerst aufgetreten beim Pfingstgeschehen (Apg. 2, 4); heute in der ↑Pfingstbewegung und der ↑charismatischen Bewegung gepflegt, verstanden als in besonderer Unmittelbarkeit zu Gott gebetetes **Sprachengebet.**
Glottertal, Talschaft (von der 34 km langen Glotter, Zufluss der Elz, durchflossen) und Gemeinde im südl. Schwarzwald, Landkreis Breisgau-Hochschwarzwald, Bad.-Württ., 3 000 Ew.; Fremdenverkehr, Weinbau (»Glottertäler«).
Glottis [grch.] *die,* der Stimmapparat, i. w. S. Stimmlippen und Stimmritze im Kehlkopf, i. e. S. die Stimmritze allein.
Glottiskrampf, der ↑Stimmritzenkrampf.
Glotz|auge, *Medizin:* der ↑Exophthalmus.
Gloucester ['glɔstə], Hptst. der Cty. Gloucestershire, England, am Severn, 114 000 Ew.; anglikan. Bischofssitz; Maschinenbau, Chemiefaser-, Nahrungs- und Genussmittel-, Flugzeugzuliefer- u. a. Ind. Der Hafen ist durch einen 26 km langen Kanal mit dem Severnästuar verbunden. –

Kathedrale (geweiht 1100, umgebaut 13.–15. Jh.). – G. geht auf die Ende des 1. Jh. n. Chr. gegründete röm. Kolonie Glevum zurück, von den Walisern später Caer Glow, den Angelsachsen Gleawecastre gen., Hptst. des Königreiches Mercia; seit 1483 selbstständige Grafschaft, seit 1605 City.
Gloucester ['glɔstə], engl. Earls- und Herzogswürde; seit 1385 wird der Herzogstitel an Mitgl. der königl. Familie verliehen. – Humphrey, Herzog von G. (seit 1414), * 1391, † Bury Saint Edmunds 23. 2. 1447; jüngster Sohn König Heinrichs IV., führte 1422–29 die Regentschaft für seinen unmündigen Neffen Heinrich VI.
Gloucestershire ['glɔstəʃɪə], Cty. in SW-England, 2 653 km², 552 700 Ew.; Hptst. Gloucester.
Glover ['glʌʊvə], Danny, amerikan. Filmschauspieler, * San Francisco (Calif.) 22. 7. 1947; einer der populärsten schwarzen Filmschauspieler: »Die Farbe Lila« (1985), »Grand Canyon« (1991), »Lethal Weapon« (1–4, 1987–98).
Gloxinie *die* (Sinningia speciosa), krautiges, tropisch-südamerikan. Gesneriengewächs mit knolligem Wurzelstock und großen Trichterblüten; Warmhauspflanze.

Gloxinie (Zuchtform)

Glubb [glʌb], Sir (seit 1956) John Bagot, gen. Glubb Pascha, brit. Offizier, * Preston 16. 4. 1897, † Mayfield (Cty. East Sussex) 17. 3. 1986; 1939–56 Oberbefehlshaber der ↑Arabischen Legion; warf mit ihr 1941 den Aufstand im Irak nieder und führte sie im Palästinakrieg (1948–49). Von arab. Nationalisten als Repräsentant der brit. Kolonialmacht immer häufiger angegriffen, entließ ihn König Husain II. 1956 aus dem Amt.
Głubczyce [guup'tʃitsɛ] (dt. Leobschütz), Krst. in der Wwschaft Opole (Oppeln), Polen, am O-Rand der Sudeten, 14 100 Ew.;

GLU Glucagon

Nahrungsmittel-, Baustoff-, Textilindustrie. – 1107 als slaw. Siedlung bezeugt, um 1200 als Stadt mit dt. Recht bezeichnet; war Mutterstadt und 1253–1626 Oberhof der Orte mit Leobschützer Recht, seit 1377 zum Herzogtum Jägerndorf, kam 1742 zu Preußen und 1945 zu Polen.

Glucagon [grch.] *das* (Glukagon), Polypeptidhormon der Bauchspeicheldrüse, ein Gegenspieler des ↑Insulins, wirkt blutzuckererhöhend.

Głuchołazy [guuxɔ'uazi] (dt. Ziegenhals), Stadt und Luftkurort in der Wwschaft Opole (Oppeln), Polen, 295 m ü. M., am Fuß der Ausläufer des Altvatergebirges, 15 900 Ew.; Armaturenbau, Holzverarbeitungs-, Textil- u. a. Industrie. – Barocke Pfarrkirche (1729–31) mit frühgot. Westfassade. – Gegr. 1225, bis 1810 im Besitz der Breslauer Bischöfe.

Gluck, Christoph Willibald Ritter von (seit 1756), Komponist, *Erasbach (heute zu Berching) 2. 7. 1714, †Wien 15. 11. 1787; u. a. in Italien, London, Wien und Paris tätig. G. erstrebte seit 1761 eine Erneuerung der Opernkunst. Die Opernhandlung sollte auf dramat. und psycholog. Wahrheit beruhen. Die Musik musste sich deshalb dem dramat. Ausdruck unterordnen; der Belcanto der italien. und das Ballett der frz. Oper traten zurück. G. konnte sich gegen die Anhänger der italien. Oper in Paris, an ihrer Spitze N. Piccinni, mit seiner Reformoper »Iphigenie auf Tauris« (1797) endgültig durchsetzen; zu den Reformopern gehört u. a. auch »Orpheus und Eurydike« (1762). Später nahm Wagner bei seiner Reform des Musikdramas G.s Ideen zum musikal. Theater wieder auf.

Weitere Werke: Alceste (1767); Paris und Helena (1770); Iphigenie in Aulis (1774); Armida (1777).

📖 *Palézieux, N. de: C. W. G. Mit Selbstzeugnissen und Bilddokumenten.* Reinbek ³2001.

Glück, 1) günstige Fügung des Schicksals; als myth. Gestalt versinnbildlicht oder vergöttlicht (Fortuna).
2) zentraler Begriff in Philosophie und Religion. Das Streben nach G. erwächst aus der spezif. menschl. Situation, nicht allein reagierend das Leben meistern zu können, sondern aktiv durch Handeln gesetzte Zwecke und Werte verwirklichen zu müssen. Es entstand eine Vielzahl von G.-Vorstellungen, die sich einerseits zw. den Polen individuell-privates G.-Verständnis – politisch-soziale G.-Vorstellung, andererseits zw. den Polen äußere, materielle G.-Erfüllung – Verinnerlichung des G.-Ideals bewegen: z. B. G. als Ergebnis von Einsicht, Erkennen und Weisheit, im Vollziehen des göttl. Willens, im schöpfer. Tätigsein, im polit. Handeln bzw. Fürsorgen sowie G. durch materiellen Reichtum, Macht oder Prestige.
3) seelisch gehobener Zustand, der sich aus der Erfüllung der Wünsche ergibt, die dem Menschen wesentlich sind.

Glucken (Lasiocampidae), Familie dickleibiger, überwiegend nachts fliegender Schmetterlinge; Raupen dicht behaart. Die Raupen vom Kiefernspinner sind bei Massenvermehrung Baumschädlinge.

Glücksburg (Ostsee), Stadt im Kreis Schleswig-Flensburg, Schlesw.-Holst., an der Flensburger Förde, 6 300 Ew.; Ostseeheilbad (seit 1830); Segelschule, Marinegarnison. – Wasserschloss (1583–1587). – 1622–1779 Reg.sitz der Herzöge von Schleswig-Holstein-Sonderburg-Glücksburg; seit 1900 Stadt.

Glückshaube (Caput galeatum), die den Kopf des Neugeborenen nach Ausbleiben des termingerechten Blasensprungs haubenartig überziehenden Eihäute. Die G. bedeutet für das Kind erhöhte Erstickungsgefahr.

Glücksklee, volkstüml. Bez. für einheim. Kleearten mit ausnahmsweise vierzähligen Blättern; auch vierzählig beblätterte Sauerkleearten.

Glucksmann ['glyksman], André, frz. Philosoph und polit. Schriftsteller, *Boulogne-sur-Mer 19. 6. 1937; Vertreter der »Neuen Philosophie«; wandelte sich vom Verfechter des Marxismus maoist. Richtung zum Kritiker jegl. geschlossener philosoph. Systeme und totalitärer Weltanschauungen.

Glücksspiel, Spiel um Vermögenswerte, bei dem die Entscheidung über Gewinn und Verlust nicht im Wesentlichen von den Fähigkeiten und Kenntnissen und dem Grad der Aufmerksamkeit der Spieler, sondern allein oder überwiegend vom Zufall bestimmt wird (z. B. Bakkarat, Roulette, versch. Kartenspiele). Die öffentl. und die in geschlossenen Gesellschaften gewohnheitsmäßig betriebene Veranstaltung von G. ohne behördl. Erlaubnis sowie die Beteiligung hieran sind mit Geld- oder

Glühemission GLU

Freiheitsstrafe bis zu zwei Jahren bzw. sechs Monaten bedroht (§§ 284, 285 StGB), das gewerbsmäßige G. oder G. als Mitgl. einer Bande zur fortgesetzten Begehung solcher Taten mit Freiheitsstrafe von drei Monaten bis zu fünf Jahren. – Ähnl. Bestimmungen gelten im *österr.* Recht. In der *Schweiz* wurde 1993 das Spielbankenverbot aufgehoben.

Glückssteine, ↑Monatssteine.

Glückstadt, Hafenstadt an der Unterelbe, im Kr. Steinburg, Schlesw.-Holst., in der Kremper Marsch, 12 400 Ew.; Museum, Niederdt. Bühne; Mittelpunkt eines Gemüsebaugebietes; Fischerei; Werft, Papier-, Farbenfabrik u. a. Ind., Spezialdruckerei für Werke in nicht lat. Schriften; Fähre nach Wischhafen. – 1616 vom dän. König gegr. (Konkurrenz zu Hamburg), mit strahlenförmigem Grundriss; bis 1867 Sitz des holstein. Obergerichts.

Glückstage, *Volksglauben:* angeblich günstige Termine für bestimmte Vorhaben (Reisen, An- und Verkäufe, Feldarbeiten, Behandlung von Krankheiten, Heiraten). – Im MA. wurden G. nach der Bibel oder nach Heiligentagen, seit der frühen Neuzeit astrologisch bestimmt und in Volkskalendern oder »Planetenbüchern« mitgeteilt. Noch heute gelten Dienstag und Sonntag i. Allg. als G. (Mitteleuropa).

gluco... [grch.], eindeutschend **gluko...,** Wortbildungselement mit den Bedeutungen süß..., zucker...

Glucocorticoide [grch.-lat.] (Glukokortikoide), eine Gruppe der ↑Nebennierenrindenhormone.

Gluconeogenese [grch.-lat.] *die* (Glukoneogenese), in Leber und Nieren mögl. Neubildung von Glucose aus Nichtkohlenhydraten (Alanin, Glutaminsäure) zur Aufrechterhaltung des Blutzuckerspiegels bei Glucosemangel durch Hunger oder körperl. Arbeit.

Gluconsäure (D-Gluconsäure), durch milde Oxidation von Glucose entstehende Hydroxycarbonsäure. Verwendung als Metallbeizmittel, in der Lebensmittelind., medizinisch in der Calciumtherapie. Die Salze und Ester der G. heißen **Gluconate.**

Glucosamin [grch.] *das,* von der Glucose abgeleiteter Aminozucker, kommt in Chitin, Glykolipiden und Glykoproteinen vor.

Glucose [grch.] *die* (Glukose, Traubenzucker, Dextrose), zu den Aldohexosen gehörender, biologisch bedeutsamster und in der Natur meistverbreiteter Zucker, ein Monosaccharid. G. kommt in vielen Pflanzensäften und Früchten sowie im Honig (in der D-Form) vor und ist am Aufbau vieler Di- und Polysaccharide (z. B. Rohrzucker, Milchzucker, Cellulose, Stärke, Glykogen) beteiligt. Im menschl. und tier. Organismus findet sich stets eine geringe Menge von G. im Blut gelöst, beim Erwachsenen pro Liter 0,8–1,0 g. Die Bestimmung im Blut erfolgt überwiegend enzymatisch. G. ist ein wichtiges Zwischenprodukt im Stoffwechsel der Kohlenhydrate; in den Pflanzen entsteht G. durch Photosynthese. Sie findet als Bestandteil von Lebensmitteln, Infusionslösungen und Tabletten sowie zur Herstellung von Sorbit, Ascorbinsäure, Gluconsäure u. a. Verwendung.

Glückstadt: Häuserfront am Hafen

Glucoside [grch.], die Glykoside der Glucose.

Glucuronsäure (D-Glucuronsäure), durch Oxidation der Glucose in der Leber entstehende Uronsäure, dient im Körper zur Entgiftung von Phenol, Benzoesäure u. a. körperfremden Stoffen.

Gluesniffing [glu:-, engl.] *das,* das süchtige Leimschnuppern; die euphorisierend wirkenden Lösungsmitteldämpfe aus bestimmten Klebstoffen werden inhaliert; dabei besteht die Gefahr von Spätschäden an Leber, Niere und Knochenmark.

Glüh|emission (glühelektrischer Effekt, Edison-Effekt, Richardson-Effekt), der 1883 von T. A. Edison entdeckte und 1901 von O. W. Richardson theoretisch gedeutete Austritt von Elektronen **(Glühelektronen)** aus der Oberfläche von glühenden Metallen oder Halbleitern. (↑Glühkathode)

GLU Glühen

Glühen, 1) *Metallurgie:* eine ↑Wärmebehandlung von Metallen, v. a. Stahl, zum gezielten Verändern des Gefüges. Man unterscheidet Normalglühen (nur für Stahl gleichmäßig ferrit. Gefüges), Diffusionsglühen (Seigerungsausgleich), Grobkornglühen (Kornvergrößerung), Rekristallisationsglühen und Weichglühen (niedrige Festigkeitswerte, gute Umformbarkeit).
2) *Physik:* das Leuchten von Körpern bei Erhitzen, beginnt bei festen Körpern bei etwa 400 °C mit **Grauglut**, geht bei 525 °C in dunkle **Rotglut** über, erreicht bei etwa 1 000 °C **Gelbglut** und bei 1 200 °C **Weißglut**, die ihre volle Entfaltung bei etwa 1 600 °C zeigt. Die Temperaturabhängigkeit der **Glühfarben** kann zur Temperaturbestimmung glühender Körper ausgenutzt werden (↑Pyrometer).
Glühkathode, negative, direkt oder indirekt geheizte Elektrode in Elektronenröhren, die unter Ausnutzung der Glühemission Elektronen aussendet.
Glühkathodenwandler, der ↑thermionische Umwandler.
Glühkerze, elektrisch betriebene Zündhilfe zum Anlassen von Dieselmotoren, die bei kaltem Dieselmotor durch zusätzl. Temperaturerhöhung der Luft die Selbstzündung des Kraftstoff-Luft-Gemisches ermöglicht. Man unterscheidet G. mit Glühdraht und mit Glühstab (Glühstiftkerzen). Die Anzahl der G. entspricht der Anzahl der Zylinder. Bei laufendem Motor werden die G. abgeschaltet.

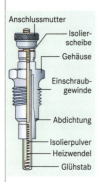

Glühkerze mit Glühstab

Glühlampe (schematisch)

Glühlampe, künstl., elektr. Lichtquelle, bei der ein schmelzbarer Draht (meist Wolfram) im Vakuum oder in chem. inaktiver Gasatmosphäre (meist Stickstoff, Argon, Krypton), um Oxidation und Verdampfen der Wendel sowie Schwärzung des Kolbens zu verhindern, zum Glühen gebracht wird. Der Glühdraht, eine Einfach- oder (meist) Doppelwendel, wird in einem Glas- oder Quarzkolben zw. zwei Stromzuführungselektroden gehalten. G. werden in versch. Kolbenformen im Leistungsbereich von 0,1 W bis 20 000 W sowie für Spannungen von 1 V bis 220 V und darüber hergestellt. Die Lichtausbeute beträgt 10 bis 20 lm/W, 5 bis 15 % der Leistungsaufnahme wird in Licht, der größere Teil in Wärme umgesetzt. G. werden zunehmend durch ↑Leuchtstofflampen ersetzt. Der Mechaniker H. Goebel baute 1854 die erste G. mit einem Bambuskohlefaden; zum weltl. Erfolg wurde die G. in Form der Kohlefadenlampe ab 1879 durch T. A. Edison geführt; die erste Metallfadenlampe konstruierte 1898 C. Auer von Welsbach.
Glüh|ofen, metallurg. Ofen zur Wärmebehandlung von Metallen oder Legierungen. G. werden elektrisch oder durch feste, flüssige oder gasförmige Brennstoffe beheizt. Die Beschickung erfolgt absatzweise (z. B. in Topf-, Hauben-, Herd-G.) oder kontinuierlich (z. B. Durchziehöfen für Draht). Soll eine Verzunderung des Glühgutes vermieden werden, wird das Glühgut unter einem Schutzgas, z. B. Stickstoff oder Wasserstoff, behandelt.
Glühwein, heißes Getränk aus (Rot-) Wein, Zimt, Nelken, Zitronenschale und Zucker.
Glühwürmchen, ↑Leuchtkäfer.
Glukagon [grch.] *das,* ↑Glucagon.
gluko..., ↑gluco...
Glukosurie [grch.] *die* (Glykosurie, Gly-

Glykogen GLY

kurie), die Ausscheidung von Zucker (Glucose) im Harn; z. B. bei Diabetes mellitus oder organ. Nierenschädigungen. Eine vorübergehende G. entsteht bei übermäßigem Zuckergenuss.
Gluonen [zu engl. glue »Klebstoff«], zu den ↑Eichbosonen gehörende masselose Austauschteilchen, die als Feldquanten die starke Wechselwirkung zw. den ↑Quarks vermitteln und in acht Farb-(Colour-)Zuständen auftreten. (↑Quantenchromodynamik)
Glurns (italien. Glorenza), Gemeinde in der Provinz Bozen, Südtirol, Italien, im oberen Vintschgau, 920 m ü. M., 870 Ew.; Fremdenverkehr. – G. wurde 1304 Stadt, 1499 niedergebrannt; einzige vollständig erhaltene Stadtbefestigung Tirols mit Mauern und Toren (16. Jh.).
Glutaminsäure, Abk. **Glu** (α-Aminoglutarsäure), in der Natur weit verbreitete Aminosäure, kommt vor allem im Eiweiß des Quarks und der Getreidekörner (bis 45%) vor. G. spielt im Zellstoffwechsel eine überragende Rolle, da sie über den Zitronensäurezyklus in Verbindung zum Kohlenhydratstoffwechsel steht. Sie ist an der Bildung von Aminosäuren beteiligt und bindet das beim Proteinabbau frei werdende giftige Ammoniak unter Bildung von Glutamin.
Glutarlazidurie (Glutarazidämie), autosomal-rezessiv erbl. Stoffwechselerkrankung mit Ausscheidung von Glutarsäure (Abbauprodukt des Lysins) im Harn; eine Pränataldiagnostik ist möglich.
Glutardialdehyd, vom Pentan abgeleiteter Dialdehyd; ölige Flüssigkeit, die u. a. als Gerbstoff verwendet wird.
Glutarsäure (Pentandisäure), kristalline Dicarbonsäure, die im Rübensaft vorkommt.
Glutathion *das,* Tripeptid aus Glycin, Cystein und Glutaminsäure, kommt in fast allen Zellen vor, ist als biolog. Redoxsystem von Bedeutung.
Gluten [lat.] *das,* ↑Kleber.
Glutin [lat.] *das,* Sammelbez. für Eiweiße der Gelatine und des **G.-Leims** (Knochenleim, Hautleim, heute durch synthet. Klebstoffe ersetzt); in heißem Wasser löslich; die Lösung erstarrt beim Abkühlen zu Gallerte.
Glutwolke, wolkenartige Ansammlung heißer vulkan. Gase bei Vulkaneruptionen, die große Mengen von Feststoffen in Suspension halten. Die schweren G. strömen mit hoher Geschwindigkeit und zerstörender Wirkung hangabwärts (so an der Montagne ↑Pelée); an der Basis oft schwere **Glutlawine** aus Lavatröpfchen und Ascheteilchen. Aus den abgelagerten Feststoffen entsteht ↑Ignimbrit.
Glyceride [grch.] *Pl.,* Ester des Glycerins. Die G. der Stearin-, Palmitin-, Ölsäure sind die Hauptbestandteile der Fette und fetten Öle; es werden Mono-, Di- und Tri-G. unterschieden.
Glycerin [von grch. glykýs »süß«] *das* (Glyzerin, 1,2,3-Propantriol), einfachstes dreiwertiges Äthanol. Die zähflüssige, hygroskop., süß schmeckende Flüssigkeit siedet bei 290 °C unter Zersetzung und ist mit Wasser mischbar. G. kommt in Form von Fettsäureestern in Fetten, Ölen und Phosphatiden vor. Es entsteht bei der alkohol. Gärung und ist deshalb in kleinen Mengen im Wein enthalten. G. wird durch Fettverseifung oder synthetisch hergestellt. – Verwendung u. a. zur Tabakbefeuchtung, in der Kosmetik zur Hautpflege sowie zur Herstellung von Alkydharzen, Polyurethanen und Nitroglycerin.
Glycidol grch. *das* (2,3-Epoxy-1-propanol), farblose Flüssigkeit, aus der sich durch Veresterung oder Verätherung viele Produkte herstellen lassen, die die reaktive Epoxygruppe enthalten (Glycidester und Glycidäther). ↑Epoxidharze.
Glycin [grch.] *das,* Abk. **Gly** (Glykokoll, Aminoessigsäure), einfachste nicht essenzielle Aminosäure, kommt v. a. in Gerüsteiweißstoffen vor und ist Bestandteil der Glykocholsäure (↑Gallensäuren).
Glycine, die Pflanzengattung ↑Wisteria.
glyco... [zu grch. glykýs], eindeutschend **glyko...**, süß...
Glycyrrhizin [grch.] *das* (Süßholzzucker), sehr süß schmeckendes Glykosid, kommt in der Süßholzwurzel vor; für Medikamente und in Tabakwaren verwendet.
Glykane [grch.], die ↑Polysaccharide.
glyko..., ↑glyco...
Glykocholsäuren, ↑Gallensäuren.
Glykogen [grch.] *das* (Leberstärke), wasserlösl. Reservekohlenhydrat, Speicherstoff für den tier. und menschl. Organismus. G. entsteht durch glykosid. Verknüpfungen von Glucosebausteinen. Molekülmasse 1 Mio. **(Muskel-G.)** bis etwa 16 Mio. **(Leber-G.).** Speicherort von G. ist die Leber, Vorkommen auch in den Mus-

kelzellen. Der G.-Abbau im Muskel dient der Energieerzeugung. Die Steuerung des Aufbaus von G. in der Leber wird durch Insulin, die des Abbaus durch Adrenalin und Glucagon geregelt.
Glykogenspeicherkrankheit (Glykogenose), Enzymdefekt des Glykogenstoffwechsels, der mit einer krankhaft vermehrten Glykogenspeicherung in Leber, Nieren, Herz, Muskulatur und Zentralnervensystem verbunden ist. Bei der **hepatorenalen Glykogenose** (Gierke-Krankheit) ist die Freisetzung von Glucose aus Glykogen gestört. Anzeichen sind Fettstoffwechselstörungen, geistige Entwicklungshemmung, Infektanfälligkeit.
Glykokoll [grch.] *das,* ↑Glycin.
Glykol [grch.] *das* (Äthylenglykol), einfachster zweiwertiger Alkohol, ölige, farblose, süß schmeckende, giftige Flüssigkeit; Verwendung als Glycerinersatz, Gefrierschutzmittel und Bremsflüssigkeit.
Glykoll|äther, sich von Glykolen ableitende Äther. Di-, Tri- und Polyäthylenglykole werden als Bremsflüssigkeiten, Weichmacher und Lösungsmittel verwendet. Verbindungen mit den Trivialnamen Methyl-, Äthyl-, Methyldiglykol u. a. haben Bedeutung als Lösungsmittel für Lacke, Druckfarben und Kugelschreiberpasten.
Glykolsäure (Hydroxyessigsäure), organ. Säure in Pflanzensäften, bes. in unreifen Trauben, verwendet in der Textil- und Lederind. sowie als Entroster.
Glykolyse [grch.] *die,* in fast allen Lebewesen ablaufender mehrstufiger enzymat. Abbau der Glucose zur Energiegewinnung (ATP-Synthese). Aus einem Glucosemolekül entstehen unter anaeroben Bedingungen (Gärung) zwei Moleküle Milchsäure (Lactat; z. B. im arbeitenden Muskel) oder zwei Moleküle Äthanol (bei der Hefegärung), unter aeroben Bedingungen zwei Moleküle Brenztraubensäure (Pyruvat), die über Acetyl-Coenzym A im ↑Zitronensäurezyklus weiter abgebaut werden.
Glykopeptide [grch.] *Pl.,* Stoffgruppe (Glykopeptidantibiotika: Teicoplanin und Vancomycin), die im Körper Mikroorganismen zu schädigen oder abzutöten vermag. G. dienen als Reserveantibiotika zur Behandlung schwerer Staphylokokken- und Enterokokkeninfektionen, bei denen risikoärmere Substanzen nicht gegeben werden können oder wegen Erregerresistenz nicht mehr wirksam sind.

Glykoproteine [grch.] *Pl.* (frühere Bez. Glykoproteide), kohlenhydrathaltige Eiweiße mit glykosidisch gebundenen Oligosacchariden an der Peptidkette. Zu den G. gehören u. a. Zelloberflächenantigene (z. B. Blutgruppenantigene) und viele Schleimsubstanzen.
Glykoside [grch.] *Pl.,* große Gruppe von Naturstoffen und synthet. Verbindungen, die aus einem Kohlenhydratanteil und einem als **Aglykon (Genin)** bezeichneten Nichtkohlenhydratbestandteil bestehen. Als Kohlenhydratbestandteil treten v. a. niedere Zucker (Monosaccharide, Oligosaccharide), als Aglykone hydroxyl- oder aminogruppenhaltige Verbindungen (Alkohole, Phenole bzw. Amine) auf. Je nach der Zuckerkomponente heißen die G. Glucoside, Galaktoside usw. Viele G. haben pharmakolog. Wirkung (z. B. die Digitalisglykoside).
Glykosurie, die ↑Glukosurie.
Glyoxylsäurezyklus (Glyoxalatzyklus, Krebs-Kornberg-Zyklus), Stoffwechselweg bei Mikroorganismen und Pflanzen; eine Variante des ↑Zitronensäurezyklus, bei der aktivierte Essigsäure (Acetyl-Coenzym A) nicht abgebaut, sondern zur Synthese von Dicarbonsäuren verwendet wird. Die biolog. Bedeutung des G. liegt in der Möglichkeit, aus Acetyl-Coenzym A, das z. B. aus dem Fett(säure)abbau stammt, Kohlenhydrate (über Bernsteinsäure) aufzubauen.
Glyptik [von grch. glyptḗ líthos »geschnittener Stein«] *die,* die ↑Steinschneidekunst.
Glyptodon [grch.] *das* (Riesengürteltier), ausgestorbene Gattung bis 3 m langer, 1,5 m hoher Gürteltiere aus dem Pleistozän Amerikas.
Glyptothek [grch.] *die,* eigtl. eine Sammlung von Gemmen. König Ludwig I. von Bayern übertrug diese Bez. auf das 1816–31 von L. von Klenze erbaute Antikenmuseum (Skulpturensammlung) in München. Seither wird die Bedeutung verallgemeinert.
Glyzerin, das ↑Glycerin.
Glyzinie, die ↑Wisteria.
G-Man [ˈdʒiːmæn; engl Kw. für: government man »Regierungsmann«] *der,* Sonderagent des FBI.
GmbH, Abk. für Gesellschaft mit beschränkter Haftung.
GmbH & Co. KG, der Rechtsform nach eine ↑Kommanditgesellschaft, deren per-

sönlich haftender Gesellschafter (Komplementär) eine ↑Gesellschaft mit beschränkter Haftung ist und deren Kommanditisten i.d.R. die Gesellschafter dieser GmbH sind. Sie ist eine jurist. Konstruktion, bei der die Haftung auf das Kapital der GmbH beschränkt wird.

GMD, Abk. für General**m**usik**d**irektor (↑Musikdirektor).

GMD-Forschungszentrum Informationstechnik GmbH, Abk. GMD, gegr. 1968 (als »Ges. für Mathematik und Datenverarbeitung«), bis 2001 Mitgl. der Hermann von Helmholtz-Gemeinschaft Deutscher Forschungszentren. – Im Juli 2001 erfolgte die Fusion der GMD mit der Fraunhofer-Gesellschaft. In der neu konstituierten Fraunhofer-Gruppe Information und Kommunikation (IuK), die aus insgesamt 15 Instituten mit mehr als 2 000 Mitarbeitern besteht, sind alle acht GMD-Institute vertreten.

Gmeiner, Hermann, österr. Sozialpädagoge, *Alberschwende (Vorarlberg) 23. 6. 1919, †Innsbruck 26. 4. 1986; gründete 1949 das Sozialwerk SOS-Kinderdorf (↑Kinderdörfer) zur Betreuung und Erziehung eltern- und heimatloser Kinder in familienartiger Gemeinschaft.

Gmelin, Leopold, Chemiker und Physiologe, *Göttingen 2. 8. 1788, †Heidelberg 13. 4. 1853; entdeckte in der Galle das Cholesterin und Taurin, verfasste das »Hb. der theoret. Chemie ...« (3 Bde., 1817–19), als »G.s Hb. der anorgan. Chemie« vom **G.-Institut** in Frankfurt am Main hg. (seit 1946).

GMR-Effekt [GMR Abk. für engl. giant **m**agnetoresistance] (Riesenmagnetowiderstandseffekt), sehr starke magnetisch verursachte Änderung des elektr. Widerstands in metall. Dünnschichtsystemen, sog. ↑Heterostrukturen. Im Ggs. zur »normalen« magnet. Widerstandsänderung beruht der Effekt auf der magnet. Ordnung der Elektronenspins in einem äußeren magnet. Feld. Dabei nutzt man mindestens zwei magnet. Schichten, die parallel zueinander angebracht werden und eine Zwischenschicht, die präpariert ist, wobei sich der Widerstand einer solchen Schichtung ändert. Für einen Strom, der in der Schichtebene fließt, ändert sich der Widerstand der Multilagenschichten in Abhängigkeit von der relativen Ausrichtung der Magnetisierung in den beiden Schichten.

Dieser Effekt ist am größten, wenn die beiden Schichten antiparallel magnetisiert, und am kleinsten, wenn sie parallel zueinander magnetisiert sind.

Der GMR-E. wird in Leseköpfen von Festplatten und für Sensoren zur Weg-, Winkel- oder Drehzahlmessung genutzt. Der Einsatz für nicht flüchtige magnet. Datenspeicher mit wahlfreiem Zugriff (MRAM) wird vorbereitet.

GMT, Abk. für engl. Greenwich Mean Time, ↑Zeit.

Gmünd, 1) ↑Schwäbisch Gmünd.
2) Stadt in Kärnten, Österreich, 732 m ü. M., 2 700 Ew.; Heimat-, Porsche-Automuseum; Fremdenverkehr. – Stadtmauer, got. Kirche und Karner, Altes (seit 1886 Ruine) und Neues Schloss (17. Jh.). – 1292 als Stadt erwähnt.
3) Bez.-Hptst. in Niederösterreich, im Waldviertel, 6 000 Ew.; Glas-, Steinmuseum; Textil-, Möbel- u. a. Industrie. – Roman.-got. Pfarrkirche, Wohnhäuser aus Renaissance und Barock, Schloss (16. Jh.). – Vor 1200 gegr. als Grenzstadt mit Burg.

Gmünd 2): Altes Schloss

Gmunden, Bez.-Hptst. in Oberösterreich, im Salzkammergut, am Traunsee, 440 m ü. M., 13 200 Ew.; Handelsakademie, Museum, Theater; Bekleidungs-, keram. und Elektroind.; Luftkurort, Solebäder. – Am Traunsee Schloss **Ort** (auf künstl. Insel; 12. Jh., nach Brand 1634 wieder aufgebaut; forstl. Ausbildungsstätte), auf einem Hügel Schloss **Cumberland** (Tuberkulosespital). – Seit etwa 1280 Stadt; bis etwa 1850 Hauptort des oberösterr. Salzkammergutes (Salzamt).

Gnadauer Verband, ↑Gemeinschaftsbewegung.

Gnade [ahd. gināda »Hilfe«, »Schutz«], *Religionswissenschaft* und *Theologie:* die Hilfe (eines) Gottes; in den prophet. Religionen (bes. Judentum, Christentum, Islam) vornehmlich die Zuwendung Gottes zu den Menschen und unverdiente Vergebung menschl. Sünde; in den Religionen ind. Herkunft in erster Linie die Erlösung aus dem ewigen Kreislauf der Wiedergeburten (↑Nirvana). – Bezeichnet G. im A.T. die grundlose Auserwählung Israels zum ↑Volk Gottes, so wird der Begriff im N.T. als Erlösungswerk Gottes in Jesus Christus auf die ganze Menschheit ausgedehnt. Nach Paulus ist die Universalität der G. Gottes die Entsprechung zur Universalität der Sünde der Menschen (Röm. 5,12 ff.), die grundlose unverdiente ↑Rechtfertigung der Sünder ihre wichtigste Wirkung (Röm. 3,21 ff.). – Theologiegeschichtlich ist die Entwicklung der **G.-Lehre** durch unterschiedl. Schwerpunktsetzungen geprägt: Für die Kirchenväter des Ostens bedeutete G. vor allem Vergöttlichung des Menschen. Im lat. Westen trat – vermittelt über Augustinus – mehr das anthropolog. Problem von G. und Willensfreiheit in den Vordergrund des Interesses (↑Prädestination). Seit der Scholastik unterscheidet die kath. Theologie zw. der ungeschaffenen G. (gratia increata) als der G. Gottes und der geschaffenen G. (gratia creata) als den Gaben und Wirkungen, die die G. Gottes im Menschen zur Folge hat. Auf dieser Grundlage betonte das Konzil von Trient 1547 (Rechtfertigungsdekret) die Mitwirkung des Menschen als unerlässlich für seine Rechtfertigung. Luther griff in seiner G.-Auffassung unmittelbar auf den biblisch-paulin. G.-Begriff als der unverdienten Rechtfertigung der Sünder durch Gott zurück: Rechtfertigung erfolgt allein aus G. (sola gratia). Ausgeformt zur Rechtfertigungslehre ist dieses G.-Verständnis zum Charakteristikum reformator. Theologie geworden.

📖 *Greshake, G.: Geschenkte Freiheit. Einführung in die Gnadenlehre. Neuausg. Freiburg im Breisgau u. a. 1992. – Einführung in die Lehre von G. u. Rechtfertigung, Beiträge v. O. H. Pesch u. A. Peters. Darmstadt ³1994.*

Gnadenbild, in der kath. Frömmigkeit an Wallfahrtsorten verehrte gemalte oder plast. Bilder von Christus oder von Heiligen, v. a. von Maria; bekannte G. befinden sich u. a. in Altötting und Tschenstochau.

Gnadenkirchen, Bez. für die evang. Kirchen in Sagan, Freystadt in Niederschlesien, Militsch, Landeshut in Schlesien, Teschen und Hirschberg im Riesengebirge, die die schles. Protestanten »aus kaiserl. Gnade« nach der Konvention von ↑Altranstädt (1707) bauen durften.

Gnadenkraut (Gratiola), Gattung der Rachenblütler. Die einzige einheim. Art **Gottes-G.** (Gratiola officinalis) hat weiß., lang gestielte Blüten, wächst auf feuchten Wiesen. Kraut und Wurzel enthalten u. a. das giftige **Gratiolin;** steht unter Naturschutz.

Gnadenmeister, bis ins 19. Jh. (leicht abschätzige) Bez. für Gesellen, die nicht auf Wanderschaft (Gesellenwandern) gehen konnten.

Gnadenrecht, die Befugnis, rechtskräftig verhängte Strafen zu erlassen, umzuwandeln, herabzusetzen oder (zur Bewährung) auszusetzen (↑Begnadigung) und anhängige Strafverfahren niederzuschlagen (↑Abolition).

Gnadenstuhl, etwa seit dem 12. Jh. in der bildenden Kunst nachweisbare Darstellung der Dreieinigkeit, bei der Gottvater den Sohn, meist als Kruzifix, im Schoß hält; über dem Haupt Christi schwebt die Taube, Symbol für den Heiligen Geist.

Gnadenwahl, *Theologie:* ↑Prädestination.

Gnapheus, Guilielmus (auch Fullonius), eigtl. Willem van de Voldersgraft oder de Volder, niederländ. Humanist, * Den Haag 1493, † Norden 29. 9. 1568; begründete bes. durch sein Stück vom verlorenen Sohn »Acolastus« (1529) das protestantische lat. Schuldrama.

Gneis, *Petrologie:* artenreiche Gruppe metamorpher Gesteine mit deutl. Parallelgefüge und hohem Feldspatgehalt. I. d. R. herrschen körnig ausgebildeter Quarz und Feldspat (Alkalifeldspäte und/oder Plagioklase) gegenüber den lagig eingeregelten Glimmern und den anderen Mineralgemengteilen vor. Die G. werden benannt a) nach dem Metamorphosegrad (Epi-, Meso-, Kata-G.), b) nach dem Ausgangsgestein (z. B. Granit-G.), c) nach besonderen Gemengteilen (z. B. Serizit-G.), d) nach Aussehen und Struktur (z. B. Augen-G., Bänder-G.). **Ortho-G.** sind aus magmat. Gesteinen entstanden, **Para-G.** aus Sedimentgesteinen.

Gneisenau, August Wilhelm Anton Graf (seit 1814) Neidhardt von, preuß. Heerführer, *Schildau (bei Torgau) 27. 10. 1760, †Posen 23. 8. 1831; seit 1785 Offizier in preuß. Dienst; neben G. J. D. Scharnhorst bedeutendste Persönlichkeit der preuß. Heeresreform, in der er sich u. a. für die Volksbewaffnung und gegen die Prügelstrafe (abgeschafft 1808) wandte. In den Befreiungskriegen, für die er seit 1811 warb, hatte er (nach Scharnhorsts Tod) als Generalquartiermeister G. L. Blüchers (1813 und erneut 1815) entscheidenden Anteil an den Siegen bei Leipzig (1813) und ↑Waterloo (1815) und galt als bedeutendster militär. Gegenspieler Napoleons I. 1816 nahm er aus polit. Gründen den Abschied. 1825 zum Generalfeldmarschall ernannt, erhielt G. 1831 beim poln. Aufstand den Oberbefehl über vier Armeekorps im Osten, starb jedoch bald an der Cholera.

Gneist, Rudolf von (seit 1888), Jurist und Politiker, *Berlin 13. 8. 1816, †ebd. 22. 7. 1895; wurde 1844 Prof. in Berlin, war 1858-93 Mitgl. des preuß. Abgeordnetenhauses und 1868-84 MdR (nationalliberal). Als Verf. einer sozialen Staatslehre entwickelte er Grundsätze für eine preuß. Verw.reform und setzte sich für die Schaffung einer selbstständigen Verw.gerichtsbarkeit ein.

Gnesen (poln. Gniezno), Krst. in der Wwschaft Großpolen, Polen, 71 600 Ew.; Erzbischofssitz; Museum, Theater, Staatl. Pferdegestüt; Druckereien, Leder-, Textil-, Nahrungsmittelind., Fahrzeug- und Gerätebau. – Dom (spätgot. Backsteinbau mit roman. Bronzetür vom Vorgängerbau) mit Grabmal des hl. Adalbert. – G., die älteste poln. Stadt (Burgsiedlung des späten 8. Jh.), wurde im 10. Jh. Fürstensitz und war – neben Posen – im 10. und 11. Jh. Hptst. Polens. 1243 erhielt G. als erste Stadt in Großpolen dt. Recht und war bis 1320 Krönungsstätte. In preuß. Zeit (1793-1806 und 1815-1918) war G. Krst. und Zentrum der poln. Nationalbewegung. – Das **Erzbistum G.** wurde im Jahr 1000 errichtet, war 1821-1948 in Personalunion mit Posen und 1948-92 mit Warschau verbunden. Im MA. besaßen die Erzbischöfe von G. die Rechte des Primas von Polen und Litauen (seit 1416) und übten seit 1572 das Amt des Reichsverwesers bei Thronvakanz aus.

Gnesiolutheraner [grch. gnésios »echt«, »unverfälscht«], seit dem 17. Jh. übl. Bez. für eine auf M. Flacius zurückgehende theolog. Gruppierung innerhalb des frühen Luthertums, die in den innerreformator. dogmat. Auseinandersetzungen nach Luthers Tod gegenüber den von ihr polemisch als ↑Kryptokalvinisten bezeichneten Anhängern P. Melanchthons den Anspruch erhob, Luthers theolog. Erbe unverfälscht zu bewahren.

Gniezno [ˈgnjɛznɔ], Stadt in Polen, ↑Gnesen.

GNO, Abk. für engl. Gallium Neutrino Observatory, ↑GALLEX.

Gnocchi [ˈnjɔki, italien.], Klößchen aus Grieß, Mais, Kartoffeln und/oder Mehl, die, in Salzwasser gegart, als Vorspeise oder Beilage gereicht werden.

Gnome [grch.] *die,* kurzer Sinnspruch, der eine Erfahrung, Regel oder einen Grundsatz enthält; die Grenzen zur ↑Sentenz sind fließend.

Gnomen [Herkunft ungeklärt], dämon. Gestalten, die in Volksglaube und Volksmärchen Wald, Berg und Wasser bevölkern, insbesondere die zwerghaften Erdgeister.

Gnomon [grch.] *der,* **1)** *Astronomie:* (Schattenstab), Messgerät des Altertums (z. B. ein Obelisk), durch dessen Schattenlänge auf einer waagerechten Ebene die Höhe der Sonne bestimmt wird. Aus dem G. entwickelten sich die Sonnenuhren. **2)** *Mathematik:* in der grch. Mathematik die ebene Figur, die als Differenzfläche zweier Quadrate oder Rechtecke entsteht; heute wird auch die entsprechende Restfläche eines Parallelogramms als G. bezeichnet.

gnomonische Projektion, ein ↑Kartennetzentwurf; wird auch in der Kristallographie genutzt; nicht winkeltreue Zentralprojektion einer Kugel von ihrem Mittelpunkt aus auf eine tangierende Projektionsebene.

Gnoseologie [grch.] *die,* die ↑Erkenntnistheorie.

Gnosis [grch. »Erkenntnis«] *die,* in der grch. Tradition Bez. für die Erkenntnis überhaupt; im N. T. Bez. für die christl. Erkenntnis als Heilswahrheit (z. B. 1. Kor. 1, 5) und als falsche G. für Irrlehren (1. Tim. 6, 20). – Im heutigen Sprachgebrauch bezeichnet G. als allg. Begriff der Religionsphänomenologie das systematisch gefasste, nur wenigen Auserwählten

GNO gnothi seauton

zugängl. (göttl.) Geheimwissen in esoter. Religions- und Weltanschauungsgemeinschaften. In diesem Sinne (auch **Gnostizismus** gen.) zusammenfassende Bez. für mehrere spätantike religiöse dualist. Erlösungsbewegungen unterschiedl. Herkunft v. a. des 2. Jh. n. Chr. Grundlegend für das gnost. Weltbild ist die Interpretation der Welt und der menschl. Existenz im Rahmen einer streng dualist. Konzeption. Die materielle Welt wird als von einem Demiurgen geschaffen und widergöttlich angesehen. In ihr sind Teile der jenseitigen göttl. Welt des Lichts (göttl. Funken) gefangen, die erlöst werden müssen. Der gnost. Kosmologie entspricht eine Anthropologie, die im Leib das Gefängnis der Seele sieht. Erlösung aus der Gefangenschaft ist durch Erkenntnis möglich, in der christl. G. durch Christus, den Gesandten des göttl. Lichts. Die christl. G. war im 2. Jh. weit verbreitet und führte zur ersten großen Glaubensauseinandersetzung in der Kirche, in deren Ergebnis sie als häretisch verurteilt wurde. Die maßgebenden Gnostiker stammen aus dem Orient. Saturnil wirkte in Syrien, Basilides in Alexandria, Valentin in Rom.

📖 *G. u. Gnostizismus, hg. v. K. Rudolph. Darmstadt 1975.* – *Rudolph, K.: Die G. Göttingen ³1990, Nachdr. 1994.* – *Iwersen, J.: G. zur Einführung. Hamburg 2001.* – *Markschies, C.: Die G. München 2001.*

gnothi seauton [grch.], ↑erkenne dich selbst.

Gnus (Connochaetes), Gattung wiederkäuender Paarhufer; beide Geschlechter tragen seitwärts geschwungene Hörner. G. leben gesellig in Busch- und Grassteppen Afrikas. Das **Weißschwanzgnu** (Connochaetes gnou) kommt nur noch in Reservaten vor.

Go *das* (japan. I-go, chin. Wei Qi), ostasiat. Brettspiel, wird von zwei Teilnehmern mit 181 schwarzen und 180 weißen Steinen auf einem quadrat. Brett (goban) gespielt, das mit je 19 waagerechten und senkrechten Linien überzogen ist. Jeder Spieler sucht mit seinen Steinen zusammenhängende Ketten zu bilden; völlig eingeschlossene gegner. Steine gelten als erobert.

Goa, ind. Bundesstaat, an der W-Küste Vorderindiens, 3 702 km², 1,34 Mio. Ew.; Hptst. Panaji; im Delta der Flüsse Mandavi und Juari ertragreiche Reis- und Kokospalmenkulturen; Eisenerz-, Manganerz- und Bauxitabbau; Herstellung von Textilien, Düngemitteln, pharmazeut., elektron. u. a. Erzeugnissen; an den Stränden Fremdenverkehr; internat. Flughafen in Vasco da Gama (südwestlich von Panaji). – Die Kirchen und Klöster (16./17. Jh.) der ehem. portugies. Hptst. Velha Goa (östlich von Panaji) sind z. T. gut erhalten (UNESCO-Weltkulturerbe). – Das seit Ende des 15. Jh. zum Sultanat Bijapur gehörende G. wurde 1510 portugiesisch (Eroberung durch A. de Albuquerque); 1951–61 zus. mit Daman und Diu Teil der weitgehend autonomen portugies. Überseeprovinz »Estado da India«. Nach Besetzung durch ind. Truppen (1961) erhielt G. mit Daman und Diu den Status eines ind. Unionsterritoriums; 1987 wurde G. Bundesstaat der Ind. Union.

GOÄ, Abk. für ↑Gebührenordnung für Ärzte.

Goajiro [-ˈxiro] (Guajiro, Eigen-Bez. Wayú), südamerikan. Indianerstamm auf der Halbinsel Guajira, Kolumbien, z. T. auch in Venezuela, zu den Aruak gehörend; etwa 130 000 G.; Viehzüchter.

Goalball [ˈgoːl-, engl.], *Behindertensport:* in der Halle durchgeführtes Mannschaftsspiel für Sehbehinderte und Blinde, getrennt ausgeübt von Frauen und Männern. Gespielt wird (je drei Spieler und max. drei Wechselspieler) mit einem »Klingelball«. Jede Mannschaft versucht, den »rollenden« Angriffswurf des Gegners so abzuwehren, dass der Ball nicht die eigene Grund-(Tor-)Linie vollständig überschreitet, was ein Tor bedeuten würde. G. ist seit 1988 eine Disziplin der ↑Paralympics.

Goalgetter [ˈgoːl-, anglisierende Bildung zu engl. to get a goal »ein Tor schießen«] *der, Torspiele:* bes. erfolgreicher Torschütze.

Goar, Heiliger, fränk. Missionar des 6. Jh., kam nach der Legende aus Aquitanien an den Rhein, Schutzpatron der (Rhein-)Schiffer und Gastwirte; Tag: in den Bistümern Limburg und Trier: 6. 7.

Gobarzifhern, die ↑Staubziffern.

Gobat [goˈba], Charles Albert, schweizer. Politiker, *Tramelan (Kt. Bern) 21. 5. 1834, †Bern 16. 3. 1914; war 1884–90 Ständerat und 1890–1914 Nationalrat. 1902 erhielt er mit É. Ducommun den Friedensnobelpreis und leitete seit 1906 das Internat. Friedensbureau in Bern.

Goch GOC

Goa: Kathedrale von Velha Goa bei Panaji (1562–1619)

Gobbi, Tito, italien. Sänger (Bariton), *Bassano del Grappa 24. 10. 1913, †Rom 5. 3. 1984; Interpret bes. der Charakterrollen in italien. Opern; trat auch als Regisseur hervor.
Göbel, ↑Goebel, Heinrich (Henry).
Gobelet [gobə'le:, frz.] *der,* Becher oder Pokal auf einem Fuß aus Gold, Silber oder Glas (vom MA. bis zum 18. Jahrhundert).
Gobelin [gɔbə'lɛ̃, frz.] *der,* gewebter Wandteppich, genannt nach der Färberfamilie G. im Paris des 15. Jh. (↑Bildwirkerei)
Gobelinmalerei [gɔbə'lɛ̃-, frz.], im 19. Jh. verbreitete Malerei, die, auf ripsartigem Stoff angebracht, einen gewirkten Gobelin nachahmt.

Boy Gobert

Gobert, Boy Christian, Schauspieler, Regisseur und Theaterleiter, *Hamburg 5. 6. 1925, †Wien 30. 5. 1986; wirkte zunächst in Frankfurt am Main, Zürich und Wien, spielte auch in zahlr. Filmen; war 1969–80 Intendant des Thalia Theaters in Hamburg, ab 1980 Generalintendant in Berlin (West), ab 1986 Intendant des Theaters in der Josefstadt in Wien.
Gobi [mongol. »Wüste«] *die* (chines. Shamo), trockene Beckenlandschaft in Zentralasien, in der Mongolei und in China (Innere Mongolei), durchschnittlich über 1 000 m ü. M., Längserstreckung fast 2 000 km; in Einzelbecken gegliedert, mit Salztonebenen, Salzsümpfen und -seen. Das Klima ist extrem kontinental; Kernwüsten vorwiegend im SW (Badainjaran-, Tengerwüste), der O ist steppenhaft (Viehzucht). Die Bev. besteht aus nomadisierenden Mongolen; von SO drangen chines. Kolonisten vor. Die G. wird von Karawanenstraßen und seit 1955 von der Transmongol. Eisenbahn durchquert.
Gobineau [gɔbi'no], Joseph Arthur Comte de, frz. Schriftsteller und Diplomat, *Ville-d'Avray (Dép. Hauts-de-Seine) 14. 7. 1816, †Turin 13. 10. 1882; versuchte die Überlegenheit der »arischen« Rasse zu begründen (»Versuch über die Ungleichheit der Menschenrassen«, 4 Bde., 1853–55), wirkte u. a. auf F. Nietzsche, R. Wagner. Als Hauptwerk gelten heute seine Romane und Novellen.
Goch, Stadt im Kr. Kleve, NRW, im Niederrhein. Tiefland, in der Niederung der unteren Niers, 31 500 Ew.; Elektronik-, Textil-, Nahrungsmittel-, Kunststoffind., Maschinen- und Fahrzeugbau. – Im Zweiten Weltkrieg stark zerstört; die got. Pfarrkirche (14.–16. Jh.) wurde wieder aufgebaut; Steintor (14. Jh.), »Haus zu den fünf Ringen« (Backsteinbau, 16. Jh.). – 1261 erstmals als Stadt bezeichnet; fiel 1473 an das Herzogtum Kleve.

Göchhausen, Luise von, *Eisenach 13. 2. 1752, †Weimar 7. 9. 1807; seit 1783 Erste Hofdame der Herzogin Anna Amalia von Sachsen-Weimar-Eisenach. Sie verfertigte die einzige erhaltene Abschrift von Goethes »Urfaust« (1887 aufgefunden).

Godard [gɔˈdaːr], Jean-Luc, französischschweizer. Filmregisseur, *Paris 3. 12. 1930; leitete mit »Außer Atem« (1960) die »Nouvelle Vague« des frz. Films ein; drehte auch sozialkrit. Filme.
Weitere Filme: Die Geschichte der Nana S. (1962); Eine verheiratete Frau (1964); Weekend (1968); Numéro 2 (1975); Détective (1985); Nouvelle Vague (1990); Deutschland Neu(n) Null (1991); Weh mir (1993); For Ever Mozart (1996); Histoire(s) du cinéma (1986–1997, Fernsehreihe).

Godavari *die,* Fluss in Indien, rd. 1 450 km, entspringt in den Westghats, quert den Dekhan, durchbricht die nördl. Ostghats, bildet zus. mit der Krishna ein fruchtbares Bewässerungsdelta am Golf von Bengalen.

Goddard [ˈgɔdəd], Robert Hutchings, amerikan. Physiker und Raketenpionier, *Worcester (Mass.) 5. 10. 1882, †Baltimore (Md.) 10. 8. 1945; befasste sich seit 1912 mit Problemen der Raketentechnik. Entwickelte ein Flüssigkeitsraketentriebwerk und startete 1926 die erste Flüssigkeitsrakete.

Gode [isländ. goði, von guð »Gottheit«] *der,* urspr. wohl Bez. des Priesters im german. Heidentum. Im Island des 9.–13. Jh. (also über die Christianisierung hinaus) jedoch Bez. der weltl. Häuptlinge, der alleinigen Träger der lokalen juristisch-polit. Gewalt. Das G.-Amt war vererbbar.

Godefroy [gɔdˈfrwa], Denis, frz. Rechtsgelehrter, ↑Gothofredus.

Gödel, Kurt, österr. Mathematiker und Logiker, *Brünn 28. 4. 1906, †Princeton (N. J.) 14. 1. 1978; lieferte grundlegende Beweise innerhalb der formalen Logik, z. B. zur Vollständigkeit und Widerspruchsfreiheit einer math. Theorie; befasste sich auch mit philosoph. Fragen der Mathematik.

gödelscher Unvollständigkeitssatz, von K. Gödel 1931 aufgestellter Beweis: »Eine math. Theorie, die die Arithmetik umfasst, und die widerspruchsfrei ist, kann nicht alle in ihr wahren Aussagen beweisen.« (↑Formalismus, ↑D. Hilbert)

Godesberg, Bad, seit 1969 Stadtteil von ↑Bonn.

Godesberger Kreis, lockere Vereinigung von Gegnern der Politik K. Adenauers (1949/50); u. a. A. Hermes, R. Nadolny, setzte sich – im Hinblick auf die Wiedervereinigung Dtl.s – für eine Verständigung mit der UdSSR und der DDR ein.

Godesberger Programm, ↑Sozialdemokratie.

Godhavn [ˈgoðhaun], dän. Name von ↑Qeqertarsuaq, Grönland.

Gödöllő [-løː], Stadt im Bezirk Pest, Ungarn, nordöstl. von Budapest, 30 300 Ew.; landwirtsch. Univ.; elektrotechn., chem. Industrie. – Schloss (1744–50), nach 1867 königl. Sommerresidenz.

Godoy [goˈðoi], Manuel de, eigtl. G. y Álvarez de Faria, Herzog von Alcudia (1792), Prinz de la Paz (1795), span. Politiker, *Castuera (Prov. Badajoz) 12. 5. 1767, †Paris 4. 10. 1851; Liebhaber der Königin Maria Luisa und Günstling König Karls IV., war 1792–98 und 1801–08 Erster Minister. G. betrieb eine Politik des aufgeklärten Absolutismus, schloss 1795 ein Bündnis und 1807 einen Vertrag mit Frankreich über die Aufteilung Portugals. Da er sich skrupellos bereicherte, war er verhasst und wurde 1808 während des Aufstands gegen die frz. Besatzung gestürzt.

God save the King [ˈgɔd ˈseɪv ðə ˈkɪŋ]; engl. »Gott schütze den König«], **God save the Queen** [- ˈkwiːn]; »Gott schütze die Königin«], brit. Nationalhymne (als solche seit 1825 belegt); bereits Mitte des 18. Jh. als patriot. Lied bei königl. Zeremonien gesungen. Die Weise wurde vielfach verwendet (»Heil dir im Siegerkranz«).

Godthåb [ˈgɔðhɔːb], dän. »gute Hoffnung«], dän. Name von ↑Nuuk, Grönland.

Godunow, Boris Fjodorowitsch, russ. Zar, *um 1552, †23. 4. 1605; war Berater Zar Iwans IV., 1587/88–98 Regent unter Fjodor I. und machte durch die Errichtung des Moskauer Patriarchats (1589) die russ. Kirche unabhängig von Konstantinopel. Nach dem Tod Fjodors wurde er 1598 von der Reichsversammlung (Semski Sobor) zum Zaren gewählt. Sein Sohn und Nachfolger Zar Fjodor II. (*1589, †1605) wurde nach sieben Wochen gestürzt. – Trauerspiel von A. S. Puschkin (1825); Oper von M. P. Mussorgski (1874).

Godwin [ˈgɔdwɪn], **1)** Mary, geb. Wollstonecraft, engl. Schriftstellerin, *London

27. 4. 1759, † ebd. 10. 9. 1797, ∞ mit 2); war eine Anhängerin J.-J. Rousseaus und die erste engl. Frauenrechtlerin.
2) William, engl. Schriftsteller, * Wisbech (Cty. Cambridgeshire) 3. 3. 1756, † London 7. 4. 1836, ∞ mit 1); verfocht in polit. Schriften und Romanen die Ideen von Freiheit und Gleichheit (»Untersuchung über polit. Gerechtigkeit und ihren Einfluss auf Moral und Glückseligkeit«, 2 Bde., 1793).
Godwin-Austen, Mount ['maʊnt 'gɔdwɪn 'ɔstɪn], höchster Berg des Karakorum, ↑ K 2.
Goebbels ['gœ-], Paul Joseph, Politiker, * Rheydt (heute zu Mönchengladbach) 29. 10. 1897, † (Selbstmord) Berlin 1. 5. 1945; schloss sich 1924 der NSDAP an, zeitweise Anhänger von G. Strasser, wurde Schriftleiter an nat.-soz. Zeitungen, 1926 Gauleiter von Berlin-Brandenburg, 1928 MdR, 1929 Reichspropagandaleiter; beherrschte ab 1933 als Reichsmin. für Volksaufklärung und Propaganda (seit März 1933) und als Vors. der Reichskulturkammer (seit Herbst 1933) durch Gleichschaltung aller Massenmedien weitestgehend das geistige und kulturelle Leben. Gestützt auf einen von ihm aufgebauten Propagandaapparat, trat G. mit demagog. Rhetorik als Verfechter der nat.-soz. Ideologie und ihres Führerkults hervor (Höhepunkt: Rede im Berliner Sportpalast, 18. 2. 1943, Aufruf zum »totalen Krieg«). Im Nov. 1938 war er maßgeblich an der Inszenierung der Judenpogrome (Reichspogromnacht) beteiligt. Nach dem 20. 7. 1944 »war er Reichsbevollmächtigter für den totalen Kriegseinsatz« und »Stadtpräs.« von Berlin. Am 29. 4. 1945 bestimmte ihn Hitler zu seinem Nachfolger als Reichskanzler. Neben Hitler und H. Himmler war G. einer der Hauptverantwortlichen für die nat.-soz. Verbrechen. – 1990 und 1992 wurden bisher unbekannte Teile seiner Tagebücher (1948, 1960 und 1977 als Fragmente hg.) entdeckt und publiziert.
Ausgaben: Die Tagebücher. Sämtl. Fragmente. Tl. 1: Aufzeichnungen 1924 bis 1941, hg. v. *E. Fröhlich.* 4 Bde. u. Register-Bd. *München u. a.* 1987. – Die Tagebücher, Tl. 2: Diktate 1941–1945, hg. v. *ders.* 15 Bde., Ergänzungs- u. Register-Bd. *ebd.* 1993-98.
📖 *Fraenkel, H. u. Manvell, R.:* G. Der Verführer. A. d. Engl. Neuausg. *München*

³*1995. – Reuth, R. G.:* G. Neuausg. *München u. a. 1995.*
Goebel ['gø-] (Göbel), Heinrich (Henry), dt.-amerikan. Mechaniker, * Springe 20. 4. 1818, † New York 16. 12. 1893; erfand 1854 (vor T. A. Edison) eine elektr. Glühlampe mit einem Glühfaden aus verkohlter Bambusfaser.
Goedeke ['gø-], Karl, Germanist, * Celle 15. 4. 1814, † Göttingen 27. 10. 1887; ab 1873 Prof. ebd.; bibliograph. Repertorium »Grundriß zur Gesch. der dt. Dichtung« (3 Bde., 1859–81; fortgeführt, 16 Bde., von E. Goetze u. a.).
Goeppert-Mayer ['gœ-], Maria, amerikan. Kernphysikerin dt. Herkunft, * Kattowitz 28. 6. 1906, † San Diego (Calif.) 20. 2. 1972; entwickelte zunächst unabhängig, dann in Zusammenarbeit mit H. D. Jensen das Schalenmodell des Atomkerns; erhielt dafür 1963 den Nobelpreis für Physik zus. mit H. D. Jensen und E. P. Wigner.
Goerdeler ['gœ-], Carl Friedrich, Politiker, * Schneidemühl 31. 7. 1884, † (hingerichtet) Berlin-Plötzensee 2. 2. 1945; Jurist, 1930–37 Oberbürgermeister von Leipzig, 1931–32 und 1934–35 zugleich Reichskommissar für Preisüberwachung, erklärte nach anfängl. Mitarbeit im NS-Staat angesichts der Beseitigung des Rechtsstaates sowie der nat.-soz. Rassen- und Kirchenpolitik immer stärker in Opposition zur Diktatur Hitlers und seiner Partei. Als Oberbürgermeister von Leipzig trat er zurück, nachdem während seiner Abwesenheit auf Veranlassung der NSDAP das Denkmal F. Mendelssohn Bartholdys entfernt worden war. In wachsender Distanz zum NS-Staat entwickelte er sich zum Mittelpunkt des zivilen (bürgerl.) Widerstands. Nach Kriegsbeginn (1939), spätestens jedoch Ende 1941, kam er zu der Auffassung, dass nur eine Verhaftung Hitlers – ein Attentat auf ihn lehnte er ab – eine nat. Katastrophe verhindern könne. Für den Fall von Hitlers Sturz war G. von der bürgerlich-militär. Widerstandsbewegung als Reichskanzler vorgesehen. Nach dem fehlgeschlagenen Attentat auf Hitler vom 20. 7. 1944 wurde G. verhaftet und am 8. 9. vom Volksgerichtshof zum Tode verurteilt.
📖 *Ritter, G.:* C. G. u. die dt. Widerstandsbewegung. Neuausg. *Stuttgart* ⁴*1984.* – *Meyer-Krahmer, M.:* C. G. u. sein Weg in den Widerstand. *Freiburg im Breisgau u. a. 1989.*

Goering ['gø-], Reinhard, Schriftsteller, *Schloss Bieberstein (bei Fulda) 23. 6. 1887, †(Selbstmord) Flur Bucha bei Jena 14.(?) 10. 1936; bed. sind seine expressionist. Dramen, v. a. die Tragödie »Seeschlacht« (1917) und »Die Südpolexpedition des Kapitäns Scott« (1929).

Goes, 1) [goːs], Albrecht, Schriftsteller, *Langenbeutingen (heute zu Langenbrettach, Landkreis Heilbronn) 22. 3. 1908, †Stuttgart 23. 2. 2000; evang. Pfarrer, seit 1953 freier Schriftsteller, knüpfte als Lyriker an die Tradition seiner schwäb. Heimat (E. Mörike) an; u. a. »Unruhige Nacht« (Erz., 1950); Laienspiele, Biografien und Predigten, Essays (»Noch und schon. 12 Überlegungen«, 1983).

2) [xuːs], Hugo van der, fläm. Maler, *Gent um 1440, †Kloster Roodendale (bei Brüssel) 1482; seit 1467 Meister in Gent,

Hugo van der Goes: Tommaso Portinari und seine Söhne mit dem hl. Thomas und dem hl. Antonius, linker Flügel des »Portinari-Altars« (um 1475; Florenz, Uffizien)

wohl seit 1475 (zeitweise geistig umnachtet) im Kloster; malte den für eine Kirche in Florenz gestifteten »Portinari-Altar« mit der Anbetung der Hirten als Mittelbild und der Familie des Stifters auf den Flügeln (um 1475; Florenz, Uffizien), das Hauptwerk der altniederländ. Malerei seit dem Genter Altar der Brüder van Eyck. In dem an symbol. Andeutungen reichen »Portinari-Altar«, dessen Wirkung v. a. auf die Florentiner Malerei bed. war, verbindet sich Monumentalität der Komposition mit realist. Genauigkeit. Die Behandlung der Architektur setzt die Kenntnis der Zentralperspektive voraus.

Weitere Werke: Anbetung der Könige (um 1470; Berlin, Gemäldegalerie); Anbetung der Hirten (um 1480; ebd.); Tod Mariä (um 1480; Brügge, Groeningemuseum).

Goethe ['gø-], **1)** Christiane von, *Weimar 1. 6. 1765, †ebd. 6. 6. 1816, Schwester von C. A. Vulpius; seit 1788 Lebensgefährtin von 2), Heirat 1806.

2) Johann Wolfgang von (seit 1782), Dichter, *Frankfurt am Main 28. 8. 1749, †Weimar 22. 3. 1832; Sohn des Kaiserl. Rates Johann Kaspar G. (*1710, †1782) und der Katharina Elisabeth, geb. Textor (*1731, †1808). Von fünf Geschwistern überlebte nur Cornelia (*1750, †1777) die Kindheit.

Jugendzeit und Frühwerke: 1765 nahm G. das vom Vater bestimmte Jurastudium an der Univ. Leipzig auf. In den sechs Leipziger Semestern schrieb er anakreont. Gedichte im Ton des Rokoko (Liederbuch »Annette«, entstanden 1767; »Neue Lieder«, 1768), erlebnisgeprägte Bekenntnislyrik und Oden sowie dramat. Versuche in den Formen des zeitgenöss. Theaters. Eine Lungenkrankheit zwang ihn 1768 zur Rückkehr ins Elternhaus; im Umgang mit pietist. Kreisen, v. a. mit Susanne von Klettenberg, beschäftigte sich G. mit hermet. und myst. Literatur. Dem schloss sich 1770/71 das Studium in Straßburg an. J. G. Herder vermittelte ihm die Aufklärungskritik J. G. Hamanns und seine eigenen sprach- und geschichtsphilosoph. Ideen, lenkte den Blick auf Shakespeare und Ossian sowie auf eine neue Wertung der Antike (Homer, Pindar); die Liebe zu Friederike Brion spiegelt sich in den »Sesenheimer Liedern«. Das jurist. Abschlussexamen berechtigte G. zur Advokatur in Frankfurt am Main, die er im Herbst 1771 erhielt. Dort vollendete er das Drama

»Götz von Berlichingen mit der eisernen Hand« (2. Fassung 1773); ebenso entstanden die großen Hymnen (»Wanderers Sturmlied«, »Mahomets Gesang«, »Prometheus«, »Ganymed«). Mit diesen Werken war G. ein Hauptrepräsentant der Generation des Sturm und Drangs, an dessen krit. Organ, den »Frankfurter gelehrten Anzeigen«, er sich zeitweise als Rezensent beteiligte. Sein erster Roman »Die Leiden des jungen Werthers« (1774, Neufassung 1787) begründete seinen weltliterar. Ruhm und löste eine ganze Welle literar. Nachahmungen und Moden bis hin zum Selbstmord aus unglückl. Liebe aus (»Wertherfieber«). Die Geniebegeisterung des Sturm und Drangs weckte das Interesse für den Helden des niederländ. Befreiungskampfes, der zur Zentralfigur des 1775 begonnenen Dramas wurde (»Egmont«, gedruckt 1788). Die mit den Grafen C. und F. L. zu Stolberg-Stolberg unternommene erste Reise in die Schweiz (1775) war einer von vielen Versuchen G.s, sich fluchtartig beengenden Verhältnissen zu entziehen.

Weimar (1775–86): Im Nov. 1775 folgte G. einer Einladung des Herzogs Karl August nach Weimar, wo er einen literarisch interessierten Hofkreis vorfand (u. a. die Herzoginmutter Anna Amalia und Charlotte von Stein). Seine Aufgabe als Erzieher und Minister bestimmte seinen weiteren Berufsweg (1779 zum Geheimen Rat ernannt); er leitete die Gebiete der Finanzen, des Bergbaus, des Militärwesens, später auch das Theater und das Bildungswesen. In Weimar entstanden fast alle großen belletrist. Werke, dazu die ästhet., naturwiss. und autobiograf. Schriften. »Faust« reicht in die Frühzeit zurück (»Urfaust«, ↑Faust, Johannes). 1777 begann G. mit »Wilhelm Meisters theatral. Sendung« (Romanfragment, erschienen 1911), nach der italien. Reise zu »Wilhelm Meisters Lehrjahre« (4 Bde., 1795/96) erweitert, sowie »Iphigenie auf Tauris« (1779 aufgeführt) und 1780/81 auch »Torquato Tasso« (Prosafassungen); in der Lyrik bereicherte er den hymn. Stil wieder um liedhafte Elemente (u. a. »Erlkönig«). Daneben widmete er sich naturwiss. (Entdeckung des menschl. Zwischenkieferknochens, 1784), zeichner. und sammler. Betätigungen.

Italienreisen (1786–1788, 1790): Die 1. italien. Reise, Flucht aus der Enge der Weimarer Verpflichtungen und Bindungen (auch der Beziehung zu Charlotte von Stein), brachte in G. das Streben nach klass. Formen zur vollen Reife. In Rom, aber auch in Neapel und Sizilien vertiefte er durch die Begegnung mit der Antike seine dichter. und ästhet., aber auch seine naturwiss. Anschauungen (Entdeckung der »Urpflanze« in Palermo) und suchte bes. den Kontakt zu bildenden Künstlern.

Johann Wolfgang von Goethe (Kupferstich von Johann Heinrich Lips, 1791)

Es entstanden u. a. versch. Faustszenen und Versfassungen von »Iphigenie« (erschienen 1787) und »Torquato Tasso« (erschienen 1790). Die eigtl. poet. Frucht der Italienreise sind die »Röm. Elegien« (entstanden 1788–90, gedruckt 1795), ein geistreicher Dialog mit den großen Liebesdichtern der »goldenen« Latinität (Tibull, Properz, Catull). 1790 ging G. noch einmal für wenige Monate nach Italien. An die Stelle seiner ersten Italienbegeisterung trat nun ein skept. Bild der italien. Gesellschaft. Zeugnis davon geben die »Venetian. Epigramme« (1795 in Schillers »Musenalmanach« erschienen). Seit 1788 war er mit Christiane Vulpius verbunden, zu der er sich – gegen die Kritik der Weimarer Hofgesellschaft – bekannte (Heirat 1806). Von ihren fünf gemeinsamen Kindern blieb nur August (* 1789, † 1830) am Leben.

In Auseinandersetzung mit der Frz. Revolution entstanden u. a. das Lustspiel »Der Groß-Cophta« (1792), der burleske Einakter »Der Bürgergeneral« (1793), das erste Stück einer Fragment gebliebenen dramat.

Trilogie »Die natürl. Tochter« (1799–1803, gedruckt 1803) und das satir. Epos »Reineke Fuchs« (1794). 1792 begleitete G. Herzog Karl August in das Feldlager des gegen Frankreich verbündeten Koalitionsheeres bis zu dessen Rückzug vor den Franzosen.

Freundschaft mit Schiller: Die 1790er-Jahre sind geprägt durch die Zusammenarbeit mit Schiller (ab 1794), die bis zu Schillers Tod (1805) dauerte, ein Bund, der in der neueren dt. Geistesgeschichte einzigartig ist. Im Austausch mit Schiller wurden Kunst- und Literaturauffassungen entwickelt, die als **Weimarer Klassik** zur literarhistor. Epochenbezeichnung wurden. Für die Geschichte der dt. Literatur wurde die krit. Einwirkung Schillers auf die großen Werke G.s ebenso wichtig wie seine poetologisch-ästhet. Reflexionen, so etwa bei der Umformung des »Wilhelm-Meister«-Romans, bei den Novellen (»Unterhaltungen dt. Ausgewanderten«, 1795), bei der Theorie eines modernen und doch den antiken Gattungsgesetzen entsprechenden Epos (»Hermann und Dorothea«, 1797) sowie bei der Umarbeitung des »Faust« und des »Egmont«. Zu den Bemühungen, die literar. Gattungen in ihren theoret. Grundlagen zu bestimmen (in dem gemeinsamen Aufsatz »Über ep. und dramat. Dichtung«, entstanden 1797, gedruckt 1827), trat die unmittelbare krit. Einwirkung auf die literar. und polit. Zustände der Gegenwart (»Xenien«, 1796); die Zeitschriften »Die Horen«, »Die Propyläen«, ferner der »Musenalmanach« wurden zu Organen der klass. Kunst- und Literaturprogrammatik. G.s ästhet. und naturforschende Studien tendierten zu einem universalen System der Erscheinungen, das v. a. durch die Idee der Metamorphose bestimmt wird, die sowohl für die Pflanzen- und Tierwelt als auch im Prozess der geistigen Produktivität gilt (Elegie »Die Metamorphose der Pflanzen«, 1799). Auch in der Optik (»Zur Farbenlehre«, 2 Bde., 1808–10) vertrat G. diesen organ. Entwicklungsgedanken. Die anregende Zusammenarbeit mit Schiller bezeugen auch die Balladen des »Balladenjahres« 1797 (u. a. »Der Zauberlehrling«, »Der Gott und die Bajadere«).

1805–1813: G.s bisheriger Lebenskreis begann zu zerbrechen: 1803 starb Herder, 1805 Schiller, 1813 Wieland. Aus dem Kreis der Frühromantiker, dessen Zentrum zeitweise Jena war, kamen neue ästhet. und universalphilosoph. Ideen (J. G. Fichte, F. W. J. von Schelling). Während Schiller in seinen letzten Lebensjahren die klassizist. Positionen zu behaupten suchte, setzte G. sich direkter mit den ästhet. Ideen der Romantiker auseinander. Auf die Wiederbelebung der romant. Sonettform durch die Brüder Schlegel antwortete G. mit einem Zyklus von Sonetten (entstanden 1807/08, gedruckt 1815 I–XV, 1827 XVI, XVII). Der romant. Kritik galt die Dichtung G.s, v. a. »Wilhelm Meisters Lehrjahre« und der 1808 vollendete 1. Teil des »Faust«, als Gipfel der modernen Dichtung. In dieser Zeit entstanden auch bed. naturphilosoph. Gedichte und Novellen zu einer geplanten Fortsetzung des »Wilhelm Meister«. Daraus nahmen »Die Wahlverwandtschaften« (2 Tle., 1809) die Dimension eines eigenen Romans an. Daneben wurde die Arbeit an der Autobiografie fortgesetzt; im Weimarer Theater ließ G. Weltliteratur spielen (P. Corneille, P. Calderón, Shakespeare).

Altersperiode (1814–32): Die drei ersten Teile der Autobiografie »Aus meinem Leben. Dichtung und Wahrheit«, in der G. anhand seines Lebens den Wandel seiner Zeit darstellt, erschienen 1811–14, der 4. Teil, der bis zu der Berufung nach Weimar führt, posthum 1833. Die Lektüre altpers. Dichtung, des »Divans« des pers. Dichters Hafis (in der dt. Übers. von J. von Hammer-Purgstall), regte G. zu dem neuen lyr. Stil seines »West-östl. Divans« (1819, erweitert 1827) an. Der »Divan« war wesentlich ein Ertrag der beiden Sommerreisen 1814 und 1815 in die Rhein-Main-Gegend, wo er auch Marianne von ↑Willemer kennen lernte. In Weimar wurden die Orientstudien fortgesetzt. 1816 starb Christiane. 1826 kündigte er eine »Ausgabe letzter Hand« seiner Werke an. Den Briefwechsel mit Schiller veröffentlichte er selbst; die Herausgabe des Briefwechsels mit C. F. Zelter wurde verabredet, die Niederschrift der »Gespräche mit G. in den letzten Jahren seines Lebens« (3 Bde., veröffentlicht 1836–48) seines Sekretärs J. P. Eckermann wurde von G. sanktioniert. Ein noch aus der Schiller-Periode stammender Plan eines Epos wurde zu der »Novelle« umgearbeitet, einem Höhepunkt seiner ep. Alterskunst (1828). Die

schon im Titel des ersten »Wilhelm Meister«-Romans (»Lehrjahre«) sich ankündigende Fortsetzung »Wilhelm Meisters Wanderjahre«, deren 1. Fassung (1821) G. nicht befriedigte, erarbeitete er in einem oft unterbrochenen Prozess. Der zunächst kritisierte, mitunter verkannte Altersstil des Erzählers G. wurde erst seit der Krise des modernen Romans als ein Versuch verstanden, mit der »offenen Form« einem disparaten Weltzustand zu entsprechen. Das Alterswerk führt die großen Projekte fort, bringt aber auch in der Lyrik faszinierende Dichtungen von leidenschaftl. Gefühl (u. a. »Trilogie der Leidenschaft«, entstanden 1823/24, gedruckt 1827, mit der »Marienbader Elegie«) und philosoph. Tiefe hervor (u. a. »Urworte. Orphisch«, entstanden 1817, gedruckt 1820). Auch der »Faust« wurde nun abgeschlossen: Den 1. Teil erweiterte G. perspektivisch durch den »Prolog im Himmel« mit der Anspielung auf die barocke Vorstellung vom Welttheater (Calderón); die Gestalt des Helden tritt im 2. Teil hinter der Fülle der poet. Welt, die die gesamte abendländ. künstlerische Überlieferung produktiv verarbeitet, zurück (veröffentlicht posthum 1832). Hier wird, im Sinne eines Gesamtkunstwerks nach dem Vorbild Tiecks, der romant. Einfluss deutlich, ebenso in »Wilhelm Meisters Wanderjahren« (endgültigen Fassung 1829). – Aus dem Nachlass wurden auch die Sprüche in Prosa, »Maximen und Reflexionen«, herausgegeben.
Ausgaben: Berliner Ausgabe, 23 Bde. Berlin-Ost ¹⁻⁴1972–90. – Werke, hg. im Auftrag der Großherzogin Sophie von Sachsen, 143 Bde. u. 3 Suppl.-Bde. Neuausg. München 1987–90. – Werke. Hamburger Ausgabe, hg. v. E. Trunz u. a., 14 Bde. Neuausg. München 1998.
📖 *Staiger, E.: G., 3 Bde. Zürich u. a. ⁴⁻⁶1970–81. – G. im 20. Jh. Spiegelungen u. Deutungen, hg. v. Hans Mayer. Neuausg. Frankfurt am Main 1990. – Boyle, N.: G. Der Dichter in seiner Zeit, auf mehrere Bde. ber. A. d. Engl. München 1995 ff. – Conrady, K. O.: G. Leben u. Werk, 2 Bde. Neuausg. Frankfurt am Main ³1995–96. – Friedenthal, R.: G. Sein Leben u. seine Zeit. Neuausg. München u. a. ⁹1995. – G.-Handbuch, hg. v. B. Witte u. a., 5 Bde.. Neuausg. Stuttgart 1996–99. – Wilpert, G. von: G.-Lexikon, Stuttgart 1998. – Schulz, Karlheinz: G. Eine Biographie, Stuttgart 1999. – Miller,* Norbert: *Der Wanderer. G. in Italien. München 2002.*

Goetheanum [gø-] *das,* von der »Allgemeinen Anthroposoph. Gesellschaft« nach Modellen R. ↑Steiners in Dornach bei Basel errichtete Bauten. Dem seit 1913 errichteten ersten G. folgte nach Zerstörung durch Feuer seit Ende 1924 der Bau des jetzt bestehenden Gebäudes. Das G. ist Sitz der »Anthroposoph. Gesellschaft« und der »Freien Hochschule für Geisteswissenschaft«.

Goethe-Gesellschaft in Weimar ['gø-], internat. literarisch-wiss. Vereinigung; gegr. am 20. 6. 1885; Sitz: Weimar. Die G.-G. in W. gab das Goethe-Jb. heraus (34 Bde., 1880–1913), fortgeführt 1914–35 als Jb. der Goethe-Gesellschaft, 1936–71 unter dem Titel »Goethe«, seit 1972 u. d. T. »Goethe-Jb.«; ihre Bibliothek ist heute in die »Herzogin Anna Amalia Bibliothek« eingegliedert und gehört zur ↑Stiftung Weimarer Klassik.

Goethehaus ['gø-], **1)** Geburtshaus des Dichters in Frankfurt am Main, am Großen Hirschgraben; seit 1863 im Besitz des Freien Deutschen Hochstifts, als Gedenkstätte eingerichtet, 1932 um einen Museumsbau erweitert; im Zweiten Weltkrieg zerstört, mit dem Museum zusammen wieder aufgebaut (1951 Neueröffnung), 1997 ein weiteres Mal umgebaut und erweitert. **2)** Goethes Wohnhaus (ab 1782) am Frauenplan in Weimar mit angeschlossenem Museum (1885 von der Goethe-Gesellschaft als Goethe-Nationalmuseum eröffnet, zu welchem heute weitere Museen im Rahmen der ↑Stiftung Weimarer Klassik zählen). Im Zweiten Weltkrieg Beschädigung des Goethehauses durch Bomben, 1949 Wiedereröffnung; 1999 Umbau und Neugestaltung. – Abb. S. 544

Goethe-Institut ['gø-], gemeinnützige Organisation in Dtl. mit folgenden Aufgaben: Erteilung und Förderung von Deutschunterricht im In- und Ausland, fachl. Förderung ausländ. Deutschlehrer und Germanisten, kulturelle und wiss. Veranstaltungen im Ausland, Wahrnehmung von Aufgaben auswärtiger Kulturpolitik, bes. durch Vermittlung von Informationen über Dtl. im Auftrag des Auswärtigen Amtes. Das 1951 gegr. G.-I. (Zentralverwaltung: München) unterhält (2003) 141 Zweigstellen in 77 Ländern sowie in Dtl. 16 Unterrichtsstätten. Am 21. 9. 2000 wurde

Goethe-Preise

beschlossen, das G.-I. mit ↑Inter Nationes e. V. ab 2001 zu fusionieren.

❖ **siehe ZEIT Aspekte**

Goethe-Preise [ˈgøː-], **1) Goethe-Preis der Stadt Frankfurt am Main,** 1926 gestifteter, seit 2002 mit 25 564 € dotierter Preis; wird seit 1927 jährlich, seit 1949 im Allg. alle drei Jahre an Goethes Geburtstag verliehen. Preisträger waren u. a.: S. George (1927), A. Schweitzer (1928), S. Freud (1929), M. Planck (1945), H. Hesse (1946), K. Jaspers (1947), T. Mann (1949), C. Zuckmayer (1952), Annette Kolb (1955), C. F. von Weizsäcker (1958), W. Gropius (1961), B. Reifenberg (1964), Carlo Schmid (1967), G. Lukács (1970), Arno Schmidt (1973), I. Bergman (1976), Raymond Aron (1979), E. Jünger (1982), G. Mann (1985), P. Stein (1988), W. Szymborska (1991), E. Gombrich (1994), H. Zender (1997), S. Lenz (1999), M. Reich-Ranicki (2002). **2) Hansischer Goethe-Preis,** von der ↑Alfred-Toepfer-Stiftung F. V. S. 1950 geschaffener Preis, der zuerst jedes Jahr, seit 1959 i. d. R. alle 2 Jahre für besondere völkerverbindende und humanitäre Leistungen im Geiste Goethes an Persönlichkeiten aus europ. Ländern verliehen wird. Er ist dotiert mit 25 000 €. Preisträger waren u. a.: C. J. Burckhardt (1950), M. Buber (1951), E. Spranger (1952), T. S. Eliot (1954), W. Gropius (1956), P. Tillich (1958), T. Heuss (1959), B. Britten (1961), H. Arp (1965), Carlo Schmid (1975), C. F. von Weizsäcker (1989), die Goethe-Gesellschaft in Weimar (1991), H. Weinrich (1997), P. Bausch (2001), C. Nooteboom (2002).

Goethe- und Schiller-Archiv [ˈgøː-], literaturwiss. Forschungsinstitut und Sammelstätte von Handschriften und Urkunden zur Gesch. der neueren dt. Literatur in Weimar; Grundstock ist der handschriftl. Nachlass Goethes, der durch Walther Wolfgang von Goethe der Großherzogin Sophie von Sachsen-Weimar vermacht worden war (1885) und von dieser, zus. mit dem Nachlass Schillers (Schenkung von L. und A. von Gleichen-Rußwurm, 1889), in einem 1896 eingeweihten Bau untergebracht wurde. 1953 wurde das G.- und S.-A. mit anderen Weimarer Institutionen zu den »Nat. Forschungs- und Gedenkstätten der klass. dt. Lit. in Weimar« zusammengefasst; seit 1991 ↑Stiftung Weimarer Klassik.

Goethit [gøː-; nach J. W. von Goethe] *der* (Nadeleisenerz), rhomb. Mineral, α-FeOOH, hellgelb bis schwarzbraun; säulige, nadelige, haarförmige Kristalle, strahlige Aggregate, derb oder dicht; zuweilen kugelig mit samtartiger Oberfläche und seidigem Bruch **(Samtblende).** G. ist charakterist. Verwitterungsprodukt fast aller Eisenminerale, häufiges natürl. Fe-Hydroxid, Hauptbestandteil des Brauneisens.

Goetz [gœː-], **1) Curt,** Schauspieler, Schriftsteller, * Mainz 17. 11. 1888, † Grabs (Kt. St. Gallen) 12. 9. 1960; wurde 1939 bei einem Aufenthalt in Hollywood vom Beginn des Krieges überrascht und kehrte erst 1946 nach Europa zurück; lebte seitdem in der Schweiz. G. schrieb Gesellschaftskomödien mit geistreich-witzigen Dialogen, die z. T. unter seiner Regie verfilmt wurden (»Dr. med. Hiob Prätorius«,

Goethehaus 2): Arbeitszimmer des Dichters in seinem Wohnhaus am Frauenplan in Weimar

Vincent van Gogh: Landschaft bei Auvers nach dem Regen (1890; Moskau, Puschkin-Museum)

1934; »Das Haus in Montevideo«, 1953) sowie den (ebenfalls verfilmten) Roman »Die Tote von Beverly Hills« (1951). Die Hauptrollen spielte er meist selbst, die weibl. Hauptrolle seine Frau Valérie von Martens (*1894, † 1986).
2) Rainald, Schriftsteller, * München 24. 5. 1954; Arzt, Historiker, Kritiker; schreibt, auch für die Bühne, provokative Texte, die mit den überkommenen ästhet. und formalen Kriterien brechen, indem sie distanzlos unmittelbare Gegenwart erlebbar machen wollen. G.' Materialfundus sind die Medien in jeder Form, seit den 1990er-Jahren bezieht er auch die Techno-Kultur ein.
Werke: Prosa: Irre. Roman (1983); Kontrolliert (1988); Rave (1998); Abfall für alle. Roman eines Jahres (1999); Dekonspiratione (2000). – Stücke: Krieg I (UA 1988); Schlachten (UA 1988); Katarakt (UA 1992); Jeff Koons (1998).
Goeze ['gœ-], Johann Melchior, luth. Theologe, * Halberstadt 16. 10. 1717, † Hamburg 19. 5. 1786; seit 1755 Hauptpastor an der Katharinenkirche in Hamburg, streitbarer Anhänger der luth. Orthodoxie; bekämpfte die Aufklärung; bekannt geworden durch den Streit mit G. E. Lessing über die von diesem herausgegebenen »Fragmente des Reimarus«.
Gogarten, Friedrich, evang. Theologe, * Dortmund 13. 1. 1887, † Göttingen 16. 10. 1967; Prof. in Breslau und Göttingen; Mitbegründer der †dialektischen Theologie; stand später in Fragen der theolog. Anthropologie im Gegensatz zu K. Barth, der in der Folge seines Beitritts zu den Dt. Christen zum definitiven Bruch wurde. Als Theologe rückte G. zunehmend das Problem der neuzeitl. Säkularisierung in den Mittelpunkt seines Denkens.
Gogdu-Cagsi-Norum [aus korean. »Puppe« und »Brautspiel«] (Khktu-kaksinorum), korean. Puppenspiel mit Stockpuppen; ein Spiel besteht aus 8 Szenen mit etwa 40 Puppen.
Gogh [goːk, gɔx, niederländ. ɣɔx], Vincent van, niederländ. Maler, * Groot-Zundert (bei Breda) 30. 3. 1853, † (Selbstmord) Auvers-sur-Oise (Dép. Val d'Oise) 29. 7. 1890; Sohn eines Pfarrers, anfangs Kunsthandlungsgehilfe, dann Laienprediger bei den Grubenarbeitern im belg. Kohlenrevier Borinage; begann in schweren, dunklen Farben das Leben der Bauern und Arbeiter zu schildern, ging 1886 zu seinem Bruder Theo nach Paris, wo er sich der hellen, lichten Malerei der Impressionisten anschloss und vom japan. Farbholzschnitt Flächigkeit und Umrisslinie übernahm. 1888 siedelte er nach Arles über. Hier entstanden die »Boote am Strand« (Amsterdam, Rijksmuseum V. van G.) und die »Caféterrasse bei Nacht« (Otterlo, Rijksmuseum Kröller-Müller). hier entwickelte van G. auch seine Technik der Rohrfederzeichnung. Gemeinsam mit P. Gauguin wollte er eine Künstlerkolonie gründen; das Zusammenleben endete mit van G.s Zusammenbruch im Dez. 1888. Nach der

Selbstverstümmelung seines Ohres, klin. Behandlung und wiederholten Anfällen (bisher als Zeichen geistiger Verwirrung gewertet, doch nach neuesten Erkenntnissen wahrscheinlich Folgen einer Erkrankung des Innenohrs) ging van G. 1889 in die Heilanstalt von Saint-Rémy-de-Provence, wo Gemälde von ekstat. Ausdruckskraft entstanden (»Sternennacht«, 1889; New York, Museum of Modern Art). 1890 in Auvers-sur-Oise lebend, bediente sich van G. einer ornamentalen, den Jugendstil ankündigenden Gestaltungsweise: Die Formen werden aufgebrochen, ihre Rudimente zugunsten einer absoluten Bildwirkung verselbstständigt (»Weizenfeld mit Raben«, 1890; Amsterdam, Rijksmuseum V. van G.). Neben vielen Selbstbildnissen hinterließ er auch zahlr. dokumentarisch und literarisch bedeutende Briefe (u. a. an Bruder Theo). Sein Werk, von dem v. a. Fauvismus und Expressionismus wichtige Impulse empfingen, ist für die Kunst des 20. Jh. von grundlegender Bedeutung.

📖 *Leymarie, J.: V. van G. A. d. Frz. Genf u. a. 1989. – V. v. G. Tekeningen, bearb. v. J. van der Wolk u. a., Ausst.-Kat. Rijksmuseum, Amsterdam 1990. – Arnold, M.: V. van G. Biographie. München 1993. – Arnold, M.: V. van G. Werk u. Wirkung. München 1995. – Lein, E.: V. van G. Köln 2002.*

Vincent van Gogh: Selbstbildnis (1889; Paris Musée d'Orsay)

Go-go-Boy [ˈgoːgobɔɪ, engl.] *der,* Vortänzer in einer Diskothek o. Ä.
Go-go-Funds [ˈgoːgofʌndz, engl.], Investmentfonds, die durch hochspekulative Anlagepolitik und große Umlaufgeschwindigkeit der Anlagewerte ein überdurchschnittl. Wachstum erzielen wollen; in Dtl. unzulässig.
Go-go-Girl [ˈgoːgoɡəːl, engl.] *das,* Vortänzerin in einer Diskothek o. Ä.

Nikolai Gogol

Gogol, Nikolai Wassiljewitsch, russ. Schriftsteller, * Sorotschinzy (bei Poltawa) 1. 4. 1809, † Moskau 4. 3. 1852; entstammte dem ukrain. Kleinadel. Seinen ersten Erfolg hatte er mit den teils heiteren, teils dämonischen, stilisiert folklorist. Erzählungen »Abende auf dem Vorwerk bei Dikanka« (1831/32) über das Bauernleben in der Ukraine. Die Sammlung ukrain. Dorfgeschichten »Mirgorod« (1835) mit der isoliert stehenden histor. Novelle »Taras Bulba« zeigt Elemente der Satire und Groteske und leitet über zu den »Petersburger Novellen« mit surrealist. Einschlag (Sammlung »Arabesken«, 1835, mit »Das Porträt«, »Der Newski Prospekt« und »Aufzeichnungen eines Wahnsinnigen«; »Die Nase«, 1836). Wichtig für die Entwicklung der russ. Literatur (»natürl. Schule«) wurde seine Mitleidsethik in der Novelle »Der Mantel« (1840). Obwohl er mit der Komödie »Der Revisor« (1836) großen Erfolg hatte, fühlte sich G. als bloßer Zeitkritiker missverstanden und lebte von 1836 bis 1848 im Ausland (meist in Rom). Sein großer Roman »Die toten Seelen« (1842), eine groteske Porträtgalerie in Unmenschlichkeit und Skurrilität erstarrter Gutsbesitzer, wurde wiederum rein aktualisierend aufgefasst. Tief religiös, war G. von der Idee des Dienens erfüllt. Nach 1840 verzweifelte er am Sinn seiner literar. Tätigkeit (Verbrennung des 2. Bandes sei-

Gokstad GOK

Gokart: Rennen

ner »Toten Seelen«) und ging zu direkter Predigt christl. Ideale über (»Ausgewählte Stellen aus dem Briefwechsel mit Freunden«, 1847).
📖 *Setschkareff, V.: N. V. G. Leben u. Schaffen.* Wiesbaden 1953.

Gogra, Nebenfluss des Ganges, ↑Ghaghara.

Gog und Magog. Im A. T. (Ez. 38 und 39) ist Gog ein sagenhafter König – vielleicht der Lyderkönig Gyges (ca. 685–652) – im Lande Magog, den Gott zwar selbst gegen Israel führt, in der Endzeit jedoch vernichten wird. Im N. T. (Apk. 20, 8) bezeichnen G. u. M. den Feind des Gottesvolks im endzeitl. Kampf.

Göhrde *die,* Waldgebiet in der östl. Lüneburger Heide; Jungmoränenlandschaft; Teil des Naturparks Elbufer-Drawehn.

Goi [hebr.] *der* (Goj), im A. T. Volk, später: die Heidenvölker im Ggs. zum auserwählten Volk Israel; im ostjüd. Kulturkreis allg. Bez. für Nichtjude, Christ.

Goiânia, Hptst. des Bundesstaates Goiás, Brasilien, 1 Mio. Ew.; Erzbischofssitz; staatl. und kath. Univ.; Handels- und Ind.zentrum. – Seit 1933 planmäßig als Hptst. (seit 1937) angelegt. Das histor. Zentrum mit seinem vollständig erhaltenen städtebaulichen Ensemble gehört als Zeugnis kolonialer Architektur sowie traditioneller Bau- und Handwerkskunst zum UNESCO-Weltkulturerbe.

Goiás, Binnenstaat Brasiliens, im Brasilian. Bergland, 341 290 km^2, 4,99 Mio. Ew.; Hptst.: Goiânia. Viehzucht, Reis-, Maisanbau, Bergbau (Zinn-, Titanerz, Bergkristall u. a.). – Seit Ende des 17. Jh. von Portugiesen besiedelt.

Go-in [gəʊˈɪn, engl.] *das,* demonstratives Eindringen in Veranstaltungen, um eine Diskussion zu erzwingen.

Going public [ˈgəʊɪŋ ˈpʌblɪk, engl.] *das,* 1) die Umwandlung einer Personengesellschaft in eine AG, verbunden mit der Börsenzulassung für die Aktien; 2) der »Gang an die Börse« einer AG, deren Aktien bisher noch nicht an der Börse notiert wurden. – **Going-public-Anleihen** sind Anleihen von (noch) nicht börsennotierten Unternehmen, die mittelfristig (noch während der Laufzeit der Anleihe) den Gang an die Börse planen.

Goisern, Bad, ↑Bad Goisern.

Gokart [ˈgoːkaːt; amerikan.] *der,* Kleinstrennwagen ohne Federung, Aufbauten und Karosserie mit Antriebsmotoren von 100 bis 250 cm^3 Hubraum bei Hinterradantrieb ohne Differenzial. (↑Karting)

Gokayama, Dorf im SW der Präfektur Toyama, Japan, Zentalhonshū; traditionelle Volksarchitektur (große Fachwerkhäuser mit steilen, strohgedeckten Satteldächern, deren Zwischenböden der Seidenraupenzucht dienen) hat sich hier über Jahrhunderte erhalten und wird weiterhin gepflegt (UNESCO-Weltkulturerbe).

Gokstad [ˈgɔksta], Ort bei Sandefjord, Prov. Vestfold, Norwegen. – Bei G. wurde 1880 in einem »Kongshaug« (Königshügel) u. a. ein hochseetüchtiges Langschiff gefunden, das einem Wikingerkönig des 9. Jh. als letzte Ruhestätte diente. Unter den Beigaben waren zwölf Pferde und sechs Hunde.

Göksu [türk. »Blauwasser«] *der* (im Altertum Kalykadnos, im MA. Saleph), Fluss in Südanatolien, Türkei, 308 km lang, mündet bei Silifke ins Mittelmeer. Im G. ertrank 1190 Friedrich I. Barbarossa.

Golanhöhen: zerstörter Panzer

Golanhöhen (Golan, arab. Djolan), Landschaft im Bereich des südsyr. Basaltplateaus, südlich des Hermongebirges, mit vielen Vulkankegeln (bis über 1 200 m ü. M.); 1 800 km², etwa 30 000 Ew. (jüd. Siedler, Araber, v. a. Drusen). – 1923 Syrien zugesprochen; 1967 israel. Besetzung und Vertreibung des überwiegenden Teils der Bev. (130 000 Araber, Tscherkessen, Drusen), später israel. Neubesiedlung. Im 4. Israelisch-Arab. Krieg 1973 heftig umkämpft, 1974 Rückgabe des N-Teils (mit Kuneitra) an Syrien, Restteil 1981 von Israel annektiert; 1993–96 und ab Ende 1999 (unter amerikan. Vermittlung) intensivierte Verhandlungen über die Rückgabe – nach Referendum in Israel – als Teil der Friedensregelung mit Syrien, vorerst im Jan. 2000 (nach Gesprächen in Shepherdstown, USA) ergebnislos wieder abgebrochen. Ausgang bisher noch offen. (↑Nahostkonflikt)

Gölbaşı [-ʃɪ], Dorf in der Prov. Antalya, S-Türkei. – In der Nähe wurde ein zum antiken **Trysa** gehörendes, z. T. aus dem Fels gehauenes lyk. Fürstengrab (Heroon) entdeckt, an dessen Umfassungsmauer zwei Reliefstreifen mit Szenen aus der grch. Heldensage angebracht waren (nach 400 v. Chr.; heute Wien, Kunsthistor. Museum).

Golconda (Golkonda), ind. Ruinenstadt bei Hyderabad in Andhra Pradesh, 1512–1687 Hptst. des gleichnamigen Sultanats, das 1687 durch den Mogulherrscher Aurangseb erobert wurde. G. ist von einer Umfassungsmauer aus Granit und einem Graben umgeben. Außerhalb liegen die Kuppelgräber der Sultane mit jeweils einer kleinen Moschee.

Gold [ahd., eigtl. »das Blanke«, lat. Aurum], chem. Symbol **Au**, metall. Element aus der 1. Nebengruppe des Periodensystems, Ordnungszahl 79, relative Atommasse 196,9665, Dichte (bei 20 °C) 19,30 g/cm³, Schmelzpunkt 1064 °C, Siedepunkt 2856 °C. – Reines G. ist rötlich gelb, sehr weich, außerordentlich dehn- und walzbar (↑Blattgold); es wird meist in Form von G.-Legierungen verarbeitet. Bei Berührung mit Quecksilber bildet es sofort **G.-Amalgam.** Als typ. Edelmetall ist es sehr reaktionsträge und wird von Luft und Säuren nicht angegriffen. Königswasser sowie Cyanidlösungen lösen das Metall. In seinen Verbindungen ist G. v. a. ein- und dreiwertig. In fein verteiltem Zustand auf weiße Oxide geglüht, gibt es eine rote Farbe **(G.-Purpur).** Durch Verunreinigung mit Silber wird die Farbe heller, durch Kupfer dunkler. Kolloides G. in feiner Verteilung erscheint in versch. Tönungen zw. Schwarz, Blau, Rot und Gelb. Die elektr. Leitfähigkeit des G. beträgt etwa 67 %, die Wärmeleitfähigkeit 70 % von der des Silbers.

Gewinnung: Das einfachste und älteste Verfahren der G.-Gewinnung ist das Waschen des Frei-G. aus Seifen, Flusssanden u. a. Außerdem kann der fein gemahlene Erzschlamm mit Quecksilber verarbeitet und das G. durch **Amalgamation** gebunden werden. Restl. G. wird dabei an amalgamierten Kupferplatten abgeschieden. Nach Abdestillieren des Quecksilbers bleibt relativ reines G. zurück. Auch durch die 1889 eingeführte **Cyanidlaugung** kann das G. aus Erzen gewonnen werden. Die komplexen Cyanide werden an Zink,

Aluminium, Aktivkohle oder Ionenaustauschern zersetzt und erhebl. G.-Mengen aus dem Anodenschlamm gewonnen. Durch elektrolytische Reinigung erhält man 99,98%iges **Elektrolytgold.**
Verwendung: G. wird v. a. für Schmuckgegenstände und zu Münzzwecken (↑Goldwährungen) verwendet, meist legiert mit Kupfer oder Silber; der G.-Gehalt wird in Tausendsteln (z. B. 333, 585, 750) oder in Karat (8 Kt, 14 Kt, 18 Kt) angegeben; reines G. hat 24 Kt. Außerdem wird G. in der Galvanotechnik, in Legierungen zur Verbesserung der mechan. Festigkeit, in der Elektronik zur Kontaktierung von Halbleiterbauelementen, für Zahnersatz, für keram. Zwecke und zur Herstellung von G.-Rubinglas verwendet.
Wirtschaft: Nachdem G. traditionell Zahlungsmittel bzw. Bezugsgröße der Währungskurse war, wurde das G.-Währungssystem Mitte des 20. Jh. abgelöst. Seither konzentriert sich die wirtsch. Bedeutung des G. auf das Warengeschäft. Die derzeit bekannten Weltvorräte betragen rd. 55 000 t, ca. 50 % liegen in der Rep. Südafrika.
Geschichte: G. gehört mit Kupfer zu den ältesten von Menschen benutzten Metallen. Die Ägypter gewannen das G. aus dem Blauen Nil, betrieben aber um 2000 v. Chr. auch schon G.-Bergbau. Auch in Siebenbürgen kann man diesen bis etwa 2000 v. Chr. zurückverfolgen, in Böhmen bis etwa 1950 v. Chr. Königsgräber im ägypt. Theben weisen Darstellungen des Wasch- und Schmelzprozesses der G.-Gewinnung auf. Die Griechen erhielten das G. von den Phönikern. Die Römer betrieben G.-Bergbau in Spanien. Auch die Germanen und Slawen waren mit dem G. als Schmuck und Zahlungsmittel vertraut. Im MA. kam das meiste G. in Europa aus den Sudeten-, Karpaten- und Alpenländern. Die G.-Suche war eine der Triebfedern der Entdeckungsreisen seit 1490 (↑El Dorado). In Mexiko und Peru erbeuteten die Spanier große G.-Mengen. Seit dem 17. Jh. wurde G. in Brasilien, seit dem 18. Jh. in Sibirien gewonnen. Funde in Kalifornien, Alaska, Australien und Südafrika führten im 19. Jh. zu hekt. Ausbeutung (G.-Fieber).
📖 *Vilar, P.: G. u. Geld in der Geschichte. A. d. Frz. München 1984. – Trueb, L. F.: G. Bergbau, Verhüttung, Raffination u. Verwendung. Zürich 1992. – Magie, Mythos,*

Goldberg GOL

Macht. G. der Alten u. Neuen Welt, hg. v. L. Wamser u. G. Rupert. Stuttgart 2001.
Gold, Käthe, österr. Schauspielerin, *Wien 11. 2. 1907, †ebd. 11. 10. 1997; kam über Bern, Breslau, München 1932 nach Berlin, dort v. a. klass. Bühnenrollen; ab 1947 am Wiener Burgtheater.

Gold: Gewinnung (in t)

Staat	1990	1999	2001
Republik Südafrika	603,0	451,2	394,8
USA	290,2	341,0	335,3
Australien	242,3	295,9	281,0
Kanada	167,4	157,8	157,9
China	100,0	156,0	216,8
Peru	5,4	128,1	138,0
Russland	–	126,0	155,0
Usbekistan	–	86,0	87,0
Ghana	24,5	81,5	72,9
Papua-Neuguinea	31,0	65,0	67,0
Chile	27,5	48,0	53,0
Brasilien	98,3	43,0	43,0
Welt	**2 140,1**	**2 432,5**	**2 574,9**

Goldalgen (Chrysophyceae), Klasse der Algen mit rd. 1 000 Arten im Süßwasser (nur wenige im Meer); einzellige, bewegl. oder festsitzende, goldbraune bis braune Algen.
Gold|ammer, Singvogel, ↑Ammern.
Gołdap ['gɔu̯dap] (dt. Goldap), Stadt in der Wwschaft Ermland-Masuren, Polen, am G.-See (6,78 km²), 13 700 Ew.; Fremdenverkehr (bes. Wintersport). Nordöstlich von G. die **Rominter Heide,** südlich die eiszeitl. Moränenhügel der **Goldaper Berge** (bis 272 m ü. M.). – G., 1570 gegr., wurde in beiden Weltkriegen schwer zerstört.
Gold|augen, Zoologie: die ↑Florfliegen.
Gold|automatismus, ↑Goldwährung.
goldbachsche Vermutung [nach dem Mathematiker C. von Goldbach, * 1690, † 1764], die noch unbewiesene Aussage, dass sich jede positive gerade Zahl ≥ 4 als Summe von zwei Primzahlen darstellen lässt. Beispiele: 12 = 5 + 7 oder 30 = 7 + 23.
📖 *Doxiadis, A.: Onkel Petros und die Goldbachsche Vermutung. A. d. Engl. Bergisch Gladbach 2001.*
Goldbarsch, der ↑Rotbarsch.
Goldberg, Stadt in Polen, ↑Złotoryja.

Goldberg, 1) Johann Gottlieb, Cembalist und Komponist, getauft Danzig 14. 3. 1727, †Dresden 13. 4. 1756; Schüler von J. S. Bach in Leipzig, der für ihn auf Bestellung des Grafen H. C. von Keyserlingk die **G.-Variationen** schrieb.
2) [ˈɡəʊldbəːɡ], Whoopi, eigtl. Caryn Johnson, amerikan. Schauspielerin, *New York 13. 11. 1949; seit 1984 am Broadway; im Film u. a. in »Die Farbe Lila« (1986), »Nachricht von Sam« (1989), »The Player« (1992), »Sister Act« (2 Tle. 1992–93), »Naked in New York« (1994), »Das Attentat« (1996), »Tief wie der Ozean« (1999).

Goldene Acht: Männchen (Flügelspannweite 4–5 cm)

Goldberger, Andreas (Andi), österr. Skispringer, *Waldzell 29. 11. 1972; u. a. Skiflugweltmeister 1996, Sieger der Vierschanzentournee 1992/93 und Gewinner des Gesamtweltcups 1992/93, 1994/95 und 1995/96.
Goldblum [ˈɡəʊld-], Jeff, amerikan. Schauspieler, *Pittsburgh (Pa.) 22. 10. 1952; spielte bei Theater- und Fernsehrollen, seit den 1980er-Jahren in Spielfilmen, oft in der Rolle des unauffälligen intellektuellen Typs, u. a. in »Kopfüber in die Nacht« (1985), »Die Fliege« (1986), »Reingelegt« (1990), »Jurassic Park« (1993), »Independence Day« (1996), »Holy Man« (1998).
Goldbutt, ein Fisch, ↑Plattfische.
Gold Coast [ˈɡəʊld ˈkəʊst], Stadtgemeinde aus 18 Ortschaften an der Küste von Queensland, Australien, südlich von Brisbane, 300 000 Ew.; bed. Fremdenverkehrsgebiet, Verw.zentrum: Southport; Flughafen.
Golddistel, ↑Eberwurz.
Gold|elfenbeinbildwerk (chryselephantines Bildwerk), Kultbild aus Holz, bei dem die unbekleideten Teile des Körpers mit Elfenbein und die bekleideten mit Gold belegt sind (Athena Parthenos in Athen, Zeus in Olympia; beide von ↑Phidias).
Golden, Volk in Sibirien, ↑Nanai.
Goldene Acht (Heufalter, Colias hyale), Art der Gelblinge; mit gelbl., dunkel geränderten Flügeln, Augenfleck in Form einer 8 auf den Hinterflügeln.
Goldene Aue, fruchtbare, lössbedeckte Niederung zw. Harz und Kyffhäuser, Sa.-Anh. und Thür., von der Helme durchflossen. Klimatisch zählt das Gebiet zu den trockensten und wärmsten in Dtl.; waldfrei und ackerbaulich genutzt.
goldene Bankregel, Liquiditätsgrundsatz der Banken, nach dem die gewährten Kredite ihrem Umfang und ihrer Fälligkeit nach den der Bank zur Verfügung stehenden Refinanzierungsmitteln entsprechen sollen.
goldene Bilanzregel, Finanzierungsregel, wonach langfristig gebundene Anlagegüter durch langfristiges Kapital (v. a. Eigen- und Fremdkapital) gedeckt sein sollten, während kurzfristiges Umlaufvermögen durch kurzfristiges Kapital finanziert werden kann.
Goldene Bulle, Bez. für das mittelalterl. Goldsiegel und – davon abgeleitet – für die hiermit versehenen Dokumente: **1)** wichtigstes Grundgesetz des Hl. Röm. Reiches, von Kaiser Karl IV. vorgelegt, auf den Reichstagen zu Nürnberg und Metz 1356 angenommen. Die sieben Kurfürsten wurden darin mit versch. Privilegien (Unteilbarkeit der Kurlande, Primogenitur) ausgestattet und endgültig als Wähler des dt. Königs bestätigt. Darüber hinaus enthielt die G. B. Bestimmungen über den Landfrieden, Beschränkungen des Fehderechts sowie das Verbot, andere Bündnisse als Landfrieden abzuschließen.
2) G. B. Böhmens, von Friedrich II. 1212 erteiltes Privileg, das das böhm. Königtum absicherte.
3) G. B. Ungarns, das älteste, von Andreas II. erlassene Grundgesetz Ungarns (1222), legte die Freiheitsrechte des Adels fest.
Goldene Horde, Bez. russ. Ursprungs für das histor. mongol. Teilreich (»Ulus«) in Osteuropa und W-Sibirien, das umfasste 1223–36 das Reich des Dschötschi (Sohn Dschingis Khans), das auch als Khanat Kiptschak bezeichnet wird. Nach den Eroberungen des Batu Khan (Sohn Dschötschis) 1237–41 erstreckte sich das Reich

der G. H. vom Aralsee bis fast zur Ostsee, vom Kaukasus bis vor Nowgorod. Mittelpunkt war das Mündungsgebiet der Wolga. Unter Khan Özbeg (1313–41) erlebte die G. H. ihre größte Machtentfaltung. Im 15. Jh. zerfiel der Staat (Abspaltung von Krim, Kasan, Astrachan, Sibirien).

goldene Pforte, Bildmotiv der christl. Kunst; gemäß der apokryphen Schilderung begegnen sich Anna und Joachim an der g. P. in Jerusalem (Stadttor) nach der Prophezeiung durch den Engel. Die g. P. wurde zum Symbol für die unbefleckte Empfängnis Marias, die den Beinamen »porta aurea« (goldene Pforte) erhielt.

Goldene Pforte, spätroman. Figurenportal (um 1230) am Dom in Freiberg, konzentriert sich auf Themen und Motive der Mariologie. Das urspr. reich vergoldete Portal ist der einzig erhaltene Teil des um 1200 vollendeten Vorgängerbaus.

goldene Regel, Bez. für das bei Mt. 7, 12 empfohlene sittl. Verhalten gegenüber den Mitmenschen: »Alles, was ihr wollt, dass euch die Leute tun, das tut ihnen auch«; in ihrer verneinenden Form (»Was du nicht willst, das man dir tu, das füg auch keinem anderen zu«) Bestandteil der Ethik zahlreicher nichtchristl. Religionen.

goldene Regel der Mechanik, Gesetzmäßigkeit der Mechanik, nach der es keine mechan. Vorrichtung gibt, durch die Arbeit eingespart werden kann; wird eine Kraft verkleinert, so verlängert sich der Weg und umgekehrt (Beispiel: Flaschenzug).

Goldene Rose (Tugendrose), aus Gold gefertigte Rose, die durch den Papst geweiht (bis 1967 am Sonntag ↑Lätare) und als päpstl. Auszeichnung (belegt seit 1049) an verdienstvolle (kath.) Persönlichkeiten übersandt wird.

goldener Schnitt (lat. Sectio aurea, stetige Teilung), die Teilung einer Strecke $\overline{AB}$ durch einen Punkt E derart, dass sich die Länge der ganzen Strecke zu der größeren Strecke $\overline{AE}$ verhält wie diese zur restl. Strecke $\overline{EB}$. Dieses Teilungsverhältnis findet man in der Kunst häufig (grch. Architektur, Renaissance).

Goldener Tempel, Haupttheiligtum der Sikhs; ↑Amritsar.

Goldenes Dreieck, Grenzgebiet zw. Thailand, Birma und Laos; Hauptanbaugebiet von Schlafmohn (Opium- und Heroingewinnung); Schmuggelzentrum.

Goldenes Horn, rd. 6 km lange Meeresbucht am S-Ende des Bosporus, Türkei; ein gegen Ende der Würmeiszeit ertrunkenes Flusstal; histor. Hafen von Istanbul.

Goldenes Kalb, A. T.: Gussbild eines jungen Stiers; religionsgeschichtlich in kanaanäischen Fruchtbarkeitskulten wurzelnd und (als Postament des unsichtbaren Gottes?) auch für das alte Israel belegt; als Götzenbild von Moses (2. Mos. 32) und unter König Jerobeam I. von den Propheten (1. Kön. 12, 28 ff.) heftig bekämpft. – Der sprichwörtl. »Tanz um das G. K.« gilt als Symbol für das Streben nach Reichtum.

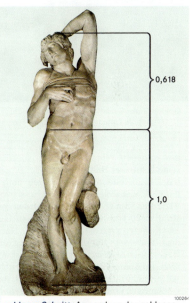

goldener Schnitt: Anwendung des goldenen Schnitts auf die Proportionen des menschlichen Körpers in der bildenden Kunst (»sterbender Sklave« von Michelangelo; 1513–16, Paris, Louvre); die so dargestellten Abstände zwischen Körpermaß und Kopf – Solarplexus – Fuß sind Ausdruck des Versuchs, ein harmonisches Maßverhältnis zu schaffen

Goldene Sportpyramide, von der Stiftung Dt. Sporthilfe seit 2000 jährlich in Berlin (Benefizgala) verliehene Auszeichnung (»Lifetime-Award«, gestaltet aus 2,5 kg Gussbronze mit vergoldeter Spitze), mit der herausragende Persönlichkeiten des dt. Sports für ihr Lebenswerk geehrt werden.

Goldenes Vlies, 1) *grch. Mythos:* das Fell

GOL Goldenes Zeitalter

Golden Gate: Golden Gate Bridge (vollendet 1937) über die Einfahrt in die Bucht von San Francisco

des goldenen Widders, der Phrixos und seine Schwester Helle über den Hellespont trug. Iason und die ↑Argonauten holten das G. V. aus Kolchis zurück.
2) (Orden vom G. V.), burgund. Orden, gestiftet 1430 von Herzog Philipp dem Guten. Schutzpatron ist St. Andreas. Nach dem Ende von Burgund (1477) ging die Reg. des Ordens auf das Haus Habsburg über. Im Span. Erbfolgekrieg beanspruchten sowohl Philipp V. als auch Karl VI. das Großmeistertum, sodass zwei getrennte Orden entstanden. Das Archiv und der Schatz des G. V. befinden sich seit 1797 in Wien. Der Orden wird vom Prätendenten auf den Thron Österreichs und vom König von Spanien heute noch verliehen.
Goldenes Zeitalter, sagenhaftes Zeitalter des Friedens und der Glückseligkeit, in dem nach der Überlieferung vieler Völker das älteste Menschengeschlecht lebte (literarisch gestaltet u. a. bei Hesiod und Vergil).
goldene Zahl, die Nummer des Jahres im 19-jährigen Mondzyklus, nach dem die Mondphasen (nahezu) wieder auf dieselben Tage des Sonnenjahres fallen. Die Bez. wird von der Angabe der g. Z. in alten Kalendern in Goldfarbe hergeleitet.

Goldene Zwanziger (Goldene Zwanzigerjahre), ↑Golden Twenties.
Golden Gate [ˈɡəʊldən ˈɡeɪt; »goldenes Tor«], die rd. 5 km lange Einfahrt in die Bucht von San Francisco, in Kalifornien, USA, an der schmalsten Stelle 1,6 km breit, von einer 2,15 km langen Straßenbrücke (**Golden-Gate-Brücke,** Spannweite 1,28 km, vollendet 1937) überspannt.
Golden Goal [ˈɡəʊldən ˈɡəʊl; engl. »goldenes Tor«] *das, Fußball:* ↑Suddendeath.
Golden League [ˈɡəʊldən ˈliːɡ, engl.], *Leichtathletik:* Bez. für eine Serie von sieben internat. Abendsportfesten, seit 1998 jährlich im Sommer/Herbst ausgetragen. Dabei besteht in zuvor festgelegten Wettbewerben die Möglichkeit, durch mindestens fünf Siege in einer Disziplin insgesamt 50 kg Gold (»Jackpot«) zu gewinnen. Bei mehreren Siegern wird der Preis aufgeteilt.
Golden Shares [ˈɡəʊldən ˈʃeəz, engl.], Anteilsrechte an einer Kapitalgesellschaft, die bei der Privatisierung von Unternehmen im Staatsbesitz verbleiben und spezielle Rechte zur Wahrung und Durchsetzung nat. Interessen beinhalten (z. B. Sondervollmachten, Stimmrechtsprivilegien), auch als **Goldene Aktien** bezeichnet. G. S. beschränken den freien Kapitalverkehr und die Übernahme wichtiger Unternehmen durch ausländ. Investoren.
Golden Twenties [ˈɡəʊldən ˈtwentɪz;

Goldküste GOL

engl. »Goldene Zwanziger«, »Goldene Zwanzigerjahre«], zunächst in den USA, dann allgemein Bez. für die Zeit vom Ende des Ersten Weltkriegs bis zur Weltwirtschaftskrise 1929–32. Charakteristisch für die G. T. war neben wirtsch. Prosperität bes. die Ausbreitung neuer Kunst- und Kommunikationsformen (z. B. Jazz, Film, Schallplatte, Rundfunk). Für die USA, wo diese Zeit auch **Roaring Twenties** (»Wilde Zwanziger«) genannt wird, waren darüber hinaus die ↑Prohibition und verstärkte Aktivitäten, v. a. der Geheimorganisation Ku-Klux-Klan, gegen rass. und religiöse Minderheiten (Schwarze, Juden, Katholiken) Kennzeichen dieser Epoche.

Goldfisch, 1) *Astronomie:* das Sternbild ↑Schwertfisch.

2) *Zoologie:* (Carassius auratus auratus) als Jungfisch einfarbig graugrüne Zuchtform der Silberkarausche; nach meist etwa 8–12 Monaten rotgold bis golden, auch messingfarben bis blassrosa, z. T. mit schwarzen Flecken; wird in Aquarien etwa 10–30 cm lang, in Teichen bis 60 cm.

Goldgehalt, Feingoldgewicht einer Goldmünze.

Goldglas, ein Glasgefäß mit aufgeklebtem Blattgold. Verzierungen kommen durch Ausradieren des Blattgoldes zustande; gelangte im 4. Jh. in Rom mit frühchristl. Motiven zu großer Blüte. Eine gesonderte Gruppe bilden die **Fondi d'oro,** deren Böden mit Goldbildern geschmückt sind (Hauptfundorte: die röm. Katakomben). **Zwischengoldgläser** sind aus zwei ineinander passenden Gefäßen zusammengesetzt. Schon in der Antike bekannt, wurde diese Technik im 18. Jh. v. a. in Böhmen sehr beliebt.

Goldgrund, der für Christus-, Heiligen- und Herrscherdarstellungen gebräuchl. goldene Hintergrund, seit dem 4. Jh. in der byzantinisch-frühchristl. Kunst aufkommend, bis ins späte MA. bei Mosaiken, in Buch- und Tafelmalerei wie auch auf Altarretabeln mit figürl. Plastik zu finden. Im 15. Jh. begann der G. realist. Hintergrundgestaltungen zu weichen, war jedoch bis Anfang des 16. Jh. verbindlich für die Himmelszone auch über Landschaftsdarstellungen auf der Feiertagsseite des Flügelaltars. In der Ikonenmalerei hat sich der G. bis heute erhalten.

Goldhafer, ein ↑Grannenhafer.

Goldhähnchen (Regulinae), Unterfamilie der Grasmücken. Überwiegend grünlich gefärbt mit goldgelbem oder orangerotem Scheitel. In den Nadelwäldern Mitteleuropas brütet als kleinster heim. Waldvogel das 9 cm lange **Winter-G.** (Regulus regulus), das im Ggs. zum **Sommer-G.** (Regulus ignicapillus) keinen weißen Überaugenstreif hat.

Goldhamster (Mesocricetus auratus), Nagetier aus Syrien, 12–16 cm lang, mit großen Backentaschen, rötlich gelbem Rücken, weißl. Bauch und kurzem Schwanz; jährlich sechs- bis siebenmal 8–13 Junge (Tragezeit: 16–19 Tage). Der häufig als Haustier gehaltene G. wird zwei bis vier Jahre alt.

Goldhasen, Nagetiere, ↑Agutis.

Goldhenne, der ↑Goldlaufkäfer.

Golding [ˈgəʊldɪŋ], Sir (seit 1988) William Gerald, engl. Schriftsteller, * Saint Columb Minor (Cornwall) 19. 9. 1911, † Perranarworthal (Cornwall) 19. 6. 1993; seine streng gebauten, sprachlich dichten Romane (»Herr der Fliegen«, 1954; »Das Feuer der Finsternis«, 1979; »Papier-Männer«, 1984; »Fire Down Below«, 1989) behandeln in allegor. Einfachheit menschlich-moral. Grundprobleme. 1983 erhielt er den Nobelpreis für Literatur.

Goldfisch 2)

Goldklausel, vertragl. Vereinbarung zum Schutz gegen Geldwertschwankungen (↑Wertsicherungsklausel), nach der eine Schuld (einschl. Zinsen) in Goldmünzen (**Goldmünzklausel,** heute gegenstandslos) oder auf der Grundlage des Goldwertes (**Goldwertklausel**) zurückzuzahlen ist.

Goldküste, Teil der Oberguineaküste, Westafrika, zw. Kap der Drei Spitzen und Voltamündung; schon in vorkolonialer

GOL Goldlack

Zeit Goldausfuhr. Der Name »Gold Coast« wurde auf die ehem. brit. Kolonie, das heutige †Ghana, übertragen.
Goldlack (Gelbveigelein, Cheiranthus cheiri), Kreuzblütler des östl. Mittelmeergebiets mit rotbraunen bis gelben samtigen, stark duftenden Blüten; Zierpflanze.

Goldlaufkäfer

Goldlaufkäfer (Goldhenne, Goldschmied, Carabus auratus), in Mitteleuropa verbreiteter 20-27 mm großer, goldgrüner Laufkäfer; Insektenfresser.
Goldmann, 1) [gɔld'man], Lucien, frz. Philosoph, Literaturtheoretiker und Literatursoziologe, *Bukarest 20. 7. 1913, †Paris 8. 10. 1970; befasste sich mit marxist. Erkenntnistheorie und der Funktion der Literatur als Ausdruck soziöökonom. Strukturen und gesellschaftl. Interessenkonflikte; begründete im Anschluss an G. Lukács und J. Piaget den »genet. Strukturalismus«.
Werke: Dialektische Untersuchungen (1959), Soziologie des modernen Romans (1964), Lukács und Heidegger (1973).

Nahum Goldmann

2) Nahum, zionistisch-jüd. Politiker und Schriftsteller, *Wischnewo (Polen) 10. 7. 1894, †Bad Reichenhall 29. 8. 1982; lebte 1900-33 in Dtl., 1934 nach seiner Flucht aus Dtl. zunächst in der Schweiz, seit 1940 in den USA. 1935-40 Repräsentant der Jewish Agency beim Völkerbund, ab 1951 Präs. des Jüd. Weltkongresses, 1956-68 Präs. der Jüd. Weltorganisation. G. war nach dem Zweiten Weltkrieg maßgeblich an den Wiedergutmachungsverhandlungen mit der Bundesrep. Dtl. und Österreich beteiligt.
Goldmark, allg. Bez. für die Währung des Dt. Reichs bis 1914 (offiziell nur »Mark« gen.). Nach dem Ersten Weltkrieg Bez. für eine Recheneinheit, die 0,358423 g Gold entsprach und in der die dt. Reparationszahlungen ausgedrückt wurden.
Goldmark, Karl, österr. Komponist, *Keszthely (Bez. Veszprém, Ungarn) 18. 5. 1830, †Wien 2. 1. 1915; verband in seinen Opern (»Die Königin von Saba«, 1875) in effektvoller Instrumentierung Elemente der frz. großen Oper mit den harmon. und instrumentalen Neuerungen des frühen R. Wagner.
Goldmarkt, 1) Handel mit Goldbarren und -münzen; 2) Handelsplatz, an dem ein Goldpreis ermittelt wird. Der G. funktioniert wie jeder Markt nach den Gesetzen von Angebot und Nachfrage. Höhere (geringere) Nachfrage oder geringeres (höheres) Angebot lassen den Preis steigen (fallen). Der Welt-G. besteht im Wesentlichen aus 15 bedeutenden Einzelmärkten, der größte Primärmarkt besteht in London. Hier findet die Festsetzung des Goldpreises unter Mitwirkung der Bank von England **(Goldfixing)** statt.
Goldmohn, †Eschscholtzia.
Goldmulle (Chrysochloridae), maulwurfähnl. Insektenfresserfamilie mit metallisch glänzendem Fell, in Steppen- und Sandgebieten Mittel- und S-Afrikas.
Goldnessel, †Taubnessel.
Goldoni, Carlo, italien. Dramatiker, *Venedig 25. 2. 1707, †Paris 6. 2. 1793; wirkte 1748-62 als Theaterdichter in Venedig. Er ersetzte die Commedia dell'Arte durch eine v. a. an Molière geschulte Rokokokomödie mit geschickter psycholog. Motivierung, realist. Charakterzeichnungen und volkstüml. Milieu. Seine etwa 150 Stücke umfassen Intrigen- und Rührstücke, Charakterkomödien und Sittenbilder (»Das Kaffeehaus«, 1743; »Der Diener zweier Herren«, 1753; »Die neugierigen Frauen«, 1753; »Mirandolina«, 1753; »Die vier Grobiane«, 1762; »Der Fächer«, Uraufführung 1765, erschienen 1789). 1762 sie-

delte er nach Paris über, wo er das italien. Theater bis 1764 leitete und mit Erfolg Lustspiele v. a. in frz. Sprache verfasste.

📖 *Hösle, J.: C. G. Sein Leben, sein Werk, seine Zeit.* München u. a. 1993. – *C.G. Gesammelte Aufsätze 1972–2002. Kritik – Analyse – Kontext,* hg. v. W. Theile u. I. Scharold. Essen 2002.

Gold|orfe, goldgelbe Zuchtrasse der europ. Weißfischart Aland; in Zierfischteichen.

Goldparität, ↑Goldwährung.

Goldparmäne, Apfelsorte, ↑Apfel.

Goldpflaume (Chrysobalanus), trop. Gattung der Rosengewächse mit ledrigem Laub und weißen Blüten. Die südamerikanisch-westafrikan. **Ikako-** oder **Kakaopflaume** (Chrysobalanus icaco) hat pflaumengroße gelbe, rote oder schwarze essbare Früchte.

Goldpräparate, 1) *Pharmazie:* Arzneimittel, die organ. Goldverbindungen enthalten; angewendet zur Basistherapie chronisch rheumat. Erkrankungen; Wirkungseintritt nach 1–3 Monaten. Die Anwendung ist durch erhebl. Nebenwirkungen eingeschränkt.

2) *Technik:* goldhaltige Substanzen zur techn. Verwendung, z. B. **Goldsalz** (Natriumgoldchlorid) und **Goldchlorid** (Chlorogoldsäure) in Fotografie, Galvanotechnik, Glas- und Porzellanmalerei sowie Mischungen dieser Stoffe mit organ. Substanzen und Metallen wie **Glanzgold** oder **Poliergold,** zum Aufbrennen von Vergoldungen, **Gold-** oder **cassiusscher Goldpurpur,** eine Mischung von kolloidem Gold und wasserhaltigem Zinndioxid, zum Rotfärben von Glasflüssen. Außerdem zählen echte Goldbronze, Muschel- oder Malergold zu den Goldpräparaten. (↑Goldverbindungen)

Goldprimel (Vitaliana primuliflora), in nordamerikan. Gebirgen beheimatetes, niedriges, polsterförmiges Schlüsselblumengewächs mit goldgelben Blüten; Steingartenpflanze.

Goldprobe (Strichprobe), seit dem Altertum ausgeübtes Verfahren zur zerstörungsfreien Ermittlung des Goldgehaltes von Rohgold, Goldmünzen oder Goldschmuck durch Reiben der Gegenstände auf der polierten Fläche eines Probiersteines (Kieselschiefer).

Goldpunkt, ↑Goldwährung.

Goldrausch, der ↑Goldrush.

Goldregen: Blütentrauben einer Kulturform, Kreuzung aus Gemeinem und Alpengoldregen

Goldregen (Laburnum), holzige Schmetterlingsblütlergattung mit dreizähligen Blättern, hängenden Blütentrauben und Fruchthülsen. Der südeurop. gelb blühende **Gemeine G.** (Laburnum anagyroides) und der **Alpen-G.** (Laburnum alpinum) sind Ziersträucher, die bes. durch das Alkaloid Cytisin in allen Pflanzenteilen stark giftig sind.

Goldregenpfeifer (Pluvialis apricaria), etwa 28 cm langer Watvogel des feuchten, kurz bewachsenen Ödlandes, von der arkt. Tundra bis N-Europa; in Dtl. vom Aussterben bedroht.

Goldrush [ˈɡəʊldrʌʃ, engl.] *der* (Goldrausch), die rasche Zuwanderung von Abenteurern in Gebiete mit neu entdeckten Goldvorkommen, z. B. 1851 in Australien, in den 1880er-Jahren in Rhodesien und Ende des 19. Jh. in Sibirien, v. a. aber in Kalifornien, als nach der Entdeckung von Gold bei Sutter's Mill (24. 1. 1848) im darauf folgenden Jahr etwa 80000 Menschen an die amerikan. Westküste zogen (»Forty-niners«). Einen G. gab es 1875/76 in den Black Hills, weitere nach Goldfunden am Yukon River (Fortymile Creek, 1886) und am Klondike (1896) in Alaska.

Goldrute (Goldraute, Solidago), Korbblütlergattung mit rd. 80 meist nordamerikan. Arten; Stauden mit ungeteilten, wechselständigen Blättern und goldgelben Blütenkörbchen. Die bis 1 m hohe Art **Gemeine G.** (Solidago virgaurea) wächst in

GOL Goldsalz

trockenen Wäldern und Gebüschen. Verwildert auf Ödland, auch als Gartenstaude, die **Kanadische G.** (Solidago canadensis).

Goldrute: Kanadische Goldrute (Höhe bis 2 m)

Goldsalz, ↑Goldpräparate.
Goldschmidt, 1) Georges-Arthur, dt.-frz. Schriftsteller, * Reinbek 2. 5. 1928; in seinen Erzählungen und autobiograf. Schriften in dt. und frz. Sprache verarbeitet er immer wieder die Themen Exil (G. lebt seit 1938 in Frankreich) und Trennung (u. a. Erzählungen »Die Absonderung«, 1991; »Die Aussetzung«, 1996). Als Kulturjournalist und Übersetzer (u. a. Goethe, F. Kafka, P. Handke) ist G. ein bed. Mittler zw. dt. und frz. Kultur. Das Verhältnis dieser beiden Kulturen und Sprachen untersucht G. auch in »Als Freud das Meer sah. Freud und die dt. Sprache« (1999).
2) Hans, Chemiker, * Berlin 18. 1. 1861, † Baden-Baden 25. 5. 1923; Erfinder der ↑Aluminothermie und des Thermitschweißverfahrens; führte die Weißblechentzinnung ein.
3) Henriette, geb. Benas, Pädagogin, * Krotoschin (heute Polen, Wwschaft Großpolen) 23. 11. 1825, † Leipzig 30. 1. 1920; setzte sich als Vertreterin der Frauenbewegung bes. für Fröbelkindergärten, Kindergärtnerinnenausbildung und Frauenbildung ein; gründete 1878 in Leipzig ein »Lyceum für Damen«, 1911 die »Hochschule für Frauen« (v. a. sozialpädagog. Berufsausbildung).
4) Richard, Zoologe, * Frankfurt am Main 12. 4. 1878, † Berkeley (Calif.) 25. 4. 1958; grundlegende Arbeiten zur Genphysiologie; entwickelte eine allg. Theorie der Geschlechtsbestimmung.
5) Victor Moritz, Mineraloge und Geochemiker, * Zürich 27. 1. 1888, † Vestre Aker (bei Oslo) 20. 3. 1947; Begründer der modernen Geochemie, stellte die ersten Tabellen der Ionen- und Atomradien auf und arbeitete über das geochem. Verteilungsgesetz der Elemente.
Goldschmied, Ausbildungsberuf des Handwerks (3½ Jahre) und der Ind. (drei Jahre). Der G. stellt Schmuck aus Edelmetall, oft mit Edelsteinen verarbeitet, her.
Goldschmiedekunst, die künstler. Verarbeitung von Gold und Silber sowie deren Legierungen zu Schmuck, Geräten, Gefäßen und Kleinplastiken. Techniken seit dem Altertum: Treiben, Gießen, Ziselieren, Punzieren, Gravieren, Niello, Löten, Granulieren, Tauschieren, Filigran, Emaillieren. Zur Verzierung werden u. a. Edel- und andere Schmucksteine, Perlen und Glasflüsse verwendet. Seit dem ausgehenden Altertum wird durch Stempelung der

Goldschmiedekunst: Goldschmuck der Ashanti (London, Britisches Museum)

Goldschmiedekunst GOL

Goldschmiedekunst: Kronenschmuck aus Gold und Jade (Korea, 5./6. Jh.)

Feingehalt garantiert; eine besondere Form der Stempelung bildete das Beschauzeichen.

Zahlreiche Schatzfunde bezeugen G. des Altertums in Europa im 5. Jt. (Gräberfeld von Warna), in Ägypten, Mesopotamien (Ur) und Indien (Harappakultur) seit dem 3. Jt., Höhepunkt ägypt. (12. und 18. Dynastie) und myken. G. im 2. Jt., in dessen 2. Hälfte auch in N- und Mitteleuropa bronzezeitl. G. entstand (»Hut von Schifferstadt«, Speyer, »Kegel von Ezelsdorf«, Fund von Eberswalde). Im 1. Jt. (Eisenzeit) breites Spektrum europ. G.: Hallstattkultur, Skythen, Kelten (La-Tène-Kultur) sowie Etrusker. Mit dem Hellenismus wurde der Schmuck polychrom (ind. und persisch-achaimenid. Einflüsse). Die G. der Germanen wurde durch die röm. Tradition und den Tierstil der Skythen beeinflusst (Schatz von Pietroasa, Rumänien; 4. Jh.). Im christl. Europa und Byzanz entstanden zunächst v. a. Arbeiten für kirchl. Zwecke. In karoling. Zeit begann sich die kirchl. G. des MA. zu ihrer Blüte zu entfalten (Altarbekleidung in Sant' Ambrogio in Mailand; Bucheinbände). Hauptwerke der roman. G. entstanden v. a. im Rhein-Maas-Gebiet (Dreikönigsschrein im Kölner Dom, Heribertschrein in Sankt Heribert in Köln-Deutz; ↑Nikolaus von Verdun). Die G. der Gotik, die Zierformen der Baukunst übernahm, schuf v. a. reich ausgebildete Monstranzen. Die Renaissance pflegte neben der kirchl. bes. die weltl. G. (B. Cellini), die durch Aufträge von Adel und reichen Patriziern neue Impulse empfing. In Dtl. verband sich heim. Handwerküberlieferung mit dem italien. Geschmack, bes. in der Gestaltung von Prunkgerät. Zu den bekanntesten Meistern gehört W. Jamnitzer. Der Formenreichtum der Renaissance wurde im Barock und Rokoko weiterentwickelt (J. M. Dinglinger in Dresden, P. van Vianen in Prag). Im 17. und 18. Jh. entstanden in Frankreich hervorragende Werke, seit 1800 auch in England, dessen schlichtes Tafelsilber vorbildlich wurde. Starken Auftrieb erhielt die G. während des Jugendstils. Es entstand ein neues Gefühl für die Möglichkeiten des Materials, dessen formgerechte Verarbeitung v. a. für Gebrauchsgegenstände angestrebt wurde.

Die G. war auch in außereurop. Kulturen verbreitet. In *Afrika* verfügten z. B. die Akan-Völker über eine hoch entwickelte G., die sich im Wesentlichen auf die Bedürfnisse der Höfe konzentrierte. Im Amerika der vorkolumb. Zeit sind Goldschmiedearbeiten v. a. bei den Mixteken und Muisca bezeugt (↑andine Hochkulturen, ↑mesoamerikanische Hochkulturen). In *Ostasien* war G. (zunächst in Form von Grabbeigaben) seit dem 2. Jt. v. Chr. bekannt.

📖 *G. 5000 Jahre Schmuck u. Gerät*, bearb. v. H. Schadt. Stuttgart 1996. – *Europ. G.*, hg. v. R. Eikelmann u. a. München 2001.

Goldschmiedekunst: »Goldene Madonna« aus dem Domschatz in Essen, Lindenholz mit Goldblech überzogen, Höhe 70 cm (um 980; Essen, Domschatz)

Goldschnitt, Verzierung der Schnittflächen eines Buches durch Auflegen und Anreiben von Blattgold; Staubschutz; heute meist ersetzt u. a. durch ↑Metallschnitt.

Gold-Silber-Scheidung, Trennung von Gold und Silber bei goldhaltigem Silber oder silberhaltigem Gold. Bis zum ausgehenden MA. trennte man aufgrund der großen Affinität von Silber zu Schwefel durch Einrühren von elementarem Schwefel oder Antimonsulfid (**Scheidung durch Guss und Fluss** der Alchimisten). Dabei sonderte sich ein das Silber und die Verunreinigungen aufnehmender Stein vom gediegenen Gold (»Gold-Regulus«) ab. Goldhaltiges Silber scheidet man heute durch Herauslösen des Silbers mit heißer Salpetersäure (**Quartation**) oder heißer konzentrierter Schwefelsäure (**Affination**) oder durch Elektrolyse in Silbernitratlösung (**Möbius-Prozess**); silberhaltiges Gold durch Überführung des Silbers in flüssiges, auf dem geschmolzenen Gold schwimmendes Silberchlorid durch Chlorgas (**Miller-Prozess**) oder durch Elektrolyse in Goldchloridlösung (**Wohlwill-Prozess**).

Goldstern: Wiesengoldstern (Gagea pratensis, Höhe bis 20 cm)

Goldsmith [ˈgəʊldsmɪθ], Oliver, engl. Schriftsteller, *Pallas (Prov. Longford, Irland) 10. 11. 1728, †London 4. 4. 1774; schrieb neben polit. und geschichtl. Abhandlungen zwei bürgerl. Lustspiele und die Familienidylle in Prosa »Der Pfarrer von Wakefield« (1766), die durch vorzügl. Charakterzeichnung große Wirkung auf die dt. Literatur (u. a. auf Goethe in der Straßburger Zeit) hatte.

Goldstandard, ↑Goldwährung.

Goldstein [ˈgəʊldstaɪn], Joseph Leonard, amerikan. Mediziner, *Sumter (S. C.) 18. 4. 1940; seit 1977 Prof. für molekulare Genetik an der Univ. von Texas in Dallas; erhielt 1985 mit M. S. Brown für die Erforschung des Cholesterolstoffwechsels und der Arteriosklerose den Nobelpreis für Physiologie oder Medizin.

Goldstern (Gelbstern, Gilbstern, Gagea), lauchähnlich aussehende Gattung kleiner Liliengewächse, meist mit gelben Blüten. In Mitteleuropa kommen etwa 7 Arten vor.

Goldtopas, Handelsname für einen goldfarbenen Citrin, der durch Erhitzen (Brennen) von Amethyst hergestellt worden ist.

Goldverbindungen. Die wichtigste G. ist das in roten Nadeln kristallisierende (in Form dimerer Moleküle vorliegende) **Gold(III)-chlorid,** $AuCl_3$, das durch Überleiten von Chlor über fein verteiltes Gold bei 180°C entsteht. Mit Chlorwasserstoff bildet Gold(III)-chlorid die in hellgelben, zerfließlichen Nadeln kristallisierende **Tetrachlorogold(III)-säure,** $H[AuCl_4] \cdot 4 H_2O$ (im Handel **Goldchlorid** gen.), die sich auch beim Eindunsten von in Königswasser gelöstem Gold abscheidet. Die Tetrachlorogold(III)-säure ist Ausgangsmaterial für fast alle weiteren G.; ↑Goldpräparate.

Goldwährung (Goldstandard), Währungssystem, in dem Gold als gesetzl. Zahlungsmittel dient oder in dem die gesetzl. Zahlungsmittel nach Maßgabe gesetzl. Vorschriften zu einem festgelegten Preis (**Goldparität**) in Gold umgetauscht werden können. Bei der **reinen Goldumlaufwährung** sind Goldmünzen das einzige gesetzl. Zahlungsmittel; bei der **gemischten Goldumlaufwährung** sind neben Goldmünzen Scheidemünzen und Banknoten im Umlauf, wobei der Banknotenumlauf durch Deckungsvorschriften an das Gold gebunden ist. In der **Goldkernwährung** fungiert als Zahlungsmittel nur Zeichengeld (Papiergeld und Scheidemünzen); die umlaufenden Banknoten sind durch einen entsprechenden Goldbestand bei der Notenbank (teilweise) gedeckt. Dabei besteht i. d. R. Einlösungspflicht der Banknoten in Gold. In der **Golddevisenwährung,** auch **Golddevisenstandard** (engl. **Gold exchange standard**), werden zur Deckung der umlaufenden Noten neben Gold zusätzlich in Gold konvertierbare Devisen zugelassen; es besteht im Allg. keine Noteneinlösungspflicht. – Bei allen G. können die Wechselkurse nur in engen Grenzen (bis zum oberen und unteren **Goldpunkt**) von der Goldparität abweichen, da die Devisenströme durch Goldtransfer ersetzt

Goldwährung: florentinische Goldmünze (Fiorino d'oro), geprägt 1318/19, Durchmesser 20 mm (oben Vorderseite mit heraldischer Lilie, unten Rückseite mit Johannes dem Täufer, dem Schutzpatron der Stadt Florenz)

werden, sobald die Kurssteigerung über die mit der Goldversendung verbundenen Versicherungs- und sonstigen Kosten hinausgeht. Dieser **Goldautomatismus** leitet bei einem Zahlungsbilanzungleichgewicht gleichzeitig eine Tendenz zum Ausgleich ein: Bei einem Exportüberschuss fließt Gold zu, wodurch die Geldmenge im Überschussland steigt und im Defizitland fällt. Die dadurch ausgelösten Inflations- und/oder Deflationstendenzen bewirken eine Verschiebung der internat. Preisrelationen, durch die eine Bewegung zum Zahlungsbilanzausgleich angeregt wird. Im 19. Jh. hatten sich in allen wichtigen Handelsländern G. durchgesetzt, die jedoch nach dem Ersten Weltkrieg zusammenbrachen und in den 1920er-Jahren nur vorübergehend wiederbelebt werden konnten. Eine modifizierte Golddevisenwährung wurde nach dem Zweiten Weltkrieg durch das Abkommen von Bretton Woods (Gründung des Internat. Währungsfonds, IWF) geschaffen. Die zunehmende Geldentwertung in vielen Ländern, insbesondere auch im Leitwährungsland USA, führten zu steigender Diskrepanz zw. der Goldparität des Dollars und dem freien Goldpreis, wodurch starke Goldspekula-

tionen hervorgerufen wurden, die die Mitgl. des IWF am 18. 3. 1968 zu einer Spaltung des Goldmarktes veranlassten. Seitdem gab es einen amtl. Goldpreis für die Verrechnung zw. den Notenbanken und einen freien Preis für Warengold. Die seit Ende der 60er-Jahre überproportional steigende Zunahme der Verbindlichkeiten der USA, die sich bei den ausländ. Zentralbanken als Erhöhung der Devisenreserven niederschlug, veranlassten die USA am 15. 8. 1971, die Einlösungspflicht des Dollars in Gold aufzuheben. Auch im Währungssystem des IWF hat das Gold seine Funktionen weitgehend eingebüßt. Nach den IWF-Statuten ist das Gold seit 1978 nicht mehr Ausdrucksmittel für den Preis der angeschlossenen Währungen, sondern die Staaten haben ihre Währungen anstatt in Gold in ↑Sonderziehungsrechten zu definieren. Durch diese Reform der Weltwährungsordnung ist das Gold weitestgehend demonetisiert (↑Demonetisierung).
Goldwespen (Chrysididae), artenreiche Familie der Hautflügler, 1,5–13 mm lang, metallisch (rot, blau, grün) glänzend.
Goldwurzel (Golddistel, Scolymus hispanicus), distelförmiger, gelb blühender Korbblütler im Mittelmeergebiet; Wurzelgemüse.
Golem [hebr. »Klumpen«] *der*, in der jüd. Mystik und Legende ein durch die Zauberkraft von hl. Sprüchen auf eine bestimmte Zeit belebter Mensch aus Lehm. Die Herstellung eines G. wird verschiedenen jüd. Gelehrten zugeschrieben, u. a. dem Prager Hohen Rabbi ↑Löw. Der Sagenstoff wurde nach einer Fassung von J. Grimm (1808) wiederholt in der Romantik (A. von Arnim, E. T. A. Hoffmann) bearbeitet. Die bekannteste Fassung erhielt der Stoff in dem Roman »Der G.« von G. Meyrink (1915).
Goleniów [gɔˈlɛnjuf] (dt. Gollnow), Krst. in der Wwschaft Westpommern, Polen, im Mündungsgebiet der Oder, an der Ihna, 22 800 Ew.; Holz-, Metall-, Lebensmittelind.; Flughafen von Stettin. – Stadtbefestigung, spätgotische Hallenkirche. – Gegr. 1268, 1648 schwedisch, 1720 zu Preußen.
Golf [engl., vielleicht von schott. goulf »Schlag«], zu den Ziel- und Treibspielen gehörendes Vollballspiel in naturgegebenem oder nur gering verändertem Gelände (G. auf verkleinerten, stilisierten Bahnen: ↑Bahnengolf). Sinn des Spiels ist, mit mög-

GOL Golf

Golf: die Hafenstadt Koper am Golf von Triest

lichst wenig Schlägen den Ball mit einem Schläger über verschieden lange Bahnen in ein Loch zu spielen. Auf dem gewöhnlich 20–50 ha großen G.-Platz sind 9 oder 18 Bahnen (Löcher) angelegt: Dem **Abschlag** (engl. **Tee**) folgt eine gemähte Grasfläche **(Fairway)**, die eigentl. Spielbahn, die seitlich von ungemähten Grasflächen **(Rough** oder **Rau)**, Buschwerk, Bäumen, Gräben und Bächen umrahmt wird und in der sich künstlich angelegte Hindernisse (z. B. sandgefüllte **Bunker**) befinden. An das Fairway schließt sich eine auf 3–7 mm geschnittene Rasenfläche, das **Grün (Green)**, an. Das **Loch (Hole)** im Grün, das bei Wettspielen regelmäßig umgesetzt wird, ist ein in den Boden eingelassener Hohlzylinder von 10,79 cm Durchmesser, der durch eine Richtungsfahne markiert ist. Für jede Bahn ist eine Durchschnittszahl von Schlägen **(Par)** angegeben, mit denen der G.-Ball vom Abschlag in das Loch auf dem Green gespielt werden kann. Sie beträgt für Bahnlängen bis zu 228 m drei, bis zu 434 m vier und über 434 m fünf Schläge. Dementsprechend liegt die Zahl der Schläge für den gesamten Platz fest. Sie heißt **Standard**. Es werden 18 Löcher, jedes Mal mit einem anderen Abschlag, gespielt. Man unterscheidet zwei Spielarten, das **Lochspiel**, bei dem zwei Parteien (Spieler) jedes einzelne Loch mit weniger Schlägen als der Gegner zu erreichen und damit zu gewinnen suchen, und das **Zählspiel**, bei dem die niedrigste Schlagzahl für alle Löcher entscheidet. – Der **G.-Ball** besteht aus Gummikern und Hartgummihülle. G.-**Schläger** unterscheidet man in Holzschläger **(Woods)** und Eisenschläger **(Irons)**. Der Schlägerkopf der Woods ist aus Hartholz, Kunststoff oder Leichtmetall und hat eine Bleifüllung; er dient nur dem Treib- oder Weitschlag (bis 250 m). Zugelassen sind bis zu 14 verschieden geformte G.-Schläger. Am Abschlag darf der Ball zur Erleichterung des Schlages auf ein Tee (Aufsatz aus Holz, Gummi o. Ä.) gesetzt werden. Im Gelände muss der Ball immer von der Stelle weitergespielt werden, an die er durch den vorangegangenen Schlag gelangt war. Hierzu werden Irons, die einen löffelartigen Schlägerkopf aus Stahl haben, zum Heben des Balles beim Überspielen von Hindernissen oder zu Kurzschlägen verwendet. Auf dem Grün wird zum Einlochen der Putter (Schläger mit senkrechter Schlagfläche) verwendet. G., ein urspr. schott. Nationalspiel, wird 1457 erstmals urkundlich erwähnt. 1608 gelangte es nach England, wo es im 19. Jh. sehr populär wurde. Ältester G.-Klub der Welt ist der »Royal and Ancient Golf Club of Saint Andrews« (Schottland), gegr. 1754. In Dtl. wurde der erste G.-Klub 1895 in Berlin gegründet.

✦ siehe ZEIT Aspekte

Golf [italien., von grch. kólpos »Busen«, »Bucht«] *der* (engl. gulf, frz. golfe), Einschnitt des Meeres ins Festland, größere Meeresbucht, z. B. G. von Mexiko, Pers. Golf.

Golfito, Hafenstadt in Costa Rica, an der Bucht Golfo Dulce des Pazifiks, 30 100 Ew.; Bananenausfuhr.

Golfkrieg, Bez. für drei Kriege im Gebiet des Pers. Golfs:

Golfkrieg GOL

1. Golfkrieg: Krieg zw. Irak und Iran 1980–88; verursacht durch den Versuch Iraks, den 1975 in einem Vertrag mit Iran festgelegten Grenzverlauf am Schatt el-Arab auf militär. Weg zu verändern. Der Krieg begann im Sept. 1980 mit dem Einmarsch irak. Truppen in die iran. Provinz Khusistan. Nach Errichtung einer weiteren irak. Front in Kurdistan (Dez. 1980) gelang es den iran. Streitkräften 1982, fast das gesamte vom Irak besetzte Gebiet zurückzuerobern. Bis 1988 entwickelte sich nun ein »Abnutzungskrieg«, in dem der besseren Bewaffnung der irak. Armee die zahlenmäßige Überlegenheit der iran. Streitkräfte gegenüberstand. Zahlreiche Großoffensiven Irans (Propagierung eines »heiligen Krieges«) brachten kaum Geländegewinne auf irak. Territorium. Neben einem 1984 entbrannten »Tankerkrieg« (beidseitige Angriffe auf Erdöl transportierende Tanker) kam es auch zu einem »Städtekrieg« (gegenseitige Bombardierung großer Städte und der Erdölförderzentren). Im Zusammenhang mit dem 1. G. unternahmen irak. Truppen eine Großoffensive (Einsatz chem. Waffen) gegen die im N-Irak lebenden Kurden, denen eine Unterstützung Irans angelastet wurde. – Von Anfang an bestand die Gefahr einer internationalen Ausweitung des Krieges. Die arab. Anrainerstaaten, bes. Saudi-Arabien und Kuwait, unterstützten Irak. Die USA, später auch Großbritannien und Frankreich, nahmen die Gefährdung der Erdöltransportwege zum Anlass, Flotteneinheiten in das Kriegsgebiet zu entsenden. Seit 1987 gerieten US-Kriegsschiffe, die unter US-Flagge fahrenden kuwait. Tankern Geleitschutz boten, in Kampfhandlungen mit iran. Seestreitkräften. Der 1. G., der auf beiden Seiten etwa 1 Mio. Tote und Verwundete forderte, endete nach langwierigen Vermittlungsaktionen der UNO mit einem Waffenstillstand im Aug. 1988.

2. Golfkrieg: Krieg zw. Irak und alliierten Streitkräften unter Führung der USA vom 17. 1. bis 28. 2. 1991. Dem 2. G. ging eine internat. Krise (**Golfkrise**) voraus: Sie begann, als Irak nach gescheiterten irakisch-kuwait. Gesprächen zur Beilegung eines Konfliktes um die Erdölförderung im gemeinsamen Grenzgebiet am 2. 8. 1990 Kuwait besetzte (Beseitigung der Monarchie und Angliederung Kuwaits als 19. irak. Provinz) und der UN-Sicherheitsrat daraufhin den »sofortigen und bedingungslosen Abzug aller irak. Soldaten« forderte. Am 6. 8. beschloss der UN-Sicherheitsrat ein Wirtschaftsembargo gegen Irak. Seit August entsandten die USA Truppen in die Golfregion (Aufmarsch in Saudi-Arabien) und setzten eine See- und Luftblockade durch. Daraufhin verwehrte der irak. Diktator Saddam Husain Tausenden Ausländern, insbesondere aus westl. Staaten, die Ausreise und ließ sie z. T. als »Schutzschilde« an strategisch wichtige Punkte des Landes bringen; verschiedene diplomat. Missionen erreichten die Freilassung der Geiseln. Der UN-Sicherheitsrat richtete im Nov. 1990 ein Ultimatum an Irak, das den Abzug der irak. Truppen bis zum 15. 1. 1991 forderte. Zahlreiche diplomat. Initiativen zur Verhinderung einer krieger. Auseinandersetzung scheiterten.
Nach Ablauf des von Irak nicht befolgten UN-Ultimatums (Truppenrückzug bis zum 15. 1. 1991) begannen am 17. 1. die militär. Operationen der alliierten Streitkräfte unter dem Oberbefehl des amerikan. Generals N. Schwarzkopf (Aktion »Wüstensturm«). Eine wochenlange Luftoffensive gegen Stellungen in Kuwait und Irak zielte auf die Zerstörung der irak. Luftwaffe und die Ausschaltung der irak. Elitetruppen (»Republikan. Garde«). Die Vernichtung der militär. Objekte und Kommandozentralen richtete auch im zivilen Bereich starke Zerstörungen an (u. a. in Bagdad, Basra). Am 24. 2. 1991 leiteten die alliierten Streitkräfte eine Landoffensive ein, befreiten Kuwait bis zum 27. 2. und besetzten auch südl. Teile des Irak. Bei ihrem Rückzug aus Kuwait setzten die irak. Truppen Öllager und Ölquellen in Brand. Nachdem Irak alle UN-Forderungen bedingungslos anerkannt hatte, trat am 28. 2. Waffenruhe ein. Die am 6. 4. 1991 vom Irak angenommenen Waffenstillstandsbedingungen legten u. a. die Inspektion und Vernichtung aller irak. Massenvernichtungswaffen fest. Im Gefolge des Krieges begannen in Irak im März 1991 oppositionelle schiit. Kräfte und die ↑Kurden einen bewaffneten Aufstand, der von Reg.truppen niedergeschlagen wurde. Die nachfolgenden Repressalien lösten eine Massenflucht der Kurden nach Iran und in das türk. Grenzgebiet aus (daraufhin Errichtung einer Flugverbots- und Schutzzone in N-Irak zur Sicherung

der Kurden); später wurde von den Alliierten auch eine Flugverbotszone im überwiegend von Schiiten bewohnten S-Irak festgelegt. Unter dem Vorwurf der Verletzung dieser Flugverbotszonen durch das irak. Militär richteten sich zahlr. brit.-amerikan. Luftschläge gegen irak. Ziele. Jahrelange Auseinandersetzungen um die Abrüstung und um Waffenkontrollinspektionen führten zu wachsenden Spannungen mit den UN und bes. mit den G.-Alliierten USA und Großbritannien.

3. Golfkrieg (Irak-Krieg): Krieg zw. Irak und alliierten Streitkräften unter Führung der USA vom 20. 3. 2003 bis 1. 5. 2003. Jahrelange Auseinandersetzungen um die Abrüstung und um Waffenkontrollen in Irak (Aufkündigung der Zusammenarbeit mit den UN-Inspektoren 1998) sowie die Nichteinhaltung zahlr. UN-Resolutionen durch Saddam Husain führten zu wachsenden Spannungen mit der UNO. Insbesondere die Reg. der USA verdächtigte das irak. Regime der weiteren Herstellung und Lagerung von Massenvernichtungswaffen sowie (v. a. nach den Anschlägen auf das World Trade Center in New York und das Pentagon am 11. 9. 2001) der Unterstützung des internat. Terrorismus. Trotz Wiederaufnahme der Waffeninspektionen und der (angesichts eines massiven Aufmarsches amerikan. Truppen in der Golfregion) zunehmenden Kooperation der irak. Behörden konstatierte US-Außenmin. C. Powell (5. 2. 2003) die permanente Verletzung der im Nov. 2002 beschlossenen UN-Resolution 1441, die für diesen Fall ernsthafte Konsequenzen vorsah. Ein amerikan. Ultimatum vom 17. 3. 2003 an Saddam Husain, das Land binnen 48 Stunden zu verlassen, lehnte dieser ab. Daraufhin begann mit Luftangriffen auf Bagdad und einer von Kuwait ausgehenden amerikan.-brit. Bodenoffensive am 20. 3. 2003 der Krieg in I., in dem die Alliierten durch eine Luftlandeoperation im N mit Unterstützung der Kurden eine zweite kleinere Front eröffneten. Insgesamt gehörten den Koalitionstruppen unter dem Oberbefehl von Tommy Franks (US-Zentralkommando in Doha, Katar) etwa 230 000 amerikan., 45 000 brit., 2 000 austral. und 200 poln. Soldaten an. Die alliierten Verbände stießen trotz z. T. heftigen Widerstands in den südl. Städten (Umm Kasr, Basra, Nasiriya) rasch zur irak. Hptst. vor. Der Fall Bagdads am 9. 4. 2003 markierte das Ende des Regimes von Saddam Husain (dessen Verbleib war zunächst ungeklärt); bis Mitte April 2003 wurden im N auch Kirkuk, Mosul und zuletzt Tikrit am 14. 4. eingenommen. In den eroberten Gebieten, v. a. den Städten, brach zeitweilig die öffentl. Ordnung zus. (Plünderungen und Brandschatzungen, u. a. im Nationalmuseum). Am 1. 5. 2003 erklärte der amerikan. Präs. G. W. Bush die Kampfhandlungen in Irak für beendet.

📖 *Trautner, B. J.: Der erste u. der zweite G. Münster u. a. 1994.* – *Mottale, M. M.: The origins of the Gulf wars. Lanham, Md., u. a. 2001.* – *Münkler, H.: Der neue G. Reinbek 2003.*

Golfkrieg-Syndrom, Bez. für das noch ungeklärte Auftreten von Krankheitserscheinungen (u. a. chron. Kopfschmerzen und Müdigkeit, Gedächtnisverlust, Depressionen, Muskel- und Gelenkschmerzen, Hautausschlag, auch Krebserkrankungen), unter denen Tausende amerikan. und brit. Soldaten nach Ende ihres Einsatzes im 2. Golfkrieg (1991) leiden und über deren mögl. Ursachen versch. Untersuchungen vorliegen.

Golfküsten|ebene, lagunenreicher, flacher Küstenbereich um den Golf von Mexiko, in den USA und Mexiko; Erdölvorkommen im Bereich von Salzstöcken.

Golfrat (engl. Gulf Cooperation Council, Abk. GCC), gemeinsamer Rat arab. Staaten am Pers. Golf, 1981 gegr. als regionale Untergruppe der Arab. Liga. Mitgl.: Bahrain, Katar, Kuwait, Oman, Saudi-Arabien, Vereinigte Arab. Emirate. Ziele: Koordinierung von Außen-, Sicherheits- und Erdölpolitik.

Golfstrom, starke Meeresströmung, Teil des subtrop. antizyklonalen Stromwirbels im N-Atlantik, erstreckt sich als relativ schmales Band (Freistrahl) von etwa 150 km Breite zw. der Floridastraße (Floridastrom) bzw. Kap Hatteras und den Neufundlandbänken. Die Stromgeschwindigkeit ist mit Werten bis zu 2,5 m/s sehr hoch; Wassertransporte bis zu 150 Mio. m³/s. Das G.-Wasser ist im Vergleich zu den umgebenden Wassermassen sehr warm und salzreich. Dabei ist der Übergang in Temperatur und Salzgehalt an der linken Flanke des G. sehr sprunghaft. Die Temperaturfront wird »Kalter Wall« genannt. Der G. wurde 1513 von dem Spanier

Goll | GOL

Golfstrom

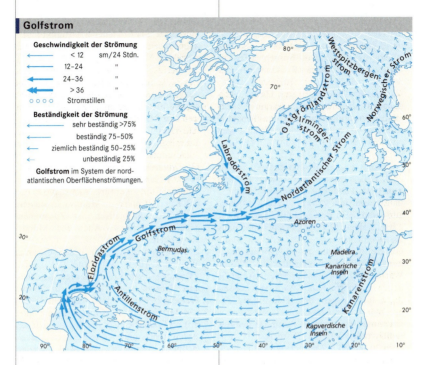

J. Ponce de León entdeckt; B. Franklin regte mit der ersten G.-Karte 1786 die navigator. Nutzung an. Die in den letzten Jahren vorangetriebene Forschung hat zu neuen Erkenntnissen, v. a. hinsichtl. der Fortsetzung des G. im ↑Nordatlantischen Strom, geführt.

Golgatha [hebr. gulgolet »Schädel«], allg. Bez. eines Hügels, im N.T. (Mt. 27, 33; Mk. 15, 22) »Schädelstätte«, der außerhalb der alten Stadtmauer Jerusalems gelegene Ort der Kreuzigung Jesu.

Golgi [ˈgɔldʒi], Camillo, italien. Histologe, *Corteno (heute Corteno Golgi, bei Edolo, Prov. Brescia) 7. 7. 1844, †Pavia 21. 1. 1926; entwickelte zahlr. Färbemethoden und gewann dadurch wichtige Erkenntnisse über den Feinbau des Nervensystems, wofür er 1906 mit S. Ramón y Cajal den Nobelpreis für Physiologie oder Medizin erhielt.

Goliarden, ↑Vaganten.

Goliath, Gestalt des A.T., Philister, wegen seiner Körpergröße der »Riese« gen.; wurde nach 1. Sam. 17, 49 f. von David im Zweikampf mit einer Steinschleuder erschlagen.

Goliathkäfer, afrikan. Gattung der ↑Rosenkäfer.

Golizyn, Amalie, ↑Gallitzin.

Goll, 1) Claire, geb. Clara Aischmann, Schriftstellerin, *Nürnberg 29. 10. 1890, †Paris 30. 5. 1977, seit 1921 ∞ mit 2); schrieb in dt. und frz. Sprache Erzählungen, Gedichte (z.T. mit ihrem Mann), Romane, Autobiografisches (»Traumtänzerin«, 1971; »Ich verzeihe keinem«, 1976).

2) Yvan (Ivan), eigtl. Isaac Lang, Pseudonyme Iwan Lassang, Tristan Torsi, frz.-dt. Schriftsteller, *Saint-Dié 29. 3. 1891, †Paris 27. 2. 1950, ∞ mit 1); lebte seit 1919 in Paris, befreundet mit den Künstlern des Kreises um G. Apollinaire, 1939–47 in New York. Er begann als expressionistisch-pazifist. Dichter im Bewusstsein einer apokalypt. Zeitenwende (»Lothring. Volkslieder«, 1912; »Der Panamakanal«, Poem, 1914), entwickelte dann unter dem Einfluss A. Bretons und P. Éluards einen surrealist. Bilderreichtum, der ihm als Chiffre des Daseins diente (»Der Eiffelturm«, 1924). G. schrieb in dt., später fast nur in frz., einiges auch in engl. Sprache, u. a. »Poèmes d'amour« (1925, mit Claire G.), »Poèmes

de la vie et de la mort« (1926, mit Claire G.), den Gedichtzyklus »Jean sans terre. Johann ohne Land« (entstanden 1934-44, vollständig hg. 1957, in dt. Sprache »Traumkraut«, hg. 1951); ferner Romane (»Die Eurokokke«, 1928; »Der Mitropäer«, 1928; »Sodom Berlin«, 1929). Sein Drama »Methusalem oder Der ewige Bürger« (1922) gilt als Vorläufer des absurden Theaters.
📖 *Rieser-Spriegel, K.: Untersuchungen zum dramat. Werk Y. G.s. Salzburg u. a. 1972.*

Gollancz [gəˈlænts], Sir (seit 1965) Victor, engl. Verleger und Schriftsteller, * London 9. 4. 1893, † ebd. 8. 2. 1967; gründete 1927 in London den Verlag **Victor Gollancz Ltd.** und 1936 den sozialist. **Left Book Club.** Erhielt 1960 den Friedenspreis des Dt. Buchhandels.

Gǫllheim, Gemeinde im Donnersbergkreis, Rheinl.-Pf., am Rand des Pfälzer Waldes, 3 800 Ew. – In der **Schlacht bei G.** am 2. 7. 1298 fiel König Adolf von Nassau im Kampf gegen den Habsburger Albrecht I.

Gǫllnow [-no], Stadt in Polen, ↑ Goleniów.

Gǫllwitzer, 1) Heinz, Historiker, * Nürnberg 30. 1. 1917, † München 26. 12. 1999, studierte in München, war 1957-82 Prof. für Neuere Geschichte in Münster; bedeutende Arbeiten zur bayr. Landesgeschichte (»Ludwig I. von Bayern. König im Vormärz. Eine polit. Biographie«, 1986) und zum Adel im 19. Jh. (»Die Standesherren. Die polit. und gesellschaftl. Stellung der Mediatisierten 1815 bis 1918«, 1957) sowie u. a. zur Geistesgeschichte (»Geschichte des weltpolit. Denkens«, 2 Bde., 1972-82). **Weitere Werke:** Die gelbe Gefahr. Gesch. eines Schlagworts. (1962); Europe in the age of imperialism 1880-1914 (1969); Ein Staatsmann des Vormärz. Karl von Abel. 1788-1859 (1993).

2) Helmut, evang. Theologe, * Pappenheim (Kr. Weißenburg-Gunzenhausen) 29. 12. 1908, † Berlin 17. 10. 1993; Schüler K. Barths; Mitgl. der Bekennenden Kirche; 1957-75 Prof. für systemat. Theologie an der FU Berlin. G. hob in seinen Arbeiten die polit. Dimension des christl. Glaubens hervor, stellte dabei das polit. Engagement des Christen als einen wesentlichen Aspekt christl. Existenz heraus und widmete sich im großen Umfang Fragen des Verhältnisses von Christentum und Marxismus.

Golon [gɔˈlɔ̃], Anne, eigtl. Simone Golonbinoff, frz. Schriftstellerin, * Toulon 17. 12. 1921; schrieb, anfangs in Zusammenarbeit mit ihrem Mann Serge G. (* 1903, † 1972), die Serie der abenteuerlich-erot. »Angélique«-Romane (13 Bde., 1956-85) über die Zeit Ludwigs XIV.

Gǫltz, 1) Colmar Freiherr von der, preuß. und türk. General (G.-Pascha), * Bielkenfeld (Kr. Labiau; heute Polessk, Gebiet Kaliningrad) 12. 8. 1843, † Bagdad 19. 4. 1916; leitete 1883-96 den Neuaufbau des türk. Heeres. Wieder in preuß. Dienst, war er 1914 Generalgouv. in Belgien. 1915/16 schloss er mit einer türk. Armee die Briten bei Kut al-Amara in Mesopotamien ein, verhinderte ein britisch-russ. Zusammenwirken in Persien. – Auch bed. Militärschriftsteller.

2) Rüdiger Graf von der, preuß. General, * Züllichau (heute Sulechów) 8. 12. 1865, † Kinsegg (heute zu Bernbeuren, Kr. Weilheim-Schongau) 4. 11. 1946; im Ersten Weltkrieg Führer der »Ostseedivision«, mit der er 1918 die finn. Truppen unter C. G. Mannerheim gegen den Angriff der Roten Armee unterstützte.

Goltzius [ˈxɔltsiːys], Hendrick, niederländ. Zeichner, Kupferstecher, Maler, * Mühlbracht (bei Venlo) 1558, † Haarlem 1. 1. 1617; hielt sich 1590/91 in Italien auf, wo er u. a. Werke der Antike, Raffaels und Michelangelos nachzeichnete. In seinen mehr als 300 Stichen bildete er eine neue, mit an- und abschwellenden Linien arbeitende Technik aus; nach 1600 v. a. spätmanierist. Gemälde.

Göltzsch [gœltʃ] *die,* rechter Nebenfluss der Weißen Elster, 41 km, entspringt bei Falkenstein im sächs. Vogtland, mündet bei Greiz. Bei Netzschkau die 78 m hohe, 1846-51 erbaute **Göltzschtalbrücke** (575 m lang) der Eisenbahnlinie Leipzig-Hof.

Gǫltzsche, Dieter, Grafiker, Zeichner und Aquarellist, * Dresden 28. 12. 1934; Schüler von M. Schwimmer und H. T. Richter; seit 1992 Prof. in Berlin; entwickelte eine konzentrierte Formensprache aus Bildern und Kalligraphie, die in ihrer scheinbaren Skizzenhaftigkeit die Lust am Fabulieren verrät.

Golubkina, Anna Semjonowna, russ. Bildhauerin, * Saraisk (Gebiet Moskau) 28. 1. 1864, † ebd. 7. 9. 1927; Schülerin A. Rodins, dessen Einfluss für ihre Arbei-

Göltzsch: Göltzschtalbrücke bei Netzschkau (Sachsen)

ten zunächst bestimmend wurde. Nach 1905 waren zeitweilig auch expressionist. Elemente und die Kunst der Naturvölker prägend.

Goma, Hptst. der Region Nord-Kiwu im O der Demokrat. Rep. Kongo (Kongo-Kinshasa), 1 500 m ü. M., am N-Ufer des Kiwusees, nahe der Grenze zu Ruanda, etwa 500 000 Ew.; kath. Bischofssitz; Handelszentrum; Verkehrsknotenpunkt mit Hafen und internat. Flughafen. – Bei dem Ausbruch des Vulkans Nyiragongo im Jan. 2002 wurden große Teile der Stadt völlig zerstört.

Goma, Paul, rumän. Schriftsteller, *in Bessarabien 2. 10. 1935; 1956–62 inhaftiert, 1968–71 Redakteur; stellt in seinen Romanen (»Ostinato«, 1971; »Die Tür«, 1972, beide nur im Ausland veröffentlicht) persönl. Leiden und Empfindungen literarisch überhöht dar und kritisiert so grundsätzlich staatl. Übergriffe; lebt seit 1977 in Paris.

Gombert [ˈxɔmbərt], Nicolas, fläm. Komponist, *Brügge (?) um 1490, †um 1556; Schüler von Josquin Desprez, etwa seit 1526 im Dienst Karls V.; einer der führenden niederländ. Meister; schrieb u. a. Motetten, Messen und Chansons.

Gombofrucht (Okra), Frucht des in den Tropen und Subtropen angebauten Eibischs (Abelmoschus esculentus); fingerlange Schote, die unreif (grün) geerntet und als Gemüse gegessen wird.

Gömbös [ˈgømbøʃ], Gyula, G. von Jákfa, ungar. Politiker, *Murga (Bez. Tolna) 26. 12. 1886, †München 6. 10. 1936; Exponent der antisemitisch-nationalist. Gruppen des »Erwachenden Ungarn«, betrieb als MinPräs. (1932–36) die Zusammenarbeit Ungarns mit Italien und Österreich sowie mit dem nat.-soz. Deutschland.

Gombrich [-brɪtʃ], Sir (seit 1972) Ernst Hans Josef, brit. Kunsthistoriker österr. Herkunft, *Wien 30. 3. 1909, †London 3. 11. 2001; 1959–76 Direktor des Warburg Institute in London, befasste sich u. a. mit Ikonographie und Kunsttheorie der Renaissance.

Gombrowicz [-vitʃ], Witold, poln. Schriftsteller, *Małoszyce (bei Opatów, Wwschaft Heiligkreuz) 4. 8. 1904, †Vence (bei Nizza) 25. 7. 1969; lebte 1939–63 in Argentinien. G. stand der Literatur und Philosophie der Existenzialisten nahe (»Die Tagebücher«, 3 Bde., 1957–66) und entwickelte einen eigenen grotesk-fantast. Stil (»Ferdydurke«, 1938; »Yvonne, Prinzessin von Burgund«, 1938; »Die Trauung«, 1953; »Verführung«, 1960).

GOM Gomel

Gomel (weißruss. Homel), Hptst. des Gebiets G., Weißrussland, am Sosch, 503 700 Ew.; Univ., TH, Hochschule für Eisenbahnverkehrswesen; Ind. (Maschinenbau, Chemie, Glas, Elektrotechnik, Nahrungsmittel u.a.); Bahnknotenpunkt, Flusshafen.

Gomera, La, eine der Kanarischen Inseln, Spanien, 371 km^2, 16 000 Ew., im Alto de Garajonay 1 487 m ü. M.; Hauptort San Sebastián de la G. (5 900 Ew.); Tomaten-, Bananen-, Wein-, Gemüsebau auf terrassierten, z. T. bewässerten Hängen; Fischfang und -verarbeitung.

Gomes [ˈgomɪʃ], Francisco da Costa, portugies. General und Politiker, *Chaves (Distrikt Vila Real) 30. 6. 1914, †Lissabon 31. 7. 2001; 1968–69 Oberbefehlshaber der portugies. Kolonialtruppen in Moçambique, 1970–72 in Angola, 1972–74 Generalstabschef, im April 1974 führend am Sturz der Diktatur in Portugal beteiligt; von Sept. 1974 bis Juli 1976 Staatspräsident.

Gómez [ˈgomɛs], Juan Vicente, venezolan. General und Diktator, *San Antonio (Táchira) 24. 7. 1857, †Maracay 17. 12. 1935; 1908–14, 1915–29 und 1931–35 Präs., gestützt auf die Armee; straffte die Verwaltung und förderte den wirtsch. Aufbau.

Gómez de la Serna [ˈgomɛð -], Ramón, span. Schriftsteller, *Madrid 5. 7. 1891, †Buenos Aires 12. 1. 1963; im literar. Leben Spaniens von der Jahrhundertwende bis zum Span. Bürgerkrieg (Exil) dominierend; erfand die »greguerías«, paradox-humorist. Metaphern (»Greguerías«, 1917); schrieb auch zahlr. Romane und Künstlerbiografien.

Gommern, Stadt im Landkreis Jerichower Land, Sa.-Anh., am O-Rand der Elbtalaue, 6 500 Ew.; Herstellung von Ausrüstungen für geolog. Erkundung; Getränkeproduktion. – Burg Guntmiri 948 erstmals gen.; erhielt 1656 Stadtrecht.

Gomorrha, Stadt im A. T. (1. Mos. 19); nicht genau lokalisierbar am Südende des Toten Meeres (1. Mos. 13, 10), ↑Sodom und Gomorrha.

Gompers [ˈgɔmpəz], Samuel (Sam), amerikan. Gewerkschaftsführer, *London 27. 1. 1850, †San Antonio (Tex.) 13. 12. 1924; urspr. Zigarrenarbeiter, Gründer und 1886–1924 (mit Ausnahme von 1895) Präs. der American Federation of Labor; Gegner des Sozialismus in den Gewerkschaften.

Gomringer, Eugen, schweizer. Schriftsteller, *Cachuela Esperanza (Dep. Pando, Bolivien) 20. 1. 1925; arbeitete u. a. als Werbefachmann; einer der Initiatoren der ↑konkreten Poesie, ihn interessierte das vom syntakt. Zusammenhang befreite Wort, praktiziert in den »Konstellationen«, die dem Leser Wortmaterial anbieten, das er beliebig verbinden kann (erste Sammlung 1953); die Essays befassen sich mit der gleichen Problematik (»Zur Sache der Konkreten«, 1988, 2 Bde.).

Goms (frz. Conches), das Tal der obersten Rhone (Rotten), Kt. Wallis, Schweiz, von der Quelle bis zur Talstufe von Grengiols; Hauptort Münster (VS).

Gomułka [gɔˈmuu̯ka], Władysław, poln. Politiker, *Białobrzegi (bei Krosno) 6. 2. 1905, †Warschau 1. 9. 1982; Schlosser, seit 1942 im Untergrund gegen die dt. Besatzungsmacht tätig, betrieb als Gen.-Sekr. der KP (1943–48) deren Zusammenschluss mit den Sozialisten (1948) zur »Poln. Vereinigten Arbeiterpartei« (poln. Abk. PZPR). 1945–49 war er stellv. Min.-Präs. und Min. für die »wiedergewonnenen Gebiete«. Wegen seiner selbstständigeren Politik gegenüber der sowjet. Partei- und Staatsführung zwang ihn die stalinist. Gruppierung im poln. ZK und Politbüro (u. a. B. Bierut) zum Rücktritt von seinen Ämtern (1948/49); 1951–54 inhaftiert. Nach seiner Rehabilitierung war G. 1956–70 Erster Sekr. der PZPR und Mitgl. ihres Politbüros (Rücktritt nach Unruhen).

Gon [zu grch. gōnía »Winkel«] *das,* Einheitenzeichen **gon,** v. a. in der Geodäsie verwendete gesetzl. Einheit des ebenen Winkels, früher »Neugrad« gen., definiert als der 100ste Teil des rechten Winkels oder durch 1 gon = (π/200) rad (↑Radiant).

Gonaden [zu grch. gonē »Erzeugung«, »Samen«], die ↑Geschlechtsdrüsen.

Gonadotropine (gonadotrope Hormone), Hormone, die auf die Gonaden (Hoden, Eierstock) einwirken, diese zur Bildung der ↑Geschlechtshormone anregen und die Reifung von Ei- und Samenzellen bewirken.

Gonadotropin-Releasing-Hormon [-rɪˈliːzɪŋ-], Abk. **LH/FSH-RH,** Neurohormon aus dem Hypothalamus, das die Hirnanhangdrüse zur Bildung von Gonadotropinen anregt.

Gonaïves [gɔnaˈiːv], Départements-Hptst. in der Rep. Haiti, am Karib. Meer

(Golf von G.), 63 300 Ew.; Bischofssitz; Fischerei; Hafen.

Gonçalves [gɔ̃ˈsalvıʃ], Nuño, portugies. Maler, *um 1425, †vor 1492; seit 1450 Hofmaler König Alfons' V.; schuf den Vinzenzaltar für die Kathedrale in Lissabon (zw. 1465 und 1467; heute Museu Nacional de Arte Antiga). Das Werk, stilistisch von der niederländ. Malerei beeinflusst, besticht durch ausdrucksvolle Charakterisierung der Figuren und leuchtendes Kolorit.

Nuño Gonçalves: Alfons V., der Afrikaner, und Heinrich der Seefahrer (Tafel des Vinzenzaltars in der Lissabonner Kathedrale, zwischen 1465 und 1467; Lissabon, Museu Nacional de Arte Antiga)

Goncourt [gɔ̃ˈkuːr], Edmond Huot de, *Nancy 26. 5. 1822, †Champrosay (heute zu Draveil, Dép. Essonne) 16. 7. 1896, und sein Bruder Jules Huot de, *Paris 17. 12. 1830, †ebd. 20. 6. 1870, frz. Schriftsteller; verfassten kultur- und kunsthistor. Studien (»Die Frau im 18. Jh.«, 1862; »Die Kunst des 18. Jh.«, 12 Tle., 1859–75) und schrieben gemeinsam Romane, in denen sie die Wirklichkeit wissenschaftlich exakt darzustellen suchten. Damit wurden sie zu Vorläufern des Naturalismus, den sie im Vorwort zu »Germinie Lacerteux. Der Roman eines Dienstmädchens« (1864) theoretisch begründeten. Im wohlhabenden Bürgertum spielt der Roman »Renée Mauperin« (1864). Nach dem Tod von Jules setzte Edmond die Arbeit allein fort: »Die Dirne Elisa« (1877); »Juliette Faustin« (1881). Die Arbeit der Brüder G. ist dokumentiert im »Journal des G.« (unvollständig in 9 Bänden hg. 1887–96, vollständig in 22 Bänden 1956–58, dt. Auszüge u. a. 1905, 1947, 1969). – Die von Edmond de G. testamentarisch gestiftete **Académie G.** zählt zehn Mitgl., die nicht der Académie française angehören dürfen; sie verleiht jährlich einem in »Inhalt und Form originellen« frz. Prosawerk den **Prix G.**, den angesehensten frz. Literaturpreis.

📖 Grant, R. B.: The G. brothers. New York 1972.

Göncz [gønts], Árpád, ungar. Schriftsteller und Politiker, *Budapest 10. 2. 1922; 1956 Teilnahme am Volksaufstand, wurde 1958 zu lebenslanger Freiheitsstrafe verurteilt, 1963 amnestiert. 1988 beteiligt sich G. an der Gründung des »Bundes Freier Demokraten«. 1989 wurde er Vors. des ungar. Schriftstellerverbandes, 1990 zunächst Parlaments-, am 3. 8. 1990 Staatspräs. (1995 wieder gewählt). G. gestaltet in seinen Werken häufig in histor. oder mythologischer Umkleidung Probleme menschl. Seins (»Der Sandalenträger«, 1974; »Pessimistische Komödie«, 1986).

Gọnd, Volk in Mittelindien (Gondwana), etwa 4 Mio.; besteht aus zahlr. Gruppen, die kulturell auf unterschiedl. Stufen stehen und in unterschiedl. Maße vom Hinduismus geprägt sind. Ihre ursprüngl. Sprache, das **Gondi,** gehört zu den dravid. Sprachen.

Gọndar (Gonder), Stadt in Äthiopien, nördlich des Tanasees, 2 222 m ü. M., 112 200 Ew.; Sitz eines Bischofs der äthiop. Kirche; theolog. Schulen, Klöster; Goldschmiede-, Webwaren-, Sattlergewerbe. – Vom 17. bis 19. Jh. Residenz der Kaiser; im 17. Jh. Hauptstadt des Landes; in einem ummauerten Bereich Paläste und Kirchen (17. und 18. Jh.), von der UNESCO zum Weltkulturerbe erklärt. – Abb. S. 568

Gondel [italien.] die, **1)** *Luftfahrt:* Teil eines Luftfahrzeugs (z. B. Korb des Freiballons, Triebwerks-G. des Luftschiffs oder Flugzeugs).

GON Gondwana

Gondar: Blick auf die Bibliothek (im Vordergrund rechts) im Palastviertel der Stadt

2) *Schifffahrt:* schmales, unsymmetr., einseitig gerudertes venezian. Ruderboot für Fahrten auf Kanälen und Lagunen, wendig, mit geringem Tiefgang. Die unsymmetr. Form soll das Drehmoment ausgleichen, das durch den einseitigen Riemenantrieb entsteht. Der Vordersteven ist mit hohen, schwertartigen Stoßeisen versehen.

Gondwana, 1) histor. Landschaft in Mittelindien, südlich des Ganges, in Madhya Pradesh, Andhra Pradesh und Maharashtra; im 14.–18. Jh. von den Gond beherrscht, im 18. Jh. von den Marathen erobert.
2) Großkontinent der Südhalbkugel, der vom Ende des Präkambriums bis ins Mesozoikum bestand und die alten Festlandkerne Südamerikas (Brasília, Guayana- und Patagon. Schild), Afrikas, Vorderindiens, Australiens (Australia) und der Antarktis verband; durch einen wechselnd breiten Meeresarm (↑Tethys) war er vom Großkontinent der Nordhalbkugel (↑Laurasia) getrennt. G. zerfiel gegen Ende des Mesozoikums vollständig in die heutigen Kontinente, die durch ↑Plattentektonik zu ihrer heutigen Lage auseinander drifteten. Die Zusammengehörigkeit ist durch die Spuren der permokarbon. Vereisung und die fossilen Reste der einem kühlgemäßigten Klima angepassten **G.**- oder **Glossopterisflora** belegt.

Gonfaloniere [italien. »Bannerträger«] *der*, im MA. Ehrentitel für Bevollmächtigte, auch militär. Führer, v. a. für die berufenen Verteidiger der Bischofssitze und Klöster. **G. della chiesa** (»Bannerträger der Kirche«) war der vom Papst verliehene Titel des Königs von Neapel, später des Herzogs von Parma. **G. della giustizia** (»Bannerträger der Gerechtigkeit«) hießen die Justizbeamten der italien. Stadtrepubliken.

Gong [malaiisch] *der* selten *das,* Schlaginstrument asiat. Herkunft, bestehend aus einer am Rand umgebogenen Bronzescheibe, die mit einem Filz- oder Lederschlägel angeschlagen wird; variiert von kleinen, meist auf eine feste Tonhöhe gestimmten Formen bis zum großen G. mit unbestimmter Tonhöhe. Das aus versch. großen Einzel-G. bestehende **G.-Spiel** ist bes. in Südostasien und auf Java und Bali verbreitet.

Gongga Shan [-ʃ-] (Minya G., Minja Konka), Berg in der Prov. Sichuan, China, Granitmassiv (7 556 m ü. M.); vergletschert; Erstbesteigung 1932 von den Amerikanern R. L. Burdsall und T. Moore.

Gong Li, chines. Filmschauspielerin, *Shenyang 31. 12. 1965; als Protagonistin der Filme Zhang Yimous bekannt geworden.
Filme: Rotes Kornfeld (1987); Judou (1989); Rote Laterne (1991); Die Geschichte der Qiuju (1992); Lebewohl, meine Konkubine! (1992); Leben! (1994); Shanghai Serenade (1995); Chinese Box (1997); Der Kaiser und sein Attentäter (1999).

Góngora y Argote, Luis de, span. Dichter, *Córdoba 11. 7. 1561, †ebd. 23. 5. 1627; wurde 1617 zum Priester geweiht, Ehrenkaplan König Philipps III.; fand erst um 1610 zu jenem »gehobenen Stil« (span. estilo culto), der nach ihm **Gongorismus** (auch **Kultismus,** span. **Culteranismo)** genannt wird (u. a. latinisierte Wendungen, kunstvolle, assoziationsreiche Metaphern, eine gewollt schwierige, dunkle Sprache). Dieser Stil stellt den Höhepunkt der spanischen manierist. Barocklyrik dar; musterhaft in den »Soledades« (entstanden 1613/14, gedruckt 1636).

Goniometer [grch.] *das* (Winkelmesser), Instrument zum Messen von Winkeln zw. zwei Ebenen, bes. zweier Kristall- oder Prismenflächen; als Anlege-G. oder Reflexions-G. Das **Anlege-** oder **Kontakt-G.** besteht aus zwei Linealen, von denen wenigstens das eine um den Mittelpunkt eines in Grade geteilten Halbkreises drehbar ist. Beim **Reflexions-G.** wird die Reflexion des Lichts zur Messung genutzt.

Goniometrie *die,* allg. die Lehre von der Winkelmessung, speziell das Teilgebiet der Trigonometrie, das sich mit den Eigenschaften der Winkelfunktionen (ältere Bez.: goniometr. Funktionen) befasst.

Gönnersdorf, Stadtteil von Neuwied, Rheinl.-Pfalz. – Bei G., oberhalb des Rheins, wurde 1968–76 eine altsteinzeitl. Jägersiedlung des Magdalénien ausgegraben; Behausungsgrundrisse, Werkzeuge, Beutereste und zahlr. Kunstwerke (Tier- und Menschengravierungen auf Schiefer, Statuetten, Schmuck).

Gonoblennorrhö [grch.-lat.] *die,* der ↑Augentripper.

Gonochorismus [grch.-lat.] *der,* Getrenntgeschlechtigkeit bei Tieren, d. h. die männl. und weibl. Geschlechtszellen werden (im Unterschied zum Zwittertum) in versch. Individuen, den männl. und weibl. Tieren, gebildet.

Gonokokken [grch.], gramnegative Bakterien der Gattung Neisseria, Erreger des ↑Trippers.

Gonorrhö [grch.-lat.] *die,* der ↑Tripper.

Gontard, Karl von (seit 1767), Baumeister, *Mannheim 13. 1. 1731, † Breslau 23. 9. 1791; verband Formen des ausgehenden Barocks mit frühklassizist. Zügen. Ab 1765 im Dienst Friedrichs d. Gr., prägte er mit seinen Bauten das Stadtbild von Potsdam und Berlin.

Gontscharow, Iwan Alexandrowitsch, russ. Schriftsteller, *Simbirsk 18. 6. 1812, †Sankt Petersburg 27. 9. 1891; einer der Schöpfer und Hauptvertreter des russ. realist. Romans. In »Oblomow« (1859) schildert er einen begabten, aber energielosen Menschen, der im Nichtstun (»Oblomowschtschina«) versinkt. Unter dem Hauptthema der Langeweile stehen auch

Natalja Gontscharowa: Flugzeug über der Eisenbahn (1913; Kasan, Kunstmuseum)

seine beiden anderen Romane: »Eine alltägliche Geschichte« (1847) und »Die Schlucht« (1869).
Gontscharọwa, Natalja Sergejewna, russ. Malerin und Bühnenbildnerin, *Ladyschkino (Gouv. Tula) 4. 6. 1881, †Paris 17. 10. 1962; entwickelte mit ihrem Mann M. F. Larionow den »Rayonismus«; seit 1914 in Paris, entwarf sie für S. Diaghilews »Ballets Russes« Bühnenbilder und Kostüme. – Abb. S. 569
Gonzạga, italien. Fürstengeschlecht, das 1328 die Herrschaft über Mantua gewann; erhielt 1433 den Markgrafen-, 1530 den Herzogstitel und erwarb 1536 die Markgrafschaft Montferrat. Mit Francesco G. (*1466, †1519), ∞ mit Isabella d'Este, erreichten die G. ihre polit. und kulturelle Glanzzeit. Die Hauptlinie erlosch 1627; um ihr Erbe kam es zum Mantuan. Erbfolgekrieg (↑Mantua).

Goralen in ihrer typischen Tracht in Zakopane

González [gɔnˈθalɛθ], Julio, span. Bildhauer, *Barcelona 21. 9. 1876, †Arcueil (Dép. Val-de-Marne) 27. 3. 1942 ; kam 1900 nach Paris, wo er sich seit 1910 der Eisenplastik zuwandte, gefördert durch P. Picasso und C. Brâncuşi. Seit 1927 überwand er den kubist. Einfluss, es entstanden chimärenähnl. Metallkonstruktionen. G. beeinflusste u. a. D. Smith und A. Caro.
González Márquez [gɔnˈθalɛθ ˈmarkɛθ], Felipe, span. Politiker, *Sevilla 5. 3. 1942;

Rechtsanwalt, unter der Diktatur General F. Francos mehrfach in Haft, 1974–97 Gen.-Sekr. der »Span. Sozialist. Arbeiterpartei« (PSOE), trug als MinPräs. (1982–96) maßgeblich zur Festigung des demokrat. Systems in Spanien bei. Außenpolitisch bemühte er sich um die Öffnung Spaniens nach Europa. 1993 erhielt er den Karlspreis der Stadt Aachen.
Goodall [ˈgʊdɔːl], Jane, brit. Primatenforscherin, *London 3. 4. 1934; lieferte einen bedeutenden Beitrag zur Verhaltensforschung an Primaten durch langjährige Verhaltensstudien an wild lebenden Schimpansen, v. a. im Gombe-Stream-Schimpansenreservat in N-Tansania. Sie gründete das »Gombe-Stream-Research-Center« (1965) und das »Jane Goodall Institute for Wildlife Research, Education and Conservation« (1976), durch das sie die weitere Forschung an Schimpansen sicherstellen will.
Goodman [ˈgʊdmən], **1)** Benny (Benjamin David), amerikan. Jazzmusiker (Klarinettist, Orchesterleiter), *Chicago 30. 5. 1909, †New York 13. 6. 1986; wurde mit seiner 1934 gegr. Bigband der eigtl. Träger der Swingepoche des Jazz. Hervorragender Klarinettist (auch klass. Musik).
2) John, amerikan. Schauspieler, *St. Louis (Mo.) 20. 6. 1952; spielt kom. bzw. tragikom. Rollen, oft den amerikan. Durchschnittsbürger, Durchbruch mit »Raising Arizona« (1987), Star in der Fernsehserie »Roseanne« (1988-97). **Weitere Filme:** Barton Fink (1991); King Ralph (1991); Die Familie Feuerstein (1994); Endstation Sehnsucht (1995, Fernsehfilm); The Big Lebowski (1998); Blues Brothers 2000 (1998); Dämon (1998); Love Boat: The Movie (1999).
3) Nelson, amerikan. Philosoph, *Sommerville (Mass.) 7. 8. 1906, †Boston (Mass.) 25. 11. 1998; Vertreter der analyt. Philosophie, Nominalist. An R. Carnap und E. Cassirer anknüpfend, befasste sich G. mit Fragen der Symboltheorie, v. a. auch in der Ästhetik, sowie prakt. Problemen der Induktion.
Goodwill [gʊdˈwɪl, engl.] *der*, **1)** *allg.:* Wohlwollen, Gunst.
2) *Wirtschaft:* der ↑Firmenwert.
Goodwilltour [gʊdˈwɪltuːr, engl.], Reise eines Politikers, einer einflussreichen Persönlichkeit oder Gruppe, um freundschaftl. Beziehungen zu einem anderen

Land oder das eigene Ansehen wiederherzustellen oder zu stärken.

Goodyear ['gʊdjə:], Charles Nelson, amerikan. Chemiker, *New Haven (Conn.) 29. 12. 1800, †New York 1. 7. 1860; wurde durch Erfindung der Kautschukvulkanisation (1839) und des Hartgummis (1840) Begründer der modernen Gummiindustrie.

Gopak [russ.], Volkstanz, †Hopak.

Göpel, durch tier. oder menschl. Muskelkraft bewegte große Dreheinrichtung (»Tretmühle«) zum Antrieb von Arbeitsmaschinen (z. B. Wasserpumpen).

Goppel, Alfons, Politiker (CSU), *Regensburg 1. 10. 1905, †Johannesberg (bei Aschaffenburg) 24. 12. 1991; Jurist, 1958-62 Innenmin., war 1962-78 Min.-Präs. von Bayern; seit 1979 MdEP.

Göppingen, 1) Landkreis in Bad.-Württ., 642 km², 256 800 Einwohner.
2) Krst. von 1) in Bad.-Württ., Große Krst., an der Fils, am Fuß des Hohenstaufen, 57 100 Ew.; Außenstelle G. der FH Esslingen; Maschinen-, Werkzeugbau, Spielwaren-, Textil-, Holz-, Kunststoff und Metall verarbeitende Industrie. – Stadtpfarrkirche (1618/19), spätgotische Oberhofenkirche (1436 ff.), Schloss (1556-65). – Um 1130 entstanden; Mitte des 12. Jh. Stadtrecht, kam 1319 an Württemberg.

Gorakhpur ['gɔ:rəkpʊə], Stadt in Uttar Pradesh, Indien, am Rapti, 490 000 Ew.; Univ.; Eisenbahnwerkstätten, Düngemittel-, Zuckerfabrik.

Goral *der* (Nemorhaedus goral), Art der Ziegen in den Gebirgswäldern Mittel- und N-Asiens, mit zottigem Haarkleid.

Goralen [zu poln. góra »Berg«], die Bergbewohner im poln. Teil der W-Karpaten (Beskiden), mit reichem Brauchtum (u. a. geschmückte Trachten).

Goražde ['gɔraʒdə], Stadt im O von Bosnien und Herzegowina, an der Drina, 37 500 Ew. (70% Bosniaken); Chemie- und Zementindustrie. – Erstmals erwähnt 1379/1404, 1415 Marktplatz, 1423-1878 türkisch, 1878-1918 österr. Besatzung (bed. Militärstützpunkt). – Im Bürgerkrieg 1992-95 wurde G. (1993 zur UN-Schutzone erklärt) heftig umkämpft (1995 Militäreinsatz der NATO); im Abkommen von Dayton (1995) kam G. zur (bosniakisch-kroat.) Föderation innerhalb von Bosnien und Herzegowina.

Gorbach, Alfons, österr. Politiker, *Imst (Tirol) 2. 9. 1898, †Graz 31. 7. 1972; 1933-38 Landesführer der Vaterländ. Front in der Steiermark, 1938-42 und 1944-45 im KZ, war seit 1945 Mitgl. des Nationalrats, 1960-63 Bundesobmann der ÖVP und 1961-64 Bundeskanzler.

Michail Gorbatschow

Gorbatschow, Michail Sergejewitsch, sowjet. Politiker, *Priwolnoje (Region Stawropol) 2. 3. 1931; studierte Jura, trat 1952 der KPdSU bei und wurde 1971 Mitgl. des ZK, 1978 Sekr. des ZK und 1980 Mitgl. des Politbüros; 1985-91 Gen.-Sekr. des ZK der KPdSU, 1988-90 Vors. des Präsidiums des Obersten Sowjets (Staatsoberhaupt), März 1990 bis Dez. 1991 Staatspräs. der UdSSR. – Die von ihm 1985 begonnene Reformpolitik (†Glasnost und †Perestroika) zielte auf eine grundlegende wirtsch. und gesellschaftl. Erneuerung der Sowjetunion. Außenpolitisch leitete G. eine Entspannungsdiplomatie ein, die zur Verbesserung der sowjetisch-amerikan. Beziehungen (zahlr. Gipfeltreffen, INF-Vertrag 1987) und zur Beendigung des Kalten Krieges führte. Unter ihm kam es 1988/89 zum Abzug der sowjet. Truppen aus Afghanistan. Die von G. betriebene Abkehr vom Vormachtanspruch der UdSSR innerhalb des Ostblocks ermöglichte den gesellschaftl. Umbruch in Mittel- und O-Europa 1989-91. Nach anfängl. Zögern stimmte die von ihm geführte Sowjetunion 1990 auch der Wiederherstellung der Einheit Dtl.s zu (Zwei-plus-vier-Vertrag). Insbesondere für seine Verdienste um den Abbau des Ost-West-Konflikts erhielt G. 1990 den Friedensnobelpreis.
Mit fortschreitender Dauer seiner Perestroikapolitik, die häufig in Ansätzen stecken blieb, wuchsen die wirtsch. Probleme des Landes; es brachen immer neue, jahrzehntelang aufgestaute Nationalitätenpro-

GOR Gordimer

bleme auf (u. a. zw. Armenien und Aserbaidschan). Dieser gesamtgesellschaftl. Krise versuchte G. mit der Errichtung der Präsidialmacht zu begegnen. Dennoch konnte er die sich rasch ausbreitende Autonomiebewegung (ausgehend von den balt. Republiken) und den damit verbundenen Zerfall der Union nicht verhindern. Im Febr. 1990 verzichtete die von ihm geführte KPdSU auf ihr Machtmonopol. Ein gegen ihn gerichteter Putsch konservativer Politiker und Militärs im Aug. 1991 scheiterte am energ. Widerstand der polit. Opposition um B. Jelzin, den Präs. der Russ. Föderation. G. wurde zwar wieder ins Amt des Staatspräs. eingesetzt, musste aber starke Machtbeschränkungen und das Verbot der KPdSU hinnehmen, als deren Gen.-Sekr. er zurücktrat. Nach der Gründung der Gemeinschaft Unabhängiger Staaten (GUS) im Dez. 1991 und der damit besiegelten Auflösung der UdSSR gab er am 25. 12. 1991 auch das Präsidentenamt auf. Im März 2000 gründete G. die »Vereinigte Russ. Sozialdemokrat. Partei«.

✣ **siehe ZEIT Aspekte**

📖 *Ahlmann, S.:* Chronik einer Macht. M. G., eine polit. Biographie. Aufstieg u. Fall 1971–1991. Frankfurt am Main 1993. – *Brown, A.:* Der G.-Faktor. Wandel einer Weltmacht. A. d. Engl. Oxford 2000.

Gordimer [ˈgɔːdɪmə], Nadine, südafrikan. Schriftstellerin engl. Sprache, *Springs 20. 11. 1923; in ihren nuancenreich gestalteten, psychologisch einfühlsamen Romanen und Erzählungen nehmen Rassismus und Apartheid eine zentrale Stellung ein; viele ihrer Werke waren in der Rep. Südafrika verboten; verfasste u. a. »Der Besitzer« (R., 1974), »Burgers Tochter« (R., 1979), »Eine Stadt der Toten, eine Stadt der Lebenden« (Erz., 1984), »Ein Spiel der Natur« (R., 1987), »Die Geschichte meines Sohnes« (R., 1990), »Freitags Fußspuren« (Erz., 1996), »Die Umarmung eines Soldaten« (Erzn., 1998); auch literaturkrit. und polit. Essays (»Leben im Interregnum«, Ausw., 1987; »Der unbesiegbare Sommer«, Ausw., 1987). 1991 erhielt sie den Nobelpreis für Literatur.

Gordischer Knoten, am Streitwagen des legendären phryg. Königs Gordios ein Deichsel und Joch miteinander verbindender, kunstvoll geflochtener Knoten. Wer ihn löste, sollte Asien beherrschen. Alexander d. Gr. zerhieb ihn mit dem Schwert.

Gordon, 1) Aaron David, hebr. Schriftsteller und Philosoph, *Trojanow (bei Schitomir, Ukraine) 9. 6. 1856, †Deganya (am See Genezareth) 22. 2. 1922; schloss sich in Russland der jüd. Arbeiterbewegung an, zog 1904 nach Palästina und trat hier 1912 dem ersten ↑Kibbuz bei. Von L. N. Tolstoi beeinflusst, entwarf G. eine Konzeption der Arbeit, wonach sich eine sittl. Erlösung des Judentums durch die Rückkehr zur körperl. Arbeit vollziehen werde. G. wirkte stark auf die zionist. Arbeiterbewegung ein (»Erlösung durch Arbeit«, 1929; dt. Ausw.).

2) [ˈgɔːdn], Charles George, gen. G. Pascha oder G. von Khartum, brit. General, *Woolwich (heute zu London) 28. 1. 1833, †Khartum 26. 1. 1885; unterdrückte 1863/64 in chines. Diensten den Taipingaufstand. 1874–79 stand er in brit. Diensten in Ägypten, seit 1877 als Generalgouv. des Sudan. 1884 von der brit. Reg. nach Khartum entsandt, um die ägypt. Herrschaft im Sudan gegen den ↑Mahdi zu behaupten, fiel er bei der Einnahme Khartums.

3) Jehuda Leib (Juda Löb), gen. Jalag, hebr. Dichter, Pädagoge und Gesellschaftskritiker, *Vilnius 7. 12. 1830, †Sankt Petersburg 16. 9. 1892; verurteilte im Sinn der jüd. ↑Haskala die Rückständigkeit des jüd. Traditionalismus und trat für religiöse und soziale Erneuerung des jüd. Volkes ein.

4) Johann (John), kaiserl. Oberst unter Wallenstein, †um 1650; beteiligte sich als Kommandant von Eger an der Ermordung Wallensteins (24. 2. 1634).

5) [ˈgɔːdn], Noah, amerikan. Schriftsteller, *Worcester (Mass.) 11. 11. 1926; G. war u. a. journalistisch tätig und arbeitete zeitweise im medizin. Notdienst; bereits sein Prosadebüt »Der Rabbi« (1965) war ein Achtungserfolg; seine weltweit zu Bestsellern avancierten Romane, wie »Der Medicus« (1986), »Der Schamane« (1992), »Die Erben des Medicus« (1995), »Der Medicus von Saragossa« (dt. 1999), beziehen ihren Unterhaltungswert v. a. aus den medizin. Themen, die z. T. historisch aufbereitet sowie fundiert und detailgenau recherchiert sind.

Gore [gɔː], Albert (Al), amerikan. Politiker, *Washington (D. C.) 31. 3. 1948; Journalist, 1977–85 Abg. im Repräsentantenhaus; war 1985–93 Senator für Tennessee.

1988 bewarb er sich vergeblich um die Nominierung als demokrat. Präsidentschaftskandidat. Unter B. Clinton 1993–2001 Vizepräs. der USA, unterlag er bei den Präsidentschaftswahlen 2000 nach einem knappen Wahlergebnis und nachfolgenden jurist. Auseinandersetzungen, die erst durch den Obersten Gerichtshof am 12. 12. 2000 entschieden wurden, dem Republikaner G. W. Bush. – G. schrieb »Earth in the balance« (1992; dt. »Wege zum Gleichgewicht. Ein Marshallplan für die Erde«).

Albert (»Al«) Gore:

Gorée [gɔˈre], Felseninsel am Kap Verde, gegenüber Dakar, Senegal, etwa 1 000 Ew. Die kleine, 1588 von Niederländern gegr., später engl., dann frz. Stadt G. war bedeutender Sklavenumschlagplatz in Westafrika; 1902–05 Hptst. von Frz.-Westafrika. Von der UNESCO zum Weltkulturerbe erklärt.

Göreme (byzantin. Korama), stark zerschnittenes Plateau in Inneranatolien, Türkei, nordöstlich von Nevşehir, 1 400 bis 1 500 m ü. M.; bekannt wegen seiner zahlr., aus vulkan. Tuff herauspräparierten Steilwände und Erdpyramiden, in denen Wohnungen, Kirchen und Klöster angelegt (ausgehöhlt) wurden. Die einschiffigen, z. T. mit Querschiff oder als Kreuzkuppelbauten angelegten Höhlenkirchen (v. a. 9.–13. Jh., neben byzantin. auch armen. und syr. Einflüsse) mit bes. gut erhaltenen Wandmalereien in leuchtenden Farben wurden von der UNESCO zum Weltkulturerbe erklärt.

Goretti, Maria, Heilige, * Corinaldo (Prov. Ancona) 16. 10. 1890, † Nettuno (Prov. Rom) 6. 7. 1902; italien. Bauernmädchen, das von einem Sittlichkeitsverbrecher ermordet wurde; als Märtyrerin der Jungfräulichkeit 1950 heilig gesprochen (Tag: 6. 7.).

Gorgan (früher Astrabad), Stadt in Iran, etwa 40 km vor der SO-Küste des Kasp. Meeres, 178 100 Ew.; Endpunkt der transiran. Eisenbahn, Verw.- und Handelszentrum eines Agrargebietes.

Görgey [ˈgørgɛi], Artúr von, ungar. General, * Toporec (Zips) 30. 1. 1818, † Visegrád 21. 5. 1916; zeichnete sich im Unabhängigkeitskrieg von 1848/49 aus, wurde 1849 Oberbefehlshaber der ungar. Armee, eroberte Budapest zurück; als die Russen den Österreichern zu Hilfe kamen, kapitulierte er bei Világos (heute Siria, Kr. Arad, Rumänien).

Gorgias von Leontinoi, grch. Sophist und Rhetor, * Leontinoi (heute Lentini, Sizilien) um 485 v. Chr., † Larissa (Thessalien) um 380 v. Chr.; kam 427 v. Chr. als Gesandter nach Athen und führte dann nach Art der sophist. Redner ein Wanderleben; seine skept. Theorien lauten: 1. Es ist nichts. 2. Wäre aber etwas, so würde es unerkennbar sein. 3. Wäre etwas und dies zudem erkennbar, so wäre es doch nicht mitteilbar. – Er ist Hauptperson in dem nach ihm benannten platon. Dialog.

Gorgo [grch.] *die, grch. Mythos:* ein weibl. Ungeheuer mit Schlangenhaaren, dessen grauenvolles Haupt schon bei Homer erwähnt wird. Hesiod kennt drei Gorgonen: **Stheno, Euryale** und **Medusa.** Nur Medusa war sterblich; sie wurde von Perseus getötet. Alles wandelte sich beim Anblick ihres Hauptes zu Stein.

Gorgonzola [nach einem Ort in Oberitalien] *der,* vollfetter Blauschimmelkäse.

Gorilla [afrikan.] *der* (Gorilla gorilla), sehr kräftiger, muskulöser, in normaler Haltung aufrecht stehend bis etwa 2 m hoher Menschenaffe in den Wäldern Äquatorialafrikas; Fell dicht, braunschwarz bis schwarz oder grauschwarz, manchmal mit rotbrauner Kopfplatte. Der Pflanzen fressende G. lebt in kleinen Gruppen. Man unterscheidet zwei Unterarten: **Flachland-G. (West-G., Küsten-G.,** Gorilla gorilla gorilla), nur noch in Kamerun, Äquatorialguinea, Gabun, der Demokrat. Rep. Kongo; mit kurzer Behaarung; **Berg-G. (Ost-G.,** Gorilla gorilla beringei), in Zentralafrika vom O der Demokrat. Rep. Kongo bis W-Uganda, v. a. im Gebirge; Fell sehr lang und dunkel. Beide Unterarten sind durch Bejagung und Lebensraumzerstörung bedroht.

✣ siehe ZEIT Aspekte

📖 Meder, A.: *G.s Ökologie u. Verhalten.*

Berlin u. a. 1993. – *Fossey, D.: G.s im Nebel. Mein Leben mit den sanften Riesen*. A. d. Amerikan. München ⁷1999.

Gorilla: Flachlandgorilla (Männchen)

Göring, Hermann, Politiker, * Rosenheim 12. 1. 1893, † (Selbstmord) Nürnberg 15. 10. 1946; 1918 Kommandeur des Jagdgeschwaders Richthofen, seit 1922 Mitgl. der NSDAP, 1923 am Hitlerputsch beteiligt, 1928–45 MdR, (Juli) 1932–45 Reichstagspräs., beteiligte sich im Jan. 1933 maßgeblich an den Verhandlungen zur Übernahme der Reichskanzlerschaft durch A. Hitler, der ihn am 30. 1. 1933 zum Reichsmin. ohne Geschäftsbereich und Reichskommissar für Luftfahrt (bis April 1933) ernannte. Als MinPräs. von Preußen (April 1933 bis April 1945) und preuß. Innenmin. (April 1933 bis Mai 1934) war G. eine Schlüsselfigur beim Aufbau der nat.-soz. Gewaltherrschaft. Gestützt auf seine preuß. Machtbasis, insbesondere jedoch auf die ihm unterstehende Gestapo hatte er – v. a. nach dem ↑Reichstagsbrand – großen Anteil an der Verfolgung der innenpolit. Gegner des Nationalsozialismus.
Die Stellung G.s im Herrschaftssystem des Nationalsozialismus war gekennzeichnet durch eine starke Ämterhäufung. Als Luftfahrtmin. (Mai 1934 bis März 1935) und Oberbefehlshaber der Luftwaffe (März 1935 bis April 1945) baute er die Luftwaffe auf. Als Beauftragter für den Vierjahresplan (1936–39) leitete er die wirtsch. Seite der Aufrüstung und war 1937–38 auch Reichswirtschaftsminister. Mit seiner Ernennung zum Generalfeldmarschall (1938) wurde er zugleich in der militär. Hierarchie bes. hervorgehoben. Am 30. 8. 1939 berief ihn Hitler zum Vors. des Reichsverteidigungsrates und am 1. 9. zu seinem Nachfolger im Fall seines Todes. 1940 erhielt G. den Titel eines Reichsmarschalls.
Im Verlauf des Zweiten Weltkrieges nahm G.s Einfluss ständig ab, bes. nach dem Scheitern der Luftoffensive gegen Großbritannien und der dt. Niederlage bei Stalingrad. Im Juli 1941 erteilte er R. Heydrich den Auftrag, die organisator. Vorbereitungen für die »Endlösung der Judenfrage«, d. h. für die Ermordung der europ. Juden zu treffen. Nach der Bekundung von Verhandlungsabsichten mit den westl. Alliierten (23. 4. 1945) enthob Hitler ihn aller Ämter. – Seit dem 7. 5. 1945 in amerikan. Gefangenschaft, 1946 vom Internat. Militärtribunal in Nürnberg als einer der Hauptkriegsverbrecher zum Tode verurteilt, entzog er sich der Hinrichtung durch Selbstmord.

📖 *Martens, S.: H. G. »Erster Paladin des Führers« u. »Zweiter Mann im Reich«*. Paderborn 1985. – *Kube, A.: Pour le mérite u. Hakenkreuz, H. G. im Dritten Reich*. München ²1987.

Gorizia, italien. Name für ↑Görz.

Gorki [nach Maxim Gorki], 1932–91 Name von ↑Nischni Nowgorod.

Gorki [russ. »der Bittere«], Maxim, eigtl. Alexei Maximowitsch Peschkow, russ. Schriftsteller, * Nischni Nowgorod 28. 3. 1868, † Moskau 18. 6. 1936; früh verwaist, wuchs G. fast ohne Schulbildung auf und durchwanderte auf Arbeitssuche weite Teile Russlands, wobei er schon früh mit Revolutionären in Berührung kam. Nach romantisierenden Anfängen (»Tschelkasch«, 1894) brachten ihm Werke aus dem Vagabundenmilieu (»Nachtasyl«, Dr., 1902) Weltgeltung. Nach der Revolution von 1905 (»Das Lied vom Sturmvogel«, 1901) verhaftet, lebte G. 1906–13 auf Capri. Als bewusster Marxist (Freundschaft mit Lenin) schrieb G. mit »Die Mutter« (1907) den ersten Roman des russ. revolutionären Proletariats, geriet nach der Oktoberrevolution aber wegen des Terrors und der Verfolgung von Kulturschaffenden in Konflikt mit Lenin (»Unzeitgemäße Gedanken über Kultur und Revolution«, 1917/18) und ging wieder nach Italien. Nach seiner erneuten Rückkehr (1931; Reisen in die UdSSR 1928, 1929) verkün-

dete G. 1934 als Vors. des sowjet. Schriftstellerverbandes die Doktrin vom sozialist. Realismus, als dessen erster Klassiker er gilt. Viele Romane und Dramen behandeln den Verfall der russ. bürgerl. Gesellschaft in den Jahrzehnten vor der Revolution (»Foma Gordejew«, R., 1899; »Die Kleinbürger«, Dr., 1901; »Sommergäste«, Dr., 1904; »Das Werk der Artamonows«, R., 1925). Bed. ist auch seine autobiograf. Trilogie (»Meine Kindheit«, 1913–14; »Unter fremden Menschen«, 1915/1916; »Meine Universitäten«, 1923).
◫ *Ludwig, N.: M. G. Leben u. Werk.* Neuausg. Berlin 1984. – *Gourfinkel, N.: M. G.* A.d. Frz. Reinbek 37.–39.Tsd. 1991. – *Knigge, A.: Maksim Gor'kij. Das literar. Werk.* München 1994. – *Kjetsaa, G.: M. G. Eine Biographie.* A.d. Norweg. Hildesheim 1996.

Gorky ['gɔːkɪ], Arshile, eigtl. Vosdanig Adoian, amerikan. Maler armen. Herkunft, *Hayotz Dzore (Türkisch-Armenien) 15. 4. 1904, † (Selbstmord) Sherman (Conn.) 21. 7. 1948; übersiedelte 1920 in die USA. Mit seiner spontanen, biomorphabstrakten Malerei gilt er als Mitbegründer des abstrakten Expressionismus in den USA.

Gorleben, Gemeinde im Landkr. Lüchow-Dannenberg, Ndsachs., an der Elbe, 630 Ew. – Seit 1983 ist bei G. ein Zwischenlager für konditionierte schwach radioaktive Abfälle in Betrieb, seit 1995 ein Trockenlager für die Zwischenlagerung von ausgedienten Brennelementen und hochradioaktiven Abfällen in Castor-Behältern, deren Transport in das Trockenlager von massiven Protesten durch Kernkraftgegner und aufwendigen Polizeieinsätzen begleitet wird. Die Untersuchungen (seit 1980) über die Eignung des Salzstockes bei G. für die ↑Endlagerung radioaktiver Abfälle von der Tagesoberfläche aus sind abgeschlossen. Zur Untertageerkundung wurden 2 Schächte errichtet. Die Fördereinrichtung von Schacht 1 wurde im März 2000 in Betrieb genommen. Nach der Vereinbarung zum ↑Atomausstieg wird die weitere Erkundung durch ein Moratorium für längstens 10 Jahre unterbrochen.

Gorlice [gɔr'litsɛ], Krst. in der Wwschaft Kleinpolen, Polen, in Galizien, 30 000 Ew.; Erdölraffinerie, Bau von Erdölbohrausrüstungen und Haushaltsgeräten u.a. Industrie. – Im Ersten Weltkrieg führte der Durchbruch dt.-österr. Truppen bei G.-Tarnów (Anfang Mai 1915) zum Fall der russ. Front in Galizien.

Görlitz, 1) Bistum in der Kirchenprovinz Berlin, 1994 in den Grenzen der ehem. (1972–94) Apostol. Administratur G. errichtet; geschichtlich in der Tradition des Erzbistums ↑Breslau stehend.
2) kreisfreie Stadt im RegBez. Dresden, Sachsen, am linken Ufer der Lausitzer (Görlitzer) Neiße, die östlichste Stadt Dtl.s auf 15° ö. L. (Grundmeridian der MEZ), 60 300 Ew.; Zentrum der Euro-Region Neiße und Europastadt Görlitz/Zgorzelec; kath. Bischofssitz; Hochschule für Technik, Wirtschaft und Sozialwesen Zittau/G. (FH), FH für Kirchenmusik, Europ. Bildungs- und Informationszentrum; städt. Kunstsammlungen, Naturkundemuseum, Landesmuseum Schlesien, Theater, Stadthalle; Maschinen- und Waggonbau, Textilindustrie; Grenzübergang für den Straßen- und Eisenbahnverkehr nach Polen, südlich von G. Grenzübergang Ludwigsdorf. Im SW-Teil der Stadt die 420 m ü. M. aufragende Landeskrone (bewaldeter Basaltkegel). – Bed. Bauwerke (etwa 3 500 Gebäude unter Denkmalschutz), u.a. spätgot. Peter- und-Paul-Kirche, Oberkirche (ehem. Franziskanerklosterkirche mit got. Chor und spätgot. Langhaus), spätgotisch auch die Frauen- und Nikolaikirche; Kaisertrutz (1490 ff., Vorwerk des Reichenbacher Tors; mit stadtgeschichtl. Abteilung der Städt. Kunstsamml.), Bauensemble des »Hl. Grabes« (1481–1504); Rathaus am Untermarkt (im Kern 14./15. Jh.); zahlr. Bürgerhäuser aus Renaissance und Barock, z.T. mit spätgot. Gewölben und Wandmalereien; Kaufhaus (1912/13) mit Jugendstilausstattung. Aus den östl. Stadtteilen entstand 1945 die Stadt **Zgorzelec** in der poln. Wwschaft Niederschlesien, 40 000 Ew.; Maschinenbau, Papier-, Nahrungsmittelind. – 1071 Ersterwähnung einer slaw. Siedlung, 1210–20 als dt. Stadt gegr., 1303 Stadtrechtsbestätigung; im 14./15.Jh. blühende Tuchmacherei; kam 1635/48 von Böhmen an Kursachsen, 1815 an Preußen, der östl. Teil von G. 1945 an Polen.

Görlitzer Abkommen, Grenzvertrag zw. der DDR und Polen vom 6. 7. 1950; erkennt die Oder-Neiße-Linie als »unantastbare Friedens- und Freundschaftsgrenze« beider Staaten an.

GOR Görlitzer Neiße

Gornergletscher: der von mehreren Seitengletschern gespeiste Gornergletscher in den Walliser Alpen

Görlitzer Neiße, ↑Neiße.

Gorlowka (ukrain. Horliwka), Industriestadt in der Ukraine, Steinkohlenzentrum im Donezbecken, 316 000 Ew.; Bergbau, Bergbaumaschinenbau, Lebensmittel-, chem., Holzindustrie.

Gorm der Alte, dän. König, *um 860, † um 940; gewann um 920 in Dänemark die Alleinherrschaft, eroberte Haithabu, verlor aber das Gebiet zw. Eider und Schlei an König Heinrich I. Die beiden Grabhügel bei Jelling sind nach ihm und seiner Frau Tyra Danebod benannt.

Gornergletscher, zweitgrößter Gletscher der Alpen, an der Nordabdachung des Monte-Rosa-Massivs im Talkessel von Zermatt, Wallis, Schweiz, von etwa 3 400 bis 2 000 m ü. M., 69 km² groß, 14 km lang. Von Zermatt führt die **Gornergratbahn** (Zahnradbahn) auf den **Gornergrat** (3 131 m ü. M.), von dort Seilbahn auf das Stockhorn (bis 3 403 m ü. M., Gipfel 3 532 m ü. M.).

Gorno-Altai, 1948–92 autonomes Gebiet, ↑Altai (Republik).

Gorno-Altaisk, Hptst. der Rep. Altai innerhalb der Russ. Föderation, 50 600 Ew.; Leichtindustrie; Flughafen.

Gorno-Badachschan, ↑Bergbadachschan.

Görres, Johann Joseph von (seit 1839), Publizist, *Koblenz 25. 1. 1776, † München 29. 1. 1848; anfangs Anhänger der Frz. Revolution und einer rhein. Republik. 1806–08 war er Privatdozent in Heidelberg, wo er an der romant. »Zeitung für Einsiedler« mitarbeitete und 1807 »Die teutschen Volksbücher« herausgab. Als Hg. des »Rhein. Merkur« (1814–16) kämpfte er leidenschaftlich gegen den frz. Kaiser, für eine freiheitl. Verfassung und für ein geeinigtes dt. Reich in »föderalist. Sinne«. Neben E. M. Arndt der bedeutendste Publizist der Freiheitskriege, geriet G. später in Ggs. zur Politik der Restauration (Verbot des liberalen »Rhein. Merkur« durch die preuß. Reg., 1816; Flucht vor einem Haftbefehl wegen der Schrift »Teutschland und die Revolution«, 1819). Seit 1827 Prof. für Gesch. in München, wurde er zum Mittelpunkt eines Kreises kath. Gelehrter und gründete die »Histor.-Polit. Blätter« (1838 ff.). Anlässlich des Kölner Kirchenstreits griff er 1837 im »Athanasius« die preuß. Politik scharf an.

📖 *J. G. (1776–1848). Leben u. Werk im Urteil seiner Zeit,* hg. v. H. Raab. Paderborn u.a. 1985. – Vanden Heuvel, J.: *A German life in the age of revolution. J. G., 1776–1848.* Washington (D. C.) 2001.

Görres-Gesellschaft zur Pflege der Wissenschaft, 1876 anlässlich des 100. Geburtstages von J. von Görres von kath. Forschern und Publizisten in Koblenz gegr. Vereinigung zur Förderung der wiss. Arbeit dt. Katholiken.

Gortschakow, Alexander Michailowitsch Fürst, russ. Politiker, *Haapsalu (Estland) 15. 6. 1798, † Baden-Baden 11. 3. 1883; war 1856–82 Außenmin., seit 1867 Reichskanzler. G. versuchte, die durch die Niederlage im Krimkrieg (1853/54–56) erschütterte Position Russlands in SO-Europa wiederherzustellen; er unterstützte zunächst die Politik Bismarcks, suchte später die russisch-frz. Beziehungen zu verbessern.

Gortyn, antike Stadt im S von Kreta. Hier wurde 1884 bei Ausgrabungen die in Steinblöcke gemeißelte Inschrift des »Rechts von G.« (5. Jh. v. Chr.) gefunden, die für die Erkenntnis des grch. Rechts von großer Bedeutung ist; sie betrifft Sklaven-, Familien-, Erb- und Strafrecht. – Schon in myken. Zeit Burgsiedlung, wurde G. im 5. Jh. v. Chr. Zentrum der fruchtbaren Messaraebene. In hellenist. Zeit rivalisierte es mit Knossos. Als Hauptstadt der röm. Prov. »Creta et Cyrenaica« (seit 67 v. Chr.) wurde G. von den Kaisern sehr gefördert. Schon früh bestand hier eine christl. Gemeinde. 826 wurde die Stadt durch die Araber zerstört. – Auf der Akropolis Reste eines Athenetempels des 7. Jh. v. Chr., der bis in röm. Zeit erneuert wurde (Funde archaischer Plastik). In der Unterstadt Reste des Apollontempels, der ins 7./6. Jh. zurückgeht und bes. in hellenist. (Vorhalle) und röm. Zeit (Apside) umgebaut wurde; daneben kleines röm. Theater, ferner ein Serapeion, Prätorium (2. Jh. n. Chr., im 4. Jh. erneuert), Theater, Thermen, Nymphäum, am südl. Stadttor Thermen und in der Nähe das Amphitheater, im NW ein großes Theater, das kleine Odeion mit dem Gesetzestext (restauratorisch geschützt), die Agora sowie die Ruine der Titusbasilika (6. Jh.) mit gut erhaltenem Ostteil.

Görz (italien. Gorizia), **1)** Prov. in Friaul-Julisch Venetien, Italien, 466 km², 138 800 Einwohner.
2) Hptst. von 1), Italien, links des Isonzo (slowen. Grenze), 37 100 Ew.; Erzbischofssitz; Obst- und Weinhandel, Textil-, Papier- und Möbelind.; Fremdenverkehr. – Ausgedehnte Befestigungsanlagen der Oberstadt umschließen das von den Venezianern 1508/09 ausgebaute mächtige Kastell und die obere Altstadt mit der Kirche Santo Spirito (1414 ff., 1932 wiederhergestellt); in der Unterstadt der Dom (Chor 14. Jh., barocker Neubau 1648 ff.) und die Barockkirche San Ignazio. – Als das dt. Geschlecht der Grafen von G., die Meinhardiner, die im 13./14. Jh. auch Tirol und Kärnten besaßen, 1500 ausstarb, fiel ihr Land an die Habsburger. Die **Grafschaft G. und Gradisca** (seit 1754) war auch nach 1815 österr. Kronland und wurde seit 1849 zus. mit Istrien und Triest verwaltet; 1919 kam G. an Italien, 1947 das östl. Hinterland an Jugoslawien (heute zu Slowenien).

Gorze [frz. gɔrz], Gemeinde im frz. Dép. Moselle, bei Metz. – Die ehem. Benediktinerabtei, 749 gegr., war im 10. Jh. Zentrum der **Gorzer Klosterreform** (lothring. Reform), der sich rd. 170 Benediktinerklöster anschlossen; 1572 säkularisiert.

Gorzów Wielkopolski [ˈgɔʒuf vjɛlkɔˈpɔlski], Stadt in Polen, † Landsberg.

Gosau, Hochtal im oberösterr. Salzkammergut, am Fuß des Dachsteins, durchflossen vom **G.-Bach,** der zur Energieerzeugung aufgestaut ist **(Vorderer** und **Hinterer Gosausee). Hauptort: Gosau,** 767 m ü. M., 1 900 Ew., Fremdenverkehr, Seilbahn auf die Zwieselalm.

Gösch [niederländ.] *die* (Bugflagge), kleine, an Sonn- und Feiertagen im Hafen am Bugspriet gesetzte Flagge, meist gleich der Nationalflagge oder der Oberecke der Kriegsflagge, oft auch von besonderer Zeichnung.

Georg Joachim Göschen

Göschen, Georg Joachim, Verleger, getauft Bremen 22. 4. 1752, † Hohnstädt (heute zu Grimma) 5. 4. 1828; gründete 1785 in Leipzig die **G. J. Göschen'sche Verlagsbuchhandlung;** einer der bed. Verleger dt. Klassik (Gesamtausgaben von Goethe, Wieland, Schiller, Iffland, Klopstock u. a.). Der Verlag G., bes. bekannt

GOS Göschenen

durch die »Sammlung Göschen« (gemeinverständl. Darstellungen aus allen Wissensgebieten), ging mit anderen 1919 in der Firma »Walter de Gruyter & Co.« auf.
Göschenen, Gemeinde im Kt. Uri, Schweiz, 1106 m ü. M., 610 Ew.; am Ausgang des **Göschener Tals** (mit Stausee **Göscheneralp,** 1,3 km²) ins Reusstal; Kraftwerk; Schöllenenbahn nach Andermatt; N-Eingang des Sankt-Gotthard-Straßen- und Eisenbahntunnels.
Gose [nach einem Fluss bei Goslar] *die,* obergäriges Weißbier aus Gersten-, Weizen- und Hafermalz, aber wenig Hopfen.
Goslar, 1) Landkreis im RegBez. Braunschweig, Ndsachs., 965 km², 155 900 Einwohner
2) Krst. von 1) in Ndsachs., am N-Rand des Harzes, 44 700 Ew.; Museen; Metall verarbeitende, chem., Kunststoff verarbeitende, Papier-, Glas-, Textil-, Nahrungsmittelind.; der Erzbergbau in dem die Stadt überragenden Rammelsberg wurde 1988 eingestellt. – Die Kaiserpfalz (11./12. Jh.) gehört zu den ältesten erhaltenen Profanbauten Dtl.s, sie wurde 1867–79 historisierend restauriert; durch eine Galerie mit der Doppelkapelle St. Ulrich

Goslar 2): Marktplatz mit gotischem Rathaus (um 1450) und Marktkirche (um 1160/70 begonnen)

(12. Jh.) verbunden. Aus späterer Zeit stammen das Rathaus (um 1450, mit Huldigungssaal), die »Kaiserworth« (1494), ehem. Gildehaus der Gewandschneider (heute Hotel), und viele Fachwerkhäuser, u. a. »Brusttuch« (1526), Bäckergildehaus und Siemenshaus (1693). Bed. Sakralbau-

ten: u. a. Frankenberg- (um 1130/50 begonnen), Markt- (um 1160/70 begonnen), Jakobi- (Kern 11. Jh.; im 15./16. Jh. umgebaut), Neuwerkkirche (1220/30 vollendet). Die Bergwerksanlagen am Rammelsberg und die histor. Altstadt sind UNESCO-Weltkulturerbe. – Um 922 unter König Heinrich I. erstmals erwähnt; um 1100 Stadtrecht; bis 1250 bevorzugte Kaiserpfalz, bes. der Ottonen und Salier, Tagungsort von Reichsversammlungen. 10./12. sowie 15./16. Jh. bed. Silbererzbergbau (Rammelsberg); Gründungsmitgl. der Hanse, wurde 1340 freie Reichsstadt, wirtsch. Blüte im Spät-MA. (bis zum Verlust des Rammelsberges 1552 an Braunschweig). G. kam 1802/03 an Preußen, 1815 an Hannover, 1866 wieder an Preußen, 1941 an Braunschweig.
Goslarer Kaiserring, 1974 vom Verein zur Förderung moderner Kunst in Goslar gestifteter, seit 1975 jährlich verliehener internat. renommierter Preis für moderne Kunst; Träger der aus einem schlichten Goldreif mit dem Bildnis Kaiser Heinrichs IV. bestehenden Auszeichnung sind u. a. H. Moore (1975), G. Baselitz (1986), Rebecca Horn (1992), Jenny Holzer (2000), W. Kentridge (2003).
Go-slow [gəʊˈsləʊ, engl.] *der* oder *das,* Bummelstreik, Dienst nach Vorschrift (bes. im Flugwesen).
Gospel [engl. »Evangelium«] *das* oder *der,* religiöse Liedform der schwarzen Nordamerikaner, die sich in Anlehnung an die Negrospirituals (↑Spiritual) des 19. Jh. und unter dem Einfluss des Jazz seit den 1920er-Jahren entwickelte. Das G. wird solistisch und chorisch dargeboten, wobei die für die afroamerikan. Volksmusik und den Jazz typ. Ruf-Antwort-Muster eine bed. Rolle spielen. Die Stilmerkmale des G. wurden u. a. für den Hardbop und den Soul einflussreich.
Gosport [ˈɡɒspɔːt], Hafenstadt in der engl. Cty. Hampshire, am Ärmelkanal, gegenüber von Portsmouth, 67 800 Ew.; Marinestützpunkt, Leichtind.
Gossaert [ˈxɔsaːrt], Jan, gen. Mabuse, fläm. Maler, *Maubeuge um 1478, †Breda (?) um 1532; begleitete Philipp von Burgund nach Rom, war nach seiner Rückkehr am burgund. Hof tätig (Ausschmückung von Schloss Souburg bei Middelburg, um 1515). In mytholog. Bildern, Madonnenbildern und Porträts vereint er altniederländ.

und italien. Tradition; Wegbereiter des Romanismus.

Gossau (SG), Bezirkshptst. im Kanton St. Gallen, Schweiz, 16 500 Ew.; Motorradmuseum; Textil-, Maschinen-, Nahrungsmittel-, Holzindustrie.

Gossec [gɔ'sɛk], François-Joseph, frz. Komponist belg. Herkunft, *Vergnies (Hennegau) 17. 1. 1734, †Passy (heute zu Paris) 16. 2. 1829; wurde populär durch seine Revolutionsmusik (Märsche, Hymnen), schuf daneben Opern, Ballette, Sinfonien (in der Nachfolge der Mannheimer Schule).

Gossen, Hermann Heinrich, Volkswirtschaftler, *Düren 7. 9. 1810, †Köln 13. 2. 1858; entwickelte eine subjektive Wertlehre, in der späteren Grenznutzenschule ↑gossensche Gesetze gen.
Werk: Entwicklung der Gesetze des menschl. Verkehrs und der daraus fließenden Regeln für menschl. Handeln (1854).

Gossensaß (italien. Colle Isarco), Sommerfrische und Wintersportplatz in der Prov. Bozen, Südtirol, Italien, Teil der Gem. Brenner, am S-Fuß des Brenners, 1 098 m ü. M., 1 700 Ew.; früher Bergbauzentrum.

gossensche Gesetze, auf Vorschlag von F. von Wieser nach H. H. Gossen benannte Regeln: 1) Nach dem Gesetz der Bedürfnissättigung nimmt der ↑Grenznutzen eines Gutes mit wachsender verfügbarer Menge ab; 2) Entsprechend dem Gesetz vom Ausgleich der Grenznutzen ist das Maximum an Bedürfnisbefriedigung erreicht, wenn die Grenznutzen der zuletzt beschafften Teilmengen der Güter gleich sind.

Gosset ['gɔsɪt], William Sealy, Pseud. Student, brit. Statistiker, *Canterbury 13. 6. 1876, †Beaconsfield (Cty. Buckinghamshire) 16. 10. 1937; lieferte wichtige Beiträge zur modernen Statistik; führte 1907/08 die Student- oder ↑t-Verteilung ein. »Studentisierung« ist die nach G. benannte Normierung statist. Maßzahlen.

Gossypol das, aus der Baumwollpflanze (lat. gossypium) gewonnener gelber, schwach giftiger Farbstoff, chemisch ein Polyphenol. G. hemmt die für die Spermiogenese wichtige Lactatdehydrogenase.

Götaälv [jø:ta'ɛlv] der, wasserreichster Fluss Schwedens, 93 km (zus. mit Klarälv 720 km) lang, entfließt dem Vänersee, bildet die Trollhättafälle (von einem Kanal umgangen; nur zeitweise für den Fremdenverkehr in Betrieb) und mündet bei Göteborg in das Kattegat.

Götakanal ['jø:ta-], Kanal in S-Schweden (195 km lang, mit Seenstrecken 387 km), verbindet die Ostsee mit Väner- und Vättersee und über den Götaälv und Trollhättakanal mit der Nordsee.

Götaland ['jø:ta-; »Land der Gauten«] (Götarike), die volkreichste der histor. Großlandschaften Schwedens, umfasst den S Schwedens von Schonen bis Dalsland, Väster- und Östergötland und die Ostseeinseln Öland und Gotland.

Gotama [Pali] (Gautama), Geschlechtsname des ↑Buddha.

Gotcha, *Sport:* ursprüngliche Bez. für ↑Paintball.

Göteborg [jø:te'bɔrj] (dt. früher Gotenburg), Hptst. des VerwBez. Västra Götaland, Schweden, unweit der Mündung des Götaälv in das Kattegat, 471 500 Ew.; bis 1998 Hptst. des ehem. Län G. und Bohus (5 141 km², 1997: 775 600 Ew.); luther. Bischofssitz; Univ. (1891 gegr.), Königl. Ges. der Wiss. (gegr. 1778), TH (1829), Fachhochschulen, Forschungsinstitute; Theater, Museen. G. ist der größte Ausfuhrhafen Skandinaviens; Schiff-, Maschinen-, Fahrzeugbau; Eisen-, Stahl-, Textil- und Bekleidungsind., zwei Erdölraffinerien; internat. Flughafen; Fährverbindung mit Kristiansand und Kiel. – Dom (1633, nach Brand klassizistisch wieder aufgebaut), Altes Rathaus (1670–73, mehrfach verändert). – G. wurde 1619 von Gustav II. Adolf gegründet und erhielt 1621 Stadtrecht. 1731 verlegte die schwed. Ostindienkompanie ihren Sitz nach G., das während der Kontinentalsperre (1806) Hauptumschlagplatz für brit. Waren im Ostseehandel war.

Goten (lat. Gutones, Gothones, Gothi), german. Volk, das mehrere Stammesbildungen (Ethnogenesen) durchlief; bildete um Christi Geburt an der unteren Weichsel aus zugewanderten südskandinav. Gruppen und einheim. Bev.teilen den Stammesverband der Gutonen. Sie standen unter der Herrschaft von Königen. Seit dem 2. Jh. setzte ein langsam verlaufender Abwanderungsprozess in Richtung Schwarzmeerküste ein, wo es zu einer erneuten polyethn. Stammesbildung kam. Im 3. Jh. fielen die G. mehrfach auf dem Balkan und in Kleinasien ein. Nach 270 besetzten sie die röm. Prov. Dakien (Rumänien); Ende des

3. Jh. Spaltung in die westlich von Dnjestr und Pruth siedelnden ↑Westgoten und die östlich davon herrschenden ↑Ostgoten, die beide später wieder abwanderten. Reste von G. hielten sich auf der Krim bis ins 16. Jh. (**Krimgoten**).
📖 *Palol, P. de u. Ripoll, G.: Die G. Geschichte u. Kunst in Westeuropa. A. d. Span. Stuttgart u. a. 1990. – Wolfram, H.: Die G. München ³1990.*

Gotenhafen, 1939–45 Name der poln. Stadt ↑Gdynia.

Gotenstellung (Grüne Linie), im Zweiten Weltkrieg 1944 die nördlichste dt. Abwehrstellung gegen die alliierten Truppen in Italien, reichte von der Küste des Tyrrhen. Meeres nördlich Pisa über den Kamm des Apennin bis an die Adria bei Rimini.

Gotha, Kurzbez. für **Gotha**ische Genealog. Taschenbücher.

Gotha, 1) Landkr. in Thür., 936 km², 147 400 Einwohner.
2) Krst. in Thür., im nördl. Vorland des Thüringer Waldes, 49 100 Ew.; Schlossmuseum, Museum für Regionalgeschichte und Volkskunde mit Kartographiemuseum, Museum der Natur sowie Ekhoftheater, Thüring. Staatsarchiv und Forschungs- und Landesbibliothek im Schloss Friedenstein; Metallwarenfabrik, Getriebewerk,

Gotha 2): Schloss Friedenstein (1643–55)

Gummiwerke, Nahrungsmittelind., Busbau, Heftpflasterherstellung, geographisch-kartograph. Verlag. – Bauten: aus dem MA. die Kirche des Augustinerklosters (gegr. um 1216, neu erbaut vermutl. 1258–69, 1675–80 grundlegender Umbau) und die Margarethenkirche (1494 ff.); ehemaliges Residenzschloss Friedenstein (1643–55; Schlossmuseum) mit Kirche und »Ekhoftheater« (1683, Umbau 1774/75) mit der ältesten erhaltenen Bühnentechnik Dtl.s, Münzkabinett; Sommersitz Schloss Friedrichsthal (1708–11) mit Orangeriegebäuden (zw. 1747 und 1774), Renaissancerathaus (1574). – 775 (Schenkung Karls d. Gr. an das Kloster Hersfeld) erstmals, 1180/89 als Stadt genannt; kam 1247 an die Markgrafen von Meißen (Wettiner), seit 1485 ernestinisch, seit 1572 zum Herzogtum **Sachsen-Coburg**; ab 1640 Residenz des Fürstentums Sachsen-G. (1681–1825 Sachsen-G.-Altenburg; 1826–1918 **Sachsen-Coburg und G.**); kam 1920 zu Thüringen. – Am 27. 2. 1526 (ratifiziert am 2. 5. in Torgau) Bündnis evang. Reichsstände (**G.-Torgauer Bündnis**).

Göthe, Eosander von, ↑Eosander.
Gothic [ˈgɔθɪk; engl. »Gotik«] (G.-Szene), westl. Subkultur, ↑Schwarze Romantik.
Gothic Novel [ˈgɔθɪk ˈnɔvl; engl. »got. Roman«], gegen Ende des 18. Jh. entstandene engl. Variante des Schauerromans; charakteristisch sind irrationale, groteske und unheiml. Elemente sowie Handlungsverläufe mit Spannungs- und Überraschungseffekten; Hauptvertreter: H. Walpole (»Das Schloß Otranto«, 1765), Ann Radcliffe (»Udolpho's Geheimnisse«, 1794), M. G. Lewis (»Der Mönch«, 1796), Mary W. Shelley (»Frankenstein«, 1818).
Gothofredus, Dionysius, eigtl. Denis Godefroy, frz. Jurist, *Paris 17. 10. 1549, †Straßburg 7. 9. 1622; Prof. in Basel, Straßburg und Heidelberg; Herausgeber der ersten krit. Gesamtausgabe des »Corpus Iuris Civilis« (Genf, 1583).
Gotik *die*, Stilepoche der mittelalterl. Kunst in Europa nach der Romanik, zugleich der selbstständigste Stil des Abendlands nach der Antike. Die G. entstand etwa ab 1140 in N-Frankreich (Île-de-France) und verbreitete sich über W-, Mittel- und (mit Einschränkungen) S-Europa, abgewandelt durch die Eigenart der einzelnen Länder. Um 1420 wurde sie, zunächst in Italien, von der Renaissance abgelöst. Die Begriffsbestimmung G. geht urspr. auf die Baukunst zurück (got. Kathedralbau); der Begriff war in der Renaissance (G. Vasari) abwertend gebraucht worden. Eine positive, bis heute gültige Sicht und Wertung gelang erst der dt. Romantik. Die Ab-

folge der Stilstufen wird mit **früh-, hoch-** und **spätgotisch** bezeichnet.
In der *Baukunst* steigerte ein neues Raumgefühl den Kirchenbau zu mächtiger Höhe; der Innenraum wurde als Raumeinheit und nicht mehr als Summe von Einzelräumen empfunden. Der Chor ist oft durch einen Chorumgang mit Kapellenkranz erweitert. Ein dreiteiliger Laufgang, das ↑Triforium, durchbricht in der Hoch-G. die Wand zw. Bogenstellungen und Fenstern, während in der Früh-G. die aus der Romanik übernommenen Emporen noch eine wesentl. Rolle spielen. Dem Streben des Bauwerks in die Höhe dient im Innern das Kreuzrippengewölbe: Die Kreuzrippe trägt das Gewölbe und leitet den Gewölbedruck zu den Pfeilern, die durch das nach außen verlegte Strebewerk von Strebebögen und -pfeilern gestützt werden. Im Kirchenraum verschmelzen die Pfeiler mit den die Rippen aufnehmenden Diensten zu Bündelpfeilern. Der Spitzbogen, dessen Seitenschub wesentlich geringer ist, ließ eine stärker vertikale und durchbrochene Gliederung zu. Die nun geringere Mauerstärke erlaubt zw. den Strebepfeilern hohe, farbige Glasfenster. Im Außenbau wird die Westfassade durch reiche Gliederung und durch mächtig emporstrebende Türme betont. Fialen krönen die Strebepfeiler, Kreuzblumen die mit Krabben geschmückten Türme. Ein wichtiges Schmuck- und Gliederungselement der G. ist das Maßwerk, das sich in den Bogenzwickeln großer Fenster und in Fensterrosen, an Brüstungen, Wimpergen, Portalen und Wandflächen findet. Die Bauten der Früh-G. (Laon, Paris) und der Hoch-G. (Chartres, Reims, Amiens) ließen einen nach Höhe und Tiefe gegliederten Raum entstehen, dessen einzelne Teile vom Beschauer nacheinander erlebt werden. Klöster, Schlösser, Burgen, später auch Rat- und Bürgerhäuser übernahmen die Formen der kirchl. Baukunst. Erst in der G. begann die Stadt ein architekton. Ganzes zu werden.
Die hervorragendsten Bauten der frz. G. sind die Kathedralen von Laon, Bourges, Paris (Notre-Dame), Chartres, Reims und Amiens. In England entwickelte sich die G. zu einem durch reiche Schmuckformen gekennzeichneten Stil (Salisbury, Westminster-Abbey in London). Der dt. Früh-G. gehören St. Elisabeth in Marburg und die Liebfrauenkirche in Trier an, der dt. Hoch-G. das Straßburger Münster und der Kölner Dom. Die dt. Spät-G. entwickelte die Hallenkirche zum bevorzugten Raumtypus. Zu Höhepunkten der Spät-G. gehören die Bauten, die unter Beteiligung der Parler (Heiligkreuzkirche in Schwäbisch Gmünd, Veitsdom in Prag), H. Stethaimers d. Ä. (St. Martin in Landshut), Ulrichs von Ensingen (Münster in Ulm) und M. Gertheners (Turm des Doms in Frankfurt am Main) entstanden. Sonderformen der G. entstanden auch in Italien und Spanien. Charakteristisch für den N Europas ist die **Backstein-G.** (↑Backsteinbau).
In der *Bildhauerkunst* wurde die Ausbildung der Säulenportale die Voraussetzung für die Entstehung der aus dem Zusammenhang der Mauer herausgelösten, um eine eigene Körperachse gerundeten got. Gewändefigur. Wie in der Baukunst war Frankreich auch in der Bildhauerei führend (Chartres, um 1145; Senlis, um 1170). Die Hauptwerke der Blütezeit wurden für die Querhausportale in Chartres und die Kathedralen von Reims, Paris und Amiens geschaffen. Das 13. Jh. war auch in Dtl. die große Zeit der Plastik, wo in stauf. Zeit die Bildwerke des südl. Querschiffs in Straßburg und des Bamberger Doms, in der 2. Hälfte die Stifterfiguren und Lettnerreliefs des Naumburger Doms entstanden. Der die menschl. Gestalt immer mehr entkörperlichenden Hoch-G. des 14. Jh. gehören die Pfeilerfiguren des Kölner Domchors an. In Italien schuf N. Pisano erstmals im got. Sinn gestaltete Gewandfiguren (Pisa, Kanzel im Baptisterium, 1260); die Statuen seines Sohnes G. Pisano für die Dome von Siena und Pisa sind Meisterwerke mittelalterl. Skulptur. In der 2. Hälfte des 14. Jh. findet ein neuer Wirklichkeitssinn seinen Ausdruck, am stärksten in den Bildwerken P. Parlers in Prag und C. Sluters in Dijon. Seit 1380 verbreitete sich von Prag, Avignon und Burgund aus der **Internat. Stil,** auch ↑Schöner Stil gen.; es war die letzte einheitl. Formensprache des MA. Einen eigenen Typus verkörpern die ↑Schönen Madonnen. Gleichzeitig mit dem Aufkommen der Mystik entstand eine Gruppe von Holzskulpturen, die Andachtsbilder, die ihren Höhepunkt im 14./15. Jh. erlebten. Die Spät-G. brachte die reichste Fülle an Holzbildwerken bes. für Flügelaltäre in Dtl. hervor (T. Riemenschneider und V. Stoß). Der spätgot. ↑Schreinaltar verei-

GOT Gotik

nigt als eine Art »Gesamtkunstwerk« Architektur, Plastik und Malerei.
Der *Malerei,* die in der Zeit der Romanik die Kirchenwände mit Fresken bedeckt hatte, boten die auf karge Reste beschränkten Flächen des got. Kirchenraums keine Aufgaben mehr. An ihre Stelle trat die ↑Glasmalerei. Nur wo die Gotik, wie in Italien, die Wandflächen wahrte, hatte das Fresko noch Raum. Dort schuf ↑Giotto einen neuen monumentalen Stil, der bis in die Renaissance fortwirkte. Der reinste Vertreter der in Italien als Dolce Stil nuovo bezeichneten G. war Simone Martini. Der Kirchenbau im N hingegen verwies die Malerei weitgehend auf die Altäre, die so zu Wegbereitern des Tafelbildes wurden, das seit der 2. Hälfte des 14. Jh. nördlich der Alpen den Vorrang gewann. In den Niederlanden schufen R. van der Weyden und die Brüder van Eyck bed. Werke, in Dtl. traten u. a. A. Dürer und M. Grünewald hervor. Die ↑Buchmalerei erlebte eine neue Blüte; v. a. Psalterien wurden als private Andachtsbücher kostbar ausgestaltet. Unter Philipp dem Guten erlebten Burgund und die Niederlande einen Höhepunkt der Miniaturmalerei (Stundenbuch des Herzogs von Berry).

Höhepunkte im *Kunsthandwerk* der Zeit bilden die kostbaren Werke der Goldschmiedekunst (Schreine, Monstranzen, Reliquiare), Kleinkunstwerke aus Elfenbein, Bildwirkereien (Apokalypse von Angers), Stickereien auf Klerikergewändern, schmiedeeiserne Beschläge.

Musik: Eine Epoche »Musik der G.« oder »got. Musik« ist nach musikal. Gesichtspunkten nicht zu fixieren. Gleichzeitig mit den Stilabschnitten in der bildenden Kunst entwickelten sich um 1200 die Notre-Dame-Schule mit den Hauptmeister ↑Perotinus, im 13. Jh. die ↑Ars antiqua und im 14. Jh. die ↑Ars nova.

📖 *Grodecki, L.:* G. A. d. Italien. Stuttgart 1986. – Triumph der G. 1260–1380, bearb. v. *A. Erlande-Brandenburg.* A. d. Frz. München 1988. – *Jaxtheimer, B.: Stilkunde G. Die Baukunst.* Neuausg. Eltville am Rhein 1990. – Das Zeitalter der G., hg. v. *H. Schaumberger.* Wien 1991. – *Nussbaum, N.:* Dt. Kirchenbaukunst der G. Darmstadt ²1994. – *Camille, M.:* Die Kunst der G. Höfe, Klöster, Kathedralen. A. d. Engl. Köln 1996. – *Binding, G.:* Was ist G.? Darmstadt 2000.

1 Schaufassade des Rathauses in Tangermünde (um 1430)
2 Martin Schongauer, »Madonna im Rosenhag« (um 1473; Colmar, Dominikanerkirche)
3 Kathedrale Notre-Dame in Paris (begonnen 1163)
4 Jan van Eyck, »Die Hochzeit des Giovanni Arnolfini und der Giovanna Cenami« (1434; London, National Gallery)
5 Gewändefiguren (Prophetengruppe) des großen Marienportals der Kathedrale von Chartres (um 1205–15)

Gotik **GOT**

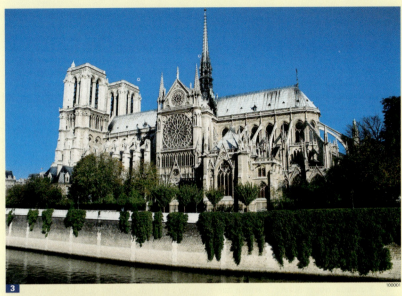

GOT gotische Schrift

gotische Schrift, Sammelbez. für versch. Schriften: 1) Die erste g. S. wurde für die Bibelübersetzung des westgot. Bischofs ↑Wulfila auf der Grundlage v. a. der grch. Unziale gebildet. Sie ist im ↑Codex argenteus erhalten. 2) Vom Ende des 7. bis Ende des 11. Jh. wurde im christl. Spanien die **westgot.** Schrift gebraucht (ihre Anfänge fallen noch in die Zeit des 711 vernichteten Westgotenreiches), eine Form der lat. Minuskel mit engen Buchstaben. 3) Seit dem 12. Jh. wurde aus der karoling. Minuskel eine Schrift mit spitzbogigem Duktus, die got. **Minuskel**, gebildet, die in der strengen Form der **Textura** als Prunkschrift des 14./15. Jh. sowie für liturg. Texte (deshalb auch **Missalschrift**) verwendet wurde. Die gleichzeitig entwickelte **Notula** diente als Gebrauchsschrift. Verschmelzungen zw. Buchschrift und Kursive sind die got. Buchkursiven oder die aus der Textura entwickelte Bastarda. In Italien nahmen die Gotico-Antiqua und die Rotunda abgerundete Formen an. – Die ältesten Drucktypen zeigen Formen der Textura. Auf der Grundlage der Bastarda entwickelten sich auch die Druckschriften ↑Schwabacher und ↑Fraktur.

gotische Sprache, zum ostgerman. Zweig der ↑germanischen Sprachen gehörende Sprache; es ist die älteste in längeren Texten erhaltene und neben dem Urnordischen archaischste der german. Sprachen. Das wichtigste Denkmal ist die von Wulfila aus dem Griechischen übersetzte got. Bibel (↑Codex argenteus). Die g. S. ist mit dem Volk der Goten untergegangen; nur auf der Krim hat sie sich bis ins 16. Jh. erhalten (Krimgotisch).

Gotland, schwed. Insel, die größte der Ostsee, 90 km von der schwed. O-Küste entfernt, 117 km lang, bis 45 km breit, 3 001 km², umfasst als VerwBez. (Län) dazu die Insel Fårö (114 km²) und einige kleinere Inseln, zus. 3 140 km², 58 000 Ew. G. bildet ein nach O geneigtes silur. Kalk- und Mergelplateau, das mit schroffen Felswänden und isolierten Felssäulen zum Meer abfällt; Fremdenverkehr; einzige Stadt ist Visby. G. ist reich an Kunstwerken: zahlr. Bildsteine, Grabmale, Burgen, über 90 Dorfkirchen des 13. und 14. Jh. – G., durch seine Hansestadt Visby ein Zentrum des Handels mit Russland, wurde 1361 von Dänemark erobert. 1394–98 Stützpunkt der Vitalienbrüder, 1398–1408 in der Hand des Deutschen Ordens, danach dänisch; kam 1645 zu Schweden.
📖 *Quack, U.: G. Köln 1991.*

Gotlandbecken, das Hauptbecken der Ostsee, in das westl. und östl. G. gegliedert. Die größte Tiefe des östl. G.s beträgt 249 m (Gotlandtief), die des westl. G.s 459 m (Landsorttief, zugleich die größte Tiefe der Ostsee).

Gotlandium *das,* veraltet für ↑Silur.

Götschl, Renate, österr. alpine Skiläuferin, *Obdach (Steiermark) 6. 8. 1975; u. a. Weltmeisterin 1997 (Kombination) und 1999 (Abfahrt), Gesamtweltcupsiegerin 1999/2000.

Gott [ahd. got, vielleicht eigtl. »das (durch Zauberwort) angerufene Wesen«, zu einem indogerman. Verb mit der Bedeutung »anrufen«]; in den *Religionen* die im ↑Glauben als Person erfahrene heilige, transzendente, allumfassende Macht, schlechthin, von der sich der religiös ergriffene Mensch in seiner Existenz unmittelbar betroffen und gefordert sieht. Gegenstand der wiss. Auseinandersetzung mit G. in Religionswiss., Religionsphilosophie und Theologie ist nicht G. selbst, sondern es sind die in den einzelnen Religionen unterschiedl. **G.-Vorstellungen, G.-Erfahrungen** und die Glaubenszeugnisse der ↑Offenbarung Gottes (bes. die ↑heiligen Schriften). In den Religionen erfahren und gelehrt wird G. bes. als der Schöpfer der Welt, die Ursache allen Naturgeschehens (bes. in polytheist. Religionen), als Herr über Leben und Tod, der in die Welt eingreift, das Schicksal der Menschen lenkt (bes. durch Boten, z. B. ↑Engel, oder indem er ird. Gestalt [↑Inkarnation] annimmt) und als Richter am Ende der Zeiten auftritt (↑Gericht Gottes), als der normative Gesetzgeber für das sittl. Verhalten der Menschen, als erhaltender Urgrund von allem, was ist, als das gegenüber dem »Irdischen« schlechthin »Andere« (↑Numen). Die Fülle der G. in den Religionen zugesprochenen **G.-Attribute** (absolute Macht, Schöpferkraft, Weisheit, Güte u. a.) vereinigen die monotheist. Religionen auf *den* einen und einzigen G., während sie in polytheist. Religionen auf versch. (Funktions-)Götter verteilt sind, deren Verehrung jedoch auch im Rahmen eines sog. subjektiven Monotheismus (↑Henotheismus) erfolgen kann.
Der *G.-Begriff der Bibel* ist monotheistisch.

G. ist der absolute Schöpfer und Herr des Kosmos. Kenntnis von G. gewinnt der Mensch ausschließlich aus der Selbstmitteilung (Offenbarung) Gottes, der in der Geschichte der Menschen »wirkt«: in Beziehung zu konkreten Gruppen und einzelnen Menschen, die so als seine Geschichte mit ihnen qualifiziert ist. – Das jüd. Gottesverständnis wird v. a. durch die Aussagen über G. in 2. Mos. 3, 14, der Selbstoffenbarung seines Namens (hebr. Jahwe: »ich werde sein, der ich sein werde«) und in 2. Mos. 20, 1–7, der Gesetzgebung im Sinai, bestimmt (G. ist der Herr, der Heilige, der Eine, der Barmherzige, der Zornige. Der Mensch soll und kann sich kein Bild von ihm machen). G. wird als der G. Israels, seines ↑auserwählten Volkes bezeugt. – Nach christl. G.-Verständnis hat sich G. als der G. aller Völker in einmaliger und vollkommener Weise in Jesus Christus offenbart. Dieser ist nach neutestamentl. Verständnis das alleinige Bild G. (Kol. 1, 15), nur in ihm kann der Mensch G. erkennen; in Christus ist G. Mensch (»Fleisch«) geworden (Joh. 1, 14). Von zentraler Bedeutung für das christl. G.-Verständnis ist die Aussage »G. ist Liebe« (1. Joh. 4, 8. 16.), die in ihrer Entfaltung G. als den liebenden Vater beschreibt, der denen, die an ihn glauben, durch seinen Sohn Jesus Christus das ewige Leben schenken wird. Die christl. Theologie beschreibt G. in der trinitar. Einheit von Vater, Sohn und Hl. Geist (↑Trinität). Die kath. Theologie versuchte dabei bis ins 20. Jh. hinein, G. v. a. mit den Mitteln der platonisch-aristotel. Philosophie zu verstehen und zu beschreiben (als das »Sein an sich«, das dem geschaffenen Sein gegenübersteht), besinnt sich heute jedoch stärker auf den lange Zeit in den Hintergrund getretenen dynamisch-geschichtl. Aspekt der bibl. G.-Vorstellung (»G. hilft«, »G. ist da« usw.). Die reformator. Theologie knüpft unmittelbar an den existenziellen Grundaussagen der Bibel über G. an, in denen G. als der gnädige, sich dem Sünder in Kreuz und Auferstehung Jesu Christi zuwendende G. ausgesagt wird (↑Rechtfertigung). Der G.-Begriff der europ. Philosophie wurzelt im grch. philosoph. Denken (↑Geist). Er ist statisch; G. wird apersonal-ontologisch gedacht – G. »ist«: bei Heraklit das immanente Prinzip kosm. Werdens (↑Logos), bei Platon die Idee des Vollkommenen (und damit Guten) schlechthin, bei Aristoteles die reine Aktualität (als der unbewegte Beweger aller Bewegung). Der *Atheismus des 19. Jh.* sieht G. als Selbstprojektion des Menschen (L. Feuerbach) bzw. als Ausdruck eines verkehrten Weltbewusstseins und der Protestation gegen das Elend der entfremdeten Existenz (K. Marx); Entwürfe der ↑Existenzphilosophie des 20. Jh. verzichten ganz auf G. und sehen den Menschen in unbegrenzter Freiheit ins (unbehauste) Sein geworfen (J.-P. Sartre). 📖 *Božovič, M.: Der große Andere. Gotteskonzepte in der Philosophie der Neuzeit.* Wien 1993. – *Kasper, W.: Der G. Jesu Christi.* Mainz ³1995. – *Küng, H.: Existiert G.? Antwort auf die Gottesfrage der Neuzeit.* Neuausg. München u. a. 1995.

Gott|ebenbildlichkeit (lat. Imago Dei), auf 1. Mose 1, 26 f. basierende Aussage der theolog. Anthropologie, nach der der Mensch Ebenbild Gottes ist, »als Bild, das ihm (Gott) gleicht« geschaffen. Die G. bleibt als wesensmäßige Beziehung des Menschen zu Gott auch nach dem Sündenfall erhalten (1. Mose 9, 6). Das N. T. begreift G. als Bestimmung des Menschen, die in Jesus Christus vollkommen erfüllt ist (Kol. 3, 10 f.; Eph. 4, 24).

Gotter, Friedrich Wilhelm, Schriftsteller, * Gotha 3. 9. 1746, † ebd. 18. 3. 1797; mit H. C. Boie 1769 Begründer des »Göttinger Musenalmanach«; übertrug frz. Lustspiele und schrieb eigene Lust- und Singspiele (»Die Geisterinsel«, nach Shakespeares »Sturm«, 1797) und Lyrik.

Götterbaum (Ailanthus), Gattung der Bittereschengewächse mit zehn Arten in Indien, O-Asien und Australien. Die bekannteste Art ist der **Chines. G.** (Ailanthus altissima) mit kräftigen Zweigen, großen, unpaarig gefiederten Blättern und grünl. Blüten in Rispen.

Götterbild, ↑Gottesbild.

Götterdämmerung, *german. Mythologie:* der Weltuntergang; beruht auf einer ungenauen Übersetzung von island. ↑Ragnarök (Götterverhängnis).

Götterspeise, Süßspeise aus Fruchtsaft oder in Wasser gelöste Geschmacksstoffen, Zucker und Geliermitteln.

Gottes|acker, der ↑Friedhof.

Gottes|ackerplateau [-to], ↑Hoher Ifen.

Gottes|anbeterin (Mantis religiosa), südeurop. räuber. Fangheuschrecke, bis 7,5 cm lang, grün oder goldbraun. Die Vorderbeine, taschenmesserartig einklappbare

Fangarme, ähneln zum Gebet erhobenen Armen; vom Aussterben bedroht.
Gọttesberg, Stadt in Polen, ↑Boguszów-Gorce.
Gottesbeweise, die auf versch. Wegen intellektueller Reflexion unternommenen Versuche, das Dasein Gottes ohne Rückgriff auf die Offenbarung allein aus Gründen der Vernunft zu beweisen. Philosophie und Theologie haben bes. folgende berühmte G. hervorgebracht: 1) Den **kosmolog. G.** (Aristoteles, Thomas von Aquin), der sich auf das Kausalprinzip stützt und aus der Bewegtheit alles endl. Seienden auf einen unbewegten Beweger, aus der Kette von Ursachen und Wirkungen auf eine erste Wirkursache schließt. 2) Den **ontolog. G.**, der den Begriff »Gott«, wie er im menschl. Bewusstsein vorfindbar ist, analysiert: Gott sei das, worüber hinaus nichts Vollkommeneres gedacht werden könne; da in Wirklichkeit zu existieren vollkommener sei als nur in Gedanken zu existieren, müsse Gott wirklich sein (Anselm von Canterbury, R. Descartes). 3) Den **teleolog. G.** (so bei Augustinus), der sich auf das Finalitätsprinzip stützt: Der Mensch sei auf ein absolutes Ziel bzw. Gut hin orientiert; so müsse dieses Ziel existieren. 4) Den **noolog. G.**, der annimmt, dass die Vernunft in ihrer Intention immer das Unendliche als das Wahre und Gute voraussetze, im Denken damit ein Weg zu Gott gegeben sei (Augustinus, R. Descartes, G. W. Leibniz). 5) Den **moral. G.** (I. Kant), der aus dem Vorhandensein einer moral. Weltordnung auf Gott als den Garanten des sittl. Ausgleichs von Tugend und Glück schließt; Gott könne also nicht rational bewiesen, sondern müsse als Möglichkeitsbedingung sittl. Handelns postuliert werden. Für die kath. Theologie gehören die G. zur natürl. oder Vernunfterkenntnis Gottes, die den übernatürl. oder Offenbarungsglauben an Gott vorbereitet, in der evang. Theologie spielen sie nur noch eine histor. Rolle.
Gottesbild (Götterbild), gemalte oder plast. Darstellung von Gottheiten, in denen menschl. Gottesvorstellungen ihren bildhaften (verdinglichten) Ausdruck finden; die G. beruhen auf dem Verlangen, das den menschl. Sinnen Verborgene sichtbar und für den Gebrauch in Kultus, Meditation und Anbetung verfügbar zu machen. G. waren in den meisten Religionen des Altertums üblich (z. B. in Ägypten, Mesopotamien, Griechenland und Rom). Versch. Religionen, die urspr. G. ablehnten (die Lehre Zarathustras, Shintoismus), gingen später zu Götterdarstellungen über. Oft kannten die Religionen auch Abstufungen in der Bewertung ihrer G. unter religionspädagog. Gesichtspunkt. Unter den Weltreligionen sind bes. bilderfreundlich der Hinduismus und (etwa seit der Zeitenwende; nicht urspr.) der Buddhismus; der Islam dagegen lehnt ein G. und Darstellungen von Bildszenen in der Moschee ab.
Gottesdienst, allg. Bez. für die versch. Formen der Gottesverehrung (↑Kultus). – Im christl. (v. a. prot.) Sprachgebrauch bezeichnet G. die liturgisch ausgeformte gemeinschaftl. Gottesverehrung mit den Elementen Anrufung, Lob und Danksagung Gottes, Lesung und Predigt des Wortes Gottes, Bekenntnis des Glaubens an Gott und Feier der Eucharistie (des Abendmahls). In der kath. Kirche ist die Bez. **Heilige Messe,** in den Ostkirchen die Bez. **Göttliche Liturgie** für den G. üblich. (↑Liturgie; ↑Messe)
📖 *Lang, B.: Heiliges Spiel. Eine Geschichte des christl. G.* München 1998.
Gottesfriede (lat. Pax Dei), der befristete Waffenstillstand zw. kämpfenden Gruppen zu den Zeiten religiöser Kultfeiern (z. B. der olymp. Spiele in Griechenland); im MA. ein durch die Kirche unter Androhung von Kirchenstrafen gebotener Schutz für bestimmte Personen (z. B. Geistliche, Frauen, Waisen, Pilger) und Orte (Kirchen, Klöster). Zu dem G. trat der »Waffenstillstand Gottes« (lat. Treuga Dei), die Fehden an bestimmten Tagen (z. B. den christl. Hauptfesten) untersagte. Seit dem 12. Jh. wurde der G. durch den ↑Landfrieden abgelöst.
Gottesgebärerin (Gottesmutter), Anrede für Maria, die Mutter Jesu Christi; theolog. Bez. für den besonderen Charakter der Mutterschaft Marias, insofern sie nicht allein Mutter des Menschen Jesus ist, sondern ihre Mutterschaft die ganze in Jesus Christus verkörperte gottmenschl. Einheit umfasst; als christl. Lehraussage verbindlich definiert durch das 3. ökumen. Konzil (Ephesos 431).
Gottesgericht, das ↑Gottesurteil.
Gottesgnadenkraut, ↑Gnadenkraut.
Gottesgnadentum, auf die Verbindung von antiken, german. und christl. Vorstellungen zurückgehende, theologisch auf

Röm. 13, 1 fußende Bez. der abendländ. Reichsideologie für die göttl. Legitimation und Beauftragung des christlich-abendländ. Herrschers; seit der Karolingerzeit wurde dem Herrschertitel die Formel (»von Gottes Gnaden«, lat. Dei gratia) beigefügt.

Gotteshaus, in den Religionen ein Gebäude, in dem Götter bzw. (der eine) Gott kultisch verehrt werden und/oder sich die Gemeinde zur Feier des Gottesdienstes und zum (regelmäßigen) Gebet versammelt (↑Tempel, ↑Synagoge, ↑Kirche, ↑Moschee).

Gotteskindschaft, *Religionsgeschichte:* Bez. für das (Verwandtschafts-)Verhältnis der Götter untereinander oder zw. Göttern und ausgewählten Menschen (Heroen); im christl. Sprachgebrauch zentraler Begriff des N. T. zur Beschreibung des Gottesverhältnisses des durch Jesus Christus mit Gott versöhnten Menschen (Röm. 8, 14–17; Gal. 4, 6–7).

Gotteslästerung, *Religions- und Rechtsgeschichte:* die (öffentl.) Beschimpfung Gottes bzw. der innerhalb einer Ges. (von weiten Teilen) verehrten Götter durch Wort, Bild oder sonstige Ausdrucksmittel; war als Religionsdelikt der G. (Blasphemie) in bestimmten Abschnitten der Rechtsgeschichte vieler Völker unter z. T. drakon. Strafen gestellt.

Gottesmutter, Anrede für Maria, die Mutter Jesu Christi; ↑Gottesgebärerin.

Gottesstaat, eine aus göttl. Willen und Gesetz abgeleitete und durch diese legitimierte Herrschaftsform (↑Theokratie); in besonderer Weise ausgeprägt in der Form der Priesterherrschaft (↑Hierokratie).

Gottesurteil (Gottesgericht, ags. Ordal), ein Urteil in Rechtsstreitigkeiten oder über Schuld und Unschuld durch ein angenommenes Zeichen Gottes. Die G. beruhen auf dem Glauben, dass der Unschuldige in einer Probe, die er zu bestehen hat, von der Gottheit geschützt wird. Das G. wurde als prozessuales Beweismittel benutzt, wenn der Beweis durch Zeugen versagte; dem Beschuldigten stand die Reinigung von dem Schuldvorwurf durch G. offen. Arten sind u. a.: die Entscheidung durch das Los **(Losordal);** die **Feuerprobe,** bei der der Beschuldigte z. B. über glühende Pflugscharen schreiten musste; die **Wasserprobe:** Blieb der gefesselt ins Wasser Geworfene oben, so galt er als schuldig, da das reine Wasser ihn nicht aufnehmen wollte; der **Probebissen:** Schuldig war, wer z. B. vergiftetes Brot wieder von sich geben musste, in christl. Umbildung die **Abendmahlsprobe,** wobei der Genuss des Abendmahls für den Schuldigen Krankheit oder Tod zur Folge haben sollte; der Zweikampf **(Kampfordal).** Die G. wurden 1215 vom 4. Laterankonzil verboten; die Wasserprobe behauptete sich jedoch in den Hexenprozessen bis ins 17. Jh.

Gottfried von Bouillon [- - bu'jõ], Herzog von Niederlothringen (1089), *um 1060, † Jerusalem 18. 7. 1100; war einer der Führer im 1. Kreuzzug; nach der Erstürmung Jerusalems (1099), an der er entscheidend beteiligt war, übernahm er die Regentschaft des Kreuzfahrerstaats als »Vogt des Hl. Grabes«.

Gottfried von Straßburg, mhd. Dichter des frühen 13. Jh., neben Hartmann von Aue und Wolfram von Eschenbach der dritte der großen höf. Epiker der Stauferzeit, schrieb um 1210 in Anlehnung an Thomas d'Angleterre das unvollendet gebliebene höf. Versepos »Tristan und Isold«. Das Werk wurde von Ulrich von Türheim (um 1230/35) und Heinrich von Freiberg (um 1290) ergänzt. Über G. v. S. selbst ist fast nichts bekannt. Seine Dichtung gestaltet die alle geltenden Normen übersteigende Macht der Liebe, die in ihrer fast religiös-myst. Absolutheit die Liebenden in ihrem Konflikt zw. Minne und gesellschaftl. Ehre zugrunde richtet. Der Stil des Werkes ist spielerisch, anmutig, melodisch; geistvolle Wort- und Klangwiederholungen, souveräne Handhabung der rhetor. Mittel zeichnen das Epos aus.
📖 Weber, G. u. Hoffmann, W.: *G. v. S.* Stuttgart ⁵1981.

gottgläubig, 1936–45 im Dt. Reich offizielle Religionsbez. auf Personalbogen für Personen, »die sich von den anerkannten Religionsgemeinschaften abgewandt haben, jedoch nicht glaubenslos sind«; vor 1933 v. a. Selbstbez. freireligiöser, nicht konfessionsgebundener Gemeinschaften.

Gotthardbahn, die Eisenbahnstrecke Luzern–Chiasso, erbaut 1872–82, seit 1922 elektrifiziert. Das Gotthardmassiv wird in dem rd. 15 km langen **Gotthardtunnel** Göschenen–Airolo in über 1 150 m Höhe (Scheitelpunkt 1 154 m ü. M.) durchfahren.

Gotthard Kettler, erster Herzog von Kurland, *Eggeringhausen (heute zu Borchen, Kr. Paderborn) 1517, †Mitau 17. 5.

GOT Gotthardmassiv

1587; usurpierte 1559 das Amt des Landmeisters des Dt. Ordens in Livland, schloss 1559 einen Schutzvertrag mit Polen gegen Russland, unterwarf sich 1561 dem poln. König. Zum Luthertum übergetreten, löste er 1562 den livländ. Ordensstaat auf und erhielt das prot. Herzogtum Kurland als poln. Lehen.

Gọtthardmassiv, Gebirgsmassiv in den Alpen, in der Zentralschweiz, Quellgebiet von Rhone, Rhein, Reuss, Aare und Tessin, erreicht im W-Teil mit dem Pizzo Rotondo 3 192 m ü. M., im O-Teil mit dem Pizzo Centrale 3 001 m ü. M., dazw. liegt der Pass Sankt Gotthard (↑Alpenstraßen, Übersicht) mit dem Gotthard-Straßentunnel. Durch den Tunnel (Durchfahrtzeit 13 min) hat sich die Fahrzeit auf dieser kürzesten schweizer. Alpenquerung wesentlich verringert und der N-S-Verkehr verstärkt dieser Route zugewandt, was zu erhebl. Umweltbelastungen führte. Zur Entlastung wird im Rahmen der NEAT (↑Neue Eisenbahn-Alpentransversale) seit 1999 der Gotthardbasistunnel gebaut. Das G. wird ferner von der ↑Gotthardbahn durchfahren.

Gọtthelf, Jeremias, eigtl. Albert Bitzius, schweizer. Erzähler, *Murten 4. 10. 1797, †Lützelflüh (Kt. Bern) 22. 10. 1854; aus Altberner Patrizierfamilie, seit 1832 Pfarrer in Lützelflüh. Schauplatz der Werke des großen Realisten ist fast ausschl. die Berner Bauernwelt. Die Romane, u. a. »Der Bauern-Spiegel oder Lebensgeschichte des Jeremias Gotthelf« (1837), »Wie Uli der Knecht glücklich wird« (1841, Neufassung 1846 u. d. T. »Uli der Knecht« mit der Fortsetzung »Uli der Pächter«, 1849), »Wie Anne Bäbi Jowäger haushaltet ...« (2 Tle., 1843/44) und »Erlebnisse eines Schuldenbauers« (1854) enthalten massive Zeitkritik aus konservativem Blickwinkel, wesentlich ist aber ihr eindrucksvolles Menschenbild. Unter seinen Erzählungen ragen heraus: »Die schwarze Spinne« (1842), »Elsi, die seltsame Magd« (1843), »Das Erdbeeri Mareili« (1851), daneben humorist. Erzählungen voller Realistik (»Wie Joggeli eine Frau sucht«, 1841, »Michels Brautschau«, 1849).

📖 *Fehr, K.: J. G. Stuttgart ²1985.* – *Hahl, W.: J. G., der »Dichter des Hauses«. Stuttgart 1994.* – *Cimaz, P.: J. G. (1797 bis 1854). A. d. Frz. Tübingen u. Basel 1998.*

Göttingen, 1) Landkreis im RegBez. Braunschweig, Ndsachs., 1 117 km², 264 500 Ew.
2) Krst. von 1) in Ndsachs., an der Leine, 125 400 Ew.; Georg-August-Univ. (gegr. 1734), vier Institute der Max-Planck-Gesellschaft, Akademie der Wiss., FH, Inst. für den wiss. Film, Institute der Dt. Forschungsanstalt für Luft- und Raumfahrt, Ibero-Amerikan. Inst. für Wirtschaftsforschung; zwei Theater, Goethe-Institut, Völkerkundemuseum; opt. und feinmechan., chem., pharmazeut., Elektro- u. a. Ind., graf. Gewerbe, Verlage. – Bemerkenswert in der an Fachwerk reichen Altstadt sind u. a. die im 14. Jh. gotisch umgebaute Johanniskirche, die got. Jacobikirche (14./15. Jh.) und das Rathaus (Kernbau um 1270, erweitert 1369–1444, 1883–1912 restauriert), davor der Gänselieselbrunnen (1901). – 953 als **Gutingi** erstmals erwähnt, vermutlich um 1200 Stadtrecht; 1286 war die Stadt vom Herzogtum Braunschweig-Lüneburg an das Fürstentum G. gefallen;

Göttingen 2): der Markt mit Gänselieselbrunnen, Altes Rathaus (links) und Johanniskirche im Hintergrund

1351-1572 Mitgl. der Hanse; fiel 1584 an Braunschweig-Wolfenbüttel, 1635 an Calenberg. Die 1734 gegründete Univ. wurde nach 1815 zur Hochburg liberalen Gedankenguts (↑Göttinger Sieben) und war Wirkungsstätte bed. Gelehrter (u. a. J. und W. Grimm, G. C. Lichtenberg, C. F. Gauß, F. Wöhler, M. Born, W. Heisenberg).
Göttinger Hain (Göttinger Dichterbund, Hainbund), eine Vereinigung von überwiegend norddt. Göttinger Studenten, gegr. 1772. Ihr Vorbild war F. G. Klopstock, dessen Ode »Der Hügel und der Hain« dem grch. Parnass den nordisch-german. Götter- und Bardenhain gegenüberstellt. Zum G. H. gehörten u. a. die Grafen F. L. und C. zu Stolberg-Stolberg, H. C. Boie, J. H. Voß, L. Hölty, K. F. Cramer und J. A. Leisewitz. Gepflegt wurde empfindsam-innige, antirationalist., schlichte Lyrik und, durch die Brüder Stolberg-Stolberg, die klass. Odenform. Auch G. A. Bürger und M. Claudius standen dem Bund nahe. Organ des G. H. war der von H. C. Boie geleitete »Göttinger Musenalmanach« (1770 bis 1804). Ab 1775 löste sich der G. H. allmählich auf.
📖 *Der G. H., hg. v. A. Kelletat.* Stuttgart 1967.
Göttinger Sieben, die Göttinger Professoren Wilhelm Eduard Albrecht (*1800, †1876), F. C. Dahlmann, H. von Ewald (*1803, †1875), G. Gervinus, J. und W. Grimm und W. Weber, die von König Ernst August von Hannover am 14. 12. 1837 amtsenthoben wurden, weil sie gegen die Aufhebung des Staatsgrundgesetzes des Königreichs Hannover von 1833 protestiert hatten. Der Schritt der G. S. wurde als Zeichen des Wiederauflebens der liberalen Bewegung in Dtl. stark beachtet. Albrecht, Dahlmann, Gervinus und J. Grimm wurden 1848 in die Frankfurter Nationalversammlung gewählt.
Gottleuba, Bad, ↑Bad Gottleuba-Berggießhübel.
Göttliche Komödie, Die (italien. Divina Commedia), Hauptwerk von ↑Dante Alighieri.
göttliches Recht, in der *kath. Theologie* Bez. für das Recht, das unmittelbar von Gott allein gesetzt ist, gegliedert in das natürl. g. R. (↑Naturrecht) und das positive g. R. (↑Kirchenrecht).
Gottorp (Gottorf), europ. Dynastie, eine Seitenlinie des in Dänemark regierenden Hauses Oldenburg (Stammvater: Herzog Adolf I. [*1526, †1586]); benannt nach ihrer Residenz, Schloss Gottorf in Schleswig (erbaut nach 1161; Umbau im 16./17. Jh.); stellte 1544-1773 die Herzöge von Schleswig und Holstein. Eine Seitenlinie regierte 1751-1818 in Schweden, das Haus Romanow-Holstein-G. 1762-1917 in Russland (↑Romanow).
Gottsched, 1) Johann Christoph, Gelehrter und Schriftsteller, *Juditten (heute zu Königsberg) 2. 2. 1700, †Leipzig 12. 12. 1766; in erster Ehe ∞ mit 2); seit 1724 in Leipzig, 1730 dort Prof.; Kritiker und Spracherzieher, Reformer und geistiger Führer der Frühaufklärung (Anhänger von C. Wolff). In seinem »Versuch einer Crit. Dichtkunst vor die Deutschen« (1730) erstrebte er eine Reform der dt. Literatur, u. a. des dt. Dramas im Sinne des frz. Klassizismus. Oberste Prinzipien seines geschlossenen poetolog. Regelsystems waren u. a. die drei Einheiten im Drama, Naturnachahmung und gesunde Vernunft sowie Klarheit des Stils. Als Beispiel für die Schaubühne verfasste er das Trauerspiel »Der sterbende Cato« (erschienen 1732). G. gab auch moral. Wochenschriften (»Die vernünftigen Tadlerinnen«, 1725/26) heraus. Seine starre Regelauffassung (u. a. Ablehnung Shakespeares, Miltons, Klopstocks) führte in den 1740er-Jahren zu einer heftigen literar. Kontroverse über das Wunderbare mit den Schweizern J. J. Bodmer und J. J. Breitinger und durch ein neues Geschichtsbewusstsein und dem aufkommenden Irrationalismus zu einer Fehde mit Klopstock, Herder und Lessing. Sein größtes Verdienst erwarb sich G. um das dt. Theater; er sorgte für deklamator. Ausbildung der Schauspieler und wirkte mit Karoline Neuber für das soziale Ansehen des Standes. G. trat auch als Übersetzer hervor.
📖 *J. C. G. zum 300. Geburtstag,* gh. v. *G. Lerchner.* Leipzig 2000.
2) Luise Adelgunde Viktorie, geb. Kulmus, gen. Gottschedin, Schriftstellerin, *Danzig 11. 4. 1713, †Leipzig 26. 6. 1762; erste Frau von 1); übersetzte und bearbeitete frz. Stücke, verfasste auch selbst Lustspiele nach frz. Vorbild: »Die Pietisterey im Fischbein-Rocke...« (1736), »Das Testament« (1745).
Gottschee, Stadt in Slowenien, ↑Kočevje.
Gottwald, Klement, tschechoslowak. Po-

litiker, *Dědice (Mähren) 23. 11. 1896, †Prag 14. 3. 1953; Tischler, 1929–45 Gen.-Sekr., 1945–53 Vors. der KP, gründete in der UdSSR die »Nat. Front«, die 1945 die Reg. in der ČSR übernahm. 1945/46 stellv. MinPräs., 1946–48 MinPräs., 1948–53 (nach dem von ihm geführten Staatsstreich) Staatspräsident. In enger Anlehnung an Stalin schaltete er innerparteil. Kritiker seiner Partei aus (u. a. Schauprozess gegen R. Slánský).

Gottwaldov [nach K. Gottwald], 1949–89 Name von ↑Zlín.

Göttweig, 1083 gegr., seit 1094 Benediktinerabtei im Bez. Krems, NÖ, über dem rechten Donauufer. Nach einem Brand (1718) Neubau nach Plänen J. L. von Hildebrandts (nicht vollendet); bed. sind Altmannsaal (1734), Kaiserstiege (1738) und die Kirche (Fassade 1750–56).

Götz, Johann Nikolaus, Schriftsteller, *Worms 9. 7. 1721, †Winterburg (Kr. Bad Kreuznach) 4. 11. 1781; gab 1746 eine metr. Übersetzung der »Anakreontea« heraus, an die die dt. ↑Anakreontiker anknüpften.

Götze [mhd. götz »Heiligenbild«], als höheres Wesen verehrter Gegenstand oder ein fremder Gott (und sein Bild) im abwertenden Urteil einer monotheist. Religion; als Bez. für »falscher Gott« wesentlich auf M. Luther zurückgehend.

Götze, Moritz, Maler und Grafiker, *Halle (Saale) 26. 7. 1964; in seinen Arbeiten (Siebdruck, Buntstiftzeichnungen, Malerei), die in der Art von Comics Figuren in erzählfreudigen, kulissenhaften Szenen agieren lassen, zeigen sich ein skurriler Blick auf den Alltag und der Sinn fürs Groteske. Seine Themen wählt er aus dem trivialen Alltag, der Medien- und Konsumwelt sowie als der Literatur. Neben Grafiken v. a. Gemälde, Objekte, Installationen und architekturbezogene Kunst.

Götz von Berlichingen, ↑Berlichingen, Götz von.

Gouachemalerei [guˈaːʃ-, frz.] (Guaschmalerei), Malerei mit deckenden Wasserfarben **(Gouachefarben)**, im Unterschied zu lasierenden ↑Aquarellmalerei. Die Farben, die nach dem Trocknen aufhellen, werden meist auf getönte Malgründe aufgetragen. In der Wirkung ist die G. dem Pastell ähnlich. Bereits in der ägypt. Kultur bekannt, wurde die Technik im MA. in der Miniaturmalerei gebräuchlich. Die G. war bes. im 18. Jh. in der Schweiz, in Italien und Frankreich beliebt. Im 19./20. Jh. benutzten u. a. A. von Menzel, M. Liebermann und M. Slevogt die G., die seither bes. für Entwürfe von Postern, Kostümen und Bühnenbildern sowie für Illustrationen verwendet wird.

Gouda [ˈxɔu̯daː], Stadt in der Prov. Südholland, Niederlande, 71 500 Ew.; Pfeifen-, Tonwaren- und Kerzenmuseum; Kerzen-, Kunstkeramik-, Konserven- u. a. Ind.; bekannt durch Herstellung und Handel des G.-Käses. – Spätgot. Basilika Grote Kerk (Sint-Janskerk) und Rathaus (1450–52). – Stadtrecht seit 1272.

Goudsmit [ˈxɔu̯tsmɪt], Samuel Abraham, amerikan. Physiker niederländ. Herkunft, *Den Haag 11. 7. 1902, †Reno (Nev.) 4. 12. 1978; arbeitete v. a. über die Feinstruktur von Atomspektren, postulierte zus. mit G. E. Uhlenbeck den Elektronenspin; leitete 1944 ein Geheimunternehmen zur Auskundschaftung des dt. Atombombenprojekts.

Gouges [guːʒ], Olympe de, eigtl. Marie O. Aubry, frz. Rechtsphilosophin und Schriftstellerin, *Montauban 7. 5. 1748, †(hingerichtet) Paris 3. 11. 1793; verfasste neben Theaterstücken, Romanen u. a. 1791 in Analogie zur Menschenrechtserklärung von 1789 die »Déclaration des droits de la femme et de la citoyenne« (»Erklärung der Rechte der Frau und Bürgerin«), in der sie völlige Gleichberechtigung der Geschlechter forderte. Das Revolutionstribunal verurteilte sie wegen »Anschlags auf die Souveränität« zum Tode.

Goujon [guˈʒɔ̃], Jean, frz. Bildhauer und Baumeister, *in der Normandie (?) um 1510, †Bologna zw. 1564 und 1569; zählt neben den Baumeistern P. Lescot und P. Delorme zu den Wegbereitern der frz. Klassizismus; seine Bildwerke sind von erlesener Eleganz der Linienführung, v. a. schlanke Frauengestalten. Zu seinen Hauptwerken (alle im Louvre) gehören die Nymphenreliefs der Fontaine des Innocents (1548/49) sowie vier Karyatiden einer Musikempore des Louvre (1551).

Gould [guːld], **1)** Benjamin Apthorp, amerikan. Astronom, *Boston (Mass.) 27. 9. 1824, †Cambridge (Mass.) 26. 11. 1896; leitete die erste telegraf. Längenmessung (1861) zw. Amerika und Europa; erster Direktor des von ihm ab 1868 errichteten Observatoriums in Córdoba (Argentinien), erstellte umfassende Sternkataloge.

Goya GOY

Gouda: Blick über die Stadt

2) Glenn, kanad. Pianist, *Toronto 25. 9. 1932, †ebd. 4. 10. 1982; berühmt durch seine eigenwilligen Interpretationen der Klavierwerke J. S. Bachs und L. van Beethovens.
3) Morton, amerikan. Komponist, *Richmond Hill (N. Y.) 10. 12. 1913, †Orlando (Fla.) 21. 2. 1996; schrieb u. a. Musicals (»Billion dollar baby«, 1945), Ballette (»Fiesta«, 1957), zahlr. Orchesterwerke, Konzerte für Klavier, Violine; Film- und Fernsehmusik.
Goulimine [guliˈmiːn] (Goulimime, Guelmim), Oasenstadt in S-Marokko, 72 500 Ew.; Marktzentrum; Ksar; Fremdenverkehr.
Gounod [guˈnoː], Charles, frz. Komponist, *Saint-Cloud (Dép. Hauts-de-Seine) 17. 6. 1818, †ebd. 18. 10. 1893; Meister der lyr. Oper (»Faust«, 1859, in Dtl. als »Margarethe«; »Romeo und Julia«, 1867), schrieb ferner ein Requiem, Messen, Oratorien, Kantaten und Orchesterwerke.
Gourde [gurd; frz., von span. gordo »dick«], *der,* Abk. **Gde.,** Währungseinheit in Haiti; 1 G. = 100 Centime.
Gourmand [gurˈmã, frz.] *der,* Schlemmer.
Gourmet [gurˈmeː, frz.] *der,* Feinschmecker.
Gournia [ˈgu-], minoische Siedlung, ↑Gurnia.
Gouvernante [gu-, frz.] *die,* im 18. und 19. Jh. Hauslehrerin, Erzieherin der Töchter aus vornehmem Haus.

Gouvernement [guvɛrn(ə)ˈmã, frz.] *das,* Abk. **Gouv.,** 1) Regierung, Statthalterschaft; 2) Verwaltungsbezirk.
Gouverneur [guvɛrˈnøːr, frz.] *der,* **1)** Statthalter, oberster Verwaltungsbeamter eines Gliedstaats (USA), einer Provinz oder einer Kolonie (↑Generalgouverneur).
2) in Großbritannien und den USA die Leiter der Zentralnotenbanken.
3) oberster Befehlshaber einer Festung.
Gove Peninsula [ˈgəʊv pɪˈnɪnsjʊlə], Halbinsel im NO von Arnhemland, im Northern Territory, Australien, Landbesitz der Aborigines; reiche Bauxitvorkommen.
Gower [ˈgaʊə], John, engl. Dichter, *Kent um 1330, †Southwark (heute zu London) 1408; Zeitgenosse G. Chaucers, schrieb neben Satiren die didaktisch aufbereitete Erzählsammlung »Confessio amantis« (um 1390; dt. »Beichte des Liebenden«).
Goya, 1941/42 in Oslo gebautes und 1943 von der dt. Kriegsmarine konfisziertes Motorfrachtschiff; 5 230 BRT, ca. 130 m lang, 7 600 PS. Zunächst Ausbildungsschiff der U-Boot-Schule in Memel (Klaipėda), ab 1944 eingesetzt für den Transport von Verwundeten und Flüchtlingen (mehr als 15 000) über die Ostsee. Am 16. 4. 1945 mit rd. 7 200 Personen an Bord auf dem Weg von der Halbinsel Hela nach Swinemünde, wurde das völlig überfüllte Schiff kurz vor Mitternacht in der Danziger Bucht vom sowjet. U-Boot »L 3« torpediert und sank binnen weniger Minuten; nur etwa 175

Menschen konnten gerettet werden. Das Schiffsgrab in ca. 76 m Tiefe wurde offiziell am 16. 4. 2003 von einem dt. Forschungsschiff identifiziert und untersucht.

Goya y Lucientes [ˈgoja i luˈθientes], Francisco José de, span. Maler, Radierer und Lithograph, * Fuendetodos (Prov. Saragossa) 30. 3. 1746, † Bordeaux 16. 4. 1828; seit 1789 Hofmaler in Madrid. Infolge einer schweren Erkrankung (1792) verlor G. y L. sein Gehör; 1819 zog er sich in sein Landhaus (Quinta del sordo, »Haus des Tauben«) in der Nähe von Madrid zurück, hier entstand 1821–23 der spukhafte Zyklus der »Pinturas negras« (heute im Prado). Dem bedrückenden polit. Klima unter der Reg. von Ferdinand VII. entzog er sich 1824 durch die Emigration nach Bordeaux. In seiner Frühzeit lieferte er für die Teppichmanufaktur in Madrid Entwurfkartons, die heitere Szenen aus dem span. Volksleben schildern. Den Höhepunkt seiner höf. Bildnismalerei stellen die Porträts der königl. Familie um 1800 dar. Er löste sich von der konventionellen Porträtmalerei und charakterisierte die Dargestellten mit schonungsloser Offenheit. Die engagierte Anteilnahme an Zeitereignissen führte zu einer unverhüllten, ausdrucksgeladenen Darstellung. Der immer freier und kühner werdende Stil seiner Malerei erzielte bereits impressionist. Wirkungen. In seiner Spätzeit malte er düstere Bilder von hintergründiger, spukhafter Fantastik. Seine Radier- und Aquatintafolgen, seine Zeichnungen und Lithographien reflektieren kritisch soziale, kirchl. und polit. Missstände der Zeit.

Zu den Meisterwerken zählen u. a. Teppichkartons (seit 1776; Madrid, Prado), Fresken in der Ermita de San Antonio de la Florida in Madrid (1798); »Die bekleidete Maja« und »Die nackte Maja« (beide 1797; Madrid, Prado); »Karl IV. und seine Familie« (1800; ebd.); »Die Erschießung der Aufständischen am 3. Mai 1808 in Madrid« (1814; ebd.) sowie die Radier- und Aquatintafolgen: »Los Caprichos« (Einfälle, 80 Blätter, 1797/98), »La Tauromaquia« (Stierkampf, 40 Blätter, 1815/16), »Los Desastres de la Guerra« (Die Schrecken des Krieges, 82 Blätter, um 1808–1814), »Proverbios« oder »Disparates« (22 Blätter, zw. 1815 und 1824).

📖 *Goya. Die phantast. Visionen. Zeichnungen u. Gemälde aus dem Prado-Museum*, bearb. v. J. Guillaud u. M. Guillaud. A. d. Frz. u. Span. Stuttgart 1988. – *Francisco de Goya. Radierungen nach Velazquez, los Caprichos, los Desastres de la Guerra, la Tauromaquia, los Disparates*, bearb. v. E. Gäßler, Ausst.-Kat. Stadtmuseum Oldenburg 1990. – Held, J.: *Francisco de Goya mit Selbstzeugnissen u. Bilddokumenten*. Reinbek ⁶1998. – Licht, F.: *Goya. Die Geburt der Moderne*. München 2001.

Goyen, 1) [ˈgɔɪən], Charles William, amerikan. Schriftsteller, * Trinity (Tex.) 24. 4. 1915, † Los Angeles (Calif.) 30. 8. 1983; gestaltet in seinem von persönl. (Kind-

Francisco José de Goya y Lucientes: Die Erschießung der Aufständischen am 3. Mai 1808 in Madrid (1814; Madrid, Prado)

heits)erfahrungen geprägten Werk in lyr. Sprache eine oft ins Fantastische entrückte Welt: »Haus aus Hauch« (1950), »Im fernsten Land« (1955), »Savata« (1963).

2) ['xo:jə], Jan van, niederländ. Maler, * Leiden 13. 1. 1596, † Den Haag 27. 4. 1656; ab 1618 Meister in Leiden, ab 1631 in Den Haag ansässig. Stimmungsvolle Dünen- sowie Fluss- und Weidelandschaften, außerdem Ansichten niederländ. Städte in nahezu monochromer Gestaltung.

Goytisolo, Juan, span. Schriftsteller, * Barcelona 5. 1. 1931; schreibt zeit- und gesellschaftskrit. Romane, seit den 1970er-Jahren auch mit experimentellen Techniken, u. a. »Die Falschspieler« (1954), »Trauer im Paradies« (1955), »Identitätszeichen« (1966), »Johann ohne Land« (1975), »Das Manuskript von Sarajevo« (1995; dt.), »Kibla – Reisen in die Welt des Islam« (2000; dt.), Memoiren, Essays.

GOZ, Abk. für Gebührenordnung für Zahnärzte († Gebührenordnung für Ärzte).

Gozo ['gəʊtsəʊ, engl.] (maltes. Ghaudex, italien. Gozzo), Insel im Mittelmeer, Teil Maltas, 67 km² groß, mit der Insel Comino (2,6 km²) 27 800 Ew.; Hauptort: Victoria.

Gozzi ['gɔtsi], **1)** Carlo Graf, italien. Schriftsteller, * Venedig 13. 12. 1720, † ebd. 4. 4. 1806; Bruder von 2); verteidigte gegenüber C. Goldoni die Commedia dell'Arte, für die er zehn Märchenspiele (»Fiabe«, 1772) schrieb, so »König Hirsch« (UA 1762; Oper von H. W. Henze, 1956), »Turandot« (UA 1762, bearb. von Schiller 1802, als Oper von F. Busoni 1917, von G. Puccini 1926). Theatergeschichtlich aufschlussreich sind seine Memoiren (»Nichtsnutzige Erinnerungen«, 3 Bde., 1797).

📖 Feldmann, H.: Die Fiabe C. G.s Köln 1971.

2) Gasparo Graf, italien. Schriftsteller, * Venedig 4. 12. 1713, † Padua 25. 12. 1786; Bruder von 1); Theaterleiter und Zensor; Hg. der »Gazzetta veneta« (1760/61) und des »Osservatore veneto« (1761/62), Zeitschriften nach dem Vorbild von J. Addisons »Spectator«, in denen er Tagesereignisse mit moralisch-erzieher. Absicht kommentierte.

Gozzoli ['gɔttsoli], Benozzo, eigtl. B. di Lese di Sandro, italien. Maler, * Florenz 1420, † Pistoia 4. 10. 1497; Schüler und Gehilfe des Fra Angelico; schuf bes. Fresken in bunter, realist. Vielfalt, durchsetzt mit zeitgenöss. Elementen (»Zug der Hl. Drei Könige durch eine Gebirgslandschaft«, Florenz, Palazzo Medici-Riccardi, Kapelle, 1459–61).

GP, *Sport:* Abk. für Grand Prix († Großer Preis).

GPRS [Abk. für engl. general packet radio service], Standard für die paketvermittelte Datenübertragung über ↑GSM auf mobile Endgeräte, wobei die Abrechnung per Datenaufkommen erfolgt. Zur Steigerung der Bandbreite nutzt GPRS die Kanalbündelung, durch die eine Datenübertragungsrate bis 171,2 Kbit/s (8 Kanäle) erreicht wird. Bei einer hohen Zahl von Nutzern innerhalb einer Funkzelle sinkt die Übertragungsgeschwindigkeit, da sich alle Nutzer die Übertragungskapazität innerhalb der Reichweite der Funkzelle teilen müssen. GRPS ist deshalb nur ein Übergang zu den weitaus schnelleren Übertragungsraten von ↑UMTS.

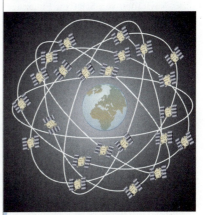

GPS: Satellitenkonstellation

GPS [Abk. für engl. global positioning system »globales Ortungssystem«], Satellitennavigationssystem für zivile und militär. Zwecke, bestehend aus 24 (21 + drei Reserve) in sechs kreisförmigen Bahnen angeordneten Satelliten (Höhe 20 200 km), wobei überall auf der Erde stets mindestens vier Satelliten über dem Horizont stehen und fortlaufend Positionssignale senden. Mit einem GPS-Empfänger (Antenne, Signalempfangsteil, Präzisionsuhr, Mikroprozessor, Stromversorgung) als Nutzersegment kann aus vier bis meist acht Satellitensignalen die eigene Position errechnet

GPU

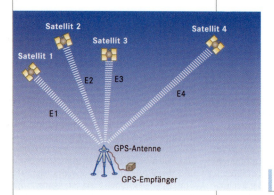

GPS: Standortbestimmung (schematisch)

werden. Die Signale wurden vom Betreiber (Pentagon) im zivilen Bereich so kodiert, dass die Messgenauigkeit bei ± 100 m liegt. Mit der Verfeinerung von GPS zum DGPS (Differenzial-GPS) können Fehler stark verringert werden. GPS und DGPS werden zur Navigation von Schiffen, Flugzeugen und Kraftfahrzeugen eingesetzt. – In Russland wird ein entsprechendes Navigationssystem GLONASS betrieben. (↑Satellitennavigation)

❖ siehe ZEIT Aspekte

GPU, [Abk. für russ. Gossudarstwennoje Polititscheskoje Uprawlenije (»Staatl. polit. Verwaltung«)], die 1922 aus der ↑Tscheka hervorgegangene polit. Geheimpolizei der Sowjetunion; wurde 1934 dem Volkskommissariat für Inneres (↑NKWD) unterstellt. Nachfolgeorganisation wurde 1954 der ↑KGB.

gr, Einheitenzeichen für ↑Grain.

Graaf-Follikel [nach dem niederländ. Anatomen Reinier de Graaf, *1641, †1673], ↑Eierstock.

Graal-Müritz, Ostseebad im Landkreis Bad Doberan, Meckl.-Vorp., in waldreicher Umgebung, 3 800 Ew.; Seebrücke (350 m).

Grab, Bestattungsstätte, die sich unter, auf oder über der Erdoberfläche befinden kann; i. Allg. auf Friedhöfen bzw. in Nekropolen. Als Gedenkstätten werden die Gräber meist mit G.-Steinen, G.-Kreuzen oder G.-Platten ausgestattet. Auch das G. selbst kann als G.-Denkmal gestaltet sein, entweder als Sarkophag oder als Bauwerk, das das eigentl. G. beherbergt. Gräber sind eine wichtige Quelle zur Erforschung von Sozialstruktur und Religion in Vor- und Frühgesch. Ihr Typus ist z. T. namenge-

bend für Kulturen (z. B. Hügelgräberkultur, Urnenfelderkultur). Auch für die Kulturgeschichte der Neuzeit geben Gräber wichtige Aufschlüsse. (↑Felsengräber, ↑Friedhof, ↑Grabmal, ↑Hügelgräber, ↑Megalithgräber, ↑Nekropole) – *Recht:* ↑Störung der Totenruhe.

Grab, Antoine-Marie (Ordensname Amédée), schweizer. kath. Theologe, Benediktiner, *Zürich 3. 2. 1930; wurde 1954 zum Priester geweiht und unterrichtete in der Folge in Einsiedeln (Kolleg der Benediktiner) und Ascona (Kolleg Papio). 1987 wurde G. zum Bischof geweiht, war Weihbischof und ab 1995 Bischof der Diözese Lausanne – Genf – Freiburg und ist seit 1998 Bischof von Chur. Seit Juli 2001 ist er Präs. des »Rates der Europ. Bischofskonferenzen« (Nachfolger von M. Vlk).

Grabạr, Igor Emmanuilowitsch, russ. Maler und Kunsthistoriker, *Budapest 25. 3. 1871, †Moskau 16. 5. 1960; war 1913–25 Direktor der Tretjakow-Galerie in Moskau; malte v. a. akademisch-realist. Porträts sowjet. Amtsträger; er war Mitinitiator der sowjet. Denkmalpflege; zahlr. kunstgeschichtl. Arbeiten.

Grab|bau, ↑Grabmal.

Grạbbe, Christian Dietrich, Dichter, *Detmold 11. 12. 1801, †ebd. 12. 9. 1836; Militärauditeur (Kriegsgerichtsrat); verfiel zunehmend dem Alkoholismus, schied 1834 aus dem Dienst aus; neben G. Büchner wichtiger Wegbereiter des modernen dt. Dramas, z. T. überkommene Formen sprengend. In seinen Dramen wird Geschichte in kraftvoller und desillusionist. Weise vergegenwärtigt (»Herzog Theodor von Gothland«, gedruckt 1827; »Don Juan und Faust«, 1829; »Napoleon oder Die

hundert Tage«, 1831; »Hannibal«, 1835; »Die Hermannsschlacht«, gedruckt 1838). Das Lustspiel »Scherz, Satire, Ironie und tiefere Bedeutung« (gedruckt 1827) trägt satir., grotesk-fantast. Züge.
Ziegler, K.: G.s Leben u. Charakter. Hamburg 1855, Nachdr. Horn 1984.

Grab|beigabe (Totengabe), einem Toten ins Grab mitgegebener Gegenstand aus dem profanen oder kult. Bereich. G. sind schon in Gräbern der mittelpaläolith. Neandertaler bekannt. Außer Speisebeigaben ist häufig der persönl. Besitz an Schmuck und Bewaffnung beigegeben, auch Geräte jeder Art. Bes. reich mit Beigaben ausgestattete Gräber ermöglichen Aussagen über Sozialstruktur und alltägl. Leben in vor- und frühgeschichtl. Zeit.

Grabdenkmal, ↑Grabmal.

Graben, 1) *allg.:* natürl. oder künstl. Einschnitt in den Boden.
2) *Geologie:* (Grabenbruch), zw. zwei stehen gebliebenen oder gehobenen Schollen **(Horst)** an Verwerfungen abgesunkener Streifen der Erdkruste, bisweilen unter dem Meeresspiegel, z. B. Jordan-G. am Grund des Toten Meeres (bis 829 m u. M.). (↑Rift, ↑Tiefseegräben)
3) *Militärwesen:* Anlage vor Verteidigungsstellung, Burg, Schloss, Stadt, Festung als Annäherungshindernis oder zum Anbringen von Annäherungshindernissen (↑Schützengraben).

Grabeskirche, über dem vermuteten Felsengrab Jesu Christi auf dem Golgathagelände in Jerusalem errichtete Kirche (UNESCO-Weltkulturerbe). Die erste Anlage war ein mehrteiliger Baukomplex, der als Stiftung Kaiser Konstantins I. 326–335 errichtet wurde (später mehrfach verändert). Den Besitz der G. teilen sich (nach wechselvoller Geschichte 1852 als Status quo fixiert) sechs Religionsgemeinschaften: die römisch-kath. Kirche, die orth. Griechen, Armenier, Kopten, Syrer (Jakobiten) und Äthiopier. (↑Heiliges Grab)

Grabfeld (Grabfeldgau), fruchtbare Muschelkalklandschaft am Oberlauf der Fränk. Saale, zw. der südl. Rhön und den Haßbergen, in Thür. und Bayern.

Grabfüßer (Zahnschnecken, Scaphopoda), den Muscheln nahe stehende Klasse der Weichtiere mit vorstreckbarem zylindr. Grabfuß, mit dessen Hilfe sie in Schlamm- und Sandböden der Meere graben. Als Nahrung dienen sandbewohnende Einzeller, die mit klebrigen Fangfäden erbeutet werden.

Grabmal (Grabdenkmal), Gedenk- und Erinnerungsmal an der Beisetzungsstelle eines Toten, z. T. architektonisch gestaltet **(Grabbau).** Die Anfänge liegen in der Altsteinzeit; von der Mittelsteinzeit sind in Mittel- und N-Europa hölzerne Grabpfähle belegt, seit der Jungsteinzeit steinerne Grabstelen und ↑Menhire, die mitunter bereits menschl. Züge tragen (Menhirstatuen). In Ägypten war seit Beginn des Alten Reichs die ↑Pyramide die Form des Königs-G., die ↑Mastaba des Privat-G., im Neuen Reich versteckt angelegte ↑Felsengräber, die auch in Vorderasien verbreitet waren. In Griechenland entwickelte sich das G. vom Erdhügel (tymbos) zu steinernem, geschmücktem »Grabtisch« und Grabstele mit Reliefbild. Im etrusk. Raum kamen im 7. Jh. v. Chr. monumentale Tumulusgräber (↑Hügelgrab) auf. In Rom wurden die Rundmonumente (Tempel, Statuen, Reliefs) zu gewölbten Rundbauten umgestaltet. Einen Höhepunkt bildeten das Augustus-Mausoleum und die Engelsburg in Rom sowie das G. Theoderichs d. Gr. in Ravenna. Cha-

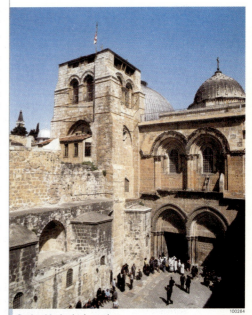

Grabeskirche in Jerusalem

rakteristisch für die frühchristl. Zeit ist die Beisetzung in ↑Katakomben. Im MA. wurden, abgesehen von außerhalb der Kirche aufgestellten, mit Kreuz und Namen versehenen **Memoriensteinen** für Laien, im Wesentlichen folgende Formen ausgebildet: die in den Boden der Kirche eingelassene, später meist denkmalhaft vor die Wand gestellte **Grabplatte** aus Stein oder Bronze; die frei stehende, über dem

Grabmal: Marmorgrabmal Ferdinands II. von Aragón und Isabellas I. von Kastillien in der Capilla Real in Granada (1522 von dem Florentiner Künstler Domenico Fancelli geschaffen)

Bodengrab errichtete **Tumba** (im Spät-MA. mit Baldachin); das **Wandnischengrab,** das aus einer Tumba in architekton., Nischen bildendem Rahmen besteht; das **Epitaph,** ein Relief oder Tafelbild an der Kirchenwand ohne Verbindung mit der Grabstätte, stellt den Toten, meist in kleiner Gestalt, anbetend vor Christus, Maria und Heiligen dar. Erst im 11. Jh. erhielt die Grabplatte figürl. Darstellungen. Seit dem 14. Jh. und bes. im Spät-MA. erscheinen an den Wänden der Tumben Klagegestalten. Das Wandnischengrab wurde in Spanien, Frankreich und Italien ausgebildet. Während in Dtl. das Epitaph entwickelt wurde, blieb Italien auch in der Renaissance beim Wandnischengrab, das durch Michelangelo seinen klass. Höhepunkt erreichte (Medici-Gräber, Florenz). In den G. des Barock verband sich das Bedürfnis nach Repräsentation mit der Vorliebe der Zeit zu allegor. Darstellungen. Seit Ende des 18. Jh. überwog die Ausstattung von Friedhofsgräbern, Grabbauten

standen neben einfachen Gedenksteinen und Kreuzen. Im 20. Jh. fungieren G. auch als Mahnmale.
Im islam. Bereich entstanden seit dem 9. Jh. Memorialbauten mit dem Grab des Kalifen oder Herrschers, oft ganze Nekropolen; später gelangte der asiat. Grabturm (Gumbad) in den islam. Raum. Seit dem 12. Jh. wurde das G. auch mit anderen religiösen Einrichtungen (Moschee, Medrese) verbunden. – In Indien entwickelte sich aus dem ursprüngl. Bestattungshügel der ↑Stupa zum zentralen Kultsymbol; in indoislam. Zeit entstanden Mausoleen und Grabmoscheen. – In China bestanden Grabbauten seit etwa 200 n. Chr. aus einem Verband unterird. Grabkammern; spätere Mausoleen wurden nach dem Vorbild der kaiserl. Paläste angelegt.
Grabmann, Martin, Philosoph und kath. Theologe, * Winterzhofen (heute zu Berching, Kr. Neumarkt i. d. OPf.) 5. 1. 1875, † Eichstätt 9. 1. 1949; widmete sich umfangreichen Quellenstudien zur mittelalterl. Philosophie und Theologie und verfasste grundlegende Arbeiten zur Scholastik, bes. zu Thomas von Aquin.
Grabow [-bo], Stadt im Landkreis Ludwigslust, Meckl.-Vorp., an der Elde, 6900 Ew.; Backwaren; Hafen. – Got. St.-Georgs-Kirche, Fachwerkhäuser, barockes Rathaus. – Im 13. Jh. gegründet.
Grabowsky [-ki], Adolf, Politikwissenschaftler, * Berlin 31. 6. 1880, † Arlesheim (bei Basel) 23. 8. 1969; gründete 1907 mit Richard Schmidt (* 1862, † 1944) die »Ztschr. für Politik«.
Werke: Wege ins neue Dtl. (1919); Demokratie und Diktatur (1949); Raum, Staat und Gesch., Grundlegung der Geopolitik (1960).
Grabschändung, ↑Störung der Totenruhe.
Grabstichel, 1) *Astronomie:* (lat. Caelum), Sternbild des Südhimmels.
2) *Fertigungstechnik:* aus gehärtetem Stahl bestehendes Werkzeug des Kupferstechers.
Grabstock, unten abgeflachter Holzstab, von Jäger- und Sammlervölkern zum Ausgraben von Wurzeln u. a., von Ackerbauern zur Bodenbearbeitung benutzt; Vorläufer des Spatens.
Grabtuch Christi, nach Mk. 15, 46 das Leichentuch Christi; seit dem MA. Gegenstand religiöser Verehrung; unter den 40

vermeintl. G. C. ist das ↑Turiner Grabtuch das berühmteste.

Grabwespen (Sphegidae), Familie der Hautflügler (Stechwespen) mit meist schwarz-gelb oder schwarz-rotbraun geringeltem Körper. Das Weibchen gräbt eine Bodenröhre, trägt durch einen Stich gelähmte Insekten oder Spinnen als Futtervorrat hinein und legt ein Ei dazu. Zu den G. gehören u. a. Sandwespen, Bienenwolf, Töpferwespen.

Gracchen ['graxən], zwei Brüder aus dem röm. plebejischen Geschlecht der Sempronier (Söhne der ↑Cornelia). Die Sozialreformer **Tiberius Sempronius Gracchus**, * 162 v. Chr., † (ermordet) 133, Volkstribun 133, und **Gaius Sempronius Gracchus**, * 153 v. Chr., † 121, Volkstribun 123 und 122, erstrebten u. a. Aufteilung des Großgrundbesitzes, Neuverteilung des staatl. Ackerlandes an besitzlose Bauern, Ansiedlung röm. Bürger in geschlossenen Kolonien in Italien und außerhalb Italiens. Ihr reformer. Wirken leitete die Epoche der röm. Bürgerkriege ein.

Gracht [niederländ.] *die,* Kanal in niederländ. Städten.

Gracián y Morales [gra'θian i -], Baltasar, span. Schriftsteller und Philosoph, * Belmonte de Calatayud (Prov. Saragossa) 8. 1. 1601, † Tarazona de Aragón (Prov. Saragossa) 6. 12. 1658; seit 1619 Jesuit; Moralphilosoph skept. Richtung. In dem allegorisch-satir. Roman »Criticon oder Über die allg. Laster des Menschen« (3 Tle., 1651–57) unternahm er eine krit. Deutung des Menschen und seiner Umwelt; das durch A. Schopenhauers Übersetzung (1862) berühmt gewordene »Hand-Orakel und Kunst der Weltklugheit« (1647) ist eine Art Brevier der Lebensweisheit. G. y M. war Hauptträger des ↑Konzeptismus.
📖 *Krauss, W.: Graciáns Lebenslehre. Nachdr. der Ausg. v. 1947. Frankfurt am Main* ²*2000.*

Gracia Patricia, geb. Grace Kelly, Fürstin von Monaco, * Philadelphia (Pa.) 12. 11. 1929, † (Autounfall) Monte Carlo 14. 9. 1982; amerikan. Filmschauspielerin; spielte u. a. in den Filmen »Zwölf Uhr mittags«, 1952; »Über den Dächern von Nizza«, 1955; »Die oberen Zehntausend«, 1956; heiratete 1956 Fürst Rainier III. von Monaco.

Gracioso [graθ-, span.] *der,* lustige Person im span. Barocktheater; meist Diener, Reitknecht, Soldat oder Ratgeber und Vertrauter seines Herrn.

Gracq [grak], Julien, eigtl. Louis Poirier, frz. Schriftsteller, * Saint-Florent-le-Vieil (Dép. Maine-et-Loire) 27. 7. 1910; schildert das Hereinbrechen irrationaler Mächte in das Leben der Menschen (Romane: »Das Ufer der Syrten«, 1951; »Ein Balkon im Wald«, 1958). Die Spätwerke reflektieren über Natur, Kunst und Geschichte (»Der große Weg. Tagebuch eines Wanderers«, 1992).

grad, *Mathematik:* Zeichen für ↑Gradient.

Grad [lat. gradus »Rang«, »Stufe«] *der,*
1) *Geometrie:* Einheitenzeichen °, gesetzl. Einheit des ebenen Winkels (früher auch Alt-G. gen.), definiert als der 90ste Teil des rechten Winkels oder durch $1° = (\pi/180)$ rad (↑Radiant). Unterteilungen: ↑Minute, ↑Sekunde.
2) *graf. Technik:* Kurzbez. für ↑Schriftgrad.
3) *Kartographie:* Längen- und Breitengrad (↑Gradnetz, ↑Gradmessung).
4) *Mathematik:* die höchste Potenz, in der eine Variable in einer Gleichung bzw. in einem Polynom auftritt.
5) *Physik:* ↑Grad Celsius, ↑Grad Fahrenheit, ↑Grad Rankine, ↑Grad Reaumur, ↑Kelvin.

grad., Abk. für **grad**uiert, 1964–80 verliehener akadem. Grad, der in Verbindung mit einer näheren Bez. der Fachrichtung (z. B. Ing. [grad.], Betriebswirt [grad.]) seit 1964 von Absolventen der staatlich anerkannten Ingenieurschulen bzw. der an ihrer Stelle 1968–80 eingerichteten FH oder Gesamthochschulen (bestimmte Studiengänge) erworben wurde; durch den Diplomtitel abgelöst (↑Diplom).

Grad|abteilung, ↑Gradnetz.

Gradation [lat.] *die,* 1) *allg.:* stufenweise Steigerung.
2) *Film- und Videotechnik:* Maß für die Wiedergabe von Helligkeitsabstufungen.
3) *Fotografie:* die Beziehung zw. Belichtung und der in der fotograf. Schicht erzielten Schwärzung (Kontrastwiedergabe).

Grad Celsius [nach A. Celsius], Einheitenzeichen °C, gesetzl. Einheit der **Celsius-Temperatur** t (oder ϑ). Diese ist definiert durch: $t = T - T_0$ (T thermodynam. Temperatur, T_0 thermodynam. Temperatur des Eispunktes = 273,15 K). In der **Celsius-Skala** ist ein Grad als der 100ste Teil

der Temperaturdifferenz zw. Eispunkt (0°C) und Dampfpunkt (100°C) festgelegt.
Grade, Hans, Flugzeugkonstrukteur und Flugpionier, *Köslin (heute Koszalin) 17. 5. 1879, † Borkheide (Landkreis Potsdam-Mittelmark) 22. 10. 1946; führte 1908 als erster Deutscher einen Motorflug mit einem selbst gebauten Dreidecker aus, baute 1909 den G.-Eindecker, errichtete 1910 eine Flugschule und gründete die G.-Fliegerwerke.
Grad Fahrenheit [nach D. G. Fahrenheit], Einheitenzeichen °F, angloamerikan. Einheit der **Fahrenheit-Temperatur.** In der **Fahrenheit-Skala** wird der Eispunkt (Gefrierpunkt des Wassers) mit 32 °F, der Dampfpunkt (Siedepunkt) mit 212 °F festgelegt, der Fundamentalabstand zw. beiden Punkten beträgt 180 °F (1 °F ist der 180ste Teil der Temperaturdifferenz zw. Eis- und Dampfpunkt). Zw. dem Zahlenwert F der Temperatur in °F (Fahrenheit-Temperatur) und dem Zahlenwert C der Temperatur in °C (Celsius-Temperatur) gelten die Umrechnungen: $C = \frac{5}{9}(F - 32)$ und $F = \frac{9}{5}C + 32$.
Gradient [lat.] *der,* 1) *Mathematik:* Zeichen **grad,** die einem Skalarfeld $\varphi(r)$ in jedem Punkt P (Ortsvektor r) zugeordnete vektorielle Feldgröße, die senkrecht auf der Niveaufläche $\varphi(r)$ = const. steht und in Richtung des stärksten Wachstums von φ weist; speziell gilt in einem kartes. Koordinatensystem mit i, j, k als Einheitsvektoren in Richtung der x-, y-, z-Achse:

$$\operatorname{grad} \varphi(r) = \frac{\partial \varphi}{\partial x} i + \frac{\partial \varphi}{\partial y} j + \frac{\partial \varphi}{\partial z} k.$$

2) *Meereskunde:* Maß für die räuml. Veränderlichkeit von Temperatur, Salzgehalt und Druck. Der G. ruft den G.-Strom hervor, der durch Winddrift u. a. Einflüsse modifiziert werden kann.
3) *Meteorologie:* Maß für die Änderung einer atmosphär. Größe in horizontaler und/oder vertikaler Richtung.
4) *Verkehrstechnik:* Gefälle und Steigungen von Straßen, Eisenbahngleisen, Wasserläufen.
Gradientenfaser, ↑ Lichtleiter.
gradieren [lat.], verstärken, auf einen höheren Grad bringen, allmählich konzentrieren; gradweise abstufen; in Grade einteilen.
Grading [ˈgreɪdɪŋ, engl.] *das,* Differenzierungsgrad bösartiger Tumoren; die Beurteilung der Aggressivität einer Geschwulst (v. a. in histolog. und zytolog. Hinsicht) erfolgt nach Differenzierungsgraden (G1 bis G4). Je weniger differenziert ein Tumor ist, umso höher ist der Bösartigkeitsgrad.
Gradisca d'Isonzo, Stadt in der Prov. Gorizia (Görz), Friaul-Julisch Venetien, Italien, 6700 Ew. – Dom (16. Jh.), barocke Paläste und Bürgerhäuser. – G. wurde 1471–81 von den Venezianern als Festung gegen die Türken angelegt, kam 1521 an Österreich (1647–1717 selbstständige Grafschaft) und wurde 1754 mit ↑Görz zu einer gefürsteten Grafschaft vereinigt **(Görz und Gradisca).**
Graditz, Ortsteil von Torgau, Sachsen; Sächs. Hauptgestüt (gegr. 1686) mit den Zuchtrichtungen Dt. Reitpferd und Engl. Vollblut.
Gradmann, Robert, Geograph und Botaniker, *Lauffen am Neckar 18. 7. 1865, † Sindelfingen 16. 9. 1950; förderte Pflanzen- und Kulturgeographie; schrieb eine grundlegende Länderkunde Süddeutschlands (2 Bde., 1931).
Gradmessung, klass. geodät. Methode zur Bestimmung der geometr. Parameter von Erdmodellen (Erdkugel, Erdellipsoid). Aus der Messung von Meridianbogenlängen (Breiten-G.) oder Parallelkreisbogenlängen (Längen-G.) und aus astronom. Ortsbestimmungen lassen sich der Erdradius oder beim Ellipsoid die große Halbachse und die Abplattung berechnen. Die erste G. wurde von Eratosthenes von Kyrene durchgeführt; die auf Triangulation beruhende G. begründete 1617 W. Snellius.
Gradnetz, *Kartographie:* i. w. S. jedes die Oberfläche eines Planeten oder die Himmelskugel dem geograph. G. entsprechend unterteilendes Liniennetz; i. e. S. das **G. der Erde** (geograph. G.): das aus **Längenkreisen** (Meridianen) und **Breitenkreisen** (Parallelkreisen) gebildete Netz der als Kugel oder Rotationsellipsoid betrachteten Erdoberfläche. Die sich von Pol zu Pol erstreckenden Längenkreise dieses G. sind die Hälften von Großkreisen, die sich in beiden Polen schneiden; Nullmeridian ist der Meridian von Greenwich, von dem aus die **geograph. Längen** bis 180° nach O (östl. Länge, Abk. ö. L.) bzw. nach W (westl. Länge, Abk. w. L.) gezählt werden. Von den Breitenkreisen ist nur der Äquator ein Großkreis, während die parallel verlaufenden Breitenkreise polwärts immer klei-

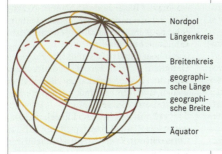

Gradnetz

ner werden; die **geograph. Breiten** werden vom Äquator aus bis 90° (Pol) nach N (nördl. Breite, Abk. n. Br.) bzw. nach S (südl. Breite, Abk. s. Br.) gezählt. **Gradabteilungen** sind von Längen- und Breitenkreisen abgegrenzte Teile der Erdoberfläche.
Grado, Stadt und Seebad in der Prov. Gorizia (Görz), Friaul-Julisch Venetien, Italien, an der Adria, 8 900 Ew.; Fischereihafen. – In der Altstadt, einer typisch venezian. Lagunensiedlung, frühchristl. Kirchenbauten: Basilika Sant' Eufemia (früher Dom; 579 geweiht; auf zwei Vorgängerbauten des 4./5. Jh.) mit Mosaikfußboden, achteckiges Baptisterium (zweite Hälfte 5. Jh.), Basilika Santa Maria delle Grazie (6. Jh.; auf zwei Vorgängerbauten des 4./5. Jh.). – G. war nach dem Langobardeneinfall Zufluchtsort des Patriarchen von Aquileja (568–607), danach Sitz eines eigenen Patriarchen (Neuaquileja), der seit dem 12. Jh. in Venedig residierte.
Grad Rankine [- 'ræŋkın; nach W. J. Rankine], Einheitenzeichen °R oder °**Rank,** angloamerikan. Einheit der **Rankine-Temperatur.** Der Nullpunkt der Rankine-Skala ist der absolute Nullpunkt der Temperatur (0 K). Zw. der in Kelvin (K) gemessenen thermodynam. Temperatur und der Rankine-Temperatur besteht der Zusammenhang: $x °\text{Rank} = {}^5\!/_9 x\,\text{K}$.
Grad Reaumur [- reːoˈmyr; nach R. A. Réaumur], Einheitenzeichen °**R,** veraltete, nicht gesetzl. Einheit der **Reaumur-Temperatur.** In der **Reaumur-Skala** beträgt der Fundamentalabstand zw. Eis- und Dampfpunkt 80 °R (Eispunkt 0 °R, Dampfpunkt 80 °R); die Zahl 80 leitet sich aus der Längenausdehnung des Alkohol-Wasser-Gemisches her, die Réaumur als Thermometerfüllung verwendete. $1\,°\text{R} = {}^5\!/_4\,°\text{C}$.

Gradstock, *Astronomie:* der ↑Jakobsstab.
Graduale [mlat., zu lat. gradus »Rang, Stufe«] *das,* **1)** in der kath. Messe der Wechselgesang zw. Epistel- und Evangelienlesung.
2) seit dem 12. Jh. übl. Bez. für das liturg. Buch mit den Gesängen der Messe.
Gradualpsalmen, die ↑Stufenpsalmen.
Graduiertenkolleg, seit 1986 eingerichtetes Doktorandenprogramm. Ausgewählte Doktoranden erhalten ein Promotionsstipendium, das u. a. durch Stiftungen finanziert wird, sowie wiss. Förderung.
Gradus ad Parnassum [lat. »Stufen zum Parnass«, dem altgrch. Musensitz], ein grch. oder lat. Wörterbuch mit Angabe von Silbenlängen, synonymen Wörtern, passenden Beiwörtern (Epitheta), Versregeln u. Ä. als Anleitung zum Verfassen grch. oder lat. Verse.
Graecum [lat. »das Griechische«] *das,* Nachweis über Kenntnisse in der griech. Sprache nach entsprechender Prüfung am Gymnasium oder an der Universität.
Graefe, Albrecht von, Augenarzt, *Berlin 22. 5. 1828, †ebd. 20. 7. 1870; Begründer der modernen Augenheilkunde, führte den Augenspiegel von H. L. F. Helmholtz in die Praxis ein, entwickelte u. a. eine operative Behandlung des Glaukoms.
Graeser, Camille Louis, schweizer. Innenarchitekt, Maler, Grafiker und Designer, *Carouge (Kt. Genf) 27. 2. 1892, †Zürich 21. 2. 1980; zählt zu den bedeutendsten Vertretern der konkreten Malerei in der Schweiz.
Graetz-Schaltung [nach dem Physiker Leo Graetz, *1856, †1941], zur Gleichrichtung von Wechselstrom verwendete Brückenschaltung, bei der vier ↑Gleichrichter die Brücke bilden, an deren einem Diagonalzweig die Wechselstromquelle ange-

schlossen ist, während der andere Diagonalzweig den gleichgerichteten Strom führt.
Graf [ahd. grafio, urspr. »königl. Beamter«] (mlat. Comes, frz. Comte, engl. Count), Adelstitel, urspr. im Fränk. Reich und bei den Angelsachsen der königl. Beamte an der Spitze des Heerbanns, der Rechtsprechung und Verw. einer **Grafschaft** (mlat. Comitatus); auch Beamter in einem Sachbereich, z. B. Burg-, Pfalz-G.; später auch Bez. für genossenschaftl. Beauftragte (z. B. Deich-G.). Die merowingisch-frühkaroling. Grafschaftsverf. wurde Vorbild für das Abendland. Im MA. wurden die Grafschaften zu erbl. Lehen umgebildet. Die gräfl. hohe Gerichtsbarkeit war im Hl. Röm. Reich Kern der Landesherrschaften.
Gr̲af, 1) Ferdinand, österr. Politiker, *Klagenfurt 15. 6. 1907, †Wien 8. 9. 1969; Jurist, 1938–40 im KZ; Mitgl. der ÖVP, baute als Min. für Landesverteidigung (1956–61) das österr. Bundesheer auf.
2) Oskar Maria, Schriftsteller, *Berg (Landkreis Starnberg) 22. 7. 1894, †New York 28. 6. 1967; gehörte zur Münchener Gruppe um K. Eisner, emigrierte 1933 nach Wien (Protestbrief »Verbrennt mich!«), 1938 in die USA; den frühen Gedichten »Die Revolutionäre« (1918) folgten das autobiograf. Zeitdokument »Wir sind Gefangene« (1927) und sozialkrit. Novellen und Romane (»Die Chronik von Flechting«, R., 1925; »Das bayer. Dekameron«, Erz., 1928; »Die Heimsuchung«, R., 1928; »Bolwieser«, R., 1931; »Der Abgrund«, R., 1936; »Der große Bauernspiegel«, Erz., 1962). G.s Erzählweise ist volkstümlich-realistisch, mitunter derb-humorvoll; zu seinem eigentl. Stoff fand er in Dorf- und Kleinstadtromanen. In den letzten Jahren des Zweiten Weltkrieges entstand der utop. Roman »Die Eroberung der Welt« (1949, 1959 u. d. T. »Die Erben des Untergangs«).
3) Stefanie (Steffi) Maria, Tennisspielerin, *Mannheim 14. 6. 1969; seit 2001 ∞ mit A. Agassi; fünfmal WTA-Weltmeisterin (zw. 1987 und 1996), 1988 Olympiasiegerin und Gewinnerin des ↑Grand Slams; gewann zw. 1987 und 1999 22 Grand-Slam-Turniere; 1987 bis März 1997 Weltranglistenerste. Sportlerin des Jahres (1986–89, 1999).
4) Urs, schweizer. Goldschmied, Maler, Zeichner und Kupferstecher, *Solothurn

um 1485, †Basel Ende 1527 oder Anfang 1528; schuf v. a. derbdrast. Federzeichnungen, Kupferstiche und Holzschnitte aus dem Landsknechtsleben.
Grafenau, Stadt im Landkreis Freyung-Grafenau, Bayern, 9 100 Ew.; Luftkurort; Sitz des Nationalparkamts Bayerischer Wald; elektrotechn. Ind., Holzverarbeitung. – Stadtrecht seit 1376.
Grafenfehde, Krieg zw. Lübeck und Dänemark (1533–36), ben. nach den Grafen Christoph von Oldenburg und Johann von Hoya, die im Bund mit der Stadt Lübeck unter dem Bürgermeister J. Wullenwever den 1523 gestürzten König Christian II. wieder auf den dän. Thron heben wollten; mit schwed. Hilfe siegte 1536 jedoch der vom dän. Adel gewählte König Christian III. Lübeck verlor die Ostseeherrschaft, Norwegen, das ebenfalls Christian II. unterstützt hatte, seine Selbstständigkeit.

Stefanie Graf (1999)

Gräfenhainichen, Stadt im Landkreis Wittenberg, am Rand der Dübener Heide, Sa.-Anh., 9 100 Ew.; in der Nähe in zwei Braunkohlentagebau-Restlöchern Freilichtmuseum **Ferropolis** (Eisenstadt) aus

grafische Datenverarbeitung GRA

Tagebaugroßgeräten. – Ende 13. Jh. als planmäßige Marktsiedlung entstanden, 1454 Wiederbestätigung der Stadtrechte, 1547 zu Meißen, 1815 zu Preußen; bis 1994 Kreisstadt.
Grafenkrone, *Heraldik:* die Rangkrone der Grafen, besteht aus neun jeweils mit einer Perle verzierten Zacken (bei der G. für die reichsunmittelbaren, 1806 mediatisierten Grafen aus fünf Blättern mit einer Perle in den Zwischenräumen).
Grafenrheinfeld, Gemeinde im Landkreis Schweinfurt, Bayern, 3 300 Ew.; seit 1982 Kernkraftwerk (1 275 MW).
Grafenwöhr, Stadt im Landkreis Neustadt a.d. Waldnaab, Bayern, 7 000 Ew.; Museum, Rathaus (1462); Truppenübungsplatz. – Seit 1361 Stadt.
Graff, Anton, schweizer. Maler, *Winterthur 18. 11. 1736, † Dresden 22. 6. 1813; seit 1766 Hofmaler in Dresden; porträtierte neben Vertretern des Adels auch zahlr. Persönlichkeiten des dt. Geisteslebens (G. E. Lessing, F. Schiller, C. F. Gellert, J. G. Herder).
Graffi, Arnold Martin, Pathologe, *Bistritz 19. 6. 1910; Prof. in Berlin; begründete die zytoplasmat. Mutationstheorie der Krebsentstehung; entdeckte eine Reihe von Viren, die bei bestimmten Tieren Krebs erregen, und die Übertragbarkeit der Virulenz von Tumorviren durch Nucleinsäuren.
Graffiato [italien., zu graffiare »kratzen«] *der,* ↑Sgraffiato.
Graffiti [italien.] *Pl.,* **1)** Bez. für Kratzputz (↑Sgraffito).
2) auf Felsen, Mauern oder Wandflächen eingeritzte oder aufgekritzelte Texte und Zeichnungen, an Hauswänden oder in öffentl. Toiletten schon seit der Antike bekannt. Seit den 1970er-Jahren erschienen G., an Bussen und U-Bahnen mithilfe von aufgesprühten Farbmitteln angebracht, zunehmend als Ausdruck polit. Protests. In dieser Funktion erhielten sie auch in Europa zunehmende Bedeutung und wurden durch den als Sprayer von Zürich bekannt gewordenen Harald Naegeli (*1940) ab 1977 als künstler. Ausdrucksmöglichkeit zur Diskussion gestellt. Eine G.-Art als neue Kunstrichtung konnte sich jedoch erst in den 1980er-Jahren in New York mit K. Haring und J.-M. Basquiat als führenden Vertretern etablieren.
📖 *G. Kunst auf Mauern,* bearb. v. K. D. Ap-
puhn. Dortmund ⁶1992. – *Suter, B.:* G. Rebellion der Zeichen. Frankfurt am Main ³1994. – *Treeck, B. van:* Das grosse G.-Lexikon. Neuausg. Berlin 2001. – *Schmitt, A. u. Irion, M.:* G. – Problem oder Kultur? München 2001.
Grafik [grch., ↑graph...] *die,* Teilgebiet der bildenden Kunst. Sie umfasst in erster Linie Druck-G. (↑Holzschnitt, ↑Kupferstich, ↑Lithographie, ↑Originalgrafik), aber auch Handzeichnungen (↑Zeichnung) werden ihr zugerechnet. Von der zweckfreien künstler. G. wird das ↑Grafikdesign unterschieden. – Eine techn. Sonderstellung nehmen ↑Computergrafik und ↑Computerkunst ein.
Grafikdesign [-dızaın, engl.] (früher Gebrauchsgrafik), Gestaltung von Vorlagen für reproduzierbare Bild-, Druck- und Bildschirmmedien. Im modernen Sprachgebrauch findet dafür auch der Begriff **visuelle Kommunikation** Verwendung. Die Umsetzung von Information in visuelle Eindrücke erfolgt mittels Schrifttype, Bild- und Fototechniken sowie Computerprogrammen. Für Trickfilme, Fernsehen oder Internetseiten wird bewegte Grafik (Animation) eingesetzt. Weitere Spezialgebiete: **Schriftendesign (Typographie), Werbegrafik, Buchgrafik, Infografik, Piktogramm, Signet (Logo Design), Firmen-Erscheinungsbild (Corporate Design).**
Grafikkarte, *Informatik:* eine Steckkarte, die die im Computer verarbeiteteten Text- und Bildinformationen in für den Monitor darstellbare Signale umsetzt. Von der G. hängt im Wesentlichen die Auflösung, die darstellbare Farbanzahl (Farbtiefe) und die Geschwindigkeit beim Bildaufbau ab.
Grafing b. München, Stadt im Landkreis Ebersberg, Oberbayern, 11 600 Ew.; chemisch-pharmazeut. Forschungsinstitut; Brauereigewerbe. – Seit 1953 Stadt. – Abb. S. 602.
grafische Benutzeroberfläche, *Informatik:* Art der Benutzerführung, bei der mit graf. Symbolen und einem Zeigeinstrument (z. B. Maus) als Bediengerät gearbeitet wird. Die Bedienung erfolgt durch die Manipulation (»Anklicken«) der graf. Objekte.
grafische Darstellung, ↑Diagramm.
grafische Datenverarbeitung, Gebiet der angewandten Informatik, das Verfahren und Techniken bereitstellt, um Bilder zu produzieren und diese zu manipulieren.

GRA grafische Technik

Teilgebiete sind insbesondere die Computergrafik und die digitale Bildverarbeitung.
grafische Technik, die Gesamtheit aller Verfahren, verwendeten Gegenstände und Anlagen des graf. Gewerbes, umfasst die Satztechnik (↑Setzerei), Reproduktionstechnik, Herstellung von Druckformen, Druckverfahren und die Buchbinderei; zunehmend digitalisiert.

100450
Grafing b. München: Marktplatz mit den Türmen vom Rathaus (rechts) und der Marktkirche zur Allerheiligsten Dreifaltigkeit (links); oben die Stadtpfarrkirche Sankt Ägidius

Grafschaft, der Amtsbezirk eines ↑Grafen.
Grafschaft Bentheim, Landkreis im RegBez. Weser-Ems, Ndsachs., 981 km², 130 300 Ew.; Verw.sitz: Nordhorn.
Graft-versus-Host-Reaktion [grɑːftˈvəːsəshɔst-, engl.] (GVH-Reaktion, Transplantat-gegen-Wirt-Reaktion), Bez. für die Folgen einer Immunreaktion eines Transplantats gegen den Empfänger (Wirt); die GVH-Reaktion kann tödlich verlaufen, sie muss deshalb durch ↑Immunsuppression unterdrückt werden.
Graham, Mount [maʊnt ˈgreɪəm], Berg in den Pinateno Mountains, Arizona (USA), 3267 m ü. M.; u. a. Standort des seit 1993 betriebenen **Heinrich-Hertz-Teleskops,** ein 10-m-Teleskop für die Untersuchung kosm. Strahlungsquellen im Submillimeterbereich. Im Bau ist ein internat. Großteleskop mit je zwei im Abstand von 14,4 m auf einer gemeinsamen Montierung befindl. 8,4-m-Spiegeln (engl. **Large Binocular Telescope,** Abk. **LBT**).
Graham [ˈgreɪəm], **1)** Billy, eigtl. William Franklin G., amerikan. baptist. Erweckungsprediger, *Charlotte (N. C.) 7. 11. 1918; wurde 1939 Prediger der südl. Baptistenkirche in den USA (Southern Baptist Convention) und führt seit 1946 weltweit Evangelisationsveranstaltungen durch, (1950 Gründung der »Billy Graham Evangelistic Association«), die durch eine biblisch-elementare Art der Verkündigung charakterisiert sind.
Werk: So wie ich bin. Die Autobiographie (a. d. Amerikan., 1998).
2) Dan, amerikan. Künstler, *Urbana (Ill.) 31. 3. 1942; tätig v. a. im Bereich von Performance und Videokunst; auch Objekte unter gezielter Verwendung (Spiegelungseffekte) von Glas und Acrylglas; Veröffentlichungen von Texten, die sich zw. Kunstkritik und Kulturessay, philosoph. Studie und soziolog. Analyse bewegen.
3) Martha, amerikan. Tänzerin, Choreographin und Tanzpädagogin, *Pittsburgh (Pa.) 11. 5. 1894, †New York 1. 4. 1991; gründete 1929 eine eigene Kompanie, für die sie etwa 150 Werke schuf. Sie gilt als Hauptvertreterin des amerikan. ↑Modern Dance.
4) Thomas, brit. Chemiker, *Glasgow 21. 12. 1805, †London 16. 9. 1869; Prof. in Glasgow und London; arbeitete v. a. auf dem Gebiet der anorgan. und physikal. Chemie, Begründer der Kolloidchemie.
Grahambrot, ein nach Vorschrift des amerikan. Arztes Sylvester Graham (*1794, †1851) urspr. aus Weizenschrot ohne Gärung, heute mit Treibmittel und Salz hergestelltes Brot.
Grahamland [ˈgreɪəm-], früherer Name der ↑Antarktischen Halbinsel.
Grahamstown [ˈgreɪəmztaʊn], Stadt in der Prov. Ost-Kap, Rep. Südafrika, 540 m ü. M., 55 000 Ew.; anglikan. Bischofssitz; Univ. (seit 1951, 1904 als College gegr.); Museen. – G. wurde 1812 als brit. Stützpunkt gegen die Xhosa gegründet. 1974 entstand zum Gedenken an die Ankunft der brit. Siedler von 1820 das Settlers Na-

Grammarschool GRA

Grahamstown: Straßenzeile und Kirche

tional Monument (Theater und Konferenzzentrum; jährl. National Festival of Arts, größtes kulturelles Ereignis im südl. Afrika).

Graien, grch. Mythos: die drei Töchter der Meeresgottheiten Phorkys und Keto, grauhaarig, hatten zus. nur einen Zahn und ein Auge. ↑Perseus, der ihnen beides wegnahm, zwang sie, ihm auf dem Weg zur Gorgo Medusa zu helfen.

Grain [greɪn; engl., von lat. granum »Korn«] der, Einheitenzeichen **gr**, in Großbritannien und den USA übl. Masseneinheit: 1 gr = $^1/_{7000}$ Pound = 64,7989 mg.

grainieren [grɛ-, frz.], Papier, Karton, Pappe einseitig narben, aufrauen.

Grajische Alpen (frz. Alpes Grées, italien. Alpi Graie), Teil der Westalpen, in Italien und Frankreich, zw. Dora Baltea (Aostatal) und Dora Riparia, im Gran Paradiso 4061 m ü. M.

Gral [von altfrz. graal, greal] der, in der mittelalterl. Dichtung ein geheimnisvoller, unterschiedlich beschriebener heiliger Gegenstand, der seinem Besitzer ird. und himml. Glück verleiht, den aber nur der Reine finden kann. Der Ursprung des G.-Mythos ist unbekannt, bereits in der ältesten literar. Bearbeitung (Chrétien de Troyes, »Perceval«, unvollendet, 1181–88) ist er mit dem Sagenkreis um König Artus verbunden. Bei Chrétien ist der G. ein Kelch, bei Robert de Boron (»Die Gesch. des Hl. Gral«, um 1180) Christi Abendmahlsschüssel, in der Joseph von Arimathaia Christi Blut bei der Grablegung auffing. In Wolfram von Eschenbachs »Parzival« (um 1210) ist der G. ein Stein mit wunderbaren Kräften, aufbewahrt auf der Burg Monsalvatsch, die nur von Auserwählten gefunden wird. Ein besonderer Ritterorden dient ihm. Weitere dt. Fassungen sind »Die Krone« des Heinrich von dem Türlin (um 1220), der »Jüngere Titurel« des Dichters Albrecht von Scharfenberg (um 1270) u. a.; Opern zur Gralsthematik »Lohengrin« (1850) und »Parsifal« (1882) von Richard Wagner.

📖 Lampo, H. u. Koster, P. P.: Artus u. der G. A. d. Niederländ. Lizenzausg. Wiesbaden 1993. – Godwin, M.: Der heilige G. A. d. Engl. Neuausg. München 1996.

Gramdan-Bewegung, die »Dorfschenkungsbewegung« in Indien, ↑Bhave, Vinoba.

Gramfärbung [nach dem dän. Pathologen H. C. Gram, * 1853, † 1938], wichtige diagnost. Färbung in der Bakteriologie. Das Färbeverfahren unterteilt die Bakterien aufgrund eines unterschiedl. Zellwandaufbaus in grampositiv (dunkelblau), z. B. Staphylokokken, Streptokokken, und gramnegativ (rot), z. B. Gonokokken, Meningokokken, Salmonellen.

Gramm [grch. grámma »Gewicht von $^1/_{24}$ Unze«, eigtl. »Buchstabe«, »Geschriebenes«], Einheitenzeichen **g**, gesetzl. Einheit der Masse, 1 g = 0,001 kg (↑Kilogramm). Früher eine der drei Basiseinheiten des CGS-Systems (↑Maßsystem).

Grammarschool [ˈgræməskuːl], in Großbritannien und Nordirland auf die Univ.

vorbereitende Schule, in der bes. klass. Studien einen wichtigen Platz einnehmen; als öffentl. Schule nur noch in Nordirland.
Grammatik [zu grch. grámma »Buchstabe«, »Geschriebenes«] *die* (Sprachlehre), Teildisziplin der Sprachwiss., die sich mit den sprachl. Formen und deren Funktion im Satz, mit den Gesetzmäßigkeiten und dem Bau einer Sprache beschäftigt; auch Bez. für die Ergebnisse der G.-Forschung in Form eines Buches oder einer wiss. Darstellung sowie Bez. für die Gesamtheit der Regeln einer Sprache (auch von künstl. Sprachen). Meist wird die G. eingeteilt in Phonetik (Lautlehre), Morphologie (Formen- und Wortbildungslehre) und Syntax (Satzlehre). Je nach Forschungsziel gibt es unterschiedl. G.-Typen: So beschreibt etwa die **histor. G.** eine Sprache in ihrer geschichtl. Entwicklung und Veränderung; die **deskriptive G.** stellt eine Sprache in dem Zustand dar, in dem sie zu einem bestimmten Zeitpunkt gesprochen wird (↑Diachronie, ↑Synchronie); eine **normative G.** stellt Regeln für den richtigen Sprachgebrauch auf; in der **vergleichenden G.** werden zwei oder mehr Sprachen miteinander verglichen. – Neben der traditionellen G. gibt es u. a. folgende G.-Arten: ↑Dependenzgrammatik, inhaltsbezogene G. (↑Sprachinhaltsforschung), ↑generative Grammatik, ↑Transformationsgrammatik, Stratifikations-G. (grammat. Analyse, die von einer Gliederung der Sprache in unterschiedl. Schichten ausgeht). **Geschichte:** Die Wiss. der G. entstand im 6./5. Jh. v. Chr. in Indien und im 5. Jh. v. Chr. in Griechenland (↑Philologie), wobei sich diese Entwicklungen unabhängig voneinander vollzogen. Das älteste erhaltene Werk ist die G. des Dionysios Thrax (um 100 v. Chr.). Die grch. G. schuf die Grundlage für die grammat. Fachsprache, die in lat. Übersetzung heute noch gebraucht wird. – MA. und Neuzeit wurden durch die beschreibende G. des Donatus (»Ars grammatica«, 4. Jh. n. Chr.) beeinflusst. Die vergleichende G. wurde von dem Dänen R. Rask (1814) und dem Deutschen F. Bopp (1816) geschaffen, die histor. G. von J. Grimm (1819). An W. von Humboldt knüpfte L. Weisgerbers inhaltsbezogene G. an. Einen neuartigen Ansatz brachte die strukturalist. Sprachbetrachtung (↑Strukturalismus) sowie die aus diesem erwachsene generative Grammatik.

📖 *Dauses, A.: Grundbegriffe der G. Methoden u. Prinzipien der grammatikal. Beschreibung in Synchronie u. Diachronie.* Stuttgart 1985.
Grammatikalisierung, Sprachwissenschaft: Sprachwandelprozess, bei dem lexikal. Einheiten schrittweise grammat. Funktionen übernehmen und parallel dazu ihre syntakt., semant., teilweise auch ihre morpholog. und phonolog. Eigenständigkeit verlieren. Beispiele hierfür sind die dt. Hilfsverben »haben«, »sein« und »werden« bei der Tempus- und Passivbildung, von Nomina abgeleitete Präpositionen wie »kraft« oder »dank« oder Präpositionen als Ersatz für Kasusendungen (z. B. »von dem Mann« statt »des Mannes«).
Grammatikalität, Sprachwissenschaft: Bez. für die grammat. Wohlgeformtheit von Sätzen im Unterschied zu ihrer ↑Akzeptabilität. Grammatisch ist ein Satz dann, wenn er den Regeln einer Sprache entspricht (z. B. auch der Satz »Farblose blaue Ideen schlafen wild«); dies bedeutet aber nicht, dass er auch akzeptabel ist.
grammatischer Wechsel, vernersches Gesetz (↑Verner).
Gramm|atom, ↑Mol.
Gramm|molekül, ↑Mol.
Grammophon® [grch.] *das*, in den 1920er- und 1930er-Jahren allg. übl. Bez. für ↑Plattenspieler.
Grammy [græmɪ, amerikan.] *der*, amerikan. Schallplattenpreis.
Grampians [ˈgræmpjənz] (The G., Grampian Mountains), das schott. Bergland zw. dem Kaledon. Kanal im N und dem zentralschott. Flachland im S, im Ben Nevis 1 343 m ü. M.; größtenteils von Heide und Moor bedeckt; Naturschutzgebiete; Fremdenverkehr mit Wintersport.
Gramsci [-ʃi], Antonio, italien. Politiker, * Ales (Prov. Cagliari) 23. 1. 1891, † Rom 27. 4. 1937; beteiligte sich 1921 an der Gründung der italien. KP. Seit Jan. 1926 deren Gen.-Sekr., trat er für ein polit. Bündnis mit den bürgerl. Gegnern des Faschismus ein. Im Nov. 1926 wurde er verhaftet und im Juni 1928 zu 20 Jahren Gefängnis verurteilt. Seine in der Haft entstandenen politisch-philosoph. und kulturkrit. Schriften (dt. Auswahl »Philosophie der Praxis«, 1967) übten auf die geistige Atmosphäre im Nachkriegsitalien einen tiefen Einfluss aus.

ZEIT ASPEKTE

Das Beste aus der ZEIT zu ausgewählten Stichwörtern dieses Bandes.

Föderalismus
Fontane
Fugger
Gambia
Ganztagsschule
Gedächtnis
GPS

DIE ZEIT

ZEIT Aspekte

Föderalismus	**In schlechter Verfassung** *Hermann Rudolph*	608
Theodor Fontane	**Der Untertan** *Fritz J. Raddatz*	612
Formel 1	**Die gekaufte Leidenschaft** *Christoph Hickmann*	620
Frauenbewegung	**Karriere ist immer noch Männersache** *Margrit Gerste*	624
Friedensbewegung	**Dann gibt es nur eins: Nie wieder!** *Jan Ross*	628
Friedrich der Große	**Der Alte Fritz und die neuen Zeiten** *Marion Gräfin Dönhoff*	633
Fugger	**Jakob und die dummen Herren** *Götz Hamann*	636
Galápagosinseln	**Streichelzoo der Schöpfung** *Stefan Schomann*	640
Galizien	**Weltverlorene Schönheit** *Iris Radisch*	644
Gambia	**Kunta Kintes Erbe** *Günter Ermlich*	648
Ganztagsschule	**Den lieben langen Tag** *Susanne Gaschke*	653
Charles de Gaulle	**Mit Träumen regiert** *Ernst Weisenfeld*	656
Geburtenrückgang	**Demographie als Volkssport** *Michael Mönninger*	660
Gedächtnis	**Vergessen? Vergiss es!** *Sabine Etzold*	664
Geschichtsbewusstsein	**Ein Land im Rückwärtsgang** *Michael Naumann*	668
Jean Paul Getty	**Ein Gipfel namens Getty** *Petra Kipphoff*	671
Anthony Giddens	**Vorsicht vor den Bossen, Genossen** *Jürgen Krönig und Werner A. Perger*	676

✣ Inhalt

Goethe-Institut	**Vorzüge zeigen**	
	Thomas E. Schmidt und Klaus Hartung	680
Golf	**Volk an die Schläger**	
	Dieter Buhl	684
Michail Gorbatschow	**Wer einigte Deutschland?**	
	Marion Gräfin Dönhoff	689
Gorilla	**Abschied eines nahen Verwandten**	
	Bartholomäus Grill und Urs Willmann	693
GPS	**Wer lenkt den Leitstern?**	
	Dirk Asendorpf	702

Föderalismus

In schlechter Verfassung

Jahrelang hat die deutsche Öffentlichkeit einen »Reformstau« beklagt – vergeblich. Die Ursachen für den Stillstand liegen auch in unserer Verfassung. Am dringlichsten ist eine Erneuerung des Föderalismus

Von Hermann Rudolph

Wenn Strukturen verkrusten und unsteuerbar werden, schlägt Stabilität in ihr Gegenteil um. Deshalb muss der Wirrwarr der Kompetenzen von Bund und Ländern aufgelöst werden. Es gehört zu den Veränderungen im politischen Klima der Bundesrepublik, dass die Klagen über ihren Zustand zunehmend auf die Institutionen durchschlagen. Immer öfter laden die Deutschen ihren Frust vor den Toren des Bundesrates und der Gremien ab, die Bund und Länder zur Regelung ihres Mit- und Durcheinanders unterhalten.

Selbst der Föderalismus, eigentlich der Deutschen Lieblingskind, ist unter Beschuss geraten. Unmut sammelt sich an über die Menge der Wahltermine, die Zahl der Länder und ihre unterschiedliche Größe, den Mangel an direkten Mitwirkungsrechten auf Bundesebene. Viele glauben, die deutsche Politik werde den ersehnten Schwung wieder finden, wenn sie nicht mehr unter der Fuchtel eines permanenten Wahlkampfs stehen würde, wenn es weniger und größere Länder gäbe und wenn mehr Demokratie auch auf Bundesebene gewagt würde. Sogar der Ruf nach dem Mehrheitswahlrecht, der seit der frühen Nachkriegszeit verstummt war, ist gelegentlich wieder zu hören. Kurz: Die bange, öfter noch zornige Frage nach der Verfassung, in der sich die Bundesrepublik befindet, wirft mehr und mehr auch Verfassungsfragen auf.

Dies ist nicht mehr nur die Artikulation einer diffusen Politikverdrossenheit. Zur Debatte steht jetzt, ob der viel beredete Reformstau am Ende seinen Grund nicht auch in unserem Verfassungssystem selbst hat. Es häufen sich die Reformvorschläge, die auf dieser Ebene ansetzen. Die Vorschläge für eine Neuordnung der Kompetenzen von Bund und Ländern, die von verschiedenen Seiten vorgelegt wurden, sind inzwischen bis zum Entwurf einer Verfassungskommission gediehen, und der SPD-Vorsitzende Franz Müntefering hat dafür wohlwollendes Interesse in der Unionsfraktion und bei den Unionsministerpräsidenten geerntet.

Ohnedies waren die Rufe nach einer Reform des Bundesstaates in der letzten Zeit selten ohne den Zusatz »an Haupt und Gliedern« ausgekommen. Zu erinnern ist daran, dass der Bundeskanzler den Gedanken der Zusammenlegung der Landtagswahlen wieder ins Spiel gebracht hat. Ebenfalls zurückgemeldet hat sich die Idee, die Legislaturperiode des Bundestages auf fünf Jahre zu verlängern. Die Debatte über plebiszitäre Elemente auf Bundesebene, nach dem Selbstverständnis der Bundesrepublik ein Tabubruch, hat den Bundestag in der letzten Legislaturperiode in einer Plenardebatte beschäftigt.

Franz Müntefering hat für seinen Vorschlag, eine Verfassungskommission einzurichten, in der Union wohlwollendes Interesse geerntet.

Es handelt sich also um alte Diskussionen, die jedoch auf einer neuen Bühne stattfinden. Aus der Endlosdebatte nach dem alten Alternativenmotto: Was lange währt, wird endlich Wut, entwickeln sich, so scheint es, Vorsatz, Konzept – ja, auch der Mut, bisher nicht Gedachtes zu denken, bisher Unmögliches möglich zu machen. Man muss nach den Ursachen dafür nicht lange suchen. Es ist der Leidensdruck, der vom Zustand der deutschen Politik ausgeht, von ihrem Auf-der-Stelle-Treten, ihrer Undurchsichtigkeit, ihrer – gemessen an ihrer Betriebsamkeit – Ineffektivität. Schuld daran ist nicht das politische Prozedere allein, aber es trägt in nicht unerheblichem Maß dazu bei. Die Selbstblockade des politischen Prozesses, die Wahltermine, die die Legislaturperiode zu einem einzigen wahlpolitischen Hindernisrennen machen – ohne dass doch die Politik vorankommen würde –, das Gestrüpp der Kompetenzen und Finanzen, das keiner mehr durchblickt: Das alles untergräbt den Glauben an die Fähigkeit der Bundesrepublik, in einer angespannten Lage ihre Zukunft zu sichern.

Ist die Bundesrepublik reif für eine neue formative Phase?

Dazu kommt, dass Europa, dessen Entscheidungen schon jetzt weit in die Bundesrepublik hineinwirken, weiter gestärkt wird – eine Herausforderung für den gewohnten Status der Rechte und Ansprüche des Bundesstaates. Mit der neuen europäischen Verfassung wird das Institutionengefüge der Bundesrepublik in einen neuen Zusammenhang gestellt. Das wird, so viel ist sicher, nicht leichter machen, was jetzt schon schwierig genug ist.

In diese neue Lage gerät die Bundesrepublik dreizehn Jahre nach ihrer Wiedergründung als gesamtdeutscher Staat. Blendet man diese Zeitspanne über die Phase nach ihrer Konstituierung im Jahr 1949, so befinden wir uns gewissermaßen im Jahre 1962, mitten in der Schlussphase der Ära Adenauer. Auch damals stieß die Entwicklung der Republik an die strukturellen Grenzen, in die sie eingezwängt war. Der Politologe Richard Löwenthal sah die Bundesrepublik in einer »zweiten formativen Phase«. Der kooperative Föderalismus und der Finanzausgleich kamen auf, ein Neugliederungskonzept entstand, der

Richard Löwenthal sah die Bundesrepublik in einer »zweiten formativen Phase«.

Bundestag setzte eine Enquetekommission zur Verfassungsreform ein. Was immer davon erfolgreich war oder aber folgenlos blieb: Am Ende stand die Bundesrepublik in einer veränderten Form da, gerade auch verfassungspolitisch.

Ist die Bundesrepublik reif für eine neue formative Phase? Fest steht: Unbehagen, Kritik und Analyse sind nicht folgenlos geblieben. Kaum gibt es in der öffentlichen Debatte noch Stimmen, die nicht den Leitsätzen von Transparenz, Flexibilität und abgestufter Verantwortung huldigten. Und geradezu wohlfeil geworden ist die Überzeugung, dass Verkrustungen aufgebrochen werden müssten, dass die Verteilung der Gewichte im politischen Räderwerk neu zu justieren sei, dass Vielfalt und Selbstständigkeit Maßstäbe der politischen Ordnung sein sollten. Demgegenüber sind andere Gesichtspunkte in den Hintergrund getreten. Das Gebot der Einheitlichkeit der Lebensverhältnisse, die technokratische, staatsfixierte Großreform, das Überziehen des Bundesstaates mit einem Regelwerk, das den gerechten Ausgleich sichert – wer pocht noch darauf? Es hat in der Öffentlichkeit ein Themenwechsel, wenn nicht ein Temperatur-

Föderalismus

sprung stattgefunden. Es scheint, dass die Bereitschaft zu Reformschritten noch nie so groß war wie heute.
Nichts spricht dagegen, die in kleinerem Rahmen bereits praktizierte Konzentration von Wahlterminen weiter voranzutreiben. Zwar würden Landtagswahlen dadurch noch stärker als bisher zu Teil-Bundestagswahlen werden. Aber da der bundespolitisch aufgezäumte Parteienstreit die Landtagswahlen so oder so übertönt, spricht viel dafür, dieses Ärgernis auf zwei oder drei Termine zu begrenzen. Und was die Verlängerung der Legislaturperiode des Bundestages angeht, so könnte der damit einhergehende Verlust an demokratischer Mitsprache durch die Einführung von Volksbegehren oder Volksbefragungen auf Bundesebene kompensiert werden.
Das Herzstück einer Neuformierung der Republik wäre eine Föderalismusreform. Eine Entzerrung der Zuständigkeiten von Bund und Ländern, wie sie neuerdings immer häufiger vorgeschlagen wird, wäre – wie auch die Zurückdrängung der Rahmengesetzgebung des Bundes – so etwas wie eine kleine kopernikanische Wende in einer seit langem schwelenden Auseinandersetzung. Nicht mehr die Neugliederung soll den Föderalismus retten, sondern eine Neuverteilung und Neubestimmung der Zuständigkeiten von Bund und Ländern. Die Zeit, in der die föderale Verflechtung der steinerne Gast der deutschen Innenpolitik war, ginge ihrem Ende entgegen.
Eine solche Reform, eine Neubestimmung der Kompetenzen von Bund und Ländern, würde dem ehrwürdigen Prinzip des bundesstaatlichen Föderalismus, das über die Jahrzehnte hinweg zwischen Alltagswildwuchs und Neugliederungsrhetorik deutlich gealtert ist, neues Leben einhauchen. Die größeren Spielräume, die die Länder durch diese Reform erhielten, sollten dazu führen, dass der Föderalismus nicht länger als Bremse und Fessel des politischen Betriebs wahrgenommen wird. Auch könnte das Zurückschneiden der Kompetenzen den Bundesrat aus der Kampfzone bringen, in die er durch die unheilige Allianz von Bundesstaat und Parteienstaat immer wieder gerät, wenn die Mehrheiten knapp werden.

Die Angst der Länder vor dem Verlust ihrer Eigenständigkeit

Fast das Beste an einer solchen Reform aber ist die Aussicht, dass in diesem Stellungskrieg überhaupt einmal etwas geschieht. Diese Absicht, den Föderalismus zu reformieren, sucht ihren Weg an den neuralgischen Punkten vorbei – der Angst der Länder um den Verlust ihrer Eigenständigkeit, ja sogar ihres Bestands. Sie beherzigt die »einfache Daumenformel«, die der Politologe Gerhard Lehmbruch, intimer Kenner des Themas, empfiehlt – dass nämlich die »politischen Energien vornehmlich bei solchen Stellgrößen ansetzen sollten, die sich ohne komplizierte institutionelle Rückwirkungen verändern lassen«. Und sie zieht die Konsequenz aus der Einsicht, dass eine Neugliederung nicht nur scheitern muss, weil der Wille der Länder zur Verteidigung ihrer Eigenständigkeit zu groß und die rechtlichen Hebel für ihren Umbau zu schwach sind. Sie gelingt vor allem deshalb nicht, weil sie zu viel von der gewachsenen Wirklichkeit der Bundesrepublik gegen sich hat.
Natürlich hat eine solche Reform ihren Preis. Fraglos würde die Ungleichheit unter den Ländern größer werden. Aber man kann immerhin darauf hoffen, dass der Föderalismus, wenn er größere Bewegungsfreiheit gewönne, auch mehr Fantasie und Offensivgeist entwickeln würde. Eine Zusammenarbeit über die Ländergrenzen hinweg könnte zumindest teilweise die gleichen Effekte erzielen wie Neugliederung. Sachsen, Sachsen-Anhalt und Thüringen haben dies unlängst unter der politisch-geographischen Leitvorstellung eines Mitteldeutschlands angedacht. Ein politisch-institutioneller Gestaltungswille, der aus dem Bewusstsein der Situation der Nach-Wende-Bundesrepublik lebt, hätte die Chance, Lösungen an einer Stelle herbeizuführen, an der dringender Handlungsbedarf besteht. Die Rede ist von der Vereinigung von Berlin und Brandenburg und der Position Berlins als Kapitale einer hauptstadtungeübten Bundesrepublik. Beide Fragen gehören zu den unerledigten Restposten der deutschen Vereinigung. Beide Probleme stammen aus der Erbmasse von Besatzungszeit, Teilung und sturzgeburthaft-überraschender Wiedervereinigung. Denn ein eigenständiges Land ist

Föderalismus

Brandenburg nie gewesen – so wenig wie Berlin vor 1945 ein Stadtstaat ohne Umfeld war, zu dem es dann wurde. Nur die Besinnung auf die historische Dimension dieser Frage kann verhindern, dass daraus ein Ladenhüter der politischen Reformdebatte wird.

Reformen der bundesstaatlichen Strukturen und der Wahlprozeduren liegen auch nahe, weil das geeinte Deutschland das Verfassungsmodell der alten Bundesrepublik nach der deutschen Vereinigung zwar übernommen hat, aber nicht gerade in der Überzeugung, es sei institutionell vollkommen. Die Forderungen nach Reföderalisierung oder mehr direkter Demokratie sind in der innenpolitischen Diskussion der Bundesrepublik seit Jahren vertraut. Sie wurden schon in den Siebziger- und Achtzigerjahren hin und her gewendet, allerdings ohne Ergebnis. Auch die Verfassungskommission, die zwischen 1991 und 1993 den Vereinigungsprozess begutachtete, hat sich davor gescheut, sie anzupacken. Das muss man ihr nicht ankreiden. Es gab damals Dringenderes zu tun. Doch nun, nachdem der Vereinigungsprozess weitgehend abgeschlossen ist, holen diese Themen die Bundesrepublik wieder ein.

Stützbalken der Nachkriegszeit

In Wahrheit sind diese Fragen ja noch weit älter. Schon auf der Agenda der Anfang der Siebzigerjahre ins Leben gerufenen Enquetekommission des Bundestages standen die Zusammenlegung der Landtagswahlen, die Verlängerung der Legislaturperiode und natürlich die Probleme des Föderalismus. Die Kommission hat die Änderungen, die sie debattierte, am Ende zumeist abschlägig beschieden. Vielleicht lag die Gründung der Bundesrepublik noch nicht weit genug zurück, waren die Traumata der Vergangenheit noch zu akut, als dass man hätte wagen können, an Stützbalken der Nachkriegszeit zu rühren. Inzwischen aber ist die Bundesrepublik eine gereifte Demokratie. Sie ist in der Lage, sich zu verändern, ohne ihre Grundlagen zu gefährden.

Schloss Sanssouci in Potsdam. Ein eigenständiges Land ist Brandenburg nie gewesen.

Und noch etwas spricht für einen neuen Versuch, die Institutionen zu verändern. Das institutionelle Getriebe, das die Politik dem Gemeinwesen vor rund 30 Jahren einmontiert hat – der kooperative Föderalismus, die große Finanzreform, das Stabilitäts- und Wachstumsgesetz –, war zwar besser als der Ruf, der ihm heute anhängt. Es hat die Schubkraft entwickelt, die die Bundesrepublik brauchte, um die Parameter ihrer Gründungs- und Aufbauperiode zu überwinden und die nötigen Schritte zu ihrer Modernisierung in Angriff zu nehmen. Allerdings haben sich auch die Schwächen in diesen Stärken schon bald gezeigt. Wir haben die Erfahrung gemacht, dass Stabilität – ist sie erst einmal in politische Inflexibilität, sozialstaatliche Verkrustung und Unsteuerbarkeit umgeschlagen – zur destabilisierenden Belastung einer politischen Ordnung werden kann. Es ist offenbar, dass dieses Politik- und Gesellschaftsmodell seine Zeit gehabt hat. Auch deshalb ist es Zeit, dass der Rhythmuswechsel in der Reformdiskussion, der das öffentliche Bewusstsein erreicht hat, auch seinen institutionellen Ausdruck findet.

17. Juli 2003

siehe auch
❖ Bundesstaat
❖ konkurrierende Gesetzgebung
❖ Zentralismus

Theodor Fontane

Der Untertan

Vor 100 Jahren starb Theodor Fontane – geistreicher Spötter und politischer Reaktionär. Nahaufnahme eines Dichters, der Ruhe und Ordnung liebte

Von Fritz J. Raddatz

Zu greifen ist er kaum, zu begreifen leicht: der Mann, der Ehre über alles stellte – und seine unehelichen Kinder ein Leben lang verleugnete; der Romancier, der von seiner Stärke, »die Menschen so sprechen zu lassen, wie sie wirklich sprechen«, überzeugt war, »ich bilde mir ein, dass ich auch die Besten auf diesem Gebiet übertreffe« – und dessen Romane in ihrer oft klapprigen »Warf Alvensleben ein ..., lachte Sander ..., Schach war wie mit Blut übergossen ...«-Dramaturgie uns heute fahl, wie mit Spinnweb überzogen vorkommen; der Lyriker, dessen Balladen über den »alten Derffling« oder Prinz Louis Ferdinand arg blechern scheppern – und der zugleich unvergessliche Verse schrieb, im Ton der Gültigkeit und von geradezu bennscher Modernität: »Wie's dich auch aufzuhorchen treibt, / Das Dunkel, das Rätsel, die Frage bleibt«; der Theaterkritiker, der Ibsen schaudernd begreift und Gerhart Hauptmann fördernd entdeckt – von dessen Arbeit er gleichwohl erhofft, dies sei nicht die Literatur der Zukunft; der Beobachter von Geschichte und bewundernde Zeitgenosse Bismarcks – von dem er dann doch das am schärfsten konturierte Porträt zeichnet: »diese Mischung von Übermensch und Schlauberger, von Staatengründer und Pferdestall-Steuerverweigerer, von Heros und Heulhuber«.

Fontane: ein unsicherer Kantonist, wie Thomas Mann ihn nannte, der im selben Atemzug das schöne Wort von der »verantwortungsvollen Ungebundenheit« fand. Er sprach auch vom »talent épistolaire«, der Begabung des Briefeschreibens. Und in der Tat: All die Widersprüche dieses flach Aufbegehrenden werden am grellsten deutlich in seinen Briefen voll zärtlicher Distanzierung, hochmütiger Bescheidenheit und wägender Ungerechtigkeit.

Sein kruder Antisemitismus ist bekannt – ob die Klage über »rapide Verjüdelung«, die Weigerung, mit einem Hotelgast zu sprechen, »weil er mir zu jüdisch aussieht«, sein Grummeln über »die Kaftan-Juden mit der Hängelocke, die hier Weg und Steg unsicher machen«, oder die Dünnlippigkeit: »Die Menschen sind Pack, und die verjüdelte Menschheit ist es siebenfach.« Auch wenn Fontane den Begriff »Antisemit« für sich ablehnt, darf nicht unterschlagen noch unterbewertet werden, wie zahlreich und widerlich seine krass antijüdischen Ausfälle sind, wie mokant sich der Herr Badegast auf Norderney die Nase zuhält: »Fatal waren die Juden; ihre frechen, unschönen Gaunergesichter (denn in Gaunerei liegt ihre ganze Größe) drängen sich einem überall auf. Wer in Rawicz oder Meseritz ein Jahr lang Menschen betrogen, oder, wenn nicht betrogen, eklige Geschäfte besorgt hat, hat keinen Anspruch darauf, sich in Norderney unter Prinzessinnen und Comtessen mit herumzuzieren.« Allein unter dem bemäntelnden Rubrum »Das war eben im 19. Jahrhundert so« ist derlei nicht abzubuchen. Vielmehr lautet die Frage: Gibt es ein Kontinuum des Konservativen im Denken und Fühlen von Theodor Fontane? War sein liebevoller Spott über preußischen Landadel und neureiches Bürgertum doch nur das güldene Abendlicht über einer »besonnten Vergangenheit« – während eine zutiefst eingewurzelte antidemokratische Gesinnung ihn an Bruch, Aufbruch und Radikalität hinderte – übrigens auch an der seines poetischen Systems? Hat die seltsam diffuse Milchigkeit dieser quälenden Milde, des stets bereiten Pardons etwas zu tun mit einer charakterlichen Disposition oder einem gedanklichen Konzept?

Die Maxime des Quietisten lautet: »Gehorchen und schweigen« (Foto: Fontanedenkmal in Neuruppin/Brandenburg).

Die gepuderte Biedermeierlichkeit

Theodor Fontane war ein Besänftiger: Der behaglich-behäbige Fluss seiner Prosa – »Ach, Lene, du weißt gar nicht, wie lieb ich dich habe« – entspringt einer Quelle, die man das Lebensgesetz Fontanes nennen kann. Das Unpsychologische seiner Prosa hat er selber erkannt, wenn er eingesteht: »Ich kann wohl schildern, was einer Liebesgeschichte vorhergeht, und auch das, was folgt, ja, für das Letztre hab ich vielleicht eine gute Begabung, die Liebesszenen selbst werden mir nie glücken.« Das heißt ins Deutliche übersetzt, er sieht Menschen von außen. Das mag man Plauderer nennen, man kann auch von Epigrammatiker sprechen, der den Epiker verdrängt. »Weil der Staat Friedrichs des Großen nicht ein Land mit einer Armee, sondern eine Armee mit einem Lande ist« wäre so eine gelungene Spruchweisheit, eine Be-Deutung. Das ist Zeigegestus. Doch wer das Innen von Menschen unerforscht lässt – ist der selber innen vielleicht ungerührt? Fontanes unablässige Beteuerungen: »... und zu meinen kleinen Tugenden zählt die, die Menschen nicht ändern zu wollen«, »natürlich wünscht sich ein vernünftiger Mensch nur das Zulässige, das Mögliche, das Wohlmotivierte« verraten den Grundsatz des Nolimetangere.
Theodor Fontane ist ein Quietist. Seine Maxime lautet »Gehorchen und schweigen«, und wenn er die mal aus dem Auge verliert, ermahnt er sich rasch: »Aber genug, ich schreibe mich sonst in die kitzlichsten Fragen hinein.«
Es ist wohl diese gepuderte Biedermeierlichkeit, eine stets ins Behagliche ausbalancierte Scherenschnitttechnik, die Gottfried Benn meinte, wenn er Schroffes und Schründe bei Fontane vermisst: »Das Pläsierliche, ein Präservativ der Moral, eine Hemdsärmeligkeit des Charakters, eine fritzisch-freiheitliche Form des Stils, exerziert nach »allround« und »commonwealth«, ist schwer zu durchschauen: dies gleiche Pläsierliche, das zum Beispiel bei Thomas Mann, zu dem verwandtschaftliche Beziehungen bestehen und der seinerseits ein großes Attachement für den Märker bekundet, den Rang nicht min-

dert.« Interessanterweise schließt der Geschichtspessimist Benn den Satz an: »Fontane wurde beruhigt durch die Geschichte.« Stimmt das? Der Autor des »Stechlin« wird ja gerne als Sympathisant revolutionärer Strömungen, Verkünder der Rechte des vierten Standes interpretiert – noch in Zeittafeln kann man von der »Teilnahme« an den Barrikadenkämpfen 1848 lesen. Bei Lichte betrachtet, verhält sich das alles ein wenig anders. Sein Lebensmotto »Ich bin nun mal für Frieden und Compromisse« und sein Abscheu vor dem »Dümmsten, was es gibt ... Majoritäten« prägen ihn tief. Für Fontanes Aktivitäten in den Märztagen 1848 gibt es nur eine Quelle – seine eigene. Die ironische Distanziertheit in seinen Memoiren wird in der Fontaneliteratur gelegentlich als »doch recht unwahrscheinlich« abgetan – ohne jedoch verlässlichere Quellen zu nennen.

Heroisch jedenfalls, gar revolutionär sieht das nicht aus, wie der junge Apotheker auf die Sturm läutende Berliner Georgenkirche zuläuft – »Natürlich war die Kirche zu – protestantische Kirchen sind immer zu« – und schließlich in der Nähe des Alexanderplatzes am Sturm auf das Königsstädter Theater teilnimmt, wo man »hübsche kleine Gewehre mit Bajonett und Lederriemen« erobert: »Ich war unter den Ersten, denen eins dieser Gewehre zufiel, und hatte momentan denn auch den Glauben, dass einer Heldenlaufbahn meinerseits nichts weiter im Wege stehe. Noch eine kurze Weile blieb ich auch in dieser Anschauung. Wieder draußen angekommen, schloss ich mich abermals einem Menschenhaufen an, der sich diesmal unter dem Feldgeschrei ›Nun aber Pulver‹ zusammengefunden hatte. Wir marschierten auf einen noch halb am Alexanderplatz gelegenen Eckladen los und erhielten von dem Inhaber auch alles, was wir wünschten. Aber wo das Pulver hintun? Ich holte einen alten zitronengelben Handschuh aus meiner Tasche und füllte ihn stopfevoll, sodass die fünf Finger wie gepolstert aussahen. ... Als ich so den Lauf halb voll haben mochte, sah der mir zugesehen hatte: ›Na, hören Sie ...‹ Worte, die gut gemeint und ohne Spott gesprochen waren, aber doch mit einem Mal meiner Heldenlaufbahn ein Ende machten.«

Fontane führt die Ereignisse des Jahres 1848 durchaus ins Possierliche, wenn er nach hübschen Sottisen wie »Freiheit konnte sein, Lebertran musste sein« schließlich die berühmt gewordene Summe zieht: »Viel Geschrei und wenig Wolle.« Entscheidender fast noch ist die fontanesche Bremsspur, jener Satz, mit dem er sich »aus dem Gefecht« zieht: »Ich kann hier keine bestimmten Angaben machen, weil ich alles, was Anstoß geben könnte, dringend zu vermeiden wünsche.«

Wenn der marxistische Literaturtheoretiker Georg Lukács auf das »allzu Gemütliche« Fontanes zu sprechen kommt, bezieht er sich zwar auf den Roman »Frau Jenny Treibel«; aber schon den »48er«-Fontane nennt er »erschreckend haltlos«, um dann den »Rückzug ins Private« der Nach-48er-Zeit festzustellen. Fontanes Schlusssatz über die revolutionären Ereignisse – »Und nun gingen wir auf Puhlmanns Kaffeegarten zu« – klingt durchaus nicht als Widerspruch.

Junker und Landpastoren blieben seine Ideale, seine stille Liebe

Schon Fontanes Auftritte im von Offizieren und Beamten frequentierten »Tunnel über der Spree«-Klub, der von Geibel so getauften »Kleindichterbewahranstalt«, führen ein ganz uneinheitliches Muster vor. Die »Tunnel«-Preußen stoßen sich an seinem mokanten Ton, der zwischen Feldherrenbewunderung und Herrscherspott schwankt. Seine Lesung des Gedichts »Ein letzter Wille« über des Soldatenkönigs Testament erregt Anstoß bereits mit den ersten beiden Zeilen: »Da liegt er, der in Trachten / Und Dichten nie mein Mann.« Schon hier ist Fontanes lebenslange Zerrissenheit ganz deutlich, mit der er später einmal seine Position scharf charakterisiert, wenn er einerseits »Die Adelsfrage! Wir sind in allem einig; es gibt entzückende Einzelexemplare, die sich aus Naturanlage oder unter dem Einfluss besondrer Verhältnisse zu was schön Menschlichem durchgearbeitet haben, aber der ›Junker‹, unser eigentlichster Adelstypus, ist ungenießbar geworden.« Und wenn er andererseits, unter der wiederholten Selbstbeschwörung »Immer hübsch stille sein« und »Man bleibt besser von einem Eisen, an dem man sich nur die Finger verbrennt«, im Geiste die Hände faltet: »Ich schreibe dies alles im Hinblick auf die Kreuz-Ztng. und die konservative Partei. Schließlich gehör ich doch diesen Leuten zu, und trotz ihrer enormen Fehler bleiben märkische Junker und Landpastoren meine Ideale, meine stille Liebe.« Es ist gewiss kein Zufall, wenn er im selben Jahr 1884 eine Zwischenbilanz zieht: »Gott, was ist Glück! Eine Grießsuppe, eine Schlafstelle und keine körperlichen Schmerzen.« Da ist Fontane ein alter Mann und ein junger Schriftsteller.

Er wollte die Französische Revolution, aber nur ohne Revolution

1848 ist er ein junger Journalist, dessen »Tunnel«-Kollegen wie Wilhelm von Merckel den General von Wrangel als Besieger der »Roten in meinen Marken« besingen und empfehlen: »Gegen Demokraten / helfen nur Soldaten.« Ebendiese Demokraten – »Zentralausschuss der deutschen Demokraten« – gaben ein kurzlebiges Blättchen heraus, die »Berliner Zeitungshalle«. Der 31. August 1848 ist der Geburtstag des politischen Publizisten Theodor Fontane. Schon dieser erste Artikel, zwar unter der Überschrift »Preußens Zukunft«, aber mit der ausgemachten These »Preußen stirbt ... Preußen war eine Lüge, das Licht der Wahrheit bricht an und gibt der Lüge den Tod« zieht große Aufmerksamkeit auf sich. Der preußische Gesandte in Weimar schickt ihn an das Ministerium in Berlin, und Varnhagen von Ense vertraut seinem Tagebuch verblüfft an: »Ein kleiner, trefflich geschriebener Aufsatz in der Zeitungshalle hier, von Th. Fontane unterschrieben, sagt geradezu, Preußen stirbt, und muss sterben, es soll seinen Tod sogar eigenhändig vollziehen! Dies hat mich sehr ergriffen. Es ist viel Wahres darin. Und ich schreibe für einen Verurteilten, Sterbenden, Toten! Es ist entsetzlich!« Die vier Artikel, eher Pamphlete, haben den erregten Ton eines Fanals, benutzen gezielt die Stilfigur der Rede, der Predigt gar: »Das Volk ist durstig, Ihr aber reicht ihm den Essigschwamm. ... Keine Partei hat unsere Herrscher gestürzt, die haben sich selbst gerichtet. Falsches Spiel, Blödsinn und Ungeschick haben den Stab über sie gebrochen.«

In Fontanes privaten Briefen, die diese Artikel gleichsam begleiten, klingt aber ein anderer Ton an. Anfangs an den Freund

Fontane als junger Mann: »Ich bin nun mal Preuße und freue mich, es zu sein.«

Bernhard von Lepel gerichtet, wirkt es, als riefe Fontane sich selber Mut zu mit einem »Schande jedem, der zwei Fäuste hat, mit Hand ans Werk zu legen, und sie pomadig in die Hosentasche steckt«, als sattle da einer zum Antifürstengalopp, der ihm zugleich unheimlich ist. Dann aber, Fontane ist zur antipreußisch-demokratischen Dresdner Zeitung gewechselt, nun schon nicht mehr aus flammender Überzeugung, sondern weil er keinen Beruf und kein Einkommen hat, dann also erklingt rasch ein Abgesang. Am 8. Dezember 1849 lehnt die Dresdner Redaktion einen Artikel ab: wegen der allzu offensichtlichen Sympathien des Autors für Altpreußen. Drei Tage später schreibt Fontane an Wilhelm Wolfsohn: »Ich bin nun mal Preuße und freue mich, es zu sein. ... Unseren Par-force-Demokraten zu Gefallen aber mein Vaterland zu schmähen und zu verkleinern, bloß um nachher eine vollständige Schweinewirtschaft und in dem republikanischen Flickenlappen, Deutschland genannt, noch lange nicht so viel deutsche Kraft und Tüchtigkeit zu haben wie jetzt in dem alleinigen Preußen – um diese Herrlichkeit zu erzielen, mag und werde ich Preußen nicht in den Dreck treten. ... Aber die Entrüstung über unpreußische Handlungsweise der jetzigen preußischen Machthaber wird nie so weit gehn, dass ich das Kind mit dem Bade ausschütte und wohl gar Land und Volk schmähe, aus Liebe zu dem ich überhaupt nur in Entrüstung geraten konnte.« Das mag das entscheidende Stichwort sein: Entrüstung aus Liebe. Theodor Fontane ist weder Antiroyalist noch Republikaner. Er will das Königtum nicht abschaffen, sondern bessern; er will Preußen und die obligaten preußischen Tugenden eben nicht sterben sehen, sondern sie »reinigen«.

Sowohl-als-auch war seine Maxime, nie das Entweder-oder
Die innere Räson des Theodor Fontane ist das Sowohl-als-auch, nie das Entweder-oder. Hübsche Dikta wie »Kann mich das gegen den Champagner einnehmen, dass andre begeisterte Weißbiertrinker sind?« lassen sich ins Politische verlagern: Er will die Französische Revolution ohne Revolution, den »Segen des Jahres 92 ohne seine Gräuel«. Es erinnert geradezu an Heines hoffnungsvolle Furcht vor jedem Umsturz, wenn Fontane im April 1849 schreibt: »Die Pöbelherrschaft ist die Brücke, über die wir fortmüssen. Ich ersehne sie nicht, ich rufe sie nicht, aber sie wird kommen, und wir Fortschrittsmänner, die's allezeit gut gemeint haben und deren Ansichten auch zuletzt die geltenden und dauernden sein werden, wir Ärmsten werden inzwischen von den Septembriseurs als rote Reaktionäre gehangen werden.«
So ist es auch keineswegs die Zermürbung durch Zeitläufte, sondern ist tief in ihm angelegt, was er fast vier Jahrzehnte später seinem Freund Georg Friedländer beichtet: »Sie werden sich über ein gewisses Abwiegelungsmoment in meinen letzten Zeilen gewundert haben, aber es hängt damit zusammen, dass ich, nachdem ich ein Leben lang ein Hoffer, ein Erwarter, ein freudiger Inangriffnehmer aller möglichen Dinge gewesen, sozusagen über Nacht ins Resignationslager übergegangen bin.«
Übergelaufen ins Lager der Reaktion war er schon sehr viel früher. »Ich gelte ... für einen roten Republikaner und bin jetzt eigentlich ein Reaktionär vom reinsten Wasser«, schreibt er im April 1850 an Bernhard von Lepel.
Was war vorgefallen? Mit dem recht uncharmanten Satz »Wenn dir's passt, im Oktober Hochzeit« hatte er seiner langjährigen Verlobten Emilie Rouanet-Kummer die Ehe angetragen, am 16. Oktober 1850 wurde geheiratet (der erste Sohn wurde im August 1851 geboren). Fontane hatte nun Verpflichtungen. Den Apothekerberuf hatte er aufgegeben, er lebte seit 1849 als freier Schriftsteller, und mit gelegentlichen Artikeln und wenig gedruckten Gedichten konnte er eine Familie nicht ernähren. Der eben noch so rebellisch Lautstarke tritt im April 1850 in das »Literarische Cabinett« der konterrevolutionären Regierung ein, dessen programmatische Aufgabe es ist, »die Elementarklassen des Volkes« vor jedem »demokratischen Unsinn zu bewahren«.
Fontane alias Schabowski: Er war jetzt Teil einer Maschinerie, die zur Observation, Kontrolle und Beeinflussung des Pressewesens diente – entweder durch inoffizielle Korrespondenzen oder andere Droh- und Zwangsgebärden; die acht Mitarbeiter mussten dazu über hundert Zeitungen auswerten und Anstößiges, liberal Gesinntes exzerpieren. Das Unternehmen gedieh nicht, geriet in ministerielle Querelen, wurde umorganisiert, und im Januar 1851 kann Fontane dem Freund Bernhard von Lepel erleichtert schreiben: »Am 31ten v. M., als ich in der Schadowstraße No 4 erschien, überraschte mich die Sylvestergabe, dass das Cabinet aufgelöst und der Literat Th. Fontane an die Luft gesetzt sei. Eilig strich ich noch 40 rth. Diäten für Monat Dezember ein und verschwand für immer aus den heiligen Hallen, in denen ich 5 mal 4 Wochen Zeuge der Saucen-Bereitung gewesen war, mit welchen das lit. Cabinet das ausgekochte Rindfleisch manteuffelscher Politik tagtäglich zu übergießen hatte.«
So sehr »für immer« verschwand er keineswegs. Ein eher unappetitliches Gesuch an den höchsten Repräsentanten der Reaktion, »Allergroßmächtigster König, Allerdurchlauchtigster König und Herr!«, in dem er Friedrich Wilhelm IV. um eine Pension »aus dero Schatulle« bat, trug dem »In Untertänigkeit Ew. Majestät getreuesten Theodor Fontane« nicht einmal eine Antwort ein. Folglich sehen wir ihn alsbald in der Nachfolge-Zensurbehörde sitzen. Man kann nicht sagen, dass Fontane in dieser Zeit eine gute Figur macht: Sich selber durchaus der Lüge anklagend, brüstet er sich dennoch, eine Ballade sei dem König vorgetragen worden, berichtet

von der »Verfertigung eines Lügengedichts an Herrn von Manteuffel« oder dichtet Terzinen – »die mir blutsauer geworden sind« – an die Königin.

Er hatte eine eingeborene Altheit. Fontane war ein klassischer Greis
Immerhin hatte der Herr der Schatulle 1849 die Verfassung abgelehnt, lebte Freiligrath – eben noch in Haft wegen seines Gedichts »Die Toten an die Lebenden« – nun im Exil wie Heinrich Heine, wie Karl Marx, wie Friedrich Engels. Und dem dreißig Jahre jungen Fontane fällt kein anderer Beruf ein als der des Hiwis der Reaktion. Er weiß, was er tut. Theodor Fontane ist ja der gloriose Beobachter, der penible Darsteller von Verhaltensweisen. So ist das nicht eine ideologische Selbstlüge à la Gottfried Benn, sondern nüchternes Mitmacherkalkül – von ihm selber so gesehen und verurteilt: »Ich kann Dir auf Wort versichern, daß ich dieser 30 rth. nicht froh werde und ein Gefühl im Leibe habe, als hätt' ich gestohlen. Meine Handelweise entspricht zwar den Diebstählen aus Not, es ist das Sechserbrot, das der Hungrige aus dem Scharren nimmt – aber es ist immer gestohlen. Wie ich's drehn und deuteln mag – es ist und bleibt Lüge, Verrat, Gemeinheit.«
Es bleibt kein Unfall, es ist kein Schwächeanfall. Auch die kommenden Jahre in London – noch einmal ein Bettelbrief an den »Großmächtigsten König ... Ich ersterbe als Ew. Majestät Alleruntertänigster Diener« – stehen in einem diffusen Licht. Viele Quellen sprechen von Fontanes englischer Journalistenzeit als von einer preußischen Agententätigkeit. Jedenfalls hat Fontane zu keinem einzigen Demokraten, Emigranten, gar etwa exilierten Revolutionär in England Kontakt gehabt. Den russischen Philosophen Alexander Herzen hat er wohl einmal flüchtig getroffen, ein paar Vorträge des ungarischen Freiheitshelden Lajos Kossuth oder des deutschen Republikaners Gottfried Kinkel gehört, wobei er sich »wie eine Taube im Habichtsnest« gefühlt habe, während er bei vielen der Ihren als »Regierungsschweinehund« galt. Er ist Berichterstatter, Korrespondent, Gast zum Tee in der preußischen Botschaft oder bei eleganten Diners, er besucht Theater, Konzerte und Museen, er bereist das Land und beschreibt bezaubernd Städte wie Landschaften. Eine Auseinandersetzung mit der Gesellschaft des englischen Hochkapitalismus, mit ihren Repräsentanten oder ihren Interpreten findet nicht statt. Auch nicht mit ihren Schilderern: Wird ein Schriftsteller »zu direkt«, ist der ansonsten lächelmilde Fontane wegwerfend oder abweisend. Schon dem jungen Gerhart Hauptmann schrieb er über dessen Stück »Vor Sonnenaufgang«, dass er über das Sozialpolitische ganz hinwegsehen wolle, dass er es nicht als »Tendenzstück« akzeptiere, selbst wenn der Autor es so sähe. Über den sozialkritischen Roman »La bête humaine« urteilt er: »Was zum Beispiel Zola in seinem Neuesten verbricht, ist nicht

Die Erstürmung der Tuilerien am 10. August 1792 (zeitgenössische kolorierte Radierung). Fontane will die Französische Revolution ohne Revolution, den »Segen des Jahres 92 ohne seine Gräuel.«

mehr subtile Zergliederung oder wissenschaftliche Behandlung oder tiefsinnige Rätsellösung, sondern einfach Blödsinn.« Das ist keine literarische Schroffheit. Abwägende, gar abwehrende Urteile über Kollegen fallen bei Fontane ganz anders, gleichsam kulinarischer aus – ob er nun Turgenjews Muse »Apollo mit Zahnweh« nennt, Richard Wagners Welträtsel-Furor auf den Lösungsvorschlag »Vater, koof mir 'nen Appel« reduziert oder sich über Wilhelm Raabe belustigt: »Er wird einem ordentlichen Leser auch dann noch etwas bieten, wenn dieser Leser ungeduldig wird und vielfach in den Schrei ausbricht: Ich kann es nicht mehr aushalten! Aber zu diesem Schrei gibt er doch auch redlich Veranlassung ... Er gehört ... nämlich zu jener mir entsetzlichen deutschen Menschengruppe, die mit allem unzufrieden sind, alles erbärmlich, verlogen und Quatsch finden, nur den einen wirklichen und unzweifelhaften Quatschkopf nicht, den sie sich selber erfunden haben.«

Die Qualen seiner Gefangenschaft beschränkten sich auf nicht erstklassiges Essen

Derlei ist gewiss hübsch zu lesen, wie ja Fontanes Briefe mit all ihren Sottisen, kleinen Selbstbemäkeleien und ziselierten Charakteristika zahlloser Personen wahres Entzücken auslösen. Doch entblößen sie auch einen Menschen, dessen tiefste Sehnsucht »Ruhe und Ordnung« heißt, ein Kachelofen-Paradies, in dem Debatten so verpönt sind wie im Rauchsalon englischer Klubs: »Wenn ich zu jemandem geladen bin, so muss Kirschkuchen oder Butterbrot und Käse der letzte Gang sein.« Es ist eine eingeborene Altheit. Die mag Thomas Mann gemeint haben, als er mit einem seiner zweischneidigen Komplimente Fontane zu den Naturen zählte, »denen das Greisenalter das einzige gemäße ist, klassische Greise sozusagen«.

Nach einem weiteren – erfolglosen – unterwürfigen Brief an den Bayernkönig Maximilian II. um eine Stellung als Vorleser und Bibliothekar heuert Fontane im Juni 1860 bei der Kreuzzeitung an, die ihren Namen vom Eisernen Kreuz im Signet herleitet. Es ist das eng an den Hof gebundene Organ des ostelbischen Landadels, Propagandablatt der Armee und gegen jede parlamentarische Selbstbestimmung. Der Fontanebiograf Wolfgang Hädecke sieht das ohne Weichzeichner: »Bei diesem unter Liberalen und Demokraten verschrienen Blatt, dessen Autoren Fontane in der Dresdner Zeitung vom 6. Dezember 1849 als ›Lügenfabrikanten‹ ... verurteilt hatten, ging er als politischer Redakteur in Stellung. ... Die politischen Grundpositionen des Kreuzzeitungsredakteurs Theodor Fontane sind die eines strikten, zuweilen starren Hochkonservativen, der damit den Zeitgeist exemplarisch repräsentiert und die Grundlinie des Blattes einhält.«

Die Etymologie des Wortes Behagen birgt ja sowohl die transitive Bedeutung von sich jemandem angenehm machen als auch die intransitive des eigenen Wohlfühlens. In Fontanes Sprach- und Empfindungswelt übersetzt heißt das: »Man soll nicht Anstoß geben« (womit er »Anstoß erregen« meint) – was im Alltagsleben die Zufriedenheit mit »Brühsuppe zu Hause und Hühnerfricassée in Gesellschaft« heißt. Als literarische Methode bedeutet es, die Welt nicht zu durchdringen, sondern sie hübschzuzeichnen: »Ich beabsichtige nicht zu erschüttern, kaum stark zu fesseln, nur liebenswürdige Gestalten, die durch einen historischen Hintergrund gehoben werden, sollen den Leser unterhalten, womöglich schließlich seine Liebe gewinnen; aber ohne allen Lärm und Eclat.« Was schließlich das Zoon politikon an die Macht und die Mächtigen verrät. Prompt bejubelt Fontane die deutschen Siege in Frankreich 1870: »Erfreuen wir uns an der einen großen Thatsache, dass wir wenigstens gesiegt haben und dass wir auf Feindes Land stehn.« Bismarck persönlich intervenierte erfolgreich für die Freilassung des »Kriegsgefangenen« Theodor Fontane.

Fontane in seinem Arbeitszimmer (Holzstich)

Der war, eine Mischung aus Pferdekutschentourist und Berichterstatter, irrtümlich im Oktober 1870 in Domrémy festgenommen und auf der Ile d'Oléron interniert worden.

Es ist ohnehin für unsere heutigen Begriffe schwer vorzustellen, dass man damals durch »Feindesland« reisen, das Aufstellen und Zusammenziehen der gegnerischen Armeekorps betrachten konnte, da der Krieg ja »nur« in der Schlacht stattfand, nur von Soldaten ausgetragen wurde, derweil man ohne Beschwer seinen Kaffee oder Petit Rouge unter den Platanen des Dorfplatzes trank. Fontanes Buch »Kriegsgefangen« hält sein amüsiertes Erstaunen fest, dass man ihn, den zivil reisenden Schriftsteller, für einen verkappten

Theodor Fontane

Offizier oder heimlichen Agenten gehalten hatte; die Qualen seiner Gefangenschaft beschränkten sich dann auch auf manchmal nicht erstklassiges Essen, unbotmäßiges Personal und zugige Kamine.

Fontane, der schon 1861 an den Konservativen Zuverlässigkeit, Treue und Charakter lobte, »das andere ist doch der reine Treibsand«, der zeitlebens einen Abguss der Hand von jenem Moltke auf dem Schreibtisch hatte, dessen Kriegführung und Kriegstheorien er vergötterte, war nicht nur ein Schlachtenpreuße und Siegeschauvinist, sondern er bejahte auch die politischen Ziele etwa des Krieges 1870/71. Straßburg sollte nie wieder zu Strasbourg werden, fünfzig Millionen Deutsche erhöben nun berechtigte nationale Ansprüche – und der Hugenottenspössling mit dem Taufnamen Henri Théodore weiß genau: »An der Spitze die Franzosen mit ihrem lächerlichen Revanchegeschrei! Diese Revanche kommt nie. Was kommt, sind neue Niederlagen – Elsass! Dies so ziemlich urdeutscheste Land, das wir nach zweihundertjähriger Abtrennung wieder erobert haben, wird von den Franzosen als ein Land angesehen, das nach göttlicher Verheißung bis in alle Ewigkeit hinein zu Frankreich gehöre. Unsinn ohnegleichen. Und weil es so unsinnig ist, werden sie's auch nie wiederkriegen.«

Fontane ist Epigrammatiker. Seine Literatur wie sein nicht zu überschätzendes Briefwerk – man darf tatsächlich von einem »Werk« sprechen – sind reich an Sentenzen und Lebensweisheiten, in denen entweder man sich selber erkennt oder die man sich gerne zu Eigen machen möchte. Doch weil der Horizont, den der Schriftsteller Fontane ausschreiten will, sich nur spannt zwischen dem Zulässigen, Möglichen und Wohlmotivierten, schwebt über allem ein Wohnstubenruch. Die mangelnde Kraft hindert ihn, den Himmel zu stürmen, und befähigt ihn, den Regenbogen so schön zu kolorieren.

Immer kleine Kammermusik. Nie Aufschrei. Das ist gut fürs Leben. Es ist heikel für die Kunst. Kein Sisyphus, sondern die Einsicht, dass der Mensch nicht zu ändern ist. Es ist das Prinzip Teilnahmslosigkeit. Darin nistet ein Embryo namens Untertan. Der Prosaautor Fontane ist ein Gemmenschnitzer, fein ziselierend, konturenscharf,

»Siegeseinzug« der bayerischen Truppen in München am 16. Juli 1871; Fontane bejahte die politischen Ziele des Deutsch-Französischen Krieges

ohne Tiefe noch Psychologie. Der politische Beobachter Fontane ist eben das: kein Leidender, der sich die Hände aufreißt, der blutet und den Eiter aus den Beulen der Zeit presst – sondern ein Mann, wohl gekleidet in der Loge, mit dem Theaterglas vor den Augen, das Bewegungen zu Gesten macht und Bekenntnisse als Flüstern aus dem Souffleurkasten verrät. Unter der Rubrik »Lebensweisheiten« rangiert als erstes seiner Gedichte dieses:

Ein Chinese ('s sind schon an 200 Jahr)
In Frankreich auf einem Hofball war.
Und die einen frugen ihn: ob er das kenne?
Und die andern frugen ihn: wie man es nenne?
»Wir nennen es tanzen«, sprach er mit Lachen,
»Aber wir lassen es andere machen.«
Und dieses Wort, seit langer Frist,
Mir immer in Erinnerung ist.
Ich seh das Rennen, ich seh das Jagen
Und wenn mich die Menschen umdrängen und fragen:
»Was tust du nicht mit? Warum stehst du beiseit'?«
So sag ich: »Alles hat seine Zeit.
Auch die Jagd nach dem Glück. All derlei Sachen,
Ich lasse sie längst durch andere machen.«

10. September 1998

siehe auch
❖ deutsche Literatur
❖ Realismus
❖ Roman

Formel 1

Die gekaufte Leidenschaft

Jahrelang galt England als Heimat der Formel 1. Doch Toyota führt seinen Rennstall lieber von Köln aus, und das Sauber-Team bleibt in Hinwil in der Schweiz. Um sie herum entstehen neue Firmen, neue Jobs und neue Ideen – mit einem Wort: Innovationen. Eine Spurensuche

Von Christoph Hickmann

Im Zürcher Oberland geht es an diesem Morgen sehr langsam um Schnelligkeit. In einem drei Meter hohen Raum, in einem 70 Millionen Schweizer Franken teuren Gebäude, liegt ein Mann auf dem Bauch und bewegt seine Finger über die Tastatur eines Laptops. Er steht auf. Zieht ein Kabel aus einem Stahlarm, der von der Decke hängt. Kniet sich hin und tippt wieder etwas auf der Tastatur. In zwei Wochen soll an diesem Stahlarm das Modell eines Rennwagens hängen, des Sauber C 23, und zum ersten Mal den Turbinen im modernsten Windkanal der Motorsportszene ausgesetzt werden. Auf dem Bildschirm seines Rechners werden dann sehr viele Daten erscheinen. Er wird versuchen, aus ihnen herauszulesen, ob er am Heck noch ein paar Quadratzentimeter Kohlefaser umformen soll. Oder am Außenflügel. Hier, im Windkanal des Formel-1-Rennstalls Sauber-Petronas, im schweizerischen Hinwil, 20 Kilometer südlich von Zürich, jagen die Techniker nach Sekunden. Still und langsam. Wenn an diesem Sonntag in Australien die Formel-1-Saison 2004 beginnt, wird sich zeigen, ob sie erfolgreich waren. Dann jagen die Fahrer nach Sekunden. Laut und schnell.
Der kleine Mann mit Halbglatze, der in Hinwil im Gebäude neben dem Windkanal arbeitet, ist seit 34 Jahren dabei. Peter Sauber, 60, hat in dieser Zeit schon viele Leute darüber lächeln sehen, dass er es von der Schweiz aus tut.
Denn noch immer ist England so etwas wie ein Synonym für die Industrie der Schnelligkeit, für die Branche hinter der Formel 1 und dem Motorsport überhaupt. Die Orte, an denen Schnelligkeit produziert wird, heißen Milton Keynes, Oxfordshire, Silverstone. Außer Sauber, Ferrari, Toyota und Minardi bauen alle Rennställe ihre Wagen zumindest teilweise dort. Um sie herum hat sich eine ganze Zulieferindustrie angesiedelt, die jedes Jahr technische Innovationen liefert. Innovationen und wie sie entstehen, darüber können die Macher der Formel 1 viel erzählen. Peter Sauber, Gründer und Präsident der Sauber Motorsport AG, sitzt trotzdem in Hinwil, weil hier alles begonnen hat und dann langsam immer größer geworden ist. 1970 hat er seinen ersten Rennwagen gebaut. 20 Jahre später baute er schon nicht mehr selbst, hatte aber mit Mercedes den richtigen Partner, um hier ein Auto bauen zu lassen, das die 24 Stunden von Le Mans gewann – und die Sportwagen-Weltmeisterschaft. 1991 wollten Peter Sauber und Mercedes dann zusammen in die Formel 1. Als sich Mercedes kurzfristig zurückzog, tat Peter Sauber den Schritt allein. Hinein in etwas, das man ein großes Spiel nennen könnte und von dem er sagt, dass es eigentlich zu groß für ihn sei. Er sagt: »Es ist ein Kampf der Giganten.«
Sieben Autokonzerne drängen sich momentan in der Formel 1 – so viele waren es nie. Peter Saubers Rennstall ist einer der letzten privaten Ställe, und trotzdem hat er in der Konstrukteurswertung der vergangenen Saison den sechsten Platz belegt. Peter Sauber sagt, das reiche nicht. Und dass er an seine Zukunft in der Formel 1 glaube. Er sagt aber auch: »Wir arbeiten am Limit.«
Ein paar Türen weiter sagt ein drahtiger Mann mit einem großen Schnauzer, dass er das brauche. Am Limit zu arbeiten, immer. Erich Rüegg, 44, Betriebsleiter bei Sauber, ist vor ein paar Jahren mal »in die normale Industrie« gewechselt. Nach drei Monaten war er zurück. Er sagt: »So was kann ich noch machen, wenn ich älter

bin.« Während Erich Rüegg darüber redet, bleiben noch zwei Wochen bis zum Saisonstart, laufen gerade in Imola die letzten Tests mit dem C 23. In zwei Tagen kommt der Wagen zurück, wird komplett zerlegt, um die letzten Teile ergänzt, zwei Tage später geht die Fracht nach Melbourne. In Hinwil bleibt in diesen Tagen nicht viel Zeit zum Reden.

Die Formel 1 ist ein Synonym für automobile Innovation

Um Hinwil herum auch nicht. Ein Drittel der Sauber-Zulieferer sitzt in der Region. Es sind meist kleine Betriebe, die sich langsam daran gewöhnen mussten, Peter Sauber bei der Sekundenjagd zu helfen. Erich Rüegg sagt: »Wer uns beliefert, ist gezwungen, ständig innovativ zu sein.« Dann sagt er: »Wir initiieren Innovation«, und das ist ein grosser Satz, weil Innovation ein grosses Wort ist. Zu gross für manche Betriebe, denn Innovation hat viel mit einer Denkweise zu tun, in der so etwas wie Zufriedenheit nicht vorkommen darf. In der Formel 1 denkt man so, deshalb kann man sie ein Synonym für Innovation nennen. Und weil England weit weg ist, musste man rund um das Schnelligkeitsunternehmen Sauber lernen, ebenfalls so zu denken. Erich Rüegg sagt, man habe manchen Lieferanten ein paar Anstösse geben müssen. Dann erzählt er, dass er vor ein paar Jahren in der Weihnachtszeit einen Gusshersteller besucht und der Belegschaft erklärt habe, worum es bei Sauber gehe. Darum, immer noch schneller zu sein. Und flexibler. Und dass alles andere erst danach komme. Er sagt: »Nach meinem Besuch hat alles wunderbar geklappt.«

Vielleicht hat Erich Rüegg bei den Arbeitern des Gussherstellers etwas von dem erzeugt, was ihn bewegt: Leidenschaft. Und vielleicht hat dieses grosse Wort sehr viel mit dem grossen Wort Innovation zu tun. Vielleicht kann man Innovation deshalb nicht verordnen. Oder ausrufen. In Deutschland hat Kanzler Schröder genau das zur Jahreswende getan. Er hat eine Innovationsoffensive ausgerufen und dabei wenig mehr Konkretes gesagt, als dass die Ausgaben für Forschung und Entwicklung bis 2010 auf 3 Prozent des Bruttoinlandsprodukts steigen sollen. Noch sind es 2,5 Prozent.

Fahrer beim Grand Prix 1998; England ist noch immer eine Heimstatt für die Industrie der Schnelligkeit

Man kann das Wort Innovation seitdem in Deutschland sehr oft lesen und hören. Es klingt dabei immer ein bisschen Ratlosigkeit mit. Als wisse niemand so recht, wie das denn nun genau funktionieren solle. Dass ein Land innovativ wird. Vielleicht ahnt man in Deutschland, dass man Leidenschaft nicht ausrufen kann.

Haben müsste man sie, so wie Paul Pfenninger, 53, der zwischen ein paar Werkbänken herumwuselt und bei jedem seiner Schritte in eine andere Richtung zeigt. »Da«, sagt er dann, »das ist ein Teil für die Bremsbelüftung.« Oder: »Da, das ist jetzt die Wärmeschutzabdeckung für die Radaufhängung.« Er läuft weiter, er dreht den Kopf nach hinten, er sagt: »Jaaa, bei uns muss alles haargenau stimmen.« Pfenninger ist einer der beiden Eigentümer von Pauco Plast, 20 Mitarbeiter, drei Millionen Franken Umsatz. Pauco Plast stellt in Altendorf, 20 Autominuten von Hinwil, Formteile aus Kohlefaser her. Kohlefaser ist der Werkstoff der Formel 1, denn Kohlefaser ist leicht und hart zugleich. Abgesehen von Motor, Getriebe und Reifen bestehen Formel-1-Rennwagen heute komplett aus Kohlefaser.

Ende der Sechzigerjahre hat Paul Pfenninger mit seinem Partner einen Pferdestall gemietet, um Seifenkisten und Modellflugzeuge zu bauen, 1973 hat er zum ersten Mal Peter Sauber beliefert. Heute gehen 95 Prozent seiner Produktion nach Hinwil. Man könnte das unternehmerischen Wahnsinn nennen, und wenn man Paul Pfenninger darauf anspricht, dann lacht er. Und sagt, dass ihm die Banken ähnlich geantwortet hätten, als er sein Unternehmen vor Jahren vergrößern wollte und nach einem Kredit fragte. Rational könne man das nicht erklären. Innovation sei eben immer auch irrational – ein bisschen wenigstens.

Schnelligkeit ist die wichtigste Formel

Wer sich mit der Welt des Paul Pfenninger vertraut macht, versteht bald, was er da sagt. Technisch gesehen ist Formel 1 heute vor allem Selbstzweck. Was für die Rennwagen entwickelt wird, ist weit weg von der Serienproduktion. Zu kompliziert ist das Reglement geworden, das immer mehr Grenzen setzt und gleichzeitig neue Anforderungen schafft. Ein paar Ausnahmen gibt es. Bei BMW baut man heute elektronische Komponenten aus der Formel 1 in das 7er-Modell ein. Auch ein paar Produktionsverfahren aus dem Geschäft mit der Schnelligkeit kommen der Serie zugute, etwa die Sandgusstechnologie. Alles andere ist schlicht zu teuer, um es zu verwerten. DaimlerChrysler hat gerade einen Seriensportwagen mit Kohlefaserchassis herausgebracht, den SLR McLaren. Er kostet 435 000 Euro.

Wo die Industrie der Geschwindigkeit hinkommt, entstehen neue Ideen und Produkte.

Paul Pfenninger sagt: »Das Schöne an der Formel 1 ist ja, dass der Aufwand immer erst zweitrangig ist.« Vielleicht hat Innovation auch etwas damit zu tun, wie oft man Wörter wie Kosteneffizienz zu hören bekommt.

Im Industriegebiet von Köln-Marsdorf hört man die Frage nach den Kosten nicht gern. »Ja?. Haben wir ein großes Budget?«, sagt dort ein großer, schwerer Mann mit grauen Haaren in einem Büro der Toyota-Allee Nr. 7. Er ist gerade gefragt worden, ob sein Team in der vergangenen Saison nicht ein bisschen wenig erreicht habe. Man bekomme doch schließlich viel Geld aus Japan. Malcolm Boote, 49, weiß, dass man in der Branche gern über den Etat der Toyota Motorsport GmbH spekuliert, die Vermutungen gehen dabei hoch bis 500 Millionen Euro. In Köln nennt man das unrealistisch. Dass Toyota mehr Geld ausgibt als das Sauber-Team, bestreitet hier allerdings niemand, und deshalb weiß Malcolm Boote, dass diese Saison besser werden muss als die vergangene. Die Toyota-Fahrer Cristiano da Matta und Olivier Panis landeten auf den Plätzen 13 und 14. Malcolm Boote, in Köln für die Produktion zuständig, sagt trotzdem, er wolle Weltmeister werden.

Wann, Mr. Boote?

»In diesem Jahr.«

Er grinst, weil auch er nicht glaubt, dass der TF104 das Auto des Weltmeisters sein wird. Genauso wenig wie der TF103 der vergangenen Saison. Aber vielleicht der TF106. Oder 107. Oder irgendein Auto, das in Köln-Marsdorf noch gebaut werden wird.

In der Konstrukteurswertung war Toyota am Ende der vergangenen Saison Achter. Zwei Plätze hinter Sauber, dem um so vieles kleineren Rennstall, mit dem Toyota doch etwas gemeinsam hat: den Platz auf dem europäischen Festland – und damit die Aufgabe, Innovation dort zu schaffen, wo noch keine ist.

Fragt man Malcolm Boote, warum das Weltmeisterauto nicht in Oxfordshire gebaut werden soll oder in Milton Keynes, nimmt er ein Blatt Papier und einen Stift. Er zeichnet dann die Umrisse von Großbritannien, und in den Umriss schreibt er ein paar Namen. Jordan. Renault. Williams. Und so weiter. Dann zieht er mit kleinen Punkten einen Kreis um die Namen. Er sagt: »Das sind die Zulieferer.« Boote schaut noch einmal auf die Karte. »Wir müssen nicht um Zulieferer kämpfen. Wir haben hier unsere eigenen entwickelt.«

Wo die Industrie der Schnelligkeit hinkommt, entsteht Innovation. Zwangsläufig. In England fürchtet man inzwischen, dass dieser Gedanke sich verbreiten könnte. Boote sagt dann noch, dass sich Köln-

Formel 1

Marsdorf als Standort geradezu angeboten habe. Seit 1979 schon arbeitete dort das Toyota-Rallye-Team. Als der Konzern 1999 in die Formel 1 wollte, war im Industriegebiet am Rand der Stadt bereits etwas gewachsen, auf dem man aufbauen konnte. Noch heute arbeiten frühere Rallye-Arbeiter in der Kölner Formel-1-Fabrik.

Als Malcolm Boote 1999 dazukam, musste alles ziemlich schnell gehen. Es gab in der Nähe kaum Zulieferer, die Teile für Formel-1-Wagen liefern konnten, die Kohlefaserindustrie etwa saß in Süddeutschland. Heute gibt es sie auch im Rheinland. »Wir haben das hier geschaffen«, sagt Boote. Weitere Beispiele nennt er nicht, sondern grinst: könnte ja ein Konkurrent draufkommen.

Lieber nennt Boote Zahlen. 23 Prozent der Zulieferer säßen inzwischen in Nordrhein-Westfalen, 53 Prozent in Deutschland. Sie haben sich daran gewöhnt, schnell zu werden. Und dann noch schneller. So schnell, wie es für das Geschäft mit der Schnelligkeit notwendig ist. Heute, sagt Boote, fühlten sie sich als Teil der Toyota-Familie. »Im besten Fall sitzen die alle vor dem Fernseher und sagen, das ist mein Auto, das da gerade fährt.«

Vielleicht hat auch das etwas mit Innovation zu tun. Stolz auf etwas zu sein.

Auf etwas wie die 900 PS, die ein paar Korridore weiter hinter einer Glasscheibe ruhen. Ein Toyota-Motor, Modell RVX-04, ist dort mit ein paar Röhren verbunden, die in der Decke des Raums enden. Es ist der Motorenprüfstand. Auf der anderen Seite der Scheibe sitzen zwei Männer. »Melbourne«, sagt einer, und will damit sagen, dass man jetzt mit dem Motor die Strecke des Grand Prix von Australien simuliere. Er drückt einen Knopf, hinter der Glasscheibe heult es auf. Der Ton wird höher, wird leiser, wieder lauter. Als gehe da gerade ein Rennwagen aus der Kurve. An einer Seite des Motors tritt Rauch aus und verschwindet in einer der Röhren. 900 PS arbeiten in einer mit Stahl ausgekleideten Kammer. Am Sonntag werden sie freigelassen.

Das Ferrari-Team bejubelt auf der Rennstrecke von Suzuka den sechsten Weltmeistertitel von Michael Schumacher (Mitte) und den fünften Konstrukteurstitel ihres Unternehmens.

John Howett sagt, dass er sich darauf freue. Auf den Lärm und den Geruch. John Howett, 51, ist seit dem vergangenen Jahr Präsident der Toyota Motorsport GmbH. Er ist der Mann, unter dessen Führung das Weltmeisterauto entstehen soll, irgendwann. John Howett sagt dann recht schnell, worum es geht in Köln-Marsdorf, in Hinwil und in Oxfordshire. In der Industrie der Schnelligkeit. Er sagt: »Es gibt ein sehr einfaches Ziel. Zu gewinnen. Du gewinnst, oder du gewinnst nicht. Du hast zwei Stunden, in denen alles klappen muss. Am Sonntagnachmittag gibt es kein Versteck mehr.«

Er sagt: »On sunday afternoon«, und diese sehr harmlosen Wörter klingen nicht mehr harmlos, wenn John Howett sie ausspricht. Eher bedrohlich. Nach irgendetwas Unerbittlichem, das am Sonntagnachmittag auf ihn wartet. John Howett sagt: »Du kannst dann niemanden mehr verantwortlich machen. Nur dich selbst.«

Wahrscheinlich hat Innovation sehr viel mit dem Ton zu tun, in dem ein Mann wie John Howett Wörter wie »sunday afternoon« ausspricht. 4. März 2004

siehe auch
✤ Markenweltmeisterschaft
✤ Motorsport
✤ Rennwagen

Frauenbewegung

Karriere ist immer noch Männersache

Eine Tagung im Berliner Aspen Institute und ein Hearing in Bonn zeigen: In Sachen Gleichberechtigung der Frauen ist die Bundesrepublik unterentwickelt. Es fehlt der politische Wille, die Diskriminierung der Frauen wirksam zu bekämpfen

Von Margrit Gerste

»*Im Grunde – unsere Frauen verlangen nicht zu viel, aber unsere Männer geben zu wenig.*«
Käthe Schirmacher, Frauenrechtlerin, 1901
Was verlangen die Frauen heute? Nach zehn Jahren Frauenbewegung in der Bundesrepublik sind ihre Forderungen kaum noch zu vernehmen, sie sprechen auch nicht mehr mit einer Stimme. Denn ihre Misserfolge waren größer als ihre Erfolge. Die Reform des Paragraphen 218, die einst die Bewegung einte und Zehntausende von Frauen auf die Straße brachte, ist gründlich misslungen; politische Willenserklärungen, wie im jüngsten Familienbericht der Bundesregierung, und Gesetzgebung, wie Mutterschaftsurlaub oder Erziehungsgeld, laufen darauf hinaus, die Frauen vom Arbeitsmarkt zu verdrängen und wieder stärker auf ihre alte Rolle als Hausfrau und Mutter festzunageln.
Während die ökonomischen Bedingungen für die Gleichberechtigung der Frauen in der Familie und am Arbeitsplatz schlechter werden (doppelt so viele Frauen wie Männer sind arbeitslos), gleicht die Frauenbewegung immer mehr einer zersplitterten Subkultur, die zwar in Selbsthilfe Vorbildliches, beispielsweise in den Frauenhäusern, leistet, sich aber trotzig der politischen Arbeit in Parteien und Gewerkschaften verweigert.
Doch man täusche sich nicht: Immer mehr Frauen bezweifeln, ob es naturgesetzlich ist, wenn sie im Schnitt 25 Prozent weniger verdienen als Männer, wenn ihnen Berufe, die als typisch männlich gelten, und damit Aufstiegsmöglichkeiten versperrt bleiben, wenn sie allein die Doppelbelastung durch Beruf und Familie tragen sollen. Die Klagen, die bei Gewerkschaften oder auch beispielsweise der Hamburger Leitstelle

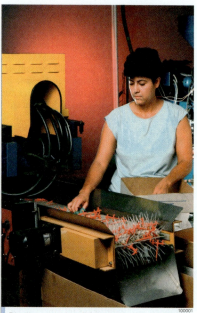
Die ökonomischen Bedingungen für die Gleichberechtigung der Frauen werden schlechter.

für die Gleichstellung der Frau eingehen, häufen sich, und Bundestagsvizepräsidentin Annemarie Renger konnte ein ganzes Buch mit Berichten von Frauen füllen, die eklatanten Diskriminierungen ausgesetzt sind.
Beispiele: Einer jungen Rechtsanwältin wird beschieden, »dass wir die ausgeschriebene Position mit einem männlichen Kollegen besetzen möchten. Sie werden ... früher oder später Mutterpflichten übernehmen und dann für längere Zeit nicht mehr ... den Aufgaben einer freiberufli-

Frauenbewegung

chen Tätigkeit nachkommen können.« Ein Versicherungsunternehmen erklärt einer Bewerberin: »Bei uns gibt es keine Frauen in der EDV, und sie wird es auch nie geben.« Solche diskriminierenden Arbeitgeberpraktiken sind bei uns geschützt durch das Recht der Vertragsfreiheit, und eine gerichtliche Klage hätte wahrscheinlich wenig Aussicht auf Erfolg. Ein evangelisches Pfarramt in einem Rundschreiben an Kindergartenträger: »Grundsätzlich sollte bei der Verheiratung (von Erzieherinnen) zunächst die ordentliche Kündigung ausgesprochen werden.«

Vier Frauen sind in einer niedrigeren Lohngruppe als ihre männlichen Kollegen, obwohl sie genau die gleiche Arbeit verrichten. Sie ziehen vors Arbeitsgericht – und verlieren. Ein Hamburger Vater bemüht das Bundesverfassungsgericht: Der Mutterschaftsurlaub verstößt gegen das Gebot der Gleichbehandlung von Mann und Frau.

Schier endlos ließe sich die Liste der Beschwerden fortschreiben, die auch von einem wachsenden Unrechtsbewusstsein der Betroffenen zeugt.

Es fehlt das Unrechtsbewusstsein

Aber werden die Klagen gehört? Was geben die Männer an den Schalthebeln der Macht den Frauen? Die Minister, Parlamentarier, Gewerkschafter und Arbeitsrichter? Sie verteilen Beruhigungspillen – wie zum Beispiel jenen »Arbeitsstab Frauenpolitik« im Bundesfamilienministerium, der keinerlei Machtbefugnisse hat.

»Wir lesen aufmerksam Zeitung, um zu erfahren, welche Projekte in den Ministerien betrieben werden, die Frauen betreffen«, beschreibt Mitarbeiterin Elisabeth Haines sarkastisch den Status des Arbeitsstabs Frauenpolitik im Bonner Männerkollegium. Und wenn jener Gesetzentwurf zur Ergänzung des Arbeitsrechts, der Thema eines öffentlichen Hearings in Bonn ist, verabschiedet wird, dann wird sich am streng nach Geschlechtern geteilten Arbeitsmarkt, Symptom und Quelle fortgesetzter Diskriminierung, nichts ändern. Das Gesetz soll bundesdeutsches Recht an schon bestehende EG-Richtlinien anpassen im Hinblick auf gleiche Bezahlung ebenso wie auf die »Gleichbehandlung von Männern und Frauen hinsichtlich des Zugangs zur Beschäftigung, zur Berufsbildung, zum beruflichen Aufstieg sowie in Bezug auf die Arbeitsbedingungen.«

Ein britischer Experte kommentiert die halbherzigen deutschen Bemühungen: »Das wird die EG so niemals akzeptieren.« Was Diskriminierung umfasst, wird nicht definiert, die Beweislast wird der Frau aufgebürdet, der Arbeitgeber braucht empfindliche Strafen nicht zu fürchten, es gibt keine Institution, die die Einhaltung

In den USA ist der Einfluss der Equal Employment Opportunity Commission (Kommission für Chancengleichheit am Arbeitsmarkt) seit einiger Zeit gewachsen.

der Vorschriften überwacht. Dies zeigt: Es fehlt bei uns nicht nur das Unrechtsbewusstsein für Diskriminierung aufgrund des Geschlechts, es fehlen auch die Instrumente, eine solche Diskriminierung zu bekämpfen, es fehlt ganz einfach der politische Wille, solche Instrumente zu schaffen.

Anders in vergleichbaren westeuropäischen Ländern und in den Vereinigten Staaten von Amerika. Hohe Regierungsbeamtinnen und -beamte waren zur viertägigen Konferenz über »die Durchsetzung gleicher Chancen für Frauen und Männer« ins Aspen Institute nach Berlin gekommen – vergleichbare deutsche Kollegen fanden sie nicht vor: Es gibt sie nicht. Ingrid Nümann-Seidewinkel von der Hamburger Leitstelle Gleichstellung der Frau ist mit vergleichsweise minimalen Kompetenzen ausgestattet, und nur ein einziger Politiker – Nils Diederichs, SPD-Abgeordneter des Bundestages – nahm sich die Zeit, der lehrreichen Lektion in Sachen Antidiskriminierungspolitik zu folgen.

USA: Sarah Weddington gehört zum engsten Mitarbeiterstab im Weißen Haus. Sie berät Jimmy Carter in allen Fragen, die die Rechte der Frauen berühren. Ein dichtes Informationsnetz sichert ihr Kontakte in der Administration und zu den Frauengruppen. Doch sie weiß: »Ich hätte kaum Erfolg, wenn Jimmy Carter den Rechten der Frauen gegenüber nicht so aufgeschlossen wäre.« 20 Prozent der neu zu besetzenden Stellen in seiner Administration hat er immerhin mit Frauen besetzt und drei Frauen zu Ministerinnen ernannt – so viele, wie alle seine Vorgänger zusammen. Und auf dem kommenden Parteitag der Demokraten, der den Präsidentschaftskandidaten küren wird, wird die Hälfte der Delegierten Frauen sein.

Gewachsen ist auch der Einfluss der »Equal Employment Opportunity Commission« (Kommission für Chancengleichheit am Arbeitsmarkt), die 59 Büros im Land hat, rund 3 400 Mitarbeiter beschäftigt und über einen Jahresetat von 120 Millionen Dollar verfügt. Sie prüft Einzelfälle, aber auch ganze Betriebe, ja Dienstleistungs- beziehungsweise Produktionsbereiche. Sie kann Richtlinien erlassen und Pläne anfordern (und deren Verwirklichung überprüfen), wie Unternehmen diskriminierende Praktiken bei Ausbildung, Einstellung und Beförderung zu beseitigen gedenken (»affirmative action«). Die Unternehmer müssen mit empfindlichen Geldstrafen rechnen. Der spektakulärste Fall: Die »American Telephone and Telegraph Company« musste ihren Arbeitnehmerinnen insgesamt 38 Millionen Dollar nachzahlen. Außerdem: Sämtliche Bildungseinrichtungen und Firmen, die Regierungsaufträge haben wollen, müssen solche »affirmative-action«-Programme aufstellen. Es gibt Gesetze und Präzedenzfälle, um gegen individuelle und systematische Diskriminierung, die ganze Gruppen (Frauen oder Schwarze) von bestimmten Berufen und Aufstiegschancen ausschließt, vorzugehen. Wynn Newman, Berater der »Coalition of Labor Union Women«, formuliert es drastisch: »Die einzige Sprache, die Unternehmer verstehen, ist: ›Wir werden Sie verklagen.‹ Manche rechnen sich dann sehr schnell aus, dass es billiger für sie wird, wenn sie freiwillig diskriminierende Praktiken abstellen.«

Gesetze und sozialer Wandel

England: Die Briten haben seit vier Jahren ein Antidiskriminierungsgesetz (Sex Discrimination Act) und eine Kommission, die ähnlich wie in den USA die Einhaltung dieses Gesetzes überwacht.

Frankreich hat als erstes europäisches Land eine Ministerin für Frauenfragen, die auch einer neuen »interministeriellen Kommission für Aktionen zugunsten der Frauen« vorsitzt. Im Arbeitsministerium gibt es eine Staatssekretärin, die sich allein mit Fragen der Gleichberechtigung beschäftigt. Es gibt keinen Mutterschafts-, sondern Elternurlaub, und es gibt Quoten beispielsweise bei Kommunalwahlen: Mindestens 20 Prozent der Kandidaten müssen Frauen sein.

Schweden: »Seite an Seite« heißt bezeichnenderweise die Zeitschrift des »Komitees für Gleichheit zwischen Männern und Frauen«. Karin Ahrland, Vorsitzende des Komitees, betont: »Wir wollen einen Wandel von Einstellungen auf beiden Seiten.« So gelten beispielsweise Quotierungen für beide Geschlechter, was dazu führen könnte, dass auch Männer in Frauendomänen wie Sekretärin, Lehrerin, Kindergärtnerin kommen.

Ein Ombudsmann wird die kürzlich verabschiedeten Gesetze zur Aufhebung des geteilten Arbeitsmarktes überwachen. Die Schweden überlegen sogar, ob nicht auch der Elternurlaub (180 Tage, 90 Prozent des Einkommens, Arbeitsplatzgarantie) quotiert werden müsse – bisher nehmen nur 14 Prozent der Väter ihn in Anspruch.

Alle diese Länder haben unterschiedliche Systeme entwickelt, um Diskriminierung zu bekämpfen. Die Erkenntnis, dass sie

Frauenbewegung

Das Foto zeigt eine von Klaus Staeck entworfene Postkarte anlässlich der Ausrufung der Dekade der Frau, die mit dem internationalen Jahr der Frau 1975 eingeleitet wurde. Sie setzt sich mit der Forderung nach einer Frauenquote in der Politik auseinander. Staeck spielt dabei mit der maskulin geprägten Vorstellung, die sich mit dem Wort »Abgeordneter« verbindet.

kein bedauerlicher Einzelfall ist, sondern charakteristisches Merkmal der Gesellschaft, blieb also dort nicht nur den Feministinnen vorbehalten. Das heißt nicht, dass es den Frauen in diesen Ländern schon so sehr viel besser ergeht. Der Fortschritt besteht vielmehr darin, dass sich in all den Gesetzen und Institutionen ein politischer Wille manifestiert, fundamentales Unrecht aufgrund des Geschlechts nicht mehr länger dem freien Spiel der gesellschaftlichen Kräfte allein zu überlassen, Politik auch auf diesem dornigen Feld als ein Instrument des sozialen Wandels zu benutzen.

Auch wenn Engländer, Amerikaner und Schweden auf der Aspen-Konferenz freimütig die Mängel ihrer Maßnahmen bloßlegten und bekannten, dass Erfolge bisher nur klein seien und Rückschläge nicht ausblieben, so bleibt festzuhalten, dass die Bundesrepublik weit abgeschlagen liegt. Die einmütigen Erfahrungen ihrer ausländischen Freunde aber sollten unsere Politiker in ihre Überlegungen mit einbeziehen: dass nämlich Antidiskriminierungsgesetze und Institutionen zu ihrer Durchsetzung wichtig sind als ein erster Schritt, dass sie »das Bewusstsein für Recht und Unrecht schärften«, wie Sarah Allen, Soziologieprofessorin, die britische Praxis resümierte.

Und überlegen müssen sie, unsere Politiker, denn »die Frage ist heute: Unterstützen oder behindern sie die Gleichberechtigungsbewegung? Umkehren jedenfalls können sie sie nicht mehr.«

29. Februar 1980

siehe auch
❖ Chancengleichheit
❖ Gleichberechtigung
❖ Women's Lib

Friedensbewegung

Dann gibt es nur eins: Nie wieder!

Krieg gegen Saddam? Ohne uns! Der deutsche Pazifismus, geboren aus Schuld und Angst, prägt längst die bürgerliche Mitte. Zugleich gewöhnt sich die Linke an den bewaffneten Kampf für die Menschenrechte. Eine Reise durch die Gefühlswelt der Bundesrepublik

Von Jan Ross

Wie würde, wie wird bei einem Angriff auf den Irak die deutsche Öffentlichkeit reagieren? Im Golfkrieg von 1991 war die Stimmung fast hysterisch, mit weißen Bettlaken, die aus den Fenstern hingen, und allmorgendlich atemlos verfolgtem Frühstücksfernsehen – obwohl die Bundesrepublik sich militärisch gar nicht beteiligte. Bei der Intervention im Kosovo 1998 taten deutsche Soldaten mit, aber auf den Straßen blieb es ruhig, wohl weil der erste Kriegseinsatz nach 1945 durch eine linke Regierung gleichsam moralisch abgeschirmt wurde. Am aufgewühltesten ging es zu, als gar kein Schuss fiel, im Nachrüstungsstreit der frühen Achtzigerjahre: Weltuntergangsängste im Schatten der atomaren Mittelstreckenraketen, von Pershing und SS-20.

Wie also sieht es diesmal aus? Über Frieden, Friedenssehnsucht, Friedensbewegung, Friedenspolitik ist schwer vernünftig zu reden. Für manche, ziemlich viele sogar, liegt hier das Unantastbare schlechthin, ein moralisches Sperrgebiet, ein beinahe oder buchstäblich religiös bewehrtes Tabu. Anderen dagegen stößt gerade beim Friedensthema ein besonders ungenießbares Gutmenschentum auf, der schlechte Geschmack von politischem Kitsch.

Manchmal wirken die Sanftmütigen in der Tat wie ihre eigene Karikatur. Bei jedem Satiriker hätte man den Einfall billig und albern gefunden, dass neulich während einer Irakdiskussion in der hannoverschen Marktkirche als erster Publikumsbeitrag via Internet das Statement der Pfarrerin Tina Hülsebus eintraf, Absender »Dahab, Südsinai, Ägypten«, mit strengen Urteilen über die unchristliche Arroganz der Vereinigten Staaten. Aber genau so ist es gewesen: Frau Pastorin ordnet vom Berge Sinai aus das Weltgeschehen. Dieses Milieu gibt es also wirklich noch.

Trotzdem ist der Kirchentagspazifismus der frühen Achtzigerjahre nicht mehr der Schlüssel zur bundesdeutschen Friedensbefindlichkeit. Die hannoversche Veranstaltung hatte nichts von Apokalyptik oder Fanatismus an sich. Es war eine Talkshow mit leidlich professioneller Moderation, Ausstrahlung ein paar Tage später auf Phönix, und Christian Ströbele und Peter Scholl-Latour als Stargästen. So glatt im Medienmainstream hatten sich die Nachrüstungsgegner nicht bewegt. Vor allem aber lohnten die Zuhörer einen genaueren Blick, die jetzt aus Sorge vor einem Angriff auf den Irak erschienen waren – zahlreich, sodass viele draußen bleiben mussten. Es war ein ausgesprochen bürgerliches Publikum, wohl gekleidet und paarweise erschienen, im Alter recht gleichmäßig gestreut zwischen vierzig und siebzig.

Das ist die Mitte der deutschen Gesellschaft, und wer sie hier sitzen sah, der wusste sofort, dass Gerhard Schröder tatsächlich mit der Parole »Krieg? Ohne uns!« die Bundestagswahl gewonnen hat. Es ist nichts Linkes, nichts Alternatives und nichts Radikales mehr, gegen Bomben, Raketen, Panzer und besonders gegen die Amerikaner zu sein, es ist eine deutsche Grund- und Mehrheitsstimmung. Mehrheitsfähig, heißt das, auch bei den Wählern und im Wertekosmos der Union. Das ist neu. Wolfgang Schäuble hat es zu spüren bekommen, als er im Wahlkampf als zuständiger Außenpolitiker der Stoiberkampagne die Kriegsoption zumindest nicht ganz ausschließen wollte. Der Kandidat und seine Strategen wollten mit diesem unpopulären Realismus nichts zu tun haben. Im Adenauerhaus gingen mehr

Friedensbewegung

Hat Gerhard Schröder mit der Parole »Krieg? Ohne uns!« die Wahl gewonnen?

Protestbriefe ein als bei der Nominierung der unverheirateten Mutter Katherina Reiche zur künftigen Familienministerin, die angeblich die Seele der Partei so erregt hatte. Es sind, wie Schäuble beobachtet, gerade die Älteren, für die der Krieg der Übel größtes bleibt. Für die »Erlebnisgeneration« von Stalingrad und Dresden war er das in gewisser Weise immer. Aber hier saßen auch der Antikommunismus und die Angst vor der Sowjetunion besonders tief. Jetzt, da man sich vor den Russen nicht länger fürchten muss, hat das Kriegstrauma gleichsam freie Bahn. Und die Vereinigten Staaten werden auch nicht mehr so dringend gebraucht.

Krieg bedeutet in der kollektiven Erinnerung der Deutschen Schuld und Niederlage

Wie denkt und fühlt »es« in der Bundesrepublik beim Thema Krieg und Frieden? Unter den gebrannten Kindern des Wahlkampfs versucht man sich einen Reim zu machen auf die massive Verweigerungsstimmung, die im Sommer und Herbst jede rationale Irakdiskussion verhindert hat. Hans-Ulrich Klose, in dieser Frage der Schäuble der SPD und in seiner Partei auf ähnlich einsamem Posten, würde es nicht Pazifismus nennen: »Es ist eher so, dass da eine verletzte Nation die Schultern hochzieht; wir ticken da anders als die Amerikaner oder Briten, mehr wie die Japaner.« Krieg bedeutet in der deutschen kollektiven Erinnerung Schuld und Niederlage. Und er bedeutet Leid für die Zivilbevölkerung – wie sehr, das zeigt in diesen Wochen der sensationelle Erfolg von Jörg Friedrichs Buch über die Bombardierung der deutschen Städte. In der angelsächsischen Welt wird des Zweiten Weltkriegs, trotz aller Zerstörungen in England, letztlich anders gedacht, heroisch, als Sieg der gerechten Sache. Schuld ist dabei auch ein Thema – aber nicht die Schuld des Angriffskriegs, sondern des allzu langen Abwartens und Zusehens, des Appeasements. Das Berliner Geschichtsgespenst ist der Verbrecher Hitler, das Londoner der Versager Chamberlain.

Doch gibt es nicht gleichzeitig, neben der intensiven Gewaltscheu, in der Bundesrepublik eine ganz andere, gegenläufige Tendenz? Vor wenigen Jahren noch waren deutsche Blauhelme ein Ding der Unmöglichkeit, inzwischen hat sich die Bundeswehr an Kampfeinsätzen im Kosovo und in Afghanistan beteiligt, ohne Massenproteste oder auch nur demoskopische Einbrüche für die Regierenden. Für Hardcore-Antimilitaristen wie den Grünen-Abgeordneten Christian Ströbele sind das in der Tat Sündenfälle und gefährliche Präzedenzien, Beispiele einer Militarisierung der Außenpolitik. Auch in der mehr oder weniger organisierten Friedensbewegung, bei den übrig gebliebenen Aktivisten aus der Nachrüstungszeit oder neuerdings im Umfeld der Globalisierungskritiker von Attac, wird jeder Schritt eines deutschen Soldaten irgendwo auf der Welt mit tiefem Misstrauen betrachtet.

Die Geschichte seit 1989 erscheint aus diesem Blickwinkel als Prozess der Abkehr von zivilen Konfliktlösungen. Krieg ist, im Unterschied zu den dann doch irgendwie idyllischen Zeiten des atomaren Patts, wieder möglich, führbar, akzeptabel geworden. So gesehen führt von den Balkanin-

629

Friedensbewegung

terventionen zum Angriff auf den Irak in der Tat eine gerade Linie, ein Weg ins Verderben. Diese Katastrophentheorie ist kein Privileg eines pazifistischen Milieus, sie findet sich auch in der akademischen Friedensforschung. Ernst-Otto Czempiel

Hans-Ulrich Klose ist in der SPD nahezu isoliert.

etwa, der Doyen der Disziplin in Deutschland und ein hochseriöser Politologe auf dem Gebiet der internationalen Beziehungen, schätzt die Entwicklung kaum anders ein. Selbstverständlich, erklärt er, war der Einsatz der NATO-Bomber gegen Serbien 1999 ein Fehler, geradezu ein zivilisatorischer Rückschritt. Und selbstverständlich löst der Krieg, ganz wie die Friedensdemonstranten sagen, keine Probleme. Nie. Er ist ein Anachronismus, das Überbleibsel einer längst überholten »Staatenwelt« der Großmachtambitionen.

Die Zukunft, oder eigentlich schon die Gegenwart, gehört der »Gesellschaftswelt«, einer globalen Innenpolitik, in der Wohlstand und Demokratie die Völker kampfunlustig machen. Dass der Westen nach dem Untergang der Sowjetunion nicht wirklich abgerüstet hat, dass er mittlerweile Tyrannensturz und Menschenrechtsschutz mit Waffengewalt betreibt, dass unter Bush jr. in den Vereinigten Staaten sogar wieder ein ausgewachsener Militarismus regiert – das alles sind in Czempiels Augen Facetten eines großen Versäumnisses, den Augenblick von 1989/90 zu ergreifen und die Konfliktbehandlung endlich auf Prävention umzustellen.

Der Wachtmeister braucht ja auch für den Notfall eine Pistole

So weit die reine Lehre. Sie wird es allerdings nicht gewesen sein, die dem Bundeskanzler bei seiner Wehrdienstverweigerung in Sachen Irak die Wähler zugetrieben hat. Es gibt, sosehr Friedensbewegung und Friedensforschung das bedauern mögen, keinen generellen Widerstand gegen eine »Militarisierung der Außenpolitik«. Was es gibt, ist eine tiefe, schuld- und angstbesetzte Aversion gegen Krieg – aber genau darin dürfte paradoxerweise der Grund dafür liegen, dass die Engagements auf dem Balkan und in der ersten Phase des Antiterrorkampfs so leicht durchzusetzen waren. Sie werden offenbar als Polizeiaktionen mit militärischen Mitteln wahrgenommen, im Grunde ganz im Sinne von Czempiels internationaler Innenpolitik, wenngleich nicht gewaltfrei. Der Wachtmeister braucht ja auch für den Notfall eine Pistole. Krieg, richtiger Krieg, zwischen Staaten und womöglich wegen nackter Interessen, um Energiequellen oder um Macht – das ist etwas anderes.

Man stößt da übrigens nebenbei auf einen charakteristischen West-Ost-Unterschied. Christian Ströbeles Wahlkreis umfasst Kreuzberg und Friedrichshain, also je einen Bezirk aus den beiden Stadthälften des einst geteilten Berlin, stark grün geprägt der eine, mehr rot-rot, postsozialistisch-sozialdemokratisch der andere. Ströbeles Antimilitarismus findet hier wie da starken Zuspruch. Aber in Kreuzberg, im

Ernst-Otto Czempiel hielt den Krieg der NATO gegen Serbien für einen zivilisatorischen Rückschritt.

emanzipatorisch-alternativen Publikum, bleibt die neue Joschka-Fischer-Doktrin von der bewaffneten Humanität nicht ganz ohne Echo und Wirkung. Wie war es denn mit den Massakrierten von Srebrenica oder den geknechteten Frauen der Taliban – kann, muss man da nicht eingreifen? Im Gegenzug brechen dann freilich wieder die alten antiimperialistischen Gewissheiten durch: Es geht in Wahrheit bloß um bil-

liges Benzin, Bush ist ein Mann des militärisch-industriellen Komplexes und so weiter, und so fort.
In Friedrichshain, so Ströbele, ist das Klima anders, »eine tiefe, ruhige Grundstimmung« gegen alle Kriegsgewalt. Keine aggressive Systemfeindschaft wie etwa in der Autonomenszene des Westens. Aber auch keine Sympathie für Militärinterventionen im Dienste der Menschenrechte. Der Osten wirkt überwiegend nicht ansprechbar für jenes Argument, das der bundesdeutschen Linken und zumal den Grünen den Pazifismus immer zweifelhafter gemacht hat – dass nämlich Freiheit und Recht sich manchmal nur mit Gewalt schützen oder wieder herstellen lassen, im Extremfall also: dass Krieg nötig war, um die Todesmühlen von Auschwitz zum Halten zu bringen.
Gleichviel: Es bleibt der verbreitete Wahrnehmungsunterschied zwischen »polizeilicher« Militärintervention, die weithin hingenommen wird, und »echtem« Staatenkrieg, der Furcht und Abwehr auslöst. Die Unterscheidung ist nicht grundlos, sie kann jedoch einer neuen Art von Realitätsverweigerung Vorschub leisten. Wohl bildet sich allmählich ein Konsens darüber heraus, dass man den Risiken von Terrorismus, ethnischen Unruhen und der Verbreitung von Massenvernichtungswaffen bisweilen nicht anders als durch Zwang und Gewalt begegnen kann. Zugleich ist aber die Hauptbotschaft: So, wie das Pentagon es sich vorstellt, lässt so ich damit jedenfalls nicht umgehen. Es gibt eine Flut gescheiter Kommentare und Traktate über die »asymmetrische« Natur heutiger Konflikte, in denen Armeen nicht mehr viel nützen gegen fanatisierte Einzelkämpfer und schattenhafte Terrornetzwerke; Erhard Eppler, dem der Bundeskanzler bisweilen sein Ohr leiht, zeichnet ein globales Panorama »privatisierter Gewalt« von Warlords, Drogenbanden und Glaubenspartisanen, in dem al-Qaida als eine Art multinationales Unternehmen des Schreckens figuriert.

Eine gewisse Neigung zu selektiver Wirklichkeitswahrnehmung ist in Deutschland geblieben

Daran ist gewiss viel wahr. Aber dass Staaten bei diesem Problem eine Rolle spielen können, und zwar nicht nur als »failing states«, wo der Kollaps der öffentlichen Ordnung die Einnistung des Verbrechens erlaubt, sondern auch durch »state sponsorship«, durch die Bereitstellung einer Infrastruktur für den Terrorismus – das wird bei der Fixierung auf die »privatisierte Gewalt« ausgeblendet. Hier beginnt dann doch die tabuisierte Zone des Krieges. Man will »weiter« sein als die anderen, die dinosaurierhaften Schlachtrösser der Supermacht – vielleicht nicht mehr als Avantgarde der Gewaltlosigkeit, wie sich viele

Christian Ströbeles Antimilitarismus findet starken Zuspruch.

entspannungsfreudige Deutsche in den Zeiten der Blockkonfrontation empfanden, aber nun durch die tiefere Einsicht in das Wesen der Herausforderungen des 21. Jahrhunderts, denen nicht mit Rezepten à la Rumsfeld beizukommen ist. Eine gewisse Neigung zu Besserwisserei und selektiver Wirklichkeitswahrnehmung ist geblieben.
Als die bundesdeutsche Friedensbewegung Anfang der Achtzigerjahre gegen die westliche Nachrüstung mobilmachte, war ihr moralischer Kredit gewaltig. Man mochte ihre Vorschläge für pragmatisch falsch oder ihr ganzes Weltbild für naiv halten, aber ihr Idealismus verlangte und gewann Respekt. Mit den Protesten gegen den Golfkrieg verhielt es sich etwas anders. Damals begann die Friedfertigkeit auch vielen liberalen und linken Beobachtern unbehaglich zu werden. Wie stand es wirklich um die moralische Substanz eines Pazifismus, der den völkerrechtswidrige Okkupation Kuwaits hinzunehmen bereit war, dem ein Schlächter wie Saddam keine schlaflosen Nächte bereitete und der für die Existenzbedrohung Israels nicht viel mehr als ein Achselzucken übrig hatte – wenn nicht sogar gelegentlich ein antisemi-

tisch gefärbtes »Selber schuld!« an die Adresse des jüdischen Staates hörbar wurde? Damals begann, was sich im Angesicht der völkermörderischen Vertreibungen auf dem Balkan voll entfaltete, die Entwicklung eines progressiven »Bellizismus«, der als letzte Abhilfe gegen die Unmenschlichkeit auch die Entsendung von Bombern und Truppen guthieß.

Nach Eugen Drewermanns Auffassung geht es beim Irakkrieg um Öl.

Die Lage vor dem Angriff auf den Irak ist wiederum eine andere. Auch wer Kuwait gewaltsam befreit sehen oder die ethnischen Säuberungen im Kosovo gestoppt wissen wollte, mag jetzt vielleicht keine Rechtfertigung für eine Intervention erkennen. Es gibt keine intellektuelle »Kriegspartei«. Der Balkan-Bellizist Peter Schneider etwa oder Micha Brumlik, dem die deutsche Friedensbewegung im Golfkonflikt unerträglich wurde, sind strikt gegen einen »pre-emptive strike«, einen Präventivschlag. Es gilt keinen akuten Genozid zu verhindern, und der rechtliche Grund eines Einmarschs wäre, vorsichtig gesprochen, schwankend. Die Sache des Friedens, könnte man sagen, ist diesmal moralisch wieder so stark wie seit langem nicht.

Nur gibt es noch immer Erlebnisse, die einen zweifeln lassen. In adventlicher Stimmung hat der tiefenpsychologisch angehauchte Theologe Eugen Drewermann kürzlich in der Berliner Urania einen Vortrag zum Thema »Warum Krieg?« gehalten. Es ging anfangs des Längeren und Breiteren um die menschliche Aggressivität im Allgemeinen, dann bald natürlich um den Irak, zunächst auch noch in einer gewissen globalen Grundsätzlichkeit. Nun aber, erklärte Drewermann dann, müsse man doch auf das wirkliche Motiv des drohenden Krieges zu sprechen kommen. Er machte eine Pause, und in die Stille des überfüllten Saales hinein trat, dutzendfach hörbar ausgesprochen, von Hunderten aber leise gedacht, ein einziges, einsilbiges Wort: »Öl«. Das war ein unheimlicher Augenblick.

Nicht, dass das Misstrauen gegen die geheimen Absichten und die vorgeschobenen Scheingründe der Mächtigen schlecht wäre; im Gegenteil, es ist eine demokratische Tugend. Aber die Selbstverständlichkeit, mit der das ganze Grau in Grau von Politik, Recht und Ethik hier zusammenschnurrte in einen einzigen dunklen Punkt, in die nachtschwarze Gewissheit, dass in der Welt nur nacktes Interesse herrscht und dass Lug und Trug sein muss, was sich als gerechte Sache ausgibt – das berührte doch merkwürdig. Es ist in der Friedfertigkeit nicht immer und nicht allein das hohe moralische Ideal am Werk. Es gibt darin auch verstörende Spuren von Abgebrühtheit und hoffnungslosem Zynismus.

23. Dezember 2002

siehe auch
❖ Czempiel, Ernst-Otto
❖ Frieden
❖ Golfkrieg
❖ NATO-Doppelbeschluss
❖ Pazifismus

Friedrich der Große

Der Alte Fritz und die neuen Zeiten

Ein wenig mehr von seinem Geist würde uns Deutschen nicht schaden

Von Marion Gräfin Dönhoff

Im Schloss Charlottenburg hängt ein Gemälde, das Friedrich den Großen, tot in seinem Ohrensessel sitzend, darstellt, eine Kerze neben sich, an seiner Seite ein alter Diener – sonst niemand. Man denkt, so kann es ja wohl nicht gewesen sein, da war doch sicher die Familie anwesend oder Teile des Kabinetts oder mindestens der Minister von Hertzberg. Aber nein, es war tatsächlich so. Folgerichtig war denn auch der Wunsch des Königs, in aller Stille um Mitternacht auf der Terrasse von Sanssouci begraben zu werden – neben seinen Windhunden, den einzigen Wesen, denen er noch in Liebe zugetan war.

Wenn man sich diese bis zur äußersten Konsequenz getriebene Skepsis und Askese vergegenwärtigt, dann steht die jetzt vorgesehene Bestattung in einem merkwürdigen Missverhältnis zu des Königs Vorstellungen. Aber das Gezeter über zu viel »Brimborium« erscheint dem unbefangenen Beobachter dann doch auch reichlich absurd. Die Amerikaner holen ihre gefallenen Soldaten aus Vietnam und Irak heim; jeder Indianerstamm lebt mit seinen verstorbenen Ahnen – warum soll Friedrich der Große nicht zurückkehren in sein geliebtes Sanssouci? Zu viel »Brimborium«? Daran ist der Zeitgeist schuld – ohne Brimborium gehts nicht: Selbst ein dubioser Sieg wird mit der größten Konfettiparade aller Zeiten gefeiert.

Wer war denn überhaupt dieser Friedrich II., den die Alliierten bei ihren Reeducationbemühungen samt Luther und Bismarck in eine Linie stellten mit Hitler? Dieser von Vernunft und Aufklärung bestimmte König hatte nun wirklich nichts gemein mit dem rassistisch gesonnenen, in Wahnvorstellungen befangenen Hitler – von dem Ernst Niekisch einst sagte, er sei die Rache der Österreicher für Königgrätz. Das alte Preußen war geradezu die Antithese Adolf Hitlers. Unter dessen ersten zehn Kumpanen gab es keinen einzigen Preußen, aber 75 Prozent der nach dem Attentat vom 20. Juli Hingerichteten waren Preußen.

Für Friedrich war es ein weiter Weg von den fröhlichen Tagen in Rheinsberg, im Kreise vielseitig begabter, witziger Freunde, bis zu diesem einsamen, der Liebe baren Ende in Sanssouci. Damals, in Rheinsberg, lebte er in der Welt der Wissenschaft, der Künste und der Poesie und versenkte sich in den Geist der Antike und der Aufklärung. Es war die Zeit, in der der Kronprinz sich voller Abscheu gegen Machiavellis »Principe« und damit den realpolitischen Zynismus wandte und in seinem »Antimachiavell« das Bild des Fürsten zeichnete, für den der Inbegriff der Pflicht die Wohlfahrt der Untertanen ist: »Der Fürst als erster Diener des Staates.«

Dieser Maxime – also der Staatsräson – ist Friedrich bis zum Ende treu geblieben; aber seine politischen Ideale hat er als Kö-

Friedrich II., der Große

Friedrich der Große

nig rasch aufgegeben. Im Testament von 1752 sagt er: »Ich muss zugeben, dass Machiavell Recht hat.« Ohne Macht geht es eben nicht. Aber je mehr Macht er ansammelte, desto zynischer wurde er.

Er hasste die Machtpolitik, aber die Ruhmsucht verführte ihn

Im Sommer 1740 bestieg Friedrich II. den Thron, und schon im Dezember 1740 überfiel er ohne Grund und ohne Warnung Schlesien und überzog die Kaiserin Maria Theresia mit Krieg.

Das Motiv: Sein armes Land bestand aus vielen unzusammenhängenden Flicken; wenn er politisch mitspielen wollte im Kreise der Großen, musste er sich die Macht, die er von Haus aus nicht besaß, zusammenrauben, gleich mit welchen Mitteln (auch England hat sein Weltreich ja nicht geschenkt bekommen). Ausgedehnte Ländereien und Schlachtenruhm, das war es, woran das Ansehen der Monarchen damals gemessen wurde. Vertragsbrüche, Koalitionswechsel, Überfälle auf den Nachbarn, das verursachte niemandem Kopfzerbrechen.

Mit Voltaire (Bild) betrieb der König eine umfangreiche Korrespondenz.

Friedrich war mit heutigen Augen gesehen ein Intellektueller: geistreich, selbstironisch, frivol, lesewütig. Er schrieb mit großer Leichtigkeit, vierzig Bände füllen seine Schriften, allein drei Bände seine Korrespondenz mit Voltaire, dem zu jener Zeit größten Geist Europas. Als Reaktion auf den brutalen Vater hasste Friedrich alles Militärische. Die Uniform war für ihn ein »Sterbekittel«.

Von den Zeitgenossen werden sein Charme, die Liebenswürdigkeit und Anmut dieses »Lieblings der Götter« gepriesen und der junge König als »Philosoph auf dem Thron« apostrophiert. Dass er auch ehrgeizig, zäh und mutig, zuweilen leichtfertig war, wurde dabei übersehen. In einem Brief Voltaires an seine Nichte heißt es: »Nun bin ich endlich in Potsdam. Unter dem verstorbenen König war es ein Exerzierplatz und kein Garten, mit dem Tritt des Garderegiments als einziger Musik, Revuen statt Schauspielen, Soldatenlisten als Bibliothek. Heute ist es der Palast des Augustus, der Sitz der Schöngeister, der Lust und des Ruhmes.«

Auf dem langen Weg vom aufgeklärten Moralisten zum skeptischen Zyniker ist Friedrich sich selbst entfremdet worden. Oft hat er über das »abscheuliche Handwerk« geflucht, zu dem er als König verurteilt sei. Er hasste die Machtpolitik und das Kriegführen, aber dann war es immer wieder die Ruhmsucht, die ihn verführte. Eine merkwürdige Ruhmsucht übrigens: Sie diente nicht zur Befriedigung persönlicher Lust, sondern dem Ansehen Preußens.

Als der König 1763 nach dem geglückten Friedensschluss in Hubertusburg nach Berlin zurückkam, verbat er sich alle Huldigungen – die bereitstehende Prunkkalesche bestieg er nicht, sondern fuhr auf Nebenwegen zum Schloss. Die langatmigen Gnadengebete für den König und seine Familie fand er deplatziert, darum erließ er eine Order an die Feldprediger, sie sollten sich fürderhin beschränken auf: »In Sonderheit empfehlen wir dir, lieber Gott, deinen Knecht, unseren König.«

Kaum hatte der 28-Jährige den Thron bestiegen, brach bei ihm die aufgestaute Sehnsucht nach Reformen durch. Es ging Schlag auf Schlag. Am ersten Tag: Befehl an die Armee, nicht mehr mit Absicht und Übermut das Volk zu schikanieren.

Am zweiten Tag ließ er wegen der zu erwartenden schlechten Ernte die staatlichen Kornkammern öffnen und das Korn zu vernünftigen Preisen an die Armen verkaufen. Am dritten Tag verbot er das »Fuchteln«, also die Stockschläge für Kadetten. Am vierten schaffte er den Gebrauch der Folter bei Kriminalfällen ab. Am fünften verbot er die »gewohnten Brutalitäten« bei der Soldatenwerbung.

»Es ist die Pflicht jedes guten Staatsbürgers, seinem Vaterland zu dienen«

Seine beiden Testamente von 1752 und 1768 sind umfangreiche Kompendien, die

Friedrich der Große

Aufschluss über die Lage des preußischen Staates geben und über die Bestrebungen des Königs. In beiden Fällen lautet der erste Satz: »Es ist Pflicht jedes guten Staatsbürgers, seinem Vaterland zu dienen und sich bewusst zu sein, dass er nicht für sich allein auf der Welt ist, sondern zum Wohl der Gesellschaft beizutragen hat.« Die Regierung beruht, so stellt Friedrich dort fest, auf vier Hauptpfeilern: auf der Rechtspflege, weiser Finanzwirtschaft, straffer Erhaltung der Manneszucht im Heer und auf der Kunst, die geeigneten Maßnahmen zur Wahrung der Staatsinteressen zu ergreifen.

Friedrich hat Preußen als Rechtsstaat konstituiert. Er hat einen wissenschaftlich geschulten, unabhängigen Richterstand geschaffen, dazu eine klare Gerichtsverfassung mit drei Instanzen und einer modernen Prozessordnung. Mit der allerhöchsten Kabinettsorder vom 14. April 1780 schränkte der König die Gesetzgebungsgewalt, die zu den Hoheitsrechten des absoluten Herrschers gehörte, freiwillig ein. Gleichheit aller Staatsbürger vor dem Gesetz, wie er es postulierte, das war im 18. Jahrhundert keineswegs üblich. Neu war auch, dass der König sich nicht mehr als Eigentümer, sondern als Verwalter des Landesvermögens ansah. Preußen hat überdies als erstes Land Europas die Schulbildung für alle eingeführt. Schließlich war das Allgemeine Preußische Landrecht das fortschrittlichste Recht seiner Zeit.

Dieser preußische König war auch der Erste, der den Mut hatte, mit den rebellischen Vereinigten Staaten, nachdem diese ihre Unabhängigkeit von Großbritannien erklärt hatten, einen Handels- und Freundschaftsvertrag zu schließen. Darin wurden Verhaltensweisen für internationale Humanität festgelegt – übrigens auch für Kriegsgefangene, was erst hundert Jahre später zur Norm werden sollte. George Washington schrieb 1786: »Es ist der liberalste Vertrag, der je zwischen zwei Mächten geschlossen wurde.«

Mitten in der alten Welt des Absolutismus war dieser König vom Geist der Aufklärung erfüllt und setzte ihn um in praktische Politik. Rechtssicherheit, Gewissensfreiheit, Toleranz waren seine Prioritäten. Alle Verfolgten und Vertriebenen fanden im 18. Jahrhundert in Preußen Aufnahme.

Schloss Sanssouci in Potsdam; das alte Preußen mit den großen Schüben von Einwanderung war kein Nationalstaat, sondern ein Vernunftstaat.

Toleranz gegenüber den Konfessionen und den Ausländern wurde von Friedrich dem Großen mit äußerster Konsequenz durchgesetzt. Er regiert aufgeklärt, aber absolutistisch, denn die Bevölkerung bestand zu achtzig Prozent aus Analphabeten – Reformen konnten also nur von oben oktroyiert werden. Am Ende seiner Regierungszeit war Preußen, dem im Grunde alle Voraussetzungen dafür fehlten, zur fünften Großmacht in Europa geworden.

Resümee: Es kann doch wirklich niemand im Ernst glauben, die Beisetzung dieses Mannes in Sanssouci könne zum Signal für neuen Nationalismus und Militarismus werden. Offenbar verwechseln die Agitatoren Friedrich den Großen mit Wilhelm II. Sie würden wohl auch Shakespeare mit Karl May über einen Leisten schlagen.

Das alte Preußen mit den großen Einwanderungsschüben war kein Nationalstaat, sondern ein Vernunftsstaat. Man könnte sehr dankbar sein, wenn ein wenig von dem Geist jener Zeit unter dem Schutt der Berliner Bauskandale wieder hervorkäme: »... sich bewusst zu sein, dass man nicht für sich allein auf der Welt ist, sondern zum Wohl der Gesellschaft beizutragen hat.«

9. August 1991

siehe auch
- Absolutismus
- Aufklärung
- Machiavelli, Niccolò
- Preußen

Fugger
Jakob und die dummen Herren

Unternehmer schaffen Wohlstand – oder vernichten ihn. Jakob Fugger war Europas mächtigster Frühkapitalist. Er gab dem Adel Kredit, beutete seine Bodenschätze aus – und genoss seinen Schutz

Von Götz Hamann

Am Anfang kommt der Tod. Sieben Söhne hat Barbara Fugger in das 15. Jahrhundert hineingeboren. Doch Andreas und Hanns sterben als junge Männer an Fieber in Venedig, Peter erliegt in Nürnberg der Seuche, und Martin, der eine steile Karriere im Vatikan gemacht hat, ergeht es in Rom nicht besser. Mit einem Mal muss die verwitwete Chefin des Augsburger Handelsunternehmens um den Fortbestand ihrer Firma bangen. Das ist die Wende im Leben von Jakob Fugger.

Denn nach der letzten Hiobsbotschaft ruft die Mutter ihren jüngsten Sohn aus dem Chorherrenstift St. Veit zu Herrieden zurück. Sie hatte ihn dorthin geschickt, weil sie meinte, in der Firma sei kein Platz für

Jakob Fugger
99997

ihn. Jetzt beendet sie die geistliche Karriere, ohne auch nur einen Augenblick zu zögern. Jakob ist nun einmal die letzte Familienreserve und muss neben seine verbliebenen Brüder Ulrich und Georg treten, damit die Familie in ihrem schon weit verzweigten Unternehmen an mehreren Orten präsent sein kann.

Später wird man ihn Jakob Fugger den Reichen nennen und zu den bedeutendsten Unternehmern Europas zählen. Er wird mehr Geld als die Medici besitzen, oft genug über Krieg und Frieden entscheiden und Kaisern zu ihrer Krone verhelfen.

Was ihn vorantreibt, erzählt Jakob einmal seinem Neffen.»Er wolle gewinnen, dieweil er könne.« Das ist sein Daseinsprinzip, und um zu gewinnen, lernt er begierig alle legalen und illegalen Kniffe des Geschäftslebens. Hat es ihn nie berührt, das Vermögen der Familie zu riskieren? Manchmal mit nur einem einzigen Geschäft? Die Antwort Jakob Fuggers darauf ist überliefert: »Wenn ich des Nachts schlafen gehe, habe ich keine Hinderung des Schlafes, sondern tue mit dem Hemd alle Sorgen und Anfechtungen des Handels von mir.« Als Albrecht Dürer den Fugger im Jahr 1520 porträtiert, fängt er einen 60-jährigen Mann ein, der seinen Mund zusammenkneift und mit nüchternen, fast ausdruckslosen Augen auf die Welt blickt. Er ist nicht schön, eher kantig im Gesicht und unterstreicht diesen Eindruck noch, indem er seine Haare unter einer Mütze versteckt. Dieser Fugger ist diszipliniert und zielstrebig. Kaltblütig und oft genug skrupellos.

Reich wird Jakob mit einer längst bekannten Geschäftsidee, die er zur absoluten Perfektion entwickelt: Er leiht das Geld der Familie an Herzöge, Könige und Kaiser – und verlangt als Sicherheit vor allem Silber aus den Minen des Adels und weit reichende Handelsprivilegien.

Die Möglichkeit dazu bietet sich, als Jakob von seinen Brüdern im Jahr 1485 nach Innsbruck geschickt wird, um die fuggersche Niederlassung zu leiten. Dort kann er zum ersten Mal selbstständig handeln und sich beweisen, weit weg von Ulrich, der stets darauf bedacht war, seine Stellung als Herr der Familie und oberster Entscheider zu wahren.

Sofort sucht Jakob die Nähe zum Innsbrucker Hof und Herzog Sigismund. Das ist

nicht leicht, denn auch andere Handelshäuser aus Bayern und Schwaben haben die Chance erkannt, die in der steten Finanznot des Herzogs von Tirol liegt. Sigismunds traditionelle Einnahmen schrumpften, weil das Land verkümmerte. Dessen ungeachtet pflegte der Herzog einen aufwendigen Lebensstil, zeugte 40 uneheliche Kinder und ließ sich hin und wieder auch zu einem Krieg hinreißen. Vor allem diese Feldzüge verschlangen Unsummen, seit nicht nur die Zahl der Söldner über den Sieg entschied, sondern auch die Zahl der neu entwickelten Mörser und Kanonen.
Eine neue Einnahmequelle musste her. Da traf es sich gut, dass in Tirol die größten bekannten Silbervorkommen lagen und die Bergbautechnik große Fortschritte gemacht hatte. Sigismund musste nur dafür sorgen, dass Kaufleute wie der Fugger genug Stollen, Pumpen und Hüttenwerke finanzierten, um das Silber ans Tageslicht zu holen und einzuschmelzen.

Fuggerpalast in Augsburg

Fugger schmeichelt und streut Gerüchte über seine Konkurrenten

Als der Herzog im Jahr 1487 nach einem verlorenen Konflikt mit Venedig 100 000 Gulden Schadensersatz zahlen muss – und nicht kann –, braucht er die Kaufleute dringender denn je. Fugger schmeichelt und schmiert die Entourage des Herzogs, er streut Gerüchte über seine Konkurrenten und sichert seinerseits darauf, zuverlässig und pünktlich zu zahlen. So steigt er innerhalb eines Jahres zum größten Kreditgeber des Hofes auf. Im Gegenzug lässt er sich Silber aus den Tiroler Minen überschreiben und übernimmt auch die Oberaufsicht über die Förderung.
Jetzt sitzt er endlich an der richtigen Stelle, um immense Gewinne abzuschöpfen. Den Unternehmern, die das Erz schürfen, zahlt Fugger fünf Gulden für eine Silbermark, während er es der offiziellen Münzstätte für acht Gulden weiterverkauft. Gleichzeitig gelingt es ihm, die Fördermenge zu vervielfachen. So kann er dem Herzog Sigismund immer mehr Säcke mit frisch geprägten Silbermünzen abliefern und gleichzeitig immense Profite einstreichen. Der Herzog versteht nichts vom Bergbau und ist zufrieden.

Jakob erkennt schnell, dass eine großartige Expansion seines Unternehmens mit dem Tiroler kaum zu erreichen ist. Er braucht einen Schuldner von europäischem Format und sucht deshalb den Kontakt zum Habsburger Erzherzog Maximilian, dem Sohn des damaligen Kaisers des Heiligen Römischen Reiches Deutscher Nation. Maximilian hatte schon länger ein Auge auf die Tiroler Silbervorkommen geworfen und betrieb die Absetzung des Herzogs, worin ihn Jakob zu unterstützen beginnt. Loyalität gegenüber Sigismund empfindet er nicht. Im Jahr 1490 überschreibt der Herzog schließlich seinen Titel, seine Ländereien und seine Schulden an Maximilian, und der Kaufmann aus Augsburg wird mit einem Schlag zum Geldgeber der kaiserlichen Familie.
Die Kredite an die Habsburger finanzieren die Fuggerbrüder aus ihren eigenen Geschäftseinlagen und dem Vermögen stiller Teilhaber – mal sind es andere Kaufleute, mal reiche Bischöfe. Jakob hat in diesen ersten Jahren noch das geringste Kapital, wie aus dem Augsburger Steuerbuch hervorgeht. Im Jahr 1494, als er in der Firma gleichberechtigt wird, beziffert er es auf 15 552 Gulden, sein Bruder Georg besitzt 17 177 Gulden und das Familienoberhaupt Ulrich 21 666 Gulden.

Rastlos sucht Jakob die Chancen in der Machtsphäre der Habsburger

Was die Momentaufnahme nicht widerspiegelt, ist, dass Jakobs Vermögen schneller wächst als das seiner Brüder. Er hat einen einmaligen Geschäftssinn, ist risikofreudiger und investiert oft mehr in ein Ge-

schäft als Ulrich und Georg. Und das zahlt sich aus. 15 Jahre später – seine Brüder sind inzwischen gestorben – kann er schon 80 999 Gulden vorweisen, und bis zu seinem Tod wächst diese Summe sogar auf 667 790 Gulden an. Das ist noch konservativ gerechnet – wegen der Steuern.
Rastlos nutzt Jakob Fugger die Chancen in der Machtsphäre der Habsburger. Für Kredite, die inzwischen in die Hunderttausende gehen, erhält er Ländereien, später einen Grafentitel und noch mehr Handelsprivilegien. So kommen zum Silberbergbau in Tirol bald der Silberhandel und -transport hinzu. Hohe Gewinne locken beispielsweise an der Grenze zwischen Bayern und Tirol. Tiroler Silbermünzen haben zu jener Zeit einen geringeren Silbergehalt als deutsche. Also lässt Jakob Fugger das frisch geprägte Geld säckeweise über die Grenze transportieren und wieder einschmelzen. Mit minderwertigem Metall gemischt, erhöht er so die Geldmenge um 50 Prozent, was in Tirol wilde Kritik auslöst, aber im Schutz der Habsburger kann sich Jakob Fugger fast alles leisten.
Die Überschüsse investiert die Familie über einen Strohmann und späteren Teilhaber in den ungarischen Kupferbergbau, in Hüttenwerke und Waffenschmieden. Längst besitzen sie eine Kammer im Fondaco dei Tedeschi, dem deutschen Handelszentrum in Venedig, und haben eine Filiale in Rom eröffnet. Das fördert die Geschäfte mit dem Papst ungemein, der schon bald seine Einnahmen aus dem Ablasshandel und sonstige Abgaben aus den deutschen Kirchenprovinzen über die inzwischen gegründete Fuggerbank nach Rom schaffen lässt.
Der Erfolg strahlte auf die Augsburger Firmenzentrale aus. Ein Italiener beschrieb den Bau im Jahr 1517 als einen der schönsten Paläste Deutschlands, »reich geschmückt mit weißem und farbigem Marmor. Seine auf die Straße gehende Fassade trägt historische Bilder, reich an Gold und satten Farben. Sein Dach besteht ganz aus Kupfer«, und im Innern erstreckte sich ein lichtdurchfluteter Hof, der von Säulengängen im Stil der italienischen Renaissance umgeben war. Dort, im ersten Stock, lag die fast 50 Quadratmeter große »Goldene Schreibstube«, von wo aus die Fuggerbrüder ihr Imperium lenkten.
Um stets einen Überblick über den komplexen Konzern zu haben, haben die Augsburger Frühkapitalisten die doppelte Buchführung aus Italien eingeführt, die neben den Umsätzen auch den Warenein- und -ausgang dokumentiert. Nicht weniger sorgfältig organisiert Jakob das Archiv mit allen Verträgen und Schuldscheinen. Aber was ihn den Konkurrenten endgültig überlegen macht, ist ein europäischer Nachrichtendienst, gespeist von vielen bezahlten Agenten. Besonders eilige Nachrichten übermitteln die Außenstellen bei gutem Wetter sogar mithilfe von Spiegeln, wodurch Informationen aus den südspanischen Quecksilberbergwerken innerhalb von zwei Stunden nach Augsburg gelangt sein sollen. Im 16. Jahrhundert!
Mit seinem Reichtum wächst auch Jakobs politischer Einfluss. Ohne Frage konnte der Habsburger Maximilian seine politischen Ambitionen nicht ohne den Fugger verfolgen. Einen Heereszug nach Rom durch das Gebiet des feindlich gesinnten Venedigs etwa, um sich danach in voller Pracht zum Kaiser krönen zu lassen, musste der Habsburger abbrechen, weil Jakob kein Geld für den Krieg bewilligte. Stattdessen fand die Krönung in Trient durch einen Vertreter des Papstes statt. Es war eine ärmliche Zeremonie. Gleichwohl zeugt das nicht von einer absoluten Macht des Kaufmanns über den Kaiser. Zu sehr war er auf dessen politischen Schutz angewiesen.

Am Todestag des Kaisers ist die Macht des Frühkapitalisten in Gefahr

Das zeigt sich spätestens in dem Moment, als Maximilian stirbt, ohne seine Nachfolge geregelt zu haben. Einen Wunsch hat der Habsburger, aber die sieben deutschen Kurfürsten, die den nächsten Herrscher wählen sollen, kalkulieren sehr nüchtern, wann sie dem Kaiser folgen müssen und wann Gottes weltlicher Statthalter zu schwach ist, um seinen Willen durchzusetzen. Nun gilt es: Wer würde also seine verliehenen und nicht vererbbaren Rechte behalten? Wer würde Jakobs Schuldscheine begleichen und seine Geschäfte schützen? Nie lagen Macht und Ohnmacht des Frühkapitalisten Jakob

Jakob Fugger (stehend, Miniatur aus dem 16. Jh.; Bibliothèque Nationale, Paris)

Fugger so nahe beieinander wie am Todestag des Kaisers.

Um das Gewonnene zu bewahren, setzt Jakob im Frühjahr 1519 fast all sein Geld und all seinen Einfluss ein. Die Kandidaten sind Karl V. von Habsburg und der Franzose Franz I. Nachdem Karl sich verpflichtet hat, die bisherigen Privilegien der Fugger anzuerkennen, beginnt Jakob den Wahlkampf für den Habsburger. Um die Unentschiedenen zu gewinnen und die Gegner umzustimmen, bringt der Kaufmann die Schwindel erregende Summe von 852 000 Gulden in Gold auf, von denen 544 000 aus seinem eigenen Vermögen stammen. Mit diesem Geld bestechen Karls Fürsprecher zunächst den Kurfürsten Albrecht, Erzbischof von Mainz. Seine Stimme soll unterschiedlichen Quellen zufolge bis zu 113 000 Gulden gekostet haben. Noch teurer war nur noch der Kurgraf Ludwig von der Pfalz, der 184 000 Gulden verlangte.

Gleichwohl hätte das Geld allein nichts bewirkt. Als die sieben deutschen Kurfürsten im Juni in der Frankfurter Bartholomäuskirche zusammenkommen, um über Maximilians Nachfolge zu entscheiden, sagt ihnen keiner der beiden Kandidaten zu, und so wählen sie am Ende ihrer Beratungen zunächst den Kurfürsten Friedrich von Sachsen, also einen aus ihrer Mitte. Doch nach einer Bedenkzeit nimmt dieser die Wahl nicht an. Politisch fühlt er sich zu schwach – was ihm durch einen habsburgischen Truppenaufmarsch vor der Stadt auch noch einmal deutlich vor Augen geführt wird. Erst in dieser Situation entscheiden sich die Kurfürsten im zweiten Wahlgang für das lukrativste Angebot, also den von Jakob Fugger finanzierten Karl V. Die Zukunft des Kaufmanns ist gesichert.

Jakob lebt noch sechs Jahre und setzt kurz vor seinem Tod im Jahr 1525 den Neffen Anton zum alleinigen Nachfolger ein. Es ist eine gute Entscheidung, denn Anton schafft es, das Vermögen der Familie sogar noch zu vergrößern. 40 Jahre später beziffert dieser den Firmenwert auf sechs Millionen Gulden, was damals annähernd zehn Prozent des Volkseinkommens des Heiligen Römischen Reiches Deutscher Nation entspricht; der nächste Konkurrent hat nur ein Fünfzigstel dieser Größe. Andererseits bestand dieses Vermögen wie eh und je vor allem aus Schuldscheinen. Die Stärke der Fugger war eben auch ihre Schwäche: die Nähe zu den Habsburgern. Als deren Silberminen in der zweiten Hälfte des 16. Jahrhunderts langsam erschöpft waren und gleichzeitig ihre politische Macht zu schwinden begann, weigerten sich die Nachkommen Karls V. zusehends, die Schulden zu begleichen. Ihr Niedergang wurde somit auch zu dem der Fugger, die wenige Generationen später keine Konzernherren von europäischem Format mehr waren. 27. November 2003

siehe auch
❖ Banken
❖ Handel
❖ Maximilian I.

Galápagosinseln

Streichelzoo der Schöpfung

Mit Charles Darwin unterwegs auf den Vulkaninseln im östlichen Pazifik

Von Stefan Schomann

Nicht die Menschen, die Tiere sind aus dem Paradies vertrieben worden. Und nur wenige entlegene Ecken blieben von dieser Säuberung verschont, darunter ein paar Vulkaninseln im östlichen Pazifik, die Galápagos, die als einer der letzten Erdenflecken überhaupt vom Menschen aufgespürt worden sind. Doch heute pilgern jährlich bis zu 80 000 Touristen dorthin. Und ich, Charles Darwin, trage die Schuld daran. Gut, sicherlich nicht allein. Doch ohne meinen folgenschweren Besuch 1835 würden diese Inseln Ihnen vermutlich so viel sagen wie die Aleuten oder die Nikobaren, nämlich herzlich wenig. So aber stehen sie auf Ranglisten über die Naturwunder der

Charles Darwin

Welt regelmäßig ganz oben. Für jeden, der sich auch nur für Naturgeschichte interessiert, kommt eine Reise auf die Galápagos einer Wallfahrt gleich. Denn just hier habe ich, der allgemein berühmte, wenn auch nicht allgemein begriffene Darwin die entscheidenden Indizien für meine Abstammungslehre gefunden.
Entsprechend bin ich auf den Inseln allgegenwärtig, vom Wandgemälde bis zum T-Shirt. Meist als viktorianischer Patriarch mit Rauschebart und gütig wissendem Blick, als Gottvater der Biologie. Dabei war ich damals 24 Jahre jung, glatt rasiert und wenig mehr als ein verkrachter

Medizinstudent. Trotzdem wurden hier eine Insel, ein Vulkan und eine Bucht nach mir benannt, auch die Darwinfinken natürlich, dazu ein Fledermausfisch, welchen zu entdecken ich die Ehre hatte, und nicht zuletzt die Forschungsstation in Puerto Ayora, wo jährlich an die hundert Wissenschaftler in meinem Geiste die Betriebsgeheimnisse der Natur ergründen.
Auf die Galápagos gelangen Sie heute fast umstandslos. Anderthalb Stunden Flug vom ecuadorianischen Festland, und Sie betreten einen anderen Stern, der ebenso fremdartig wie verzaubert anmutet. Selbst wenn Sie glauben, alles schon gesehen zu haben, wenn jede Reise Sie nur an eine frühere erinnert, hier werden Sie eines Besseren belehrt. Der Bischof von Panama brauchte 1532 noch eine geschlagene Woche, während der sein Schiff in einer Flaute hierher trieb. »Wir trafen«, so meldete er, »nichts als Seelöwen und Schildkröten an, die so groß waren, dass jede einen Mann auf ihrem Rücken tragen konnte.« Ansonsten nur »Steine und Disteln«, womit der geistliche Herr wohl die drei endemischen Kakteenarten meinte.
In den folgenden Jahrhunderten nutzten Korsaren, Wal- und Robbenfänger die Galápagos als Schlupfwinkel und Proviantstation. Ein früher Gast war 1708 Alexander Selkirk, das Urbild des Robinson Crusoe. 1832 wurde der Archipel dann von Ecuador in Besitz genommen, und drei Jahre später machte ich mit der H.M.S. Beagle hier Station.

Trauminseln fast ohne Süßwasser

Nichts könnte weniger einladend sein als der erste Anblick dieser kargen, widerborstigen Welt. So empfanden es noch alle historischen Besucher, so etwa mein Kollege William Beebe, der 1923 den ersten Bestseller über die Inseln schrieb: »Als ich das Land betrat, überwältigte mich ein

sonderbarer Eindruck von Hoffnungslosigkeit.« Das heutige Klischee von den Galápagos als einer sanften Idylle am Äquator stellt ein typisch neumodisches Phänomen dar. Doch ich bitte Sie: Trauminseln fast ohne Süßwasser? Tropenstrände ohne Palmen? Eine Arche Noah so gut wie ohne Säugetiere?
Wir blieben damals nur fünf Wochen, von denen ich keine drei an Land zubrachte. Dafür kamen mir die Forschungsobjekte hier buchstäblich entgegen. Handelt es sich doch um ein Land ohne Furcht, dessen Geschöpfe sich durch unsere Anwesenheit nicht im Geringsten stören lassen. Sie sehen uns allenfalls mit großen Augen an, als wollten sie fragen: »Wer bist du denn?«
Kein Feindbild, keine Fluchtdistanz – das wirkt schlicht unnatürlich. Die Seeräuber und Walfänger lachten sich denn auch ins Fäustchen angesichts der grotesk leichten Beute, die hier zu machen war. Sie massakrierten die Schildkröten zu Tausenden, verschmähten aber auch fette Leguane nicht und dezimierten die Pelzrobben fast bis zur Ausrottung. Just diese unbegreifliche Zutraulichkeit lässt freilich auch die Besucher von heute in Verzückung geraten – endlich Tiere, die uns fast so gern zu haben scheinen wie wir sie. Die uns für so herzensgut halten, wie wir es niemals sind. Und die obendrein keinerlei Kamerascheu kennen. Hier brauchen Sie kein Teleobjektiv, kein Glück, ja noch nicht einmal Geduld. Hier wird jeder Stümper zum Sielmann.
Die meisten Neuankömmlinge landen auf Baltra, setzen mit der Fähre nach Santa Cruz über und brausen dann in einem lebenden Fossil von Autobus nach Puerto Ayora. Noch bis 1926 war diese Insel unbewohnt, heute beherbergt sie die Hälfte der bald 20 000 Galápagueños. Die meisten leben in Puerto Ayora, das beinah das Flair eines karibischen Fischerstädtchens besitzt, mit Jachthafen, übermütigen Teenagern und Straßencafés, in denen ein Bier mehr kostet als auf dem Festland ein Mittagessen.

Wie kamen Kakteen, Eidechsen und Heuschrecken über den Pazifik?

Unsere kleine Ausstellung in der Forschungsstation weiht Sie in die Geheimnis-

Fernandina gehört den Meerechsen.

se des Archipels ein. Die verhältnismäßig jungen, im Westen noch aktiven Vulkaninseln verfügen nur über einen Bruchteil jener Lebensfülle und Artenvielfalt, die wir in tropischen Gefilden vorzufinden gewohnt sind. Eine Ursache dafür liegt im komplizierten Kräftespiel verschiedener Meeresströme, den Hauptgrund bildet indes die Abgeschiedenheit des Archipels: Alles Leben musste erst einmal hierher gelangen. Für Seelöwen oder Albatrosse kein Problem – aber wie kamen Kakteen, Eidechsen oder auch nur Heuschrecken über den Pazifik? Sie alle müssen einst als Treibgut gestrandet oder, wie Sporen und Samen, als blinde Passagiere der Vögel hierher verfrachtet worden sein. Hier brauchten sie sich nicht in einer engen Nische einzurichten, hier gehörten ihnen die Welt. Kakteen mutierten zu Bäumen, unscheinbare Kräuter zu wuchtigen Stauden. Aus einem grazilen, wenige Kilogramm wiegenden Urahn entwickelten sich bis zu fünf Zentner schwere Riesenschildkröten. Im Freigelände der Station können Sie diese Ungetüme bestaunen, wie sie auf ihren Klumpfüßen durchs Gestrüpp schreiten. Sie werden hier ebenso erfolgreich nachgezüchtet wie die Drusenköpfe, feiste Landleguane mit der Haut eines Kartoffelsacks und dem stieren Blick eines Lüstlings. Bei den vermeintlichen Nisthäuschen an jeder Ecke handelt es sich übrigens um Spendenkästen – Opferstöcke des Naturschutzes.
In Hafen begeben Sie sich dann vermutlich an Bord einer der achtzig Motorjachten und Motorsegler. Die klassische Kreuzfahrt dauert acht Tage und verläuft kaum anders als unsere Sondierung mit der Beagle. Nach einem vorher festgelegten Tur-

nus laufen Sie eine Reihe großer und kleiner Inseln an, die Sie unter der Leitung eines ausgebildeten Führers erkunden. Da Sie die größeren Strecken nachts zurücklegen, steht Ihnen eine gemütliche Odyssee bevor: Neben ein oder zwei Landgängen pro Tag bleibt zum Schwimmen und Schnorcheln ebenso Gelegenheit wie zum Faulenzen an Deck.

Ich will die Litanei der Inseln – 13 größere und an die 100 Minieilande und Felsen – jetzt nicht herunterbeten, versichere Ihnen jedoch, dass keine der anderen gleicht. Einige sind flach, andere so hoch wie der Schwarzwald. Hier herrschen wüstenähnliche, dort subtropische Verhältnisse. Jede wird von anderen, ebenso arglosen wie drolligen Maskottchen bevölkert: Die Albatrosse nisten nur auf Española (dafür gleich 12 000 davon), die Rotfußtölpel fast nur auf Genovesa (140 000!). Seymour Norte gehört ganz den Fregattvögeln, Fernandina den Meerechsen. Und auf Bartolomé hält alles Ausschau nach den Pinguinen, die hier am Äquator anzutreffen geradezu etwas Märchenhaftes hat.

Unter Tauchern gelten die Galápagos als Geheimtipp, erweisen sie sich doch unter Wasser als nicht weniger einmalig bestückt denn an Land. Ich konnte seinerzeit nur 15 Fische fangen, doch jeder war von einer anderen, oft noch unbekannten Art, mehr Farbe als Fisch. Rochengeschwader kreuzen durch die türkisgrün schillernden Buchten, Seeschildkröten ziehen wie schwere Engel ihre Bahn. Zwischen den Felsen verstecken sich Seepferdchen und buntscheckige Harlekinbrassen, und in der Tiefe kreisen Hammerhaie. Immer wieder schießen Seelöwen heran, beglücken und beschämen die plumpen Taucher mit ihrer schwerelosen Akrobatik.

Mein Hauptinteresse auf den Galápagos war zunächst erdgeschichtlicher Natur – es geht doch nichts über Geologie. Diese Prozession von Feuerbergen inmitten des Ozeans, diese brachialen Kräfte, die überall vorherrschen, das rotschwarz erstarrte Inferno auf Isabela etwa, das alles zog mich an.

Das Sammeln von Tieren und Pflanzen war zunächst bloße Routine. Die Legende will es, dass ich dabei die Erleuchtung empfangen und ausgerechnet am Ende der Welt die Weltformel gefunden hätte. In Wahrheit beging ich erst einmal eine Reihe von Fehlern. Obwohl mir die Kolonisten etwa berichteten, dass die Schildkröten der jeweiligen Inseln nicht nur unterschiedlich geformt wären, sondern sogar anders schmeckten, hätte ich mir nicht träumen lassen, dass hier auf jedem Eiland andere Spielarten ein und derselben Stammform vorkommen. Jene Darwinfinken etwa, die heute in keinem Biologiebuch fehlen, hielt ich anfangs gleichsam für Amsel, Drossel, Fink und Star, so sehr divergieren sie äußerlich. Andere Arten wiederum vermochte ich nicht auseinander zu halten, so sehr ähneln sie einander. Ich packte alle in eine Schachtel. Erst in England eröffnete mir ein hinzugezogener Spezialist, dass es sich um verschiedene Arten handelte. Diese Scharte wollte ich auswetzen, und so geriet ich die anfänglichen Schnitzer zu den fruchtbarsten Fehlern meines Forscherlebens. So viel zur Evolution der Evolution.

Die Galápagosinseln lehrten mich, was Isolation bedeuten kann

Ich war angetreten, das »Rätsel aller Rätsel« zu ergründen, das Auftauchen neuer Arten. Aber erst ein Vierteljahrhundert nach meiner Reise auf der Beagle rang ich mich schließlich, von Skrupeln gehemmt und von immer neuen, aufregenden Problemen gefangen genommen, dazu durch, mein grundlegendes Werk über den Ursprung der Arten zu veröffentlichen. Es erklärt die Entwicklung allen Lebens aus sich selbst heraus, mittels Mutation, Anpassung an die Umwelt und natürlicher Auslese. Eine entscheidende Rolle bei der Herausbildung neuer Arten spielt ihre Isolation. Und wahrhaftig, die Galápagos

Für das Kochen von Schildkröten würde man heute umgehend arretiert werden.

Galápagosinseln

lehrten mich, was Isolation bedeuten kann.

Für fast alles, was wir auf unseren Streifzügen unternahmen, würden wir heute umgehend arretiert: Wir kochten Schildkröten, sezierten Leguane, knüppelten Falken vom Ansitz und fingen Finken mit dem Hut. Mittlerweile wird der Besucherverkehr streng reguliert. Denn die größte Gefahr für die Galápagos bilden die eingeschleppten Menschen. Wobei die Touristen sich heutzutage weitgehend zu benehmen wissen. Mehr zu schaffen macht den Inseln der Zustrom neuer Siedler, darunter arme Teufel aus dem Hochland, die nicht einmal schwimmen können. In den vergangenen zehn Jahren hat sich die Bevölkerung verdoppelt, und mit ihr verdoppelten sich Müll, Abwasser, Verkehr und Landverbrauch. Auch die Fischer machen uns zunehmend Ärger. Vor den Risiken durch eingeführte Nahrungskonkurrenten, Raubtiere und Krankheiten schließlich habe ich damals schon gewarnt. Und die verheerende Gefräßigkeit von Ziegen, Hunden, Ratten & Co. hat meine Befürchtungen bestätigt. Nicht von ungefähr las ich damals auf der Beagle Miltons »Paradise Lost«.

Der Tourismus ließ die Galápagos zu Ecuadors neuem Eldorado werden. Bis dahin bildeten sie höchstens ein Paradies für Misanthropen und zogen bevorzugt schräge Vögel an, Aussteiger, Desperados und frohgemute Pioniere. Ob Menschenschinder oder Weltverbesserer, je inbrünstiger sie zu Werke gingen, desto schmählicher scheiterten sie. Die Namen ihrer Kolonien – Progreso, Esperanza oder Asilo de Paz – klingen da wie Hohn. Galápagos, das war keine Verheißung, sondern ein Verdikt.

Am längsten hatten noch die Gefängnisse Bestand. Isabela etwa diente bis 1959 als Strafkolonie. Davon zeugt die monumentale »Mauer der Tränen«, eine unvollendete Bau- und vor allem Strafmaßnahme. Dieser Albtraum aus schwarzen Lavabrocken ragt mitten in idyllischem Buschland auf – ein Sinnbild der Sinnlosigkeit. Mit etwas Glück begegnen Sie hier dem alten Don Jacinto, dem früheren Gefängnispfarrer, einem echten, zähen Insulaner, einem Rebellen und Pionier. Nachdem er auf endlosen Strandwanderungen mit sich, Gott und der Welt gehadert hatte, brach der ehemalige Franziskaner mit der Kirche und heiratete eine Einheimische.

Im selben Jahr, 1959, als die Strafkolonie aufgelöst wurde, erklärte Ecuador die Galápagos zum Nationalpark. Äußerer Anlass war das 100-jährige Jubiläum des Erscheinens meines Hauptwerks. Wenig später sattelte Don Jacinto um und wurde zu einem der ersten und eifrigsten Mitarbeiter der Forschungsstation. Niemand verkörpert besser als er diese erstaunliche Evolution der Galápagos: vom Niemandsland zum Naturheiligtum und von der Strafkolonie zum Streichelzoo der Schöpfung.

12. Juni 2003

siehe auch
- Abstammungstheorie
- Darwin, Charles
- Ecuador
- Elefantenschildkröte

Galizien
Weltverlorene Schönheit

Mit der EU-Osterweiterung rückt das alte Galizien weiter ins europäische Abseits. Dabei verdient es, vom Westen wachgeküsst zu werden

Von Iris Radisch

Die Ukraine? Das war ein schlecht beleuchteter Bahnhof auf dem Weg nach Moskau. Das war eine Gedichtzeile von Paul Celan, es fällt nun, Mutter, Schnee in der Ukraine. Das waren Krieg, Massenmord, Ausrottung, Ödnis, Armut und endlose Trabantenstädte, durch die geknechtete Arbeiter und Bauern im Morgengrauen mit Thermoskannen in den Kunststofftaschen zur Arbeit schlurften. Im wirklichen Leben begegnete mir die Ukraine zum ersten Mal in einer winzigen Zweizimmerwohnung im sowjetischen Plattenbau in Lemberg. Das Baby der jungen ukrainischen Familie, die hier wohnt, schlief im Schlafzimmer, im Wohnzimmer lebt die Großmutter. Also saßen wir in der Küche, zusammen mit Joseph Roth, sprachen über Galizien und seine weltverlorene Einsamkeit und löffelten Borschtsch. Ich war am anderen Ende der westlichen Welt und an ihrem Anfang.

Mit dem Kaffee kamen die letzten Tage der Monarchie auf den Tisch. Damals gehörte Lemberg noch zum Westen. Jeder, der schon einmal ein Buch von Joseph Roth in den Händen hatte, weiß, dass die Züge, ein paar Kriege ist es her, von Wien und von Paris nach Lemberg und weiter nach Osten fuhren, in das Land, »über das bereits der große Atem des feindlichen Zarenreichs strich« und wo weiland jeder Stationsvorsteher den kaiserlich-königlichen Backenbart zum Zeichen dafür trug, dass die Welt in dieser Gegend noch nicht zu Ende sei. Man kann auch sagen: Sie hat in dieser Gegend bis heute noch nicht richtig begonnen. Und das ist nur eine kleine Übertreibung.

Wenige kommen hier vorbei. Abgeschnitten von Haupteuropa durch den zarten Vorhang der Visumspflicht, versinkt das alte Galizien in der Steppe hinter der polnischen Grenze in seinen postsowjetischen Albträumen, verschläft das jahrhundertealte, vom Westen noch nicht wachgeküsste Lemberg die neue Zeit. Nach Kiew ist es eine Zugreise durch die Nacht, ein Flugzeug aus Frankfurt landet zweimal in der Woche. Auf Touristen trifft man in dieser Jahreszeit seltener als in jedem balinesischen Bergdorf. Die Stadt, traumverloren wie Venedig, nachdenklich und in sich gekehrt wie Prag, ist sich selbst überlassen. Der amerikanische Romanautor Jonathan Safran Foer, der nach einer einwöchigen Rundreise in der Ukraine einen Roman über diese Gegend und ihre Geschichte geschrieben hat, vergleicht Lemberg mit Kansas City. Das halten viele, die nie in Lemberg waren, für einen genialen Kunstgriff, obwohl der Vergleich so viel taugt wie der zwischen Schloss Sanssouci und der Kreissparkasse Hameln.

Früher, als Balzac auf der Durchreise zu seiner polnischen Gräfin in Lemberg noch im Hotel George nächtigte, hieß Lemberg »Klein-Wien« und war voll gestellt mit Franz-Joseph-Denkmälern. Darauf redete es polnisch, hieß Lwow und war voll gestellt mit Mickiewiczdenkmälern, die bald von Lenindenkmälern vertrieben wurden. Für Hitlerdenkmäler blieb den Deutschen keine Zeit. Die Sowjets, die die Stadt nach dem Krieg für ein halbes Jahrhundert einkerkerten, sind verschwunden. Doch noch immer erzählen sinnlose Kontrollrituale, ungezählte Pelzmützen und nachttopfgroße Militärkappen über verschreckten Soldatengesichtern von ihrer Hinterlassenschaft. Unverkennbar befindet man sich auf der russischen Seite der Welt, auf die ein Scherzbold habsburgische Kulissen geschoben hat.

Lembergs Altstadt lebt noch in den Kindertagen des Westens

Es sind viele Zeitschichten, die in Lemberg unter der abblätternden Oberfläche her-

Galizien

Lemberg: Dies ist das alte Europa, angeschlagen von der sowjetischen Gefangenschaft, unberührt von Glanz und Elend der Amerikanisierung.

vorschimmern. Noch vor zwei Generationen wurde in den Gassen der Lemberger Altstadt Deutsch, Jiddisch, Rumänisch, Armenisch, Polnisch, Russisch und Ukrainisch gesprochen. An den Fassaden erkennt man polnische Inschriften und in manchen Gesichtern ganze Generationen russischer Bauern. Im Hotel George, mehr Opernhaus als Hotel, in dem sich die meterhohen roten Samtvorhänge wie zum Schlussapplaus abends vor den Fenstern schließen, hat die Jahrhundertwende nicht aufgehört. Die Empfangshalle, wo der Portier in einem abgeschabten sowjetischen Sessel dicke Romane liest und niemand von dem dürftigen Galanteriewarenangebot des neonbeleuchteten Hotelkiosks Gebrauch macht, verströmt den sachlichen Charme der Breschnewzeit. Die Altstadt lebt in den Kindertagen des Westens. Kaum ein Auto parkt auf den Straßen, marode Wagen rumpeln über Kopfsteinpflaster, Straßenbahnen quietschen um die Ecke, Bürgersteige werden mit Reisigbesen gekehrt, Äpfel vor dem Kauf gekostet. Ungläubig betrachtet der Besucher die Schweine, die auf dem Markt zerhackt werden, und denkt darüber nach, dass alte Frauen nicht schon immer beige Freizeitjacken und Dauerwelle, sondern in einer lange versunkenen, vor dem Ausbruch des westlichen Jugendwahns liegenden Zeit weite dunkle Röcke und Kopftücher trugen.

Dies ist das alte Europa, angeschlagen von der sowjetischen Gefangenschaft, unberührt von Glanz und Elend der Amerikanisierung. Eine Woche lang ist mir das Abendland nur als Hugo-Boss-Tüte auf den Märkten der fliegenden Händler in Lemberg und Czernowitz begegnet. Abgesehen von einem Herrn im Flugzeug, der sich davon überzeugt zeigte, dass die Westukraine eine Goldgrube für den Autobusverkauf darstelle, und auch nicht eingerechnet die Aussichten, die sich durch den Bau einer Nürnberger Kabelfabrik für die Region ergeben, existiert Westeuropa hier vor allem als Missverständnis im blondierten Haarschopf junger Geschäftsfrauen und als Vision in den Köpfen junger ukrainischer Intellektueller.

Wer sonst hierher kommt, sind Polen, die Strumpfhosen aus China und Bratpfannen aus Taiwan mitbringen, Bildungsreisende, die abends in der Blauen Flasche, dem besten Hinterhoflokal unweit des Marktplatzes, verschwörerisch die Köpfe zusammenstecken, und Juden, die ihre Toten suchen. Die Stadtführungen durch das verschwundene jüdische Lemberg macht der 82-jährige Boris Dorfman in jiddischer Sprache. Sechshundert Jahre lang lebten in Lemberg Juden, Jidden haben hier gebaut die Häuser.

Erst nach dem Zweiten Weltkrieg ist Lemberg ukrainisch geworden und heißt seither Lviv, vorher war es jüdisch und polnisch. Doch die jüdische Bevölkerung ist, wie bekannt, geworden sehr eine kleine. Wo immer in der Altstadt ein paar Alte in einer kleinen Grünanlage ausruhen oder Händler auf einem Platz ihre Tische aufgestellt haben, sagt Dorfman, da is gewesen jiddische Synagog. In der jüdischen Gasse im mittelalterlichen Getto soll die schönste Europas gestanden haben. Eine Synagoge wurde wieder aufgebaut, ein Rabbi ist aus New York gekommen, genug für die 2 000 Juden, die in Lemberg leben, wer hat Möglichkeit, hat gemacht Emigrazie. Das jüdische Kulturzentrum, unter Hitler ein Pferdestall, später ein Sportklub, hält Krücken, Rollstühle und Gehhilfen für die verbleibenden Gemeindemitglieder bereit. Die jüdische Gemeinde hat auch das Holocaustmahnmal für die galizischen Juden am Rand des faschistischen Gettos zwischen Bahndamm und Tankstelle an einer

Ausfallstraße bauen lassen. Wenige Meter entfernt sitzen junge ukrainische Frauen in beachtlichen Pelzen am Mittag in einer Vorstadttaverne, trinken Bier, hören russische Popmusik. Die Zeit ist die Zeit, sagt Boris Dorfman.

Das alte Städtchen ist inzwischen ein habsburgisches Disneyland

Die Zeit nagt an der Stadt und an den Pawlatschen in den Innenhöfen. In jedem Frühjahr fallen gemeinsam mit den Eiszapfen ein paar Jugendstilornamente auf die Straße. Wegen der undichten Kanalisation hat die Altstadt nur zweimal am Tag für einige Stunden Wasser. Gelegentlich sacken Häuser in sich zusammen.

Aber es sind nicht die maroden Blechbriefkästen, nicht die zerschlagenen Steinmosaike, nicht die funzeligen Jugendstillampen vor schiefen Haustüren, es ist nicht die Symphonie aus einstürzenden Schuppen, wankenden Anbauten, Mäuerchen, Dachfirsten und Fenstersimsen, die das Bild der Zerstörung ausmachen. Im Gegenteil, was Lemberg, das die UNESCO zum Weltkulturerbe ernannt hat, mehr bedroht als die Poesie des Verfalls, ist die Privatisierung der Immobilien. Ihr ist es zu verdanken, dass das Geburtshaus des großen polnischen Schriftstellers Zbigniew Herbert mit neuen, dunkel getönten Scheiben wie ein ukrainischer Schwarzmarktkönig in die Welt sieht und dass jeder, der es sich leisten kann, seinen Teil der Fassade gestalten darf, wie sein schlechter Geschmack es will. Im Nachbarstädtchen Ivano Frankivs'k, dem alten galizischen Stanislau, das aus einem der EU-Fördertöpfe Mittel zur Stadtsanierung erhalten hat, sieht man, was Lemberg droht: Dieses alte Städtchen glänzt inzwischen in allen Bonbonfarben des frühkindlichen Kapitalismus, ein habsburgisches Disneyland in Türkis, Zitronengelb und Pink.

Dagegen ist Lemberg eine Sensation: eine urbane Naturschönheit, ein reiner Widerspruch, wie er sonst nur im Gedicht oder im Märchen vorkommt. Doch wie im Märchen hat jede echte Schönheit eine böse Stiefmutter. Diese heißt Armut, Korruption und Schattenwirtschaft, Bestechung, egal wofür, einen Studienplatz, ein Examen, eine Entbindung im Krankenhaus. Der Alltagskriminelle, eine Weiter-

Die Westukraine träumt heute ihre alten Habsburger Träume von einem vereinten Ostwesteuropa (Foto: Opernhaus von Lemberg, 1897–1900 erbaut).

entwicklung des kaiserlich-königlichen Durchwurstlers, ist König. Sein Westauto mit dunkel getönten Scheiben ist das Symbol des ukrainischen Aufschwungs. Die alten Frauen, zwei Mäntel über den breiten Hüften, die Tag für Tag den Müll der Stadt nach Verwertbarem durchsuchen, weil ihre Rente von 20 Euro im Monat nicht ausreicht, verhungern am anderen Ende der Korruptionskette.

Nicht mehr Osten, noch nicht Westen, ein Niemandsland ist dies. Mit der EU-Erweiterung, wenn sich die Grenzen nach Polen schließen, wird Galizien noch weiter ins europäische Abseits rutschen. Schon heute muss man für jede Reise nach Wien oder Berlin ein Visum in Kiew beantragen. Und mit unerschütterlichem Gleichmut zieht die Ostukraine die Westukraine weiter nach Osten, nach Moskau! Die Westukraine träumt unterdessen ihre alten Habsburger Träume von einem vereinten Ostwesteuropa. So wohnen, ach, zwei Seelen in diesem Land: Kiew nimmt Lemberg, aus dem die Unabhängigkeitsbewegung kam, nicht ernst. Lemberg will von der Ostukraine nichts wissen, weil über die Ostukraine in den Augen Lembergs der feindliche Atem der russischen Verschlagenheit und Kriminalität streicht. Die zwei Seelen sprechen auch zwei Sprachen: In Kiew spricht nahezu jeder Russisch, in Lemberg jeder Ukrainisch. Wenn das Lemberger Jugendtheater Lesia Kurbasa »Schuld und

Sühne« spielt, mit viel Witz und noch mehr altslawischen Spitzenhemden, handelt es sich deswegen um einen ins Ukrainische übersetzten Dostojewski. Doch was nutzt das? Das wichtigste Dostojewskiwort ist in beiden Sprachen dasselbe: duscha, Seele.

Ein paar Stunden im 19. Jahrhundert

Lemberg zu verlassen fällt schwer. Aber Ausflüge nach Brody, wo Joseph Roth geboren wurde, oder noch besser in die Bukowina, nach Czernowitz, in die Heimat von Paul Celan und Rose Ausländer, sind unumgänglich, will man einmal im Leben ein paar Stunden im 19. Jahrhundert verbringen. Die vorbeiziehenden Telegrafenmasten und der sanfte Trommelwirbel der Gleisschwellen erinnern an die Melancholie antiker Fortbewegungsarten. Der Zug schaukelt und wiegt sich in den Hüften. Die Schaffnerin wohnt in einem kleinen Kabinett mit Bett, Büchern und Heiligenbildern, läuft in Hauspantoffeln über die Gänge, heizt den Ofen und kocht Kaffee für die Fahrgäste.

Vor dem Coupéfenster zieht die galizische Wüste vorbei, die den jungen Wiener Leutnants zu Kaisers Zeiten das Gemüt verfinstert und sie die Sehnsucht gelehrt hat. Eine endlose Ebene, aus der einzig die Zwiebeltürme der orthodoxen Dorfkirchen ihre goldenen Häupter erheben. Gänse und Pferdefuhrwerke gehen ihrem Tagewerk nach. Fette Schweine erkunden die Gegend. Die Industrieanlagen der seligen Sowjetunion glänzen in allen Rosttönen des Verfalls in der Frühlingssonne, einzig belebt von großen Rudeln wilder Hunde. Nach Stunden erscheinen die Karpaten am Horizont, ein wildes Mittelgebirge, wo es noch unzugängliche Flecken geben soll, in denen ein zweihundert Jahre altes Deutsch gesprochen wird. Dann wird die Gegend lieblicher.

Czernowitz ist eine Kulturreliquie, in der es einmal mehr Buchläden als Bäckereien und mehr Dichter als Bankangestellte gegeben hat. Das ist lange vorbei. Zwar wohnt hier noch immer der 91-jährige Dichter Josef Burg, vermutlich der letzte Dichter Europas, der seine Gedichte auf Jiddisch schreibt. Zwar steht hier noch immer die alte jüdische Synagoge, heute auch Cinemagoge genannt, weil sie neben Spielautomaten und Billardtischen ein Kino beherbergt. Zwar hat ein Wiener Café in der Herrengasse seit kurzem wieder geöffnet. Und auch der Sockel, von dem die Russen Friedrich Schiller im letzten Krieg geschossen haben, findet sich noch im Garten des Deutschen Hauses. Doch werden die feinen Damen Schiller nicht mehr besuchen und auch nicht mehr kommen, um am Nachmittag in den 160 Tageszeitungen zu blättern, die vor hundert Jahren in den Czernowitzer Kaffeehäusern auslagen. Anders als in Lemberg wirken die Habsburger Kulturdenkmäler in dieser postsowjetischen Kleinstadt so verlassen und zusammenhanglos wie die römischen Ruinen in Mainz.

Der legendäre Zug Nummer 76, der früher auf seinem Weg nach Danzig ganz Mitteleuropa durchquerte und heute kurz hinter der polnischen Grenze Halt macht, fährt in sechs Stunden zurück nach Lemberg. Das Flugzeug nach Frankfurt wird an diesem Freitag gestrichen, kommen Sie nächste Woche wieder. Die kleine Schlange vor dem einzigen Abflugschalter des Flughafens verkrümelt sich. Es wird still.

Der Pruth in den Westkarpaten

Die berühmte weltverlorene Einsamkeit Galiziens hat Joseph Roth überlebt. Ein paar alte Frauen wärmen sich auf den Wartesitzen. Wozu die Eile? Die Zeit ist die Zeit. *24. April 2003*

siehe auch
✤ Herbert, Zbigniew
✤ Lemberg
✤ Roth, Joseph
✤ Tschernowzy
✤ Ukraine

Gambia

Kunta Kintes Erbe

Das Land möchte nicht mehr Reiseziel für Billigtouristen sein. Urlauber sollen das Dorfleben kennen lernen, auch die Geschichte von »Roots«

Von Günter Ermlich

Ohne Sand kein Strand. Und ohne Strand kein Vergnügen. Besonders für die »3-S-Touristen«, die Sonne, Strand und Sex suchen. Der Kololi Beach an der Küste von Gambia, früher stolze 700 Meter breit, ist heute schmal wie ein Handtuch, die Strandbar wurde dreimal landeinwärts verlegt, bis sie ganz verschwand, Berge aus Sandsäcken mussten das Kairaba-Hotel vor der Wucht der Wellen schützen. Ursachen der Erosion sind Unterströmungen, die unaufhörlich am Küstensaum nagen, aber auch das seit zwei Jahren verbotene »sand mining«. Hunderte von Lastwagen transportierten jede Woche Sand zum Bau von Häusern und Strandhotels ab. Welch eine Ironie!

Gambia ist ein gutes Beispiel dafür, dass der Tourismus den Ast absägt, auf dem er selber sitzt. Die Hotelstrände gleichen Großbaustellen mit Schaufelbaggern und Planierraupen. Ein Küstenschutzprojekt soll die touristischen Zonen an der 80 Kilometer langen Küste renaturieren. Es kostet rund 20 Millionen Dollar, die Strände wieder zu »versanden«, das Geld kommt von der Afrikanischen Entwicklungsbank, der OPEC und der Regierung Gambias. Wie riesige Staubsauger holen Baggerschiffe den Sand vom Meeresboden hoch, der dann durch Rohre am Kololi Beach verteilt wird. Im nahen Cape Point werden Felssteine zu Dämmen aufgeschichtet – künftige Bollwerke gegen zerstörerische Wellen. Insgesamt 2,5 Millionen Kubikmeter Sand sollen Spaß am Strand für die nächsten zwei Jahrzehnte garantieren.

Gambia, einst britische Kolonie und seit 1965 unabhängig, wird als anglophone Enklave vom frankophonen Senegal umschlossen. Der Ministaat an Afrikas Westküste ist gerade halb so groß wie Hessen und hat knapp 1,4 Millionen Einwohner. Im Grunde besteht das Land aus dem Gambiafluss und seiner gerade mal 25 Kilometer breiten Uferzone mit Reisfeldern und Mangrovensümpfen. Acht Ethnien, darunter die Mandingo, Wolof, Fulbe und Jola, leben auf engstem Raum miteinander, sprechen alle eine andere Sprache. »Stammeskonflikte gibt es bei uns nicht«, sagt Reiseleiter Sehouna Drammeh in perfektem Deutsch. »Wir sind alle miteinander verwandt, die Stämme heiraten auch untereinander.« Der kleine rundliche Mann mit den wachen Augen – sein Vorname bedeutet »der Suchende« und sein Nachname »der Findende« – kennt sein Land wie kaum ein Zweiter. »Gambia hat eine islamische Gesetzgebung, aber wir sind keine Extremisten!« Die Muslime, über 90 Prozent der Bevölkerung, feiern mit den Christen gemeinsam den Ramadan, Weihnachten und Ostern.

Gambia ist ein sicheres Reiseziel, wenn man das heute überhaupt noch von einem Land sagen kann. Keine Bomben, keine Entführungen, gelegentlich kleine Kriminalität. Trotzdem basteln die Tourismuspolitiker an einer Kurskorrektur. Quali-

Die Fischerei hat trotz des Fischreichtums an der Küste und im Gambia wirtschaftlich nur eine untergeordnete Bedeutung.

tätstourismus statt Billigferien lautet ihr Credo. Natürlich lässt sich das nicht von heute auf morgen bewerkstelligen, und wenn nun in Gambia die Hochsaison ist, ist das wieder die Zeit der Bumster. So heißen die Beachboys, die sich an die Fersen der Besucher heften. Etwa der schlaksige junge Mann im Fußballtrikot von Thierry Henry, der den Besucher beim Sunbeach Hotel anspricht: »Hello, my friend, how are you? Ich heiße Mohammed. Kennen Sie mich nicht mehr? Ich arbeite doch an der Rezeption! Heute habe ich frei. Vor einer Woche hat meine Frau einen Sohn geboren, unser erstes Kind. Aber er ist sehr krank. Wir brauchen Medizin aus der Apotheke. Können Sie mir bis übermorgen 300 Dalasi leihen?« Mohammed arbeitet natürlich nicht im Hotel, hat auch kein krankes Kind und wollte sich den Betrag, rund 30 Euro, schlicht ergaunern.

Bumstern kann vielerlei bedeuten: Mal wollen die meist arbeitslosen jungen Männer den Gästen Uhren und Kettchen aufschwatzen oder sie auf Ausflügen begleiten, mal versuchen sie, die Fremden zu »erleichtern«, und manchmal möchten sie einfach nur ins Gespräch kommen. Oder sie verkaufen ihren Körper allein reisenden Touristinnen aus Skandinavien oder Deutschland, in der Hoffnung, deren Urlauberherzen zu brechen und später ein Flugticket nach Europa zu ergattern. Bumster sind nur selten aggressiv, doch in den vergangenen Jahren fühlten sich Besucher derart belästigt, dass sie die Hotelanlagen kaum mehr verließen. Als jeder zweite Urlauber dann in einem Gästefragebogen angab, wegen der »Strandplage Bumster« nicht mehr nach Gambia zurückkehren zu wollen, sahen Reiseveranstalter und Regierung das Geschäft bedroht.

Gambia ist ein armes Land, und ein leerer Sack kann nicht stehen

Staatspräsident Jammeh, der nach einem Putsch 1994 an die Macht kam, erklärte den Bumstern den Krieg. Um die Jungs zu vertreiben, rüstete er die Strände mit einer neuen Einheit der Militärpolizei auf. Heute verdingen sich ehemalige Bumster als Gepäckträger am Flughafen, andere haben eine Schulung zum lokalen Guide gemacht und warten – als »offizielle Bums-

Männer füllen in der gambischen Hauptstadt Banjul Säcke mit Erdnüssen für den Export.

ter« in blauer Uniform – vor den Hotels auf Kundschaft. Und für die Vereinigung touristischer Kleinunternehmen (Asset) verkaufen jetzt zwei Dutzend Exbumster das Touristenmagazin »Mango News« am Strand. Vom Verkaufspreis können sie die Hälfte behalten – das Modell der Straßenzeitungen aus Europa stand Pate. Eine der beiden Druckmaschinen wurde von der Münchner Straßenzeitung BISS gespendet.

Sicher hat eine moralische Instanz wie etwa der designierte Hauptimam Tafsir viel Sympathie für solche Projekte, aber er versteht auch die Bumster und die sozialen Ursachen des Sextourismus. Imam Tafsir hockt im Vorraum der König-Fahd-Moschee – ein Geschenk von Saudi-Arabien an die Gottesbrüder in Gambia – und sagt: »Gambia ist ein armes Land, und ein leerer Sack kann nicht stehen.« Also müsse sich der junge Mann etwas zu essen besorgen, dazu könne auch die Prostitution mit einer weißen Frau beitragen. Während der Imam das sagt, wippt sein rechter Fuß unter dem blauen bodenlangen Gewand. Dann klingelt sein Handy. Nein, gegen diese Art interkultureller Kontakts habe er nichts einzuwenden. »Der Islam in Gambia ist von großer Toleranz geprägt.« Hunger leidet in Gambia kaum jemand, bald muss auch kein Reis mehr aus Taiwan oder Oman eingeführt werden. Die wich-

Gambia

tigste Devisenquelle ist die Peanuts-Wirtschaft. Seit 150 Jahren prägt die Erdnuss als Monokultur das Land, ihr Strauch ziert sogar das Staatswappen. Auf Platz zwei kommt schon der Tourismus, dahinter rangieren der Fischfang und die Schmuggelökonomie. Weil aber Gambia weder Bodenschätze noch Industrie besitzt, ist es besonders stark auf fremde Hilfe angewiesen: Aus »Freundschaft« finanzierte Kuwait die neue vierspurige Küstenstraße, Japan spendierte Räucherschuppen im Fischerdorf Tanji, und China baute den abgebrannten Albertmarkt in der Hauptstadt Banjul wieder auf. Die Deutschen brachten 1 200 Wasserpumpen ins Land und gründeten Kindergärten. Es ist in Gambia nicht ungewöhnlich, dass am Straßenrand plötzlich ein Schild »Kindergarten Bottrop« auftaucht.

Touristiker nennen das überschaubare, friedliche Gambia »Afrika für Einsteiger«. Als Urlaubsland wurde es vor knapp 40 Jahren von den Schweden entdeckt. Seitdem steckt man ausländische Besucher – im letzten Jahr kamen rund 85 000, vor allem Engländer, Deutsche, Holländer und Skandinavier – in international normierte Hotelanlagen. Austauschbare, einfallslose Garagendörfer im Stil karibischer Vier- oder Fünfsterneresorts, von Mauern umgeben, von Wächtern beschützt. Poolbar und Klimaanlage, Happy Hour und Animation. Abgekapselte Zonen, Afrika bleibt draußen.

Als ein deutscher Reiseveranstalter vor sechs Jahren das Sunwing-Hotel zum ersten All-inclusive-Klub machte und die Gäste die Ferienanlage überhaupt nicht mehr verließen, sahen sich Taxifahrer, Restaurantbesitzer, Reiseleiter, Andenkenverkäufer vom touristischen Geschäft ausgegrenzt und protestierten vehement. Unter ihrem Druck verhängte die Regierung ein generelles All-inclusive-Verbot, das sie ein paar Monate später allerdings wieder aufhob, weil sich nun die internationalen Reisekonzerne zurückzogen. Der neue touristische Masterplan sieht vor, dass neue All-inclusive-Anlagen zwar willkommen sind, aber fernab von bestehenden touristischen Infrastrukturen angesiedelt werden müssen.

Die meisten Urlauber verlassen ihre Strandburgen so gut wie nie. Bis auf die »Rootstour« für 49 Euro vielleicht. »Das muss man gemacht haben!«, wirbt der Veranstalterkatalog für den organisierten Bootsausflug nach Juffure am Nordufer des Gambiaflusses. Das Dorf wurde durch Alex Haleys Familiensaga »Roots« (und die gleichnamige Fernsehserie) weltberühmt. Von hier stammt sein Held Kunta Kinte, der wie sieben Millionen andere Schwarze im 18. und 19. Jahrhundert von weißen Sklavenhändlern aus Westafrika nach Amerika verschleppt wurde. Das unbedeutende Dorf ist heute ein Pilgerort. Legionen schwarzer Amerikaner suchen hier nach ihren afrikanischen Wurzeln. Zweimal pro Woche, wenn das Ausflugsboot Lady Jane die vielköpfige Touristenfracht anlandet, verwandelt sich der Ort in ein Animationszentrum. Führer bieten Fremden ihre Dienste an, kleine Jungs betteln um Kulis oder verkaufen geschnitzte Holzfiguren, Frauen stampfen rhythmisch Hirse oder halten ihre Babys fotogen zur Schau, und die Kleinsten beginnen im Kindergarten auf Kommando ihres Lehrers zu singen und in die Hände zu klatschen.

Die Touristen sollen in das Landesinnere geholt werden

Unter einer mit Wellblech überdachten Terrasse beginnt das immer gleiche Ritual: Binta Kinte betritt am Stock die Bühne, setzt sich, sagt »Hallo!« und wünscht »Frieden für alle!«. Sie ist 89 Jahre alt (angeblich) und Kunta-Kinte-Nachfahrin in siebter Generation (angeblich). Ein Helfer reicht eine Kalebasse mit einem vergilbten Foto von Alex Haley herum, bietet ein Besuchszertifikat zum Erwerb an und lädt gegen eine Spende zum Fotoshooting mit Binta Kinte ein. Das wars, die deutsche Reisegruppe ist abgefertigt, die dänisch-schwedische wartet schon.

»Diese Tour mache ich nicht gern«, sagt unser Reiseleiter Sehouna, »ich schäme mich dafür.« Allein die kleine Ausstellung über den Sklavenhandel lohnt den Besuch. Sie zeigt neben Kunta Kinte, dem »starken, mutigen Mann«, die nahe Flussinsel James Island, die der britischen Kolonialmacht als Fort und Umschlagplatz für Sklaven diente, etliche Vitrinen mit Folterinstrumenten und Porträts einer neuen Generation afroamerikanischer Führer wie den Schriftsteller Alex Haley, den Trompeter Wynton Marsalis oder die Präsidentenberaterin Condoleezza Rice.

Um das Image als billiges Pauschalreiseziel abzustreifen und Touristen zukünftig vom Strand ins Landesinnere zu locken, ersetzte die Gambia Tourist Authority (GTA) vor kurzem den Werbeslogan »Die lächelnde Küste« durch »Gambia - Ihr sicherer Hafen in Afrika«. Mithilfe kleiner Veranstalter sollen auch die Natur und die Kultur des Landes in den Fokus rücken. Dazu gehören Ausflüge in Booten, die meist von der Lamin Lodge, einem Pfahlbau-Restaurant im Mangrovendelta, durch die Seitenarme des Gambiaflusses führen. Bei mehrtägigen Exkursionen auf einer Piroge flussaufwärts nach Georgetown schlafen die Gäste an Deck unterm Moskitonetz oder in einer einfachen Lodge am Ufer. Abseits vom Strand, lautet die Botschaft, liegt das »eigentliche«, das »wahre« Gambia.

Das Tumani Tenda Ecotourism Camp ist ein Dorfgemeinschaftsprojekt, das gut in das neue Tourismuskonzept passt. Happy Hour? Swimmingpool? Klimaanlage? Wer Komfort, gar Luxus sucht, hat hier nichts zu suchen. Fünf Rundhütten aus Lehm bieten bis zu 26 Besuchern Unterkunft. Moskitonetze überwölben die Holzbetten, bunte Batikvorhänge zieren die Fenster mit Fliegengittern, Wellblech und Elefantengras bedecken die Hütten. Toiletten und Duschen sind einfach, aber das Wasser ist warm und kommt vom Tank auf dem Dach. Ein Käfer oder eine Spinne krabbelt schon mal an der Wand entlang. Das halb offene Restaurant wurde um einen Baobab gebaut. Muschelmosaike schmücken den Zementfußboden des »Camp Place«, Hängematten baumeln in den Fensterhöhlen. An diesem Tag gibt es Lady Fish und Barrakuda, Hühnchen mit Erdnusssauce, viel Reis, grüne bittere Tomaten und Okras, Maniok und Kartoffeln.

Sulayman Sonko führt die Besucher vom Camp zum 500 Meter entfernten Dorfkern. Rechts liegt ein Feld mit Hirsestauden, links eine Weide mit Kühen, vor uns Tumani Tenda im Schatten mächtiger Mangobäume. Sulayman ist Mitte 30, spricht fließend Englisch und Französisch und hat »ungefähr 15 Brüder und 10 Schwestern, von einem Vater mit zwei Frauen«. Nachdem er Wirtschaftswissenschaften in Dakar und Bordeaux studiert hatte, kam er nach Gambia zurück. Jetzt leitet er das Camp und managt die Projekte. Auf dem Weg ins Dorf bringt er den Gästen ein paar Brocken Jola bei, rituelle Begrüßungsformeln. Kasumai? Wie gehts? Kasumai kep! Es geht gut! - Katibo? Wo ist Ihre Familie? - Kokobo! Sie ist zu Hause! - Alles klar?

Tumani Tenda ist eine Dorfgemeinschaft von 350 Jola, die in sieben überwiegend muslimischen Großfamilien leben. Tumani Tenda ist nicht Juffure. Keine exotische Kulisse. Hier bettelt kein Kind, stellt keine Frau ihr Baby für ein paar Dalasi zur Fotoschau, hier bleibt die familieneigene Lehmhütte - unausgesprochen - eine »no go area«. Sulayman führt durch sein Dorf,

Typische Rundhäuser in einem Dorf

ohne es vorzuführen. Kasumai? - Kasumai kep! Links die Gemeinschaftsküche der Großfamilie Jarju, dort die kleine Moschee, gleich daneben das Lager für Setzlinge, da rechts beim Bolzplatz die neue Grundschule. Jungs treiben Schafe und Ziegen vor sich her, aus einem tiefen Brunnen schöpfen Mädchen eimerweise Wasser. Als sich vor 37 Jahren der Gründervater mit seiner Familie aus der Casamance im Süden Senegals hier niederließ, gab es nichts als Dschungel. Heute betreibt Tumani Tenda auf dem gut 300 Hektar großen Gemeindegebiet eine intakte Land- und Forstwirtschaft.

Ein Dutzend Dorfbewohner, als Guides ausgebildet, kümmert sich um das Touristencamp, bringt Fremden den Alltag, die Kultur und Natur näher. Das Zusammen-

Gambia

gehörigkeitsgefühl der Bewohner färbt auch auf die Gäste ab, die für ein paar Tage ins Dorfleben reinschnuppern: Rucksacktraveller, Kulturtouristen, Musikstudenten, Radfahrer, Vogelliebhaber. Natürlich verirren sich eingefleischte Strandtouristen nicht hierhin – und vielleicht ist das für alle Beteiligten nur gut so.

Kamelfußblatt hilft bei schwacher Blase – und gegen Impotenz

In der Morgendämmerung können die Besucher mit einem Guide im Einbaum über den Fluss paddeln, um Scharlachwürger, Zimtroller, Braunhalspapageien und die ganze Vogelschar zu beobachten. Später den Frauen zusehen, wie sie mit der Machete Hunderte Austern von den Mangrovenwurzeln abschlagen. Am nächsten Tag führt ein Naturheilkundler durch den Wald, um den Besuchern die Wirkung von Heilpflanzen zu erklären. Momodou Sanyang trägt trotz der schweißtreibenden Wahnsinnshitze eine Pudelmütze. Unaufhörlich kaut er Süßholz – gut für den Magen. Bei einem Mahagonibaum bleibt er stehen. Man müsse ein Stück Rinde abschneiden, in Wasser einweichen, einen Schluck trinken. Das stoppe den Durchfall. Jede Station eine neue Lektion. Das Kamelfußblatt helfe bei Blasenkrankheit, das »afrikanische Viagra-Gras« mache Männer munter, und die Cassia siberiana wirke bei Muskelkater und Müdigkeit: einfach die Wurzel ausgraben, klein stampfen, Honig und Wasser dazugeben, drei Tage stehen lassen, dann trinken.

Das Ökocamp ist nicht unbedingt das Profit-Center des Dorfes, aber die Einnahmen aus dem Tourismus sind eine zusätzliche Einkommensquelle, die zur Dorfentwicklung beiträgt. Für das nächste Jahr plant man, mit den erwirtschafteten Geldern eine Krankenstation und ein Kühlhaus für Mangos zu bauen. Wie Dorf und Camp sich gegenseitig inspirieren, erklärt Sulayman Sonko in der neuen Backstube. Weil Gäste öfter nach Brot verlangt hatten, gebar man am Bantaba, dem Versammlungsplatz des Dorfes, die Idee der Bäckerei. Jetzt gibt es für die Besucher und die Bewohner frisches Weißbrot, der Rest geht in Kommission an die umliegenden Gemein-

Hunger muss in Gambia kaum jemand leiden; bald ist auch die Reiseinfuhr aus Taiwan oder Oman nicht mehr nötig.

den. »Wir sind jedoch nicht vom Tourismus abhängig«, sagt Projektmanager Sonko, »denn wir sind vor allem Farmer.«

In Tumani Tenda ist alles in Kollektivbesitz, die Arbeit auf den Feldern und im Wald wird gemeinschaftlich verrichtet, ein Teil des Verdiensts geht in die Gemeinschaftskasse, für die Elektrizitätsleitung und den Transportwagen, für Arztbesuche und Schuluniformen. Was ist Tumani Tenda, ein afrikanischer Kibbuz oder ein kommunistisches Kollektiv? Egal, von seiner Strategie – auch beim Marketing – können sich andere eine Scheibe abschneiden. Vor zwei Jahren wurde das Vorzeigeprojekt in Deutschland mit dem »To Do!-Preis für sozialverträglichen Tourismus des Studienkreises für Tourismus und Entwicklung« ausgezeichnet. Die Regierung von Gambia schickt Abgesandte anderer Dörfer vorbei, um das erfolgreiche Modell zu studieren und zu kopieren. Selbst Sehouna, unser gambischer Reiseleiter, ist beeindruckt. »Tumani Tenda wird sich verkaufen«, sagt er zum Dorfmanager. »Was ihr hier anbietet, ist Afrika pur!« 8. Januar 2004

siehe auch
❖ Banjul
❖ Fulbe
❖ Wolof

Ganztagsschule

Den lieben langen Tag

Schulen müssen für die Kinder mehr sein als reine Lernanstalten

Von Susanne Gaschke

Niemand brauchte PISA, um zu wissen, dass unsere Schulen kränkeln: dass zu viele Kinder nach neun Jahren Unterricht weder richtig lesen noch schreiben noch Deutsch sprechen können. Immerhin: Die geradezu genussvolle »Bildungsalarm!«-Stimmung im Gefolge der PISA-Studie erlaubt endlich eine Auseinandersetzung mit unserer Schulmisere, die so ernst ist wie das Problem selbst.

Das Aufwärmen alter Ideologien führt allerdings direkt in die Blockade. Einen Königsweg der Schulreform gibt es nicht. Das dürften auch die Eltern ahnen, die in diesen Wochen die richtige weiterführende Schule für ihr Kind suchen und mit einem Hagel von Schlagworten bombardiert werden: Turboabitur, Fremdsprachenschwerpunkt, Technikorientierung. Selten im Angebot ist nach wie vor die Ganztagsschule. Auch sie ist kein Allheilmittel, womöglich aber ein pragmatischer Pfad, der über die Veränderung des Schul(all)tags zu seiner Verbesserung führt. Der Schultag hat, auch wenn es uns anders lieber wäre, nicht mehr allein mit Bildungsinhalten, Lehrplangestaltung und Physikraumausstattung zu tun, sondern immer mehr mit der Frage, wie gut das Leben eines Schulkindes mit dem Leben seiner Eltern zusammenpasst.

Wir fürchten Reformen und beten sie an

Offiziell bieten weniger als fünf Prozent der deutschen Schulen ein Ganztagsprogramm. Aber 60 Prozent aller Mütter arbeiten heute außer Haus, in Voll- oder Teilzeit, die Väter sowieso. Der Trend zur Berufstätigkeit beider Eltern wird sich nicht mehr wenden. Das ist die eine Seite der unumkehrbaren Emanzipation. Ebenso wenig wie der Städter auf die Scholle, wird die Frau wieder in die Küche zurückkehren.

Doch wie fast jeder Fortschrittsgewinn produziert auch dieser Kosten. Diese Kosten tauchen in keiner Bilanz auf: Es sind die Kosten fürs Mittagessenkochen und fürs Vokabelabfragen, für freundliches Interesse an den Erlebnissen des Vormittags. Soziale Kosten eben. So wie die Schulen heute organisiert sind, werden diese entweder den Kindern aufgebürdet – indem Eltern sie verantwortungslos sich selbst überlassen. Oder die Familien schultern

Eine Tagesschule muss in zumutbarer Nähe sein.

Ganztagsschule

sie, schlecht und recht, mithilfe komplizierter, nicht immer idealer privater Betreuungsarrangements. Unterrichtsausfall und Zusatzferientage erschweren dabei jede Planung. So kann es nicht weitergehen.

Wenn wir Chancengleichheit ernst nehmen, wenn wir es nicht hinnehmen wollen, dass zehn Prozent eines Jahrgangs die Schule ohne Abschluss verlassen, dann brauchen wir mehr Betreuung, mehr Erziehung, mehr Unterricht. Mehr Anstrengung der Erwachsenen. Und mehr Ganztagsschulen. Nicht für jedes Kind. Aber für alle Kinder, die ohne die Ganztagsschule schlechter dran sind als mit ihr. Und das sind mehr als jene fünf Prozent, für die es heute ein Angebot gibt.

Es wird allerhöchste Zeit, um über die vernachlässigte Aufgabe Bildung und Erziehung zu reden. Natürlich geht es dabei um Geld, auch wenn schwer zu sagen ist, um wie viel. Bildungsexperten sprechen von drei Milliarden Euro jährlich für die Umrüstung aller fünften bis zehnten Klassen (Sekundarstufe I). Rheinland-Pfalz plant 300 neue Ganztagsschulen und setzt dafür 200 Millionen Euro an. Nennenswerte Summen – aber angesichts der insgesamt 175 Milliarden Euro, die heute schon jährlich für den Komplex Familienleistungen, Schulen und Kindergärten ausgegeben werden, nicht irrsinnig viel. Allerdings: Klamme Kommunen und ärmere Bundesländer werden sich kaum von selbst zu Investitionen aufraffen. Sie brauchen einen Anstoß aus dem politischen Zentrum.

Doch Vorsicht: Wir haben in Deutschland eine bewährte Art, uns mit Bildungsdebatten unglücklich zu machen. Wir fürchten Reformen und beten sie zugleich an. Jedes neue Projekt soll alles radikal verändern und verbessern; alle alten Wege gelten schlagartig als Holzwege, und jedermann muss sofort mit der neuen Heilslehre beglückt werden. Der unselige Glaubenskrieg um die Gesamtschule sollte uns eins gelehrt haben: Ganztagsschulsozialismus ist falsch, damit kann man die Eltern nur in den Widerstand treiben. Es sind nun einmal auch häusliche Verhältnisse vorstellbar, die für die Kinder angenehmer und förderlicher sind als die Ganztagsbetreuung. Keine Bildungspolitik darf diese Kinder zwangsrekrutieren, um den anderen, nicht so glücklichen, ein angenehmeres Lernumfeld zu sichern.

In der Sekundarstufe II, bei den älteren Schülern, dehnt sich der Pflichtunterricht ohnehin meist bis in den Nachmittag. Zum Ganztagsbetrieb fehlt oft nur ein warmes Mittagessen mit vernünftiger Pause – die wenigsten Eltern dürften dagegen Sturm laufen. Ganztagsschulen können als Angebotsschulen überzeugen, der Bedarf ist groß genug. Es muss auch nicht sofort eine flächendeckende Vollversorgung sein: Eine erreichbare Tagesschule jeder Schulart in zumutbarer Nähe – das wird für die Länder (Personal) und die Schulträger (Sachausstattung, Gebäude) zunächst einmal teuer genug.

Schulbibliothek mit Lesesesseln

Bei der Einrichtung neuer Ganztagsschulen müssen soziale Brennpunkte Vorrang bekommen. Kinder aus problematischen Elternhäusern haben als Erste ein Recht darauf, dass häusliche Defizite in der Schule kompensiert werden – egal ob es um gesunde Ernährung geht oder um den Zugang zu Büchern und Computern. Und es liegt im Interesse des Gemeinwesens, sich der vernachlässigten Kinder anzunehmen.

Für die interne Schulorganisation gilt: Die Ansprüche der Eltern sind nicht notwendig identisch mit den Nöten der Kinder. Väter und Mütter haben vor allem die verlässliche Betreuung im Auge; manche mögen sich auch wünschen, dass ganztags, in einem zeitlich erweiterten Nürnberger-Trichter-Verfahren, mehr arbeitsmarktkompatibles »Wissen« in ihre Sprösslinge hineingedrückt werde. Das wäre falsch. Kinder brauchen wohl Unterricht, aber auch Entspannung und Spiel; Gruppenerfahrung, aber auch Ruhe und Gelegenheit zur stillen Konzentration.

Die Ganztagsschule darf nicht Kollektivierung auf Kosten der Individualität bedeuten. Man darf zum Beispiel nicht beklagen, dass deutsche Schüler so wenig und so schlecht lesen – und ihnen die private Zeit mit Büchern immer mehr verkürzen. Also: Schulbibliotheken mit behaglichen Lesesesseln! Und ein Schultag, der sich nachmittags eher an bürgerlichen Familiengepflogenheiten orientiert als am Jugendhilfe-Sperrmülltreff mit Krachmu-

Ganztagsschule

Das gemeinsame Mittagessen gehört mit zum Programm einer Ganztagsschule.

sik. Natürlich bietet ein Schultag von 8 bis 16 Uhr auch Zeit für zusätzlichen Unterricht. Und damit die Möglichkeit, über die Kernfächer hinaus (bitte ergebnisoffen) mit all jenen Forderungen zu experimentieren, die seit Jahren durch die Bildungsdiskussion geistern, bisher aber an den Stundentafeln scheiterten: Wirtschafts- und Politikunterricht, Fremdsprachen, Computerkunde, Ernährungslehre, täglicher Sport.

Und die Lehrer? Es wäre unsinnig, den älteren von ihnen nach 30 Berufsjahren eine neue Pädagogik, vor allem jedoch einen ganz anderen Arbeitstag zu verordnen. Beides aber hat die Ganztagsschule nötig. Der bevorstehende Generationswechsel in den Kollegien (ein Drittel der Lehrer an allgemein bildenden Schulen ist über 50 Jahre alt) ist deshalb der richtige Moment für die Auffächerung des schulischen Typenangebots. Die Schulleiter der neuen Ganztagsschulen brauchen allerdings die Möglichkeit, mit Geld oder Ermäßigungsstunden um Personal zu werben. Sonst bleibt die Halbtagsschule durch die größere Zeitsouveränität (nicht: geringere Arbeitsbelastung) in der Konkurrenz um gute Pädagogen überlegen.

Eine Sorte Argument schließlich sollte in der Diskussion um die wichtigste Bildungsreform der nächsten Jahre den geringsten Raum einnehmen: die stets mit ungeheurer Dringlichkeit vorgetragenen Bedürfnisse der Wirtschaft. Die Kompetenzmoden wechseln in der Rhetorik der Verbändevertreter zu rasch, als dass man danach eine gute Schule organisieren könnte. Was wir brauchen, sind Schulen, die nicht rund um die Uhr arbeitende Eltern und rund um die Uhr lernende Schüler im Blick haben – sondern freie, gebildete Menschen mit Urteilsvermögen und Verstand.   *14. Februar 2002*

siehe auch
✤ PISA
✤ Schule

Charles de Gaulle

Mit Träumen regiert

Der General und Präsident: ein Spieler, aber kein Hasardeur. Die dreibändige Biografie wird dem großen Franzosen gerecht

Von Ernst Weisenfeld

Er sprach von sich selbst gelegentlich in der dritten Person und sah sich dann als »eine Art Fabelwesen.« Er hatte diesen General de Gaulle als Legende, aus Erlebtem geschaffen und arbeitete unaufhörlich weiter an diesem Bild – um es dann selbst zum Maßstab für sein weiteres Handeln zu nehmen. Wichtigster Wesenszug war, dass er Frankreich immer eine große Aufgabe zuwies, das Ziel weit steckte – und dass er doch nie übersah, wie wenig die Kräfte ausreichten. Er wollte sie anspannen, nicht überfordern. So gab es immer einen Visionär de Gaulle und einen Pragmatiker. Mit dieser Mischung gab und gibt er der Welt die Rätsel auf, die sein Handeln und seinen Charakter bis heute so faszinierend machen.

Man könnte meinen, die Faszination verliere sich, wenn ein guter Biograf einmal die Formel für die Mischung gefunden und einzelne Handlungen damit analysiert hätte. Aber sie beginnt von neuem und manchmal erst recht. Denn wer könnte schon im Handeln de Gaulles die Motive immer klar unterscheiden? Zerlegte er sie etwa selbst? So erlebt man gespannt, wie der Spieler, der er war, von der einen in die andere Rolle schlüpft, wie er den Herausforderungen des Lebens und der Geschichte in dem einen, dann im anderen Gewand entgegentritt, schließlich doch an seine Grenzen stößt – und dabei erkennen lässt, dass er zwar ein Spieler, aber kein Hasardeur ist, dass er sich seiner Verantwortung bewusst bleibt und, obwohl immer ein Mann der Staatsräson, manchmal unter ihr leidet. Kurz: Es ist die menschliche Dimension, die dem dritten und letzten Band dieser großen Lebensbeschreibung de Gaulles das Format gibt:

Jean Lacouture: De Gaulle, 3. Le souverain 1959–1970; Editions du Seuil, Paris 1986; 866 S.

Das Wissen um den Charakter de Gaulles ist bei der Betrachtung seiner zweiten und großen Regierungszeit gerade für den deutschen Leser wichtig. Denn weil Frankreich für seine Pläne zu klein war, aber wieder groß werden sollte, brauchte er Europa und damit die Deutschen. Und weil dieses Europa nicht an der Elbe aufhören sollte, musste er auch ihnen eine Vision für ihre staatliche Zukunft geben, für die er eine Verwirklichung nur in weiter Ferne sah.

Also ein Traumgebilde? Das Trugbild eines Rattenfängers? Es gibt in den zwölf Jahren dieser Regierungszeit kein Beispiel, mit dem der Praktiker den Visionär de Gaulle zum Lügner gemacht hätte. Seine jahrzehntelangen Erfahrungen mit den

Charles de Gaulle

Deutschen, deren Sprache er verstand, deren Schriftsteller (von Nietzsche bis Hölderlin) er gelesen hatte, deren Geschichte ihn immer wieder beschäftigte, hätten ihn auch vor solch simplen Methoden gewarnt. Wie wichtig ihm die deutsch-französischen Beziehungen waren, konnte man schon daran ermessen, dass er sein erstes Gespräch mit Adenauer abwartete, ehe er die Konturen seiner Außenpolitik preisgab. Man weiß dank Lacouture nun auch, dass diesen Beziehungen sein letzter Gedanke als

Souverän galt. Drei Tage vor dem Referendum über die Regionalisierung, an dem er Ende April 1969 scheiterte, sagte er zu Maurice Schuman, der bei günstigem Ausgang sein neuer Außenminister werden sollte und es dann unter seinem Nachfolger auch wurde: »Jede französische Außenpolitik hat davon auszugehen, dass die deutsch-französische Aussöhnung unabänderlich bleiben muss.«

Lacouture hatte schon vorher festgestellt: »Deutschland ist für ihn das, was Molière für den Schauspieler der Comédie-Française bedeutet und der Himalajagipfel für den Alpinisten: die zentrale Inspiration, das beherrschende Thema.« Aber ein Thema eben auch in dem Sinne, in dem er es von 1944 bis 1946 zum Feindbild gemacht hatte. Er brauchte es, um das 1940 völlig erschütterte Selbstbewusstsein der Franzosen zu stärken. Damals mit der Vision einer endlich dominierenden Machtposition am Rhein, jetzt mit dem karolingischen Bild des Rheins als Lebensader eines Europa, das unter Frankreichs Führung wieder einen Platz unter den Weltmächten behaupten sollte. Vision und geduldige Tagespolitik zugleich. Schon Napoleon hatte gewusst: »Die Franzosen wollen mit Träumen regiert werden.«

Später Nachfahre Ludwigs XIV. wie früher Verkünder des Atomzeitalters

Bei Lacouture bekommt auch das Wort, de Gaulle sei zugleich ein Mann des 19. wie des 21. Jahrhunderts gewesen, einen konkreten Inhalt. Er erscheint als später Nachfahre Ludwigs XIV. wie als früher Verkünder des Atomzeitalters.

Während sein Fouchetplan für eine Europäische Union noch stark mit Elementen des 19. Jahrhunderts durchsetzt war, versuchte er mit seinem »Europa vom Atlantik zum Ural« bewusst einen Vorgriff auf die nächsten hundert Jahre: »Damit dies Europa möglich wird, sagte er seinem Botschafter in Washington, muss zunächst einmal die Sowjetunion nicht mehr das sein, was sie heute ist, sondern muss wieder Russland werden. Dann muss China seine östlichen Grenzen bedrohen, also Sibirien ...« Man sieht, vieles, was die Verbündeten irritierte, war reiner Verbalismus, prophetisierendes Wortgespinst. Wie trefflich sich mit Worten streiten lässt, das hatte er ja schon früh erfahren und praktiziert.

Verlor er bei seinem Spiel mit Formeln, die die Fantasie der Menschen beschäftigen und ihren Blick in die Zukunft lenken sollten, nicht manchmal selbst das Augenmaß für die Realitäten der Gegenwart? Auch Lacouture findet nicht immer eine plausible Antwort auf diese Frage. Wie konnte

Eine algerische Familie flieht vor den Kämpfen zwischen französischer Armee und FLN (1960). De Gaulle war sich der Kräfteverhältnisse in der Welt immer bewusst.

de Gaulle, so meinte er, denn übersehen, dass sich Bonn gegen ihn entscheiden musste, wenn er es vor die Frage Washington oder Paris stellte? Wie konnte er glauben, Polen oder die Tschechoslowakei ließen sich von Moskau weiter entfernen, als Moskau es gerade erlaubte?

Tatsächlich war er sich ja auch der Kräfteverhältnisse in der Welt immer bewusst. Und seine ständige, schon früh und oft provozierende Mahnung an die Amerikaner, sich aus dem Dschungel des Vietnamkrieges zurückzuziehen, sie würden sich sonst selbst darin verlieren, war nüchterne Klarsicht. Richard Nixon hat sie als guten Rat anerkannt, und die USA verlegten ihre Waffenstillstandsverhandlungen 1968 nach Paris. Diesen Triumph erlebte General de Gaulle, als die Mairevolution der Studenten sein Regime erschütterte und seine Ostpolitik bald an der Breschnewdoktrin zerbrach. Er war mit vielem gescheitert, und sein politisches Gesamtkonzept der »Unabhängigkeit Frankreichs« sieht auch Lacouture

Charles de Gaulle

Die Studentenunruhen vom Mai 1968 erschütterten de Gaulles Herrschaft.

als ein viel zu hoch gestecktes Ziel. Aber er hatte, als er abtrat, Frankreich einen diplomatischen Spielraum gegeben, von dem es vorher und nachher nur träumen konnte.

Was er trieb, war nicht nur ein Spiel um hohen Gewinn, den er schließlich doch kaum einbrachte, sondern auch mit hohem Einsatz, jedenfalls seiner Person. Wie exponierte er sich nicht in Danzig und Warschau, als er die Polen aufrief, »etwas weiter zu sehen und sich mehr zuzumuten ... Sie werden die Widerstände meistern, die ihnen heute unüberwindbar erscheinen. Sie verstehen alle, was ich damit sagen will.« Welchen Sturm entfachte er, als er in Kanada »das freie Québec« hochleben ließ! Während der Berlinkrise von 1959 bis 1961 war er der Unbeugsamste von allen, und dass man den Bau der Mauer hinnahm, ohne ihm sofort entgegenzutreten, blieb ihm eine trübe Erinnerung, für die er sich nicht verantwortlich fühlte. Darum weigerte er sich auch, die Mauer zu besuchen. Sie war das Symbol einer Niederlage.

In der Innenpolitik war de Gaulle gradlinig und geschmeidig zugleich

Aber die höchsten Einsätze wurden ihm von der Innenpolitik abverlangt. Zunächst von der Entkolonisierung. Das Bild, das Lacouture vom Widerstand der Armee gegen seine Algerienpolitik auch aufgrund eigener Forschungen entrollt, ist das umfassendste, das bisher vorliegt. Hier werden die Dramen lebendig, die sich im eigenen Lager und im Offizierskorps abspielten.

Und auch hier: welche Geradlinigkeit und Geschmeidigkeit zugleich in der Verfolgung des Ziels, nachdem er sich im Juli 1959, ein Jahr nach Übernahme der Regierung, entschlossen hatte, den Algeriern die Selbstbestimmung zu geben. Er konnte es noch nicht sagen und verfolgte seine Politik auch in der zähen Hoffnung, dass sich eine engere Verbindung Algeriens mit Frankreich herstellen ließe. Aber er war bereit zu allen Konsequenzen. Ein Dutzend mehr oder weniger ernst gemeinter Attentate, davon jedenfalls zwei, bei denen er und seine Frau wie durch ein Wunder überlebten. Eine militärische Revolte mit vielen Toten durch Terroranschläge, über 600 gemaßregelte Offiziere. Niemand außer ihm hätte Frankreich mit Härte und List diesen Verzicht abringen können – dem dennoch eine schweigende Mehrheit von Anfang an zustimmte. Diese Geschichte liefert gute Beispiele, wie wenig schweigende Mehrheiten gegen starke und entschlossene Minderheiten ausrichten, solange nicht ein entschlossener und fähiger Mann an ihre Spitze tritt.

Als de Gaulle schließlich den Vollstreckungsbefehl für den Hauptträdelsführer mehrerer Attentate, den Obersten Bastien-Thiry, unterschrieb, gab er dem Entschluss die Züge einer griechischen Tragödie: »Die Franzosen brauchen Märtyrer. Aber sie müssen sie gut auswählen. Ich hätte ihnen einen dieser Schwachköpfe von Generälen geben können, die jetzt im Gefäng-

nishof Fußball spielen. Ich habe ihnen Bastien-Thiry gegeben, aus dem können sie einen Märtyrer machen. Der verdients.«
Nicht ohne Pathos war auch 1959 seine Mitteilung an Eisenhower, dass er Frankreich zur Atommacht machen werde: Er könne nicht 600 000 enttäuschte Soldaten ungeschlagen aus Algerien zurückholen, ohne ihnen eine neue Armee, völlig neue Waffen und eine neue Strategie zu geben. Die technischen Voraussetzungen und die ersten Pläne hatte ihm noch die IV. Republik hinterlassen. Doch Eisenhower zeigte sich beeindruckt und verständnisvoll ...
»... aber helfen kann ich Ihnen nicht, die Gesetze erlauben es mir nicht.«
Antwort de Gaulles: »Gesetze kann man ändern. Ich hab eine ganze Verfassung geändert.« Er schaffte die Atombombe dann auch allein, aber seine drängenden Anweisungen, ihm nun endlich die Wasserstoffbombe zu liefern, klangen zuletzt wie Peitschenschläge. Wenige Monate vor seinem Abgang war es geschafft. »Nach mir wird mans nicht mehr zwingen«, hatte er gemeint, und dann werde Frankreich eben nie eine richtige Atommacht werden.
Die größte Erschütterung seiner Herrschaft ging vom Mai 1968 aus. Lacouture gibt diesem Kapitel die Überschrift »Unter dem Pflaster der Abgrund« – eine Paraphrase auf den schönen Kampfruf der Studenten: »Unter den Pflastersteinen – mit denen sie Barrikaden bauten – der Strand.« Dass der General hier am Rande des Abgrunds zu operieren glaubte, wusste man. »Ich bekomme die Ereignisse nicht mehr in den Griff«, hatte er mehrfach gesagt. Wie unsicher er geworden war, wie tief getroffen und in Zweifel gestürzt, das macht Lacouture deutlich, der die Analyse seelischer Vorgänge an der Kette authentischer Zeugnisse zu entwickeln weiß. Der Romancier verlässt nie den Boden gesicherter Forschung, die er selbst durch Gespräche mit Zeitzeugen erweiterte.

»Ich habe in den letzten Tagen alle Möglichkeiten durchdacht, alle ...«, hinter diesen Worten de Gaulles aus der Rundfunkansprache, mit der er die Wende der Ereignisse herbeiführte, erscheint das Ringen eines Mannes mit sich selbst wie die Katharsis im antiken Drama, dem auch hier die baldige Auflösung folgte: ein triumphaler Wahlsieg und dann ein Epilog, der nun doch tragisch mit dem Verlust der Mehrheit und dem selbst gewählten Verzicht endete.

Da ihm selbst die Tragik als wesentliches Element der Geschichte immer bewusst war, erlebte de Gaulle diesen Ausgang gelassener als die Unruhen des Mai. Damals schon hatte er daran gedacht, als er ein vorübergehendes Asyl in Deutschland ins Auge fasste, den endgültigen Abstand von den Ereignissen durch einen Aufenthalt in Irland zu suchen, wo die Wiege der Vorfahren seiner Mutter gestanden hatte. Dorthin ging er auch jetzt und wartete die Wahl seines Nachfolgers ab. Als er sich von der Insel verabschiedete, sagte er zu dem alten erblindeten Präsidenten und Freiheitskämpfer de Valera: »Ich habe hier gefunden, was ich suchte – mich selbst.« Und dem französischen Botschafter in Dublin, Emmanuel d'Harcourt, 1940 einer der ersten Mitkämpfer seiner »Freien Franzosen«, schrieb er damals auf die Widmungsseite seiner Kriegsmemoiren eine Zeile aus dem Rolandslied (im Urtext): »Vieles hat gelernt, wer tief den Schmerz erfuhr.«   *13. Februar 1987*

siehe auch
❖ **Algerien**
❖ **Deutsch-Französischer Vertrag**
❖ **Frankreich**
❖ **Gaullismus**

Geburtenrückgang

Demographie als Volkssport

In Deutschland werden zu wenig Kinder geboren. Das hat Konsequenzen – für den Wohlstand und die Rente, aber auch für unseren Umgang miteinander. Warum sieht die Lage in Frankreich ganz anders aus?

Von Michael Mönninger

Die Erfolgsgeschichte begann mit einer Niederlage. Als die Deutschen im Frühjahr 1940 Frankreich überrannt hatten, kapitulierte Marshall Pétain am 17. Juni mit einer historischen Radioansprache: »Trop peu d'enfants, trop peu d'armes, trop peu d'alliés: voilà notre défaite« – »Zu wenig Kinder, zu wenig Waffen, zu wenig Verbündete: Wir sind besiegt.« Da stand Frankreich am Tiefpunkt einer 150 Jahre währenden Talfahrt: Die noch bis Anfang des 19. Jahrhunderts bevölkerungsstärkste Nation Europas war zum geburtenschwächsten Land der Erde abgesunken. Der Geburtenknick war eine Fortschrittsfolge. Alphabetisierung, Individualisierung und Geburtenrückgang, so lehrt die Demographie, sind die untrennbaren Faktoren jener so genannten Transformationskrisen, die das revolutionäre Frankreich

Charles de Gaulle: »Frankreich braucht zwölf Millionen Babys!«

1789 lange vor seinen Nachbarn erlebte. Bereits 1920 reagierte der französische Premierminister Clémenceau auf diese Krise mit einem Alarmruf: »Frankreich ist verloren, weil es bald keine Franzosen mehr gibt.« Doch alle Versuche der Zwischenkriegszeit, die Nachwuchsförderung zur Staatsaufgabe zu machen, misslangen; erst der Schock von 1940 weckte die Wi-

derstandskräfte. Dann kam Charles de Gaulles Aufruf vom März 1945 »Frankreich braucht zwölf Millionen Babys«, den die Franzosen bis 1960 tatsächlich in die Tat umgesetzt hatten – unterstützt von einem beispiellosen Ausbau der Familienhilfe und Kinderbetreuung.

Im schmucklosen Amtszimmer von Familienminister Christian Jacob, 43, wird man an Frankreichs verflossene Größe erinnert. Vor seinem Fenster ragen Napoleons Invalidendom und École militaire auf, die wichtigsten Reminiszenzen an Frankreichs einstige Führerschaft in Kopfstärke und Schlagkraft. Doch der konservative Familienminister, Vater von zwei Kindern, verfolgt viel bodenständigere Staatsziele: »Kinder sind nicht nur ein persönlicher Glücksfall, sondern auch ein wirtschaftlicher Gewinn und ein Wachstumsimpuls.« Und er beharrt darauf, dass Französinnen ein Privileg behalten, das sie von vielen Frauen in Europa und den USA unterscheidet – »die Gewissheit, Beruf und Familie vereinen zu können«.

Das Besondere an der französischen Familienpolitik ist nicht die europäische Spitzenquote von 1,9 Kindern pro Frau. Es ist auch nicht der dreiprozentige Anteil der Familientransfers am Bruttosozialprodukt, auf den es die Bundesrepublik ebenfalls bringt. Bemerkenswert ist vor allem, dass 80 Prozent der Französinnen mit zwei Kindern ihrem Beruf nachgehen – in Deutschland sind es nur knapp 60 Prozent. Und es fällt auf, dass der Kinderwunsch mit zunehmender Bildung und gehobener Berufsposition nicht wie üblich sinkt, sondern steigt.

Keine Familienkasse und kein republikanischer Mutterorden kann so motivieren wie das, was die Soziologin Jeanne Fagnani, 61, dem Beruf zuschreibt: »Bezahlte Arbeit ist konstitutiv für die Identität der französischen Mütter.«

In Frankreich sind Kinder Teil des öffentlichen Lebens

Die Direktorin am staatlichen Forschungsinstitut CNRS und Mutter von zwei erwachsenen Kindern arbeitet derzeit am Familienbericht der deutschen Regierung mit. In europäischen Vergleichsstudien hat sie festgestellt, dass es heute vor allem berufstätige Frauen sind, die Kinder bekommen, während in Ländern mit niedriger Frauenerwerbstätigkeit auch die Fruchtbarkeit gering ist. »In Frankreich«, erklärt Fagnani, »sind Kinder nicht Privatsache, sondern Teil des öffentlichen Lebens, und Familienförderung gilt als Gemeinschaftsaufgabe.«

Aber wie sehen solche Gemeinschaftsaufgaben im Einzelfall aus? Da ist zum Beispiel Clara Gaymard, 44, erzkatholisch und stockkonservativ, die eigentlich die Idealbesetzung für die traditionelle Mutterrolle mit Kindern, Küche und Kirche abgäbe. Stattdessen leitet sie, die Frau des französischen Landwirtschaftsministers, die Agentur für internationale Investitionen, die Frankreich in aller Welt als Wirtschaftsstandort vertritt. Die gertenschlanke Mutter von acht Kindern im Alter von sechs bis siebzehn Jahren gibt auf die Frage, wie sie Beruf und Familie vereine, schnippisch zurück: »Warum fragen Sie nicht meinen Mann, wie er das schafft?« Gleich nach ihrem ENA-Eliteabschluss 1986 bekam sie mit 26 ihr erstes Kind: »Seitdem bin ich auf den Geschmack gekommen.« Als Hauptgrund für ihren Kinderreichtum führt sie an, dass sie sich nie zwischen Beruf und Familie entscheiden musste.

Eine Französin kann heute sicher sein, dass weder Heirat noch Geburt sie aus der Bahn werfen. »Die Betreuung ist bei uns so hervorragend, dass sich keine Frau mehr für ihre Kinder opfern muss.« Clara Gaymard schwärmt von der Wahlfreiheit und Flexibilität zwischen häuslicher und Fremdbetreuung. So hat fast jedes dritte Kind einen Platz in der crèche, die Mehrzahl wird von einer der 500 000 professionellen Kinderfrauen betreut, und vom dritten Lebensjahr an bis zum Abitur gibt es Ganztagsschulen. Trotzdem legt Clara

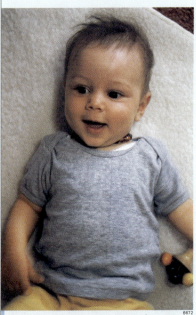

»Die Betreuung ist hervorragend.«

Gaymard bis heute Wert darauf, dass ihre Kinder das Mittagessen zu Hause einnehmen. Ihre geräumige Wohnung im Landwirtschaftsministerium unterhält sie mit zwei Haushilfen. Anstelle eines innigen Sonderverhältnisses zu jedem Kind bevorzugt sie die Selbstorganisation der Kinder: »Diese Idolatrie, dieser rosarote Kitschkult um das Kind, ist den Franzosen fremd.«

Der schulfreie Mittwoch ist Kinder- und Familientag

Frankreich, das die familienfreundlichen Space-Cars und die Schwangerschaftsmode erfunden hat, wo bis heute die Familien ihre Stammbäume von Graveuren in Stahl stechen lassen und wo Genealogie und Demographie Volkssport sind, liebt seine Kinder, aber es vergöttert sie nicht. Sie sind selbstverständlicher Bestandteil des Alltags und haben wie kleine Erwachsene von früh an einen Achtstundentag. Dabei erfahren sie das Gruppenleben in der Schule als eigene Sphäre der Unabhängigkeit, wie sie es vom Berufsleben der Eltern kennen.

Geburtenrückgang

Die Versicherungsangestellte Évangéline du Mur, 37, und ihr Mann Guillaume, 35, Verwaltungsbeamter in Versailles, wohnen mitten im Pariser Zentrum in einer winzigen Parterrewohnung und müssen ihre Zeit für Aurelien, 2, und seine Schwester Clothilde, 6, genau einteilen. Den Weg morgens zu Schule und crèche teilen sich die Eltern, nachmittags holt ein amtlich vermittelter Babysitter die Kinder ab, und abends um halb sieben ist die Mutter zurück, um das Abendessen zu machen. Der Vater kehrt oft erst gegen 22 Uhr heim, weil er sich durch diese Mehrarbeit den Mittwoch freihält.

Denn der schulfreie Mittwoch, einst der Tag des Kirchenunterrichts, ist heute der Tag der Kinder. Mittwochs sind die Straßen und Verkehrsmittel voller Kinder, die mit ihren Eltern, Großeltern oder Betreuern Ausflüge machen. Dann herrscht auf

»Französinnen wenden sich deshalb wieder Nachwuchs und Familie zu, weil niemand mehr ihr Recht auf einen Beruf infrage stellt.«

den Spielplätzen ein Gedränge wie am Urlaubsstrand, und die Museen und Kinderkinos verzeichnen Rekordbesuche. Solche dicht gepackten Tage müssen ebenso intensiv ausgenutzt werden wie die kurzen Abendstunden. »Bei der Arbeit erhole ich mich von den Kindern, und bei den Kindern erhole ich mich von der Arbeit«, sagt die angestrengte, aber zugleich fröhliche Évangéline, die sich ein Leben ohne Beruf nicht vorstellen kann.

Nicht weit vom Triumphbogen entfernt, arbeitet eine andere französische Mutter: Christine Lagarde, 48, ist Vorsitzende von Baker & McKenzie, einer der größten Anwaltskanzleien der Welt. Die Staranwältin, die gleich nach ihrem Prädikatsexamen 1981 in die Pariser Niederlassung der Firma einstieg, deren Chefin sie heute ist, regiert 8000 Mitarbeiter in 36 Ländern. Die Mutter zweier Söhne pendelt zwischen Chicago und Paris und organisiert dabei auch ihr knapp bemessenes Familienleben.

Eine Frau ohne Beruf gilt als bourgeois

Die ehemalige Leistungsschwimmerin strahlt unangreifbare Perfektion aus: silbergrauer Hosenanzug, silbergraue Haare, kerzengerade die Sitzhaltung. Den Grund für ihren Aufstieg sieht sie nicht allein in ihrem Talent. »Ohne unser Schulsystem und die staatliche Unterstützung bei der Kinderbetreuung wäre ich nie so weit gekommen.« Sie findet es traurig, wenn Frauen aus Karrieregründen auf Kinder verzichten. »Es ist unbeschreiblich schön, Leben zu schenken.« So ermuntert sie junge Frauen, möglichst früh Kinder zu bekommen: »Wenn sich zwei Frauen mit vergleichbaren Lebensläufen und Qualifikationen bewerben, dann bevorzuge ich diejenige, die Kinder hat.«

Freilich könnte man Clara Gaymard und Christine Lagarde als privilegierte Ausnahmefrauen abtun. Doch sie repräsentieren jene knapp dreißig Prozent Frauen im französischen Topmanagement, mit denen das Land den Europarekord hält. Deutschland dagegen, so belegte das »Wall Street Journal« im vergangenen Jahr wieder, bringt es zu keinem Eintrag in die Liste der »top female executives«.

Dabei kennt Frankreich, trotz Simone de Beauvoir, keinen kämpferischen Feminismus und ist auch von den Gender Studies der Frauenforschung verschont geblieben. Französinnen hatten bis zum Ende des Zweiten Weltkriegs kein Wahlrecht und durften weder Bankguthaben noch Auslandspass besitzen. So mussten sie lange ihre Rechtlosigkeit im öffentlichen Leben – die sich bis heute mit nur elf Prozent Frauen im Parlament erhalten hat – mit Machtentfaltung in anderen Bereichen kompensieren.

Für Jean-Claude Chesnais vom Nationalen Institut für Bevölkerungswissenschaft vertreten die Französinnen heute einen »reifen, die Gegensätze vereinenden Feminismus« – im Gegensatz zu Spanien oder

Italien, in denen die Frauenbewegung radikaler und die Erwerbs- und Gebärquote unterdurchschnittlich ist.

Clarisse Graether, 60, kennt das französische Vorschulsystem seit über dreißig Jahren. Die Mutter von zwei erwachsenen Söhnen ist Direktorin einer École maternelle im 9. Pariser Arrondissement. »Wir sind eine richtige Schule, keine Verwahranstalt«, sagt die Direktorin. Sie untersteht nicht dem Familien-, sondern dem Bildungsminister und hat wie alle Vorschullehrer nicht allein Spielpädagogik, sondern ein Lehramt studiert. Ihren Zöglingen möchte sie lieber »soziale Kompetenz und Disziplin« beibringen, als sie bloß herumtoben zu lassen. Und die Mütter? »Eine Frau ohne Beruf gilt bei uns als bourgeois, eine, die auf Kinder verzichtet, als egoistisch«, sagt sie.

Der Familiensoziologe François de Singly von der Sorbonne sieht für die geburtenschwachen EU-Länder nur einen Ausweg: die Kinderrechnung nicht länger ohne Frauen zu machen. »Französinnen wenden sich deshalb wieder Nachwuchs und Familie zu, weil niemand mehr ihr Recht auf einen Beruf in Frage stellt.«

26. Februar 2004

siehe auch
❖ **Bevölkerungsentwicklung**
❖ **Familie**
❖ **Frauenarbeit**
❖ **Ganztagsschule**
❖ **Kindergarten**

Gedächtnis
Vergessen? Vergiss es!

Gedächtnisforscher entdecken eine besondere Kunst: das absichtliche Vergessen. Wer es beherrscht, kann sich Wichtiges besser merken. Wer sich dagegen an alles erinnern will, behält weniger

Von Sabine Etzold

Als Doktor Watson, erschüttert von den klaffenden Bildungslücken seines Freundes Sherlock Holmes, diesen mit der Theorie des Kopernikus bekannt machte, reagierte der Meisterdetektiv höchst ungewöhnlich auf die Belehrung: »Jetzt, da ich es weiß, werde ich mich nach Kräften mühen, es zu vergessen.« Holmes oder vielmehr sein Schöpfer, der englische Arzt Arthur Conan Doyle, beschrieb damit bereits 1887 eine Eigenschaft des menschlichen Gehirns, für die sich die Hirnforschung erst in unseren Tagen richtig zu interessieren beginnt: die Fähigkeit, Dinge absichtlich vergessen zu können. Und Conan Doyle glaubte damals auch schon zu wissen, wozu dies gut ist: Dadurch wird – so lässt er Holmes erklären – Ordnung geschaffen im Gehirn: »Nur ein Narr nimmt allen Plunder auf, über den er stolpert, sodass das Wissen, das ihm nützen könnte, von der übrigen Menge verdrängt wird.« Tatsächlich weiß man heute dank der Hirnforschung, dass das Gedächtnis nicht über beliebig viel Speicherplatz verfügt. Diese Einschränkung allerdings betrifft nur das Kurzzeit-, nicht aber das Langzeitgedächtnis. Während dort die Ressourcen fast unerschöpflich sind, haushaltet das Kurzzeitgedächtnis sparsamer. Um die Aufnahme von Informationen zu optimieren, benutzt es einen Trick, den des Menschen Denkorgan auch bei anderen Gelegenheiten erfolgreich anwendet: absichtliches Vergessen.

Dieses Directed Forgetting, wie es wissenschaftlich genannt wird, spielt beim Lernen wie auch beim Bewältigen traumatischer Emotionen eine wichtige Rolle. Das hat die Vergessensforschung in den vergangenen Jahren mehr und mehr gezeigt. Dabei gilt ein Gedächtnis, in dem Informationen auf Nimmerwiedersehen ver-

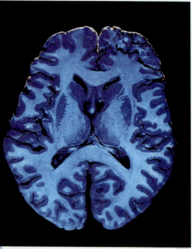

Vergesslichkeit bringt auch Vorteile.

schwinden, landläufig noch immer als »schlecht«. Modische Gedächtnistrainer rüsten unser Oberstübchen zum Fitnessstudio um: Nur ein fittes Gedächtnis ist ein gutes Gedächtnis. Das Vergessen dagegen gilt in jeder Hinsicht als Feind des Lernens, als Schwäche oder Alterserscheinung, in seiner radikalsten Form gar als unheilbare Krankheit.

Doch nun lehren uns Vergessensforscher, dass Vergesslichkeit auch Vorteile bringt: Wer Unnützes umgehend wieder loslässt, reserviert Speicherplatz für Wichtiges. »Die Fähigkeit, vergessen zu können«, sagt der Göttinger Entwicklungspsychologe Marcus Hasselhorn, »ist eine essenzielle Grundfunktion des menschlichen Gedächtnisses.«

Dass das Vergessen ein höchst konstruktiver Akt des Gehirns ist, konnte Hasselhorns Doktorand Jörg Behrendt kürzlich in einem eindrücklichen Versuch demonstrieren: Er wies nach, dass sich alte Menschen vor allem deshalb schlechter erinnern können, weil sie weniger gut vergessen. Um diese paradoxe Erkenntnis zu untermauern, lud Behrendt zwei Gruppen von Probanden in sein Labor – Studenten zwischen 20 und 35 und Ältere zwischen 60 und 75 Jahren. Sie wurden gebeten, sich an verschiedene Wörter zu erinnern, die ihnen an einem Computer präsentiert wurden. Nachdem 16 Wörter über den Bildschirm geflimmert waren, behauptete Behrendt plötzlich, nun sei der Computer leider abgestürzt. Der Versuch müsse mit neuen Wörtern wiederholt werden. Die alte Liste sei also bitte zu ignorieren. Die Göttinger Testpersonen versuchten, die alten Wörter absichtlich zu vergessen und sich stattdessen die neuen zu merken.

Bei älteren Menschen lässt das Kurzzeitgedächtnis nach

Nach einiger Zeit bat Behrendt seine Probanden aber, sich nun doch an alle Wörter zu erinnern und sie zu notieren. Erwartbar wäre, dass dabei die »vergessenen« Wörter schlechter memoriert werden als die danach gelernten. Das war bei den jüngeren Versuchspersonen tatsächlich der Fall. Bei den Alten dagegen stellte der Forscher keinerlei Unterschied fest. Sie speicherten alle Wörter gleich – und zwar gleich schlecht. Sie konnten offenbar trotz Aufforderung die erste Wörterliste nicht vergessen und sich daher die zweite Liste auch schlechter merken.
Der Vergleich mit einer entsprechenden Kontrollgruppe, denen kein »Computerabsturz« präsentiert wurde, zeigte, dass die Leistung ihres Kurzzeitgedächtnisses erheblich hinter der der jungen Probanden zurücklag. Daher lautet die wenig ermutigende Botschaft aus Göttingen, »dass ältere Erwachsene kaum noch in der Lage sind, als irrelevant gekennzeichnete Items absichtlich zu vergessen«. In ihrem Oberstübchen sammeln sie emsig auch Plunder und versperren den Weg fürs eigentliche Mobiliar. Sherlock Holmes lässt grüßen.
Bevor nun allerdings die Kognitionsforschung verstärkt die segensreiche Funktion des Vergessens in den Blick nehmen kann, muss zunächst geklärt werden, wie genau das Vergessen funktioniert. Noch sind sich die Wissenschaftler über diese Grundsatzfrage nicht einig. Verschwinden vergessene Informationen für immer in den Untiefen des Gehirns, wie die eine Forscherfraktion meint? Oder »schlummern« sie nur irgendwo und warten wie Schläfer darauf, durch einen bestimmten Reiz reaktiviert zu werden? Die Antwort dürfte nicht nur die Lernforscher interessieren, sondern auch jene Psychologen, die versuchen, traumatische Erfahrungen zu

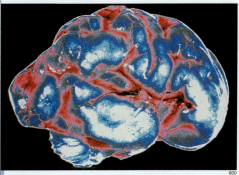

Nicht alle traumatischen Ereignisse werden gleich intensiv erinnert.

therapieren. Denn der Trick, absichtlich zu vergessen, scheint auch dort zum Einsatz zu kommen.
Nicht alle traumatischen Ereignisse werden gleich gut erinnert. Manche brennen sich ins Gedächtnis ein und lassen die Traumatisierten nicht mehr los. Andere aber werden vom Erinnerungsvermögen gleichsam ausgeblendet. Einen spektakulären Fall berichtete der französische Psychologe und Zeitgenosse Sigmund Freuds, Pierre Janet: Eine seiner Patientinnen konnte nicht über die Schwelle ihres Hauses gehen, ohne vor unbegreiflichem Entsetzen zu erstarren. Nach Jahren stellte sich heraus, dass sie einst Opfer eines üblen Streichs geworden war, an den sie sich nicht mehr erinnerte. Freunde hatten ihren sturzbetrunkenen Mann auf die Türschwelle gelegt und ihr gesagt, er sei tot. Dieses »Wegdrücken« unerwünschter Bewusstseinsinhalte bezeichneten Janet und Freud als »Verdrängung«. Ein solches Erlebnis, so ihre Theorie, müsse unbedingt

wieder ins Bewusstsein gerufen werden, sonst hole es einen, etwa als Angstattacke, irgendwann wieder ein. Heute sieht die Forschung dies differenzierter. Die »traumatische Amnesie« gilt auch als Schutzmaßnahme des Gehirns.

Für traumatisches Vergessen gibt es eine medizinische Erklärung

Aber so angenehm, wie die Metapher von »der Gnade des Vergessens« glauben machen will, ist dieser Zustand nicht. Oft bleiben die Emotionen, die das traumatische Erlebnis begleiteten, jahrelang präsent – als Depression, Panikattacke, Schlafstörung. Ein amerikanisches Forscherteam, unter ihnen der Psychologe Daniel Schacter, schildert den Fall einer Frau, die eine unerklärliche Phobie vor fließendem Wasser hatte. Eine Verwandte lieferte nach vielen Jahren die Erklärung: Als kleines Kind war die Frau bei einem Picknick hinter einen Wasserfall geraten und hatte keinen Ausweg mehr gefunden. Vielfältig dokumentiert sind solche Fälle traumatischer Amnesie auch bei sexuellem Missbrauch oder bei Vietnamveteranen, die ihre schrecklichen Erlebnisse im Krieg verdrängten und später von posttraumatischen Störungen heimgesucht wurden: Nur das emotionale Beiwerk eines vergessenen Ereignisses taucht in diesen Fällen plötzlich als Erinnerung unkontrolliert wieder auf.

Es gibt aber auch Fälle, in denen die vergessene Episode als Ganzes plötzlich wieder da ist. Wie gefährlich solche Momente sein können, schildert die Basler Psychologin Susy Signer. Eine Autofahrerin hatte bei einem Verkehrsunfall ihr Kind verloren. Psychisch ging es ihr danach erstaunlich gut, an den Unfall selbst konnte sie sich kaum erinnern. Bis sie eines Tages, als sie mit dem Auto vor einer roten Ampel stand, aus dem Augenwinkel von rechts ein Fahrzeug heranschießen sah. Im Bruchteil einer Sekunde fiel ihr der gesamte Unfall wieder ein, in Panik raste sie bei Rot über die Straße – wie durch ein Wunder passierte nichts. Von diesem Zeitpunkt an war die Erinnerung an den Unfall wieder präsent, aber, so berichtet Signer, »gekoppelt mit einer großen Angst und begleitet von vielen Symptomen. Erst nach der Trauma-Bearbeitung und nachdem sie die Erinnerung

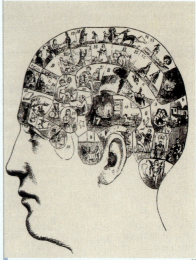

Der extreme Stress bei traumatischen Erlebnissen führt zu verstärkter Ausschüttung des Stresshormons Cortisol im Gehirn.

bewertet und im Gedächtnis eingeordnet hatte, verschwanden die Symptome.«
Inzwischen gibt es für traumatisches Vergessen eine medizinische Erklärung: Der extreme Stress bei traumatischen Erlebnissen führt zu verstärkter Ausschüttung des Stresshormons Cortisol im Gehirn. Cortisol verbindet sich mit Rezeptoren im Hippocampus. Ist die Emotion zu stark, werden die Rezeptoren mit Cortisol überschwemmt. Als Folge davon kann der Hippocampus die traumatische Erfahrung nicht mehr zu einem einheitlichen Ganzen ordnen. Es kommt zu dem beim Trauma häufig auftretenden Durcheinander von überdeutlichen Details und Erinnerungsfetzen, die sich auf vergessene Ereignisse beziehen.

Das Wissen um diese chemischen Abläufe wollen Neurologen jetzt sogar nutzen, um die Hirnprozesse durch entsprechende Medikamente oder mechanische Reize von außen zu beeinflussen. Denn ließe sich das Vergessen kontrollieren, könnten damit vielleicht traumatische Ereignisse aus der Erinnerung getilgt werden. Erste Experimente an Mäusen und Ratten in den USA und am israelischen Weizmanninstitut laufen bereits. Bis man allerdings in ferner

Gedächtnis

Zukunft die »Gnade des Vergessens« per Pille verabreichen kann, wird noch einige Zeit ins Land gehen.

Doch kann man vielleicht die Kunst des Vergessens mit einem entsprechenden Hirntraining einüben? Auch dafür gibt es noch kein Patentrezept. Damit Menschen die Fähigkeit zum absichtlichen Vergessen mit Erfolg einsetzen können, so hat die Forschung in den vergangenen zehn Jahren gezeigt, müssen sie innerlich überzeugt sein, dass die entsprechenden Informationen irrelevant sind. Absichtlich etwa den Namen seines Ehepartners zu vergessen, wird dagegen kaum funktionieren – auch wenn man sich noch so bemüht.

Zudem konnte die Vergessensforschung zeigen, dass die Fähigkeit zum Directed Forgetting nicht in allen Lebensaltern gleich präsent ist. Sie beginnt, so nahm man bisher an, etwa mit dem zehnten Lebensjahr, entwickelt sich im Erwachsenenalter und scheint im Alter wieder abzunehmen. Allerdings sind solche Feststellungen bislang erst zum Kurzzeitgedächtnis zu machen. Das eingangs geschilderte Experiment des Göttingers Jörg Behrendt konnte zeigen, dass die Fähigkeit zum absichtlichen Vergessen im Alter verloren geht. Und sein Doktorvater Hasselhorn wies mittlerweile nach, dass Kinder sehr viel früher als bislang angenommen, nämlich schon mit sechs oder sieben, absichtlich vergessen können.

Um dies zu beweisen, wurde in Göttingen eine Art Kaufladenspiel für die Testpersonen entwickelt. Da werden Warenlisten mit all den Dingen zusammengestellt, die in den Laden hineingehören und die beim Großhandel geordert werden müssen. Doch plötzlich wird überraschend das Sortiment des Ladens geändert – die kleinen Verkäufer können daher eine ganze Warenliste im wahren Wortsinn vergessen. An diesem Punkt des Prozederes glauben die Kinder gern, dass sie sich die restlichen Waren viel besser merken können, wenn sie die unwichtigen »ganz fest vergessen« – es gelingt ihnen meisterhaft.

Was aber folgt aus solchen Versuchen? Lernen Kinder effizienter, wenn sie auch vergessen können? Sollen Alte beizeiten das Vergessen üben? Selbst ein präziser Empiriker wie Hasselhorn wird da reichlich vage. Die Konsequenzen für unser alltägliches Leben sowie für die Entwicklung im Kindes- und hohen Erwachsenenalter seien »weit offener« als bisher angenommen. Doch über eines sind sich die Vergessensforscher in Göttingen und anderswo einig: Ein gutes Gedächtnis ist immer auch ein schlechtes Gedächtnis.

25. September 2003

siehe auch
❖ **Gedächtnisstörungen**
❖ **Gehirn**
❖ **Vergessen**

Geschichtsbewusstsein

Ein Land im Rückwärtsgang

Ein bescheidener Vorschlag, die Geschichtstruhe nicht bei jeder Gelegenheit zu öffnen und im Wahljahr keine nationalen Emotionen zu wecken

Von Michael Naumann

Da ist sie wieder, die deutsche Nabelschau, mitsamt ihrem Vokabular aus preußischem Kiefernholz. Es ist verräterisch. Edmund Stoiber spricht vom Vaterland, dem er in aller Demut »dienen möchte«, mag sich dabei auch seine Stimme ehrgeizig überschlagen. Törichte Geister seiner Partei fordern in der Debatte um das Zuwanderungsgesetz klare Besitzverhältnisse. »Warum überlasst ihr Deutschland nicht den Deutschen?«, fragt ein Sprecher der Unionsfraktion im Bundestag, Norbert Geis. Das bringt zweifellos ein paar zusätzliche Stimmen an den Wahlurnen; denn »das Nationale ist immer so schön« (Gottfried Keller).

Es kann auch furchtbar sein. In Deutschland wird es nicht aus der Verfassung, sondern aus der Geschichtsschreibung geschöpft. Dabei geht es meistens heftig zu. Wer aus tagespolitischen Motiven die große deutsche Geschichtstruhe öffnet, um ein Argument hervorzukramen, darf gewiss sein, dass ihm sein Gegner deren Deckel sofort auf die Finger schlägt. Im polemischen Übermut zieh der Bundestagsabgeordnete Ludwig Stiegler, SPD, die Opposition, eine Nachhut jenes Bürgertums der Weimarer Republik zu bilden, das Adolf Hitler ermöglicht habe. Die Ehre der Union sei verletzt, klagt die CDU und verlangt eine Entschuldigung vom SPD-Parteivorsitzenden.

Mit Ressentiments aus dem historischen Ideologiefundus lässt sich seit vielen Jahrzehnten auf der Rechten und der Linken populistisch punkten. Kein anderes Land Europas ist so tief in seine Vergangenheit im Guten wie im Schlechten verstrickt wie Deutschland. Unsere Geschichte, zumal die des »Dritten Reichs«, ist die Obsession der Akademien. In der Bundesrepublik gibt es jeden Tag Geschichtsstunde in allen Medien (auch in der ZEIT), neuerdings anlässlich Günter Grass' Katastrophenroman über die »Wilhelm Gustloff«. Kein europäischer Nachbar quält seine Sprache mit so seltsamen Begriffen wie »Vergangenheitsbewältigung« und »Erinnerungskultur«.

Geschichtsinterpretation ist hierzulande nicht selten ein Fest der Rechthaberei. Der Tonfall des Historikerdisputs um Ernst Noltes Faschismusthese war derjenige eines intellektuellen Bürgerkriegs. Die Walser-Debatte lief ab wie ein blutiger, unversöhnlicher Familienstreit. Die Querelle allemande erstaunt das Ausland. Das war schon immer so.

Das Stichwort lautet wieder Preußen

Europas Nationenbildung verdankte sich bürgerlicher Emanzipation, einer kulturell verklärten Sehnsucht nach Selbstbestimmung, nach Freiheit und Gerechtigkeit. Und sie war stets mit ethnischer Ausgrenzung verbunden. Deutschland ging auch hier einen Sonderweg: Es erfand sich als durchgeistigte Nation in den Texten der philosophischen Idealisten um Fichte und Hegel, als Vernunft-Geschenk der Geschichte für den Rest der Welt. Preußen, so sahen es die Staatsphilosophen, war der Höhepunkt aller Zeitläufte. Im Berliner Königreich sei die Geschichte nach manchen Irrwegen zu sich selbst gekommen. Das jüngste nationale Stimmungsstichwort lautet denn auch wieder einmal – Preußen. In einem Anfall von elegisch-ironischem Postnationalismus fragte die Frankfurter Allgemeine Zeitung vorige Woche ihre kundigen Mitarbeiter und, ein wenig tückisch, Prinz Freifried von Hohenzollern: »Ist Preußen denn für alle Zeiten geächtet?« Alwin Ziel, Brandenburgs Minister für Arbeit und offenkundig auch für die Auferstehung der Vergangenheit, hatte vorgeschlagen, ein fusioniertes Berlin-

Brandenburg Preußen zu nennen. »Das scheint mir keine gute Idee zu sein«, antwortete die Berlinliebhaberin Susan Sontag aus New York. »Fabelhaft«, befand hingegen der Prinz mit einem leider aus der Mode gekommenen königlich-preußischen Adjektiv.

Auch diese kuriose Debatte wird unter dem Titel »Deutsche Identitätssuche« archiviert werden. Dem Begriff täten ein paar Jahre Quarantäne gut. Denn ein ganzes Volk hat ebenso wenig eine »Identität«, wie es einen einzigen Reisepass hat. Es hat Historiker, die ihm Ereignisfragmente aus der Vergangenheit zur Diskussion vorlegen – nicht selten in der Hoffnung, dass alte politische und moralische Fehler nicht wiederholt werden. Oder es hat Dichter, die ihm am Beispiel tragischer Helden aus dem Angestelltenmilieu erklären, warum das auch im normalen Leben nicht gelingt.

Der vernünftige Umgang mit den Symbolen, mit der überlieferten Sprache gesellschaftlicher Selbstinterpretation zählt zu den Tugenden des Politikers. Seine Aufgabe sollte die Überredung der Bürger zum Guten sein. Doch nicht erst seitdem der Fernsehempfänger das parlamentarische Podium ersetzt hat, gehören Gesten der Volkstümlichkeit und das angeborene Talent der Anbiederung an weit verbreitete Vorurteile aus dem Morast der Geschichte zum gefährlicheren Rüstzeug der Politiker. »Ich«, behauptet zu Wahlkampfzeiten jeder Kanzlerkandidat unter Auslassung komplizierter Themen, »bin in Wirklichkeit wir. Wir können uns wählen.«

Doch wer ist, was denkt, wie fühlt dieses »Wir« in Deutschland? Auf alle Fälle ist es nur sehr schwer mit politischen Sachargumenten zu erreichen, eher schon mit Appellen ans Gemüt. Mehr als 85 Prozent der Wähler interessieren sich nicht für die Einzelheiten von Politik, für das paragraphendurchwirkte Reich der öden Staatsnotwendigkeiten. Schlimmer noch, massenhaft ist inzwischen sogar der Auszug der Mitglieder aus den Volksparteien. Das deutsche »Wir« scheint so unpolitisch wie selten zuvor zu sein. Kein Wunder also, dass zumal in Wahljahren Phrasen mit nationaler Färbung und deutsche Sentiments (etwa gegen die Brüsseler Bürokraten) von Marketingexperten der Parteien geweckt werden. Sie

Porträt Friedrichs II., des Großen; Preußen, so sahen es die Staatsphilosophen, war der Höhepunkt aller Zeitläufte.

sollen jene Millionen erreichen, die sich gefühlsmäßig erst in letzter Minute für eine Partei entscheiden. Denn inmitten der gesellschaftlichen Abwendung von Politik gedeiht die Sehnsucht nach einem schöneren, konfliktfreien Wir-Gefühl.

Im Bannzauber der Geschichte verbirgt sich auch eine Melancholie

Die anspruchsvolle Idee eines »Verfassungspatriotismus«, der allen Staatsbürgern gemeinsam ist – egal, ob Deutscher oder Türke –, hat sich nicht durchgesetzt. Günter Grass' überraschender, romanhafter Rückgriff auf die deutsche Leidensgeschichte der furchtbaren Kriegs- und Nachkriegsjahre wird ihn auch nicht befördern können: Aus dem Literatur gewordenen großen deutschen Kummer erwächst allenfalls ein verspäteter Trost für die nachgeborenen Vertriebenengenerationen – womöglich im Geiste der Aufrechnung.

Selbst die Hoffnung auf den Aufstieg eines neuen nationalen Selbstwertgefühls in einer »Berliner Republik« erwies sich als Sternschnuppe des konservativen Feuilletons. Die bankrotte Hauptstadt wartet inzwischen auf einen reichen Käufer wie die ganze Kirch-Familie.

Geschichtsbewusstsein

Denkmäler Friedrich Barbarossas (vorne) und Wilhelms I. in Goslar. Unverrückbar stehen Museen und Denkmäler im ganzen Land.

Im Bannzauber der Geschichte, der das Land belegt, verbirgt sich auch eine gewisse Melancholie – als sei man am Ende angelangt. Die Rückwendung zu immer neuen Bildern der Vergangenheit, die sich in einer Geschichtsdokumentation nach der anderen auf den Fernsehkanälen niederschlägt, erinnert an den Sturz eines Mannes von der Spitze eines Wolkenkratzers. In den letzten, panischen Sekunden gleitet seine Lebensgeschichte wie ein Film am geistigen Auge vorbei. Vielleicht fließen ja allzu viele Energien in unsere Aufarbeitung der Nationalgeschichte. Womöglich wäre der Gesellschaft besser gedient, wollten sich ihre klügsten Interpreten verstärkt den sozialen und wirtschaftlichen Problemen der Gegenwart zuwenden.

Unverrückbar stehen Museen und Denkmäler im ganzen Land, die Heimat-, Regional- und Reichsgeschichten werden unermüdlich weitergeschrieben. Doch die Zukunft Deutschlands ist »neu«. Immer noch neu sind die Herausforderungen einer globalisierten Wirtschaft und der revolutionären Informationstechnologie. Historisch neu sind die moralischen und politischen Konsequenzen einer fortschreitenden biomedizinischen Wissenschaft, eines dramatischen Bevölkerungsrückgangs, einer scheinbar unkontrollierbaren weltweiten Rezession, einer fast unaufhaltsamen Verbreitung nuklearer Waffen in zweifelhafte Hände. Neu ist der global operierende Terrorismus. Diese Herausforderungen treten im politischen Diskurs so lange zurück, solange wir uns lieber auf die alte Geschichtsfrage konzentrieren, wer wir waren und sind – statt etwas intensiver die Antwort darauf zu suchen, wer wir in Zukunft sein sollten. Der Geschichtsunterricht muss nicht abgeschafft werden, aber ein wenig mehr Gegenwartskunde wäre ganz nützlich.   21. Februar 2002

siehe auch
✢ **deutsche Nation**
✢ **Preußen**
✢ **Vergangenheitsbewältigung**

Jean Paul Getty

Ein Gipfel namens Getty

Los Angeles, du hast es besser: Nach Hollywood und Disneyland gibt es jetzt auch noch ein Kunstimperium

Von Petra Kipphoff

Am Anfang war Herkules. Die römische Marmorkopie einer griechischen Statue aus dem 4. Jahrhundert vor Christus, die J. Paul Getty im Jahr 1940 für 30 000 Dollar aus der Sammlung Lansdowne in London kaufte. Er war damals 48 Jahre alt und ein mehrfach gemachter Mann. Hatte auch schon mal eine preiswerte kleine holländische Landschaft von Jan van Goyen gekauft oder, das war schon etwas teurer, einen französischen Mahagonisekretär von Bernard Molitor. Aber der Paukenschlag, mit dem Getty sich zum Sammler ernannte, war der Mann mit der Keule, die lässig auf der linken Schulter gelagert ist, während er in der herabhängenden Rechten das Fell der erschlagenen Bestie hält. J. Paul Getty hatte, nach Jugendjahren als Playboy und Student in Amerika und Europa und gelegentlicher Arbeit auf den väterlichen Ölfeldern, mit 24 Jahren bereits seine erste eigene Million Dollar im Ölgeschäft gemacht. Und als der Vater starb, war es ihm rasch gelungen, das Erbe mit einem Federstrich höchst fruchtbar zu machen. Als Anfang der dreißiger Jahre der Ölpreis sank, beschloss Getty, lieber billige Aktien zu kaufen als kostspielige Bohrungen zu machen. Die Rechnung ging auf, und er baute sich ein Haus ganz in der Nähe von William Randolph Hearsts megalomanischer Schlossattrappe an der kalifornischen Küste in Malibu. Sein Surfbrett kaufte Getty, der sparsame Millionär, der später auf seinem englischen Landsitz ein Münztelefon für Gäste installieren ließ, zwar in einem ganz normalen Geschäft. Aber der Besuch bei dem Nachbarn in Hearst Castle, der sich zu seinem falschen Schloss tonnenweise echte Kunstwerke und einen veritablen Zoo im Garten leistete, blieb nicht ohne Wirkung.
Für den Typ des »Citizen Kane« gibt es nur ein Gesicht, das von Orson Welles,

aber mehrere Spielformen. Eine davon heißt J. Paul Getty. Auf den Unterschied zwischen sich und seinem maßlosen Nachbarn legte Getty aber in späteren Jahren großen Wert. Im Vergleich zur Sammlungsanarchie im Hause Hearst fand er den eigenen strengen Eklektizismus doch kultiviert.
Im Jahr 1946 gab Getty das Haus in Malibu auf, kaufte stattdessen ein paar Kilometer weiter eine große, in einem Canyon gelegene Ranch, renovierte das weitläufige Gebäude und ließ sich von einem jungen Kurator nicht ungern dazu überreden, hier ein eigenes, kleines Museum einzurichten. Als dieses Museum nach mancherlei Umbauten 1954 eröffnet wurde, schrieb der Wohltäter, der durch Ölgeschäfte in Kuwait aufgehalten worden war, an die Kunstfreunde zu Hause: »Ich hoffe, dass

Jean Paul Getty

Jean Paul Getty

dieses Museum, bescheiden und anspruchslos, wie es ist, dennoch vielen Leuten in und um Los Angeles herum Vergnügen bereitet, die Interesse haben an den hier gezeigten Beispielen der Kunst.«
Der Ranchbetrieb lief neben dem Museum weiter; die Besucher, die einen steilen Feldweg hinauffahren und sich zwischen Palmen, Eukalyptusbäumen, Fichten, Zitronen- und Orangenbüschen hindurchschlängeln mussten, durften zunächst zwei Bären in Käfigen bewundern und sich vor riesigen Wachhunden anbellen lassen. Und dann im Haus den Goldglanz der erstklassigen Sammlung französischen Mobiliars des 18. Jahrhunderts und den matten Ölschimmer der gelegentlich auch zweitklassigen europäischen Malerei bewundern. Schließlich im Innenhof antike Skulptur im Freien bestaunen. Zum Beispiel den Lansdowne Herkules.
Der Lansdowne Herkules steht natürlich nicht auf einem der zahlreichen kleinen und größeren Plätze und Loggien, unter einer Pergola, in einem Hof, vor einem Wasserbecken oder in dem großen Garten des gewaltigen Kunstimperiums, das den Namen Getty trägt und für das Richard Meier zwischen den Ausläufern von Los Angeles und dem Strand des Pazifiks eine Burg auf Bergeshöhe gebaut hat. Nach dreizehn Jahren Planungs- und Bauzeit ist das Getty Center jetzt eröffnet worden, urbi et orbi, im Zwischenreich von Hollywood und Disneyland. Vier gesetzte Abendessen für je 500 Gäste aus aller Welt und manch andere gut durchdachte Wohltätigkeit ging der Eröffnung am 13. Dezember voraus, 600 Journalisten kamen. Natürlich kann man sich dem Getty Center nur mit dem Auto nähern, das man dann in einer sechsstöckigen Tiefgarage am Fuß des Hügels zurücklässt, um den kurzen Rest der Reise zur Kunst mit einer weißen Disneyland-Bahn zurückzulegen. Aber egal ob man den Bau in luftiger Höhe aus der Ferne des San Diego Freeway und der Kurve des Sunset Boulevard sieht oder aus der steilen Nähe der eigenen Zufahrtsstraße namens Getty Center Drive: So unübersehbar und ungeniert mächtig, wie dieser Festungsblock der Kunst da sandfarben am Berge sitzt, könnte sich genauso gut ein Kaufhaus oder eine Klinik präsentieren. Welch schöner, befreiender Widerspruch, wenn, nach der lautlosen Fahrt auf die Höhe des Hügels, die Masse sich differenziert in Nähe und Ferne, Höhe und Fläche, sich auflöst in Gebäude, Plätze, Durchblicke, Terrassen, sich verwandelt in einen vielfach gestalteten Raum, der auch die Landschaft neu definiert.

Das Getty Center ist Hauptquartier der reichsten privaten Kunststiftung

Eine Burg? Eine Zitadelle? Eine Alhambra? Eine Akropolis? Eine Hadriansvilla? Kein hohes Vorbild ist bei den bisherigen Beschreibungen ausgelassen worden, und alle historischen Vergleiche illustrieren vor allem eins: den doppelten Anspruch des neuen Getty Center. Dem hohen Standort entspricht die sichtbare Macht der architektonischen Anlage, und beide zusammen schaffen den gleichermaßen erhöhten wie geschützten Ort für die Kunst, an dem die verschiedenen Aktivitäten in einem Synergieeffekt kulminieren sollen.
Das Getty Center ist das Hauptquartier der reichsten privaten Kunststiftung der Welt und sein neuer Standort naturgemäß das teuerste Bauwerk, das je in Amerika errichtet wurde. Rund eine Milliarde Dollar haben das Land, der Bau, die zwölf Jahre Arbeit gekostet, und das ist für den, der wie der Getty Trust vier Milliarden Dollar Vermögen hat, eine größere Investition. Aber das neue Getty ist mehr als ein Gebäude oder ein neues Haus für die so diffuse wie kostbare Sammlung. Denn als Harold Williams, der während der Regierungszeit von Jimmy Carter ein hohes Verwaltungsamt innehatte, im Jahr 1981 Präsident der Stiftung wurde, änderte sich fast alles im Nachlasshaus Getty. Durch eine kühne Umstrukturierung des Vermögens wurde die reiche Stiftung um ein Vielfaches reicher und kann immer noch reicher werden.
Aber nicht nur das Geld vermehrte sich. Die Vorstellung, einfach Kunst kaufen und hüten zu lassen, war für Williams auf die Dauer einfach zu bodenlos. Also wurde ein konservatorisches Institut gegründet. Doch nicht nur in der Realität, auch in der Virtualität muss die Kunst vermessen, befragt und am Leben erhalten werden. Darum wurde, der zweitgrößte Finanzaufwand nach dem Museum, ein Forschungsinstitut gegründet, das angehende und aus-

gewachsene Kunst- und Kulturhistoriker zu einem einjährigen Studienaufenthalt einlädt und das mit Kurt W. Forster, seinem inspirierten ersten Direktor, internationalen Glanz verbreitete. Schließlich wurde die, wie Williams in schöner Schmucklosigkeit sagt, »Institution, in die die Kunst vorherrscht«, erweitert um Institute zur Förderung der Informationstechnik, der Kunsterziehung, des Museumsmanagements und einen Fonds, der begrenzte Anschubfinanzierungshilfe bietet für Forschungs- und Konservationsprojekte.

Diese Aktivitäten und Institute waren über die Stadtlandschaft von Los Angeles und ihre Küstenvororte verstreut. Am Rande des multigeographischen Reiches aber stand das Zentrum, das Getty Museum in Malibu. Das allerdings hatte eine wunderbare Verwandlung erfahren. Denn im Jahr 1968 hatte J. Paul Getty beschlossen, das Ranchmuseum durch einen würdigeren Bau zu ersetzen. Aus dem Katalog der weltweiten Immobilienmöglichkeiten wählte er das Modell der Villa dei Papiri in Herkulaneum. Die Villa, so hatte Getty gelesen, war das größte Haus am Ort, und Lucius Calpurnius Piso, der wahrscheinliche Besitzer, war Gettys privater Nachforschung zuliebe möglicherweise auch der erste Besitzer des Lansdowne Herkules.

Die römische Villa in der Nachbarschaft von Hollywood und Muscle Beach ist viel belächelt und belästert worden, und Getty, der 1976, zwei Jahre nach der Eröffnung starb, hat sie ebenso wenig gesehen wie das Ranchhausmuseum. Aber nicht zufällig war diese Reinkarnation mediterraner Landhauskultur mit ihren Säulenumgängen und bunten Marmorböden, dem Wasserbecken und den Wandbemalungen à la Pompeji die Freude der Besucher, nicht nur der amerikanischen. Denn wo, wenn nicht in Kalifornien, ist das andere Land, in dem die Zitronen blühn?

Die Aura eines Luxusliners kommt auf

Mit dem Bau von Richard Meier und der Zusammenfassung aller anderen Sammlungsbestände und Aktivitäten an einem geographischen Ort ist die exzentrische Attitüde des Millionärs endgültig und sichtbar abgelöst durch die noble Normalität der Milliardeninstitution. Eine Art von Campus nennen Meier und Williams das neue Getty Center gern, denn das klingt amerikanischer und demokratischer als Alhambra.

Ein Campus, nun gut, aber was für einer! Gut hunderttausend Quadratmeter honigfarbener, rauer italienischer Travertin wurden verbaut, und der feine, aber dezidierte Kontrast dieses Materials zu den sandfarben und weiß emaillierten Aluminiumplatten (eine Auflage verbot Meier, seine Lieblingsfarbe Weiß an Außenfronten zu verwenden), die im Wechsel mit dem Naturstein verwendet wurden, schafft eine

Das J. Paul Getty Museum in Malibu nahe Los Angeles (1953) ist eine getreue Nachbildung der »Villa dei Papiri« und ihres Gartens bei Herculaneum.

Aura von domestizierter Eleganz. Bei den Gebäuden hat Meier, ein Meister der Rechteck- und Zylinderformen und der glatten Flächen aus Metall und Glas, sich keine Exzesse der gewellten Art erlaubt. Die Museumsfront bietet sich dar mit einem Schwung, den man sonst nur vom großen Steinwayflügel kennt. Loggien, Balkons, plätschernde und ruhende Wasser, kleine Mauern und Rampen, Austritte und angedeutete Räume im Freien sind von sinnvoller Nutzlosigkeit. Gitter, Geländer und Brise-Soleils dienen nicht nur der Sicherheit oder dem Sonnenschutz, sondern werfen vor allem schön gestreifte Schatten. Die für Meier typische Aura eines Luxusliners kommt auf, ein Gefühl von teuren Ferien verbreitet sich, das unruhige und irritierende Leben ist unten und weit weg, hier oben herrscht die klare Ruhe der Kunst.

Auf dem Baugrund, knapp 90000 Quadratmeter in 500 Meter Höhe, hat Meier vier Gebäudekomplexe so angeordnet, dass sie zwei gegeneinander versetzte Achsen bilden. Wer bei der Endstation Getty aussteigt, geht wie selbstverständlich über einen kleinen Platz und ein paar mühelose Stufen hinauf zum Museumseingang. Und sieht dann rechts, herausgerückt in die zweite Achse, den Rundbau des Forschungsinstituts für Kunst- und Kulturgeschichte. Eine große, gläserne Atriumhalle, fünf locker im Kreis einander zugeordnete Pavillons, ein großer Innenhof, wunderbar gerahmte Ausblicke und viel umbaute Luft: Das ist das Museum. Eine gespannte Feder, ein Schneckenhaus, eine Spirale, die natürlich auch zum Babelturm anschwellen kann: Das ist das Forschungsinstitut, in dem die Wände meist Bücherwände sind (7500000 Bände umfasst die Bibliothek). Die genuine Polarität der beiden Institute wird durch Meiers Architektur doppelt deutlich.

Natürlich steht das Museum, das den Namen Getty am weitesten und sichtbarsten trägt, im Mittelpunkt des Interesses nicht nur des Publikums, sondern auch der engagierten Kunstklatschpresse. Teure Ankäufe, die endlose Debatte um die Echtheit der Statue des Kouros, die Anschaffung der spektakulären Mittelalterhandschriften von Peter Ludwig – ein Hauch von Kolportage hatte manche Nachricht aus dem Hause Getty, und das ist auch kein Wunder, wenn man bedenkt, dass zum Beispiel im Jahr 1996 für die Sammlungen 110 Millionen Dollar ausgegeben wurden. Pontormo, Mantegna, Rubens, Cézanne, van Gogh: John Walsh, der Direktor des Museums, konnte in den letzten Jahren für die Sammlung, die beim 20. Jahrhundert aufhört, angenehme Zugewinne verbuchen. Und vielleicht hängt es auch mit der exotischen Entstehungsgeschichte zusammen, dass man sich im neuen Haus nun päpstlicher gibt als der Louvre, die National Gallery und die Alte Pinakothek zusammen.

Blick auf den Ankunftsplatz der elektrischen Bahn des Getty-Centers und die Außenansicht des 450 Personen fassenden Auditoriums (Aufnahme vom Januar 1997)

Die Unterteilung in Pavillons, die vielleicht auch mangels Kunstmasse gegeben schien, ist zwar einerseits eine Lockerungsübung, schafft andererseits aber vier Minimuseen (plus einer Atriumhalle, die nur ihrer eigenen Schönheit dient), in denen die Kunst in makellosen Period-Rooms dargeboten wird. Alles ist, dem Jahrhundert entsprechend, pseudoecht, die Wandbespannung oder Wandfarbe, die Verlegung des Parkettbodens, die Türrahmung, die Sitzbänke.

Ob Kunst durch rigide Periodeneinteilung lebendig wird, ist die Frage. Keine Frage ist es aber, dass Stilgeschichte hier betoniert wird bis zum Tod durch Ersticken. Wenn im Raum, wo Mantegnas »Anbetung der heiligen drei Könige« und Pontormos »Hellebardenträger« (der unerwartete Nachbarschaft erhalten hat durch Pontormos junge Dame mit Hündchen, die aus dem Frankfurter Städel stammt) hängen, die europäischen Präsentationsformen des 19. Jahrhunderts simuliert werden, dann fragt man sich doch, was die kunsthistorischen Kollegen aus dem Spiralbau dazu sagen würden. Und nach achtzehn Räumen mit französischen Möbeln des Rokoko, in denen die Vorstellung erweckt wird, man befände sich in einem Stadtpalais an der Place Vendôme in Paris, versteht man nur eins nicht: warum die Aufsichtskräfte nicht im Reifrock und mit einer Allongeperücke auftreten.

Kalifornien sei schließlich das Land des Make-Believe, der Scheinwelten, schreibt Ada Louise Huxtable, die Grande Dame der amerikanischen Architekturkritik im Vorwort zu einem Buch, das die Entstehung des Getty Center dokumentiert. Das ist schon richtig. Aber wenn es um den wahren Schein geht, dann ist die Kollektion der Kulissen der Universal Studios nicht zu überbieten, dann ist der schnappende Schlund des ewig weißen Hais einfach die bessere Aufführung als ein Raum des Ancien Régime. Und von absurder Komik erscheint einem der Untertitel des Museumsbuches (das leider kein Katalog ist): »Ein Museum für das neue Jahrhundert«.

Ein von Licht und Luft erheitertes Refugium der Kunst

Auf dem Berg namens Getty hat Richard Meier ein von Licht und Luft erheitertes Refugium der Kunst gebaut, und diese Botschaft von der Leichtigkeit des Seins mit der Kunst prägt auch die Sprache des Hauses. Andererseits aber fürchtet man nichts so sehr wie die üble Nachrede von dem der Stadt und ihren Problemen entrückten Eliteinstitut. Also wird sich der nächste Jahrgang der Getty Scholars im Forschungsinstitut mit dem Thema Los Angeles befassen. Also gibt es programmatische Bemühungen, Kinder, Familien und vor allem auch Minoritäten wie die Mexikaner (die längst zu einer Majorität geworden sind) zum kostenlosen Besuch auf dem Berg (nur der Parkplatz in der Garage kostet fünf Dollar) zu animieren. »Take me to the Getty!« sagt, glaubt man der wohl dosierten Werbung, jeder Halbstarke zum Vater, jede Tankstellenpächtergattin zum Gatten, jeder Enkel zur Oma. J. Paul Getty, der sich im Esszimmer seines Landsitzes Sutton Place im schwarzen Anzug vor goldenem Tafelservice fotografieren ließ, hätte das völlig in Ordnung gefunden. Aber er hat seine eigenen Museen ja auch nie besucht. *12. Dezember 1997*

siehe auch
❖ Los Angeles
❖ Meier, Richard Alan

Anthony Giddens

Vorsicht vor den Bossen, Genossen

Geht die sozialdemokratische Epoche zu Ende? Ein Gespräch mit dem britischen Soziologen

Von Jürgen Krönig und Werner A. Perger

die zeit: Professor Giddens, in mehreren wichtigen europäischen Demokratien geraten die regierenden Sozialdemokraten in Bedrängnis. Führt der Dritte Weg die Parteien der Neuen Mitte auf dem Kontinent wahlpolitisch in die Sackgasse?
Anthony Giddens: Ich sehe da keine übergreifende politische Tendenz. Als die Sozialdemokraten in den Neunzigerjahren in den meisten europäischen Ländern an die Macht kamen, lag dem auch keine große ideologische Wende zugrunde. Die Menschen waren ja nicht von der Reformlinken maßlos fasziniert. In erster Linie hatten sie genug von den Konservativen.
zeit: Die Erfolge der Rechten wie in Italien oder Österreich sind also kein Signal für eine inhaltliche Neuorientierung in Europa?
Giddens: Nein. Dort, wo Mitte-links-Regierungen in letzter Zeit Wahlen verloren haben, gab es sehr spezifische Ursachen, nicht zuletzt die Uneinigkeit der Linken. Das hat der italienischen Rechten den Wahlsieg erleichtert. Im Prinzip galt das auch für Amerika. Dort wäre Al Gore heute Präsident, hätte nicht der Kandidat der Grünen die Stimmen geholt, die Gore dann gefehlt haben.
zeit: Dennoch erwarten viele bei den Wahlen weitere Erfolge der Rechtsparteien.
Giddens: Das bedeutet aber noch keine ideologische Renaissance der Konservativen. Sie haben kein gemeinsames Thema, abgesehen natürlich von der Zuwanderung, die in den europäischen Wahlen – zuletzt in Dänemark – eine wichtige Rolle spielt. Immigration ist in der Tat ein europäisches Problem, das von der Rechten populistisch ausgebeutet wird. Aber ich sehe keine neue, in sich geschlossene rechte Ideologie. Ein Teil der Parteien rechts der Mitte beginnt sich zwar um eine neue Version des Euroskeptizismus zu gruppie-

Gianfranco Fini von der italienischen Allianza Nationale. Sind die Erfolge der Rechten in Italien oder Österreich ein Signal für eine inhaltliche Neuorientierung in Europa?

ren, etwa in Italien. Doch die meisten Mitte-rechts-Parteien sind nach wie vor pro-europäisch.
zeit: Könnte im konservativen Milieu, als Antwort auf den Dritten Weg der Reformsozialdemokratie, so etwas wie eine europäische Spielart des Compassionate Conservatism entstehen, selbst wenn es mit der »Fürsorglichkeit« dieses amerikanischen Konservatismus gar nicht so weit her ist?
Giddens: Der Compassionate Conservatism war ein ideologisches Vehikel für den Wahlkampf von George W. Bush. Kaum

war er im Weißen Haus, hat er ihn schnell vergessen. Der einzige Weg vorwärts für die Mitte-rechts-Parteien liegt darin, ein effektives und haltbares Modell für einen Dritten Weg der Rechten zu entwickeln, so wie das der spanische Ministerpräsident Aznar macht.

zeit: Wenn aber alle zur Mitte drängen, wird die Unterscheidbarkeit der Parteien geringer, was zu neuen Problemen führen kann.

Giddens: Das ermöglicht aber einen intensiveren Dialog zwischen linker und rechter Mitte über bestimmte gesellschaftspolitische und wirtschaftliche Probleme, wie einst zwischen Christ- und Sozialdemokraten. Es liegt im Interesse von Mitte-links, eine vernünftige, verantwortungsbewusste rechte Mitte als Gesprächspartner zu haben. Egal, ob sie an der Macht ist oder nicht.

zeit: Eine rare Option angesichts der Versuchung, die die Immigration für Rechtspopulisten darstellt.

Giddens: Das ändert nichts am Prinzip. Gefährlich ist nicht das Entstehen einer starken rechten Mitte, sondern die inhaltliche Fusion von an und für sich vernünftigen Mitte-rechts-Parteien mit weiter rechts angesiedelten Elementen.

zeit: Wie in Dänemark, Österreich oder Italien.

Giddens: Das ist eine bedenkliche Entwicklung. Ganz sicher findet man dort keinen »fürsorglichen Konservatismus« und keinen Dritten Weg von rechts. Die programmatische Basis der »erneuerten Sozialdemokratie« mit all ihren Debatten und Streitigkeiten ist unvergleichlich kohärenter und durchdachter als jede derzeit verfügbare konservative Alternative. Aufgrund von Einwanderung, Asyl, Arbeitslosigkeit und europäischer Integration sehen wir leider auf der Rechten oft nur einen populistischen Konservatismus. Es handelt sich dabei um eine ziemlich instabile Konstellation. Solche Bündnisse dürften nicht lange halten.

zeit: Worin läge die Attraktivität eines Dritten Wegs von rechts? Stimmt die Befürchtung mancher Sozialdemokraten, die Konservativen könnten sich, wo die regierende Reform-Linke als effiziente, technokratisch-kühle Macherpartei erscheint, bewusst als »Partei der Menschlichkeit« und Garant sozialer Wärme in einer kalten Gesellschaft präsentieren, selbst wenn sich dahinter nur alte Gesellschaftsbilder verbergen?

Giddens: In Europa ordnen sich mehr als fünfzig Prozent der Wähler ausdrücklich als weder links noch rechts ein. Alte Doktrinen und Dogmen sind da chancenlos. Darauf müssen sich alle Parteien einstellen. Ein Zurück zu traditionellen Positionen mag psychologisch befriedigend sein, wäre bei Wahlen aber teuer zu bezahlen. Die Unterstützung für Parteien klassisch sozialdemokratischen Profils quer durch Europa ist sehr gering.

zeit: Die Unterstützung für die Reformlinke ist aber auch nicht berauschend. Die »Champions des Wandels«, wie Tony Blair sie einmal nannte, leben gefährlich. Wer heiße Eisen anpackt, verbrennt sich leicht die Finger.

Giddens: Aber Nichtstun wäre die falsche Antwort. In Europa funktioniert am besten das politische Modell, das einen flexiblen Arbeitsmarkt schafft, passive Sozialleistungen durch Hilfe bei Ausbildung und Qualifikation ersetzt, einen hohen Beschäftigungsgrad erreicht und damit zusätzliche finanzielle Mittel für öffentliche Ausgaben frei macht. Dänemark, Holland, Großbritannien und Spanien sind positive Beispiele. Natürlich bleiben auch Sozialdemokraten mit einer richtigen Politik nicht automatisch an der Macht, wie wir in Dänemark erlebten. Aber wie riskant es auch sein mag, die Reform des Arbeitsmarktes anzupacken – geschieht es nicht, bezahlt man dafür mit hoher struktureller Arbeitslosigkeit. Auch das wird in Wahlen nicht belohnt.

zeit: Sie beschreiben Gerhard Schröders Dilemma.

Giddens: Die deutsche Ausgangssituation ist im Vergleich zu der Großbritanniens völlig verschieden. Auf der Insel hatte New Labour das Glück, auf den Reformen des Thatcherismus aufbauen zu können. Von sich aus hätte die Partei Blairs diese radikalen Reformen wahrscheinlich nie durchgesetzt. Doch sie akzeptierte wesentliche Änderungen, nicht zuletzt die Gewerkschaftsreform. Heute befindet sich Großbritannien ökonomisch in der wahrscheinlich besten Verfassung seit dem Ende des Zweiten Weltkrieges, auch wenn es der alten Linken schwer fällt, dies zuzugeben. Natürlich verstehe ich das Dilemma der Politiker, die entscheiden müssen. Eines aber ist unbestreitbar: Ihr Land stünde heute besser da, wären wirtschaftliche und sozialpolitische Reformen früher eingeleitet worden. Das Modell, das Deutschland hervorragend diente, als die Wirtschaft noch blühte, erweist sich heute als unfähig, auf die neuen Gegebenheiten der globalisierten Weltwirtschaft zu reagieren.

zeit: Durchhalten! – Ist das auch Ihr Rat an die Chefs von 13 »progressiven Regierungen«, die auf ihrem Gipfel in Stockholm eine gemeinsame Zukunftsstrategie suchen?

Giddens: Ideologisch ist die Position der Mitte-links-Regierungen doch ziemlich klar: Eine sich rasant verändernde Welt

Tony Blair und Gerhard Schröder. Besteht ein allzu enges Verhältnis zwischen neuer Sozialdemokratie und New Economy?

braucht weitreichende Veränderungen, die in jedem Land anders aussehen. Es fehlt nicht an Konzepten für diese Reformen, es mangelt an der Umsetzung. Die aber ist entscheidend für den Erfolg der »neuen Sozialdemokratie«.

zeit: Die Mitte-links-Reformpolitik betont die Verantwortung des Individuums gegenüber der Gemeinschaft: »Rechte und Pflichten« ist ein Leitbegriff, der auch in der deutschen Debatte wichtiger wird. Hat die Reformlinke sich dabei womöglich zu sehr auf die Verantwortung der Arbeitslosen, Sozialhilfeempfänger und Rentner konzentriert und zu wenig auf die soziale Verantwortung auch der Wirtschaft geachtet?

Giddens: Die Balance von Rechten und Pflichten halte ich für ein essenzielles Prinzip des Zusammenlebens. Das gilt natürlich nicht nur für Arbeitslose, dieses Prinzip sollten auch Unternehmer, Politiker und Journalisten beherzigen.

zeit: In Ihrem neuen Buch »Where Now For New Labour?« zählen Sie das zu den Versäumnissen der Regierung Blair, dass sie zwar mutig in den Arbeitsmarkt eingegriffen hat, aber die gleichfalls propagierte corporate responsibility, also die gesellschaftliche Verantwortung der Unternehmen, nicht weiterverfolgt.

Giddens: In der Tat gibt es eine etwas unkritische Haltung zu ungehinderten, unregulierten Unternehmeraktivitäten und zu wenig Nachdenken darüber, was Verantwortungsbewusstsein eines freien Unternehmers bedeutet. Die Skandale, die wir zurzeit erleben – in den USA und anderswo – zeigen, wohin dieses Versäumnis führen kann. Ich war immer der Meinung, dass New Labour eine etwas zu starke »Liebesaffäre« mit Wirtschaftsführern hat. Natürlich muss man die Unternehmen unterstützen, sonst hat man keine florierende Wirtschaft. Aber das ist etwas anderes als unkritische Bewunderung für erfolgreiche Unternehmer. Dafür gibt es Grenzen. Der Enron-Skandal zeigt, dass es Zeit ist zu diskutieren, wo sie liegen.

zeit: Die Wirtschaftsprüferfirma Anderson, tief in den Fall Enron verwickelt, hat für die Blairregierung einen glühenden Report über die Vorzüge von Partnerschaften zwischen dem privaten und öffentlichen Sektor verfasst. Danach hat sie als finanzieller Dienstleister von solchen Projekten profitiert. Das scheint uns ein Beispiel zu sein für das allzu innige Verhältnis zwischen neuer Sozialdemokratie und New Economy.

Giddens: Das zeigt vor allem die Notwendigkeit scharfer Regulierung. Aus den jüngsten Skandalen lässt sich jedoch nicht ableiten, dass der Staat dem Markt überlegen wäre. Simple Rezepte sind nicht mehr anwendbar, da sehen wir tatsächlich so etwas wie das Ende der Geschichte. In der EU explodierten bei vielen staatlichen

Projekten, ob im Straßenbau oder im Krankenhausbetrieb, die Kosten. Warum? Weil die Risiken nicht richtig kalkuliert wurden und der Staat lange Zeit unvorhergesehene Kosten auffing. Entsprechend haben die Beteiligten gehandelt. Märkte haben andere Schwächen. Die Kombination von privat und öffentlich kann funktionieren, wenn diese Projekte gut ausgearbeitet sind. Aber ein Patentrezept ist das nicht.

zeit: Sie schreiben in Ihrem Buch, purer Pragmatismus nach dem Motto »Wir machen, was funktioniert« sei der falsche Weg. Aber gerade Blair und Schröder benutzen gern diesen Slogan.

Giddens: Pragmatismus ist gut, aber zugleich bedarf es einer Vision von der Gesellschaft, die man anstrebt. In Großbritannien wird New Labour wahrscheinlich auch die nächste Wahl gewinnen und damit die historisch einmalige Gelegenheit erhalten, das Land entsprechend den eigenen Werten umzugestalten. Umso wichtiger ist es, sich dieser Werte bewusst zu sein. Ich wehre mich aber dagegen, dass man Doktrinen gleichsam aus der Luft pflückt und zur Richtschnur des Handelns macht, ohne auf deren Realisierbarkeit zu achten. Die alte Sozialdemokratie hat diesen Fehler zu oft gemacht.

zeit: Darf eine »reformierte Sozialdemokratie« dann überhaupt noch Umverteilung anstreben?

Giddens: Frühere Labour-Regierungen haben Umverteilung nie geschafft, sieht man von der Gründung des nationalen Gesundheitswesens ab. New Labour war dagegen auch in dieser Hinsicht erstaunlich erfolgreich.

zeit: Die Regierungslinke in ganz Europa setzt auf Fortschritt bei Forschung und Technologie, auch das ein Ergebnis ihrer programmatischen Erneuerung. Laut letztem Eurobarometer halten mittlerweile aber 62 Prozent der Europäer das Tempo des technologischen Wandels für zu schnell. Könnte das eine Erklärung für die mangelnde Popularität der linken Modernisierer sein?

Giddens: Das Tempo technologischen Wandels ist variabel. In manchen Sektoren, etwa der Flugtechnik, hat sich fast nichts verändert. Seit dreißig Jahren werden dieselben Jets gebaut. Bei der Kommunikationstechnologie erlebten wir allerdings rasanten Wandel. Gegenbewegungen gegen neue Technologien sind unvermeidlich.

New Labour hat das Glück, dass der Thatcherismus die härtesten Reformen schon durchgesetzt hatte.

zeit: Sie sind sogar ganz erheblich. Die zweite und dritte Generation der Handys wurden zum Flop, die Dot.com-Blase ist geplatzt.

Giddens: Es wäre töricht, den technologischen Wandel unkritisch zu umarmen. Gutes Risikomanagement verlangt eine Balance zwischen Innovation und Bewahren.

zeit: Waren Blair und andere Politiker des Reformerklubs zu unkritisch?

Giddens: In gewisser Weise ja. Blairs ursprüngliche Haltung zu genmanipulierter Landwirtschaft berücksichtigte nicht genügend die möglichen Risiken für Umwelt und Gesundheit.

zeit: Bei der Handyrevolution sehen viele dumm aus, nicht zuletzt zahllose Unternehmen.

Giddens: Man darf nie glauben, Geschichte verlaufe linear. Was gestern geschah, wiederholt sich nicht zwangsläufig morgen. Geschichte bewegt sich in einem dialektischen Prozess. Das gilt für die Politik und genauso für die Akzeptanz von neuen Technologien. *21. Februar 2002*

siehe auch
✢ **Konservativismus**
✢ **Labour Party**
✢ **Sozialdemokratie**

Goethe-Institut

Vorzüge zeigen

Ein Gespräch mit Jutta Limbach, der neuen Präsidentin des Goethe-Instituts/Inter Nationes – über Grenzen kultureller Verständigung und den deutschen Exportschlager Grundgesetz

Von Thomas E. Schmidt und Klaus Hartung

die zeit: Frau Limbach, was bedeutet für Sie der Wechsel von der Spitze des Verfassungsgerichts zum Goethe-Institut?
Jutta Limbach: Der Wechsel zum Goethe-Institut bedeutet für mich zuallererst einen Themenwechsel, einen Übergang von der Pflicht zur Kür; denn im Mittelpunkt der Arbeit des Goethe-Instituts steht die Kultur – etwas, das zum Lebenselixier der Menschen gehört. Das Präsidium – daraus ergibt sich auch meine Rolle – ist eine Art Aufsichtsrat. Die Präsidentin hat aber nicht nur die Aufgabe, sich über die Geschäfte des Vorstands Bericht erstatten zu lassen und sie zu kontrollieren, sondern auch durchaus eine anregende Funktion. Sie hat die wichtige Aufgabe, den

Die ehemalige Verfassungsrichterin Jutta Limbach ist Präsidentin des Goethe-Instituts.

Vorstand und damit die Geschäftsführung des Instituts zu bestellen und erscheint als eine Instanz, die Strukturfragen von besonderer Bedeutung mit entscheidet. Im Bundesverfassungsgericht habe ich mich im Bereich der Rechtskultur mit der internationalen kulturellen Zusammenarbeit auf einem Gebiet beschäftigt, das zunehmend wichtiger wird und das zu meiner Freude das Goethe-Institut schon seit Jahren zu seinem Thema gemacht hat, nämlich Menschenrechte und Rechtsstaat.

zeit: Wird das der Schwerpunkt Ihrer Arbeit sein?
Limbach: Obwohl sich das deutsche Modell der Verfassungsgerichtsbarkeit und voran das Grundgesetz als Exportschlager gerade in Richtung Osteuropa, aber auch in Richtung Afrika und Mittelamerika erwiesen hat, habe ich immer festgestellt, dass es dabei nicht um Belehrung geht, sondern um Austauschprozesse, die wechselseitiges Lernen beinhalten. Ich habe gelernt, dass Gespräche mit unseren auswärtigen Kollegen immer dann am fruchtbarsten waren, wenn sie uns deutlich machten, dass sie unsere Rechtsprechung oder das Grundgesetz vor dem Hintergrund der Erfahrungen, auch der schlechten Erfahrungen, die wir gemacht haben, rezipiert und dabei manches auch fortgedacht haben, was bei uns erst später Gegenstand von Konflikten und möglicherweise von Entscheidungen des Bundesverfassungsgerichts wurde. Für die Arbeit im Goethe-Institut ist wichtig, dass man das nicht mit Missionseifer tut, sondern sich gegenseitig unterrichtet und die Unterschiede anerkennt.

zeit: Bis 1989 waren Inhalt und Räson der auswärtigen Kulturpolitik auch der Existenznachweis einer deutschen Kulturnation. Das hat sich seit 1990 erledigt. Was ist an die Stelle dieses Begriffs getreten?
Limbach: Auch wenn wir in diesem Sinne nicht mehr von Kulturnation sprechen, begreift sich die Bundesrepublik als ein Kulturstaat, obwohl im Gegensatz zur bayerischen Landesverfassung dieser Ausdruck in unserem Grundgesetz nicht auftaucht. Aus dem Bekenntnis zur Unantastbarkeit der Menschenwürde und der freien Entfaltung der Persönlichkeit ergibt sich auch die Wichtigkeit der Kultur, die Kunst, Bildung, Wissenschaft und Religion einschließt. Diese Kräfte wirken auch als soziale Bin-

dekräfte innerhalb eines politischen Gemeinwesens. Weil es sich um geistige Potenzen, um kreative Kräfte handelt, sind sie immer auch geeignet, als eine Art Brückenschlag zu dienen. Ich muss etwas von mir selbst begriffen haben, wenn ich mich mit anderen austauschen will. Wir werden durch unser kulturelles Erbe geprägt. Wir sind auch durch unsere Sprache und unsere sprachlichen Möglichkeiten geprägt. Sobald man sich in einer anderen Sprache ausdrücken will, ist man verunsichert, weil man nicht die gleiche Sprachmächtigkeit wie in der eigenen Sprache besitzt. Nach wie vor hat Kultur eine Identität stiftende Wirkung. Aber ihre Äußerungen gestatten mir auch, mich mit anderen zu verständigen.

»Ich muss immer auch die positive Funktion von Kunst sehen«
zeit: Offiziell heißt es immer, Kultur sei etwas, das Verständigung ermögliche. Inzwischen sind wir vielleicht ein bisschen weniger optimistisch. Kultur setzt immer auch Grenzen.
Limbach: Dass sie durchaus auch diese ambivalenten Wirkungen haben kann, verkenne ich überhaupt nicht. Das sehen Sie an dem interkulturellen Dialog, den wir führen, indem wir uns jetzt mit Staaten austauschen, die göttlichem Recht Vorrang vor staatlichem Recht einräumen. Das ist mit unserem Recht nicht zu vereinbaren. Wenn ich vorzugsweise auf die grenzmarkierenden Eigenarten von Kultur achte, dann ist das etwas einlinig. Ich muss immer auch die positive Funktion von Kultur sehen und durch Sprache, künstlerische Werke, aber auch durch wissenschaftliche Arbeiten deutlich machen, warum wer wie lebt. Das in Erfahrung zu bringen ist besonders wichtig, da es im Grunde keine Grenzen mehr zwischen uns gibt. Wir haben nur noch eine gemeinsame Zukunft eingedenk der kulturellen Vielfalt, die wir zu bewahren suchen.
zeit: Es gab die Überzeugung im Goethe-Institut, vor allem in der Zeit vor 1989, dass Geist und Macht besser getrennt seien. Das Goethe-Institut repräsentierte gewissermaßen das Systemunbehagen an der Bundesrepublik und hatte doch etwas Legitimatorisches – als Ausdruck der demokratischen Reife. Spielt das noch eine Rolle?

Limbach: Das Goethe-Institut handelt in eigener Verantwortung. Aber es begreift natürlich auch, dass es eine Demokratie repräsentiert, die eine besondere Scharnierstelle in Europa innehat. Es erscheint mir selbstverständlich, dass unsere Kulturvermittler in den Instituten bestimmte Existenzweisen dieser Republik kritisch hinterfragen können. Der Vorzug in unserer auswärtigen Arbeit ist doch: Wir können deutlich machen, dass es in Deutschland dreier Startversuche bedurft hatte, bis wir die Kraft zu einer Demokratie fanden, und dass das, worauf wir stolz sind, nämlich unsere Verfassung und die Menschenrechte uns nicht in den Schoß gefallen sind. Sie sind auch kein säkularisiertes Produkt christlicher Glaubenslehre. Es sind vielmehr politische Errungenschaften, die immer wieder neu infrage gestellt, aber auch immer wieder bekräftigt und bestätigt wurden. In einem so weiten Horizont muss sich auch unsere Kulturarbeit verstehen.
zeit: Außenminister Fischer sprach im Sommer 2000 von der »Konfliktprävention« als vorrangige Aufgabe des Goethe-Instituts. Würden Sie diesen Begriff noch offensiv vertreten?

Joschka Fischer sprach von der Konfliktprävention als vorrangiger Aufgabe des Goethe-Instituts.

Limbach: Da habe ich, gelinde gesagt, meine Zweifel. Die Goethe-Institute sind keine kulturelle Eingreiftruppe bei politischen Konflikten. Vielmehr ist ihre Arbeit auf eine langfristige Perspektive eingestellt.
zeit: In diesem Begriff steckt also die Gefahr einer politischen Instrumentalisierung.
Limbach: Genau das. Ich habe das Wort »instrumentalisieren« nicht verwendet, aber diese Gefahr ist mit einer solchen Betrachtungsweise verbunden.
zeit: Wie könnte ein neues Selbstbewusstsein der Mittlerorganisation Goethe-Insti-

tut auch im Hinblick auf größere Staatsferne aussehen?

Wir sind Weltmeister im Reisen, aber was wissen wir von fremden Kulturen?

Limbach: Für mich stellt sich hier in erster Linie die Frage, wer eigentlich Nutznießer dieser Einrichtung sein soll. Ist dies der Staat, geht es um unsere Reputation, oder geht es nicht eher darum, dass in Anbetracht der Weltläufigkeit der Wirtschaft auch unsere Bürger und die Bürger der anderen Staaten lernen müssen, wie sie miteinander umzugehen haben? Wir sind Weltmeister im Reisen, was aber nicht unbedingt heißt, dass wir viel von fremden Kulturen wissen. Deshalb sind mir die Rückkopplungseffekte so wichtig. Die Goethe-Institute dürfen ihre Adressaten nicht nur in den Künstlern, Intellektuellen, in der Elite der auswärtigen Staaten sehen, sondern müssen auch daran denken, was unsere eigene Bevölkerung aus unserer Kulturarbeit lernen kann.

zeit: Wie kann man das vermitteln?

Limbach: Ich denke, es kann nicht nur darum gehen, dass deutsche Künstler und Schriftsteller die Institute besuchen und Lesungen halten. Es muss auch darum gehen, dass diejenigen, die dort unsere Nachfrager sind, nach Deutschland kommen und hier Gespräche führen. Ich denke auch an die journalistische Arbeit. Wir müssen mehr als bisher darüber berichten, was im Ausland nachgefragt wird.

zeit: Kann man daraus eine generelle Strategie für die Institute ableiten oder definiert jedes eigene Aufgaben?

Limbach: Darum hat ja das Goethe-Institut eine neue Einrichtung, nämlich die der Regionalbeauftragten eingeführt, die in Abstimmung mit den einzelnen Instituten und den Fachreferaten der Zentrale die Aufgabe haben, für eine Region die besonderen Bedürfnisse zu erkunden. Ich habe auf meinen Auslandsreisen nach Osteuropa immer wieder erlebt, welches Bedürfnis besteht, uns klar zu machen, dass sie auch ein Teil der europäischen Kultur sind, der Rechtskultur. Ich würde nicht so sehr die Aufgabe in Osteuropa darin sehen, Deutschland darzustellen. Um Deutschland darzustellen, leisten die Medien heute eine ganze Menge. In London und Paris auf der anderen Seite spielt die gegenwärtige Verfassungsdiskussion in der Europäischen Union eine große Rolle. Uns Deutschen sollte wichtig sein, die Vorzüge unseres Sozialstaats deutlich zu machen und zu unterstreichen, wie sehr das Glücken der europäischen Integration davon abhängt, dass wir solche für das Fundament unseres Staatswesens wichtigen Prinzipien mit in die Zukunft nehmen können. Dazu gehört nicht nur die Rechtsstaatlichkeit, sondern auch die Sozialstaatlichkeit.

zeit: Was passiert, wenn der Dialog an seine Grenzen stößt, etwa im Austausch mit dem Islam. Gibt es definitive Grenzen der Verständigung?

Limbach: Wir müssen deutlich machen, warum wir uns zu unseren Formen der Zivilgesellschaft entschieden haben. Da gibt es Grenzen, die nicht kompromissartig aufgelöst werden können, indem man etwa ein diffuses Ethos der Völkerverständigung beschwört. Wir müssen zur Kenntnis nehmen, dass es politische Gemeinwesen gibt, die nach Prinzipien verfahren, die nicht die unseren sind und die sich mit unseren auch nicht auf einen Nenner bringen lassen. Dann kann die Alternative nicht in Fatalismus und Heimkehr in die Bundesrepublik liegen, sondern man muss versuchen, sich im individuellen Gespräch weiterhin auszutauschen. Nach wie vor muss das Goethe-Institut ein Forum auch für Menschen sein können, die dem eigenen System kritisch gegenüberstehen.

zeit: Haben Sie den Eindruck, dass nach dem 11. September 2001 in den Goethe-Instituten ein Überdenken der eigenen Erfahrungen mit dem Islam stattgefunden hat?

Limbach: Gerade dieser Bereich fordert die dortigen Institutsleiter dazu heraus, mit den Regionalbeauftragten und den hier im Hause Verantwortlichen die Frage grundsätzlich zu erörtern. Dies setzt aber eine Reflexion auf einer breiteren Basis voraus: Wie kann ich in einem Land des Islam deutlich machen, dass und warum unsere Verfassung auf der Trennung von Politik und Religion basiert? Wir haben – das ist ja das Besondere des deutschen Verhältnisses von Kirche und Staat – keine laizistische Verfassung, sondern unser Staat hat unter dem Eindruck einer Diktatur und eines Zivilisationsbruchs begriffen, dass Menschen mit einer Wertorientierung eher in der Lage sind, Widerspruchsgeist gegenüber staatlicher Macht zu entwickeln. Darum stützt ja unsere Verfassung auch religiöse Institutionen. Über die Einsicht kann man ja ins Gespräch kommen, die mein Kollege Ernst-Wolfgang Bockenförde so gut auf den Begriff gebracht hat: dass unser säkularisierter Staat auf Voraussetzungen beruht, die die Verfassung selbst nicht garantieren kann. Das sind Sitte, Ethik und Religion. Wenn wir dies etwas besser darstellten, würde deutlich, dass eine plurale Gesellschaft keineswegs eine sein muss, die ihre Werte vergessen hat.

zeit: Es wird immer wieder betont, dass man nicht missionarisch auftreten dürfe. So nachdrücklich, wie Sie die Verfassungskultur ins Spiel bringen, stellt sich die Frage, ob die Goethe-Institute nicht offensiver werden und unsere Position mit größerer Deutlichkeit vertreten müssten.

»Individualismus ist nicht mit dem radioaktivem Zerfall der Gesellschaft verbunden«

Limbach: Wenn wir unsere Verfassungskultur betonen, dann haben wir zwei Schwierigkeiten: Zum einen wird uns häufig entgegengehalten, dass bei uns auch nicht alle Blütenträume gereift seien und durchaus eine Diskrepanz zwischen Anspruch, Norm und gesellschaftlicher Wirklichkeit besteht. Da muss man immer wieder deutlich machen, dass das nicht unsere Normen diskreditiert und dass auch wir in Deutschland immer wieder daran arbeiten, den Herausforderungen unseres Grundrechtskatalogs gerecht zu werden. Die andere Schwierigkeit ist, dass der universelle Anspruch der Menschenrechte andere Kulturen befremdet. Menschenrechte haben ja schon kraft ihrer Sprachgestalt den Anspruch, für alle Menschen zu gelten. Gewiss ist es der europäischen und auch der deutschen Tradition geschuldet, dass wir ein individualistisches Rechtsverständnis haben, während andere Staaten kollektive Werte betonen. Wir müssen darum deutlich machen, dass unser Standpunkt das Ergebnis eines langwierigen geschichtlichen Prozesses ist. Kollektive Tendenzen waren auch Teil unserer Geschichte. Wir müssen klar machen, dass Individualismus nicht mit radioaktivem Zerfall der Gesellschaft verbunden ist.

zeit: Ist dann das Prinzip der Nationalstaatlichkeit in der auswärtigen Kulturpolitik überhaupt noch sinnvoll – oder wer-

Hat nach dem 11. September 2001 ein Überdenken der eigenen Erfahrungen mit dem Islam stattgefunden?

den nicht vielmehr Wertegemeinschaften repräsentiert?

Limbach: Da sind wir auf dem besten Wege, deutlich zu machen, dass von uns nicht nur deutsche Kultur vermittelt werden soll, sondern dass wir uns als eine europäische kulturelle Mittlerorganisation verstehen. Ganz bewusst haben wir uns nach 1949 dafür entschieden, künftig keine nationalen Alleingänge mehr zu unternehmen, nicht nur in der Sicherheitspolitik, sondern auch in der allgemeinen Politik auf die europäische Integration hinzuwirken. Dass das Goethe-Institut dies begriffen hat, sehen Sie daran, dass es ja nicht nur punktuell mit anderen Instituten wie dem British Council oder dem Institut Français zusammenarbeitet, sondern sogar überlegt, ob man an einigen Orten zusammengeht, beispielsweise in Moskau. *2. Mai 2002*

siehe auch
❖ Inter Nationes e. V.
❖ Kulturpolitik
❖ Limbach, Jutta

Golf

Volk an die Schläger

Zwischen Terror, Krieg und makaberer Groteske: Wie Deutschlands Golfsport das »Dritte Reich« überlebte

Von Dieter Buhl

Das Monströse und das Makabere, das Grauen und die Groteske liegen oft nah beieinander. Wie Beatrice und Helmut Heiber in ihrem bekannten Buch über »Die Rückseite des Hakenkreuzes« gezeigt haben, gehören zu der schrecklichen Chronik des »Dritten Reiches« auch etliche sonderbare, bizarre Alltagsepisoden. Die Geschichte des Golfsports in jenen

Aus England und den USA kommt fast alles, was zum Spiel dazugehört.

Tagen darf man getrost dazurechnen – eine Geschichte voller Merkwürdigkeiten und absurder Details. Dabei verwundert schon der Gedanke: Golf und »Drittes Reich«? Das scheint nicht zusammenzupassen, denn dieser Sport steht für vieles, was den Nationalsozialisten absolut zuwider war: Weltoffenheit, Individualismus, Zivilität.

Zudem ist er entschieden undeutscher Herkunft, dominiert vom Angelsächsi-schen: Aus England kommt nicht nur das Spiel selbst, sondern alles, was dazugehört – Regeln, Tradition, Spielgerät und der Komment des Klublebens. Die leichte Exzentrik der besseren englischen Kreise, sichtbar im Verhalten und in der Kleidung, prägte auch das Leben in den deutschen Klubs. Gefragt war alles, was von der Insel kam. Nicht ohne Grund wimmelte die in Leipzig erscheinende Deutsche Golfzeitung bis in die späten Dreißigerjahre von Anzeigen, die für Whisky, Burberry und Elizabeth Arden warben.

Im schärfsten Kontrast zum gesunden Volksempfinden aber steht vor allem die arrogant wirkende Abgesonderheit des Sports. Die Golfplätze lagen abgeschirmt und bildeten eine Welt für sich. In den Oasen gehobener Lebensart und -freude amüsierten sich Mitglieder des Großbürgertums, darunter auch viele jüdische Bürger – im Gegensatz etwa zu manchen Klubs in den USA hatten sie übrigens in Deutschland, zumindest bis 1936, kaum Schwierigkeiten, Mitglied zu sein.

In der NSDAP meldeten sich allerdings zunächst die Feinde der teuren Freizeitbeschäftigung zu Wort. Während der »Kampfzeit« erschallten die Schreie gegen den »Plutokratensport«, der zudem auch noch stark »verjudet« sei. Doch kaum sind die Nazis an der Macht, legt sich der Zorn. Jetzt möchte das Regime gern selbst ein wenig vom Glanz und Renommee der internationalen Golfgesellschaft profitieren. Im Übrigen ist es ja ohnehin nur der Sport einer Minderheit.

In der Tat war Deutschland Golfdiaspora, wie auch Dietrich Quanz feststellt, Professor an der Deutschen Sporthochschule Köln, der dort zurzeit ein deutsches Golfarchiv aufbaut. Nur in Metropolen wie Berlin und Hamburg gab es einige Plätze, die Ende des 19., Anfang des 20. Jahrhunderts eingerichtet worden waren, als die Golfmode von England herüberschwappte. Dazu kamen noch einige elegantere Kurorte: Baden-Baden, Wiesbaden, Bad Homburg. Vor dem Ersten Weltkrieg hatte sich gerade einmal ein knappes Dutzend Klubs in Deutschland etabliert. Erst Mitte der Zwanzigerjahre wurde Golf zur Mode, zog es auch die Prominenz (wie Max Schmeling oder Kronprinz Wilhelm von Preußen) auf die Grüns.

Golf als Sport der Elite – so fanden denn auch Nationalsozialismus und Golf doch noch zusammen. Schließlich verstanden sich die neuen Herren selbst als Elite; das ganze Selbstbild von Partei, Wehrmacht, SS, die ganze nationalsozialistische Glaubenslehre von Rasse und Volk waren durchwirkt vom Glauben an die eigene Ausgewähltheit und Einmaligkeit. Warum sollte das ausgerechnet etwas so Elitäres wie der Golfsport nicht zum neuen Deutschland passen?

Die Fahne mit den Klubfarben darf nicht größer sein als die mit dem Hakenkreuz

Einige Parteigrößen halten denn auch schon bald schützend ihre Hand über das ausgefallene Vergnügen. Auf einem ganzseitigen Foto in der Deutschen Golfzeitung präsentiert sich schmalbrüstig, aber stolz und mit vielen Orden behängt der neue Schirmherr des Sports. Reichssportführer Hans von Tschammer und Osten dilettiert selber auf den Spielbahnen, er hat deshalb etwas übrig für die sportlichen Exoten. Vom strengen NS-Regiment verschont er allerdings auch die bisher so exklusiven Klubs nicht. Ab sofort gilt dort ebenfalls das Führerprinzip. Alle Klubchefs werden zentral vom Präsidenten des Deutschen Golfverbandes (DGV) ernannt. Mit der Reisefreiheit ist es gleichfalls vorbei, denn jede Beteiligung an ausländischen Wettspielen muss vom DGV genehmigt werden. Damit die Insignien des Regimes auch deutlich sichtbar sind, ordnet der Reichssportführer einen zweiten Flaggenmast vor allen Klubhäusern an; die Fahne mit den Klubfarben darf auf keinen Fall größer sein als die mit dem Hakenkreuz.

Vergleichbare Sorgen plagen den Präsidenten des Golfverbandes, Karl Henkell (aus dem Wiesbadener Sekt-Clan). Um die vielen Anglizismen auf den Spielbahnen und in den Klubhäusern auszumerzen, fordert er: »Der Golfer spricht deutsch.« Vorbei soll es sein mit Fairways und Caddie, Driver und Birdie. Gleichzeitig aber beharrt er darauf, dass im Spiel weiterhin die traditionellen Regeln des Royal & Ancient Golf Clubs aus dem schottischen Saint Andrews gelten. Und obwohl die meisten Sportarten von Fachämtern, also Behörden, kontrolliert werden, darf der Golfverband bestehen bleiben; Henkell sorgt selbst für Ordnung im Sinne des Regimes.

Gleichsam als offiziellen Segen der neuen Machthaber kann der Präsident es verstehen, dass ihm eine Rede im Deutschlandsender gestattet wird, in der er für »Golf als Volkssport im Dritten Reich« wirbt. »Volk an die Schläger« heißt denn auch bald die Devise der Nationalsozialisten. 1934 rufen sie einen »Tag der deutschen Presse auf deutschen Golfplätzen« aus; ein Jahr später werden die »deutschen Ärzte« über die Plätze getrieben, und 1936 wird der »Tag der Jugend« verkündet.

Die »Förderung der Jugend«, einschließlich der Taschenträger«, der Caddies, steht von nun an auf dem Programm. Die Bemühungen der Machthaber fallen so sehr ins Auge, dass sogar die New York Times einen Artikel mit der Überschrift Golf von den Nazis zu einem nationalen Sport erklärt veröffentlicht. Beeindruckt von der NS-Propaganda (und durch eine Mannschaft von DGV-Spielern, die durch die USA reist, um einen möglichen Olympia-Boykott zu verhindern), prophezeit der amerikanische Golfexperte Grantland Rice, die deutschen Spieler könnten schon in wenigen Jahren überall in der Spitzengruppe mitspielen. »Denn«, meint er, »Golf ist eine der Sportarten, die jene Gründlichkeit verlangen, für die Deutschland ja bekannt ist.«

Auch die mondänen Aspekte des Golfsports sollen im Nazireich nicht zu kurz kommen. Schließlich geht es um Weltniveau (wie in der DDR selig) und um Attraktionen für ausländische Urlauber. Außenminister Joachim von Ribbentrop, einer der selbst ernannten Elegants des Regimes, tut sich besonders als Werbeträger hervor. Er spielt mit seiner Frau Anneliese, geb. Henkell (ebenfalls aus dem Sekt-Clan), auf einem eigenen Platz in Sonnenburg in der Märkischen Schweiz und macht sich im Olympia-Jahr 1936 für eine »Nach-Olympiade« in Baden-Baden stark. Sieben Nationen spielen dort um den Preis des »Führers«. Weil Deutschland jedoch nur unter »ferner liefen« landet, lässt sich Hitler bei der Siegerehrung nicht blicken.

Die vorwiegend britischen Golftrainer werden zur Zielscheibe des Zorns

Nach den letzten Versuchen, weltoffen und tolerant zu erscheinen, gibt sich das »Dritte Reich« nun keine Mühe mehr mit der Maske. Aus dem Vorstand des Deutschen Golfverbandes hatte man die jüdischen Mitglieder schon 1933 ausgeschlossen, nach den Olympischen Spielen in Berlin werden sie aus allen Klubs vertrieben. Stolz meldet der DGV auf seiner Verbandstagung 1937 den Vollzug der »Arisierung«.

Auch Fremdenfeindlichkeit macht sich dort breit, wo es zuvor so kosmopolitisch zuging. Vor allem die vorwiegend britischen Golftrainer werden zunehmend zur Zielscheibe des Zorns.

In der chauvinistischen Atmosphäre riskieren selbst die eine freche Lippe, die den Klubmitgliedern bisher meist stumm und ergeben dienten. »So wurde ich als Deutscher«, schreibt ein Taschenträger an den Vorstand des altehrwürdigen Klubs Reinbek-Wohltorf bei Hamburg, »auf Treiben eines schmutzigen Engländers in die Gosse geworfen. Aber es kommt auch ein anderer Tag für ihn, denn heute stehe ich nicht mehr allein und verlassen.«

Mit dem Nahen des Krieges verliert der Sport seine letzte Zivilität. Der Wettkampf Heer gegen Marine in Bad Eilsen Mitte der Dreißigerjahre (»Zur Siegesfeier Uniform oder Smoking«) mag das Bild vom friedlichen Wettkampf noch gewahrt haben. Doch die Golfplätze an der Führerschule der NSDAP in Feldafing und auf dem Truppenübungsplatz Arys in Ostpreußen dienen nicht mehr nur harmlosem Sportvergnügen. Auch Golf wird jetzt dem Motto der Zeit untergeordnet: »Wehrertüchtigung«. Der Versuch, Menschen mithilfe dieses zivilisierten Sports regimestützende »Kraft durch Freude« zu bescheren oder sie gar zu Kriegern zu

Weil Deutschland nur unter »ferner liefen« landet, lässt sich Hitler bei der Siegerehrung in Baden-Baden nicht blicken.

erziehen, treibt jedoch absurde Blüten. So schlägt ein Funktionär vor, Soldaten in feldmarschmäßiger Ausrüstung spielen zu lassen. Vollends komisch wirken heute jene Bilder, die BDM-Maiden in Reih und Glied beim Schwingen oder marschierende Soldaten mit geschultertem Schläger zeigen.

Kurios genug: Kurz vor Kriegsbeginn erfreut sich der Golfsport noch einmal eines zweifelhaften Aufschwungs. Stolz meldet die Deutsche Golfzeitung, die Zahl der Klubs sei nun auf über 60 angestiegen. Des Rätsels Lösung: Der Golfverband expandiert mit dem Reich – Vereine in Österreich, Böhmen und Mähren verschönern die Statistik; wenig später werden auch die in Straßburg und Luxemburg vom DGV vereinnahmt.

Doch selbst wenn sich Gönner und Funktionäre bemühen, die Bedeutung ihres Sports für Volksgesundheit und Wehrfähigkeit herauszustellen – nach dem Beginn des Krieges und vor allem als der Schrecken allmählich, mit den ersten alliierten Bombenangriffen, auf Deutschland zurückzufallen beginnt, will es ihnen nicht mehr recht gelingen. Fast deprimiert stellt der Golfverband Anfang 1941 in einem Rundschreiben fest: »Jeder deutsche Golfer weiß, dass unser Sport zur Zeit eine besonders schwierige Stellung hat. Die grundfalsche, aber billige und daher doppelt gefährliche Ideenverbindung mit ›Plutokratensport‹ hat ihren Niederschlag in mancher deutschen Zeitung und Zeitschrift gefunden.«

Golf soll von der obersten Führung als kriegswichtig angesehen werden

Offensiver geht das Mitteilungsblatt des Frankfurter Klubs mit dem Imageproblem um: »Gerade im Krieg gewinnen die Energiepole des Sports, und Golf durch seine Eigenart im besonderen, an Bedeutung.« Ganz im Ton der damaligen Durchhalteparolen schließlich plädiert der DGV am 15. Mai 1944 in einer seiner letzten Verlautbarungen: »Wir müssen handeln in dem Bewusstsein, dass alle Sportarten, damit auch unser Golf, von der obersten Führung als kriegswichtig angesehen werden.« Schlagen und putten für den Sieg? Das kann selbst die Funktionäre nicht mehr überzeugen. Deshalb lassen sie in der Golfzeitung (die immerhin noch bis zum März 1943 erscheint) einen schwer verwundeten Offizier, der den rechten Arm und zweieinhalb Finger der linken Hand verloren hat, zur Ehrenrettung antreten. »Golf«, schreibt er »ist ein entscheidender Weg aus der Verzagtheit heraus, den Trotz zu neuem, vollwertigem Leben zu erzwingen. Golf ... macht uns seelisch gesund.«

Doch Seelenfrieden zu finden fällt schwer in einer Zeit des totalen Krieges und Terrors, da sich auch die Klubzeitungen mit Meldungen über gefallene Mitglieder füllen. Mühsam versucht die Schriftleitung, Schreckensnachrichten dieser Art mit dröhnenden Sondermeldungen von klubeigenen Kriegshelden zu übertönen.

Immerhin zeigen die Zeitläufte auch hier egalisierende Wirkung. So etwa meldet der Golfklub Münster stolz, der Sohn des Platzwartes – der vor dem Krieg womöglich nicht einmal das Klubhaus betreten durfte – sei jetzt als Jagdflieger mit dem Eichenlaub zum Ritterkreuz ausgezeichnet worden.

Die sozialen Schranken fallen auch aus anderen Gründen. Wo Platzarbeiter zum Kriegsdienst gezogen und Traktoren requiriert werden, müssen die Mitglieder selbst Hand anlegen. So sollen in den letzten Kriegsjahren im Golfklub Kitzeberg bei Kiel häufig »vier auffallend schäbig gekleidete Herren – zwei Admiräle, ein Bankdirektor a. D. und der Klubführer –« erschienen sein, »um den Platz in spielbarem Zustand zu halten«. Der vornehme Hamburger Klub Falkenstein wiederum muss fünf Spielbahnen und das Übungsfeld (Driving Range) zur lebenswichtigen Beackerung hergeben. Aber die Errichtung von Behelfsheimen (für Ausgebombte) wurde glücklich abgewendet, heißt es in einer Jubiläumsschrift lange nach Kriegsende; der Klub »bleibt eine Oase im Trümmerfeld der untergehenden Stadt«.

Längst ist die Trichterregel eingeführt; sie besagt, dass die Spieler ihre Bälle aus Bombenkratern besser legen dürfen.

Golf

Der totale Krieg gestattet allerdings nur noch wenige »Golfoasen«. Zumal das Militär keine Rücksicht mehr kennt. So meldet der GC Krefeld empört, ein dort bekannter Hauptmann sei mit dem Kübelwagen über die Grüns gefahren und später auch darüber geritten. In Reinbek-Wohltorf üben benachbarte Regimenter mit Geländewagen und Motorrädern auf dem Platz, obwohl der Standortoffizier es verboten hat.

»Auf dem Golfplatz fliegen Bälle, an der Front indes Schrapnelle«

Wenn Soldaten an der Front von entsprechenden Klagen aus ihren Klubs hören, verstehen sie die Welt nicht mehr. »Mit einigem Erstaunen habe ich erfahren«, schreibt einer von ihnen, »über was für Dinge man sich in unserem Klub streitet.« Immerhin können Soldaten auf Urlaub und Verwundete mit Bevorzugung rechnen; sie haben Vorrang beim Spielen. Die Mitglieder der »Golfgemeinschaft der Luftwaffe« dürfen laut amtlicher Mitteilung schon seit Jahren alle deutschen Plätze benutzen – für eine Reichsmark. Vielleicht stammen von diesen Privilegierten die Verse, die die Golfzeitung als Soldatenhumor kolportiert: »Auf dem Golfplatz fliegen Rasenstücke, / an der Front dazu noch Eisenstücke.« / »Auf dem Golfplatz fliegen Bälle, / an der Front indes Schrapnelle.«

Viele Bälle fliegen allerdings nicht mehr auf deutschen Golfplätzen. Sie sind absolute Mangelware, denn vor dem Krieg wurden sie – hauptsächlich aus England – importiert. »Die Ballfrage wird immer tragischer«, heißt es in einer Klubzeitung. Gerüchte über einen Prisendampfer mit einer Ladung Golfbälle erweisen sich als falsch und Appelle an den »deutschen Erfindergeist« als fruchtlos – Golf fällt aus, mangels Bällen.

Oder wegen des Zustands der Plätze. Längst ist (wie in England) die Trichterregel eingeführt; die besagt, dass die Spieler ihre Bälle aus Bombenkratern besser legen dürfen. Aber viele Plätze sind inzwischen so verwildert oder zerstört, dass sie gar nicht mehr zu benutzen sind. Immerhin, eine golfbegeisterte Dame aus Baden-Baden erinnert sich noch heute, dass sie trotzdem weitergespielt habe und »erst gegen Ende öfter Zuflucht in den Sandbunkern suchen« musste, »weil Tiefflieger kamen«.

Einer, der selbst in den furchtbarsten Kriegswirren unerschütterlich an die Zukunft des deutschen Golfs glaubt, ist DGV-Präsident Henkell. Nach Eintritt des Friedens sollen alle Golfplätze erhalten sein, verlangt er. »Deshalb müssen sie jetzt in einfachster Form gepflegt werden.« Das geschah vielfach auch – sehr zur Freude der späteren Sieger. Nicht der Sowjets, denn sie ließen in ihrer Besatzungszone alle Anlagen der feudalistischen Sportart schleifen und in Ackerland verwandeln. Aber die westlichen Alliierten hatten viel Spaß auf den Plätzen in ihrem Herrschaftsbereich. Sie wunderten sich nur, dass ein so diffiziles, elegantes, individualistisches Vergnügen wie Golf unter den Nazis hatte überleben können.

4. April 2002

siehe auch
❖ Nationalsozialismus
❖ Ribbentrop, Joachim von

Michail Gorbatschow

Wer einigte Deutschland?

»Die Helden waren die Völker.« Bericht über eine Begegnung mit dem Mann, der Europa veränderte

Von Marion Gräfin Dönhoff

Gerade hatte ich das vor 14 Tagen erschienene Buch von Michail Gorbatschow, »Wie es war« (Ullstein Verlag), gelesen, da ergab sich die Gelegenheit, ihn selber in Münster wiederzusehen und mehr über das Thema zu hören, wie sich die deutsche Wiedervereinigung, von Moskau aus gesehen, vollzog. Wichtig auch zu erfahren, wem sie denn nun eigentlich zu verdanken ist.

Gorbatschow schildert einleuchtend, wie die westlichen Alliierten nach 1945 die Aufteilung Deutschlands in mindestens fünf Teile anstrebten, weil sie Angst vor einem unberechenbaren vereinigten Deutschland hatten. Der Osten wünschte sich das Gegenteil. Er wollte, so sagt Gorbatschow, ein ungeteiltes Deutschland als Sicherheitsblock gegen den Westen.

Michail Gorbatschow

Auf die Frage, ob diese gegensätzlichen Friedensziele von Anfang an bestanden haben, lautet seine Antwort: »Ja, von Anfang an.« Für jedermann deutlich sei dies schließlich doch durch die Note von 1952 geworden, die die Wiedervereinigung allerdings eines neutralen, keiner Militärallianz zugehörenden Deutschlands vorschlug. Bonns Reaktion darauf war und blieb bis zu Willy Brandts Ostpolitik: »Das sind Täuschungsmanöver, Tricks, auf die wir nicht hereinfallen werden.«

Zu einer wirklichen Änderung kam es erst in den Achtzigerjahren, erst, als Gorbatschows »Neues Denken« – also die Ausrichtung auf die neue Welt, die vor uns liegt – Eingang in die politische Diskussion fand. Erstmalig hatte er 1984 – also schon bevor er Generalsekretär wurde – bei seinem Besuch in England davon gesprochen. Ein Jahr später sagte er dann in seiner Rede vor dem Plenum des Zentralkomitees der KPdSU: »Jedes Volk hat das Recht, gemäß seiner eigenen Wahl über den Weg seiner sozioökonomischen Entwicklung selbst zu entscheiden und seine Entwicklung ohne Einmischung von außen zu gestalten.« Damals begann in der Sowjetunion die Entstalinisierung der Außenpolitik und die Demontage des Kalten Krieges. Viel Zeit war notwendig, auch Mut und Entschlossenheit, um die Vorstellungswelt der Eliten wie auch der Basis zu verändern, die sich in 70 Jahren verfestigt hatten. Allein Gorbatschows »Neues Denken«, das sich in den Reformprozessen der Perestroika niederschlug, hat dies vermocht.

»Es war doch klar«, sagt er heute, »dass unter den Bedingungen der Konfrontation die Umgestaltung in unserem eigenen Land nicht möglich war.«

»Warum nicht die im eigenen Land?«, fragte ich. Antwort: »Solange der Kalte Krieg und mithin das Wettrüsten die Politik beherrschten, konnte Perestroika nicht gewagt werden. Wir brauchten Offenheit der Welt gegenüber, um teil an Europa zu haben und gutnachbarliche Beziehungen zu pflegen. Dies alles aber war nur möglich, wenn die deutsche Frage im Sinne der Wiederherstellung der Einheit gelöst würde. Im Zeichen des Kalten Krieges war dies nicht möglich.« Gorbatschow war außerdem der Meinung, dass die gewaltsame Spaltung einer großen Nation nicht von Dauer sein und dass ein ganzes Volk nicht für immer und ewig für frühere Verbrechen seiner Herrscher bestraft werden könne.

Die Verknüpfung der Interessen war die Voraussetzung für die Vereinigung

Hier also waren russische und deutsche Interessen miteinander verknüpft, und ebendies war die Voraussetzung für eine noch ferne Wiedervereinigung Deutschlands. Aber diese Entwicklung brauchte Zeit.
Ein alter Bekannter von mir, Wjatscheslaw Daschitschew, erzählte mir vor ein paar Monaten, dass er als Vorsitzender des Wissenschaftlichen Beirats des Außenministeriums im Juli 1987 vorgeschlagen hatte, über das Problem einer möglichen Wiedervereinigung zu diskutieren. Die Reaktion, berichtete er, sei so negativ gewesen, dass sogar angeordnet wurde, alle Exemplare seines Referats zu vernichten, weil es so »ketzerisch« und gefährlich sei. »Kohls Reaktion auf Perestroika«, bemerkt Gorbatschow, »war höchst merkwürdig, ja taktlos (Vergleich mit Goebbels!). Darum beschlossen wir, ihm eine Lehre zu erteilen. Zwischen 1985 und 87 habe ich alle wichtigen Länder besucht und viele Staatsmänner eingeladen – nur Kohl nicht. Schließlich schickte der Kanzler, der mittlerweile besorgt war, Lothar Späth als Spezial-Boten. Späth sagte zu mir: ›Falls Ihre nächste Auslandsreise nicht nach Deutschland führt, wäre dies eine Katastrophe für uns.‹ – Meine Antwort: ›Sie haben es also verstanden, das ist gut.‹«
Gorbatschow hatte also einen weiten Weg vor sich, als er beschloss, mit seiner These »Neues Denken« die Realität zu gestalten. Der entscheidende Schritt war, wie er in seinem neuen Buch schreibt, eine Unterredung mit Bundeskanzler Helmut Kohl unter vier Augen, die am 24. Oktober 1988 im Kreml stattfand. »Sie hat eine Wende in unseren Beziehungen herbeigeführt.« Zitate nach den Aufzeichnungen des Dolmetschers:
Kohl: Ich messe meinem persönlichen Kontakt zu Ihnen eine außerordentliche Bedeutung bei. Ich bin nach Moskau als Bundeskanzler, aber auch als Bürger Helmut Kohl

gekommen. Wir sind beide ungefähr gleichaltrig und gehören der Generation an, die den Krieg durchgemacht hat. Unsere Familien haben den Krieg mit allen seinen Gräueln miterlebt. ... Wir beide haben eine bedeutende Aufgabe zu lösen. In zwölf Jahren geht das 20. Jahrhundert und das zweite Jahrtausend zu Ende. Der Krieg – Gewaltanwendung überhaupt – ist kein Mittel der Politik mehr. Sollte man anderer Meinung sein, hieße das, den Weltuntergang heraufzubeschwören. ... Bei Ihnen im Lande ist die Perestroika im Gange, es werden tiefgreifende Reformen in einer Situation beispielloser Offenheit und Transparenz durchgeführt. Für uns bietet dies eine Chance bei der Suche nach einem Weg zur qualitativen Erneuerung unserer Beziehungen. Unsere persönlichen Kontakte müssen unter den Bedingungen der Offenheit ebenfalls grundsätzlich neu gestaltet werden.
Gorbatschow: Die schwerste Periode in unseren Beziehungen liegt hinter uns. Und das schafft die Voraussetzungen dafür, sie auf ein neues Niveau zu heben. Die sowjetischen Menschen und, wie wir glauben, breite Schichten der Bevölkerung der Bundesrepublik sind dazu bereit und wollen das.
Jetzt ist es möglich geworden, all das Positive und Schöpferische zu nutzen, was im Laufe der Jahrhunderte durch die Kontakte zwischen beiden Völkern sowohl in materieller als auch in geistiger Hinsicht entstanden ist.
Wir alle stehen vor einer Superaufgabe: Wie sichern wir die weitere Existenz Europas? Wie schützen wir die Umwelt? Wie gehen wir vernünftig mit den Ergebnissen der wissenschaftlich-technischen Revolution und den Rohstoffreserven um? Wie bewahren wir die Traditionen der europäischen Kultur?
Wenn man sagt, die Wiedervereinigung sei eine offene Frage, und wenn man sie auf dem Niveau des politischen Denkens der Vierziger-, Fünfzigerjahre lösen wollte, würde das nicht nur bei uns eine Reaktion hervorrufen, sondern auch bei Ihren Nachbarn im Westen. Einerseits werden die Realitäten anerkannt, andererseits wird die Vergangenheit ständig wiederbelebt.
Die Gemeinsamkeit der Schicksale soll uns zum gemeinsamen Handeln für die Erhaltung des Friedens und für mehr Sicherheit anspornen. Wir müssen einander mehr ver-

Michail Gorbatschow

trauen. Dazu sind zivilisierte Beziehungen nötig.
Kohl: *Das war ein ehrliches, offenes Gespräch. Und das ist für mich die Hauptsache. Es hat sich wirklich die Chance für einen Neubeginn ergeben.*
So weit das Zitat. Ich fragte nach: »Michail Sergejewitsch, Sie sprechen von einer Wende, die dieses Vieraugengespräch herbeigeführt hat. Mich würde interessieren: Waren es die Argumente, die dies ermöglichten, oder eher psychologische Momente, also ein gewisses Gefühl von Zuneigung?« Antwort: »Ganz entschieden Übereinstimmung der Argumente.«
Im Herbst 1989 wurde die deutsche Frage zufolge der Entwicklung in der DDR zum zentralen Problem der Weltpolitik. Gorbatschow schreibt in seinem Buch: »Ich möchte zunächst meine Grundposition zur Lösung der deutschen Frage darlegen, die mein ganzes weiteres Verhalten im Laufe der Wiedervereinigung bestimmte.« Und dann nennt er erstens moralische Gründe: Keine Nation darf auf ewig gespalten werden und die Schuld für die Vergangenheit sollte nicht verewigt werden. Zweitens politische Gründe: Auf keinen Fall dürfen sowjetische Truppen in der DDR eingreifen, weil dadurch das »Neue Denken« unmöglich wird und die neuen Realitäten nicht geschaffen werden können. Drittens strategische: Ein allgemeines Sicherheitssystem muss an die Stelle der Blockbildung treten. An anderer Stelle stellt er fest: »Wenn heute gesagt wird, der Fall der Mauer habe in Moskau einen Schock ausgelöst, dann entspricht das nicht der Wahrheit. Wir waren auf diesen Verlauf der Ereignisse vorbereitet.«

Gorbatschow und Kohl erlebten »unendlich glückliche Tage«

Um die Jahreswende 1989/90 sprach Gorbatschow zum ersten Mal öffentlich über Wiedervereinigung und das Recht der Deutschen auf Einheit. Endgültiges aber wurde erst im Juli 1990 formuliert. Damals kam Kohl mit einer großen Delegation nach Moskau. Einigkeit wurde festgestellt und Verträge geschlossen. Danach flogen beide in Gorbis Heimat, den Nordkaukasus, und Kohl versprach, dass sie sich das nächste Mal in seiner Heimat treffen würden.

»Dann war es also so, dass schon vor der Reise in den Kaukasus alles fest beschlossen war? Für den Wiedervereinigungsprozess ist also diese Reise dann offensichtlich nicht mehr notwendig gewesen?«
»Doch, die letzte Bestätigung fand erst dort statt. Freilich ohne Unterschriften und juristisches Zubehör. Es waren unendlich glückliche Tage. Uns wurde klar, dass wir etwas sehr Wichtiges für Europa und für unsere beiden Länder zustande gebracht haben. Und dieses Gefühl hat uns sehr verbunden.«

Bei den Demonstrationen in Leipzig wurde die Forderung »Gorbi, hilf uns!« in lautstarken Sprechchören und auf Transparenten erhoben.

»Also doch nicht nur Argumente. Ganz ohne seelische Übereinstimmung, aus der Vertrauen und Harmonie wächst, geht es wohl doch nicht« – es ist übrigens erfreulich zu erfahren, dass die »russische Seele« in dieser kommerziellen Zeit noch keinen Schaden genommen hat. Wer Gorbatschow in diesen Tagen in Münster besuchte, wo er täglich viele Stunden am Bett seiner schwer kranken Frau zubringt, staunt über die ungezählten Zeichen der Teilnahme, die ihm aus Russland zugehen: Hunderte von Briefen – viele Hunderte –, ein Telegramm von Jelzin, ein telefonischer Anruf des Ministerpräsidenten Putin ...
Man staunt, weil man doch weiß, wie Gorbatschow in den vergangenen Jahren zur Unperson geworden war. Niemand in Russland sprach von ihm, er war der Sünder, dem alle Unbilden aufgebürdet wurden, die Russland widerfahren sind.
Die letzte Schwierigkeit bei der Formulierung des Vertrags war das Problem der

Michail Gorbatschow

NATO. Die Amerikaner sagten Gorbatschow bei seinem Besuch in Washington, Deutschland dürfe nicht neutral werden, weil dann die Präsenz der USA in Europa infrage gestellt würde. Und das bedeute die Zerstörung der NATO. Kohl war derselben Meinung und fügte noch hinzu: »Wir sind auch der Auffassung, dass die NATO ihren Geltungsbereich nicht erweitern sollte.« Gorbatschow hat immer wieder erklärt, dass die Zugehörigkeit des wieder vereinigten Deutschlands zur NATO »unannehmbar« sei.

Kohl und Genscher beim zweitägigen Besuch Mitte Juli 1990 bei Gorbatschow im Kaukasus, bei dem es gelang, das letzte große außenpolitische Hindernis auf dem Weg zur deutschen Einheit auszuräumen

Da drängt sich dann doch die Frage auf, wieso wurde schließlich die Eingliederung akzeptiert? »Weil es keinen Sinn mehr hatte, weiter zu protestieren. Bei den Zwei-plus-vier-Verhandlungen waren außer uns schließlich alle anderen für eine Eingliederung Deutschlands in die NATO.«

Am 13. September 1990 wurde bei den Zwei-plus-vier-Verhandlungen der »Vertrag über gute Nachbarschaft, Partnerschaft und Zusammenarbeit« paraphiert. Zu diesem Zweck war Dietrich Genscher nach Moskau gekommen. Er sagte: »Das deutsche Volk weiß und wird es niemals vergessen, dass es die Herstellung der deutschen Einheit vor allem Ihrem persönlichen Beitrag verdankt ... Ihre Kühnheit und Weitsicht spielten hierbei eine entscheidende Rolle. Allen ist klar, dass all dies dank Ihrer Politik der letzten Jahre geschehen ist.«

Anfang November kam Gorbatschow dann zur feierlichen Unterzeichnung des Abkommens nach Bonn, in die Hauptstadt des inzwischen wieder vereinigten Deutschlands. Aus Gorbatschows Rede hier nur ein kurzes Zitat: »Wir haben die Herausforderung der Zeit angenommen und sie am Vorabend des neuen Jahrhunderts als Pflicht gegenüber den eigenen Nationen und gegenüber ganz Europa empfunden. Wir hätten aber diese Sache nicht in Angriff nehmen können, wenn wir uns nicht davon überzeugt hätten, dass im 20. Jahrhundert aus der tragischen Geschichte der Vergangenheit Lehren gezogen worden sind, die bereits tiefe Wurzeln geschlagen haben im Bewusstsein und im politischen Leben Europas.«

Gorbatschow schreibt: »Der Kanzler sagte am Tag der Unterzeichnung der Dokumente in einem Gespräch zu mir: ›Ich erkläre Ihnen ganz offiziell, dass ich als Bundeskanzler Deutschlands und einfach als Bürger Helmut Kohl mein Vertrauen in Sie setze, Herr Gorbatschow. Gerade in Sie und nicht in alle, die Sie umgeben.‹«

»Wer ist denn nun eigentlich der Hauptakteur in diesem Stück gewesen? Wer war der Held, Kohl oder Sie?« Gorbatschows Antwort: »Weder er noch ich, die eigentlichen Helden waren das russische Volk und das deutsche Volk, weil sie begriffen hatten, was die neuen Realitäten erfordern.«

2. September 1999

siehe auch
❖ Kohl, Helmut
❖ deutsche Geschichte
❖ Glasnost
❖ Perestroika
❖ Wiedervereinigung

Gorilla

Abschied eines nahen Verwandten

Gejagt, gequält und um ihren Lebensraum gebracht – die Menschenaffen in Afrika drohen auszusterben

Von Bartholomäus Grill und Urs Willmann

Alfred Hitchcock war da. Und Billy Wilder. Orson Wells wurde neulich gesehen, begleitet von Marylin Monroe, beim Überqueren des Äquators. Gabun, Zentralafrika, 0 Grad 17 Minuten 42 Sekunden südlicher Breite, mitten im Urwald von Lopé. Der Weg hierher ist beschwerlich. Dickicht, Sümpfe, Myriaden von Insekten, extreme Hitze – die Heimat großer Menschenaffen. Seit Sonnenaufgang suchen wir eine der vier Gorillafamilien, deren Oberhäupter nach berühmten Filmregisseuren benannt wurden. Vorneweg, in Gummistiefeln, Zephirin Okoko, ein Fährtenleser aus dem Kongo. Er schlägt mit seiner Machete den Weg frei. Liest in Blättern und Zweigen, deutet Laute, entziffert Dung. Und nimmt, als verfüge er über einen sechsten Sinn, immer wieder die Spur auf.

Okoko war früher Jäger, doch darüber will er nicht sprechen. Er sagt nur: »Es ist nicht schwer, die Gorillas zu finden.« Aber es werden immer weniger, die man treffen kann. Über unserer Expedition könnte das Motto stehen: Besuchen Sie die Menschenaffen, solange es sie noch gibt.

»In der Morgendämmerung des neuen Millenniums sieht es finster aus für unsere engsten Verwandten im Tierreich«, meint Ian Redmond, ein Schüler der legendären Affenforscherin Dian Fossey, die im Kampf für ihre Lieblinge in den Bergen Ruandas ermordet wurde. Ihre nicht minder berühmte Kollegin Jane Goodall gibt den Menschenaffen noch zehn bis zwanzig Jahre. Dann könnten sie Legende sein und einem vorkommen wie Fabelwesen, wie King Kong, einer wilden Fantasie entsprungen.

Vier der fünf vom Aussterben bedrohten Menschenaffenarten leben im tropischen Afrika. Von den einst millionenfach verbreiteten Schimpansen (Pan troglodytes)

Dickicht, Sümpfe, Myriaden von Insekten, extreme Hitze – die Heimat der großen Menschenaffen

sind noch ungefähr 187 000 übrig geblieben, von den Bonobos (Pan paniscus) etwa 40 000. Die Zahl der letzten Tiefland-Gorillas (Gorilla gorilla) wird auf 94 000 geschätzt, die der Berggorillas (Gorilla beringei) auf 17 000. Besonders gefährdet ist die Subspezies Gorilla beringei beringei, von der es gerade noch 300 Exemplare gibt.

Der Lebensraum der Menschenaffen, der tropische Regenwald, schwindet rapide. Hauptursachen sind der industrielle Holzeinschlag, Brandrodungen und die Entnahme von Brennholz. Zugleich sind die großen Affen eine profitable Beute für kommerzielle Jäger, Wilddiebe und Tierfänger, die es bevorzugt auf Jungtiere abgesehen haben. Bedroht werden die Affen aber auch durch Kriege, Anarchie, Staatszerfall – und durch ansteckende Krankheiten, die vom Kontakt mit Menschen ausgehen.

Auf der Roten Liste bedrohter Arten stehen Menschenaffen ganz oben. Der frühere Bundesumweltminister Töpfer, heute Chef der UN-Umweltagentur Unep, ap-

Gorilla

pelliert an das Gewissen der Welt: »Wir können nicht danebenstehen und die Katastrophe einfach geschehen lassen!«
Libreville, Gabun. Der Markt von Lalala liegt an einer Kloake, die früher ein Flüsschen gewesen sein muss. Kassawas, Tomatenpyramiden, Trockenfisch, ringsum Bierbuden. Ganz hinten die Stände der bayams, der Marktfrauen, die mit Wildfleisch handeln. Derzeit im Angebot: Pythonschlange in 3-Kilo-Portionen, Gazelle, Buschratte. Und ein 90 Zentimeter großes Tier mit schwarzem seidigem Fell und igelartigem Schopf – Colobus satanas, ein Affe.
Die Verkäuferin schaut argwöhnisch. Die Marktfrauen mögen keine neugierigen Weißen. Es ist nicht lange her, da wurde einer übel zugerichtet, ein Datensammler für eine Studie über Gibier, Wildfleisch. Er wollte allzu vieles allzu genau wissen. Schließlich geht es um ein dickes Geschäft; das lässt man sich nicht von durchgeknallten Naturaposteln aus Europa vermiesen. In Fang, der Sprache vieler Händlerinnen, bedeutet das Wort für Fleisch zugleich Tier.
»Affenfleisch! Billig! Kaufen Sie!«, schreit die Marktfrau. Es ist später Nachmittag, die ungekühlte Ware riecht schon. Der Preis für den Schwarzen Colobus sinkt von 8000 auf 6000 CFA-Franc, rund 20 Mark.
Die Gabuner konsumieren pro Kopf und Jahr 17,2 Kilogramm Wildfleisch, insgesamt rund 19 000 Tonnen, schätzt der vom World Wide Fund for Nature (WWF) mitfinanzierte Report. In der Zentralafrikanischen Republik werden pro Jahr sogar 48 000 Tonnen Gibier verzehrt. Handelswert: 16,5 Milliarden CFA-Franc oder 2,5 Prozent des Bruttosozialprodukts.
Der Niedergang der Menschenaffen hat mit der Ausbreitung der Holzindustrie und des Bergbaus begonnen. Die Firmen erschließen ehedem unzugängliche Gebiete. Auf ihren Schneisen stoßen kommerzielle Jäger nach, um den Hüttensiedlungen der Waldarbeiter mit frischem Fleisch zu versorgen und die wachsende Nachfrage in den Städten zu decken. Schuppentiere, Waldelefanten, Papageien, Schimpansen, Stachelschweine – geschossen wird, was vor die Flinte läuft oder fliegt. Besonders begehrt sind das Fleisch und Hirn von Affen. Deswegen auf Arten wie den Roten Stummelaffen nur Nachrufe geschrieben werden können: Er lebte einst im Kamerun, als es dort noch richtigen Dschungel gab.

In der zoologischen Wüste muss sich der Mensch an Einsamkeit gewöhnen

Der Zoologe Lee White – er leitet in Gabon eine Station zur Erforschung der Menschenaffen – sieht in seinem düstersten Zukunftsszenario nur noch grüne, stille, auf den ersten Blick intakt wirkende Natur, die er »zoologische Wüste« nennt. Traurige, stumme Tropen. In einer solchen Welt müsste sich der Mensch an ein Gefühl der Einsamkeit gewöhnen. Er hockte auf seinem Stammbaum, und blickte er um sich, sähe er nur leere Äste neben sich. Denn mit der Ausrottung der Menschenaffen hätte der Mensch nicht nur eine weitere Tierart verschwinden lassen – er hätte sich zugleich seiner nächsten Verwandten beraubt. Und die sind ihm näher, als er lange vermutet hat.
Als Charles Darwin 1871 bloß die Verwandtschaft mit den haarigen Gesellen thematisierte, war die Menschheit entsetzt. In dem Werk »Die Abstammung des Menschen« traute er sich, die schon zwölf Jahre zuvor niedergeschriebenen Erkenntnisse auf den Menschen anzuwenden. Die vermeintliche »Krone der Schöpfung«, so das damals anstößige Fazit, stammt vom Affen ab. Genau genommen stimmt diese vereinfachte These nicht. Keine der heute lebenden Affenarten hat noch denselben Bauplan wie jener gemeinsame Ahne, dem wir vor sieben Millionen Jahren den Rücken gekehrt haben – damals, als wir uns auf unseren eigenen Weg in der Evolution machten. Doch die Frage nach der Verwandtschaft ist heute unstrittig. Beantwortet haben sie Anthropologen mit Schädelsammlungen, Verhaltensforscher mit der Beobachtung »menschlicher« Tugenden in der Wildnis und Genetiker, die in den Genomen von Schimpanse und Mensch eine 98,4-prozentige Übereinstimmung ermittelt haben wollen.
Die Debatte dreht sich heute viel eher darum, ob uns überhaupt noch Grundsätzliches vom Menschenaffen unterscheidet. Wenn der streitbare australische Philosoph Peter Singer Menschenrechte für Menschenaffen fordert, so kann er sich auf eine

Reihe von wissenschaftlichen Untersuchungen berufen, die das Getier tatsächlich in verblüffende Nähe zum Menschen gerückt haben. Fast alle Eigenschaften, mit denen sich der Mensch jahrtausendelang vom Tierreich wegdefiniert hat – Gefühle, Sprache, Gebrauch von Werkzeug –, taugen nicht mehr als Unterscheidungsmerkmale.

Schon vor 100 Jahren stellte der deutsche Psychologe Wolfgang Köhler die Einzigartigkeit des Menschen infrage, indem er Affen »Einsichtigkeit« attestierte. Seine Schimpansen stapelten Kisten aufeinander und steckten Stöcke zusammen, damit sie an Dinge herankamen, die für sie sonst unerreichbar gewesen wären. Als die Forscherin Jane Goodall 1961 zu den Schimpansen in Tansania aufbrach, ahnte sie noch nicht, was für eine sensationelle Entdeckung sie dort machen würde. Sie stieß auf Werkzeugmacher, die mit abgebrochenen Zweigen in Termitenbauten nach Beute stocherten. Und wie Menschenaffen an der Elfenbeinküste die harte Schale von Kolanüssen mürbe machen, dokumentiert der Schweizer Christophe Boesch, heute Direktor am Max-Planck-Institut für evolutionäre Anthropologie: Dutzende Male dreschen Schimpansen mit dicken Knüppeln auf die Frucht, bis sie ihr köstliches Inneres freigibt.

Viele Forscher haben den in der Vorstellung des Menschen einst dumpfen Gestalten eine Seele eingehaucht. Menschenaffen pflegen das Familienleben, trösten sich gegenseitig, betrauern Tote, adoptieren Waisen. Zwar ist der Affe nicht bei der parlamentarischen Demokratie angelangt, aber er politisiert und taktiert wie mancher Hominide und scheut sich nicht, auch zum äußersten Mittel zu greifen und einen Krieg anzuzetteln – der erst zu Ende geht, wenn der letzte Feind getötet ist.

In Westafrika sind 90 Prozent der Feuchtwälder verschwunden

Vieles, was Forscher aus der Wildnis zu berichten haben, deutet darauf hin, dass die großen Menschenaffen – Orang-Utans, Gorillas, Schimpansen und Bonobos – auch das besitzen, was nach landläufigem Schulbuchwissen allein den Menschen vorbehalten ist und sie maßgeblich von Tieren unterscheiden sollte: Bewusstsein.

Schon vor 100 Jahren stellte der deutsche Psychologe Wolfgang Köhler die Einzigartigkeit des Menschen infrage, indem er Affen »Einsichtigkeit« attestierte.

Bayanga, Zentralafrikanische Republik. Caterpillar pflügen durchs Unterholz. Kettensägen knattern. Ihre Schwerter, 120 Zentimeter lang, fahren durch Brettwurzeln. Baumriesen wanken. Fallen. Reißen Lianen, Nachbaräste, Nester, Bienenwaben, Jungvögel mit. Zermalmen Sträucher, Orchideen, Farne, Termitenbauten, Kleingetier. Krachen zu Boden. Es hört sich an, als stoße der Urwald Schreie aus. Selektive Nutzung nennt sich das; sie richtet angeblich keinen Schaden an. Außer dass beim Fällen eines großen Baumes durchschnittlich 8,5 kleine Bäume mit einer Stammdicke von über zehn Zentimetern mitgerissen werden.

Wenige Kilometer weiter hetzen drei Gorillas über den Forstweg, junge, offenbar versprengte Tiere. Eine Begegnung auf dem Konzessionsgebiet der Société Sylvicole de Bayanga, dem Ableger eines jener europäischen und asiatischen Konsortien, die im afrikanischen Regenwald Holz einschlagen. Naturschützer befürchten, dass es in Zentralafrika in einer Generation so aussehen wird wie in Westafrika. Dort

sind 90 Prozent der Feuchtwälder verschwunden.
Im Kongobecken, nach dem Amazonas das zweitgrößte geschlossene Regenwaldgebiet der Erde, wurden zwischen 1980 und 1995 jährlich rund 1,1 Millionen Hektar abgeholzt. Das entspricht etwa der Fläche von 500 000 Fußballplätzen.
Die Ersten, die bei der Eroberung der Wälder durch den Menschen auf der Strecke bleiben, sind in der Regel die Menschenaffen. Sie ziehen sich aus den Landstrichen zurück, in die Holzfäller Schneisen schlagen. Der Affe ist fast immer der Leidtragende, wenn er an den Menschen gerät.
Dass seit einigen Jahren auch die Menschen nach Begegnungen mit Affen Tragödien erlebten, hat mit kleinen Keimen zu tun, die tödliche Folgen haben. Ursache

Die Ersten, die bei der Eroberung der Wälder durch den Menschen auf der Strecke bleiben, sind in der Regel die Menschenaffen.

der Aids-Epidemie ist die in diesem Fall verheerende biologische Nähe der verschiedenen Spezies. Es gilt als bewiesen, dass das heimtückische HI-Virus einst vom Schimpansen auf den Menschen übersprang. Zum Killer wurde der Keim dabei erst im neuen Wirt. Und der hat ihn als viel fliegender Globetrotter innerhalb einer Generation über alle Kontinente verteilt.

Auch andere Erreger fühlen sich sowohl im Menschen als auch in seinen tierischen Verwandten äußerst wohl, mit Verlusten auf beiden Seiten. Ebola wütet dies- und jenseits der Artengrenze, tötet Menschen wie Schimpansen. Im tansanischen Gombe-Nationalpark starben mehrere Schimpansen an Polio – und viele sind für den Rest ihres Lebens entstellt. Ein Gorilla ging an viraler Lungenentzündung ein. Gegenseitige Ansteckung kommt auch bei Tuberkulose vor, Masern, Mumps, Windpocken, Röteln, Keuchhusten und Krätze. Zwei amerikanische Forscher beschrieben in der Zeitschrift »International Journal of Primatology« ein Dutzend Krankheitsausbrüche in der Affenwelt, die alle auf menschliche Keime zurückzuführen waren.
Auch Bakterien springen immer öfter von den im Regenwald spazierenden, forschenden oder jagenden Menschen auf Affen über. Parasitologen fanden Salmonellen oder Campylobacter in doppelt so vielen ugandischen Berggorillas wie noch vor zehn Jahren. Zudem schleppten die Tiere den Rundwurm Capillaria hepatica mit sich herum, der beim Menschen die Leber befällt.
Viele Wissenschaftler sind daher überzeugt: Menschenaffen sind als Versuchstiere nicht zu ersetzen, wenn es um die Erforschung der tödlichen Seuchen geht. An wem, wenn nicht an Schimpansen, sollen Impfstoffe gegen Aids zuerst getestet werden?
Mediziner liebäugeln mit dem Studienobjekt Affe auch wegen der kleinen Unterschiede, auf die Forscher ihr Augenmerk richten. Vor einiger Zeit verkündeten 20 amerikanische Wissenschaftler, sich an die Entschlüsselung des Schimpansengenoms machen zu wollen. Die Vollendung des Human-Genom-Projekts sei bloß ein Etappenziel gewesen, nun sei nichts dringlicher, als sich die nächsten Verwandten vorzuknöpfen.
Einen der Hauptgründe für das Interesse am äffischen Genom formulierte Nobelpreisträger Francis Crick, Mitentdecker der Doppelhelixstruktur unseres Erbguts: »Wenn wir die Unterschiede von Schimpansen- und Menschen-DNA identifizieren, können wir vielleicht erklären, warum der Mensch, nicht aber der Schimpanse,

Krankheiten wie Malaria und Alzheimer kriegt und warum Schimpansen selten an Krebs erkranken und eine harmlosere Form von HIV kriegen.«

Klodeckel und Besenstiele werden aus dem Holz des Urwalds gemacht

Die Physis von Bruder Affe allein würde wohl kaum die Fantasien der Forscher beflügeln. Sie interessiert vor allem der Vergleich. »So lange wir nicht wissen, was uns von unseren nächsten Verwandten unterscheidet, verstehen wir auch nicht die genetische Basis des Menschseins«, sagt Edwin McConkey, Molekularbiologe an der Universität von Colorado in Boulder. Um dem Gen für den aufrechten Gang auf die Schliche zu kommen, hält es McConkey für unerlässlich, sich der Menschenaffen zu bedienen: »Das Mausgenom kann uns sagen, warum wir keine Mäuse sind. Aber es wird uns nie verraten können, warum wir keine Affen sind.«

Libreville, Gabun. Hierhin zogen 1997 die Mitarbeiter von Ecofac, als nebenan, in der Republik Kongo, die Gewaltexzesse begannen. Das Hauptquartier der größten Umwelt- und Entwicklungsinitiative der Europäischen Union in Zentralafrika wurde damals völlig zerstört. Die Arbeit der Naturschützer ist lebensgefährlich geworden. Die von der Außenwelt abgeschnittenen Nationalparks im Osten des ehemaligen Zaire, wo seit Jahren Krieg und Anarchie herrschen, wurden regelrecht leer geschossen. Dagegen wirkt das friedliche Gabun wie ein Land der Hoffnung. Eine Staatsfläche so groß wie die von Italien und nur 1,1 Millionen Einwohner, jeder zweite lebt in der Hauptstadt Libreville. Drei Viertel des Landes oder 21 Millionen Hektar mit Wald bedeckt, jede Menge Öl, und, eine Rarität in Afrika, politische Stabilität. »Die schauen zu den Bohrtürmen aufs Meer hinaus, zum Öl. Aber wenn es aufhört zu sprudeln, dann werden sie sich umdrehen und ihre Wälder entdecken«, prophezeit ein Diplomat.

Wald. Wald. Wald. Terra sylvestris, undurchdringlich, menschenleer und so unermesslich groß, dass man sich seine Zerstörung nicht vorstellen kann. Die Eisenbahn von Libreville nach Franceville, die Transgabon, durchschneidet die Wildnis. Im Speisewagen tafeln Franzosen mit Funkge-

Undurchdringlich, menschenleer und so unermesslich groß – der Wald in Gabun

räten und GPS-Navigationsapparaten, Libanesen, Malaysier. Sie arbeiten für eine der rund 450 Firmen und Privatpersonen, die vom Staat Einschlagrechte erworben haben. So viele, dass fast der gesamte Regenwald Gabuns konzessioniert ist. Die Begehrlichkeit der Holzindustrie zielt auf einen Baum namens Okoumé: halb hartes Material, bestens geeignet für Spanplatten und Sperrholz. Oder für Besenstiele, Klodeckel, Kleiderbügel und hauchdünne Käseschachteln. Oder auch für Bauverschalungen. Hundert Jahre gewachsen, einmal verwendet, weggeworfen.

Die Transgabun rollt durch Rodungsinseln, vorbei an Holzlagern und Forstarbeitercamps, vorbei an den Staubfahnen von Lastwagen, die schwer beladen zur Küste kriechen. Von den Hauptpisten stechen Tausende von Rückegassen in den Wald. Die Holzzeit beginnt.

»Es bricht mir das Herz, wenn ich das alles sehe«, sagt Miguel Leal, Biologe aus Holland. Er hat gerade eine neue Blume entdeckt, Begonia lopensis, benannt nach dem Fundort nahe dem Dorf Lopé. »Es geht nicht nur um die Gorillas, sondern um ein einzigartiges Biotop, einen komplexen Großlebensraum mit der höchsten Artenvielfalt.« Die Menschenaffen gelten darin als Leitspezies – mit ihrer Dezimierung fängt meist das Ende des Regenwaldes an. Gabun – neben dem Kongo das letzte zoologische Paradies? In Gabuns Wäldern lebt ein Drittel der bedrohten Tiefland-

Gorillas, rund 35000 Tiere. »Hier ist es noch nicht zu spät«, glaubt Emmanuel de Merode; der belgische Anthropologe leitet ein Schutzprojekt. »In Gabun ist der Bevölkerungsdruck geringer.« Es gebe weniger Leute, die brandroden, um Land zu gewinnen, und auf der Suche nach Nahrung, Feuerholz und Baumaterial die Ressourcen des Waldes plündern.

»Den Ruf des Waldfrevlers kann sich heutzutage niemand mehr leisten«
Und die Fällkommandos, die rings um das Reservat von Lopé das Waldkleid wie Motten zerfressen? »Die Bereitschaft zur Kooperation wächst«, meint die Biologin Kate Abernethy von der Station d'Etudes des Gorilles et Chimpansés de la Lopé. »In Europa fürchten die Unternehmen Verbraucherboykotte. Den Ruf des Waldfrevlers kann sich heutzutage keiner mehr leisten.« Unbelehrbar hingegen seien die Asiaten, zum Beispiel der malayische Holzgigant Rimbunan Hijau (»Grüner Wald«). In der Chefetage des Unternehmens seien weder ethische Grundsätze noch taktisches Umweltbewusstsein bekannt. »Die hauen alles kurz und klein«, sagt die Biologin.
Die Malayen operieren direkt neben dem Schutzgebiet von Lopé, und man fragt sich, woher Magdalena Bermejo ihre Zuversicht nimmt. Sie arbeitet seit 18 Jahren in den Tropenwäldern Afrikas – in Zaire und Äquatorialguinea, im Senegal, im Kongo – und hat schon Schlimmeres gesehen. Vor allem aber bewahrt die Primatologin aus Barcelona ein nüchternes Verhältnis zu ihren Forschungsobjekten. »Wir sollten die Affen nicht mystifizieren wie Dian Fossey. Sie hat die Wirklichkeit deformiert.« Nach den Prognosen der 1986 ermordeten Forscherin müssten unsere engsten Tierverwandten längst ausgestorben sein. Magdalena Bermejo hält den Alarmismus mancher Tierschützer für kontraproduktiv. Sie spricht von hysterischen Appellen und von Fundamentalisten, die bedrohte Territorien und ihr lebendes Inventar in ökokolonialistischem Eifer unter Kuratel stellen wollten. »Wir sind nicht allein in Afrika«, sagt die Spanierin, »hier leben auch ein paar Afrikaner. Und nicht jeder tötet und verspeist Affen. In manchen Krisengebieten haben die Menschen sogar ihre Naturschutzparks verteidigt.«
Bermejo gehört zu den Pragmatikern, die den Dialog mit dem Staat und der Holzwirtschaft nicht von vornherein verwerfen. Forstgesetze, Regeln für die Konzessionsvergabe, ein Verhaltenskodex der Unternehmen – all das sind wichtige Instrumente des Naturschutzes. Über die Forderung nach einer Declaration of Great Apes, einer Art Menschenrechtserklärung für Gorillas, Bonobos und Schimpansen, kann die 44-Jährige allerdings nur lächeln. »Warum die Affen vermenschlichen und aus der Fauna herausheben? Wir müssen die Ehrfurcht vor allem Leben wecken, nicht nur vor dem, das uns näher steht. Mein Motto: Achte die anderen.«
Ein radikaler Darwinist könnte das Aussterben der Menschenaffen als natürlichen Lauf der Dinge in sein Weltbild einordnen. Aus dem Evolutionsprozess ist der Mensch gestärkt hervorgegangen: Pech für alle, die als Schwächere das Zeitliche segnen. Aber damit würde sich der Überlebende keinen Gefallen tun, gerade deshalb, weil er mit den Affen einen Großteil seiner Stammesgeschichte teilt. Löscht Kain seinen Bruder Affe aus, nimmt er sich selbst die Möglichkeit, die eigene Geschichte zu erforschen.
Fossilienfunde haben uns zwar die Architektur unseres Stammbaums näher gebracht, aber Knochen erzählen nur lückenhafte Geschichten. »Stammbäume können auch über Verhaltensvergleiche rekonstruiert werden«, sagt der Anthropologe und Primatologe Volker Sommer. Menschen und Affen seien gleichermaßen »abgewandelte, spezialisierte Modelle« der ausgestorbenen Urform. Durch den Vergleich mit anderen Primaten, ist Sommer überzeugt, lassen sich jene »entwicklungsgeschichtlichen Veränderungen rekonstruieren, die in der ›Hominisation‹, der Menschwerdung, mündeten«.
Vor 15 Millionen Jahren zweigten die Vorfahren des Orang-Utans ab vom gemeinsamen Ast. Vor zehn Millionen Jahren verabschiedete sich der Urgorilla aus der gemeinsamen Geschichte, und vor sieben Millionen Jahren war für uns die Zeit gekommen, einen eigenen Weg einzuschlagen und uns über die Zwischenstationen Australopithecus, Homo ergaster, Homo

heidelbergensis zum Homo sapiens zu entwickeln. Die Vorfahren von Schimpanse und Bonobo schließlich verabschiedeten sich vor rund drei Millionen Jahren voneinander.

Ein einfallsreicher Schimpanse erfand einst den Hammer

Nun wurde die Entdeckung des Millennium-man bekannt, eines sechs Millionen Jahre alten Fossils. Der schimpansengroße, aufrecht gehende und mit hominidenähnlichem Kiefer ausgestattete Urzeitler hatte damals die kenianische Bergwelt durchstreift. Seine versteinerten Gebeine passen exakt in das Bild, das genetische Untersuchungen vermitteln. Der letzte gemeinsame Vorfahr von Schimpanse, Bonobo und Mensch kann nicht viel anders ausgesehen haben. Er war, eine Million Jahre zuvor, von den Bäumen geklettert und hatte begonnen, die lichte Umgebung zu erkunden.

Was sich dabei in den Köpfen abgespielt haben könnte, verraten weder Fossilien noch tote Menschenaffen. Die Bewusstseinsforschung ist darauf angewiesen, dass sich weiterhin ein paar nahe Verwandte von uns in freier Wildbahn tummeln. Aus dem Wissen über ihre kognitiven und sozialen Fähigkeiten, auf die sonst nur der Mensch zählen kann, erhofft sich der Philosoph Thomas Suddendorf von der Universität im australischen Brisbane nichts weniger als »die Rekonstruktion der Entwicklung vom Urzustand zur heutigen Situation«. Das heutige Wissen über Menschenaffen lasse uns »das Mysterium der Menschwerdung immer besser erklären.« So würden wir etwa ohne das Studium an Menschenaffen noch immer die Irrlehre vertreten, das Wissen vom Ich sei entwicklungsgeschichtlich neueren Datums. Da sich jedoch Menschenaffen im Spiegel erkennen, gehen heute die meisten Forscher davon aus, dass der gemeinsame Vorfahr aller Arten bereits diese Fähigkeit besessen haben muss. Für zu unwahrscheinlich hält Suddendorf die Möglichkeit, dass diese im Tierreich exklusive Fähigkeit jede Art unabhängig von der anderen entwickelt haben kann.

Jede Gemeinsamkeit mit dem Menschen, die Forscher in der Affenseele entdecken, verstärkt den Eindruck, dass wir dabei eigentlich uns selbst betrachten – zumal vieles in der kindlichen Entwicklung parallel verläuft. Psychologe Suddendorf hat ein faszinierendes Modell entworfen, in dem er im Leben des Kleinkindes sogar den Zeitpunkt errechnet, an dem es sich in seiner Entwicklung vom Affen verabschiedet: im vierten Lebensjahr, mit der Entwicklung seines »Metageists«.

Noch als Fötus, in der 30. Schwangerschaftswoche, entwickelt das menschliche Wesen einen so genannten Primärgeist, über den einzig Vögel und Säugetiere verfügen: ein einfaches Modell von der Welt, das mithilfe der Sinne ständig aktualisiert wird. Die »sekundäre Repräsentationsebene« ist stammesgeschichtlich 15 Millionen Jahre alt, das Kleinkind erreicht sie mit eineinhalb Jahren: Wie die Menschenaffen erkennt es sich im Spiegel, auf Fotos und im Film, versteht kausale Zusammenhänge und kann andere täuschen.

Erst mit dem entscheidenden Entwicklungsschritt im vierten Lebensjahr lässt das Kind den Affen hinter sich. Diesen Punkt erreichte der Hominide vor eineinhalb Millionen Jahren. Auf dieser Basis erst, glaubt Suddendorf, beginne sich die Fähigkeit zu entwickeln, Theorien zu bilden, Vergangenes zu ordnen oder Pläne zu schmieden für kommende Woche oder nächstes Jahr. Und die Kontrolle über sich selbst zu erhalten, die die meisten Menschen vom Morden abhält.

Ob Suddendorfs Modell zur Grenzziehung taugt? Der von ihm angesprochene Metageist sei auch dafür verantwortlich, dass

Bonobos, auch Zwergschimpansen genannt. – »Warum die Affen vermenschlichen und aus der Fauna herausheben?«

Gorilla

sich Menschen eine Kultur aufbauen. Und da wird es heikel. Denn ob äffische Tugenden tatsächlich kulturelle Leistungen sind, ist in den unterschiedlichen Wissenschaftszweigen sehr umstritten. Ohne Sprache keine Kultur, lautet das Verdikt der meisten Geisteswissenschaftler.

Wie aber sind dann die Leistungen des weltberühmten Bonobo Kanzi zu werten? Der Affe verständigt sich am Sprachcomputer mit Hilfe von 256 »Lexigrammen« und versteht gesprochenes Englisch. Kultur? Der Zoologe Christophe Boesch definiert den Kulturbegriff sehr breit. Seiner

In mehrjähriger Ausbildung bringen die Eltern ihren Sprösslingen bei, wie sie die Nuss zum Knacken zu platzieren haben.

Meinung nach ist Verhalten dann kulturell, wenn es sich nicht durch Umwelteinflüsse erklären lässt. Und dies sei bei den Nüsse knackenden Schimpansen in Tai, dem letzten Urwald der Elfenbeinküste, der Fall. Ein einfallsreicher Schimpanse erfand einst den Hammer. Seine Artgenossen übernahmen den Geniestreich und geben ihn seither von Generation zu Generation weiter. In mehrjähriger Ausbildung bringen die Eltern ihren Sprösslingen bei, wie sie die Nuss zu platzieren haben. »Das Nüsseknacken in Tai ist Kultur«, sagt Boesch.

Die Grenze zwischen den Spezies verwischt. Darwin hat Recht behalten: Die Unterschiede in den geistigen Fähigkeiten von Mensch und Tier sind »nicht grundsätzlicher, sondern nur gradueller Natur«. Zwar kann sich der Mensch weiterhin getrost als eigene Art betrachten – zumindest in der herkömmlichen Form der Fortpflanzung lässt er sich vermutlich nicht mit anderen Spezies kreuzen. Aber der Versuch des Menschen, sich aus der Natur herauszudefinieren, ist gründlich misslungen.

Magdalena Bermejo war die erste Verhaltensforscherin, der die Habituation von Tiefland-Gorillas gelang: Im Parc National d'Odzala, einem Reservat im Kongo, machte sie etliche Affenfamilien heimisch und gewöhnte sie an den Umgang mit Menschen. Das soll nun in Gabun wiederholt werden: Orson Wells, Billy Wilder & Co als Pioniere eines Gorillatourismus, der ihr Überleben finanziert und zugleich Arbeitsplätze schafft. Das Projekt wird von Ecofac koordiniert, der EU-Initiative zur Rettung des Regenwaldes. Man will reparieren, was europäische Firmen kaputtmachen.

Afrika – ein neues Disneyland für die Freunde von Gorillas?

Im Wald gibt es zwei Wege zum Geld: Lohnarbeit für Holzfirmen oder Wilderei. »Wir müssen alternative Einkommensquellen erschließen«, erklärt der Anthropologe de Merode. Der Ökotourismus schafft Arbeit für Wildhüter, Fahrer, Kellner, Administratoren und Fährtensucher. Und wenn der Verbrauch von Wildfleisch gedrosselt werden soll, brauchen die Menschen Proteinersatz. Ecofac fördert deshalb die Haltung von Schafen und die Zucht von Nagern. Natürlich soll außerhalb der Schutzgebiete auch weiterhin gejagt werden dürfen, aber nur zur Selbstversorgung. Die Bewohner des Waldes tun dies seit Menschengedenken – und gehen haushälterisch mit den Ressourcen um. Nur auf geräucherte Gorillapranken oder rohes Schimpansenhirn werden sie fortan verzichten müssen.

Gabuns Politiker, die im fernen Libreville in klimatisierten Büros sitzen, erkennen allmählich, welches ökonomische Potenzial ein intakter Regenwald in Zeiten des globalen Kahlschlags birgt. Werden sie vom Raubbau zur nachhaltigen Holzwirtschaft umschwenken? Weg von der schnellen Bereicherung hin zum langfristigen Wohlstand?

»Menschenaffen sind die Flaggschiffe des Naturschutzes«, sagt Iris Weiche von der Berggorilla & Regenwald Direkthilfe. Anders als Gazellen oder Schlangen haben Affen Kuschel-Appeal. Und der lässt sich nutzen, um Fördergelder zu beschaffen, mit denen die biologische Vielfalt in den Tropen bewahrt werden könnte. Für keine Art setzen sich mehr Schutzorganisationen ein als für die Menschenaffen. Mit kaum einer anderen Tierart ist so viel Tourismus zu machen.

Das Centre for Social and Economic Research on the Global Environment (CSERGE) in London beschäftigt sich seit Jahren mit dem ökonomischen Potenzial, das die afrikanische Natur zu bieten hätte. Demnach seien in Ruanda, Zaire und Uganda allein mit Gorillatourimus jährlich 60 Millionen Dollar zu verdienen – wenn die Gorillatrips als Pauschalreisen an Touristen verkauft würden. Die einzige Rettungsmöglichkeit sieht Wolf Krug von CSERGE in einer radikalen Ökonomisierung: »Die Welt ist bereit, sehr viel für die Erhaltung der Menschenaffen zu zahlen.« Wenn die Affenliebe in der Ersten Welt der Bevölkerung in der Dritten Welt ein Auskommen sichert,« sagt Krug, »dann sind nicht nur die Tiere, sondern die ganzen Regenwälder gerettet.« Mehrere »sehr große Firmen« spielten bereits mit dem Gedanken, viel Geld in den Tourismus in Afrika zu stecken. Welche Firmen? Krug will nichts verraten. Ist Disney dabei? »Natürlich.« Afrika als Disneyland für Gorillafans – die Münchner Autoren Michael Miersch und Dirk Maxeiner propagieren diese Idee in ihrem demnächst erscheinenden Buch »Das Mephistoprinzip – warum es besser ist, nicht gut zu sein«. Sie ziehen dabei den Vergleich mit den Walen: »Mehr als 5,4 Millionen Menschen haben 1994 dafür bezahlt, Wale beobachten zu dürfen. Das Tourismusgeschäft ist längst lukrativer als die Jagd mit der Harpune.« Würde auch in Afrika das Potenzial ausgeschöpft, ist Miersch überzeugt, hätte die Menschheit ein Problem weniger: »Man stelle sich vor, die Walt Disney Corporation würde die Virungavulkane samt Gorillas vom Staat Ruanda pachten. Die Tiere wären sicher wie in Abrahams Schoß, die Menschen hätten Jobs, und ein warmer Dollarregen würde über dem Regenwald niedergehen.«

Gabun, Urwald von Lopé. Dichtes Unterholz und glucksender Sumpf, morsche Baumstämme über Flüssen, schwirrende Insekten. Schwere Luft, die wie nasse Watte auf die schweißdurchtränkten Kleider drückt. Seit acht Stunden folgen wir nun der Gorillafährte. Angeknabberte Stängel und Früchte, geknickte Zweiglein, ein Fußabdruck im Lehm – aber weit und breit keine Gorillas. Sie narren uns den ganzen Tag.

»Die Welt ist bereit, sehr viel für die Erhaltung der Menschenaffen zu zahlen.«

Plötzlich ein seltsames Geräusch. Als klopfte sich jemand im Stakkato auf die Schenkel. Das warnende Brustgetrommel eines Silberrückens. Zu sehen bekommen wir ihn und seine Gruppe nicht. Die Gorillas bleiben verborgen hinter dem grünen Vorhang. Die Außenwelt ist dabei, ihn aufzureißen. Und zu zerstören, was dahinter liegt.

20. Dezember 2000

siehe auch
❖ Artenschutz
❖ Gabun
❖ Menschenaffen
❖ Regenwald

GPS

Wer lenkt den Leitstern?

In Kriegszeiten wird das Monopol der Amerikaner in der Satellitennavigation besonders deutlich. Jetzt entscheiden die Europäer über ihr eigenes System

Von Dirk Asendorpf

Die Autolobby ist in Aufruhr. »Als Konsequenz des Irakkrieges müssen Autofahrer auch in Europa mit Irrfahrten rechnen«, warnt der ADAC, und die Konkurrenten vom AvD sehen schon »Hunderttausende von Autofahrern« orientierungslos an Straßenkreuzungen verzweifeln. Der Grund für die Aufregung: Rund 2,5 Millionen Autos in Deutschland und 4 Millionen in Europa sind mit Navigationssystemen ausgestattet, die Daten des Global Positioning System (GPS) nutzen. Die 30 GPS-Satelliten, die in einer Höhe von 23 000 Kilometern im 12-Stunden-Takt die Erde umkreisen, gehören dem amerikanischen Militär. Während des Krieges, so die Befürchtung, könnte die zivile Nutzung des Systems abgeschaltet oder zumindest stark eingeschränkt werden, um zu verhindern, dass sich irakische Truppen damit orientieren. Technisch wäre das durchaus möglich, passiert ist es aber bisher nicht. Und das hat auch einen politischen Grund: Das europäische Satellitennavigationssystem Galileo. Mit ihm könnte das Ende des amerikanischen Monopols auf die Technik hinter dem Milliardenmarkt der Satellitennavigation eingeläutet werden.

GPS wird nicht nur von Autofahrern geschätzt. Vor allem im Vermessungswesen und in der Logistikbranche ist die Himmelsnavigation weltweit unverzichtbar geworden. Große Speditionen steuern ihre Fahrzeugflotten mit GPS, in Häfen werden Container damit geortet. Fahnder spüren gestohlene Autos mit GPS auf, Blinde können sich in fremder Umgebung damit orientieren. Besonders weit verbreitet ist die Satellitennavigation in der Schifffahrt – kaum noch ein Schiff ist auf den Weltmeeren ohne GPS-Empfänger unterwegs. »GPS spielt rund um die Welt eine Schlüsselrolle als Teil der globalen Informations-Infrastruktur«, heißt es denn auch in der offiziellen Erklärung zur Verfügbarkeit von GPS während des Irakkrieges, »die US-Regierung nimmt ihre Verantwortung ernst, allen zivilen und kommerziellen Nutzern den bestmöglichen Service anzubieten – sowohl in Konflikt- als auch in Friedenszeiten.«

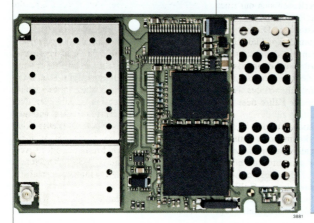

Mit dem XT55 hat der Mobilfunkbereich von Siemens (kurz Siemens mobile) das erste Triband-Modul entwickelt, dessen Leiterplatte GSM/GPRS-Komponenten und GPS-Empfänger integriert.

Allerdings fehlt in der Erklärung auch nicht der Hinweis darauf, dass GPS seit den Siebzigerjahren als »Dual-use-System« mit dem Hauptziel aufgebaut wurde, »die Effektivität der Militärstreitkräfte der USA und ihrer Alliierten zu erhöhen«. Deshalb werde man die Nutzung durch den Feind verhindern und sich so einen militärischen Vorteil am Kriegsschauplatz sichern. Technisch geschieht dies durch Störsender in Flugzeugen, die den Empfang der zivilen GPS-Signale in einer eng umgrenzten Region verhindern können (Jamming), oder indem die Satelliten-Signale beim Überflug der Kriegsregion absichtlich verfälscht werden (Spoofing). Beides würden wir in Europa nicht bemerken.

Auch die Landwirte brauchen GPS

Die USA könnten auch zur Erhöhung der Ortungsgenauigkeit möglichst viele GPS-Satelliten über dem Irak konzentrieren – was für den Rest der Welt eine sinkende Verfügbarkeit und Genauigkeit der Ortung bedeuten würde. Und schließlich könnte Selective-Availability wieder genutzt werden. Diese künstliche Verschlechterung der zivilen GPS-Signale sorgte bis zu ihrer Abschaltung durch Präsident Clinton im Mai 2000 dafür, dass eine Ortung nur mit 200 Meter Genauigkeit möglich war – und nicht wie beim Militär mit 20 Metern. Doch dies wird bisher von offizieller Seite ausgeschlossen: »Selective-Availability wurde seit Mai 2000 nicht mehr genutzt, und die US-Regierung hat auch keine Absicht, es jemals wieder zu tun.« Aber schon längst verlassen sich nur noch die billigsten Navigationsgeräte ausschließlich auf die Satelliten. Die besseren Systeme für Autos zum Beispiel kombinieren die GPS-Angaben mit den Daten des Kilometerzählers. GPS wird dann tatsächlich nur noch von Zeit zu Zeit benötigt, etwa um den Aufenthaltsort des Autos nach einer Fahrt mit der Fähre oder dem Zug festzustellen.

Auch die moderne Landwirtschaft ist ohne Satellitennavigation kaum noch denkbar. Von 2005 an müssen alle Bauern in der EU ihre Nachweise über genutzte und brachliegende Flächen in Form elektronischer Geodaten abliefern. »Im letzten Golfkrieg haben wir sehr deutlich eine Verschlechterung der GPS-Signale beobachtet«, sagt Florian Kloepfer vom Kuratorium für Technik und Bauwesen in der Landwirtschaft, das im Auftrag der Bundesregierung den Einsatz der Geoinformationstechnik in der Landwirtschaft erforscht. Schon im Kosovokrieg seien die Auswirkungen jedoch geringer gewesen.

GPS-Messung

Der Grund dafür liegt vor allem im Einsatz so genannter Referenzsignale. Zahlreiche europäische Funkstationen senden Signale aus, mit denen die GPS-Satellitendaten abgeglichen werden können. Die Europäer betreiben sogar einen eigenen Satelliten namens Egnos, mit dessen Hilfe sich unscharfe GPS-Daten korrigieren lassen. »Mit Referenzsignalen kommen wir in Deutschland inzwischen auf 60 bis 70 Zentimeter Genauigkeit«, sagt Patrick Noack von der Firma geo-konzept, einem bayerischen Hersteller von Navigationssystemen. Selbst bei einer Konzentration der GPS-Satelliten über dem Irak bleibe die Kapazität des Systems hierzulande völlig ausreichend.

Das bestätigt auch das Hamburger Bundesamt für Seeschifffahrt und Hydrographie. »Es gab immer wieder Befürchtungen und Spekulationen«, sagt dessen Sprecherin Gudrun Wiebe, »bestätigt haben sie sich aber nie.« Auch von angeblichen Problemen in der Adriaschifffahrt während des Kosovokrieges weiß sie nichts. Und unerkannt würde so etwas gewiss nicht bleiben, denn in mehreren Ländern werden die GPS-Signale täglich überprüft und die Messergebnisse im Internet veröffentlicht.

Aber wofür wird dann eigentlich noch Europas Galileosystem gebraucht? 1,1 Milliarden Euro soll die Entwicklung kosten, weitere 2,5 Milliarden die Installation der insgesamt 30 Satelliten. Das koste »nicht mehr als 150 Kilometer Autobahn«, versicherte die EU-Verkehrskommissarin Loyola de Palacio. Dazu kommen jedoch noch einmal jährlich 200 Millionen Euro Betriebskosten nach der für 2008 geplanten Fertigstellung. Zwar geht eine von der EU in Auftrag gegebene Wirtschaftlichkeitsstudie davon aus, dass der direkte ökonomische Nutzen von Galileo die Kosten um das 20-fache übersteigen werde und dabei über 100 000 neue Arbeitsplätze abfallen würden, die Begeisterung der Geoinformations-Industrie ist trotzdem äußerst gering. Schließlich stellten die Amerikaner die zivilen GPS-Daten bisher kostenlos zur Verfügung, die EU möchte sich jedoch zwei Drittel der Galileokosten durch den Verkauf von Nutzungslizenzen wieder hereinholen.

Und so sind es letztlich doch politische Interessen, die hinter Galileo stehen. Schon ein 48-stündiger Ausfall des GPS-Systems im Jahr 2015 würde einen Verlust von einer Milliarde Euro für Europas Wirtschaft bringen, hat das Europäische Parlament ausrechnen lassen. Ohne eigene Satelliten werde Europa unweigerlich zum »Vasallen der USA«, klagt Frankreichs Präsident Jacques Chirac, »zunächst wissenschaftlich und technisch, später auch industriell und ökonomisch«. Eine Sprache, auf die die Amerikaner empfindlich reagieren. In einem Brief forderte der stellvertretende US-Verteidigungsminister Paul Wolfowitz einen vorläufigen Stopp der europäischen Planungen, um »gefährliche Auswirkungen zu verhindern«. Gemeint war damit die Möglichkeit, dass Terroristen und Kriegsgegner die auf drei Meter genauen europäischen Navigationsdaten nutzen werden, ohne dass das US-Militär dies noch verhindern könnte.

Für den Fall, dass es doch einmal zu spürbaren Einschränkungen des GPS-Systems kommen sollte, haben die Autofahrerverbände übrigens einen praktischen Tipp für ihre Mitglieder: »Wer auf Nummer sicher gehen will, sollte den guten alten Autoatlas in greifbare Nähe legen.«   *27. März 2003*

siehe auch
✢ **Navigation**
✢ **Navigationssatelliten**
✢ **Satellitennavigation**